LEGISLAÇÃO DA ADMINISTRAÇÃO LOCAL

TÍTULO:	LEGISLAÇÃO DA ADMINISTRAÇÃO LOCAL
AUTOR:	JOSÉ DA SILVA PAIXÃO CARLOS A. F. CADILHA
EDITOR:	LIVRARIA ALMEDINA – COIMBRA www.almedina.net
LIVRARIAS:	LIVRARIA ALMEDINA ARCO DE ALMEDINA, 15 TELEF. 239 851900 FAX 239 851901 3004-509 COIMBRA – PORTUGAL LIVRARIA ALMEDINA – PORTO R. DE CEUTA, 79 TELEF. 222 05 9773 FAX 222 03 9497 4050-191 PORTO – PORTUGAL EDIÇÕES GLOBO, LDA. R. S. FILIPE NERY, 37-A (AO RATO) TELEF. 213857619 FAX 213844661 1250-225 LISBOA – PORTUGAL LIVRARIA ALMEDINA. ATRIUM SALDANHA LOJA 31 PRAÇA DUQUE DE SALDANHA, 1 TELEF. 213712690 atrium@almedina.net LIVRARIA ALMEDINA – BRAGA CAMPOS DE GUALTAR UNIVERSIDADE DO MINHO TELEF. 253678822 I braga@almedina.net 4700-320 BRAGA – PORTUGAL
EXECUÇÃO GRÁFICA:	G.C. – GRÁFICA DE COIMBRA, LDA. PALHEIRA – ASSAFARGE 3001-453 COIMBRA E-mail: producao@graficadecoimbra.pt SETEMBRO, 2001
DEPÓSITO LEGAL:	169826/01
	Toda a reprodução desta obra, por fotocópia ou outro qualquer processo, sem prévia autorização escrita do Editor, é ilícita e passível de procedimento judicial contra o infractor.

JOSÉ DA SILVA PAIXÃO
Juiz Conselheiro do Supremo Tribunal de Justiça

C. A. FERNANDES CADILHA
Procurador-geral adjunto
Membro do Conselho Consultivo da PGR

LEGISLAÇÃO DA ADMINISTRAÇÃO LOCAL

3.ª EDIÇÃO REVISTA E ACTUALIZADA

I – Organização Administrativa
II – Finanças Locais
III – Eleitos Locais
IV – Funcionários da Administração Local
V – Regime de Contratação Local
VI – Regime da Urbanização e da Edificação
VII – Planeamento Urbanístico
VIII – Assembleias Distritais e Governos Civis

ALMEDINA

Todos os exemplares são rubricados por um dos autores

DIPLOMAS PUBLICADOS
(por ordem cronológica)

Decreto-Lei n.° 38382, de 7 de Agosto de 1951 – Aprova o Regulamento Geral das Edificações Urbanas 833

Portaria n.° 398/72, de 21 de Julho – Fixa as condições mínimas de habitabilidade das edificações 873

Decreto-Lei n.° 569/76, de 19 de Julho – Normas relativas à construção, reconstrução, ampliação e remodelação de edifícios 875

Decreto-Lei n.° 794/76, de 5 de Novembro – Aprova a política dos solos 943

Decreto-Lei n.° 804/76, de 6 de Novembro – Determina as medidas a aplicar na construção clandestina, bem como nas operações de loteamento clandestino 877

Decreto-Lei n.° 163/79, de 31 de Maio – Contencioso fiscal das taxas, mais-valias e outros rendimentos autárquicos 195

Decreto-Lei n.° 258/79, de 28 de Julho – Empréstimos municipais 199

Decreto-Lei n.° 311/80, de 19 de Agosto – Cria o Conselho Nacional de Municípios (CNM) 13

Lei n.° 8/81, de 15 de Junho – Ratifica, com emendas, o Decreto-Lei n.° 53/79, de 24 de Março (bairros administrativos) 17

Decreto-Lei n.° 152/82, de 3 de Maio – Permite a criação de áreas de desenvolvimento urbano prioritário e de construção prioritária 959

Lei n.° 11/82, de 2 de Junho – Regime de criação e extinção das autarquias locais e de designação e determinação da categoria das povoações 19

Decreto-Lei n.° 390/82, de 17 de Setembro – Regula a realização de empreitadas, fornecimentos e concessões de exclusivos, obras e serviços públicos, por parte dos órgãos autárquicos 717

Lei n.° 4/83, de 2 de Abril – Controle público da riqueza dos titulares de cargos políticos 227

Decreto-Regulamentar n.° 44-B/83, de 1 de Junho – Revê o regime de classificação de serviço na função pública 325

Decreto-Lei n.° 24/84, de 16 de Janeiro – Aprova o Estatuto Disciplinar dos Funcionários e Agentes da Administração Central, Regional e Local 339

Decreto-Lei n.° 116/84, de 6 de Abril – Revê o regime de organização e funcionamento dos serviços técnico-administrativos das autarquias locais 365

Lei n.° 142/85, de 18 de Novembro – Lei quadro da criação de municípios 21

Legislação da Administração Local

Decreto-Lei n.º 247/87, de 17 de Junho – Estabelece o regime jurídico de carreiras e categorias, bem como as formas de provimento, do pessoal das câmaras municipais, serviços municipalizados, federações e associações de municípios, assembleias distritais e juntas de freguesia 375

Lei n.º 29/87, de 30 de Junho – Estatuto dos Eleitos Locais 231

Lei n.º 34/87, de 16 de Julho – Crimes de responsabilidade dos titulares de cargos políticos 243

Decreto-Lei n.º 265/88, de 28 de Julho – Reestrutura as carreiras técnica superior e técnica 399

Decreto Regulamentar n.º 45/88, de 16 de Dezembro – Altera a disciplina de classificação de serviço do pessoal da administração autárquica 407

Decreto-Lei n.º 139/89, de 28 de Abril – Altera o Decreto-Lei n.º 357/75, de 8 de Julho, relativo à protecção ao relevo natural, solo arável e revestimento vegetal 883

Decreto-Lei n.º 244/89, de 5 de Agosto – Disciplina a relevância do tempo de serviço prestado pelos funcionários e agentes da Administração 411

Decreto-Lei n.º 353-A/89, de 16 de Outubro – Estabelece regras sobre o estatuto remuneratório dos funcionários e agentes da Administração Pública e a estrutura das remunerações base das carreiras e categorias nele contempladas 413

Decreto-Lei n.º 381/89, de 28 de Outubro – Estabelece diversas normas aplicáveis aos motoristas da Administração Pública e de institutos públicos. Revoga o Decreto--Lei n.º 33651, de 19 de Maio de 1944, o Decreto-Lei n.º 43336, de 21 de Novembro de 1960, e o Decreto-Lei n.º 298/85, de 26 de Julho 429

Decreto-Lei n.º 427/89, de 7 de Dezembro – Define o regime de constituição, modificação e extinção da relação jurídica de emprego na Administração Pública 431

Decreto-Lei n.º 122/90, de 14 de Abril – Permite a integração nos quadros das câmaras municipais do pessoal dos gabinetes técnicos locais 449

Decreto-Regulamentar n.º 41/90, de 29 de Novembro – Define a composição, competência e normas de funcionamento das juntas médicas 451

Decreto-Lei n.º 5/91, de 8 de Janeiro – Estabelece o novo regime jurídico das assembleias distritais 1053

Decreto-Lei n.º 247/91, de 10 de Julho – Aprova o estatuto das carreiras de pessoal específicas das áreas funcionais de biblioteca e documentação e de arquivo (BAD) 457

Lei n.º 44/91, de 2 de Agosto – Áreas metropolitanas de Lisboa e do Porto 27

Lei n.º 53/91, de 7 de Agosto – Heráldica autárquica e das pessoas colectivas de utilidade pública administrativa 33

Lei n.º 56/91, de 13 de Agosto – Lei quadro das regiões administrativas 39

Decreto-Lei n.º 409/91, de 17 de Outubro – Procede à aplicação à administração local autárquica do Decreto-Lei n.º 427/89, de 7 de Dezembro, o qual define o regime de constituição, modificação e extinção da relação jurídica de emprego na Administração Pública 465

Decreto-Lei n.º 413/91, de 19 de Outubro – Define o regime de regularização de actos de provimento de agentes e funcionários dos serviços dos municípios e estabelece sanções para a prática de actos de provimento nulos ou inexistentes 471

Diplomas Publicados

Decreto-Lei n.° 441/91, de 14 de Novembro – Estabelece o regime jurídico do enquadramento da segurança, higiene e saúde no trabalho 475

Decreto-Lei n.° 252/92, de 19 de Novembro – Define o estatuto e a competência dos governadores civis e aprova o regime dos órgãos e serviços que deles dependem 1059

Decreto-Lei n.° 293/92, de 30 de Dezembro – Estabelece o regime jurídico dos corpos de bombeiros 489

Lei n.° 8/93, de 5 de Março – Regime jurídico de criação de freguesias 51

Decreto-Lei n.° 196/93, de 27 de Maio – Estabelece o regime de incompatibilidades do pessoal de livre designação por titulares de cargos políticos 253

Lei n.° 64/93, de 26 de Agosto – Regime jurídico de incompatibilidades e impedimentos dos titulares de cargos políticos e altos cargos públicos 255

Decreto-Lei n.° 351/93, de 7 de Outubro – Estabelece o regime de caducidade dos pedidos e dos actos de licenciamento de obras, loteamentos e empreendimentos turísticos 969

Decreto-Lei n.° 374/93, de 4 de Novembro – Aplica o novo sistema retributivo aos bombeiros municipais 497

Decreto-Lei n.° 379/93, de 5 de Novembro – Permite o acesso a capitais privados às actividades económicas de captação, tratamento e rejeição de afluentes e recolha e tratamento de resíduos sólidos 729

Decreto-Lei n.° 413/93, de 23 de Dezembro – Reforça as garantias de isenção da Administração Pública 261

Decreto-Lei n.° 294/94, de 16 de Novembro – Estabelece o regime jurídico da concessão de exploração e gestão dos sistemas multimunicipais de resíduos sólidos urbanos 729

Decreto-Lei n.° 319/94, de 24 de Novembro – Estabelece o regime jurídico da construção, exploração e gestão dos sistemas multimunicipais de captação e tratamento de água para consumo público quando atribuídos por concessão 741

Decreto-Lei n.° 61/95, de 7 de Abril – Exclui do âmbito de aplicação do Decreto-Lei n.° 351/93, de 7 de Outubro, as áreas urbanas consolidadas e eleva para o dobro os prazos nele previstos; prorroga até 31 de Dezembro de 1995 o prazo de actuação da Comissão Permanente dos Planos DirectoresMunicipais 973

Lei n.° 91/95, de 2 de Setembro – Processo de reconversão das áreas de génese ilegal 975

Lei n.° 11/96, de 18 de Abril – Regime aplicável ao exercício do mandato dos membros das juntas de freguesia 265

Lei n.° 12/96, de 18 de Abril – Estabelece um novo regime de incompatibilidades 499

Lei n.° 27/96, de 1 de Agosto – Regime jurídico da tutela administrativa 55

Decreto-Lei n.° 162/96, de 4 de Setembro – Estabelece o regime jurídico da construção, exploração e gestão dos sistemas multimunicipais de recolha, tratamento e rejeição de efluentes 753

Decreto-Regulamentar n.° 27/97, de 18 de Junho – Cria, no âmbito do regime de pessoal da administração local, a carreira de conselheiro de consumo 502

8 Legislação da Administração Local

Decreto–Lei n.º 195/97, de 31 de Julho – Define o processo e os prazos para a regularização das situações do pessoal da administração central, regional e local.......... 503

Decreto-Lei n.º 22/98, de 9 de Fevereiro – Extingue a carreira de escriturário- dactilógrafo e determina a transição dos funcionários e agentes detentores daquela categoria para a de terceiro oficial 509

Decreto-Lei n.º 50/98, de 11 de Março – Reformula o regime jurídico da formação profissional na Administração Pública..................... 511

Decreto-Lei n.º 106/98, de 24 de Abril – Estabelece normas relativas ao abono de ajudas de custo e de transporte pelas deslocações em serviço público..................... 523

Lei n.º 19/98, de 28 de Abril – Lei de criação das regiões administrativas 61

Decreto-Lei n.º 116/98, de 5 de Maio – Estabelece os princípios gerais da carreira de médico veterinário municipal (revoga os Decretos-Leis n.ºˢ 143/83, de 30 de Março, e 436/89, de 19 de Dezembro)..................... 533

Lei n.º 23/98, de 26 de Maio – Estabelece o regime de negociação colectiva e a participação dos trabalhadores da Administração Pública em regime de direito público 537

Decreto-Lei n.º 175/98, de 2 de Junlho – Regula a mobilidade entre os funcionários da administração local e da administração central..................... 543

Decreto-Lei n.º 204/98, de 11 de Julho – Regula o concurso como forma de recrutamento e selecção de pessoal para os quadros da Administração Pública.......... 545

Lei n.º 33/98, de 18 de Julho – Conselhos municipais de segurança..................... 65

Lei n.º 42/98, de 6 de Agosto – Lei das Finanças Locais 203

Lei n.º 54/98, de 18 de Agosto – Associações representativas dos municípios e das freguesias ....

Lei n.º 58/98, de 18 de Agosto – Lei das Empresas Municipais, Intermunicipais e Regionais 69

Decreto-Lei n.º 259/98, de 18 de Agosto – Estabelece as regras e os princípios gerais em matéria de duração e horário de trabalho na Administração Pública 561

Decreto-Lei n.º 327/98, de 2 de Novembro – Atribui às empresas públicas municipais competência para a fiscalização do estacionamento de duração limitada 79

Decreto-Lei n.º 404-A/98, de 18 de Dezembro – Estabelece regras sobre o regime geral de estruturação de carreiras da Administração Pública 577

Decreto-Lei n.º 412-A/98, de 30 de Dezembro – Procede à adaptação à administração local do decreto-lei que estabelece as regras sobre o ingresso, acesso e progressão nas carreiras e categorias do regime geral, bem como as respectivas escalas salariais 591

Decreto-Lei n.º 54-A/99, de 22 de Fevereiro – Aprova o Plano Oficial de Contabilidade das Autarquias Locais (POCAL), definindo-se os princípios orçamentais e contabilísticos e os de controlo interno, as regras previsionais, os critérios de valorimetria, o balanço, a demonstração de resultados, bem assim os documentos previsionais e os de prestação de contas 219

Decreto-Lei n.º 100/99, de 31 de Março –Estabelece o regime de férias, faltas e licenças dos funcionários e agentes da administração central, regional e local, incluindo

Diplomas Publicados

os institutos públicos que revistam a natureza de serviços personalizados ou de fundos públicos.. 607

Decreto-Lei n.º 190/99, de 5 de Junho – Estabelece o regime geral de atribuição de incentivos à mobilidade dos recursos humanos na Administração Pública......... 635

Decreto-lei n.º 197/99, de 8 de Junho – Transpõe para a ordem jurídica interna as Directivas n.ºs 592/50/CEE, do Conselho, de 18 de Junho, e 97/52/CE, do Parlamento Europeu e do Conselho, de 13 de Outubro, e estabelece o regime de realização de despesas públicas com locação e aquisição de bens e serviços, bem como da contratação pública relativa à locação e aquisição de bens móveis e serviços 765

Lei n.º 48/99, de 16 de Junho – Estabelece o regime de instalação de novos municípios 81

Lei n .º 49/99, de 22 de Junho – Estabelece o estatuto do pessoal dirigente dos serviços e organismos da administração central e local do Estado e da administração regional, bem como, com as necessárias adaptações, dos institutos públicos, que revistam a natureza de serviços personalizados ou de fundos públicos 641

Decreto-Lei n.º 238/99, de 25 de Junho – Adapta à Administração Local o regime geral de recrutamento e selecção de pessoal da Administração Pública 659

Decreto-Lei n.º 324/99, de 18 de Agosto – Institui um regime especial de trabalho a tempo parcial para o pessoal com mais de 55 anos de idade............................... 661

Decreto-Lei n.º 325/99, de 18 de Agosto – Introduz a semana de trabalho de quatro dias no âmbito da Administração Pública 665

Lei n.º 140/99, de 28 de Agosto – Estabelece o regime e forma de criação das polícias municipais.. 87

Lei n.º 159/99, de 14 de Setembro – Estabelece o quadro de transferência de atribuições e competências para as autarquias locais 93

Lei n.º 169/99 de 18 de Setembro – Estabelece o quadro de competências, assim como o regime jurídico de funcionamento, dos órgãos municipais e das freguesias....... 103

Lei n.º 172/99, de 21 de Setembro – Estabelece o regime jurídico comum da associações de municípios de direito público 139

Lei n.º 175/99, de 21 de Setembro – Estabelece o regime jurídico comum das associações de freguesias de direito público 145

Decreto-Lei n.º 380/99, de 22 de Setembro – Estabelece o regime jurídico dos instrumentos de gestão territorial 997

Decreto-Lei n.º 488/99, de 17 de Novembro – Define as formas de aplicação do regime jurídico de segurança, higiene e saúde no trabalho à Administração Pública e revoga o Decreto-Lei n.º 191/95, de 28 de Julho 669

Decreto-Lei n.º 489/99, de 17 de Dezembro – Aplica o processo de regularização previsto no Decreto-Lei n.º 413/91, de 19 de Outubro, alterado pela Lei n.º 5/92, de 21 de Abril, ao pessoal admitido ou promovido irregularmente até três anos antes da entrada em vigor daquele diploma 677

Decreto-Lei n.º 497/99, de 19 de Novembro – Estabelece o regime de reclassificação e de reconversão profissionais no serviços e organismos da Administração Pública 679

Deccreto-Lei n.º 498/99, de 19 de Novembro – Estabelece o desenvolvimento indiciário da categoria de revisor de transportes colectivos e da carreira de agente único de transportes colectivos, da administração local 685

Decreto-Lei n.º 514/99, de 24 de Novembro – Procede à adaptação à administração local da lei n.º 49/99, de 22 de Junho, que estabelece o estatuto do pessoal dirigente dos serviços e organismos da administração central e local do Estado, bem como, com as necessárias adaptações, dos institutos personalizados ou de fundos públicos 687

Decreto-Lei n.º 555/99, de 16 de Dezembro – Estabelece o regime jurídico de urbanização e edificação 887

Decreto Regulamentar n.º 1/2000, de 9 de Março – Regulamenta a Lei n.º 4/83, de 20 de Abril, alterada pela Lei n.º 25/95, de 18 de Agosto, relativa ao controlo público da riqueza dos titulares de cargos políticos 269

Decreto-lei n.º 39/2000, de 17 de Março – Regula a criação de serviços de polícia municipal 693

Decreto-Lei n.º 40/2000, de 17 de Março – Regula as condições e o modo de exercício de funções de agente de polícia municipal 705

Lei Orgânica n.º 4/2000, de 24 de Agosto – Aprova o regime jurídico do referendo local

Decreto-Lei n.º 218/2000, de 9 de Setembro – Procede à adaptação à administração local do Decreto-Lei n.º 497/99, de 19 de Novembro, que estabelece o regime de reclassificação e reconversão profissionais nos serviços e organismos da Administração Pública 709

Decreto-Lei n.º 234-A/2000, de 25 de Setembro – Cria, no ordenamento de carreiras da administração local, a carreira de assistente de acção educativa e estabelece regras para a contratação de pessoal para o exercício de funções de auxiliar de acção educativa 711

Decreto-Lei n.º 277/2000, de 10 de Novembro – Adapta à administração local o regime especial de trabalho a tempo parcial para os funcionários de nomeação definitiva com mais de 55 anos de idade, bem como o regime que introduz a semana de trabalho de quatro dias 713

Decreto-Lei n.º 177/2001, de 4 de Junho – Altera o Decreto Lei n.º 555/99, de 16 de Dezembro, que estabelece o regime jurídico da urbanização e da edificação 939

Portaria n.º 948/2001, de 3 de Agosto – Define o regime remuneratório dos governadores, dos vice-governadores civis e dos membros do gabinete de apoio pessoal, bem como a composição deste 1071

Lei Orgânica n.º 1/2001, de 14 de Agosto – Lei que regula a eleição dos titulares dos órgãos das autarquias locais e segunda alteração à Lei n.º 56/98, de 18 de Agosto, com a redacção que lhe foi conferida pela Lei n.º 23/2000, de 23 de Agosto, que altera o regime do financiamento dos partidos políticos e das campanhas eleitorais 273

I
ORGANIZAÇÃO ADMINISTRATIVA

Decreto-Lei n.º 311/80, de 19 de Agosto – Cria o Conselho Nacional de Municípios (CNM).

Lei n.º 8/81, de 15 de Junho – Ratifica, com emendas, o Decreto-Lei n.º 53/79, de 24 de Março (bairros administrativos).

Lei n.º 11/82, de 2 de Junho – Regime de criação e extinção das autarquias locais e de designação e determinação da categoria das povoações.

Lei n.º 142/85, de 18 de Novembro – Lei quadro da criação de municípios.

Lei n.º 44/91, de 2 de Agosto – Áreas metropolitanas de Lisboa e do Porto.

Lei n.º 53/91, de 7 de Agosto – Heráldica autárquica e das pessoas colectivas de utilidade pública administrativa.

Lei n.º 56/91, de 13 de Agosto – Lei quadro das regiões administrativas.

Lei n.º 8/93, de 5 de Março – Regime jurídico de criação de freguesias.

Lei n.º 27/96, de 1 de Agosto – Regime jurídico da tutela administrativa.

Lei n.º 19/98, de 28 de Abril – Lei de criação das regiões administrativas.

Lei n.º 33/98, de 18 de Julho – Conselhos municipais de segurança.

Lei n.º 54/98, de 18 de Agosto – Associações representativas dos municípios e das freguesias.

Lei n.º 58/98, de 18 de Agosto – Lei das Empresas Municipais, Intermunicipais e Regionais.

Decreto-Lei n.º 327/98, de 2 de Novembro – Atribui às empresas públicas municipais competência para a fiscalização do estacionamento de duração limitada.

Lei n.º 48/99, de 16 de Junho – Estabelece o regime de instalação de novos municípios.

Lei n.º 140/99, de 28 de Agosto – Estabelece o regime e forma de criação das polícias municipais.

Lei n.º 159/99, de 14 de Setembro – Estabelece o quadro de transferência de atribuições e competências para as autarquias locais.

Lei n.º 169/99 de 21 de Setembro – Estabelece o quadro de competências, assim como o regime jurídico de funcionamento, dos órgãos municipais e das freguesias.

Lei n.º 172/99, de 21 de Setembro – Estabelece o regime jurídico comum da associações de municípios de direito público.

Lei n.º 175/99, de 21 de Setembro – Estabelece o regime jurídico comum das associações de freguesias de direito público.

Lei Orgânica n.º 4/2000, de 24 de Agosto – Aprova o regime jurídico do referendo local.

DECRETO-LEI N.° 311/80

de 19 de Agosto

Cria o Conselho Nacional de Municípios (CNM)

As alterações a introduzir ao sistema português de administração pública, com vista a atingir graus de descentralização mais elevados, impõem a procura de mecanismos que facilitem o diálogo, que se pretende constante e profícuo, entre os diversos níveis de administração.

Por isso, dever-se-ão procurar formas institucionais que, assentando em esquemas leves e operacionais, conduzam os sujeitos executores a participarem de forma activa na decisão de medidas que correspondam aos reais interesses do País.

Neste particular, e no actual estado do processo de reformas em curso, assumem especial importância as relações entre os municípios e a Administração Central.

Assim, e na linha do Programa do Governo, que aponta para o estabelecimento de mecanismos de articulação entre a Administração Local e Central, cria-se agora o Conselho Nacional de Municípios, órgão de consulta e interlocutor privilegiado do Governo em todos os assuntos de interesse para as autarquias municipais.

Na linha de recentes medidas já tomadas no domínio da Administração Regional e Local, procurou-se tomar uma atitude evolutiva no desenho da instituição agora criada, esperando que a experiência que vier a ser recolhida acerca do modo como funcionar determinará a necessidade de novas adaptações.

Por esta razão, e com o objectivo de tornar desde já operacional o órgão agora criado, optou-se pelo apoio logístico das comissões de coordenação regional (criadas pelo Decreto-Lei n.° 494/79, de 21 de Dezembro), quer, designadamente, para a eleição dos representantes das autarquias municipais no Conselho Nacional de Municípios, quer, ainda, pondo as instalações da CCR à disposição do Conselho Nacional de Municípios.

Para além das actividades para cujo desenvolvimento agora se aponta, outras poderão vir a ser naturalmente assumidas pelo próprio Conselho. O Governo apenas pretende dar início a formas mais pragmáticas de diálogo entre vários níveis de administração, pondo-as à disposição dos municípios.

Aquilo que será o Conselho Nacional de Municípios e a importância que vier a ter no processo de reforço do poder local decorrerá mais do empenhamento que os seus membros votarem às acções que esse órgão entenda desenvolver do que da decisão legislativa que o Governo agora tomou.

Por último, não podem deixar de ser referidas as perspectivas que se abrem através de ligações que certamente se irão estabelecer entre o Conselho Nacional de Municípios e outras organizações congéneres internacionais.

I – Organização Administrativa

Nestes termos:

ARTIGO 1.°

É criado o Conselho Nacional de Municípios (CNM), órgão consultivo junto do Governo em matérias de interesse para a Administração Local.

ARTIGO 2.°

1 – O CNM é composto de dezanove membros, distribuídos da forma seguinte:

a) Dezassete representantes eleitos pelos conselhos consultivos regionais a que se refere o artigo 5.° do Decreto-Lei n.° 494/79, de 21 de Dezembro, de entre os elementos que neles representam os agrupamentos de municípios;

b) Um representante dos municípios de cada região autónoma eleitos de entre os presidentes das câmaras, segundo forma a determinar pelos respectivos Governos Regionais.

2 – Os mandatos dos membros do CNM caducarão automaticamente com a cessação das suas funções de representação no conselho consultivo regional ou das respectivas funções autárquicas.

ARTIGO 3.°

Cada conselho consultivo regional elegerá o seguinte número de representantes no CNM:

a) Conselho Consultivo Regional do Norte – 5;

b) Conselho Consultivo Regional do Centro – 4;

c) Conselho Consultivo Regional de Lisboa e Vale do Tejo – 4;

d) Conselho Consultivo Regional do Alentejo – 3;

e) Conselho Consultivo Regional do Algarve – 1.

ARTIGO 4.°

Compete ao Conselho Nacional de Municípios:

a) Formular propostas e fazer recomendações sobre assuntos de interesse para a Administração Local;

b) Pronunciar-se relativamente aos assuntos que o Governo submeta à sua apreciação.

ARTIGO 5.°

Ao Ministério da Administração Interna competirá diligenciar no sentido de, no mais curto lapso de tempo, serem designados os membros do CNM.

ARTIGO 6.°

1 – O CNM terá uma direcção permanente constituída por um presidente e três vice-presidentes, eleitos de entre os seus membros.

2 – Compete à direcção do CNM organizar as reuniões, assegurar o expediente e fazer as convocatórias para as sessões do plenário.

ARTIGO 7.°

O Ministro da Administração Interna convocará e presidirá, sem direito a voto, à primeira reunião do CNM, destinada à eleição do presidente e dos vice-presidentes e à definição das linhas gerais do seu funcionamento.

ARTIGO 8.º

O regime interno do CNM será aprovado em reunião especialmente convocada para o efeito.

ARTIGO 9.º

Enquanto não forem definidas as normas relativas ao seu funcionamento, o CNM reunirá rotativamente junto de cada uma das comissões de coordenação regional (CCR) existentes, que fornecerão todo o apoio logístico necessário.

ARTIGO 10.º

O CNM poderá estabelecer e manter relações de cooperação com instituições similares estrangeiras, podendo receber subsídios de entidades públicas ou privadas, nacionais, internacionais ou estrangeiras.

ARTIGO 11.º

As dúvidas e os casos omissos surgidos na execução do presente diploma serão resolvidos mediante despacho do Ministro da Administração Interna.

LEI N.º 8/81

de 15 de Junho

**Ratifica, com emendas, o Decreto-Lei n.º 53/79,
de 24 de Março (bairros administrativos)**

ARTIGO ÚNICO

O Decreto-Lei n.º 53/79, de 24 de Março, passa a ter a seguinte redacção:

ARTIGO 1.º

São extintos os bairros administrativos referidos no § 1.º do artigo 1.º do Código Administrativo.

ARTIGO 2.º

O processo de extinção deve iniciar-se no prazo de trinta dias e estar concluído até 31 de Julho de 1981.

ARTIGO 3.º

Para a condução do processo de extinção deverá o Ministério da Administração Interna promover a constituição de uma comissão, que será presidida por um representante daquele Ministério e de que farão parte um representante de cada um dos Municípios de Lisboa e Porto, designados pela respectiva câmara.

ARTIGO 4.º

Até à conclusão do processo de extinção destes bairros, constitui encargo dos Governos Civis de Lisboa e Porto o pagamento das despesas de instalação e funcionamento das respectivas administrações, bem como a satisfação dos encargos com o seu pessoal.

ARTIGO 5.º

Durante o mesmo período, revertem para o governo civil respectivo os emolumentos cobrados nas administrações destes bairros pela prestação de serviços no exercício de funções e que lhes são atribuídos por lei, os quais deverão ser entregues até ao dia 10 do mês seguinte àquele a que respeitem.

ARTIGO 6.º

Após a conclusão do processo de extinção destes bairros, a competência que lhes é própria é transferida para os Municípios de Lisboa e Porto, considerando-se atribuída a estas autarquias a competência conferida por leis especiais às administrações dos bairros de Lisboa e Porto, com excepção das resultantes de delegação de poderes dos governadores civis.

I – Organização Administrativa

ARTIGO 7.º

1 – O pessoal das administrações destes bairros deverá optar pelo seu ingresso nos quadros privativos dos governos civis ou das autarquias locais da respectiva área ou, ainda, no quadro geral administrativo dos serviços externos do Ministério da Administração Interna, bem como, quando nele esteja integrado, pela sua manutenção nesse quadro, declarando-o por escrito, no prazo de três meses a contar da publicação da presente lei, perante a comissão de extinção.

2 – A transferência operar-se-á para lugares da mesma categoria e classe, considerando-se para o efeito, as equivalências previstas para classes semelhantes pela legislação em vigor.

3 – O pessoal que mudar de quadro ocupará vagas da sua categoria no novo quadro, mantendo-se o excedente como supranumerário até à sua completa absorção.

4 – O pessoal das administrações destes bairros que mudar de quadro manterá todos os direitos, remunerações e regalias de que desfruta, sendo-lhe contado o tempo de serviço prestado no quadro de origem para todos os efeitos legais, designadamente para efeitos de promoção e aposentação.

ARTIGO 8.º

Após a conclusão do processo de extinção destes bairros, os Municípios de Lisboa e Porto assumem a sua posição nos contratos legalmente celebrados àqueles respeitantes, para eles passando a titularidade dos direitos e obrigações contraídos relativamente à instalação e funcionamento dos correspondentes serviços, sem dependência de quaisquer formalidades e sem prejuízo da responsabilidade dos governos civis pelas dívidas originadas no período da extinção.

ARTIGO 9.º

1 – São extintos também os bairros administrativos actualmente existentes, previstos no § 2.º do artigo 1.º do Código Administrativo, podendo manter-se os actuais serviços que neles funcionam como serviços de extensão da administração municipal.

2 – No caso de se optar pela não continuidade dos serviços, aplicar-se-á ao pessoal das administrações dos bairros extintos o regime previsto no artigo 7.º do presente diploma.

3 – Ao património das administrações dos bairros extintos aplicar-se-á o regime previsto no artigo anterior.

ARTIGO 10.º

As dúvidas que surgirem na aplicação desta lei serão resolvidas por despacho do Ministro da Administração Interna.

ARTIGO 11.º

São revogados os artigos 1.º, 108.º, 109.º, 109.º-A e 109.º-B, o § único do artigo 134.º e o § 2.º do artigo 408.º do Código Administrativo.

LEI N.º 11/82

de 2 de Junho

Regime de criação e extinção das autarquias locais e de designação e determinação da categoria das povoações

ARTIGO 1.º (¹)

Compete à Assembleia da República legislar sobre a criação ou extinção das autarquias locais e fixação dos limites da respectiva circunscrição territorial.

1 – Revogado, na parte respeitante à criação de freguesias, pelo art. 14.º da Lei n.º 8/93, de 5 de Março.

ARTIGO 2.º

Cabe também à Assembleia da República legislar sobre a designação e a determinação da categoria das povoações.

ARTIGO 3.º

A Assembleia da República, na apreciação das respectivas iniciativas legislativas, deve ter em conta:

a) Os pertinentes índices geográficos, demográficos, sociais, culturais e económicos;

b) Razões de ordem histórica;

c) Os interesses de ordem geral e local em causa, bem como as repercussões admi-nistrativas e financeiras da alteração pretendida;

d) Os pareceres e apreciações expressos pelos órgãos do poder local.

ARTIGOS 4.º a 11.º (¹)

....

1 – Revogados pelo art. 14.º da Lei n.º 8/93, de 5 de Março.

ARTIGO 12.º

Uma povoação só pode ser elevada à categoria de vila quando conte com um número de eleitores, em aglomerado populacional contínuo, superior a 3000 e possua, pelo menos, metade dos seguintes equipamentos colectivos:

a) Posto de assistência médica;

b) Farmácia;

c) Casa do Povo, dos Pescadores, de espectáculos, centro cultural ou outras colectividades;

d) Transportes públicos colectivos;

e) Estação dos CTT;

f) Estabelecimentos comerciais e de hotelaria;

I – Organização Administrativa

g) Estabelecimento que ministre escolaridade obrigatória;
h) Agência bancária.

ARTIGO 13.º
Uma vila só pode ser elevada à categoria de cidade quando conte com um número de eleitores, em aglomerado populacional contínuo, superior a 8000 e possua, pelo menos, metade dos seguintes equipamentos colectivos:
a) Instalações hospitalares com serviço de permanência;
b) Farmácias;
c) Corporação de bombeiros;
d) Casa de espectáculos e centro cultural;
e) Museu e biblioteca;
f) Instalações de hotelaria;
g) Estabelecimento de ensino preparatório e secundário;
h) Estabelecimento de ensino pré-primário e infantários;
i) Transportes públicos, urbanos e suburbanos;
j) Parques ou jardins públicos.

ARTIGO 14.º
Importantes razões de natureza histórica, cultural e arquitectónica poderão justificar uma ponderação diferente dos requisitos enumerados nos artigos 12.º e 13.º.

ARTIGO 15.º
O disposto no artigo 9.º aplica-se igualmente à fixação da categoria de povoações.

ARTIGO 16.º
1 – A presente lei aplica-se às regiões autónomas.
2 – As adaptações a introduzir por decreto das respectivas assembleias regionais deverão respeitar os princípios da presente lei.

ARTIGO 17.º
São revogados os artigos 8.º, 9.º e 12.º do Código Administrativo.

LEI N.º 142/85

de 18 de Novembro

Lei quadro da criação de municípios

ARTIGO 1.º – **(Objecto)**

Constitui objecto da presente lei o estabelecimento do regime da criação de municípios, na sequência dos princípios constantes da Lei n.º 11/82, de 2 de Junho, sobre o regime de criação e extinção das autarquias locais e de determinação da categoria das povoações.

ARTIGO 2.º – **(Factores de decisão)**

A Assembleia da República, na apreciação das iniciativas que visem a criação, extinção e modificação de municípios, deverá ter em conta:

a) A vontade das populações abrangidas, expressa através dos órgãos autárquicos representativos, consultados nos termos do artigo 5.º desta lei;

b) Razões de ordem histórica e cultural;

c) Factores geográficos, demográficos, económicos, sociais, culturais e administrativos;

d) Interesses de ordem nacional e regional ou local em causa.

ARTIGO 3.º – **(Condicionante financeira)**

Não poderá ser criado nenhum município se se verificar que as suas receitas, bem como as do município ou municípios de origem, não são suficientes para a prossecução das atribuições que lhe estiverem cometidas.

ARTIGO 4.º – **(Requisitos geodemográficos)**

1 – A criação de novos municípios em áreas de densidade populacional, calculada com base na relação entre os eleitores e a área dos municípios de origem, inferior a 100 eleitores por quilómetro quadrado deverá ter em conta a verificação cumulativa dos seguintes requisitos:

a) Na área da futura circunscrição municipal, o número de eleitores nela residentes será superior a 10 000;

b)(¹) A área da futura circunscrição cuja criação é pretendida será superior a 24 km²;

c) Existência de um aglomerado populacional contínuo que conte com um número mínimo de 5000 eleitores;

d) Posto de assistência médica com serviço de permanência;

e) Farmácia;

f) Casa de espectáculos;

g) Transportes públicos colectivos;

h) Estação dos CTT

i) Instalações de hotelaria;

j) Estabelecimentos de ensino preparatório e secundário;

l) Estabelecimentos de ensino pré-primário e infantário;

22   *I – Organização Administrativa*

m) Corporação de bombeiros;

n) Parques e jardins públicos;

o) Agência bancária.

2 – A criação de novos municípios em áreas com densidade populacional que, calculada com base na relação entre os eleitores e a área dos municípios de origem, for igual ou superior a 100 eleitores por quilómetro quadrado e inferior a 200 eleitores por quilómetro quadrado deverá ter em conta a verificação cumulativa dos seguintes requisitos:

a) Na área da futura circunscrição municipal, o número de eleitores nela residentes será superior a 12 000;

b) A área da futura circunscrição cuja criação é pretendida será superior a 150 km^2;

c) Existência de um aglomerado populacional contínuo que conte com um número mínimo de 5000 eleitores;

d) Posto de assistência médica com serviço de permanência;

e) Farmácia;

f) Casa de espectáculos;

g) Transportes públicos colectivos;

h) Estação dos CTT;

i) Instalações de hotelaria;

j) Estabelecimentos de ensino preparatório e secundário;

l) Estabelecimentos de ensino pré-primário e infantário;

m) Corporação de bombeiros;

n) Parques e jardins públicos;

o) Agência bancária.

3 – A criação de municípios em áreas com densidade populacional, calculada com base na relação entre o número de eleitores e a área dos municípios de origem, igual ou superior a 200 eleitores por quilómetro quadrado e inferior a 500 eleitores por quilómetro quadrado deverá ter em conta a verificação cumulativa dos seguintes requisitos:

a) Na área da futura circunscrição municipal, o número de eleitores nela residentes será superior a 12000;

b) A área da futura circunscrição cuja criação é pretendida será superior a 30 km^2;

c) Existência de um aglomerado populacional contínuo que conte com um número mínimo de 5000 eleitores residentes;

d) Posto de assistência médica com serviço de permanência;

e) Farmácia;

f) Casa de espectáculos;

g) Transportes públicos colectivos;

h) Estação dos CTT;

i) Instalações de hotelaria;

j) Estabelecimentos de ensino preparatório e secundário;

l) Estabelecimentos de ensino pré-primário e infantário;

m) Corporação de bombeiros;

n) Parques e jardins públicos

o) Agência bancária.

4 – A criação de municípios em áreas de densidade populacional, calculada com base na relação entre o número de eleitores e a área dos municípios de origem, igual ou superior a 500 eleitores por quilómetro quadrado deverá ter em conta a verificação cumulativa dos seguintes requisitos:

a) Na área da futura circunscrição municipal, o número de eleitores nela residentes será superior a 30 000;

b) A área da futura circunscrição cuja criação é pretendida será superior a 30 km^2;

c) Existência de um centro urbano, constituído em aglomerado contínuo, com um número mínimo de 10 000 eleitores residentes e contando com os seguintes equipamentos colectivos:

Posto médico com serviço permanente;

Farmácia;

Mercado;

Casa de espectáculos;

Transportes públicos colectivos;

Estação dos CTT;

Instalações de hotelaria;

Estabelecimentos de ensino preparatório e secundário;

Estabelecimentos de ensino pré-primário;

Creche-infantário;

Corporação de bombeiros;

Agência bancária;

Parque e jardim público;

Recinto desportivo.

5 – O novo município a criar deve ter fronteira com mais de um município, caso não seja criado junto à orla marítima ou à fronteira com país vizinho, e ser geograficamente contínuo.

1 – Redacção do art. 1.º da Lei n.º 32/98, de 18 de Julho.

ARTIGO 5.º – (Consultas prévias)

1 – O projecto ou proposta de lei de criação de novo município deverá obter parecer favorável das assembleias das freguesias a integrar no novo município.

2 – Os municípios em que se integrem as freguesias referidas no número anterior serão ouvidos nos termos da alínea *d)* do artigo 3.º da Lei n.º 11/82, de 2 de Junho.

3 – Para efeito de observância do disposto nos números anteriores, a Assembleia da República ou o Governo, conforme o caso, ouvirão os órgãos das autarquias interessadas, que se pronunciarão no prazo de 60 dias.

4 – As deliberações a que respeitam as consultas de que trata este artigo são tomadas pela maioria absoluta do número de membros em efectividade de funções nos respectivos órgãos.

ARTIGO 6.º – (Proibição temporária da criação de municípios)

1 – É proibido criar, extinguir ou modificar territorialmente municípios nos 6 meses anteriores ao período em que legalmente devam realizar-se eleições gerais para qualquer órgão de soberania, das regiões autónomas e do poder local.

2 – No caso de eleições intercalares, a proibição prevista no número anterior abrange todo o período posterior ao facto que as determinar até à realização do acto eleitoral e, tratando-se de órgãos de região autónoma ou do poder local, reporta-se apenas a municípios envolvidos no processo de criação, extinção ou modificação territorial.

ARTIGO 7.º – (Abertura e instrução do processo)

1 – Admitidos o projecto ou proposta de lei, o Presidente da Assembleia da República, tendo em vista o que se dispõe nos artigos 2.º e 4.º da presente lei, ordenará a instauração do processo no âmbito da respectiva comissão parlamentar.

I – Organização Administrativa

2 – A abertura nos termos do número anterior será comunicada ao Governo, para que este, nos 90 dias seguintes, forneça à Assembleia da República, sob a forma de relatório, os elementos susceptíveis de instrução do processo de acordo com o que se dispõe nesta lei.

3 – O relatório a que se refere o número anterior será elaborado por uma comissão apoiada tecnicamente pelos serviços competentes do Ministério da Administração Interna, presidida por representante deste Ministério e integrada por membros indicados pelas juntas das freguesias previstas para constituírem o novo município, pela câmara ou câmaras municipais do município ou municípios de origem e ainda por representantes da Inspecção-Geral de Finanças e do Instituto Geográfico e Cadastral, a nomear pelo Ministro das Finanças e do Plano.

4 – O prazo referido no n.º 2 poderá ser prorrogado pela Assembleia da República, por solicitação fundamentada do Governo.

ARTIGO 8.º – (**Elementos essenciais do processo**)

1 – O relatório referido no n.º 2 do artigo anterior incidirá, nomeadamente, sobre os seguintes aspectos:

a) Viabilidade do novo município e do município ou municípios de origem;

b) Delimitação territorial do novo município, acompanhada de representação cartográfica em planta à escala de 1:25 000;

c) Alterações a introduzir no território do município ou municípios de origem, acompanhadas de representação cartográfica em escala adequada;

d) Indicação da denominação, sede e categoria administrativa do futuro município, bem como do distrito em que ficará integrado;

e) Discriminação, em natureza, dos bens, universalidades, direitos e obrigações do município ou municípios de origem a transferir para o novo município;

f) Enunciação de critérios suficientemente precisos para a afectação e imputação ao novo município de direitos e obrigações, respectivamente.

2 – O relatório será ainda instruído com cópias autenticadas das actas dos órgãos das autarquias locais envolvidas, ouvidos nos termos do artigo 5.º desta lei.

ARTIGO 9.º – (**Menções legais obrigatórias**)

A lei criadora do novo município deverá:

a) Determinar as freguesias que o constituem e conter, em anexo, um mapa à escala de 1:25 000, com a delimitação da área do novo município e a nova área dos municípios de origem;

b) Incluir os elementos referenciados nas alíneas *d)*, *e)* e *f)* do n.º 1 do artigo anterior;

c) Consagrar a possibilidade de nos 2 anos seguintes à criação do município poderem os trabalhadores dos demais municípios, com preferência para os dos municípios de origem, requerer a transferência para lugares, não de direcção ou chefia, do quadro do novo município até ao limite de dois terços das respectivas dotações;

d) Definir a composição da comissão instaladora;

e) Estabelecer o processo eleitoral.

ARTIGO 10.º([1]) – (**Período transitório**)

1([2]) – *Após a publicação da lei de criação do novo município, caberá à comissão referida no n.º 3 do artigo 7.º viabilizar a partilha de patrimónios e a determinação de direitos e de responsabilidades, dentro dos critérios orientadores definidos no artigo seguinte, mas sem prejuízo do que sobre as mesmas matérias se disponha especialmente na lei de criação.*

Lei n.º 142/85, de 18 de Novembro 25

2([2]) – *Os documentos elaborados pela comissão nos termos deste artigo deverão ficar concluídos nos 60 dias seguintes à publicação da lei de criação e serão objecto de aprovação pelas câmaras municipais e pela comissão instaladora do novo município.*

3([2]) – *A transmissão de bens, universalidades, direitos e obrigações para o novo município efectua-se por força da lei que o criar, sendo o registo, quando tenha lugar, lavrado mediante simples requerimento instruído com os documentos referidos no número anterior.*

4 – Todos os serviços já existentes na área do novo município passam de imediato, após a entrada em vigor da lei de criação, a ser dirigidos pela comissão instaladora, sem prejuízo da manutenção do apoio em meios materiais e financeiros dos municípios de origem indispensáveis à continuidade do seu funcionamento e até que sejam formalmente recebidos por aquela comissão, nos termos do n.º 2 deste artigo.

5 – Consideram-se em vigor na área do novo município todos os regulamentos municipais que aí vigoravam à data da criação, cabendo à comissão instaladora, no caso de regulamentação proveniente de mais de um município, deliberar sobre aquela que passa a ser aplicada.

1 – A Lei n.º 48/99, de 16 de Junho, estabelece o regime de instalação de novos municípios.
2 – Revogado pelo art. 19.º da Lei n.º 48/99, de 16 de Junho.

ARTIGO 11.º – **(Eleições intercalares)**

1([1]) – A criação de um novo município implica a realização de eleições para todos os órgãos dos diversos municípios envolvidos, salvo se a respectiva lei for publicada nos 12 meses anteriores ou posteriores ao termo do prazo em que legalmente se devem realizar as correspondentes eleições gerais.

2 – A data das eleições intercalares, o calendário das respectivas operações de adaptação dos cadernos de recenseamento e as operações eleitorais serão fixados pelo órgão competente no prazo máximo de 30 dias após a entrada em vigor da lei.

1 – Redacção do art. 2.º da Lei n.º 32/98, de 18 de Julho.

ARTIGO 12.º – **(Critérios orientadores)**

1 – Salvo o que especialmente se dispuser na lei de criação, a partilha de patrimónios e a determinação de direitos e responsabilidades a que se referem os n.os 1 e 2 do artigo 8.º atenderá aos seguintes critérios orientadores:

a) Transmissão para a nova autarquia, sem prejuízo do disposto na alínea *f*), de uma parte da dívida e respectivos encargos dos municípios de origem, proporcional ao rendimento dos impostos ou taxas que constituam, nos termos da lei, receita própria dos municípios;

b) Transferência para o novo município do direito aos edifícios e outros bens dos municípios de origem situados na área das freguesias que passam a integrar a nova autarquia;

c) Transferência para o novo município das instalações da rede geral dos serviços pertencentes ou explorados pelos municípios de origem situados na área das freguesias que passam a integrar a nova autarquia, salvo tratando-se de serviços indivisíveis por natureza ou estrutura e que aproveitem às populações de mais de uma autarquia, caso em que os municípios interessados se associarão por qualquer das formas previstas na lei para a sua detenção e exploração comum;

d) Transferência para o novo município do produto, e correspondentes encargos, de empréstimos contraídos para a aquisição, construção ou instalação dos bens e serviços transferidos nos termos das alíneas *b*) e *c*);

e) Transferência para o novo município do pessoal adstrito a serviços em actividade na sua área e ainda daqueles que passam a caber-lhe.

I – Organização Administrativa

2 – Em todas as demais situações em que hajam de determinar-se direitos ou obrigações serão estes apurados proporcionalmente ao número de eleitores inscritos à data da criação.

3 – Os critérios enunciados deverão ser igualmente tidos em conta pela comissão parlamentar quando o relatório for omisso, inconclusivo ou não fundamentado no que respeita às exigências do artigo 8.º.

ARTIGO 13.º – (Comissão instaladora)

1(¹) – *Com vista a proceder à implantação de estruturas e serviços, funcionará, no período que decorrer entre a publicação da lei e a constituição dos órgãos do novo município, uma comissão instaladora que promoverá as acções necessárias à instalação daqueles órgãos e assegurará a gestão corrente da autarquia.*

2(¹) – *A comissão instaladora será composta por 5 membros designados pelo Ministro da Administração Interna, que tomará em consideração os resultados eleitorais globais obtidos pelas forças políticas nas últimas eleições autárquicas realizadas para as assembleias das freguesias que integram o novo município, aplicando-se, com as necessárias adaptações, o disposto no artigo 10.º da Lei n.º 11/82, de 2 de Junho.*

3 – Ao Ministério da Administração Interna competirá assegurar as instalações e os meios materiais e financeiros necessários à actividade da comissão instaladora.

1 – Revogado pelo art. 19.º da Lei n.º 48/99, de 16 de Junho.

ARTIGO 14.º – (Aplicação da lei)

1 – A presente lei é aplicável a todos os projectos e propostas de lei de criação de novos municípios pendentes na Assembleia da República.

2 – A aplicação da presente lei às Regiões Autónomas dos Açores e da Madeira depende da publicação de normas especiais que tomem em conta o particular condicionalismo geográfico e populacional dos correspondentes arquipélagos.

3 – Não poderão ser criados novos municípios sediados nos distritos de Lisboa, Porto e Setúbal enquanto não for definida a delimitação das áreas urbanas referidas no artigo 238.º, n.º 3, da Constituição.

4(¹) – *A criação de novos municípios só poderá efectivar-se após a criação das regiões administrativas nos termos dos artigos 250.º, 256.º e seguintes da Constituição.*

1 – Revogado pelo art. único da Lei n.º 124/87, de 27 de Novembro.

LEI N.º 44/91

de 2 de Agosto

Áreas metropolitanas de Lisboa e do Porto

CAPÍTULO I – Disposições gerais

ARTIGO 1.º – (Criação das áreas metropolitanas)

1 – São criadas as áreas metropolitanas de Lisboa e do Porto, abreviadamente designadas, respectivamente, por AML e AMP.

2 – As áreas metropolitanas são pessoas colectivas de direito público de âmbito territorial e visam a prossecução de interesses próprios das populações da área dos municípios integrantes.

ARTIGO 2.º – (Âmbito territorial)

1 – A área metropolitana de Lisboa tem sede em Lisboa e compreende os concelhos de Alcochete, Almada, Amadora, Azambuja, Barreiro, Cascais, Lisboa, Loures, Mafra, Moita, Montijo, Oeiras, Palmela, Sesimbra, Setúbal, Seixal, Sintra e Vila Franca de Xira.

2 – A área metropolitana do Porto tem sede no Porto e compreende os concelhos de Espinho, Gondomar, Maia, Matosinhos, Porto, Póvoa de Varzim, Valongo, Vila do Conde e Vila Nova de Gaia.

3 – O âmbito territorial das áreas metropolitanas pode ser alterado por decreto-lei, ouvidos os municípios interessados.

ARTIGO 3.º – (Instituição em concreto)

1 – A instituição em concreto de cada uma das áreas metropolitanas depende do voto favorável da maioria de dois terços das assembleias municipais que representem a maioria da população da respectiva área.

2 – O voto a que se refere o número anterior é expresso em deliberação tomada em reunião extraordinária da assembleia municipal, convocada exclusivamente para o efeito com a antecedência mínima de 30 dias.

3 – As deliberações das assembleias municipais são comunicadas ao Governo, através do ministério da tutela, no prazo de oito dias.

ARTIGO 4.º – (Atribuições)

As áreas metropolitanas têm as seguintes atribuições:

a) Assegurar a articulação dos investimentos municipais que tenham âmbito supramunicipal;

b) Assegurar a conveniente articulação de serviços de âmbito supramunicipal, nomeadamente nos sectores dos transportes colectivos, urbanos e suburbanos e das vias de comunicação de âmbito metropolitano;

28 I – Organização Administrativa

c) Assegurar a articulação da actividade dos municípios e do Estado nos domínios das infra-estruturas de saneamento básico, de abastecimento público, da protecção do ambiente e recursos naturais, dos espaços verdes e da protecção civil;

d) Acompanhar a elaboração dos planos de ordenamento do território no âmbito municipal ou metropolitano, bem como a sua execução;

e) Dar parecer sobre os investimentos da administração central das respectivas áreas, bem como dos que sejam financiados pela Comunidade Económica Europeia;

f) Organizar e manter em funcionamento serviços técnicos próprios;

g) Outras atribuições que sejam transferidas da administração central ou delegadas pelos municípios nas respectivas áreas metropolitanas.

2 – As áreas metropolitanas podem associar-se e estabelecer acordos, contratos-programas e protocolos com outras entidades, públicas e privadas, tendo por objectivo, designadamente, a gestão de serviços e a execução de investimentos de interesse público.

3 – Nos acordos e protocolos que impliquem a delegação de competências da administração central devem estabelecer-se as formas de transferência dos adequados meios financeiros, técnicos e humanos.

ARTIGO 5.º – (Património e finanças)

1 – As áreas metropolitanas têm património e finanças próprios.

2 – O património das áreas metropolitanas é constituído por bens e direitos para elas transferidos ou adquiridos por qualquer título.

3 – Os recursos financeiros das áreas metropolitanas compreendem:

a) As transferências do Orçamento do Estado e das autarquias locais;

b) As dotações, subsídios ou comparticipação de que venham a beneficiar;

c) As taxas de disponibilidade, de utilização e de prestação de serviços;

d) O produto da venda de bens e serviços;

e) O rendimento de bens próprios, o produto da sua alienação ou da atribuição de direitos sobre eles;

f) Quaisquer acréscimos patrimoniais, fixos ou periódicos, que, a título gratuito ou oneroso, lhes sejam atribuídos por lei, contrato ou outro acto jurídico;

g) Quaisquer outras receitas permitidas por lei.

CAPÍTULO II – Estruturas e funcionamento

SECÇÃO I – Disposições comuns

ARTIGO 6.º – (Órgãos)

As áreas metropolitanas têm os seguintes órgãos:

a) A assembleia metropolitana;

b) A junta metropolitana;

c) O conselho metropolitano.

ARTIGO 7.º – (Duração do mandato)

1 – A duração do mandato dos membros da assembleia metropolitana e da junta metropolitana coincide com a que legalmente estiver fixada para os órgãos das autarquias municipais.

2 – A perda, cessação, renúncia ou suspensão do mandato no órgão municipal donde provenham produz os mesmos efeitos no mandato que detêm nos órgãos da área metropolitana.

Lei n.º 44/91, de 2 de Agosto

3 – O mandato que se seguir à instalação dos órgãos metropolitanos cessa com a realização das primeiras eleições gerais para os órgãos das autarquias locais.

ARTIGO 8.º – **(Regime subsidiário)**

Os órgaos representativos da área metropolitana regulam-se, em tudo o que não esteja previsto nesta lei, pelo que se encontra estipulado quanto ao funcionamento dos órgãos municipais.

SECÇÃO II – Assembleia metropolitana

ARTIGO 9.º – **(Natureza e composição)**

1 – A assembleia metropolitana é o órgão deliberativo da área metropolitana e é constituída por membros eleitos pelas assembleias municipais dos municípios que compõem as áreas metropolitanas de Lisboa e do Porto, em número de 50 e 27, respectivamente.

2 – A eleição faz-se pelo colégio eleitoral constituído pelo conjunto dos membros das assembleias municipais, designados por eleição directa, mediante a apresentação de listas, que podem ter um número de candidatos inferior ao previsto no número anterior.

3 – A votação processa-se no âmbito de cada assembleia municipal e, feita a soma dos votos obtidos por cada lista, os mandatos são atribuídos segundo o sistema de representação proporcional e o método da média mais alta de Hondt.

4 – A votação e escrutínio referidos nos números anteriores são obrigatoriamente efectuados simultaneamente em todas as assembleias municipais integrantes da área metropolitana.

ARTIGO 10.º – **(Mesa da assembleia metropolitana)**

1 – (¹) A mesa da assembleia metropolitana é constituída por um presidente e dois vice-presidentes, eleitos de entre os membros que compõem este órgão.

2 – Compete ao presidente da assembleia metropolitana:

a) Convocar as sessões ordinárias e extraordinárias

b) Dirigir os trabalhos da assembleia;

c) Proceder à investidura dos membros da junta metropolitana;

d) Exercer os demais poderes que lhe sejam conferidos por lei, pelo regimento ou pela assembleia metropolitana.

1 – O secretário dos órgãos colegiais das áreas metropolitanas de Lisboa e Porto – assembleia metropolitana, junta metropolitana, conselho metropolitano e comissão permanente da junta metropolitana – é eleito pelos membros desses órgãos, de entre eles, nos termos do art. 14.º, n.º 1 do CPA. De acordo com o art. 27.º, n.º 2 do CPA, compete ao secretário lavrar e assinar as actas das reuniões (Parecer da PGR n.º 3/93, D.R., IISérie, de 7/10/93).

ARTIGO 11.º – **(Sessões)**

1 – A assembleia metropolitana tem anualmente três sessões ordinárias anuais e as sessões extraordinárias que se mostrem necessárias

2 – A duração de cada sessão não pode exceder dois dias consecutivos, com possibilidades de uma prorrogação por igual período, mediante deliberação da assembleia.

ARTIGO 12.º – **(Competências)**

À área metropolitana compete, designadamente:

a) Eleger o presidente e os vice-presidentes;

b) Aprovar os planos plurianual e anual de actividades e o orçamento, bem como as contas e o relatório de actividades;

30   *I – Organização Administrativa*

c) Aprovar a celebração de protocolos relativos a transferências ou delegações de competências, acordos de cooperação ou constituição de empresas intermunicipais e metropolitanas ou de participação noutras empresas;

d) Aprovar regulamentos;

e) Elaborar e aprovar o seu regimento;

f) Exercer os demais poderes conferidos por lei ou que sejam consequência das atribuições da área metropolitana ou das que nela sejam delegadas.

SECÇÃO III – Junta metropolitana

ARTIGO 13.° – **(Natureza, eleição e composição)**

1 – A junta metropolitana é o órgão executivo da área metropolitana.

2 – ([1]) A junta metropolitana é constituída pelos presidentes das câmaras municipais de cada um dos municípios integrantes, que elegem de entre si:

a) Um presidente e quatro vice-presidentes na área metropolitana de Lisboa;

b) Um presidente e dois vice-presidentes na área metropolitana do Porto.

1 – Ver nota 1 ao art. 10.°.

ARTIGO 14.° – **(Comissão permanente)**

1 – ([1]) A junta metropolitana constitui uma comissão permanente composta pelo presidente e pelos vice-presidentes.

2 – À comissão permanente incumbe:

a) A gestão das decisões que cabem à junta metropolitana;

b) A preparação das decisões que cabem à junta metropolitana;

c) A execução das competências que lhe sejam delegadas pela junta metropolitana.

1 – Ver nota 1 ao art. 10.°.

ARTIGO 15.° – **(Competência da junta metropolitana)**

A junta metropolitana compete, designadamente:

a) Assegurar o cumprimento das deliberações da assembleia metropolitana;

b) Elaborar os planos plurianuais e anual de actividades e o orçamento da área metropolitana e apresentá-los à assembleia metropolitana, com o prévio parecer do conselho metropolitano;

c) Dirigir os serviços técnicos e administrativos que venham a ser criados para assegurar a prossecução das competências da área metropolitana;

d) Propor à assembleia metropolitana projectos e regulamentos;

e) Exercer os demais poderes que lhe sejam conferidos por lei ou deliberações da assembleia metropolitana ou que sejam necessários à prossecução das atribuições da área metropolitana.

ARTIGO 16.° – **(Competências do presidente)**

Compete ao presidente da junta metropolitana:

a) Convocar as reuniões ordinárias e extraordinárias e dirigir os respectivos trabalhos;

b) Executar as deliberações da junta e coordenar a respectiva actividade;

c) Autorizar o pagamento das despesas orçamentais;

d) Assinar ou visar a correspondência da junta com destino a quaisquer entidades ou organismos públicos;

e) Representar a área metropolitana em juízo e fora dele;

f) Exercer os demais poderes estabelecidos por lei ou por deliberação da junta.

Lei n.º 44/91, de 2 de Agosto 31

2 – Aos vice-presidentes compete coadjuvar o presidente na sua acção e substituí-lo nas suas faltas e impedimentos.

ARTIGO 17.º – **(Delegação de competências)**
A comissão permanente e o presidente da junta metropolitana podem delegar ou subdelegar o exercício das suas competências nos demais membros da junta ou nos dirigentes dos serviços.

SECÇÃO IV – Conselho metropolitano

ARTIGO 18.º – **(Composição)**
1 – O conselho metropolitano é o órgão consultivo da área metropolitana.
2 – O conselho metropolitano é composto pelo presidente da comissão de coordenação regional respectiva, pelos membros da junta metropolitana e pelos representantes dos serviços e organismos públicos cuja acção interfira nas atribuições da área metropolitana.
3 – O conselho metropolitano é presidido, anualmente, em regime de rotatividade pelo presidente da comissão de coordenação regional respectiva e pelo presidente da junta metropolitana.
4 – O conselho metropolitano pode promover a participação nas suas reuniões, sem direito a voto, de representantes dos interesses sociais, económicos e culturais.

ARTIGO 19.º – **(Designação)**
Os representantes dos serviços e organismos públicos são livremente nomeados e exonerados pelos membros do Governo que os tutelem.

ARTIGO 20.º – **(Competência)**
Ao conselho metropolitano compete a concertação e coordenação entre os diferentes níveis de Administração.

CAPÍTULO III – Serviços metropolitanos

ARTIGO 21.º – **(Serviços metropolitanos)**
A natureza, estrutura e funcionamento dos serviços públicos metropolitanos serão definidos em regulamento a aprovar pela assembleia metropolitana, sob proposta da junta metropolitana.

ARTIGO 22.º – **(Participação em empresas)**
As áreas metropolitanas podem participar em empresas que prossigam fins de reconhecido interesse público e se contenham dentro das suas atribuições, nos termos a definir por lei.

CAPÍTULO IV – Disposições gerais e transitórias

ARTIGO 23.º – **(Pessoal)**
1 – A área metropolitana dispõe de quadro de pessoal próprio, aprovado pela junta metropolitana.
2 – ([2]) É aplicável ao pessoal dos serviços metropolitanos o regime dos funcionários e agentes da administração local, sem prejuízo do disposto no número seguinte.

32 — I – *Organização Administrativa*

3 – Em casos a definir por lei pode o pessoal de alguns serviços metropolitanos ficar sujeito ao regime do contrato individual de trabalho.

1 – Ver DL n.º 247/87, de 17 de Junho.

ARTIGO 24.º – (Isenções)

A área metropolitana beneficia das isenções fiscais para as autarquias locais.

ARTIGO 25.º – (Contas)

1 – A apreciação e julgamento das contas da área metropolitana competem ao Tribunal de Contas.

2 – Para efeito do disposto no número anterior devem as contas ser enviadas pela junta metropolitana ao Tribunal de Contas, na sequência da respectiva aprovação pela assembleia metropolitana.

ARTIGO 26.º ([1]) – (Elaboração do orçamento)

Na elaboração do orçamento da área metropolitana devem respeitar-se, com as necessárias adaptações, os princípios estabelecidos na lei para a contabilidade das autarquias locais.

1 – Ver art. 6.º da Lei n.º 42/98, de 6 de Agosto, e POCAL, aprovado pelo DL n.º 54-A/99, de 22 de Fevereiro.

ARTIGO 27.º – (Comissão instaladora)

1 – As comissões instaladoras das áreas metropolitanas são constituídas pelos presidentes das comissões de Coordenação Regional de Lisboa e vale do Tejo e do Norte, que presidem, e pelos representantes efectivos das câmaras municipais integrantes das áreas metropolitanas no respectivo conselho da região.

2 – As comissões instaladoras promovem a constituição dos órgãos das áreas metropolitanas e a sua primeira reunião no prazo máximo de 180 dias após a respectiva instituição em concreto, determinado pelo apuramento dos resultados das deliberações das assembleias municipais, comunicadas nos termos do n.º 3 do artigo 3.º.

3 – O Governo apoiará técnica e logisticamente a instalação das áreas metropolitanas.

ARTIGO 28.º – (Área metropolitana do Porto)

Até à instalação dos órgãos previstos na lei mantém-se em funcionamento o Conselho Coordenador da Àrea Metropolitana do Porto.

ARTIGO 29.º – (Entrada em vigor)

A presente lei entra em vigor 90 dias após a sua publicação.

LEI N.º 53/91

de 7 de Agosto

**Heráldica autárquica e das pessoas colectivas
de utilidade pública administrativa**

CAPÍTULO I – Princípios gerais

ARTIGO 1.º – (Âmbito de aplicação)

A presente lei disciplina o direito ao uso, ordenação e processo de constituição dos símbolos heráldicos das autarquias locais e das pessoas colectivas de utilidade pública administrativa.

ARTIGO 2.º – (Símbolos heráldicos)

Os símbolos heráldicos previstos nesta lei são os brasões de armas, as bandeiras e os selos.

ARTIGO 3.º – (Direito ao uso de símbolos)

Têm direito ao uso de símbolos heráldicos:

a) As regiões administrativas;
b) Os municípios;
c) As freguesias;
d) As cidades;
e) As vilas;
f) As pessoas colectivas de utilidade pública administrativa.

2 – O escudo nacional não pode ser incluído nos símbolos heráldicos previstos no número anterior.

ARTIGO 4.º – (Processo de aquisição do direito)

1 – O direito ao uso de símbolos heráldicos com uma determinada ordenação é adquirido:

a) Pelas autarquias locais, por deliberação dos seus órgãos competentes, depois de ouvida a Comissão de Heráldica da Associação dos Arqueólogos Portugueses;

b) Pelas pessoas colectivas de utilidade pública administrativa a seu pedido e por despacho do Ministro do Planeamento e da Administração do Território, proferido depois de ouvida a Comissão de Heráldica da Associação dos Arqueólogos Portugueses.

2 – A oponibilidade a terceiros do direito referido no número anterior depende da publicação das ordenações dos símbolos heráldicos no *Diário da República*.

3 – Todas as ordenações publicadas no *Diário da República* são oficiosamente registadas no Ministério do Planeamento e da Administração do Território.

I – Organização Administrativa

ARTIGO 5.º – (Modificação)

Os símbolos heráldicos podem ser modificados pelo aditamento às ordenações primitivas de peças honrosas, motes e condecorações desde que concedidas pela autoridade competente.

ARTIGO 6.º – (Extinção)

A extinção do direito aos símbolos heráldicos processa-se automaticamente com a do seu titular.

ARTIGO 7.º – (Uso do brasão de armas)

O brasão de armas pode ser usado, designadamente:

a) Nos edifícios, construções e veículos;

b) Nos impressos;

c) Como marca editorial.

ARTIGO 8.º – (Bandeiras)

As bandeiras, quando assumem a forma de estandarte, são exclusivamente bandeiras de desfile, mas as bandeiras de filele ou de pano semelhante também podem ser hasteadas ou utilizadas como revestimento decorativo.

ARTIGO 9.º – (Descrição dos símbolos)

A descrição oficial dos símbolos heráldicos deve ser sintética, completa e unívoca e feita de acordo com as regras gerais da heráldica.

CAPÍTULO II – Da ordenação dos símbolos heráldicos

SECÇÃO I – Regras gerais

ARTIGO 10.º – (Regras de ordenação)

A ordenação dos símbolos previstos nesta lei deve obedecer às seguintes regras:

a) Simplicidade – excluindo os elementos supérfluos e utilizando apenas os necessários;

b) Univocidade – não permitindo que os símbolos heráldicos ordenados nos termos desta lei se confundam com outros já existentes;

c) Genuinidade – respeitando na simbologia o carácter e a especificidade do seu titular e muito especialmente a emblemática que já tenha usado;

d) Estilização – empregando os elementos usados na forma que melhor sirva à intenção estética da heráldica e não na sua forma naturalista;

e) Proporção – relacionando as dimensões dos elementos utilizados com as do campo do escudo, ou da bandeira, segundo as regras heráldicas;

f) Iluminura – juntando pele com pele, pele com metal, ou pele com cor, e não metal com metal, ou cor com cor.

ARTIGO 11.º – (Brasões de armas)

Os brasões de armas previstos na presente lei são, em regra, constituídos por escudo encimado por uma coroa e têm sotoposto um listel com uma legenda ou mote, podendo eventualmente constar da sua ordenação a condecoração de grau mais elevado com que o titular tenha sido agraciado.

ARTIGO 12.º – (Escudo)

1 – O escudo é sempre de ponta redonda, construído a partir do quadrado, sendo a ponta um semicírculo com diâmetro igual à largura do escudo.

2 – No campo do escudo não são admitidas participações que provoquem uma cisão no seu todo significativo.

ARTIGO 13.º – (Coroa)

1 – A coroa é mural nas armas das autarquias locais e cívica nas armas das pessoas colectivas de utilidade pública administrativa.

2 – A coroa mural obedece às características seguintes:

a) Para as regiões administrativas, é de ouro, com cinco torres aparentes, tendo entre estas escudetes de azul, carregados de cinco besantes de prata;

b) Para a cidade de Lisboa, por ser a capital do País, é de ouro com cinco torres aparentes;

c) Para os municípios com sede em cidade é de prata com cinco torres aparentes;

d) Para os municípios com sede em vila é prata com quatro torres aparentes;

e) Para as freguesias com sede em vila é de prata com quatro torres aparentes, sendo a primeira e a quarta mais pequenas que as restantes;

f) Para as freguesias com sede em povoação simples é de prata com três torres aparentes;

g) Para as vilas que não são sede de autarquia é de prata com quatro torres aparentes, todas de pequena dimensão.

3 – A coroa cívica é formada por uma aro liso, contido por duas virolas, tudo de prata e encimado por três ramos aparentes de carvalho de ouro, frutados do mesmo.

ARTIGO 14.º – (Listel)

1 – O listel onde se inscreve a legenda ou mote é colocado sob o escudo e iluminado nos metais e cores que melhor se harmonizem com o conjunto das armas.

2 – A letra a utilizar é do tipo «elzevir», estando o seu todo orientado no sentido do rebordo superior do listel.

3 – Excepcionalmente e se tal for justificado por atendíveis razões históricas, pode permitir-se o uso de legendas ou motes dentro do campo do escudo.

ARTIGO 15.º – (Bandeiras)

As bandeiras previstas nesta lei podem ser ordenadas como estandarte ou como bandeira de hastear.

ARTIGO 16.º – (Estandartes)

1 – O estandarte tem a forma de um quadrado e mede 1 m de lado.

2 – O estandarte é de tecido de seda bordado, debruado por um cordão do metal e cor dominantes, e as extremidades deste, rematadas por borlas dos mesmos metal e cor servem para dar laçadas na haste.

3 – A haste e lança são de metal dourado.

4 – O estandarte enfia na haste por uma bainha denticulada e na vareta horizontal, que o mantém desfraldado, por uma bainha contínua.

5 – Os estandartes das regiões administrativas são gironadas de 16 peças, os das cidades gironadas de oito peças e os das vilas e freguesias esquartelados ou de uma só cor se as circunstâncias o aconselharem, e têm todos ao centro o brasão de armas do seu titular.

I – Organização Administrativa

6 – Os estandartes das pessoas colectivas de utilidade pública administrativa têm o campo de uma só cor, mas a sua ordenação deve ainda comportar uma bordadura, ou uma aspa, ou uma cruz, estas últimas firmadas, e têm todos ao centro o brasão de armas do seu titular.

7 – Nos brasões de armas figurados nos estandartes não se representam as condecorações, porque estas podem usar-se, nos termos da lei, no próprio estandarte.

ARTIGO 17.º – (Bandeiras de hastear)

1 – A bandeira de hastear é rectangular, de comprimento igual a uma vez e meia a dimensão da tralha, devendo ser executada em filele ou tecido equivalente.

2 – A ordenação da bandeira é igual à do estandarte, mas quando não for de uma só cor ou metal poderá deixar de nela figurar o brasão de armas do seu titular.

ARTIGO 18.º – (Selos)

Os selos são circulares, tendo ao centro a representação das peças do escudo de armas sem indicação dos esmaltes e em volta a denominação do seu titular.

SECÇÃO II – Do processo de ordenação dos símbolos

ARTIGO 19.º – (Elementos do processo)

1 – A ordenação dos símbolos heráldicos tem por base um processo, do qual, sempre que possível, devem constar:

a) A notícia histórica sobre a entidade interessada;

b) A cópia de deliberações e actos do interessado relativos a ordenação da sua simbologia;

c) A reprodução da simbologia ou emblemática usada pelo interessado no presente e no

2 – O processo referido no número antecedente deve ser remetido através do Ministério do Planeamento e da Administração do Território ao Gabinete de Heráldica Autárquica, que deve emitir o seu parecer propondo uma ordenação, cuja observância, no que respeita a matéria heráldica, é obrigatória.

3 – Juntos o parecer e a proposta referidos no número antecedente, o processo é devolvido, pela mesma via, à autarquia interessada para que delibere sobre a ordenação dos seus símbolos heráldicos, ou, no caso do interessado ser uma pessoa colectiva de utilidade pública administrativa, à Direcção-Geral da Administração Autárquica que promoverá as diligências necessárias à obtenção do despacho ministerial de aprovação.

4 – O teor da deliberação tomada pelo órgão competente da autarquia deve ser comunicado ao Ministério do Planeamento e da Administração do Território.

ARTIGO 20.º – (Registo)

Fixada a ordenação dos símbolos heráldicos por deliberação do interessado ou por despacho ministerial, conforme os casos, deve o seu registo ser oficiosamente feito em armorial próprio, periodicamente publicado pelo Ministério do Planeamento e da Administração do Território.

CAPÍTULO III – Disposições finais e transitórias

ARTIGO 21.° – (Legislação anterior)
A presente lei não põe em causa as ordenações de símbolos heráldicos municipais feitas ao abrigo do despacho de 14 de Abril de 1930, nem as que resultarem de acto comprovado de autoridade competente anterior a esta data e que não tenham sido revistas ao abrigo do dito despacho.

ARTIGO 22.° – (Casos omissos)
Todos os casos omissos nesta lei em matéria de heráldica são resolvidos por recurso às regras gerais da ciência e arte heráldicas.

ARTIGO 23.° – (Criação do gabinete de heráldica autárquica)
1 – No âmbito do Ministério do Planeamento e da Administração do Território é criado um Gabinete de Heráldica Autárquica, com funções de consulta e registo na área da heráldica autárquica e das pessoas colectivas de utilidade pública administrativa.

2 – Até à plena entrada em funções do gabinete previsto no número anterior, as funções de consulta na área da heráldica autárquica e das pessoas colectivas de utilidade pública administrativa são asseguradas pela Comissão de Heráldica da Associação dos Arqueólogos Portugueses.

ARTIGO 24.° – (Entrada em vigor)
Esta lei entra em vigor 60 dias após a sua publicação.

LEI N.º 56/91

de 13 de Agosto

Lei quadro das regiões administrativas

TÍTULO I – Princípios gerais

ARTIGO 1.º – (Conceito)

A região administrativa é uma pessoa colectiva territorial, dotada de autonomia administrativa e financeira e de órgãos representativos, que visa a prossecução de interesses próprios das populações respectivas, como factor da coesão nacional.

ARTIGO 2.º – (Atribuições e competências)

As regiões administrativas e os respectivos órgãos têm as atribuições e as competências definidas na lei.

ARTIGO 3.º – (Orgãos)

Os órgãos representativos da região são a assembleia regional e a junta regional.

ARTIGO 4.º – (Princípio da subsidiariedade)

1 – A autonomia administrativa e financeira das regiões administrativas funda-se no princípio da subsidiariedade das funções destas em relação ao Estado e aos municípios e na organização unitária do Estado.

2 – A autonomia regional respeita a esfera de atribuições e competências dos municípios e dos seus órgãos.

ARTIGO 5.º – (Princípio da legalidade)

A actuação dos órgãos e agentes das regiões administrativas deve obedecer aos princípios gerais de direito e às normas legais e regulamentares em vigor, respeitar os fins para que os seus poderes lhes foram conferidos e salvaguardar os direitos dos cidadãos.

ARTIGO 6.º – (Princípio da independência)

Os órgãos das regiões administrativas são independentes no âmbito da sua competência e as suas deliberações só podem ser suspensas, modificadas, revogadas ou anuladas pela forma prevista na lei.

ARTIGO 7.º – (Princípio da descentralização administrativa)

A repartição de atribuições entre a administração central e as regiões administrativas deve assegurar a intervenção destas na realização de interesses públicos administrativos que revistam natureza predominantemente regional.

I – Organização Administrativa

ARTIGO 8.º – (Poder regulamentar)

A região administrativa dispõe de poder regulamentar próprio, nos limites da Constituição, das leis e dos regulamentos aprovados pelos órgãos de soberania.

ARTIGO 9.º – (Administração aberta)

Os órgãos e agentes das regiões administrativas devem promover uma estreita colaboração com os cidadãos, estimulando as suas iniciativas, em ordem ao reforço das relações entre a Administração e os administrados, os quais têm o direito de ser informados sobre os processos em que sejam directamente interessados, bem como o direito de acesso aos arquivos e registos administrativos, nos termos da lei.

ARTIGO 10.º – (Representante do Governo)

Junto de cada região administrativa haverá um representante do Governo, designado por governador civil regional.

ARTIGO 11.º (¹) – (Tutela administrativa)

É aplicável às regiões, com as necessárias adaptações, o regime jurídico regulador da tutela administrativa sobre as demais autarquias locais.

1 – Ver Lei n.º 27/96, de 1 de Agosto.

TÍTULO II – Instituição concreta das regiões

ARTIGO 12.º(¹) – (Criação legal)

As regiões administrativas são criadas simultaneamente por lei da Assembleia da República, podendo ser estabelecidas diferenciações quanto ao regime aplicável a cada uma.

1 – Ver Lei n.º 19/98, de 28 de Abril (Lei de criação das regiões administrativas).

ARTIGO 13.º – (Processo de instituição)

1 – A instituição em concreto de cada região administrativa, que será feita por lei da Assembleia da República, depende da lei prevista no artigo anterior e do voto favorável da maioria das assembleias municipais que representem a maior parte da população da área regional, de acordo com o último recenseamento geral efectuado.

2 – Compete à Assembleia da República promover a consulta às assembleias municipais, para efeitos da votação prevista no número anterior.

3 – O voto a que se refere o n.º 1 é expresso em deliberação tomada em reunião pública extraordinária da assembleia municipal, convocada exclusivamente para o efeito, com a antecedência mínima de 30 dias, indicando-se na convocatória onde podem ser consultados os processos relativos à instituição da região.

4 – As deliberações das assembleias municipais previstas no número anterior são comunicadas à Assembleia da República no prazo de 30 dias.

5 – Não se obtendo as deliberações necessárias para a instituição concreta da região, a Assembleia da República promoverá nova consulta a todas as assembleias municipais decorrido um ano sobre o termo do prazo referido no número anterior, só podendo promover-se consultas posteriores após a realização de eleições gerais para os órgãos das autarquias locais.

ARTIGO 14.º – (Eleição da assembleia regional)

1 – Após a obtenção do voto favorável à instituição da região e a aprovação do respectivo diploma legal, realizar-se-á a eleição dos membros da assembleia regional directamente eleitos pelos cidadãos recenseados na área da respectiva região.

2 – A eleição dos membros da assembleia regional directamente eleitos tem lugar na data da eleição dos titulares dos demais órgãos autárquicos.

3 – Os membros das assembleias regionais a eleger pelas assembleias municipais são eleitos, por escrutínio secreto e em simultâneo, por um colégio eleitoral constituído pelos membros das assembleias municipais da mesma área designados por eleição directa.

4 – A eleição referida no número anterior tem lugar dentro do prazo de 30 dias a contar da instalação, ocorrida em último lugar, das assembleias municipais respectivas.

ARTIGO 15.º – (Designação das regiões)

Cada região administrativa tem a designação que lhe for atribuída na lei da sua criação.

ARTIGO 16.º – (Transferência de bens, direitos e obrigações)

1 – No prazo de 180 dias a contar da data da primeira eleição da assembleia regional, o Governo definirá, por decreto-lei, os bens, universalidades e quaisquer direitos e obrigações que se transferem de quaisquer pessoas colectivas de direito público para a região, bem como os montantes das compensações a que eventualmente haja lugar entre as entidades envolvidas.

2 – A transmissão dos bens, universalidades, direitos e obrigações referidos no número anterior efectua-se por força da lei, dependendo o respectivo registo, quando necessário, de simples requerimento.

TÍTULO III – (Atribuições das regiões)

ARTIGO 17.º – (Atribuições)

Nos termos a definir na lei de criação de cada região administrativa e no respeito da aplicação do princípio da subsidiariedade, as regiões administrativas detêm, no âmbito da respectiva área territorial, atribuições nos seguintes domínios:

a) Desenvolvimento económico e social;
b) Ordenamento do território;
c) Ambiente, conservação da natureza e recursos hídricos;
d) Equipamento social e vias de comunicação;
e) Educação e formação profissional;
f) Cultura e património histórico;
g) Juventude, desporto e tempos livres;
h) Turismo;
i) Abastecimento público;
j) Apoio às actividade produtivas;
l) Apoio à acção dos municípios.

ARTIGO 18.º – (Exercício das atribuições)

As regiões administrativas desenvolvem as suas atribuições nos termos da lei e no respeito pelas funções do poder central e dos municípios e pela iniciativa dos cidadãos, com vista à atenuação das assimetrias de desenvolvimento do território do continente.

42 · I – Organização Administrativa

ARTIGO 19.° – (Planos de desenvolvimento regional)

1 – As regiões elaboram e executam planos de desenvolvimento regional e participam na elaboração e execução dos planos nacionais de desenvolvimento económico e social nos termos do sistema orgânico do planeamento.

2 – A lei que regule o funcionamento do Conselho Económico e Social deve integrar as regiões na sua composição e prever as modalidades da sua participação nas comissões especializadas.

3 – No caso de o Plano de Desenvolvimento Regional exceder as receitas financeiras previstas no artigo 38.°, deverá ser sujeito a ratificação nesse ponto.

4 – Na elaboração do Plano de Desenvolvimento Regional é obrigatória a audição dos municípios integrantes da região.

ARTIGO 20.° – (Contratos-programa)

1 – As regiões podem celebrar contratos-programa com o Governo destinados a definir a realização conjunta de empreendimentos que visem o desenvolvimento regional.

2 – Compete ao Governo, por decreto-lei, fixar as condições gerais a que deve obedecer a celebração dos contratos-programa.

ARTIGO 21.° – (Transferência dos serviços da administração central)

1 – O Governo regulará por decreto-lei a progressiva transferência para as regiões de serviços periféricos afectos ao exercício de funções cometidas às regiões.

2 – A transferência de serviços da administração central para as regiões deve conjugar-se com a transferência de funções por eles prosseguidas e envolve a afectação do respectivo pessoal aos quadros regionais.

TÍTULO IV – Órgãos

CAPÍTULO I – Assembleia regional

ARTIGO 22.° – (Constituição)

1 – A assembleia regional é o órgão deliberativo da região administrativa e é constituída por representantes das assembleias municipais, em número de 15 ou 20, e por membros directamente eleitos pelos cidadãos recenseados na área da respectiva região, em número de 31 ou 41, consoante se trate de região com menos de 1,5 milhões de eleitores ou de 1,5 milhões e mais.

2 – Os membros da assembleia regional são designados deputados regionais.

ARTIGO 23.° – (Instalação)

O presidente da assembleia regional cessante procederá à instalação da nova assembleia regional no prazo máximo de 30 dias a contar da data da eleição a que aludem os n.os 3 e 4 do artigo 14.° em acto público de verificação da regularidade formal dos mandatos.

ARTIGO 24.° – (Sessões da assembleia regional)

1 – A assembleia reúne ordinariamente em cada ano durante seis sessões, não excedendo cada sessão o número de quatro reuniões.

2 – A assembleia pode reunir extraordinariamente, por convocação do presidente, a requerimento da junta ou de 1/3 dos seus membros em efectividade de funções.

Lei n.º 56/91, de 13 de Agosto 43

ARTIGO 25.º – **(Competências)**

1 – Compete à assembleia regional:

a) Eleger a junta regional;

b) Eleger o seu presidente e os secretários;

c) Elaborar e aprovar o seu regimento;

d) Acompanhar e fiscalizar a actividade da junta regional;

e) Apreciar, em cada uma das sessoes ordinárias, uma informação escrita do presidente da junta acerca da actividade desenvolvida, informação essa que deve ser enviada, com a antecedência mínima de três dias, reportada à data da sessão, ao presidente da mesa da assembleia, para conhecimento dos seus membros;

f) Participar, nos termos da lei, na formulação das políticas de planeamento e desenvolvimento regional, de ordenamento do território, de defesa e aproveitamento dos recursos naturais, de ensino e cultura, de fomento agrícola e industrial e de emprego e formação profissional;

g)(¹) Exercer os demais poderes conferidos por lei ou regulamento.

2 – Compete ainda à assembleia regional, sob proposta ou pedido da junta regional:

a) Aprovar o plano de desenvolvimento regional;

b) Aprovar o plano regional de ordenamento do território;

c) Aprovar o plano anual de actividades, o orçamento e as suas revisões;

d) Aprovar o relatório de actividades, o balanço e a conta de gerência apresentados anualmente pela junta regional;

e) Autorizar a junta a outorgar exclusivos e a explorar obras ou serviços em regime de concessão;

f) Aprovar empréstimos, nos termos da lei;

g) Aprovar posturas e regulamentos;

h) Aprovaros símbolos heráldicos da região, nos termos da legislação própria;

i) Estabelecer, nos termos da lei, o quadro de pessoal dos serviços da região;

j) Autorizar a junta a alienar em hasta pública, adquirir e onerar bens imóveis cujo valor seja igual ou superior ao limite que tiver fixado e ainda, nos termos da lei, bens ou valores artísticos da região, independentemente do seu valor;

l) Definir o regime de participação dos municípios na elaboração dos planos regionais e no estabelecimento das redes regionais de equipamentos sociais e de infra-estruturas;

m) Aprovar taxas e tarifas;

n) Designar os representantes da região nos órgãos sociais das empresas em que a região tenha participação;

o) Autorizar a junta a celebrar com o Governo protocolos de transferência ou de delegação de competências para a região e com os municípios acordos de cooperação e de delegação de competências administrativas da junta regional.

3 – As propostas da junta regional não podem ser alteradas pela assembleia nas matérias referidas nas alíneas *b)*, *c)*, *f)*, *i)*, *j)* e *m)* do número anterior.

4 – Aproposta da junta regional referida na alínea *a)* do n.º 2 só pode ser alterada se dessa alteração não resultar aumento de encargos.

5 – Os regulamentos regionais não podem entrar em vigor antes de decorridos 20 dias sobre a respectiva publicação, efectuada em boletim da região, quando exista, pela afixação dos competentes editais ou por quaisquer outros meios adequados.

1 – Ver art. 4.º, n.º 1, alínea *c)*, da Lei n.º 58/98, de 18 de Agosto (competência para a criação de empresas de âmbito regional).

44   *I – Organização Administrativa*

CAPÍTULO II – **Junta regional**

ARTIGO 26.º – **(Constituição)**

1 – A junta regional é o órgão executivo da região administrativa, constituído por um presidente e por vogais, em número de seis nas regiões com 1,5 milhões ou mais de eleitores e em número de quatro nas regiões restantes.

2 – Compete ao presidente da junta regional representar a região.

ARTIGO 27.º – **(Eleição)**

1 – A eleição da junta regional é feita segundo o sistema de representação maioritária, por escrutínio secreto e por listas plurinominais, na primeira sessão da assembleia regional e de entre os seus membros.

2 – O presidente da junta regional é o primeiro elemento da lista mais votada.

3 – Os membros eleitos para a junta regional ficam com o mandato suspenso na assembleia regional.

ARTIGO 28.º – **(Substituição dos eleitos)**

Os deputados regionais eleitos para a junta serão substituídos na assembleia enquanto durar a suspensão pelo cidadão imediatamente a seguir na ordem da respectiva lista ou pertencente ao mesmo partido, em caso de coligação, pelo respectivo substituto, se se tratar de deputado eleito pelo colégio a que se refer o n.º 1 do artigo 22.º.

ARTIGO 29.º – **(Moção de censura)**

1 – A assembleia regional pode votar moções de censura à junta regional, por iniciativa de um quarto dos seus membros em efectividade de funções.

2 – A aprovação de uma moção de censura por maioria absoluta dos deputados regionais em efectividade de funções implica a demissão da junta e a realização, no prazo máximo de 30 dias, de nova eleição.

3 – Se a moção de censura não for aprovada, os seus signatários não podem apresentar outra no decurso do mesmo mandato autárquico.

ARTIGO 30.º – **(Demissão da junta regional)**

Implicam a demissão da junta:

a) O início de novo mandato;

b) A demissão do presidente da junta;

c) A morte ou a impossibilidade física demorada do presidente da junta;

d) A aprovação de uma moção de censura;

e) A perda de quórum.

ARTIGO 31.º – **(Competências)**

1 – Compete, nos termos da lei, à junta regional, no âmbito do planeamento e do desenvolvimento regional:

a) Promover a elaboração do plano de desenvolvimento regional a apresentar à assembleia regional;

b) Promover a elaboração do plano regional de ordenamento do território a apresentar à assembleia regional e submetê-lo a ratificação;

c) Executar o plano de desenvolvimento regional e os programas integrados de desenvolvimento regional;

d) Dar parecer sobre os planos directores municipais;

e) Promovera construção de infra-estruturas, equipamentos e outros investimentos públicos de nível regional;

f) Promover a cooperação intermunicipal em sectores de interesse comum, designadamente coordenando a participação dos municípios da região em empreendimentos intermunicipais;

g) Constituir um banco de dados de apoio à gestão municipal e ao fomento das actividades produtivas;

h) Participar nos órgãos de gestão das bacias hidrográficas e das áreas protegidas;

i) Solicitar a declaração de utilidade pública das expropriações e a tomada de posse adminis-trativa dos imóveis necessários a obras de iniciativa da região ou das empresas públicas regionais;

j) Outorgar os contratos necessários à execução dos planos aprovados pela assem-bleia regional;

l) Exercer os demais poderes conferidos por lei, regulamento ou deliberação da assembleia regional.

2 – Compete à junta regional, no âmbito do funcionamento dos serviços e da gestão corrente:

a) Elaborar o programa anual de actividades, o balanço e a conta a apresentar à assembleia regional;

b) Elaborar e apresentar à assembleia regional o orçamento da região e as suas revisões e proceder à sua execução;

c) Superintender nos serviços regionais e na gestão e direcção do pessoal ao serviço da região;

d) Modificar ou revogar os actos praticados por funcionários regionais;

e) Outorgar contratos necessários ao funcionamento dos serviços;

f) Estabelecer, nos termos da lei, as taxas e as tarifas a cobrar pelos serviços prestados e fixar o respectivo montante;

g) Instaurar pleitos e defender-se neles, podendo confessar, desistir ou transigir, se não hou-ver ofensa de direitos de terceiros;

h) Promover todas as acções necessárias à administração corrente do património da região e à sua conservação;

i) Preparar e manter actualizado o cadastro dos bens imóveis da região;

j) Alienar em hasta pública, independentemente da autorização da assembleia regional, bens imóveis, ainda que de valor superior ao estabelecido pela assembleia regional, desde que tal alienação decorra da execução do plano de actividades e a respectiva deliberação seja apro-vada por maioria de dois terços dos membros da junta regional em efectividade de funções;

l) Aceitar doações, legados e heranças a benefício de inventário;

m) Deliberar sobre as formas de apoio a entidades e a organismos legalmente existentes que prossigam na região fins de interesse público.

CAPÍTULO III – **Disposições comuns**

ARTIGO 32.° – **(Estatuto dos eleitos locais)**

1 – ([1]) Aos membros dos órgãos regionais é aplicável, com as devidas adaptações, o esta-tuto dos eleitos locais.

2 – O estatuto remuneratório dos membros dos órgãos da região administrativa é definido por lei.

1 – Ver Lei n.° 29/87, de 30 de Junho.

46   *I – Organização Administrativa*

ARTIGO 33.° – (Regulamentação)

No prazo de 180 dias após a publicação da presente lei, o Governo regulamentará, por decreto-lei, a matéria relativa à organização dos serviços e do pessoal.

TÍTULO V – Finanças regionais

ARTIGO 34.° – (Autonomia financeira das regiões)

1 – As regiões têm património e finanças próprios, cuja gestão compete aos respectivos órgãos.

2 – De acordo com o regime de autonomia financeira das regiões, podem os respectivos órgãos:

a) Elaborar, aprovar e alterar planos de actividades e orçamentos;

b) Elaborar e aprovar balanços e contas;

c) Dispor de receitas próprias, ordenar e processar as despesas e arrecadar as receitas que por lei forem destinadas à autarquia;

d) Gerir o património da autarquia.

ARTIGO 35.° – (Plano de actividades)

1 – O plano anual de actividades das regiões deve ser organizado e estruturado por objectivos, programas, projectos e, eventualmente, acções.

2 – No plano de actividades devem ser discriminados, em cada objectivo e programa, com um grau de pormenor adequado, os projectos que impliquem despesas a realizar por investimentos, transferências de capital ou activos financeiros.

3 – Para cada projecto previsto no plano de actividades devem ser indicados, entre outros, os seguintes elementos:

a) Encargos previstos para o respectivo ano, caso se trate de projectos com expressão orçamental directa;

b) Rubrica ou rubricas orçamentais por onde devem ser pagos os correspondentes encargos;

c) Datas previstas para o início e conclusão do projecto.

4 – No plano de actividades devem ser justificados os meios de financiamento dos projectos, com indicação expressa da parte assegurada e inscrita no orçamento e, se for caso disso, das fontes de financiamento previstas ainda não garantidas.

5 – Os projectos referidos no presente artigo poderão ser discriminados por acções sempre que estas sejam autónomas ou diferidas no tempo.

ARTIGO 36.° – (Princípios orçamentais)

1 – Os orçamentos das regiões respeitam os princípios do equilíbrio, da anualidade, unidade, universalidade, especificação, não consignação e não compensação.

2 – O princípio da não consignação, previsto no n.° 1, não se aplica:

a) Quando o orçamento da região administrativa atribuir aos municípios receitas destinadas ao exercício de funções que, com o seu acordo, lhes sejam confiadas pela região ou à realização de projectos de interesse regional;

b) Quando as receitas sejam provenientes de financiamento da Comunidade Europeia.

3 – Quando o Orçamento do Estado destinar às regiões verbas para prosseguimento de novas funções, ficam estas obrigadas à inscrição nos seus orçamentos das dotações de despesas dos montantes correspondentes.

Lei n.º 56/91, de 13 de Agosto 47

ARTIGO 37.º – **(Relatório de actividades e conta de gerência)**

1 – O relatório de actividades da região explicita a execução do plano de actividades do ano anterior e inclui, também, uma análise da situação financeira da autarquia, onde são referidos, nomeadamente, os seguintes aspectos:

a) Desvios entre as receitas e despesas previstas e as realizadas;

b) Evolução do endividamento;

c) Relação entre as receitas e as despesas correntes e as receitas e as despesas de capital.

2 – Os resultados da execução orçamental constam da conta de gerência, elaborada segundo a classificação do orçamento respectivo e de acordo com instruções do Tribunal de Contas.

3 – A conta de gerência da região é enviada, pelo órgão executivo, a julgamento do Tribunal de Contas até ao final do mês de Maio do ano seguinte àquele a que respeita.

ARTIGO 38.º – **(Receitas)**

Constituem receitas das regiões:

a) O produto do lançamento de derramas regionais, nos termos da lei;

b) As comparticipações atribuídas no ambito dos contratos-programa;

c) O produto da cobrança de taxas e tarifas pela prestação de serviços pela região;

d) O produto da venda de serviços a entidades públicas ou privadas;

e) O rendimento de serviços da região, por ela administrados ou dados em concessão;

f) O rendimento do património próprio;

g) O produto de alienação de bens;

h) O produto de multas e coimas fixadas pela lei ou regulamento;

i) O produto de empréstimos, nos termos da lei;

j) O produto de heranças, legados, doações e outras liberalidades a favor das regiões;

l) Uma participação no produto das receitas fiscais do Estado, a fixar, nos termos da lei, em função do esforço financeiro próprio da região e no respeito do princípio da solidariedade nacional;

m) Outras receitas estabelecidas por lei a favor das regiões.

ARTIGO 39.º – **(Taxas das regiões)**

As regiões podem cobrar taxas:

a) Pela utilização de sistemas e equipamentos da região;

b) Pela utilização do domínio público da região e aproveitamento de bens de utilização colectiva;

c) Pela ocupação ou aproveitamento de instalações regionais de uso colectivo;

d) Pela prestação de serviços ao público pelas repartições ou pelos funcionários regionais;

e) Por licenças de competência dos órgãos regionais.

TÍTULO VI – Governador civil regional

ARTIGO 40.º – **(Nomeação)**

Junto de cada região administrativa existe um governador civil regional nomeado em Conselho de Ministros.

ARTIGO 41.º – **(Competências)**

1 – Compete ao governador civil regional, como magistrado administrativo:

a) Representar o Governo na área da região;

48   *I – Organização Administrativa*

b) Informar o Governo acerca de quaisquer assuntos de interesse para a região;

c) Verificar, no exercício dos seus poderes de tutela, o cumprimento da lei por parte dos órgãos autárquicos;

d) Promover a realização de inquéritos, se necessário através dos serviços de administração central, à actividade dos órgãos autárquicos e respectivos serviços, a pedido dos respectivos órgãos deliberativos, aprovado pela maioria dos membros em efectividade de funções;

e) Fixar a data das eleições intercalares dos órgãos das autarquias locais;

f) Proceder às diligências que se revelarem necessárias tendo em vista a solução de conflitos de competências entre órgãos autárquicos da região.

2 – Compete ao governador, como autoridade policial:

a) Tomar as providências necessárias para manter a ordem e a segurança públicas;

b) Dirigir, em colaboração com a junta regional, o serviço regional de protecção civil e definir os respectivos programas;

c) Exercer, quanto a reuniões e manifestações públicas, as atribuições que lhe forem conferidas por lei;

d) Conceder passaportes, nos termos das leis e regulamentos, e visar os que para esse fim lhe forem apresentados;

e) Requisitar a intervenção das forças policiais, aos comandantes da PSP e da GNR, instaladas na região para a manutenção da ordem e cumprimento da lei;

f) Conceder licenças policiais que não sejam da competência do Governo, das juntas regionais, das câmaras municipais ou dos seus presidentes;

g) Elaborar regulamentos obrigatórios em toda a região sobre matérias da sua competência policial que não sejam objecto de lei ou regulamento geral a publicar no *Diário da República,* após a aprovação do Governo;

h) Exercer as competências até agora atribuídas aos governadores civis por lei ou regulamento.

3 – Compete ainda ao governador civil regional:

a) Dirigir e coordenar os serviços do governo civil regional, nos termos da respectiva lei orgânica;

b) Superintender na gestão e direcção do pessoal do governo civil regional;

c) Exercer a competência que lhe for delegada pelo Conselho de Ministros, pelo Primeiro-Ministro e pelos ministros;

d) Exercer os demais poderes que lhe forem conferidos por lei ou regulamento.

4 – O governador civil regional pode delegar nos vice-governadores regionais a competência definida no n.º 2 do presente artigo.

ARTIGO 42.º – **(Vice-governadores civis regionais)**

Cada governador civil regional pode ser coadjuvado, no exercício das suas funções, por vice-governadores civis regionais, nomeados em Conselho de Ministros, em número a definir por decreto-lei.

ARTIGO 43.º – **(Estatuto)**

O estatuto renumerário dos governadores civis regionais e vice-governadores civis regionais será fixado pelo Governo.

TÍTULO VII – Disposições finais e transitórias

ARTIGO 44.° – (Regime eleitoral)
1 – A eleição dos membros das assembleias regionais directamente eleitos é regulada, com as devidas adaptações, pela lei eleitoral das autarquias locais, salvo no que vier a ser regulado em legislação própria.
2 – O regime de inelegibilidades e incompatibilidades dos membros dos órgãos regionais é estabelecido em legislação própria.

ARTIGO 45.° – (Primeiras eleições)
1 – A lei de instituição em concreto fixa a data da eleição da assembleia regional, que deverá ocorrer no prazo máximo de 180 dias após a sua entrada em vigor.
2 – Se a data recair a menos de um ano da eleição geral dos órgãos das autarquias locais, transfere-se a eleição para esta data.

ARTIGO 46.° – (Instalação da região)
Compete ao governador civil regional promover as diligências e praticar os actos necessários à instalação da região e, designadamente, proceder à instalação da primeira assembleia regional.

ARTIGO 47.° – (Extinção dos actuais governos civis)
1 – Após a nomeação do governador civil regional serão extintos os governos civis sediados na área da respectiva região.
2 – O património, os direitos e obrigações e o pessoal dos governos civis transferem-se automaticamente para os serviços dependentes do governador civil regional.

ARTIGO 48.° – (Integração transitória de áreas distritais)
Nos casos em que se verifique a não integração de partes de distritos em regiões concretamente instituídas, o diploma de instituição da região determinará qual o distrito em que transitoriamente fica integrada a área distrital nao compreendida na região.

LEI N.º 8/93

de 5 de Março

Regime jurídico de criação de freguesias

ARTIGO 1.º (¹) – (Objecto)

A presente lei define o regime jurídico de criação de freguesias.

1 – A Lei n.º 60/99, de 30 de Junho, define o regime jurídico de criação de freguesias na Região Autónoma dos Açores.

ARTIGO 2.º – (Competência)

A criação de freguesias incumbe à Assembleia da República, no respeito pelo regime geral definido na presente lei quadro.

ARTIGO 3.º – (Elementos de apreciação)

Na apreciação das iniciativas legislativas que visem a criação de freguesias deve a Assembleia da República ter em conta:

a) A vontade das populações abrangidas, expressa através de parecer dos órgãos autárquicos representativos a que alude a alínea *e)* do n.º 1 do artigo 7.º desta lei;

b) Razões de ordem histórica, geográfica, demográfica, económica, social e cultural;

c) A viabilidade político-administrativa, aferida pelos interesses de ordem geral ou local em causa, bem como pelas repercussões administrativas e financeiras das alterações pretendidas.

ARTIGO 4.º – (Indicadores a ponderar)

Na criação de freguesias deve atender-se aos indicadores seguintes, ponderados de acordo com os escalões constantes do quadro que constitui o anexo ao presente diploma:

a) Número de eleitores da freguesia a constituir;

b) Taxa de variação demográfica na área proposta para a nova freguesia, observada entre os dois últimos recenseamentos eleitorais, intervalados de cinco anos;

c) Número de eleitores da sede da futura freguesia;

d) Diversificação de tipos de serviços e de estabelecimentos de comércio e de organismos de índole cultural, artística ou recreativa existentes na área da futura freguesia;

e) Acessibilidade de transportes entre a sede proposta e as principais povoações da freguesia a criar;

f) Distância quilométrica entre a sede da freguesia a instituir e a sede da freguesia de origem.

ARTIGO 5.º – (Critérios técnicos)

1 – A criação de freguesias fica condicionada à verificação cumulativa dos seguintes requisitos:

a) Número de eleitores da freguesia a constituir não inferior a 800, nos municípios com densidade populacional inferior a 100 eleitores por quilómetro quadrado, a 1200, nos municípios

52   *I – Organização Administrativa*

com densidade populacional compreendida entre 100 e 199 eleitores por quilómetro quadrado, a 1600, nos municípios com densidade populacional compreendida entre 200 e 499 eleitores por quilómetro quadrado, e a 2000, nos municípios com densidade populacional igual ou superior a 500 eleitores por quilómetro quadrado;

b) Número de eleitores da sede da futura freguesia não inferior a 150;

c) Número de tipos de serviços e estabelecimentos de comércio e de organismos de índole cultural, artística e recreativa existentes na área da futura freguesia não inferior a 4;

d) Obtenção, de acordo com os níveis de ponderação constantes do quadro anexo, de, pelo menos, 10 pontos, para as freguesias a constituir em municípios com densidade populacional inferior a 100 eleitores por quilómetro quadrado, 20 pontos, em municípios com densidade populacional compreendida entre 100 e 199 eleitores por quilómetro quadrado, 30 pontos, em municípios com densidade populacional compreendida entre 200 e 499 eleitores por quilómero quadrado, e 40 pontos, em municípios com densidade populacional igual ou superior a 500 eleitores por quilómetro quadrado.

2 – Nas sedes de município e nos centros populacionais de mais de 7500 eleitores a criação de freguesias fica condicionada à verificação cumulativa dos seguintes requisitos:

a) Número de eleitores na futura freguesia nao inferior a 7000 nos municípios de Lisboa e Porto e a 3500 nos restantes municípios;

b) Taxa de variação demográfica positiva e superior a 5% na área da futura circunscrição, observada entre os dois últimos recenseamentos eleitorais intervalados de cinco anos.

3 – A criação de freguesias não pode privar as freguesias de origem dos recursos indispensáveis à sua manutenção nem da verificação da globalidade dos requisitos exigidos nos números anteriores.

4 – A observância dos requisitos mínimos estabelecidos para a criação de freguesias não é exigível para as que se constituam mediante a fusão de duas ou mais freguesias preexistentes.

ARTIGO 6.º – **(Limites geoadministrativos)**

1 – O território das novas freguesias deve ser espacialmente contínuo.

2 – A criação de freguesias não deve provocar alterações nos limites dos municípios, salvo quando tal se revele indispensável por motivos de reconhecido interesse público devidamente explicitado.

ARTIGO 7.º – **(Instrução do processo)**

1 – O processo a instruir para efeitos da criação de freguesias é organizado com base nos seguintes elementos:

a) Fundamentação do projecto ou proposta de lei com base nos elementos de apreciação enunciados no artigo 3.º;

b) Verificação de critérios e requisitos técnicos exigidos nos termos do artigo 5.º;

c) Indicação da denominação e da sede propostas para a futura freguesia;

d) Descrição minuciosa dos limites territoriais da futura freguesia, acompanhada da representação cartográfica, pelo menos à escala de 1:25 000;

e) Cópia autenticada das actas das reuniões dos órgãos deliberativos e executivos do município e freguesias envolvidos em que foi emitido parecer sobre a criação da futura freguesia.

2 – Tendo em vista o que dispõe esta lei e designadamente o seu artigo 5.º, deve a Assembleia da República solicitar ao Governo, o qual fornecerá, sob a forma de relatório e no prazo máximo de 60 dias, os elementos com interesse para o processo.

Lei n.º 8/93, de 5 de Março

3 – Verificada a existência de todos os elementos necessários à instrução do processo, a Assembleia da República solicitará aos órgãos do poder local os respectivos pareceres, os quais deverão ser emitidos no prazo de 60 dias.

ARTIGO 8.º – (Menções legais obrigatórias)

Os diplomas de criação de freguesias devem, obrigatoriamente, incluir os seguintes elementos:

a) Indicação da denominação e da sede;

b) Explicitação das autarquias locais de onde provieram os territórios da nova freguesia;

c) Descrição minuciosa dos limites territoriais, acompanhada de representação cartográfica ilustrativa;

d) Composição da comissão instaladora atendendo ao disposto nos n.ºs 3 e 4 do artigo seguinte.

ARTIGO 9.º – (Comissão instaladora)

1 – A fim de promover as acções necessárias à instalação dos órgãos autárquicos da nova freguesia, será nomeada uma comissão instaladora, que funcionará no período de seis meses que antecedem o termo do mandato autárquico em curso.

2 – Para efeito consignado no número anterior, cabe à comissão instaladora preparar a realização das eleições para os órgãos autárquicos e executar todos os demais actos preparatórios estritamente necessários ao funcionamento da discriminação dos bens, universalidades, direitos e obrigações da freguesia ou freguesias de origem a transferir para nova freguesia.

3 – A comissão instaladora é nomeada pela câmara municipal com a antecedência mínima de 30 dias sobre o início de funções nos termos do n.º 1 do presente artigo, devendo integrar maioritariamente cidadãos eleitores da área da nova freguesia, para além de membros dos órgãos deliberativo e executivo, quer do município, quer da freguesia de origem.

4 – Na designação dos cidadãos eleitores da área da nova freguesia, há que ter em conta os resultados das últimas eleições para a assembleia de freguesia de origem.

ARTIGO 10.º – (Partilha de direitos e obrigações)

Na repartição dos direitos e obrigações existentes à data da criação da nova freguesia entre esta e a de origem, consideram-se como critérios orientadores os seguintes:

a) Proporcionalidade em função do número de eleitores e da área das respectivas freguesias;

b) Localização geográfica dos edifícios e outros bens imóveis a repartir;

c) Quaisquer outros que a comissão instaladora entenda dever considerar.

ARTIGO 11.º ([1]) – (Eleições)

1 – Não é permitida a criação de freguesias durante o período de cinco meses que imediatamente antecede a data marcada para a realização de quaisquer eleições a nível nacional.

2 – No caso de eleições intercalares, a nível regional, municipal ou de freguesia, a proibição atinge unicamente a criação de freguesias na área respectiva.

3 – A eleição dos titulares dos órgãos das novas freguesias só ocorrerá na data da realização, a nível nacional, das eleições autárquicas seguintes.

1 – Redacção do art. 1.º da Lei n.º 51-A/93, de 9 de Julho.

I – Organização Administrativa

ARTIGO 12.º – **(Apoio financeiro e técnico)**

Sem prejuízo da colaboração que possa ser fornecida pelos municípios ou pelas freguesias de origem, o Governo prestará apoio financeiro à instalação de novas freguesias, nos termos e nas condições estabelecidos no diploma regulador da concessão excepcional de auxílios financeiros por parte do estado às autarquias locais, para além da assistência técnica que poderá fornecer.

ARTIGO 13.º – **(Aplicacção da lei)**

1 – A presente lei é aplicável a todos os projectos de lei de criação de freguesias pendentes na Assembleia da República.

2 – (¹) A aplicação da presente lei às Regiões Autónomas dos Açores e da Madeira não prejudica a publicação de diploma legislativo regional que lhe introduza as adaptações decorrentes do condicionalismo geográfico e populacional.

1 – Adaptada à Região Autónoma da Madeira pelo Decreto Legislativo Regional n.º 3/94/M, de 3 de Março (Estabelece o regime de criação e extinção das autarquias locais e de designação da categoria das povoações. Revoga o Decreto Legislativo Regional n.º 16/86/M, de 1 de Setembro).

ARTIGO 14.º – **(Norma revogatória)**

São revogados os artigos 4.º a 11.º, inclusive, da Lei n.º 11/82, de 2 de Junho, bem como o artigo 1.º da mesma lei, na parte respeitante à criação de freguesias.

LEI N.º 27/96

de 1 de Agosto

Regime jurídico da tutela administrativa

ARTIGO 1.º – (Âmbito)

1 – A presente lei estabelece o regime jurídico da tutela administrativa a que ficam sujeitas as autarquias locais e entidades equiparadas, bem como o respectivo regime sancionatório.

2 (1) – Para efeitos do presente diploma são consideradas entidades equiparadas a autarquias locais as áreas metropolitanas, as assembleias distritais e as associações de municípios de direito público.

1 – Ver art. 5.º da Lei n.º 172/99, de 21 de Setembro (associação de municípios) e art. 16.º da Lei n.º 175/99, de 21 de Setembro (associação de freguesias).

ARTIGO 2.º – (Objecto)

A tutela administrativa consiste na verificação do cumprimento das leis e regulamentos por parte dos órgãos e dos serviços das autarquias locais e entidades equiparadas.

ARTIGO 3.º – (Conteúdo)

1 – A tutela administrativa exerce-se através da realização de inspecções, inquéritos e sindicâncias.

2 – No âmbito deste diploma:

a) A inspecção consiste na verificação da conformidade dos actos e contratos dos órgãos e serviços com a lei;

b) O inquérito consiste na verificação da legalidade dos actos e contratos concretos dos órgãos e serviços resultante de fundada denúncia apresentada por quaisquer pessoas singulares ou colectivas ou de inspecção;

c) A sindicância consiste numa indagação aos serviços quando existam sérios indícios de ilegalidades de actos de órgãos e serviços que, pelo seu volume e gravidade, não devam ser averiguados no âmbito de inquérito.

ARTIGO 4.º – (Deveres de informação e cooperação)

Os órgãos e serviços objecto de acções de tutela administrativa encontram-se vinculados aos deveres de informação e cooperação.

ARTIGO 5.º – (Titularidade dos poderes de tutela)

A tutela administrativa compete ao Governo, sendo assegurada, de forma articulada, pelos Ministros das Finanças e do Equipamento, do Planeamento e da Administração do Território, no âmbito das respectivas competências.

56   *I – Organização Administrativa*

ARTIGO 6.º – **(Realização de acções inspectivas)**

1 – As inspecções são realizadas regularmente através dos serviços competentes, de acordo com o plano anual superiormente aprovado.

2 – Os inquéritos e as sindicâncias são determinados pelo competente membro do Governo, sempre que se verifiquem os pressupostos da sua realização.

3 – Os relatórios das acções inspectivas são apresentados para despacho do competente membro do Governo, que, se for caso disso, os remeterá para o representante do Ministério Público legalmente competente.

4 – Estando em causa situações susceptíveis de fundamentar a dissolução de órgãos autárquicos ou de entidades equiparadas, ou a perda de mandato dos seus titulares, o membro do Governo deve determinar, previamente, a notificação dos visados para, no prazo de 30 dias, apresentarem, por escrito, as alegações tidas por convenientes, juntando os documentos que considerem relevantes.

5 – Sem prejuízo do disposto no número anterior, sempre que esteja em causa a dissolução de um órgão executivo, deve também ser solicitado parecer ao respectivo órgão deliberativo, que o deverá emitir por escrito no prazo de 30 dias.

6 – Apresentadas as alegações ou emitido o parecer a que aludem, respectivamente, os n.os 4 e 5, ou decorrido o prazo para tais efeitos, deverá o membro do Governo competente, no prazo máximo de 60 dias, dar cumprimento, se for caso disso, ao disposto no n.º 3.

ARTIGO 7.º – **(Sanções)**

A prática, por acção ou omissão, de ilegalidades no âmbito da gestão das autarquias locais ou no da gestão de entidades equiparadas pode determinar, nos termos previstos na presente lei, a perda do respectivo mandato, se tiverem sido praticadas individualmente por membros de órgãos, ou a dissolução do órgão, se forem o resultado da acção ou omissão deste.

ARTIGO 8.º – **(Perda de mandato)**

1 – Incorrem em perda de mandato os membros dos órgãos autárquicos ou das entidades equiparadas que:

a) Sem motivo justificativo, não compareçam a 3 sessões ou 6 reuniões seguidas ou a 6 sessões ou 12 reuniões interpoladas;

b) Após a eleição, sejam colocados em situação que os torne inelegíveis ou relativamente aos quais se tornem conhecidos elementos reveladores de uma situação de inelegibilidade já existente, e ainda subsistente, mas não detectada previamente à eleição;

c) Após a eleição se inscrevam em partido diverso daquele pelo qual foram apresentados a sufrágio eleitoral;

d) Pratiquem ou sejam individualmente responsáveis pela prática dos actos previstos no artigo seguinte.

2 (¹) – Incorrem, igualmente, em perda de mandato os membros dos órgãos autárquicos que, no exercício das suas funções, ou por causa delas, intervenham em procedimento administrativo, acto ou contrato de direito público ou privado relativamente ao qual se verifique impedimento legal, visando a obtenção de vantagem patrimonial para si ou para outrem.

3 – Constitui ainda causa de perda de mandato a verificação, em momento posterior ao da eleição, de prática, por acção ou omissão, em mandato imediatamente anterior, dos factos referidos na alínea *d)* do n.º 1 e no n.º 2 do presente artigo.

1 – Ver art. 44.º do CPA.

Lei n.º 27/96, de 1 de Agosto 57

ARTIGO 9.º – **(Dissolução de órgãos)**

Qualquer órgão autárquico ou de entidade equiparada pode ser dissolvido quando:

a) Sem causa legítima de inexecução, não dê cumprimento às decisões transitadas em julgado dos tribunais;

b) Obste à realização de inspecção, inquérito ou sindicância, à prestação de informações ou esclarecimentos e ainda quando recuse facultar o exame aos serviços e a consulta de documentos solicitados no âmbito do procedimento tutelar administrativo;

c) Viole culposamente instrumentos de ordenamento do território ou de planeamento urbanístico válidos e eficazes;

d) Em matéria de licenciamento urbanístico exija, de forma culposa, taxas, mais-valias, contrapartidas ou compensações não previstas na lei;

e) Não elabore ou não aprove o orçamento de forma a entrar em vigor no dia 1 de Janeiro de cada ano, salvo ocorrência de facto julgado justificativo;

f) Não aprecie ou não apresente a julgamento, no prazo legal, as respectivas contas, salvo ocorrência de facto julgado justificativo;

g) Os limites legais de endividamento da autarquia sejam ultrapassados, salvo ocorrência de facto julgado justificativo ou regularização superveniente;

h) Os limites legais dos encargos com o pessoal sejam ultrapassados, salvo ocorrência de facto não imputável ao órgão visado;

i) Incorra, por acção ou omissão dolosas, em ilegalidade grave traduzida na consecução de fins alheios ao interesse público.

ARTIGO 10.º – **(Causas de não aplicação da sanção)**

1 – Não haverá lugar à perda de mandato ou à dissolução de órgão autárquico ou de entidade equiparada quando, nos termos gerais de direito, e sem prejuízo dos deveres a que os órgãos públicos e seus membros se encontram obrigados, se verifiquem causas que justifiquem o facto ou que excluam a culpa dos agentes.

2 – O disposto no número anterior não afasta responsabilidades de terceiros que eventualmente se verifiquem.

ARTIGO 11.º – **(Decisões de perda de mandato e de dissolução)**

1 – As decisões de perda do mandato e de dissolução de órgãos autárquicos ou de entidades equiparadas são da competência dos tribunais administrativos de círculo.

2 – As acções para perda de mandato ou de dissolução de órgãos autárquicos ou de entidades equiparadas são interpostas pelo Ministério Público, por qualquer membro do órgão de que faz parte aquele contra quem for formulado o pedido, ou por quem tenha interesse directo em demandar, o qual se exprime pela utilidade derivada da procedência da acção.

3 – O Ministério Público tem o dever funcional de propor as acções referidas nos números anteriores no prazo máximo de 20 dias após o conhecimento dos respectivos fundamentos.

4 – As acções previstas no presente artigo só podem ser interpostas no prazo de cinco anos após a ocorrência dos factos que as fundamentam.

ARTIGO 12.º – **(Efeitos das decisões de perda de mandato e de dissolução)**

1 – Os membros de órgão dissolvido ou os que hajam perdido o mandato não podem fazer parte da comissão administrativa a que se refere o n.º 1 do artigo 14.º.

2 – No caso de dissolução do órgão, o disposto no número anterior não é aplicável aos membros do órgão dissolvido que tenham votado contra ou que não tenham participado nas deli-

58   *I – Organização Administrativa*

berações, praticado os actos ou omitido os deveres legais a que estavam obrigados e que deram causa à dissolução do órgão.

3 – A renúncia ao mandato não prejudica o disposto no n.° 1 do presente artigo.

4 – A dissolução do órgão deliberativo da freguesia ou da região administrativa envolve necessariamente a dissolução da respectiva junta.

ARTIGO 13.° – **(Inelegibilidade)**

A condenação definitiva dos membros dos órgãos autárquicos em qualquer dos crimes de responsabilidade previstos e definidos na Lei n.° 34/87, de 16 de Julho, implica a sua inelegibilidade nos actos eleitorais destinados a completar o mandato interrompido e nos subsequentes que venham a ter lugar no período de tempo correspondente a novo mandato completo, em qualquer órgão autárquico.

ARTIGO 14.° – **(Processo decorrente da dissolução de órgão)**

1 – Em caso de dissolução do órgão deliberativo de freguesia ou de região administrativa ou do órgão executivo municipal, é designada uma comissão administrativa, com funções executivas, a qual é constituída por três membros, nas freguesias, ou cinco membros, nas câmaras municipais e nas regiões administrativas.

2 – Nos casos referidos no número anterior, os órgãos executivos mantêm-se em funções até à data da tomada de posse da comissão administrativa.

3 – Quando a constituição do novo órgão autárquico envolver o sufrágio directo e universal, o acto eleitoral deve ocorrer no prazo máximo de 90 dias após o trânsito em julgado da decisão de dissolução, salvo se no mesmo período de tempo forem marcadas eleições gerais para os órgãos autárquicos.

4 – Compete ao Governo, mediante decreto, nomear a comissão administrativa referida no n.° 1, cuja composição deve reflectir a do órgão dissolvido.

ARTIGO 15.° – **(Regime processual)**

1 – As acções para declaração de perda de mandato ou de dissolução de órgãos autárquicos ou entidades equiparadas têm carácter urgente.

2 – As acções seguem os termos dos recursos dos actos administrativos dos órgãos da administração local, com as modificações constantes dos números seguintes.

3 – O oferecimento do rol de testemunhas e o requerimento de outros meios de prova devem ser efectuados nos articulados, não podendo cada parte produzir mais de 5 testemunhas sobre cada facto nem o número total destas ser superior a 20.

4 – Não há lugar a especificação e questionário nem a intervenção do tribunal colectivo, e os depoimentos são sempre reduzidos a escrito.

5 – É aplicável a alegações e a prazos o preceituado nos n.ºs 2 e 3 do artigo 60.° do Decreto-Lei n.° 267/85, de 16 de Julho.

6 – Somente cabe recurso da decisão que ponha termo ao processo, o qual sobe imediatamente e nos próprios autos, com efeito suspensivo, e, dado o seu carácter urgente, deve ainda ser observado no seu regime o disposto nos n.ºs 1 e 2 do artigo 115.° do Decreto-Lei n.° 267/85, de 16 de Julho.

7 – As sentenças proferidas nas acções de perda de mandato ou de dissolução de órgão são notificadas ao Governo.

8 – Às acções desta natureza é aplicável o regime de custas e preparos estabelecido para os recursos de actos administrativos.

ARTIGO 16.º (¹) – (Aplicação às Regiões Autónomas)

O regime da presente lei aplica-se às Regiões Autónomas, sem prejuízo da publicação de diploma que defina os órgãos competentes para o exercício da tutela administrativa.

1 – O disposto na Lei n.º 27/96 foi adaptado à R.A. da Madeira pelo DLR n.º 6/98/M.

ARTIGO 17.º – (Norma transitória)

1 – Sempre que o regime consagrado no presente diploma se revele em concreto mais favorável ao réu, o mesmo é de aplicação imediata aos processos com decisões não transitadas em julgado, inclusive no que diz respeito à apreciação dos respectivos fundamentos.

2 – Para efeitos de aplicação do disposto no número anterior, qualquer das partes pode requerer a baixa do processo ao tribunal de 1.ª instância para efeitos de novo julgamento.

3 – O disposto no número anterior aplica-se aos processos pendentes no Tribunal Constitucional.

ARTIGO 18.º (¹) – (Norma revogatória)

1 – É revogada a Lei n.º 87/89, de 9 de Setembro, bem como todas as disposições especiais que prevejam fundamentos de perda de mandato ou de dissolução de órgãos autárquicos por remissão para o regime de tutela administrativa estabelecido por aquele diploma.

2 – O disposto no número anterior não prejudica as competências legalmente atribuídas ao governador civil.

1 – Ver art. 4.º-C do DL n.º 252/92, de 19 de Novembro.

LEI N.° 19/98

de 28 de Abril

Lei de criação das regiões administrativas

CRIAÇÃO DAS REGIÕES

ARTIGO 1.° – (**Objecto**)

1 – A presente lei cria as regiões administrativas.

2 – Os poderes, a composição e a competência das regiões administrativas, bem como o funcionamento dos seus órgãos, são os constantes da Lei n.° 56/91, de 13 de Agosto.

REGIÕES ADMINISTRATIVAS

ARTIGO 2.° – (**Regiões administrativas**)

As regiões administrativas no continente são as seguintes:

a) Região de Entre Douro e Minho;

b) Região de Trás-os-Montes e Alto Douro;

c) Região da Beira Litoral;

d) Região da Beira Interior;

e) Região da Estremadura e Ribatejo;

f) Região de Lisboa e Setúbal;

g) Região do Alentejo;

h) Região do Algarve.

ARTIGO 3.° – (**Região de Entre Douro e Minho**)

A região administrativa de Entre Douro e Minho abrange a área dos seguintes municípios, incluídos nos distritos de Viana do Castelo, de Braga, do Porto, de Aveiro e de Viseu:

a) Distrito de Viana do Castelo: Arcos de Valdevez, Caminha, Melgaço, Monção, Paredes de Coura, Ponte da Barca, Ponte de Lima, Valença, Viana do Castelo e Vila Nova de Cerveira;

b) Distrito de Braga: Amares, Barcelos, Braga, Cabeceiras de Basto, Celorico de Basto, Esposende, Fafe, Guimarães, Póvoa de Lanhoso, Terras de Bouro, Vieira do Minho, Vila Nova de Famalicão e Vila Verde;

c) Distrito do Porto: Amarante, Baião, Felgueiras, Gondomar, Lousada, Maia, Marco de Canaveses, Matosinhos, Paços de Ferreira, Paredes, Penafiel, Porto, Póvoa de Varzim, Santo Tirso, Valongo, Vila do Conde e Vila Nova de Gaia;

d) Distrito de Aveiro: Espinho e Castelo de Paiva;

e) Distrito de Viseu: Cinfães.

62   *I – Organização Administrativa*

ARTIGO 4.º – (**Região de Trás-os-Montes e Alto Douro**)

A região administrativa de Trás-os-Montes e Alto Douro abrange a área dos seguintes municípios, incluídos nos distritos de Vila Real, de Bragança, de Viseu e da Guarda:

a) Distrito de Vila Real: Alijó, Boticas, Chaves, Mesão Frio, Mondim de Basto, Montalegre, Murça, Peso da Régua, Ribeira de Pena, Sabrosa, Santa Marta de Penaguião, Valpaços, Vila Pouca de Aguiar e Vila Real;

b) Distrito de Bragança: Alfândega da Fé, Bragança, Carrazeda de Ansiães, Freixo de Espada à Cinta, Macedo de Cavaleiros, Miranda do Douro, Mirandela, Mogadouro, Torre de Moncorvo, Vila Flor, Vimioso e Vinhais;

c) Distrito de Viseu: Lamego, Armamar, Tabuaço e São João da Pesqueira;

d) Distrito da Guarda: Meda e Vila Nova de Foz Côa.

ARTIGO 5.º – (**Região da Beira Litoral**)

A região administrativa da Beira Litoral abrange a área dos seguintes municípios, incluídos nos distritos de Aveiro, de Viseu, de Coimbra e de Leiria:

a) Distrito de Aveiro: Águeda, Albergaria-a-Velha, Anadia, Arouca, Aveiro, Estarreja, Ílhavo, Mealhada, Murtosa, Oliveira de Azeméis, Oliveira do Bairro, Ovar, São João da Madeira, Santa Maria da Feira, Sever do Vouga, Vagos e Vale de Cambra;

b) Distrito de Viseu: Carregal do Sal, Castro Daire, Mangualde, Moimenta da Beira, Mortágua, Nelas, Oliveira de Frades, Penalva do Castelo, Penedono, Resende, Santa Comba Dão, São Pedro do Sul, Sátão, Sernancelhe, Tarouca, Tondela, Vila Nova de Paiva, Viseu e Vouzela;

c) Distrito de Coimbra: Arganil, Cantanhede, Coimbra, Condeixa-a-Nova, Figueira da Foz, Góis, Lousã, Mira, Miranda do Corvo, Montemor-o-Velho, Oliveira do Hospital, Pampilhosa da Serra, Penacova, Penela, Soure, Tábua e Vila Nova de Poiares;

d) Distrito de Leiria: Castanheira de Pêra, Figueiró dos Vinhos e Pedrógão Grande.

ARTIGO 6.º – (**Região da Beira Interior**)

A região administrativa da Beira Interior abrange a área dos seguintes municípios, incluídos nos distritos da Guarda e de Castelo Branco:

a) Distrito da Guarda: Aguiar da Beira, Almeida, Celorico da Beira, Figueira de Castelo Rodrigo, Fornos de Algodres, Gouveia, Guarda, Manteigas, Pinhel, Sabugal, Seia e Trancoso;

b) Distrito de Castelo Branco: Belmonte, Castelo Branco, Covilhã, Fundão, Idanha-a-Nova, Oleiros, Penamacor, Proença-a-Nova, Sertã, Vila de Rei e Vila Velha de Ródão.

ARTIGO 7.º – (**Região da Estremadura e Ribatejo**)

A região administrativa da Estremadura e Ribatejo abrange a área dos seguintes municípios, incluídos nos distritos de Leiria e de Santarém:

a) Distrito de Leiria: Alcobaça, Alvaiázere, Ansião, Batalha, Bombarral, Caldas da Rainha, Leiria, Marinha Grande, Nazaré, Óbidos, Peniche, Pombal e Porto de Mós;

b) Distrito de Santarém: Abrantes, Alcanena, Almeirim, Alpiarça, Benavente, Cartaxo, Chamusca, Constância, Coruche, Entroncamento, Ferreira do Zêzere, Golegã, Mação, Ourém, Rio Maior, Salvaterra de Magos, Santarém, Sardoal, Tomar, Torres Novas e Vila Nova da Barquinha.

ARTIGO 8.º – (**Região de Lisboa e Setúbal**)

A região administrativa de Lisboa e Setúbal abrange a área dos seguintes municípios dos distritos de Lisboa e de Setúbal:

a) Distrito de Lisboa: Alenquer, Amadora, Arruda dos Vinhos, Azambuja, Cadaval, Cas-

Lei n.º 19/98, de 28 de Abril 63

cais, Lisboa, Loures, Lourinhã, Mafra, Oeiras, Sintra, Torres Vedras, Sobral de Monte Agraço e Vila Franca de Xira;

b) Distrito de Setúbal: Alcochete, Almada, Barreiro, Moita, Montijo, Palmela, Seixal, Sesimbra e Setúbal.

ARTIGO 9.º – **(Região do Alentejo)**

A região administrativa do Alentejo abrange a área dos seguintes municípios, incluídos nos distritos de Beja, de Portalegre e de Évora e dos municípios do distrito de Setúbal não incluídos na região administrativa de Lisboa e Setúbal:

a) Distrito de Beja: Aljustrel, Almodôvar, Alvito, Barrancos, Beja, Castro Verde, Cuba, Ferreira do Alentejo, Mértola, Moura, Odemira, Ourique, Serpa e Vidigueira;

b) Distrito de Évora: Alandroal, Arraiolos, Borba, Estremoz, Évora, Montemor-o-Novo, Mora, Mourão, Portel, Redondo, Reguengos de Monsaraz, Vendas Novas, Viana do Alentejo e Vila Viçosa;

c) Distrito de Portalegre: Alter do Chão, Arronches, Avis, Campo Maior, Castelo de Vide, Crato, Elvas, Fronteira, Gavião, Marvão, Monforte, Nisa, Ponte de Sor, Portalegre e Sousel;

d) Distrito de Setúbal: Alcácer do Sal, Grândola, Santiago do Cacém e Sines.

ARTIGO 10.º – **(Região do Algarve)**

A região administrativa do Algarve abrange a área dos seguintes municípios, incluídos no distrito de Faro: Albufeira, Alcoutim, Alzejur, Castro Marim, Faro, Lagoa, Lagos, Loulé, Monchique, Olhão, Portimão, São Brás de Alportel, Silves, Tavira, Vila do Bispo e Vila Real de Santo António.

LEI N.° 33/98

de 18 de Julho

Conselhos municipais de segurança

ARTIGO 1.° – (**Criação dos conselhos municipais de segurança**)
São criados, pela presente lei, os conselhos municipais de segurança.

ARTIGO 2.° – (**Funções**)
Cada conselho municipal de segurança, adiante designado por conselho, é uma entidade de âmbito municipal com funções de natureza consultiva, de articulação, informação e cooperação, cujos objectivos, composição e funcionamento são regulados pela presente lei.

ARTIGO 3.° – (**Objectivos**)
Constituem objectivos dos conselhos:
a) Contribuir para o aprofundamento do conhecimento da situação de segurança na área do município, através da consulta entre todas as entidades que o constituem;
b) Formular propostas de solução para os problemas de marginalidade e segurança dos cidadãos no respectivo município e participar em acções de prevenção;
c) Promover a discussão sobre medidas de combate à criminalidade e à exclusão social do município;
d) Aprovar pareceres e solicitações a remeter a todas as entidades que julgue oportunos e directamente relacionados com as questões de segurança e inserção social.

ARTIGO 4.° – (**Competências**)
1 – Para a prossecução dos objectivos previstos no artigo 3.°, compete aos conselhos dar parecer sobre:
a) A evolução dos níveis de criminalidade na área do município;
b) O dispositivo legal de segurança e a capacidade operacional das forças de segurança no município;
c) Os índices de segurança e o ordenamento social no âmbito do município;
d) Os resultados da actividade municipal de protecção civil e de combate aos incêndios;
e) As condições materiais e os meios humanos empregues nas actividades sociais de apoio aos tempos livres, particularmente dos jovens em idade escolar;
f) A situação sócio-económica municipal;
g) O acompanhamento e apoio das acções dirigidas, em particular, à prevenção da toxicodependência e à análise da incidência social do tráfico de droga;
h) O levantamento das situações sociais que, pela sua particular vulnerabilidade, se revelem de maior potencialidade criminógena e mais carecidas de apoio à inserção.

66 *I – Organização Administrativa*

2 – Os pareceres referidos no número anterior têm a periodicidade que for definida em regulamento de cada conselho, a aprovar nos termos do artigo 6.° .

3 – Os pareceres referidos no n.° 1 são apreciados pela assembleia municipal e pela câmara municipal, com conhecimento das autoridades de segurança com competência no território do município.

ARTIGO 5.° – (**Composição**)

1 – Integram cada conselho:

a) O presidente da câmara municipal;

b) O vereador do pelouro, quando este não seja assegurado pelo próprio presidente da câmara;

c) O presidente da assembleia municipal;

d) Os presidentes das juntas de freguesia, em número a fixar pela assembleia municipal;

e) Um representante do Ministério Público da comarca;

f) Os comandantes das forças de segurança presentes no território do município, bem como dos serviços de protecção civil e dos bombeiros;

g) Um representante do Projecto VIDA;

h) Os responsáveis na área do município pelos organismos de assistência social, em número a definir no regulamento de cada conselho;

i) Os responsáveis das associações económicas, patronais e sindicais, em número a definir no regulamento de cada conselho;

j) Um conjunto de cidadãos de reconhecida idoneidade, designados pela assembleia municipal, em número a definir no regulamento de cada conselho, no máximo de 20.

2 – O conselho é presidido pelo presidente da câmara municipal.

ARTIGO 6.°([1]) – (**Regulamento**)

1 – A assembleia municipal elabora e aprova o regulamento provisório, que envia a título consultivo ao conselho.

2 – O conselho, na sua primeira reunião, analisa o regulamento e emite parecer, a enviar à assembleia municipal.

3 – Na sua primeira reunião, após a recepção do parecer, a assembleia municipal discute e aprova o regulamento definitivo.

1 – Ver art. 53.° n.° 1, alínea *l*), da Lei n.° 169/99, de 18 de Agosto.

ARTIGO 7.° – (**Reuniões**)

O conselho reúne ordinariamente uma vez por trimestre, mediante convocação do presidente da câmara municipal.

ARTIGO 8.° – (**Instalação**)

1 – Compete ao presidente da câmara municipal assegurar a instalação do conselho.

2 – Compete à câmara municipal dar o apoio logístico necessário ao funcionamento do conselho.

ARTIGO 9.° – (**Posse**)

Os membros de cada conselho tomam posse perante a assembleia municipal.

LEI N.° 54/98

de 18 de Agosto

Associações representativas dos municípios e das freguesias

ARTIGO 1.° – **(Objecto)**

Os municípios e as freguesias podem associar-se, designadamente, para efeitos da sua representação institucional junto dos órgãos de soberania e da administração central e da cooperação com esta na participação em organizações internacionais.

ARTIGO 2.° ([1-2])– **(Constituição)**

As associações podem constituir-se como pessoas colectivas privadas, nos termos da lei civil.

1 – Ver arts. 158.°, 167.° e 168.° do Cód. Civil.

2 – Ver Lei n.° 172/99, de 21 de Setembro (regime jurídico das associações de municípios de direito público), e Lei n.° 175/99, de 21 de Setembro (regime jurídico das associações de freguesias de direito público).

ARTIGO 3.° – **(Associações nacionais)**

1 – São consideradas associações de carácter nacional, desde que tenham associados em todas as regiões administrativas e Regiões Autónomas do País, as associações:

a) De municípios com um número de associados superior a 100;

b) De freguesias com um número de associados superior a 1500.

2 – Enquanto as regiões administrativas não estiverem criadas, atender-se-á, para efeitos do disposto no número anterior, à divisão distrital.

ARTIGO 4.° – **(Estatuto de parceiro)**

1 – As associações de carácter nacional adquirem, automaticamente, o estatuto de parceiro relativamente ao Estado, sendo-lhes conferidos, sem prejuízo de outras disposições legais, os seguintes direitos, em termos a regulamentar:

a) Consulta prévia, pelos órgãos de soberania, em todas as iniciativas legislativas respeitantes a matéria da sua competência;

b) Participação no Conselho Económico e Social;

c) Participação na gestão e direcção do Centro de Estudos e Formação Autárquica e dos demais organismos especificamente vocacionados para as matérias respeitantes às autarquias locais.

2 – O disposto no número anterior não prejudica quaisquer direitos conferidos por lei aos municípios e às freguesias, independentemente da sua associação.

3 – O disposto na alínea a) do n.° 1 abrange o direito de as associações fazerem publicar, nos termos da lei, no *Diário da República* uma síntese das tomadas de posição por si formalmente expressas na consulta relativa aos respectivos actos legislativos com incidência autárquica.

I – Organização Administrativa

ARTIGO 5.° – **(Colaboração)**

Poderão ser estabelecidos acordos de colaboração entre o Governo e as associações nacionais relativos quer a acções de âmbito interno quer de representação em organismos internacionais.

ARTIGO 6.° – **(Duração do mandato)**

O mandato dos titulares dos órgãos da associação terá a duração coincidente com a dos titulares dos órgãos das autarquias locais.

ARTIGO 7.° – **(Revogação)**

É revogado o Decreto-Lei n.° 99/84, de 29 de Março.

LEI N.° 58/98

de 18 de Agosto

Lei das Empresas Municipais, Intermunicipais e Regionais

CAPÍTULO I – Disposições gerais

ARTIGO 1.° – (**Âmbito**)

1 – A presente lei regula as condições em que os municípios, as associações de municípios e as regiões administrativas podem criar empresas dotadas de capitais próprios.

2 – As entidades referidas no número anterior podem criar, nos termos do presente diploma, empresas de âmbito municipal, intermunicipal ou regional, doravante denominadas empresas, para exploração de actividades que prossigam fins de reconhecido interesse público cujo objecto se contenha no âmbito das respectivas atribuições.

3 – Para efeitos da presente lei, consideram-se:

a) Empresas públicas, aquelas em que os municípios, associações de municípios ou regiões administrativas detenham a totalidade do capital;

b) Empresas de capitais públicos, aquelas em que os municípios, associações de municípios ou regiões administrativas detenham participação de capital em associação com outras entidades públicas;

c) Empresas de capitais maioritariamente públicos, aquelas em que os municípios, associações de municípios ou regiões administrativas detenham a maioria do capital em associação com entidades privadas.

ARTIGO 2.° – (**Personalidade e capacidade jurídica**)

1 – As empresas gozam de personalidade jurídica e são dotadas de autonomia administrativa, financeira e patrimonial.

2 – A capacidade jurídica das empresas abrange todos os direitos e obrigações necessários à prossecução do seu objecto, tal como definido nos respectivos estatutos.

ARTIGO 3.° – (**Direito aplicável**)

As empresas regem-se pela presente lei, pelos respectivos estatutos e, subsidiariamente, pelo regime das empresas públicas e, no que neste não for especialmente regulado, pelas normas aplicáveis às sociedades comerciais.

ARTIGO 4.° – (**Criação**)

1 – A criação das empresas compete:

a) As de âmbito municipal, sob proposta da câmara municipal, à assembleia municipal;

70   *I – Organização Administrativa*

b) As de âmbito intermunicipal, sob proposta do conselho de administração da associação de municípios, à assembleia intermunicipal, precedida de parecer favorável das assembleias municipais dos municípios integrantes;

c) As de âmbito regional, sob proposta da junta regional, à assembleia regional.

2 – À deliberação de participação em empresas já constituídas aplica-se o disposto no número anterior.

3 – As propostas de criação ou de participação em empresas serão sempre acompanhadas dos necessários estudos técnicos e económico-financeiros, bem como dos respectivos projectos de estatutos.

ARTIGO 5.° – **(Forma e publicidade)**

1 – As empresas constituem-se por escritura pública.

2 – Para a celebração da escritura pública é também competente o notário privativo do município onde a empresa tiver a sua sede.

3 – O notário deve, oficiosamente, a expensas da empresa, comunicar a constituição e os estatutos, bem como as respectivas alterações, ao Ministério Público e assegurar a respectiva publicação no *Diário da República* e num dos jornais mais lidos na área.

ARTIGO 6.° – **(Estatutos)**

1 – Os estatutos das empresas especificarão:

a) A denominação, a sede e o objecto da empresa;

b) A composição, a competência e regime de funcionamento dos respectivos órgãos;

c) Forma de obrigar a empresa;

d) O montante do capital, modo de realização e eventuais fundos de reserva;

e) Normas sobre a aplicação dos resultados do exercício;

f) Normas de gestão financeira e patrimonial;

g) A forma de participação efectiva dos trabalhadores na gestão da empresa, nos termos da lei.

2 – As autarquias locais podem delegar poderes respeitantes à prestação de serviços públicos nas empresas por elas constituídas nos termos da presente lei, desde que tal conste expressamente dos estatutos.

3 – Nos casos previstos no número anterior, os estatutos da empresa definirão as prerrogativas do pessoal da empresa que exerça funções de autoridade.

ARTIGO 7.° – **(Denominação)**

A denominação das empresas a que se refere este diploma deverá ser acompanhada da indicação de sua natureza municipal, intermunicipal ou regional (EM, EIM ou ER).

ARTIGO 8.° – **(Participação em espécie)**

1 – Quando a participação no capital da empresa seja em espécie, a realização do mesmo será precedida de relatório, a elaborar por um revisor oficial de contas ou por uma sociedade de revisores oficiais de contas, do qual constem:

a) A descrição dos bens;

b) A identidade dos seus titulares;

c) A avaliação dos bens;

d) Os critérios utilizados na avaliação;

e) A indicação do grau de correspondência do valor dos bens ao do valor da participação respectiva.

Lei n.º 58/98, de 18 de Agosto 71

2 – O revisor ou a sociedade de revisores oficiais de contas que tenha elaborado o relatório exigido pelo número anterior não pode, durante dois anos contados da data de criação da empresa, exercer quaisquer cargos ou funções profissionais na mesma.

3 – O relatório é obrigatoriamente actualizado se, entre a sua elaboração e a data da celebração da escritura da empresa, mediar período superior a 180 dias.

CAPÍTULO II – Empresas públicas

ARTIGO 9.º – (**Órgãos das empresas**)

1 – São órgãos sociais obrigatórios das empresas públicas o conselho de administração e o fiscal único.

2 – Nas empresas que explorem serviços públicos existirá um conselho geral com funções meramente consultivas e cuja constituição será facultativa nos restantes casos.

3 – O mandato dos titulares dos órgãos sociais será coincidente com o dos titulares dos órgãos autárquicos, sem prejuízo dos actos de exoneração e da continuação de funções até à efectiva substituição.

ARTIGO 10.º – (**Conselho de administração**)

1 – O conselho de administração é o órgão de gestão da empresa, composto por três membros, um dos quais é o presidente.

2 – Compete à câmara municipal, ao conselho de administração da associação de municípios ou à junta regional da região administrativa, conforme os casos, a nomeação e a exoneração do presidente e demais membros do conselho de administração da empresa.

ARTIGO 11.º – (**Competência do conselho de administração**)

1 – Compete ao conselho de administração:

a) Gerir a empresa, praticando todos os actos e operações relativos ao objecto social;

b) Administrar o seu património;

c) Adquirir, alienar e onerar direitos ou bens móveis e imóveis;

d) Estabelecer a organização técnico-administrativa da empresa e as normas do seu funcionamento interno, designadamente em matéria de pessoal e da sua remuneração;

e) Constituir mandatários com os poderes que julgue convenientes, incluindo os de substabelecer.

2 – O conselho de administração poderá delegar em qualquer dos seus membros algumas das suas competências, definindo em acta os limites e as condições do seu exercício.

ARTIGO 12.º – (**Presidente do conselho de administração**)

1 – Compete ao presidente do conselho de administração:

a) Coordenar a actividade do órgão;

b) Convocar e presidir às reuniões;

c) Representar a empresa em juízo e fora dele;

d) Providenciar a correcta execução das deliberações.

2 – Nas suas faltas e impedimentos o presidente será substituído pelo membro do conselho de administração por si designado ou, na falta de designação, pelo membro do conselho de administração mais idoso.

3 – O presidente ou quem o substituir terá voto de qualidade.

I – Organização Administrativa

ARTIGO 13.º – **(Requisitos das deliberações)**

1 – O conselho de administração fixará as datas ou a periodicidade das suas reuniões ordinárias e reunirá extraordinariamente sempre que seja convocado pelo presidente por sua iniciativa ou por requerimento da maioria dos seus membros.

2 – O conselho de administração não poderá funcionar sem a presença da maioria dos seus membros.

ARTIGO 14.º – **(Fiscal único)**

A fiscalização da empresa é exercida por um revisor ou por uma sociedade de revisores oficiais de contas, que procederá à revisão legal, a quem compete, designadamente:

a) Fiscalizar a acção do conselho de administração;

b) Verificar a regularidade dos livros, registos contabilísticos e documentos que lhes servem de suporte;

c) Participar aos órgãos competentes as irregularidades, bem como os factos que considere reveladores de graves dificuldades na prossecução do objecto da empresa;

d) Proceder à verificação dos valores patrimoniais da empresa, ou por ela recebidos em garantia, depósito ou outro título;

e) Remeter semestralmente ao órgão executivo do município, da associação de municípios ou da região administrativa, consoante o caso, informação sobre a situação económica e financeira da empresa;

f) Pronunciar-se sobre qualquer assunto de interesse para a empresa, a solicitação do conselho de administração;

g) Emitir parecer sobre os instrumentos de gestão previsional, bem como sobre o relatório do conselho de administração e contas do exercício;

h) Emitir parecer sobre o valor das indemnizações compensatórias a receber pela empresa;

i) Emitir a certificação legal das contas.

ARTIGO 15.º – **(Conselho geral)**

1 – O conselho geral é constituído por representantes do município, da associação de municípios ou da região administrativa, consoante o caso, por representantes de entidades ou organizações directamente relacionadas com a actividade desenvolvida pela empresa e por representantes dos utentes, nos termos previstos estatutariamente.

2 – Compete ao conselho geral:

a) Elaborar e aprovar o respectivo regimento;

b) Eleger a mesa;

c) Emitir parecer sobre os instrumentos de gestão previsional;

d) Pronunciar-se sobre quaisquer assuntos de interesse para a empresa, podendo emitir os pareceres ou recomendações que considerar convenientes.

3 – O conselho geral poderá solicitar ao conselho de administração os elementos de informação necessários para o desempenho das suas funções.

ARTIGO 16.º – **(Poderes de superintendência)**

As câmaras municipais, os conselhos de administração das associações de municípios e as juntas regionais, consoante o caso, exercem, em relação às empresas, os seguintes poderes:

a) Emitir directivas e instruções genéricas ao conselho de administração no âmbito dos objectivos a prosseguir;

b) Autorizar alterações estatutárias;

c) Aprovar os instrumentos de gestão previsional;

d) Aprovar o relatório do conselho de administração, as contas do exercício e a proposta de aplicação de resultados, bem como o parecer do fiscal único;

e) Aprovar preços e tarifas, sob proposta do conselho de administração;

f) Autorizar a aquisição de participações no capital de sociedades;

g) Autorizar a celebração de empréstimos de médio e longo prazo;

h) Definir o estatuto remuneratório dos membros do conselho de administração;

i) Determinar a realização de auditorias e averiguações ao funcionamento das empresas;

j) Pronunciar-se sobre quaisquer assuntos de interesse para a empresa, podendo emitir as recomendações que considerar convenientes;

l) Exercer outros poderes que lhes sejam conferidos pela lei ou pelos estatutos.

ARTIGO 17.º – (**Responsabilidade civil e penal**)

1 – As empresas públicas respondem civilmente perante terceiros pelos actos e omissões dos seus administradores nos mesmos termos em que os comitentes respondem pelos actos ou omissões dos comissários, de acordo com a lei geral.

2 – Os titulares dos órgãos respondem civilmente perante estes pelos prejuízos causados pelo incumprimento dos seus deveres legais ou estatutários.

3 – O disposto nos números anteriores não prejudica a responsabilidade penal dos titulares dos órgãos das empresas.

CAPÍTULO III
Empresas de capitais públicos
e empresas de capitais maioritariamente públicos

ARTIGO 18.º – (**Órgãos sociais**)

1 – São órgãos sociais das empresas de capitais públicos e maioritariamente públicos a assembleia geral, o conselho de administração e o fiscal único.

2 – Às empresas previstas no número anterior aplica-se o disposto no n.º 2 do artigo 9.º da presente lei.

3 – O mandato dos titulares dos órgãos sociais será coincidente com o dos titulares dos órgãos autárquicos, salvo disposição diversa constante dos estatutos das empresas já constituídas.

ARTIGO 19.º – (**Assembleia geral**)

1 – A assembleia geral é formada por representantes dos detentores do capital social da empresa.

2 – O município, a associação de municípios ou a região administrativa, consoante o caso, são representados pelo presidente do respectivo órgão executivo ou por outro elemento do órgão que este designar para o efeito.

3 – Cada representante do capital social tem direito a um número de votos correspondente à proporção da respectiva participação no capital.

ARTIGO 20.º – (**Competência da assembleia geral**)

1 – Compete à assembleia geral:

a) Apreciar e votar, até 15 de Outubro de cada ano, os instrumentos de gestão previsional relativos ao ano seguinte;

I – Organização Administrativa

b) Apreciar e votar, até 31 de Março de cada ano, o relatório do conselho de administração, as contas do exercício e a proposta de aplicação de resultados, bem como o parecer do fiscal único, referentes ao ano transacto;

c) Eleger os membros dos órgãos sociais e da mesa da assembleia cuja designação não esteja estatutariamente atribuída a qualquer dos sócios;

d) Autorizar a aquisição e alienação de imóveis ou a realização de investimentos de valor superior a 20% do capital social;

e) Deliberar sobre quaisquer alterações dos estatutos e aumentos de capital;

f) Deliberar sobre as remunerações dos membros dos corpos sociais;

g) Pronunciar-se sobre quaisquer assuntos de interesse para a empresa, podendo emitir os pareceres ou recomendações que considerar convenientes.

2 – As deliberações serão tomadas por número de votos que representam a maioria do capital social.

ARTIGO 21.º – (**Conselho de administração**)

1 – O conselho de administração tem a composição estabelecida no n.º 1 do artigo 10.º.

2 – Compete à assembleia geral a nomeação e exoneração do presidente e demais membros do conselho de administração.

3 – À competência do conselho de administração, ao presidente do conselho de administração e aos requisitos das deliberações é aplicável, respectivamente, o disposto nos artigos 11.º, 12.º e 13.º da presente lei, salvo se outro regime constar dos estatutos das empresas já constituídas.

ARTIGO 22.º – (**Fiscal único**)

O fiscal único será designado pela assembleia geral, sendo-lhe aplicável o disposto no artigo 14.º da presente lei.

ARTIGO 23.º – (**Superintendência**)

Às empresas de capitais públicos é aplicável, com as devidas adaptações, o disposto no artigo 16.º da presente lei.

ARTIGO 24.º – (**Responsabilidade civil e penal**)

Às empresas de capitais públicos ou maioritariamente públicos aplica-se o regime previsto no artigo 17.º.

CAPÍTULO IV – Património, finanças e formas de gestão

ARTIGO 25.º – (**Património**)

1 – O património das empresas é constituído pelos bens e direitos recebidos ou adquiridos para ou no exercício da sua actividade.

2 – As empresas podem dispor dos bens que integram o seu património nos termos da presente lei e dos respectivos estatutos.

3 – É vedada às empresas a contracção de empréstimos a favor das entidades participantes e a intervenção como garante de empréstimos ou outras dívidas das mesmas.

4 – Os empréstimos de médio e longo prazos contraídos pelas empresas públicas municipais relevam para os limites da capacidade de endividamento do município.

Lei n.º 58/98, de 18 de Agosto

ARTIGO 26.º – **(Capital)**

1 – O capital das empresas é constituído pelas dotações e outras entradas das respectivas entidades participantes.

2 – O capital pode ser alterado pelas formas previstas no número anterior ou mediante incorporação de reservas.

3 – As alterações de capital dependem de autorização do órgão executivo das entidades públicas participantes.

ARTIGO 27.º – **(Receitas)**

Constituem receitas das empresas municipais, intermunicipais ou regionais:

a) As provenientes da sua actividade;

b) O rendimento dos bens próprios;

c) As comparticipações, dotações e subsídios que lhes sejam destinados;

d) O produto da alienação de bens próprios ou da sua oneração;

e) As doações, heranças e legados;

f) O produto da contracção de empréstimos a curto, médio e longo prazos, bem como da emissão de obrigações;

g) Quaisquer outras que por lei ou contrato venham a perceber.

ARTIGO 28.º – **(Reservas)**

1 – A empresa deve constituir as reservas e fundos previstos nos respectivos estatutos, sendo, porém, obrigatória a reserva legal, podendo os órgãos competentes para decidir sobre a aplicação de resultados deliberar a constituição de outras reservas.

2 – A dotação anual para reforço da reserva legal não pode ser inferior a 10% do resultado líquido do exercício deduzido da quantia necessária à cobertura de prejuízos transitados.

3 – A reserva legal só pode ser utilizada para incorporação no capital ou para cobertura de prejuízos transitados.

4 – Os estatutos poderão prever as reservas cuja utilização fique sujeita a restrições.

ARTIGO 29.º – **(Princípios de gestão)**

A gestão deve articular-se com os objectivos prosseguidos pelas respectivas entidades públicas participantes, visando a promoção do desenvolvimento local e regional e assegurando a sua viabilidade económica e equilíbrio financeiro.

ARTIGO 30.º – **(Instrumentos de gestão previsional)**

A gestão económica das empresas é disciplinada, no mínimo, pelos seguintes instrumentos de gestão previsional:

a) Planos plurianuais e anuais de actividades, de investimento e financeiros;

b) Orçamento anual de investimento;

c) Orçamento anual de exploração, desdobrado em orçamento de proveitos e orçamento de custos;

d) Orçamento anual de tesouraria;

e) Balanço previsional.

ARTIGO 31.º – **(Contratos-programa)**

1 – Os municípios, associações de municípios ou regiões administrativas, sempre que pretendam que as empresas prossigam objectivos sectoriais, realizem investimentos de rendibilidade não

76   *I – Organização Administrativa*

demonstrada ou adoptem preços sociais, celebrarão contratos-programa, nos quais serão acordadas as condições a que as partes se obrigam para a realização dos objectivos programados.

2 – Os contratos-programa integrarão o plano de actividades das empresas que neles sejam parte para o período a que respeitem.

3 – Dos contratos-programa constará obrigatoriamente o montante dos subsídios e das indemnizações compensatórias que as empresas terão direito a receber como contrapartida das obrigações assumidas.

ARTIGO 32.° – (**Amortizações, reintegrações e reavaliações**)

A amortização, a reintegração de bens e a reavaliação do activo imobilizado, bem como a constituição de provisões, serão efectivadas pelo respectivo conselho de administração.

ARTIGO 33.° (¹) – (**Contabilidade**)

A contabilidade das empresas respeitará o Plano Oficial de Contabilidade e deve responder às necessidades da gestão empresarial e permitir um controlo orçamental permanente.

1 – O Plano Oficial de Contabilidade das Autarquias Locais foi aprovado pelo DL n.° 54-A/99, de 22 de Fevereiro.

ARTIGO 34.° – (**Documentos de prestação de contas**)

1 – Os instrumentos de prestação de contas das empresas, a elaborar anualmente com referência a 31 de Dezembro, são os seguintes, sem prejuízo de outros previstos nos seus estatutos ou em outras disposições legais:

a) Balanço;

b) Demonstração dos resultados;

c) Anexo ao balanço e à demonstração dos resultados;

d) Demonstração dos fluxos de caixa;

e) Relação das participações no capital de sociedades e dos financiamentos concedidos a médio e longo prazos;

f) Relatório sobre a execução anual do plano plurianual de investimentos;

g) Relatório do conselho de administração e proposta de aplicação dos resultados;

h) Parecer do fiscal único.

2 – O relatório do conselho de administração deve permitir uma compreensão clara da situação económica e financeira relativa ao exercício, analisar a evolução da gestão nos sectores da actividade da empresa, designadamente no que respeita a investimentos, custos e condições de mercado, e apreciar o seu desenvolvimento.

3 – O parecer do fiscal único deve conter a apreciação da gestão, bem como do relatório do conselho de administração e a apreciação da exactidão das contas e da observância das leis e dos estatutos.

4 – O relatório anual do conselho de administração, o balanço, a demonstração de resultados e o parecer do fiscal único serão publicados no *Diário da República* e num dos jornais mais lidos na área.

ARTIGO 35.° – (**Tribunal de Contas**)

A gestão das empresas está sujeita ao controlo financeiro do Tribunal de Contas, nos termos da lei.

ARTIGO 36.° – (**Regime fiscal**)

As empresas estão sujeitas a tributação directa e indirecta nos termos gerais.

Lei n.º 58/98, de 18 de Agosto 77

CAPÍTULO V – Pessoal

ARTIGO 37.º – (Estatuto do pessoal)

1 – O estatuto do pessoal baseia-se no regime do contrato individual de trabalho, sendo a contratação colectiva regulada pela lei geral.

2 – Sem prejuízo do que se dispõe nos números seguintes, o pessoal das empresas está sujeito ao regime geral da segurança social.

3 – Os funcionários da administração central, regional e local e de outras entidades públicas podem exercer funções nas empresas em regime de comissão de serviço, requisição ou destacamento, por períodos no mínimo anuais, sucessivamente renováveis.

4 – Enquanto se mantiverem na situação referida no número anterior, os funcionários mantêm todos os direitos inerentes ao lugar de origem, designadamente o direito à carreira e à segurança social, considerando-se, para todos os efeitos, o período de comissão de serviço, requisição ou destacamento como tempo de serviço efectivamente prestado no lugar de origem.

5 – O pessoal previsto no n.º 3, em regime de comissão de serviço ou requisição, pode optar pelas remunerações do lugar de origem ou pelas correspondentes às funções que desempenhe nas empresas, a suportar por estas.

6 – O pessoal do quadro dos serviços municipalizados que venham a ser objecto de transformação em empresas, nos termos da presente lei, pode optar entre a integração no quadro da empresa ou no quadro do município respectivo, nos termos estabelecidos em protocolo a celebrar entre o município e a empresa, não podendo ocorrer, em qualquer caso, perda de remuneração ou de qualquer outro direito ou regalia.

7 – As comissões de serviço, as requisições ou os destacamentos feitos ao abrigo do presente artigo não determinam a abertura de vaga no quadro de origem.

CAPÍTULO VI – Disposições diversas

ARTIGO 38.º – (Extinção e liquidação)

1 – A extinção das empresas é da competência dos órgãos a quem coube a sua criação.

2 – A extinção pode visar a reorganização das actividades da empresa, mediante a sua cisão ou a fusão com outras, ou destinar-se a pôr termo a essa actividade, sendo então seguida de liquidação do respectivo património.

ARTIGO 39.º – (Tribunais competentes)

1 – Sem prejuízo do disposto no número seguinte, compete aos tribunais judiciais o julgamento de todos os litígios em que seja parte uma empresa.

2 – É da competência dos tribunais administrativos o julgamento do contencioso de anulação dos actos praticados pelos órgãos das empresas públicas quando actuam no âmbito do direito público, bem como o julgamento das acções emergentes dos contratos administrativos que celebrem e das que se refiram à responsabilidade civil que a sua gestão pública provoque.

ARTIGO 40.º – (Participação em empresas privadas)

Os municípios, as associações de municípios e as regiões administrativas podem participar nos termos do disposto no n.º 2 do artigo 1.º, no capital das empresas privadas.

CAPÍTULO VII – **Disposições finais e transitórias**

ARTIGO 41.º – (**Serviços municipalizados**)

Os actuais serviços municipalizados podem ser transformados em empresas públicas, nos termos da presente lei.

ARTIGO 42.º – (**Empresas já constituídas**)

No prazo máximo de um ano a contar da data de publicação, as empresas municipais já constituídas deverão adequar os seus estatutos ao disposto na presente lei.

ARTIGO 43.º – (**Entrada em vigor**)

A presente lei entra em vigor 30 dias após a sua publicação.

DECRETO-LEI N.° 327/98

de 2 de Novembro

Atribui às empresas públicas municipais competência para a fiscalização do estacionamento de duração limitada

O Decreto-Lei n.° 2/98, de 3 de Janeiro, veio introduzir no Código da Estrada importantes adaptações e correcções, bem como algumas medidas inovadoras, com o objectivo de o tornar mais ajustado à realidade social que visa regular.

Neste contexto, este diploma veio introduzir, no seu artigo 7.°, alterações, no âmbito da competência para a fiscalização do cumprimento das disposições do Código da Estrada e demais legislação rodoviária, que vêm reforçar as possibilidades de intervenção das autarquias no ordenamento do trânsito, nomeadamente no que se refere ao estacionamento de veículos nas zonas de estacionamento de duração limitada.

Nestes termos, tendo em conta o importante papel que o estacionamento de duração limitada representa actualmente no ordenamento do trânsito na via pública, é necessário dotar o pessoal das entidades previstas no presente diploma, que têm a seu cargo a respectiva gestão, de competência legal para exercer funções de fiscalização daquele estacionamento.

Assim:

ARTIGO 1.° – (Competência)

1 – É equiparado a agente de autoridade administrativa para exercício das suas funções de fiscalização o pessoal das entidades a que, no âmbito autárquico, incumbe ou venha a incumbir a fiscalização do estacionamento de duração limitado na via pública.

2 – No exercício das funções de fiscalização referidas cabe ao pessoal das entidades em causa, assim como a estas, o levantamento de auto de notícia, nos termos do disposto no artigo 151.° do Código da Estrada, e proceder às intimações e notificações previstas nos artigos 152.° e 155.° deste diploma.

3 ([1]) – As entidades previstas no n.° 1 fornecerão ao seu pessoal formação adequada para o desempenho das funções de fiscalização previstas no presente diploma.

1 – Redacção do art. único da Lei n.° 99/99, de 26 de Julho.

ARTIGO 2.° – (Entrada em vigor)

O presente diploma entra em vigor 30 dias após a data da sua publicação.

LEI N.º 48/99

de 16 de Junho

Estabelece o regime de instalação de novos municípios

ARTIGO 1.º – (Âmbito de aplicação)

O presente diploma estabelece as normas aplicáveis ao regime de instalação de novos municípios.

ARTIGO 2.º – (Regime de instalação)

1 – Os novos municípios estão sujeitos ao regime de instalação previsto no presente diploma desde a publicação da lei de criação e até ao início de funções dos órgãos eleitos.

2 – Os municípios em regime de instalação gozam de autonomia administrativa e financeira com as limitações previstas no presente diploma.

3 – A legislação condicionante da actividade e da responsabilidade dos municípios, dos seus órgãos e respectivos titulares bem como o regime da tutela administrativa são igualmente aplicáveis nos municípios em regime de instalação, com as especificidades e adaptações necessárias.

ARTIGO 3.º – (Composição e designação da comissão instaladora)

1 – A comissão instaladora, cuja composição será definida na lei de criação, é composta por um presidente e por quatro, seis ou oito vogais.

2 – Os membros da comissão instaladora são designados por despacho do Ministro do Equipamento, do Planeamento e da Administração do Território, que tomará em consideração os resultados eleitorais globais obtidos pelas forças políticas nas últimas eleições autárquicas realizadas para as assembleias das freguesias que integram o novo município.

3 – O despacho referido no número anterior indicará, de entre os membros designados, aquele que exercerá as funções de presidente da comissão.

4 – A comissão instaladora inicia funções no 30.º dia posterior à publicação do diploma de criação.

5 – A substituição de membros da comissão instaladora, por morte, renúncia ou outra razão, cabe ao Ministro do Equipamento, do Planeamento e da Administração do Território e respeita o princípio referido no n.º 2.

ARTIGO 4.º – (Competência da comissão instaladora)

1 – Compete à comissão instaladora:

a) Exercer as competências que por lei cabem à câmara municipal;

b) Aprovar o orçamento e as opções do plano do novo município;

c) Aprovar o balanço e conta de gerência do novo município;

d) Fixar a taxa da contribuição autárquica incidente sobre os prédios urbanos;

e) Exercer os poderes tributários conferidos por lei ao município;

I – Organização Administrativa

f) Deliberar sobre a aplicação ou substituição dos regulamentos do ou dos municípios de origem e proceder à respectiva alteração;

g) Aprovar delegações de competências nas freguesias;

h) Elaborar o relatório referido no artigo 11.°, n.° 1;

i) Promover, junto do Instituto Português de Cartografia e Cadastro, a delimitação administrativa do novo município e das freguesias que o compõem e proceder à respectiva demarcação;

j) Aprovar o mapa de pessoal previsto no artigo 14.°;

l) Deliberar noutras matérias da competência das assembleias municipais, desde que razões de relevante interesse público municipal o justifiquem.

2 – As deliberações referidas nas alíneas *b*) a *g*) do n.° 1 carecem de parecer favorável da maioria dos presidentes das juntas das freguesias e dos presidentes das assembleias das freguesias da área do novo município.

3 – As deliberações referidas na alínea *l*) do n.° 1, obrigatoriamente acompanhadas do parecer da maioria dos presidentes das juntas das freguesias e dos presidentes das assembleias das freguesias do novo município, carecem da ratificação do Ministro do Equipamento, do Planeamento e da Administração do Território, sob pena de nulidade.

4 – A comissão instaladora pode delegar no seu presidente a prática dos actos da sua competência, nos casos e nos termos em que a câmara municipal o pode fazer no presidente respectivo.

ARTIGO 5.° – (**Competência do presidente da comissão instaladora**)

1 – Cabe, em especial, ao presidente da comissão instaladora:

a) Coordenar a actividade da comissão e cumprir e fazer cumprir as suas deliberações;

b) Proceder à instalação das primeiras assembleia e câmara municipais eleitas.

2 – O presidente da comissão instaladora detém também as competências do presidente da câmara municipal.

3 – O presidente da comissão instaladora pode delegar ou subdelegar nos restantes membros a prática de actos da sua competência própria ou delegada.

4 – Das decisões dos membros da comissão instaladora ao abrigo de poderes delegados por esta cabe recurso para o plenário da comissão, sem prejuízo de recurso contencioso.

ARTIGO 6.° – (**Impugnação contenciosa**)

Os actos praticados pela comissão instaladora e pelo seu presidente no exercício de competências próprias são passíveis de impugnação contenciosa, nos mesmos termos em que são recorríveis os actos dos órgãos das autarquias locais.

ARTIGO 7.° – (**Cessação do mandato da comissão instaladora**)

O mandato da comissão instaladora cessa na data da instalação dos órgãos eleitos do município.

ARTIGO 8.° ([1]) – (**Estatuto dos membros da comissão instaladora**)

1 – O presidente da comissão instaladora exerce as funções em regime de tempo inteiro.

2 – Ao regime de funções dos restantes membros aplica-se o previsto na lei para municípios com as mesmas características.

3 – Os membros da comissão instaladora são equiparados aos membros das câmaras municipais para todos os efeitos legais, incluindo direitos e deveres, responsabilidade, impedimentos e incompatibilidades.

1 – Ver Lei n.° 29/87, de 30 de Junho (Estatuto dos Eleitos Locais), e Lei n.° 46/93, de 26 de Agosto (Regime de incompatibilidades e impedimentos).

Lei n.º 48/99, de 16 de Junho 83

ARTIGO 9.º – (**Apoio técnico e financeiro**)

1 – Cabe aos vários ministérios competentes em razão da matéria assegurar o apoio técnico e financeiro indispensável ao exercício de funções da comissão instaladora.

2 – O apoio referido é assegurado, sempre que possível, no quadro da cooperação técnica e financeira entre a administração central e a administração local, legalmente prevista.

ARTIGO 10.º – (**Transferências financeiras**)

Enquanto, por falta de elementos de informação oficiais, não for possível calcular, com rigor, a participação do novo município na repartição dos recursos públicos referidos na lei das finanças locais, a inscrever no Orçamento do Estado, as transferências financeiras a inscrever e a efectuar assentam na correcção dos indicadores do ou dos municípios de origem e no cálculo dos indicadores do novo município efectuados de acordo com critérios de proporcionalidade.

ARTIGO 11.º – (**Transmissão de bens, direitos e obrigações**)

1 – Para efeitos de transmissão de bens, direitos e obrigações para o novo município, a câmara municipal de cada um dos municípios de origem e a comissão instaladora do novo município devem elaborar, no prazo de três meses, relatórios discriminando, por categoria, os bens, as universalidades, os direitos e as obrigações que, no seu entender, devem ser objecto de transmissão.

2 – Os relatórios devem conter explicitação, suficientemente precisa, dos critérios de imputação utilizados, relativamente a cada um dos grupos referidos.

3 – Compete a uma comissão constituída por um representante do Ministro do Equipamento, do Planeamento e da Administração do Território, que preside, pelo presidente da câmara municipal do município de origem e pelo presidente da comissão instaladora do novo município a elaboração de proposta final sobre a matéria, com respeito pelo disposto nos artigos 10.º e 12.º da Lei n.º 142/85, de 18 de Novembro.

4 – A proposta final constante do número anterior deverá ser aprovada pela câmara municipal do município ou dos municípios de origem e pela comissão instaladora do novo município no prazo máximo de 30 dias.

5 – A não aprovação desta proposta final por qualquer uma das partes envolvidas pode ser suprida por despacho devidamente fundamentado do Ministro do Equipamento, do Planeamento e da Administração do Território.

6 – A transmissão dos bens, universalidades, direitos e obrigações para o novo município efectua-se por força da lei e o respectivo registo, quando a ele houver lugar, depende de simples requerimento.

ARTIGO 12.º – (**Prestação de serviços públicos**)

1 – O processo de criação e implantação dos serviços do novo município na fase de instalação não pode pôr em causa a prestação de serviços aos cidadãos, devendo ser assegurados, pelo ou pelos municípios de origem e pelo novo município, os níveis existentes à data da criação deste.

2 – Até à aprovação da proposta final a que se refere o artigo 11.º da presente lei, cabe à câmara municipal do município ou dos municípios de origem a satisfação de todos os pagamentos relativos a bens e fornecimentos que venham a ser transmitidos para o novo município, ficando aquela ou aquelas entidades com o direito de regresso sobre o novo município relativamente àqueles respeitantes a dívidas vencidas posteriormente à data da criação.

84   *I – Organização Administrativa*

3 – Para efeitos do disposto no número anterior, consideram-se unicamente vencidas as dívidas correspondentes a trabalhos ou serviços efectivamente prestados após a data da criação do novo município, não sendo este responsável por mora ou atrasos anteriores, imputáveis ao município ou municípios de origem ou aos empreiteiros e fornecedores, que decorram, nomeadamente, da falta de medição dos referidos trabalhos.

ARTIGO 13.º – (**Suspensão de prazos**)

1 – Até à entrada em funcionamento dos serviços do novo município, cabe à câmara municipal do município ou dos municípios de origem prestar o apoio técnico indispensável à apreciação das pretensões dos particulares, devendo fazê-lo de molde que a comissão instaladora delibere sobre essas pretensões nos prazos legais.

2 – Nos processos respeitantes a pretensões dos particulares, cujos documentos devam ser objecto de transferência do ou dos municípios de origem, consideram-se suspensos todos os prazos legais ou regulamentares desde a data do início da produção de efeitos do diploma de criação do novo município até à recepção dos documentos pelos serviços do novo município.

3 – A suspensão em causa vigora pelo período máximo de um ano a contar da data do início da produção de efeitos do diploma de criação do novo município.

ARTIGO 14.º – (**Mapa de pessoal**)

1 – A dotação do pessoal que se prevê necessária para funcionamento dos serviços do novo município consta de mapa de pessoal a elaborar e aprovar pela comissão instaladora e a ratificar pelo Ministro do Equipamento, do Planeamento e da Administração do Território.

2 – A previsão de lugares de pessoal, dirigente, de chefia ou outro, no mapa referido deve ser devidamente justificada e corresponder, em nível e número, às reais necessidades de funcionamento dos serviços.

3 – O mapa de pessoal vigora até aprovação do quadro de pessoal pelos órgãos eleitos.

ARTIGO 15.º – (**Repartição de recursos humanos**)

1 – A integração do mapa de pessoal a que se refere o artigo 14.º é feita, prioritariamente, com recurso aos funcionários do município ou dos municípios de origem, em termos a acordar entre os municípios envolvidos.

2 – Na falta de acordo é aplicável o critério da proporcionalidade do número de funcionários do município ou dos municípios de origem relativamente à população residente em cada um dos municípios, não podendo, em caso algum, as despesas a efectuar com o pessoal a integrar no mapa do novo município ultrapassar 60% das respectivas receitas correntes do ano económico em curso.

3 – A repartição efectua-se dando prioridade aos interessados na transferência para o novo município e rege-se, neste caso, pelo princípio da maior antiguidade na função pública, na carreira e na categoria, sucessivamente, dentro de cada um dos grupos da seguinte ordem de preferência:

a) Interessados que residam na área territorial do novo município;

b) Outros interessados.

4 – A transferência de outros funcionários rege-se pelo princípio da menor antiguidade na função pública, na carreira e na categoria, sucessivamente.

5 – Enquanto não forem formalmente integrados no mapa de pessoal, os funcionários transferidos são abonados de ajudas de custo e transporte pelas suas deslocações diárias, nos termos gerais, a suportar pelo novo município.

Lei n.º 48/99, de 16 de Junho

6 – Os funcionários transferidos do município ou dos municípios de origem que não residam na área do novo município têm direito a um subsídio de valor correspondente ao quíntuplo do respectivo vencimento mensal que constitui encargo do novo município, a pagar de uma só vez, no momento da integração no mapa de pessoal.

7 – A recusa de transferência, quando não fundamentada ou considerada como tal, constitui grave desinteresse pelo cumprimento dos deveres profissionais, para efeitos disciplinares, a apreciar pelos órgãos competentes do município de origem.

8 – Os funcionários transferidos ao abrigo dos números anteriores não podem ser considerados dispensáveis ao abrigo do disposto no n.º 2 do artigo 17.º.

ARTIGO 16.º – (**Recrutamento dos recursos humanos**)

1 – A comissão instaladora pode recrutar, nos termos da lei geral e dentro das dotações fixadas no mapa a que se refere a disposição anterior, os recursos humanos necessários.

2 – O pessoal não vinculado à função pública é sempre recrutado para categoria de ingresso.

3 – O pessoal a que se refere a presente disposição exerce as funções em regime de contrato administrativo de provimento, precedido de concurso, ou, sendo funcionário, em regime de comissão extraordinária de serviço, se a isso se não opuserem as formas de provimento da categoria do interessado, ficando sujeito ao regime de promoção e progressão estabelecido na lei geral ou no estatuto das respectivas carreiras.

4 – A comissão extraordinária de serviço a que se refere o número anterior não carece de autorização do serviço de origem do nomeado.

ARTIGO 17.º – (**Transição do pessoal para o quadro**)

1 – Sem prejuízo do regime de estágio, o pessoal integrado no mapa de pessoal transita em regime de nomeação definitiva, se a isso se não opuserem as formas de provimento da categoria do interessado, para o quadro a que se refere o n.º 3 do artigo 14.º, na mesma carreira, categoria e escalão.

2 – Excepciona-se do disposto do número anterior o pessoal que seja considerado dispensável, caso em que o visado regressa ao lugar de origem ou vê cessada a comissão de serviço ou denunciado ou rescindido o seu contrato, com pré-aviso de 60 dias, sem prejuízo, nestes dois últimos casos, do abono das remunerações vincendas a que houver lugar.

3 – O desempenho de funções pelo tempo legalmente previsto dispensa a realização de estágio, desde que este não se deva traduzir, nos termos da lei, na obtenção de uma qualificação ou habilitação profissional.

4 – A integração no quadro implica a exoneração dos funcionários, no quadro de origem.

5 – A promoção ou progressão dos funcionários integrados no mapa de pessoal produz efeitos no quadro de pessoal aprovado, bem como no quadro de origem do interessado, considerando-se, neste caso, criados os lugares indispensáveis, a extinguir quando vagarem.

ARTIGO 18.º – (**Instalação dos órgãos eleitos**)

Cabe ao presidente da comissão instaladora ou, na sua falta e em sua substituição, ao cidadão melhor posicionado na lista vencedora, de entre os presentes, proceder à instalação da assembleia municipal e da câmara municipal eleitas, no prazo de cinco dias a contar do dia do apuramento definitivo dos resultados eleitorais.

ARTIGO 19.º – (**Norma revogatória**)

São revogados os n.ºs 1, 2 e 3 do artigo 10.º e os n.ºs 1 e 2 do artigo 13.º da Lei n.º 142/85, de 18 de Novembro, e as demais disposições legais que contrariem o disposto no presente diploma.

86   I – Organização Administrativa

ARTIGO 20.° – (**Produção de efeitos**)

O presente diploma produz efeitos a partir de 15 de Setembro de 1998.

ARTIGO 21.° – (**Entrada em vigor**)

O presente diploma entra em vigor no dia seguinte ao da sua publicação.

LEI N.º 140/99 *

de 28 de Agosto

Estabelece o regime e forma de criação das polícias municipais

CAPÍTULO I – Das atribuições dos municípios

ARTIGO 1.º – (**Natureza e âmbito**)

1 – As polícias municipais são serviços municipais especialmente vocacionados para o exercício de funções de polícia administrativa, com as competências, poderes de autoridade e inserção hierárquica definidos na presente lei.

2 – As polícias municipais têm âmbito municipal e não são susceptíveis de gestão associada ou federada.

CAPÍTULO II – Das polícias municipais

ARTIGO 2.º – (**Funções de polícia**)

1 – No exercício de funções de polícia administrativa, cabe aos municípios fiscalizar, na área da sua jurisdição, o cumprimento das leis e regulamentos que disciplinem matérias relativas às atribuições das autarquias e à competência dos seus órgãos.

2 – As polícias municipais cooperam com as forças de segurança na manutenção da tranquilidade pública e na protecção das comunidades locais.

3 – Aos municípios é vedado o exercício das actividades previstas na legislação sobre segurança interna e nas leis orgânicas das forças de segurança, sem prejuízo do disposto na presente lei.

ARTIGO 3.º – (**Atribuições**)

1 – As polícias municipais exercem funções de polícia administrativa dos respectivos municípios, nomeadamente em matéria de:

a) Fiscalização do cumprimento das normas regulamentares municipais;

b) Fiscalização do cumprimento das normas de âmbito nacional ou regional cuja competência de aplicação ou de fiscalização caiba ao município;

c) Aplicação efectiva das decisões das autoridades municipais.

2 – As polícias municipais exercem, ainda, funções nos seguintes domínios:

a) Vigilância de espaços públicos ou abertos ao público, designadamente de áreas circundantes de escolas;

---

* Regulamentada pelo DL n.º 39/2000 e pelo DL n.º 40/2000, ambos de 17 de Março, publicados na Parte IV.

88 *I – Organização Administrativa*

b) Guarda de edifícios e equipamentos públicos municipais;
c) Regulação e fiscalização do trânsito rodoviário e pedonal na área de jurisdição municipal.

ARTIGO 4.º – (**Competências**)

1 – As polícias municipais, no exercício das suas funções, são competentes em matéria de:

a) Fiscalização do cumprimento das normas de estacionamento de veículos e de circulação rodoviária, incluindo a participação de acidentes de viação;

b) Vigilância nos transportes urbanos locais;

c) Execução coerciva, nos termos da lei, dos actos administrativos das autoridades municipais;

d) Adopção das providências organizativas apropriadas aquando da realização de eventos na via pública que impliquem restrições à circulação, em coordenação com as forças de segurança competentes, quando necessário;

e) Detenção e entrega imediata, a autoridade judiciária ou a entidade policial, de suspeitos de crime punível com pena de prisão, em caso de flagrante delito, nos termos da lei processual penal;

f) Denúncia dos crimes de que tiverem conhecimento no exercício das suas funções, e por causa delas, e prática dos actos cautelares necessários e urgentes para assegurar os meios de prova, nos termos da lei processual penal, até à chegada do órgão de polícia criminal competente;

g) Elaboração dos autos de notícia, autos de contra-ordenação ou transgressão por infracções às normas referidas no artigo 3.º;

h) Elaboração de autos de notícia por acidente de viação, quando o facto não constituir crime;

i) Elaboração dos autos de notícia, com remessa à autoridade competente, por infracções cuja fiscalização não seja da competência do município, nos casos em que a lei o imponha ou permita;

j) Instrução dos processos de contra-ordenação e de transgressão da respectiva competência;

l) Acções de polícia ambiental;

m) Acções de polícia mortuária;

n) Fiscalização do cumprimento dos regulamentos municipais, e da aplicação das normas legais, designadamente nos domínios do urbanismo, da construção, da defesa e protecção dos recursos cinegéticos, do património cultural, da natureza e do ambiente;

o) Garantia do cumprimento das leis e regulamentos que envolvam competências municipais de fiscalização.

2 – As polícias municipais, por determinação da câmara municipal, promovem, por si ou em colaboração com outras entidades, acções de sensibilização e divulgação de matérias de relevante interesse social no concelho, designadamente de prevenção rodoviária e ambiental.

3 – As polícias municipais podem ainda proceder à execução de comunicações e notificações por ordem das autoridades judiciárias, mediante protocolo do Governo com o município.

4 – As polícias municipais integram, em situação de crise ou de calamidade pública, os serviços municipais de protecção civil.

ARTIGO 5.º – (**Competência territorial**)

1 – A competência territorial das polícias municipais coincide com a área do município.

2 – Os agentes de polícia municipal não podem actuar fora do território do respectivo município.

Lei n.º 140/99, de 28 de Agosto 89

ARTIGO 6.º – (**Dependência orgânica e coordenação**)

1 – A polícia municipal actua no quadro definido pelos órgãos representativos do município e é organizada na dependência hierárquica directa do presidente da câmara.

2 – A coordenação entre a polícia municipal e as forças de segurança é exercida, na área do respectivo município, pelo presidente da câmara e por quem o Governo designar.

3 – A aplicação da presente lei não prejudica o exercício de quaisquer competências das forças de segurança.

ARTIGO 7.º – (**Designação e distintivos**)

1 – As polícias municipais designam-se pela expressão «Polícia Municipal» seguida do nome do município.

2 – O modelo de uniforme do pessoal das polícias municipais é único para todo o território nacional e deverá ser concebido de molde a permitir identificar com facilidade os agentes de polícia municipal, distinguindo-os, simultaneamente, dos agentes das forças de segurança.

3 – Os distintivos heráldicos e gráficos próprios de cada polícia municipal, a exibir nos uniformes e nas viaturas, deverão permitir a fácil identificação do município a que dizem respeito e distingui-los dos utilizados pelas forças de segurança.

4 ([1]) – Os modelos de uniforme e distintivos heráldicos e gráficos a que aludem os números anteriores são aprovados por portaria conjunta dos membros do Governo responsáveis pelas áreas da administração interna e das autarquias locais.

1 – Ver arts. 6.º e 12.º do DL n.º 40/2000, de 17 de Março, e Portaria n.º 533/2000, de 1 de Agosto.

ARTIGO 8.º – (**Armamento e equipamento**)

1 – As polícias municipais só podem deter e utilizar armas de defesa e os equipamentos coercivos expressamente previstos na lei.

2 – As especificações técnicas como o tipo, o calibre, a dimensão e modelo, bem como o número das armas e equipamentos de uso autorizado às polícias municipais, nos termos do número anterior, são definidos por portaria.

3 – As regras de utilização das armas serão fixadas por decreto-lei, o qual estipulará, obrigatoriamente, que aquelas serão depositadas em armeiro próprio.

4 – Em nenhuma circunstância pode o armamento das polícias municipais ser de calibre igual ou superior ao detido pelas forças de segurança.

ARTIGO 9.º – (**Tutela administrativa**)

1 – A verificação do cumprimento das leis e dos regulamentos por parte dos municípios, em matéria de organização e funcionamento das respectivas polícias municipais, compete aos membros do Governo responsáveis pelas áreas das finanças e das autarquias locais.

2 – Quando existam fundados indícios de desrespeito pelos direitos, liberdades e garantias por parte das polícias municipais, a verificação da legalidade dos actos é ordenada pelos membros do Governo responsáveis pelas áreas da administração interna e das autarquias locais que, mediante despacho conjunto, determinam a realização do inquérito ou sindicância.

ARTIGO 10.º ([1]) – (**Criação**)

1 – A criação das polícias municipais compete à assembleia municipal, sob proposta da câmara municipal.

2 – A deliberação a que se refere o número anterior formaliza-se pela aprovação do regulamento da polícia municipal e do respectivo quadro de pessoal, elaborados na forma prevista na lei.

90 *I – Organização Administrativa*

3 – A eficácia da deliberação a que se referem os números anteriores depende de ratificação por resolução do Conselho de Ministros.

1 – Ver DL n.º 39/2000, de 17 de Março.

ARTIGO 11.º – **(Efectivos)**

O efectivo das polícias municipais é objecto de regulamentação por decreto-lei, tendo em conta as necessidades do serviço e a proporcionalidade entre o número de agentes e o de cidadãos eleitores inscritos na área do respectivo município.

ARTIGO 12.º – **(Fixação de competências)**

1 – Das deliberações dos órgãos municipais que instituem a polícia municipal deve constar, de forma expressa, a enumeração das respectivas competências e a área do território do município em que as exercem.

2 – O Governo, através de decreto-lei, fixará as regras a observar nas deliberações referidas, nomeadamente no que respeita ao conteúdo do regulamento da polícia municipal, à adequação dos meios humanos às competências fixadas e à área do município em que as exercem.

ARTIGO 13.º – **(Transferências financeiras)**

O Governo adoptará as medidas legislativas necessárias à dotação dos municípios que possuam ou venham a possuir polícia municipal com os meios financeiros correspondentes às competências efectivamente exercidas.

CAPÍTULO III – **Dos agentes de polícia municipal**

ARTIGO 14.º – **(Poderes de autoridade)**

1 – Quem faltar à obediência devida a ordem ou mandado legítimos que tenham sido regularmente comunicados e emanados do agente de polícia municipal será punido com a pena prevista para o crime de desobediência.

2 – Quando necessário ao exercício das suas funções de fiscalização ou para a elaboração de autos para que são competentes, os agentes de polícia municipal podem identificar os infractores, bem como solicitar a apresentação de documentos de identificação necessários à acção de fiscalização, nos termos da lei.

ARTIGO 15.º – **(Uso de uniforme)**

Os agentes de polícia municipal exercem as suas funções devidamente uniformizados e pessoalmente identificados.

ARTIGO 16.º – **(Meios coercivos)**

1 – Os agentes de polícia municipal só podem utilizar os meios coercivos previstos na lei que tenham sido superiormente colocados à sua disposição, na estrita medida das necessidades decorrentes do exercício das suas funções, da sua legítima defesa ou de terceiros.

2 – Quando o interesse público determine a indispensabilidade do uso de meios coercivos não autorizados ou não disponíveis para a polícia municipal, os agentes devem solicitar a intervenção das forças de segurança territorialmente competentes.

3 – O recurso a arma de fogo é regulado por decreto-lei.

Lei n.° 140/99, de 28 de Agosto 91

ARTIGO 17.° – (**Porte de arma**)

Sem prejuízo do disposto no artigo anterior, os agentes de polícia municipal, quando em serviço, podem ser portadores de arma fornecida pelo município.

ARTIGO 18.° ($^{1-2}$) – (**Recrutamento e formação**)

1 – O regime de recrutamento e formação dos agentes de polícia municipal será regulado mediante decreto-lei.

2 – A formação de base conterá obrigatoriamente formação administrativa, cívica e profissional específica, contemplando módulos de formação teórica e estágio de formação prática.

1 – Ver DL n.° 39/2000, de 17 de Março

2 – Os cursos de formação para a carreira técnico-superior de polícia municipal foram criados pela Portaria n.° 247-A/2000, de 8 de Maio (rectificada pela Declaração n.° 6-F/2000, de 31 de Maio).

ARTIGO 19.° – (**Estatuto**)

1 – Os agentes de polícia municipal estão sujeitos ao estatuto geral dos funcionários da administração local, com as especificidades decorrentes das suas funções, nos termos definidos em diploma próprio.

2 – As denominações das categorias que integrarem a carreira dos agentes da polícia municipal não podem, em caso algum, ser iguais ou semelhantes aos adaptados pelas forças de segurança.

CAPÍTULO IV – Disposições finais e transitórias

ARTIGO 20.° (^{1}) – (**Regulamentação**)

O Governo regulamentará a presente lei no prazo de 60 dias.

1 – Ver DL n.° 39/2000, de 17 de Março, e DL n.° 40/2000, de 17 de Março.

ARTIGO 21.° – (**Revisão da presente lei**)

A presente lei será revista dois anos após a sua aplicação concreta, período durante o qual o Governo pode limitar a sua aplicação experimental a um número restrito de municípios interessados.

ARTIGO 22.° (^{1}) – (**Regime especial das Polícias Municipais de Lisboa e do Porto**)

As Polícias Municipais de Lisboa e do Porto poderão beneficiar de um regime especial transitório por um período não superior a cinco anos.

1 – Ver art. 23.° do DL n.° 39/2000, de 17 de Março.

ARTIGO 23.° – (**Norma revogatória**)

É revogada a Lei n.° 32/94, de 29 de Agosto.

ARTIGO 24.° – (**Entrada em vigor**)

A presente lei entra em vigor no dia seguinte ao da sua publicação.

LEI N.º 159/99

de 14 de Setembro

**Estabelece o quadro de transferência de atribuições e competências
para as autarquias locais**

CAPÍTULO I – Princípios gerais

ARTIGO 1.º – (Objecto)

A presente lei estabelece o quadro de transferência de atribuições e competências para as autarquias locais, bem como de delimitação da intervenção da administração central e da administração local, concretizando os princípios da descentralização administrativa e da autonomia do poder local.

ARTIGO 2.º – (Princípios gerais)

1 – A descentralização de poderes efectua-se mediante a transferência de atribuições e competências para as autarquias locais, tendo por finalidade assegurar o reforço da coesão nacional e da solidariedade inter-regional e promover a eficiência e a eficácia da gestão pública assegurando os direitos dos administrados.

2 – A descentralização administrativa assegura a concretização do princípio da subsidiariedade, devendo as atribuições e competências ser exercidas pelo nível da administração melhor colocado para as prosseguir com racionalidade, eficácia e proximidade aos cidadãos.

3 – A administração central e a administração local devem coordenar a sua intervenção, no exercício de competências próprias, designadamente através das formas de parceria previstas no artigo 8.º de modo a assegurar a unidade na prossecução de políticas públicas e evitar sobreposição de actuações.

4 – As competências em matéria de investimentos públicos atribuídas aos diversos níveis da Administração por esta lei são exercidas tendo em conta os objectivos e os programas de acção constantes dos planos enquadradores da actividade da administração central e da administração local.

5 – O prosseguimento das atribuições e competências é feito nos termos da lei e implica a concessão, aos órgãos das autarquias locais, de poderes que lhes permitam actuar em diversas vertentes, cuja natureza pode ser:

    a) Consultiva;
    b) De planeamento;
    c) De gestão;
    d) De investimento;
    e) De fiscalização;
    f) De licenciamento.

94 I – Organização Administrativa

6 – A realização de investimentos a que se refere a alínea d) do número anterior compreende a identificação, a elaboração dos projectos, o financiamento, a execução e a manutenção dos empreendimentos.

ARTIGO 3.° – (**Transferência de atribuições e competências**)

1 – A transferência de atribuições e competências efectua-se para a autarquia local que, de acordo com a sua natureza, se mostre mais adequada ao exercício da competência em causa.

2 – A transferência de atribuições e competências é acompanhada dos meios humanos, dos recursos financeiros e do património adequados ao desempenho da função transferida.

3 – A transferência de atribuições e competências não pode determinar um aumento da despesa pública global prevista no ano da concretização.

4 – A transferência de atribuições e competências efectua-se sem prejuízo da respectiva articulação com a intervenção complementar dos serviços e organismos da administração central.

ARTIGO 4.° – (**Concretização e financiamento das novas competências**)

1 – O conjunto de atribuições e competências estabelecido no capítulo III desta lei quadro será progressivamente transferido para os municípios nos quatro anos subsequentes à sua entrada em vigor.

2 – As transferências de competências, a identificação da respectiva natureza e a forma de afectação dos respectivos recursos serão anualmente concretizadas através de diplomas próprios, que podem estabelecer disposições transitórias adequadas à gestão do processo de transferência em causa, de acordo com o disposto nos artigos 2.°, 3.° e 5.°.

3 – O Orçamento do Estado fixa anualmente, no montante e nas condições que tiverem sido acordados entre a administração central e as autarquias locais, os recursos a transferir para o exercício das novas atribuições.

4 – O Orçamento do Estado procederá, sempre que necessário, à indicação das competências a financiar através de receitas consignadas.

ARTIGO 5.° – (**Modalidades de transferências**)

As transferências de atribuições e competências para as autarquias locais, de forma articulada e participada, podem revestir, nos termos a definir pelos diplomas de concretização referidos no artigo anterior, as seguintes modalidades:

a) Transferência de competências relativas a domínios de natureza exclusivamente municipal, de carácter geral e exercício universal;

b) Transferência de competências relativas a domínios integrados em programas de acção regional, a exercer pelos municípios de acordo com as prioridades definidas pelos conselhos da região das comissões da coordenação regional;

c) Transferência de competências relativas a domínios integrados em programa de acção nacional, a exercer pelos municípios de acordo com as prioridades definidas pela Assembleia da República, sob proposta do Governo.

ARTIGO 6.° – (**Natureza das atribuições e competências transferidas**)

1 – As novas atribuições e competências transferidas para os municípios são tendencialmente universais, podendo, no entanto, assumir a natureza de não universais.

2 – Consideram-se universais as transferências que se efectuam simultânea e indistintamente para todos os municípios que apresentem condições objectivas para o respectivo exercício e não universais as que se efectuam apenas para algum ou alguns municípios, nas condições previstas no número seguinte.

Lei n.º 159/99, de 14 de Setembro 95

3 – A transferência de competências não universais efectua-se mediante contratualização entre os departamentos da administração central competentes e todos os municípios interessados e assenta em tipologia contratual e identificação padronizada de custos, de acordo com a actividade a transferir, a publicar no *Diário da República*.

ARTIGO 7.º – **(Competências de outras entidades)**
O exercício das competências dos municípios faz-se sem prejuízo das competências, designadamente consultivas, de outras entidades.

ARTIGO 8.º – **(Intervenção em regime de parceria)**
1 – A administração central e as autarquias locais podem estabelecer entre si, sem prejuízo das suas competências próprias, formas adequadas de parceria para melhor prossecução do interesse público.
2 – Os contratos relativos ao exercício de competências municipais em regime de parceria estabelecem obrigatoriamente o modo de participação das partes na elaboração dos programas e na gestão dos equipamentos ou dos serviços públicos correspondentes, bem como os recursos financeiros necessários.
3 – A intervenção das autarquias locais no exercício de outras competências em regime de parceria deve ser objecto de diploma próprio do qual constará o regime contratual, a estabelecer nos termos previamente acordados.

ARTIGO 9.º – **(Programas operacionais)**
1 – A gestão dos programas operacionais de apoio ao desenvolvimento regional e local, designadamente no âmbito do Quadro Comunitário de Apoio, é assegurada por unidades de gestão com representação maioritária dos municípios da respectiva área de intervenção.
2 – Cabe às unidades de gestão, nos termos definidos por lei, a competência de regulamentação, selecção, fiscalização e avaliação dos programas e projectos financiados.

ARTIGO 10.º (¹) – **(Participação em empresas)**
Os municípios podem criar ou participar, nos termos da lei, em empresas de âmbito municipal e intermunicipal para a prossecução de actividades de interesse público ou de desenvolvimento regional e local cujo objecto se contenha no âmbito das suas atribuições e competências.
1 – Ver Lei n.º 58/99, de 18 de Agosto.

ARTIGO 11.º – **(Titularidade do património)**
1 – O património e os equipamentos afectos a investimentos públicos em domínios transferidos para as autarquias locais passam a constituir património da autarquia, devendo as transferências a que houver lugar processar-se sem qualquer indemnização.
2 – Para efeitos do disposto no número anterior, a posição contratual da administração central em contratos de qualquer espécie é transferida para a autarquia, mediante comunicação à outra parte.
3 – Os bens transferidos que careçam de registo são inscritos a favor da autarquia na respectiva conservatória e o respectivo registo, quando a ele houver lugar, depende de simples requerimento.

ARTIGO 12.º – **(Transferência de pessoal)**
1 – Os diplomas de concretização das transferências de atribuições e competências estabe-

96 *I – Organização Administrativa*

lecem os mecanismos de transição do pessoal afecto ao seu exercício de acordo com o disposto nos números seguintes.

2 – A transferência de atribuições e competências para as autarquias locais determina a transição do pessoal adequado aos serviços ou equipamentos transferidos, mantendo a plenitude dos direitos adquiridos, designadamente o direito à mobilidade para quaisquer serviços ou organismos da administração central e local, sem prejuízo do direito a regimes especiais, nas situações que justifiquem a mudança de residência.

3 – Os diplomas de concretização das transferências de atribuições e competências criam no ordenamento de carreira do pessoal autárquico as carreiras necessárias ao enquadramento do pessoal transitado, cabendo às autarquias locais a criação dos lugares necessários à integração dos funcionários dos serviços ou equipamentos transferidos.

CAPÍTULO II – Delimitação das atribuições e competências em geral

ARTIGO 13.º – (**Atribuições dos municípios**)

1 – Os municípios dispõem de atribuições nos seguintes domínios:

a) Equipamento rural e urbano;
b) Energia;
c) Transportes e comunicações;
d) Educação;
e) Património, cultura e ciência;
f) Tempos livres e desporto;
g) Saúde;
h) Acção social;
i) Habitação;
j) Protecção civil;
l) Ambiente e saneamento básico;
m) Defesa do consumidor;
n) Promoção do desenvolvimento;
o) Ordenamento do território e urbanismo;
p) Polícia municipal;
q) Cooperação externa.

2 – O município que, por via da delegação de competências, mediante protocolo, transfira tarefas inseridas no âmbito das suas atribuições para as freguesias deve facultar o seu exercício a todas estas autarquias locais que nisso tenham interesse.

ARTIGO 14.º – (**Atribuições das freguesias**)

1 – As freguesias dispõem de atribuições nos seguintes domínios:

a) Equipamento rural e urbano:
b) Abastecimento público;
c) Educação;
d) Cultura, tempos livres e desporto;
e) Cuidados primários de saúde;
f) Acção social;
g) Protecção civil;
h) Ambiente e salubridade;

i) Desenvolvimento;

j) Ordenamento urbano e rural;

l) Protecção da comunidade.

2 – As atribuições das freguesias e a competência dos respectivos órgãos abrangem o planeamento, a gestão e a realização de investimentos nos casos e nos termos previstos na lei.

ARTIGO 15.° – (**Delegação de competências nas freguesias**)

1 – Por via do instrumento de delegação de competências, mediante protocolo, a celebrar com o município, a freguesia pode realizar investimentos cometidos àquele ou gerir equipamentos e serviços municipais.

2 – O instrumento que concretize a colaboração entre município e freguesia deve conter expressamente, pelo menos:

a) A matéria objecto da colaboração;

b) Referência obrigatória nas opções do plano, durante os anos de vigência da colaboração, quando se trate de matéria que nelas deva constar;

c) Os direitos e obrigações de ambas as partes;

d) As condições financeiras a conceder pelo município, que devem constar obrigatoriamente do orçamento do mesmo durante os anos de vigência da colaboração;

e) O apoio técnico ou em recursos humanos e os meios a conceder pelo município.

CAPÍTULO III – Competências dos órgãos municipais

ARTIGO 16.° – (**Equipamento rural e urbano**)

É da competência dos órgãos municipais o planeamento, a gestão e a realização de investimentos nos seguintes domínios:

a) Espaços verdes;

b) Ruas e arruamentos;

c) Cemitérios municipais;

d) Instalações dos serviços públicos dos municípios;

e) Mercados e feiras municipais.

ARTIGO 17.° – (**Energia**)

1 – É da competência dos órgãos municipais o planeamento, a gestão e a realização de investimentos nos seguintes domínios:

a) Distribuição de energia eléctrica em baixa tensão;

b) Iluminação pública urbana e rural.

2 – É igualmente da competência dos órgãos municipais:

a) Licenciamento e fiscalização de elevadores;

b) Licenciamento e fiscalização de instalações de armazenamento e abastecimento de combustíveis salvo as localizadas nas redes viárias regional e nacional;

c) Licenciamento de áreas de serviço que se pretenda instalar na rede viária municipal;

d) Emissão de parecer sobre a localização de áreas de serviço nas redes viárias regional e nacional.

3 – Podem ainda os órgãos municipais realizar investimentos em centros produtores de energia, bem como gerir as redes de distribuição.

98   *I – Organização Administrativa*

ARTIGO 18.° – (**Transportes e comunicações**)

1 – É da competência dos órgãos municipais o planeamento, a gestão e a realização de investimentos nos seguintes domínios:

a) Rede viária de âmbito municipal;

b) Rede de transportes regulares urbanos;

c) Rede de transportes regulares locais que se desenvolvam exclusivamente na área do município;

d) Estruturas de apoio aos transportes rodoviários;

e) Passagens desniveladas em linhas de caminho de ferro ou em estradas nacionais e regionais;

f) Aeródromos e heliportos municipais.

2 – É ainda competência dos órgãos municipais a fixação dos contingentes e a concessão de alvarás de veículos ligeiros de passageiros afectos ao transporte de aluguer.

3 – Os municípios são obrigatoriamente ouvidos na definição da rede rodoviária nacional e regional e sobre a utilização da via pública.

ARTIGO 19.° – (**Educação**)

1 – É da competência dos órgãos municipais participar no planeamento e na gestão dos equipamentos educativos e realizar investimentos nos seguintes domínios:

a) Construção, apetrechamento e manutenção dos estabelecimentos de educação pré-escolar;

b) Construção, apetrechamento e manutenção dos estabelecimentos das escolas do ensino básico.

2 – É igualmente da competência dos órgãos municipais:

a) Elaborar a carta escolar a integrar nos planos directores municipais;

b) Criar os conselhos locais de educação.

3 – Compete ainda aos órgãos municipais no que se refere à rede pública:

a) Assegurar os transportes escolares;

b) Assegurar a gestão dos refeitórios dos estabelecimentos de educação pré-escolar e do ensino básico;

c) Garantir o alojamento aos alunos que frequentam o ensino básico, como alternativa ao transporte escolar, nomeadamente em residências, centros de alojamento e colocação familiar;

d) Comparticipar no apoio às crianças da educação pré-escolar e aos alunos do ensino básico, no domínio da acção social escolar;

e) Apoiar o desenvolvimento de actividades complementares de acção educativa na educação pré-escolar e no ensino básico;

f) Participar no apoio à educação extra-escolar;

g) Gerir o pessoal não docente de educação pré-escolar e do 1.° ciclo do ensino básico.

ARTIGO 20.° – (**Património, cultura e ciência**)

1 – É da competência dos órgãos municipais o planeamento, a gestão e a realização de investimentos públicos nos seguintes domínios:

a) Centros de cultura, centros de ciência, bibliotecas, teatros e museus municipais;

b) Património cultural, paisagístico e urbanístico do município.

2 – É igualmente da competência dos órgãos municipais:

a) Propor a classificação de imóveis, conjuntos ou sítios nos termos legais;

b) Proceder à classificação de imóveis conjuntos ou sítios considerados de interesse municipal e assegurar a sua manutenção e recuperação;

Lei n.º 159/99, de 14 de Setembro 99

c) Participar, mediante a celebração de protocolos com entidades públicas, particulares ou cooperativas, na conservação e recuperação do património e das áreas classificadas;

d) Organizar e manter actualizado um inventário do património cultural, urbanístico e paisagístico existente na área do município;

e) Gerir museus, edifícios e sítios classificados, nos termos a definir por lei;

f) Apoiar projectos e agentes culturais não profissionais;

g) Apoiar actividades culturais de interesse municipal;

h) Apoiar a construção e conservação de equipamentos culturais de âmbito local.

ARTIGO 21.º – (**Tempos livres e desporto**)

1 – É da competência dos órgãos municipais o planeamento, a gestão e a realização de investimentos públicos nos seguintes domínios:

a) Parques de campismo de interesse municipal;

b) Instalações e equipamentos para a prática desportiva e recreativa de interesse municipal.

2 – É igualmente da competência dos órgãos municipais:

a) Licenciar e fiscalizar recintos de espectáculos;

b) Apoiar actividades desportivas e recreativas de interesse municipal;

c) Apoiar a construção e conservação de equipamentos desportivos e recreativos de âmbito local.

ARTIGO 22.º – (**Saúde**)

Compete aos órgãos municipais:

a) Participar no planeamento da rede de equipamentos de saúde concelhios;

b) Construir, manter e apoiar centros de saúde;

c) Participar nos órgãos consultivos dos estabelecimentos integrados no Serviço Nacional de Saúde;

d) Participar na definição das políticas e das acções de saúde pública levadas a cabo pelas delegações de saúde concelhias;

e) Participar nos órgãos consultivos de acompanhamento e avaliação do Serviço Nacional de Saúde;

f) Participar no plano da comunicação e de informação do cidadão e nas agências de acompanhamento dos serviços de saúde;

g) Participar na prestação de cuidados de saúde continuados no quadro do apoio social à dependência, em parceria com a administração central e outras instituições locais;

h) Cooperar no sentido da compatibilização da saúde pública com o planeamento estratégico de desenvolvimento concelhio;

i) Gerir equipamentos termais municipais.

ARTIGO 23.º – (**Acção social**)

1 – Os órgãos municipais podem assegurar a gestão de equipamentos e realizar investimentos na construção ou no apoio à construção de creches, jardins-de-infância, lares ou centros de dia para idosos e centros para deficientes.

2 – Os municípios integram os conselhos locais de acção social e são obrigatoriamente ouvidos relativamente aos investimentos públicos e programas de acção a desenvolver no âmbito concelhio.

3 – Compete ainda aos municípios a participação, em cooperação com instituições de solidariedade social e em parceria com a administração central, em programas e projectos de acção

100   *I – Organização Administrativa*

social de âmbito municipal, designadamente nos domínios do combate à pobreza e à exclusão social.

ARTIGO 24.º – (Habitação)

Compete aos órgãos municipais:

a) Disponibilizar terrenos para a construção de habitação social;

b) Promover programas de habitação a custos controlados e de renovação urbana;

c) Garantir a conservação e manutenção do parque habitacional privado e cooperativo, designadamente através da concessão de incentivos e da realização de obras coercivas de recuperação dos edifícios;

d) Fomentar e gerir o parque habitacional de arrendamento social;

e) Propor e participar na viabilização de programas de recuperação ou substituição de habitações degradadas, habitadas pelos proprietários ou por arrendatários.

ARTIGO 25.º – (Protecção civil)

É da competência dos órgãos municipais a realização de investimentos nos seguintes domínios:

a) Criação de corpos de bombeiros municipais;

b) Construção e manutenção de quartéis de bombeiros voluntários e municipais, no âmbito da tipificação em vigor;

c) Apoio à aquisição de equipamentos para bombeiros voluntários, no âmbito da tipificação em vigor;

d) Construção, manutenção e gestão de instalações e centros municipais de protecção civil;

e) Construção e manutenção de infra-estruturas de prevenção e apoio ao combate a fogos florestais;

f) Articular com as entidades competentes a execução de programas de limpeza e beneficiação da matas e florestas.

ARTIGO 26.º – (Ambiente e saneamento básico)

1 – É da competência dos órgãos municipais o planeamento, a gestão de equipamentos e a realização de investimentos nos seguintes domínios:

a) Sistemas municipais de abastecimento de água;

b) Sistemas municipais de drenagem e tratamento de águas residuais urbanas;

c) Sistemas municipais de limpeza pública e de recolha e tratamento de resíduos sólidos urbanos.

2 – Compete igualmente aos órgãos municipais:

a) Participar na fiscalização do cumprimento do Regulamento Geral sobre o Ruído;

b) Participar na gestão da qualidade do ar, designadamente nas comissões de gestão do ar;

c) Instalar e manter redes locais de monitorização da qualidade do ar;

d) Participar na fiscalização da aplicação dos regulamentos de controlo das emissões de gases de escape nos veículos automóveis;

e) Propor a criação de áreas protegidas de interesse nacional, regional ou local;

f) Gerir as áreas protegidas de interesse local e participar na gestão das áreas protegidas de interesse regional e nacional;

g) Criar áreas de protecção temporária de interesse zoológico, botânico ou outro;

h) Manter e reabilitar a rede hidrográfica dentro dos perímetros urbanos;

i) Licenciar e fiscalizar a pesquisa e captação de águas subterrâneas não localizadas em terrenos integrados no domínio público hídrico;

Lei n.º 159/99, de 14 de Setembro   101

j) Participar na gestão dos recursos hídricos;

l) Assegurar a gestão e garantir a limpeza e a boa manutenção das praias e das zonas balneares;

m) Licenciar e fiscalizar a extracção de materiais inertes.

ARTIGO 27.º – (**Defesa do consumidor**)
São competências dos órgãos municipais no domínio da defesa do consumidor:

a) Promover acções de informação e defesa dos direitos dos consumidores;

b) Instituir mecanismos de mediação de litígios de consumo;

c) Criar e participar em sistemas de arbitragem de conflitos de consumo de âmbito local;

d) Apoiar as associações de consumidores.

ARTIGO 28.º – (**Promoção do desenvolvimento**)
1 – São competências dos órgãos municipais no domínio do apoio ao desenvolvimento local:

a) Criar ou participar em empresas municipais e intermunicipais, sociedades e associações de desenvolvimento regional;

b) Gerir subprogramas de nível municipal no âmbito dos programas operacionais regionais;

c) Colaborar no apoio a iniciativas locais de emprego;

d) Colaborar no apoio ao desenvolvimento de actividades de formação profissional;

e) Criar ou participar em estabelecimentos de promoção do turismo local;

f) Participar nos órgãos das regiões de turismo;

g) Participar na definição das políticas de turismo que digam respeito ao concelho, prosseguidas pelos organismos ou instituições envolvidas;

h) Promover e apoiar o desenvolvimento das actividades artesanais e das manifestações etnográficas de interesse local;

i) Criar e participar em associações para o desenvolvimento rural;

j) Apoiar e colaborar na construção de caminhos rurais;

l) Elaborar e aprovar planos municipais de intervenção florestal;

m) Participar no Conselho Consultivo Florestal;

n) Participar nos respectivos conselhos agrários regionais;

o) Participar em programas de incentivo à fixação de empresas.

2 – São igualmente da competência dos órgãos municipais:

a) Licenciamento industrial e fiscalização das classes C e D;

b) Licenciamento e fiscalização de empreendimentos turísticos e hoteleiros;

c) Licenciamento e fiscalização de explorações a céu aberto de massas minerais;

d) Controlo metrológico de equipamentos;

e) Elaboração do cadastro dos estabelecimentos industriais, comerciais e turísticos;

f) Licenciamento e fiscalização de povoamentos de espécies de rápido crescimento;

g) Licenciamento e fiscalização de estabelecimentos comerciais.

ARTIGO 29.º – (**Ordenamento do território e urbanismo**)
Compete aos órgãos municipais, em matéria de ordenamento do território e urbanismo:

a) Elaborar e aprovar os planos municipais de ordenamento do território;

b) Delimitar as áreas de desenvolvimento urbano e construção prioritárias com respeito pelos planos nacionais e regionais e pelas políticas sectoriais;

c) Delimitar as zonas de defesa e controlo urbano, de áreas críticas de recuperação e recon-

102 I – Organização Administrativa

versão urbanística, dos planos de renovação de áreas degradadas e de recuperação de centros históricos;

d) Aprovar operações de loteamento;

e) Participar na elaboração e aprovação do respectivo plano regional de ordenamento do território;

f) Propor a integração e a exclusão de áreas na Reserva Ecológica Nacional e na Reserva Agrícola Nacional;

g) Declarar a utilidade pública, para efeitos de posse administrativa, de terrenos necessários à execução dos planos de urbanização e dos planos de pormenor plenamente eficazes;

h) Licenciar, mediante parecer vinculativo da administração central, construções nas áreas dos portos e praias.

ARTIGO 30.° (¹) – **(Polícia municipal)**
Os órgãos municipais podem criar polícias municipais nos termos e com intervenção nos domínios a definir por diploma próprio.

1 – Ver Lei n.° 140/99, de 28 de Agosto, DL n.° 39/2000 e DL n.° 40/2000, ambos de 17 de Março.

ARTIGO 31.° – **(Cooperação externa)**
Compete aos órgãos municipais participar em projectos e acções de cooperação descentralizada, designadamente no âmbito da União Europeia e da Comunidade dos Países de Língua Portuguesa.

CAPÍTULO IV – Disposições transitórias e finais

ARTIGO 32.° – **(Comissão de acompanhamento)**
1 – Até ao final do 1.° trimestre do ano 2001 é feita uma primeira avaliação formal do modo como está a decorrer a transferência das novas atribuições e competências.

2 – As questões que condicionem a concretização da transferência são solucionadas em conformidade com as avaliações realizadas até ao final do período previsto no n.° 1 do artigo 4.°

3 – As avaliações referidas nos números anteriores são efectuadas por uma comissão de acompanhamento composta por:

a) Um representante do ministério da tutela das autarquias locais, que preside;

b) Um representante por cada ministério da tutela das competências a transferir;

c) Um representante da Associação Nacional de Municípios Portugueses; e

d) Um representante da Associação Nacional de Freguesias.

ARTIGO 33.° – **(Regiões Autónomas)**
A presente lei aplica-se às Regiões Autónomas dos Açores e da Madeira.

ARTIGO 34.° – **(Norma revogatória)**
É revogado o Decreto-Lei n.° 77/84, de 8 de Março, e demais legislação que contrarie o disposto na presente lei.

LEI N.º 169/99

de 18 de Setembro

Estabelece o quadro de competências, assim como o regime jurídico de funcionamento, dos órgãos dos municípios e das freguesias.

CAPÍTULO I – Objecto

ARTIGO 1.º – (**Objecto**)

1 – A presente lei estabelece o regime jurídico do funcionamento dos órgãos dos municípios e das freguesias, assim como as respectivas competências.

2 ([1]) – O quadro de competências referidas no número anterior é actualizado pela concretização de atribuições previstas na lei quadro.

1 – Ver Lei n.º 159/99, de 14 de Setembro.

CAPÍTULO II – Órgãos

ARTIGO 2.º – (**Órgãos**)

1 – Os órgãos representativos da freguesia são a assembleia de freguesia e a junta de freguesia.

2 – Os órgãos representativos do município são a assembleia municipal e a câmara municipal.

CAPÍTULO III – Da freguesia

SECÇÃO I – Da assembleia de freguesia

ARTIGO 3.º – (**Natureza**)

A assembleia de freguesia é o órgão deliberativo da freguesia.

ARTIGO 4.º – (**Constituição**)

A assembleia de freguesia é eleita por sufrágio universal, directo e secreto dos cidadãos recenseados na área da freguesia, segundo o sistema de representação proporcional.

ARTIGO 5.º – (**Composição**)

1 – A assembleia de freguesia é composta por 19 membros quando o número de eleitores for superior a 20000, por 13 membros quando for igual ou inferior a 20000 e superior a 5000, por 9 membros quando for igual ou inferior a 5000 e superior a 1000 e por 7 membros quando for igual ou inferior a 1000.

I – Organização Administrativa

2 – Nas freguesias com mais de 30000 eleitores, o número de membros atrás referido é aumentado de mais um por cada 10000 eleitores para além daquele número.

3 – Quando, por aplicação da regra anterior, o resultado for par, o número de membros obtido é aumentado de mais um.

ARTIGO 6.° – **(Impossibilidade de eleição)**

1 – Quando não seja possível eleger a assembleia de freguesia por falta de apresentação de listas de candidatos ou por estas terem sido todas rejeitadas, procede-se de acordo com o disposto nos números seguintes.

2 – No caso de falta de apresentação de listas de candidatos, a câmara municipal nomeia uma comissão administrativa, composta por três ou cinco membros consoante o número de eleitores seja inferior, ou igual ou superior, a 5000, e procede à marcação de novas eleições.

3 – Na nomeação dos membros da comissão administrativa, a câmara municipal deve tomar em consideração os últimos resultados verificados na eleição para a assembleia de freguesia.

4 – A comissão administrativa substitui os órgãos da freguesia e não pode exercer funções por prazo superior a seis meses.

5 – As novas eleições devem realizar-se até 70 dias antes do termo do prazo referido no número anterior e a sua marcação deve ser feita com a antecedência prevista na lei eleitoral dos órgãos das autarquias locais.

6 – No caso de todas as listas terem sido rejeitadas, a câmara municipal procede desde logo à marcação de novas eleições, a realizar no período de 30 dias que imediatamente se seguir àquele em que se deveria ter realizado o acto eleitoral.

ARTIGO 7.° – **(Convocação para o acto de instalação dos órgãos)**

1 – Compete ao presidente da assembleia de freguesia cessante proceder à convocação dos eleitos para o acto de instalação dos órgãos da autarquia.

2 – A convocação é feita nos cinco dias subsequentes ao do apuramento definitivo dos resultados eleitorais, por meio de edital e por carta com aviso de recepção ou por protocolo e tendo em consideração o disposto no n.° 1 do artigo seguinte.

3 – Na falta de convocação no prazo do número anterior, cabe ao cidadão melhor posicionado na lista vencedora das eleições para assembleia de freguesia efectuar a convocação em causa, nos cinco dias imediatamente seguintes ao esgotamento do prazo referido.

ARTIGO 8.° – **(Instalação)**

1 – O presidente da assembleia de freguesia cessante ou, na sua falta, o cidadão melhor posicionado na lista vencedora, de entre os presentes, procede à instalação da nova assembleia no prazo máximo de 15 dias a contar do dia do apuramento definitivo dos resultados eleitorais.

2 – Quem proceder à instalação verifica a identidade e a legitimidade dos eleitos e designa, de entre os presentes, quem redige o documento comprovativo do acto, que é assinado, pelo menos, por quem procedeu à instalação e por quem o redigiu.

3 – A verificação da identidade e legitimidade dos eleitos que, justificadamente, hajam faltado ao acto de instalação é feita na primeira reunião do órgão a que compareçam, pelo respectivo presidente.

ARTIGO 9.° – **(Primeira reunião)**

1 – Até que seja eleito o presidente da assembleia compete ao cidadão que tiver encabeçado a lista mais votada ou, na sua falta, ao cidadão melhor posicionado nessa mesma lista presidir à primeira reunião de funcionamento da assembleia de freguesia que se efectua imediatamente a

Lei n.º 169/99, de 18 de Setembro 105

seguir ao acto de instalação, para efeitos de eleição, por escrutínio secreto, dos vogais da junta de freguesia, bem como do presidente e secretários da mesa da assembleia de freguesia.

2 – Na ausência de disposição regimental compete à assembleia deliberar se cada uma das eleições a que se refere o número anterior é uninominal ou por meio de listas.

3 – Verificando-se empate na votação, procede-se a nova eleição, obrigatoriamente uninominal.

4 – Se o empate persistir nesta última, é declarado eleito para as funções em causa o cidadão que, de entre os membros empatados, se encontrava melhor posicionado nas listas que os concorrentes integraram na eleição para a assembleia de freguesia, preferindo sucessivamente a mais votada.

5 – A substituição dos membros da assembleia que irão integrar a junta seguir-se-á imediatamente à eleição dos vogais desta, procedendo-se depois à verificação da identidade e legitimidade dos substitutos e à eleição da mesa.

6 – Enquanto não for aprovado novo regimento, continua em vigor o anteriormente aprovado.

ARTIGO 10.º – (**Mesa**)

1 – A mesa da assembleia é composta por um presidente, um 1.º secretário e um 2.º secretário e é eleita pela assembleia de freguesia, de entre os seus membros.

2 – A mesa é eleita pelo período do mandato, podendo os seus membros ser destituídos, em qualquer altura, por deliberação tomada pela maioria do número legal dos membros da assembleia.

3 – O presidente é substituído, nas suas faltas e impedimentos, pelo 1.º secretário e este pelo 2.º secretário.

4 – Na ausência simultânea de todos ou da maioria dos membros da mesa, a assembleia de freguesia elege, por voto secreto, de entre os membros presentes, o número necessário de elementos para integrar a mesa que vai presidir à reunião, salvo disposição contrária constante do regimento.

5 – Compete à mesa proceder à marcação e justificação de faltas dos membros da assembleia de freguesia.

6 – O pedido de justificação de faltas pelo interessado é feito por escrito e dirigido à mesa, no prazo de cinco dias a contar da data da sessão ou reunião em que a falta se tenha verificado e a decisão é notificada ao interessado, pessoalmente ou por via postal.

7 – Da decisão de injustificação da falta cabe recurso para o órgão deliberativo.

ARTIGO 11.º – (**Alteração da composição**)

1 – Os lugares deixados em aberto na assembleia de freguesia, em consequência da saída dos membros que vão constituir a junta, ou por morte, renúncia, perda de mandato, suspensão ou outra razão, são preenchidos nos termos do artigo 79.º

2 – Esgotada a possibilidade de substituição prevista no número anterior e desde que não esteja em efectividade de funções a maioria do número legal de membros da assembleia, o presidente comunica o facto à câmara municipal, para que esta marque, no prazo máximo de 30 dias, novas eleições, sem prejuízo do disposto no artigo 99.º

3 – As eleições realizam-se no prazo de 80 a 90 dias a contar da data da respectiva marcação.

4 – A nova assembleia de freguesia completa o mandato da anterior.

ARTIGO 12.º – (**Participação de membros da junta nas sessões**)

1 – A junta faz-se representar, obrigatoriamente, nas sessões da assembleia de freguesia pelo presidente que pode intervir nos debates, sem direito a voto.

I – Organização Administrativa

2 – Em caso de justo impedimento, o presidente da junta pode fazer-se substituir pelo seu substituto legal.

3 – Os vogais da junta de freguesia devem assistir às sessões da assembleia de freguesia, sendo-lhes facultado intervir nos debates, sem direito a voto, a solicitação do plenário ou com a anuência do presidente da junta, ou do seu substituto.

4 – Os vogais da junta de freguesia que não sejam tesoureiros ou secretários têm direito às senhas de presença nos termos do n.º 1 do artigo 8.º da Lei n.º 11/96, de 18 de Abril.

5 – Os vogais da junta de freguesia podem ainda intervir no final da reunião para o exercício do direito de defesa da honra.

ARTIGO 13.º – (**Sessões ordinárias**)

1 – A assembleia de freguesia tem, anualmente, quatro sessões ordinárias, em Abril, Junho, Setembro e Novembro ou Dezembro, que são convocadas por edital e por carta com aviso de recepção ou através de protocolo com uma antecedência mínima de oito dias.

2 – A primeira e a quarta sessões destinam-se, respectivamente, à apreciação e votação do relatório e contas do ano anterior e à aprovação das opções do plano e da proposta de orçamento para o ano seguinte, salvo o disposto no artigo 88.º.

ARTIGO 14.º – (**Sessões extraordinárias**)

1 – A assembleia de freguesia reúne em sessão extraordinária por iniciativa da mesa ou quando requerida:

a) Pelo presidente da junta de freguesia em execução de deliberação desta;

b) Por um terço dos seus membros;

c) Por um número de cidadãos eleitores inscritos no recenseamento eleitoral da freguesia, equivalente a 30 vezes o número de elementos que compõem a assembleia, quando aquele número de cidadãos eleitores for igual ou inferior a 5000, e 50 vezes quando for superior.

2 – O presidente da assembleia, nos cinco dias subsequentes à iniciativa da mesa ou à recepção dos requerimentos previstos no número anterior, por edital e por carta com aviso de recepção ou através de protocolo, procede à convocação da sessão para um dos 15 dias posteriores à apresentação dos pedidos tendo em conta que a convocatória deve ser feita com a antecedência mínima de 5 dias sobre a data da realização da sessão extraordinária.

3 – Quando o presidente da mesa da assembleia de freguesia não efectue a convocação que lhe tenha sido requerida, nos termos do número anterior, podem os requerentes efectuá-la directamente, com invocação dessa circunstância, observando o disposto no número anterior com as devidas adaptações e publicitando-a nos locais habituais.

ARTIGO 15.º – (**Participação de eleitores**)

1 – Têm o direito de participar, sem voto, nas sessões extraordinárias, convocadas nos termos da alínea *c*) do n.º 1 do artigo anterior, dois representantes dos requerentes.

2 – Os representantes mencionados no número anterior podem formular sugestões ou propostas, as quais só são votadas pela assembleia de freguesia se esta assim o deliberar.

ARTIGO 16.º – (**Duração das sessões**)

As reuniões da assembleia de freguesia não podem exceder a duração de dois dias ou de um dia, consoante se trate de sessão ordinária ou extraordinária, salvo quando a própria assembleia delibere o seu prolongamento até ao dobro do tempo atrás referido.

ARTIGO 17.º – (Competências)

1 – Compete à assembleia de freguesia:

a) Eleger, por voto secreto, os vogais da junta de freguesia;

b) Eleger, por voto secreto, o presidente e os secretários da mesa;

c) Elaborar e aprovar o seu regimento;

d) Deliberar sobre recursos interpostos de marcação de faltas injustificadas aos seus membros;

e) Acompanhar e fiscalizar a actividade da junta, sem prejuízo do exercício normal da competência desta;

f) Deliberar sobre a constituição de delegações, comissões ou grupos de trabalho para estudo de problemas relacionados com o bem-estar da população da freguesia, no âmbito das atribuições desta e sem interferência na actividade normal da junta;

g) Solicitar e receber informação, através da mesa, sobre assuntos de interesse para a freguesia e sobre a execução de deliberações anteriores, a pedido de qualquer membro em qualquer momento;

h) Estabelecer as normas gerais de administração do património da freguesia ou sob sua jurisdição;

i) Deliberar sobre a administração das águas públicas que por lei estejam sob jurisdição da freguesia;

j) Aceitar doações, legados e heranças a benefício de inventário;

l) Discutir, a pedido de quaisquer dos titulares do direito de oposição, o relatório a que se refere o Estatuto do Direito de Oposição;

m) Conhecer e tomar posição sobre os relatórios definitivos, resultantes de acções tutelares ou de auditorias executadas sobre a actividade dos órgãos e serviços da freguesia;

n) Apreciar, em cada uma das sessões ordinárias, uma informação escrita do presidente da junta acerca da actividade por si ou pela junta exercida, no âmbito da competência própria ou delegada, bem como da situação financeira da freguesia, informação essa que deve ser enviada ao presidente da mesa da assembleia, com a antecedência de cinco dias sobre a data de início da sessão;

o) Votar moções de censura à junta de freguesia, em avaliação da acção desenvolvida pela mesma ou por qualquer dos seus membros;

p) Pronunciar-se e deliberar sobre todos os assuntos com interesse para a freguesia, por sua iniciativa ou por solicitação da junta;

q) Exercer os demais poderes conferidos por lei.

2 – Compete ainda à assembleia de freguesia, sob proposta da junta:

a) Aprovar as opções do plano, a proposta de orçamento e as suas revisões;

b) Apreciar e votar o relatório de actividades e os documentos de prestação de contas;

c) Autorizar a junta a contrair empréstimos de curto prazo e a proceder a aberturas de crédito, nos termos da lei;

d) Aprovar as taxas da freguesia e fixar o respectivo valor nos termos da lei;

e) ([1]) Autorizar a freguesia a participar em empresas de capitais públicos de âmbito municipal, para a prossecução de actividades de interesse público ou de desenvolvimento local, cujo objecto se contenha nas atribuições da freguesia;

f) ([2]) Autorizar a freguesia a associar-se com outras, nos termos da lei;

g) Autorizar a freguesia a estabelecer formas de cooperação com entidades públicas ou privadas, no âmbito das suas atribuições;

h) Deliberar, nos casos previstos nos n.ᵒˢ 3 e 4 do artigo 27.º, sobre o exercício de funções a tempo inteiro ou a meio tempo do presidente da junta;

I – Organização Administrativa

i) Autorizar expressamente a aquisição, alienação ou oneração de bens imóveis de valor superior a 200 vezes o índice 100 das carreiras do regime geral do sistema remuneratório da função pública, fixando as respectivas condições gerais, que podem incluir, nomeadamente, a hasta pública;

j) Aprovar posturas e regulamentos;

l) Ratificar a aceitação da prática de actos da competência da câmara municipal, delegados na junta;

m) Aprovar, nos termos da lei, os quadros de pessoal dos diferentes serviços da freguesia;

n) Aprovar, nos termos da lei, a criação e a reorganização de serviços dependentes dos órgãos da freguesia;

o) Autorizar a concessão de apoio financeiro, ou outro, às instituições legalmente constituídas pelos funcionários da freguesia, tendo por objecto o desenvolvimento de actividades culturais, recreativas e desportivas;

p) Regulamentar a apascentação de gado, na respectiva área geográfica;

q) Estabelecer, após parecer da Comissão de Heráldica da Associação dos Arqueólogos Portugueses, a constituição do brasão, do selo e da bandeira da freguesia e da vila sede de freguesia, bem como o brasão e a bandeira das vilas que não são sede da freguesia, e proceder à sua publicação no *Diário da República*.

3 – A acção de fiscalização mencionada na alínea *e*) do n.º 1 consiste numa apreciação casuística, posterior à respectiva prática, dos actos da junta de freguesia.

4 – Não podem ser alteradas, mas apenas aprovadas ou rejeitadas pela assembleia de freguesia, as propostas apresentadas pela junta e referidas nas alíneas *a*), *b*), *i*) e *n*) do n.º 2, devendo a rejeição ser devidamente fundamentada, sem prejuízo de a junta poder vir a acolher, no todo ou em parte, sugestões feitas pela assembleia.

5 – As deliberações previstas nas alíneas *o*) do n.º 1 e *h*) do n.º 2 só são eficazes quando tomadas por maioria absoluta dos membros em efectividade de funções, não podendo ser apresentada nova proposta sobre a mesma matéria no ano em que a deliberação tenha ocorrido, quando a mesma tenha sido recusada ou não tenha reunido condições de eficácia.

6 – A assembleia de freguesia, no exercício das respectivas competências, é apoiada administrativamente, sempre que necessário, por funcionários dos serviços da autarquia, se existirem, designados pelo respectivo órgão executivo.

1 – Ver Lei n.º 58/98, de 18 de Agosto.

2 – Ver art. 5.º n.º 2 da Lei n.º 175/99, de 21 de Setembro.

ARTIGO 18.º – (**Delegação de tarefas**)

A assembleia de freguesia pode delegar, nas organizações de moradores, tarefas administrativas que não envolvam o exercício de poderes de autoridade, nos termos que vierem a ser regulamentados.

ARTIGO 19.º – (**Competências do presidente da assembleia**)

Compete ao presidente da assembleia de freguesia:

a) Convocar as sessões ordinárias e extraordinárias;

b) Elaborar a ordem do dia das sessões e proceder à sua distribuição;

c) Abrir e dirigir os trabalhos mantendo a disciplina das reuniões;

d) Assegurar o cumprimento das leis e a regularidade das deliberações;

e) Suspender ou encerrar antecipadamente as reuniões, quando circunstâncias excepcionais o justifiquem, mediante decisão fundamentada, a incluir na acta da reunião;

Lei n.º 169/99, de 18 de Setembro 109

f) Comunicar à junta as faltas do seu presidente ou do substituto legal às reuniões da assembleia de freguesia;

g) Participar ao representante do Ministério Público competente as faltas injustificadas dos membros da assembleia e da junta, quando em número relevante para efeitos legais;

h) Exercer os demais poderes que lhe sejam cometidos por lei, pelo regimento interno ou pela assembleia.

ARTIGO 20.º – **(Competência dos secretários)**
Compete aos secretários coadjuvar o presidente da mesa da assembleia de freguesia, assegurar o expediente e, na falta de funcionário nomeado para o efeito, lavrar as actas das reuniões.

SECÇÃO II – Do plenário de cidadãos eleitores

ARTIGO 21.º – **(Composição do plenário)**
1 – Nas freguesias com 150 eleitores ou menos, a assembleia de freguesia é substituída pelo plenário dos cidadãos eleitores.
2 – O plenário não pode deliberar validamente sem que estejam presentes, pelo menos, 10% dos cidadãos eleitores recenseados na freguesia.

ARTIGO 22.º – **(Remissão)**
O plenário de cidadãos eleitores rege-se, com as necessárias adaptações, pelas regras estabelecidas para a assembleia de freguesia e respectiva mesa.

SECÇÃO III – Da junta de freguesia

ARTIGO 23.º – **(Natureza e constituição)**
1 – A junta de freguesia é o órgão executivo colegial da freguesia.
2 – A junta é constituída por um presidente e por vogais, sendo que dois exercerão as funções de secretário e de tesoureiro.

ARTIGO 24.º – **(Composição)**
1 – Nas freguesias com mais de 150 eleitores, o presidente da junta é o cidadão que encabeçar a lista mais votada na eleição para a assembleia de freguesia e, nas restantes, é o cidadão eleito pelo plenário de cidadãos eleitores recenseados na freguesia.
2 – Os vogais são eleitos pela assembleia de freguesia ou pelo plenário de cidadãos eleitores, de entre os seus membros, nos termos do artigo 9.º, tendo em conta que:
a) Nas freguesias com 5000 ou menos eleitores há dois vogais;
b) Nas freguesias com mais de 5000 eleitores e menos de 20000 eleitores há quatro vogais;
c) Nas freguesias com 20000 ou mais eleitores há seis vogais.

ARTIGO 25.º – **(Primeira reunião)**
A primeira reunião tem lugar nos cinco dias imediatos à constituição do órgão, competindo ao presidente a respectiva marcação e convocação, a fazer por edital e por carta com aviso de recepção ou através de protocolo com, pelo menos, dois dias de antecedência.

110   *I – Organização Administrativa*

ARTIGO 26.º – (**Regime de funções**)

Os membros das juntas de freguesia podem exercer o mandato em regime de tempo inteiro ou de meio tempo, nos termos do artigo seguinte.

ARTIGO 27.º – (**Funções a tempo inteiro e a meio tempo**)

1 – Nas freguesias com o mínimo de 5000 eleitores e o máximo de 10000 eleitores ou nas freguesias com mais de 3500 eleitores e 50 km^2 de área, o presidente da junta pode exercer o mandato em regime de meio tempo.

2 – Nas freguesias com mais de 10000 eleitores ou nas freguesias com mais de 7000 eleitores e 100 km^2 de área, o presidente da junta pode exercer o mandato em regime de tempo inteiro.

3 – Fora dos casos previstos nos n.os 1 e 2, pode ainda exercer o mandato em regime de meio tempo o presidente da junta das freguesias com mais de 1000 eleitores e em regime de tempo inteiro o presidente da junta das freguesias com mais de 1500 eleitores, desde que se verifiquem cumulativamente as condições estabelecidas no número seguinte.

4 – Para efeitos do número anterior, o encargo anual com a respectiva remuneração, prevista na lei, não pode ultrapassar 12% do valor total geral da receita constante da conta de gerência do ano anterior nem do valor inscrito no orçamento em vigor.

5 – O número de eleitores relevante para efeitos dos números anteriores é o constante do recenseamento vigente na data das eleições gerais, imediatamente anteriores, para a assembleia de freguesia.

ARTIGO 28.º – (**Repartição do regime de funções**)

1 – O presidente pode atribuir a um dos restantes membros da junta o exercício das suas funções em regime de tempo inteiro ou de meio tempo.

2 – Quando ao presidente caiba exercer o mandato em regime de tempo inteiro pode:

a) Optar por exercer as suas funções em regime de meio tempo, atribuindo a qualquer dos restantes membros o outro meio tempo;

b) Dividir o tempo inteiro em dois meios tempos, repartindo-os por dois dos restantes membros da junta;

c) Atribuir o tempo inteiro a qualquer dos restantes membros.

ARTIGO 29.º – (**Substituições**)

1 – As vagas ocorridas na junta de freguesia são preenchidas:

a) A de presidente, nos termos do artigo 79.º;

b) A de vogal, através de nova eleição pela assembleia de freguesia.

2 – Esgotada, em definitivo, a possibilidade de preenchimento da vaga de presidente, cabe à câmara municipal, após a comunicação do facto pelo presidente da assembleia de freguesia, proceder à marcação de novas eleições para a assembleia de freguesia, no prazo de 30 dias, com respeito pelo disposto nos n.os 3 e 4 do artigo 11.º e sem prejuízo do disposto no artigo 99.º.

3 – A comunicação referida no número anterior deve ser feita no prazo de oito dias a contar da data da verificação da impossibilidade.

ARTIGO 30.º – (**Periodicidade das reuniões**)

1 – A junta de freguesia reúne ordinariamente uma vez por mês, ou quinzenalmente, se o julgar conveniente, e extraordinariamente sempre que necessário.

Lei n.º 169/99, de 18 de Setembro

2 – A junta de freguesia delibera sobre os dias e horas das reuniões ordinárias, podendo estabelecer dia e hora certos para as mesmas, devendo neste último caso publicar editais, o que dispensa outras formas de convocação.

ARTIGO 31.º – (Convocação das reuniões ordinárias)

1 – Na falta da deliberação a que se refere o n.º 2 do artigo anterior compete ao presidente da junta fixar o dia e hora certos das reuniões ordinárias e publicitar a decisão nos termos e com os efeitos da parte final da mesma disposição.

2 – Quaisquer alterações ao dia e hora marcados nos termos do n.º 1 devem ser comunicadas a todos os membros da junta com três dias de antecedência e por carta com aviso de recepção ou através de protocolo.

ARTIGO 32.º – (Convocação das reuniões extraordinárias)

1 – As reuniões extraordinárias podem ser convocadas por iniciativa do presidente ou a requerimento da maioria dos membros do órgão, não podendo ser recusada a convocação, neste caso.

2 – As reuniões extraordinárias são convocadas com, pelo menos, cinco dias de antecedência, sendo comunicadas a todos os membros por edital e por carta com aviso de recepção ou através de protocolo.

3 – O presidente convoca a reunião para um dos oito dias subsequentes à recepção do requerimento previsto no n.º 1.

4 – Quando o presidente da junta de freguesia não efectue a convocação que lhe tenha sido requerida nos termos do número anterior, podem os requerentes efectuá-la directamente, com invocação dessa circunstância, observando o disposto no número anterior com as devidas adaptações e publicitando-a nos locais habituais.

ARTIGO 33.º – (Competências)

As competências da junta de freguesia podem ser próprias ou delegadas.

ARTIGO 34.º – (Competências próprias)

1 – Compete à junta de freguesia no âmbito da organização e funcionamento dos seus serviços, bem como no da gestão corrente:

a) Executar e velar pelo cumprimento das deliberações da assembleia de freguesia ou do plenário dos cidadãos eleitores;

b) Gerir os serviços da freguesia;

c) Instaurar pleitos e defender-se neles, podendo confessar, desistir ou transigir, se não houver ofensa de direitos de terceiros;

d) Gerir os recursos humanos ao serviço da freguesia;

e) Administrar e conservar o património da freguesia;

f) Elaborar e manter actualizado o cadastro dos bens móveis e imóveis da freguesia;

g) Adquirir os bens móveis necessários ao funcionamento dos serviços e alienar os que se tornem dispensáveis;

h) Adquirir e alienar ou onerar bens imóveis de valor até 200 vezes o índice 100 da escala salarial das carreiras do regime geral do sistema remuneratório da função pública;

i) ([1]) Alienar em hasta pública, independentemente de autorização do órgão deliberativo, bens imóveis de valor superior ao da alínea anterior, desde que a alienação decorra da execução das opções do plano e a respectiva deliberação seja aprovada por maioria de dois terços dos membros em efectividade de funções;

I – Organização Administrativa

j) Designar os representantes da freguesia nos órgãos das empresas em que a mesma participe;

l) Proceder à marcação das faltas dos seus membros e à respectiva justificação.

2 – Compete à junta de freguesia no âmbito do planeamento da respectiva actividade e no da gestão financeira:

a) Elaborar e submeter a aprovação da assembleia de freguesia ou do plenário de cidadãos eleitores as opções do plano e a proposta do orçamento;

b) Elaborar e submeter a aprovação da assembleia de freguesia ou do plenário de cidadãos eleitores as revisões às opções do plano e ao orçamento;

c) Executar as opções do plano e o orçamento;

d) Elaborar e aprovar o relatório de actividades e a conta de gerência a submeter à apreciação do órgão deliberativo;

e) Remeter ao Tribunal de Contas, nos termos da lei, as contas da freguesia.

3 – Compete à junta de freguesia no âmbito do ordenamento do território e urbanismo:

a) Participar, nos termos a acordar com a câmara municipal, no processo de elaboração dos planos municipais de ordenamento do território;

b) Colaborar, nos termos a acordar com a câmara municipal, no inquérito público dos planos municipais do ordenamento do território;

c) Facultar a consulta pelos interessados dos planos municipais de ordenamento do território;

d) Aprovar operações de loteamento urbano e obras de urbanização respeitantes a terrenos integrados no domínio patrimonial privado da freguesia, de acordo com parecer prévio das entidades competentes, nos termos da lei;

e) Pronunciar-se sobre projectos de construção e de ocupação da via pública, sempre que tal lhe for requerido pela câmara municipal;

f) Executar, por empreitada ou administração directa, as obras que constem das opções do plano e tenham dotação orçamental adequada nos instrumentos de gestão previsional, aprovados pelo órgão deliberativo.

4 – Compete à junta de freguesia no âmbito dos equipamentos integrados no respectivo património:

a) Gerir, conservar e promover a limpeza de balneários, lavadouros e sanitários públicos;

b) Gerir e manter parques infantis públicos;

c) Gerir, conservar e promover a limpeza dos cemitérios;

d) Conservar e promover a reparação de chafarizes e fontanários de acordo com o parecer prévio das entidades competentes, quando exigido por lei;

e) Promover a conservação de abrigos de passageiros existentes na freguesia e não concessionados a empresas.

5 – Compete à junta de freguesia no âmbito das suas relações com outros órgãos autárquicos:

a) Formular propostas ao órgão deliberativo sobre matérias da competência deste;

b) Elaborar e submeter à aprovação do órgão deliberativo posturas e regulamentos com eficácia externa, necessários à boa execução das atribuições cometidas à freguesia;

c) Deliberar e propor à ratificação do órgão deliberativo a aceitação da prática de actos inseridos na competência de órgãos do município, que estes nela pretendam delegar.

6 – Compete ainda à junta de freguesia:

a) Colaborar com os sistemas locais de protecção civil e de combate aos incêndios;

b) Praticar os actos necessários à participação da freguesia em empresas de capitais públicos de âmbito municipal, na sequência da autorização da assembleia de freguesia;

Lei n.° 169/99, de 18 de Setembro 113

c) Declarar prescritos a favor da freguesia, nos termos da lei e após publicação de avisos, os jazigos, mausoléus ou outras obras, bem como sepulturas perpétuas instaladas nos cemitérios propriedade da freguesia, quando não sejam conhecidos os proprietários ou relativamente aos quais se mostre que, após notificação judicial, se mantém desinteresse na sua conservação e manutenção de forma inequívoca e duradoura;

d) Conceder terrenos, nos cemitérios propriedade da freguesia, para jazigos, mausoléus e sepulturas perpétuas;

e) Fornecer material de limpeza e de expediente às escolas do 1.° ciclo do ensino básico e estabelecimentos de educação pré-escolar;

f) Executar, no âmbito da comissão recenseadora, as operações de recenseamento eleitoral, bem como as funções que lhe sejam cometidas pelas leis eleitorais e dos referendos;

g) Proceder ao registo e ao licenciamento de canídeos e gatídeos;

h) Conhecer e tomar posição sobre os relatórios definitivos de acções tutelares ou de auditorias levadas a efeito aos órgãos ou serviços da freguesia;

i) Dar cumprimento, no que lhe diz respeito, ao Estatuto do Direito de Oposição;

j) Deliberar as formas de apoio a entidades e organismos legalmente existentes, nomeadamente com vista à prossecução de obras ou eventos de interesse para a freguesia, bem como à informação e defesa dos direitos dos cidadãos;

l) Apoiar ou comparticipar, pelos meios adequados, no apoio a actividades de interesse da freguesia, de natureza social, cultural, educativa, desportiva, recreativa ou outra;

m) Proceder à administração ou à utilização de baldios sempre que não existam assembleias de compartes, nos termos da lei dos baldios;

n) Prestar a outras entidades públicas toda a colaboração que lhe for solicitada, designadamente em matéria de estatística, desenvolvimento, educação, saúde, acção social, cultura e, em geral, em tudo quanto respeite ao bem-estar das populações;

o) ([2]) Lavrar termos de identidade e justificação administrativa;

p) ([2]) Passar atestados nos termos da lei;

q) ([3]) Exercer os demais poderes que lhe sejam confiados por lei ou deliberação da assembleia de freguesia.

7 – A alienação de bens e valores artísticos do património da freguesia é objecto de legislação especial.

1 – Ver Parecer da PGR n.° 7/99, DR, II Série, de 3/12/99.

2 – Reportando-se às correspondentes disposições das alíneas *f*) e *q*) do n.° 1 do art. 27.° do DL n.° 100/84, de 29 de Março, o art. 34.° do DL n.° 135/99, de 22 de Abril, sob a epígrafe *«Atestados emitidos pelas juntas de freguesia»*, veio dispor:

«1 – Os atestados de residência, vida e situação económica dos cidadãos, bem como os termos de identidade e justificação administrativa, passados pelas juntas de freguesia, nos termos das alíneas *f*) e *q*) do n.° 1 do art. 27.° do Decreto-Lei n.° 100/84, de 29 de Março, devem ser emitidos desde que qualquer dos membros do respectivo executivo ou da assembleia de freguesia tenha conhecido directo dos factos a atestar, ou quando a sua prova seja feita por testemunho oral ou escrito de dois cidadãos recenseados na freguesia ou, ainda, mediante declaração do próprio.

2 – Nos casos de urgência, o presidente da junta de freguesia pode passar os atestados a que se refere este diploma, independentemente de prévia deliberação da junta.

3 – Não está sujeita a forma especial a produção de qualquer das provas referidas, devendo, quando orais, ser reduzidas a escrito pelo funcionário que as receber e confirmadas mediante assinatura de quem as apresentar.

4 – As falsas declarações são punidas nos termos da lei penal».

3 – Ver art. 5.° n.° 1 da Lei n.° 175/99, de 21 de Setembro (constituição de associações de freguesias).

I – Organização Administrativa

ARTIGO 35.° – (**Delegação de competências no presidente**)

Nas freguesias com 5000 ou mais eleitores, a junta pode delegar no presidente a sua competência, salvo quanto às matérias previstas nas alíneas *h*) e *j*) do n.° 1, *a*), *b*) e *d*) do n.° 2 e *a*), *b*), *d*) e *e*) do n.° 3, no n.° 5 e nas alíneas *h*), *i*), *j*), *l*) e *m*) do n.° 6 do artigo anterior.

ARTIGO 36.° – (**Protocolos de colaboração com entidades terceiras**)

As competências previstas na alínea e) do n.° 1, no n.° 4 e na alínea l) do n.° 6 do artigo 34.° podem ser objecto de protocolo de colaboração, a celebrar com instituições públicas, particulares e cooperativas, que desenvolvam a sua actividade na área da freguesia, em termos que protejam cabalmente os direitos e deveres de cada uma das partes e o uso, pela comunidade local, dos equipamentos.

ARTIGO 37.° (¹) – (**Competências delegadas pela câmara municipal**)

1 – A junta de freguesia pode exercer actividades incluídas na competência da câmara municipal, por delegação desta.

2 – A delegação de competências depende de aprovação dos órgãos representativos da freguesia e é efectuada com observância do disposto no artigo 66.°.

1 – Ver art. 15.° da Lei n.° 159/99, de 14 de Setembro.

ARTIGO 38.° – (**Competências do presidente**)

1 – Compete ao presidente da junta de freguesia:

a) Representar a freguesia em juízo e fora dele;

b) Convocar, abrir e encerrar as reuniões, dirigir os trabalhos e assegurar o cumprimento das leis e a regularidade das deliberações;

c) Representar obrigatoriamente a junta no órgão deliberativo da freguesia e integrar, por direito próprio, o órgão deliberativo do município, comparecendo às sessões, salvo caso de justo impedimento, situação em que se faz representar pelo substituto legal por ele designado;

d) Responder, no prazo máximo de 30 dias, aos pedidos de informação formulados pelos membros da assembleia de freguesia através da respectiva mesa;

e) Suspender ou encerrar antecipadamente as reuniões, quando circunstâncias excepcionais o justifiquem, mediante decisão fundamentada, a incluir na acta da reunião;

f) Decidir sobre o exercício de funções em regime de tempo inteiro ou de meio tempo, nos casos previstos nos n.°ˢ 1 e 2 do artigo 27.°;

g) Executar as deliberações da junta e coordenar a respectiva actividade;

h) Dar cumprimento às deliberações da assembleia de freguesia, sempre que para a sua execução seja necessária a intervenção da junta;

i) Autorizar a realização de despesas até ao limite estipulado por delegação da junta de freguesia;

j) Autorizar o pagamento das despesas orçamentadas, de harmonia com as deliberações da junta de freguesia;

l) Submeter o relatório de actividades e os documentos de prestação de contas à aprovação da junta de freguesia e à apreciação da assembleia de freguesia;

m) Submeter a visto prévio do Tribunal de Contas, quando for caso disso, os documentos elaborados na junta de freguesia ou em que a freguesia seja parte que impliquem despesa;

n) (¹) Assinar, em nome da junta de freguesia, toda a correspondência, bem como os termos, atestados e certidões da competência da mesma;

o) Colaborar com outras entidades no domínio da protecção civil, tendo em vista o cum-

Lei n.° 169/99, de 18 de Setembro   115

primento dos planos e programas estabelecidos, designadamente em operações de socorro e assistência em situações de catástrofe e calamidade públicas;

p) Participar, nos termos da lei, no conselho municipal de segurança;

q) Determinar a instrução dos processos de contra-ordenação e proceder à aplicação das coimas nos termos da lei, com a faculdade de delegação em qualquer dos restantes membros;

r) Comunicar à assembleia de freguesia as faltas injustificadas marcadas aos membros da junta;

s) Dar conhecimento aos restantes membros do órgão executivo e remeter ao órgão deliberativo cópias dos relatórios definitivos de acções tutelares ou de auditorias levadas a efeito aos órgãos e serviços da freguesia, no prazo máximo de 10 dias após o recebimento dos mesmos;

t) Promover a publicação edital do relatório de avaliação previsto no Estatuto do Direito de Oposição;

u) Presidir à comissão recenseadora da freguesia;

v) Exercer os demais poderes conferidos por lei ou por deliberação da junta de freguesia.

2 – Compete ao presidente da junta de freguesia proceder à distribuição de funções pelos vogais que a compõem e designar o seu substituto, para as situações de faltas e impedimentos.

3 – A distribuição de funções implica a designação dos vogais a quem as mesmas devem caber e deve ter em conta, pelo menos:

a) A elaboração das actas das reuniões da junta, na falta de funcionário nomeado para o efeito;

b) A certificação, mediante despacho do presidente, dos factos e actos que constem dos arquivos da freguesia e, independentemente de despacho, o conteúdo das actas das reuniões da junta;

c) A subscrição dos atestados que devam ser assinados pelo presidente;

d) A execução do expediente da junta;

e) A arrecadação das receitas, o pagamento das despesas autorizadas e a escrituração dos modelos contabilísticos da receita e da despesa, com base nos respectivos documentos que são assinados pelo presidente.

1 – Ver nota 2 ao art. 34.°.

SECÇÃO IV – **Do regime do pessoal**

ARTIGO 39.° – (**Benefícios**)

1 – Os funcionários e agentes das freguesias gozam dos benefícios concedidos pela ADSE nos mesmos termos que o pessoal da administração central do Estado.

2 – Os encargos resultantes do previsto no número anterior deverão ser satisfeitos nos termos do regime aplicável ao conjunto dos trabalhadores da administração local.

ARTIGO 40.° – (**Contratos**)

Os contratos de prestação de serviços celebrados pelas freguesias estão sujeitos, no que se refere à fiscalização pelo Tribunal de Contas, ao regime estabelecido legalmente para os municípios.

CAPÍTULO IV – Do município

SECÇÃO I – Da assembleia municipal

ARTIGO 41.º – (Natureza)

A assembleia municipal é o órgão deliberativo do município.

ARTIGO 42.º – (Constituição)

1 – A assembleia municipal é constituída pelos presidentes das juntas de freguesia e por membros eleitos pelo colégio eleitoral do município, em número igual ao daqueles mais um.

2 – O número de membros eleitos directamente não pode ser inferior ao triplo do número de membros da respectiva câmara municipal.

3 – Nas sessões da assembleia municipal participam os cidadãos que encabeçaram as listas mais votadas na eleição para as assembleias de freguesia da área do município, mesmo que estas ainda não estejam instaladas.

ARTIGO 43.º – (Convocação para o acto de instalação dos órgãos)

1 – Compete ao presidente da assembleia municipal cessante proceder à convocação dos eleitos para o acto de instalação dos órgãos da autarquia, que deve ser conjunto e sucessivo.

2 – A convocação é feita nos cinco dias subsequentes ao do apuramento definitivo dos resultados eleitorais, por meio de edital e carta com aviso de recepção ou através de protocolo e tendo em consideração o disposto no n.º 1 do artigo seguinte.

3 – Na falta de convocação, no prazo do número anterior, cabe ao cidadão melhor posicionado na lista vencedora das eleições para a assembleia municipal efectuar a convocação em causa, nos cinco dias imediatamente seguintes ao esgotamento do prazo referido.

ARTIGO 44.º – (Instalação)

1 – O presidente da assembleia municipal cessante ou, na sua falta, de entre os presentes, o cidadão melhor posicionado na lista vencedora procede à instalação da nova assembleia no prazo máximo de 15 dias a contar do apuramento definitivo dos resultados eleitorais.

2 – Quem proceder à instalação verifica a identidade e a legitimidade dos eleitos e designa, de entre os presentes, quem redige o documento comprovativo do acto, que é assinado, pelo menos, por quem procedeu à instalação e por quem o redigiu.

3 – A verificação da identidade e legitimidade dos eleitos que hajam faltado, justificadamente, ao acto de instalação é feita, na primeira reunião do órgão a que compareçam, pelo respectivo presidente.

ARTIGO 45.º – (Primeira reunião)

1 – Até que seja eleito o presidente da assembleia compete ao cidadão que tiver encabeçado a lista mais votada ou, na sua falta, ao cidadão melhor posicionado nessa mesma lista presidir à primeira reunião de funcionamento da assembleia municipal, que se efectua imediatamente a seguir ao acto de instalação para efeitos de eleição do presidente e secretários da mesa.

2 – Na ausência de disposição regimental compete à assembleia deliberar se a eleição a que se refere o número anterior é uninominal ou por meio de listas.

3 – Verificando-se empate na votação, procede-se a nova eleição obrigatoriamente uninominal.

4 – Se o empate persistir nesta última, é declarado eleito para as funções em causa o cida-

Lei n.º 169/99, de 18 de Setembro 117

dão que, de entre os membros empatados, se encontrava melhor posicionado nas listas que os concorrentes integraram na eleição para a assembleia municipal, preferindo sucessivamente a mais votada.

5 – Enquanto não for aprovado novo regimento, continua em vigor o anteriormente aprovado.

ARTIGO 46.º – **(Mesa)**

1 – A mesa da assembleia é composta por um presidente, um 1.º secretário e um 2.º secretário e é eleita, por escrutínio secreto, pela assembleia municipal, de entre os seus membros.

2 – A mesa é eleita pelo período do mandato, podendo os seus membros ser destituídos, em qualquer altura, por deliberação tomada pela maioria do número legal dos membros da assembleia.

3 – O presidente é substituído, nas suas faltas e impedimentos, pelo 1.º secretário e este pelo 2.º secretário.

4 – Na ausência simultânea de todos ou da maioria dos membros da mesa, a assembleia elege, por voto secreto, de entre os membros presentes, o número necessário de elementos para integrar a mesa que vai presidir à reunião, salvo disposição contrária constante do regimento.

5 – Compete à mesa proceder à marcação e justificação de faltas dos membros da assembleia municipal às respectivas sessões ou reuniões.

6 – O pedido de justificação de faltas pelo interessado é feito por escrito e dirigido à mesa, no prazo de cinco dias a contar da data da sessão ou reunião em que a falta se tenha verificado, e a decisão é notificada ao interessado, pessoalmente ou por via postal.

7 – Da decisão de recusa da justificação da falta cabe recurso para o órgão deliberativo.

ARTIGO 47.º – **(Alteração da composição da assembleia)**

1 – Quando algum dos membros deixar de fazer parte da assembleia, por morte, renúncia, perda de mandato ou por outra razão, é substituído nos termos do artigo 79.º ou pelo novo titular do cargo com direito de integrar o órgão, conforme os casos.

2 – Esgotada a possibilidade de substituição prevista no número anterior e desde que não esteja em efectividade de funções a maioria do número legal dos membros da assembleia, o presidente comunica o facto ao presidente da assembleia distrital para que este marque, no prazo máximo de 30 dias, novas eleições, sem prejuízo do disposto no artigo 99.º.

3 – As eleições realizam-se no prazo de 80 a 90 dias a contar da data da respectiva marcação.

4 – A nova assembleia municipal completa o mandato da anterior.

ARTIGO 48.º – **(Participação dos membros da câmara na assembleia municipal)**

1 – A câmara municipal faz-se representar, obrigatoriamente, nas sessões da assembleia municipal pelo presidente, que pode intervir nos debates, sem direito a voto.

2 – Em caso de justo impedimento, o presidente da câmara pode fazer-se substituir pelo seu substituto legal.

3 – Os vereadores devem assistir às sessões da assembleia municipal, sendo-lhes facultado intervir nos debates, sem direito a voto, a solicitação do plenário ou com a anuência do presidente da câmara ou do seu substituto legal.

4 – Os vereadores que não se encontrem em regime de permanência ou de meio tempo têm o direito às senhas de presença, nos termos do artigo 10.º da Lei n.º 29/87, de 30 de Junho.

5 – Os vereadores podem ainda intervir no final da reunião para o exercício do direito de defesa da honra.

118   *I – Organização Administrativa*

ARTIGO 49.° – **(Sessões ordinárias)**

1 – A assembleia municipal tem anualmente cinco sessões ordinárias, em Fevereiro, Abril, Junho, Setembro e Novembro ou Dezembro, que são convocadas por edital e por carta com aviso de recepção ou através de protocolo com, pelo menos, oito dias de antecedência.

2 – A segunda e a quinta sessões destinam-se, respectivamente, à apreciação do relatório e documentos de prestação de contas e à aprovação das opções do plano e da proposta do orçamento, salvo o disposto no artigo 88.°

ARTIGO 50.° – **(Sessões extraordinárias)**

1 – O presidente da assembleia convoca extraordinariamente a assembleia municipal, por sua própria iniciativa, quando a mesa assim o deliberar ou, ainda, a requerimento:

a) Do presidente da câmara municipal, em execução de deliberação desta;

b) De um terço dos seus membros;

c) De um número de cidadãos eleitores inscritos no recenseamento eleitoral do município equivalente a 30 vezes o número de elementos que compõem a assembleia, quando aquele número for igual ou inferior a 10000, e a 50 vezes, quando for superior.

2 – O presidente da assembleia, nos cinco dias subsequentes à iniciativa da mesa ou à recepção dos requerimentos previstos no número anterior, por edital e por carta com aviso de recepção ou através de protocolo, procede à convocação da sessão para um dos 15 dias posteriores à apresentação dos pedidos, tendo em conta que a convocatória deve ser feita com a antecedência mínima de cinco dias sobre a data da realização da sessão extraordinária.

3 – Quando o presidente da mesa da assembleia municipal não efectue a convocação que lhe tenha sido requerida nos termos do número anterior, podem os requerentes efectuá-la directamente, com invocação dessa circunstância, observando o disposto no número anterior com as devidas adaptações e publicitando-a nos locais habituais.

ARTIGO 51.° – **(Participação de eleitores)**

1 – Têm o direito de participar, sem voto, nas sessões extraordinárias, convocadas nos termos da alínea *c)* do n.° 1 do artigo anterior, dois representantes dos requerentes.

2 – Os representantes mencionados podem formular sugestões ou propostas, as quais só são votadas pela assembleia municipal se esta assim o deliberar.

ARTIGO 52.° – **(Duração das sessões)**

As reuniões da assembleia municipal não podem exceder a duração de cinco dias e um dia, consoante se trate de sessão ordinária ou extraordinária, salvo quando a própria assembleia delibere o seu prolongamento até ao dobro das durações referidas.

ARTIGO 53.° – **(Competências)**

1 – Compete à assembleia municipal:

a) Eleger, por voto secreto, o presidente da mesa e os dois secretários;

b) Elaborar e aprovar o seu regimento;

c) Acompanhar e fiscalizar a actividade da câmara e dos serviços municipalizados;

d) Acompanhar, com base em informação útil da câmara, facultada em tempo oportuno, a actividade desta e os respectivos resultados, nas associações e federações de municípios, empresas, cooperativas, fundações ou outras entidades em que o município detenha alguma participação no respectivo capital social ou equiparado;

e) Apreciar, em cada uma das sessões ordinárias, uma informação escrita do presidente da

Lei n.º 169/99, de 18 de Setembro 119

câmara acerca da actividade do município, bem como da situação financeira do mesmo, informação essa que deve ser enviada ao presidente da mesa da assembleia com a antecedência de cinco dias sobre a data do início da sessão para que conste da respectiva ordem do dia;

f) Solicitar e receber informações, através da mesa, sobre assuntos de interesse para a autarquia e sobre a execução de deliberações anteriores, o que pode ser requerido por qualquer membro em qualquer momento;

g) Conhecer e tomar posição sobre os relatórios definitivos, resultantes de acções tutelares ou de auditorias executadas sobre a actividade dos órgãos e serviços municipais;

h) Deliberar sobre a constituição de delegações, comissões ou grupos de trabalho para estudo dos problemas relacionados com as atribuições próprias da autarquia, sem interferência no funcionamento e na actividade normal da câmara;

i) Votar moções de censura à câmara municipal, em avaliação da acção desenvolvida pela mesma ou por qualquer dos seus membros;

j) Discutir, a pedido de quaisquer dos titulares do direito de oposição, o relatório a que se refere o Estatuto do Direito de Oposição;

l) ([1]) Elaborar e aprovar, nos termos da lei, o regulamento do conselho municipal de segurança;

m) Tomar posição perante os órgãos do poder central sobre assuntos de interesse para a autarquia;

n) Deliberar sobre recursos interpostos de marcação de faltas injustificadas aos seus membros;

o) Pronunciar-se e deliberar sobre assuntos que visem a prossecução das atribuições da autarquia;

p) Exercer outras competências que lhe sejam conferidas por lei.

2 – Compete à assembleia municipal, em matéria regulamentar e de organização e funcionamento, sob proposta da câmara:

a) Aprovar posturas e regulamentos;

b) Aprovar as opções do plano e a proposta de orçamento, bem como as respectivas revisões;

c) Apreciar o relatório de actividades e os documentos de prestação de contas;

d) ([2]) Aprovar ou autorizar a contratação de empréstimos nos termos da lei;

e) Estabelecer, nos termos da lei, taxas municipais e fixar os respectivos quantitativos;

f) Fixar anualmente o valor da taxa da contribuição autárquica incidente sobre prédios urbanos, bem como autorizar o lançamento de derramas para reforço da capacidade financeira ou no âmbito da celebração de contratos de reequilíbrio financeiro, de acordo com a lei;

g) Pronunciar-se, no prazo legal, sobre o reconhecimento, pelo Governo, de benefícios fiscais no âmbito de impostos cuja receita reverte exclusivamente para os municípios;

h) Deliberar em tudo quanto represente o exercício dos poderes tributários conferidos por lei ao município;

i) Autorizar a câmara municipal a adquirir, alienar ou onerar bens imóveis de valor superior a 1000 vezes o índice 100 das carreiras do regime geral do sistema remuneratório da função pública, fixando as respectivas condições gerais, podendo determinar, nomeadamente, a via da hasta pública, bem como bens ou valores artísticos do município, independentemente do seu valor, sem prejuízo do disposto no n.º 9 do artigo 64.º;

j) Determinar a remuneração dos membros do conselho de administração dos serviços municipalizados;

l) ([3]) Municipalizar serviços, autorizar o município, nos termos da lei, a criar empresas públicas municipais e fundações e a aprovar os respectivos estatutos, assim como a criar e participar em empresas de capitais exclusiva ou maioritariamente públicos, fixando as condições gerais da participação;

120   *I – Organização Administrativa*

m) ([4]) Autorizar o município, nos termos da lei, a integrar-se em associações e federações de municípios, a associar-se com outras entidades públicas, privadas ou cooperativas e a criar ou participar em empresas privadas de âmbito municipal, que prossigam fins de reconhecido interesse público local e se contenham dentro das atribuições cometidas aos municípios, em quaisquer dos casos fixando as condições gerais dessa participação;

n) Aprovar, nos termos da lei, a criação ou reorganização de serviços municipais;

o) Aprovar os quadros de pessoal dos diferentes serviços do município, nos termos da lei;

p) Aprovar incentivos à fixação de funcionários, nos termos da lei;

q) Autorizar, nos termos da lei, a câmara municipal a concessionar, por concurso público, a exploração de obras e serviços públicos, fixando as respectivas condições gerais;

r) Fixar o dia feriado anual do município;

s) Autorizar a câmara municipal a delegar competências próprias, designadamente em matéria de investimentos, nas juntas de freguesia;

t) Estabelecer, após parecer da Comissão de Heráldica da Associação dos Arqueólogos Portugueses, a constituição do brasão, selo e bandeira do município e proceder à sua publicação no Diário da República.

3 – É ainda da competência da assembleia municipal, em matéria de planeamento, sob proposta ou pedido de autorização da câmara municipal:

a) Aprovar os planos necessários à realização das atribuições municipais;

b) Aprovar as medidas, normas, delimitações e outros actos, no âmbito dos regimes do ordenamento do território e do urbanismo, nos casos e nos termos conferidos por lei.

4 – É também da competência da assembleia municipal, sob proposta da câmara municipal:

a) ([5]) Deliberar sobre a criação e a instituição em concreto do corpo de polícia municipal, nos termos e com as competências previstos na lei;

b) Deliberar sobre a afectação ou desafectação de bens do domínio público municipal, nos termos e condições previstos na lei;

c) Deliberar sobre a criação do conselho local de educação, de acordo com a lei;

d) Autorizar a geminação do município com outros municípios ou entidades equiparadas de outros países;

e) Autorizar os conselhos de administração dos serviços municipalizados a deliberar sobre a concessão de apoio financeiro, ou outro, a instituições legalmente constituídas pelos seus funcionários, tendo por objecto o desenvolvimento das actividades culturais, recreativas e desportivas, bem como a atribuição de subsídios a instituições legalmente existentes, criadas ou participadas pelos serviços municipalizados ou criadas pelos seus funcionários, visando a concessão de benefícios sociais aos mesmos e respectivos familiares.

5 – A acção de fiscalização mencionada na alínea *c*) do n.º 1 consiste numa apreciação, casuística e posterior à respectiva prática, dos actos da câmara municipal.

6 – A proposta apresentada pela câmara referente às alíneas *b*), *c*), *i*) e *n*) do n.º 2 não pode ser alterada pela assembleia municipal e carece da devida fundamentação quando rejeitada, mas a câmara pode acolher sugestões feitas pela assembleia.

7 – Os pedidos de autorização para a contratação de empréstimos a apresentar pela câmara municipal, nos termos da alínea *d*) do n.º 2, serão obrigatoriamente acompanhados de informação sobre as condições praticadas em, pelo menos, três instituições de crédito, bem como do mapa demonstrativo de capacidade de endividamento do município.

8 – Quando necessário para o eficiente exercício da sua competência, a assembleia municipal dispõe, sob orientação do respectivo presidente, de um núcleo de apoio composto por fun-

Lei n.º 169/99, de 18 de Setembro

cionários do município, a destacar pelo presidente da câmara municipal sem prejuízo dos poderes de gestão que a este cabem.

1 – Ver art. 6.º da Lei n.º 33/98, de 18 de Julho.
2 – Ver art. 23.º n.º 6 da Lei n.º 42/98, de 6 de Agosto.
3 – Ver art. 4.º n.º 1, alínea *a*), da Lei n.º 58/99, de 18 de Agosto.
4 – Ver art. 3.º n.º 1 da Lei n.º 172/99, de 21 de Setembro.
5 – Ver art. 10.º n.º 1 da Lei n.º 140/99, de 28 de Agosto, e art. 1.º n.º 2 do DL n.º 39/2000, de 17 de Março.

ARTIGO 54.º – (**Competência do presidente da assembleia**)
Compete ao presidente da assembleia municipal:
a) Convocar as sessões ordinárias e extraordinárias;
b) Abrir e encerrar os trabalhos das sessões e das reuniões;
c) Dirigir os trabalhos e manter a disciplina das reuniões;
d) Assegurar o cumprimento das leis e a regularidade das deliberações;
e) Suspender ou encerrar antecipadamente as sessões e as reuniões, quando circunstâncias excepcionais o justifiquem, mediante decisão fundamentada a incluir na acta da reunião;
f) Integrar o conselho municipal de segurança;
g) Comunicar à assembleia de freguesia ou à câmara municipal as faltas do presidente da junta e do presidente da câmara às reuniões da assembleia municipal;
h) Comunicar ao representante do Ministério Público competente as faltas injustificadas dos restantes membros da assembleia, para os efeitos legais;
i) Exercer os demais poderes que lhe sejam atribuídos por lei, pelo regimento ou pela assembleia.

ARTIGO 55.º – (**Competência dos secretários**)
Compete aos secretários coadjuvar o presidente da mesa da assembleia municipal, assegurar o expediente e, na falta de funcionário nomeado para o efeito, lavrar as actas das reuniões.

SECÇÃO II – **Da câmara municipal**

ARTIGO 56.º – (**Natureza e constituição**)
1 – A câmara municipal é constituída por um presidente e por vereadores, um dos quais designado vice-presidente, e é o órgão executivo colegial do município, eleito pelos cidadãos eleitores recenseados na sua área.
2 – A eleição da câmara municipal é simultânea com a da assembleia municipal, salvo no caso de eleição intercalar.

ARTIGO 57.º – (**Composição**)
1 – É presidente da câmara municipal o primeiro candidato da lista mais votada ou, no caso de vacatura do cargo, o que se lhe seguir na respectiva lista, de acordo com o disposto no artigo 79.º
2 – Para além do presidente, a câmara municipal é composta por:
a) Dezasseis vereadores em Lisboa;
b) Doze vereadores no Porto;
c) Dez vereadores nos municípios com 100000 ou mais eleitores;
d) Oito vereadores nos municípios com mais de 50000 e menos de 100000 eleitores;
e) Seis vereadores nos municípios com mais de 10000 e até 50000 eleitores;
f) Quatro vereadores nos municípios com 10000 ou menos eleitores.

I – Organização Administrativa

3 – O presidente designa, de entre os vereadores, o vice-presidente a quem, para além de outras funções que lhe sejam distribuídas, cabe substituir o primeiro nas suas faltas e impedimentos.

ARTIGO 58.° – (**Vereadores a tempo inteiro e a meio tempo**)

1 – Compete ao presidente da câmara municipal decidir sobre a existência de vereadores em regime de tempo inteiro e meio tempo e fixar o seu número, até aos limites seguintes:

a) Quatro, em Lisboa e no Porto;

b) Três, nos municípios com 100000 ou mais eleitores;

c) Dois, nos municípios com mais de 20000 e menos de 100000 eleitores;

d) Um, nos municípios com 20000 ou menos eleitores.

2 – Compete à câmara municipal, sob proposta do respectivo presidente, fixar o número de vereadores em regime de tempo inteiro e meio tempo que exceda os limites previstos no número anterior.

3 – O presidente da câmara municipal, com respeito pelo disposto nos números anteriores, pode optar pela existência de vereadores a tempo inteiro e a meio tempo, neste caso correspondendo dois vereadores a um vereador a tempo inteiro.

4 – Cabe ao presidente da câmara escolher os vereadores a tempo inteiro e a meio tempo, fixar as suas funções e determinar o regime do respectivo exercício.

ARTIGO 59.° – (**Alteração da composição da câmara**)

1 – No caso de morte, renúncia, suspensão ou perda de mandato de algum membro da câmara municipal em efectividade de funções, é chamado a substituí-lo o cidadão imediatamente a seguir na ordem da respectiva lista, nos termos do artigo 79.°.

2 – Esgotada a possibilidade de substituição prevista no número anterior e desde que não esteja em efectividade de funções a maioria do número legal dos membros da câmara municipal, o presidente comunica o facto à assembleia municipal para que esta, no prazo máximo de 30 dias a contar da recepção da comunicação, nomeie a comissão administrativa a que se refere a alínea *b*) do n.° 6 e marque novas eleições, sem prejuízo do disposto no artigo 99.°.

3 – Esgotada, em definitivo, a possibilidade de preenchimento da vaga de presidente da câmara, cabe à assembleia municipal proceder de acordo com o número anterior, independentemente do número de membros da câmara municipal em efectividade de funções.

4 – As eleições realizam-se no prazo de 80 a 90 dias a contar da data da respectiva marcação.

5 – A câmara municipal que for eleita completa o mandato da anterior.

6 – O funcionamento da câmara municipal quanto aos assuntos inadiáveis e correntes, durante o período transitório, é assegurado:

a) Pelos membros ainda em exercício da câmara municipal cessante, quando em número não inferior a três, constituídos automaticamente em comissão administrativa, presidida pelo primeiro na ordem da lista mais votada das listas em causa, até que ocorra a designação prevista na alínea seguinte;

b) Por uma comissão administrativa de três membros se o número de eleitores for inferior a 50000 e de cinco membros se for igual ou superior a 50000, incluindo o respectivo presidente, nomeados pela assembleia municipal de entre os membros referidos na alínea anterior.

ARTIGO 60.° – (**Instalação**)

1 – A instalação da câmara municipal cabe ao presidente da assembleia municipal cessante ou, na sua falta, ao cidadão melhor posicionado na lista vencedora das eleições para a assembleia

Lei n.º 169/99, de 18 de Setembro

municipal, de entre os presentes, e deve ter lugar no prazo de 15 dias a contar do apuramento definitivo dos resultados eleitorais.

2 – Quem proceder à instalação verifica a identidade e a legitimidade dos eleitos e designa, de entre os presentes, quem redige o documento comprovativo do acto, que é assinado, pelo menos, por quem procedeu à instalação e por quem o redigiu.

3 – A verificação da identidade e legitimidade dos eleitos que hajam faltado, justificadamente, ao acto de instalação é feita, na primeira reunião do órgão a que compareçam, pelo respectivo presidente.

ARTIGO 61.º – (Primeira reunião)

A primeira reunião tem lugar nos cinco dias imediatos à constituição do órgão, competindo ao presidente a respectiva marcação e convocação, a fazer por edital e por carta com aviso de recepção ou através de protocolo com, pelo menos, dois dias de antecedência.

ARTIGO 62.º – (Periodicidade das reuniões ordinárias)

1 – A câmara municipal tem uma reunião ordinária semanal, salvo se reconhecer conveniência em que se efectue quinzenalmente.

2 – A câmara municipal ou, na falta de deliberação desta, o respectivo presidente podem estabelecer dia e hora certos para as reuniões ordinárias, devendo neste caso publicar editais, que dispensam outras formas de convocação.

3 – Quaisquer alterações ao dia e hora marcados para as reuniões devem ser comunicadas a todos os membros do órgão, com três dias de antecedência, por carta com aviso de recepção ou através de protocolo.

ARTIGO 63.º – (Convocação de reuniões extraordinárias)

1 – As reuniões extraordinárias podem ser convocadas por iniciativa do presidente ou a requerimento de, pelo menos, um terço dos respectivos membros, não podendo, neste caso, ser recusada a convocatória.

2 – As reuniões extraordinárias são convocadas com, pelo menos, cinco dias de antecedência, sendo comunicadas a todos os membros por edital e por carta com aviso de recepção ou através de protocolo.

3 – O presidente convoca a reunião para um dos oito dias subsequentes à recepção do requerimento previsto no n.º 1.

4 – Quando o presidente não efectue a convocação que lhe tenha sido requerida ou não o faça nos termos do n.º 3, podem os requerentes efectuá-la directamente, com invocação dessa circunstância, observando o disposto no número anterior com as devidas adaptações e publicitando-a nos locais habituais.

ARTIGO 64.º ([1]) – (Competências)

1 – Compete à câmara municipal no âmbito da organização e funcionamento dos seus serviços e no da gestão corrente:

a) Elaborar e aprovar o regimento;

b) Executar e velar pelo cumprimento das deliberações da assembleia municipal;

c) Proceder à marcação e justificação das faltas dos seus membros;

d) Deliberar sobre a locação e aquisição de bens móveis e serviços, nos termos da lei;

e) Alienar os bens móveis que se tornem dispensáveis, nos termos da lei;

f) Adquirir e alienar ou onerar bens imóveis de valor até 1000 vezes o índice 100 das carreiras do regime geral do sistema remuneratório da função pública;

g) (²) Alienar em hasta pública, independentemente de autorização do órgão deliberativo, bens imóveis de valor superior ao da alínea anterior, desde que a alienação decorra da execução das opções do plano e a respectiva deliberação seja aprovada por maioria de dois terços dos membros em efectividade de funções;

h) Aceitar doações, legados e heranças a benefício de inventário;

i) Nomear e exonerar o conselho de administração dos serviços municipalizados e das empresas públicas municipais, assim como os representantes do município nos órgãos de outras empresas, cooperativas, fundações ou entidades em que o mesmo detenha alguma participação no respectivo capital social ou equiparado;

j) Fixar as tarifas e os preços da prestação de serviços ao público pelos serviços municipais ou municipalizados;

l) Apoiar ou comparticipar no apoio à acção social escolar e às actividades complementares no âmbito de projectos educativos, nos termos da lei;

m) Organizar e gerir os transportes escolares;

n) Resolver, no prazo máximo de 30 dias, sobre os recursos hierárquicos impróprios que lhe sejam apresentados de todas as deliberações do conselho de administração dos serviços municipalizados;

o) Deliberar sobre a concessão de apoio financeiro, ou outro, a instituições legalmente constituídas pelos funcionários do município, tendo por objecto o desenvolvimento de actividades culturais, recreativas e desportivas;

p) Deliberar sobre a atribuição de subsídios a instituições legalmente existentes, criadas ou participadas pelo município ou criadas pelos seus funcionários, visando a concessão de benefícios sociais aos mesmos e respectivos familiares;

q) Aprovar os projectos, programas de concurso, caderno de encargos e a adjudicação relativamente a obras e aquisição de bens e serviços;

r) Dar cumprimento, no que lhe diz respeito, ao Estatuto do Direito de Oposição;

s) Deliberar sobre a administração de águas públicas sob sua jurisdição;

t) Promover a publicação de documentos, anais ou boletins que interessem à história do município;

u) (³) Deliberar sobre o estacionamento de veículos nas ruas e demais lugares públicos;

v) Estabelecer a denominação das ruas e praças das povoações e estabelecer as regras de numeração dos edifícios;

x) Proceder à captura, alojamento e abate de canídeos e gatídeos, nos termos da legislação aplicável;

z) Deliberar sobre a deambulação e extinção de animais nocivos;

aa) Declarar prescritos a favor do município, nos termos e prazos fixados na lei geral e após publicação de avisos, os jazigos, mausoléus ou outras obras, assim como sepulturas perpétuas instaladas nos cemitérios propriedade municipal, quando não sejam conhecidos os seus proprietários ou relativamente aos quais se mostre que, após notificação judicial, se mantém desinteresse na sua conservação e manutenção, de forma inequívoca e duradoura;

bb) (⁴) Remeter ao Tribunal de Contas, nos termos da lei, as contas do município.

2 – Compete à câmara municipal no âmbito do planeamento e do desenvolvimento:

a) Elaborar e submeter à aprovação da assembleia municipal os planos necessários à realização das atribuições municipais;

b) Participar, com outras entidades, no planeamento que directamente se relacione com as atribuições e competências municipais, emitindo parecer para submissão a deliberação da assembleia municipal;

Lei n.º 169/99, de 18 de Setembro 125

c) Elaborar e submeter a aprovação da assembleia municipal as opções do plano e a proposta de orçamento e as respectivas revisões;

d) Executar as opções do plano e o orçamento aprovados;

e) Elaborar e aprovar o relatório de actividades e os documentos de prestação de contas a submeter à apreciação do órgão deliberativo;

f) Criar, construir e gerir instalações, equipamentos, serviços, redes de circulação, de transportes, de energia, de distribuição de bens e recursos físicos integrados no património municipal ou colocados, por lei, sob a administração municipal;

g) Participar em órgãos de gestão de entidades da administração central, nos casos, nos termos e para os efeitos estabelecidos por lei;

h) Colaborar no apoio a programas e projectos de interesse municipal, em parceria com outras entidades da administração central;

i) Designar os representantes do município nos conselhos locais, nos termos da lei;

j) Criar ou participar em associações de desenvolvimento regional e de desenvolvimento do meio rural;

l) Promover e apoiar o desenvolvimento de actividades artesanais, de manifestações etnográficas e a realização de eventos relacionados com a actividade económica de interesse municipal;

m) Assegurar, em parceria ou não com outras entidades públicas ou privadas, nos termos da lei, o levantamento, classificação, administração, manutenção, recuperação e divulgação do património natural, cultural, paisagístico e urbanístico do município, incluindo a construção de monumentos de interesse municipal.

3 – Compete à câmara municipal no âmbito consultivo:

a) Emitir parecer, nos casos e nos termos previstos na lei, sobre projectos de obras não sujeitas a licenciamento municipal;

b) Participar em órgãos consultivos de entidades da administração central, nos casos estabelecidos por lei.

4 – Compete à câmara municipal no âmbito do apoio a actividades de interesse municipal:

a) Deliberar sobre as formas de apoio a entidades e organismos legalmente existentes, nomeadamente com vista à prossecução de obras ou eventos de interesse municipal, bem como à informação e defesa dos direitos dos cidadãos;

b) Apoiar ou comparticipar, pelos meios adequados, no apoio a actividades de interesse municipal, de natureza social, cultural, desportiva, recreativa ou outra;

c) Participar na prestação de serviços a estratos sociais desfavorecidos ou dependentes, em parceria com as entidades competentes da administração central, e prestar apoio aos referidos estratos sociais, pelos meios adequados e nas condições constantes de regulamento municipal;

d) Deliberar em matéria de acção social escolar, designadamente no que respeita a alimentação, alojamento e atribuição de auxílios económicos a estudantes;

e) Assegurar o apoio adequado ao exercício de competências por parte do Estado, nos termos definidos por lei;

f) Deliberar sobre a participação do município em projectos e acções de cooperação descentralizada, designadamente no âmbito da União Europeia e da Comunidade de Países de Língua Portuguesa.

5 – Compete à câmara municipal, em matéria de licenciamento e fiscalização:

a) Conceder licenças nos casos e nos termos estabelecidos por lei, designadamente para construção, reedificação, utilização, conservação ou demolição de edifícios, assim como para estabelecimentos insalubres, incómodos, perigosos ou tóxicos;

126 *I – Organização Administrativa*

b) Realizar vistorias e executar, de forma exclusiva ou participada, a actividade fiscalizadora atribuída por lei, nos termos por esta definidos;

c) Ordenar, precedendo vistoria, a demolição total ou parcial ou a beneficiação de construções que ameacem ruína ou constituam perigo para a saúde ou segurança das pessoas;

d) Emitir licenças, matrículas, livretes e transferências de propriedade e respectivos averbamentos e proceder a exames, registos e fixação de contingentes relativamente a veículos, nos casos legalmente previstos.

6 – Compete à câmara municipal, no que respeita às suas relações com outros órgãos autárquicos:

a) ([5]) Apresentar à assembleia municipal propostas e pedidos de autorização, designadamente em relação às matérias constantes dos n.ºs 2 a 4 do artigo 53.°;

b) Deliberar sobre formas de apoio às freguesias;

c) Propor à assembleia municipal a concretização de delegação de parte das competências da câmara nas freguesias que nisso tenham interesse, de acordo com o disposto no artigo 66.°.

7 – Compete ainda à câmara municipal:

a) Elaborar e aprovar posturas e regulamentos em matérias da sua competência exclusiva;

b) Administrar o domínio público municipal, nos termos da lei;

c) Propor, nos termos da lei, a declaração de utilidade pública, para efeitos de expropriação;

d) ([6]) Exercer as demais competências legalmente conferidas, tendo em vista o prosseguimento normal das atribuições do município.

8 – As nomeações a que se refere a alínea *i)* do n.° 1 são feitas de entre membros da câmara municipal ou de entre cidadãos que não sejam membros dos órgãos municipais.

9 – A alienação de bens e valores artísticos do património do município é objecto de legislação especial.

1 – Ver arts. 16.° e segs. da Lei n.° 159/99, de 14 de Setembro (competências dos órgãos dos municípios na realização de investimentos, bem como nos domínios de defesa do consumidor, do apoio ao desenvolvimento local e do ordenamento do território e urbanismo).

2 – Ver Parecer da PGR n.° 7/99, DR, II Série, de 3/12/99.

3 – Ver DL n.° 327/98, de 2 de Novembro (competência de empresas públicas na fiscalização do estacionamento).

4 – Ver art. 9.° da Lei n.° 42/98, de 6 de Agosto.

5 – Ver art. 23.° n.° 5 da Lei n.° 42/98.

6 – Ver arts. 16.° e 23.° da Lei n.° 58/98, de 18 de Agosto (poderes de superintendência das câmaras municipais em relação às empresas de âmbito municipal), e art. 3.° da Lei n.° 172/99, de 21 de Setembro (constituição de associações de municípios).

ARTIGO 65.° – (Delegação de competências)

1 – A câmara pode delegar no presidente a sua competência, salvo quanto às matérias previstas nas alíneas *a)*, *h)*, *i)*, *j)*, *o)* e *p)* do n.° 1, *a)*, b), *c)* e *j)* do n.° 2, *a)* do n.° 3 e *a)*, b), *d)* e *f)* do n.° 4, no n.° 6 e nas alíneas *a)* e *c)* do n.° 7 do artigo anterior.

2 – As competências referidas no número anterior podem ser subdelegadas em quaisquer dos vereadores, por decisão e escolha do presidente.

3 – O presidente ou os vereadores devem informar a câmara das decisões geradoras de custo ou proveito financeiro proferidas ao abrigo dos números anteriores, na reunião que imediatamente se lhes seguir.

4 – A câmara municipal pode, a todo o tempo, fazer cessar a delegação.

5 – Os actos praticados no uso de delegação ou subdelegação são revogáveis pelo delegante, nos termos previstos na lei para a revogação pelo autor do acto.

6 – Das decisões tomadas pelo presidente ou pelos vereadores no exercício de competên-

Lei n.º 169/99, de 18 de Setembro

cias da câmara, que nele ou neles estejam delegadas ou subdelegadas, cabe recurso para o plenário daquele órgão, sem prejuízo da sua impugnação contenciosa.

7 – O recurso para o plenário a que se refere o número anterior pode ter por fundamento a ilegalidade, inoportunidade ou inconveniência da decisão e é apreciado pela câmara municipal no prazo máximo de 30 dias após a sua recepção.

ARTIGO 66.º (¹) – (**Competências delegáveis na freguesia**)

1 – A câmara, sob autorização da assembleia municipal, pode delegar competências nas juntas de freguesia interessadas, mediante a celebração de protocolo, onde figurem todos os direitos e obrigações de ambas as partes, os meios financeiros, técnicos e humanos e as matérias objecto da delegação.

2 – A delegação a que se refere o número anterior incide sobre as actividades, incluindo a realização de investimentos, constantes das opções do plano e do orçamento municipais e pode abranger, designadamente:

a) Conservação e limpeza de valetas, bermas e caminhos;

b) Conservação, calcetamento e limpeza de ruas e passeios;

c) Gestão e conservação de jardins e outros espaços ajardinados;

d) Colocação e manutenção da sinalização toponímica;

e) Gestão, conservação, reparação e limpeza de mercados retalhistas e de levante;

f) Gestão, conservação e reparação de equipamentos propriedade do município, designadamente equipamentos culturais e desportivos, escolas e estabelecimentos de educação pré-escolar, creches, jardins-de-infância, centros de apoio à terceira idade e bibliotecas;

g) Conservação e reparação de escolas do ensino básico e do ensino pré-escolar;

h) Gestão, conservação, reparação e limpeza de cemitérios, propriedade do município;

i) Concessão de licenças de caça.

3 – No âmbito da delegação de competências a câmara municipal pode destacar para a junta de freguesia funcionários afectos às áreas de competência nesta delegadas.

4 – O destacamento dos funcionários faz-se sem prejuízo dos direitos e regalias dos mesmos e não está sujeito a prazo, mantendo-se enquanto subsistir a delegação de competências.

1 – Ver art. 15.º da Lei n.º 159/99, de 14 de Setembro.

ARTIGO 67.º – (**Protocolos de colaboração com entidades terceiras**)

As competências previstas nas alíneas *l)* do n.º 1, *j)* e *l)* do n.º 2 e *b)* e *c)* do n.º 4 do artigo 64.º podem ser objecto de protocolo de colaboração, a celebrar com instituições públicas, particulares e cooperativas, que desenvolvam a sua actividade na área do município, em termos que protejam cabalmente os direitos e deveres de cada uma das partes e o uso, pela comunidade local, dos equipamentos.

ARTIGO 68.º – (**Competências do presidente da câmara**)

1 – Compete ao presidente da câmara municipal:

a) Representar o município em juízo e fora dele;

b) Executar as deliberações da câmara municipal e coordenar a respectiva actividade;

c) Elaborar e manter actualizado o cadastro dos bens móveis e imóveis do município;

d) Participar ao representante do Ministério Público competente as faltas injustificadas dadas pelos membros da câmara, para os efeitos legais;

e) Aprovar projectos, programas de concurso, caderno de encargos e a adjudicação de empreitadas e aquisição de bens e serviços, cuja autorização de despesa lhe caiba, nos termos da lei;

f) Autorizar a realização de despesas orçamentadas até ao limite estipulado por lei ou por delegação da câmara municipal;

g) Autorizar o pagamento das despesas realizadas, nas condições legais;

h) Comunicar anualmente, no prazo legal, o valor fixado da taxa de contribuição autárquica incidente sobre prédios urbanos, assim como, quando for o caso, a deliberação sobre o lançamento de derramas, às entidades competentes para a cobrança;

i) Submeter o relatório de actividades e os documentos de prestação de contas à aprovação da câmara municipal e à apreciação da assembleia municipal;

j) Remeter, atempadamente, ao Tribunal de Contas os documentos que careçam da respectiva apreciação, sem prejuízo da alínea *bb*) do n.° 1 do artigo 64.°;

l) Assinar ou visar a correspondência da câmara municipal com destino a quaisquer entidades ou organismos públicos;

m) Convocar as reuniões ordinárias para o dia e hora que fixar, sem prejuízo do disposto no artigo 62.°, e enviar a ordem do dia a todos os membros;

n) Convocar as reuniões extraordinárias;

o) Estabelecer e distribuir a ordem do dia das reuniões;

p) Abrir e encerrar as reuniões, dirigir os trabalhos e assegurar o cumprimento das leis e a regularidade das deliberações;

q) Suspender ou encerrar antecipadamente as reuniões, quando circunstâncias excepcionais o justifiquem, mediante decisão fundamentada, a incluir na acta da reunião;

r) Responder, no prazo de 10 dias, aos pedidos de informação apresentados pelos vereadores;

s) Representar a câmara nas sessões da assembleia municipal ou, havendo justo impedimento, fazer-se representar pelo seu substituto legal, sem prejuízo da faculdade de ser acompanhado por outros membros;

t) Responder, no prazo máximo de 30 dias, aos pedidos de informação veiculados pela mesa da assembleia municipal;

u) Promover a publicação, no *Diário da República*, em boletim municipal ou em edital, das decisões ou deliberações previstas no artigo 91.°;

v) Promover o cumprimento do Estatuto do Direito da Oposição e a publicação do respectivo relatório de avaliação;

x) Dirigir, em estreita articulação com o Serviço Nacional de Protecção Civil, o serviço municipal de protecção civil, tendo em vista o cumprimento dos planos e programas estabelecidos e a coordenação das actividades a desenvolver no domínio da protecção civil, designadamente em operações de socorro e assistência, com especial relevo em situações de catástrofe e calamidade públicas;

z) Presidir ao conselho municipal de segurança.

2 – Compete ainda ao presidente da câmara municipal:

a) Decidir todos os assuntos relacionados com a gestão e direcção dos recursos humanos afectos aos serviços municipais;

b) Designar o funcionário que serve de notário privativo do município para lavrar os actos notariais expressamente previstos pelo Código do Notariado;

c) Designar o funcionário que serve de oficial público para lavrar todos os contratos em que a lei o preveja ou não seja exigida escritura pública;

d) Modificar ou revogar os actos praticados por funcionários ou agentes afectos aos serviços da câmara;

e) Gerir os recursos humanos dos estabelecimentos de educação e ensino, nos casos e nos termos determinados por lei;

Lei n.º 169/99, de 18 de Setembro 129

f) Outorgar contratos necessários à execução das obras referidas na alínea j), assim como ao funcionamento dos serviços;

g) Instaurar pleitos e defender-se neles, podendo confessar, desistir ou transigir, se não houver ofensa de direitos de terceiros;

h) Promover todas as acções necessárias à administração corrente do património municipal e à sua conservação;

i) Proceder aos registos prediais do património imobiliário do município, ou outros;

j) Promover a execução, por administração directa ou empreitada, das obras, assim como proceder à aquisição de bens e serviços, nos termos da lei;

l) Conceder, nos casos e nos termos previstos na lei, licenças ou autorizações de utilização de edifícios;

m) Embargar e ordenar a demolição de quaisquer obras, construções ou edificações efectuadas por particulares ou pessoas colectivas, sem licença ou com inobservância das condições dela constantes, dos regulamentos, das posturas municipais ou de medidas preventivas, de normas provisórias, de áreas de construção prioritária, de áreas de desenvolvimento urbano prioritário e de planos municipais de ordenamento do território plenamente eficazes;

n) Ordenar o despejo sumário dos prédios cuja expropriação por utilidade pública tenha sido declarada ou cuja demolição ou beneficiação tenha sido deliberada, nos termos da alínea anterior e da alínea c) do n.º 5 do artigo 64.º, mas, nesta última hipótese, só quando na vistoria se verificar a existência de risco eminente de desmoronamento ou a impossibilidade de realização das obras sem grave prejuízo para os moradores dos prédios;

o) Conceder licenças policiais ou fiscais, de harmonia com o disposto nas leis, regulamentos e posturas;

p) Determinar a instrução dos processos de contra-ordenação e aplicar as coimas, nos termos da lei, com a faculdade de delegação em qualquer dos restantes membros da câmara;

q) Dar conhecimento aos restantes membros do órgão executivo e remeter ao órgão deliberativo cópias dos relatórios definitivos resultantes de acções tutelares ou de auditorias sobre a actividade do órgão executivo e dos serviços, no prazo máximo de 10 dias após o recebimento dos mesmos;

r) Conceder terrenos nos cemitérios propriedade do município, para jazigos, mausoléus e sepulturas perpétuas.

3 – Sempre que o exijam circunstâncias excepcionais e urgentes e não seja possível reunir extraordinariamente a câmara, o presidente pode praticar quaisquer actos da competência desta, mas tais actos ficam sujeitos a ratificação, na primeira reunião realizada após a sua prática, sob pena de anulabilidade.

ARTIGO 69.º – (**Distribuição de funções**)

1 – O presidente da câmara é coadjuvado pelos vereadores no exercício da sua competência e no da própria câmara, podendo incumbi-los de tarefas específicas.

2 – O presidente da câmara pode delegar ou subdelegar nos vereadores o exercício da sua competência própria ou delegada.

3 – Nos casos previstos nos números anteriores os vereadores dão ao presidente informação detalhada sobre o desempenho das tarefas de que tenham sido incumbidos ou sobre o exercício da competência que neles tenha sido delegada ou subdelegada.

ARTIGO 70.º – (**Delegação de competências no pessoal dirigente**)

1 – O presidente da câmara ou os vereadores podem delegar ou subdelegar a sua compe-

tência no dirigente máximo da respectiva unidade orgânica no que respeita às matérias previstas nas alíneas *a*), *c*), *g*), *h*), *l*), *r*), *t*), *u*) e *v*) do n.° 1 e *e*), *f*), *h*), *i*), *o*) e *r*) do n.° 2 do artigo 68.°.

2 – A gestão e direcção de recursos humanos também podem ser objecto da delegação e subdelegação referidas no número anterior, designadamente quanto às seguintes matérias:

a) Aprovar e alterar o mapa de férias e restantes decisões relativas a férias com respeito pelo interesse do serviço;

b) Justificar ou injustificar faltas;

c) Autorizar o abono de vencimento de exercício perdido por motivo de doença;

d) Conceder licenças sem vencimento até 90 dias;

e) Proceder à homologação da classificação de serviço dos funcionários, nos casos em que o delegado não tenha sido notador;

f) Decidir, nos termos da lei, em matéria de duração e horário de trabalho, no âmbito da modalidade deste último superiormente fixada;

g) Autorizar a prestação de trabalho extraordinário;

h) Assinar termos de aceitação;

i) Determinar a conversão da nomeação provisória em definitiva;

j) Praticar todos os actos relativos à aposentação dos funcionários, salvo no caso de aposentação compulsiva;

l) Praticar todos os actos respeitantes ao regime de segurança social, incluindo os referentes a acidentes em serviço;

m) Exonerar os funcionários do quadro, a pedido dos interessados.

3 – Podem ainda ser objecto de delegação e subdelegação as seguintes matérias:

a) Autorizar a realização e pagamento de despesa em cumprimento de contratos de adesão previamente autorizados pelos eleitos locais através de despacho ou deliberação, com correcto cabimento legal no orçamento em vigor;

b) Autorizar a realização de despesas nos outros casos, até ao limite estabelecido por lei;

c) Autorizar o registo de inscrição de técnicos;

d) Autorizar termos de abertura e encerramento em livros sujeitos a essa formalidade, designadamente livros de obra;

e) Autorizar a restituição aos interessados de documentos juntos a processos;

f) Autorizar a passagem de termos de identidade, idoneidade e justificação administrativa;

g) Autorizar a passagem de certidões ou fotocópias autenticadas aos interessados, relativas a processos ou documentos constantes de processos arquivados, e que careçam de despacho ou deliberação dos eleitos locais, com respeito pelas salvaguardas estabelecidas por lei;

h) Emitir alvarás exigidos por lei, na sequência da decisão ou deliberação que confiram esse direito;

i) Conceder licenças de ocupação da via pública, por motivo de obras;

j) Autorizar a renovação de licenças que dependa unicamente do cumprimento de formalidades burocráticas ou similares pelos interessados;

l) Emitir o cartão de feirante e o de vendedor ambulante;

m) Determinar a instrução de processos de contra-ordenação e designar o respectivo instrutor;

n) Praticar outros actos e formalidades de carácter instrumental necessários ao exercício da competência decisória do delegante ou subdelegante.

4 – A delegação ou subdelegação da matéria prevista na alínea *a*) do n.° 1 do artigo 68.° é conferida caso a caso, obrigatoriamente.

5 – O acto de delegação ou de subdelegação pode conter directivas ou instruções vinculativas para o delegado ou subdelegado sobre o modo como devem ser exercidos os poderes conferidos.

Lei n.º 169/99, de 18 de Setembro 131

6 – Às delegações ou subdelegações previstas no número anterior é aplicável, com as necessárias adaptações, o disposto nos n.ºs 3 a 7 do artigo 65.º.

ARTIGO 71.º – (Dever de informação)

1 – O pessoal dirigente tem a obrigação de informar por escrito, no processo, se foram cumpridas todas as obrigações legais ou regulamentares, relativamente a todos os processos que corram pelos serviços que dirigem e careçam de decisão ou deliberação dos eleitos locais, assim como devem emitir prévia informação escrita no âmbito da instrução de pedidos de parecer a submeter à administração central.

2 – A exigência referida no número anterior é igualmente aplicável ao pessoal de chefia dos municípios cuja estrutura organizativa não comporte pessoal dirigente.

ARTIGO 72.º – (Superintendência nos serviços)

Sem prejuízo dos poderes de fiscalização específicos que competem aos membros da câmara municipal nas matérias que lhes sejam especialmente atribuídas, cabe ao presidente da câmara coordenar os serviços municipais no sentido de desenvolver a sua eficácia e assegurar o seu pleno funcionamento.

ARTIGO 73.º – (Apoio aos membros da câmara)

1 – Os presidentes das câmaras municipais podem constituir um gabinete de apoio pessoal, com a seguinte composição:

a) Nos municípios com mais de 100000 eleitores, um chefe do gabinete, dois adjuntos e dois secretários;

b) Nos municípios com um número de eleitores entre os 50000 e 100000, um chefe de gabinete, um adjunto e dois secretários;

c) Nos restantes municípios, um chefe de gabinete, um adjunto e um secretário.

2 – Os vereadores em regime de tempo inteiro podem igualmente constituir um gabinete de apoio pessoal, com a seguinte composição:

a) Nos municípios com mais de 100000 eleitores, um adjunto e um secretário;

b) Nos restantes municípios, um secretário.

3 – Para efeitos do disposto no número anterior, dois vereadores em regime de meio tempo correspondem a um vereador em regime de tempo inteiro.

4 – Os presidentes de câmara e os vereadores podem delegar a prática de actos de administração ordinária nos chefes do gabinete e adjuntos dos respectivos gabinetes de apoio pessoal.

5 – Os presidentes das câmaras devem disponibilizar a todos os vereadores o espaço físico, meios e apoio pessoal necessários ao exercício do respectivo mandato, através dos serviços que considere adequados.

ARTIGO 74.º – (Estatuto dos membros dos gabinetes de apoio pessoal)

1 – A remuneração do chefe do gabinete de apoio pessoal nos municípios de Lisboa e Porto corresponde ao vencimento dos chefes dos gabinetes dos membros do Governo e, nos restantes municípios, corresponde a 90% da remuneração que legalmente cabe aos vereadores em regime de tempo inteiro da câmara municipal em causa, com direito aos abonos genericamente atribuídos para a função pública.

2 – A remuneração dos adjuntos e dos secretários corresponde a 80% e 60%, respectivamente, da que legalmente cabe aos vereadores em regime de tempo inteiro da câmara municipal em causa, com direito aos abonos genericamente atribuídos para a função pública.

132   *I – Organização Administrativa*

3 – Os membros dos gabinetes de apoio pessoal são nomeados e exonerados pelo presidente da câmara municipal, sob proposta dos vereadores no caso do n.° 2 do artigo anterior, e o exercício das suas funções cessa igualmente com a cessação do mandato do presidente ou dos vereadores que apoiem.

4 – O pessoal referido, que for funcionário da administração central ou local, é provido em regime de comissão de serviço, com a faculdade de optar pelas remunerações correspondentes aos lugares de origem.

5 – Os membros dos gabinetes de apoio pessoal não podem beneficiar de quaisquer gratificações ou abonos suplementares não previstos na presente disposição, nomeadamente a título de trabalho extraordinário.

6 – Aos membros dos gabinetes de apoio pessoal referidos nos números anteriores é aplicável, em matéria de recrutamento, competências, garantias, deveres e incompatibilidades, o regime relativo ao pessoal dos gabinetes dos membros do Governo, com as adaptações constantes deste artigo e do artigo anterior e as inerentes às características do gabinete em que se integram.

CAPÍTULO V – Disposições comuns

ARTIGO 75.° – (Duração e natureza do mandato)

1 – O mandato dos titulares dos órgãos das autarquias locais é de quatro anos.

2 – Os membros dos órgãos das autarquias locais são titulares de um único mandato, seja qual for o órgão ou órgãos em que exerçam funções naquela qualidade.

ARTIGO 76.° – (Renúncia ao mandato)

1 – Os titulares dos órgãos das autarquias locais gozam do direito de renúncia ao respectivo mandato a exercer mediante manifestação de vontade apresentada, quer antes quer depois da instalação dos órgãos respectivos.

2 – A pretensão é apresentada por escrito e dirigida a quem deve proceder à instalação ou ao presidente do órgão, consoante o caso.

3 – A substituição do renunciante processa-se de acordo com o disposto no número seguinte.

4 – A convocação do membro substituto compete à entidade referida no n.° 2 e tem lugar no período que medeia entre a comunicação da renúncia e a primeira reunião que a seguir se realizar, salvo se a entrega do documento de renúncia coincidir com o acto de instalação ou reunião do órgão e estiver presente o respectivo substituto, situação em que, após a verificação da sua identidade e legitimidade, a substituição se opera de imediato, se o substituto a não recusar por escrito de acordo com o n.° 2.

5 – A falta de eleito local ao acto de instalação do órgão, não justificada por escrito no prazo de 30 dias ou considerada injustificada, equivale a renúncia, de pleno direito.

6 – O disposto no número anterior aplica-se igualmente, nos seus exactos termos, à falta de substituto, devidamente convocado, ao acto de assunção de funções.

7 – A apreciação e a decisão sobre a justificação referida nos números anteriores cabem ao próprio órgão e devem ter lugar na primeira reunião que se seguir à apresentação tempestiva da mesma.

ARTIGO 77.° – (Suspensão do mandato)

1 – Os membros dos órgãos das autarquias locais podem solicitar a suspensão do respectivo mandato.

Lei n.º 169/99, de 18 de Setembro

2 – O pedido de suspensão, devidamente fundamentado, deve indicar o período de tempo abrangido e é enviado ao presidente e apreciado pelo plenário do órgão na reunião imediata à sua apresentação.

3 – São motivos de suspensão, designadamente:

a) Doença comprovada;

b) Exercício dos direitos de paternidade e maternidade;

c) Afastamento temporário da área da autarquia por período superior a 30 dias.

4 – A suspensão que, por uma só vez ou cumulativamente, ultrapasse 365 dias no decurso do mandato constitui, de pleno direito, renúncia ao mesmo, salvo se no primeiro dia útil seguinte ao termo daquele prazo o interessado manifestar, por escrito, a vontade de retomar funções.

5 – A pedido do interessado, devidamente fundamentado, o plenário do órgão pode autorizar a alteração do prazo pelo qual inicialmente foi concedida a suspensão do mandato, até ao limite estabelecido no número anterior.

6 – Enquanto durar a suspensão, os membros dos órgãos autárquicos são substituídos nos termos do artigo 79.º.

7 – A convocação do membro substituto faz-se nos termos do n.º 4 do artigo 76.º.

ARTIGO 78.º – (**Ausência inferior a 30 dias**)

1 – Os membros dos órgãos das autarquias locais podem fazer-se substituir nos casos de ausências por períodos até 30 dias.

2 – A substituição obedece ao disposto no artigo seguinte e opera-se mediante simples comunicação por escrito dirigida ao presidente do órgão respectivo, na qual são indicados os respectivos início e fim.

ARTIGO 79.º – (**Preenchimento de vagas**)

1 – As vagas ocorridas nos órgãos autárquicos são preenchidas pelo cidadão imediatamente a seguir na ordem da respectiva lista ou, tratando-se de coligação, pelo cidadão imediatamente a seguir do partido pelo qual havia sido proposto o membro que deu origem à vaga.

2 – Quando, por aplicação da regra contida na parte final do número anterior, se torne impossível o preenchimento da vaga por cidadão proposto pelo mesmo partido, o mandato é conferido ao cidadão imediatamente a seguir na ordem de precedência da lista apresentada pela coligação.

ARTIGO 80.º – (**Continuidade do mandato**)

Os titulares dos órgãos das autarquias locais servem pelo período do mandato e mantêm-se em funções até serem legalmente substituídos.

ARTIGO 81.º – (**Princípio da independência**)

Os órgãos das autarquias locais são independentes no âmbito da sua competência e as suas deliberações só podem ser suspensas, modificadas, revogadas ou anuladas pela forma prevista na lei.

ARTIGO 82.º – (**Princípio da especialidade**)

Os órgãos das autarquias locais só podem deliberar no âmbito da sua competência e para a realização das atribuições cometidas às autarquias locais.

134 I – Organização Administrativa

ARTIGO 83.º – (**Objecto das deliberações**)

Só podem ser objecto de deliberação os assuntos incluídos na ordem do dia da reunião ou sessão, salvo se, tratando-se de reunião ou sessão ordinária, pelo menos dois terços do número legal dos seus membros reconhecerem a urgência de deliberação imediata sobre outros assuntos.

ARTIGO 84.º – (**Reuniões públicas**)

1 – As sessões dos órgãos deliberativos das autarquias locais são públicas.

2 – Os órgãos executivos colegiais realizam, pelo menos, uma reunião pública mensal.

3 – Às sessões e reuniões mencionadas nos números anteriores deve ser dada publicidade, com menção dos dias, horas e locais da sua realização, de forma a garantir o conhecimento dos interessados com uma antecedência de, pelo menos, dois dias sobre a data das mesmas.

4 – A nenhum cidadão é permitido, sob qualquer pretexto, intrometer-se nas discussões e aplaudir ou reprovar as opiniões emitidas, as votações feitas e as deliberações tomadas, sob pena de sujeição à aplicação de coima de 20000$00 até 100000$00 pelo juiz da comarca, sob participação do presidente do respectivo órgão e sem prejuízo da faculdade ao mesmo atribuída de, em caso de quebra da disciplina ou da ordem, mandar sair do local da reunião o prevaricador, sob pena de desobediência nos termos da lei penal.

5 – Nas reuniões mencionadas no n.º 2, encerrada a ordem do dia, os órgãos executivos colegiais fixam um período para intervenção aberta ao público, durante o qual lhe são prestados os esclarecimentos solicitados.

6 – Nas reuniões dos órgãos deliberativos, encerrada a ordem do dia, há um período para intervenção do público durante o qual lhe serão prestados os esclarecimentos solicitados.

7 – As actas das sessões ou reuniões, terminada a menção aos assuntos incluídos na ordem do dia, fazem referência sumária às eventuais intervenções do público na solicitação de esclarecimentos e às respostas dadas.

ARTIGO 85.º – (**Convocação ilegal de reuniões**)

A ilegalidade resultante da inobservância das disposições sobre convocação de reuniões só se considera sanada quando todos os membros do órgão compareçam à reunião e não suscitem oposição à sua realização.

ARTIGO 86.º – (**Período de antes da ordem do dia**)

Em cada sessão ordinária dos órgãos autárquicos há um período de antes da ordem do dia, com a duração máxima de sessenta minutos, para tratamento de assuntos gerais de interesse para a autarquia.

ARTIGO 87.º – (**Ordem do dia**)

1 – A ordem do dia de cada reunião é estabelecida pelo presidente.

2 – A ordem do dia deve incluir os assuntos que para esse fim forem indicados por qualquer membro do órgão, desde que sejam da competência do órgão e o pedido seja apresentado por escrito com uma antecedência mínima de:

a) Cinco dias sobre a data da reunião, no caso das reuniões ordinárias;

b) Oito dias sobre a data da reunião, no caso das reuniões extraordinárias.

3 – A ordem do dia é entregue a todos os membros com a antecedência sobre a data de início da reunião de, pelo menos, quarenta e oito horas.

Lei n.º 169/99, de 18 de Setembro

ARTIGO 88.º – **(Aprovação especial dos instrumentos previsionais)**

1 – A aprovação das opções do plano e da proposta de orçamento para o ano imediato ao da realização de eleições gerais tem lugar, em sessão ordinária ou extraordinária do órgão deliberativo que resultar do acto eleitoral, até ao final do mês de Abril do referido ano.

2 – O disposto no número anterior é igualmente aplicável no caso de sucessão de órgãos autárquicos na sequência de eleições intercalares realizadas nos meses de Novembro e Dezembro.

ARTIGO 89.º – **(Quórum)**

1 – Os órgãos das autarquias locais só podem reunir e deliberar quando esteja presente a maioria do número legal dos seus membros.

2 – As deliberações são tomadas à pluralidade de votos, estando presente a maioria do número legal dos seus membros, tendo o presidente voto de qualidade em caso de empate, não contando as abstenções para o apuramento da maioria.

3 – Quando o órgão não possa reunir por falta de quórum, o presidente designa outro dia para nova sessão ou reunião, que tem a mesma natureza da anterior, a convocar nos termos previstos nesta lei.

4 – Das sessões ou reuniões canceladas por falta de quórum é elaborada acta onde se registam as presenças e ausências dos respectivos membros, dando estas lugar à marcação de falta.

ARTIGO 90.º – **(Formas de votação)**

1 – A votação é nominal, salvo se o regimento estipular ou o órgão deliberar, por proposta de qualquer membro, outra forma de votação.

2 – O presidente vota em último lugar.

3 – As deliberações que envolvam a apreciação de comportamentos ou de qualidades de qualquer pessoa são tomadas por escrutínio secreto e, em caso de dúvida, o órgão delibera sobre a forma da votação.

4 – Havendo empate em votação por escrutínio secreto, procede-se imediatamente a nova votação e, se o empate se mantiver, adia-se a deliberação para a reunião seguinte, procedendo-se a votação nominal se na primeira votação desta reunião se repetir o empate.

5 – Quando necessária, a fundamentação das deliberações tomadas por escrutínio secreto é feita pelo presidente após a votação, tendo em conta a discussão que a tiver precedido.

6 – Não podem estar presentes no momento da discussão nem da votação os membros do órgão que se encontrem ou se considerem impedidos.

ARTIGO 91.º – **(Publicidade das deliberações)**

As deliberações dos órgãos autárquicos, bem como as decisões dos respectivos titulares, destinadas a ter eficácia externa são obrigatoriamente publicadas no *Diário da República* quando a lei expressamente o determine, sendo nos restantes casos publicadas em boletim da autarquia, quando exista, ou em edital afixado nos lugares de estilo durante 5 dos 10 dias subsequentes à tomada da deliberação ou decisão, sem prejuízo do disposto em legislação especial.

ARTIGO 92.º – **(Actas)**

1 – De cada reunião ou sessão é lavrada acta, que contém um resumo do que de essencial nela se tiver passado, indicando, designadamente, a data e o local da reunião, os membros presentes e ausentes, os assuntos apreciados, as decisões e deliberações tomadas e a forma e o resultado das respectivas votações e, bem assim, o facto de a acta ter sido lida e aprovada.

2 – As actas são lavradas, sempre que possível, por funcionário da autarquia designado para

136   I – Organização Administrativa

o efeito e postas à aprovação de todos os membros no final da respectiva reunião ou no início da seguinte, sendo assinadas, após aprovação, pelo presidente e por quem as lavrou.

3 – As actas ou o texto das deliberações mais importantes podem ser aprovadas em minuta, no final das reuniões, desde que tal seja deliberado pela maioria dos membros presentes, sendo assinadas, após aprovação, pelo presidente e por quem as lavrou.

4 – As deliberações dos órgãos só adquirem eficácia depois de aprovadas e assinadas as respectivas actas ou depois de assinadas as minutas, nos termos dos números anteriores.

ARTIGO 93.º – (**Registo na acta do voto de vencido**)

1 – Os membros do órgão podem fazer constar da acta o seu voto de vencido e as razões que o justifiquem.

2 – Quando se trate de pareceres a dar a outras entidades, as deliberações são sempre acompanhadas das declarações de voto apresentadas.

3 – O registo na acta do voto de vencido isenta o emissor deste da responsabilidade que eventualmente resulte da deliberação tomada.

ARTIGO 94.º – (**Alvarás**)

Salvo se a lei prescrever forma especial, o título dos direitos conferidos aos particulares por deliberação dos órgãos autárquicos ou decisão dos seus titulares é um alvará expedido pelo respectivo presidente.

ARTIGO 95.º – (**Actos nulos**)

1 – São nulos os actos a que falte qualquer dos elementos essenciais ou para os quais a lei comine expressamente essa forma de invalidade, nos termos previstos no Código do Procedimento Administrativo.

2 – São igualmente nulas:

a) As deliberações de qualquer órgão dos municípios e freguesias que envolvam o exercício de poderes tributários ou determinem o lançamento de taxas ou mais-valias não previstas na lei;

b) As deliberações de qualquer órgão dos municípios e freguesias que determinem ou autorizem a realização de despesas não permitidas por lei;

c) Os actos que prorroguem ilegal ou irregularmente os prazos de pagamento voluntário dos impostos, taxas, derramas, mais-valias, tarifas e preços.

ARTIGO 96.º – (**Responsabilidade funcional**)

1 – As autarquias locais respondem civilmente perante terceiros por ofensa de direitos destes ou de disposições legais destinadas a proteger os seus interesses, resultante de actos ilícitos culposamente praticados pelos respectivos órgãos ou agentes no exercício das suas funções ou por causa desse exercício.

2 – Quando satisfizerem qualquer indemnização nos termos do número anterior, as autarquias locais gozam do direito de regresso contra os titulares dos órgãos ou os agentes culpados, se estes houverem procedido com diligência e zelo manifestamente inferiores àqueles a que se achavam obrigados em razão do cargo.

ARTIGO 97.º – (**Responsabilidade pessoal**)

1 – Os titulares dos órgãos e os agentes das autarquias locais respondem civilmente perante terceiros pela prática de actos ilícitos que ofendam direitos destes ou disposições legais destinadas a proteger os interesses deles, se tiverem excedido os limites das suas funções ou se, no desempenho destas ou por causa delas, tiverem procedido dolosamente.

Lei n.º 169/99, de 18 de Setembro 137

2 – Em caso de procedimento doloso, as autarquias locais são sempre solidariamente responsáveis com os titulares dos seus órgãos ou os seus agentes.

ARTIGO 98.º – **(Formalidades dos requerimentos de convocação de sessões extraordinárias)**
1 – Os requerimentos a que se reportam as alíneas c) do n.º 1 do artigo 14.º e c) do n.º 1 do artigo 50.º são acompanhados de certidões comprovativas da qualidade de cidadão recenseado na área da respectiva autarquia.
2 – As certidões referidas no número anterior são passadas no prazo de oito dias pela comissão recenseadora respectiva e estão isentas de quaisquer taxas, emolumentos e do imposto do selo.
3 – A apresentação do pedido das certidões deve ser acompanhada de uma lista contendo as assinaturas, bem como dos bilhetes de identidade, dos cidadãos que pretendem requerer a convocação da sessão extraordinária.

ARTIGO 99.º – **(Impossibilidade de realização de eleições intercalares)**
1 – Não há lugar à realização de eleições intercalares nos seis meses anteriores ao termo do prazo em que legalmente se devem realizar eleições gerais para os órgãos autárquicos.
2 – Nos casos previstos nos n.os 2 do artigo 29.º e 2 e 3 do artigo 59.º, quando não for possível a realização de eleições intercalares, a assembleia de freguesia ou a assembleia municipal designam uma comissão administrativa para substituição do órgão executivo da freguesia ou do órgão executivo do município, respectivamente.
3 – Tratando-se de freguesia, a comissão administrativa referida é constituída por três membros e a sua composição deve reflectir a do órgão que visa substituir.
4 – Tratando-se de município, aplica-se o disposto no n.º 6 do artigo 59.º.
5 – As comissões administrativas exercem funções até à instalação dos novos órgãos autárquicos constituídos por via eleitoral.

CAPÍTULO VI – Disposições finais e transitórias

ARTIGO 100.º – **(Norma revogatória)**
1 – São revogados o Decreto-Lei n.º 100/84, de 29 de Março, a Lei n.º 23/97, de 2 de Julho, a Lei n.º 17/99, de 25 de Março, e a Lei n.º 96/99, de 17 de Julho.
2 – São igualmente revogados o artigo 8.º do Decreto-Lei n.º 116/84, de 6 de Abril, o artigo 27.º do Decreto-Lei n.º 45248, de 16 de Setembro de 1963, os artigos 1.º a 4.º da Lei n.º 11/96, de 18 de Abril, os artigos 99.º, 102.º e 104.º do Código Administrativo, bem como todas as disposições legislativas contrárias ao disposto na presente lei.
3 – As referências feitas na Lei n.º 11/96, de 18 de Abril, a disposições agora revogadas entendem-se como feitas para as disposições correspondentes desta lei.

ARTIGO 101.º – **(Produção de efeitos)**
O disposto na alínea e) do n.º 4 do artigo 53.º e nas alíneas o) e p) do n.º 1 do artigo 64.º produz efeitos relativamente às atribuições dos subsídios nelas previstos, realizadas no decurso da vigência do Decreto-Lei n.º 100/84, de 29 de Março.

ARTIGO 102.º – **(Entrada em vigor)**
A presente lei entra em vigor 30 dias após a sua publicação.

LEI N.º 172/99

de 21 de Setembro

Estabelece o regime jurídico comum das associações de municípios de direito público

ARTIGO 1.º – (**Conceito**)

A associação de municípios, adiante designada por associação, é uma pessoa colectiva de direito público, criada por dois ou mais municípios, para a realização de interesses específicos comuns.

ARTIGO 2.º – (**Objecto**)

A associação tem por fim a realização de atribuições conferidas por lei aos municípios ou a realização de quaisquer interesses compreendidos nas atribuições destes, salvo a atribuição ou interesse que, pela sua natureza ou por disposição da lei, deva ser directamente prosseguido por estes.

ARTIGO 3.º – (**Constituição**)

1 – A promoção das diligências necessárias à constituição da associação compete às câmaras municipais dos municípios interessados, dependendo a eficácia das suas deliberações de aprovação pelas assembleias municipais respectivas.

2 – A associação constitui-se por escritura pública, nos termos do n.º 1 do artigo 158.º do Código Civil, sendo outorgantes os presidentes das câmaras municipais interessadas.

3 – A constituição da associação é comunicada, pelo município em cuja área a associação esteja sediada, ao Ministério do Equipamento, do Planeamento e da Administração do Território.

ARTIGO 4.º – (**Estatutos**)

1 – A elaboração dos estatutos da associação compete às câmaras municipais dos municípios associados, dependendo a eficácia das suas deliberações de aprovação pelas assembleias municipais respectivas.

2 – Os estatutos devem especificar:

a) A denominação, fim, sede e composição;

b) As competências dos órgãos;

c) Os bens, serviços e demais contributos com que os municípios concorrem para a prossecução das suas atribuições;

d) A sua organização interna;

e) A forma do seu funcionamento;

f) A duração, quando a associação não se constitua por tempo indeterminado.

3 – Os estatutos devem especificar ainda os direitos e obrigações dos municípios associados, as condições da sua saída e exclusão e da admissão de novos municípios, bem como os termos da extinção da associação e consequente divisão do seu património.

140   *I – Organização Administrativa*

4 – Os estatutos podem ser modificados por acordo dos municípios associados, de harmonia com o regime estabelecido no presente diploma para a respectiva aprovação.

5 – Compete à assembleia intermunicipal, por sua iniciativa própria ou sob proposta do conselho de administração, aprovar alterações aos estatutos, desde que haja acordo prévio e expresso dos órgãos dos municípios associados.

ARTIGO 5.º (1) – (**Tutela**)

A associação está sujeita à tutela administrativa legalmente prevista para os municípios.

1 – Ver Lei n.º 27/96, de 1 de Agosto.

ARTIGO 6.º – (**Órgãos da associação**)

São órgãos da associação:

a) A assembleia intermunicipal;

b) O conselho de administração.

ARTIGO 7.º (1) – (**Competência**)

1 – Para a prossecução do objecto da associação os órgãos exercem a competência que lhes for conferida pela lei e pelos estatutos.

2 – Os poderes municipais referentes à organização e gestão dos serviços incluídos no objecto da associação consideram-se delegados, salvo disposição legal ou estatutária em contrário, nos órgãos da associação.

3 – As deliberações dos órgãos da associação estão sujeitas às regras de publicitação das deliberações dos órgãos municipais.

1 – Ver art. 4.º n.º 1, alínea b), da Lei n.º 58/98, de 18 de Agosto (competência para a criação de empresas de âmbito intermunicipal).

ARTIGO 8.º – (**Assembleia intermunicipal**)

1 – A assembleia intermunicipal é o órgão deliberativo da associação e é composta pelos presidentes e pelos vereadores de cada uma das câmaras dos municípios associados, de acordo com o disposto nos números seguintes.

2 – A composição da assembleia intermunicipal varia em função do número de municípios que constituem a associação, de acordo com as seguintes regras:

a) Nas associações constituídas por 10 ou menos municípios, até três membros por município;

b) Nas associações constituídas por mais de 10 municípios, até dois membros por município.

3 – Compete à câmara municipal de cada município associado designar os seus representantes na assembleia intermunicipal.

4 – Os presidentes das câmaras dos municípios associados são obrigatoriamente membros da assembleia intermunicipal, podendo, no entanto, delegar a sua representação em qualquer vereador.

5 – A duração do mandato dos membros da assembleia intermunicipal é de quatro anos, não podendo em qualquer caso exceder a duração do seu mandato na câmara municipal.

ARTIGO 9.º – (**Funcionamento da assembleia intermunicipal**)

1 – Os trabalhos da assembleia intermunicipal são dirigidos por uma mesa, constituída pelo presidente, por um vice-presidente e um secretário, a eleger de entre os seus membros.

2 – A assembleia intermunicipal reúne, nos termos definidos nos estatutos da associação, em plenário e por secções.

Lei n.º 172/99, de 21 de Setembro

ARTIGO 10.º – (**Conselho de administração**)

1 – O conselho de administração é o órgão executivo da associação e é composto por representantes dos municípios associados, eleitos pela assembleia intermunicipal de entre os seus membros, nos termos do número seguinte.

2 – A composição do conselho de administração é de um presidente e vogais, cujo número varia de acordo com as seguintes regras:

a) Nas associações constituídas por cinco ou menos municípios, três membros;

b) Nas associações constituídas por mais de cinco municípios, cinco membros.

3 – O exercício das funções de presidente da mesa da assembleia intermunicipal é incompatível com o desempenho do cargo de presidente do conselho de administração.

4 – Sem prejuízo do disposto nos números seguintes, a duração do mandato dos membros do conselho de administração é de um ano, automaticamente renovável por iguais períodos, se na primeira reunião da assembleia intermunicipal após o seu termo não se deliberar proceder a nova eleição.

5 – No caso de vacatura do cargo por parte de qualquer membro do conselho de administração, a assembleia intermunicipal deve proceder, na primeira reunião que se realize após a verificação da vaga, à eleição de novo membro, cujo mandato terá a duração do período em falta até ao termo do mandato do anterior titular, aplicando-se à sua renovação o disposto no número anterior.

6 – Sempre que se verifiquem eleições para os órgãos representativos de, pelo menos, metade dos municípios associados cessam os mandatos do conselho de administração, devendo a assembleia intermunicipal proceder a nova eleição na primeira reunião que se realize após aquele acto eleitoral.

ARTIGO 11.º (¹) – (**Administrador-delegado**)

1 – O conselho de administração pode nomear um administrador-delegado para a gestão corrente dos assuntos da associação, devendo, neste caso, ficar expressamente determinado na acta quais os poderes que lhe são conferidos.

2 – Mediante proposta do conselho de administração, a assembleia intermunicipal pode fixar a remuneração ou uma gratificação ao administrador-delegado, de acordo com as funções exercidas.

3 – Compete ao administrador-delegado apresentar ao conselho de administração, nos meses de Junho e Dezembro, um relatório sobre o modo como decorreu a gestão dos assuntos a seu cargo.

4 – As funções de administrador-delegado podem ser exercidas, em comissão de serviço, por funcionários do Estado, institutos públicos e das autarquias locais, pelo período de tempo de exercício de funções, determinando a sua cessação o regresso do funcionário ao lugar de origem.

5 – O período de tempo da comissão conta, para todos os efeitos legais, como tempo prestado no lugar de origem do funcionário, designadamente para promoção e progressão na carreira e na categoria em que o funcionário se encontra integrado.

6 – O exercício das funções de administrador-delegado por pessoal não vinculado à Administração Pública não confere ao respectivo titular a qualidade de funcionário ou agente.

7 – O exercício das funções de administrador-delegado é incompatível com o exercício de qualquer cargo político em regime de permanência e cessa por deliberação do conselho de administração.

1 – Redacção do art. 20.º da Lei n.º 30-C/2000, de 29 de Dezembro.

142   *I – Organização Administrativa*

ARTIGO 12.º – (**Assessoria técnica**)

A associação pode recorrer à assessoria técnica dos gabinetes de apoio às autarquias locais que existam na sua área de jurisdição e dispor de serviços de apoio a definir nos seus estatutos.

ARTIGO 13.º – (**Plano de actividades, orçamento e contabilidade**)

1 – O plano de actividades e o orçamento da associação são elaborados pelo conselho de administração e submetidos à aprovação da assembleia intermunicipal no decurso do mês de Novembro.

2 – O plano e o orçamento são remetidos pelo conselho de administração às assembleias dos municípios associados, para seu conhecimento, no prazo de um mês após a sua aprovação.

3 – Do orçamento constam todas as receitas da associação e as respectivas despesas, seja qual for a sua natureza.

4 – As associações adoptam o regime de contabilidade estabelecido para os municípios.

ARTIGO 14.º – (**Receitas**)

1 – Constituem receitas da associação:

a) O produto das contribuições dos municípios;

b) As taxas de utilização de bens e decorrentes da prestação de serviços;

c) O rendimento de bens próprios e o produto da sua alienação ou da constituição de direitos sobre eles;

d) As dotações, subsídios ou comparticipações provenientes da administração central no âmbito ou ao abrigo da Lei das Finanças Locais;

e) O produto de empréstimos contraídos nos termos do artigo 15.º;

f) Quaisquer outros rendimentos permitidos por lei.

2 – As contribuições previstas na alínea a) do número anterior devem ser efectuadas nos prazos determinados pela assembleia intermunicipal, não havendo lugar à sua reversão, mesmo nos casos em que o município não utilize os serviços prestados pela associação.

ARTIGO 15.º – (**Empréstimos**)

1 – A associação pode contrair empréstimos junto de quaisquer instituições autorizadas por lei a conceder crédito, em termos idênticos aos dos municípios.

2 – Os estatutos definem, nos limites da lei, os termos da contratação de empréstimos e as respectivas garantias, que podem ser constituídas pelo património da associação ou por uma parcela das contribuições dos municípios.

3 – A celebração dos contratos referidos no n.º 1 releva para efeitos dos limites à capacidade de endividamento dos municípios associados, de acordo com o critério legalmente definido para estes.

4 – Para os efeitos do disposto no número anterior, compete à assembleia intermunicipal deliberar sobre a forma de imputação dos encargos aos municípios associados, a qual carece do acordo expresso das assembleias municipais respectivas.

5 – A associação pode beneficiar dos sistemas e programas específicos de apoio financeiro aos municípios, legalmente previstos, nomeadamente no quadro da cooperação técnica e financeira entre o Estado e as autarquias locais.

6 – A associação não pode contratar empréstimos a favor de qualquer dos municípios associados.

Lei n.° 172/99, de 21 de Setembro

ARTIGO 16.° (¹) – (**Isenções**)

A associação beneficia das isenções fiscais previstas na lei para as autarquias locais.

1 – Ver art. 33.° n.° 3 da Lei n.° 42/98, de 6 de Agosto.

ARTIGO 17.° – (**Património**)

O património da associação é constituído pelos bens e direitos para ela transferidos no acto da constituição ou posteriormente adquiridos a qualquer título.

ARTIGO 18.° – (**Relatório de actividades, balanço e conta de gerência**)

O relatório de actividades, balanço e conta de gerência são elaborados pelo conselho de administração e submetidos a aprovação da assembleia intermunicipal no decurso do mês de Março, devendo esta sobre eles deliberar no prazo de 30 dias a contar da sua recepção.

ARTIGO 19.° – (**Julgamento de contas**)

1 – Ao Tribunal de Contas compete julgar as contas da associação.

2 – Para os efeitos do disposto no número anterior, o conselho de administração deve enviar as contas respeitantes ao ano anterior nos prazos estabelecidos para as autarquias locais.

ARTIGO 20.° – (**Pessoal**)

1 – A associação pode dispor de quadro de pessoal próprio.

2 – A associação pode também recorrer à requisição ou destacamento de pessoal dos municípios associados, sem que daí resulte a abertura de vagas no quadro de origem.

3 – A associação pode ainda promover a contratação individual de pessoal técnico e de gestão.

4 – Ao pessoal da associação referido nos n.ºˢ 1 e 2 aplicar-se-á a legislação relativa aos trabalhadores da administração local.

5 – Em todos os casos em que a associação opte pela constituição de quadro próprio, deverá obrigatoriamente resolver todas as situações do pessoal do quadro antes da deliberação de dissolução da associação.

ARTIGO 21.° – (**Encargos com pessoal**)

1 – As despesas efectuadas com pessoal do quadro próprio e outro relevam para efeitos do limite estabelecido na lei para as despesas com pessoal do quadro dos municípios associados.

2 – Para efeitos do disposto no número anterior, compete à assembleia intermunicipal deliberar sobre a forma de imputação das despesas aos municípios associados, a qual carece de acordo das assembleias municipais dos municípios em causa.

ARTIGO 22.° – (**Recurso contencioso**)

As deliberações e decisões dos órgãos da associação são contenciosamente impugnáveis nos mesmos termos das deliberações dos órgãos municipais.

ARTIGO 23.° – (**Extinção da associação**)

1 – A extinção da associação é comunicada, pelo município em cuja área esteve sediada, ao Ministério do Equipamento, do Planeamento e da Administração do Território.

2 – A associação extingue-se por deliberação das assembleias municipais dos municípios associados, observando-se o número mínimo de municípios exigido no artigo 1.° para a sua manutenção, bem como, no caso de ter sido constituída temporariamente, pelo decurso do prazo.

144   *I – Organização Administrativa*

3 – Se os estatutos não dispuserem de forma diferente, o património existente é repartido, sem prejuízo dos direitos de terceiros, entre os municípios na proporção da respectiva contribuição para as despesas da associação.

4 – A distribuição do pessoal integrado no quadro pelos municípios deve ter em conta os interesses das partes, sem prejuízo de se assegurar, em todos os casos, a conveniência da Administração.

5 – Para os efeitos do disposto no número anterior, os funcionários devem indicar, por ordem decrescente, os municípios em cujo quadro de pessoal preferem ser integrados, procedendo-se à respectiva ordenação em cada carreira ou categoria de acordo com a antiguidade na categoria, na carreira e na função pública.

6 – Na falta de acordo, nos termos dos números anteriores, e sem prejuízo do necessário acordo dos municípios associados respectivos, o pessoal é repartido entre os municípios, na proporção da sua contribuição total e geral para as despesas da associação, através de lista nominativa aprovada pelo conselho de administração.

7 – São criados, nos quadros de pessoal dos municípios associados, os lugares necessários à integração do pessoal da associação extinta, a extinguir quando vagarem.

ARTIGO 24.° – (**Norma transitória**)

Os estatutos das associações existentes à data da entrada em vigor da presente lei devem ser modificados em tudo o que for contrário ao que na mesma se dispõe, no prazo de um ano a contar da data da sua publicação.

ARTIGO 25.° (¹) – (**Norma revogatória**)

É revogado o Decreto-Lei n.° 412/89, de 29 de Novembro, considerando-se reportadas para o presente diploma todas as remissões que, no Decreto-Lei n.° 99/84, de 29 de Março, são efectuadas para anterior legislação sobre a matéria.

1 – O DL n.° 99/84, de 29 de Março, já havia sido revogado pelo art. 7.° da Lei n.° 54/98, de 18 de Agosto (associações representativas dos municípios e das freguesias).

LEI N.° 175/99

de 21 de Setembro

Estabelece o regime jurídico comum das associações de freguesias de direito público

ARTIGO 1.° – **(Conceito)**

A associação de freguesias é uma pessoa colectiva de direito público, criada por duas ou mais freguesias geograficamente contíguas ou inseridas no território do mesmo município para a realização de interesses comuns e específicos.

ARTIGO 2.° – **(Objecto)**

A associação de freguesias tem por fim a realização de quaisquer interesses no âmbito das atribuições e competências próprias das freguesias associadas, salvo as que, pela sua natureza ou por disposição da lei, devam ser realizadas directamente pelas freguesias.

ARTIGO 3.° – **(Incumbências)**

1 – Podem constituir incumbências da associação de freguesias, designadamente, as seguintes:

a) Participação na articulação, coordenação e execução do planeamento e de acções que tenham âmbito interfreguesias;

b) Gestão de equipamentos de utilização colectiva comuns a duas ou mais freguesias associadas;

c) Organização e manutenção em funcionamento dos serviços próprios.

2 – A associação de freguesias, no desenvolvimento do seu objecto, pode participar em empresas de capitais públicos de âmbito municipal que abranjam a área geográfica de pelo menos uma das freguesias associadas.

ARTIGO 4.° – **(Delegação de competências)**

1 – Os órgãos da associação de freguesias, constituída exclusivamente por freguesias inseridas no território do mesmo município, podem praticar actos por delegação de competências da respectiva câmara municipal.

2 – No caso de delegação de competências, devem ser celebrados protocolos donde constem as matérias delegadas, os direitos e obrigações das partes, os meios financeiros, o apoio técnico e o apoio em recursos humanos.

ARTIGO 5.° – **(Constituição)**

1 – Compete às juntas das freguesias interessadas a promoção das diligências necessárias à constituição da associação, bem como deliberar sobre a participação da freguesia e a aprovação dos estatutos.

146   *I – Organização Administrativa*

2 – A eficácia das deliberações referidas no número anterior depende de aprovação das respectivas assembleias de freguesia.

3 – A associação é constituída através de escritura pública, nos termos do n.° 1 do artigo 158.° do Código Civil, sendo outorgantes os presidentes das juntas de freguesia das freguesias integrantes.

4 – A constituição e extinção da associação, os estatutos e as respectivas modificações são comunicados ao Ministério do Equipamento, do Planeamento e da Administração do Território, para efeitos de registo, pela freguesia em cuja área a associação de freguesias esteja sediada.

ARTIGO 6.° – **(Estatutos)**

1 – Os estatutos da associação devem conter indicação:

a) Da denominação, sede, objecto e composição;

b) Da duração da associação, caso não seja constituída por tempo indeterminado;

c) Da contribuição de cada freguesia para as despesas comuns necessárias à realização do objecto;

d) Do número de representantes de cada freguesia associada;

e) Dos seus órgãos e respectivas competências;

f) Das demais disposições necessárias ao seu bom funcionamento.

2 – Os estatutos devem ainda fixar as condições de ingresso de novos associados e as condições de abandono das freguesias associadas.

3 – Os estatutos podem ser modificados por acordo das freguesias associadas, de harmonia com o regime estabelecido na presente lei para a respectiva aprovação.

4 – Os estatutos devem conferir aos órgãos da associação todos os poderes necessários à realização do respectivo objecto, com excepção dos que, pela sua própria natureza ou disposição da lei, devam ser exercidos directamente pelos órgãos das freguesias associadas.

ARTIGO 7.° – **(Órgãos da associação)**

São órgãos da associação:

a) A assembleia interfreguesias;

b) O conselho de administração.

ARTIGO 8.° – **(Composição e funcionamento da assembleia interfreguesias)**

1 – A assembleia interfreguesias é o órgão deliberativo da associação e é constituída pelos presidentes ou seus substitutos e por um dos vogais de cada uma das juntas das freguesias associadas, por elas designados.

2 – Nos casos de associações de apenas duas freguesias, serão dois os vogais a designar pelas respectivas juntas de freguesia, para os efeitos do número anterior.

3 – Os membros da assembleia interfreguesias eleitos para o conselho de administração são substituídos, durante o período de tempo em que exercerem funções no referido conselho, salvo se o número de membros das respectivas juntas de freguesia não for suficiente para o efeito.

4 – A duração do mandato da assembleia interfreguesias e a dos respectivos membros é igual à do mandato para os órgãos das freguesias, excepto se alguns daqueles deixarem de pertencer ao órgão da freguesia que representam, ou suspenderem o mandato, casos em que, consoante a situação, serão substituídos definitivamente ou durante o período de suspensão, salvo, neste último caso, deliberação da junta de freguesia respectiva em sentido diferente.

5 – As reuniões da assembleia interfreguesias são dirigidas por uma mesa constituída por um presidente e dois secretários, a eleger de entre os seus membros.

Lei n.° 175/99, de 21 de Setembro 147

6 – A assembleia reúne em plenário ou por secções, nos termos e nos prazos estipulados na lei e nos estatutos.

7 – No início de cada mandato autárquico decorrente de eleições gerais nacionais para os órgãos das autarquias locais é constituída nova assembleia interfreguesias.

ARTIGO 9.° – (**Competências da assembleia interfreguesias**)

Compete à assembleia interfreguesias:

a) Eleger o presidente e os secretários da mesa;

b) Eleger os membros do conselho de administração e designar o seu presidente e vice-presidente;

c) Aprovar as opções do plano e o orçamento, bem como apreciar os documentos de prestação de contas e o relatório de actividades;

d) Aprovar as opções do plano e o orçamento, bem como as contas e o relatório de actividades;

e) Aprovar alterações aos estatutos, por sua iniciativa ou sob proposta do conselho de administração, desde que haja acordo prévio e expresso das freguesias associadas;

f) Aceitar a delegação de competências por parte das câmaras municipais dos municípios em que se insere alguma das freguesias associadas;

g) Fixar uma remuneração ou uma gratificação a atribuir ao delegado executivo, mediante proposta do conselho de administração;

h) Exercer as demais competências previstas na lei ou nos estatutos.

ARTIGO 10.° – (**Composição e funcionamento do conselho de administração**)

1 – O conselho de administração é o órgão executivo da associação e é composto por três a cinco membros, eleitos pela assembleia interfreguesias de entre os seus membros.

2 – A assembleia interfreguesias designa, de entre os membros do conselho de administração, o presidente e um vice-presidente, o qual substituirá o primeiro nas suas faltas e impedimentos.

3 – A duração do mandato do conselho de administração é de um ano, automaticamente renovável, se na primeira reunião da assembleia interfreguesias posterior ao seu termo não se proceder à eleição de novo conselho de administração.

4 – No caso de vacatura do cargo por parte de qualquer membro do conselho de administração, deve o novo membro ser eleito na primeira reunião da assembleia interfreguesias que se realizar após a verificação da vaga, para completar o mandato do anterior titular.

5 – O conselho de administração reúne nos termos e nos prazos estipulados na lei e nos estatutos.

6 – No início de cada mandato autárquico decorrente de eleições gerais nacionais para os órgãos das autarquias locais é obrigatoriamente eleito novo conselho de administração.

7 – Os membros do conselho de administração cessam funções se suspenderem o mandato ou se, por qualquer motivo, deixarem de fazer parte do órgão da autarquia que representam, sendo substituídos nos termos do disposto no n.° 4.

ARTIGO 11.° – (**Competências do conselho de administração**)

1 – Compete ao conselho de administração:

a) Assegurar o cumprimento das deliberações da assembleia interfreguesias;

b) Elaborar as opções do plano e o projecto de orçamento;

c) Elaborar e aprovar os documentos de prestação de contas e o relatório de actividades e submetê-los à apreciação da assembleia interfreguesias;

148   *I – Organização Administrativa*

d) Propor à assembleia interfreguesias alterações aos estatutos;

e) Nomear um delegado executivo e fixar os poderes que lhe são conferidos;

f) Propor à assembleia interfreguesias a remuneração ou a gratificação a atribuir ao delegado executivo, consoante o desempenho das funções seja a tempo inteiro ou a tempo parcial;

g) Superintender na gestão do pessoal ao serviço da associação;

h) Exercer as demais competências previstas na lei ou nos estatutos.

2 – Os poderes da junta de freguesia referentes à organização e gestão dos serviços incluídos no objecto da associação consideram-se transferidos para o conselho de administração.

ARTIGO 12.° – (Continuidade do mandato)

A assembleia interfreguesias e o conselho de administração mantêm-se em actividade de gestão corrente depois de terminado o respectivo mandato, até serem substituídos.

ARTIGO 13.° – (Publicitação)

As deliberações dos órgãos da associação estão sujeitas às regras de publicitação das deliberações dos órgãos da freguesia.

ARTIGO 14.° – (Delegado executivo)

1 – O conselho de administração pode nomear um delegado executivo, a quem cabe coordenar e assegurar a gestão corrente dos assuntos da associação, devendo, neste caso, constar da acta os poderes que lhe são conferidos.

2 – Mediante proposta do conselho de administração, a assembleia interfreguesias pode fixar a remuneração ou uma gratificação ao delegado executivo, de acordo com as funções exercidas.

3 – A remuneração referida no número anterior não pode exceder a remuneração estabelecida no regime de permanência dos eleitos locais para o presidente da maior junta de freguesia associada.

4 – Compete ao delegado executivo apresentar ao conselho de administração, nos meses de Junho e Dezembro, um relatório sobre o modo como decorreu a gestão dos assuntos a seu cargo.

5 – O exercício das funções de delegado executivo não confere ao respectivo titular a qualidade de funcionário ou agente e é incompatível com o exercício de qualquer cargo político em regime de permanência ou em qualquer órgão autárquico das freguesias associadas.

6 – As funções de delegado executivo cessam a qualquer momento por deliberação do conselho de administração.

ARTIGO 15.° – (Assessoria técnica)

A associação de freguesias pode recorrer à assessoria técnica das comissões de coordenação regional (CCR) da área em que se situa a respectiva sede da associação.

ARTIGO 16.° (¹) – (Tutela)

A associação de freguesias está sujeita à tutela administrativa, nos mesmos termos que as autarquias locais.

1 – Ver Lei 27/96, de 1 de Agosto.

ARTIGO 17.° – (Impugnação contenciosa)

As deliberações proferidas pelos órgãos da associação são contenciosamente impugnáveis nos mesmos termos das deliberações dos órgãos das freguesias.

Lei n.° 175/99, de 21 de Setembro 149

ARTIGO 18.° – **(Património)**
O património da associação é constituído pelos bens e direitos para ela transferidos no acto da constituição ou por ela posteriormente adquiridos a qualquer título.

ARTIGO 19.° ([1]) – **(Isenções)**
A associação beneficiará de isenção de pagamento de todos os impostos, taxas, emolumentos e encargos de mais-valias previstos na lei para as autarquias locais.
1 – Ver art. 33.° n.° 3 da Lei n.° 42/98, de 6 de Agosto.

ARTIGO 20.° – **(Receitas)**
1 – Constituem receitas da associação:
a) O produto da contribuição de cada freguesia;
b) As taxas e o rendimento proveniente da utilização de bens e da prestação de serviços, inseridos no âmbito do respectivo objecto;
c) O produto de coimas fixadas por lei ou regulamento que caibam à associação;
d) O rendimento de bens próprios e o produto da sua alienação ou da constituição de direitos sobre eles;
e) As dotações, subsídios ou comparticipações provenientes dos municípios ou da administração central;
f) O produto de empréstimos;
g) Quaisquer outras receitas prescritas por lei.
2 – A contribuição estabelecida para cada freguesia para constituição ou funcionamento da associação deve ser entregue atempadamente, nos termos estatutários, não havendo lugar à sua reversão, mesmo quando a freguesia não utilize os serviços prestados pela associação.

ARTIGO 21.° – **(Empréstimos)**
1 – A associação de freguesias pode contrair empréstimos a curto prazo, junto de quaisquer instituições autorizadas por lei a conceder crédito, nos mesmos termos que as freguesias.
2 – Os estatutos definem, nos limites da lei, os termos da contratação de empréstimos e as respectivas garantias, que podem ser constituídas pelo património próprio da associação, por uma parcela das receitas de cada freguesia ou, ainda, por uma parcela da contribuição das mesmas para a associação.
3 – O capital em dívida dos empréstimos referidos no n.° 1 do presente artigo releva para efeito dos limites à capacidade de endividamento das freguesias associadas, de acordo com o critério legalmente definido para estas.
4 – Para efeitos do disposto no número anterior, compete à assembleia interfreguesias deliberar sobre a forma de imputação do capital em dívida às freguesias associadas, a qual carece do acordo expresso das assembleias de freguesia das freguesias em causa.

ARTIGO 22.° – **(Cooperação técnica e financeira)**
A associação de freguesias pode beneficiar dos sistemas e programas específicos de apoio financeiro previstos na lei, nomeadamente no quadro da cooperação técnica e financeira entre o Estado e as freguesias.

ARTIGO 23.° – **(Opções do plano, orçamento e contabilidade)**
1 – As opções do plano e o orçamento da associação são elaborados pelo conselho de administração e submetidos, para efeitos de aprovação, à assembleia interfreguesias no decurso do

150 I – Organização Administrativa

mês de Outubro, sendo posteriormente remetidos pelo primeiro às assembleias das freguesias associadas, para conhecimento, no prazo de um mês após a citada aprovação.

2 – Do orçamento constam todas as receitas da associação e as respectivas despesas, seja qual for a sua natureza.

3 – A associação adopta o regime de contabilidade estabelecido para as autarquias locais.

ARTIGO 24.º – (**Julgamento de contas**)

1 – As contas da associação estão sujeitas a apreciação e julgamento pelo Tribunal de Contas, nos termos da respectiva lei de organização e processo, aplicáveis às freguesias.

2 – Para efeitos do disposto no número anterior, as contas devem ser enviadas pelo conselho de administração ao Tribunal de Contas, dentro dos prazos estabelecidos para as freguesias.

3 – As contas devem, igualmente, ser enviadas pelo conselho de administração às assembleias das freguesias associadas, para conhecimento, no prazo de um mês após o acto de apreciação pela assembleia interfreguesias.

ARTIGO 25.º – (**Pessoal**)

1 – O pessoal necessário ao funcionamento da associação é requisitado ou destacado, preferencialmente das freguesias associadas, não ficando sujeito aos limites de duração legalmente previstos.

2 – O mapa de pessoal próprio da associação, integrado exclusivamente pelo pessoal referido no número anterior, é aprovado pela assembleia interfreguesias, mediante proposta do conselho de administração.

3 – O preenchimento do mapa referido no número anterior pode ser efectuado por fases, mas sempre com recurso à utilização dos instrumentos de mobilidade a que se refere o n.º 1.

4 – Só podem ser desempenhadas por pessoal em regime de contrato a termo certo as funções que não correspondam a necessidades permanentes da associação.

5 – O regime jurídico do pessoal próprio da associação é o mesmo que o previsto na lei para o pessoal da administração local, regime esse também aplicável ao pessoal recrutado temporariamente em tudo o que não for incompatível com a natureza do seu contrato a termo certo.

ARTIGO 26.º – (**Extinção da associação**)

1 – A associação extingue-se pelo decurso do prazo, se não tiver sido constituída por tempo indeterminado, quando o seu fim se tenha esgotado, ou por deliberação de todas as assembleias das freguesias associadas.

2 – Se os estatutos não dispuserem diversamente, o património da associação, no caso de extinção, é repartido entre as freguesias associadas na proporção da respectiva contribuição para as despesas da associação, ressalvados os direitos de terceiros.

LEI ORGÂNICA N.º 4/2000

de 24 de Agosto

Aprova o regime jurídico do referendo local

TÍTULO I – Âmbito e objecto do referendo

ARTIGO 1.º – (**Objecto**)

A presente lei orgânica rege os casos e os termos da realização do referendo de âmbito local previsto no artigo 240.º da Constituição.

ARTIGO 2.º – (**Âmbito do referendo local**)

1 – O referendo local pode verificar-se em qualquer autarquia local, à excepção das freguesias em que a assembleia seja substituída pelo plenário dos cidadãos eleitores.

2 – No referendo local são chamados a pronunciar-se os cidadãos eleitores recenseados na área territorial correspondente à autarquia local onde se verifique a iniciativa.

ARTIGO 3.º – (**Matérias do referendo local**)

1 – O referendo local só pode ter por objecto questões de relevante interesse local que devam ser decididas pelos órgãos autárquicos municipais ou de freguesia e que se integrem nas suas competências, quer exclusivas quer partilhadas com o Estado ou com as Regiões Autónomas.

2 – A determinação das matérias a submeter a referendo local obedece aos princípios da unidade e subsidiariedade do Estado, da descentralização, da autonomia local e da solidariedade interlocal.

ARTIGO 4.º – (**Matérias excluídas do referendo local**)

1 – São expressamente excluídas do âmbito do referendo local:

a) As matérias integradas na esfera de competência legislativa reservada aos órgãos de soberania;

b) As matérias reguladas por acto legislativo ou por acto regulamentar estadual que vincule as autarquias locais;

c) As opções do plano e o relatório de actividades;

d) As questões e os actos de conteúdo orçamental, tributário ou financeiro;

e) As matérias que tenham sido objecto de decisão irrevogável, designadamente actos constitutivos de direitos ou de interesses legalmente protegidos, excepto na parte em que sejam desfavoráveis aos seus destinatários;

f) As matérias que tenham sido objecto de decisão judicial com trânsito em julgado.

2 – São também excluídas as matérias que tenham sido objecto de celebração de contrato-programa.

I – Organização Administrativa

ARTIGO 5.º – (**Actos em procedimento de decisão**)

1 – Os actos em procedimento de decisão, ainda não definitivamente aprovados, podem constituir objecto de referendo local.

2 – No caso previsto no número anterior, o procedimento suspende-se até à decisão do Tribunal Constitucional sobre a verificação da constitucionalidade ou legalidade do referendo local, ou, no caso de efectiva realização do referendo, até à publicação do mapa dos resultados do referendo, nos termos do n.º 3 do artigo 147.º.

ARTIGO 6.º – (**Cumulação de referendos**)

1 – Cada referendo tem como objecto uma só matéria.

2 – É admissível a cumulação numa mesma data de vários referendos dentro da mesma autarquia, desde que formal e substancialmente autonomizados entre si.

3 – Não podem cumular-se referendos locais entre si, se incidentes sobre a mesma matéria, nem referendos locais com o referendo regional autonómico ou nacional.

ARTIGO 7.º – (**Número e formulação das perguntas**)

1 – Nenhum referendo pode comportar mais de três perguntas.

2 – As perguntas são formuladas com objectividade, clareza e precisão e para respostas de sim ou não, sem sugerirem directa ou indirectamente o sentido das respostas.

3 – As perguntas não podem ser precedidas de quaisquer considerandos, preâmbulos ou notas explicativas.

ARTIGO 8.º – (**Limites temporais**)

Não pode ser praticado nenhum acto relativo à convocação ou à realização de referendo entre a data de convocação e a de realização de eleições gerais para os órgãos de soberania, eleições do governo próprio das Regiões Autónomas e do poder local, dos deputados ao Parlamento Europeu, bem como de referendo regional autonómico ou nacional.

ARTIGO 9.º – (**Limites circunstanciais**)

1 – Não pode ser praticado nenhum acto relativo à convocação ou realização de referendo na vigência do estado de sítio ou de emergência, antes de constituídos ou depois de dissolvidos os órgãos autárquicos eleitos.

2 – A nomeação de uma comissão administrativa suspende o processo de realização do referendo.

TÍTULO II – Convocação do referendo

CAPÍTULO I – Iniciativa

ARTIGO 10.º – (**Poder de iniciativa**)

1 – A iniciativa para o referendo local cabe aos deputados, às assembleias municipais ou de freguesia, à câmara municipal e à junta de freguesia, consoante se trate de referendo municipal ou de freguesia.

2 – A iniciativa cabe ainda, nos termos da presente lei, a grupos de cidadãos recenseados na respectiva área.

Lei Orgânica n.º 4/2000, de 24 de Agosto

SECÇÃO I – Iniciativa representativa

ARTIGO 11.º – (Forma)

Quando exercida por deputados, a iniciativa toma a forma de projecto de deliberação e, quando exercida pelo órgão executivo, a de proposta de deliberação.

ARTIGO 12.º – (Renovação da iniciativa)

Sem prejuízo do disposto no artigo 20.º, as iniciativas de referendo definitivamente rejeitadas não podem ser renovadas no decurso do mesmo mandato do órgão representativo.

SECÇÃO II – Iniciativa popular

ARTIGO 13.º – (Titularidade)

1 – A iniciativa a que se refere o n.º 2 do artigo 10.º é proposta à assembleia deliberativa por um mínimo de 5000 ou 8% dos cidadãos eleitores recenseados na respectiva área, consoante o que for menor.

2 – Nos municípios e freguesias com menos de 3750 cidadãos recenseados, a iniciativa em causa tem de ser proposta por, pelo menos, 300 ou por 20% do número daqueles cidadãos, consoante o que for menor.

3 – A iniciativa proposta não pode ser subscrita por um número de cidadãos que exceda em 50% o respectivo limite mínimo exigido.

ARTIGO 14.º – (Liberdades e garantias)

1 – Nenhuma entidade pública ou privada pode proibir, impedir ou dificultar o exercício do direito de iniciativa, designadamente no que concerne à instrução dos elementos necessários à sua formalização.

2 – Ninguém pode ser prejudicado, privilegiado ou privado de qualquer direito em virtude do exercício da iniciativa para o referendo.

ARTIGO 15.º – (Forma)

1 – A iniciativa popular deve ser reduzida a escrito, incluindo a pergunta ou perguntas a submeter a referendo, e conter em relação a todos os promotores os seguintes elementos:
Nome;
Número de bilhete de identidade;
Assinatura conforme ao bilhete de identidade.

2 – As assembleias podem solicitar aos serviços competentes da Administração Pública a verificação administrativa, por amostragem, da autenticidade das assinaturas e da identificação dos subscritores da iniciativa.

3 – A iniciativa popular preclude a iniciativa superveniente, sobre a mesma questão, quer por parte de deputados à assembleia quer por parte do órgão executivo.

ARTIGO 16.º – (Representação)

1 – A iniciativa popular deve mencionar, na parte inicial, a identificação dos mandatários designados pelos cidadãos subscritores, em número não inferior a 15.

2 – Os mandatários referidos no número anterior designam entre si uma comissão executiva e o respectivo presidente, para os efeitos de responsabilidade e representação previstos na lei.

I – Organização Administrativa

ARTIGO 17.º – (**Tramitação**)

1 – A iniciativa popular é, conforme os casos, endereçada ao presidente da assembleia municipal ou da assembleia de freguesia, que a indefere liminarmente sempre que, de forma manifesta, os requisitos legais se não mostrem preenchidos.

2 – Uma vez admitida, o presidente diligencia no sentido da convocação da assembleia, em ordem a permitir a criação de comissão especificamente constituída para o efeito.

3 – A comissão procede no prazo de 15 dias à apreciação da iniciativa.

4 – A comissão ouve a comissão executiva prevista no n.º 2 do artigo 16.º, ou quem em sua substituição for designado e haja expressamente aceite esse encargo, para os esclarecimentos julgados necessários.

5 – A comissão pode também convidar ao aperfeiçoamento do texto apresentado, quer em ordem à sanação de eventuais vícios, quer visando a melhoria da redacção das questões apresentadas.

6 – Concluído o exame, a iniciativa, acompanhada de relatório fundamentado, é enviada ao presidente da assembleia para agendamento.

ARTIGO 18.º – (**Efeitos**)

Da apreciação da iniciativa pela assembleia municipal ou de freguesia pode resultar:

a) Arquivamento, nos casos de falta de comparência injustificada do representante designado nos termos dos n.ºs 4 e 5 do artigo anterior ou de vício não sanado;

b) Conversão da iniciativa popular em deliberação;

c) Rejeição da iniciativa popular.

ARTIGO 19.º – (**Publicação**)

A iniciativa popular que não for objecto de indeferimento liminar será publicada em edital a afixar nos locais de estilo da autarquia a que diga respeito e, nos casos em que este exista, no respectivo boletim.

ARTIGO 20.º – (**Renovação**)

A iniciativa popular rejeitada nos termos da alínea c) do artigo 18.º não pode ser renovada no decurso do mandato do órgão deliberativo.

ARTIGO 21.º – (**Caducidade**)

A iniciativa popular não caduca com o fim do mandato do órgão deliberativo, reiniciando-se novo prazo de apreciação nos termos do artigo 17.º

ARTIGO 22.º – (**Direito de petição**)

O poder de iniciativa conferido nos termos dos números anteriores não prejudica o exercício do direito de petição.

CAPÍTULO II – Deliberação

ARTIGO 23.º – (**Competência**)

A deliberação sobre a realização do referendo compete, consoante o seu âmbito, à assembleia municipal ou à assembleia de freguesia.

Lei Orgânica n.º 4/2000, de 24 de Agosto

ARTIGO 24.º – **(Procedimento)**

1 – A deliberação mencionada no artigo anterior é obrigatoriamente tomada, em sessão ordinária ou extraordinária, no prazo de 15 dias após o exercício ou recepção da iniciativa referendária, caso esta tenha origem representativa, ou de 30 dias, caso a origem seja popular.

2 – No caso de a competência relativa à questão submetida a referendo não pertencer à assembleia municipal ou à assembleia de freguesia e a iniciativa não ter partido do órgão autárquico titular da competência, a deliberação sobre a realização do referendo carece de parecer deste último.

3 – O parecer a que se refere o número anterior é solicitado pelo presidente da assembleia municipal ou de freguesia e deve ser emitido no prazo de cinco dias, contados a partir da data de recepção do pedido de parecer.

4 – Os prazos a que se refere o n.º 1 do presente artigo suspendem-se durante o transcurso do prazo a que se refere o número anterior.

5 – A deliberação sobre a realização do referendo é tomada à pluralidade de votos dos membros presentes, tendo o presidente voto de qualidade.

CAPÍTULO III – Fiscalização da constitucionalidade e da legalidade

SECÇÃO I – Sujeição a fiscalização preventiva

ARTIGO 25.º – **(Iniciativa)**

No prazo de oito dias a contar da deliberação de realização do referendo, o presidente do órgão deliberativo submete-a ao Tribunal Constitucional, para efeitos de fiscalização preventiva da constitucionalidade e da legalidade.

ARTIGO 26.º – **(Prazo para pronúncia)**

O Tribunal Constitucional procede à verificação no prazo de 25 dias.

ARTIGO 27.º – **(Efeitos da inconstitucionalidade ou ilegalidade)**

1 – Se o Tribunal verificar a inconstitucionalidade ou a ilegalidade da deliberação de referendo notificará o presidente do órgão que a tiver tomado para que, no prazo de oito dias, esse órgão delibere no sentido da sua reformulação, expurgando-a da inconstitucionalidade ou da ilegalidade.

2 – Reenviada ao Tribunal Constitucional, este procederá, também no prazo de 25 dias, a nova verificação da constitucionalidade e da legalidade da deliberação.

3 – Tratando-se de iniciativa popular, a decisão negativa do Tribunal Constitucional será notificada ao presidente do órgão que deliberou a realização do referendo, que convidará, de imediato, a comissão executiva mencionada no n.º 2 do artigo 16.º a apresentar uma proposta de reformulação da deliberação no prazo de cinco dias.

4 – No caso previsto no número anterior, o prazo a que se refere o n.º 1 conta-se a partir da data da recepção, pelo presidente do órgão que deliberou a realização do referendo, da proposta de reformulação elaborada pela comissão executiva ou, na falta desta, do termo do prazo concedido para a sua emissão.

SECÇÃO II – Processo de fiscalização preventiva

ARTIGO 28.º – (Pedido de verificação da constitucionalidade e da legalidade)

1 – O pedido de verificação da constitucionalidade e da legalidade deve ser acompanhado do texto da deliberação e de cópia da acta da sessão em que tiver sido tomada.

2 – No caso de se tratar de iniciativa popular, o pedido deverá ser complementado com o texto original da mesma.

3 – Autuado pela secretaria e registado no competente livro, o requerimento é imediatamente concluso ao Presidente do Tribunal Constitucional, que decide sobre a sua admissão.

4 – No caso de se verificar qualquer irregularidade processual, incluindo a ilegitimidade do requerente, o Presidente do Tribunal Constitucional notifica o presidente do órgão que tiver tomado a deliberação para, no prazo de oito dias, sanar a irregularidade, após o que o processo volta ao Presidente do Tribunal Constitucional para decidir sobre a admissão do requerimento.

5 – Não é admitido o requerimento:

a) Quando a deliberação de realização da consulta for manifestamente inconstitucional ou ilegal;

b) Cujas irregularidades processuais não tenham sido sanadas nos termos do número anterior.

6 – O incumprimento dos prazos previstos no artigo 25.º e no n.º 4 do presente artigo não prejudica a admissibilidade do requerimento desde que, neste último caso, a sanação das irregularidades processuais seja feita antes da conferência prevista no número seguinte.

7 – Se o Presidente do Tribunal Constitucional entender que o requerimento não deve ser admitido, submete os autos à conferência, mandando simultaneamente entregar cópia do requerimento aos restantes juízes.

8 – O Tribunal Constitucional decide no prazo de oito dias.

9 – O Presidente do Tribunal Constitucional admite o requerimento, usa da faculdade prevista no n.º 4 deste artigo ou submete os autos à conferência no prazo de cinco dias contados da data em que o processo lhe é concluso.

10 – A decisão de admissão do requerimento não preclude a possibilidade de o Tribunal vir, em definitivo, a considerar a consulta inconstitucional ou ilegal.

11 – A decisão da não admissão do requerimento é notificada ao presidente do órgão que deliberou a realização da consulta.

ARTIGO 29.º – (Distribuição)

1 – A distribuição é feita no prazo de um dia, contado da data da admissão do pedido.

2 – O processo é de imediato concluso ao relator a fim de este elaborar, no prazo de cinco dias, um memorando contendo o enunciado das questões sobre as quais o Tribunal Constitucional se deve pronunciar e da solução que para elas propõe, com indicação sumária dos respectivos fundamentos.

3 – Distribuído o processo, são entregues cópias do pedido a todos os juízes, do mesmo modo se procedendo com o memorando logo que recebido pelo secretário.

ARTIGO 30.º – (Formação da decisão)

1 – Com a entrega ao Presidente do Tribunal Constitucional da cópia do memorando é-lhe concluso o respectivo processo para o inscrever na ordem do dia da sessão plenária a realizar no prazo de oito dias a contar da data do recebimento do pedido.

2 – A decisão não deve ser proferida antes de decorridos dois dias sobre a entrega das cópias do memorando a todos os juízes.

Lei Orgânica n.° 4/2000, de 24 de Agosto   157

3 – Concluída a discussão e tomada a decisão pelo Tribunal, é o processo concluso ao relator ou, no caso de este ficar vencido, ao juiz que deva substituí-lo, para a elaboração, no prazo de cinco dias, do acórdão e sua subsequente assinatura.

ARTIGO 31.° – (**Notificação da decisão**)
Proferida a decisão, o Presidente do Tribunal Constitucional manda notificar imediatamente o presidente do órgão autor da deliberação de referendo.

CAPÍTULO IV – Fixação da data da realização do referendo

ARTIGO 32.° – (**Competência para a fixação da data**)
Notificado da decisão do Tribunal Constitucional de verificação da constitucionalidade e legalidade do referendo, o presidente da assembleia municipal ou de freguesia que o tiver deliberado notificará também, no prazo de dois dias, o presidente do órgão executivo da respectiva autarquia para, nos cinco dias subsequentes, marcar a data de realização do referendo.

ARTIGO 33.° – (**Data do referendo**)
1 – O referendo deve realizar-se no prazo mínimo de 40 dias e no prazo máximo de 60 dias a contar da decisão da fixação.
2 – Depois de marcada, a data do referendo não pode ser alterada, salvo o disposto no artigo 9.°.

ARTIGO 34.° – (**Publicidade**)
1 – A publicação da data e do conteúdo do referendo local é feita por editais a afixar nos locais de estilo da área da autarquia a que diga respeito e por anúncio em dois jornais diários.
2 – A publicação do edital é feita no prazo de três dias a contar da data da marcação do referendo.
3 – A data do referendo e as questões formuladas devem ser comunicadas ao Secretariado Técnico dos Assuntos para o Processo Eleitoral e à Comissão Nacional de Eleições no momento em que se verificar a publicação prevista no n.° 1.

TÍTULO III – Realização do referendo

CAPÍTULO I – Direito de participação

ARTIGO 35.° – (**Princípio geral**)
1 – Pronunciam-se directamente através do referendo os cidadãos portugueses recenseados na área correspondente ao município ou à freguesia.
2 – Pronunciam-se, também, em condições de reciprocidade, os cidadãos de estados de língua oficial portuguesa com residência legal em Portugal há mais de dois anos, recenseados na área referida no número anterior.
3 – Participam, ainda, os cidadãos estrangeiros da União Europeia recenseados na área referida no n.° 1, quando de igual direito gozem legalmente os cidadãos portugueses no respectivo Estado de origem do cidadão estrangeiro.

158   *I – Organização Administrativa*

ARTIGO 36.° – (**Incapacidades**)

Não gozam do direito de participação no referendo:

a) Os interditos por sentença com trânsito em julgado;

b) Os notoriamente reconhecidos como dementes, ainda que não interditos por sentença, quando internados em estabelecimento psiquiátrico ou como tal declarados por um médico;

c) Os que estejam privados de direitos políticos por decisão judicial transitada em julgado.

CAPÍTULO II – Campanha para o referendo

SECÇÃO I – Disposições gerais

ARTIGO 37.° – (**Objectivos e iniciativa**)

1 – A campanha para o referendo consiste na justificação e no esclarecimento das questões formuladas e na promoção das correspondentes opções, com respeito pelas regras do Estado de direito democrático.

2 – A campanha é levada a efeito pelos partidos políticos legalmente constituídos, ou por coligações de partidos políticos, que declarem pretender tomar posição sobre as questões submetidas ao eleitorado.

3 – Na campanha poderão igualmente intervir grupos de cidadãos, organizados nos termos da presente lei.

ARTIGO 38.° – (**Partidos e coligações**)

Até ao 15.° dia subsequente ao da convocação do referendo, os partidos legalmente constituídos e as coligações fazem entrega à Comissão Nacional de Eleições da declaração prevista no n.° 2 do artigo anterior.

ARTIGO 39.° – (**Grupos de cidadãos**)

1 – No prazo previsto no artigo anterior podem cidadãos, em número não inferior a 2% ou 4% dos recenseados na área correspondente à autarquia, no caso, respectivamente, de referendo municipal ou de freguesia, constituir-se em grupo, tendo por fim a participação no esclarecimento das questões submetidas a referendo.

2 – Cada cidadão não pode integrar mais de um grupo.

3 – A forma exigida para a sua constituição é idêntica à da iniciativa popular.

4 – O controlo da regularidade do processo e correspondente inscrição é da competência da Comissão Nacional de Eleições, que se pronunciará nos 15 dias subsequentes.

5 – Os grupos de cidadãos far-se-ão representar, para todos os efeitos da presente lei, nos termos previstos no n.° 2 do artigo 16.°.

ARTIGO 40.° – (**Princípio da liberdade**)

1 – Os partidos e os grupos de cidadãos regularmente constituídos desenvolvem livremente a campanha, que é aberta à livre participação de todos.

2 – As actividades de campanha previstas na presente lei não excluem quaisquer outras decorrentes do exercício dos direitos, liberdades e garantias assegurados pela Constituição e pela lei.

Lei Orgânica n.º 4/2000, de 24 de Agosto 159

ARTIGO 41.º – (**Responsabilidade civil**)

1 – Os partidos são civilmente responsáveis, nos termos da lei, pelos prejuízos directamente resultantes de actividades de campanha que hajam promovido.

2 – O mesmo princípio rege, com as necessárias adaptações, os grupos de cidadãos.

ARTIGO 42.º – (**Princípio da igualdade**)

Os partidos e grupos de cidadãos intervenientes têm direito à igualdade de oportunidades e de tratamento, a fim de efectuarem livremente e nas melhores condições as suas actividades de campanha.

ARTIGO 43.º – (**Neutralidade e imparcialidade das entidades públicas**)

1 – Os órgãos do Estado, das Regiões Autónomas e das autarquias locais, das demais pessoas colectivas de direito público, das sociedades de capitais públicos ou de economia mista e das sociedades concessionárias de serviços públicos, de bens do domínio público ou de obras públicas, bem como, nessa qualidade, os respectivos titulares, não podem intervir directa ou indirectamente em campanha para referendo nem praticar actos que de algum modo favoreçam ou prejudiquem uma posição em detrimento ou vantagem de outra ou outras.

2 – Os funcionários e agentes das entidades previstas no número anterior observam, no exercício das suas funções, rigorosa neutralidade perante as diversas posições, bem como perante os diversos partidos e grupos de cidadãos.

3 – É vedada a exibição de símbolos, siglas, autocolantes ou outros elementos de propaganda por funcionários e agentes das entidades referidas no n.º 1 durante o exercício das suas funções.

ARTIGO 44.º – (**Acesso a meios específicos**)

1 – O livre prosseguimento de actividades de campanha implica o acesso a meios específicos.

2 – É gratuita para os partidos e para os grupos de cidadãos intervenientes a utilização, nos termos estabelecidos na presente lei, das publicações informativas, das emissões das estações públicas e privadas de televisão e rádio de âmbito local e dos edifícios ou recintos públicos.

3 – Os partidos e os grupos de cidadãos que não hajam declarado pretender participar no esclarecimento das questões submetidas a referendo não têm o direito de acesso aos meios específicos de campanha.

ARTIGO 45.º – (**Início e termo da campanha**)

O período de campanha inicia-se no 12.º dia anterior e finda às 24 horas da antevéspera do dia do referendo.

SECÇÃO II – **Propaganda**

ARTIGO 46.º – (**Liberdade de imprensa**)

Durante o período de campanha são imediatamente suspensos quaisquer procedimentos ou sanções aplicadas a jornalistas ou a empresas que explorem meios de comunicação social por actos atinentes à mesma campanha, sem prejuízo da responsabilidade em que incorram, a qual só pode ser efectivada após o dia da realização do referendo.

ARTIGO 47.º – (**Liberdades de reunião e de manifestação**)

1 – No período de campanha para os fins a ela atinentes, a liberdade de reunião rege-se pelo disposto na lei, com as especialidades constantes dos números seguintes.

160 I – Organização Administrativa

2 – O aviso a que se refere o n.º 2 do artigo 2.º do Decreto-Lei n.º 406/74, de 29 de Agosto, é feito pelo órgão competente do partido ou partidos políticos interessados quando se trate de reuniões, comícios, manifestações ou desfiles em lugares públicos ou abertos ao público.

3 – Os cortejos e os desfiles podem realizar-se em qualquer dia e hora, respeitando-se apenas os limites impostos pela liberdade de trabalho e de trânsito e pela manutenção da ordem pública, bem como os decorrentes do período de descanso dos cidadãos.

4 – O auto a que alude o n.º 2 do artigo 5.º do Decreto-Lei n.º 406/74, de 29 Agosto, é enviado por cópia ao presidente da Comissão Nacional de Eleições e, consoante os casos, aos órgãos competentes do partido ou partidos políticos interessados.

5 – A ordem de alteração dos trajectos ou desfiles é dada pela autoridade competente, por escrito, ao órgão competente do partido ou partidos políticos interessados e comunicada à Comissão Nacional de Eleições.

6 – A presença de agentes de autoridade em reuniões organizadas por qualquer partido político apenas pode ser solicitada pelos seus órgãos competentes, ficando a entidade organizadora responsável pela manutenção da ordem quando não faça tal solicitação.

7 – O limite a que alude o artigo 11.º do Decreto-Lei n.º 406/74, de 29 de Agosto, é alargado até às duas horas.

8 – O recurso previsto no n.º 1 do artigo 14.º do Decreto-Lei n.º 406/74, de 29 de Agosto, é interposto no prazo de um dia para o Tribunal Constitucional.

9 – Os princípios contidos no presente artigo são aplicáveis, com as devidas adaptações, aos grupos de cidadãos.

ARTIGO 48.º – (**Propaganda sonora**)

1 – A propaganda sonora não carece de autorização nem de comunicação às autoridades administrativas.

2 – Sem prejuízo do disposto no n.º 7 do artigo anterior, não é admitida propaganda sonora antes das 8 e depois das 23 horas.

ARTIGO 49.º – (**Propaganda gráfica**)

1 – A afixação de cartazes não carece de autorização nem de comunicação às autoridades administrativas.

2 – Não é admitida a afixação de cartazes nem a realização de inscrições ou pinturas murais em monumentos nacionais, em templos e edifícios religiosos, em edifícios sede de órgãos do Estado, das Regiões Autónomas e das autarquias locais, ou onde vão funcionar assembleias de voto, nos sinais de trânsito ou nas placas de sinalização rodoviária ou ferroviária e no interior de repartições ou edifícios públicos, salvo, quanto a estes, em instalações destinadas ao convívio dos funcionários e agentes.

3 – É proibida a afixação de cartazes nos centros históricos legalmente reconhecidos.

4 – Também não é admitida em caso algum a afixação de cartazes ou inscrições com colas ou tintas persistentes.

ARTIGO 50.º – (**Propaganda gráfica adicional**)

1 – As juntas de freguesia estabelecem, até três dias antes do início da campanha, espaços especiais em locais certos destinados à afixação de cartazes, fotografias, jornais murais, manifestos e avisos.

2 – O número mínimo desses locais é determinado em função dos eleitores inscritos, nos termos seguintes:

a) Até 250 eleitores – um;

Lei Orgânica n.° 4/2000, de 24 de Agosto 161

b) Entre 250 e 1000 eleitores – dois;

c) Entre 1000 e 2500 eleitores – três;

d) Acima de 2500 eleitores, por cada fracção de 2500 eleitores a mais – um.

3 – Os espaços especiais reservados nos locais previstos nos números anteriores são tantos quantos os partidos intervenientes e grupos de cidadãos regularmente constituídos.

ARTIGO 51.° – **(Publicidade comercial)**

A partir da data da publicação da convocação do referendo é proibida a propaganda política feita, directa ou indirectamente, através de qualquer meio de publicidade comercial em órgãos de comunicação social ou fora deles.

SECÇÃO III – Meios específicos de campanha

SUBSECÇÃO I – Publicações periódicas

ARTIGO 52.° – **(Publicações informativas públicas)**

As publicações informativas de carácter jornalístico pertencentes a entidades públicas ou delas dependentes inserem sempre matéria respeitante à campanha para referendo e asseguram igualdade de tratamento aos partidos e grupos de cidadãos intervenientes.

ARTIGO 53.° – **(Publicações informativas privadas e cooperativas)**

1 – As publicações informativas pertencentes a entidades privadas ou cooperativas que pretendam inserir matéria respeitante à campanha para referendo comunicam esse facto à Comissão Nacional de Eleições até três dias antes do início da campanha e ficam obrigadas a assegurar tratamento jornalístico igualitário aos partidos e grupos de cidadãos intervenientes.

2 – As publicações que não procedam a essa comunicação não são obrigadas a inserir matéria respeitante à campanha, salvo a que lhes seja enviada pela Comissão Nacional de Eleições, não tendo igualmente direito à indemnização prevista no artigo 165.°.

ARTIGO 54.° – **(Publicações doutrinárias)**

O preceituado no n.° 1 do artigo anterior não é aplicável às publicações doutrinárias que sejam propriedade de partido político, grupo de cidadãos ou associação política interveniente, desde que tal facto conste expressamente do respectivo cabeçalho.

SUBSECÇÃO II – Outros meios específicos de campanha

ARTIGO 55.° – **(Lugares e edifícios públicos)**

1 – A utilização dos lugares públicos a que se refere o artigo 9.° do Decreto-Lei n.° 406/74, de 29 de Agosto, é repartida, precedendo consulta dos interessados e por forma a assegurar igualdade de tratamento.

2 – Os órgãos executivos autárquicos da área onde se realiza o referendo devem assegurar a cedência do uso, para fins de campanha, de edifícios públicos e recintos pertencentes a outras pessoas colectivas de direito público, repartindo, de acordo com os mesmos critérios, a sua utilização pelos partidos e grupos de cidadãos intervenientes.

I – Organização Administrativa

ARTIGO 56.º – (**Salas de espectáculos**)

1 – Os proprietários de salas de espectáculos ou de outros recintos de normal acesso público que reúnam condições para serem utilizados em campanha para referendo declaram esse facto ao órgão executivo da autarquia local em questão até 20 dias antes do início da campanha, indicando as datas e horas em que as salas ou os recintos podem ser utilizados para aquele fim.

2 – Na falta de declaração, e em caso de comprovada carência, esse órgão autárquico pode requisitar as salas e os recintos que considere necessários à campanha, sem prejuízo da sua actividade normal ou já programada para os mesmos.

3 – O tempo destinado a propaganda, nos termos dos n.ºs 1 e 2, é repartido pelos partidos e grupos de cidadãos intervenientes que declarem, até 15 dias antes do início da campanha, nisso estar interessados, por forma a assegurar igualdade de tratamento.

4 – Até 10 dias antes do início da campanha, o executivo local, ouvidos os representantes dos partidos políticos e grupos de cidadãos intervenientes, indica os dias e as horas que lhes tiverem sido atribuídos, com respeito pelo princípio da igualdade.

ARTIGO 57.º – (**Custos da utilização das salas de espectáculos**)

1 – Os proprietários das salas de espectáculos, ou os que as explorem, indicam o preço a cobrar pela sua utilização, que não pode ser superior à receita líquida correspondente a metade da lotação da respectiva sala num espectáculo normal.

2 – O preço referido no número anterior e as demais condições de utilização são uniformes para todos os partidos e grupos de cidadãos intervenientes.

ARTIGO 58.º – (**Repartição da utilização**)

1 – A repartição da utilização de lugares e edifícios públicos, de salas de espectáculos e de outros recintos de normal acesso público é feita pela câmara municipal ou pela junta de freguesia em questão, mediante sorteio, quando se verifique concorrência e não seja possível acordo entre os intervenientes.

2 – Para o sorteio previsto neste artigo são convocados os representantes dos partidos políticos e dos grupos de cidadãos.

3 – Os interessados podem acordar na utilização em comum ou na troca dos locais cujo uso lhes tenha sido atribuído.

ARTIGO 59.º – (**Arrendamento**)

1 – A partir da data da publicação da convocação do referendo até 20 dias após a sua realização, os arrendatários de prédios urbanos podem por qualquer meio, incluindo a sublocação por valor não excedente ao da renda, destiná-los à preparação e à realização da respectiva campanha, seja qual for o fim do arrendamento e independentemente de disposição em contrário do respectivo contrato.

2 – Os arrendatários e os partidos políticos e grupos de cidadãos são solidariamente responsáveis pelos prejuízos causados decorrentes da utilização prevista no número anterior.

ARTIGO 60.º – (**Instalação de telefones**)

1 – Os partidos políticos e os grupos de cidadãos têm direito à instalação gratuita de um telefone por cada freguesia em que realizem actividades de campanha.

2 – A instalação de telefones pode ser requerida a partir da data de convocação do referendo e deve ser efectuada no prazo de cinco dias a contar do requerimento.

SECÇÃO IV – Financiamento da campanha

ARTIGO 61.º – (Receitas da campanha)

1 – A campanha para o referendo só pode ser financiada por:

a) Contribuições dos partidos políticos intervenientes;

b) Contribuições dos grupos de cidadãos intervenientes;

c) Contribuições de eleitores;

d) Produto de actividades de campanha.

2 – O financiamento das campanhas subordina-se, com as necessárias adaptações, aos princípios e regras do financiamento das campanhas eleitorais para as autarquias locais, excepto no que toca às subvenções públicas.

3 – Os grupos de cidadãos eleitores sujeitam-se a regime equivalente ao dos partidos políticos, com as necessárias adaptações.

ARTIGO 62.º – (Despesas da campanha)

1 – Todas as despesas de campanha são discriminadas quanto ao seu destino com a junção de documentos certificativos, quando de valor superior a três salários mínimos mensais nacionais.

2 – O regime das despesas de campanha dos partidos e dos grupos de cidadãos eleitores é, com as necessárias adaptações, o das despesas em campanhas eleitorais para as autarquias locais, incluindo o respeitante aos limites de despesas efectuadas por cada partido ou grupo de cidadãos eleitores.

ARTIGO 63.º – (Responsabilidade pelas contas)

Os partidos políticos e os grupos de cidadãos são responsáveis pela elaboração e apresentação das contas da respectiva campanha.

ARTIGO 64.º – (Prestação e publicação das contas)

No prazo de 90 dias a partir da proclamação oficial dos resultados, cada partido ou grupo de cidadãos presta contas discriminadas da sua campanha à Comissão Nacional de Eleições e publica-as em dois dos jornais mais lidos na autarquia em questão.

ARTIGO 65.º – (Apreciação das contas)

1 – A Comissão Nacional de Eleições aprecia, no prazo de 90 dias, a legalidade das receitas e despesas e a regularidade das contas e publica a sua apreciação no Diário da República.

2 – Se a Comissão Nacional de Eleições verificar qualquer irregularidade nas contas, notifica o partido ou o grupo de cidadãos para apresentar novas contas devidamente regularizadas no prazo de 15 dias.

3 – Subsistindo nas novas contas apresentadas irregularidades insusceptíveis de suprimento imediato, a Comissão Nacional de Eleições remete-as ao Tribunal de Contas a fim de que este sobre elas se pronuncie, no prazo de 30 dias, com publicação da respectiva decisão no *Diário da República*.

CAPÍTULO III – Organização do processo de votação

SECÇÃO I – Assembleias de voto

SUBSECÇÃO I – Organização das assembleias de voto

ARTIGO 66.º – (Âmbito das assembleias de voto)
1 – A cada freguesia corresponde uma assembleia de voto.
2 – As assembleias de voto das freguesias com um número de eleitores superior a 1000 são divididas em secções de voto, de modo que o número de eleitores de cada uma não ultrapasse sensivelmente esse número.

ARTIGO 67.º – (Determinação das assembleias de voto)
1 – Até ao 35.º dia anterior ao do referendo, o órgão executivo da autarquia determina as assembleias de voto de cada freguesia.
2 – Tratando-se de referendo municipal, o presidente da câmara comunica de imediato essa distribuição à junta de freguesia.
3 – Da decisão do autarca cabe recurso para o governador civil, ou entidade que o substitua, ou para o Ministro da República, consoante os casos.
4 – O recurso é interposto no prazo de dois dias após a afixação do edital, pelo presidente da junta de freguesia ou por 10 eleitores pertencentes à assembleia de voto em causa, e é decidido em igual prazo, sendo a decisão imediatamente notificada ao recorrente.
5 – Da decisão do governador civil, ou entidade que o substitua, ou do Ministro da República cabe recurso, a interpor no prazo de um dia, para o Tribunal Constitucional, que decide em plenário em igual prazo.

ARTIGO 68.º – (Local de funcionamento)
1 – As assembleias de voto reúnem-se em edifícios públicos, de preferência escolas ou sedes de câmaras municipais ou de juntas de freguesia que ofereçam as indispensáveis condições de acesso e segurança.
2 – Na falta de edifícios públicos adequados são requisitados para o efeito edifícios particulares.

ARTIGO 69.º – (Determinação dos locais de funcionamento)
1 – Compete ao presidente da câmara municipal ou da junta de freguesia, consoante os casos, determinar os locais de funcionamento das assembleias de voto, comunicando-os, quando for caso disso, às correspondentes juntas de freguesia até ao 30.º dia anterior ao do referendo.
2 – Até ao 28.º dia anterior ao do referendo, as juntas de freguesia anunciam, por editais a afixar nos lugares do estilo, os locais de funcionamento das assembleias de voto.

ARTIGO 70.º – (Anúncio da hora, dia e local)
1 – Até ao 15.º dia anterior ao do referendo, o presidente do executivo camarário ou da freguesia em cuja área tem lugar a consulta anuncia, através de edital afixado nos locais de estilo, o dia, a hora e os locais em que se reúnem as assembleias de voto.
2 – Dos editais consta também o número de inscritos no recenseamento dos eleitores correspondentes a cada assembleia de voto.

ARTIGO 71.º – (**Elementos de trabalho da mesa**)

1 – Até três dias antes do dia do referendo, a comissão recenseadora procede à extracção de duas cópias devidamente autenticadas dos cadernos do recenseamento, confiando-as à junta de freguesia.

2 – Até dois dias antes do dia do referendo, no caso de referendo municipal, o presidente da câmara municipal envia ao presidente da junta de freguesia um caderno destinado à acta das operações eleitorais, com termo de abertura por ele assinado e com todas as folhas por ele rubricadas, bem como os impressos e outros elementos de trabalho necessários.

3 – A junta de freguesia providencia no sentido da entrega ao presidente da mesa de cada assembleia de voto até uma hora antes da abertura da assembleia dos elementos referidos nos números anteriores.

SUBSECÇÃO II – **Mesa das assembleias de voto**

ARTIGO 72.º – (**Função e composição**)

1 – Em cada assembleia de voto há uma mesa que promove e dirige as operações de referendo.

2 – A mesa é constituída por um presidente, um vice-presidente, um secretário e dois escrutinadores.

ARTIGO 73.º – (**Designação**)

Os membros das mesas das assembleias de voto são escolhidos por acordo entre os representantes dos partidos que tenham feito a declaração prevista no n.º 2 do artigo 37.º e os representantes dos grupos de cidadãos intervenientes, ou, na falta de acordo, por sorteio.

ARTIGO 74.º – (**Requisitos da designação de membros das mesas**)

1 – Os membros de cada mesa são designados de entre os eleitores pertencentes à respectiva assembleia de voto.

2 – Não podem ser designados membros da mesa os eleitores que não saibam ler e escrever português.

ARTIGO 75.º – (**Incompatibilidades**)

Não podem ser designados membros da mesa de assembleia de voto:

a) O Presidente da República, os deputados, os membros do Governo e dos governos regionais, os Ministros da República, os governadores civis e vice-governadores civis, ou a entidade que os substituir, e os membros dos órgãos executivos das autarquias locais;

b) Os juízes de qualquer tribunal e os magistrados do Ministério Público.

ARTIGO 76.º – (**Processo de designação**)

1 – No 18.º dia anterior ao da realização do referendo, pelas 21 horas, os representantes dos diversos partidos e grupos de cidadãos, devidamente credenciados, reúnem para proceder à escolha dos membros da mesas das assembleias de voto da freguesia, na sede da respectiva junta.

2 – Se na reunião se não chegar a acordo, a designação resultará de sorteio a realizar, pelo presidente da junta de freguesia, nas quarenta e oito horas seguintes, entre os eleitores da assembleia de voto.

ARTIGO 77.º – (**Reclamação**)

1 – Os nomes dos membros das mesas, designados através dos processos previstos no

166 *I – Organização Administrativa*

número anterior, são publicados por edital afixado no prazo de dois dias à porta da sede da junta de freguesia, podendo qualquer eleitor reclamar contra a designação perante o juiz da comarca no mesmo prazo, com fundamento em preterição de requisitos fixados na presente lei.

2 – O juiz decide a reclamação no prazo de um dia e, se a atender, procede imediatamente à escolha, comunicando-a ao presidente da junta de freguesia.

ARTIGO 78.º – (Alvará de nomeação)

Até cinco dias antes do referendo, o presidente do executivo autárquico lavrará alvará de designação dos membros das assembleias de voto, participando, no caso de referendo municipal, as nomeações às juntas de freguesia respectivas e ao governador civil, ou entidade que o substitua, ou, nas Regiões Autónomas, ao Ministro da República.

ARTIGO 79.º – (Exercício obrigatório da função)

1 – O exercício da função de membro de mesa de assembleia de voto é obrigatório podendo ser remunerado, nos termos da lei.

2 – São causas justificativas de escusa:

a) Idade superior a 65 anos;

b) Doença ou impossibilidade física comprovada pelo delegado de saúde local;

c) Mudança de residência para a área de outra autarquia, comprovada pela junta de freguesia da nova residência;

d) Ausência no estrangeiro, devidamente comprovada;

e) Exercício de actividade profissional de carácter inadiável, devidamente comprovado por superior hierárquico ou, não sendo o caso, através de qualquer meio idóneo de prova.

3 – A invocação de causa justificativa é feita, sempre que tal possa ocorrer, até três dias antes do referendo, perante o presidente do órgão executivo autárquico da área em questão.

4 – No caso previsto no número anterior, o presidente procede imediatamente à substituição, nomeando outro eleitor pertencente à assembleia de voto.

ARTIGO 80.º – (Dispensa de actividade profissional)

Os membros das mesas das assembleias de voto gozam do direito a dispensa de actividade profissional no dia da realização do referendo e no seguinte, devendo para o efeito comprovar o exercício das respectivas funções.

ARTIGO 81.º – (Constituição da mesa)

1 – A mesa das assembleias de voto não pode constituir-se antes da hora marcada para a votação nem em local diverso do que houver sido anunciado, sob pena de nulidade de todos os actos que praticar.

2 – Constituída a mesa, é afixado à porta do edifício em que estiver reunida a assembleia de voto um edital assinado pelo presidente, contendo os nomes e os números de inscrição no recenseamento dos cidadãos que compõem a mesa, bem como o número de eleitores inscritos nessa assembleia.

ARTIGO 82.º – (Substituições)

1 – Se uma hora após a marcada para a abertura da assembleia de voto não tiver sido possível constituir a mesa por não estarem presentes os membros indispensáveis ao seu funcionamento, o presidente da junta de freguesia, mediante acordo da maioria dos delegados presentes, designa os substitutos dos membros ausentes de entre eleitores pertencentes a essa assembleia de voto.

Lei Orgânica n.° 4/2000, de 24 de Agosto 167

2 – Se, apesar de constituída a mesa, se verificar a falta de um dos seus membros, o presidente substitui-o por qualquer eleitor pertencente à assembleia de voto, mediante o acordo da maioria dos restantes membros da mesa e dos delegados dos partidos e grupos de cidadãos que estiverem presentes.

3 – Substituídos os faltosos, ficam sem efeito as respectivas nomeações e os seus nomes são comunicados à entidade por elas responsável.

ARTIGO 83.° – **(Permanência da mesa)**

1 – A mesa, uma vez constituída, não pode ser alterada, salvo caso de força maior.

2 – Da alteração da mesa e das suas razões é dada publicidade através de edital afixado imediatamente à porta do edifício onde funcionar a assembleia de voto.

ARTIGO 84.° – **(Quórum)**

Durante as operações é obrigatória a presença da maioria dos membros da mesa, incluindo a do presidente ou a do vice-presidente.

SUBSECÇÃO III – **Delegados dos partidos e dos grupos de cidadãos**

ARTIGO 85.° – **(Direito de designação de delegados)**

1 – Cada partido que tenha feito a declaração prevista no n.° 2 do artigo 36.°, e cada grupo de cidadãos interveniente no referendo, tem o direito de designar um delegado efectivo e outro suplente para cada assembleia de voto.

2 – Os delegados podem ser designados para uma assembleia de voto diferente daquela em que estiverem inscritos como eleitores.

3 – A falta de designação ou de comparência de qualquer delegado não afecta a regularidade das operações.

ARTIGO 86.° – **(Processo de designação)**

1 – Até ao 5.° dia anterior ao da realização do referendo, os partidos e grupos de cidadãos indicam por escrito ao presidente da câmara municipal ou da junta de freguesia, conforme os casos, os delegados correspondentes às diversas assembleias de voto e apresentam-lhe para assinatura e autenticação as credenciais respectivas.

2 – Da credencial constam o nome, o número de inscrição no recenseamento, o número e a data do bilhete de identidade do delegado, o partido ou o grupo de cidadãos que representa e a assembleia de voto para que é designado.

ARTIGO 87.° – **(Poderes delegados)**

1 – Os delegados dos partidos e dos grupos de cidadãos intervenientes têm os seguintes poderes:

a) Ocupar os lugares mais próximos da mesa da assembleia de voto de modo a poderem fiscalizar todas as operações de votação;

b) Consultar a todo o momento as cópias dos cadernos de recenseamento eleitoral utilizadas pela mesa da assembleia de voto;

c) Ser ouvidos e esclarecidos acerca de todas as questões suscitadas durante o funcionamento da assembleia de voto, quer na fase da votação quer na fase do apuramento;

d) Apresentar oralmente ou por escrito reclamações, protestos ou contraprotestos relativos às operações de voto;

168   I – Organização Administrativa

e) Assinar a acta e rubricar, selar e lacrar todos os documentos respeitantes às operações de voto;

f) Obter certidões das operações de votação e apuramento.

2 – Os delegados dos partidos políticos e grupos de cidadãos intervenientes não podem ser designados para substituir membros da mesa faltosos.

ARTIGO 88.° – (Imunidades e direitos)

1 – Os delegados dos partidos e grupos de cidadãos não podem ser detidos durante o funcionamento da assembleia de voto, a não ser por crime punível com pena de prisão superior a três anos e em flagrante delito.

2 – Os delegados gozam do direito consignado no artigo 80.°.

SECÇÃO II – Boletins de voto

ARTIGO 89.° – (Características fundamentais)

1 – Os boletins de voto são impressos em papel liso e não transparente.

2 – Os boletins têm forma rectangular, com a dimensão apropriada para neles caberem, impressas em letra facilmente legível, as perguntas submetidas ao eleitorado.

ARTIGO 90.° – (Elementos integrantes)

1 – Em cada boletim de voto são dispostas, umas abaixo das outras, as questões submetidas ao eleitorado.

2 – Na linha correspondente à última frase de cada pergunta figuram dois quadros, um encimado pela inscrição da palavra «Sim» e outro pela inscrição da palavra «Não», para o efeito de o eleitor assinalar a resposta que prefere.

ARTIGO 91.° – (Cor dos boletins de voto)

Os boletins de voto são de cor branca.

ARTIGO 92.° – (Composição e impressão)

A composição e a impressão dos boletins de voto são efectuadas pela Imprensa Nacional-Casa da Moeda.

ARTIGO 93.° – (Envio dos boletins de voto às autarquias)

O Secretariado Técnico dos Assuntos para o Processo Eleitoral providencia o envio directo dos boletins de voto às freguesias onde tem lugar o referendo, através do governador civil, ou entidade que o substitua, ou do Ministro da República, consoante os casos.

ARTIGO 94.° – (Distribuição dos boletins de voto)

1 – Compete ao presidente do órgão executivo da freguesia proceder à distribuição dos boletins de voto pelas assembleias de voto.

2 – A cada assembleia de voto são remetidos, em sobrescrito fechado e lacrado, boletins de voto em número igual ao dos correspondentes eleitores, mais 10%.

3 – O órgão referido no n.° 1 presta contas ao governador civil, ou à entidade que o substitua, ou ao Ministro da República, consoante os casos, dos boletins de voto recebidos.

Lei Orgânica n.° 4/2000, de 24 de Agosto 169

ARTIGO 95.° – **(Devolução dos boletins de voto não utilizados ou inutilizados)**
No dia seguinte ao da realização do referendo, o presidente de cada assembleia de voto devolve ao governador civil, ou à entidade que o substitua, os boletins de voto não utilizados ou inutilizados pelos eleitores.

CAPÍTULO IV – Votação

SECÇÃO I – Data da realização do referendo

ARTIGO 96.° – **(Dia da realização do referendo)**
1 – O referendo realiza-se no mesmo dia em todo o território abrangido pelo referendo, sem prejuízo do disposto no artigo 112.°
2 – O referendo só pode realizar-se num domingo ou em dia de feriado nacional, autonómico ou autárquico.

SECÇÃO II – Exercício do direito de sufrágio

ARTIGO 97.° – **(Direito e dever cívico)**
1 – O sufrágio constitui um direito e um dever cívico.
2 – Os responsáveis pelos serviços e pelas empresas que tenham de se manter em actividade no dia do referendo facilitam aos respectivos funcionários e trabalhadores dispensa pelo tempo suficiente para que possam votar.

ARTIGO 98.° – **(Unicidade)**
O eleitor só vota uma vez em cada referendo.

ARTIGO 99.° – **(Local de exercício do sufrágio)**
O direito de sufrágio é exercido na assembleia de voto correspondente ao local por onde o eleitor esteja recenseado.

ARTIGO 100.° – **(Requisitos do exercício do direito de sufrágio)**
1 – Para que o eleitor seja admitido a votar tem de estar inscrito no caderno de recenseamento e a sua identidade ser reconhecida pela mesa da assembleia de voto.
2 – A inscrição no caderno de recenseamento eleitoral implica a presunção do direito de participação.

ARTIGO 101.° – **(Pessoalidade)**
1 – O direito de sufrágio é exercido pessoalmente pelo eleitor.
2 – Não é admitida nenhuma forma de representação ou delegação.

ARTIGO 102.° – **(Presencialidade)**
O direito de sufrágio é exercido presencialmente em assembleia de voto pelo eleitor, salvo o disposto nos artigos 118.°, 119.° e 120.°

ARTIGO 103.° – **(Segredo do voto)**
1 – Ninguém pode, sob qualquer pretexto, ser obrigado a revelar o sentido do seu voto.

170   *I – Organização Administrativa*

2 – Dentro da assembleia de voto e fora dela, até à distância de 500 m, ninguém pode revelar em que sentido votou ou vai votar.

ARTIGO 104.° – (**Abertura de serviços públicos**)

No dia da realização do referendo, durante o período de funcionamento das assembleias de voto, mantêm-se abertos os serviços:

a) Das juntas de freguesia, para efeito de informação dos eleitores acerca do seu número de inscrição no recenseamento eleitoral;

b) Dos centros de saúde ou locais equiparados, para o efeito do disposto no n.° 2 do artigo 117.°.

SECÇÃO III – **Processo de votação**

SUBSECÇÃO I – **Funcionamento das assembleias de voto**

ARTIGO 105.° – (**Abertura da assembleia**)

1 – A assembleia de voto abre às 8 horas do dia marcado para a realização do referendo, depois de constituída a mesa.

2 – O presidente declara aberta a assembleia de voto, manda afixar os editais a que se refere o n.° 2 do artigo 81.°, procede com os restantes membros da mesa e os delegados dos partidos e grupos de cidadãos à revista da câmara de voto e dos documentos de trabalho da mesa e exibe a urna perante os eleitores para que todos possam certificar-se de que se encontra vazia.

ARTIGO 106.° – (**Impossibilidade de abertura da assembleia de voto**)

Não pode ser aberta a assembleia de voto nos seguintes casos:

a) Impossibilidade de constituição da mesa;

b) Ocorrência, na freguesia, de grave perturbação da ordem pública no dia marcado para a realização do referendo;

c) Ocorrência, na freguesia, de grave calamidade, no dia marcado para a realização do referendo ou nos três dias anteriores.

ARTIGO 107.° – (**Irregularidades e seu suprimento**)

1 – Verificando-se irregularidades supríveis, a mesa procede ao seu suprimento.

2 – Não sendo possível esse suprimento dentro das duas horas subsequentes à abertura da assembleia de voto, é esta declarada encerrada.

ARTIGO 108.° – (**Continuidade das operações**)

A assembleia de voto funciona ininterruptamente até serem concluídas todas as operações de votação e apuramento, sem prejuízo do disposto no artigo seguinte.

ARTIGO 109.° – (**Interrupção das operações**)

1 – As operações são interrompidas, sob pena de nulidade da votação, nos seguintes casos:

a) Ocorrência, na freguesia, de grave perturbação da ordem pública que afecte a genuinidade do acto de sufrágio;

b) Ocorrência, na assembleia de voto, de qualquer das perturbações previstas nos n.os 2 e 3 do artigo 124.°;

Lei Orgânica n.° 4/2000, de 24 de Agosto 171

c) Ocorrência, na freguesia, de grave calamidade.

2 – As operações só são retomadas depois de o presidente verificar a existência de condições para que possam prosseguir.

3 – Determina o encerramento da assembleia de voto e a nulidade da votação a interrupção desta por período superior a três horas.

4 – Determina também a nulidade da votação a sua interrupção quando as operações não tiverem sido retomadas até à hora do seu encerramento normal, salvo se já tiverem votado todos os eleitores inscritos.

ARTIGO 110.° – (**Presença de não eleitores**)

É proibida a presença na assembleia de voto de não eleitores e de eleitores que aí não possam votar, salvo se se tratar de representantes de partidos intervenientes no referendo ou de profissionais da comunicação social, devidamente identificados e no exercício das suas funções.

ARTIGO 111.° – (**Encerramento da votação**)

1 – A admissão de eleitores na assembleia ou secção de voto faz-se até às 19 horas.

2 – Depois desta hora apenas podem votar os eleitores presentes.

3 – O presidente declara encerrada a votação logo que tenham votado todos os eleitores inscritos ou, depois das 19 horas, logo que tenham votado todos os eleitores presentes na assembleia de voto.

ARTIGO 112.° – (**Adiamento da votação**)

1 – Nos casos previstos no artigo 106.°, no n.° 2 do artigo 107.° e nos n.ºs 3 e 4 do artigo 109.°, aplicar-se-ão, pela respectiva ordem, as disposições seguintes:

a) Realização de uma nova votação no mesmo dia da semana seguinte;

b) Realização do apuramento definitivo sem ter em conta a votação em falta, se se tiver revelado impossível a realização da votação prevista na alínea anterior.

2 – Quando, porém, as operações de votação não tenham podido realizar-se ou prosseguir por ocorrência de grave calamidade na freguesia, pode o governador civil, ou a entidade que o substitua, ou o Ministro da República, consoante os casos, adiar a realização da votação até ao 14.° dia subsequente, anunciando o adiamento logo que conhecida a respectiva causa.

3 – A votação só pode ser adiada uma vez.

SUBSECÇÃO II – Modo geral de votação

ARTIGO 113.° – (**Votação dos elementos da mesa e dos delegados**)

Não havendo nenhuma irregularidade, votam imediatamente o presidente e os vogais da mesa, bem como os delegados dos partidos e dos grupos de cidadãos que se encontrem inscritos no caderno de recenseamento da assembleia de voto.

ARTIGO 114.° – (**Votos antecipados**)

1 – Após terem votado os elementos da mesa, o presidente procede à abertura e lançamento na urna dos votos antecipados, quando existam.

2 – Para o efeito do disposto no número anterior, a mesa verifica se o eleitor se encontra devidamente inscrito e procede à correspondente descarga no caderno de recenseamento, mediante rubrica na coluna a isso destinada e na linha correspondente ao nome do eleitor.

I – Organização Administrativa

3 – Feita a descarga, o presidente abre o sobrescrito azul referido no n.° 4 do artigo 119.° e retira o boletim de voto de sobrescrito branco, também ali mencionado, e procede imediatamente à sua introdução na urna.

ARTIGO 115.° – (**Ordem da votação dos restantes eleitores**)

1 – Os restantes eleitores votam pela ordem de chegada à assembleia de voto, dispondo-se para o efeito em fila.

2 – Os membros das mesas e os delegados dos partidos em outras assembleias de voto exercem o seu direito de voto logo que se apresentem, desde que exibam o respectivo alvará ou credencial.

ARTIGO 116.° – (**Modo como vota cada eleitor**)

1 – Cada eleitor, apresentando-se perante a mesa, indica o número de inscrição no recenseamento e o nome e entrega ao presidente o bilhete de identidade.

2 – Na falta de bilhete de identidade, a identificação do eleitor faz-se por meio de qualquer outro documento oficial que contenha fotografia actualizada, ou ainda por reconhecimento unânime dos membros da mesa.

3 – Identificado o eleitor, o presidente diz em voz alta o seu número de inscrição no recenseamento e o seu nome e, depois de verificada a inscrição, entrega-lhe um boletim de voto.

4 – Em seguida, o eleitor dirige-se à câmara de voto situada na assembleia e aí, sozinho, assinala em relação a cada pergunta submetida ao eleitorado o quadrado encimado pela palavra «Sim» ou o quadrado encimado pela palavra «Não», ou não assinala nenhum, e dobra o boletim em quatro.

5 – Voltando para junto da mesa, o eleitor entrega o boletim de voto ao presidente, que o deposita na urna, enquanto os escrutinados descarregam o voto, rubricando os cadernos de recenseamento na coluna a isso destinada e na linha correspondente ao nome do eleitor.

6 – Se, por inadvertência, o eleitor deteriorar o boletim, pede outro ao presidente, devolvendo-lhe o primeiro.

7 – No caso previsto no número anterior, o presidente escreve no boletim devolvido a nota de inutilizado, rubrica-o e conserva-o para o efeito do artigo 95.°

SUBSECÇÃO III – Modos especiais de votação

DIVISÃO I – Voto dos deficientes

ARTIGO 117.° – (**Requisitos e modo de exercício**)

1 – O eleitor afectado por doença ou deficiência física notórias, que a mesa verifique não poder praticar os actos descritos no artigo anterior, vota acompanhado por outro eleitor por si escolhido, que garanta a fidelidade de expressão do seu voto e que fica obrigado a sigilo absoluto.

2 – Se a mesa deliberar que não se verifica a notoriedade da doença ou da deficiência física, exige que lhe seja apresentado no acto da votação atestado comprovativo da impossibilidade da prática dos actos descritos no artigo anterior emitido pelo médico que exerça poderes de autoridade sanitária na área da freguesia e autenticado com o selo do respectivo serviço.

Lei Orgânica n.º 4/2000, de 24 de Agosto　　173

DIVISÃO II – **Voto antecipado**

ARTIGO 118.º – (**A quem é facultado**)

1 – Podem votar antecipadamente:

a) Os militares que no dia da realização do referendo estejam impedidos de se deslocar à assembleia de voto por imperativo inadiável de exercício das suas funções;

b) Os agentes das forças de segurança que se encontrem em situação análoga à prevista na alínea anterior;

c) Os trabalhadores marítimos e aeronáuticos, bem como os ferroviários e os rodoviários de longo curso que por força da sua actividade profissional se encontrem presumivelmente embarcados ou deslocados no dia da realização do referendo;

d) Os eleitores que por motivo de doença se encontrem internados ou presumivelmente internados em estabelecimento hospitalar e impossibilitados de se deslocar à assembleia de voto;

e) Os eleitores que se encontrem presos.

2 – Só são considerados os votos recebidos na sede da junta de freguesia correspondente à assembleia de voto em que o eleitor deveria votar, até ao dia anterior ao da realização do referendo.

ARTIGO 119.º – (**Modo de exercício por militares, agentes das forças de segurança e trabalhadores**)

1 – Qualquer eleitor que esteja nas condições previstas nas alíneas *a*), *b*) e *c*) do artigo anterior pode dirigir-se ao presidente da junta de freguesia em cuja área se encontre recenseado, entre o 10.º e o 5.º dia anteriores ao do referendo, manifestando a sua vontade de exercer antecipadamente o direito de sufrágio.

2 – O eleitor identifica-se por forma idêntica à prevista nos n.ᵒˢ 1 e 2 do artigo 116.º e faz prova do impedimento invocado, apresentando documentos autenticados pelo seu superior hierárquico ou pela entidade patronal, consoante os casos.

3 – O presidente da junta de freguesia entrega ao eleitor um boletim de voto e dois sobrescritos.

4 – Um dos sobrescritos, de cor branca, destina-se a receber o boletim de voto e o outro, de cor azul, a conter o sobrescrito anterior e o documento comprovativo a que se refere o n.º 2.

5 – O eleitor preenche o boletim em condições que garantam o segredo de voto, dobra-o em quatro e introdu-lo no sobrescrito de cor branca, que fecha adequadamente.

6 – Em seguida, o sobrescrito de cor branca é introduzido no sobrescrito de cor azul juntamente com o referido documento comprovativo, sendo o sobrescrito azul fechado, lacrado e assinado no verso, de forma legível, pelo presidente da junta de freguesia e pelo eleitor.

7 – O presidente da junta de freguesia entrega ao eleitor recibo comprovativo do exercício do direito de voto, do qual constam o nome, residência, número do bilhete de identidade e assembleia de voto a que pertence, bem como o respectivo número de inscrição no recenseamento, assina o documento e autentica-o com o carimbo ou selo branco da autarquia.

8 – O presidente da junta de freguesia elabora uma acta das operações efectuadas, nela mencionando o nome, o número de inscrição e a freguesia onde o eleitor se encontra inscrito, enviando cópia da mesma à assembleia de apuramento geral.

9 – A junta de freguesia remete os votos referidos nos números anteriores ao presidente da mesa da assembleia de voto até à hora prevista no n.º 1 do artigo 105.º

10 – Os partidos e grupos de cidadãos intervenientes na campanha para o referendo podem nomear, nos termos gerais, delegados para fiscalizar as operações referidas nos n.ᵒˢ 1 a 8.

174   *I – Organização Administrativa*

ARTIGO 120.° – (**Modo de exercício por doentes e por presos**)

1 – Qualquer eleitor que esteja nas condições previstas nas alíneas *d*) e *e*) do n.° 1 do artigo 118.° pode requerer ao presidente da junta de freguesia em que se encontre recenseado, até ao 20.° dia anterior ao do referendo, a documentação necessária ao exercício do direito de voto, enviando fotocópias autenticadas do seu bilhete de identidade e do seu cartão de eleitor e juntando documento comprovativo do impedimento invocado, emitido por médico assistente e confirmado pela direcção do estabelecimento hospitalar ou documento emitido pelo director do estabelecimento prisional, conforme os casos.

2 – O autarca referido no número anterior enviará por correio registado com aviso de recepção, até ao 17.° dia anterior ao do referendo:

a) Ao eleitor, a documentação necessária ao exercício do direito de voto, acompanhada dos documentos enviados pelo eleitor;

b) Ao presidente da junta de freguesia da área onde se encontrem eleitores nas condições definidas no n.° 1, a relação nominal dos referidos eleitores e a indicação dos estabelecimentos hospitalares ou prisionais abrangidos.

3 – O presidente da junta de freguesia onde se situe o estabelecimento hospitalar ou prisional onde o eleitor se encontra internado notifica, até ao 16.° dia anterior ao do referendo, os partidos e grupos de cidadãos intervenientes na campanha para o referendo, para cumprimento dos fins previstos no n.° 10 do artigo anterior, dando conhecimento de quais os estabelecimentos onde se realiza o voto antecipado.

4 – A nomeação de delegados dos partidos e grupos de cidadãos deve ser transmitida ao presidente da junta de freguesia até ao 14.° dia anterior ao do referendo.

5 – Entre o 13.° e o 10.° dia anteriores ao do referendo, o presidente da junta de freguesia em cuja área se encontre situado o estabelecimento hospitalar ou prisional com eleitores nas condições do n.° 1 desloca-se, em dia e hora previamente anunciados ao respectivo director e aos delegados de justiça, ao estabelecimento a fim de ser dado cumprimento, com as necessárias adaptações, ditadas pelos constrangimentos dos regimes hospitalares ou prisionais, ao disposto nos n.os 4, 5, 6, 7, 8 e 9 do artigo anterior.

6 – A junta de freguesia destinatária dos votos recebidos dá cumprimento ao disposto no n.° 9 do artigo anterior.

SECÇÃO IV – Garantias de liberdade do sufrágio

ARTIGO 121.° – (**Dúvidas, reclamações, protestos e contraprotestos**)

1 – Além dos delegados dos partidos e grupos de cidadãos intervenientes na campanha para o referendo, qualquer eleitor pertencente a uma assembleia de voto pode suscitar dúvidas e apresentar por escrito reclamações, protestos e contraprotestos relativos às operações da mesma assembleia e instruí-los com os documentos convenientes.

2 – A mesa não pode recusar-se a receber as reclamações, os protestos e os contraprotestos e deve rubricá-los e apensá-los à acta.

3 – As reclamações, os protestos e os contraprotestos têm de ser objecto de deliberação da mesa, que pode tomá-la no final se entender que isso não afecta o andamento normal da votação.

4 – Todas as deliberações da mesa são tomadas por maioria absoluta dos membros presentes e fundamentadas, tendo o presidente voto de qualidade.

Lei Orgânica n.º 4/2000, de 24 de Agosto

ARTIGO 122.º – (**Polícia da assembleia de voto**)

1 – Compete ao presidente da mesa, coadjuvado pelos vogais, assegurar a liberdade dos eleitores, manter a ordem e em geral policiar a assembleia, adoptando para o efeito as providências necessárias.

2 – Não são admitidos na assembleia de voto os eleitores que se encontrem manifestamente sob o efeito do álcool ou de estupefacientes, ou que sejam portadores de qualquer arma ou instrumento susceptível de como tal ser usado.

ARTIGO 123.º – (**Proibição de propaganda**)

1 – É proibida qualquer propaganda dentro das assembleias de voto e fora delas até à distância de 500 m.

2 – Por propaganda entende-se também a exibição de símbolos, siglas, sinais, distintivos ou autocolantes de quaisquer partidos, coligações ou grupos de cidadãos, ou representativos de posições assumidas perante o referendo.

ARTIGO 124.º – (**Proibição de presença de forças de segurança e casos em que podem comparecer**)

1 – Nos locais onde se reunirem as assembleias de voto e num raio de 100 m é proibida a presença de forças de segurança, salvo nos casos previstos nos números seguintes.

2 – Quando for necessário pôr termo a algum tumulto ou obstar a qualquer agressão ou violência dentro do edifício da assembleia de voto ou na sua proximidade, e ainda em caso de desobediência às suas ordens, pode o presidente da mesa, consultada esta, requisitar a presença de forças de segurança, sempre que possível por escrito, mencionando na acta das operações as razões e o período da respectiva presença.

3 – Quando o comandante das forças de segurança verificar a existência de fortes indícios de que se exerce sobre os membros da mesa coacção física ou psíquica que impeça o presidente de fazer a requisição, pode apresentar-se a este por iniciativa própria, mas deve retirar-se logo que pelo presidente ou por quem o substitua tal lhe seja determinado.

4 – Quando o entenda necessário, o comandante da força de segurança pode visitar, desarmado e por um período máximo de dez minutos, a assembleia de voto, a fim de estabelecer contacto com o presidente da mesa ou com quem o substitua.

ARTIGO 125.º – (**Deveres dos profissionais de comunicação social**)

Os profissionais de comunicação social que no exercício das suas funções se desloquem às assembleias de voto não podem:

a) Colher imagens ou aproximar-se das câmaras de voto por forma que possa comprometer o segredo do voto;

b) Obter no interior da assembleia de voto ou no seu exterior, até à distância de 500 m, outros elementos de reportagem que igualmente possam comprometer o segredo do voto;

c) Perturbar de qualquer modo o acto da votação.

ARTIGO 126.º – (**Difusão e publicação de notícias e reportagens**)

As notícias, as imagens ou outros elementos de reportagem colhidos nas assembleias de voto, incluindo os resultados do apuramento parcial, só podem ser difundidos ou publicados após o encerramento de todas as assembleias de voto.

CAPÍTULO V – Apuramento

SECÇÃO I – Apuramento parcial

ARTIGO 127.° – (Operação preliminar)
Encerrada a votação, o presidente da assembleia de voto procede à contagem dos boletins que não tiverem sido utilizados, bem como dos inutilizados pelos eleitores e encerra-os com a necessária especificação em sobrescrito próprio, que fecha e lacra para os efeitos do artigo 95.°

ARTIGO 128.° – (Contagem dos votantes e dos boletins de voto)
1 – Concluída a operação preliminar, o presidente manda contar o número de votantes pelas descargas efectuadas nos cadernos de recenseamento.

2 – Em seguida, manda abrir a urna a fim de conferir o número de boletins de voto entrados e, no fim da contagem, volta a introduzi-los nela.

3 – Em caso de divergência entre o número dos votantes apurados e o dos boletins de voto contados prevalece, para efeitos de apuramento, o segundo destes números.

4 – Do número de boletins de voto contados é dado imediato conhecimento público através de edital que o presidente lê em voz alta e manda afixar à porta da assembleia de voto.

ARTIGO 129.° – (Contagem dos votos)
1 – Um dos escrutinadores desdobra os boletins, um a um, e anuncia em voz alta qual a resposta a cada uma das perguntas submetidas ao eleitorado.

2 – O outro escrutinador regista num quadro bem visível, ou não sendo tal possível numa folha branca, a resposta atribuída a cada pergunta, os votos em branco e os votos nulos.

3 – Simultaneamente, os boletins de voto são examinados e exibidos pelo presidente, que, com a ajuda de um dos vogais, os agrupa em lotes separados, correspondentes aos votos validamente expressos, aos votos em branco e aos votos nulos.

4 – Terminadas as operações previstas nos números anteriores, o presidente procede à contraprova dos boletins de cada um dos lotes separados e pela verificação dos requisitos previstos no n.° 2.

ARTIGO 130.° – (Votos válidos)
Excepcionados os votos referidos no artigo seguinte, consideram-se válidos os votos em que o leitor haja assinalado correctamente as respostas a uma ou mais das questões formuladas.

ARTIGO 131.° – (Votos em branco)
Considera-se voto em branco o correspondente a boletim de voto que não contenha qualquer sinal ou aquele em que não figure nenhuma resposta.

ARTIGO 132.° – (Voto nulo)
1 – Considera-se voto nulo, no tocante a qualquer das perguntas, o correspondente ao boletim:
a) No qual tenha sido assinalado mais de um quadrado correspondente à mesma pergunta;
b) No qual haja dúvidas quanto ao quadrado assinalado;
c) No qual tenha sido feito qualquer corte, desenho ou rasura;
d) No qual tenha sido escrita qualquer palavra.

2 – Considera-se ainda como voto nulo o voto antecipado quando o sobrescrito com o boletim de voto não chegue ao seu destino nas condições previstas nos artigos 119.° e 120.° ou seja recebido em sobrescrito que não esteja adequadamente fechado.

Lei Orgânica n.° 4/2000, de 24 de Agosto 177

ARTIGO 133.° – **(Direitos dos delegados dos partidos e dos grupos de cidadãos)**
1 – Depois das operações previstas nos artigos 128.° e 129.°, os delegados dos partidos e dos grupos de cidadãos têm o direito de examinar os lotes dos boletins separados, bem como os correspondentes registos, sem alterar a sua composição e, no caso de terem dúvidas ou objecções em relação à contagem ou à qualificação dada ao voto de qualquer boletim, têm o direito de solicitar esclarecimentos ou apresentar reclamações ou protestos perante o presidente.

2 – Se a reclamação ou protesto não for atendido pela mesa, os boletins de voto reclamados ou protestados são separados, anotados no verso com a indicação da qualificação dada pela mesa e do objecto da reclamação ou do protesto, e rubricados pelo presidente da mesa e pelo delegado do partido ou do grupo de cidadãos.

3 – A reclamação ou o protesto não atendidos não impedem a contagem do boletim de voto para o efeito de apuramento parcial.

ARTIGO 134.° – **(Edital do apuramento parcial)**
O apuramento é imediatamente publicado por edital afixado à porta do edifício da assembleia de voto em que se discriminam o número de respostas afirmativas ou negativas a cada pergunta, o número de votos em branco e o de votos nulos.

ARTIGO 135.° – **(Comunicação para efeito de escrutínio provisório)**
1 – Os presidentes das mesas das assembleias de voto comunicam imediatamente à junta de freguesia ou à entidade para esse efeito designada pelo governador civil, ou entidade que o substitua, ou pelo Ministro da República, consoante os casos, os elementos constantes do edital previsto no número anterior.

2 – A entidade a quem é feita a comunicação apura os resultados do referendo na freguesia e comunica-os imediatamente ao governador civil, ou entidade que o substitua, ou ao Ministro da República.

3 – O governador civil, ou entidade que o substitua, ou o Ministro da República transmite imediatamente os resultados ao Secretariado Técnico dos Assuntos para o Processo Eleitoral.

ARTIGO 136.° – **(Destino dos boletins de votos nulos ou objecto de reclamação ou protesto)**
Os boletins de votos nulos ou sobre os quais tenha havido reclamação ou protesto são, depois de rubricados, remetidos à assembleia de apuramento geral com os documentos que lhe digam respeito.

ARTIGO 137.° – **(Destino dos restantes boletins de voto)**
1 – Os restantes boletins de voto, devidamente empacotados e lacrados, são confiados à guarda do juiz de direito da comarca.

2 – Esgotado o prazo para interposição dos recursos contenciosos, ou decididos definitivamente estes, o juiz promove a destruição dos boletins.

ARTIGO 138.° – **(Acta das operações de votação e apuramento)**
1 – Compete ao secretário da mesa proceder à elaboração da acta das operações de votação e apuramento.

2 – Da acta devem constar:
a) Os números de inscrição no recenseamento e os nomes dos membros da mesa e dos delegados dos partidos e grupos de cidadãos intervenientes;
b) O local da assembleia de voto e a hora de abertura e de encerramento;
c) As deliberações tomadas pela mesa durante as operações;

178   *I – Organização Administrativa*

d) O número total de eleitores inscritos, o de votantes e o de não votantes;

e) Os números de inscrição no recenseamento dos eleitores que votaram por antecipação;

f) O número das respostas afirmativas ou negativas obtidas por cada pergunta;

g) O número de respostas em branco a cada pergunta;

h) O número de votos totalmente em branco e o de votos nulos;

i) O número de boletins de voto sobre os quais haja incidido reclamação ou protesto;

j) As divergências de contagem, se tiverem existido, a que se refere o n.º 3 do artigo 128.º, com indicação precisa das diferenças notadas;

l) O número de reclamações, protestos e contraprotestos apensos à acta;

m) Quaisquer outras ocorrências que a mesa julgue dever mencionar.

ARTIGO 139.º – **(Envio à assembleia de apuramento geral)**

Nas vinte e quatro horas seguintes à votação, os presidentes das mesas das assembleias de voto entregam pessoalmente, contra recibo, ou remetem, pelo seguro do correio, as actas, os cadernos e demais documentos respeitantes ao referendo ao presidente da assembleia de apuramento geral.

SECÇÃO II – Apuramento geral

ARTIGO 140.º – **(Assembleia de apuramento geral)**

O apuramento geral dos resultados do referendo compete a uma assembleia constituída para o efeito, que funciona no edifício da câmara municipal.

ARTIGO 141.º – **(Composição)**

1 – Compõem a assembleia de apuramento geral:

a) Um magistrado judicial ou seu substituto legal, e, na sua falta, um cidadão de comprovada idoneidade cívica, designado pelo presidente do tribunal da relação do distrito judicial respectivo, que servirá de presidente, com voto de qualidade;

b) Dois juristas de reconhecido mérito escolhidos pelo presidente;

c) Dois licenciados em Matemática que leccionem na área do concelho, designados pela direcção escolar respectiva;

d) O chefe da secretaria da câmara municipal respectiva, que servirá de secretário, sem direito de voto.

2 – As assembleias de apuramento geral dos concelhos de Lisboa e do Porto podem ter composição alargada, através da designação de mais um jurista de reconhecido mérito e de um licenciado em Matemática, nos termos do número anterior.

3 – Os partidos e grupos de cidadãos intervenientes na campanha podem fazer-se representar por delegados devidamente credenciados, sem direito de voto, mas com direito de reclamação, protesto e contraprotesto.

ARTIGO 142.º – **(Constituição e início das operações)**

1 – A assembleia deve estar constituída até à antevéspera do dia do referendo, dando-se imediatamente conhecimento público dos nomes dos cidadãos que a compõem através de edital afixado à porta do edifício da câmara municipal.

2 – As designações a que se refere a alínea *c*) do n.º 1 do artigo anterior devem ser comunicadas ao presidente até três dias antes das eleições.

Lei Orgânica n.º 4/2000, de 24 de Agosto 179

3 – A assembleia de apuramento geral inicia as suas operações às 9 horas do 2.º dia seguinte ao da realização do referendo.

4 – Em caso de adiamento ou declaração de nulidade da votação em qualquer assembleia de voto, o início das operações tem lugar no 2.º dia seguinte ao da votação, para completar as operações de apuramento.

ARTIGO 143.º – (**Conteúdo do apuramento geral**)

1 – O apuramento geral consiste:

a) Na verificação do número total de eleitores inscritos;

b) Na verificação dos números totais de votantes e de não votantes, com as respectivas percentagens relativamente ao número total de inscritos;

c) Na verificação dos números totais de votos em branco, de votos nulos e de votos validamente expressos, com as respectivas percentagens relativamente ao número total de votantes;

d) Na verificação dos números totais de respostas afirmativas e negativas às perguntas submetidas ao eleitorado, com as respectivas percentagens relativamente ao número total de votos validamente expressos;

e) Na verificação do número de respostas em branco em relação a cada pergunta, com as correspondentes percentagens relativamente ao número total dos respectivos votantes.

2 – O apuramento geral consiste ainda na reapreciação e decisão uniforme relativa aos boletins de voto objecto de reclamação ou protesto e aos considerados nulos.

3 – Em resultado das operações previstas no número anterior, a assembleia corrige, se for caso disso, o apuramento da respectiva assembleia de voto.

ARTIGO 144.º – (**Elementos do apuramento geral**)

1 – O apuramento geral será feito com base nas actas das operações das assembleias de voto, nos cadernos de recenseamento e nos demais documentos que os acompanharem.

2 – Se faltarem os elementos de alguma assembleia de voto, o apuramento inicia-se com base nos elementos já recebidos, designando o presidente nova reunião, dentro das quarenta e oito horas seguintes, para se concluírem os trabalhos, tomando entretanto as necessárias providências para que a falta seja reparada.

ARTIGO 145.º – (**Proclamação e publicação dos resultados**)

1 – A proclamação pelo presidente e a publicação dos resultados fazem-se até ao 4.º dia posterior ao da votação.

2 – A publicação consta de edital afixado à porta do edifício da câmara municipal.

ARTIGO 146.º – (**Acta do apuramento geral**)

1 – Do apuramento é lavrada acta de que constem os resultados das respectivas operações.

2 – Nos dois dias posteriores àquele em que se conclua o apuramento geral, o presidente envia pelo seguro do correio dois exemplares da acta à Comissão Nacional de Eleições.

ARTIGO 147.º – (**Mapa dos resultados do referendo**)

1 – A Comissão Nacional de Eleições elabora um mapa oficial com os resultados do referendo de que constem:

a) Número total de eleitores inscritos;

b) Números totais de votantes e de não votantes, com as respectivas percentagens em relação ao número total de inscritos;

180   *I – Organização Administrativa*

c) Números totais de votos validamente expressos, de votos em branco e de votos nulos, com as respectivas percentagens relativamente ao número total de votantes;

d) Número total de respostas afirmativas e negativas a cada pergunta submetida ao eleitorado, com as respectivas percentagens relativamente ao número total de votos validamente expressos;

e) Número total de respostas em branco em relação a cada pergunta com as respectivas percentagens relativamente ao número total de votantes.

2 – A Comissão Nacional de Eleições enviará o mapa, no prazo de oito dias, consoante os casos, ao presidente da assembleia municipal ou da assembleia de freguesia.

3 – O presidente do órgão em causa dá conhecimento do mapa dos resultados do referendo à assembleia, em reunião extraordinária, se necessário, e diligência no sentido da publicação do mapa através de edital a afixar, num prazo de três dias, nos locais de estilo da área da autarquia a que diga respeito ou, caso exista, através de boletim da autarquia ou de anúncio em dois dos jornais de maior circulação na totalidade da área abrangida.

4 – A não publicação nos termos do número anterior implica ineficácia jurídica do referendo.

ARTIGO 148.° – (**Destino da documentação**)

1 – Os cadernos de recenseamento e demais documentação presente à assembleia de apuramento geral, bem com a acta desta, são confiados à guarda e responsabilidade do tribunal da comarca correspondente à área de realização do referendo.

2 – Terminado o prazo de recurso contencioso ou decididos os recursos que tenham sido apresentados, o tribunal procede à destruição de todos os documentos, com excepção das actas das assembleias de voto.

ARTIGO 149.° – (**Certidões ou fotocópias da acta de apuramento geral**)

1 – Aos partidos ou grupos de cidadãos intervenientes na campanha para o referendo que o requeiram, são emitidas certidões ou fotocópias da acta de apuramento geral.

2 – As certidões ou fotocópias da acta de apuramento geral são emitidas pela secretaria do tribunal responsável pela sua guarda no prazo de três dias.

SECÇÃO III – Apuramento em caso de adiamento ou nulidade da votação

ARTIGO 150.° – (**Regras especiais de apuramento**)

1 – No caso de adiamento de qualquer votação nos termos do artigo 112.°, a assembleia de apuramento geral reunir-se-á no dia subsequente à realização dessa votação para proceder ao respectivo apuramento e aos ajustamentos a introduzir no apuramento entretanto realizado.

2 – A proclamação e a publicação terão lugar até ao 11.° dia subsequente à votação.

3 – O disposto nos números anteriores é aplicável em caso de declaração de nulidade de qualquer votação.

CAPÍTULO VI – Contencioso da votação e do apuramento

ARTIGO 151.° – (**Pressuposto do recurso contencioso**)

As irregularidades ocorridas no decurso da votação e das operações de apuramento parcial ou geral podem ser apreciadas em recurso, desde que tenham sido objecto de reclamação ou protesto apresentados por escrito no acto em que se tiverem verificado.

Lei Orgânica n.º 4/2000, de 24 de Agosto 181

ARTIGO 152.º – (**Legitimidade**)
Da decisão sobre a reclamação, protesto ou contraprotesto podem recorrer, além do respectivo apresentante, os delegados ou representantes dos partidos ou grupos de cidadãos intervenientes na campanha.

ARTIGO 153.º – (**Tribunal competente e prazo**)
O recurso contencioso é interposto perante o Tribunal Constitucional no dia seguinte ao da afixação do edital contendo os resultados do apuramento.

ARTIGO 154.º – (**Processo**)
1 – A petição de recurso especifica os respectivos fundamentos de facto e de direito e é acompanhada de todos os elementos de prova.
2 – No caso de recurso relativo a assembleias de apuramento com sede em Região Autónoma, a interposição e fundamentação podem ser feitas por via telegráfica, por telex ou fax, sem prejuízo do posterior envio de todos os elementos de prova.
3 – Os representantes dos restantes partidos ou grupos de cidadãos intervenientes na campanha para o referendo são imediatamente notificados para responderem, querendo, no prazo de um dia.
4 – O Tribunal Constitucional decide definitivamente em plenário no prazo de dois dias a contar do termo do prazo previsto no número anterior.
5 – É aplicável ao contencioso da votação e do apuramento o disposto no Código de Processo Civil quanto ao processo declarativo, com as necessárias adaptações.

ARTIGO 155.º – (**Efeitos da decisão**)
1 – A votação em qualquer assembleia de voto só é julgada nula quando se hajam verificado ilegalidades que possam influir no resultado geral do referendo.
2 – Declarada a nulidade da votação numa ou mais assembleias de voto, as operações correspondentes são repetidas no segundo domingo posterior à decisão.

CAPÍTULO VII – **Despesas públicas respeitantes ao referendo**

ARTIGO 156.º – (**Âmbito das despesas respeitantes ao referendo**)
Constituem despesas públicas respeitantes ao referendo os encargos públicos resultantes dos actos de organização e concretização do processo de votação, bem como da divulgação de elementos com estes relacionados.

ARTIGO 157.º – (**Despesas locais e centrais**)
1 – As despesas são locais e centrais.
2 – Constituem despesas locais as realizadas pelos órgãos das autarquias locais ou por qualquer outra entidade a nível local.
3 – Constituem despesas centrais as realizadas pela Comissão Nacional de Eleições e pelo Secretariado Técnico dos Assuntos para o Processo Eleitoral ou outros serviços da administração central no exercício das suas atribuições.

ARTIGO 158.º – (**Trabalho extraordinário**)
Os trabalhos relativos à efectivação de referendo que devam ser executados por funcionários ou agentes da Administração Pública para além do respectivo período normal de trabalho são remunerados, nos termos da lei vigente, como trabalho extraordinário.

182   *I – Organização Administrativa*

ARTIGO 159.º – (**Atribuição de tarefas**)

No caso de serem atribuídas tarefas a entidade não vinculada à Administração Pública, a respectiva remuneração tem lugar na medida do trabalho prestado, nos termos da lei.

ARTIGO 160.º – (**Pagamento das despesas**)

1 – As despesas locais são satisfeitas por verbas sujeitas a inscrição no orçamento das respectivas autarquias locais.

2 – As despesas centrais são satisfeitas pelo Secretariado Técnico dos Assuntos para o Processo Eleitoral, mediante verba sujeita a inscrição no respectivo orçamento.

3 – As despesas efectuadas por outras entidades no exercício de competência própria ou sem prévio assentimento das respectivas autarquias locais ou do Ministério da Administração Interna, consoante os casos, são satisfeitas por aquelas entidades.

ARTIGO 161.º – (**Encargos com a composição e a impressão dos boletins de voto**)

As despesas com a composição e a impressão dos boletins de voto são satisfeitas por verbas sujeitas a inscrição no orçamento do Ministério da Administração Interna, através do Secretariado Técnico dos Assuntos para o Processo Eleitoral.

ARTIGO 162.º – (**Despesas com deslocações**)

1 – As deslocações realizadas por indivíduos não vinculados à Administração Pública no exercício de funções para que tenham sido legalmente designados no âmbito da efectivação do referendo ficam sujeitas ao regime jurídico aplicável, nesta matéria, aos funcionários públicos.

2 – O pagamento a efectivar, a título de ajudas de custo, pelas deslocações a que se refere o número anterior é efectuado com base no estabelecido para a categoria de técnico superior de 1.ª classe, 1.º escalão, nas tabelas correspondentes da função pública.

ARTIGO 163.º – (**Transferência de verbas**)

1 – O Estado, através do Ministério da Administração Interna, comparticipa nas despesas a que alude o n.º 1 do artigo 160.º, mediante transferência de verbas do seu orçamento para as autarquias.

2 – Os montantes a transferir são calculados de acordo com a seguinte fórmula:

$$\text{Montante a transferir} = V + A \times E$$

em que:

         V é a verba mínima, em escudos, por autarquia;

         E o número de eleitores por autarquia;

         A o coeficiente de ponderação, expresso em escudos por eleitor.

3 – Os valores V e A são fixados por decreto-lei.

4 – Em caso de referendo municipal, a verba atribuída é consignada às freguesias da respectiva área, de acordo com o critério estabelecido no n.º 2.

5 – A verba prevista no número anterior é transferida até 30 dias antes do início da campanha para o referendo.

6 – Nas situações a que alude o n.º 4, a transferência para a freguesia ocorrerá no prazo de cinco dias a contar da data em que tenha sido posta à disposição do município.

ARTIGO 164.º – (**Dispensa de formalismos legais**)

1 – Na realização de despesas respeitantes à efectivação do referendo é dispensada a precedência de formalidades que se mostrem incompatíveis com os prazos e a natureza dos trabalhos a realizar e que não sejam de carácter puramente contabilístico.

Lei Orgânica n.° 4/2000, de 24 de Agosto

2 – A dispensa referida no número anterior efectiva-se por despacho da entidade responsável pela gestão do orçamento pelo qual a despesa deve ser suportada.

ARTIGO 165.° – (**Dever de indemnização**)

1 – O Estado indemniza as publicações informativas, nos termos do disposto no artigo 60.° do regime do direito de antena nas eleições presidenciais e legislativas, na redacção da Lei n.° 35/95, de 18 de Agosto.

2 – A competente comissão arbitral é composta por um representante do Secretariado Técnico de Apoio ao Processo Eleitoral, um representante da Inspecção-Geral de Finanças e um representante designado pelas associações do sector.

ARTIGO 166.° – (**Isenções**)

São isentos de quaisquer taxas ou emolumentos, do imposto do selo e da taxa de justiça, consoante os casos:

a) Os requerimentos, incluindo os judiciais, relativos à efectivação do referendo;

b) Os reconhecimentos notariais em documentos para efeitos de referendo;

c) As procurações forenses a utilizar em reclamações e recursos previstos na presente lei, devendo as mesmas especificar o fim a que se destinam;

d) Todos os documentos destinados a instruir quaisquer reclamações, protestos ou contraprotestos perante as assembleias de voto ou de apuramento, bem como quaisquer reclamações ou recursos previstos na lei;

e) As certidões relativas ao apuramento.

CAPÍTULO VIII – Ilícito referendário

SECÇÃO I – Princípios comuns

ARTIGO 167.° – (**Circunstâncias agravantes**)

Constituem circunstâncias agravantes do ilícito relativo ao referendo:

a) O facto de a infracção influir no resultado da votação;

b) Ser a infracção cometida por agente com intervenção em actos de referendo;

c) Ser a infracção cometida por membro de comissão recenseadora;

d) Ser a infracção cometida por membro da mesa da assembleia de voto;

e) Ser a infracção cometida por membro da assembleia de apuramento;

f) Ser a infracção cometida por representante ou delegado de partido político ou de grupo de cidadãos formalizado nos termos da presente lei.

SECÇÃO II – Ilícito penal

SUBSECÇÃO I – Disposições gerais

ARTIGO 168.° – (**Punição da tentativa**)

A tentativa é sempre punível.

184 *I – Organização Administrativa*

ARTIGO 169.° – (**Pena acessória de suspensão de direitos políticos**)
À prática de crimes relativos ao referendo pode corresponder, para além das penas especialmente previstas na presente lei, pena acessória de suspensão, de seis meses a cinco anos, dos direitos consignados nos artigos 49.°, 50.° e 51.°, no n.° 3 do artigo 52.° e nos artigos 122.° e 124.° da Constituição da República, atenta a concreta gravidade do facto.

ARTIGO 170.° – (**Pena acessória de demissão**)
À pratica de crimes relativos ao referendo por parte de funcionário público no exercício das suas funções pode corresponder, independentemente da medida da pena, a pena acessória de demissão, sempre que o crime tiver sido praticado com flagrante e grave abuso das funções ou com manifesta e grave violação dos deveres que lhe são inerentes, atenta a concreta gravidade do facto.

ARTIGO 171.° – (**Direito de constituição como assistente**)
Qualquer partido que tenha efectuado a declaração prevista no n.° 2 do artigo 37.°, ou grupo de cidadãos, constituído nos termos e para os efeitos da presente lei, pode constituir-se assistente em processo penal relativo a referendo.

SUBSECÇÃO II – Crimes relativos à campanha para referendo

ARTIGO 172.° – (**Violação dos deveres de neutralidade e imparcialidade**)
Quem, no exercício das suas funções, infringir os deveres de neutralidade ou imparcialidade, constantes do artigo 43.°, é punido com pena de prisão até 2 anos ou pena de multa até 240 dias.

ARTIGO 173.° – (**Utilização indevida de denominação, sigla ou símbolo**)
Quem, durante a campanha para o referendo e com o intuito de prejudicar ou injuriar, utilizar denominação, sigla ou símbolo de qualquer partido, coligação ou grupo de cidadãos é punido com pena de prisão até 1 ano ou pena de multa até 120 dias.

ARTIGO 174.° – (**Violação das liberdades de reunião e de manifestação**)
1 – Quem, por meio de violência ou participação em tumulto, desordem ou vozearia, perturbar gravemente reunião, comício, manifestação ou desfile de propaganda é punido com pena de prisão até 1 ano ou pena de multa até 120 dias.
2 – Quem, da mesma forma, impedir a realização ou prosseguimento de reunião, comício, manifestação ou desfile é punido com pena de prisão até 2 anos ou pena de multa até 240 dias.

ARTIGO 175.° – (**Dano em material de propaganda**)
1 – Quem roubar, furtar, destruir, rasgar, desfigurar ou por qualquer forma inutilizar ou tornar ilegível, no todo ou em parte, material de propaganda durante o período da campanha para o referendo é punido com pena de prisão até 6 meses ou pena de multa até 60 dias.
2 – Não são punidos os factos previstos no número anterior se o material tiver sido afixado em casa ou em estabelecimento de agente, sem conhecimento deste, ou tiver sido afixado antes do início da campanha.

ARTIGO 176.° – (**Desvio de correspondência**)
O empregado dos correios que desencaminhar, retiver ou não entregar ao destinatário circular, cartazes ou outro meio de propaganda é punido com pena de prisão de 6 meses a 3 anos ou pena de multa de 60 a 360 dias.

Lei Orgânica n.º 4/2000, de 24 de Agosto   185

ARTIGO 177.º – **(Propaganda no dia do referendo)**

1 – Quem no dia do referendo fizer propaganda por qualquer meio é punido com pena de multa não inferior a 50 dias.

2 – Quem no mesmo dia fizer propaganda em assembleia de voto ou nas suas imediações até 500 m é punido com pena de prisão até 3 meses ou pena de multa não inferior a 30 dias.

SUBSECÇÃO III – Crimes relativos à organização do processo de votação

ARTIGO 178.º – **(Desvio de boletins de voto)**

Quem subtrair, retiver ou impedir a distribuição de boletins de voto, ou por qualquer meio contribuir para que estes não cheguem ao seu destino no tempo legalmente estabelecido, é punido com pena de prisão de 3 meses a 2 anos ou pena de multa não inferior a 100 dias.

SUBSECÇÃO IV – Crimes relativos ao sufrágio e ao apuramento

ARTIGO 179.º – **(Fraude em acto referendário)**

Quem, no decurso da efectivação do referendo:

a) Se apresentar fraudulentamente a votar tomando a identidade do eleitor inscrito;

b) Votar em mais de uma assembleia de voto, ou mais de uma vez na mesma assembleia, ou em mais de um boletim de voto, ou actuar por qualquer forma que conduza a um falso apuramento do escrutínio;

c) Falsear o apuramento, a publicação ou a acta oficial do resultado da votação; é punido com pena de prisão até 2 anos ou com pena de multa até 240 dias.

ARTIGO 180.º – **(Violação do segredo de voto)**

Quem em assembleia de voto ou nas suas imediações até 500 m:

a) Usar de coacção ou artifício fraudulento de qualquer natureza ou se servir do seu ascendente sobre eleitor para obter a revelação do voto deste é punido com pena de prisão até 1 ano ou pena de multa até 120 dias;

b) Der a outrem conhecimento do sentido de voto de um eleitor é punido com pena de multa até 60 dias;

c) Revelar como votou ou vai votar é punido com pena de multa até 60 dias.

ARTIGO 181.º – **(Admissão ou exclusão abusiva do voto)**

Os membros de mesa de assembleia de voto que contribuírem para que seja admitido a votar quem não tenha direito de sufrágio ou não o possa exercer nessa assembleia, bem como os que contribuírem para a exclusão de quem o tiver, são punidos com pena de prisão até 2 anos ou com pena de multa até 240 dias.

ARTIGO 182.º – **(Não facilitação do exercício de sufrágio)**

Os responsáveis pelos serviços ou empresas em actividade no dia da eleição que recusem aos respectivos funcionários ou trabalhadores dispensa pelo tempo suficiente para que possam votar são punidos com pena de prisão até 1 ano ou com pena de multa até 120 dias.

ARTIGO 183.º – **(Impedimento do sufrágio por abuso de autoridade)**

O agente de autoridade que abusivamente, no dia do referendo, sob qualquer pretexto, fizer

186 *I – Organização Administrativa*

sair do seu domicílio ou retiver fora dele qualquer eleitor para que este não possa votar é punido com pena de prisão até 2 anos ou com pena de multa até 240 dias.

ARTIGO 184.° – (**Abuso de funções**)

O cidadão investido de poder público, o funcionário ou agente do Estado ou de outra pessoa colectiva pública e o ministro de qualquer culto que se sirvam abusivamente das funções ou do cargo para constranger ou induzir eleitores a votar ou a deixar de votar em determinado sentido são punidos com pena de prisão até 2 anos ou com pena de multa até 240 dias.

ARTIGO 185.° – (**Coacção de eleitor**)

Quem, por meio de violência, ameaça de violência ou de grave mal, constranger o eleitor a votar, o impedir de votar ou o forçar a votar num certo sentido é punido com pena de prisão até 5 anos, se pena mais grave lhe não couber por força de outra disposição legal.

ARTIGO 186.° – (**Coacção relativa a emprego**)

Quem aplicar ou ameaçar aplicar a um cidadão qualquer sanção no emprego, nomeadamente a de despedimento, ou o impedir ou ameaçar impedir de obter emprego a fim de que vote ou deixe de votar ou porque votou ou não votou em certo sentido, ou ainda porque participou ou não participou em campanha para o referendo é punido com pena de prisão até 2 anos ou com pena de multa até 240 dias, sem prejuízo da nulidade da sanção e da automática readmissão no emprego se o despedimento tiver chegado a efectivar-se.

ARTIGO 187.° – (**Fraude e corrupção do eleitor**)

1 – Quem, mediante artifício fraudulento, levar o eleitor a votar, o impedir de votar, conduzir a fazê-lo em certo sentido ou comprar ou vender o voto é punido com pena de prisão até 2 anos ou com pena de multa até 240 dias.

2 – Na mesma pena incorre aquele que oferecer, prometer ou conceder emprego público ou privado ou outra vantagem a um ou mais eleitores ou, por acordo com estes, a uma terceira pessoa mesmo quando a vantagem utilizada, prometida ou conseguida for dissimulada a título de indemnização pecuniária dada ao eleitor para despesas de viagem ou de estada ou de pagamento de alimentos ou bebidas ou a pretexto de despesas com a campanha eleitoral.

3 – Em pena idêntica incorre ainda o eleitor aceitante do benefício ou vantagem provenientes da transacção do seu voto.

ARTIGO 188.° – (**Não assunção, não exercício ou abandono de funções em assembleia de voto ou de apuramento**)

Quem for designado para fazer parte de mesa de assembleia de voto ou como membro de assembleia de apuramento e, sem causa justificativa, não assumir, não exercer ou abandonar essas funções, é punido com pena de prisão até 6 meses ou com pena de multa até 60 dias.

ARTIGO 189.° – (**Não exibição da urna**)

O presidente da mesa da assembleia de voto que não exibir a urna perante os eleitores é punido com pena de prisão até 6 meses ou com pena de multa até 60 dias.

ARTIGO 190.° – (**Acompanhante infiel**)

Aquele que acompanhar ao acto de votar eleitor afectado por doença ou deficiência física notórias e não garantir com fidelidade a expressão ou o sigilo de voto é punido com pena de prisão até 1 ano ou com pena de multa até 120 dias.

Lei Orgânica n.° 4/2000, de 24 de Agosto

ARTIGO 191.° – (**Introdução fraudulenta de boletim na urna ou desvio da urna ou de boletim de voto**)

Quem fraudulentamente introduzir boletim de voto na urna antes ou depois do início da votação, se apoderar da urna com os boletins de voto nela recolhidos mas ainda não apurados ou se apoderar de um ou mais boletins de voto em qualquer momento, desde a abertura da assembleia de voto até ao apuramento geral do referendo, é punido com pena de prisão até 3 anos ou pena de multa até 360 dias.

ARTIGO 192.° – (**Fraudes praticadas por membro da mesa de assembleia de voto**)

O membro da mesa de assembleia de voto que apuser ou consentir que se aponha nota de descarga em eleitor que não votou ou que não a apuser em eleitor que tiver votado, que fizer leitura infiel do boletim de voto ou de resposta a qualquer pergunta, que diminuir ou aditar voto a uma resposta no apuramento ou que de qualquer modo falsear a verdade do referendo é punido com pena de prisão até 2 anos ou com pena de multa até 240 dias.

ARTIGO 193.° – (**Obstrução à fiscalização**)

Quem impedir a entrada ou a saída em assembleia de voto ou de apuramento de qualquer delegado ou grupo de cidadãos interveniente em campanha para referendo ou por qualquer modo tentar opor-se a que exerça os poderes que lhe são conferidos pela presente lei é punido com pena de prisão até 6 meses ou com pena de multa até 60 dias.

ARTIGO 194.° – (**Recusa de receber reclamações, protestos ou contraprotestos**)

O presidente da mesa da assembleia de voto ou de apuramento que ilegitimamente se recusar a receber reclamação, protesto ou contraprotesto é punido com pena de prisão até 1 ano ou com pena de multa até 120 dias.

ARTIGO 195.° – (**Perturbação ou impedimento de assembleia de voto ou de apuramento**)

1 – Quem, por meio de violência ou participando em tumulto, desordem ou vozearia, impedir ou perturbar gravemente a realização, o funcionamento ou o apuramento de resultados de assembleia de voto ou de apuramento é punido com pena de prisão até 2 anos ou com pena de multa até 240 dias.

2 – Quem entrar armado em assembleia de voto ou apuramento, não pertencendo a força pública devidamente autorizada, é punido com pena de prisão até 1 ano ou com pena de multa até 120 dias.

ARTIGO 196.° – (**Presença indevida em assembleia de voto ou apuramento**)

Quem durante as operações de votação ou de apuramento se introduzir na respectiva assembleia sem ter direito a fazê-lo e se recusar sair, depois de intimado pelo presidente, é punido com pena de prisão até 6 meses ou com pena de multa até 60 dias.

ARTIGO 197.° – (**Não comparência de força de segurança**)

O comandante de força de segurança que injustificadamente deixar de cumprir os deveres decorrentes do artigo 124.° é punido com pena de prisão até 6 meses ou com pena de multa até 120 dias.

ARTIGO 198.° – (**Falsificação de boletins, actas ou documentos relativos a referendo**)

Quem dolosamente alterar, ocultar, substituir, destruir ou suprimir, por qualquer modo, boletim de voto, acta de assembleia de voto ou de apuramento ou qualquer documento respei-

188   *I – Organização Administrativa*

tante a operações de referendo é punido com pena de prisão até 2 anos ou com pena de multa até 240 dias.

ARTIGO 199.° – **(Falso atestado de doença ou deficiência física)**

O médico que atestar falsamente doença ou deficiência física é punido com pena de prisão até 1 ano ou pena de multa até 120 dias.

ARTIGO 200.° – **(Desvio de voto antecipado)**

O empregado do correio que desencaminhar, retiver ou não entregar à junta de freguesia voto antecipado, nos caso previstos nesta lei, é punido com pena de prisão até 2 anos ou com pena de multa até 240 dias.

ARTIGO 201.° – **(Agravação)**

As penas previstas nos artigos desta secção são agravadas de um terço nos seus limites mínimo e máximo nos casos previstos no artigo 167.°.

SECÇÃO III – **Ilícito de mera ordenação social**

SUBSECÇÃO I – **Disposição gerais**

ARTIGO 202.° – **(Órgãos competentes)**

1 – Compete à Comissão Nacional de Eleições, com recurso para a secção criminal do Supremo Tribunal de Justiça, aplicar as coimas correspondentes a contra-ordenações cometidas por partido político ou grupo de cidadãos, por empresa de comunicação social, de publicidade, de sondagens ou proprietária de salas de espectáculos.

2 – Compete nos demais casos ao presidente da junta de freguesia da área onde a contra-ordenação tiver sido cometida aplicar a respectiva coima, com recurso para o tribunal competente.

3 – Compete ao juiz da comarca, em processo instruído pelo Ministério Público, com recurso para a secção criminal do Supremo Tribunal de Justiça, aplicar as coimas correspondentes a contra-ordenações cometidas por eleitos locais no exercício das suas funções.

ARTIGO 203.° – **(Afectação do produto das coimas)**

O produto das coimas correspondentes a contra-ordenações previstas pela presente lei é afectado da seguinte forma:

a) 60% para o Estado;

b) 40% para a autarquia local em que tenha lugar o referendo.

SUBSECÇÃO II – **Contra-ordenações relativas à campanha**

ARTIGO 204.° – **(Reuniões, comícios, manifestações ou desfiles ilegais)**

Quem promover reuniões, comícios, manifestações ou desfiles em contravenção com o disposto na presente lei é punido com coima de 100 000$00 a 500 000$00.

ARTIGO 205.° – **(Violação de regras sobre propaganda sonora ou gráfica)**

Quem fizer propaganda sonora ou gráfica com violação do disposto na presente lei é punido com coima de 10 000$00 a 100 000$00.

Lei Orgânica n.º 4/2000, de 24 de Agosto 189

ARTIGO 206.º – **(Publicidade comercial ilícita)**
A empresa que fizer propaganda comercial com violação do disposto na presente lei é punida com coima de 1 000 000$00 a 3 000 000$00.

ARTIGO 207.º – **(Violação de deveres por publicação informativa)**
A empresa proprietária de publicação informativa que não proceder às comunicações relativas à campanha para o referendo previstas na presente lei ou que não der tratamento igualitário aos diversos partidos é punida com coima de 200 000$00 a 2 000 000$00.

SUBSECÇÃO III – **Contra-ordenações relativas à organização do processo de votação**

ARTIGO 208.º – **(Não invocação de impedimento)**
Aquele que não assumir funções de membro de mesa de assembleia de voto por impedimento justificativo que não invoque, podendo fazê-lo, imediatamente após a ocorrência ou o conhecimento do facto impeditivo é punido com coima de 20 000$00 a 100 000$00.

SUBSECÇÃO IV – **Contra-ordenações relativas ao sufrágio e ao apuramento**

ARTIGO 209.º – **(Não abertura de serviço público)**
O membro de junta de freguesia e o responsável por centro de saúde ou local equiparado que não abrir os respectivos serviços no dia da realização do referendo é punido com coima de 10 000$00 a 200 000$00.

ARTIGO 210.º – **(Não apresentação de membro de mesa de assembleia de voto à hora legalmente fixada)**
O membro de mesa de assembleia de voto que não se apresentar no local do seu funcionamento até uma hora antes da hora marcada para o início das operações é punido com coima de 10 000$00 a 50 000$00.

ARTIGO 211.º – **(Não cumprimento de formalidades por membro de mesa de assembleia de voto ou de assembleia de apuramento)**
O membro de mesa de assembleia de voto ou de apuramento que não cumprir ou deixar de cumprir, sem intenção fraudulenta, formalidade legalmente prevista na presente lei é punido com coima de 10 000$00 a 50 000$00.

ARTIGO 212.º – **(Não cumprimento de deveres pelo proprietário de sala de espectáculo)**
O proprietário de sala de espectáculo que não cumprir os seus deveres relativos à campanha constantes nos n.os 1 e 3 do artigo 56.º e no artigo 57.º é punido com coima de 200 000$00 a 500 000$00.

ARTIGO 213.º – **(Propaganda na véspera de referendo)**
Aquele que no dia anterior ao referendo fizer propaganda por qualquer modo é punido com coima de 10 000$00 a 50 000$00.

I – Organização Administrativa

ARTIGO 214.° – (Receitas ilícitas)

O partido ou grupo de cidadãos interveniente em campanha para referendo que obtiver para a mesma campanha receitas não previstas na presente lei é punido com coima de montante igual ao que ilicitamente tiver recebido e nunca inferior a 100 000$00.

ARTIGO 215.° – (Não discriminação de receitas ou despesas)

O partido ou grupo de cidadãos interveniente em campanha para referendo que não discriminar ou não comprovar devidamente as receitas ou despesas da mesma campanha é punido com coima de 100 000$00 a 1 000 000$00.

ARTIGO 216.° – (Não prestação ou não publicação de contas)

O partido ou grupo de cidadãos que não publicar as contas nos termos da presente lei é punido com coima de 1 000 000$00 a 2 000 000$00.

ARTIGO 217.° – (Reclamação e recurso de má fé)

Aquele que com má fé apresentar reclamação, recurso, protesto ou contraprotesto ou aquele que impugnar decisões dos órgãos eleitorais através de recurso manifestamente infundado será punido com coima de 5000$00 a 10 000$00.

ARTIGO 218.° – (Não publicação do mapa oficial)

O presidente do órgão deliberativo autárquico que não dê conhecimento ou não dê conhecimento exacto do mapa de resultados oficiais do referendo, através dos meios previstos no n.° 3 do artigo 147.° e no prazo aí definido, é punido com coima de 1 000 000$00 a 2 000 000$00.

TÍTULO IV – Efeitos do referendo

CAPÍTULO I – Disposições comuns

ARTIGO 219.° – (Eficácia)

1 – Os resultados do referendo vinculam os órgãos autárquicos.

2 – A vinculação referida no número anterior depende de o mínimo de votantes ser superior a metade dos eleitores inscritos no recenseamento.

ARTIGO 220.° – (Sanções)

A não observância do resultado do referendo pelas assembleias autárquicas competentes implica a sua dissolução, nos termos da lei.

ARTIGO 221.° – (Dever de agir dos órgãos autárquicos)

Se da votação resultar resposta que implique a produção de um acto pela autarquia sobre a questão ou questões submetidas a referendo, o órgão autárquico competente aprovará o acto de sentido correspondente, no prazo de 60 dias.

ARTIGO 222.° – (Revogação ou alteração ou substituição do acto concretizador do referendo)

1 – O acto praticado para corresponder ao sentido do referendo não poderá ser revogado ou alterado na sua definição essencial no decurso do mesmo mandato.

2 – Os órgãos autárquicos competentes não poderão aprovar acto de sentido oposto ao do resultado do referendo no decurso do mesmo mandato.

ARTIGO 223.° – (**Propostas de referendo objecto de resposta negativa**)

As propostas de referendo objecto de resposta dos eleitores que implique a continuidade da situação anterior ao referendo não poderão ser renovadas no decurso do mesmo mandato.

TÍTULO V – Disposições finais

ARTIGO 224.° – (**Comissão Nacional de Eleições**)

A Comissão Nacional de Eleições exerce as suas competências também em relação aos actos de referendo de âmbito local.

ARTIGO 225.° – (**Registo do referendo**)

1 – O Tribunal Constitucional deve dispor de um registo próprio dos referendos realizados, bem como dos respectivos resultados.

2 – O presidente do órgão executivo do município ou da freguesia, consoante os casos, comunica ao Presidente do Tribunal Constitucional a data de realização do referendo, nos cinco dias subsequentes à data da sua marcação.

3 – A Comissão Nacional de Eleições envia ao Presidente do Tribunal Constitucional o mapa dos resultados do referendo a que se refere o artigo 147.° no prazo previsto no n.° 2 do mesmo artigo.

ARTIGO 226.° – (**Direito supletivo**)

São aplicáveis ao regime do referendo local, supletivamente e com as devidas adaptações, em tudo o que não se encontre expressamente estabelecido na presente lei, as disposições da lei eleitoral para a Assembleia da República.

ARTIGO 227.° – (**Norma revogatória**)

É revogada a Lei n.° 49/90, de 24 de Agosto.

II
FINANÇAS LOCAIS

Decreto-Lei n.º 163/79, de 31 de Maio – Contencioso fiscal das taxas, mais-valias e outros rendimentos autárquicos.

Decreto-Lei n.º 258/79, de 28 de Julho – Empréstimos municipais.

Lei n.º 42/98, de 6 de Agosto – Lei das Finanças Locais.

Decreto-Lei n.º 54-A/99, de 22 de Fevereiro – Aprova o Plano Oficial de Contabilidade das Autarquias Locais (POCAL), definindo-se os princípios orçamentais e contabilísticos e os de controlo interno, as regras previsionais, os critérios de valorimetria, o balanço, a demonstração de resultados, bem assim, os documentos previsionais e os de prestação de contas

DECRETO-LEI N.° 163/79 *

de 31 de Maio

Contencioso fiscal das taxas, mais-valias e outros rendimentos autárquicos

A Lei n.° 1/79, de 2 de Janeiro, estabelece, no n.° 2 do artigo 6.°, um período transitório de dois anos para a transferência da liquidação e cobrança dos impostos de turismo e incêndio das câmaras municipais para as repartições de finanças. Importa, por isso, adaptar o regime do contencioso fiscal fixado no artigo 17.° da mesma Lei a esse período de transição, enquanto os impostos são cobrados nas câmaras municipais.

Por outro lado, impõe-se a regulamentação das disposições do artigo 17.° relativas ao contencioso fiscal das taxas, mais-valias e outros rendimentos autárquicos, tendo em conta a revogação dos preceitos do Código Administrativo e de outra legislação avulsa sobre a matéria.

Pretende-se, no presente decreto-lei conciliar o princípio da unidade de regime do contencioso fiscal, que a Lei n.° 1/79 vem estender, salvo os casos especiais de Lisboa e Porto, às autarquias locais, com o princípio da autonomia administrativa e as necessidades de eficiência e celeridade processual. Nesse sentido, dá-se ao chefe da secretaria da câmara municipal, entidade especialmente qualificada e que anteriormente exercia funções jurisdicionais em primeira instância nesta matéria, a competência e as funções que o Código de Processo das Contribuições e Impostos confere aos chefes das repartições de finanças.

Nestes termos:

ARTIGO 1.° (¹)

1 – As reclamações ordinárias e extraordinárias relativas à liquidação e cobrança dos impostos referidos nos n.ᵒˢ 3 e 4 da alínea a) do artigo 5.° da Lei n.° 1/79, de 2 de Janeiro, são deduzidas perante a câmara municipal enquanto a liquidação e cobrança se fizerem nos respectivos serviços.

2 – As impugnações da liquidação dos impostos referidos nos números anteriores são dirigidas aos tribunais das contribuições e impostos e apresentadas perante o chefe da secretaria da câmara municipal.

3 – As reclamações e impugnações previstas nos números anteriores aplica-se, com as necessárias adaptações, o disposto nos títulos II e III do Código de Processo das Contribuições e Impostos, sendo exercida pelo chefe da secretaria da câmara municipal a competência aí conferida ao chefe da repartição de finanças.

4 – Independentemente de reclamação ou impugnação dos interessados, a câmara municipal ordenará, sob proposta do chefe da secretaria, a revisão dos actos da liquidação dos impos-

---

* Este Diploma continua em vigor, por força do n.° 2 do art. 34.° do DL n.° 98/84, de 29 de Março, do n.° 2 do art. 29.° da Lei n.° 1/87, de 6 de Janeiro, e, ainda, do n.° 2 do art. 36.° da Lei n.° 42/98, de 6 de Agosto.

II – Finanças Locais

tos referidos nos números anteriores sempre que, por motivos imputáveis aos serviços, tenha sido liquidada quantia superior à devida, se ainda não tiverem decorrido cinco anos sobre a abertura dos cofres ou sobre o pagamento eventual.

1 – Ver arts. 16.º e 17.º da Lei n.º 42/98, de 6 de Agosto.

ARTIGO 2.º

1 – São competentes para levantar os autos de notícia referentes às contravenções aos regulamentos de liquidação e cobrança dos impostos referidos no artigo 1.º os funcionários municipais.

2 – Os autos de notícia são remetidos, no prazo de três dias, ao chefe da secretaria da câmara municipal, que, dentro de igual prazo, notificará o transgressor para pagar ou reclamar para a câmara municipal no prazo de dez dias, com fundamento em ilegalidade.

3 – Quando não haja pagamento nem reclamação, ou se o pagamento não for efectuado no prazo de dez dias a contar da notificação do arguido do indeferimento da reclamação, cabe ao chefe da secretaria instruir os processos, remetê-los aos tribunais das contribuições e impostos e executar as respectivas decisões.

4 – Ao processo de transgressão previsto neste artigo aplicam-se, no restante, com as necessárias adaptações, as normas do título IV do Código de Processo das Contribuições e Impostos.

ARTIGO 3.º (1-2)

O disposto nos artigos anteriores aplica-se às reclamações, impugnações e transgressões referentes à liquidação e cobrança de taxas e mais-valias previstas no artigo 3.º da Lei n.º 1/79.

1 – Rectificado pela declaração publicada no *DR*, I Série, de 2/7/79.
2 – As receitas municipais encontram-se previstas no art. 16.º da Lei n.º 42/98, de 6 de Agosto.

ARTIGO 4.º (1)

1 – A cobrança coerciva das dívidas aos municípios, serviços municipalizados e federações de municípios provenientes de impostos, derramas, taxas, mais-valias e outros rendimentos, quando não sejam cobrados cumulativamente com os do Estado, compete aos tribunais das contribuições e impostos, nos termos dos números seguintes.

2 – A cobrança coerciva seguirá, com as necessárias adaptações, os termos estabelecidos no título V do Código de Processo das Contribuições e Impostos, sendo as funções de juiz auxiliar conferidas ao chefe da repartição de finanças exercidas pelo chefe da secretaria da câmara municipal.

3 – Para efeitos do disposto nos números anteriores, os tesoureiros remetem ao chefe da secretaria da câmara municipal as respectivas certidões de relaxe.

4 – O disposto neste artigo aplica-se aos processos pendentes à data de publicação do presente decreto-lei.

1 – Ver art. 30.º da Lei n.º 42/98, de 6 de Agosto.

ARTIGO 5.º (1-2)

A actual competência dos tribunais municipais de Lisboa e Porto relativamente aos impostos referidos no artigo 1.º mantém-se apenas enquanto esses impostos forem cobrados pelo município, de acordo com o disposto no n.º 2 do artigo 6.º da Lei n.º 1/79.

1 – Os tribunais municipais de Lisboa e Porto foram extintos, passando a constituir juízos dos tribunais tributários de 1.ª instancia de Lisboa e Porto (art. 110.º do ETAF, na sua redacção originária).
2 – Ver art. 17.º da Lei n.º 42/98, de 6 de Agosto.

ARTIGO 6.º

1 – O presente decreto-lei aplica-se às reclamações, impugnações, transgressões e execuções referentes às taxas e outros rendimentos das freguesias e dos distritos.

2 – As reclamações são deduzidas perante a junta de freguesia ou o presidente da assembleia distrital.

3 – A competência conferida ao chefe da secretaria da câmara municipal será exercida, no distrito, pelo respectivo chefe da secretaria.

ARTIGO 7.º

Nos casos omissos relativos ao contencioso fiscal observar-se-á o disposto no Código de Processo das Contribuições e Impostos.

DECRETO-LEI N.º 258/79 *

de 28 de Julho

Empréstimos municipais

A Lei n.º 1/79, de 2 de Janeiro, no seu artigo 15.º, impõe ao Governo a regulamentação dos empréstimos municipais, ao mesmo tempo que revoga a legislação anterior sobre a matéria.

O presente decreto-lei visa corresponder a essa imposição legal e orienta-se pelos seguintes objectivos:

1) Estabelecer, em nome da autonomia e da operacionalidade do poder local, um regime suficientemente amplo e flexível para facultar às câmaras a disponibilidade de meios financeiros adicionais que lhes permitam:

a) Uma intervenção eficaz no domínio dos investimentos de interesse colectivo e directo dos respectivos municípios;

b) Aproveitar oportunidades para obtenção de linhas de crédito visando o apoio das actividades produtivas e o fomento do emprego a nível local, inclusive em colaboração com o sector privado, dentro ou fora de instituições para o desenvolvimento regional, como virão certamente a ser as sociedades de desenvolvimento regional;

c) Restabelecer situações financeiras sãs;

d) Resolver com maleabilidade e sem delongas ou formalidades desnecessárias as eventuais dificuldades de tesouraria;

2) Fomentar aplicações a médio e longo prazos de assegurada reprodutividade económica, social e cultural, sem que se perca de vista a conveniência de não onerar excessivamente as condições de equilíbrio das finanças municipais e sem que, ao mesmo tempo, se incentivem situações de tipo especulativo ou intervenções para que as entidades do sector público não se acham vocacionadas;

3) Criar os mecanismos eficazes para adaptar em cada caso as soluções e o uso dos instrumentos creditícios às necessidades da gestão financeira dos municípios;

4) Assegurar as cautelas mínimas para que os objectivos visados sejam efectivamente salvaguardados e os interesses em presença devidamente equilibrados.

Nestes termos:

ARTIGO 1.º

Os municípios podem contrair empréstimos junto de instituições de crédito autorizadas a concedê-los, sem necessidade de prévia aprovação tutelar.

---

* Este Diploma continua em vigor, por força do n.º 2 do art. 34.º do DL n.º 98/84, de 29 de Março, do n.º 2 do art. 29.º da Lei n.º 1/87, de 6 de Janeiro, e, ainda, do n.º 2 do art. 36.º da Lei n.º 42/98, de 6 de Agosto.

II – Finanças Locais

ARTIGO 2.º [1]

Os empréstimos a que se refere o artigo anterior podem ser a curto, médio e longos prazos.

1 – Ver art. 23.º n.º 3 da Lei n.º 42/98, de 6 de Agosto.

ARTIGO 3.º [1]

Os empréstimos a médio e longo prazos só podem ser contraídos para investimentos reprodutivos de alcance social ou cultural e ainda para proceder ao saneamento financeiro dos municípios.

1 – Ver art. 24.º n.º 3 da Lei n.º 42/98, de 6 de Agosto.

ARTIGO 4.º

1 – A contracção de empréstimos a médio e longo prazos para saneamento financeiro dos munícipios só pode ter lugar em casos de grave desequilíbrio das finanças municipais, tendo em vista o restabelecimento do respectivo equilíbrio num prazo razoável e, designadamente, nos casos de:

Insuficiência das cobranças de receitas previstas para fazer face a compromissos assumidos;

Necessidade de dilatar o prazo de empréstimos cujo vencimento se aproxime em altura de falta de recursos;

Conveniência de substituição de empréstimos por outros em condições menos onerosas.

2 – Os pedidos de empréstimos para saneamento financeiro dos municípios deverão ser instruídos com um estudo fundamentado sobre a situação financeira da autarquia e um plano de saneamento financeiro para o período a que respeita o empréstimo.

ARTIGO 5.º [1-2]

1 – Os empréstimos a curto prazo podem ser contraídos em qualquer circunstância para ocorrer a dificuldades momentâneas de tesouraria, não podendo ser utilizados para despesas correntes nem podendo o seu montante ultrapassar, em qualquer momento, 1/12 das verbas orçamentadas para investimento pelo município no respectivo ano.

2 – Os empréstimos a curto prazo poderão revestir qualquer forma adequada à natureza e duração da operação.

3 – Para efeitos de apreciação e julgamento das contas a que se refere o artigo 20.º da Lei n.º 1/79, de 2 de Janeiro, e para cumprimento das disposições orçamentais, os serviços de contabilidade municipal promoverão as necessárias adaptações na escrituração dos empréstimos a que se refere o n.º 1 e dos respectivos pagamentos.

1 – Ver art. 24.º n.º 1 da Lei n.º 42/98, de 6 de Agosto.

2 – Ao art. 20.º da Lei n.º 1/79, referida no n.º 3 deste preceito, corresponde, agora, o art. 9.º da Lei n.º 42/98.

ARTIGO 6.º [1]

1 – Os empréstimos a que se refere o artigo 2.º carecem de aprovação das respectivas assembleias municipais, nos termos dos artigos 48.º, alínea j), e 49.º da Lei n.º 79/77, de 25 de Outubro.

2 – A aprovação dos empréstimos a curto prazo poderá ser concedida pelas assembleias municipais nas suas sessões anuais de aprovação de orçamento, para todos os empréstimos que as câmaras venham a contrair durante o período de vigência do orçamento, nos termos do n.º 1 do artigo 5.º.

1 – A Resolução n.º 1/94 do Tribunal de Contas, publicado no D.R., I série, de 24 de Janeiro, aprovou instruções para a organização dos processos de «visto» a remeter ao Tribunal de Contas pelos serviços e organismos da administração central e local.

Decreto-Lei n.º 258/79, de 28 de Julho

ARTIGO 7.º (¹)

A contracção de empréstimos a médio e longo prazos não poderá nunca provocar encargos anuais globais com amortizações e juros que excedam 20% das verbas orçamentadas para investimentos, no respectivo ano, pelo município.

1 – Ver art. 24.º, n.º 3 da Lei n.º 42/98, de 6 de Agosto.

ARTIGO 8.º (¹)

1 – Sem prejuízo do disposto no artigo anterior, o acréscimo anual dos encargos com amortizações e juros não pode ultrapassar 5% das verbas orçamentadas para investimentos pelo município no ano em que o novo empréstimo, é contraído, salvo por acumulação da parte do limite fixado no artigo 7.º não utilizada em anos transactos e até ao montante de 10% das referidas verbas.

2 – Constituem também excepções a esta regra os aumentos de encargos provocados pela alteração das taxas de juro dos empréstimos contraídos, ainda que não se verifique maior endividamento.

1 – Revogado pelo art. 34.º do DL n.º 98/84, de 29 de Março.

ARTIGO 9.º

1 – Os municípios poderão beneficiar de taxas de juro bonificadas e do alargamento dos prazos de amortização, em condições semelhantes às praticadas para operações de idêntica natureza no sector produtivo.

2 – Em caso de calamidade pública ou de situação anormal equiparada, poderão ser inscritas no orçamento do MAI verbas especialmente consignadas ao serviço da dívida dos empréstimos que venham a ser contraídos para ocorrer às mesmas.

3 – A regulamentação das condições especiais acima referidas será feita em portaria conjunta dos Ministérios das Finanças e do Plano e da Administração Interna.

ARTIGO 10.º

1 – Os empréstimos contraídos pelos municípios para investimento terão um prazo de vencimento adequado à natureza das operações reais que visem financiar, não podendo em caso algum exceder a vida útil do respectivo investimento ou o período de recuperação dos encargos financeiros deles resultantes.

2 – (¹) Os empréstimos a longo prazo não poderão em caso algum ter um prazo superior a quinze anos.

3 – Os empréstimos para saneamento financeiro não poderão ter um prazo de vencimento superior a oito anos, admitindo-se um período de diferimento máximo de dois anos durante o qual apenas haverá lugar ao pagamento de juros.

1 – O n.º 2 foi revogado pelo art. 34.º do DL n.º 98/84, 29 de Março.

ARTIGO 11.º

1 – O prazo dos empréstimos a contrair pelos municípios deve contar-se a partir da data em que os fundos são colocados à sua disposição e termina na data prevista para a liquidação final e integral das operações em causa.

2 – Nos documentos que titulem o empréstimo fixar-se-á, obrigatoriamente, o respectivo vencimento.

II – Finanças Locais

ARTIGO 12.º (¹)

1 (²) – Constituirá, garantia única dos empréstimos contraídos pelos municípios a consignação das receitas que lhes cabem nos termos da alínea c) do artigo 5.º da Lei n.º 1/79, de 2 de Janeiro.

2 – Salvo convenção entre as partes, a falta de pagamento de qualquer prestação implica o imediato vencimento das restantes.

1 – Deve considerar-se tacitamente revogado pelos n.ᵒˢ 7 e 8 do art. 24.º da Lei n.º 42/98, de 6 de Agosto.
2 – Ver art. 15.º n.º 11 da Lei n.º 42/98 (garantia dos empréstimos contraídos para a construção de habitações destinadas a venda).

ARTIGO 13.º (¹)

1 – É da competência dos tribunais ordinários o julgamento das acções respeitantes ao não cumprimento das obrigações decorrentes do contrato de empréstimo.

2 – Em caso de acção executiva, poderá o tribunal, tendo em conta a disposto no n.º 4 do artigo 8.º da Lei n.º 1/79, de 2 de Janeiro, notificar o Ministério das Finanças e do Plano para que fiquem cativas, e sejam postas à disposição do credor, as quantias necessárias para a satisfação integral da dívida.

1 – Ver art. 10.º da Lei n.º 42/98, de 6 de Agosto.

LEI N.º 42/98

de 6 de Agosto

Lei das Finanças Locais

CAPÍTULO I – Disposições gerais

ARTIGO 1.º – (**Objecto**)

1 – A presente lei estabelece o regime financeiro dos municípios e das freguesias.

2 – O regime financeiro das regiões administrativas é objecto de diploma próprio.

ARTIGO 2.º – (**Autonomia financeira dos municípios e das freguesias**)

1 – Os municípios e as freguesias têm património e finanças próprios, cuja gestão compete aos respectivos órgãos.

2 – A tutela sobre a gestão patrimonial e financeira das autarquias locais é meramente inspectiva e só pode ser exercida segundo as formas e nos casos previstos na lei, salvaguardando sempre a democraticidade e a autonomia do poder local.

3 – A autonomia financeira dos municípios e das freguesias assenta, designadamente, nos seguintes poderes dos seus órgãos:

a) Elaborar, aprovar e modificar as opções do plano, orçamentos e outros documentos previsionais;

b) Elaborar e aprovar os documentos de prestação de contas;

c) Arrecadar e dispor de receitas que por lei lhes forem destinadas e ordenar e processar as despesas legalmente autorizadas;

d) Gerir o seu próprio património, bem como aquele que lhes for afecto.

4 – São nulas as deliberações de qualquer órgão dos municípios e freguesias que envolvam o exercício de poderes tributários ou determinem o lançamento de taxas ou mais-valias não previstas na lei.

5 – São nulas as deliberações de qualquer órgão dos municípios e freguesias que determinem ou autorizem a realização de despesas não permitidas por lei.

ARTIGO 3.º – (**Princípios e regras orçamentais**)

1 – Os orçamentos dos municípios e das freguesias respeitam os princípios da anualidade, unidade, universalidade, especificação, equilíbrio, não consignação e não compensação.

2 – Deverá ser dada adequada publicidade às opções do plano e ao orçamento, depois de aprovados pelo órgão deliberativo.

3 – O princípio da não consignação previsto no n.º 1 não se aplica às receitas provenientes de fundos comunitários, cooperação técnica e financeira e outras previstas por lei.

4 – O ano financeiro corresponde ao ano civil, podendo o orçamento ser modificado através de alterações e revisões.

204 II – Finanças Locais

ARTIGO 4.° – (**Poderes tributários**)

1 – Aos municípios cabem os poderes tributários conferidos por lei, relativamente a impostos a cuja receita tenham direito, em especial os referidos na alínea *a*) do artigo 16.°

2 – Nos casos de benefícios fiscais que afectem mais do que um município e de benefícios fiscais que constituam contrapartida da fixação de grandes projectos de investimento de interesse para a economia nacional, o reconhecimento dos mesmos compete ao Governo, ouvidos os municípios envolvidos, que deverão pronunciar-se no prazo máximo de 45 dias, nos termos da lei.

3 – Nos casos previstos no número anterior haverá lugar a compensação através de verba a inscrever no Orçamento do Estado.

4 – A assembleia municipal pode, por proposta da câmara municipal, através de deliberação fundamentada, conceder benefícios fiscais relativamente aos impostos a cuja receita tenha direito e que constituam contrapartida de fixação de projectos de investimentos de especial interesse para o desenvolvimento do município.

ARTIGO 5.° ([1]) – (**Equilíbrio financeiro vertical e horizontal**)

1 – A repartição dos recursos públicos entre o Estado e as autarquias locais é obtida mediante uma afectação financeira a estas, equivalente a 33% da média aritmética simples da receita proveniente dos impostos sobre o rendimento das pessoas singulares (IRS), sobre o rendimento das pessoas colectivas (IRC) e sobre o valor acrescentado (IVA).

2 – A receita dos impostos sobre o rendimento das pessoas singulares (IRS), sobre o rendimento das pessoas colectivas (IRC) e sobre o valor acrescentado (IVA) a que se refere o n.° 1 é a que corresponde à cobrança líquida destes impostos no penúltimo ano relativamente ao qual o Orçamento do Estado se refere, excluindo, no que respeita ao IRC, a parte que corresponde às derramas.

3 – Quando forem conferidas novas atribuições às autarquias locais, o Orçamento do Estado deve prever a afectação de recursos financeiros adicionais, de acordo com os encargos resultantes das novas atribuições.

4 – A transferência de atribuições dos municípios para as freguesias pode implicar a redistribuição da percentagem referida no n.° 1 do presente artigo pela participação dos municípios e das freguesias nos impostos do Estado, constantes dos n.ºs 1 e 2 do artigo 10.°, respectivamente.

5 – O plano de distribuição das dotações referidas no n.° 3 do presente artigo deverá constar de mapa anexo ao Orçamento do Estado.

6 – A participação de cada autarquia local nos recursos referidos no n.° 1 é determinada nos termos e de acordo com os critérios previstos na presente lei, visando corrigir as desigualdades entre autarquias do mesmo grau.

1 – Redacção do art. 1.° da Lei n.° 94/2001, de 20 de Agosto (para pruduzir efeitos a partir de 1/1/2002 – art. 3.°).

ARTIGO 6.° – (**Contabilidade**)

1 – O regime relativo à contabilidade das autarquias locais visa a sua uniformização, normalização e simplificação, de modo a constituir um instrumento de gestão económico-financeira, permitir o conhecimento completo do valor contabilístico do respectivo património, bem como a apreciação e julgamento do resultado anual da actividade autárquica.

2 ([1-2]) – A contabilidade das autarquias locais baseia-se no Plano Oficial de Contabilidade Pública, com as necessárias adaptações, podendo prever-se um sistema simplificado para as entidades com movimento de receita anual inferior ao montante fixado na lei.

1 – Redacção do art. 1.° da Lei n.° 94/2001, de 20 de Agosto (com efeitos a partir de 1/1/2002 – art. 3.°).

2 – O Plano Oficial de Contabilidade das Autarquias Locais foi aprovado, conforme o previsto neste n.° 2, pelo DL n.° 54-A/99, de 22 de Fevereiro.

Lei n.º 42/98, de 6 de Agosto

ARTIGO 7.º – (**Cooperação técnica e financeira**)

1 – Não são permitidas quaisquer formas de subsídios ou comparticipações financeiras aos municípios e freguesias por parte do Estado, das Regiões Autónomas, dos institutos públicos ou dos fundos autónomos.

2 – Poderão ser excepcionalmente inscritas no Orçamento do Estado, por ministério, verbas para financiamento de projectos das autarquias locais de grande relevância para o desenvolvimento regional e local, quando se verifique a sua urgência e a comprovada e manifesta incapacidade financeira das autarquias para lhes fazer face.

3 – O Governo e os governos regionais poderão ainda tomar providências orçamentais necessárias à concessão de auxílios financeiros às autarquias locais, nas seguintes situações:

a) Calamidade pública;

b) Municípios negativamente afectados por investimento da responsabilidade da administração central;

c) Edifícios sede de autarquias locais, negativamente afectados na respectiva funcionalidade;

d) Circunstâncias graves que afectem drasticamente a operacionalidade das infra-estruturas e dos serviços municipais de protecção civil;

e) Instalação de novos municípios ou freguesias;

f) Recuperação de áreas de construção clandestina ou de renovação urbana quando o seu peso relativo transcenda a capacidade e a responsabilidade autárquica nos termos da lei.

4 ([1]) – O Governo definirá por decreto-lei, no prazo de 180 dias, as condições em que haverá lugar à cooperação técnica e financeira prevista neste artigo.

5 – As providências orçamentais a que se refere o n.º 2 e as alíneas *b*), *c*), *e*) e *f*) do n.º 3 deverão ser discriminadas por sectores, municípios e programas, salvo em casos de manifesta urgência e imprevisibilidade dos investimentos ou das situações que geram os financiamentos.

6 – A execução anual dos programas de financiamento de cada ministério e os contratos-programa celebrados obedecem aos princípios da igualdade, imparcialidade e justiça e são publicados no Diário da República.

7 – Tendo em conta a especificidade das Regiões Autónomas, as assembleias legislativas regionais poderão definir outras formas de cooperação técnica e financeira além das previstas no n.º 3.º.

1 – Redacção do art. 1.º da Lei n.º 94/2001, de 20 de Agosto (para produzir efeitos a partir de 1/1/2002 – art. 3.º).

ARTIGO 8.º ([1]) – (**Dívidas das autarquias**)

Quando as autarquias tenham dívidas definidas por sentença judicial transitada em julgado ou por elas não contestadas junto dos credores no prazo máximo de 60 dias após a respectiva data de vencimento, pode ser deduzida uma parcela às transferências resultantes da aplicação da presente lei, até ao limite de 15% do respectivo montante global.

1 – Redacção do art. 1.º da Lei n.º 94/2001, de 20 de Agosto (para produzir efeitos a partir de 1/1/2002 – art. 3.º).

ARTIGO 9.º – (**Apreciação e julgamento das contas**)

1 – As contas dos municípios e das freguesias são apreciadas pelo respectivo órgão deliberativo, reunido em sessão ordinária, no mês de Abril do ano seguinte àquele a que respeitam.

2 ([1]) – As contas dos municípios e das freguesias são remetidas pelo órgão executivo, nos termos da lei, ao Tribunal de Contas, até 15 de Maio, independentemente da sua aprovação pelo órgão deliberativo, com cópia ao ministro que tutela as finanças e ao ministro que tutela as autarquias locais.

206   *II – Finanças Locais*

3 ([1]) – O Tribunal de Contas remete a sua decisão aos respectivos órgãos autárquicos, com cópia ao ministro que tutela as finanças e ao ministro que tutela as autarquias locais.

4 – Os municípios que detenham a totalidade do capital em empresas municipais devem mencionar, aquando da apresentação da conta, os movimentos financeiros realizados entre estas e o município, discriminando os resultados apurados e as variações patrimoniais por cada empresa municipal.

1 – Redacção do art. 1.° da Lei n.° 94/2001, de 20 de Agosto (para produzir efeitos a partir de 1/1/2002 – art. 3.°).

CAPÍTULO II – **Repartição dos recursos públicos**

ARTIGO 10.° – (**Transferências financeiras para as autarquias locais**)

1 ([1]) – Os municípios têm direito a uma participação em impostos do Estado equivalente a 30,5% da média aritmética simples da receita proveniente dos impostos sobre o rendimento das pessoas singulares (IRS), sobre o rendimento das pessoas colectivas (IRC) e sobre o valor acrescentado (IVA), assim distribuída:

a) 4,5% como Fundo Base Municipal (FBM), de acordo com o disposto no artigo 10.°-A;

b) 20,5% como Fundo Geral Municipal (FGM), de acordo com o disposto nos artigos 11.° e 12.°;

c) 5,5% como participação no Fundo de Coesão Municipal (FCM), nos termos do disposto nos artigos 13.° e 14.°

2 – As freguesias têm direito a uma participação em impostos do Estado equivalente a 2,5% da média aritmética simples da receita proveniente dos impostos sobre o rendimento das pessoas singulares (IRS), sobre o rendimento das pessoas colectivas (IRC) e sobre o valor acrescentado (IVA), a qual constitui o Fundo de Financiamento das Freguesias (FFF), a distribuir nos termos do disposto no artigo 15.°

3 ([1]) – Serão anualmente inscritos no Orçamento do Estado os montantes das transferências correspondentes às receitas previstas nas alíneas *a*), *b*) e *c*) do n.° 1 e no n.° 2.

4 – Os montantes correspondentes à participação dos municípios nas receitas referidas no n.° 1 são inscritos nos orçamentos municipais, 60% como receitas correntes e 40% como receitas de capital e transferidos por duodécimos até ao dia 15 do mês correspondente.

5 – Os montantes do Fundo de Financiamento das Freguesias são transferidos trimestralmente até ao dia 15 do 1.° mês do trimestre correspondente.

6 ([1]) – Excepcionalmente, se o diploma de execução do Orçamento do Estado o permitir, poderá ser autorizada pelo ministro que tutela as finanças a antecipação da transferência dos duodécimos a que se refere o n.° 4.

7 ([1]) – Os índices utilizados no cálculo do FGM e do FCM serão obrigatoriamente dados a conhecer pelo Governo à Assembleia da República no momento da apresentação da proposta de lei do Orçamento do Estado.

1 – Redacção do art. 1.° da Lei n.° 94/2001, de 20 de Agosto (para produzir efeitos a partir de 1/1/2002 – art. 3.°).

ARTIGO 10.°-A ([1]) – (**Fundo de Base Municipal**)

O FBM visa dotar os municípios de capacidade financeira mínima para o seu funcionamento, sendo repartido igualmente por todos os municípios.

1 – Aditado pelo art. 2.° da Lei n.° 94/2001, de 20 de Agosto (para produzir efeitos a partir de 1/1/2002 – art. 3.°).

Lei n.º 42/98, de 6 de Agosto

ARTIGO 11.º – **(Fundo Geral Municipal)**

O FGM visa dotar os municípios de condições financeiras adequadas ao desempenho das suas atribuições, em função dos respectivos níveis de funcionamento e investimento.

ARTIGO 12.º (¹) – **(Distribuição do FGM)**

1 – O montante do FGM é repartido por três unidades territoriais, correspondentes ao continente, à Região Autónoma dos Açores e à Região Autónoma da Madeira, de acordo com os seguintes critérios:

a) 50% na razão directa da população residente, sendo a das Regiões Autónomas ponderada pelo factor 1.3;

b) 30% na razão directa do número de municípios;

c) 20% na razão directa da área.

2 – A sua distribuição pelos municípios, dentro de cada unidade territorial, obedece aos seguintes critérios:

a) 40% na razão directa da população residente e da média diária de dormidas em estabelecimentos hoteleiros e parques de campismo;

b) 5% na razão directa da população residente com menos de 15 anos;

c) 30% na razão directa da área ponderada por um factor relativo à amplitude altimétrica do município;

d) 15% na razão directa do número de freguesias;

e) 10% na razão directa do montante do imposto sobre o rendimento das pessoas singulares cobrado aos sujeitos passivos residentes na área geográfica do município.

3 – Os elementos e os indicadores para aplicação dos critérios referidos no número anterior devem ser comunicados de forma discriminada à Assembleia da República, juntamente com a proposta de lei do Orçamento do Estado.

1 – Redacção do art. 1.º da Lei n.º 94/2001, de 20 de Agosto (para produzir efeitos a partir de 1/1/2002 – art. 3.º.

ARTIGO 13.º – **(Fundo de Coesão Municipal)**

1 – O FCM visa reforçar a coesão municipal, fomentando a correcção de assimetrias, em benefício dos municípios menos desenvolvidos e é distribuído com base nos índices de carência fiscal (ICF) e de desigualdade de oportunidades (IDO), os quais traduzem situações de inferioridade relativamente às correspondentes médias nacionais.

2 – O ICF de cada município corresponde à diferença entre a capitação média nacional das colectas dos impostos municipais referidos na alínea a) do artigo 16.º e a respectiva capitação municipal daqueles impostos.

3 – O IDO representa a diferença de oportunidades positiva para os cidadãos de cada município, decorrente da desigualdade de acesso a condições necessárias para poderem ter uma vida mais longa, com melhores níveis de saúde, de conforto, de saneamento básico e de aquisição de conhecimentos.

4 – Para efeitos de cálculo do ICF, as colectas efectivas dos impostos serão acrescidas das que teriam sido cobradas se a liquidação tivesse tido por base a média aritmética das taxas efectivamente praticadas por todos os municípios e dos montantes dos benefícios fiscais concedidos pelo município.

ARTIGO 14.º – **(Distribuição do FCM)**

1 – Por conta do FCM será atribuído a cada município com capitação de impostos munici-

208 *II – Finanças Locais*

pais, calculada nos termos do disposto nos n.ᵒˢ 2 e 4 do artigo anterior, inferior à capitação média nacional o montante necessário para que aquela capitação média seja atingida em cada um deles, na razão directa do resultado da seguinte fórmula:

$$Hab(\text{índice } m^*) \ (CNIM - CIM(\text{índice } m))$$

em que Hab(índice m) é a população residente no município; CNIM a capitação média nacional dos impostos municipais, e CIM(índice m) a capitação dos impostos municipais no município.

2 – O remanescente do FCM será distribuído por cada município na razão directa do resultado da seguinte fórmula:

$$Hab(\text{índice } m^*) \ (1 + IDO(\text{índice } m)), \text{ sendo } IDO(\text{índice } m) > 0$$
$$e\ IDO(\text{índice } m) = (IDS(\text{índice } n) - IDS(\text{índice } m))$$

em que Hab(índice m) é a população residente no município; IDO(índice m) o índice municipal de desigualdade de oportunidades do município; IDS(índice n) o índice nacional de desenvolvimento social, e IDS(índice m) o do município.

3 – A metodologia para construção do índice de desenvolvimento social nacional, de cada município e de cada unidade de 3.º nível da Nomenclatura das Unidades Territoriais para fins estatísticos (NUTS III) consta de documento anexo, que faz parte integrante do presente diploma.

4 (¹) – Os valores do índice de desenvolvimento social nacional de cada município e de cada unidade de 3.º nível (NUTS III) têm natureza censitária e constam de portaria a publicar pelo ministério que tutela as autarquias locais.

5 – Quando ocorrer a publicação de novos valores do IDS, o crescimento mínimo do índice de cada município, para efeitos de distribuição do FCM, não poderá ser inferior ao crescimento do índice da respectiva NUTS III.

1 – Redacção do art. 1.º da Lei n.º 94/2001, de 20 de Agosto (para produzir efeitos a partir de 1/1/2002 – art. 3.º).

ARTIGO 14.º-A (¹) – **(Garantia de crescimentos mínimos e máximos do conjunto dos fundos municipais)**

1 – A distribuição dos FBM, FGM e FCM garantirá a cada município um acréscimo da participação nas transferências financeiras relativamente ao ano anterior igual ou superior à taxa de inflação prevista.

2 – A cada município incluído nos escalões populacionais abaixo definidos é garantido um crescimento mínimo, relativamente à respectiva participação global nos FBM, FGM e FCM do ano anterior, equivalente ao factor a seguir indicado, ponderando a taxa de crescimento médio nacional de cada ano:

a) Aos municípios com menos de 10 000 habitantes – 1,25;

b) Aos municípios com 10 000 ou mais e menos de 20 000 habitantes – 1,0;

c) Aos municípios com 20 000 ou mais e menos de 40 000 habitantes – 0,80;

d) Aos municípios com 40 000 ou mais e menos de 100 000 habitantes – 0,60%.

3 – A taxa máxima de crescimento dos fundos dos municípios com 100 000 ou mais habitantes é idêntica à taxa de crescimento médio nacional.

4 – O crescimento da participação nos fundos municipais, relativamente ao ano anterior, não poderá exceder, em cada município, o equivalente a 1,5 vezes o crescimento médio nacional.

5 – Os crescimentos mínimos referidos nos n.ᵒˢ 1 e 2 são assegurados pelos excedentes que advierem da aplicação dos n.ᵒˢ 3 e 4, bem como, se necessário, por dedução proporcional nas

Lei n.º 42/98, de 6 de Agosto   209

transferências dos municípios que apresentem uma taxa de crescimento, relativamente ao ano anterior, superior à taxa média nacional e, se tal não for suficiente por dedução proporcional nas transferências dos municípios que apresentem uma taxa de crescimento, relativamente ao ano anterior, superior à taxa de inflação prevista.

1 – Aditado pelo art. 2.º da Lei n.º 94/2001, de 20 de Agosto (para produzir efeitos a partir de 1/1/2002 – art. 3.º.

ARTIGO 15.º – (**Distribuição do FFF**)

1 – O FFF é repartido por três unidades territoriais, correspondentes ao continente, à Região Autónoma dos Açores e à Região Autónoma da Madeira, de acordo com os seguintes critérios:

a) 50% na razão directa da população residente;

b) 30% na razão directa do número de freguesias;

c) 20% na razão directa da área.

2 – A distribuição pelas freguesias, dentro de cada unidade territorial, dos montantes apurados nos termos do número anterior obedece aos seguintes critérios:

a) 25% igualmente por todas;

b) 50% na razão directa do número de habitantes;

c) 25% na razão directa da área.

3 (¹) – Os elementos e os indicadores para aplicação dos critérios referidos nos números anteriores serão obrigatoriamente dados a conhecer pelo Governo de forma discriminada à Assembleia da República no momento da apresentação da proposta de lei do Orçamento do Estado.

4 (¹) – A cada freguesia incluída nos escalões populacionais abaixo definidos é garantido um crescimento mínimo relativamente à sua participação no FFF do ano anterior equivalente ao factor a seguir indicado, ponderando a taxa de inflação prevista:

a) Às freguesias com menos de 1 000 habitantes – 1,5%;

b) Às freguesias com 1 000 ou mais e menos de 5 000 habitantes – 1,25;

c) Às freguesias com 5 000 ou mais habitantes – 1,00.

5 (¹) – O crescimento anual da participação no FFF não poderá exceder, em cada freguesia, a percentagem que se revele necessária à garantia dos crescimentos mínimos previstos no número anterior.

1 – Redacção do art. 1.º da Lei n.º 94/2001, de 20 de Agosto (para produzir efeitos a partir de 1/1/2002 – art. 3.º.

CAPÍTULO III – Receitas das autarquias locais

ARTIGO 16.º – (**Receitas dos municípios**)

Constituem, ainda, receitas dos municípios:

a) O produto da cobrança dos impostos a que os municípios tenham direito, designadamente a contribuição autárquica, imposto municipal sobre veículos e o imposto municipal de sisa;

b) O produto da cobrança de derrama lançada nos termos do disposto no artigo 18.º;

c) O produto da cobrança de taxas por licenças concedidas pelo município;

d) O produto da cobrança de taxas, tarifas e preços resultantes da prestação de serviços pelo município;

e) O rendimento de bens próprios, móveis ou imóveis, por ele administrados, dados em concessão ou cedidos para exploração;

210   *II – Finanças Locais*

f) ([1]) O produto de multas e coimas fixadas por lei, regulamento ou postura que caibam ao município;

g) O produto da cobrança de encargos de mais-valias destinados por lei ao município;

h) O produto de empréstimos, incluindo o lançamento de obrigações municipais;

i) O produto de heranças, legados, doações e outras liberalidades a favor do município;

j) O produto da alienação de bens próprios, móveis ou imóveis;

l) Participação nos lucros de sociedades e nos resultados de outras entidades em que o município tome parte;

m) Outras receitas estabelecidas por lei a favor dos municípios.

1 – Ver art. 20.° do DL n.° 39/2000 de 17 de Junho (coimas resultantes da actividade do serviço de polícia municipal).

ARTIGO 17.° ([1]) – (**Liquidação e cobrança dos impostos**)

1 – Os impostos referidos na alínea *a*) do artigo 16.° são liquidados e cobrados nos termos previstos na lei.

2 – Quando a liquidação e cobrança dos impostos referidos na alínea a) do artigo 16.° seja assegurada pelos serviços do Estado, os respectivos encargos não podem exceder 1,5% ou 2,5% dos montantes liquidados ou cobrados, respectivamente.

3 – Quando a cobrança dos impostos que constituem receita municipal for efectuada pelos serviços competentes do Ministério das Finanças, a respectiva receita líquida dos encargos a que se refere o número anterior é transferida por estes para o município titular da receita, até ao 15.° dia do mês seguinte ao da cobrança.

4 – As câmaras municipais podem deliberar proceder à cobrança, pelos seus próprios serviços, do imposto municipal sobre veículos, nos termos estabelecidos por lei.

5 – Serão devidos juros de mora por parte da administração central, nos casos de atrasos nas transferências de receitas das autarquias, quer se trate dos impostos que são receitas municipais, quer de transferências de fundos.

6 – A Direcção-Geral do Tesouro fornecerá aos municípios informação mensal actualizada e discriminada dos imposto municipais liquidados e cobrados pelas respectivas repartições de finanças.

1 – Redacção do art. 1.° da Lei n.° 94/2001, de 20 de Agosto (para produzir efeitos a partir de 1/1/2002 – art. 3.°).

ARTIGO 18.° ([1]) – (**Derrama**)

1 – Os municípios podem lançar anualmente uma derrama, até ao limite máximo de 10% sobre a colecta do imposto sobre o rendimento das pessoas colectivas (IRC), que proporcionalmente corresponda ao rendimento gerado na sua área geográfica por sujeitos passivos que exerçam, a título principal, uma actividade de natureza comercial, industrial ou agrícola.

2 – A derrama pode ser lançada para reforçar a capacidade financeira ou no âmbito da celebração de contratos de reequilíbrio financeiro.

3 – A deliberação sobre o lançamento da derrama deve ser comunicada pela câmara municipal ao director de finanças competente até 31 de Outubro do ano anterior ao da cobrança, para efeitos de cobrança e distribuição por parte dos serviços competentes do ministério que tutela as finanças, sob pena de a derrama não ser liquidada nem cobrada no ano em causa.

4 – Para efeitos de aplicação do disposto no n.° 1, sempre que os sujeitos passivos tenham estabelecimentos estáveis ou representações locais em mais de um município e matéria colectável superior a 10 000 contos, a colecta do IRC relativa ao rendimento gerado na circunscrição de cada município é determinada pela proporção entre a massa salarial correspondente aos estabe-

Lei n.º 42/98, de 6 de Agosto 211

lecimentos que o sujeito passivo nele possua e a correspondente à totalidade dos seus estabelecimentos situados em território nacional.

5 – Nos casos não abrangidos pelo número anterior, considera-se que o rendimento é gerado no município em que se situa a sede ou a direcção efectiva do sujeito passivo ou, tratando-se de sujeitos passivos não residentes, no município em que se situa o estabelecimento estável onde, nos termos do artigo 100.º do CIRC, esteja centralizada a contabilidade.

6 – Entende-se por massa salarial o valor das despesas efectuadas com o pessoal e escrituradas no exercício a título de remunerações, ordenados ou salários.

7 – Os sujeitos passivos abrangidos pelo n.º 4 indicarão na declaração periódica de rendimento a massa salarial correspondente a cada município e efectuarão o apuramento da derrama que for devida.

8 – O produto das derramas cobradas será transferido para os municípios dentro dos 15 dias seguintes ao do respectivo apuramento.

9 – A Direcção-Geral dos Impostos fornecerá aos municípios informação actualizada e discriminada da derrama liquidada, cobrada e apurada pelas respectivas repartições de finanças.

1 – Redacção da Lei n.º 87-B/98, de 31 de Dezembro, e do art. 1.º da Lei n.º 94/2001, de 20 de Agosto (para produzir efeitos a partir de 1/1/2002 – art. 3.º).

ARTIGO 19.º – (**Taxas dos municípios**)

Os municípios podem cobrar taxas por:

a) Realização, manutenção e reforço de infra-estruturas urbanísticas;

b) Concessão de licenças de loteamento, de licenças de obras de urbanização, de execução de obras particulares, de ocupação da via pública por motivo de obras e de utilização de edifícios, bem como de obras para ocupação ou utilização do solo, subsolo e espaço aéreo do domínio público municipal;

c) Ocupação ou utilização do solo, subsolo e espaço aéreo do domínio público municipal e aproveitamento dos bens de utilidade pública;

d) Prestação de serviços ao público por parte das unidades orgânicas ou dos funcionários municipais;

e) Ocupação e utilização de locais reservados nos mercados e feiras;

f) Aferição e conferição de pesos, medidas e aparelhos de medição quando oficialmente qualificados e autorizados para o efeito;

g) Estacionamento de veículos em parques ou outros locais a esse fim destinados;

h) Autorização para o emprego de meios de publicidade destinados a propaganda comercial;

i) Utilização de quaisquer instalações destinadas ao conforto, comodidade ou recreio público;

j) Enterramento, concessão de terrenos e uso de jazigos, de ossários e de outras instalações em cemitérios municipais;

l) Conservação e tratamento de esgotos;

m) Licenciamento sanitário das instalações;

n) (¹) Utilização de infra-estruturas da rede viária municipal decorrente da actividade de exploração de inertes e massas minerais;

o) Qualquer outra licença da competência dos municípios;

p) Registos determinados por lei;

q) Quaisquer outras previstas por lei.

1 – Redacção do art. 1.º da Lei n.º 94/2001, de 20 de Agosto (para produzir efeitos a partir de 1/1/2002 – art. 3.º.

ARTIGO 20.° – (Tarifas e preços)

1 – As tarifas e preços a cobrar pelos municípios respeitam, designadamente, às actividades de exploração de sistemas públicos de:

a) Distribuição de água;

b) Drenagem de águas residuais;

c) Recolha, depósito e tratamento de resíduos sólidos;

d) Transportes colectivos de pessoas e mercadorias;

e) Distribuição de energia eléctrica em baixa tensão.

2 – Os municípios podem ainda cobrar tarifas por instalação, substituição ou renovação dos ramais domiciliários de ligação aos sistemas públicos de distribuição de água e de drenagem de águas residuais.

3 – As tarifas e os preços, a fixar pelos municípios, relativos aos serviços prestados e aos bens fornecidos pelas unidades orgânicas municipais e serviços municipalizados, não devem, em princípio, ser inferiores aos custos directa e indirectamente suportados com o fornecimento dos bens e com a prestação dos serviços.

ARTIGO 21.° – (Receitas das freguesias)

Constituem, ainda, receitas das freguesias:

a) O produto de cobrança de taxas das freguesias;

b) O produto de multas e coimas fixadas por lei, regulamento ou postura que caibam às freguesias;

c) O rendimento de bens próprios, móveis ou imóveis, por ela administrados, dados em concessão ou cedidos para exploração;

d) O produto de heranças, legados, doações e outras liberalidades a favor das freguesias;

e) O produto da alienação de bens próprios, móveis ou imóveis;

f) O rendimento proveniente da prestação de serviços pelas freguesias;

g) O rendimento de mercados e cemitérios das freguesias;

h) O produto de empréstimos, a contrair nos termos do artigo 27.°;

i) Outras quaisquer receitas estabelecidas por lei ou regulamento a favor das freguesias.

ARTIGO 22.° – (Taxas das freguesias)

As freguesias podem cobrar taxas:

a) Pela utilização de locais reservados a mercados e feiras sob jurisdição ou administração das freguesias;

b) Pelo enterramento, concessão de terrenos e uso de jazigos, de ossários e de outras instalações em cemitérios das freguesias;

c) Pela utilização de quaisquer instalações sob jurisdição ou administração da freguesia destinadas ao conforto, comodidade ou recreio do público;

d) Pela prestação de serviços administrativos;

e) Pelo licenciamento de canídeos;

f) Pela passagem de licenças da competência das freguesias que não estejam isentas por lei;

g) Pelo aproveitamento dos bens do domínio público sob a administração das freguesias;

h) Quaisquer outras previstas por lei.

Lei n.º 42/98, de 6 de Agosto

CAPÍTULO IV – **Recurso ao crédito pelas autarquias locais**

ARTIGO 23.º – (**Regime de crédito dos municípios**)

1 – Os municípios podem contrair empréstimos e utilizar aberturas de crédito junto de quaisquer instituições autorizadas por lei a conceder crédito, bem como emitir obrigações e celebrar contratos de locação financeira, nos termos da lei.

2 – A questão do endividamento municipal deverá orientar-se por princípios de rigor e eficiência, prosseguindo os seguintes objectivos:

a) Minimização de custos directos e indirectos numa perspectiva de longo prazo;

b) Garantia de uma distribuição equilibrada de custos pelos vários orçamentos anuais;

c) Prevenção de excessiva concentração temporal de amortização;

d) Não exposição a riscos excessivos.

3 – Os empréstimos e a utilização de aberturas de crédito, que para efeitos do presente diploma são designados por empréstimos, podem ser a curto ou a médio e longo prazos.

4 (^{1}) – Os empréstimos de médio e longo prazo têm um prazo de vencimento adequado à natureza das operações que visam financiar, não podendo, em caso algum, exceder a vida útil do respectivo investimento, com o limite máximo:

a) 25 anos, no caso de empréstimos contratados para aquisição e construção de habitação a custos controlados destinada a arrendamento;

b) 20 anos, nos restantes casos.

5 – O pedido de autorização à assembleia municipal para a contracção de empréstimos de médio e longo prazos é obrigatoriamente acompanhado de informação sobre as condições praticadas em, pelo menos, três instituições de crédito, bem como de mapa demonstrativo da capacidade de endividamento do município.

6 – A aprovação de empréstimos a curto prazo pode ser deliberada pela assembleia municipal, na sua sessão anual de aprovação do orçamento, para todos os empréstimos que a câmara venha a contrair durante o período de vigência do orçamento.

7 – É vedado aos municípios quer o aceite quer o saque de letras de câmbio, a concessão de avales cambiários, bem como a subscrição de livranças e a concessão de garantias pessoais.

8 – Em caso de contracção de empréstimos em moeda estrangeira, deve ser adequadamente salvaguardado nos respectivos contratos o risco cambial.

1 – Redacção do art. 28.º da Lei n.º 3-B/2000, de 4 de Abril.

ARTIGO 24.º (^{1}) – (**Características do endividamento municipal**)

1 – Os empréstimos a curto prazo são contraídos para ocorrer a dificuldades de tesouraria, não podendo o seu montante médio anual exceder 10% das receitas provenientes das participações do município nos Fundos de Base Municipal, Geral Municipal e de Coesão Municipal.

2 – Os empréstimos a médio e longo prazos podem ser contraídos para aplicação em investimentos ou ainda para proceder ao saneamento ou ao reequilíbrio financeiro dos municípios.

3 – Os encargos anuais com amortizações e juros dos empréstimos a médio e longo prazos, incluindo os dos empréstimos obrigacionistas, não podem exceder o maior dos limites do valor correspondente a três duodécimos dos Fundos de Base Municipal, Geral Municipal e de Coesão Municipal que cabe ao município ou a 20% das despesas realizadas para investimento pelo município no ano anterior.

4 – Os empréstimos contraídos por associações de municípios relevam, nos termos da lei, para efeito dos limites estabelecidos na presente disposição.

214   II – Finanças Locais

5 – Os empréstimos contraídos pelas empresas públicas municipais relevam igualmente para os efeitos referidos no número anterior.

6 – Do limite previsto no n.º 3 ficam excluídos:

a) O endividamento decorrente de empréstimos destinados à amortização de outros empréstimos e somente durante o tempo estritamente necessário para o efeito;

b) O endividamento decorrente dos empréstimos contraídos com o fim exclusivo de acorrer a despesas extraordinárias necessárias a reparação de prejuízos resultantes de calamidade pública;

c) O endividamento decorrente dos empréstimos para aquisição, construção ou recuperação de imóveis destinados à habitação social.

7 – Constituem garantias dos empréstimos contraídos as receitas municipais, com excepção dos subsídios, comparticipações e receitas consignadas.

8 – Os empréstimos contraídos para os fins previstos na alínea *c)* do n.º 6 são garantidos pela respectiva hipoteca.

1 – Redacção do art. 1.º da Lei n.º 94/2001, de 20 de Agosto (para produzir efeitos a partir de 1/1/2002 – art. 3.º.

ARTIGO 25.º – (Empréstimos para saneamento financeiro municipal)

1 – A contracção de empréstimos para saneamento financeiro destina-se à consolidação de passivos financeiros ou outros, designadamente nos casos de desequilíbrio financeiro.

2 – Os empréstimos referidos no número anterior só poderão ser contraídos desde que o resultado da operação não exceda os limites de endividamento impostos por lei.

3 – Os empréstimos para saneamento financeiro não podem ter um prazo superior a 12 anos, admitindo-se um período máximo de diferimento de 3 anos.

ARTIGO 26.º – (Contratos de reequilíbro financeiro municipal)

1 – A contracção de empréstimos para reequilíbrio financeiro destina-se à resolução de situações de desequilíbrio financeiro estrutural ou de ruptura financeira, desde que se mostre esgotada a capacidade de endividamento, e é independente da existência de linhas de crédito com taxas de juro bonificado, criadas para o efeito.

2 – Os empréstimos para reequilíbrio financeiro não podem ter um prazo superior a 20 anos, incluindo um período de diferimento máximo de 5 anos.

ARTIGO 27.º (¹) – (Regime de crédito das freguesias)

1 – As freguesias podem contrair empréstimos de curto prazo e utilizar aberturas de crédito e celebrar contratos de locação financeira junto de quaisquer instituições autorizadas por lei a conceder empréstimo.

2 – Os empréstimos e a utilização de aberturas de crédito, que para efeitos do presente diploma são designados por empréstimos, são concedidos pelo prazo máximo de um ano.

3 – O endividamento das freguesias deverá orientar-se por princípios de rigor e eficiência, prosseguindo os objectivos já referidos para os municípios no n.º 2 do artigo 23.º.

4 – A contratação dos empréstimos compete à junta de freguesia, mediante prévia autorização da assembleia de freguesia ou do plenário de cidadãos eleitores.

5 – Os empréstimos são contraídos para ocorrer a dificuldades de tesouraria, não podendo o seu montante exceder, em qualquer momento, 10% do FFF respectivo.

6 – Constituem garantia dos empréstimos contraídos as receitas provenientes do FFF.

Lei n.º 42/98, de 6 de Agosto

7 – É vedado às freguesias quer o aceite quer o saque de letras de câmbio, a concessão de avales cambiários, bem como a subscrição de livranças e a concessão de garantias pessoais.

8 – Em caso de contracção de empréstimos em moeda estrangeira, deve ser adequadamente salvaguardado nos respectivos contratos o risco cambial.

1 – Redacção do art. 1.º da Lei n.º 94/2001, de 20 de Agosto (para produzir efeitos a partir de 1/1/2002 – art. 3.º).

ARTIGO 28.º ([1]) – (**Regulamentação do crédito**)

Os demais aspectos relacionados com a contracção de empréstimos pelos municípios e pelas freguesias, nomeadamente no que diz respeito à respectiva renegociação, bonificação das taxas de juro e consultas ao mercado, assim como as condições de contracção de empréstimos em moeda estrangeira e outras condições a que deve obedecer a contratação pelos municípios de empréstimos para saneamento financeiro e para reequilíbrio financeiro, são objecto de regulamentação por decreto-lei.

1 – Ver DL n.º 258/79, de 28 de Julho, que se mantém em vigor, nos termos do art. 36.º n.º 2 do presente diploma, por não ter sido ainda publicada a regulamentação legal aqui prevista.

CAPÍTULO V – Disposições finais

ARTIGO 29.º – (**Coimas**)

1 – A violação de posturas e de regulamentos de natureza genérica e execução permanente das autarquias locais constitui contra-ordenação sancionada com coima.

2 – As coimas a prever nas posturas e nos regulamentos municipais não podem ser superiores a 10 vezes o salário mínimo nacional mais elevado, nem exceder o montante das que forem impostas pelo Estado para contra-ordenação do mesmo tipo.

3 – As coimas a prever nas posturas e nos regulamentos das freguesias não podem ser superiores ao salário mínimo nacional mais elevado, nem exceder o montante das que forem impostas pelo Estado ou pelo município para contra-ordenação do mesmo tipo.

4 – As posturas e regulamentos referidos nos números anteriores não podem entrar em vigor antes de decorridos 15 dias sobre a sua publicação, nos termos legais.

5 – A competência para determinar a instrução dos processos de contra-ordenação e para a aplicação das coimas pertence ao presidente dos órgãos executivos dos municípios e das freguesias, podendo ser delegada em qualquer dos restantes membros.

ARTIGO 30.º ([1]) – (**Garantias fiscais**)

1 – À reclamação graciosa ou impugnação judicial da liquidação dos impostos referidos nas alíneas *a*) e *b*) do artigo 16.º, bem como das taxas, encargos de mais-valias e demais receitas de natureza tributária, aplicam-se as normas do Código de Procedimento e de Processo Tributário, com as necessárias adaptações.

2 – Às infracções às normas reguladoras dos impostos mencionadas nas alíneas *a*) e *b*) do artigo 16.º aplica-se o Regime Geral das Infracções Tributárias, com as necessárias adaptações.

3 – As infracções às normas reguladoras das taxas, encargos de mais-valias e demais receitas de natureza tributária constituem contra-ordenações e aplicam-se-lhes as normas do Regime Geral das Infracções Tributárias, com as necessárias adaptações.

II – Finanças Locais

4 – Compete aos órgãos executivos a cobrança coerciva das dívidas às autarquias locais provenientes de taxas, encargos de mais-valias e outras receitas de natureza tributária que aquelas devam cobrar, aplicando-se o Código de Procedimento e de Processo Tributário, com as necessárias adaptações.

1 – Redacção do art. 5.º da Lei n.º 15/2001, de 5 de Junho.

ARTIGO 31.º – (Regime transitório de cálculo e de distribuição do FGM e do FCM)

1 – Nos anos de 1999 e 2000, as percentagens a utilizar para efeitos do n.º 1 do artigo 5.º, do n.º 1 e das respectivas alíneas a) e b) do artigo 10.º serão, respectivamente, 32%, 29,5%, 23,5% e 6%.

2 – Durante os três primeiros anos de vigência da presente lei, o crescimento anual das receitas provenientes da participação no FGM e no FCM, bem como no FFF, não poderá exceder, em cada autarquia local, a percentagem que se revele necessária à garantia dos crescimentos mínimos previstos na presente lei.

3 – No ano de 1999, o montante da participação global de cada município nos Fundos Geral Municipal e de Coesão Municipal, prevista no artigo 10.º e no n.º 1 do presente artigo, não pode ser inferior à participação que teria naquele ano no Fundo de Equilíbrio Financeiro (FEF) e no IVA Turismo.

4 – A compensação necessária para assegurar a participação mínima estabelecida no número anterior efectua-se mediante recurso à verba obtida por dedução proporcional nas participações no FGM dos municípios em que o acréscimo percentual é superior à média.

5 – Os montantes nacionais do FEF e do IVA Turismo utilizados para efeitos do n.º 3 são os resultantes do FEF para 1998 acrescido do aumento percentual do IVA previsto no Orçamento do Estado para 1999 relativamente ao do ano anterior.

6 – Para os efeitos estabelecidos no n.º 3, na distribuição referida no número anterior são aplicados os critérios, as variáveis base e os indicadores municipais utilizados na distribuição do FEF em 1998.

ARTIGO 31.º-A ([1]) – (Regime transitório de distribuição do FFF)

1 – No ano de 2002, a cada freguesia é garantido, sem prejuízo do disposto no n.º 4 do art. 15.º, o seguinte montante mínimo do FFF:

a) 2 500 contos às freguesias com 200 ou menos habitantes;

b) 4 000 contos às freguesias com mais de 200 habitantes.

2 – O crescimento em 2002 da participação no FFF não pdoerá exceder, em cada freguesia, a percentagem que se revele necessária à garantia dos montantes mínimos previstos no número anterior.

1 – Aditado pelo art. 2.º da Lei n.º 94/2001, de 20 de Agosto (para produzir efeitos a partir de 1/1/2002 – art. 3.º).

ARTIGO 32.º ([1]) – (Regime transitório do endividamento)

Dos limites de endividamento previstos no n.º 3 do artigo 24.º fica excluído o endividamento relativo a empréstimos contraídos para execução de projectos compartipados pelos fundos comunitários.

1 – Redacção do art. 28.º da Lei n.º 3-B/2000, de 4 de Abril.

ARTIGO 33.º – (Isenções)

1 – O Estado, seus institutos e organismos autónomos personalizados estão isentos de paga-

Lei n.° 42/98, de 6 de Agosto   217

mento de todos os impostos, emolumentos, taxas e encargos de mais-valias devidos aos municípios e freguesias nos termos do presente diploma.

2 – Exceptuam-se das isenções previstas no número anterior a contribuição autárquica dos edifícios não afectos a actividades de interesse público, a taxa prevista na alínea l) do artigo 19.° e as tarifas e preços referidos no artigo 20.°

3 – Os municípios e freguesias gozam do mesmo regime de isenção de pagamento de todos os impostos, taxas, emolumentos e encargos de mais-valias de que goza o Estado, nos termos do presente artigo.

ARTIGO 34.° – (**Adaptação da legislação tributária**)

A adaptação da legislação tributária para concretização dos poderes a que alude o n.° 1 do artigo 4.° será feita no prazo de 180 dias, após publicação da presente lei.

ARTIGO 35.° – (**Aplicação às Regiões Autónomas**)

A presente lei é directamente aplicável aos municípios e freguesias das Regiões Autónomas, sem prejuízo da sua regulamentação pelas assembleias regionais, na medida em que tal se torne necessário e na observância dos princípios da justiça, igualdade e imparcialidade.

ARTIGO 36.° – (**Norma revogatória**)

1 – São revogados a Lei n.° 1/87, de 6 de Janeiro, e o artigo 10.° da Lei n.° 23/97, de 2 de Julho.

2 (¹) – Mantêm-se em vigor até à respectiva substituição os diplomas legais vigentes publicados em execução de anteriores leis das finanças locais, na parte não contrariada pela presente lei.

1 – Por força do n.° 2 mantêm-se em vigor os arts. 24.° e 25.° do DL n.° 94/84, de 29 de Março, destes teor:

Artigo 24.° – *(Finanças distritais)*

1 – Enquanto as regiões administrativas não estiverem instituídas, os distritos são dotados através de uma verba anualmente transferida do Orçamento do Estado e cujo montante corresponde ao das receitas arrecadadas pelos cofres privativos dos governos civis.

2 – As receitas arrecadadas pelos cofres privativos dos governos civis destinam-se a assegurar a cobertura financeira das respectivas despesas, nos termos do Código Administrativo e de acordo com os orçamentos aprovados.

Artigo 25.° – *(Taxas dos distritos)*

Os distritos podem cobrar taxas:

a) Pela prestação de serviço administrativos pelos funcionários do distrito;

b) Pela passagem de licenças da competência do distrito que não estejam isentas por lei.

ARTIGO 37.° – (**Entrada em vigor**)

A presente lei produz efeitos a partir de 1 de Janeiro de 1999, sendo aplicável na elaboração e aprovação do Orçamento do Estado para 1999.

218   *II – Finanças Locais*

ANEXO
(referido no n.º 3 do artigo 14.º)

Índice de Desenvolvimento Social (IDS)
Metodologia para a construção

1 – São componentes do IDS os seguintes índices:
A) Esperança de vida à nascença;
B) Nível educacional;
C) Conforto e saneamento.
Com um peso idêntico, de acordo com a seguinte fórmula:
IDS = (e(índice (0)) + I(índice (e)) + I(índice (cs)))/3
sendo:
e(índice (0)) = índice de esperança de vida à nascença;
I(índice (e)) = índice do nível educacional;
I(índice (cs)) = índice de conforto e saneamento.
2 – Fórmula do índice de esperança de vida à nascença (e(índice (0))):
e(índice (0)) = 0,5 + [2,51(índice 1), + 4,51(índice 5), + 5 (1(índice 10) + 1(índice 15) +
1(índice 20) + ... + 1(índice x))]/1(índice 0)
sendo:
1(índice x) = número de sobreviventes da tábua de mortalidade.
3 – Fórmula de índice do nível educacional (I(índice (e))):
I(índice (e)) = P(índice e) (15 e + anos)/P(índice t) (15 e + anos) x 100
sendo:
P(índice e) (15 e + anos) = população de 15 e mais anos de idade, sabendo ler e escrever;
P(índice t) (15 e + anos) = população total de 15 e mais anos de idade.
4 – Fórmula do índice de conforto e saneamento (I(índice (cs))):
I(índice cs) = (I(índice E) + I (índice OH(índice 2)) + I(índice AS))/3 x 100
em que:
I(índice E) = índice de existência de electricidade nas unidades de alojamento (UA), obtido
de acordo com a seguinte fórmula:
I(índice E) = P(índice E)/P(índice t) x 100
sendo:
P(índice E) = população residente nas famílias que possuem energia eléctrica na UA;
P(índice t) = população residente de ambos os sexos;
I(índice OH(índice 2)) = índice de existência de água canalizada na UA, obtido de acordo
com a seguinte fórmula:
I(índice OH(índice 2)) = P(índice OH(índice2))/P(índice t) x 100
sendo:
P(índice OH(índice 2)) = população residente com água canalizada na UA, proveniente de
um sistema de canalização pública ou particular;
I(índice SA) = índice de existência de saneamento básico na UA, obtido de acordo com a
seguinte fórmula:
I(índice SA) = P(índice SA)/P(índice t) x 100
sendo:
P(índice SA) = população residente com instalações sanitárias com retrete (privativa ou não
privativa) ligada a um qualquer tipo de sistema público de drenagem de águas residuais, particular ou outro tipo de saneamento.

DECRETO-LEI N.º 54-A/99
de 22 de Fevereiro

Aprova o Plano Oficial de Contabilidade das Autarquias Locais (POCAL), definindo-se os princípios orçamentais e contabilísticos e os de controlo interno, as regras previsionais, os critérios de valorimetria, o balanço, a demonstração de resultados, bem assim, os documentos previsionais e os de prestação de contas

O presente diploma aprova o Plano Oficial de Contabilidade das Autarquias Locais (POCAL), o qual consubstancia a reforma da administração financeira e das contas públicas no sector da administração autárquica.

O Plano Oficial de Contabilidade das Autarquias Locais consiste na adaptação das regras do Plano Oficial de Contabilidade Pública à administração local, tal como é previsto no artigo 6.º, n.º 2, da Lei n.º 42/98, de 6 de Agosto.

Esta reforma da contabilidade autárquica foi iniciada pelo Decreto-Lei n.º 243/79, de 25 de Julho, que veio uniformizar a contabilidade das autarquias locais com a dos serviços públicos, sujeitos à então lei de enquadramento do Orçamento do Estado. Posteriormente, o Decreto-Lei n.º 341/83, de 21 de Julho, aperfeiçoa o sistema instituído e introduz a obrigatoriedade de elaboração, aprovação e execução do plano de actividades e da utilização de uma classificação funcional para as despesas. Em complemento deste diploma, o Decreto Regulamentar n.º 92-C/84, de 28 de Dezembro, institucionaliza na administração autárquica um sistema contabilístico, definindo as normas de execução da contabilidade das autarquias locais.

Todavia, as preocupações inerentes à gestão económica, eficiente e eficaz das actividades desenvolvidas pelas autarquias locais, no âmbito das suas atribuições, exige um conhecimento integral e exacto da composição do património autárquico e do contributo deste para o desenvolvimento das comunidades locais.

Na senda desses objectivos, antecedeu o presente diploma o regime estabelecido no Decreto-Lei n.º 226/93, de 22 de Junho, para a contabilidade dos serviços municipalizados, que adaptou o Plano Oficial de Contabilidade à organização da informação patrimonial e financeira daqueles serviços.

Finalmente, com a publicação do Plano Oficial de Contabilidade Pública (POCP) – Decreto-Lei n.º 232/97, de 3 de Setembro – veio estabelecer-se o instrumento de enquadramento indispensável a um moderno sistema de contas em toda a Administração Pública, cuja adaptação à contabilidade das autarquias locais está prevista não só naquele diploma, mas também na Lei n.º 42/98, de 6 de Agosto.

Assim, o principal objectivo do POCAL, aprovado pelo presente diploma, é a criação de condições para a integração consistente da contabilidade orçamental, patrimonial e de custos numa contabilidade pública moderna, que constitua um instrumento fundamental de apoio à gestão das autarquias locais e permita:

a) O controlo financeiro e a disponibilização de informação para os órgãos autárquicos, concretamente o acompanhamento da execução orçamental numa perspectiva de caixa e de compromissos;

b) O estabelecimento de regras e procedimentos específicos para a execução orçamental e modificação dos documentos previsionais, de modo a garantir o cumprimento integrado, a nível dos documentos previsionais, dos princípios orçamentais, bem como a compatibilidade com as regras previsionais definidas;

c) Atender aos princípios contabilísticos definidos no POCP, retomando os princípios orçamentais estabelecidos na lei de enquadramento do Orçamento do Estado, nomeadamente na orçamentação das despesas e receitas e na efectivação dos pagamentos e recebimentos;

d) Na execução orçamental, devem ser tidos sempre em consideração os princípios da mais racional utilização possível das dotações aprovadas e da melhor gestão de tesouraria;

e) Uma melhor uniformização de critérios de previsão, com o estabelecimento de regras para a elaboração do orçamento, em particular no que respeita à previsão das principais receitas, bem como das despesas mais relevantes das autarquias locais;

f) A obtenção expedita dos elementos indispensáveis ao cálculo dos agregados relevantes da contabilidade nacional;

g) A disponibilização de informação sobre a situação patrimonial de cada autarquia local.

O presente diploma define o regime de contabilidade autárquica a que passam a ficar sujeitos os municípios, as freguesias, as associações de municípios e de freguesias de direito público e ainda as áreas metropolitanas e todas as entidades que, por lei, estão sujeitas ao regime de contabilidade das autarquias locais.

Os serviços municipalizados, enquanto parte da estrutura municipal, passam a aplicar este diploma, tendo em conta o disposto no Decreto-Lei n.° 232/97, de 3 de Setembro. Deste modo, estabelece-se pela primeira vez a possibilidade de os órgãos municipais tomarem decisões a partir de documentos previsionais e de prestação de contas uniformes, elaborados segundo métodos e procedimentos comuns, nomeadamente no que respeita à determinação do valor das tarifas e preços.

Contudo, as atribuições das freguesias e as competências dos seus órgãos, bem como a diversidade de dimensão populacional das cerca de 4300 existentes, levaram a considerar sistemas contabilísticos distintos, ajustados às realidades próprias destas autarquias locais.

Finalmente, são estabelecidas as fases para a implementação deste regime contabilístico para autarquias locais.

Trata-se de uma importante medida no plano da gestão financeira das autarquias locais e, por se basear na aplicação dos princípios do POCP, permite dar uma visão de conjunto dos entes estaduais. Tal como é afirmado na Lei n.° 42/98, visa-se a uniformização, normalização e simplificação da contabilidade.

O projecto foi objecto de parecer da Associação Nacional de Municípios Portugueses, da Associação Nacional de Freguesias e da Comissão de Normalização Contabilística da Administração Pública.

Foram ouvidos os órgãos de governo próprio das Regiões Autónomas.

Assim:

No desenvolvimento do regime jurídico estabelecido pela Lei n.° 42/98, de 6 de Agosto, e nos termos da alínea *c*) do n.° 1 do artigo 198.° da Constituição, o Governo decreta o seguinte:

ARTIGO 1.° ([1]) – (**Aprovação**)

É aprovado o Plano Oficial de Contabilidade das Autarquias Locais (POCAL), anexo ao presente diploma e que dele faz parte integrante.

1 – O POCAL, publicado em anexo a este DL e que só por exiguidade de espaço não se transcreve, foi alterado pelo art. 2.° da Lei n.° 162/99, de 14 de Setembro.

Decreto-Lei n.º 54-A/99, de 22 de Fevereiro 221

ARTIGO 2.º – (**Âmbito de aplicação**)

1 – O POCAL é obrigatoriamente aplicável a todas as autarquias locais e entidades equiparadas.

2 – Para efeitos do presente diploma são consideradas entidades equiparadas a autarquias locais as áreas metropolitanas, as assembleias distritais, as associações de freguesias e de municípios de direito público, bem como as entidades que, por lei, estão sujeitas ao regime de contabilidade das autarquias locais, as quais, na economia do diploma, passam a ser designadas por autarquias locais.

ARTIGO 3.º – (**Objecto**)

A contabilidade das autarquias locais compreende as considerações técnicas, os princípios e regras contabilísticos, os critérios de valorimetria, os documentos previsionais, o plano de contas, o sistema contabilístico e o de controlo interno, os documentos de prestação de contas e os critérios e métodos específicos.

ARTIGO 4.º – (**Publicidade**)

As autarquias locais dão publicidade, até 30 dias após a apreciação e aprovação pelo órgão deliberativo, dos seguintes documentos:

a) Plano plurianual de investimentos;

b) Orçamento;

c) Fluxos de caixa;

d) Balanço, quando aplicável;

e) Demonstração de resultados, quando aplicável;

f) Relatório de gestão.

ARTIGO 5.º (¹) – (**Apoio técnico**)

1 – O Governo promove as acções indispensáveis ao apoio na execução das disposições constantes do presente diploma.

2 – O organismos da administração central que, nos termos da lei, dão apoio técnico e jurídico às autarquias locais promovem as acções de formação e informação do pessoal da administração local necessárias para a implementação do POCAL.

1 – Redacção do art. 1.º da Lei n.º 162/99, de 14 de Setembro.

ARTIGO 6.º – (**Acompanhamento das finanças locais**)

1 – As autarquias locais remetem às comissões de coordenação regional respectivas, até 30 dias após a sua aprovação e independentemente da apreciação pelo órgão deliberativo, cópia dos seguintes documentos, quando aplicável:

a) Plano plurianual de investimentos;

b) Orçamento;

c) Execução anual do plano plurianual de investimentos;

d) Mapas de execução orçamental;

e) Balanço;

f) Demonstração de resultados;

g) Anexos às demonstrações financeiras.

2 – Quando alguma das autarquias locais abranja uma área territorial compreendida na área de actuação de mais de uma comissão de coordenação regional, a remessa dos respectivos documentos é efectuada para a comissão de coordenação regional em cuja área se localizar a respectiva sede.

222 *II – Finanças Locais*

3 – As comissões de coordenação regional remetem à Direcção-Geral da Administração Autárquica o tratamento dos documentos referidos no n.° 1 para efeitos de análise global da situação financeira das autarquias locais e estudo prospectivo das finanças locais.

4 – O tratamento dos documentos de prestação de contas referido no n.° 3 obedece a critérios e regras a definir em despacho do Ministro do Equipamento, do Planeamento e da Administração do Território.

ARTIGO 7.° – **(Elementos a fornecer ao Instituto Nacional de Estatística)**

Os documentos de prestação de contas são remetidos ao Instituto Nacional de Estatística até 30 dias após a sua aprovação.

ARTIGO 8.° – **(Elementos a fornecer à Direcção-Geral do Orçamento)**

Os municípios e Regiões Autónomas devem remeter à Direcção-Geral do Orçamento os seus orçamentos, contas trimestrais e contas anuais nos 30 dias subsequentes, respectivamente, à sua aprovação e ao período a que respeitam.

ARTIGO 9.° ([1]) – **(Unidade monetária)**

À elaboração da contabilidade aplica-se o disposto no Decreto-Lei n.° 138/98, de 16 de Maio, que estabelece regras de contabilização a observar no processo de transição para o euro.

1 – Redacção do art. 1.° da Lei n.° 162/99, de 14 de Setembro.

ARTIGO 10.° ([1]) – **(Fases de implementação)**

1 – Durante um período transitório, que durará até 1 de Janeiro de 2002, as autarquias locais na elaboração das contas e documentos de gestão podem optar entre a aplicação do regime contabilístico anterior e o aprovado pelo presente diploma na elaboração das contas e documentos de gestão.

2 – Até à data referida no número anterior devem ser elaborados e aprovados o inventário e respectiva avaliação, bem como o balanço inicial, os documentos previsionais e o sistema de controlo interno.

3 – As autarquias locais que deliberem aplicar desde já o POCAL devem previamente elaborar e aprovar os documentos referidos no número anterior, podendo, durante o período transitório, optar pela elaboração do plano de actividades referido no Decreto-Lei n.° 341/83, de 21 de Julho, ou do plano plurianual de investimentos previsto no POCAL.

4 – A elaboração das contas das autarquias locais segundo o Plano aprovado pelo presente diploma é obrigatória a partir do exercício relativo ao ano de 2002.

1 – Redacção do art. 1.° da Lei n.° 162/99, de 14 de Setembro, e do art. único do DL n.° 315/2000, de 2 de Dezembro.

ARTIGO 11.° (1) – **(Regiões Autónomas)**

O disposto no presente diploma aplica-se às Regiões Autónomas dos Açores e da Madeira, com as necessárias adaptações.

1 – Redacção do art. 1.° da Lei n.° 162/99, de 14 de Setembro.

ARTIGO 12.° ([1-2]) – **(Norma revogatória)**

Sem prejuízo do disposto no artigo 10.°, são revogados a partir do dia 1 de Janeiro de 2002 os Decretos-Leis n.ºs 341/83 e 226/93, de 21 de Julho e de 22 de Junho, respectivamente, e o Decreto Regulamentar n.° 92-C/84, de 28 de Dezembro.

Decreto-Lei n.º 54-A/99, de 22 de Fevereiro 223

1 – Redacção do art. 1.º da Lei n.º 162/99, de 14 de Setembro, e do art. único do DL n.º 315/2000, de 2 de Dezembro.

2 – Na sua redacção originária, este art. 12.º estabelecia a revogação dos diplomas indicados, a partir de 1/1/2000, em conformidade com o programa de implementação do POCAL que estava previsto no art. 11.º, também na versão originária, do DL n.º 54-A/99.

ARTIGO 13.º – (**Entrada em vigor**)

O presente diploma entra em vigor 60 dias após a sua publicação.

III
ELEITOS LOCAIS

Lei n.º 4/83, de 2 de Abril – Controle público da riqueza dos titulares de cargos políticos.

Lei n.º 29/87, de 30 de Junho – Estatuto dos Eleitos Locais.

Lei n.º 34/87, de 16 de Julho – Crimes de responsabilidade dos titulares de cargos políticos.

Decreto-Lei n.º 196/93, de 27 de Maio – Estabelece o regime de incompatibilidades do pessoal de livre designação por titulares de cargos políticos.

Lei n.º 64/93, de 26 de Agosto – Regime jurídico de incompatibilidades e impedimentos dos titulares de cargos políticos e altos cargos públicos.

Decreto-Lei n.º 413/93, de 23 de Dezembro – Reforça as garantias de isenção da Administração Pública.

Lei n.º 11/96, de 18 de Abril – Regime aplicável ao exercício do mandato dos membros das juntas de freguesia.

Decreto Regulamentar n.º 1/2000, de 9 de Março – Regulamenta a Lei n.º 4/93, de 2 de Abril, alterada pela lei n.º 25/95, de 18 de Agosto, relativa ao controlo público da riqueza dos titulares de cargos políticos.

Lei Orgânica n.º 1/2001, de 14 de Agosto – Lei que regula a eleição dos titulares dos órgãos das autarquias locais e segunda alteração à Lei n.º 56/98, de 18 de Agosto, com a redacção que lhe foi conferida pela Lei n.º 23/2000, de 23 de Agosto, que altera o regime do financiamento dos partidos políticos e das campanhas eleitorais.

LEI N.° 4/83*

de 2 de Abril

Controle público da riqueza dos titulares de cargos políticos

ARTIGO 1.° (¹) – (Prazo e conteúdo)

Os titulares de cargos políticos apresentam no Tribunal Constitucional, no prazo de 60 dias contado da data do início do exercício das respectivas funções, declaração dos seus rendimentos, bem como do seu património e cargos sociais, da qual conste:

a) A indicação total dos rendimentos brutos constantes da última declaração apresentada para efeitos da liquidação do imposto sobre o rendimento das pessoas singulares, ou que da mesma, quando dispensada, devessem constar;

b) A descrição dos elementos do seu activo patrimonial, existentes no País ou no estrangeiro, ordenados por grandes rubricas, designadamente do património imobiliário, de quotas, acções ou outras partes sociais do capital de sociedades civis ou comerciais, de direitos sobre barcos, aeronaves ou veículos automóveis, bem como de carteiras de títulos, contas bancárias a prazo, aplicações financeiras equivalentes e direitos de crédito de valor superior a 50 salários mínimos;

c) A descrição do seu passivo, designadamente em relação ao Estado, a instituições de crédito e a quaisquer empresas, públicas ou privadas, no País ou no estrangeiro;

d) A menção de cargos sociais que exerçam ou tenham exercido nos dois anos que precederam a declaração, no País ou no estrangeiro, em empresas, fundações ou associações de direito público e, sendo os mesmos remunerados, em fundações ou associações de direito privado.

1 – Redacção do art. 1.°, n.° 1 da Lei n.° 25/95, de 18 de Agosto.

ARTIGO 2.° (¹) – (Actualização)

1 – Nova declaração, actualizada, é apresentada no prazo de 60 dias a contar da cessação das funções que tiverem determinado a apresentação da precedente, bem como de recondução ou reeleição do titular.

2 – Em caso de substituição de Deputados, tanto o que substitui como o substituído só devem apresentar a declaração referida no n.° 1 no fim da legislatura, a menos que entretanto renunciem ao mandato.

3 – Os titulares de cargos políticos e equiparados com funções executivas devem renovar anualmente as respectivas declarações.

4 – Não havendo lugar a actualização da anterior declaração, quaisquer declarações subsequentes poderão ser substituídas pela simples menção desse facto.

---

* Regulamentado pelo Decreto-Regulamentar n.° 1/2000, de 9 de Março.

228   *III – Eleitos Locais*

5 – A declaração final deve reflectir a evolução patrimonial durante o mandato a que respeita.

1 – Redacção do art. 1.°, n.° 1 da Lei n.° 25/95, de 18 de Agosto.

ARTIGO 3.° (¹) – (Incumprimento)

1 – Em caso de não apresentação das declarações previstas nos artigos 1.° e 2.°, a entidade competente para o seu depósito notificará o titular do cargo a que se aplica a presente lei para a apresentar no prazo de 30 dias consecutivos, sob pena de, em caso de incumprimento culposo, salvo quanto ao Presidente da República, ao Presidente da Assembleia da República e ao Primeiro-Ministro, incorrer em declaração de perda do mandato, demissão ou destituição judicial, consoante os casos, ou, quando se trate da situação prevista na primeira parte do n.° 1 do artigo 2.°, incorrer em inibição por período de um a cinco anos para o exercício de cargo que obrigue à referida declaração e que não corresponda ao exercício de funções como magistrado de carreira.

2 – Quem fizer declaração falsa incorre nas sanções previstas no número anterior e é punido pelo crime de falsas declarações, nos termos da lei.

3 – As secretarias administrativas das entidades em que se integrem os titulares de cargos a que se aplica a presente lei comunicarão ao Tribunal Constitucional a data do início e da cessação de funções.

1 – Redacção do art. 1.°, n.° 1 da Lei n.° 25/95, de 18 de Agosto.

ARTIGO 4.° (¹) – (Elenco)

1 – São cargos políticos para os efeitos da presente lei:

a) Presidente da República;
b) Presidente da Assembleia da República;
c) Primeiro-Ministro;
d) Deputados à Assembleia da República;
e) Membros do Governo;
f) Ministro da República para as Regiões Autónomas;
g) Membros do Tribunal Constitucional;
h) Membros dos órgãos de governo próprio das Regiões Autónomas;
i) Governador e Secretários Adjuntos de Macau;
j) Deputados ao Parlamento Europeu;
l) Os membros dos órgãos constitucionais e os membros das entidades públicas independentes previstas na Constituição e na lei;
m) Governador e vice-governador civil;
n) Presidente e vereador da câmara municipal.

2 – Para efeitos da presente lei são equiparados a titulares de cargos políticos:

a) Membros dos órgãos permanentes de direcção nacional e das Regiões Autónomas dos partidos políticos, com funções executivas;
b) Candidatos a Presidente da República.

3 – São ainda equiparados a titulares de cargos políticos, para efeitos da presente lei:

a) Gestores públicos;
b) Administrador designado por entidade pública em pessoa colectiva de direito público ou em sociedade de capitais públicos ou de economia mista;
c) Director-geral, subdirector-geral e equiparados.

1 – Redacção do art. 1.°, n.° 1 da Lei n.° 25/95, de 18 de Agosto.

Lei n.º 4/83, de 2 de Abril

ARTIGO 5.º (¹) – **(Consulta)**

1 – Qualquer cidadão pode consultar as declarações e decisões previstas na presente lei.

2 – O Tribunal Constitucional define, nos termos do respectivo Regimento, a forma como é organizada a consulta às declarações e decisões previstas na presente lei.

1 – Redacção do art. 1.º, n.º 1 da Lei n.º 25/95, de 18 de Agosto.

ARTIGO 6.º (¹) – **(Divulgação)**

1 – A divulgação do conteúdo das declarações previstas na presente lei é livre.

2 – Com fundamento em motivo relevante, designadamente interesses de terceiros, o titular do cargo pode opor-se à divulgação parcelar ou integral a que se refere o número anterior, competindo ao Tribunal Constitucional apreciar a existência ou não do aludido motivo, bem como da possibilidade e dos termos da referida divulgação.

3 – Cabe ao declarante, no acto de apresentação da sua declaração inicial ou posteriormente, a iniciativa de invocar objecção nos termos e para os efeitos do número anterior.

4 – A violação da reserva da vida privada eventualmente resultante da violação dos números anteriores será punida nos termos legais, designadamente segundo o disposto nos artigos 192.º e 193.º do Código Penal.

1 – Redacção do art. 1.º, n.º 1 da Lei n.º 25/95, de 18 de Agosto.

ARTIGO 6.º-A (¹) – **(Omissão ou inexactidão)**

Sem prejuízo das competências cometidas por lei a outras entidades, quando, por qualquer modo, seja comunicada ou denunciada ao Tribunal Constitucional a ocorrência de alguma omissão ou inexactidão nas declarações previstas nos artigos 1.º e 2.º, o respectivo Presidente levará tal comunicação ou denúncia ao conhecimento do representante do Ministério Público junto do mesmo Tribunal, para os efeitos tidos por convenientes.

1 – Aditado pelo art. 1.º, n.º 2 da Lei n.º 25/95, de 18 de Agosto.

ARTIGO 7.º

1 – O Governo, no prazo de 90 dias a contar da entrada em vigor da presente lei, aprovará as disposições necessárias à execução do disposto na presente lei.

2 – As assembleias regionais aprovarão, dentro de igual prazo, as disposições necessárias ao mesmo fim, na esfera da sua competência própria.

ARTIGO 8.º

1 – A presente lei entra em vigor no 90.º dia posterior ao da sua publicação.

2 – Os titulares de cargos políticos à data da sua entrada em vigor apresentarão a respectiva declaração de património e rendimentos dentro do prazo de 90 dias a contar daquela data.

LEI N.º 29/87

de 30 de Junho

Estatuto dos Eleitos Locais

ARTIGO 1.º – (Âmbito)

1 – O presente diploma define o Estatuto dos Eleitos Locais.

2 – Consideram-se eleitos locais para efeitos da presente lei, os membros dos órgãos deliberativos e executivos dos municípios e das freguesias.

ARTIGO 2.º – (Regime do desempenho de funções)

1 ([1]) – Desempenham as respectivas funções em regime de permanência os seguintes eleitos locais:

a) Presidentes das câmaras municipais;

b) Vereadores, em número e nas condições previstas na lei;

c) ([2]) Membros das juntas de freguesia em regime de tempo inteiro.

2 – A câmara municipal poderá optar pela existência de vereadores em regime de meio tempo, correspondendo dois vereadores em regime de meio tempo a um vereador em regime de permanência.

3 – ([1]) Os membros de órgãos executivos que não exerçam as respectivas funções em regime de permanência ou de meio tempo serão dispensados das suas actividades profissionais mediante aviso antecipado à entidade empregadora, para o exercício de actividades no respectivo órgão, nas seguintes condições:

a) Nos municípios: os vereadores, até 32 horas mensais cada um;

b) Nas freguesias de 20 000 ou mais eleitores: o presidente da junta, até 32 horas mensais, e dois membros, até 24 horas;

c) Nas freguesias com mais de 5000 e até 20 000 eleitores: o presidente da junta, até 32 horas mensais, e dois membros, até 16 horas;

d) Nas restantes freguesias: o presidente da junta até 32 horas, e um membro, até 16 horas.

4 – Os membros dos órgãos deliberativos e consultivos são dispensados das suas funções profissionais, mediante aviso antecipado à entidade empregadora, quando o exija a sua participação em actos relacionados com as suas funções de eleitos, designadamente em reuniões dos órgãos e comissões a que pertencem ou em actos oficiais a que devem comparecer.

5 – As entidades empregadoras dos eleitos locais referidos nos n.os 2, 3 e 4 do presente artigo têm direito à compensação dos encargos resultantes das dispensas.

6 – Todas as entidades públicas e privadas estão sujeitas ao dever geral de cooperação para com os eleitos locais no exercício das suas funções.

1 – Ver art. 58.º da Lei n.º 169/99, de 18 de Setembro.

2 – Redacção do art. 1.º da Lei n.º 86/2001, de 10 de Agosto (para entrar em vigor com a Lei do Orçamento do Estado para o ano de 2002 – art. 3.º.

ARTIGO 3.º – (Incompatibilidades)

1 – (^{1}) Sem prejuízo do disposto em legislação especial, as funções desempenhadas pelos eleitos locais em regime de permanência são incompatíveis com a actividade de agente ou funcionário da administração central, regional ou local ou com o exercício da actividade de pessoa colectiva de direito público ou trabalhador de empresa pública ou nacionalizada.

2 – (^{2}) Sem prejuízo do disposto no n.º 1, não perdem o mandato os funcionários da administração central, regional e local que, durante o exercício de permanência, forem colocados, por motivos de admissão ou promoção, nas situações de inelegibilidade previstas na alínea *a*) do n.º 1 do artigo 4.º do Decreto-Lei n.º 701-B/76, de 29 de Setembro.

1 – Este preceito deve considerar-se revogado no que concerne ao presidente e ao vereador a tempo inteiro das câmaras municipais, que passaram a ser abrangidos pelo regime de incompatibilidades previsto na Lei n.º 64/93, de 26 de Agosto. Neste sentido, o Parecer da PGR n.º 52/94, publicado no DR, II Série, de 18/9/96, cujo sumário se encontra transcrito em anotação ao art. 6.º da Lei n.º 64/93, de 26 de Agosto.

2 – O DL n.º 701-B/76 foi revogado pelo n.º 2 do art. 1.º da Lei Orgânica n.º 1/2001, de 14 de Agosto.

ARTIGO 4.º (^{1}) – (Deveres)

No exercício das suas funções, os eleitos locais estão vinculados ao cumprimento dos seguintes princípios:

1) Em matéria de legalidade e direitos dos cidadãos:

a) Observar escrupulosamente as normas legais e regulamentares aplicáveis aos actos por si praticados ou pelos órgãos a que pertencem;

b) Cumprir e fazer cumprir as normas constitucionais e legais relativas à defesa dos interesses e direitos dos cidadãos no âmbito das suas competências;

c) Actuar com justiça e imparcialidade.

2) Em matéria de prossecução do interesse público:

a) Salvaguardar e defender os interesses públicos do Estado e da respectiva autarquia;

b) Respeitar o fim público dos poderes em que se encontram investidos;

c) Não patrocinar interesses particulares, próprios ou de terceiros, de qualquer natureza, quer no exercício das suas funções, quer invocando a qualidade de membro de órgão autárquico;

d) ($^{2-3-4}$) Não intervir em processo administrativo, acto ou contrato de direito público ou privado, nem participar na apresentação, discussão ou votação de assuntos em que tenha interesse ou intervenção, por si ou como representante ou gestor de negócios de outra pessoa, ou em que tenha interesse ou intervenção em idênticas qualidades o seu cônjuge, parente ou afim em linha recta ou até 2.º grau da linha colateral, bem como qualquer pessoa com quem viva em economia comum;

e) Não celebrar com a autarquia qualquer contrato, salvo de adesão;

f) Não usar, para fins de interesse próprio ou de terceiros, informações a que tenha acesso no exercício das suas funções.

3) Em matéria de funcionamento dos órgãos de que sejam titulares:

a) Participar nas reuniões ordinárias e extraordinárias dos órgãos autárquicos;

b) Participar em todos os organismos onde estão em representação do município ou da freguesia.

1 – Ver Lei n.º 4/83, de 2 de Abril (controle público da riqueza dos titulares de cargos políticos).

2 – Esta alínea *d*) deve considerar-se derrogada pelas alíneas *a*) e *b*) do art. 44.º do CPA.

3 – Os actos ou contratos em que tiverem intervindo titulares de órgãos impedidos são anuláveis (art. 51.º n.º 1 do CPA).

Lei n.° 29/87, de 30 de Junho 233

4 – A intervenção em processo administrativo, acto ou contrato de direito público ou privado nas condições previstas neste preceito determina a perda do mandato (cfr. art. 8.° n.° 2, da Lei n.° 27/96, de 1 de Agosto).

ARTIGO 5.° – **(Direitos)**

1 – Os eleitos locais têm direito, nos termos definidos nas alíneas seguintes:

a) (¹) A uma remuneração ou compensação mensal e a despesas de representação;

b) A dois subsídios extraordinários anuais;

c) A senhas de presença;

d) A ajudas de custo e subsídio de transporte;

e) A segurança social;

f) A férias;

g) A livre circulação em lugares públicos de acesso condicionado, quando em exercício das respectivas funções;

h) A passaporte especial, quando em representação da autarquia;

i) A cartão especial de identificação;

j) A viatura municipal, quando em serviço da autarquia;

l) A protecção em caso de acidente;

m) A contagem de tempo de serviço;

n) A subsídio de reintegração;

o) A solicitar o auxílio de quaisquer autoridades, sempre que o exijam os interesses da respectiva autarquia local;

p) (²) A protecção conferida pela lei penal aos titulares de cargos públicos;

q) A apoio nos processos judiciais que tenham como causa o exercício das respectivas funções;

r) A uso e porte de arma de defesa;

s) (³) Ao exercício de todos os direitos previstos na legislação sobre protecção à maternidade e paternidade.

2 (⁴) – Os direitos referidos nas alíneas *a)*, *b)*, *e)*, *f)*, *m)*, *n)*, *r)* e *s)* do número anterior apenas são concedidos aos eleitos locais em regime de permanência.

3 – O direito referido na alínea *h)* do n.° 1 é exclusivo dos presidentes das câmaras municipais e dos seus substitutos legais.

1 – Redacção do art. 1.° da Lei n.° 50/99, de 24 de Junho.
2 – Ver Lei n.° 34/87, de 16 de Julho (crimes de responsabilidade dos titulares de cargos políticos).
2 – Aditado pelo art. 1.° da Lei n.° 127/97, de 11 de Dezembro.
3 – Redacção do art. 2.° da Lei n.° 127/97.

ARTIGO 6.° – **(Remunerações dos eleitos locais em regime de permanência)**

1 – Os eleitos locais em regime de permanência têm direito a remuneração mensal, bem como a dois subsídios extraordinários, de montante igual àquela, em Junho e Novembro.

2 – O valor base das remunerações dos presidentes das câmaras municipais é fixado por referência ao vencimento base atribuído ao Presidente da República, de acordo com os índices seguintes, arredondado para a centena de escudos imediatamente superior:

a) Municípios de Lisboa e Porto – 55%;

b) Municípios com 40 000 ou mais eleitores – 50%;

c) Municípios com mais de 10 000 e menos de 40 000 eleitores – 45%;

d) Restantes municípios – 40%

3 – As remunerações e subsídios extraordinários dos vereadores em regime de permanência correspondem a 80% do montante de valor base da remuneração a que tenham direito os presidente dos respectivos órgãos.

234   *III – Eleitos Locais*

4 ([1]) – Os eleitos locais em regime de permanência nas câmaras municipais têm direito às despesas de representação correspondentes a 30% das respectivas remunerações no caso do presidente e 20% para os vereadores, as quais serão pagas 12 vezes por ano.

1 – Redacção do art. 1.° da Lei n.° 50/99, de 24 de Junho.

ARTIGO 7.° – (**Regime de remunerações dos eleitos locais em regime de permanência**)

1 – As remunerações fixadas no artigo anterior são atribuídas do seguinte modo:

a) ([1]) Aqueles que exerçam exclusivamente as suas funções autárquicas recebem a totalidade das remunerações previstas nos n.os 2 e 3 do artigo anterior;

b) ([1]) Aqueles que exerçam uma profissão liberal, quando o respectivo estatuto profissional permitir a acumulação, ou qualquer actividade privada perceberão 50% do valor da base da remuneração, sem prejuízo da totalidade das regalias sociais a que tenham direito.

2 – Para determinação do montante da remuneração, sempre que ocorra a opção legalmente prevista, são considerados os vencimentos, diuturnidades, subsídios, prémios, emolumentos, gratificações e outros abonos, desde que sejam permanentes, de quantitativo certo e atribuídos genericamente aos trabalhadores da categoria optante.

3 – Os presidentes de câmaras municipais e os vereadores em regime de permanência que não optem pelo exclusivo exercício das suas funções terão de assegurar a resolução dos assuntos da sua competência no decurso do período de expediente público.

1 – A expressão "qualquer actividade privada", constante da alínea *b*), tem conotação profissional equivalendo a "actividade profissional privada", a "forma de ganho de vida", tendo, em princípio, como contrapartida, qualquer compensação económica.

Têm direito à remuneração prevista na alínea *a*) os eleitos locais em regime de permanência que apenas exerçam actividades privadas, remuneradas ou não, que não tenham a mencionada conotação profissional (Parecer da PGR n.° 43/93, de 14/7/93).

Ver, Parecer da PGR n.° 52/94, cujo sumário está transcrito em anotação ao art. 6.° da Lei n.° 64/93, de 26 de Agosto.

ARTIGO 8.° ([1]) – (**Remunerações dos eleitos locais em regime de meio tempo**)

Os eleitos locais em regime de meio tempo têm direito a metade das remunerações e subsídios fixados para os respectivos cargos em regime de tempo inteiro.

1 – Redacção do art. 1.° da Lei n.° 86/2001, de 10 de Agosto (para entrar em vigor com a Lei do Orçamento do Estado para o ano de 2002 – art. 3.°.

ARTIGO 9.° ([1]) – (**Abonos aos titulares das juntas de freguesia**)

1 – *Os presidentes das juntas de freguesia têm direito a uma compensação mensal para encargos, fixada por referência às remunerações atribuídas aos presidentes das câmaras municipais dos municípios com menos de 10 000 eleitores, de acordo com os indíces seguintes:*

a) Freguesias com 20 000 ou mais eleitores – 12%;

b) Freguesias com mais de 5 000 e menos de 20 000 eleitores – 10%;

c) Restantes freguesias – 8%.

2 – *Os tesoureiros e os secretários das juntas de freguesias têm direito a idêntica compensação no montante de 80% da atribuída ao presidente do respectivo órgão.*

1 – Revogado pelo art. 13.° da Lei n.° 11/96, de 18 de Abril.

ARTIGO 10.° – (**Senhas de presença**)

1 ([1]) – Os eleitos locais que não se encontrem em regime de permanência ou de meio tempo têm direito a uma senha de presença por cada reunião ordinária ou extraordinária do respectivo órgão e das comissões a que compareçam e participem .

Lei n.° 29/87, de 30 de Junho   235

2 ([1]) – O quantitativo de cada senha de presença a que se refere o número anterior é fixado em 3%, 2,5% e 2% do valor base da remuneração do presidente da câmara municipal, respectivamente, para o presidente, secretários, restantes membros da assembleia municipal e vereadores.

3 – ([2]) *Os vogais das juntas de freguesia que não sejam tesoureiros ou secretários e os membros da assembleia de freguesia têm direito, a uma senha de presença por cada reunião ordinária ou extraordinária, respectivamente, de 7% e 5% da compensação mensal atribuída ao presidente da junta de freguesia a que pertençam.*

1 – Redacção do art. 1.° da Lei n.° 86/2001, 10 de Agosto (para entrar em vigor com a Lei do Orçamento do Estado para o ano de 2002 – art. 3.°.

2 – Revogado pelo art. 13.° da Lei n.° 11/96, de 18 de Abril.

ARTIGO 11.° – (Ajudas de custo)

1 – Os membros das câmaras municipais e das assembleias municipais têm direito a ajudas de custo a abonar nos termos e no quantitativo fixado para a letra A da escala geral do funcionalismo público quando se desloquem, por motivo de serviço, para fora da área do município.

2 – Os vereadores em regime de não permanência e os membros da assembleia municipal têm direito a ajudas de custo quando se desloquem do seu domicílio para assistir às reuniões ordinárias e extraordinárias e das comissões dos respectivos órgãos.

ARTIGO 12.° – (Subsídio de transporte)

1 – Os membros das câmaras municipais e das assembleias municipais têm direito ao subsídio de transporte, nos termos e segundo a tabela em vigor para a função pública, quando se desloquem por motivo de serviço e não utilizem viaturas municipais.

2 – Os vereadores em regime de não permanência e os membros da assembleia municipal têm direito a subsídio de transporte quando se desloquem do seu domicílio para assistirem às reuniões ordinárias e extraordinárias e das comissões dos respectivos órgãos.

ARTIGO 13.° ([1-2]) – (Segurança social)

1 – Aos eleitos locais em regime de permanência é aplicável o regime de segurança social mais favorável para o funcionalismo público, se não optarem pelo regime da sua actividade profissional.

2 – Sempre que ocorra a opção prevista no número anterior, compete às respectivas câmaras municipais satisfazer os encargos que seriam da entidade patronal.

3 ([3]) – Sempre que o eleito local opte pelo regime da Caixa Geral de Aposentações, deverão, se for caso disso, ser efectuadas as respectivas transferências de valores de outras instituições de previdência ou de segurança social para onde hajam sido pagas as correspondentes contribuições.

1 – O art. 3.° da Lei n.° 11/91, de 17 de Maio, conferiu um prazo de 90 dias, a contar do início da sua vigência, para os eleitos, que ainda o não tivessem feito, poderem optar pela manutenção do regime de protecção social que abrangia a actividade profissional anteriormente exercida.

2 – Ver Parecer do P.G.R. n.° 27/90 (*DR*, II Série, de 12/3/91), cujo sumário se encontra transcrito em anotação ao art. 18.°.

3 – Redacção do art. 1.° da Lei n.° 11/91, de 17 de Maio.

ARTIGO 13.°-A ([1]) – (Exercício do direito de opção)

1 – Os eleitos locais podem exercer o direito de opção a que se refere o n.° 1 do artigo anterior no prazo de 90 dias a contar do início da respectiva actividade.

2 – Em caso de opção pelo regime de protecção social da função pública, a transferência dos valores relativos aos períodos contributivos registados no âmbito do sistema de segurança

social pela actividade de eleito local é feita pelos centros regionais de segurança social, de acordo com os números seguintes.

3 – No prazo de 30 dias a contar da data da opção prevista no número anterior, ou da data da entrada em vigor deste diploma, quando a opção já tenha sido feita, as câmaras municipais devem requerer ao respectivo centro regional de segurança social a transferência das contribuições pagas, em função dos eleitos locais, correspondentes às eventualidades de invalidez, velhice e morte.

4 – A referida transferência será efectuada no prazo de 90 dias, findo o qual as câmaras municipais dispõem do prazo de 30 dias para remeterem as respectivas quantias à Caixa Nacional de Previdência.

5 – Os valores a transferir pelos centros regionais são os que resultarem da aplicação das taxas das quotizações para a Caixa Geral de Aposentações e o Montepio dos Servidores do Estado aos montantes das remunerações registadas na Segurança Social pela actividade de eleito local.

6 – As taxas a que se refere o número anterior são as vigentes à data do pedido de transferência e compreendem, quer as da responsabilidade do subscritor, quer, a partir de 1 de Janeiro de 1989, as da responsabilidade das autarquias locais, nos termos do artigo 56.° da Lei n.° 114/88, de 30 de Dezembro.

7 – A transferência de valores a que se referem os números anteriores determina a alteração dos correspondentes registos nas instituições de segurança social.

1 – Aditado pelo art. 2.° da Lei n.° 11/91, de 17 de Maio.

ARTIGO 14.° – (Férias)

Os eleitos locais em regime de permanência ou de meio tempo têm direito a 30 dias de férias anuais.

ARTIGO 15.° – (Livre trânsito)

Os eleitos locais têm direito à livre circulação em lugares públicos de acesso condicionado na área da sua autarquia, quando necessária ao efectivo exercício das respectivas funções autárquicas ou por causa delas, mediante a apresentação do cartão de identificação a que se refere o artigo seguinte.

ARTIGO 16.° ([1]) – (Cartão especial de identificação)

1 – Os eleitos locais têm direito a cartão especial de identificação, de modelo a aprovar por diploma do Ministério do Plano e da Administração do Território no prazo de 60 dias a contar da publicação da presente lei.

2 – O cartão especial de identificação será emitido pelo presidente da assembleia municipal para os órgãos deliberativos e pelo presidente da câmara municipal para os órgãos executivos.

1 – A Portaria n.° 399/88, de 23 de Junho, aprova os cartões de identidade para uso dos titulares dos órgãos e dos funcionários autárquicos.

ARTIGO 17.° – (Seguro de acidentes)

1 – Os membros de órgãos autárquicos têm direito a um seguro de acidentes pessoais mediante deliberação do respectivo órgão, que fixará o seu valor.

2 – Para os membros dos órgãos executivos em regime de permanência o valor do seguro não pode ser inferior a 50 vezes a respectiva remuneração mensal.

Lei n.º 29/87, de 30 de Junho   237

ARTIGO 18.º [1-2] – **(Contagem de tempo de serviço e reforma antecipada)**

1 – O tempo de serviço prestado pelos eleitos locais em regime de permanência é contado a dobrar, como se tivesse sido prestado nos quadros do Estado ou entidade patronal, até ao limite máximo de vinte anos, desde que sejam cumpridos seis anos seguidos ou interpolados no exercício das respectivas funções.

2 – Sem prejuízo do disposto no número anterior, todo o tempo de serviço efectivamente prestado para além do período de tempo de 10 anos será contado em singelo para efeitos de reforma ou de aposentação.

3 – Os eleitos que beneficiem do regime dos números anteriores têm de fazer, junto da entidade competente, os descontos correspondentes, de acordo com as normas e modalidades previstas no regime adequado.

4 – Os eleitos locais que exerceram as suas funções em regime de permanência poderão, por sua iniciativa e independentemente de submissão a junta médica, requerer a aposentação ou reforma desde que tenham cumprido, no mínimo, seis anos seguidos ou interpolados no desempenho daquelas funções e que, em acumulação com o exercício das respectivas actividades profissionais, se encontrem numa das seguintes condições:

a) Contem mais de 60 anos de idade e 20 anos de serviço;

b) Reúnam 30 anos de serviço, independentemente da respectiva idade.

5 [3] – Para efeitos de cumprimento das condições previstas no número anterior, ter-se-á igualmente em conta o exercício de actividades profissionais posteriores à cessação do mandato dos eleitos locais, reportando-se o cálculo da aposentação aos descontos feitos à data do facto determinante da aposentação ou da reforma.

1 – Redacção do art. 1.º da Lei n.º 97/87, de 15 de Dezembro.

2 – O Parecer da P.G.R n.º 27/90 (*DR*, II Série de 12/3/91) estabeleceu esta doutrina:

«1.º Os vereadores em regime de meio tempo, a que se refere o n.º 2 do artigo 2.º da Lei n.º 29/87, de 30 de Junho, não cabem na previsão dos artigos 18.º e 19.º do mesmo diploma legal, que se reportam a eleitos locais em regime de permanência.

2.º O regime de permanência previsto nos artigos 18.º e 19.º da Lei n.º 29/87 é compatível com o exercício de profissão liberal, ou qualquer actividade privada.

3.º O regime de exclusividade previsto no referido artigo 19.º não é compatível com o exercício de qualquer actividade.

4.º Os aposentados, reformados ou reservistas podem desempenhar as funções de eleitos locais em qualquer dos regimes previstos na Lei n.º 29/87.

5.º Os aposentados pela Caixa Geral de Aposentações que exerçam funções de eleitos locais em regime de permanência beneficiam, como os demais eleitos, do regime constante do artigo 13.º da Lei n.º 29/87, podendo vir a optar pela aposentação correspondente ao novo cargo, nos termos do artigo 80.º do Estatuto da Aposentação (Decreto-Lei n.º 498/72, de 9 de Dezembro)».

3 – Redacção do art. 1.º da Lei n.º 86/2001, 10 de Agosto (para entrar em vigor com a Lei do Orçamento do Estado para o ano de 2002 – art. 3.º).

ARTIGO 18.º-A [1-2] – **(Suspensão da reforma antecipada)**

1 – A pensão de reforma antecipada é suspensa quando o respectivo titular reassumir função ou cargo de idêntica natureza ao que esteve na base da sua atribuição.

2 – A pensão de reforma antecipada é igualmente suspensa se o respectivo titular assumir um dos seguintes cargos:

a) Presidente da República;

b) Primeiro-Ministro e membro do Governo;

c) Deputado;

d) Juiz do Tribunal Constitucional;

e) Provedor de Justiça;

238   *III – Eleitos Locais*

f) Ministro da República para as Regiões Autónomas;

g) Governador e Secretário Adjunto do Governador de Macau;

h) Governador e vice-governador civil;

i) Membro dos órgãos de governo próprio das regiões autónomas;

j) Membro executivo do Conselho Económico e Social;

l) Alto-comissário contra a Corrupção;

m) Membro da Alta Autoridade para a Comunicação Social;

n) Director-geral e subdirector-geral ou equiparado;

o) Governador e vice-governador do Banco de Portugal;

p) Embaixador;

q) Presidente de instituto público autónomo, de empresa pública ou de sociedade anónima de capitais exclusivamente públicos;

r) Gestor público, membro do conselho de administração de sociedade anónima de capitais exclusivamente públicos e vogal da direcção de instituto público autónomo, desde que exerçam funções executivas.

3 – Os eleitos locais beneficiários do regime de aposentação antecipada, logo que reassumam quaisquer das funções ou cargos previstos nos n.ᵒˢ 1 e 2 do presente artigo, devem comunicar o facto à entidade processadora da respectiva pensão.

4 – A pensão provisória será processada pela entidade onde eram exercidas funções à data da aposentação, desde que se trate de subscritores da Caixa Geral de Aposentações.

1 – Aditado pelo art. 1.° da Lei n.° 1/91, de 10 de Janeiro.

2 – Este preceito aplica-se aos casos de acumulação já existentes à data da sua entrada em vigor (em 11/1/91), conforme o disposto no art. 2.° da mesma Lei.

ARTIGO 18.°-B (¹) – (Termos da bonificação do tempo de serviço)

1 – Em caso de opção pelo regime geral de segurança social, a bonificação do tempo de serviço previsto no artigo 18.° pressupõe o pagamento das contribuições acrescidas, relativas ao período invocado, correspondentes a períodos de 12 meses civis, seguidos ou interpolados, a cada um dos quais corresponderá um ano bonificado.

2 (²) – As contribuições a que se refere o número anterior são calculadas por aplicação da taxa definida em portaria do Ministro do Emprego e da Segurança Social à remuneração mensal mais elevada registada em cada um dos períodos de 12 meses válidos para a bonificação.

3 – A taxa a estabelecer nos termos do número anterior será igual à parcela das contribuições devidas para o regime geral de segurança social correspondente, em termos actuariais, ao financiamento das pensões de invalidez, velhice e morte.

4 – O requerimento da contagem do período invocado para a bonificação deve ser apresentado, e o correspondente pagamento de contribuições deve estar acordado, até à entrega do requerimento da respectiva pensão de invalidez ou velhice.

5 – No caso de o pagamento das contribuições correspondentes à bonificação se efectuar em prestações, tal facto não impede a passagem do beneficiário à situação de pensionista, se reunir as condições exigidas, mas tal pagamento só produzirá todos os seus efeitos a partir do momento em que se encontre liquidada a totalidade das contribuições referentes ao período de bonificação invocado, circunstância que dá lugar ao recálculo do valor da pensão.

6 – Caso o eleito local tenha falecido sem ter requerido a contagem do período invocado para a bonificação, podem os requerentes das prestações por morte fazê-lo por ocasião da entrega do respectivo requerimento, sem prejuízo do prévio pagamento das contribuições acrescidas a que se referem os números anteriores.

Lei n.° 29/87, de 30 de Junho 239

1 – Aditado pelo art. 2.° da Lei n.° 11/91, de 17 de Maio.

2 – A determinação do montante das contribuições acrescidas, a pagar pelos eleitos locais, pela bonificação do tempo de serviço em caso de opção pelo regime geral de segurança social, nos termos dos n.os 1 a 3 do artigo 18.°-B da Lei n.° 29/87, de 30 de Junho, com a redacção dada pela Lei n.° 11/91, de 17 de Maio, é efectuada pela aplicação da taxa de 18% (Portaria n.° 26/92, de 16 de Janeiro).

De acordo com o n.° 2 desta Portaria, o seu disposto aplica-se a todas as situações abrangidas por este art. 18.°-B.

ARTIGO 18.°-C (1) – (Aumento para efeitos de aposentação)

1 – Os eleitos locais em regime de meio tempo, bem como os presidentes e vogais das juntas de freguesia em regime de não permanência, subscritores da Caixa Geral de Aposentações com, pelo menos, 8 anos no desempenho dos respectivos cargos, beneficiam, para efeitos de aposentação, até ao limite de 12 anos, de uma majoração de 25% do tempo de serviço prestado nas respectivas funções, quando essa prestação ocorra em simultâneo com o exercício do mandato autárquico.

2 – A majoração a que se refere o número anterior não dispensa os interessados do pagamento, nos termos legais, das correspondentes quotas, as quais serão apuradas em função da remuneração auferida no exercício da sua actividade profissional.

1 – Aditado pelo art. 2.° da Lei n.° 86/2001, 10 de Agosto (entrado imediatamente em vigor, sendo a majoração e bonificação nele previstas aplicáveis aos eleitos locais que estão ou venham a estar no exercício de um mandato autárquico – art. 3.°.

ARTIGO 18.°-D (1) – (Bonificação de pensões)

1 – Os eleitos locais em regime de meio tempo, bem como os presidentes e vogais das juntas de freguesia em regime de não permanência, têm direito a uma bonificação da pensão, de quantitativo equivalente ao previsto no artigo anterior, determinado em função de tempo de serviço prestado quando sejam abrangidos pelos regimes contributivos da segurança social, desde que possuam, pelo menos, 8 anos no desempenho dos respectivos cargos e até ao limite de 12 anos.

2 – Os termos e condições necessários para a concretização do benefício referido no número anterior, nomeadamente no que respeita ao pagamento das contribuições correspondentes, são definidos por portaria conjunta dos Ministros do Ambiente e do Ordenamento do Território e do Trabalho e da Solidariedade.

1 – Aditado pelo art. 2.° da Lei n.° 86/2001, 10 de Agosto (entrado imediatamente em vigor, sendo a majoração e bonificação nele previstas aplicáveis aos eleitos locais que estão ou venham a estar no exercício de um mandato autárquico – art. 3.°.

ARTIGO 19.° (1) – (Subsídio de reintegração)

1 – Aos eleitos locais em regime de permanência e exclusividade é atribuído, no termo do mandato, um subsídio de reintegração, caso não beneficiem do regime constante no artigo 18.°.

2 – O subsídio referido no número anterior é equivalente ao valor de um mês por cada semestre de exercício efectivo de funções, até ao limite de onze meses.

3 – Os beneficiários do subsídio de reintegração que assumam qualquer das funções previstas nas alíneas previstas no n.° 2 do artigo 26.° da Lei n.° 4/85, de 9 de Abril, antes de decorrido o dobro do período de reintegração devem devolver metade dos subsídios que tiverem percebido entre a cessação das anteriores e o início das novas funções.

1 – Ver Parecer da P.G.R. n.° 27/90 (*DR*, II Série, de 12/3/91), cujo sumário se encontra transcrito em anotação ao art. 18.°.

240   *III – Eleitos Locais*

ARTIGO 20.° – **(Protecção penal)**

Os eleitos locais gozam da protecção conferida aos titulares dos cargos públicos pelo n.° 1 do artigo 1.° do Decreto-Lei n.° 65/84, de 24 de Fevereiro.

ARTIGO 21.° – **(Apoio em processos judiciais)**

Constituem encargos a suportar pelas autarquias respectivas as despesas provenientes de processos judiciais em que os eleitos locais sejam parte, desde que tais processos tenham tido como causa o exercício das respectivas funções e não se prove dolo ou negligência por parte dos eleitos.

ARTIGO 22.° – **(Garantia dos direitos adquiridos)**

1 – Os eleitos locais não podem ser prejudicados na respectiva colocação ou emprego permanente por virtude do desempenho dos seus mandatos.

2 – Os funcionários e agentes do Estado, de quaisquer pessoas colectivas de direito público e de empresas públicas ou nacionalizadas que exerçam as funções de presidente de câmara municipal ou de vereador em regime de permanência ou de meio tempo consideram-se em comissão extraordinária de serviço público.

3 – Durante o exercício do respectivo mandato não podem os eleitos locais ser prejudicados no que respeita a promoções, concursos, regalias, gratificações, benefícios sociais ou qualquer outro direito adquirido de carácter não pecuniário.

4 – O tempo de serviço prestado nas condições previstas na presente lei é contado como se tivesse sido prestado à entidade empregadora, salvo, no que respeita a remunerações, aquele que seja prestado por presidentes de câmara municipal e vereadores em regime de permanência ou de meio tempo.

ARTIGO 23.° – **(Regime fiscal)**

As remunerações, compensações e quaisquer subsídios percebidos pelos eleitos locais no exercício das suas funções estão sujeitos ao regime fiscal aplicável aos titulares dos cargos políticos.

ARTIGO 24.° ([1]) – **(Encargos)**

1 – As remunerações, compensações, subsídios e demais encargos previstos na presente lei são suportados pelo orçamento da respectiva autarquia local, salvo o disposto no artigo 18.°.

2 – Os encargos derivados da participação dos presidentes das juntas de freguesia nas reuniões das assembleias municipais são suportados pelo orçamento dos municípios respectivos.

3 ([2]) – A suspensão do exercício dos mandatos dos eleitos locais faz cessar o processamento das remunerações e compensações, salvo quando aquela se fundamente em doença devidamente comprovada ou em licença por maternidade ou paternidade.

1 – O Parecer da P.G.R. n.° 52/95, publicado no DR, II Série, de 26/7/96, doutrinou:

«A suspensão do exercício dos mandatos a que se faz referência no preceito mencionado na conclusão anterior é a suspensão por iniciativa do titular do cargo, a que se refere o artigo 72.° do Decreto--Lei n.° 100/84, de 29 de Março [hoje, art. 77.° da Lei n.° 169/99, de 18 de Setembro].

A estatuição do n.° 3 do artigo 24.° do Estatuto dos Eleitos Locais não é aplicável aos casos de suspensão do mandato por determinação judicial, mediante cominação da medida de coacção prevista no artigo 199.°, n.° 1, alínea *b*), do Código de Processo Penal».

2 – Redacção do art. 2.° da Lei n.° 127/97, de 12 de Dezembro.

ARTIGO 25.° – **(Comissões administrativas)**

As normas da presente lei aplicam-se aos membros das comissões administrativas nomeadas na sequência de dissolução de órgãos autárquicos.

Lei n.º 29/87, de 30 de Junho

ARTIGO 26.º – **(Revogação)**

1 – São revogadas as Leis n.ᵒˢ 9/81, de 26 de Junho, salvo o n.º 2 do artigo 3.º, e 7/87, de 28 de Janeiro.

2 – O n.º 2 do artigo 3.º da Lei n.º 9/81, de 26 de Junho, fica revogado com a realização das próximas eleições gerais autárquicas.

ARTIGO 27.º – **(Disposições finais)**

1 – O direito previsto no artigo 19.º aplica-se aos eleitos locais que cessem o mandato após a entrada em vigor da presente lei.

2 – O disposto no artigo 18.º aplica-se retroactivamente a todos os eleitos locais.

3 ([1]) – Para efeitos de direitos e regalias sociais em matéria de segurança social, contagem de tempo de serviço, reforma antecipada e subsídios de reentegração, os eleitos locais que exerçam funções a meio tempo por, simultaneamente, exercerem outras funções remoneradas a meio tempo e em regime de exclusividade nos serviços municipalizados ou em empresa municipal da mesma autarquia são equiparados a eleitos em regime de permanência.

1 – Redacção do art. 1.º da Lei n.º 50/99, de 24 de Junho

ARTIGO 28.º – **(Entrada em vigor)**

A presente lei entra em vigor no primeiro dia do mês seguinte ao da sua publicação.

LEI N.º 34/87

de 16 de Julho

Crimes de responsabilidade dos titulares de cargos políticos

CAPÍTULO I – Dos crimes de responsabilidade de titular de cargo político em geral

ARTIGO 1.º – (Âmbito da presente lei)

A presente lei determina os crimes de responsabilidade que titulares de cargos políticos cometam no exercício das suas funções, bem como as sanções que lhes são aplicáveis e os respectivos efeitos.

ARTIGO 2.º – (Definição genérica)

Consideram-se praticados por titulares de cargos políticos no exercício das suas funções, além dos como tais previstos na presente lei, os previstos na lei penal geral com referência expressa a esse exercício ou os que mostrem terem sido praticados com flagrante desvio ou abuso da função ou com grave violação dos inerentes deveres.

ARTIGO 3.º – (Cargos políticos)

São cargos políticos, para os efeitos da presente lei:

a) O de Presidente da República;

b) O de Presidente da Assembleia da República;

c) O de deputado à Assembleia da República

d) O de membro do Governo;

e) O de deputado ao Parlamento Europeu;

f) O de ministro da República para região autónoma;

g) O de membro de órgão de governo próprio de região autónoma;

h) O de governador de Macau, de secretário-adjunto do Governo de Macau ou de deputado à Assembleia Legislativa de Macau;

i) O de membro de órgão representativo de autarquia local;

j) O de governador civil.

ARTIGO 4.º – (Punibilidade da tentativa)

Nos crimes previstos na presente lei a tentativa é punível independentemente da medida legal da pena, sem prejuízo do disposto no artigo 24.º do Código Penal.

244   *III – Eleitos Locais*

ARTIGO 5.º – (Agravação especial)

A pena aplicável aos crimes previstos na lei penal geral que tenham sido cometidos por titular de cargo político no exercício das suas funções e qualificados como crimes de responsabilidade nos termos da presente lei será agravada de um quarto dos seus limites mínimo e máximo.

ARTIGO 6.º – (Atenuação especial)

A pena aplicável aos crimes de responsabilidade cometidos por titular de cargo político no exercício das suas funções poderá ser especialmente atenuada, para além dos casos previstos na lei geral, quando se mostre que o bem ou valor sacrificados o foram para salvaguarda de outros constitucionalmente relevantes ou quando for diminuto o grau de responsabilidade funcional do agente e não haja lugar à exclusão da ilicitude ou da culpa, nos termos gerais.

CAPÍTULO II – Dos crimes de responsabilidade de titular de cargo político em especial

ARTIGO 7.º – (Traição à Pátria)

O titular de cargo político que, com flagrante desvio ou abuso das suas funções ou com grave violação dos inerentes deveres, ainda que por meio não violento nem de ameaça de violência, tentar separar da Mãe-Pátria, ou entregar a país estrangeiro, ou submeter a soberania estrangeira, o todo ou uma parte do território português, ofender ou puser em perigo a independência do País será punido com prisão de dez a quinze anos.

ARTIGO 8.º – (Atentado contra a Constituição da República)

O titular de cargo político que no exercício das suas funções atente contra a Constituição da República, visando alterá-la ou suspendê-la por forma violenta ou por recurso a meios que não os democráticos nela previstos, será punido com prisão de cinco a quinze anos, ou de dois a oito anos, se o efeito se não tiver seguido.

ARTIGO 9.º – (Atentado contra o Estado de direito)

O titular de cargo político que, com flagrante desvio ou abuso das suas funções ou com grave violação dos inerentes deveres, ainda que por meio não violento nem de ameaça de violência, tentar destruir, alterar ou subverter o Estado de direito constitucionalmente estabelecido, nomeadamente os direitos, liberdades e garantias estabelecidas na Constitução da República, na Declaração Universal dos Direitos do Homem e na Convenção Europeia dos Direitos do Homem, será punido com prisão de dois a oito anos, ou de um a quatro anos, se o efeito se não tiver seguido.

ARTIGO 10.º – (Coacção contra órgãos constitucionais)

1 – O titular de cargo político que por meio não violento nem de ameaça de violência impedir ou constranger o livre exercício das funções de órgão de soberania ou de órgão de governo próprio de região autónoma será punido com prisão de dois a oito anos, se ao facto não corresponder pena mais grave por força de outra disposição legal.

2 – O titular de cargo político que, nas mesmas condições, impedir ou constranger o livre exercício das funções de ministro da República em região autónoma, de governador de Macau, de secretário-adjunto do Governo de Macau, de assembleia regional, da Assembleia Legislativa de Macau, de governo regional ou do Provedor de Justiça será punido com prisão de um a cinco anos.

Lei n.º 34/87, de 16 de Julho 245

3 – Se os factos descritos no n.º 1 forem praticados contra órgão de autarquia local, a prisão será de três meses a dois anos.

4 – Quando os factos descritos no n.º 1 forem cometidos contra um membro dos órgãos referidos nos n.os 1, 2 ou 3, a prisão será de um a cinco anos, seis meses a três anos ou até um ano, respectivamente.

ARTIGO 11.º – (Prevaricação)

O titular de cargo político que conscientemente conduzir ou decidir contra direito um processo em que intervenha no exercício das suas funções, com a intenção de por essa forma prejudicar ou beneficiar alguém, será punido com prisão de dois a oito anos.

ARTIGO 12.º – (Denegação de justiça)

O titular de cargo político que no exercício das suas funções se negar a administrar a justiça ou a aplicar o direito que, nos termos da sua competência, lhe cabem e lhe foram requeridos será punido com prisão até dezoito meses e multa até 50 dias.

ARTIGO 13.º – (Desacatamento ou recusa de execução de decisão de tribunal)

O titular de cargo político que no exercício das suas funções recusar acatamento ou execução que, por dever do cargo, lhe cumpram a decisão de tribunal transitada em julgado será punido com prisão até um ano.

ARTIGO 14.º – (Violação de normas de execução orçamental)

O titular de cargo político a quem, por dever do seu cargo, incumba dar cumprimento a normas de execução orçamental e conscientemente as viole:

a) Contraindo encargos não permitidos por lei;

b) Autorizando pagamentos sem o visto do Tribunal de Contas legalmente exigido;

c) Autorizando ou promovendo operações de tesouraria ou alterações orçamentais proibidas por lei;

d) Utilizando dotações ou fundos secretos, com violação das regras da universalidade e especificação legalmente previstas;

será punido com prisão até um ano.

ARTIGO 15.º – (Suspensão ou restrição ilícitas de direitos, liberdades e garantias)

O titular de cargo político que, com flagrante desvio das suas funções ou com grave violação dos inerentes deveres, suspender o exercício de direitos, liberdades e garantias não susceptíveis de suspensão, ou sem recurso legítimo aos estados de sítio ou de emergência, ou impedir ou restringir aquele exercício, com violação grave das regras de execução do estado declarado, será condenado a prisão de dois a oito anos, se ao facto não corresponder pena mais grave por força de outra disposição legal.

ARTIGO 16.º – (Corrupção passiva para acto ilícito)

1 – O titular de cargo político que no exercício das suas funções, por si ou interposta pessoa, com o seu consentimento ou ratificação, solicitar ou aceitar dinheiro, promessa de dinheiro ou qualquer vantagem patrimonial ou não patrimonial a que não tenha direito, para si ou para o seu cônjuge, parentes ou afins até ao 3.º grau, para a prática de acto que implique violação dos deveres do seu cargo ou omissão de acto que tenha o dever de praticar e que, nomeadamente, consista:

246 *III – Eleitos Locais*

a) Em dispensa de tratamento de favor a determinada pessoa, empresa ou organização;

b) Em intervenção em processo, tomada ou participação em decisão que impliquem obtenção de benefícios, recompensas, subvenções, empréstimos, adjudicação ou celebração de contratos e, em geral, reconhecimento ou atribuição de direitos, exclusão ou extinção de obrigações, em qualquer caso com violação da lei;

será punido com prisão de dois a oito anos e multa de 100 a 200 dias.

2 – Se o acto não for, porém, executado ou se não se verificar a omissão, a pena será a de prisão até dois anos e multa até 100 dias.

3 – Se, por efeito da corrupção, resultar condenação criminal em pena mais grave do que as previstas nos n.ᵒˢ 1 e 2, será aquela pena aplicada à corrupção.

ARTIGO 17.º – **(Corrupção passiva para acto lícito)**

O titular de cargo político que no exercício das suas funções, por si ou interposta pessoa, com o seu consentimento ou ratificação, solicitar ou receber dinheiro, promessa de dinheiro ou qualquer vantagem patrimonial ou não patrimonial a que não tenha direito, para si ou para o seu cônjuge, parentes ou afins até ao 3.º grau, para a prática de acto ou omissão de acto não contrários aos deveres do seu cargo e que caibam nas suas atribuições será punido com prisão até um ano ou multa até 100 dias.

ARTIGO 18.º – **(Corrupção activa)**

O titular de cargo político que no exercício das suas funções der ou prometer a funcionário ou a outro titular de cargo político, por si ou por interposta pessoa, dinheiro ou outra vantagem patrimonial ou não patrimonial que a estes não sejam devidos com os fins indicados no artigo 16.º será punido, segundo os casos, com as penas do mesmo artigo.

ARTIGO 19.º – **(Isenção de pena)**

1 – O infractor que, nos casos dos artigos anteriores, voluntariamente repudiar oferecimento ou promessa que tenha aceitado ou restituir o que indevidamente tiver recebido antes de praticado o acto ou de consumada a omissão ficará isento de pena.

2 – Fica igualmente isento de pena o infractor que, nos casos dos artigos 16.º e 17.º, participe o crime às autoridades competentes antes de qualquer outro co-infractor e antes de ter sido iniciado procedimento criminal pelos correspondentes factos, sendo irrelevante a sua participação simultânea.

3 – A isenção de pena prevista no n.º 1 só aproveitará ao agente de corrupção activa se o mesmo voluntariamente aceitar o repúdio da promessa ou a restituição do dinheiro ou vantagem que houver feito ou dado.

ARTIGO 20.º – **(Peculato)**

1 – O titular de cargo político que no exercício das suas funções ilicitamente se apropriar, em proveito próprio ou de outra pessoa, de dinheiro ou qualquer outra coisa móvel que lhe tiver sido entregue, estiver na sua posse ou lhe for acessível em razão das suas funções será punido com prisão de três a oito anos e multa até 150 dias, se pena mais grave lhe não couber por força de outra disposição legal.

2 – Se o infractor der de empréstimo, empenhar ou, de qualquer forma, onerar quaisquer objectos referidos no número anterior, com a consciência de prejudicar ou poder prejudicar o Estado ou o seu proprietário, será punido com prisão de um a quatro anos e multa até 80 dias.

Lei n.º 34/87, de 16 de Julho 247

ARTIGO 21.º – **(Peculato de uso)**

1 – O titular de cargo político que fizer uso ou permitir a outrem que faça uso, para fins alheios àqueles a que se destinam, de veículos ou outras coisas móveis de valor apreciável que lhe tenham sido entregues, estiverem na sua posse ou lhe forem acessíveis em razão das suas funções será punido com prisão até dezoito meses ou multa de 20 a 50 dias.

2 – O titular de cargo político que der a dinheiro público um destino para uso público diferente daquele a que estiver legalmente afectado será punido com prisão até dezoito meses ou multa de 20 a 50 dias.

ARTIGO 22.º – **(Peculato por erro de outrem)**

O titular de cargo político que no exercício das suas funções, mas aproveitando-se do erro de outrem, receber, para si ou para terceiro, taxas, emolumentos ou outras importâncias não devidas, ou superiores às devidas, será punido com prisão até três anos ou multa até 150 dias.

ARTIGO 23.º – **(Participação económica em negócio)**

1 – O titular de cargo político que, com intenção de obter para si ou para terceiro participação económica ilícita, lesar em negócio jurídico os interesses patrimoniais que, no todo ou em parte, lhe cumpra, em razão das suas funções, administrar, fiscalizar, defender ou realizar será punido com prisão até cinco anos e multa de 50 a 100 dias.

2 – O titular de cargo político que, por qualquer forma, receber vantagem patrimonial por efeito de um acto jurídico-civil relativo a interesses de que tenha, por força das suas funções, no momento do acto, total ou parcialmente, a disposição, a administração ou a fiscalização, ainda que sem os lesar, será punido com multa de 50 a 150 dias.

3 – A pena prevista no número anterior é também aplicável ao titular de cargo político que receber, por qualquer forma, vantagem económica por efeito de cobrança, arrecadação, liquidação ou pagamento de que, em razão das suas funções, total ou parcialmente, esteja encarregado de ordenar ou fazer, posto que se não verifique prejuízo económico para a Fazenda Pública ou para os interesses que assim efectiva.

ARTIGO 24.º – **(Emprego de força pública contra a execução de lei ou de ordem legal)**

O titular de cargo político que, sendo competente, em razão das suas funções, para requisitar ou ordenar o emprego de força pública, requisitar ou ordenar esse emprego para impedir a execução de alguma lei, de mandato regular da justiça ou de ordem legal de alguma autoridade pública será punido com prisão até três anos e multa de 20 a 50 dias.

ARTIGO 25.º – **(Recusa de cooperação)**

O titular de cargo político que, tendo recebido requisição legal da autoridade competente para prestar cooperação, possível em razão do seu cargo, para a administração da justiça ou qualquer serviço público, se recusar a prestá-la, ou sem motivo legítimo a não prestar, será punido com prisão de três meses a um ano ou multa de 50 a 100 dias.

ARTIGO 26.º – **(Abuso de poderes)**

1 – O titular de cargo político que abusar dos poderes ou violar os deveres inerentes às suas funções, com a intenção de obter, para si ou para terceiro, um benefício ilegítimo ou de causar um prejuízo a outrem, será punido com prisão de seis meses a três anos ou multa de 50 a 100 dias, se pena mais grave lhe não couber por força de outra disposição legal.

248   *III – Eleitos Locais*

2 – Incorre nas penas previstas no número anterior o titular de cargo político que efectuar fraudulentamente concessões ou celebrar contratos em benefício de terceiro ou em prejuízo do Estado.

ARTIGO 27.º – (Violação de segredo)

1 – O titular de cargo político que, sem estar devidamente autorizado, revelar segredo de que tenha tido conhecimento ou lhe tenha sido confiado no exercício das suas funções, com a intenção de obter, para si ou para outrem, um benefício ilegítimo ou de causar um prejuízo do interesse público ou de terceiros, será punido com prisão até três anos ou multa de 100 a 200 dias.

2 – A violação de segredo prevista no n.º 1 será punida mesmo quando praticada depois de o titular de cargo político ter deixado de exercer as suas funções.

3 – O procedimento criminal depende de queixa da entidade que superintenda, ainda que a título de tutela, no órgão de que o infractor seja titular, ou do ofendido, salvo se esse for o Estado.

CAPÍTULO III – Dos efeitos das penas

ARTIGO 28.º – (Efeito das penas aplicadas ao Presidente da República)

A condenação definitiva do Presidente da República por crime de responsabilidade cometido no exercício das suas funções implica a destituição do cargo e a impossibilidade de reeleição após verificação pelo Tribunal Constitucional da ocorrência dos correspondentes pressupostos constitucionais e legais.

ARTIGO 29.º – (Efeitos das penas aplicadas a titulares de cargos políticos de natureza electiva)

Implica a perda do respectivo mandato a condenação definitiva por crime de responsabilidade cometido no exercício das suas funções dos seguintes titulares de cargo político:

a) Presidente da Assembleia da República;

b) Deputado à Assembleia da República;

c) Deputado ao Parlamento Europeu;

d) Deputado a assembleia regional;

e) Deputado à Assembleia Legislativa de Macau;

f) (¹) Membro de órgão representativo de autarquia local.

1 – A condenação definitiva dos membros dos órgãos autárquicos em qualquer dos crimes de responsabilidade previstos e definidos na Lei n.º 34/87, de 16 de Julho, implica a sua inelegibilidade nos actos eleitorais destinados a completar o mandato interrompido e nos subsequentes que venham a ter lugar no período de tempo correspondente a novo mandato completo, em qualquer órgão autárquico (art. 13.º da Lei n.º 27/96, de 1 de Agosto).

ARTIGO 30.º – (Efeitos de pena aplicada ao Primeiro-Ministro)

A condenação definitiva do Primeiro-Ministro por crime de responsabilidade cometido no exercício das suas funções, implica de direito a respectiva demissão, com as consequências previstas na Constituição da República.

ARTIGO 31.º – (Efeitos de pena aplicada a outros titulares de cargos políticos de natureza não electiva)

Implica de direito a respectiva demissão, com as consequências constitucionais e legais, a condenação definitiva por crime de responsabilidade cometido no exercício das suas funções dos seguintes titulares de cargos políticos de natureza não electiva:

Lei n.º 34/87, de 16 de Julho 249

a) Membro do Governo da República;
b) Ministro da República junto de região autónoma;
c) Presidente de governo regional;
d) Membro de governo regional;
e) Governador de Macau;
f) Secretário-adjunto do Governo de Macau;
g) Governador civil.

CAPÍTULO IV – **Regras especiais de processo**

ARTIGO 32.º – **(Princípio geral)**
À instrução e julgamento dos crimes de responsabilidade de que trata a presente lei aplicam-se as regras gerais de competência e de processo, com as especialidades constantes dos artigos seguintes.

ARTIGO 33.º – **(Regras especiais aplicáveis ao Presidente da República)**
1 – Pelos crimes de responsabilidade praticados no exercício das suas funções o Presidente da República responde perante o Plenário do Supremo Tribunal de Justiça.
2 – A iniciativa do processo cabe à Assembleia da República, mediante proposta de um quinto e deliberação aprovada por maioria de dois terços dos deputados em efectividade de funções.

ARTIGO 34.º – **(Regras especiais aplicáveis a deputado à Assembleia da República)**
1 – Nenhum deputado à Assembleia da República pode ser detido ou preso sem autorização da Assembleia, salvo por crime punível com pena maior e em flagrante delito.
2 – Movido procedimento criminal contra algum deputado à Assembleia da República, e indiciado este definitivamente por despacho de pronúncia ou equivalente, salvo no caso de crime punível com pena maior, a Assembleia decidirá se o deputado deve ou não ser suspenso para efeitos de seguimento do processo.
3 – O Presidente da Assembleia da República responde perante o Plenário do Supremo Tribunal de Justiça.

ARTIGO 35.º – **(Regras especias aplicáveis a membro do Governo)**
1 – Movido procedimento criminal contra um membro do Governo, e indiciado este definitivamente por despacho de pronúncia ou equivalente, salvo no caso de crime punível com pena maior, a Assembleia da República decide se o membro do Governo deve ou não ser suspenso para efeitos de seguimento do processo.
2 – O disposto no número anterior aplica-se ao Governador de Macau, aos ministros da República junto de região autónoma e aos secretários-adjuntos do Governo de Macau.
3 – O Primeiro-Ministro responde perante o Plenário do Tribunal da Relação de Lisboa, com recurso para o Supremo Tribunal de Justiça.

ARTIGO 36.º – **(Regras especiais aplicáveis a deputado ao Parlamento Europeu)**
Aplicam-se aos deputados ao Parlamento Europeu designados por Portugal, no que se refere à sua detenção ou prisão, bem como ao julgamento dos crimes de responsabilidade que cometam no exercício das suas funções, as pertinentes disposições comunitárias e, na medida em que isso seja compatível com a natureza do Parlamento Europeu, as disposições aplicáveis da Lei n.º 3/85, de 13 de Março, com as necessárias adaptações.

III – Eleitos Locais

ARTIGO 37.° – **(Regras especiais aplicáveis a deputado a assembleia regional)**
1 – Nenhum deputado a assembleia regional pode ser detido ou preso sem autorização da assembleia, salvo por crime punível com pena maior e em flagrante delito.
2 – Movido procedimento criminal contra algum deputado a assembleia regional, e indiciado este por despacho de pronúncia ou equivalente, a assembleia decidirá se o deputado deve ou não ser suspenso para efeitos de seguimento do processo.

ARTIGO 38.° – **(Regras especiais aplicáveis a deputado à Assembleia Legislativa de Macau)**
1 – Durante o período das sessões da Assembleia Legislativa de Macau não podem os respectivos deputados ser detidos nem estar presos sem assentimento daquela, excepto por crime a que corresponda pena maior ou equivalente na escala penal e, neste caso, quando em flagrante delito ou em virtude de mandato judicial.
2 – Movido procedimento criminal contra algum deputado à Assembleia Legislativa de Macau, e indiciado este por despacho de pronúncia ou equivalente, o juiz comunicará o facto à Assembleia, que, para o caso previsto na última parte do número anterior, decidirá se o deputado indiciado deve ou não ser suspenso para efeitos de seguimento do processo.

ARTIGO 39.° – **(Regras especiais aplicáveis a membro de governo regional)**
Movido procedimento judicial contra membro de governo regional pela prática de qualquer crime, e indiciado este por despacho de pronúncia ou equivalente, o processo só seguirá os seus termos no caso de ao facto corresponder pena maior, se o membro do governo for suspenso do exercício das suas funções.

ARTIGO 40.° – **(Da não intervenção do júri)**
O julgamento dos crimes a que se refere a presente lei far-se-á sem intervenção do júri.

ARTIGO 41.° – **(Do direito de acção)**
Nos crimes a que se refere a presente lei têm legitimidade para promover o processo penal o Ministério Público, sem prejuízo do especialmente disposto nas disposições do presente capítulo, e, em subordinação a ele:
a) O cidadão ou a entidade directamente ofendidos pelo acto considerado delituoso;
b) Qualquer membro de assembleia deliberativa, relativamente aos crimes imputados a titulares de cargos políticos que, individualmente ou através do respectivo órgão, respondam perante aquela;
c) As entidades a quem incumba a tutela sobre órgãos políticos, relativamente aos crimes imputados a titulares do órgão tutelado;
d) A entidade a quem compete a exoneração de titular de cargo político, relativamente aos crimes imputados a este.

ARTIGO 42.° – **(Julgamento em separado)**
A instrução e o julgamento de processos relativos a crime de responsabilidade de titular de cargo político cometido no exercício das suas funções far-se-ão, por razões de celeridade, em separado dos relativos a outros co-responsáveis que não sejam também titulares de cargo político.

ARTIGO 43.° – **(Liberdade de alteração do rol das testemunhas)**
Nos processos relativos ao julgamento de crimes de responsabilidade de titulares de cargos políticos cometidos no exercício das suas funções são lícitas a alteração dos róis de testemunhas

Lei n.° 34/87, de 16 de Julho

e a junção de novos documentos até três dias antes do designado para o início do julgamento, sendo irrelevante, para este efeito, o adiamento desse início.

ARTIGO 44.° – **(Denúncia caluniosa)**
1 – Da decisão que absolver o acusado por crime de responsabilidade cometido por titular de cargo político no exercício das suas funções ou que o condene com base em factos diversos dos constantes da denúncia será dado conhecimento imediato ao Ministério Público, para efeito de procedimento, se julgar ser esse o caso, pelo crime previsto e punido pelo artigo 408.° do Código Penal.
2 – As penas cominadas por aquela disposição legal serão agravadas, nos termos gerais, em razão do acréscimo da gravidade que empresta à natureza caluniosa da denúncia a qualidade do ofendido.

CAPÍTULO V – Da responsabilidade civil emergente de crime de responsabilidade de titular de cargo político

ARTIGO 45.° – **(Princípios gerais)**
1 – A indemnização de perdas e danos emergentes de crime de responsabilidade cometido por titular de cargo político no exercício das suas funções rege-se pela lei civil.
2 – O Estado responde solidariamente com o titular de cargo político pelas perdas e danos emergentes de crime de responsabilidade cometido no exercício das suas funções.
3 – O Estado tem direito de regresso contra o titular de cargo político por crime de responsabilidade cometido no exercício das suas funções de que resulte o dever de indemnizar.
4 – O Estado ficará sub-rogado no direito do lesado à indemnização, nos termos gerais, até ao montante que tiver satisfeito.

ARTIGO 46.° – **(Dever de indemnizar em caso de absolvição)**
1 – A absolvição pelo tribunal criminal não extingue o dever de indemnizar não conexo com a responsabilidade criminal, nos termos gerais de direito, podendo a correspondente indemnização ser pedida através do tribunal civil.
2 – Quando o tribunal absolva o réu na acção penal com fundamento no disposto no artigo 6.°, poderá, não obstante, arbitrar ao ofendido uma quantia como reparação por perdas e danos que em seu prudente arbítrio considere suficientemente justificada, sem prejuízo do disposto no número anterior.

ARTIGO 47.° – **(Opção do foro)**
O pedido de indemnização por perdas e danos resultantes de crime de responsabilidade cometido por titular de cargo político no exercício das suas funções pode ser deduzido no processo em que correr a acção penal ou, separadamente, em acção intentada no tribunal civil.

ARTIGO 48.° – **(Regime de prescrição)**
O direito à indemnização prescreve nos mesmos prazos do procedimento criminal.

CAPÍTULO VI – **Disposição final**

ARTIGO 49.º – **(Entrada em vigor)**

A presente lei entrará em vigor no 30.º dia posterior ao da sua publicação.

DECRETO-LEI N.° 196/93

de 27 de Maio

**Estabelece o regime de incompatibilidades do pessoal
de livre designação por titulares de cargos políticos**

A lei que estabelece as incompatibilidades de cargos políticos determina a aprovação pelo Governo de um regime de incompatibilidades para vigorar relativamente ao pessoal de livre designação pelos titulares desses cargos. Tal regime deverá, de acordo com a mesma lei, garantir a inexistência de conflitos de interesses gerados pelo exercício cumulativo das funções para que foram nomeados e de outras quaisquer actividades profissionais de índole pública ou privada.

Com o presente diploma pretende-se dar cumprimento a esse mandato, criando mecanismos susceptíveis de substituírem o sistema vigente – que assenta unicamente na responsabilização política dos titulares de cargos políticos pelo pessoal por si nomeado numa base de confiança – por regras que visam manter as exigências de isenção e lhe acrescentam a publicidade aconselhada por razões de transparência.

Assim:

ARTIGO 1.° – (Objecto)

O presente diploma define o regime de incompatibilidades aplicável aos titulares de cargos cuja nomeação, assente no princípio da livre designação, se fundamente por lei em razão de especial confiança e que exerçam funções de maior responsabilidade, de modo a garantir a inexistência de conflito de interesses.

ARTIGO 2.° – (Âmbito)

O disposto no presente diploma é aplicável:

a) Aos titulares dos cargos que compõem o Gabinete do Presidente da República e a respectiva Casa Civil, o Gabinete do Presidente da Assembleia da República e os gabinetes de apoio aos grupos parlamentares, o Gabinete do Primeiro-Ministro, os gabinetes de membros do Governo, os Gabinetes dos Ministros da República para as Regiões Autónomas, os gabinetes dos membros dos Governos Regionais, os gabinetes dos governadores e vice-governadores civis e os gabinetes de apoio aos presidentes e vereadores a tempo inteiro das câmaras municipais;

b) Aos titulares de cargos equiparados a qualquer dos referidos na alínea anterior.

ARTIGO 3.° (¹) – (Incompatibilidades e impedimentos)

1 – A titularidade dos cargos a que se refere o artigo anterior é incompatível:

a) Com o exercício de quaisquer outras actividades profissionais, públicas ou privadas, remuneradas ou não, salvo as que derivem do exercício do próprio cargo;

b) Com o exercício de funções executivas em órgãos de empresas públicas, de sociedades de capitais maioritariamente públicos ou concessionárias de serviços públicos, instituições de crédito ou parabancárias, seguradoras, sociedades imobiliárias ou de quaisquer outras pessoas colectivas intervenientes em contratos com o Estado e demais entes de direito público;

c) Com o exercício de direitos sociais relativos a participações corespondentes a mais de 10% no capital de sociedades que participem em concursos públicos de fornecimento de bens ou serviços e em contratos com o Estado e outras pessoas colectivas de direito público.

2 – Exceptuam-se do disposto na alínea *a*) do número anterior, quando autorizadas no despacho de nomeação:

a) As actividades docentes em instituições de ensino superior, nos termos da legislação em vigor;

b) As actividades compreendidas na respectiva especialidade profissional prestadas, sem carácter de permanência, a entes não pertencentes ao sector de actividade pelo qual é responsável o titular do departamento governamental em causa.

3 – O disposto nos números anteriores determina para o pessoal já nomeado e que inicie, após a entrada em vigor do presente diploma, o exercício de funções ali previstas a alteração do respectivo despacho de nomeação.

1 – Ver DL n.° 413/93, de 23 de Dezembro (Reforça as garantias de isenção da Administração Pública).

ARTIGO 4.° – **(Declaração)**

1 – O pessoal contratado, destacado ou requisitado para desempenho de funções de assessoria ou conselho técnico aos titulares de cargos políticos e altos cargos públicos a que se refere o artigo 2.° deve apresentar, no momento do início de funções, uma declaração de inexistência do início de funções, uma declaração de inexistência de conflitos de interesses, válida para o período em que as mesmas forem exercidas.

2 – O pessoal referido no número anterior que se encontre no desempenho de funções à data da entrada em vigor do presente diploma e que exerça qualquer das actividades previstas no n.° 1 do artigo 3.° fica obrigado à apresentação de declaração de inexistência de conflitos de interesses no prazo de 30 dias.

3 – Está também obrigado à entrega da declaração a que se refere o número anterior o pessoal já nomeado que exerça qualquer das actividades previstas no n.° 2 do artigo 3.°.

ARTIGO 5.° – **(Incumprimento)**

1 – A violação do disposto no artigo 3.° ou no n.° 3 do artigo anterior determina a demissão do cargo em que o infractor esteja investido.

2 – O incumprimento do disposto nos n.os 1 e 2 do artigo anterior ou a falta de veracidade da declaração aí prevista determina a imediata cessação de funções e a reposição de todas as importâncias desde então recebidas.

ARTIGO 6.° – **(Entrada em vigor)**

O presente diploma entra em vigor decorridos 60 dias sobre a data da sua publicação.

LEI N.° 64/93 * **

de 26 de Agosto

Regime jurídico de incompatibilidades e impedimentos dos titulares de cargos políticos e altos cargos públicos

ARTIGO 1.° ([1-2]) – (Âmbito)

1 – A presente lei regula o regime do exercício de funções pelos titulares de órgãos de soberania e por titulares de outros cargos políticos.

2 – Para efeitos da presente lei, são considerados titulares de cargos políticos:

a) Os Ministros da República para as Regiões Autónomas;

b) Os membros dos Governos Regionais;

c) O provedor de Justiça;

d) O Governador e Secretários Adjuntos de Macau;

e) O governador e vice-governador civil;

f) (3) O presidente e vereador a tempo inteiro das câmaras municipais;

g) Deputado ao Parlamento Europeu.

1 – Redacção do art. 1.° da Lei n.° 28/95, de 18 de Agosto.

2 – O regime de incompatibilidades do pessoal de livre designação por titulares de cargos políticos foi definido pelo DL n.° 196/93, de 27 de Maio.

3 – São vereadores a tempo inteiro os designados vereadores em regime de permanência a que se refere o art. 2.°, n.° 1 da Lei n.° 29/87, de 30 de Junho (Parecer da P.G.R. n.° 23/91, de 1/7/93).

ARTIGO 2.° ([1]) – (Extensão da aplicação)

O regime constante do presente diploma é ainda aplicável aos titulares de altos cargos públicos.

1 – Redacção do art. 1.° da Lei n.° 28/95, de 18 de Agosto.

---

* Nos termos do art. 3.° da Lei n.° 28/95, de 18 de Agosto, «a referência a titulares de cargos políticos a que alude a Lei n.° 64/93, de 26 de Agosto, entende-se feita igualmente a titulares de órgãos de soberania».

O art. 4.° desta mesma Lei n.° 28/95 veio dispor:

«A presente lei entra em vigor na data da sua publicação, sendo aplicável aos titulares de órgão de soberania e demais titulares de cargos políticos electivos a partir do início de novo mandato ou exercício de funções».

O regime jurídico de incompatibilidades e impedimentos constante da Lei n.° 64/93 não é aplicável, na parte em que seja inovador, às situações de acumulação validamente constituídas na vigência da lei anterior (art. 8.°, n.° 5 da Lei n.° 39-B/94, de 27 de Dezembro).

** As alterações introduzidas pela Lei n.° 12/98, de 24 de Fevereiro, referentes aos arts. 4.°, n.° 1, e 6.° da Lei n.° 64/93, são aplicáveis aos presidentes e vereadores das câmaras municipais e aos membros das juntas de freguesias a que se reporta o art. 12.° da Lei n.° 11/96, de 18 de Abril, a partir do início do mandato resultante das eleições de 14/12/97 (art. 2.° da Lei n.° 12/98, de 24 de Fevereiro).

III – Eleitos Locais

ARTIGO 3.º(¹) – **(Titulares de altos cargos públicos)**

1 – Para efeitos da presente lei, são considerados titulares de altos cargos públicos ou equiparados:

a) O presidente do conselho de administração de empresa pública e de sociedade anónima de capitais exclusiva ou maioritariamente públicos, qualquer que seja o modo da sua designação;

b) Gestor público e membro do conselho de administração de sociedade anónima de capitais exclusiva ou maioritariamente públicos, designado por entidade pública, desde que exerçam funções executivas;

c) O membro em regime de permanência e a tempo inteiro da entidade pública independente prevista na Constituição ou na lei.

2 – (²⁻³) *Aos presidentes, vice-presidentes e vogais de direcção de instituto público, fundação pública ou estabelecimento público, bem como aos directores-gerais e subdirectores-gerais e àqueles cujo estatuto lhes seja equiparado em razão da natureza das suas funções é aplicável, em matéria de incompatibilidades e impedimentos, a lei geral da função pública e, em especial, o regime definido para o pessoal dirigente no Decreto-Lei n.º 323/89, de 26 de Setembro.*

1 – Redacção do art. 8.º, n.º 4 da Lei n.º 39-B/94, de 27 de Dezembro.
2 – Revogado pelo art. 4.º da Lei n.º 12/96, de 18 de Abril.
3 – O regime de incompatibilidades das entidades referidas no n.º 2 do art. 3.º passou a constar da Lei n.º 12/96.

ARTIGO 4.º (¹) – **(Exclusividade)**

1 – Os titulares dos cargos previstos nos artigos 1.º e 2.º exercem as suas funções em regime de exclusividade, sem prejuízo do disposto no Estatuto dos Deputados à Assembleia da República e do disposto no artigo 6.º.

2 – A titularidade dos cargos a que se refere o número anterior é incompatível com quaisquer outras funções profissionais remuneradas ou não, bem como com a integração em corpos sociais de quaisquer pessoas colectivas de fins lucrativos.

3 – Exceptuam-se do disposto no número anterior as funções ou actividades derivadas do cargo e as que são exercidas por inerência.

1 – Redacção do art. 1.º da Lei n.º 28/95, de 18 de Agosto, e do art. 1.º, n.º 2 da Lei n.º 12/98, de 24 de Fevereiro.

ARTIGO 5.º (¹) – **(Regime aplicável após cessação de funções)**

1 – Os titulares de órgãos de soberania e titulares de cargos políticos não podem exercer, pelo período de três anos contado da data da cessação das respectivas funções, cargos em empresas privadas que prossigam actividades no sector por eles directamente tutelado, desde que, no período do respectivo mandato, tenham sido objecto de operações de privatização ou tenham beneficiado de incentivos financeiros ou de sistemas de incentivos e benefícios fiscais de natureza contratual.

2 – Exceptua-se do disposto no número anterior o regresso à empresa ou actividade exercida à data da investidura no cargo.

1 – Redacção do art. 1.º da Lei n.º 28/95, de 18 de Agosto.

ARTIGO 6.º (¹⁻²) – **(Autarcas)**

1 – Os presidentes e vereadores de câmaras municipais, mesmo em regime de permanência, a tempo inteiro ou parcial, podem exercer outras actividades, devendo comunicá-las, quando de exercício continuado, quanto à sua natureza e identificação, ao Tribunal Constitucional e à

Lei n.º 64/93, de 26 de Agosto

assembleia municipal, na primeira reunião desta a seguir ao início do mandato ou previamente à entrada em funções nas actividades não autárquicas.

2 – O disposto no número anterior não revoga os regimes de incompatibilidade e impedimento previstos noutras leis para o exercício de cargos ou actividades profissionais.

1 – Na redacção introduzida pela Lei n.º 28/95, de 18 de Agosto, este artigo 6.º passou a ter a seguinte redacção:

> «1 – Os vereadores das câmaras municipais a tempo parcial podem exercer outras actividades nos termos dos números seguintes, devendo comunicá-las, quanto à sua natureza e identificação, às assembleias municipais respectivas.
>
> 2 – Sem prejuízo do disposto nos regimes de incompatibilidades e impedimentos previstos em lei especial, designadamente para o exercício de cargos ou actividades profissionais, são ainda incompatíveis com o exercício do mandato do autarca a tempo parcial:
>
> *a)* A titularidade de membro de órgão de pessoa colectiva pública e, bem assim, de órgão de sociedades de capitais maioritária ou exclusivamente públicos ou de concessionários de serviços públicos;
>
> *b)* A prestação de serviços profissionais, de consultadoria, assessoria e patrocínio, a pessoas colectivas públicas, a concessionários de serviços públicos ou a empresas concorrentes a concursos públicos.
>
> 3 – É igualmente vedado aos autarcas a tempo parcial, sem prejuízo do disposto em lei especial:
>
> *a)* No exercício de actividades de comércio ou indústria, no âmbito do respectivo município, por si ou entidade em que detenham participação, participar em concursos de bens, serviços, empreitadas ou concessões, abertos pelo Estado e demais pessoas colectivas de direito público e, bem assim, por sociedades de capitais maioritária ou exclusivamente públicos ou por concessionários de serviços públicos;
>
> *b)* Prestar consultadoria ou assessoria a entidades privadas titulares de interesses opostos aos do Estado ou demais pessoas colectivas públicas;
>
> *c)* Patrocinar Estados estrangeiros;
>
> *d)* Beneficiar, pessoal ou indevidamente, de actos ou tomar parte em contratos em cujo processo de formação intervenham órgãos ou serviços colocados sob a sua directa influência.
>
> 4 – Sem prejuízo da responsabilidade que ao caso couber, a infracção ao disposto nos números anteriores implica a perda de mandato, nos termos do artigo 10.º, e, bem assim, a obrigatoriedade de reposição da quantia correspondente à totalidade da remuneração certa e permanente que o titular aufira pelo exercício de funções públicas desde o momento e enquanto ocorrer a sua incompatibilidade.»

Todavia, o n.º 1 do art. 1.º da Lei n.º 12/98, de 24 de Fevereiro, revogou o artigo 6.º na redacção que lhe foi dada pela Lei n.º 28/95 e repristinou a redacção originária, que é a que consta agora do texto.

2 – O Parecer da PGR n.º 52/94, publicado no DR, II Série, de 18/9/96, definiu a seguinte doutrina quanto ao presente normativo:

> «1.º O n.º 1 do artigo 6.º da Lei n.º 64/93, de 28 de Agosto, revogou tacitamente o n.º 1 do artigo 3.º da Lei n.º 29/87, de 30 de Junho.
>
> 2.º Os presidentes de câmaras municipais podem acumular as respectivas funções autárquicas com outras funções públicas – salvo se estas últimas corresponderem a cargos políticos (artigos 1.º e 4.º, n.º 1, da Lei n.º 64/93) ou a cargos ou actividades profissionais relativamente aos quais outras leis estabeleceram incompatibilidades ou impedimentos de acumulação com aquelas funções autárquicas (artigo 6.º, n.º 2, da mesma lei).
>
> 3.º Os presidentes de câmaras municipais podem acumular as respectivas funções autárquicas com actividades privadas.
>
> 4.º Os presidentes de câmaras municipais não podem optar pela remuneração que auferiram enquanto funcionários públicos.
>
> 5.º Os eleitos locais que exerçam funções autárquicas em regime de permanência, a tempo inteiro, e que acumulem com actividade privada remunerada, de carácter regular, só têm direito a perceber 50% da remuneração normal correspondente àquelas funções.
>
> 6.º Os eleitos locais que exerçam funções autárquicas em regime de permanência e que acumulem com actividade privada remunerada, de natureza não permanente nem regular, têm direito a receber por inteiro a remuneração correspondente àquelas funções.
>
> 7.º Os eleitos locais que exerçam funções autárquicas em regime de permanência, a tempo inteiro ou parcial, e que acumulem com actividade privada, permanente e regular, não remunerada, apenas têm direito a perceber 50% da remuneração normal correspondente àquelas funções».

258   III – Eleitos Locais

ARTIGO 7.º – **(Regime geral e excepções)**

1 – A titularidade de altos cargos públicos implica a incompatibilidade com quaisquer outras funções remuneradas.

2 – As actividades de docência no ensino superior e de investigação não são incompatíveis com a titularidade de altos cargos públicos, bem como as inerências a título gratuito.

3 – Os titulares de altos cargos públicos em sociedades anónimas de capitais maioriatária ou exclusivamente públicos podem requerer que lhes seja levantada a incompatibilidade, solicitando autorização para o exercício de actividades especificamente discriminadas, às entidades que os designaram.

4 – As situações previstas no número anterior devem ser fundamentadamente autorizadas pela assembleia geral da empresa, devendo a acta, nessa parte, ser publicada na 2.ª série do *Diário da República*.

ARTIGO 7.º-A [1] – **(Registo de interesses)**

1 – É criado um registo de interesses na Assembleia da República, sendo facultativa a sua criação nas autarquias, caso em que compete às assembleias autárquicas deliberar sobre a sua existência e regulamentar a respectiva composição, funcionamento e controlo.

2 – O registo de interesses consiste na inscrição, em livro próprio, de todas as actividades susceptíveis de gerarem incompatibilidades ou impedimentos e quaisquer actos que possam proporcionar proveitos financeiros ou conflitos de interesses.

3 – O registo de interesses criado na Assembleia da República compreende os registos relativos aos Deputados à Assembleia da República e aos membros do Governo.

4 – Para efeitos do disposto no número anterior, serão inscritos em especial os seguintes factos:

a) Actividades públicas ou privadas, nelas se incluindo actividades comerciais ou empresariais e, bem assim, o exercício de profissão liberal;

b) Desempenhos de cargos sociais, ainda que a título gratuito;

c) Apoios ou benefícios financeiros ou materiais recebidos para o exercício das actividades respectivas, designadamente de entidades estrangeiras;

d) Entidades a quem sejam prestados serviços remunerados de qualquer natureza;

e) Sociedades em cujo capital o titular, por si, pelo cônjuge ou pelos filhos, disponha de capital.

5 – O registo é público e pode ser consultado por quem o solicitar.

1 – Aditado pelo art. 2.º da Lei n.º 28/95, de 18 de Agosto.

ARTIGO 8.º [1] – **(Impedimentos aplicáveis a sociedades)**

1 – As empresas cujo capital seja detido numa percentagem superior a 10% por um titular de órgão de soberania ou titular de cargo político, ou por alto cargo público ficam impedidas de participar em concursos de fornecimento de bens ou serviços, no exercício de actividade de comércio ou indústria, em contratos com o Estado e demais pessoas colectivas públicas.

2 – Ficam sujeitas ao mesmo regime:

a) As empresas de cujo capital, em igual percentagem, seja titular o seu cônjuge, não separado de pessoas e bens, os seus ascendentes e descendentes em qualquer grau e os colaterais até ao 2.º grau, bem como aquele que com ele viva nas condições do artigo 2020.º do Código Civil;

b) As empresas em cujo capital o titular do órgão ou cargo detenha, directa ou indirectamente, por si ou conjuntamente com os familiares referidos na alínea anterior, uma participação não inferior a 10%.

1 – Redacção do art. 1.º da Lei n.º 28/95, de 18 de Agosto.

Lei n.º 64/93, de 26 de Agosto

ARTIGO 9.º – **(Arbitragem e peritagem)**

1 – Os titulares de cargos políticos e de altos cargos públicos estão impedidos de servir de árbitro ou de perito, a título gratuito ou remunerado, em qualquer processo em que seja parte o Estado e demais pessoas colectivas públicas.

2 – O impedimento mantém-se até ao termo do prazo de um ano após a respectiva cessação de funções.

ARTIGO 9.º-A (¹) – **(Actividades anteriores)**

1 – Sem prejuízo da aplicabilidade das disposições adequadas do Código do Procedimento Administrativo, aprovado pelo Decreto-Lei n.º 442/91, de 15 de Novembro, com as alterações introduzidas pelo Decreto-Lei n.º 6/96, de 31 de Janeiro, os titulares de órgãos de soberania, de cargos políticos e de altos cargos públicos que, nos últimos três anos anteriores à data da investidura no cargo, tenham detido, nos termos do artigo 8.º, a percentagem de capital em empresas neles referida ou tenham integrado corpos sociais de quaisquer pessoas colectivas de fins lucrativos não podem intervir:

a) Em concursos de fornecimento de bens ou serviços ao Estado e demais pessoas colectivas públicas aos quais aquelas empresas e pessoas colectivas sejam candidatos;

b) Em contratos do Estado e demais pessoas colectivas públicas com elas celebrados;

c) Em quaisquer outros procedimentos administrativos, em que aquelas empresas e pessoas colectivas intervenham, susceptíveis de gerar dúvidas sobre a isenção ou rectidão da conduta dos referidos titulares, designadamente nos de concessão ou modificação de autorizações ou licenças, de actos de expropriação, de concessão de benefícios de conteúdo patrimonial e de doação de bens.

2 – O impedimento previsto no número anterior não se verifica nos casos em que a referida participação em cargos sociais das pessoas colectivas tenha ocorrido por designação do Estado ou de outra pessoa colectiva pública.

1 – Aditado pelo art. 1.º da Lei n.º 42/96, de 31 de Agosto.

ARTIGO 10.º (¹) – **(Fiscalização pelo Tribunal Constitucional)**

1 – Os titulares de cargos políticos devem depositar no Tribunal Constitucional, nos 60 dias posteriores à data da tomada de posse, declaração de inexistência de incompatibilidades ou impedimentos, donde conste a enumeração de todos os cargos, funções e actividades profissionais exercidos pelo declarante, bem como de quaisquer participações iniciais detidas pelo mesmo.

2 – Compete ao Tribunal Constitucional proceder à análise, fiscalização e sancionamento das declarações dos titulares de cargos políticos.

3 – A infracção ao disposto aos artigos 4.º, 8.º e 9.º-A implica as sanções seguintes:

a) Para titulares de cargos electivos, com a excepção do Presidente da República, a perda do respectivo mandato;

b) Para os titulares de cargos de natureza não electiva, com excepção do Primeiro-Ministro, a demissão.

1 – Redacção do art. 2.º da Lei n.º 42/96, de 31 de Agosto.

ARTIGO 11.º – **(Fiscalização pela Procuradoria-Geral da República)**

1 – Os titulares de altos cargos públicos devem depositar na Procuradoria-Geral da República, nos 60 dias posteriores à tomada de posse, declaração de inexistência de incompatibilidades ou impedimentos, donde constem todos os elementos necessários à verificação do cumprimento do disposto na presente lei, incluindo os referidos no n.º 1 do artigo anterior.

III – Eleitos Locais

2 – A Procuradoria-Geral da República pode solicitar a clarificação do conteúdo das declarações aos depositários no caso de dúvidas sugeridas pelo texto.

3 – O não esclarecimento de dúvidas ou o esclarecimento insuficiente determina a participação aos órgãos competentes para a verificação e sancionamento das infracções.

4 – A Procuradoria-Geral da República procede ainda à apreciação da regularidade formal das declarações e da observância do prazo de entrega, participando aos órgãos competentes para a verificação e sancionamento as irregularidades ou a não observância do prazo.

ARTIGO 12.º – (Regime aplicável em caso de incumprimento)

1 – Em caso de não apresentação da declaração prevista nos n.ºs 1 dos artigos 10.º e 11.º, as entidades competentes para o seu depósito notificarão o titular do cargo a que se aplica a presente lei para a apresentar no prazo de 30 dias, sob pena de, em caso de incumprimento culposo, incorrer em declaração de perda do mandato, demissão ou destituição judicial.

2 – Para efeitos do número anterior, os serviços competentes comunicarão ao Tribunal Constitucional e à Procuradoria-Geral da República, consoante os casos, a data de início de funções dos titulares de cargos a que se aplica a presente lei.

ARTIGO 13.º (¹) – (Regime sancionatório)

1 – O presente regime sancionatório é aplicável aos titulares de altos cargos públicos.

2 – A infracção ao disposto nos artigos 7.º e 9.º-A constitui causa de destituição judicial.

3 – A destituição judicial compete aos tribunais administrativos.

4 – A infracção ao disposto no artigo 5.º determina a inibição para o exercício de funções de altos cargos políticos e de altos cargos públicos por um período de três anos.

1 – Redacção do art. 2.º da Lei n.º 42/96, de 31 de Agosto.

ARTIGO 14.º (¹) – (Nulidade e inibições)

A infracção ao disposto nos artigos 8.º, 9.º e 9.º-A determina a nulidade dos actos praticados e, no caso do n.º 2 do artigo 9.º, a inibição para o exercício de funções em altos cargos públicos pelo período de três anos.

1 – Redacção do art. 2.º da Lei n.º 42/96, de 31 de Agosto.

ARTIGO 15.º – (Norma revogatória)

É revogada a Lei n.º 9/90, de 1 de Março, com as alterações introduzidas pela Lei n.º 56/90, de 5 de Setembro.

DECRETO-LEI N.° 413/93

de 23 de Dezembro

Reforça as garantias de isenção da Administração Pública

O Estatuto Disciplinar dos Funcionários e Agentes da Administração Central, Regional e Local, aprovado pelo Decreto-Lei n.° 24/84, de 16 de Janeiro, qualifica como infracção disciplinar «o facto, ainda que meramente culposo, praticado pelo funcionário ou agente com violação de alguns deveres gerais ou especiais decorrentes da função que exerce».

Por outro lado, o mesmo Estatuto impõe a todos os trabalhadores da Administração Pública o dever de isenção, que, nos termos aí bem definidos, consiste «em não retirar vantagens directas ou indirctas, pecuniárias ou outras, das funções que exerce, actuando com independência em relação aos interesses e pressões particulares de qualquer índole, na perspectiva do respeito pela igualdade dos cidadãos».

Para além disso, constam do Decreto-Lei n.° 184/89, de 2 de Junho (artigos 4.° e 12.°), e, com carácter de complementaridade, do Decreto-Lei n.° 427/89, de 7 de Dezembro (artigos 31.° e 32.°), normas que apontam para o reforço da deontologia do serviço público e para o exercício de funções públicas com carácter de exclusividade, para a excepcionalidade da acumulação de funções, quer públicas, quer públicas e privadas, e para a indispensabilidade de autorização prévia para os casos escepcionais em que é permitida a acumulação.

No caso dos dirigentes, a estes imperativos acrescem os que constam do estatuto do pessoal dirigente (artigo 9.° do Decreto-Lei n.° 323/89, de 26 de Setembro).

Todavia, apesar dos dispositivos legais referidos, o quotidiano remete-nos para uma realidade que aponta áreas de actuação que constituem malhas não claramente suportadas pela legislação. Ficam, deste modo, menos transparentes situações em que poderão ser levantadas questões referentes ao dever de isenção e à existência de conflitos de interesses, decorrentes não só do exercício de uma actividade mas também da confluência de interesses financeiros e ou patrimoniais, directos ou indirectos.

Não pode, de outra parte, esquecer-se a importância decisiva que assume a obtenção de um elevado padrão ético no funcionamento da Administração Pública, enquanto expressão e garantia do empenhamento dos seus agentes na resposta a uma exigência crescente de qualidade do serviço por ela prestado aos cidadãos.

Importa, portanto, insistir na clarificação de regras e na definição mais precisa das condutas, mediante a adopção de soluções para as lacunas que têm vindo a ser detectadas na matéria, reforçando os dispositivos e instrumentos existentes. Só deste modo será possível assegurar plenamente a prevenção e resolução dos conflitos de interesses que podem surgir no exercício de funções públicas.

Pensa-se, pois, que por esta via se conseguirá um maior rigor na aplicação de regras de dignidade e transparência na actividade de todos os que estão ao serviço da Administração Pública,

262   *III – Eleitos Locais*

contribuindo-se decisivamente para uma melhor imagem e qualidade dos serviços que a mesma presta à comunidade.

Por fim, entende-se que o presente diploma prevalece sobre toda a legislação em contrário, sem prejuízo do que dispõe o Código do Procedimento Administrativo em matéria de garantia de imparcialidade e, bem assim, dos regimes privativos dos corpos especiais da função pública.

Foram ouvidas, nos termos da lei, as associações representativas dos trabalhadores da Administração Pública, bem como os órgãos de governo próprio das Regiões Autónomas dos Açores e da Madeira e a Associação de Municípios Portugueses.

Assim:

ARTIGO 1.º

O presente diploma e aplicável aos funcionários e agentes da administração pública central, regional e local, incluindo os institutos públicos nas modalidades de serviços personalizados e de fundos públicos.

ARTIGO 2.º

1 – Os titulares de órgãos, funcionários e agentes referidos no artigo anterior não podem desenvolver, por si ou por interposta pessoa, a título remunerado, em regime de trabalho autónomo ou de trabalho subordinado, actividades privadas concorrentes ou similares com as funções que exercem na Administração Pública e que com estas sejam conflituantes.

2 – Consideram-se, nomeadamente, abrangidas pelo número anterior as actividades que, tendo conteúdo idêntico ao das funções públicas concretamente exercidas pelo titular de órgão, funcionário ou agente, sejam desenvolvidas de forma permanente ou habitual e se dirijam ao mesmo círculo de destinatários.

ARTIGO 3.º

Os titulares de órgãos, funcionários e agentes não podem prestar a terceiros, por si ou por interposta pessoa, em regime de trabalho autónomo ou de trabalho subordinado, serviços no âmbito do estudo, preparação ou financiamento de projectos, candidaturas e requerimentos que devam ser submetidos à sua apreciação ou decisão ou à de órgãos ou serviços colocados na sua dependência ou sob sua directa influência.

ARTIGO 4.º

Os titulares de órgãos, funcionários e agentes não podem beneficiar, pessoal e indevidamente, de actos ou tomar parte em contratos em cujo processo de formação intervenham órgãos ou serviços colocados na sua directa dependência ou sob sua directa influência.

ARTIGO 5.º

Para efeitos do disposto nos artigos anteriores, consideram-se colocados na dependência ou sob directa influência do titular de órgão, funcionário ou agente os órgãos ou serviços que:

a) Estejam sujeitos ao seu poder de direcção, de superintendência ou disciplinar;

b) Exerçam poderes por ele delegados ou subdelegados;

c) Tenham sido por ele instituídos, ou cujo titular tenha sido por ele nomeado, para o fim específico de intervir nos processos em causa;

d) Sejam integrados, no todo ou em parte, por pessoas por ele designadas a título não definitivo;

e) Cujo titular ou em que os sujeitos nele integrados tenham sido por ele promovidos ou classificados há menos de um ano;

Decreto-Lei n.º 413/93, de 23 de Dezembro 263

f) Com ele colaborem, em situação de paridade hierárquica, no âmbito do mesmo serviço ou departamento.

ARTIGO 6.º

1 – Considera-se equiparado ao interesse dos titulares de órgãos, funcionários e agentes, nas situações previstas nos artigos 3.º e 4.º do presente diploma, o interesse:

a) Do seu cônjuge, não separado de pessoas e bens, dos seus ascendentes e descendentes em qualquer grau e dos colaterais até ao 2.º grau, bem como daquele que com ele viva nas condições do artigo 2020.º do Código Civil;

b) De sociedade em cujo capital detenha, directa ou indirectamente, por si mesmo ou conjuntamente com os familiares referidos na alínea anterior, uma participação não inferior a 10% nem superior a 50%.

2 – É considerado, para os efeitos do presente diploma, como interesse próprio do titular de órgão, funcionário ou agente o interesse de sociedade em cujo capital ele detenha, directa ou indirectamente, por si mesmo ou conjuntamente com os familiares referidos na alínea *a)* do número anterior, uma participação superior a 50%.

ARTIGO 7.º

1 – No âmbito da administração central compete, salvo disposição legal em contrário, aos membros do Governo autorizar, precedendo parecer fundamentado do dirigente máximo do serviço em causa, o exercício, pelos funcionários e agentes, de actividades privadas em acumulação com as respectivas funções públicas.

2 – A competência referida no número anterior só é delegável em membros do Governo.

3 – Compete aos dirigentes dos serviços verificar a existência de situações de acumulação não autorizadas e fiscalizar, em geral, o cumprimento das obrigações impostas pelo presente diploma.

4 – O disposto nos números anteriores é aplicável à administração regional com as necessárias adaptações.

5 – No âmbito da administração local, as competências previstas nos números anteriores são exercidas pelo presidente da câmara ou pelo vereador em que forem delegadas.

6 – Constitui fundamento de cessação da comissão de serviço dos dirigentes referidos no n.º 3:

a) A proposta de autorização de acumulação de funções quando o respectivo requerimento não seja acompanhado de elementos instrutórios adequados a demonstrar a inexistência de incompatibilidade;

b) A proposta de autorização de acumulação de funções públicas e privadas em face de elementos instrutórios que demonstrem a existência de uma incompatibilidade manifesta;

c) A omissão ou a negligência graves na fiscalização de situações ilegais de acumulação.

ARTIGO 8.º – **(Requerimento)**

Do requerimento a apresentar para acumulação de funções públicas ou de funções públicas e privadas, ainda que a título gratuito, deve constar:

a) O local de exercício da actividade a acumular;

b) O horário de trabalho a praticar;

c) A remuneração a auferir, se existir;

d) A indicação do carácter autónomo ou subordinado do trabalho a prestar e a descrição sucinta do seu conteúdo;

III – Eleitos Locais

e) A fundamentação da inexistência de conflito entre as funções a desempenhar;

f) O compromisso de cessação imediata da actividade em acumulação no caso de ocorrência superveniente de conflito.

ARTIG
O 9.º

Os titulares de órgãos, funcionários e agentes devem comunicar ao superior hierárquico, antes de tomadas as decisões ou praticados os actos referidos nos artigos 3.º e 4.º do presente diploma, a existência das situações de conflito de interesses que envolvam as pessoas ou entidades referidas no n.º 1 do artigo 6.º.

ARTIGO 10.º

São anuláveis, nos termos gerais, os actos e os contratos em que se verifique alguma das situações de conflito de interesses previstas no presente diploma.

ARTIGO 11.º

1 – Aos titulares de órgãos, funcionários e agentes que violarem o disposto no presente diploma são aplicáveis as seguintes penas disciplinares:

a) De inactividade, quando exercerem actividades privadas em infracção do disposto no artigo 2.º ou quando, tratando-se de outras actividades, o façam sem autorização;

b) De inactividade ou de suspensão, respectivamente, quando prestarem a terceiros os serviços descritos no artigo 3.º, no âmbito de processos que devam ser apreciados ou decididos por eles próprios ou pelos órgãos ou agentes referidos no artigo 5.º;

c) De suspensão, quando tomarem interesse nos actos ou contratos a que se refere o artigo 4.º;

d) De multa, quando não fizerem a comunicação prevista no artigo 9.º.

2 – A pena prevista na alínea *a)* do número anterior é igualmente aplicável quando a autorização tenha sido concedida com base em informações ou elementos, apresentados pelo próprio requerente, que se revelem falsos ou incompletos.

3 – As penas estabelecidas no presente artigo estão sujeitas aos limites previstos no artigo 12.º do Estatuto Disciplinar dos Funcionários e Agentes da Administração Central, Regional e Local, aprovado pelo Decreto-Lei n.º 24/84, de 16 de Janeiro.

4 – A prática por pessoal dirigente de actos puníveis nos termos dos números anteriores constitui, ainda, fundamento de cessação da respectiva comissão de serviço.

ARTIGO 12.º

Tratando-se de actividades não compreendidas no artigo 2.º, o disposto no presente diploma não é aplicável à acumulação de funções privadas quando já autorizada no momento da sua entrada em vigor.

ARTIGO 13.º

O disposto no presente diploma entende-se sem prejuízo das regras contidas nos artigos 44.º e 51.º do Código do Procedimento Administrativo, bem como dos regimes privativos dos corpos especiais da função pública.

ARTIGO 14.º

O presente diploma entra em vigor em 1 de Janeiro de 1994.

LEI N.º 11/96

de 18 de Abril

Regime aplicável ao exercício do mandato dos membros das juntas de freguesia

ARTIGO 1.º([1]) – **(Regime de tempo inteiro e meio tempo)**

Os membros das juntas de freguesia podem exercer o mandato em regime de permanência, a tempo inteiro ou a meio tempo.

1 – Revogado pelo art. 100.º da Lei n.º 169/99, de 18 de Setembro. Ver arts. 17.º, n.º 2, alínea *h*), e 26.º a 28.º da mesma Lei.

ARTIGO 2.º([1]) – **(Deliberação sobre o regime de tempo inteiro e meio tempo)**

1 – Compete à assembleia de freguesia, nos casos previstos nos n.ᵒˢ 3 e 4 do artigo 3.º, sob proposta da junta, deliberar sobre a existência de membros em regime de permanência, a tempo inteiro ou meio tempo.

2 – A deliberação prevista no número anterior só será eficaz quando tomada por maioria absoluta dos membros em efectividade de funções.

3 – Em caso de recusa ou ineficácia da deliberação, não pode ser apresentada nova proposta no decurso do ano em que esta tiver sido submetida.

1 – Revogado pelo art. 100.º da Lei n.º 169/99, de 18 de Setembro. Ver arts. 17.º, n.º 2, alínea *h*), e 26.º a 28.º da mesma Lei.

ARTIGO 3.º([1]) – **(Limites)**

1 – Nas freguesias com o mínimo de 5 000 eleitores e o máximo de 10 000 eleitores ou nas freguesias com mais de 3 500 eleitores e 50 km² de área, o presidente da junta poderá exercer o mandato em regime de meio tempo.

2 – Nas freguesias com mais de 10 000 eleitores ou nas freguesias com mais de 7 000 eleitores e 100 km² de área, o presidente da junta poderá exercer o mandato em regime de tempo inteiro.

3 – Poderão ainda exercer o mandato em regime de meio tempo os presidentes das juntas de freguesia com mais de 1 000 eleitores desde que o encargo anual com a respectiva remuneração, nos termos do artigo 5.º, não ultrapasse 10% do valor total geral da receita constante da conta de gerência do ano anterior nem do inscrito no orçamento em vigor.

4 – Poderão ainda exercer o mandato em regime de tempo inteiro os presidentes das juntas de freguesia com mais de 1 500 eleitores desde que o encargo anual com a respectiva remuneração, nos termos do artigo 5.º, não ultrapasse 10% do valor total da receita constante da conta de gerência do ano anterior nem do inscrito no orçamento em vigor.

1 – Revogado pelo art. 100.º da Lei n.º 169/99, de 18 de Setembro. Ver arts. 17.º, n.º 2, alínea *h*), e 26.º a 28.º da mesma Lei.

III – Eleitos Locais

ARTIGO 4.º(¹) – **(Distribuição de funções)**

1 – *O presidente poderá atribuir a um dos restantes membros da junta o exercício das suas funções em regime de permanência.*

2 – *Quando cumpra o seu mandato em regime de tempo inteiro o presidente poderá:*

a) Optar por exercer as suas funções em regime de meio tempo, atribuindo a qualquer dos restantes membros o outro meio tempo;

b) Repartir o tempo inteiro em dois meios tempos, a atribuir cada um deles a dois dos restantes membros da junta.

1 – Revogado pelo art. 100.º da Lei n.º 169/99, de 18 de Setembro. Ver arts. 17.º, n.º 2, alínea *h*), e 26.º a 28.º da mesma Lei.

ARTIGO 5.º – **(Remuneração)**

1 – O valor base da remuneração do presidente da junta de freguesia em regime de permanência é fixado por referência ao vencimento base atribuído ao Presidente da República, de acordo com os escalões seguintes:

a) Freguesias com mais de 20 000 eleitores – 25%;

b) Freguesias com mais de 10 000 e menos de 20 000 eleitores – 22%;

c) Freguesias com mais de 5 000 e menos de 10 000 eleitores – 19%;

d) Freguesias com menos de 5 000 eleitores – 16%.

2 – Nos casos previstos no artigo 4.º, mantém-se o valor da remuneração do n.º 1 do presente artigo.

3 – A remuneração prevista no n.º 1 deste artigo não acumula com o abono previsto no artigo 7.º.

ARTIGO 5.º-A (¹) – **(Despesas de representação dos membros das juntas de freguesia em regime de permanência)**

Os membros das juntas de freguesia em regime de permanência têm direito a despesas de representação correspondentes a 30% das respectivas remunerações base, no caso do presidente, e a 20%, no caso dos vogais, as quais serão pagas 12 vezes por ano.

1 – Aditado pelo art. 1.º da Lei n.º 87/2001, de 10 de Agosto (para entrar em vigor com a Lei do Orçamento do Estado para o ano de 2002 – art. 2.º).

ARTIGO 6.º – **(Periodicidade da remuneração)**

A remuneração prevista no artigo 5.º tem periodicidade mensal, acrescendo-lhe dois subsídios extraordinários de montante igual àquela, em Junho e em Novembro.

ARTIGO 7.º – **(Abonos aos titulares das juntas de freguesia)**

1 – Os presidentes das juntas de freguesia que não exerçam o mandato em regime de permanência têm direito a uma compensação mensal para encargos, fixada por referência às remunerações atribuídas aos presidentes das câmaras municipais dos municípios com menos de 10 000 eleitores, de acordo com os índices seguintes:

a) Freguesias com 20 000 ou mais eleitores – 12%;

b) Freguesias com mais de 5 000 e menos de 20 000 eleitores – 10%;

c) Restantes freguesias – 9%.

2 – Os tesoureiros e secretários das juntas de freguesia que não exerçam o mandato em regime de permanência têm direito a idêntica compensação no montante de 80% da atribuída ao presidente do respectivo órgão.

Lei n.º 11/96, de 18 de Abril 267

ARTIGO 8.º – **(Senhas de presença)**

1 – Os vogais das juntas de freguesia que não sejam tesoureiros ou secretários têm direito a uma senha de presença por cada reunião ordinária ou extraordinária correspondente a 7% do abono previsto no n.º 1 do artigo 7.º.

2 – Os membros da assembleia de freguesia têm direito a uma senha de presença por cada reunião ordinária ou extraordinária correspondente a 5% do abono previsto no n.º 1 do artigo 7.º.

ARTIGO 9.º – **(Dispensa do exercício parcial da actividade profissional)**

Os membros das juntas de freguesia que não exerçam o mandato em regime de permanência têm direito à dispensa do desempenho das suas actividades profissionais para o exercício das suas funções autárquicas, ficando obrigados a avisar a entidade patronal com vinte e quatro horas de antecedência, nas seguintes condições:

a) Nas freguesias com 20 000 ou mais eleitores – o presidente da junta, até trinta e seis horas mensais, e dois membros, até vinte e sete horas;

b) Nas freguesias com mais de 5 000 e até 20 000 eleitores – o presidente da junta, até trinta e seis horas mensais, e dois membros, até dezoito horas;

c) Nas restantes freguesias – o presidente da junta, até trinta e seis horas mensais, e um membro, até dezoito horas.

ARTIGO 10.º(¹) – **(Pagamentos ou encargos)**

1 – A verba necessária ao pagamento das remunerações e encargos com os membros da junta em regime de tempo inteiro ou de meio tempo será assegurada directamente pelo Orçamento do Estado.

2 – O disposto no número anterior não se aplica aos casos a que se referem os n.ºˢ 3 e 4 do artigo 3.º.

1 – O Parecer da PGR n.º 15/97, publicado no DR, II Série, de 12/3/99, estabelece, quanto a este preceito, a seguinte doutrina:

«Da interpretação conjugada do disposto nos artigos 2.º e 3.º com o artigo 10.º, todos da Lei n.º 11/96, de 18 de Abril, não pode extrair-se a possibilidade de um presidente de junta de freguesia reunir, em simultâneo, as condições estabelecidas nos n.ºˢ 1 e 4 desse artigo 3.º, estando, por isso, afastada a hipótese de o Orçamento do Estado suportar, ainda que parcialmente, as remunerações e encargos com o regime de permanência desse autarca».

ARTIGO 11.º(¹) – **(Legislação aplicável)**

Aplicam-se subsidiariamente aos eleitos para órgãos das juntas de freguesia, com as necessárias adaptações, as normas da Lei n.º 29/87, de 30 de Junho.

1 – Ver Parecer da PGR n.º 15/97-C, publicado no DR, II Série, de 13/3/99, que contém estas conclusões:

«1.ª Os membros das juntas de freguesias que trabalham em regime de meio tempo são considerados, pela Lei n.º 11/96, de 18 de Abril, como autarcas em regime de permanência.

2.ª Todavia, a remissão do artigo 11.º da Lei n.º 11/96 para a Lei n.º 29/87, de 30 de Junho (Estatuto dos Eleitos Locais), como diploma de aplicação subsidiária, a aplicar com as necessárias adaptações, não confere aos eleitos das juntas de freguesia em meio tempo a possibilidade de beneficiarem do regime de segurança social a que se refere o art. 13.º, sem embargo de o tempo de serviço prestado poder contar para efeito de pensão de velhice ou invalidez.

3.ª As verbas previstas no Orçamento do Estado, nos termos e para efeito da previsão do artigo 10.º, n.º 1, da Lei n.º 11/96, suportam as remunerações e todos os encargos, sem qualquer distinção, com os eleitos das juntas de freguesia aí mencionados, nomeadamente as quantias correspondentes à segurança social e subsídio de reintegração, bem como as que possam decorrer do artigo 22.º da Lei n.º 29/87».

268   *III – Eleitos Locais*

ARTIGO 12.° – (Incompatibilidades)

Aplica-se aos membros das juntas de freguesia que exerçam o seu mandato em regime de permanência a tempo inteiro o disposto nas normas da Lei n.° 64/93, de 26 de Agosto, com as alterações introduzidas pela Lei n.° 28/95, de 18 de Agosto.

ARTIGO 13.° – (Revogação)

São revogados o artigo 9.° e o n.° 3 do artigo 10.° da Lei n.° 29/87, de 30 de Junho.

ARTIGO 14.° – (Entrada em vigor)

O presente diploma produzirá os seus efeitos com a entrada em vigor da Lei do Orçamento do Estado para o presente ano económico.

DECRETO REGULAMENTAR N.° 1/2000

de 9 de Março

Regulamenta a Lei n.° 4/83, de 20 de Abril, alterada pela Lei n.° 25/95, de 18 de Agosto, relativa ao controlo público da riqueza dos titulares de cargos políticos

O presente diploma visa proceder à execução da Lei n.° 4/83, de 2 de Abril, alterada pela Lei n.° 25/95, de 18 de Agosto, introduzindo as normas relativas às descrição e identificação dos elementos a levar às declarações de rendimentos, património e cargos sociais dos titulares de cargos políticos e equiparados, a serem apresentadas ao Tribunal Constitucional nos termos daquela lei.

Verifica-se a necessidade de proceder à revisão do Decreto Regulamentar n.° 74/83, de 6 de Outubro, de modo a adequar a regulamentação desta matéria ao disposto na Lei n.° 25/95, de 18 de Agosto. Entende-se, além disso, ser necessário proceder à revisão de determinadas soluções constantes daquele decreto regulamentar, tendo-se como objectivos principais a adequação das soluções previstas à evolução jurídica e social, a simplificação do procedimento e da forma de apresentação das declarações, a introdução de maior rigor no que diz respeito à descrição e identificação dos elementos a levar às declarações.

Assim:

ARTIGO 1.°

1 – A descrição e identificação dos elementos a levar às declarações de rendimentos, património e cargos sociais dos titulares de cargos políticos e equiparados a que se referem o corpo do artigo 1.° da Lei n.° 4/83, de 2 de Abril, e os n.ºs 1 e 3 do artigo 2.° da mesma lei, ambos na redacção da Lei n.° 25/95, de 18 de Agosto, observará o disposto no presente diploma.

2 – Se o declarante assim o preferir, as declarações referidas no número anterior podem ser efectuadas em impresso de modelo anexo ao presente diploma.

3 – O impresso referido no número anterior é modelo exclusivo da Imprensa Nacional-Casa da Moeda.

ARTIGO 2.°

Nas declarações a que se refere o n.° 1 do artigo anterior são discriminados, em capítulos autónomos, os seguintes elementos, de modo a permitir uma avaliação rigorosa do património e rendimentos líquidos dos declarantes:

a) Rendimentos brutos, para efeitos da liquidação do imposto sobre o rendimento das pessoas singulares (capítulo I);

b) Activo patrimonial (capítulo II);

c) Passivo (capítulo III);

d) Cargos sociais exercidos (capítulo IV).

ARTIGO 3.º

O capítulo I das declarações contém a indicação dos rendimentos brutos, excluídos os do cônjuge ou de dependentes, constantes da última declaração apresentada para efeito de liquidação do imposto sobre o rendimento das pessoas singulares, ou que da mesma, quando dispensada, devessem constar, discriminados segundo as seguintes categorias:

a) Rendimentos do trabalho dependente;
b) Rendimentos do trabalho independente;
c) Rendimentos comerciais e industriais;
d) Rendimentos agrícolas;
e) Rendimentos de capitais;
f) Rendimentos prediais;
g) Mais-valias;
h) Pensões;
i) Outros rendimentos.

ARTIGO 4.º

1 – No capítulo II das declarações são mencionados os elementos respeitantes às seguintes rubricas:

a) Património imobiliário;
b) Quotas, acções ou outras partes sociais do capital de sociedades civis ou comerciais;
c) Direitos sobre barcos, aeronaves ou veículos automóveis;
d) Carteiras de títulos, contas bancárias a prazo e aplicações financeiras equivalentes;
e) Direitos de crédito de valor superior a 50 salários mínimos;
f) Outros elementos do activo patrimonial.

2 – Em cada rubrica são descritos, separadamente, os elementos situados no estrangeiro.

ARTIGO 5.º

1 – Consideram-se bens do património imobiliário os prédios, rústicos ou urbanos, aí se englobando as plantações, edifícios ou construções de qualquer natureza neles incorporados ou assentes com carácter de permanência, ainda que isentos de contribuição autárquica.

2 – Os referidos bens são, para efeito de declaração, identificados pela respectiva situação, indicação da sua natureza rústica ou urbana, sumária descrição, bem como pela respectiva inscrição matricial.

ARTIGO 6.º

1 – Os elementos patrimoniais mencionados na alínea *b)* do n.º 1 do artigo 4.º são descritos pela indicação da respectiva natureza, quantidade e valor nominal e pela identificação da sociedade civil ou comercial a que se reportam, através da menção da respectiva firma ou denominação social, sede e data de constituição.

2 – Tratando-se de sociedade irregular, é feita menção desta circunstância.

ARTIGO 7.º

1 – Consideram-se integrados na rubrica mencionada na alínea *c)* do n.º 1 do artigo 4.º os direitos reais sujeitos a registo relativamente a:

a) Barcos, quer se destinem a recreio ou a qualquer actividade de natureza comercial ou industrial;

Decreto Regulamentar n.° 1/2000, de 9 de Março 271

b) Aeronaves, de uso particular, qualquer que seja a finalidade da sua utilização, ainda que de recreio;

c) Automóveis, tanto ligeiros como pesados, de carga ou mistos, ou motociclos de passageiros.

2 – A identificação dos mencionados bens é feita pela menção da respectiva matrícula, marca, classe, tipo e modelo.

ARTIGO 8.°

1 – Consideram-se como integrantes da rubrica mencionada na alínea *d)* do n.° 1 do artigo 4.° as acções, quando representem uma mera aplicação de capital, as obrigações, os títulos ou certificados da dívida pública ou quaisquer outros papéis ou títulos de crédito, com excepção de letras e livranças, independentemente de terem ou não cotação na bolsa e da natureza da entidade que tiver procedido à respectiva emissão.

2 – Consideram-se igualmente como integrantes da mesma rubrica os valores depositados em contas a prazo em qualquer estabelecimento bancário ou similar.

3 – Consideram-se como aplicações financeiras equivalentes para o efeito da alínea *d)* do n.° 1 do artigo 4.°, entre outras, as participações em fundos de investimento mobiliários e imobiliários, os planos de poupança-reforma e os seguros de capitalização.

ARTIGO 9.°

Consideram-se como integrantes da rubrica mencionada na alínea *e)* do n.° 1 do artigo 4.° os direitos de crédito de valor superior ao produto do factor 50, aplicado ao montante do salário mínimo mensal nacional.

ARTIGO 10.°

1 – Os bens referidos no n.° 1 do artigo 8.° são descritos pela identificação dos títulos através da menção da sua espécie e tipo, entidade emitente, quantidade, valor nominal e, sendo o caso, juro estipulado, e ainda da indicação da instituição financeira onde se achem depositados e do número da correspondente carteira.

2 – Os valores a que se refere o n.° 2 do artigo 8.° são descritos pela indicação do seu montante, bem como da entidade depositária, número da conta, data e prazo do depósito.

3 – As aplicações a que se refere o n.° 3 do artigo 8.° são descritas pela indicação da sua natureza, designação, montante e data, bem como da entidade onde hajam sido realizadas, e ainda de quaisquer outros elementos que se revelem adequados à sua identificação.

4 – Os créditos a que alude o artigo 9.° são identificados através da indicação do seu montante, sendo líquido, entidade devedora e data do vencimento.

ARTIGO 11.°

Na rubrica «Outros elementos do activo patrimonial» são descritos estabelecimentos comerciais ou industriais, incluindo os de indústria agrícola, de que o declarante seja proprietário na qualidade de empresário em nome individual.

ARTIGO 12.°

No capítulo III das declarações referidas no artigo 1.° são discriminados os débitos que oneram o património do declarante, mencionando-se:

a) A identificação do credor;

b) O montante do débito;

c) A data do vencimento.

ARTIGO 13.º

1 – No capítulo IV das declarações são discriminados os cargos sociais, nomeadamente de membro do conselho de administração, da direcção, da comissão administrativa, do conselho geral, do conselho fiscal ou da mesa da assembleia geral, ou ainda de administrador, gestor ou gerente, exercidos pelo declarante, nos dois anos que precederam a declaração, no País ou no estrangeiro, em quaisquer sociedades, empresas públicas e fundações ou associações de direito público e, bem assim, quando esse exercício seja remunerado, em fundações ou associações de direito privado.

2 – Relativamente a cada um dos cargos declarados é feita menção das datas de início de funções e do respectivo termo, se já tiver ocorrido.

ARTIGO 14.º

1 – As declarações a que se refere o n.º 1 do artigo 1.º são apresentadas em duplicado na Secretaria do Tribunal Constitucional, podendo ser entregues pessoalmente pelo obrigado à sua apresentação, ou por pessoa que o represente, ou ainda enviadas pelo correio, sob registo.

2 – Em caso de dúvida, a Secretaria do Tribunal Constitucional pode solicitar a comprovação da autoria da declaração ou a identificação do apresentante, o que pode ser feito por qualquer meio adequado e legalmente admitido para o efeito, designadamente pela apresentação e conferência do correspondente documento de identificação.

3 – A Secretaria do Tribunal Constitucional devolve ao declarante o duplicado da declaração, apondo no mesmo nota de recibo.

ARTIGO 15.º

É revogado o Decreto Regulamentar n.º 74/83, de 6 de Outubro.

LEI ORGÂNICA N.º 1/2001*

de 14 de Agosto

**Lei que regula a eleição dos titulares dos órgãos das autarquias locais
e segunda alteração à Lei n.º 56/98, de 18 de Agosto, com a redacção
que lhe foi conferida pela Lei n.º 23/2000, de 23 de Agosto,
que altera o regime do financiamento dos partidos políticos e das campanhas eleitorais**

TÍTULO I – Âmbito e capacidade eleitoral

CAPÍTULO I – Âmbito

ARTIGO 1.º – Âmbito da presente lei

A presente lei orgânica regula a eleição de titulares para os órgãos das autarquias locais.

CAPÍTULO II – Capacidade eleitoral activa

ARTIGO 2.º – Capacidade eleitoral activa

1 – Gozam de capacidade eleitoral activa os cidadãos maiores de 18 anos a seguir indicados:

a) Os cidadãos portugueses;

b) Os cidadãos dos Estados membros da União Europeia quando de igual direito gozem legalmente os cidadãos portugueses no Estado de origem daqueles;

c) Os cidadãos de países de língua oficial portuguesa com residência legal há mais de dois anos quando de igual direito gozem legalmente os cidadãos portugueses no respectivo Estado de origem;

d) Outros cidadãos com residência legal em Portugal há mais de três anos desde que nacionais de países que, em condições de reciprocidade, atribuam capacidade eleitoral activa aos portugueses neles residentes.

2 – São publicadas no *Diário da República* as listas dos países a cujos cidadãos é reconhecida capacidade eleitoral activa.

ARTIGO 3.º – Incapacidades eleitorais activas

Não gozam de capacidade eleitoral activa:

a) Os interditos por sentença transitada em julgado;

---

* A Lei que regula a eleição dos titulares das autarquias locais, cujo texto se transcreve, foi aprovada pelo n.º 1 do art. 1.º da Lei Orgânica n.º 1/2001.

Os n.ºs 2 e 3 do art. 1.º da mesma Lei Orgânica revogaram os DL n.ºs 701-A/76, de 29 de Setembro, e 701-B/76, de 29 de Setembro, bem como todas as disposições que os alteraram, e, ainda, «outras normas que disponham em contrário com o estabelecido» nessa Lei Orgânica.

O art. 2.º da referida Lei Orgânica deu nova redacção aos arts. 19.º, 20.º, 23.º e 29.º da Lei n.º 56/98.

274   *III – Eleitos Locais*

b) Os notoriamente reconhecidos como dementes, ainda que não interditos por sentença, quando internados em estabelecimento psiquiátrico, ou como tais declarados por uma junta de três médicos;

c) Os que estejam privados de direitos políticos, por decisão judicial transitada em julgado.

ARTIGO 4.º – **Direito de voto**

São eleitores dos órgãos das autarquias locais os cidadãos referidos no artigo 2.º, inscritos no recenseamento da área da respectiva autarquia local.

CAPÍTULO III – **Capacidade eleitoral passiva**

ARTIGO 5.º – **Capacidade eleitoral passiva**

1 – São elegíveis para os órgãos das autarquias locais os cidadãos a seguir indicados:

a) Os cidadãos portugueses eleitores;

b) Os cidadãos eleitores de Estados membros da União Europeia quando de igual direito gozem legalmente os cidadãos portugueses no Estado de origem daqueles;

c) Os cidadãos eleitores dos países de língua oficial portuguesa com residência em Portugal há mais de quatro anos quando de igual direito gozem legalmente os cidadãos portugueses no respectivo Estado de origem;

d) Outros cidadãos eleitores com residência legal em Portugal há mais de cinco anos desde que nacionais de países que, em condições de reciprocidade, atribuam capacidade eleitoral passiva aos portugueses neles residentes.

2 – São publicadas no *Diário da República* as listas dos países a cujos cidadãos é reconhecida capacidade eleitoral passiva.

ARTIGO 6.º – **Inelegibilidades gerais**

1 – São inelegíveis para os órgãos das autarquias locais:

a) O Presidente da República;

b) O Provedor de Justiça;

c) Os juízes do Tribunal Constitucional e do Tribunal de Contas;

d) O Procurador-Geral da República;

e) Os magistrados judiciais e do Ministério Público;

f) Os membros do Conselho Superior da Magistratura, do Conselho Superior do Ministério Público, da Comissão Nacional de Eleições e da Alta Autoridade para a Comunicação Social;

g) Os militares e os agentes das forças militarizadas dos quadros permanentes, em serviço efectivo, bem como os agentes dos serviços e forças de segurança, enquanto prestarem serviço activo;

h) O inspector-geral e os subinspectores-gerais de Finanças, o inspector-geral e os subinspectores-gerais da Administração do Território e o director-geral e os subdirectores-gerais do Tribunal de Contas;

i) O secretário da Comissão Nacional de Eleições;

j) O director-geral e os subdirectores-gerais do Secretariado Técnico dos Assuntos para o Processo Eleitoral;

l) O director-geral dos Impostos.

2 – São igualmente inelegíveis para os órgãos das autarquias locais:

a) Os falidos e insolventes, salvo se reabilitados;

Lei Orgânica n.° 1/2001, de 14 de Agosto 275

b) Os cidadãos eleitores estrangeiros que, em consequência de decisão de acordo com a lei do seu Estado de origem, tenham sido privados do direito e sufrágio activo ou passivo.

ARTIGO 7.° – **Inelegibilidades especiais**
1 – Não são elegíveis para os órgãos das autarquias locais dos círculos eleitorais onde exercem funções ou jurisdição:
a) Os directores de finanças e chefes de repartição de finanças;
b) Os secretários de justiça;
c) Os ministros de qualquer religião ou culto;
d) Os funcionários dos órgãos das autarquias locais ou dos entes por estas constituídos ou em que detenham posição maioritária que exerçam funções de direcção, salvo no caso de suspensão obrigatória de funções desde a data de entrega da lista de candidatura em que se integrem.
2 – Não são também elegíveis para os órgãos das autarquias locais em causa:
a) Os concessionários ou peticionários de concessão de serviços da autarquia respectiva;
b) Os devedores em mora da autarquia local em causa e os respectivos fiadores;
c) Os membros dos corpos sociais e os gerentes de sociedades, bem como os proprietários de empresas que tenham contrato com a autarquia não integralmente cumprido ou de execução continuada.
3 – Nenhum cidadão pode candidatar-se simultaneamente a órgãos representativos de autarquias locais territorialmente integradas em municípios diferentes, nem a mais de uma assembleia de freguesia integradas no mesmo município.

CAPÍTULO IV – **Estatuto dos candidatos**

ARTIGO 8.° – **Dispensa de funções**
Nos 30 dias anteriores à data das eleições, os candidatos têm direito à dispensa do exercício das respectivas funções, sejam públicas ou privadas, contando esse tempo para todos os efeitos, incluindo o direito à retribuição, como tempo de serviço efectivo.

ARTIGO 9.° – **Imunidades**
1 – Nenhum candidato pode ser sujeito a prisão preventiva, a não ser em caso de flagrante delito, por crime doloso a que corresponda pena de prisão cujo limite máximo seja superior a 3 anos.
2 – Movido procedimento criminal contra algum candidato e indiciados estes definitivamente por despacho de pronúncia ou equivalente, o processo só pode prosseguir após a proclamação dos resultados das eleições.

TÍTULO II – **Sistema eleitoral**

CAPÍTULO I – **Organização dos círculos eleitorais**

ARTIGO 10.° – **Círculo eleitoral único**
Para efeito de eleição dos órgãos autárquicos, o território da respectiva autarquia local constitui um único círculo eleitoral.

III – Eleitos Locais

CAPÍTULO II – Regime da eleição

ARTIGO 11.° – Modo de eleição

Os membros dos órgãos deliberativos das autarquias locais e do órgão executivo do município são eleitos por sufrágio universal, directo, secreto e periódico e por listas plurinominais apresentadas em relação a cada órgão, dispondo o eleitor de um voto singular de lista.

ARTIGO 12.° – Organização das listas

1 – As listas propostas à eleição devem conter a indicação dos candidatos em número igual ao dos mandatos a preencher no respectivo órgão e de suplentes nos termos do n.° 9 do artigo 23.°.

2 – Para as eleições gerais o número de mandatos de cada órgão autárquico será definido de acordo com os resultados do recenseamento eleitoral, obtidos através da base de dados central do recenseamento eleitoral e publicados pelo Ministério da Administração Interna no *Diário da República* com a antecedência de 120 dias relativamente ao termo do mandato.

3 – Os candidatos de cada lista consideram-se ordenados segundo a sequência constante da respectiva declaração de candidatura.

ARTIGO 13.° – Critério de eleição

A conversão de votos em mandatos faz-se de acordo com o método de representação proporcional correspondente à média mais alta de Hondt, obedecendo às seguintes regras:

a) Apura-se, em separado, o número de votos recebidos por cada lista no círculo eleitoral respectivo;

b) O número de votos apurados por cada lista é dividido, sucessivamente, por 1, 2, 3, 4, 5, etc., sendo os quocientes alinhados pela ordem decrescente da sua grandeza numa série de tantos termos quantos os mandatos que estiverem em causa;

c) Os mandatos pertencem às listas a que correspondem os termos da série estabelecida pela regra anterior, recebendo cada uma das listas tantos mandatos quantos os seus termos na série;

d) No caso de restar um só mandato para distribuir e de os termos seguintes da série serem iguais e de listas diferentes, o mandato cabe à lista que tiver obtido o menor número de votos.

ARTIGO 14.° – Distribuição dos mandatos dentro das listas

1 – Dentro de cada lista, os mandatos são conferidos aos candidatos pela ordem de precedência indicada na declaração de candidatura.

2 – No caso de morte ou doença que determine impossibilidade física ou psíquica, de perda de mandato ou de opção por função incompatível, o mandato é conferido ao candidato imediatamente seguinte na referida ordem de precedência.

3 – A existência de incompatibilidade entre as funções desempenhadas pelo candidato e o exercício do cargo para que foi eleito não impede a atribuição do mandato.

TÍTULO III – Organização do processo eleitoral

CAPÍTULO I – Marcação das eleições

ARTIGO 15.° – Marcação da data das eleições

1 – O dia da realização das eleições gerais para os órgãos das autarquias locais é marcado por decreto do Governo com, pelo menos, 80 dias de antecedência.

Lei Orgânica n.° 1/2001, de 14 de Agosto　　277

2 – As eleições gerais realizam-se entre os dias 22 de Setembro e 14 de Outubro do ano correspondente ao termo do mandato.

3 – A marcação do dia da votação suplementar a que haja lugar por razões excepcionais previstas no presente diploma compete ao governador civil e, nas Regiões Autónomas, ao Ministro da República.

4 – O dia dos actos eleitorais é o mesmo em todos os círculos e recai em domingo ou feriado nacional, podendo recair também em dia feriado municipal o acto eleitoral suplementar.

CAPÍTULO II – Apresentação de candidaturas

SECÇÃO I – Propositura

ARTIGO 16.° – **Poder de apresentação de candidaturas**

1 – As listas para a eleição dos órgãos das autarquias locais podem ser apresentadas pelas seguintes entidades proponentes:

a) Partidos políticos;

b) Coligações de partidos políticos constituídas para fins eleitorais;

c) Grupos de cidadãos eleitores.

2 – Nenhum partido político, coligação ou grupo de cidadãos pode apresentar mais de uma lista de candidatos nem os partidos coligados podem apresentar candidaturas próprias para a eleição de cada órgão.

3 – Nenhum cidadão eleitor pode ser proponente de mais de uma lista de candidatos para a eleição de cada órgão.

4 – Os partidos políticos e as coligações de partidos políticos podem incluir nas suas listas candidatos independentes, desde que como tal declarados.

5 – Só podem apresentar candidaturas os partidos políticos e as coligações como tal legalmente registados até ao início do prazo de apresentação e os grupos de cidadãos que satisfaçam as condições previstas nas disposições seguintes.

6 – Ninguém pode ser candidato simultaneamente em listas apresentadas por diferentes partidos, coligações ou grupos de cidadãos.

ARTIGO 17.° – **Candidaturas de coligações**

1 – Dois ou mais partidos podem constituir coligações para fins eleitorais com o objectivo de apresentarem conjuntamente uma lista única à eleição dos órgãos das autarquias locais, nos termos dos números seguintes.

2 – A constituição da coligação deve constar de documento subscrito por representantes dos órgãos competentes dos partidos, deve ser anunciada publicamente até ao 65.° dia anterior à realização da eleição em dois dos jornais diários de maior difusão na área da autarquia e deve ser comunicada, no mesmo prazo, ao Tribunal Constitucional, mediante junção do documento referido e com menção das respectivas denominação, sigla e símbolo para apreciação e anotação.

3 – A sigla e o símbolo devem reproduzir rigorosamente o conjunto dos símbolos e siglas de cada um dos partidos que as integram e devem ser simultaneamente comunicados ao Ministério da Administração Interna, para efeitos do cumprimento do n.° 4 do artigo 30.°.

4 – As coligações para fins eleitorais não constituem individualidade distinta dos partidos e deixam imediatamente de existir logo que for tornado público o resultado definitivo das eleições, salvo se forem transformadas em coligações de partidos políticos, nos termos da lei.

ARTIGO 18.º – **Apreciação e certificação das coligações**

1 – No dia seguinte ao da comunicação, o Tribunal Constitucional, em secção, verifica a observância dos requisitos estabelecidos no n.º 2 do artigo anterior, a legalidade das denominações, siglas e símbolos, bem como a sua identificação ou semelhança com as de outros partidos ou coligações.

2 – A decisão prevista no número anterior é imediatamente publicada por edital.

3 – Da decisão cabe recurso, a interpor no prazo de vinte e quatro horas a contar da afixação do edital, pelos representantes de qualquer partido ou coligação, para o plenário do Tribunal Constitucional, que decide no prazo de quarenta e oito horas.

4 – O Tribunal, independentemente de requerimento, passa certidão da legalidade e anotação da coligação, a fim de a mesma instruir o processo de candidatura, e notifica os signatários do documento de constituição da coligação.

5 – As coligações antes constituídas e registadas ao abrigo das disposições aplicáveis da lei dos partidos políticos não estão sujeitas às formalidades constantes dos números anteriores, sem prejuízo do cumprimento do disposto no n.º 2 do artigo anterior.

ARTIGO 19.º – **Candidaturas de grupos de cidadãos**

1 – As listas de candidatos a cada órgão são propostas pelo número de cidadãos eleitores resultante da utilização da fórmula: $\dfrac{n}{3 \times m}$

em que n é o número de eleitores da autarquia e m o número de membros da câmara municipal ou de membros da assembleia de freguesia, conforme a candidatura se destine aos órgãos do município ou da freguesia.

2 – Os resultados da aplicação da fórmula do número anterior, contudo, são sempre corrigidos por forma a não resultar um número de cidadãos proponentes inferior a 50 ou superior a 2000, no caso de candidaturas a órgão da freguesia, ou inferior a 250 ou superior a 4000, no caso de candidaturas a órgão do município.

3 – Os proponentes devem subscrever declaração de propositura da qual resulte inequivocamente a vontade de apresentar a lista de candidatos dela constante.

4 – Os proponentes devem fazer prova de recenseamento na área da autarquia a cujo órgão respeita a candidatura, nos termos dos números seguintes.

5 – As listas de candidatos propostos por grupos de cidadãos devem conter, em relação a cada um dos proponentes, os seguintes elementos:

a) Nome completo;

b) Número do bilhete de identidade;

c) Número do cartão de eleitor e respectiva unidade geográfica de recenseamento;

d) Assinatura conforme ao bilhete de identidade.

6 – O tribunal competente para a recepção da lista pode promover a verificação por amostragem da autenticidade das assinaturas e da identificação dos proponentes da iniciativa.

ARTIGO 20.º – **Local e prazo de apresentação**

1 – As listas de candidatos são apresentadas perante o juiz do tribunal da comarca competente em matéria cível com jurisdição na sede do município respectivo até ao 55.º dia anterior à data do acto eleitoral.

2 – No caso de o tribunal ter mais de um juízo, são competentes aquele ou aqueles que forem designados por sorteio.

ARTIGO 21.º – **Representantes dos proponentes**

Na apresentação das listas de candidatos, os partidos políticos são representados pelos

Lei Orgânica n.° 1/2001, de 14 de Agosto 279

órgãos partidários estatutariamente competentes ou por delegados por eles designados, as coligações são representadas por delegados de cada um dos partidos coligados e os grupos de cidadãos são representados pelo primeiro proponente da candidatura.

ARTIGO 22.° – **Mandatários das listas**

1 – Os partidos políticos, coligações e grupos de cidadãos concorrentes designam um mandatário de entre os eleitores inscritos no respectivo círculo para efeitos de representação nas operações referentes à apreciação da elegibilidade e nas operações subsequentes.

2 – A morada do mandatário é sempre indicada no processo de candidatura e, quando ele não residir na sede do município, escolhe ali domicílio para aí ser notificado.

ARTIGO 23.° – **Requisitos gerais da apresentação**

1 – A apresentação das candidaturas consiste na entrega de:

a) Lista contendo a indicação da eleição em causa, a identificação do partido, coligação ou grupo de cidadãos proponente e a identificação dos candidatos e do mandatário da lista e, no caso de coligação, a indicação do partido que propõe cada um dos candidatos;

b) Declaração de candidatura.

2 – Para efeitos do disposto no n.° 1, entendem-se por «elementos de identificação» os seguintes: denominação, sigla e símbolo do partido ou coligação, denominação e sigla do grupo de cidadãos e o nome completo, idade, filiação, profissão, naturalidade e residência, bem como o número, a data e o arquivo de identificação do bilhete de identidade dos candidatos e dos mandatários.

3 – A declaração de candidatura é assinada conjunta ou separadamente pelos candidatos, dela devendo constar, sob compromisso de honra, que não estão abrangidos por qualquer causa de inelegibilidade nem figuram em mais de uma lista de candidatos para o mesmo órgão, que aceitam a candidatura pelo partido, coligação ou grupo de cidadãos proponente da lista e que concordam com a designação do mandatário indicado na mesma.

4 – A denominação identificadora do grupo de cidadãos eleitores não pode conter mais de cinco palavras que, por seu turno, não podem fazer parte das denominações oficiais dos partidos políticos ou das coligações com existência legal.

5 – Cada lista é instruída com os seguintes documentos:

a) Certidão, ou pública-forma de certidão do Tribunal Constitucional, comprovativa do registo do partido político e da respectiva data ou, no caso de coligação, da certidão referida no n.° 4 do artigo 18.°;

b) Declaração de propositura, no caso das candidaturas de grupos de cidadãos, de acordo com o disposto no n.° 8;

c) Certidão de inscrição no recenseamento eleitoral de cada um dos candidatos e do mandatário, em todos os casos.

6 – Para efeitos da alínea a) do número anterior, considera-se prova bastante a entrega, por cada partido ou coligação, de um único documento para todas as suas listas apresentadas no mesmo tribunal.

7 – A prova da capacidade eleitoral activa pode ser feita globalmente, para cada lista de candidatos e de proponentes, na sequência de solicitação dirigida aos presidentes das comissões recenseadoras.

8 – Na declaração de propositura por grupos de cidadãos eleitores, nos casos em que a presente lei o admitir, os proponentes são ordenados, à excepção do primeiro e sempre que possível, pelo número de inscrição no recenseamento.

9 – As listas, para além dos candidatos efectivos, devem indicar os candidatos suplentes em número não inferior a um terço, arredondado por excesso.

280   *III – Eleitos Locais*

10 – As declarações referidas nos n.ᵒˢ 3 e 8 não carecem de reconhecimento notarial.

11 – O mandatário da lista, indicado nos termos do artigo 22.°, responde pela exactidão e veracidade dos documentos referidos nos números anteriores, incorrendo no crime previsto e punido pelo artigo 336.° do Código Penal.

ARTIGO 24.° – Requisitos especiais de apresentação de candidaturas

1 – No acto de apresentação da candidatura, o candidato estrangeiro deve apresentar uma declaração formal, especificando:

a) A nacionalidade e a residência habitual no território português;

b) A última residência no Estado de origem;

c) A não privação da capacidade eleitoral passiva no Estado de origem.

2 – Em caso de dúvida quanto à declaração referida na alínea *c)* do número anterior, pode o tribunal, se assim o entender, exigir a apresentação de um atestado, emitido pelas autoridades administrativas competentes do Estado de origem, certificando que o candidato não está privado do direito de ser eleito nesse Estado ou que as referidas autoridades não têm conhecimento de qualquer incapacidade.

3 – O atestado referido no número anterior pode ser apresentado até à data em que é legalmente admissível a desistência, nos termos do artigo 36.°.

4 – No caso de candidato estrangeiro que não seja nacional de Estado membro da União Europeia, deve ser apresentada autorização de residência que comprove a residência em Portugal pelo período de tempo mínimo legalmente previsto.

ARTIGO 25.° – Publicação das listas e verificação das candidaturas

1 – Findo o prazo para a apresentação das candidaturas, é imediatamente afixada a relação das mesmas à porta do edifício do tribunal, com a identificação completa dos candidatos e dos mandatários.

2 – Nos cinco dias subsequentes o juiz verifica a regularidade do processo, a autenticidade dos documentos que o integram e a elegibilidade dos candidatos.

3 – De igual modo, no prazo referido no n.° 2, podem as entidades proponentes, os candidatos e os mandatários impugnar a regularidade do processo ou a elegibilidade de qualquer candidato.

ARTIGO 26.° – Irregularidades processuais

1 – O tribunal, se verificar a existência de irregularidades processuais ou de candidatos inelegíveis, manda notificar o mandatário da candidatura.

2 – No prazo de três dias, podem os mandatários suprir irregularidades processuais ou substituir candidatos julgados inelegíveis ou sustentar que não existem quaisquer irregularidades a suprir ou candidatos a substituir, sem prejuízo de apresentarem candidatos substitutos para o caso de a decisão do tribunal lhes vir a ser desfavorável.

3 – No caso de a lista não conter o número exigido de candidatos efectivos e suplentes, o mandatário deve completá-la no prazo de quarenta e oito horas.

ARTIGO 27.° – Rejeição de candidaturas

1 – São rejeitados os candidatos inelegíveis e as listas cujas irregularidades não tenham sido supridas.

2 – No caso de não ter sido usada a faculdade de apresentação de substitutos prevista no n.° 2 do artigo anterior, o mandatário da lista é imediatamente notificado para que proceda à

Lei Orgânica n.º 1/2001, de 14 de Agosto 281

substituição do candidato ou candidatos inelegíveis no prazo de vinte e quatro horas e, se tal não acontecer, a lista é reajustada com respeito pela ordem de precedência dela constante e com a ocupação do número de lugares em falta pelos candidatos suplentes cujo processo de candidatura preencha a totalidade dos requisitos legais, seguindo a respectiva ordem de precedência.

3 – A lista é definitivamente rejeitada se, por falta de candidatos suplentes, não for possível perfazer o número legal dos efectivos.

ARTIGO 28.º – **Publicação das decisões**

Decorridos os prazos de suprimentos, as listas rectificadas ou completadas são afixadas à porta do edifício do tribunal.

ARTIGO 29.º – **Reclamações**

1 – Das decisões relativas à apresentação de candidaturas podem reclamar os candidatos, os seus mandatários, os partidos políticos, as coligações ou os primeiros proponentes de grupos de cidadãos eleitores concorrentes à eleição para o órgão da autarquia, até quarenta e oito horas após a notificação da decisão, para o juiz que tenha proferido a decisão.

2 – Tratando-se de reclamação apresentada contra a admissão de qualquer candidatura, o juiz manda notificar imediatamente o mandatário e os representantes da respectiva lista para responder, querendo, no prazo de quarenta e oito horas.

3 – Tratando-se de reclamação apresentada contra a decisão que tenha julgado inelegível qualquer candidato ou que tenha rejeitado qualquer candidatura, são notificados imediatamente os mandatários e os representantes das restantes listas, ainda que não admitidas, para responderem, querendo, no prazo referido no número anterior.

4 – O juiz decide as reclamações no prazo de dois dias a contar do termo do prazo previsto nos n.os 2 e 3.

5 – Quando não haja reclamações ou logo que tenham sido decididas as que hajam sido apresentadas, é publicada à porta do edifício do tribunal uma relação completa de todas as listas admitidas.

6 – É enviada cópia das listas referidas no número anterior ao governador civil.

ARTIGO 30.º – **Sorteio das listas apresentadas**

1 – No dia seguinte ao termo do prazo para apresentação de candidaturas ou da decisão de reclamação, quando haja, na presença dos mandatários e dos candidatos que desejem assistir, o juiz preside ao sorteio das respectivas listas, para o efeito de se lhes atribuir uma ordem nos boletins de voto, assim como ao sorteio dos símbolos, em numeração romana, de 1 a 20, a utilizar pelos grupos de cidadãos.

2 – O resultado do sorteio é imediatamente afixado à porta do edifício do tribunal.

3 – Do acto de sorteio é lavrado auto de que são imediatamente enviadas cópias à Comissão Nacional de Eleições, ao Secretariado Técnico dos Assuntos para o Processo Eleitoral, ao governador civil ou ao Ministro da República e, bem assim, ao presidente da câmara municipal respectiva, para efeitos de impressão dos boletins de voto.

4 – As denominações, siglas e símbolos dos partidos políticos e coligações devidamente legalizados, bem como os símbolos a utilizar na identificação dos órgãos a eleger, são remetidos pelo Ministério da Administração Interna aos governos civis, câmaras municipais, juízes de comarca e, em Lisboa e Porto, aos juízes das varas cíveis, até ao 40.º dia anterior ao da eleição.

III – Eleitos Locais

SECÇÃO II – Contencioso

ARTIGO 31.º – Recurso

1 – Das decisões finais relativas à apresentação de candidaturas cabe recurso para o Tribunal Constitucional, com excepção das decisões proferidas sobre denominações, siglas e símbolos de grupos de cidadãos que são irrecorríveis.

2 – O recurso deve ser interposto no prazo de quarenta e oito horas a contar da afixação das listas a que se refere o n.º 5 do artigo 29.º.

ARTIGO 32.º – Legitimidade

Têm legitimidade para interpor recurso os candidatos, os respectivos mandatários, os partidos políticos, as coligações e os primeiros proponentes dos grupos de cidadãos eleitores concorrentes à eleição no círculo eleitoral respectivo.

ARTIGO 33.º – Interposição do recurso

1 – O requerimento de interposição do recurso, do qual devem constar os seus fundamentos, é entregue no tribunal que proferiu a decisão recorrida, acompanhado de todos os elementos de prova.

2 – Tratando-se de recurso de decisão que tenha julgado elegível qualquer candidato ou admitido qualquer candidatura, é imediatamente notificado o respectivo mandatário ou o representante para responder, querendo, no prazo de dois dias.

3 – Tratando-se de recurso de decisão que tenha julgado inelegível qualquer candidato ou rejeitado qualquer candidatura, são imediatamente notificados os mandatários ou os representantes das restantes candidaturas que hajam intervindo na reclamação para responderem, querendo, no prazo referido no número anterior.

4 – O recurso sobe ao Tribunal Constitucional nos próprios autos.

ARTIGO 34.º – Decisão

1 – O Tribunal Constitucional, em plenário, decide, definitivamente, no prazo de 10 dias a contar da data da recepção dos autos prevista no artigo anterior, comunicando a decisão, no próprio dia, ao juiz recorrido.

2 – O Tribunal Constitucional profere um único acórdão em relação a cada círculo eleitoral, no qual decide todos os recursos relativos às listas concorrentes nesse círculo.

ARTIGO 35.º – Publicação

1 – As listas definitivamente admitidas são imediatamente enviadas por cópia, pelo juiz, ao presidente da câmara municipal, que as publica, no prazo de cinco dias, por editais afixados à porta dos edifícios do tribunal, da câmara municipal e das juntas de freguesia do município, no caso de eleição da assembleia e da câmara municipal, e no edifício da junta de freguesia e noutros lugares de estilo na freguesia, no caso de eleição da assembleia de freguesia.

2 – No dia da eleição as listas sujeitas a sufrágio são novamente publicadas por editais afixados à entrada das assembleias de voto juntamente com os boletins de voto.

SECÇÃO III – Desistência e falta de candidaturas

ARTIGO 36.º – Desistência

1 – É lícita a desistência da lista até quarenta e oito horas antes do dia das eleições.

Lei Orgânica n.° 1/2001, de 14 de Agosto 283

2 – A desistência deve ser comunicada pelo partido ou coligação proponentes, ou pelo primeiro proponente, no caso de lista apresentada por grupo de cidadãos, ao juiz, o qual, por sua vez, a comunica ao presidente da câmara municipal.

3 – É igualmente lícita a desistência de qualquer candidato, até ao momento referido no n.° 1, mediante declaração por ele subscrita com a assinatura reconhecida notarialmente, mantendo-se, contudo, a validade da lista.

ARTIGO 37.° – **Falta de candidaturas**

1 – No caso de inexistência de listas de candidatos tem lugar um novo acto eleitoral nos termos do número seguinte.

2 – Se a inexistência se dever a falta de apresentação de listas de candidatos, o novo acto eleitoral realiza-se até ao 6.° mês posterior à data das eleições gerais, inclusive, e, se a inexistência se dever a desistência ou a rejeição, o novo acto eleitoral realiza-se até ao 3.° mês, inclusive, que se seguir àquela data.

3 – Cabe ao governador civil a marcação do dia de realização do novo acto eleitoral.

4 – Até à instalação do órgão executivo em conformidade com o novo acto eleitoral, o funcionamento do mesmo é assegurado por uma comissão administrativa, com funções executivas, de acordo com o disposto nos artigos 223.° e 224.°.

TÍTULO IV – **Propaganda eleitoral**

CAPÍTULO I – **Princípios gerais**

ARTIGO 38.° – **Aplicação dos princípios gerais**

Os princípios gerais enunciados no presente capítulo são aplicáveis desde a publicação do decreto que marque a data das eleições gerais ou da decisão judicial definitiva ou deliberação dos órgãos autárquicos de que resulte a realização de eleições intercalares.

ARTIGO 39.° – **Propaganda eleitoral**

Entende-se por «propaganda eleitoral» toda a actividade que vise directa ou indirectamente promover candidaturas, seja dos candidatos, dos partidos políticos, dos titulares dos seus órgãos ou seus agentes, das coligações, dos grupos de cidadãos proponentes ou de quaisquer outras pessoas, nomeadamente a publicação de textos ou imagens que exprimam ou reproduzam o conteúdo dessa actividade.

ARTIGO 40.° – **Igualdade de oportunidades das candidaturas**

Os candidatos, os partidos políticos, coligações e grupos proponentes têm direito a efectuar livremente e nas melhores condições a sua propaganda eleitoral, devendo as entidades públicas e privadas proporcionar-lhes igual tratamento, salvo as excepções previstas na lei.

ARTIGO 41.° – **Neutralidade e imparcialidade das entidades públicas**

1 – Os órgãos do Estado, das Regiões Autónomas e das autarquias locais, das demais pessoas colectivas de direito público, das sociedades de capitais públicos ou de economia mista e das sociedades concessionárias de serviços públicos, de bens do domínio público ou de obras públicas, bem como, nessa qualidade, os respectivos titulares, não podem intervir directa ou indi-

284   *III – Eleitos Locais*

rectamente na campanha eleitoral nem praticar actos que de algum modo favoreçam ou prejudiquem uma candidatura ou uma entidade proponente em detrimento ou vantagem de outra, devendo assegurar a igualdade de tratamento e a imparcialidade em qualquer intervenção nos procedimentos eleitorais.

2 – Os funcionários e agentes das entidades previstas no número anterior observam, no exercício das suas funções, rigorosa neutralidade perante as diversas candidaturas e respectivas entidades proponentes.

3 – É vedada a exibição de símbolos, siglas, autocolantes ou outros elementos de propaganda por titulares dos órgãos, funcionários e agentes das entidades referidas no n.° 1 durante o exercício das suas funções.

ARTIGO 42.° – **Liberdade de expressão e de informação**
Não pode ser imposta qualquer limitação à expressão de princípios políticos, económicos e sociais, sem prejuízo de eventual responsabilidade civil ou criminal.

ARTIGO 43.° – **Liberdade de reunião**
A liberdade de reunião para fins eleitorais rege-se pelo disposto na lei geral sobre o direito de reunião, sem prejuízo do disposto no artigo 50.°.

ARTIGO 44.° – **Propaganda sonora**
1 – A propaganda sonora não carece de autorização nem de comunicação às autoridades administrativas, sem prejuízo de os níveis de ruído deverem respeitar um limite razoável, tendo em conta as condições do local.

2 – Sem prejuízo do disposto no n.° 7 do artigo 50.°, não é admitida propaganda sonora antes das 9 nem depois das 22 horas.

ARTIGO 45.° – **Propaganda gráfica**
1 – A afixação de cartazes não carece de autorização nem de comunicação às autoridades administrativas.

2 – Não é admitida a afixação de cartazes nem a realização de inscrições ou pinturas murais em centros históricos legalmente reconhecidos, em monumentos nacionais, em templos e edifícios religiosos, em edifícios sede de órgãos do Estado, das Regiões Autónomas e das autarquias locais, em edifícios públicos ou onde vão funcionar assembleias de voto, nos sinais de trânsito ou nas placas de sinalização rodoviária ou ferroviária e no interior de repartições e de edifícios públicos, salvo, quanto a estes, em instalações destinadas ao convívio dos funcionários e agentes.

ARTIGO 46.° – **Publicidade comercial**
1 – A partir da publicação do decreto que marque a data da eleição é proibida a propaganda política feita directa ou indirectamente através dos meios de publicidade comercial.

2 – São permitidos os anúncios publicitários, como tal identificados, em publicações periódicas, desde que não ultrapassem um quarto de página e se limitem a utilizar a denominação, símbolo e sigla do partido, coligação ou grupo de cidadãos e as informações referentes à realização anunciada.

CAPÍTULO II – Campanha eleitoral

ARTIGO 47.º – Início e termo da campanha eleitoral

O período da campanha eleitoral inicia-se no 12.º dia anterior e finda às 24 horas da antevéspera do dia designado para as eleições.

ARTIGO 48.º – Promoção, realização e âmbito da campanha eleitoral

A promoção e realização da campanha eleitoral cabe sempre aos candidatos e aos partidos políticos, coligações ou grupos de cidadãos eleitores proponentes, sem prejuízo da participação activa dos cidadãos.

ARTIGO 49.º – Comunicação social

1 – Os órgãos de comunicação social que façam a cobertura da campanha eleitoral devem dar um tratamento jornalístico não discriminatório às diversas candidaturas.

2 – O preceituado no número anterior não é aplicável às publicações doutrinárias que sejam propriedade de partidos políticos, coligações ou grupos de cidadãos proponentes, desde que tal facto conste expressamente do respectivo cabeçalho.

ARTIGO 50.º – Liberdade de reunião e manifestação

1 – No período de campanha eleitoral e para os fins a ela atinentes, a liberdade de reunião rege-se pelo disposto na lei, com as especialidades constantes dos números seguintes.

2 – O aviso a que se refere o n.º 2 do artigo 2.º do Decreto-Lei n.º 406/74, de 29 de Agosto, é feito pelo órgão competente do partido ou partidos políticos interessados ou pelo primeiro proponente, no caso de grupos de cidadãos eleitores, quando se trate de reuniões, comícios, manifestações ou desfiles em lugares públicos ou abertos ao público.

3 – Os cortejos e os desfiles podem realizar-se em qualquer dia e hora, respeitando-se apenas os limites impostos pela liberdade de trabalho e de trânsito e pela manutenção da ordem pública, bem como os decorrentes do período de descanso dos cidadãos.

4 – O auto a que alude o n.º 2 do artigo 5.º do citado diploma é enviado, por cópia, ao governador civil e, consoante os casos, às entidades referidas no n.º 2.

5 – A ordem de alteração dos trajectos ou desfiles é dada pela autoridade competente, por escrito, às mesmas entidades e comunicada ao governador civil.

6 – A presença de agentes da autoridade em reuniões organizadas por qualquer candidatura apenas pode ser solicitada pelas entidades referidas no n.º 2, sendo estas responsáveis pela manutenção da ordem quando não façam tal solicitação.

7 – O limite a que alude o artigo 11.º do Decreto-Lei n.º 406/74, de 29 de Agosto, é alargado até às 2 horas.

8 – O recurso previsto no n.º 1 do artigo 14.º do diploma citado é interposto no prazo de quarenta e oito horas para o Tribunal Constitucional.

ARTIGO 51.º – Denominações, siglas e símbolos

Cada partido ou coligação proponente utiliza sempre, durante a campanha eleitoral, a denominação, a sigla e o símbolo respectivos, que devem corresponder integralmente aos constantes do registo do Tribunal Constitucional, e os grupos de cidadãos eleitores proponentes a denominação, a sigla e o símbolo fixados no final da fase de apresentação da respectiva candidatura.

III – Eleitos Locais

ARTIGO 52.° – **Esclarecimento cívico**

Cabe à Comissão Nacional de Eleições promover, através de meios de comunicação social, públicos e privados, o esclarecimento objectivo dos cidadãos sobre o significado das eleições para a vida do País, sobre o processo eleitoral e sobre o processo de votação.

CAPÍTULO III – Meios específicos de campanha

SECÇÃO I – Acesso

ARTIGO 53.° – **Acesso a meios específicos**

1 – O livre prosseguimento de actividades de campanha implica o acesso a meios específicos.

2 – É gratuita a utilização, nos termos consignados na presente lei, das emissões de radiodifusão sonora local, dos edifícios ou recintos públicos e dos espaços públicos de afixação.

3 – Só têm direito de acesso aos meios específicos de campanha eleitoral as candidaturas concorrentes à eleição.

ARTIGO 54.° – **Materiais não-biodegradáveis**

Não é admitida em caso algum a afixação de cartazes ou inscrições com colas ou tintas persistentes nem a utilização de materiais não-biodegradáveis.

ARTIGO 55.° – **Troca de tempos de emissão**

1 – As candidaturas concorrentes podem acordar na troca entre si de tempo de emissão ou espaço de publicação que lhes pertençam ou das salas de espectáculos cujo uso lhes seja atribuído.

2 – Não é permitida a cedência do uso dos direitos referidos no número anterior.

SECÇÃO II – Direito de antena

ARTIGO 56.° – **Radiodifusão local**

1 – As candidaturas concorrentes à eleição de ambos os órgãos municipais têm direito a tempo de antena nas emissões dos operadores radiofónicos com serviço de programas de âmbito local com sede na área territorial do respectivo município, nos termos da presente secção.

2 – Por «tempo de antena» entende-se o espaço de programação própria da responsabilidade do titular do direito.

3 – Por «radiodifusão local» entende-se, para o efeito, o conjunto de operadores radiofónicos com serviço de programas generalistas e temáticos informativos, de âmbito local.

ARTIGO 57.° – **Direito de antena**

1 – Durante o período da campanha eleitoral, os operadores reservam ao conjunto das candidaturas trinta minutos, diariamente, divididos em dois blocos iguais, de quinze minutos seguidos, um entre as 7 e as 12 horas e outro entre as 19 e as 24 horas.

2 – Até 10 dias antes da abertura da campanha eleitoral os operadores devem indicar ao governador civil o horário previsto para as emissões relativas ao exercício do direito de antena.

3 – O início e a conclusão dos blocos a que se refere o n.° 1 são adequadamente assinalados por separadores identificativos do exercício do direito de antena e o titular do direito deve ser identificado no início e termo da respectiva emissão.

Lei Orgânica n.º 1/2001, de 14 de Agosto

4 – Os operadores asseguram aos titulares do direito de antena, a seu pedido, o acesso aos indispensáveis meios técnicos para a realização das respectivas emissões.

5 – Os operadores registam e arquivam os programas correspondentes ao exercício do direito de antena pelo prazo de um ano.

ARTIGO 58.º – Distribuição dos tempos de antena

1 – Os tempos de emissão reservados nos serviços de programas são atribuídos, em condições de igualdade, aos partidos políticos, coligações e grupos de cidadãos eleitores concorrentes.

2 – Se alguma candidatura com direito de antena prescindir do seu exercício, os tempos de antena que lhe cabiam são anulados, sem possibilidade de redistribuição.

3 – A distribuição dos tempos de antena é feita pelo governador civil mediante sorteio, até três dias antes do início da campanha, e comunicada de imediato, dentro do mesmo prazo, aos operadores envolvidos.

4 – Para efeito do disposto no número anterior o governador civil organiza tantas séries de emissões quantas as candidaturas que a elas tenham direito.

5 – Para o sorteio previsto neste artigo são convocados os representantes das candidaturas intervenientes.

ARTIGO 59.º – Suspensão do direito de antena

1 – É suspenso o exercício do direito de antena da candidatura que:

a) Use expressões que possam constituir crime de difamação ou injúria, ofensa às instituições democráticas, apelo à desordem ou à insurreição ou incitamento ao ódio, à violência ou à guerra;

b) Faça publicidade comercial;

c) Faça propaganda abusivamente desviada do fim para o qual lhe foi conferido o direito de antena.

2 – A suspensão é graduada entre um dia e o número de dias que a campanha ainda durar, consoante a gravidade da falta e o seu grau de frequência, e abrange o exercício do direito de antena nas emissões de todos os operadores abrangidos, mesmo que o facto que a determinou se tenha verificado apenas num deles.

3 – A suspensão é independente da responsabilidade civil ou criminal.

ARTIGO 60.º – Processo de suspensão do exercício do direito de antena

1 – A suspensão do exercício do direito de antena é requerida ao tribunal de comarca pelo Ministério Público, por iniciativa deste ou a solicitação do governador civil ou de representante de qualquer candidatura concorrente.

2 – O representante da candidatura, cujo direito de antena tenha sido objecto de pedido de suspensão, é imediatamente notificado por via telegráfica ou telecópia para contestar, querendo, no prazo de vinte e quatro horas.

3 – O tribunal requisita aos operadores os registos das emissões que se mostrarem necessários, os quais lhe são imediatamente facultados.

4 – O tribunal decide, sem admissão de recurso, no prazo de vinte e quatro horas e, no caso de ordenar a suspensão do direito de antena, notifica logo a decisão aos operadores, para cumprimento imediato.

ARTIGO 61.º – Custo da utilização

1 – O exercício do direito de antena previsto na presente lei é gratuito.

288   III – Eleitos Locais

2 – O Estado, através do Ministério da Administração Interna, compensa os operadores radiofónicos pela utilização, devidamente comprovada, correspondente às emissões previstas no n.º 2 do artigo 57.º, mediante o pagamento de quantia constante de tabelas a homologar por portaria do membro do Governo competente até ao 6.º dia anterior à abertura da campanha eleitoral.

3 – As tabelas referidas no n.º 2 são elaboradas por uma comissão arbitral composta por um representante do Secretariado Técnico dos Assuntos para o Processo Eleitoral, que preside, com voto de qualidade, um da Inspecção-Geral de Finanças, um do Instituto da Comunicação Social e três representantes dos referidos operadores a designar pelas associações representativas da radiodifusão sonora de âmbito local.

SECÇÃO III – Outros meios específicos de campanha

ARTIGO 62.º – Propaganda gráfica fixa

1 – As juntas de freguesia estabelecem, até três dias antes do início da campanha eleitoral, espaços especiais em locais certos destinados à afixação de cartazes, fotografias, jornais murais, manifestos e avisos.

2 – O número mínimo desses locais é determinado em função dos eleitores inscritos, nos termos seguintes:

a) Até 250 eleitores – um;

b) Entre 250 e 1000 eleitores – dois;

c) Entre 1000 e 2000 eleitores – três;

d) Acima de 2500 eleitores, por cada fracção de 2500 eleitores a mais – um;

e) Os espaços especiais reservados nos locais previstos nos números anteriores são tantos quantas as candidaturas intervenientes.

ARTIGO 63.º – Lugares e edifícios públicos

1 – O presidente da câmara municipal deve procurar assegurar a cedência do uso, para fins da campanha eleitoral, de edifícios públicos e recintos pertencentes ao Estado e outras pessoas colectivas de direito público, repartindo com igualdade a sua utilização pelos concorrentes na autarquia em que se situar o edifício ou recinto.

2 – A repartição em causa é feita por sorteio quando se verifique concorrência e não seja possível acordo entre os interessados e a utilização é gratuita.

3 – Para o sorteio previsto neste artigo são convocados os representantes das candidaturas concorrentes.

ARTIGO 64.º – Salas de espectáculos

1 – Os proprietários de salas de espectáculos ou de outros recintos de normal utilização pública que reúnam condições para serem utilizados na campanha eleitoral devem declará-lo ao presidente da câmara municipal até 10 dias antes da abertura da campanha eleitoral, indicando as datas e as horas em que as salas ou recintos podem ser utilizados para aquele fim.

2 – Na falta da declaração prevista no número anterior ou em caso de comprovada carência, o presidente da câmara municipal pode requisitar as salas e os recintos que considere necessários à campanha eleitoral, sem prejuízo da actividade normal e programada para os mesmos.

3 – O tempo destinado a propaganda eleitoral, nos termos do número anterior, é repartido igualmente pelas candidaturas concorrentes que o desejem e tenham apresentado o seu interesse no que respeita ao círculo onde se situar a sala.

Lei Orgânica n.° 1/2001, de 14 de Agosto 289

4 – Até três dias antes da abertura da campanha eleitoral, o presidente da câmara municipal, ouvidos os mandatários das listas, procede à repartição dos dias e das horas a atribuir a cada candidatura, assegurando a igualdade entre todas, recorrendo ao sorteio quando se verifique concorrência e não seja possível o acordo entre os interessados.

5 – Para o sorteio previsto neste artigo são convocados os representantes das candidaturas concorrentes.

ARTIGO 65.° – **Custo da utilização**

1 – Os proprietários de salas de espectáculos ou os que as explorem, quando fizerem a declaração prevista no n.° 1 do artigo anterior ou quando tenha havido a requisição prevista no n.° 2 do mesmo artigo, devem indicar o preço a cobrar pela sua utilização, que não pode ser superior à receita líquida correspondente a um quarto da lotação da respectiva sala num espectáculo normal.

2 – O preço referido no número anterior e demais condições de utilização são uniformes para todas as candidaturas.

ARTIGO 66.° – **Arrendamento**

1 – A partir da data da publicação do decreto que marcar o dia das eleições ou da decisão judicial definitiva ou deliberação dos órgãos autárquicos de que resulte a realização de eleições intercalares e até 20 dias após o acto eleitoral, os arrendatários de prédios urbanos podem, por qualquer meio, incluindo a sublocação por valor não excedente ao da renda, destiná-los, através de partidos, coligações e grupos de cidadãos proponentes, à preparação e realização da campanha eleitoral, seja qual for o fim do arrendamento e sem embargo de disposição em contrário do respectivo contrato.

2 – Os arrendatários, candidatos, partidos políticos, coligações ou grupo de cidadãos proponentes são solidariamente responsáveis por todos os prejuízos causados pela utilização prevista no número anterior.

TÍTULO V – **Organização do processo de votação**

CAPÍTULO I – **Assembleias de voto**

SECÇÃO I – **Organização das assembleias de voto**

ARTIGO 67.° – **Âmbito das assembleias de voto**

1 – A cada freguesia corresponde uma assembleia de voto.

2 – As assembleias de voto das freguesias com um número de eleitores sensivelmente superior a 1000 são divididas em secções de voto, de modo que o número de eleitores de cada uma não ultrapasse sensivelmente esse número.

3 – Não é permitida a composição de secções de voto exclusivamente por eleitores não nacionais.

ARTIGO 68.° – **Determinação das secções de voto**

Até ao 35.° dia anterior ao dia da eleição, o presidente da câmara municipal determina os desdobramentos previstos no número anterior, comunicando-os imediatamente à correspondente junta de freguesia.

ARTIGO 69.º – **Local de funcionamento**

1 – As assembleias de voto reúnem-se em edifícios públicos, de preferência escolas ou sedes de órgãos municipais e de freguesia que ofereçam as indispensáveis condições de capacidade, acesso e segurança.

2 – Na falta de edifícios públicos adequados, são requisitados, para o efeito, edifícios particulares.

3 – A requisição dos edifícios, públicos ou privados, destinados ao funcionamento das assembleias de voto cabe ao presidente da câmara, que deve ter em conta o dia da votação assim como o dia anterior e o dia seguinte, indispensáveis à montagem e arrumação das estruturas eleitorais e à desmontagem e limpeza.

4 – Quando seja necessário recorrer à utilização de estabelecimentos de ensino, as câmaras municipais devem solicitar aos respectivos directores ou órgãos de administração e gestão a cedência das instalações para o dia da votação, dia anterior, para a montagem e arrumação das estruturas eleitorais, e dia seguinte, para desmontagem e limpeza.

ARTIGO 70.º – **Determinação dos locais de funcionamento**

1 – Compete ao presidente da câmara municipal determinar os locais de funcionamento das assembleias de voto e proceder à requisição dos edifícios necessários, comunicando-os às correspondentes juntas de freguesia até ao 30.º dia anterior ao da eleição.

2 – Até ao 28.º dia anterior ao da eleição as juntas de freguesia anunciam, por editais a afixar nos lugares de estilo, os locais de funcionamento das assembleias de voto.

3 – Da decisão referida no n.º 1 cabe recurso para o governador civil ou para o Ministro da República, consoante os casos.

4 – O recurso é interposto no prazo de dois dias após a afixação do edital, pelo presidente da junta de freguesia ou por 10 eleitores pertencentes à assembleia de voto em causa, é decidido em igual prazo e a decisão é imediatamente notificada ao recorrente.

5 – Da decisão do governador civil ou do Ministro da República cabe recurso, a interpor no prazo de um dia, para o Tribunal Constitucional, que decide em plenário em igual prazo.

6 – As alterações à comunicação a que se refere o n.º 1 resultantes de recurso são imediatamente comunicadas à câmara municipal e à junta de freguesia envolvida.

ARTIGO 71.º – **Anúncio do dia, hora e local**

1 – Até ao 25.º dia anterior ao da eleição o presidente da câmara municipal anuncia, por edital afixado nos lugares de estilo, o dia, a hora e os locais em que se reúnem as assembleias de voto ou secções de voto.

2 – Dos editais consta também o número de inscrição no recenseamento dos eleitores correspondentes a cada assembleia de voto.

ARTIGO 72.º – **Elementos de trabalho da mesa**

1 – Até dois dias antes do dia da eleição, a comissão recenseadora procede à extracção de duas cópias devidamente autenticadas dos cadernos de recenseamento, confiando-as à junta de freguesia.

2 – Quando houver desdobramento da assembleia de voto, as cópias ou fotocópias dos cadernos abrangem apenas as folhas correspondentes aos eleitores que hajam de votar em cada secção de voto.

3 – Até dois dias antes da eleição, o presidente da câmara municipal envia ao presidente da junta de freguesia:

a) Os boletins de voto;

Lei Orgânica n.° 1/2001, de 14 de Agosto   291

b) Um caderno destinado à acta das operações eleitorais, com termo de abertura por ele assinado e com todas as folhas por ele rubricadas;

c) Os impressos e outros elementos de trabalho necessários;

d) Uma relação de todas as candidaturas definitivamente admitidas com a identificação dos candidatos, a fim de ser afixada, por edital, à entrada da assembleia de voto.

4 – Na relação das candidaturas referida na alínea *d*) do número anterior devem ser assinalados, como tal, os candidatos declarados como independentes pelos partidos e coligações.

5 – O presidente da junta de freguesia providencia pela entrega ao presidente da mesa de cada assembleia ou secção de voto dos elementos referidos nos números anteriores, até uma hora antes da abertura da assembleia.

SECÇÃO II – Mesa das assembleias de voto

ARTIGO 73.° – Função e composição

1 – Em cada assembleia de voto há uma mesa que promove e dirige as operações eleitorais.

2 – A mesa é composta por um presidente, um vice-presidente, um secretário e dois escrutinadores.

ARTIGO 74.° – Designação

1 – Os membros das mesas das assembleias de voto são escolhidos por acordo de entre os representantes das candidaturas ou, na falta de acordo, por sorteio.

2 – O representante de cada candidatura é nomeado e credenciado, para o efeito, pela respectiva entidade proponente, que, até ao 20.° dia anterior à eleição, comunica a respectiva identidade à junta de freguesia.

ARTIGO 75.° – Requisitos de designação dos membros das mesas

1 – Os membros de cada mesa são designados de entre os eleitores pertencentes à respectiva assembleia de voto.

2 – Não podem ser designados membros da mesa os eleitores que não saibam ler e escrever português, e o presidente e o secretário devem possuir escolaridade obrigatória.

ARTIGO 76.° – Incompatibilidades

Não podem ser designados membros de mesa de assembleia de voto, para além dos eleitores referidos nos artigos 6.° e 7.°, os deputados, os membros do Governo, os membros dos governos regionais, os governadores e vice-governadores civis, os Ministros da República, os membros dos órgãos executivos das autarquias locais, os candidatos e os mandatários das candidaturas.

ARTIGO 77.° – Processo de designação

1 – No 18.° dia anterior ao da realização da eleição, pelas 21 horas, os representantes das candidaturas, devidamente credenciados, reúnem-se para proceder à escolha dos membros das mesas das assembleias de voto da freguesia, na sede da respectiva junta.

2 – Se na reunião se não chegar a acordo, cada um dos representantes referidos propõe ao presidente da câmara municipal, até ao 15.° dia anterior ao da eleição, dois eleitores por cada lugar ainda por preencher, para que de entre eles se faça a escolha através de sorteio a realizar dentro de vinte e quatro horas no edifício da câmara municipal e na presença dos representantes das entidades proponentes que a ele queiram assistir.

292   *III – Eleitos Locais*

3 – Não tendo sido apresentadas propostas nos termos do número anterior, o presidente da câmara procede à designação dos membros em falta recorrendo à bolsa de agentes eleitorais constituída nos termos da lei.

4 – Se, ainda assim, houver lugares vagos, o presidente da câmara procede à designação por sorteio, de entre os eleitores da assembleia de voto.

ARTIGO 78.º – Reclamação

1 – Os nomes dos membros das mesas são publicados por edital afixado no prazo de dois dias à porta da sede da junta de freguesia e notificados aos nomeados, podendo qualquer eleitor reclamar contra a designação perante o juiz da comarca no mesmo prazo, com fundamento em preterição de requisitos fixados na presente lei.

2 – O juiz decide a reclamação no prazo de um dia e, se a atender, procede imediatamente à escolha, comunicando-a ao presidente da câmara municipal.

ARTIGO 79.º – Alvará de nomeação

Até cinco dias antes da eleição, o presidente da câmara municipal lavra alvará de designação dos membros das mesas das assembleias de voto e participa as nomeações às juntas de freguesia respectivas e ao governador civil.

ARTIGO 80.º – Exercício obrigatório da função

1 – Salvo motivo de força maior ou justa causa, e sem prejuízo do disposto no artigo 76.º, é obrigatório o desempenho das funções de membro da mesa de assembleia ou secção de voto.

2 – Aos membros das mesas é atribuído o subsídio previsto na lei.

3 – São causas justificativas de impedimento:

a) Idade superior a 65 anos;

b) Doença ou impossibilidade física comprovada pelo delegado de saúde municipal;

c) Mudança de residência para a área de outro município, comprovada pela junta de freguesia da nova residência;

d) Ausência no estrangeiro, devidamente comprovada;

e) Exercício de actividade profissional de carácter inadiável, devidamente comprovado por superior hierárquico.

4 – A invocação de causa justificativa é feita, sempre que o eleitor o possa fazer, até três dias antes da eleição, perante o presidente da câmara municipal.

5 – No caso previsto no número anterior, o presidente da câmara procede imediatamente à substituição, nomeando outro eleitor pertencente à assembleia de voto, nos termos dos n.os 3 e 4 do artigo 77.º.

ARTIGO 81.º – Dispensa de actividade profissional ou lectiva

Os membros das mesas das assembleias de voto gozam do direito a dispensa de actividade profissional ou lectiva no dia da realização das eleições e no seguinte, devendo, para o efeito, comprovar o exercício das respectivas funções.

ARTIGO 82.º – Constituição da mesa

1 – A mesa da assembleia ou secção de voto não pode constituir-se antes da hora marcada para a reunião da assembleia nem em local diverso do que houver sido determinado, sob pena de nulidade de todos os actos que praticar.

2 – Após a constituição da mesa, é afixado à entrada do edifício em que estiver reunida a assembleia de voto um edital, assinado pelo presidente, contendo os nomes e números de ins-

Lei Orgânica n.° 1/2001, de 14 de Agosto 293

crição no recenseamento dos cidadãos que formam a mesa e o número de eleitores inscritos nessa assembleia.

3 – Sem prejuízo do disposto no n.° 1, os membros das mesas das assembleias ou secções de voto devem estar presentes no local do seu funcionamento uma hora antes da marcada para o início das operações eleitorais, a fim de que estas possam começar à hora fixada.

ARTIGO 83.° – **Substituições**

1 – Se uma hora após a marcada para a abertura da assembleia de voto, não tiver sido possível constituir a mesa por não estarem presentes os membros indispensáveis ao seu funcionamento, o presidente da junta de freguesia, mediante acordo da maioria dos delegados presentes, designa os substitutos dos membros ausentes de entre eleitores pertencentes a essa assembleia de voto.

2 – Se, apesar de constituída a mesa, se verificar a falta de um dos seus membros, o respectivo presidente substitui-o por qualquer eleitor pertencente à assembleia de voto, mediante acordo da maioria dos restantes membros da mesa e dos delegados das entidades proponentes que estiverem presentes.

3 – Substituídos os faltosos, ficam sem efeito as respectivas nomeações e os seus nomes são comunicados pelo presidente da mesa ao presidente da câmara municipal.

ARTIGO 84.° – **Permanência na mesa**

1 – A mesa, uma vez constituída, não pode ser alterada, salvo caso de força maior.

2 – Da alteração e das suas razões é dada publicidade através de edital afixado imediatamente à porta do edifício onde funcionar a assembleia de voto.

ARTIGO 85.° – **Quórum**

Durante as operações de votação é obrigatória a presença da maioria dos membros da mesa, incluindo a do presidente ou a do vice-presidente.

SECÇÃO III – Delegados das candidaturas concorrentes

ARTIGO 86.° – **Direito de designação de delegados**

1 – Cada entidade proponente das candidaturas concorrentes tem o direito de designar um delegado efectivo e outro suplente para cada assembleia de voto.

2 – Os delegados podem ser designados para uma assembleia de voto diferente daquela em que estiverem inscritos como eleitores.

3 – As entidades proponentes podem igualmente nomear delegados, nos termos gerais, para fiscalizar as operações de voto antecipado.

4 – A falta de designação ou de comparência de qualquer delegado não afecta a regularidade das operações.

ARTIGO 87.° – **Processo de designação**

1 – Até ao 5.° dia anterior ao da realização da eleição as entidades proponentes das listas concorrentes indicam por escrito ao presidente da câmara municipal os delegados correspondentes às diversas assembleias e secções de voto e apresentam-lhe para assinatura e autenticação as credenciais respectivas.

2 – Da credencial constam o nome, o número de inscrição no recenseamento, o número e a data do bilhete de identidade do delegado, o partido, coligação ou grupo que representa e a assembleia de voto para que é designado.

294   *III – Eleitos Locais*

3 – Não é lícita a impugnação da eleição com base na falta de qualquer delegado.

ARTIGO 88.º – Poderes dos delegados

1 – Os delegados das entidades proponentes das candidaturas concorrentes têm os seguintes poderes:

a) Ocupar os lugares mais próximos da mesa da assembleia de voto, de modo a poderem fiscalizar todas as operações de votação;

b) Consultar a todo o momento as cópias dos cadernos de recenseamento eleitoral utilizadas pela mesa da assembleia de voto;

c) Ser ouvidos e esclarecidos acerca de todas as questões suscitadas durante o funcionamento da assembleia de voto, quer na fase de votação quer na fase de apuramento;

d) Apresentar, oralmente ou por escrito, reclamações, protestos ou contraprotestos relativos às operações de voto;

e) Assinar a acta e rubricar, selar e lacrar todos os documentos respeitantes às operações de voto;

f) Obter certidões das operações de votação e apuramento.

2 – Os delegados não podem ser designados para substituir membros de mesa faltosos.

ARTIGO 89.º – Imunidades e direitos

1 – Os delegados não podem ser detidos durante o funcionamento da assembleia de voto, a não ser por crime punível com pena de prisão superior a 3 anos e em flagrante delito.

2 – Os delegados gozam do direito consignado no artigo 81.º.

SECÇÃO IV – Boletins de voto

ARTIGO 90.º – Boletins de voto

1 – Os boletins de voto são impressos em papel liso e não transparente.

2 – Os boletins de voto são de forma rectangular, com a dimensão apropriada para neles caber a indicação de todas as listas submetidas à votação.

ARTIGO 91.º – Elementos integrantes

1 – Em cada boletim de voto relativo ao círculo eleitoral respectivo consta o símbolo gráfico do órgão a eleger e são dispostos horizontalmente, em colunas verticais correspondentes, uns abaixo dos outros, pela ordem resultante do sorteio, os elementos identificativos das diversas candidaturas, conforme modelo anexo a esta lei.

2 – São elementos identificativos as denominações, as siglas e os símbolos das entidades proponentes das candidaturas concorrentes, que reproduzem os constantes do registo existente no Tribunal Constitucional e no tribunal de comarca respectivo.

3 – Cada símbolo ocupa no boletim de voto uma área de 121 mm² definida pelo menor círculo, quadrado ou rectângulo que o possa conter, não podendo o diâmetro, a largura ou a altura exceder 15 mm e respeitando, em qualquer caso, as proporções dos registos no Tribunal Constitucional ou aceites definitivamente pelo juiz.

4 – Em caso de coligação, o símbolo de cada um dos partidos que a integra não pode ter uma área de dimensão inferior a 65 mm², excepto se o número de partidos coligados for superior a quatro, caso em que o símbolo da coligação ocupa uma área de 260 mm², salvaguardando-se que todos os símbolos ocupem áreas idênticas nos boletins de voto.

Lei Orgânica n.º 1/2001, de 14 de Agosto 295

5 – Em cada coluna, na linha correspondente a cada lista, figura um quadrado em branco destinado a ser assinalado com a escolha do eleitor, conforme modelo anexo.

ARTIGO 92.º – **Cor dos boletins de voto**

Os boletins de voto são de cor branca na eleição para a assembleia de freguesia, amarela na eleição para a assembleia municipal e verde na eleição para a câmara municipal.

ARTIGO 93.º – **Composição e impressão**

1 – O papel necessário à impressão dos boletins de voto é remetido pela Imprensa Nacional-Casa da Moeda aos governos civis até ao 43.º dia anterior ao da eleição.

2 – As denominações, siglas e símbolos dos partidos políticos devidamente legalizados e das coligações registadas são remetidos pelo Secretariado Técnico dos Assuntos para o Processo Eleitoral aos governos civis, câmaras municipais, juízes de comarca e, em Lisboa e Porto, aos juízes dos tribunais cíveis até ao 40.º dia anterior ao da eleição.

3 – A impressão dos boletins de voto e a aquisição do restante material destinado ao acto eleitoral são encargo das câmaras municipais, para o que, até ao 60.º dia anterior ao da eleição, devem ser escolhidas, preferencialmente na área do município ou do distrito, as tipografias às quais será adjudicada a impressão.

4 – Na impossibilidade de cumprimento por parte das câmaras municipais, compete aos governos civis a escolha das tipografias, devendo fazê-lo até ao 57.º dia anterior ao da eleição.

ARTIGO 94.º – **Exposição das provas tipográficas**

1 – As provas tipográficas dos boletins de voto devem ser expostas no edifício da câmara municipal até ao 33.º dia anterior ao da eleição e durante três dias, podendo os interessados reclamar, no prazo de vinte e quatro horas, para o juiz da comarca, o qual julga em igual prazo, tendo em atenção o grau de qualidade que pode ser exigido em relação a uma impressão a nível local.

2 – Da decisão do juiz da comarca cabe recurso, a interpor no prazo de vinte e quatro horas, para o Tribunal Constitucional, que decide em igual prazo.

3 – Findo o prazo de reclamação ou interposição do recurso ou decidido o que tenha sido apresentado, pode de imediato iniciar-se a impressão dos boletins de voto, ainda que alguma ou algumas das listas que eles integrem não tenham sido ainda definitivamente admitidas ou rejeitadas.

ARTIGO 95.º – **Distribuição dos boletins de voto**

1 – A cada mesa de assembleia de voto são remetidos, em sobrescrito fechado e lacrado, boletins de voto em número igual ao dos correspondentes eleitores mais 10%.

2 – Os presidentes das juntas de freguesia e os presidentes das assembleias de voto prestam contas dos boletins de voto que tiverem recebido perante os respectivos remetentes, a quem devem devolver, no dia seguinte ao da eleição, os boletins de voto não utilizados ou inutilizados pelos eleitores.

TÍTULO VI – **Votação**

CAPÍTULO I – **Exercício do direito de sufrágio**

ARTIGO 96.º – **Direito e dever cívico**

1 – O sufrágio constitui um direito e um dever cívico.

2 – Os responsáveis pelos serviços e pelas empresas que tenham de se manter em actividade no dia da realização da eleição facilitam aos respectivos funcionários e trabalhadores dispensa pelo tempo suficiente para que possam votar.

ARTIGO 97.º – **Unicidade do voto**
O eleitor vota só uma vez para cada órgão autárquico.

ARTIGO 98.º – **Local de exercício do sufrágio**
O direito de sufrágio é exercido na assembleia eleitoral correspondente ao local onde o eleitor esteja recenseado, sem prejuízo dos casos excepcionais previstos na presente lei.

ARTIGO 99.º – **Requisitos do exercício do sufrágio**
1 – Para que o eleitor seja admitido a votar deve estar inscrito no caderno eleitoral e ser reconhecida pela mesa a sua identidade.

2 – A inscrição no caderno de recenseamento eleitoral implica a presunção de capacidade eleitoral activa, nos termos do artigo 2.º da presente lei.

3 – Se a mesa entender que o eleitor revela incapacidade psíquica notória, pode exigir, para que vote, a apresentação de documento comprovativo da sua capacidade, emitido pelo médico que exerça poderes de autoridade sanitária na área do município e autenticada com o selo do respectivo serviço.

ARTIGO 100.º – **Pessoalidade**
1 – O direito de sufrágio é exercido pessoalmente pelo eleitor.

2 – Não é admitida nenhuma forma de representação ou delegação, sem prejuízo do disposto no artigo 116.º.

ARTIGO 101.º – **Presencialidade**
O direito de sufrágio é exercido presencialmente em assembleia de voto pelo eleitor, salvo nos casos previstos no artigo 117.º.

ARTIGO 102.º – **Segredo de voto**
1 – Ninguém pode, sob qualquer pretexto, ser obrigado a revelar o sentido do seu voto.

2 – Dentro da assembleia de voto e fora dela, até à distância de 50 m, ninguém pode revelar em que sentido votou ou vai votar.

3 – Ninguém pode ser perguntado sobre o sentido do seu voto por qualquer entidade, salvo para o efeito de recolha de dados estatísticos não identificáveis, nos termos do disposto no n.º 2 do artigo 126.º.

ARTIGO 103.º – **Extravio do cartão de eleitor**
No caso de extravio do cartão de eleitor, os eleitores têm o direito de obter informação sobre o seu número de inscrição no recenseamento na junta de freguesia.

ARTIGO 104.º – **Abertura de serviços públicos**
No dia da realização da eleição, durante o período de funcionamento das assembleias de voto, mantêm-se abertos os serviços:

a) Das juntas de freguesia para efeito de informação dos eleitores acerca do seu número de inscrição no recenseamento eleitoral;

Lei Orgânica n.º 1/2001, de 14 de Agosto   297

b) Dos centros de saúde ou locais equiparados, para efeito do disposto no n.º 3 do artigo 99.º e no n.º 2 do artigo 116.º;

c) Dos tribunais, para efeitos de recepção do material eleitoral referido no artigo 140.º.

CAPÍTULO II – Processo de votação

SECÇÃO I – Funcionamento das assembleias de voto

ARTIGO 105.º – **Abertura da assembleia**

1 – A assembleia de voto abre às 8 horas do dia marcado para a realização da eleição, depois de constituída a mesa.

2 – O presidente declara aberta a assembleia de voto, manda afixar os documentos a que se referem o n.º 2 do artigo 35.º e o n.º 2 do artigo 82.º, procede com os restantes membros da mesa e os delegados das candidaturas à revista da câmara de voto e dos documentos de trabalho da mesa e exibe a urna perante os presentes para que todos possam certificar-se de que se encontra vazia.

ARTIGO 106.º – **Impossibilidade de abertura da assembleia de voto**

Não pode ser aberta a assembleia de voto nos seguintes casos:

a) Impossibilidade de constituição da mesa;

b) Ocorrência na freguesia de grave perturbação da ordem pública no dia marcado para a realização da eleição ou nos três dias anteriores;

c) Ocorrência na freguesia de grave calamidade no dia marcado para a realização da eleição ou nos três dias anteriores.

ARTIGO 107.º – **Suprimento de irregularidades**

1 – Verificando-se irregularidades superáveis, a mesa procede ao seu suprimento.

2 – Não sendo possível o seu suprimento dentro das duas horas subsequentes à abertura da assembleia de voto, é esta declarada encerrada.

ARTIGO 108.º – **Continuidade das operações**

A assembleia de voto funciona ininterruptamente até serem concluídas todas as operações de votação e apuramento, sem prejuízo do disposto no artigo seguinte.

ARTIGO 109.º – **Interrupção das operações**

1 – As operações são interrompidas, sob pena de nulidade da votação, nos seguintes casos:

a) Ocorrência na freguesia de grave perturbação da ordem pública que afecte a genuinidade do acto de sufrágio;

b) Ocorrência na assembleia de voto de qualquer das perturbações previstas nos n.os 2 e 3 do artigo 124.º;

c) Ocorrência na freguesia de grave calamidade.

2 – As operações só são retomadas depois de o presidente verificar a existência de condições para que possam prosseguir.

3 – A interrupção da votação por período superior a três horas determina o encerramento da assembleia de voto e a nulidade da votação.

4 – O não prosseguimento das operações de votação até à hora do encerramento normal das mesmas, após interrupção, determina igualmente a nulidade da votação, salvo se já tiverem votado todos os eleitores inscritos.

298   III – Eleitos Locais

ARTIGO 110.° – Encerramento da votação

1 – A admissão de eleitores na assembleia de voto faz-se até às 19 horas.

2 – Depois desta hora apenas podem votar os eleitores presentes na assembleia de voto.

3 – O presidente declara encerrada a votação logo que tenham votado todos os eleitores inscritos ou, depois das 19 horas, logo que tenham votado todos os eleitores presentes na assembleia de voto.

ARTIGO 111.° – Adiamento da votação

1 – Nos casos previstos no artigo 106.°, no n.° 2 do artigo 107.° e nos n.ºs 3 e 4 do artigo 109.°, a votação realiza-se no 7.° dia subsequente ao da realização da eleição.

2 – Quando, porém, as operações de votação não tenham podido realizar-se ou prosseguir por ocorrência de grave calamidade na freguesia, pode o governador civil ou o Ministro da República, consoante os casos, adiar a realização da votação até ao 14.° dia subsequente, anunciando o adiamento logo que conhecida a respectiva causa.

3 – A votação só pode ser adiada uma vez.

4 – Nesta votação os membros das mesas podem ser nomeados pelo governador civil ou, no caso das Regiões Autónomas, pelo Ministro da República.

SECÇÃO II – Modo geral de votação

ARTIGO 112.° – Votação dos elementos da mesa e dos delegados

Não havendo nenhuma irregularidade, votam imediatamente o presidente e os vogais da mesa, bem como os delegados dos partidos, desde que se encontrem inscritos no caderno de recenseamento da assembleia de voto.

ARTIGO 113.° – Votos antecipados

1 – Após terem votado os elementos da mesa, o presidente procede à abertura e lançamento na urna dos votos antecipados, quando existam.

2 – Para o efeito do disposto no número anterior, a mesa verifica se o eleitor se encontra devidamente inscrito e procede à correspondente descarga no caderno de recenseamento, mediante rubrica na coluna a isso destinada e na linha correspondente ao nome do eleitor.

3 – Feita a descarga, o presidente abre o sobrescrito azul referido no artigo 118.° e retira dele o sobrescrito branco, também ali mencionado, que introduz na urna, contendo o boletim de voto.

ARTIGO 114.° – Ordem de votação dos restantes eleitores

1 – Os restantes eleitores votam pela ordem de chegada à assembleia de voto, dispondo-se para o efeito em fila.

2 – Os membros das mesas e os delegados dos partidos em outras assembleias e secções de voto exercem o seu direito de sufrágio logo que se apresentem, desde que exibam o respectivo alvará ou credencial.

ARTIGO 115.° – Modo como vota cada eleitor

1 – O eleitor apresenta-se perante a mesa, indica o seu número de inscrição no recenseamento e o nome e entrega ao presidente o bilhete de identidade, se o tiver.

2 – Na falta de bilhete de identidade a identificação do eleitor faz-se por meio de qualquer outro documento oficial que contenha fotografia actualizada ou ainda por reconhecimento unânime dos membros da mesa.

Lei Orgânica n.° 1/2001, de 14 de Agosto

3 – Reconhecido o eleitor, o presidente diz em voz alta o seu número de inscrição no recenseamento e o seu nome e, depois de verificada a inscrição, entrega-lhe um boletim de voto por cada um dos órgãos autárquicos a eleger.

4 – Em seguida, o eleitor dirige-se à câmara de voto situada na assembleia e aí, sozinho, assinala com uma cruz, em cada boletim de voto, no quadrado correspondente à candidatura em que vota, após o que dobra cada boletim em quatro.

5 – O eleitor volta depois para junto da mesa e deposita na urna os boletins, enquanto os escrutinadores descarregam o voto, rubricando os cadernos de recenseamento na coluna a isso destinada e na linha correspondente ao nome do eleitor.

6 – Se o eleitor não pretender expressar a sua vontade em relação a algum dos órgãos a eleger, esse facto será mencionado na acta como abstenção, desde que solicitado pelo eleitor, e deverá ser tido em conta para os efeitos do artigo 130.°.

7 – Se, por inadvertência, o eleitor deteriorar algum boletim, pede outro ao presidente, devolvendo-lhe o primeiro.

8 – No caso previsto no número anterior, o presidente escreve no boletim devolvido a nota de inutilizado, rubrica-o e conserva-o, para os efeitos previstos no n.° 2 do artigo 95.°.

9 – Logo que concluída a operação de votar, o eleitor deve abandonar a assembleia ou secção de voto, salvo no caso previsto no n.° 1 do artigo 121.°, durante o tempo necessário para apresentar qualquer reclamação, protesto ou contraprotesto.

SECÇÃO III – Modos especiais de votação

SUBSECÇÃO I – Voto dos deficientes

ARTIGO 116.° – Requisitos e modo de exercício

1 – O eleitor afectado por doença ou deficiência física notórias que a mesa verifique não poder praticar os actos descritos no artigo anterior vota acompanhado de outro eleitor por si escolhido, que garanta a fidelidade de expressão do seu voto e que fica obrigado a sigilo absoluto.

2 – Se a mesa deliberar que não se verifica a notoriedade da doença ou deficiência física exige que lhe seja apresentado no acto de votação atestado comprovativo da impossibilidade da prática dos actos referidos no número anterior, emitido pelo médico que exerça poderes de autoridade sanitária na área do município e autenticado com o selo do respectivo serviço.

SUBSECÇÃO II – Voto antecipado

ARTIGO 117.° – Requisitos

1 – Podem votar antecipadamente:

a) Os militares e os agentes de forças e serviços de segurança interna que no dia da realização da eleição estejam impedidos de se deslocar à assembleia de voto por imperativo inadiável de exercício das suas funções no País ou no estrangeiro;

b) Os membros integrantes de delegações oficiais do Estado que, por deslocação ao estrangeiro em representação do País, se encontrem impedidos de se deslocar à assembleia de voto no dia da eleição;

c) Os trabalhadores marítimos e aeronáuticos, bem como os ferroviários e os rodoviários de

300   *III – Eleitos Locais*

longo curso que por força da sua actividade profissional se encontrem presumivelmente deslocados no dia da realização da eleição;

d) Os membros que representem oficialmente selecções nacionais, organizadas por federações desportivas dotadas de estatuto de utilidade pública desportiva, e se encontrem deslocados no estrangeiro, em competições desportivas, no dia da realização da eleição;

e) Os eleitores que por motivo de doença se encontrem internados ou presumivelmente internados em estabelecimento hospitalar e impossibilitados de se deslocar à assembleia de voto;

f) Os eleitores que se encontrem presos e não privados de direitos políticos.

2 – Podem ainda votar antecipadamente os estudantes do ensino superior recenseados nas Regiões Autónomas e a estudar no continente e os que, estudando numa instituição do ensino superior de uma Região Autónoma, estejam recenseados noutro ponto do território nacional.

3 – Para efeitos de escrutínio só são considerados os votos recebidos na sede da junta de freguesia correspondente à assembleia de voto em que o eleitor deveria votar até ao dia anterior ao da realização da eleição.

ARTIGO 118.º – **Modo de exercício do direito de voto antecipado por militares, agentes de forças e serviços de segurança interna, membros de delegações oficiais e de membros que representem oficialmente selecções nacionais organizadas por federações desportivas dotadas de estatuto de utilidade pública desportiva e trabalhadores dos transportes.**

1 – Qualquer eleitor que esteja nas condições previstas nas alíneas *a)*, *b)*, *c)* e *d)* do n.º 1 do artigo anterior pode dirigir-se ao presidente da câmara do município em cuja área se encontre recenseado, entre o 10.º e o 5.º dias anteriores ao da eleição, manifestando a sua vontade de exercer antecipadamente o direito de sufrágio.

2 – O eleitor identifica-se por forma idêntica à prevista nos n.ºs 1 e 2 do artigo 115.º e faz prova do impedimento invocado, apresentando documentos autenticados pelo seu superior hierárquico ou pela entidade patronal, consoante os casos.

3 – O presidente da câmara entrega ao eleitor os boletins de voto e dois sobrescritos.

4 – Um dos sobrescritos, de cor branca, destina-se a receber os boletins de voto e o outro, de cor azul, a conter o sobrescrito anterior e o documento comprovativo a que se refere o n.º 2.

5 – O eleitor preenche os boletins que entender em condições que garantam o segredo de voto, dobra-os em quatro, introduzindo-os no sobrescrito de cor branca, que fecha adequadamente.

6 – Em seguida, o sobrescrito de cor branca é introduzido no sobrescrito de cor azul juntamente com o referido documento comprovativo, sendo o sobrescrito azul fechado, lacrado e assinado no verso, de forma legível, pelo presidente da câmara municipal e pelo eleitor.

7 – O presidente da câmara municipal entrega ao eleitor recibo comprovativo do exercício do direito de voto de modelo anexo a esta lei, do qual constem o seu nome, residência, número de bilhete de identidade e assembleia de voto a que pertence, bem como o respectivo número de inscrição no recenseamento, sendo o documento assinado pelo presidente da câmara e autenticado com o carimbo ou selo branco do município.

8 – O presidente da câmara municipal elabora uma acta das operações efectuadas, nela mencionando expressamente o nome, o número de inscrição e a freguesia onde o eleitor se encontra inscrito, enviando cópia da mesma à assembleia de apuramento geral.

9 – O presidente da câmara municipal envia, pelo seguro do correio, o sobrescrito azul à mesa da assembleia de voto em que o eleitor deveria exercer o direito de sufrágio, ao cuidado da respectiva junta de freguesia, até ao 4.º dia anterior ao da realização da eleição.

Lei Orgânica n.° 1/2001, de 14 de Agosto 301

10 – A junta de freguesia remete os votos recebidos ao presidente da mesa da assembleia de voto até à hora prevista no n.° 1 do artigo 105.°.

ARTIGO 119.° – **Modo de exercício por doentes internados e por presos**

1 – Qualquer eleitor que esteja nas condições previstas nas alíneas *e)* e *f)* do n.° 1 do artigo 117.° pode requerer ao presidente da câmara do município em que se encontre recenseado, até ao 20.° dia anterior ao da eleição, a documentação necessária ao exercício do direito de voto, enviando fotocópias autenticadas do seu bilhete de identidade e do seu cartão de eleitor e juntando documento comprovativo do impedimento invocado, passado pelo médico assistente e confirmado pela direcção do estabelecimento hospitalar, ou documento emitido pelo director do estabelecimento prisional, conforme os casos.

2 – O presidente da câmara referido no número anterior envia, por correio registado com aviso de recepção, até ao 17.° dia anterior ao da eleição:

a) Ao eleitor a documentação necessária ao exercício do direito de voto, acompanhada dos documentos enviados pelo eleitor;

b) Ao presidente da câmara do município onde se encontrem eleitores nas condições definidas no n.° 1 a relação nominal dos referidos eleitores e a indicação dos estabelecimentos hospitalares ou prisionais abrangidos.

3 – O presidente da câmara do município onde se situe o estabelecimento hospitalar ou prisional em que o eleitor se encontre internado notifica as listas concorrentes à eleição, até ao 16.° dia anterior ao da votação, para os fins previstos no n.° 3 do artigo 86.°, dando conhecimento de quais os estabelecimentos onde se realiza o voto antecipado.

4 – A nomeação de delegados dos partidos políticos e coligações deve ser transmitida ao presidente da câmara até ao 14.° dia anterior ao da eleição.

5 – Entre o 10.° e o 13.° dias anteriores ao da eleição o presidente da câmara municipal em cuja área se encontre situado o estabelecimento hospitalar ou prisional com eleitores nas condições do n.° 1, em dia e hora previamente anunciados ao respectivo director e aos delegados das entidades proponentes, desloca-se ao mesmo estabelecimento a fim de ser dado cumprimento, com as necessárias adaptações ditadas pelos constrangimentos dos regimes hospitalares ou prisionais, ao disposto nos n.os 2 a 9 do artigo anterior.

6 – O presidente da câmara pode excepcionalmente fazer-se substituir para o efeito da diligência prevista no número anterior pelo vice-presidente ou por qualquer vereador do município devidamente credenciado.

7 – A junta de freguesia destinatária dos votos recebidos remete-os ao presidente da mesa da assembleia de voto até à hora prevista no n.° 1 do artigo 105.°.

ARTIGO 120.° – **Modo de exercício do voto por estudantes**

1 – Qualquer eleitor que esteja nas condições previstas no n.° 2 do artigo 117.° pode requerer ao presidente da câmara do município em que se encontre recenseado a documentação necessária ao exercício do direito de voto no prazo e nas condições previstas nos n.os 1 e 2 do artigo 119.°.

2 – O documento comprovativo do impedimento é emitido pela direcção do estabelecimento de ensino frequentado pelo eleitor a seu pedido.

3 – O exercício do direito de voto faz-se perante o presidente da câmara do município onde o eleitor frequente o estabelecimento de ensino superior, no prazo e termos previstos nos n.os 3 a 7 do artigo 119.°.

302   *III – Eleitos Locais*

SECÇÃO IV – **Garantias de liberdade do sufrágio**

ARTIGO 121.° – **Dúvidas, reclamações, protestos e contraprotestos**

1 – Além dos delegados das listas concorrentes à eleição, qualquer eleitor inscrito na assembleia de voto pode suscitar dúvidas e apresentar por escrito reclamação, protesto ou contraprotesto relativos às operações eleitorais da mesma assembleia e instruí-los com os documentos convenientes.

2 – A mesa não pode negar-se a receber as reclamações, os protestos e os contraprotestos, devendo rubricá-los e apensá-los às actas.

3 – As reclamações, os protestos e os contraprotestos têm de ser objecto de deliberação da mesa, que pode tomá-la no final, se entender que isso não afecta o andamento normal da votação.

4 – Todas as deliberações da mesa são tomadas por maioria absoluta dos membros presentes e fundamentadas, tendo o presidente voto de desempate.

ARTIGO 122.° – **Polícia da assembleia de voto**

1 – Compete ao presidente da mesa, coadjuvado pelos vogais desta, assegurar a liberdade dos eleitores, manter a ordem e, em geral, regular a polícia na assembleia, adoptando para esse efeito as providências necessárias.

2 – Não é admitida na assembleia de voto a presença de pessoas em condições susceptíveis de prejudicar a actividade da assembleia ou que sejam portadoras de qualquer arma ou instrumento susceptível de como tal ser usado.

ARTIGO 123.° – **Proibição de propaganda**

1 – É proibida qualquer propaganda nos edifícios das assembleias de voto e até à distância de 50 m.

2 – Por «propaganda» entende-se também a exibição de símbolos, siglas, sinais, distintivos ou autocolantes de quaisquer listas.

ARTIGO 124.° – **Proibição de presença de forças militares e de segurança e casos em que pode comparecer**

1 – Salvo o disposto nos números seguintes, nos locais onde se reunirem as assembleias e secções de voto e num raio de 100 m a contar dos mesmos é proibida a presença de forças militares ou de segurança.

2 – Quando for necessário pôr termo a algum tumulto ou obstar a qualquer agressão ou violência, quer dentro do edifício da assembleia ou secção de voto quer na sua proximidade, ou ainda em caso de desobediência às suas ordens, pode o presidente da mesa, consultada esta, requisitar a presença de forças de segurança, sempre que possível por escrito, ou, no caso de impossibilidade, com menção na acta eleitoral das razões da requisição e do período da presença de forças de segurança.

3 – O comandante de força de segurança que possua indícios seguros de que se exerce sobre os membros da mesa coacção física ou psíquica que impeça o presidente de fazer a requisição pode intervir por iniciativa própria, a fim de assegurar a genuinidade do processo eleitoral, devendo retirar-se logo que lhe seja formulado pedido nesse sentido pelo presidente ou por quem o substitua, ou quando verifique que a sua presença já não se justifica.

4 – Quando o entenda necessário, o comandante da força de segurança, ou um seu delegado credenciado, pode visitar, desarmado e por um período máximo de dez minutos, a assembleia ou secção de voto, a fim de estabelecer contacto com o presidente da mesa ou com quem o substitua.

Lei Orgânica n.° 1/2001, de 14 de Agosto 303

5 – Nos casos previstos nos n.ᵒˢ 2 e 3, as operações eleitorais na assembleia ou secção de voto são suspensas, sob pena de nulidade da eleição, até que o presidente da mesa considere verificadas as condições para que possam prosseguir.

ARTIGO 125.° – **Presença de não-eleitores**
É proibida a presença na assembleia de voto de não-eleitores e de eleitores que aí não possam votar, salvo se se tratar de representantes ou mandatários das candidaturas concorrentes à eleição ou de profissionais da comunicação social, devidamente identificados e no exercício das suas funções.

ARTIGO 126.° – **Deveres dos profissionais de comunicação social e de empresas de sondagens**
1 – Os profissionais de comunicação social que no exercício das suas funções se desloquem às assembleias ou secções de voto devem identificar-se, se solicitados a tanto pelos membros da mesa, e não podem:
a) Obter no interior da assembleia de voto ou no seu exterior até à distância de 50 m imagens ou outros elementos de reportagem que possam comprometer o segredo de voto;
b) Perturbar de qualquer modo o acto da votação.
2 – A execução de sondagens ou inquéritos de opinião e a recolha de dados estatísticos no dia da eleição devem observar procedimentos que salvaguardem o segredo de voto, não podendo os eleitores ser questionados a distância inferior à referida na alínea *a)* do número anterior.

ARTIGO 127.° – **Difusão e publicação de notícias e reportagens**
As notícias ou quaisquer outros elementos de reportagem que divulguem o sentido de voto de algum eleitor ou os resultados do apuramento só podem ser difundidos ou publicados após o encerramento de todas as assembleias de voto.

TÍTULO VII – Apuramento

ARTIGO 128.° – **Apuramento**
O apuramento dos resultados da eleição é efectuado nos seguintes termos:
a) O apuramento local é feito em cada assembleia ou secção de voto;
b) O apuramento geral consiste na contabilização, no âmbito territorial de cada município, dos resultados obtidos nos círculos eleitorais e na atribuição dos mandatos relativamente a cada um dos órgãos eleitos nos termos do artigo 14.°.

CAPÍTULO I – Apuramento local

ARTIGO 129.° – **Operação preliminar**
Encerrada a votação, o presidente da assembleia ou secção de voto procede à contagem dos boletins que não foram utilizados e dos que foram inutilizados pelos eleitores e encerra-os num sobrescrito próprio, que fecha e lacra, para efeitos do n.° 2 do artigo 95.°.

ARTIGO 130.° – **Contagem dos votantes e dos boletins de voto**
1 – Concluída a operação preliminar, o presidente manda contar o número de votantes pelas descargas efectuadas nos cadernos de recenseamento.

2 – Em seguida, manda abrir a urna, a fim de conferir o número de boletins de voto entrados em relação a cada órgão autárquico e, no fim da contagem, volta a introduzi-los nela.

3 – Em caso de divergência entre o número dos votantes apurados e o dos boletins de voto contados, prevalece, para fins de apuramento, o segundo destes números.

4 – Do número de boletins de voto contados é dado imediato conhecimento público através de edital, que o presidente lê em voz alta e manda afixar à porta da assembleia de voto.

ARTIGO 131.º – **Contagem dos votos**

1 – A mesa procede sucessivamente à contagem dos votos relativos à eleição de cada um dos órgãos autárquicos, começando pela assembleia de freguesia.

2 – Um dos escrutinadores desdobra os boletins, um a um, e anuncia em voz alta a denominação da lista votada.

3 – O outro escrutinador regista numa folha branca ou, de preferência num quadro bem visível, e separadamente, os votos atribuídos a cada lista, os votos em branco e os votos nulos.

4 – Simultaneamente, os boletins de voto são examinados e exibidos pelo presidente, que, com a ajuda de um dos vogais, os agrupa em lotes separados, correspondentes a cada uma das listas votadas, aos votos em branco e aos votos nulos.

5 – Terminadas as operações referidas nos números anteriores, o presidente procede à contraprova da contagem, pela contagem dos boletins de cada um dos lotes separados.

6 – Os membros de mesa não podem ser portadores de qualquer instrumento que permita escrever quando manuseiam os boletins de voto.

ARTIGO 132.º – **Voto em branco**

Considera-se «voto em branco» o correspondente a boletim de voto que não contenha qualquer sinal em qualquer quadrado.

ARTIGO 133.º – **Voto nulo**

1 – Considera-se «voto nulo» o correspondente ao boletim:

a) No qual tenha sido assinalado mais de um quadrado;

b) No qual haja dúvidas quanto ao quadrado assinalado;

c) No qual tenha sido assinalado o quadrado correspondente a uma candidatura que tenha sido rejeitada ou desistido das eleições;

d) No qual tenha sido feito qualquer corte, desenho ou rasura;

e) No qual tenha sido escrita qualquer palavra.

2 – Não é considerado voto nulo o do boletim de voto no qual a cruz, embora não sendo perfeitamente desenhada ou excedendo os limites do quadrado, assinale inequivocamente a vontade do eleitor.

3 – Considera-se ainda como nulo o voto antecipado quando o sobrescrito com o boletim de voto não chegue ao seu destino nas condições previstas nos artigos 118.º e 119.º ou seja recebido em sobrescrito que não esteja adequadamente fechado.

ARTIGO 134.º – **Direitos dos delegados das candidaturas**

1 – Os delegados das candidaturas concorrentes têm o direito de examinar os lotes dos boletins separados, bem como os correspondentes registos, sem alterar a sua composição e, no caso de terem dúvidas ou objecções em relação à contagem ou à qualificação dada ao voto de qualquer boletim, têm o direito de solicitar esclarecimentos ou apresentar reclamações ou protestos perante o presidente.

Lei Orgânica n.° 1/2001, de 14 de Agosto 305

2 – No decorrer da operação referida no número anterior os delegados não podem ser portadores de qualquer instrumento que permita escrever.

3 – Se a reclamação ou protesto não forem atendidos pela mesa, os boletins de voto reclamados ou protestados são separados, anotados no verso com a indicação da qualificação dada pela mesa e do objecto da reclamação ou do protesto, e rubricados pelo presidente da mesa e pelo delegado do partido.

4 – A reclamação ou protesto não atendidos não impedem a contagem do boletim de voto para o efeito de apuramento geral.

ARTIGO 135.° – **Edital do apuramento local**

O apuramento assim efectuado é imediatamente publicado por edital afixado à porta principal do edifício da assembleia ou da secção de voto, em que se discriminam:

a) Identificação do órgão autárquico;

b) Número de eleitores inscritos;

c) Número de votantes;

d) Número de votos atribuídos a cada lista;

e) Número de votos em branco;

f) Número de votos nulos.

ARTIGO 136.° – **Comunicação e apuramento dos resultados da eleição**

1 – Os presidentes das mesas das assembleias de voto comunicam imediatamente à junta de freguesia ou à entidade para esse efeito designada pelo governador civil ou pelo Ministro da República, consoante os casos, os elementos constantes do edital previsto no artigo anterior.

2 – A entidade a quem é feita a comunicação apura os resultados da eleição na freguesia e comunica-os imediatamente ao governador civil ou ao Ministro da República.

3 – O governador civil ou o Ministro da República transmitem imediatamente os resultados ao Secretariado Técnico dos Assuntos para o Processo Eleitoral.

ARTIGO 137.° – **Destino dos boletins de voto nulos ou objecto de reclamação ou protesto**

1 – Os boletins de voto nulos e aqueles sobre os quais haja reclamação ou protesto são, depois de rubricados, remetidos à assembleia de apuramento geral com os documentos que lhes digam respeito.

2 – Os elementos referidos no número anterior são remetidos em sobrescrito, que deve ser, depois de fechado, lacrado e rubricado pelos membros da mesa e delegados dos partidos, de modo que as rubricas abranjam o sobrescrito e a pala fechada.

ARTIGO 138.° – **Destino dos restantes boletins**

1 – Os restantes boletins de voto, devidamente empacotados e lacrados, são confiados à guarda do juiz de direito da comarca.

2 – Esgotado o prazo para a interposição dos recursos contenciosos, ou decididos definitivamente estes, o juiz promove a destruição dos boletins.

ARTIGO 139.° – **Acta das operações eleitorais**

1 – Compete ao secretário da mesa proceder à elaboração da acta das operações de votação e apuramento.

2 – Da acta devem constar:

a) A identificação do círculo eleitoral a que pertence a assembleia ou secção de voto;

306   *III – Eleitos Locais*

b) Os números de inscrição no recenseamento e os nomes dos membros da mesa e dos delegados dos partidos políticos, coligações e grupos de cidadãos concorrentes;

c) O local da assembleia ou secção de voto e hora de abertura e de encerramento da votação;

d) As deliberações tomadas pela mesa durante as operações;

e) O número total de eleitores inscritos votantes e de não votantes;

f) O número de inscrição no recenseamento dos eleitores que exerceram o voto antecipado;

g) O número de votos obtidos por cada lista, o de votos em branco e o de votos nulos;

h) O número de boletins de voto sobre os quais haja incidido reclamação ou protesto;

i) As divergências de contagem a que se refere o n.° 3 do artigo 130.°, se as houver, com indicação precisa das diferenças notadas;

j) O número de reclamações, protestos e contraprotestos apensos à acta;

l) Quaisquer outras ocorrências que a mesa julgar dever mencionar.

ARTIGO 140.° – **Envio à assembleia de apuramento geral**

1 – No final das operações eleitorais, os presidentes das mesas das assembleias ou secções de voto entregam pelo seguro do correio ou pessoalmente, contra recibo, as actas, os cadernos e demais documentos respeitantes à eleição ao presidente da assembleia de apuramento geral.

2 – Para os efeitos do disposto no número anterior, no artigo 95.°, n.° 2, no artigo 137.° e no n.° 1 do artigo 138.°, bem como para execução das operações de apuramento a que se refere o artigo 146.°, o presidente da assembleia de apuramento geral requisita os elementos das forças de segurança necessários para que estes procedam à recolha de todo o material eleitoral, que será depositado no edifício do tribunal de comarca do círculo eleitoral municipal respectivo.

CAPÍTULO II – Apuramento geral

ARTIGO 141.° – **Assembleia de apuramento geral**

1 – O apuramento dos resultados da eleição compete a uma assembleia de apuramento que funciona junto da câmara municipal.

2 – No município de Lisboa podem constituir-se quatro assembleias de apuramento e nos restantes municípios com mais de 200 000 eleitores podem constituir-se duas assembleias de apuramento.

3 – Compete ao governador civil decidir, até ao 14.° dia anterior à data da eleição, sobre o desdobramento referido no número anterior.

ARTIGO 142.° – **Composição**

As assembleias de apuramento geral têm a seguinte composição:

a) Um magistrado judicial ou o seu substituto legal ou, na sua falta, um cidadão de comprovada idoneidade cívica, que preside com voto de qualidade, designado pelo presidente do tribunal da relação do distrito judicial respectivo;

b) Um jurista designado pelo presidente da assembleia de apuramento geral;

c) Dois professores que leccionem na área do município, designados pela delegação escolar respectiva;

d) Quatro presidentes de assembleia de voto, designados por sorteio efectuado pelo presidente da câmara;

e) O cidadão que exerça o cargo dirigente mais elevado da área administrativa da respectiva câmara municipal, que secretaria sem direito a voto.

Lei Orgânica n.º 1/2001, de 14 de Agosto

ARTIGO 143.º – Direitos dos representantes das candidaturas

Os representantes das candidaturas concorrentes têm o direito de assistir, sem voto, aos trabalhos da assembleia de apuramento geral, bem como de apresentar reclamações, protestos ou contraprotestos.

ARTIGO 144.º – Constituição da assembleia de apuramento geral

1 – A assembleia de apuramento geral deve ficar constituída até à antevéspera do dia da realização da eleição.

2 – O presidente dá imediato conhecimento público da constituição da assembleia através de edital a afixar à porta do edifício da câmara municipal.

ARTIGO 145.º – Estatuto dos membros das assembleias de apuramento geral

É aplicável aos cidadãos que façam parte das assembleias de apuramento geral o disposto no artigo 81.º, durante o período do respectivo funcionamento, mediante prova através de documento assinado pelo presidente da assembleia.

ARTIGO 146.º – Conteúdo do apuramento

1 – O apuramento geral consiste na realização das seguintes operações em relação a cada um dos órgãos autárquicos em causa:

a) Verificação do número total de eleitores inscritos e de votantes;

b) Verificação dos números totais de votos em branco e de votos nulos;

c) Verificação dos números totais de votos obtidos por cada lista;

d) Distribuição dos mandatos pelas diversas listas;

e) Determinação dos candidatos eleitos por cada lista;

f) Decisão sobre as reclamações e protestos.

2 – Nos municípios em que exista mais de uma assembleia de apuramento, a agregação dos resultados compete à que for presidida pelo magistrado mais antigo ou, se for o caso, pelo cidadão mais idoso.

ARTIGO 147.º – Realização de operações

1 – A assembleia de apuramento geral inicia as operações às 9 horas do 2.º dia seguinte ao da realização da eleição.

2 – Em caso de adiamento ou declaração de nulidade da votação em qualquer assembleia de voto, a assembleia de apuramento geral reúne no dia seguinte ao da votação ou do reconhecimento da impossibilidade da sua realização para completar as operações de apuramento.

ARTIGO 148.º – Elementos do apuramento

1 – O apuramento geral é feito com base nas actas das operações das assembleias de voto, nos cadernos de recenseamento e demais documentos que os acompanharem.

2 – Se faltarem os elementos de alguma das assembleias de voto, o apuramento geral inicia-se com base nos elementos já recebidos, designando o presidente nova reunião dentro das quarenta e oito horas seguintes, para se concluírem os trabalhos, tomando, entretanto, as providências necessárias para que a falta seja reparada.

ARTIGO 149.º – Reapreciação dos resultados do apuramento geral

1 – No início dos seus trabalhos a assembleia de apuramento geral decide sobre os boletins de voto em relação aos quais tenha havido reclamação ou protesto e verifica os boletins de voto considerados nulos, reapreciando-os segundo critério uniforme.

308   *III – Eleitos Locais*

2 – Em função do resultado das operações previstas no número anterior a assembleia corrige, se for caso disso, o apuramento da respectiva assembleia de voto.

ARTIGO 150.° – **Proclamação e publicação dos resultados**

Os resultados do apuramento geral são proclamados pelo presidente da assembleia até ao 4.° dia posterior ao da votação e, em seguida, publicados por meio de edital afixado à porta do edifício onde funciona a assembleia.

ARTIGO 151.° – **Acta do apuramento geral**

1 – Do apuramento geral é imediatamente lavrada acta donde constem os resultados das respectivas operações, as reclamações, os protestos e os contraprotestos apresentados de harmonia com o disposto no artigo 143.° e as decisões que sobre eles tenham recaído.

2 – No dia posterior àquele em que se concluir o apuramento geral, o presidente envia um dos exemplares da acta à Comissão Nacional de Eleições e outro exemplar ao governador civil ou ao Ministro da República, por seguro do correio ou por próprio, contra recibo.

ARTIGO 152.° – **Destino da documentação**

1 – Os cadernos de recenseamento e demais documentação presentes à assembleia de apuramento geral, bem como a acta desta, são confiados à guarda e responsabilidade do governador civil.

2 – Terminado o prazo de recurso contencioso ou decididos os recursos que tenham sido apresentados, o governador civil procede à destruição de todos os documentos, com excepção das actas das assembleias de voto, da acta da assembleia de apuramento geral e de uma das cópias dos cadernos eleitorais.

ARTIGO 153.° – **Certidões ou fotocópias da acta de apuramento geral**

As certidões ou fotocópias da acta de apuramento geral são passadas pelos serviços administrativos da câmara municipal, mediante requerimento.

ARTIGO 154.° – **Mapa nacional da eleição**

Nos 30 dias subsequentes à recepção das actas de todas as assembleias de apuramento geral, a Comissão Nacional de Eleições elabora e faz publicar no *Diário da República*, 1.ª série, um mapa oficial com o resultado das eleições, por freguesias e por municípios, de que conste:

a) Número total dos eleitores inscritos;

b) Número total de votantes;

c) Número total de votos em branco;

d) Número total de votos nulos;

e) Número total de votos atribuídos a cada partido, coligação ou grupo de cidadãos, com a respectiva percentagem;

f) Número total de mandatos atribuídos a cada partido, coligação ou grupo de cidadãos, em relação a cada órgão autárquico;

g) Nome dos candidatos eleitos, por partido, coligação ou grupo de cidadãos, para cada um dos órgãos autárquicos.

SECÇÃO I – **Apuramento no caso de não realização ou nulidade da votação**

ARTIGO 155.° – **Regras especiais de apuramento**

1 – No caso de não realização de qualquer votação, o apuramento geral é efectuado não tendo em consideração as assembleias em falta.

Lei Orgânica n.º 1/2001, de 14 de Agosto

2 – Na hipótese prevista no número anterior e na de adiamento, nos termos do artigo 111.º, a realização das operações de apuramento geral ainda não efectuadas e a conclusão do apuramento geral competem à assembleia de apuramento geral.

3 – A proclamação e a publicação dos resultados, nos termos do artigo 150.º, têm lugar no dia da última reunião da assembleia de apuramento geral.

4 – O disposto nos números anteriores é aplicável em caso de declaração de nulidade de qualquer votação.

TÍTULO VIII – Contencioso da votação e do apuramento

ARTIGO 156.º – **Pressupostos do recurso contencioso**

1 – As irregularidades ocorridas no decurso da votação e no apuramento local ou geral podem ser apreciadas em recurso contencioso, desde que hajam sido objecto de reclamação ou protesto apresentado no acto em que se verificaram.

2 – Das irregularidades ocorridas no decurso da votação ou do apuramento local pode ser interposto recurso contencioso, sem prejuízo da interposição de recurso gracioso perante a assembleia de apuramento geral no 2.º dia posterior ao da eleição.

ARTIGO 157.º – **Legitimidade**

Da decisão sobre a reclamação, protesto ou contraprotesto podem recorrer, além dos respectivos apresentantes, os candidatos, os mandatários, os partidos políticos, coligações e grupos de cidadãos e seus delegados ou representantes, intervenientes no acto eleitoral.

ARTIGO 158.º – **Tribunal competente e prazo**

O recurso contencioso é interposto perante o Tribunal Constitucional no dia seguinte ao da afixação do edital contendo os resultados do apuramento.

ARTIGO 159.º – **Processo**

1 – A petição de recurso especifica os respectivos fundamentos de facto e de direito e é acompanhada de todos os elementos de prova ou de requerimento solicitando ao Tribunal que os requisite.

2 – No caso de recurso relativo a assembleias de apuramento com sede em Região Autónoma, a interposição e fundamentação podem ser feitas por via telegráfica, telex ou telecópia até ao dia anterior à data limite para o Tribunal Constitucional decidir, sem prejuízo de posterior envio de todos os elementos de prova.

3 – Os representantes dos partidos políticos, coligações e grupos de cidadãos intervenientes na eleição são imediatamente notificados para responderem, querendo, no prazo de um dia.

4 – O Tribunal Constitucional decide definitivamente em plenário no prazo de dois dias a contar do termo do prazo previsto no número anterior.

5 – É aplicável ao contencioso da votação e do apuramento o disposto no Código de Processo Civil, quanto ao processo declarativo, com as necessárias adaptações.

ARTIGO 160.º – **Efeitos da decisão**

1 – A votação em qualquer assembleia de voto e a votação em toda a área do município só são julgadas nulas quando se hajam verificado ilegalidades que possam influir no resultado geral da eleição do respectivo órgão autárquico.

III – Eleitos Locais

2 – Declarada a nulidade da votação numa ou em mais assembleias ou secções de voto, os actos eleitorais correspondentes são repetidos no 2.º domingo posterior à decisão, havendo lugar, em qualquer caso, a uma nova assembleia de apuramento geral.

TÍTULO IX – Ilícito eleitoral

CAPÍTULO I – Princípios gerais

ARTIGO 161.º – Concorrência com crimes mais graves

As sanções cominadas nesta lei não excluem a aplicação de outras mais graves, decorrentes da prática de quaisquer infracções previstas noutras leis.

ARTIGO 162.º – Circunstâncias agravantes gerais

Constituem circunstâncias agravantes gerais do ilícito eleitoral:

a) Influir a infracção no resultado da votação;
b) Ser a infracção cometida por agente de administração eleitoral;
c) Ser a infracção cometida por membro de comissão recenseadora;
d) Ser a infracção cometida por membro de assembleia de voto;
e) Ser a infracção cometida por membro de assembleia de apuramento;
f) Ser a infracção cometida por candidato, mandatário ou delegado de candidatura.

CAPÍTULO II – Ilícito penal

SECÇÃO I – Disposições gerais

ARTIGO 163.º – Tentativa

A tentativa é sempre punível.

ARTIGO 164.º – Pena acessória de suspensão de direitos políticos

À prática de crimes eleitorais pode corresponder, para além das penas especialmente previstas na presente lei, a aplicação da pena acessória de suspensão, de 6 meses a 5 anos, dos direitos consignados nos artigos 49.º e 50.º, no n.º 3 do artigo 52.º, no n.º 1 do artigo 124.º e no artigo 207.º da Constituição da República Portuguesa, atenta a concreta gravidade do facto.

ARTIGO 165.º – Pena acessória de demissão

À prática de crimes eleitorais por parte de funcionário ou de agente da Administração Pública no exercício das suas funções pode corresponder, independentemente da medida da pena, a pena acessória de demissão, sempre que o crime tiver sido praticado com flagrante e grave abuso das funções ou com manifesta e grave violação dos deveres que lhes são inerentes, atenta a concreta gravidade do facto.

ARTIGO 166.º – Direito de constituição como assistente

Qualquer partido político, coligação ou grupo de cidadãos concorrentes pode constituir-se assistente nos processos penais relativos ao acto eleitoral.

Lei Orgânica n.º 1/2001, de 14 de Agosto 311

ARTIGO 167.º – **Responsabilidade disciplinar**
As infracções previstas nesta lei constituem também faltas disciplinares quando cometidas por funcionários ou agentes da Administração Pública, sujeitos a responsabilidade disciplinar.

SECÇÃO II – Crimes relativos à organização do processo eleitoral

ARTIGO 168.º – **Candidatura de cidadão inelegível**
Aquele que, não tendo capacidade eleitoral passiva, dolosamente aceitar a sua candidatura é punido com prisão até 1 ano ou pena de multa até 120 dias.

ARTIGO 169.º – **Falsas declarações**
Quem prestar falsas declarações relativamente às condições legais relativas à aceitação de candidaturas é punido com a pena de prisão até 1 ano ou pena de multa até 120 dias.

ARTIGO 170.º – **Candidaturas simultâneas**
Quem aceitar candidatura em mais de uma lista concorrente ao mesmo órgão autárquico é punido com a pena de prisão até 1 ano ou pena de multa até 120 dias.

ARTIGO 171.º – **Coacção constrangedora de candidatura ou visando a desistência**
Quem, por meio de violência, ameaça de violência ou de grave mal ou de ameaça relativa a perda de emprego, constranger qualquer cidadão a não se candidatar ou a desistir da candidatura é punido com a pena de prisão de 2 anos ou a pena de multa de 240 dias.

SECÇÃO III – Crimes relativos à propaganda eleitoral

ARTIGO 172.º – **Violação dos deveres de neutralidade e imparcialidade**
Quem, no exercício das suas funções, infringir os deveres de neutralidade ou imparcialidade a que esteja legalmente obrigado é punido com pena de prisão até 2 anos ou pena de multa até 240 dias.

ARTIGO 173.º – **Utilização indevida de denominação, sigla ou símbolo**
Quem, durante a campanha eleitoral, com o intuito de prejudicar ou injuriar, utilizar denominação, sigla ou símbolo de qualquer partido, coligação ou grupo de cidadãos é punido com pena de prisão até 1 ano ou pena de multa até 120 dias.

ARTIGO 174.º – **Violação da liberdade de reunião e manifestação**
1 – Quem, por meio de violência ou participação em tumulto, desordem ou vozearia, perturbar gravemente reunião, comício, manifestação ou desfile de propaganda é punido com pena de prisão até 1 ano ou pena de multa até 120 dias.
2 – Quem, da mesma forma, impedir a realização ou prosseguimento de reunião, comício, manifestação ou desfile é punido com pena de prisão até 2 anos ou pena de multa até 240 dias.

ARTIGO 175.º – **Dano em material de propaganda**
1 – Quem roubar, furtar, destruir, rasgar, desfigurar ou por qualquer forma inutilizar ou tornar inelegível, no todo ou em parte, material de propaganda eleitoral ou colocar por cima dele qualquer outro material é punido com pena de prisão até 1 ano ou pena de multa até 120 dias.

312 *III – Eleitos Locais*

2 – Não são punidos os factos previstos no número anterior se o material tiver sido afixado em casa ou em estabelecimento de agente sem o consentimento deste.

ARTIGO 176.° – **Desvio de correspondência**

O empregado dos correios que desencaminhar, retiver ou não entregar ao destinatário circular, cartazes ou outro meio de propaganda é punido com pena de prisão de 6 meses a 3 anos ou pena de multa de 60 a 360 dias.

ARTIGO 177.° – **Propaganda na véspera e no dia da eleição**

1 – Quem no dia da votação ou no anterior fizer propaganda eleitoral por qualquer meio é punido com pena de multa não inferior a 100 dias.

2 – Quem no dia da votação fizer propaganda em assembleia de voto ou nas suas imediações até 50 m é punido com pena de prisão até 6 meses ou pena de multa não inferior a 60 dias.

SECÇÃO IV – Crimes relativos à organização do processo de votação

ARTIGO 178.° – **Desvio de boletins de voto**

Quem subtrair, retiver ou impedir a distribuição de boletins de voto ou por qualquer outro meio contribuir para que estes não cheguem ao seu destino no tempo legalmente estabelecido é punido com pena de prisão de 6 meses a 3 anos ou pena de multa não inferior a 60 dias.

SECÇÃO V – Crimes relativos à votação e ao apuramento

ARTIGO 179.° – **Fraude em acto eleitoral**

Quem, no decurso da efectivação da eleição:

a) Se apresentar fraudulentamente a votar tomando a identidade de eleitor inscrito; ou

b) Votar em mais de uma assembleia de voto, ou mais de uma vez na mesma assembleia, ou em mais de um boletim de voto relativo ao mesmo órgão autárquico, ou actuar por qualquer forma que conduza a um falso apuramento do escrutínio; ou

c) Falsear o apuramento, a publicação ou a acta oficial do resultado da votação;

é punido com pena de prisão até dois anos ou com pena de multa até 240 dias.

ARTIGO 180.° – **Violação do segredo de voto**

Quem em assembleia de voto ou nas suas imediações até 50 m:

a) Usar de coacção ou artifício fraudulento de qualquer natureza ou se servir do seu ascendente sobre eleitor para obter a revelação do voto deste é punido com pena de prisão até 1 ano ou com pena de multa até 120 dias;

b) Revelar como votou ou vai votar é punido com pena de multa até 60 dias;

c) Der a outrem conhecimento do sentido de voto de um eleitor é punido com pena de multa até 60 dias.

ARTIGO 181.° – **Admissão ou exclusão abusiva do voto**

Os membros de mesa de assembleia de voto que contribuírem para que seja admitido a votar quem não tenha direito de sufrágio ou não o possa exercer nessa assembleia, bem como os que contribuírem para a exclusão de quem o tiver, são punidos com pena de prisão até 2 anos ou com pena de multa até 240 dias.

Lei Orgânica n.° 1/2001, de 14 de Agosto

ARTIGO 182.° – **Não facilitação do exercício de sufrágio**

Os responsáveis pelos serviços ou empresas em actividade no dia da votação que recusarem aos respectivos funcionários ou trabalhadores dispensa pelo tempo suficiente para que possam votar são punidos com pena de prisão até 1 ano ou com pena de multa até 120 dias.

ARTIGO 183.° – **Impedimento do sufrágio por abuso de autoridade**

O agente de autoridade que, abusivamente, no dia da votação, sob qualquer pretexto, fizer sair do seu domicílio ou retiver fora dele qualquer eleitor para que não possa votar é punido com pena de prisão até 2 anos ou com pena de multa até 240 dias.

ARTIGO 184.° – **Abuso de funções**

O cidadão investido de poder público, o funcionário ou agente do Estado ou de outra pessoa colectiva pública e o ministro de qualquer culto que se sirvam abusivamente das funções ou do cargo para constranger ou induzir eleitores a votar ou a deixar de votar em determinado sentido são punidos com pena de prisão até 2 anos ou com pena de multa até 240 dias.

ARTIGO 185.° – **Coacção do eleitor**

Quem, por meio de violência, ameaça de violência ou de grave mal, constranger eleitor a votar, o impedir de votar ou o forçar a votar num certo sentido é punido com pena de prisão até 5 anos, se pena mais grave lhe não couber por força de outra disposição legal.

ARTIGO 186.° – **Coacção relativa a emprego**

Quem aplicar ou ameaçar aplicar a um cidadão qualquer sanção no emprego, nomeadamente o despedimento, ou o impedir ou ameaçar impedir de obter emprego a fim de que vote ou deixe de votar ou porque votou ou não votou ou porque votou ou não votou em certo sentido ou ainda porque participou ou não participou em campanha eleitoral é punido com pena de prisão até 2 anos ou com pena de multa até 240 dias, sem prejuízo da nulidade da sanção e da automática readmissão no emprego, se o despedimento tiver chegado a efectivar-se.

ARTIGO 187.° – **Fraude e corrupção de eleitor**

1 – Quem, mediante artifício fraudulento, levar eleitor a votar, o impedir de votar, o levar a votar em certo sentido ou comprar ou vender voto é punido com pena de prisão até 1 ano ou com pena de multa até 120 dias.

2 – Nas mesmas penas incorre o eleitor aceitante de benefício proveniente de transacção do seu voto.

ARTIGO 188.° – **Não assunção, não exercício ou abandono de funções em assembleia de voto ou de apuramento**

Quem for designado para fazer parte de mesa de assembleia de voto ou como membro de assembleia de apuramento e, sem causa justificativa, não assumir, não exercer ou abandonar essas funções é punido com pena de prisão até 1 ano ou com pena de multa até 120 dias.

ARTIGO 189.° – **Não exibição da urna**

O presidente de mesa de assembleia de voto que não exibir a urna perante os eleitores é punido com pena de prisão até 1 ano ou com pena de multa até 120 dias.

ARTIGO 190.° – **Acompanhante infiel**

Aquele que acompanhar ao acto de votar eleitor afectado por doença ou deficiência física notórias e não garantir com fidelidade a expressão ou o sigilo de voto é punido com pena de prisão até 1 ano ou com pena de multa até 120 dias.

ARTIGO 191.º – Introdução fraudulenta de boletim na urna ou desvio da urna ou de boletim de voto

Quem fraudulentamente introduzir boletim de voto na urna antes ou depois do início da votação, se apoderar da urna com os boletins de voto nela recolhidos mas ainda não apurados ou se apoderar de um ou mais boletins de voto em qualquer momento, desde a abertura da assembleia de voto até ao apuramento geral da eleição, é punido com pena de prisão até 3 anos ou com pena de multa até 360 dias.

ARTIGO 192.º – Fraudes da mesa da assembleia de voto e de apuramento

O membro da mesa de assembleia de voto ou da assembleia de apuramento que apuser ou consentir que se aponha nota de descarga em eleitor que não votou ou que não a apuser em eleitor que tiver votado, que fizer leitura infiel de boletim de voto, que diminuir ou aditar voto no apuramento ou que de qualquer modo falsear a verdade da eleição é punido com pena de prisão até 2 anos ou com pena de multa até 240 dias.

ARTIGO 193.º – Obstrução à fiscalização

1 – Quem impedir a entrada ou a saída em assembleia de voto ou de apuramento de qualquer delegado de partido ou coligação interveniente em campanha eleitoral ou por qualquer modo tentar opor-se a que exerça os poderes que lhe são conferidos pela presente lei, é punido com pena de prisão até 1 ano ou com pena de multa até 120 dias.

2 – Se se tratar do presidente da mesa a pena não será, em qualquer caso, inferior a 1 ano.

ARTIGO 194.º – Recusa de receber reclamações, protestos ou contraprotestos

O presidente da mesa de assembleia de voto ou de apuramento que ilegitimamente se recusar a receber reclamação, protesto ou contraprotesto é punido com pena de prisão até 2 anos ou com pena de multa até 240 dias.

ARTIGO 195.º – Reclamação e recurso de má-fé

Aquele que, com má-fé, apresentar reclamação, recurso, protesto ou contraprotesto ou impugnar decisões dos órgãos eleitorais através de recurso manifestamente infundado é punido com pena de multa até 100 dias.

ARTIGO 196.º – Perturbação de assembleia de voto ou de apuramento

1 – Quem, por meio de violência ou participando em tumulto, desordem ou vozeria, impedir ou perturbar gravemente a realização, o funcionamento ou o apuramento de resultados de assembleia de voto ou de apuramento é punido com pena de prisão até 5 anos.

2 – Quem entrar armado em assembleia de voto ou de apuramento, não pertencendo a força pública devidamente habilitada nos termos do artigo 124.º, é punido com pena de prisão até 1 ano ou com pena de multa de 120 dias.

ARTIGO 197.º – Presença indevida em assembleia de voto ou de apuramento

Quem durante as operações de votação ou de apuramento se introduzir na respectiva assembleia sem ter direito a fazê-lo e se recusar a sair, depois de intimidado a fazê-lo pelo presidente, é punido com pena de prisão até 1 ano ou com pena de multa até 120 dias.

Lei Orgânica n.º 1/2001, de 14 de Agosto 315

ARTIGO 198.º – **Não comparência de força de segurança**

O comandante de força de segurança que injustificadamente deixar de cumprir os deveres decorrentes do artigo 124.º é punido com pena de prisão até 1 ano ou com pena de multa até 120 dias.

ARTIGO 199.º – **Falsificação de boletins, actas ou documentos**

Quem dolosamente alterar, ocultar, substituir, destruir ou suprimir, por qualquer modo, boletim de voto, acta de assembleia de voto ou de apuramento ou qualquer documento respeitante a operações da eleição é punido com pena de prisão até 2 anos ou com pena de multa até 240 dias.

ARTIGO 200.º – **Desvio de voto antecipado**

O empregado do correio que desencaminhar, retiver ou não entregar à junta de freguesia voto antecipado, nos casos previstos nesta lei, é punido com pena de prisão até 2 anos ou com pena de multa até 240 dias.

ARTIGO 201.º – **Falso atestado de doença ou deficiência física**

O médico que atestar falsamente doença ou deficiência física é punido com pena de prisão até 2 anos ou pena de multa até 240 dias.

ARTIGO 202.º – **Agravação**

Quando com o facto punível concorram circunstâncias agravantes a moldura penal prevista na disposição aplicável é agravada de um terço nos seus limites mínimo e máximo.

CAPÍTULO III – Ilícito de mera ordenação social

SECÇÃO I – Disposições gerais

ARTIGO 203.º – **Órgãos competentes**

1 – Compete à Comissão Nacional de Eleições, com recurso para a secção criminal do Supremo Tribunal de Justiça, aplicar as coimas correspondentes a contra-ordenações praticadas por partidos políticos, coligações ou grupos de cidadãos, por empresas de comunicação social, de publicidade, de sondagens ou proprietárias de salas de espectáculos.

2 – Compete, nos demais casos, ao presidente da câmara municipal da área onde a contra-ordenação tiver sido praticada aplicar a respectiva coima, com recurso para o tribunal competente.

3 – Compete ao juiz da comarca, em processo instruído pelo Ministério Público, com recurso para a secção criminal do Supremo Tribunal de Justiça, aplicar as coimas correspondentes a contra-ordenações cometidas por eleitos locais no exercício das suas funções.

SECÇÃO II – Contra-ordenações relativas à organização do processo eleitoral

ARTIGO 204.º – **Propostas e candidaturas simultâneas**

1 – As entidades proponentes que propuserem duas ou mais listas concorrentes entre si à eleição do mesmo órgão autárquico são punidas com coima de 200 000$00 a 1 000 000$00.

316 *III – Eleitos Locais*

2 – Os partidos que proponham candidatura própria em concorrência com candidatura proposta por coligação de que façam parte são punidos com a coima de 200 000$00 a 1 000 000$00.

3 – Os cidadãos que propuserem listas concorrentes entre si ao mesmo órgão autárquico são punidos com a coima de 20 000$00 a 200 000$00.

4 – Quem aceitar ser proposto como candidato em duas ou mais listas com violação do disposto no n.º 7 do artigo 16.º é punido com a coima de 100 000$00 a 500 000$00.

ARTIGO 205.º – **Violação do dever de envio ou de entrega atempada de elementos**

1 – Quem, tendo a incumbência do envio ou entrega, em certo prazo, de elementos necessários à realização das operações de votação, não cumprir a obrigação no prazo legal é punido com coima de 200 000$00 a 500 000$00.

2 – Quem, tendo a incumbência referida no número anterior, não cumprir a respectiva obrigação em termos que perturbem o desenvolvimento normal do processo eleitoral é punido com coima de 500 000$00 a 1 000 000$00.

SECÇÃO III – **Contra-ordenações relativas à propaganda eleitoral**

ARTIGO 206.º – **Campanha anónima**

Quem realizar actos de campanha eleitoral não identificando a respectiva candidatura é punido com coima de 100 000$00 a 500 000$00.

ARTIGO 207.º – **Reuniões, comícios, manifestações ou desfiles ilegais**

Quem promover reuniões, comícios, manifestações ou desfiles em contravenção do disposto na presente lei é punido com coima de 100 000$00 a 500 000$00.

ARTIGO 208.º – **Violação de regras sobre propaganda sonora ou gráfica**

Quem fizer propaganda sonora ou gráfica com violação do disposto na presente lei é punido com coima de 10 000$00 a 100 000$00.

ARTIGO 209.º – **Publicidade comercial ilícita**

Quem promover ou encomendar bem como a empresa que fizer propaganda comercial com violação do disposto na presente lei é punido com coima de 1 000 000$00 a 3 000 000$00.

ARTIGO 210.º – **Violação dos deveres dos canais de rádio**

O não cumprimento dos deveres impostos pelo artigo 57.º e pelo n.º 4 do artigo 60.º constitui contra-ordenação, sendo cada infracção punível com coima de 500 000$00 a 3 000 000$00.

ARTIGO 211.º – **Não registo de emissão correspondente ao exercício do direito de antena**

O canal de rádio que não registar ou não arquivar o registo de emissão correspondente ao exercício do direito de antena é punido com coima de 200 000$00 a 500 000$00.

ARTIGO 212.º – **Violação de deveres das publicações informativas**

A empresa proprietária de publicação informativa que não proceder às comunicações relativas a campanha eleitoral previstas na presente lei ou que não der tratamento igualitário às diversas candidaturas é punida com coima de 200 000$00 a 2 000 000$00.

Lei Orgânica n.° 1/2001, de 14 de Agosto

ARTIGO 213.° – Não cumprimento de deveres pelo proprietário de salas de espectáculo

O proprietário de salas de espectáculo, ou aqueles que as explorem que não cumprirem os deveres impostos pelos artigos 64.° e 65.°, é punido com coima de 200 000$00 a 500 000$00.

ARTIGO 214.° – Cedência de meios específicos de campanha

Quem ceder e quem beneficiar da cedência de direitos de utilização de meios específicos de campanha é punido com coima de 200 000$00 a 500 000$00.

SECÇÃO IV – Contra-ordenações relativas à organização do processo de votação

ARTIGO 215.° – Não invocação de impedimento

Aquele que não assumir funções de membro de mesa de assembleia de voto, tendo causa justificativa do impedimento, e que, com dolo ou negligência, não a haja invocado, podendo fazê-lo, até três dias antes da eleição ou, posteriormente, logo após a ocorrência ou conhecimento do facto impeditivo, é punido com coima de 20 000$00 a 100 000$00.

SECÇÃO V – Contra-ordenações relativas à votação e ao apuramento

ARTIGO 216.° – Não abertura de serviço público

O membro de junta de freguesia e o responsável por centro de saúde ou local equiparado que não abrir os respectivos serviços no dia da realização da eleição é punido com coima de 10 000$00 a 200 000$00.

ARTIGO 217.° – Não apresentação de membro de mesa de assembleia de voto à hora legalmente fixada

O membro de mesa de assembleia de voto que não se apresentar no local do seu funcionamento até uma hora antes da hora marcada para o início das operações é punido com coima de 10 000$00 a 50 000$00.

ARTIGO 218.° – Não cumprimento de formalidades por membro de mesa de assembleia de voto ou de assembleia de apuramento

O membro de mesa de assembleia de voto ou de apuramento que não cumprir ou deixar de cumprir, por negligência, formalidades legalmente previstas na presente lei é punido com coima de 10 000$00 a 50 000$00.

SECÇÃO VI – Outras contra-ordenações

ARTIGO 219.° – Violação do dever de dispensa de funções

Quem violar o dever de dispensa de funções ou actividades nos casos impostos pela presente lei é punido com coima de 100 000$00 a 500 000$00, se outra sanção não estiver especialmente prevista.

TÍTULO X – Mandato dos órgãos autárquicos

CAPÍTULO I – Mandato dos órgãos

ARTIGO 220.º – **Duração do mandato**

1 – O mandato dos órgãos autárquicos é de quatro anos, sem prejuízo da respectiva dissolução, nos casos e nos termos previstos na lei, ressalvado o disposto no artigo 235.º.

2 – Em caso de dissolução, o órgão autárquico resultante de eleições intercalares completa o mandato do anterior.

ARTIGO 221.º – **Incompatibilidades com o exercício do mandato**

1 – É incompatível, dentro da área do mesmo município, o exercício simultâneo de funções autárquicas nos seguintes órgãos:

a) Câmara municipal e junta de freguesia;

b) Câmara municipal e assembleia de freguesia;

c) Câmara municipal e assembleia municipal.

2 – O exercício de funções nos órgãos autárquicos é incompatível com o desempenho efectivo dos cargos ou funções de:

a) Governador e vice-governador civil e Ministro da República, nas Regiões Autónomas;

b) Dirigente na Direcção-Geral do Tribunal de Contas, na Inspecção-Geral de Finanças e na Inspecção-Geral da Administração do Território;

c) Secretário dos governos civis;

d) Dirigente e técnico superior nos serviços da Comissão Nacional de Eleições e do Secretariado Técnico dos Assuntos para o Processo Eleitoral.

3 – O exercício de funções nos órgãos executivos das autarquias locais é incompatível com o exercício das funções de membro de governo da República ou de governo das Regiões Autónomas.

4 – O cidadão que se encontrar, após a eleição ou designação, em alguma das situações previstas nos números anteriores tem de optar pela renúncia a uma das duas funções autárquicas executivas ou pela suspensão das funções deliberativas ou de optar entre a função autárquica e a outra.

5 – É igualmente incompatível com o exercício de funções autárquicas a condenação, por sentença transitada em julgado, em pena privativa de liberdade, durante o período do respectivo cumprimento.

6 – Quando for o caso e enquanto a incompatibilidade durar, o membro do órgão autárquico é substituído pelo cidadão imediatamente a seguir na ordem da respectiva lista.

CAPÍTULO II – Eleições intercalares

ARTIGO 222.º – **Regime**

1 – As eleições intercalares a que haja lugar realizam-se dentro dos 60 dias posteriores ao da verificação do facto de que resultam, salvo disposição especial em contrário.

2 – Cabe ao governador civil a marcação do dia de realização das eleições intercalares.

3 – Não há lugar à realização de eleições intercalares nos seis meses anteriores ao termo do prazo em que legalmente devem ter lugar eleições gerais para os órgãos autárquicos nem nos seis meses posteriores à realização destas.

Lei Orgânica n.° 1/2001, de 14 de Agosto

ARTIGO 223.° – **Comissão administrativa**

1 – Sempre que haja lugar à realização de eleições intercalares é nomeada uma comissão administrativa cuja designação cabe ao Governo, no caso de município, e ao governador civil, no caso de freguesia.

2 – Até à designação referida no número anterior, o funcionamento do órgão executivo, quanto aos assuntos inadiáveis e correntes, é assegurado pelos seus membros em exercício, constituídos automaticamente em comissão administrativa presidida pelo membro melhor posicionado na lista mais votada.

ARTIGO 224.° – **Composição da comissão administrativa**

1 – A comissão administrativa a designar nos termos do n.° 1 do artigo anterior é composta por três membros, no caso de freguesia, e por cinco membros, no caso de município.

2 – Na designação dos membros da comissão administrativa devem ser tomados em consideração os últimos resultados eleitorais verificados na eleição do órgão deliberativo em causa.

CAPÍTULO III – Instalação dos órgãos

ARTIGO 225.° – **Instalação dos órgãos eleitos**

1 – Compete ao presidente do órgão deliberativo cessante ou ao cidadão melhor posicionado na lista vencedora, nos termos da lei, proceder à convocação dos candidatos eleitos, para o acto de instalação do órgão, nos cinco dias subsequentes ao apuramento definitivo dos resultados eleitorais.

2 – A instalação do órgão é feita, pela entidade referida no número anterior, até ao 20.° dia posterior ao apuramento definitivo dos resultados eleitorais e é precedida da verificação da identidade e legitimidade dos eleitos a efectuar pelo responsável pela instalação.

TÍTULO XI – Disposições transitórias e finais

ARTIGO 226.° – **Certidões**

São obrigatoriamente passadas, a requerimento de qualquer interessado, no prazo de três dias:

a) As certidões necessárias para instrução do processo de apresentação de candidaturas;

b) As certidões de apuramento geral.

ARTIGO 227.° – **Isenções**

São isentos de quaisquer taxas ou emolumentos, do imposto do selo e do imposto de justiça, conforme os casos:

a) As certidões a que se refere o artigo anterior;

b) Todos os documentos destinados a instruir quaisquer reclamações, protestos ou contraprotestos nas assembleias eleitorais ou de apuramento geral, bem como quaisquer reclamações ou recursos previstos na lei;

c) Os reconhecimentos notariais em documentos para fins eleitorais;

d) As procurações forenses a utilizar em reclamações e recursos previstos na presente lei, devendo as mesmas especificar o fim a que se destinem;

e) Quaisquer requerimentos, incluindo os judiciais, relativos ao processo eleitoral.

320 III – Eleitos Locais

ARTIGO 228.º – **Prazos especiais**

No caso de realização de eleições intercalares, os prazos em dias previstos na presente lei são reduzidos em 25%, com arredondamento para a unidade superior.

ARTIGO 229.º – **Termo de prazos**

1 – Os prazos previstos na presente lei são contínuos.

2 – Quando qualquer acto processual previsto na presente lei envolva a intervenção de entidades ou serviços públicos, o termo dos prazos respectivos considera-se referido ao termo do horário normal dos competentes serviços ou repartições.

3 – Para efeitos do disposto no artigo 20.º, as secretarias judiciais terão o seguinte horário, aplicável a todo o País:

Das 9 horas e 30 minutos às 12 horas e 30 minutos;

Das 14 às 18 horas.

ARTIGO 230.º – **Acerto das datas das eleições**

O próximo mandato autárquico cessa, excepcionalmente, na data da instalação dos órgãos autárquicos subsequente às eleições a realizar no prazo estabelecido no n.º 2 do artigo 15.º do ano de 2005.

ARTIGO 231.º – **Direito subsidiário**

Em tudo o que não estiver regulado na presente lei aplica-se aos actos que impliquem intervenção de qualquer tribunal o disposto no Código de Processo Civil quanto ao processo declarativo, com excepção dos n.ºs 4 e 5 do artigo 145.º.

ARTIGO 232.º – **Funções atribuídas aos governos civis**

As funções atribuídas pela presente lei aos governos civis são desempenhadas, nas Regiões Autónomas, pela entidade designada pelo respectivo Governo Regional.

ARTIGO 233.º – **Funções atribuídas ao presidente da câmara municipal**

Quando as funções do órgão executivo municipal forem desempenhadas por uma comissão administrativa, cabem ao presidente desta as funções autárquicas atribuídas ao presidente da câmara municipal pela presente lei.

ARTIGO 234.º – **Listas dos eleitos**

1 – O presidente da câmara municipal remete ao Secretariado Técnico dos Assuntos para o Processo Eleitoral os nomes e demais elementos de identificação dos cidadãos eleitos e respectivos cargos, no prazo de 30 dias após a eleição.

2 – As alterações posteriores ocorridas na composição dos órgãos autárquicos devem ser igualmente comunicadas pelo presidente da câmara no prazo de 30 dias após a sua verificação.

ARTIGO 235.º – **Aplicação**

O disposto no n.º 2 do artigo 15.º aplica-se a partir das segundas eleições gerais, inclusive, posteriores à entrada em vigor da presente lei.

ANEXO

...

IV
FUNCIONÁRIOS DA ADMINISTRAÇÃO LOCAL

Decreto Regulamentar n.º 44-B/83, de 1 de Junho – Revê o regime de classificação de serviço na função pública.

Decreto-Lei n.º 24/84, de 16 de Janeiro – Aprova o Estatuto Disciplinar dos Funcionários e Agentes da Administração Central, Regional e Local.

Decreto-Lei n.º 116/84, de 6 de Abril – Revê o regime de organização e funcionamento dos serviços técnico-administrativos das autarquias locais.

Decreto-Lei n.º 247/87, de 17 de Junho – Estabelece o regime jurídico de carreiras e categorias, bem como as formas de provimento, do pessoal das câmaras municipais, serviços municipalizados, federações e associações de municípios, assembleias distritais e juntas de freguesia.

Decreto-Lei n.º 265/88, de 28 de Julho – Reestrutura as carreiras técnica superior e técnica.

Decreto Regulamentar n.º 45/88, de 16 de Dezembro – Altera a disciplina de classificação de serviço do pessoal da administração autárquica.

Decreto-Lei n.º 244/89, de 5 de Agosto – Disciplina a relevância do tempo de serviço prestado pelos funcionários e agentes da Administração

Decreto-Lei n.º 353-A/89, de 16 de Outubro – Estabelece regras sobre o estatuto remuneratório dos funcionários e agentes da Administração Pública e a estrutura das remunerações base das carreiras e categorias nele contempladas.

Decreto-Lei n.º 381/89, de 28 de Outubro – Estabelece diversas normas aplicáveis aos motoristas da Administração Pública e de institutos públicos. Revoga o Decreto-Lei n.º 33651, de 19 de Maio de 1944, o Decreto-Lei n.º 43336, de 21 de Novembro de 1960, e o Decreto-Lei n.º 298/85, de 26 de Julho.

Decreto-Lei n.º 427/89, de 7 de Dezembro – Define o regime de constituição, modificação e extinção da relação jurídica de emprego na Administração Pública.

Decreto-Lei n.º 122/90, de 14 de Abril – Permite a integração nos quadros das câmaras municipais do pessoal dos gabinetes técnicos locais.

Decreto Regulamentar n.º 41/90, de 29 de Novembro – Define a composição, competência e normas de funcionamento das juntas médicas.

Decreto-Lei n.º 247/91, de 10 de Julho – Aprova o estatuto das carreiras de pessoal específicas das áreas funcionais de biblioteca e documentação e de arquivo (BAD).

Decreto-Lei n.º 409/91, de 17 de Outubro – Procede à aplicação à administração local autárquica do Decreto-lei n.º 427/89, de 7 de Dezembro, o qual define o regime de constituição, modificação e extinção da relação jurídica de emprego na Administração Pública.

322   *IV – Funcionários da Administração Local*

Decreto-Lei n.º 413/91, de 19 de Outubro – Define o regime de regularização de actos de provimento de agentes e funcionários dos serviços dos municípios e estabelece sanções para a prática de actos de provimento nulos ou inexistentes.

Decreto-Lei n.º 441/91, de 14 de Novembro – Estabelece o regime jurídico do enquadramento da segurança, higiene e saúde no trabalho.

Decreto-Lei n.º 293/92, de 30 de Dezembro – Estabelece o regime jurídico dos corpos de bombeiros.

Decreto-Lei n.º 374/93, de 4 de Novembro – Aplica o novo sistema retributivo aos bombeiros municipais.

Lei n.º 12/96, de 18 de Abril – Estabelece um novo regime de incompatibilidades.

Decreto-Regulamentar n.º 27/97, de 18 de Junho – Cria, no âmbito do regime de pessoal da administração local, a carreira de conselheiro de consumo.

Decreto-Lei n.º 195/97, de 31 de Julho – Define o processo e os prazos para a regularização das situações do pessoal da administração central, regional e local.

Decreto-Lei n.º 22/98, de 9 de Fevereiro – Extingue a carreira de escriturário-dactilógrafo e determina a transição dos funcionários e agentes detentores daquela categoria para a de terceiro-oficial.

Decreto-Lei n.º 50/98, de 11 de Março – Reformula o regime jurídico da formação profissional na Administração Pública.

Decreto-Lei n.º 106/98, de 24 de Abril – Estabelece normas relativas ao abono de ajudas de custo e de transporte pelas deslocações em serviço público.

Decreto-Lei n.º 116/98, de 5 de Maio – Estabelece os princípios gerais da carreira de médico veterinário municipal (revoga os Decretos-Leis n.ºs 143/83, de 30 de Março, e 436/89, de 19 de Dezembro).

Lei n.º 23/98, de 26 de Maio – Estabelece o regime de negociação colectiva e a participação dos trabalhadores da Administração Pública em regime de direito público.

Decreto-Lei n.º 175/98, de 2 de Julho – Regula a mobilidade entre os funcionários da administração local e da administração central.

Decreto-Lei n.º 204/98, de 11 de Julho – Regula o concurso como forma de recrutamento e selecção de pessoal para os quadros da Administração Pública.

Decreto-Lei n.º 259/98, de 18 de Agosto – Estabelece as regras e os princípios gerais em matéria de duração e horário de trabalho na Administração Pública.

Decreto-Lei n.º 404-A/98, de 18 de Dezembro – Estabelece regras sobre o regime geral de estruturação de carreiras da Administração Pública.

Decreto-Lei n.º 412-A/98, de 30 de Dezembro – Procede à adaptação à administração local do decreto-lei que estabelece as regras sobre o ingresso, acesso e progressão nas carreiras e categorias do regime geral, bem como as respectivas escalas salariais.

Decreto-Lei n.º 100/99, de 31 de Março – Estabelece o regime de férias, faltas e licenças dos funcionários e agentes da administração central, regional e local, incluindo os institutos públicos que revistam a natureza de serviços personalizados ou de fundos públicos.

Decreto-Lei n.º 190/99, de 5 de Junho – Estabelece o regime geral de atribuição de incentivos à mobilidade dos recursos humanos na Administração Pública.

Lei n.º 49/99, de 22 de Junho – Estabelece o estatuto do pessoal dirigente dos serviços e orga-

IV – Funcionários da Administração Local 323

nismos da administração central e local do Estado e da administração regional, bem como, com as necessárias adaptações, dos institutos públicos que revistam a natureza de serviços personalizados ou de fundos públicos.

Decreto-Lei n.° 238/99, de 25 de Junho – Adapta à Administração Local o regime geral de recrutamento e selecção de pessoal da Administração Pública.

Decreto-Lei n.° 324/99, de 18 de Agosto – Institui um regime especial de trabalho a tempo parcial para o pessoal com mais de 55 anos de idade.

Decreto-Lei n.° 325/99, de 18 de Agosto – Introduz a semana de trabalho de quatro dias no âmbito da Administração Pública.

Decreto-Lei n.° 488/99, de 17 de Novembro – Define as formas de aplicação do regime jurídico de segurança, higiene e saúde no trabalho à Administração Pública e revoga o Decreto-Lei n.° 191/95, de 28 de Julho.

Decreto-Lei n.° 489/99, de 17 de Novembro – Aplica o processo de regularização previsto no Decreto-Lei n.° 413/91, de 19 de Outubro, alterado pela Lei n.° 5/92, de 21 de Abril, ao pessoal admitido ou promovido irregularmente até três anos antes da entrada em vigor daquele diploma.

Decreto-Lei n.° 497/99, de 19 de Novembro – Estabelece o regime de reclassificação e de reconversão profissionais nos serviços e organismos da Administração Pública.

Decreto-Lei n.° 498/99, de 19 de Novembro – Estabelece o desenvolvimento indiciário da categoria de revisor de transportes colectivos e da carreira de agente único de transportes colectivos, da administração local.

Decreto-Lei n.° 514/99, de 24 de Novembro – Procede à adaptação à administração local da Lei n.° 49/99, de 22 de Junho, que estabelece o estatuto do pessoal dirigente dos serviços e organismos da administração central e local do Estado, bem como, com as necessárias adaptações, dos institutos personalizados ou de fundos públicos.

Decreto-Lei n.° 39/2000, de 17 de Março – Regula a criação de serviços de polícia municipal.

Decreto-Lei n.° 40/2000, de 17 de Março – Regula as condições e o modo de exercício de funções de agente de polícia municipal.

Decreto-Lei n.° 218/2000, de 9 de Setembro – Procede à adaptação à administração local do Decreto-Lei n.° 497/99, de 19 de Novembro, que estabelece o regime de reclassificação e reconversão profissionais nos serviços e organismos da Administração Pública.

Decreto-lei n.° 234/2000, de 25 de Setembro – Cria, no ordenamento de carreiras da administração local, a carreira de assistente de acção educativa e estabelece regras para a contratação de pessoal para o exercício de funções de auxiliar de acção educativa.

Decreto-lei n.° 277/2000, de 10 de Novembro – Adapta à administração local o regime especial de trabalho a tempo parcial para os funcionários de nomeação definitiva com mais de 55 anos de idade, bem como o regime que introduz a semana de trabalho de quatro dias.

DECRETO REGULAMENTAR N.º 44-B/83*

de 1 de Junho

Revê o regime de classificação de serviço na função pública

A vigência do regime de classificação de serviço instituído pelo Decreto Regulamentar n.º 57/80, de 10 de Outubro, confirmou os aspectos positivos da aplicação do princípio da avaliação do mérito na função pública ao mesmo tempo que revelou uma experiência rica de ensinamentos, tal como fora pressentido pelo legislador ao reconhecer a natureza experimental desse diploma. Embora a maior parte das dificuldades encontradas na sua aplicação tenha sido entretanto resolvida pelo Despacho Normativo n.º 128/81, de 18 de Março, publicado no *Diário da República* 1.ª série, de 24 de Abril de 1981, afigura-se conveniente a reformulação a que agora se procede.

Mantendo-se os princípios básicos em que assentam os procedimentos a adoptar, as inovações que se introduzem visam uma melhor satisfação dos objectivos pretendidos, regulando aspectos processuais omissos ou permitindo um maior grau de flexibilização na adaptação às realidades específicas de cada serviço. Por outro lado, em termos de métodos de notação, pensa-se que a adopção de novos modelos de fichas trará apreciáveis melhorias ao sistema.

Nos termos:

Regulamentando o disposto no Decreto-Lei n.º 191-C/79, de 25 de Junho, designadamente o seu artigo 4.º:

REGULAMENTO DA CLASSIFICAÇÃO DE SERVIÇO NA FUNÇÃO PÚBLICA

CAPÍTULO I – Princípios gerais

ARTIGO 1.º – (**Âmbito de aplicação**)

1 – (¹) A classificação de serviço a que se refere o artigo 4.º do Decreto-Lei n.º 191-C/79, de 25 de Junho, rege-se pelo presente Regulamento e aplica-se a todos os funcionários com categoria inferior ou igual a assessor, ou equivalente, dos serviços e organismos da administração central e dos institutos públicos que revistam a natureza de serviços personalizados ou de fundos públicos.

---

* Rectificado por declaração publicada no D.R., I Série, de 30/6/83.

O disposto neste Dec. Reg. n.º 44-B/83 tornou-se aplicável à administração autárquica e às assembleias distritais por força do Dec. Reg. n.º 45/88, de 16 de Dezembro, e com as alterações constantes deste diploma.

2 – (²) O disposto no presente diploma não é aplicável ao pessoal abrangido pelo regime previsto no Decreto-Lei n.º 191-F/79, de 26 de Junho, e aos chefes de repartição.

3 – (³) O regime estabelecido no presente diploma será aplicado ao pessoal da administração local, com as devidas adaptações, através de decreto regulamentar assinado pelo Ministro da Administração Interna e pelo membro do Governo que tiver a seu cargo a função pública.

4 – O mesmo regime poderá ser tornado extensivo, com as necessárias adaptações, ao pessoal das regiões autónomas, mediante decreto regulamentar regional.

5 – Às carreiras com regime especial, nomeadamente àquelas a que se refere o artigo 24.º do Decreto-Lei n.º 191-C/79, deverá ser aplicado, com as necessárias adaptações, o sistema de classificação de serviço consagrado neste decreto regulamentar, mediante portaria do ministro competente e do membro do Governo que tiver a seu cargo a função pública.

1 – O DL n.º 191-C/79 foi revogado pelo DL n.º 248/85, de 15 de Julho.
Ver art. 11.º deste DL.
2 – O DL n.º 191-F/79 foi revogado pelo DL n.º 323/89, de 26 de Setembro, que estabeleceu o novo estatuto do pessoal dirigente.
O estatuto do pessoal dirigente consta, hoje, do DL n.º 49/99, de 22 de Junho, aplicável à administração local nos termos do DL n.º 514/99, de 24 de Novembro.
3 – O regime da classificação de serviço previsto neste diploma foi aplicado à administração local pelo Dec. Reg. n.º 45/88, de 16 de Dezembro.

ARTIGO 2.º – (Aplicação a agentes)

O disposto no presente diploma é também aplicável ao pessoal dos serviços e organismos abrangidos pelo artigo anterior contratado além dos quadros, por prazo superior a 6 meses ou sucessivamente prorrogável, ainda que em regime de prestação eventual de serviço.

ARTIGO 3.º – (Finalidades da classificação)

A classificação de serviço, para além da aplicação dos seus resultados nas situações previstas no artigo seguinte, visa:

a) A avaliação profissional do funcionário ou agente, tendo em atenção os conhecimentos e qualidades de que fez prova no exercício das suas funções;

b) A valorização individual e a melhoria da eficácia profissional, permitindo a cada funcionário e agente conhecer o juízo que os seus superiores hierárquicos formulam quanto ao desempenho das suas funções;

c) Contribuir para o diagnóstico das situações de trabalho com vista ao estabelecimento de medidas tendentes à sua correcção e transformação;

d) Detectar a eventual necessidade de acções de formação.

ARTIGO 4.º – (Casos em que é requisito de provimento)

1 – A classificação de serviço é obrigatoriamente considerada nos seguintes casos:

a) Promoção e progressão nas carreiras;

b) Conversão da nomeação provisória em definitiva;

c) Celebração de novos contratos para diferente categoria ou cargo a que corresponda, no quadro de pessoal do serviço, categoria superior da respectiva carreira.

2 – Para os efeitos das alíneas anteriores é exigida, no mínimo, a classificação de serviço de *Bom,* excepto nos casos em que é legalmente indispensável a classificação de *Muito bom.*

3 – Nas situações referidas nos números anteriores, os processos a enviar ao Tribunal de Contas para os efeitos previstos no Decreto-Lei n.º 146-C/80, de 22 de Maio, deverão ser instruídos com cópia da primeira página do respectivo processo de classificação devidamente pre-

Decreto Regulamentar n.° 44-B/83, de 1 de Junho

enchida, excepto nos casos em que, nos termos do presente diploma, a ausência de classificação de serviço venha a ser suprida por adequada ponderação do currículo profissional, caso em que tal circunstância será expressamente enunciada e fundamentada no processo a remeter ao Tribunal de Contas.

ARTIGO 5.° – (**Expressão da classificação em menção**)

A classificação de serviço exprime-se numa menção qualitativa obtida através de um sistema de notação baseado na apreciação quantificada do serviço prestado em relação a cada um dos factores definidos na respectiva ficha de notação.

ARTIGO 6.° ($^{1\text{-}2}$) – (**Fichas**)

1 – Para os efeitos do número anterior serão utilizadas fichas de notação, aprovadas por portaria do membro do Governo que tiver a seu cargo a função pública, que constituirão modelo exclusivo da Imprensa Nacional-Casa da Moeda, destinando-se:

a) A ficha n.° 1 ao pessoal técnico superior e técnico;

b) A ficha n.° 2 ao pessoal técnico-profissional e administrativo;

c) A ficha n.° 3 ao pessoal auxiliar;

d) A ficha n.° 4 ao pessoal operário.

2 – A ficha n.° 5 aplica-se nos casos em que os funcionários ou agentes contem menos de 1 ano de serviço efectivo e estejam providos em lugar de ingresso na carreira ou em cargo a que corresponda categoria equivalente, quer se trate de classificação ordinária ou extraordinária.

1 – A Portaria n.° 642-A/83, de 1 de Junho, aprovou os modelos de impressos de fichas de notação para classificação de serviço na função pública.

2 – O art. 3.° do Dec. Reg. n.° 45/88, de 16 de Dezembro, adoptou os mesmos modelos de ficha, com as necessárias adaptações no que concerne à identificação dos serviços, para a classificação de serviço do pessoal da administração autárquica.

ARTIGO 7.° – (**Princípios aplicáveis às fichas**)

1 – Nas fichas de notação n.ºs 1, 2, 3 e 4 cada factor é susceptível de graduação em 5 posições principais, pontuadas em 2, 4, 6, 8 e 10, sem prejuízo da utilização dos respectivos valores intermédios, resultando a pontuação da média aritmética dos valores com que foi graduado cada um dos factores.

2 – Na ficha n.° 5 cada factor é objecto de apreciação meramente qualitativa.

3 – (^{1}) Mediante despacho do membro do Governo competente, sob proposta do dirigente máximo da unidade orgânica, ouvidas as comissões paritária de avaliação e com a participação dos serviços a que se refere o artigo 42.°, quando existam, os diversos serviços e organismos da Administração poderão introduzir coeficientes de ponderação, para valoração dos diferentes factores, nas fichas de notação a que se refere o n.° 1, tendo em atenção as funções efectivamente desempenhadas.

4 – A ponderação de factores prevista no número anterior poderá ser diferente para as várias categorias da mesma carreira, utilizando-se sempre o mesmo modelo de ficha de notação.

1 – Ver art. 4.° do Dec. Reg. n.° 45/88, de 16 de Dezembro (coeficientes de ponderação na classificação de serviço do pessoal da administração autárquica).

ARTIGO 8.° – (**Publicitação**)

1 – O notado poderá não autorizar que seja publicitada a respectiva classificação de serviço, devendo preencher, por ocasião da entrevista em que dela toma conhecimento, o espaço reservado na ficha para esse efeito.

IV – Funcionários da Administração Local

2 – Os serviços afixarão em lugar a que tenham acesso os trabalhadores da mesma unidade orgânica listas contendo as menções apuradas nos termos do artigo 9.°, cuja publicitação não tenha sido recusada.

ARTIGO 9.° – (**Apuramento da menção**)

1 – A classificação de serviço de cada funcionário ou agente, atribuída nos termos do n.° 1 do artigo 7.°, obtém-se pela tradução da pontuação obtida numa das seguintes menções qualitativas, de acordo com o intervalo de valores em que aquela se situar:

2 e 3 – *Não satisfatório;*
4 e 5 – *Regular;*
6, 7 e 8 – *Bom;*
9 e 10 – *Muito bom.*

2 – Sempre que a pontuação obtida se traduzir num número decimal, proceder-se-á ao seu arredondamento para número inteiro, por excesso ou por defeito, consoante o valor decimal obtido seja igual ou superior a 0,5 ou inferior a este, respectivamente.

3 – Quando houver lugar à utilização da ficha n.° 5, a classificação de serviço exprime-se numa das seguintes menções:

A – *Muito bom;*
B – *Bom;*
C – *Insatisfatório.*

4 – Quando tiver sido utilizada a ficha n.° 5, a atribuição de qualquer das menções referidas no número anterior ficará ao critério da entidade competente para homologar, tendo em conta as valorações atribuídas a cada um dos factores e a sua importância relativa, devendo porém observar-se o seguinte:

a) A classificação de *Muito bom* só poderá ser atribuída quando, pelo menos, 2 dos factores tiverem sido valorados com o grau A e nenhum deles com o grau C;

b) A classificação de *Insatisfatório* só poderá ser atribuída nos casos em que ocorrerem pelo menos 3 valorações de grau C.

ARTIGO 10.° – (**Competência para avaliar e notar**)

1 – A avaliação e a notação são da competência conjunta dos superiores hierárquicos imediato e de segundo nível, designados por notadores, que, no decurso do período a que se reporta a classificação, reúnam o mínimo de 6 meses de contacto funcional com o notado.

2 – Considera-se superior hierárquico de segundo nível o dirigente que, na escala hierárquica, se situe na posição imediatamente superior ao dirigente ou chefe imediato do notado.

3 – A competência para avaliar e notar o pessoal operário pertence conjuntamente ao superior hierárquico do notado e ao funcionário ou agente integrado em outro grupo de pessoal que tenha a seu cargo o sector do pessoal operário.

4 – Quando no decurso do período em apreciação se verifique alteração de notadores ou o notado haja mudado de serviço, a competência para avaliar e notar pertence aos notadores que reúnam, no decurso desse período, o mínimo de 6 meses de contacto funcional com o notado.

5 – O exercício da competência para avaliar e notar será precedido, sempre que possível, de reunião conjunta dos notadores de cada organismo ou serviço para consenso quanto aos procedimentos a adoptar.

6 – Nas reuniões de notadores deverão participar representantes dos serviços competentes em matéria de organização e recursos humanos, a que se refere o artigo 42.°.

Decreto Regulamentar n.º 44-B/83, de 1 de Junho

ARTIGO 11.º – **(Competência para avaliar e notar em casos especiais)**
1 – Quando a estrutura orgânica de determinado serviço ou organismo não permitir a aplicação dos n.os 1 e 3 do artigo anterior, o dirigente máximo do serviço poderá designar como notadores funcionários, ou, na falta destes, agentes, com atribuições de coordenação de trabalho, de categoria superior aos notados, ainda que não providos em lugar de direcção ou chefia.

2 – Nos casos em que não for possível a designação de 2 notadores, de acordo com as regras consagradas neste diploma, poderá ser designado um único notador mediante despacho fundamentado do dirigente máximo da respectiva unidade orgânica.

3 – Os funcionários ou agentes designados como notadores ao abrigo dos números anteriores deverão reunir, no mínimo, 6 meses de contacto funcional com os notados.

ARTIGO 12.º – **(Competência para homologar)**
1 – (¹) A competência para homologar as classificações atribuídas pelos notadores é exercida pelo dirigente máximo do serviço ou, quando se trate de serviços com unidades desconcentradas, pelos dirigentes de categoria não inferior a director de serviços em que aquele delegue esse poder.

2 – Quando o dirigente competente não homologar a classificação atribuída pelos notadores ou não concordar com a proposta de solução apresentada pela comissão paritária, deverá ele próprio atribuir, mediante despacho fundamentado, a classificação respectiva, ouvindo a comissão paritária nos casos em que esta não tiver sido ouvida, observando-se para o efeito o disposto nos artigos 34.º e 35.º.

3 – A intervenção, como notador, do dirigente com competência para homologar não prejudica a posterior homologação pelo mesmo dirigente da classificação atribuída.

1 – Para efeitos deste diploma, consideram-se dirigentes máximos dos serviços da administração local, respectivamente, os seguintes:
a) O presidente, nas assembleias distritais e nas juntas de freguesia;
b) O presidente ou os vereadores de acordo com as distribuições de funções nos termos do Decreto-Lei n.º 100/84, de 29 de Março, quanto às câmaras municipais [a referência ao DL n.º 100/84 deve considerar-se feita, agora, ao DL n.º 169/99, de 18 de Setembro – art. 69.º];
c) O presidente do conselho de administração, nos serviços municipalizados;
d) O presidente do conselho administrativo, nas associações de municípios;
e) O presidente da comissão administrativa, nas federações de municípios (art. 7.º do Dec. Reg. n.º 45/88, de 16 de Dezembro).

CAPÍTULO II – Modalidades e relevância

ARTIGO 13.º – **(Modalidades)**
A classificação de serviço pode ser ordinária e extraodrinária.

ARTIGO 14.º – **(Classificação ordinária)**
A classificação ordinária é de inicitiva da Administração e abrange os funcionários e agentes que contem no ano civil anterior mais de 6 meses de serviço efectivo prestado em contacto funcional com os notadores ou notador competentes nos termos deste diploma.

ARTIGO 15.º – **(Classificação extraordinária)**
1 – São classificados extraordinariamente os funcionários e agentes não abrangidos no artigo anterior que, só durante o ano em que é atribuída a classificação e até 30 de Junho, venham a reunir o requisito de 6 meses de contacto funcional com os notadores ou notador competentes.

330   *IV – Funcionários da Administração Local*

2 – A classificação extraordinária deverá ser solicitada pelo interessado ao dirigente máximo do serviço ou organismo, por escrito, no decurso do mês de Junho, sendo-lhe aplicável a tramitação prevista para a classificação ordinária, salvo no que diz respeito às datas fixadas no presente diploma, sem prejuízo, contudo, da observância dos intervalos temporais entre cada uma das várias fases do processo.

ARTIGO 16.º – **(Utilização da ficha n.º 5)**
A ficha n.º 5 será utilizada, em qualquer das modalidades da classificação de serviço, nos casos previstos no n.º 2 do artigo 6.º.

ARTIGO 17.º – **(Tempo de serviço classificado)**
1 – A classificação extraordinária abrange todo o serviço prestado até 30 de Junho do ano em que é solicitada, incluindo o serviço prestado e não classificado no ano civil anterior.
2 – A classificação ordinária entende-se reportada ao tempo de serviço prestado no ano civil anterior, não abrangendo, no entanto, aquele que tenha sido classificado extraordinariamente.

ARTIGO 18.º – **(Relevância para efeitos de carreira)**
1 – (¹) Sem prejuízo do que sobre a matéria dispõe o Decreto-Lei n.º 171/82, de 10 de Maio, para efeitos de promoção e progressão nas carreiras, as classificações atribuídas deverão ser em número igual ao número de anos de serviço exigidos como requisito de tempo mínimo de permanência na categoria inferior e reportadas aos anos imediatamente anteriores relevantes para aqueles efeitos.
2 – Para os efeitos do número é irrelevante o facto de se ter verificado alteração de categoria ou mudança de quadro ou serviço no ano civil em que ocorreu o provimento.
3 – Para que a nomeação provisória se converta em definitiva, o dirigente máximo do serviço, ou organismo deverá confirmar a classificação já atribuída quando do averbamento, a efectuar no respectivo termo de posse.
1 – O DL n.º 171/82 foi revogado pelo DL n.º 44/84, de 3 de Fevereiro.
O actual regime legal de recrutamento e selecção de pessoal da função pública consta do DL n.º 204/98, de 11 de Julho.

ARTIGO 19.º – **(Casos especiais de relevância)**
1 – (¹) Relativamente ao pessoal que tenha desempenhado funções dirigentes ao abrigo do regime constante do Decreto-Lei n.º 191-F/79, de 26 de Junho, a classificação de serviço obtida no último ano de exercício no lugar de origem reporta-se igualmente aos anos seguintes relevantes para efeitos de promoção.
2 – O princípio contido no número anterior é igualmente aplicável às situações de exercício de cargo ou função de reconhecido interesse público, bem como de funções sindicais ou de prestação de serviço militar obrigatório, desde que impeditivas de atribuição de classificação de serviço nos termos deste diploma.
1 – Ver nota 2 ao art. 1.º.

ARTIGO 20.º (¹) – **(Suprimento da falta de classificação)**
1 – (²) Sem prejuízo do disposto no n.º 4, a falta de classificação relativa ao tempo de serviço relevante para os efeitos previstos nos n.ºˢ 1 e 2 do artigo 4.º será suprida por adequada ponderação do currículo profissional do funcionário ou agente na parte correspondente ao período não classificado nos seguintes casos:
a) Quando o interessado permanecer em situação que inviabilize a atribuição de classifica-

Decreto Regulamentar n.° 44-B/83, de 1 de Junho   331

ção de serviço reportada ao seu lugar de origem, designadamente quando não puder solicitar classificação extraordinária ou não puder beneficiar do disposto no artigo anterior;

b) Quando a aplicação do disposto no artigo 11.° não tiver evitado a impossibilidade de designação de notadores ou de notador;

c) Quando se tiver verificado a circunstância referida no n.° 3 do artigo 29.°.

2 – (³) O disposto no número anterior não exclui a possibilidade de redução do tempo de permanência na categoria inferior permitida pelo n.° 3 do artigo 4.° do Decreto-Lei n.° 191-C/79, de 25 de Junho.

3 – Na ponderação do currículo profissional ter-se-ão em conta, entre outros parâmetros, as habilitações académicas e profissionais do interessado, sua participação em acções de formação e aperfeiçoamento, bem como o conteúdo das suas funções e o serviço ou organismo em que as exerceu, no período considerado.

4 – (⁴) Na impossibilidade de ponderação do currículo profissional por o interessado se encontrar a exercer funções directivas ou cargos políticos, a classificação deverá recair sobre o último ano de serviço prestado no lugar de origem, a qual se presume igual com relação aos anos seguintes, relevantes para efeitos de promoção.

1 – Relativamente ao pessoal das juntas de freguesia não será atribuída classificação de serviço, devendo a sua falta ser suprida por ponderação do currículo profissional, nos termos dos arts. 20.° e 21.° do presente Dec. Reg. (art. 2.° do Dec. Reg. n.° 45/88, de 16 de Dezembro).

2 – Redacção do Dec. Reg. n.° 40/85, de 1 de Julho.

3 – O D.L. n.° 191-C/79 foi revogado pelo DL n.° 248/85, de 15 de Julho. Ver art. 15.° n.° 6 deste último DL.

4 – Aditado pelo Dec. Reg. n.° 40/85, de 1 de Julho.

ARTIGO 21.° (¹) – **(Ponderação do currículo profissional)**

A ponderação do currículo profissional será levada a efeito pelo júri dos concursos de promoção ou relativamente às demais situações previstas nos n.ᵒˢ 1 e 2 do artigo 4.°, pelo dirigente máximo do serviço ou organismo, que poderá delegar essa competência no superior hierárquico imediato do interessado.

1 – Ver nota 1 ao artigo anterior.

ARTIGO 22.° – **(Admissão a concurso nos casos de avaliação curricular)**

1 – Os interessados a que se refere o artigo 20.° terão direito a apresentar a sua candidatura a concursos de promoção, nos termos previstos no respectivo regulamento, sem prejuízo do disposto no número seguinte.

2 – Nos casos do n.° 2 do artigo 20.°, a inclusão nas listas de candidatos admitidos dependerá de deliberação favorável do júri, com base na apreciação do currículo profissional do interessado e na medida em que tiver sido entendido que o mesmo justifica a redução do tempo de permanência na categoria inferior.

3 – A apreciação do currículo referida no número anterior só é relevante para fins de admissão a concurso e não prejudica, em caso de deliberação favorável, nova apreciação curricular para efeitos de ordenamento de candidatos.

ARTIGO 23.° (¹) – **(Tempo de serviço)**

O tempo de serviço a que se referem os artigos anteriores reporta-se, para efeitos de promoção, ao tempo de serviço calculado nos termos dos critérios legalmente fixados sobre a matéria, designadamente no Decreto-Lei n.° 90/72, de 18 de Março.

1 – O DL n.° 90/72 foi revogado pelo DL n.° 497/88, de 30 de Dezembro, que estabeleceu o novo regime legal

332 IV – Funcionários da Administração Local

de férias, faltas e licenças dos funcionários e agentes da Administração Pública, incluindo a matéria respeitante à organização das listas de antiguidade.

Esse regime consta, hoje, do DL n.° 100/99, de 31 de Março.

CAPÍTULO III – Comissão paritária

ARTIGO 24.° (¹) – (Constituição)

1 – Nas direcções-gerais e outras unidades orgânicas que funcionem directamente na dependência dos membros do Governo será constituída uma comissão paritária, composta por 4 vogais, sendo 2 representantes da Administração e 2 representantes dos notados.

2 – O disposto no número anterior não prejudica que, por despacho do dirigente máximo do serviço ou organismo, sejam constituídas comissões paritárias nas unidades orgânicas desconcentradas a cargo de dirigente em quem tenha sido delegada competência para homologar classificações de serviço.

3 – A comissão paritária é o órgão consultivo do dirigente com competência para homologar classificações de serviço.

1 – Ver art. 5.° do Dec. Reg. n.° 45/88, de 16 de Dezembro (constituição da comissão paritária na administração autárquica).

ARTIGO 25.° – (Designação, eleição e mandato dos vogais)

1 – Os vogais representantes da Administração serão designados, em número de 4, 2 efectivos e 2 suplentes, de entre funcionários ou agentes não notados, pelo dirigente com competência para homologar.

2 – O despacho de designação, a proferir no mês de Dezembro de cada ano, deverá fixar os membros efectivos e os suplentes, bem como o vogal e respectivo suplente, que orientará os trabalhos da comissão paritária.

3 – Os representantes dos notados serão eleitos por escrutínio secreto, em número de 4, 2 efectivos e 2 suplentes, por todos os funcionários e agentes notados da unidade orgânica, sendo vogais efectivos os mais votados.

4 – O pessoal dirigente abrangido pelo Decreto-Lei n.° 191-F/79 e os chefes de repartição não podem ser eleitos como vogais representantes dos notados na comissão.

5 – O mandato da comissão paritária inicia-se no dia 1 de Janeiro seguinte e termina a 31 de Dezembro do mesmo ano, sem prejuízo de se entender prorrogado, se necessário, para análise de processos iniciados antes do seu termo.

ARTIGO 26.° (¹) – (Processo de eleição)

1 – Em cada direcção-geral ou outro serviço que funcione directamente na dependência de membro do Governo, ou em unidade desconcentrada a que seja aplicado o n.° 2 do artigo 24.°, será organizado o processo de eleição dos representantes dos notados, nos termos do despacho do respectivo dirigente, que será afixado em local ou locais a que tenham acesso todos os trabalhadores, do qual deverão constar, entre outros, os seguintes pontos:

a) Data limite para indicação, pelos trabalhadores notados, dos membros da mesa ou mesas de voto, referindo expressamente que, na ausência dessa indicação, os mesmos serão designados pelo dirigente competente até 48 horas antes da realização do acto eleitoral;

b) Número de elementos da mesa ou mesas de voto, o qual não deverá ser superior a 5 por cada mesa, incluindo os membros suplentes;

Decreto Regulamentar n.° 44-B/83, de 1 de Junho 333

c) Data do acto eleitoral;

d) Período e local do funcionamento das mesas de voto;

e) Data limite da comunicação dos resultados ao dirigente respectivo;

f) Dispensa dos membros das mesas do exercício dos seus deveres funcionais no dia em que houver lugar a eleições, sendo igualmente concedidas facilidades aos restantes trabalhadores pelo período estritamente indispensável para o exercício do direito de voto.

2 – A não participação dos trabalhadores na eleição implicará a não constituição da comissão paritária sem, contudo, obstar ao prosseguimento do processo de classificação de serviço, entendendo-se como irrelevantes quaisquer pedidos de audição ou de emissão de pareceres por esse órgão.

3 – A eleição deverá ter lugar no mês de Dezembro de cada ano.

1 – Ver art. 5.° n.° 4 do Dec. Reg. n.° 45/88, de 16 de Dezembro (processo de eleição dos representantes dos notados na administração autárquica).

ARTIGO 27.° – **(Substituição de vogais)**

1 – Os vogais efectivos são substituídos pelos vogais suplentes quando tenham de interromper o respectivo mandato, ou sempre que a comissão seja chamada a pronunciar-se sobre processos em que aqueles tenham participado como notados ou notadores.

2 – Quando se verificar a interrupção do mandato de pelo menos metade do número de vogais efectivos e suplentes, representantes da Administração, por um lado, ou eleitos em representação dos notados, por outro, os procedimentos previstos nos n.os 1 e 3 do artigo 25.° poderão ser repetidos, se necessário, por uma única vez e num prazo de 48 horas.

3 – Nos casos do número anterior, os vogais designados ou eleitos para preenchimento das vagas completarão o mandato daqueles que substituem, passando a integrar a comissão até ao termo do período de funcionamento desta.

4 – Nas situações previstas no n.° 2 do presente artigo, a impossibilidade comprovada de repetição dos procedimentos referidos não é impeditiva do prosseguimento do processo de classificação, entendendo-se como irrelevantes quaisquer pedidos de audição ou de emissão de pareceres pela comissão paritária.

CAPÍTULO IV – **Processo**

ARTIGO 28.° – **(Confidencialidade)**

1 – O processo de classificação tem carácter confidencial, devendo as fichas de notação ser arquivadas no respectivo processo individual.

2 – Todos os intervenientes no processo de classificação ficam obrigados ao dever de sigilo sobre esta matéria.

3 – O disposto nos números anteriores não impede que em qualquer fase do processo sejam passadas certidões da ficha de notação, mediante pedido do notado, formulado por escrito ao dirigente com competência para homologar.

ARTIGO 29.° – **(Ausência ou impedimento de notados ou notadores)**

1 – A situação de falta ou de licença dos notados ou dos notadores não é impeditiva da atribuição da classificação de serviço e do cumprimento dos prazos fixados.

2 – Quando a ausência ou impedimento forem absolutamente insuperáveis, o processo ficará suspenso, reiniciando-se a contagem dos prazos logo que cesse a ausência ou impedimento, se esta circunstância tiver lugar no mesmo ano civil.

334   *IV – Funcionários da Administração Local*

3 – Caso a ausência ou impedimento referidos no número anterior não cessem no mesmo ano civil, não será atribuída classificação de serviço, sendo aplicável o disposto no artigo 20.° quando estiver em causa alguma das situações previstas no n.° 1 do artigo 4.°.

ARTIGO 30.° – (Preenchimento das fichas)

1 – O processo de classificação ordinária inicia-se com o preenchimento pelos notados, nos primeiros 5 dias úteis do mês de Janeiro, das rubricas sobre actividades relevantes durante o período em apreciação e funções exercidas constantes das fichas de notação aplicáveis, as quais serão atempadamente fornecidas pelos serviços aos mesmos notados.

2 – As restantes rubricas, na parte aplicável, serão preenchidas pelos notadores até 31 de Janeiro.

ARTIGO 31.° – (Conhecimento ao interessado)

1 – A ficha, depois de devidamente preenchida, será dada a conhecer ao interessado em entrevista individual com os notadores.

2 – As entrevistas referidas no número anterior terão lugar até 15 de Fevereiro de cada ano.

ARTIGO 32.° – (Reclamação para os notadores)

1 – O interessado, após tomar conhecimento da ficha de notação, pode apresentar aos notadores, no prazo de 5 dias úteis, reclamação por escrito, com indicação dos factos que julgue susceptíveis de fundamentarem a revisão de classificação atribuída.

2 – As reclamações a que se refere o número anterior serão objecto de apreciação pelos respectivos notadores, que proferirão decisão fundamentada a qual será dada a conhecer ao interessado, por escrito, no prazo máximo de 5 dias úteis contados do recebimento da reclamação.

ARTIGO 33.° – (Requerimento de audição da comissão paritária)

1 – O notado, após tomar conhecimento da decisão, poderá requerer ao dirigente com competência para homologar, nos 5 dias úteis subsequentes, que o seu processo seja submetido a parecer da comissão paritária.

2 – O requerimento deverá ser fundamentado, contendo obrigatoriamente os dados concretos que permitam inferir ter havido factores menos correctamente avaliados.

3 – A audição da comissão paritária não pode, em caso algum, ser recusada pelo dirigente referido no n.° 1.

ARTIGO 34.° – (Funcionamento)

1 – A comissão paritária poderá solicitar aos notadores ou aos notados os elementos que julgar convenientes para o seu melhor esclarecimento, bem como convidar qualquer deles a expor a sua posição, por uma única vez, em audição, cuja duração não poderá exceder 30 minutos.

2 – A comissão poderá solicitar a presença de técnicos dos serviços a que se refere o artigo 42.°, os quais, neste caso, participarão nas reuniões sem direito de voto.

ARTIGO 35.° – (Relatório)

1 – Os pareceres da comissão paritária serão proferidos, no prazo de 15 dias úteis contados da data em que tiverem sido solicitados, sob a forma de relatório fundamentado, com proposta de solução da reclamação a elaborar pelo vogal orientador dos trabalhos e subscrito por todos os vogais.

2 – Quando na comissão não se verificar consenso, deve o respectivo relatório conter as propostas de solução em debate e sua fundamentação.

Decreto Regulamentar n.° 44-B/83, de 1 de Junho 335

3 – Ao dirigente competente para homologar competirá a decisão final, a qual poderá não coincidir com nenhuma das soluções propostas e deverá ser sempre fundamentada.

ARTIGO 36.° – **(Prazos para homologação e elaboração das listas na classificação ordinária)**
1 – As classificações de serviço ordinárias deverão ser homologadas até 30 de Abril de cada ano civil.
2 – As listas a que se refere o artigo 8.° respeitantes a classificações ordinárias serão elaboradas após a homologação destas e afixadas até 15 de Maio.

ARTIGO 37.° – **(Especialidades no processo de classificação extraordinária)**
1 – Nos processos de classificação extraordinária, as rubricas sobre funções exercidas e actividades relevantes durante o período em apreciação deverão ser preenchidas pelo notado nos primeiros 5 dias úteis de Julho, devendo até ao fim desse mês ser preenchidas pelos notadores as restantes rubricas aplicáveis.
2 – A partir de 31 de Julho, contar-se-ão os intervalores temporais entre cada uma das fases do processo a que se faz referência no presente capítulo.

ARTIGO 38.° – **(Homologação e conhecimento pelo interessado da classificação atribuída)**
1 – Os resultados da avaliação e da notação não subirão a homologação antes de decorridos os prazos de reclamação para os notadores e para solicitação de parecer da comissão paritária.
2 – No acto de homologação proceder-se-á ao apuramento da menção em que se traduz a classificação de serviço atribuída.
3 – No prazo de 5 dias úteis contados do acto de homologação ou da atribuição da classificação pelo dirigente com competência para homologar é dado conhecimento pelos notadores aos interessados da classificação de serviço que lhes for atribuída, sendo de seguida o processo arquivado no respectivo processo individual.

ARTIGO 39.° (¹) – **(Recursos)**
1 – Após a homologação, cabe recurso hierárquico da classificação para o membro do Governo competente, a interpor no prazo de 10 dias úteis contados da data do conhecimento desta, devendo ser proferida decisão no prazo de 15 dias contados da data de interposição do recurso.
2 – A invocação de meras diferenças de classificação com base na comparação entre classificações atribuídas não constitui fundamento atendível de recurso.
3 – O disposto no n.° 1 não é aplicável ao pessoal dos serviços personalizados, cabendo neste caso, desde logo, o direito de interposição de recurso contencioso.

1 – Ver art. 6.° do Dec. Reg. n.° 45/88, de 16 de Dezembro (garantia de recurso no caso de classificação de serviço do pessoal da administração autárquica.

CAPÍTULO V – Disposições finais e transitórias

ARTIGO 40.° – **(Adaptação do sistema estabelecido neste diploma)**
1 – O sistema de classificação de serviço estabelecido pelo presente diploma poderá ser adaptado à situação concreta dos vários organismos e serviços da Administração Pública mediante portaria do membro do Governo competente e do membro do Governo que tiver a seu cargo a função pública, devendo, contudo, ser observado o que nele se dispõe sobre:
a) Competência para classificar;

IV – Funcionários da Administração Local

b) Reclamação para os notadores;

c) Homologação das classificações atribuídas;

d) Escala adoptada, sendo obrigatoriamente previstos e descritos os graus 2, 4, 6, 8 e 10;

e) Menções e respectivos intervalos;

f) Conhecimento da classificação ao interessado;

g) Garantia de recurso.

2 – Deverá ainda ser constituído um órgão com funções consultivas junto do dirigente com competência para homologar com atribuições e funcionamento semelhantes aos previstos para a comissão paritária.

3 – O órgão a que se refere o número anterior, cuja constituição poderá atender aos grupos profissionais existentes no serviço ou organismo, deliberará com a presença de igual número de representantes da Administração e dos notados, não tendo nenhum dos seus membros voto de qualidade.

ARTIGO 41.º – (Outros sistemas de classificação)

Poderão ser utilizados outros sistemas de classificação de serviço, quando estejam em causa funções ou estruturas orgânicas específicas, mediante portaria conjunta do membro do Governo responsável pelo serviço em cujo âmbito forem exercidas essas funções e do membro do Governo que tiver a seu cargo a função pública.

ARTIGO 42.º – (Intervenção dos serviços com competência nas áreas de organização e recursos humanos)

1 – Os serviços com competência nas áreas de organização e recursos humanos, atribuídas por diploma legal, deverão assegurar a dinamização e acompanhamento do processo de classificação de serviço, cabendo-lhes igualmente emitir instruções técnicas tendentes à aplicação uniforme do regime no âmbito dos respectivos departamentos.

2 – É obrigatória a participação dos serviços referidos no número anterior, quando existam, para os efeitos dos artigos 40.º e 41.º.

ARTIGO 43.º (¹) – (Imposto do selo)

A reclamação para os notadores e a solicitação de audição da comissão paritária, bem como o pedido de passagem de certidões, não estão isentas de imposto do selo.

1 – O uso do papel selado foi abolido pelo DL n.º 435/86, de 31 de Dezembro.

ARTIGO 44.º (¹) – (Dirigente máximo)

Para efeitos de aplicação do presente diploma, considera-se dirigente máximo da unidade orgânica o director-geral ou equiparado ou outro dirigente responsável por unidade orgânica directamente dependente de membro do Governo.

1 – Ver nota 1 ao art. 12.º.

ARTIGO 45.º – (Aplicação do diploma em 1983)

1 – No decurso do corrente ano, o processo de classificação iniciar-se-á no dia 1 de Junho com o preenchimento das fichas de notação, nos termos do artigo 30.º, no decurso dos primeiros 5 dias úteis desse mesmo mês, observando-se seguidamente os intervalos temporais entre cada uma das fases do processo.

2 – A comissão paritária será constituída igualmente nos termos do capítulo III durante esse mesmo mês e impreterivelmente até ao seu último dia.

Decreto Regulamentar n.° 44-B/83, de 1 de Junho

3 – As classificações de serviço serão homologadas até 31 de Outubro.

4 – Não se procederá à distribuição de classificação extraordinária, sem prejuízo, porém, de o disposto nos números anteriores ser integralmente aplicável aos funcionários e agentes que até 30 de Junho de 1983 possam vir a reunir o requisito de 6 meses de contacto funcional com os notadores ou notador competentes.

5 – Nos casos do número anterior, a classificação atribuída abrange todo o serviço prestado ou a prestar até 30 de Junho, incluindo o serviço prestado e não classificado em 1982.

6 – São válidas as classificações do serviço prestado em 1982 e 1981, atribuídas até à data da entrada em vigor do presente diploma, relativamente a funcionários e agentes que pretendam apresentar a sua candidatura a concursos já abertos para preenchimento de lugares de acesso e que entretanto tenham sido admitidos a concursos da mesma natureza, ainda que provisoriamente.

7 – O mandato das comissões paritárias a eleger termina em 31 de Dezembro de 1983, sem prejuízo do disposto no n.° 5 do artigo 25.°.

ARTIGO 46.° (¹).° – **(Aplicação no tempo para efeitos de promoção e progressão)**

Nos primeiros anos de vigência do presente diploma observar-se-á o regime previsto no artigo 22.° do Decreto-Lei n.° 171/82, de 10 de Maio, para efeitos de promoção e progressão nas carreiras.

1 – Ver nota 1 ao art.° 18.°.

ARTIGO 47.° – **(Relatórios para acompanhamento)**

1 – Para efeitos de acompanhamento da aplicação do presente diploma, o Ministério da Reforma Administrativa fornecerá modelos normalizados de relatórios de execução, que, após preenchimento pelos serviços e organismos, serão remetidos àquele Ministério.

2 – Os modelos normalizados e as demais instruções que se afigurem necessárias para cumprimento do disposto no número anterior serão aprovados por despacho do membro do Governo que tiver a seu cargo a função pública.

ARTIGO 48.° – **(Norma revogatória)**

1 – São revogados os Decretos Regulamentares n.os 57/80, de 10 de Outubro, e 9/82, de 3 de Março, sem prejuízo da conclusão dos processos já iniciados para classificação do serviço prestado em 1980, aos quais continuará a ser aplicada a legislação ora revogada.

2 – Os sistemas de classificação de serviço a que se refere o artigo 21.° do Decreto Regulamentar n.° 57/80 poderão continuar a ser aplicados, com excepção dos sistemas que foram adoptados ao abrigo do disposto na alínea a) do n.° 33 do Despacho Normativo n.° 128/81, de 18 de Março, publicado no *Diário da República*, 1.ª série, n.° 95, de 24 de Abril de 1981.

DECRETO-LEI N.° 24/84*

de 16 de Janeiro

Aprova o Estatuto Disciplinar dos Funcionários e Agentes da Administração Central, Regional e Local

1 – Pela Lei n.° 10/83, de 13 de Agosto, a Assembleia da República autorizou o Governo a proceder à revisão do Estatuto Disciplinar dos Funcionários e Agentes da Administração Central, Regional e Local.

Visa a presente revisão contribuir para que a Administração Pública fique dotada com instrumentos legais mais adequados ao combate à corrupção, numa perspectiva de moralização da própria Administração.

Para tanto, prevêem-se novas formas de conduta ilícita e agravam-se, em geral, as penas, bem como os respectivos efeitos.

Por outro lado, e especialmente na perspectiva de moralização da administração, prevê-se a aplicação ao pessoal dirigente e equiparado da pena de cessação da comissão de serviço quer com carácter autónomo – pela prática de infracções típicas – quer com carácter acessório.

É de realçar o desaparecimento da pena de transferência. Anote-se, todavia, que o seu desaparecimento resulta não tanto de dificuldades de aplicação mas sobretudo da consideração de que a transferência é um instrumento de gestão do pessoal e que, por isso, não deve ter uma valoração disciplinar autónoma.

Visa, ainda, a presente revisão ultrapassar dificuldades de execução – donde a introdução de diversas alterações de carácter processual, nomeadamente o processo de meras averiguações –, bem como integrar lacunas suscitadas na aplicação do Estatuto Disciplinar.

Observa-se ainda que, com a presente revisão, o Estatuto Disciplinar é aplicável, em toda a sua extensão, à administração local.

Finalmente, sublinha-se que a presente revisão não constitui uma reformulação global do Estatuto, ficando a dever-se à preocupação de evitar a dispersão do regime disciplinar por legislação extravagante a revogação do Decreto-Lei n.° 191-D/79, de 25 de Junho.

2 – As associações sindicais que representam interesses dos trabalhadores da Administração Pública participaram na elaboração do projecto que esteve na base do presente diploma, tendo emitido pareceres cujo conteúdo foi tomado parcialmente em consideração.

3 – Nos termos constitucionais, foram ouvidas as Regiões Autónomas dos Açores e da Madeira, as quais não manifestaram qualquer objecção.

---

* Rectificado no n.° 3 do Suplemento do DR, I Série, de 30/4/84.

340　　　　　　　　*IV – Funcionários da Administração Local*

Assim:

ARTIGO 1.º
É aprovado o Estatuto Disciplinar dos Funcionários e Agentes da Administração Central, Regional e Local, o qual faz parte integrante do presente diploma.

ARTIGO 2.º
Os processos pendentes reger-se-ão pelas seguintes regras:
a) As normas relativas à incriminação e qualificação de infracções constantes do Estatuto em anexo são aplicáveis na medida em que forem mais favoráveis ao arguido;
b) As normas processuais são da aplicação imediata.

ARTIGO 3.º
O presente diploma entra em vigor no dia 1 do mês seguinte ao da sua publicação.

Estatuto Disciplinar dos Funcionários e Agentes da Administração Central, Regional e Local

CAPÍTULO I – Princípios fundamentais

ARTIGO 1.º – **(Âmbito de aplicação)**
1 – O presente Estatuto aplica-se aos funcionários e agentes da administração central, regional e local.
2 – Excluem-se do âmbito de aplicação deste diploma os funcionários e agentes que possuam estatuto especial.

ARTIGO 2.º – **(Responsabilidade disciplinar)**
1 – O pessoal a que se refere o artigo 1.º é disciplinarmente responsável perante os seus superiores hierárquicos pelas infracções que cometa.
2 – Os titulares dos órgãos dirigentes dos institutos públicos são disciplinaremente responsáveis perante o ministro da tutela.

ARTIGO 3.º([1]) – **(Infracção disciplinar)**
1 – Considera-se infracção disciplinar o facto, ainda que meramente culposo, praticado pelo funcionário ou agente com violação de algum dos deveres gerais ou especiais decorrentes da função que exerce.
2 – Os funcionários e agentes no exercício das suas funções estão exclusivamente ao serviço do interesse público, tal como é definido, nos termos da lei, pelos órgãos competentes da Administração.
3 – É dever geral dos funcionários e agentes actuar no sentido de criar no público confiança na acção da Administração Pública, em especial no que à sua imparcialidade diz respeito.
4 – Consideram-se ainda deveres gerais:
a) O dever de isenção;

Decreto-Lei n.º 24/84, de 16 de Janeiro 341

b) O dever de zelo;

c) O dever de obediência;

d) O dever de lealdade;

e) O dever de sigilo;

f) O dever de correcção;

g) O dever de assiduidade;

h) O dever de pontualidade.

5 – O dever de isenção consiste em não retirar vantagens directas ou indirectas, pecuniárias ou outras, das funções que exerce, actuando com independência em relação aos interesses e pressões particulares de qualquer índole, na perspectiva do respeito pela igualdade dos cidadãos.

6 – O dever de zelo consiste em conhecer as normas legais regulamentares e as instruções dos seus superiores hierárquicos, bem como possuir e aperfeiçoar os seus conhecimentos técnicos e métodos de trabalho de modo a exercer as suas funções com eficiência e correcção.

7 – O dever de obediência consiste em acatar e cumprir as ordens dos seus legítimos superiores hierárquicos, dadas em objecto de serviço e com a forma legal.

8 – O dever de lealdade consiste em desempenhar as suas funções em subordinação aos objectivos do serviço e na perspectiva da prossecução do interesse público.

9 – O dever de sigilo consiste em guardar segredo profissional relativamente aos factos de que tenha conhecimento em virtude do exercício das suas funções e que não se destinem a ser do domínio público.

10 – O dever de correcção consiste em tratar com respeito quer os utentes dos serviços públicos, quer os próprios colegas, quer ainda os superiores hierárquicos.

11 – O dever de assiduidade consiste em comparecer regular e continuamente ao serviço.

12 – O dever de pontualidade consiste em comparecer ao serviço dentro das horas que lhes forem designadas.

1 – Ver art. 10.º do DL n.º 195/97, de 31 de Julho, e art. 39.º, n.º 1 do DL n.º 106/98, de 24 de Abril (responsabilidade disciplinar).

ARTIGO 4.º – **(Prescrição de procedimento disciplinar)**

1 – O direito de instaurar procedimento disciplinar prescreve passados 3 anos sobre a data em que a falta houver sido cometida.

2 – Prescreverá igualmente se, conhecida a falta pelo dirigente máximo do serviço, não for instaurado o competente procedimento disciplinar no prazo de 3 meses.

3 – Se o facto qualificado de infracção disciplinar for também considerado infracção penal e os prazos de prescrição do procedimento criminal forem superiores a 3 anos, aplicar-se-ão ao procedimento disciplinar os prazos estabelecidos na lei penal.

4 – Se antes do decurso do prazo referido no n.º 1 alguns actos instrutórios com efectiva incidência na marcha do processo tiverem lugar a respeito da infracção, a prescrição conta-se desde o dia em que tiver sido praticado o último acto.

5 – Suspendem nomeadamente o prazo prescricional a instauração do processo de sindicância aos serviços e do mero processo de averiguações e ainda a instauração dos processos de inquérito e disciplinar, mesmo que não tenham sido dirigidos contra o funcionário ou agente a quem a prescrição aproveite, mas nos quais venham a apurar-se faltas de que seja responsável.

ARTIGO 5.º – **(Sujeição ao poder disciplinar)**

1 – Os funcionários e agentes ficam sujeitos ao poder disciplinar desde a data da posse ou, se esta não for exigida, desde a data do início do exercício de funções.

IV – Funcionários da Administração Local

2 – A exoneração ou a mudança de situação não impedem a punição por infracções cometidas no exercício da função.

3 – As penas previstas nas alíneas *b*) a *f*) do n.° 1 e no n.° 2 do artigo 11.° serão executadas desde que os funcionários ou agentes voltem à actividade ou passem à situação de aposentados.

ARTIGO 6.° – (Efeitos da pronúncia)

1 – O despacho de pronúncia em processo de querela com trânsito em julgado determina a suspensão de funções e do vencimento de exercício até à decisão final absolutória, ainda que não transitada em julgado, ou à decisão final condenatória.

2 – Independentemente da forma do processo, o disposto no número anterior é aplicável nos casos de crimes contra o Estado.

3 – Dentro de 24 horas após o trânsito em julgado do despacho de pronúncia ou equivalente, deve a secretaria do tribunal por onde correr o processo entregar por termo, nos autos, uma cópia ao ministério público a fim de este logo a remeter à competente administração, inspecção, direcção-geral ou autarquia local.

4 – Os magistrados judicial e do ministério público respectivos devem velar pelo cumprimento do preceituado no número anterior.

5 – A perda do vencimento de exercício será reparada em caso de absolvição ou de amnistia concedida antes da condenação, sem prejuízo do eventual procedimento disciplinar.

ARTIGO 7.° – (Efeitos da condenação em processo penal)

1 – Quando o agente de um crime for um funcionário ou agente, será sempre observado o disposto nos n.os 3 e 4 do artigo anterior, no caso de vir a verificar-se condenação definitiva.

2 – A entidade respectiva ordenará a imeditada execução das decisões penais que imponham ou produzam efeitos disciplinares, sem prejuízo, porém, da possibilidade de, em processo disciplinar, ser aplicada a pena que ao caso couber.

3 – Quando em sentença condenatória transitada em julgado proferida em processo penal for aplicada pena acessória de demissão, arquivar-se-á o processo disciplinar instaurado contra o arguido.

ARTIGO 8.° (¹) – (Factos passíveis de serem considerados infracção penal)

Quando os factos forem passíveis de ser considerados infracção penal, dar-se-á obrigatoriamente parte dela ao agente do ministério público que for competente para promover o respectivo processo penal, nos termos do artigo 164.° do Código de Processo Penal.

1 – Ver art. 242.° do actual Código de Processo Penal.

ARTIGO 9.° – (Aplicação supletiva do Código Penal)

Em tudo o que não estiver regulado no presente Estatuto quanto à suspensão ou demissão por efeito de pena imposta nos tribunais competentes são aplicáveis as disposições do Código Penal.

ARTIGO 10.° – (Exclusão da responsabilidade disciplinar)

1 – É excluída a responsabilidade disciplinar do funcionário ou agente que actue no cumprimento de ordens ou instruções emanadas de legítimo superior hierárquico e em matéria de serviço, se previamente delas tiver reclamado ou tiver exigido a sua transmissão ou confirmação por escrito.

Decreto-Lei n.º 24/84, de 16 de Janeiro

2 – Considerando ilegal a ordem recebida, o funcionário ou agente fará expressamente menção deste facto ao reclamar ou ao pedir a sua transmissão ou confirmação por escrito.

3 – Se a decisão da reclamação ou a transmissão ou confirmação da ordem por escrito não tiverem lugar dentro do tempo em que, sem prejuízo, o cumprimento desta possa ser demorado, o funcionário ou agente comunicará, também por escrito, ao seu imediato superior hierárquico os termos exactos da ordem recebida e do pedido formulado, bem como a não satisfação deste, executando a ordem seguidamente.

4 – Quando a ordem for dada com menção de cumprimento imediato e sem prejuízo do disposto nos n.ºs 1 e 2, a comunicação referida na parte final do número anterior será efectuada após a execução da ordem.

5 – Cessa o dever de obediência sempre que o cumprimento das ordens ou instruções impliquem a prática de qualquer crime.

CAPÍTULO II – Penas disciplinares e seus efeitos

ARTIGO 11.º – (Escala das penas)

1 – As penas aplicáveis aos funcionários e agentes abrangidos pelo presente Estatuto pelas infracções disciplinares que cometerem são:

a) Repreensão escrita;
b) Multa;
c) Suspensão;
d) Inactividade;
e) Aposentação compulsiva;
f) Demissão.

2 – Ao pessoal dirigente e equiparado abrangido pelo Decreto-Lei n.º 191-F/79, de 26 de Junho, poderá ainda ser aplicada a pena de cessação da comissão de serviço.

3 – As penas são sempre registadas no processo individual do funcionamento ou agente.

4 – As amnistias não destroem os efeitos já produzidos pela aplicação da pena, devendo, porém, ser averbadas no competente processo individual.

ARTIGO 12.º – (Caracterização das penas)

1 – A pena de repreensão escrita consiste em mero reparo pela irregularidade praticada.

2 – A pena de multa será fixada em quantia certa e não poderá exceder o quantitativo correspondente a uma vez e meia a totalidade das remunerações certas e permanentes, com excepção do abono de família e prestações complementares, devidas ao funcionário ou agente à data da notificação do despacho condenatório.

3 – As penas de suspensão e de inactividade consistem no afastamento completo do funcionário ou agente do serviço durante o período da pena.

4 – A pena de suspensão pode ser:

a) De 20 a 120 dias;
b) De 121 a 240 dias.

5 – A pena de inactividade não pode ser inferior a 1 ano nem superior a 2.

6 – A pena de cessação da comissão de serviço consiste na cessação compulsiva do exercício de cargos dirigentes ou equiparados.

7 – A pena de aposentação compulsiva consiste na imposição da passagem do funcionário ou agente à situação de aposentado.

IV – Funcionários da Administração Local

8 – A pena de demissão consiste no afastamento definitivo do funcionário ou agente do serviço, cessando o vínculo funcional.

ARTIGO 13.º – (Efeitos das penas)

1 – As penas disciplinares produzem unicamente os efeitos declarados no presente diploma.

2 – A pena de suspensão determina o não exercício do cargo ou função e a perda, para efeitos de remuneração, antiguidade e aposentação, de tantos dias quantos tenha durado a suspensão.

3 – A pena de suspensão determina ainda a impossibilidade de gozar férias pelo período de 1 ano, contado desde o termo do cumprimento da pena, ressalvado, contudo, o direito ao gozo do período de 10 dias de férias para os que hajam sido punidos com suspensão igual ou inferior a 120 dias.

4 – A pena de suspensão de 121 a 240 dias implica, para além dos efeitos declarados nos números anteriores, a impossibilidade de promoção durante 1 ano, contado do termo do cumprimento da pena, devendo o funcionário ou agente, no regressso à actividade, ser colocado, sempre que possível, em serviço diferente da mesma unidade orgânica.

5 – A pena de inactividade implica, para além dos efeitos declarados nos n.os 2 e 3, a impossibilidade de promoção durante 2 anos, contados do termo do cumprimento da pena, devendo o funcionário ou agente no regresso à actividade, ser colocado, sempre que possível, em serviço diferente da mesma unidade orgânica.

6 – Durante a suspensão e a inactividade o lugar pode ser provido interinamente.

7 – A pena de inactividade implica para os funcionários e agentes contratados por tempo indeterminado a suspensão do vínculo funcional durante o período do cumprimento da pena.

8 – No caso de contrato a prazo, a suspensão do vínculo não obsta à verificação da caducidade.

9 – A aplicação das penas de suspensão e de inactividade não prejudica o direito dos funcionários e agentes à assistência concedida pela Direcção-Geral de Protecção Social aos Funcionários e Agentes da Administração Pública (ADSE) e à percepção do abono de família e prestações complementares.

10 – A pena de aposentação compulsiva implica para o funcionário ou agente a aposentação nos termos e nas condições estabelecidas no Estatuto da Aposentação.

11 – A pena de demissão importa a perda de todos os direitos do funcionário ou agente, salvo quanto à aposentação nos termos e condições estabelecidos no respectivo Estatuto, mas não impossibilita o funcionário ou agente de ser nomeado ou contratado para lugar diferente que possa ser exercido sem que o seu titular reúna as particulares condições de dignidade e de confiança que o cargo de que foi demitido exigia.

12 – A pena de cessação da comissão de serviço implica o regresso do dirigente ou equiparado ao lugar a que tenha direito e a impossibilidade de nova nomeação para qualquer cargo dirigente ou equiparado pelo período de 3 anos, contados da data da notificação da decisão.

ARTIGO 14.º – (Unidade e acumulação de infracções)

1 – Sem prejuízo do disposto no n.º 2 do artigo 27.º, não pode aplicar-se ao mesmo funcionário ou agente mais de uma pena disciplinar por cada infracção ou pelas infracções acumuladas que sejam apreciadas num só processo.

2 – O disposto no número anterior é de observar mesmo no caso de infracções apreciadas em mais de um processo, quando apensados, nos termos do artigo 48.º.

Decreto-Lei n.º 24/84, de 16 de Janeiro 345

ARTIGO 15.º – **(Penas aplicáveis a aposentados)**
1 – Para os funcionários e agentes aposentados as penas de suspensão ou inactividade serão substituídas pela perda da pensão por igual tempo, e a de multa não poderá exceder o quantitativo correspondente a 20 dias de pensão.
2 – A pena de aposentação compulsiva será substituída pela perda do direito à pensão pelo período de 3 anos.
3 – A pena de demissão determina a suspensão do abono da pensão pelo período de 4 anos.

CAPÍTULO III – Competência disciplinar

ARTIGO 16.º – **(Princípio geral)**
A competência disciplinar dos superiores envolve sempre a dos seus inferiores hierárquicos dentro do serviço.

ARTIGO 17.º – **(Competência disciplinar sobre os funcionários e agentes da administração central e regional)**
1 – A pena da alínea *a*) do n.º 1 do artigo 11.º é da competência de todos os funcionários e agentes em relação aos que lhes estejam subordinados.
2 – A aplicação das penas previstas nas alíneas *b*) a *d*) do n.º 1 do artigo 11.º é da competência dos secretários-gerais e dos directores-gerais e equiparados, nomeadamente dos dirigentes dos institutos públicos.
3 – Se os responsáveis pelos serviços directamente dependentes dos membros do Governo não possuírem a categoria antes referida, a competência para a aplicação das penas previstas no número anterior poderá ser neles delegada pelo membro do Governo competente.
4 – A aplicação das penas expulsivas referidas nas alíneas *e*) e *f*) do n.º 1 do artigo 11.º e da pena de cessação da comissão de serviço referida no n.º 2 do mesmo artigo é da competência exclusiva dos membros do Governo e dos secretários regionais nas regiões autónomas em cada caso competentes.

ARTIGO 18.º – **(Competência disciplinar sobre os funcionários e agentes ao serviço das autarquias locais e das associações e federações de municípios)**
1 – A competência disciplinar sobre os funcionários e agentes das autarquias locais e das associações e federações de municípios pertence aos respectivos órgãos executivos.
2 – Enquanto não for extinto o quadro geral administrativo, é da competência do Ministro da Administração Interna a aplicação aos Funcionários daquele quadro das penas previstas nas alíneas *c*) a *f*) do n.º 1 do artigo 11.º.
3 – Os órgãos executivos das autarquias locais e das associações e federações de municípios têm competência:
a) Para aplicação aos funcionários e agentes dos respectivos quadros privativos de todas as penas disciplinares previstas no n.º 1 do artigo 11.º;
b) Para a aplicação aos funcionários do quadro geral administrativo que se encontrem ao seu serviço das penas disciplinares de repreensão e multa;
c) Para aplicação da pena de cessação da comissão de serviço.
4 – Os presidentes dos órgãos executivos têm competência para repreender qualquer funcionário ou agente ao serviço da autarquia.

346 IV – Funcionários da Administração Local

ARTIGO 19.° – (Competência disciplinar sobre o pessoal dos serviços municipalizados)
É da competência dos respectivos conselhos de administração a aplicação ao pessoal dos serviços municipalizados das penas disciplinares previstas no n.° 1 do artigo 11.°, bem como da pena de cessação da comissão de serviço.

ARTIGO 20.° – (Assembleias distritais)
1 – Enquanto subsistirem as assembleias distritais, aplicar-se-á ao respectivo pessoal, transitoriamente, o disposto neste diploma, cabendo ao governador civil exercer as competências cometidas aos órgãos executivos.
2 – Das decisões do governador civil proferidas no exercício da competência a que se refere o número anterior apenas cabe recurso contencioso.

ARTIGO 21.° – (Competência disciplinar sobre os funcionários e agentes dos governos civis)
1 – Compete aos governadores civis a aplicação aos funcionários e agentes que prestem serviço nos governos civis das penas até à de suspensão, inclusive.
2 – Compete a Ministro da Administração Interna a aplicação das penas previstas nas alíneas *d*) a *f*) do n.° 1 do artigo 11.°.

CAPÍTULO IV – Factos a que são aplicáveis as diferentes penas disciplinares

ARTIGO 22.° – (Repreensão)
A pena de repreensão escrita será aplicável por faltas leves de serviço.

ARTIGO 23.° ([1]) – (Multa)
1 – A pena de multa será aplicável a casos de negligência e má compreensão dos deveres funcionais.
2 – A pena será, nomeadamente, aplicável aos funcionários e agentes que:
a) Na arrumação dos livros e documentos a seu cargo não observarem a ordem estabelecida superiormente ou que na escrituração cometerem erros por negligência;
b) Desobedecerem às ordens dos superiores hierárquicos, sem consequências importantes;
c) Deixarem de participar às autoridades competentes infracções de que tiverem conhecimento no exercício das suas funções;
d) Não usarem de correção para com os superiores hierárquicos, subordinados, colegas ou para com o público;
e) Pelo defeituoso cumprimento ou desconhecimento das disposições legais e regulamentares ou das ordens superiores demonstrarem falta de zelo pelo serviço.

1 – Ver art. 11.°, n.° 1, alínea *d*), de DL n.° 413/93, de 23 de Dezembro (aplicação de pena de multa pela não comunicação ao superior hierárquico de situações de incompatibilidade de actividades privadas ou de prestação de serviços, com o exercício de funções públicas).

ARTIGO 24.° ([1]) – (Suspensão)
1 – A pena de suspensão será aplicável aos funcionários e agentes em caso de negligência grave ou de grave desinteresse pelo cumprimento de deveres profissionais, nomeadamente quando:
a) Derem informação errada a superior hierárquico nas condições referidas no corpo deste artigo;

Decreto-Lei n.º 24/84, de 16 de Janeiro 347

b) Comparecerem ao serviço em estado de embriaguez ou sob o efeito de estupefacientes ou drogas equiparadas;

c) Exercerem por si ou por interposta pessoa, sem prévia participação e ou autorização do superior hierárquico – estando obrigados a fazê-la ou a obtê-la –, actividades privadas;

d) Deixarem de passar dentro dos prazos legais, sem justificação, as certidões que lhes sejam requeridas;

e) Demonstrarem falta de conhecimento de normas essenciais reguladoras do serviço, da qual haja resultado prejuízo para a Administração ou para terceiros;

f) Dispensarem tratamento de favor a determinada pessoa, empresa ou organização;

g) Cometerem inconfidência, revelando factos ou documentos não destinados a divulgação relacionados com o funcionamento dos serviços ou da Administração em geral;

h) Desobedecerem de modo escandaloso ou perante o público e em lugar aberto ao mesmo às ordens superiores.

2 – Nas hipóteses referidas nas alíneas *a*) a *e*), inclusive, do número anterior a pena aplicável será fixada entre 20 e 120 dias.

3 – Nos restantes casos previstos no n.º 1 a pena será de 121 a 240 dias.

1 – Ver:
– art. 3.º n.º 2 da Lei n.º 4/83, de 2 de Abril (não apresentação da declaração de rendimentos);
– art. 51.º n.º 2 do CPA (impedimento de titular de órgão ou agente administrativo em relação a processo administrativo, acto ou contrato de direito público ou privado);
– art. 9.º n.º 3 do DL n.º 45/84, de 3 de Fevereiro (a recusa de deslocação para a periferia, não aceite como fundamentada, considera-se grave desinteresse pelo cumprimento dos deveres profissionais);
– art. 11.º do DL n.º 413/93, de 23 de Dezembro (prestação de serviços sujeitos ao regime de incompatibilidades);
– art. 101.º do DL n.º 555/99, de 16 de Dezembro (responsabilidade disciplinar, punível com pena de suspensão a demissão dos funcionários e agentes da Administração Pública que deixem de participar infracções às entidades fiscalizadoras ou que prestem informações falsas ou erradas sobre as infracções à lei e aos regulamentos de que tenham conhecimento no exercício das suas funções).

ARTIGO 25.º ([1]) – **(Inactividade)**

1 – A pena de inactividade será aplicável nos casos de procedimento que atente gravemente contra a dignidade e prestígio do funcionário ou agente ou da função.

2 – A pena referida neste artigo será aplicável aos funcionários ou agentes que, designadamente:

a) Agredirem, injuriarem ou desrespeitarem gravemente superior hierárquico, colega, subordinado ou terceiro, fora do serviço, por motivos relacionados com o exercício das suas funções;

b) Receberem fundos, cobrarem receitas ou recolherem verbas de que não prestem contas nos prazos legais;

c) Violarem, com culpa grave ou dolo, o dever de imparcialidade no exercício das suas funções;

d) ([2]) Salvo nos casos previstos por lei, acumularem lugares ou cargos públicos ou exercerem, por si ou por interposta pessoa, actividades privadas depois de ter sido reconhecida, em despacho fundamentado do dirigente do serviço, a incompatibilidade entre essa actividade e os deveres legalmente estabelecidos;

e) Prestarem falsas declarações em processo disciplinar;

f) Prestarem falsas declarações relativas à justificação de faltas;

g) Usarem ou permitirem que outrem use ou se sirva de quaisquer bens pertencentes à Administração cuja posse ou utilização lhes esteja confiada para fim diferente daquele a que se destinam.

348   *IV – Funcionários da Administração Local*

1 – Ver art. 15.° n.° 10 da Lei n.° 2/88, de 26 de Janeiro (os funcionários e agentes que autorizarem, informarem favoravelmente ou omitirem informação relativamente à admissão ou permanência de pessoal em contravenção às normas constantes do DL n.° 41/84, de 3 de Fevereiro, incorrem em falta grave punível com inactividade).

2 – Ver art. 11.° do DL n.° 413/93, de 23 de Dezembro (aplicação de pena de inactividade pelo exercício de actividades privadas ou prestação de serviços sem autorização ou incompatíveis com as funções públicas).

ARTIGO 26.° – (**Aposentação compulsiva e demissão**)

1 – As penas de aposentação compulsiva e de demissão serão aplicáveis em geral às infracções que inviabilizarem a manutenção da relação funcional.

2 – As penas referidas no número anterior serão aplicáveis aos funcionários e agentes que, nomeadamente:

a) Agredirem, injuriarem ou desrespeitarem gravemente superior hierárquico, colega, subordinado ou terceiro, nos locais de serviço ou em serviço público;

b) Praticarem actos de grave insubordinação ou de indisciplina ou incitarem à sua prática;

c) No exercício das suas funções praticarem actos manifestamente ofensivos das instituições e princípios consagrados na Constituição da República Portuguesa;

d) Praticarem ou tentarem praticar qualquer acto que lese ou contrarie os superiores interesses do Estado em matéria de relações internacionais;

e) Voltarem a incorrer na infracção prevista na alínea *d*) do n.° 2 do artigo anterior;

f) Dolosamente participarem infracção disciplinar de algum funcionário ou agente;

g) Voltarem a incorrer na infracção prevista na alínea *f*) do n.° 2 do artigo anterior;

h) Dentro do mesmo ano civil derem 5 faltas seguidas ou 10 interpoladas sem justificação.

3 – A pena de aposentação compulsiva será aplicada em caso de comprovada incompetência profissional ou falta de idoneidade moral para o exercício das funções.

4 – A pena de demissão será aplicável aos funcionários e agentes que, nomeadamente:

a) Violarem segredo profissional ou cometerem inconfidência de que resultem prejuízos materiais ou morais para a Administração ou para terceiro;

b) Em resultado do lugar que ocupam, solicitarem ou aceitarem, directa ou indirectamente, dádivas, gratificações, participações em lucros ou outras vantagens patrimoniais, ainda que sem o fim de acelerar ou retardar qualquer serviço ou expediente;

c) Comparticiparem em oferta ou negociação de emprego público;

d) Forem encontrados em alcance ou desvio de dinheiros públicos;

e) Tomarem parte ou interesse, directamente ou por interposta pessoa, em qualquer contrato celebrado ou a celebrar por qualquer organismo ou serviço da Administração, designadamente nos casos do n.° 1 do artigo 1.° do Decreto-Lei n.° 370/83, de 6 de Outubro;

f) Com intenção de obterem para si ou para terceiro benefício económico ilícito, faltarem aos deveres do seu cargo, não promovendo atempadamente os procedimentos adequados ou lesarem, em negócio jurídico ou por mero acto material, designadamente pela destruição, adulteração ou extravio de documentos ou por viciação de dados para tratamento informático, os interesses patrimoniais que, no todo ou em parte, lhes cumpre, em razão das suas funções administrar, fiscalizar, defender ou realizar.

5 – A pena de aposentação compulsiva só será aplicada verificado o condicionalismo exigido pelo Estatuto da Aposentação, na ausência do qual será aplicada a pena de demissão.

Decreto-Lei n.° 24/84, de 16 de Janeiro

ARTIGO 27.° (1-2) – **(Cessação da comissão de serviço)**
1 – A pena de cessação da comissão de serviço será aplicada aos dirigentes e equiparados que:
a) Não procedam disciplinarmente contra os funcionários e agentes seus subordinados pelas infracções de que tenham conhecimento;
b) Não participem criminalmente infracção disciplinar de que tenham conhecimento no exercício das suas funções e que revista carácter penal;
c) Autorizem, informem favoravelmente ou omitam informação relativamente à admissão ou permanência de pessoal em contravenção das normas reguladoras da admissão na função pública.
2 – A pena de cessação da comissão de serviço será sempre aplicada acessoriamente por qualquer infracção disciplinar punida com pena igual ou superior à de multa cometida por dirigente ou equiparado.

1 – A prática por pessoal dirigente de actos puníveis nos termos do art. 11.° do DL n.° 413/93, de 23 de Dezembro, constitui fundamento da cessação da respectiva comissão de serviço (regime de incompatibilidades).
2 – Este preceito deve considerar-se tacitamente revogado pelo art. 7.° do DL n.° 323/89, de 26 de Setembro, a que corresponde, agora, o art. 20.° da Lei n.° 49/99, de 22 de Junho.

ARTIGO 28.° – **(Medida e graduação das penas)**
Na aplicação das penas atender-se-á aos critérios gerais enunciados nos artigos 22.° a 27.°, à natureza do serviço, à categoria do funcionário ou agente, ao grau de culpa, à sua personalidade e a todas as circunstâncias em que a infracção tiver sido cometida que militem contra ou a favor do arguido.

ARTIGO 29.° – **(Circunstâncias atenuantes especiais)**
São circunstâncias atenuantes especiais da infracção disciplinar:
a) A prestação de mais de 10 anos de serviço com exemplar comportamento e zelo;
b) A confissão espontânea da infracção;
c) A prestação de serviços relevantes ao povo português e a actuação com mérito na defesa da liberdade e da democracia;
d) A provocação;
e) O acatamento bem intencionado de ordem de superior hierárquico, nos casos em que não fosse devida obediência.

ARTIGO 30.° – **(Atenuação extraordinária)**
Quando existam circunstâncias atenuantes que diminuam substancialmente a culpa do arguido, a pena poderá ser atenuada, aplicando-se pena de escalão inferior.

ARTIGO 31.° – **(Circunstâncias agravantes especiais)**
1 – São circunstâncias agravantes especiais da infracção disciplinar:
a) A vontade determinada de, pela conduta seguida, produzir resultados prejudiciais ao serviço público ou ao interesse geral, independentemente de estes se verificarem;
b) A produção efectiva de resultados prejudiciais ao serviço público ou ao interesse geral nos casos em que o funcionário ou agente pudesse prever essa consequência como efeito necessário da sua conduta;
c) A premeditação;
d) O conluio com outros indivíduos para a prática da infracção;

350   *IV – Funcionários da Administração Local*

e) O facto de ser cometida durante o cumprimento de pena disciplinar ou enquanto decorrer o período de suspensão da pena;

f) A reincidência;

g) A acumulação de infracções.

2 – A premeditação consiste no desígnio formado 24 horas antes, pelo menos, da prática da infracção.

3 – A reincidência dá-se quando a infracção é cometida antes de decorrido 1 ano sobre o dia em que tiver findado o cumprimento da pena imposta por virtude de infracção anterior.

4 – A acumulação dá-se quando duas ou mais infracções são cometidas na mesma ocasião ou quando uma é cometida antes de ter sido punida a anterior.

ARTIGO 32.° – **(Circunstâncias dirimentes)**

São circunstâncias dirimentes da responsabilidade disciplinar:

a) A coacção física;

b) A privação acidental e involuntária do exercício das faculdades intelectuais no momento da prática do acto ilícito;

c) A legítima defesa, própria ou alheia;

d) A não exigibilidade de conduta diversa;

e) O exercício de um direito ou o cumprimento de um dever.

ARTIGO 33.° – **(Suspensão das penas)**

1 – As penas disciplinares das alíneas *b*) a *d*) do n.° 1 do artigo 11.° podem ser suspensas, ponderados o grau de culpabilidade e o comportamento do arguido, bem como as circunstâncias da infracção.

2 – O tempo de suspensão não será inferior a 1 ano nem superior a 3, contando-se estes prazos desde a data da notificação ao arguido da res-pectiva decisão.

3 – Em relação à repreensão por escrito, poder-se-á, atentos os elementos referidos no n.° 1 deste artigo, suspender o registo respectivo.

4 – A suspensão caducará se o funcionário ou agente vier a ser, no seu decurso, condenado novamente em virtude de processo disciplinar.

ARTIGO 34.° – **(Prescrição das penas)**

Sem prejuízo do disposto no n.° 3 do artigo 5.°, as penas disciplinares prescrevem nos prazos seguintes, contados da data em que a decisão se tornou irrecorrível:

a) 6 meses, para as penas de repreensão escrita e de multa;

b) 3 anos, para as penas de suspensão, de inactividade e de cessação da comissão de serviço;

c) 5 anos, para as penas de aposentação compulsiva e de demissão.

CAPÍTULO V – **Processo disciplinar**

SECÇÃO I – **Disposições gerais**

ARTIGO 35.° – **(Formas de processo)**

1 – O processo disciplinar pode ser comum ou especial.

2 – O processo especial aplica-se aos casos expressamente designados na lei e o comum, a todos os casos a que não corresponda processo especial.

Decreto-Lei n.° 24/84, de 16 de Janeiro 351

3 – Os processos especiais regulam-se pelas disposições que lhes são próprias e, na parte nelas não previstas, pelas disposições respeitantes ao processo comum.

4 – Nos casos omissos, pode o instrutor adoptar as providências que se afigurarem convenientes para descoberta da verdade, em conformidade com os princípios gerais de direito processual penal.

ARTIGO 36.° – **(Forma dos actos)**

1 – A forma dos actos, quando não esteja expressamente regulada na lei, ajustar-se-á ao fim que se tem em vista e limitar-se-á ao indispensável para atingir essa finalidade.

2 – O instrutor poderá ordenar, oficiosamente, as diligências e os actos necessários à descoberta da verdade material.

ARTIGO 37.° – **(Natureza secreta do processo)**

1 – O processo disciplinar é de natureza secreta até à acusação, podendo, contudo, ser facultado ao arguido, a seu requerimento, o exame do processo, sob condição de não divulgar o que dele conste.

2 – O indeferimento do requerimento a que se refere o número anterior deve ser devidamente fundamentado e comunicado ao arguido no prazo de 3 dias.

3 – Só será permitida a passagem de certidões quando destinadas à defesa de legítimos interesses e em face de requerimento especificando o fim a que se destinam, podendo ser proibida, sob pena de desobediência, a sua publicação.

4 – A passagem das certidões atrás referidas somente pode ser autorizada pela entidade que dirige a investigação até à sua conclusão.

5 – Ao arguido que divulgar matéria confidencial nos termos deste artigo será instaurado, por esse facto, novo processo disciplinar.

6 – O arguido poderá constituir advogado em qualquer fase do processo, nos termos gerais de direito, o qual assistirá, querendo, ao interrogatório do arguido.

ARTIGO 38.° – **(Obrigatoriedade de processo disciplinar)**

1 – As penas de multa e seguintes serão sempre aplicadas precedendo o apuramento dos factos em processo disciplinar.

2 – A pena de repreensão escrita será aplicada sem dependência de processo, mas com audiência e defesa do arguido.

3 – A requerimento do interessado será lavrado auto das diligências referidas no número anterior na presença de duas testemunhas indicadas pelo arguido.

4 – Quando o arguido produza a sua defesa por escrito, terá para esse efeito o prazo máximo de 48 horas.

ARTIGO 39.° – **(Competência para instauração do processo)**

1 – São competentes para instaurar ou mandar instaurar processo disciplinar contra os respectivos subordinados todos os superiores hierárquicos, ainda que neles não tenha sido delegada a competência de punir.

2 – Para efeitos do disposto no número anterior, os titulares dos órgãos dirigentes dos institutos públicos dependem hierarquicamente do ministro da tutela.

IV – Funcionários da Administração Local

ARTIGO 40.° – **(Arguido em exercício acumulativo de funções)**

1 – Quando um funcionário ou agente desempenhar funções em vários ministérios ou autarquias locais, por acumulação ou inerência legal, e lhe for instaurado processo disciplinar num deles, será o facto imediatamente comunicado aos outros ministérios ou autarquias locais, de igual modo se procedendo em relação à decisão proferida.

2 – Se antes do julgamento do processo forem instaurados novos processos disciplinares ao mesmo funcionário ou agente noutros ministérios ou autarquias, serão todos eles apensos ao primeiro, ficando a sua instrução a cargo de um instrutor de nomeação de todos os serviços interessados, aos quais pertencerá o julgamento do processo.

ARTIGO 41.° – **(Mudança de situação na pendência do processo)**

Quando, após a prática de uma infracção disciplinar ou já na pendência do processo, o funcionário ou agente muda de ministério, de autarquia local ou de serviço, a pena será aplicada pela entidade competente à data em que tiver de ser proferida decisão final, sem prejuízo de o processo ter sido mandado instaurar e ter sido instruído no âmbito do serviço em que o arguido exercia funções à data da infracção.

ARTIGO 42.° – **(Nulidades)**

1 – É insuprível a nulidade resultante da falta de audiência do arguido em artigos de acusação nos quais as infracções sejam suficientemente individualizadas e referidas aos correspondentes preceitos legais, bem como a que resulte de omissão de quaisquer diligências essenciais para a descoberta da verdade.

2 – As restantes nulidades consideram-se supridas se não forem reclamadas pelo arguido até à decisão final.

3 – Do despacho que indefira o requerimento de quaisquer diligências probatórias cabe recurso hierárquico para o membro do Governo ou órgão executivo, a interpor no prazo de 5 dias.

4 – O recurso previsto no número anterior subirá imediatamente nos próprios autos, considerando-se procedente se, no prazo de 10 dias, não for proferida decisão que expressamente lhe negue provimento.

5 – A decisão que negue provimento ao recurso previsto no número anterior só pode ser impugnada no recurso interposto da decisão final.

ARTIGO 43.° – **(Isenção de custas e selos)**

Nos processos de meras averiguações, de inquérito, de sindicâncias, disciplinares e de revisão não são devidos custas e selos.

ARTIGO 44.° – **(Admissão a concurso do arguido)**

1 – Será admitido a concurso o funcionário ou agente arguido em processo disciplinar que tenha direito a ele concorer, ainda que preventivamente suspenso.

2 – A mesma doutrina se observará, na parte aplicável, em quaisquer outros casos de mudança de situação do funcionário ou agente.

SECÇÃO II – Processo disciplinar comum

SUBSECÇÃO I – Disposição geral

ARTIGO 45.° – (Início e termo da instrução)

1 – A instrução do processo disciplinar deve iniciar-se no prazo máximo de 10 dias, contados da data da notificação ao instrutor do despacho que o mandou instaurar, e ulrimar-se no prazo de 45 dias, só podendo ser excedido este prazo por despacho da entidade que o mandou instaurar, sob proposta fundamentada do instrutor, nos casos de excepcional complexidade.

2 – O prazo de 45 dias referido no número anterior conta-se da data de início efectivo da instrução, determinada nos termos do número seguinte.

3 – O instrutor deve informar a entidade que o tiver nomeado, bem como o arguido e o participante, da data em que der início à instrução do processo.

SUBSECÇÃO II – Instrução do processo

ARTIGO 46.° – (Participação)

1 – Todos os que tiverem conhecimento que um funcionário ou agente praticou infracção disciplinar poderão participá-la a qualquer superior hierárquico do arguido.

2 – Os funcionários e agentes devem participar infracção disciplinar de que tenham conhecimento.

3 – As participações ou queixas serão imediatamente remetidas à entidade competente para instaurar o processo disciplinar, quando se verifique não possuir tal competência a entidade que recebeu a participação ou queixa.

4 – As participações ou queixas verbais serão sempre reduzidas a auto pelo funcionário ou agente que as receber.

5 – Quando conclua que a participação é infundada e dolosamente apresentada no intuito de prejudicar o funcionário ou agente e contenha matéria difamatória ou injuriosa, a entidade competente para punir participará o facto criminalmente, sem prejuízo de adequado procedimento disciplinar quando o participante seja funcionário ou agente.

ARTIGO 47.° – (Infracção directamente constatada)

1 – O dirigente que presenciar ou verificar infracção disciplinar praticada em qualquer sector dos serviços sob a sua direcção levantará ou mandará levantar auto de notícia, o qual mencionará os factos que constituírem a infracção disciplinar, o dia, hora e local, as circunstâncias em que foi cometida, o nome e demais elementos de identificação do funcionário ou agente visado, da entidade que a presenciou e de, se for possível, pelo menos duas testemunhas que possam depor sobre esses factos e, havendo-os, os documentos ou suas cópias autênticas que possam demonstrá-los.

2 – O auto a que se refere este artigo deverá ser assinado pela entidade que o levantou ou mandou levantar, pelas testemunhas, se possível, e pelo funcionário ou agente visado, se quiser assinar.

3 – Poderá levantar-se um único auto por diferentes infracções disciplinares cometidas na mesma ocasião ou relacionadas umas com as outras, embora sejam diversos os seus autores.

4 – Os autos levantados nos termos deste artigo serão remetidos imediatamente à entidade competente para instaurar o processo disciplinar.

354 IV – Funcionários da Administração Local

ARTIGO 48.° – (Apensação do processo)

Para todas as infracções cometidas por um funcionário ou agente será organizado um só processo, mas, tendo-se instaurado diversos, serão apensados ao da infracção mais grave e no caso de a gravidade ser a mesma, àquele que primeiro tiver sido instaurado.

ARTIGO 49.° – (Valor probatório dos autos de notícia)

Os autos levantados nos termos do artigo 47.°, desde que tenham a indicação de duas testemunhas, fazem fé, até prova em contrário, unicamente quanto aos factos presenciados pela entidade que os levantou ou mandou levantar, mas a entidade competente para instaurar o processo disciplinar ou o instrutor quando tiver sido nomeado, ordenará a produção de quaisquer diligências que julgue necessárias.

ARTIGO 50.° – (Despacho liminar)

1 – Logo que seja recebido auto, participação ou queixa, deve a entidade competente para instaurar processo disciplinar decidir se há lugar ou não a procedimento disciplinar.

2 – Se aquela entidade entender que não há lugar a procedimento disciplinar, mandará arquivar o auto, participação ou queixa.

3 – Caso contrário, a entidade referida no n.° 1 instaurará ou determinará que se instaure processo disciplinar.

4 – No caso de não ter competência para a aplicação da pena e entender que não há lugar a procedimento disciplinar, deverá sujeitar o assunto a decisão da entidade para tal efeito competente.

ARTIGO 51.° – (Nomeação do instrutor)

1 – A entidade que instaurar processo disciplinar deve nomear um instrutor escolhido de entre os funcionários ou agentes do mesmo serviço, de categoria ou classe superior à do arguido ou mais antigo do que ele na mesma categoria e classe, preferindo os que possuam adequada formação jurídica.

2 – Os membros do Governo e os órgãos executivos podem nomear para instrutor um funcionário ou agente de serviço diferente daquele a que pertença o arguido, de categoria ou classe igual ou superior à dele, ou um funcionário ou agente nas mesmas condições requisitado a outro serviço.

3 – Os membros do Governo podem também nomear para instrutor um funcionário ou agente da auditoria jurídica, caso exista, independentemente da sua categoria ou classe.

4 – A faculdade prevista no número anterior deverá ser usada relativamente aos serviços de inspecção, quando existam, em caso de infracção em matérias de tecnicidade específicas ou directamente relacionadas com as atribuições daqueles serviços.

5 – O instrutor pode escolher secretário da sua confiança, cuja nomeação compete à entidade que o nomeou, e bem assim requisitar a colaboração de técnicos.

6 – As funções de instrutor preferem a quaisquer outras que o funcionário ou agente nomeado tenha a seu cargo, podendo determinar-se, quando tal seja exigido pela natureza e complexidade do processo, que aquele fique exclusivamente adstrito à função de instrução.

ARTIGO 52.° – (Suspeição do instrutor)

1 – O arguido e o participante poderão deduzir a suspeição do instrutor do processo disciplinar com qualquer dos fundamentos seguintes:

a) Se o instrutor tiver sido directa ou indirectamente atingido pela infracção;

Decreto-Lei n.° 24/84, de 16 de Janeiro 355

b) Se o instrutor for parente na linha recta ou até ao terceiro grau na linha colateral do arguido, do participante, ou de qualquer funcionário, agente ou particular ofendido, ou de alguém que com os referidos indivíduos viva em economia comum;

c) Se estiver pendente em tribunal civil ou criminal processo em que o instrutor e o arguido ou o participante sejam partes;

d) Se o instrutor for credor ou devedor do arguido ou do participante ou de algum seu parente na linha recta ou até ao terceiro grau na linha colateral;

e) Se houver inimizade grave ou grande intimidade entre o arguido e o instrutor, ou entre este e o participante ou ofendido.

2 – A entidade que tiver mandado instaurar o processo disciplinar decidirá em despacho fundamentado, no prazo máximo de 48 horas, sem prejuízo do que se dispõe no n.° 3 do artigo 77.°.

ARTIGO 53.° – **(Providências cautelares)**

Compete ao instrutor tomar desde a sua nomeação as providências adequadas para que se não possa alterar o estado dos factos e dos documentos ou livros em que se descobriu ou se presume existir alguma irregularidade, nem subtrair as provas desta.

ARTIGO 54.° – **(Suspensão preventiva)**

1 – Os funcionários ou agentes podem ser, sob proposta da entidade que instaurar o processo disciplinar ou do instrutor, e mediante despacho do membro do Governo competente ou do órgão executivo, preventivamente suspensos do exercício das suas funções sem perda do vencimento de categoria e até decisão do processo, mas por prazo não superior a 90 dias, sempre que a sua presença se revele inconveniente para o serviço ou para o apuramento da verdade.

2 – A suspensão prevista no número anterior só terá lugar em caso de infracção punível com pena de suspensão ou superior.

3 – A perda do vencimento de exercício será reparada ou levada em conta na decisão final do processo.

ARTIGO 55.° – **(Instrução do processo)**

1 – O instrutor fará autuar o despacho com o auto, participação, queixa ou ofício que o contém e procederá à investigação, ouvindo o participante, as testemunhas por este indicadas e as mais que julgar necessárias, procedendo a exames e mais diligências que possam esclarecer a verdade e fazendo juntar aos autos o certificado do registo disciplinar do arguido.

2 – O instrutor deverá ouvir o arguido, a requerimento deste e sempre que o entender conveniente, até se ultimar a instrução, e poderá também acareá-lo com as testemunhas ou com os participantes.

3 – Durante a fase de instrução do processo poderá o arguido requerer do instrutor que promova as diligências para que tenha competência e considerados por aquele essenciais para apuramento da verdade.

4 – Quando o instrutor julgue suficiente a prova produzida, poderá indeferir o requerimento referido no número anterior.

5 – As diligências que tiverem de ser feitas fora da localidade onde correr o processo disciplinar podem ser requisitadas, por ofício ou telegrama, à respectiva autoridade administrativa ou policial.

6 – Quando o arguido seja acusado de incompetência profissional, poderá o instrutor convidá-lo a executar quaisquer trabalhos segundo o programa traçado por 2 peritos, que depois darão os seus laudos sobre as provas prestadas e a competência do arguido.

IV – Funcionários da Administração Local

7 – Os peritos a que se refere o número anterior serão indicados pela entidade que tiver mandado instaurar o processo disciplinar, caso o arguido não tenha usado a faculdade de indicar um, e os trabalhos a fazer pelo arguido serão da natureza dos que habitualmente competem a funcionários e agentes do mesmo serviço e categoria.

8 – Durante a fase de instrução e até à colaboração do relatório poderão ser ouvidos, a requerimento do arguido, representantes da associação sindical a que o mesmo pertença.

ARTIGO 56.º – (Testemunhas na fase de instrução)

1 – Na fase de instrução do processo o número de testemunhas é ilimitado.

2 – É aplicável à inquirição de testemunhas o disposto no n.º 4 do artigo anterior.

ARTIGO 57.º – (Termo da instrução)

1 – Concluída a investigação, se o instrutor entender que os factos constantes dos autos não constituem infracção disciplinar, que não foi o arguido o agente da infracção ou que não é de exigir responsabilidade disciplinar por virtude de prescrição ou outro motivo, elaborará no prazo de cinco dias o seu relatório e remetê-lo-á imediatamente, com o respectivo processo, à entidade que o tiver mandado instaurar, propondo que se arquive.

2 – No caso contrário, deduzirá no prazo de 10 dias a acusação, articulando, com a necessária discriminação, as faltas que reputar averiguadas, com referência aos correspondentes preceitos legais e às penas aplicáveis.

ARTIGO 58.º – (Processo com base em auto de notícia)

Se o processo disciplinar tiver como base auto de notícia levantado nos termos do artigo 47.º e nenhumas diligências tiverem sido ordenadas ou requeridas, o instrutor deduzirá, nos termos do n.º 2 do artigo anterior e dentro do prazo de 48 horas a contar da data em que deu início à instrução do processo, a acusação do arguido ou arguidos.

SUBSECÇÃO III – Defesa do arguido

ARTIGO 59.º – (Notificação da acusação)

1 – Da acusação extrair-se-á cópia, no prazo de 48 horas, a qual será entregue ao arguido mediante a sua notificação pessoal, ou, não sendo esta possível, por carta registada com aviso de recepção, marcando-se ao arguido um prazo entre 10 a 20 dias para apresentar a sua defesa escrita.

2 – Se não for possível a notificação nos termos do número anterior, designadamente por o arguido se encontrar ausente em parte incerta, será publicado aviso no *Diário da República,* citando-o para apresentar a sua defesa em prazo não inferior a 30 nem superior a 60 dias, contados da data da publicação.

3 – O aviso só deverá conter a menção de que se encontra pendente contra o arguido processo disciplinar e o prazo fixado para apresentar a sua defesa.

4 – A acusação deverá conter a indicação dos factos integrantes da mesma, bem como das circunstâncias de tempo, modo e lugar da infracção e das que integram atenuantes e agravantes, acrescentando sempre a referência aos preceitos legais respectivos e às penas aplicáveis.

5 – Quando o processo seja complexo, pelo número e natureza das infracções ou por abranger vários arguidos, poderá o instrutor conceder prazo superior ao do n.º 1, até ao limite de 60 dias, depois de autorizado nos termos da parte final do n.º 1 do artigo 45.º.

6 – Da nota de culpa deverá constar sempre a menção da delegação do poder de punir, quando exista e seja do conhecimento do instrutor.

Decreto-Lei n.° 24/84, de 16 de Janeiro

ARTIGO 60.° – **(Incapacidade física ou mental)**

1 – Se o arguido estiver impossibilitado de organizar a sua defesa por motivo de doença ou incapacidade física devidamente comprovadas, poderá nomear um represen-tante especialmente mandatado para esse efeito.

2 – No caso de o arguido não poder exercer o direito referido no número anterior, o instrutor imediatamente lhe nomeará um curador, preferindo a pessoa a quem competiria a tutela no caso de interdição, nos termos da lei civil.

3 – A nomeação referida no número anterior é restrita ao processo disciplinar, podendo o representante usar de todos os meios de defesa facultados ao arguido.

4 – (¹) Se, por motivo de anomalia mental devidamente comprovada, o arguido estiver incapacitado de organizar a sua defesa, seguir-se-ão os termos dos artigos 125.° e seguintes do Código de Processo Penal, com as devidas adaptações.

5 – O incidente de alienação mental do arguido poderá ser suscitado pelo instrutor do processo, pelo próprio arguido ou por qualquer familiar seu.

1 – Ver art. 351.° do actual Código de Processo Penal. O incidente de alienação mental foi abolido.

ARTIGO 61.° – **(Exame do processo e apresentação da defesa)**

1 – Durante o prazo para a apresentação da defesa, pode o arguido, o seu representante ou curador referidos no artigo anterior ou um advogado, por qualquer deles constituído, examinar o processo a qualquer hora de expediente, sem prejuízo do disposto no artigo seguinte.

2 – A resposta pode ser assinada pelo próprio ou por qualquer dos seus representantes referidos no número anterior e será apresentada no lugar onde o processo tiver sido instaurado.

3 – Com a resposta deve o arguido apresentar o rol das testemunhas e juntar documentos, requerendo também quaisquer diligências, que podem ser recusadas em despacho fundamentado, quando manifestamente impertinentes e desnecessárias.

4 – Não podem ser ouvidas mais de 3 testemunhas por cada facto, podendo ser ouvidas as que não residam no local onde corre o processo se o arguido não se comprometer a apresentá--las, por solicitação a qualquer autoridade administrativa.

5 – O instrutor poderá recusar a inquirição das testemunhas quando considere suficientemente provados os factos alegados pelo arguido.

6 – A entidade a quem for solicitada a inquirição, nos termos da parte final do n.° 4, poderá designar instrutor *ad hoc* para o acto requerido.

7 – (¹) As diligências para a inquirição de testemunhas não residentes no local onde corre o processo serão sempre notificadas ao arguido.

8 – O disposto nos artigos 89.° e 90.° do Código de Processo Penal aplica-se, com as devidas adaptações, à inquirição referida na parte final do n.° 4 deste artigo.

9 – A falta de resposta dentro do prazo marcado vale como efectiva audiência do arguido para todos os efeitos legais.

1 – Ver arts. 230.°, 231.° e 318.° do actual Código de Processo Penal.

ARTIGO 62.° – **(Confiança do processo)**

O processo poderá ser confiado ao advogado do arguido, nos termos e sob a cominação do disposto nos artigos 169.° a 171.° do Código de Processo Civil.

ARTIGO 63.° – **(Resposta do arguido)**

1 – Na resposta deve o arguido expor com clareza e concisão os factos e as razões da sua defesa.

IV – Funcionários da Administração Local

2 – Quando a resposta revelar ou se traduzir em infracções estranhas à acusação e que não interessem à defesa, será autuada e dela se extrairá certidão, que será considerada como participação para efeitos de novo processo.

ARTIGO 64.º – **(Produção da prova oferecida pelo arguido)**

1 – O instrutor deverá inquirir as testemunhas e reunir os demais elementos de prova oferecidos pelo arguido no prazo de 20 dias, o qual poderá ser prorrogado por despacho fundamentado até 40 dias, quando tal o exigirem as diligências previstas na parte final do n.º 4 do artigo 61.º.

2 – Finda a produção da prova oferecida pelo arguido, podem ainda ordenar-se, em despacho fundamentado, novas diligências que se tornem indispensáveis para o completo esclarecimento da verdade.

SUBSECÇÃO IV – Decisão disciplinar e sua execução

ARTIGO 65.º – **(Relatório final do instrutor)**

1 – ([1]) Finda a instrução do processo, o instrutor elaborará, no prazo de 5 dias, um relatório completo e conciso donde conste a existência material das faltas, sua qualificação e gravidade, importâncias que porventura haja a repor e seu destino, e bem assim a pena que entender justa ou a proposta para que os actos se arquivem por ser insubsistente a acusação.

2 – A entidade a quem incumbir a decisão poderá, quando a complexidade do processo o exigir, prorrogar o prazo fixado no número anterior até ao limite total de 20 dias.

3 – O processo, depois de relatado, será remetido no prazo de 24 horas à entidade que o tiver mandado instaurar, a qual, se não for competente para decidir, o enviará dentro de 2 dias a quem deva proferir a decisão.

1 – Ver art. 10.º do DL n.º 195/97, de 31 de Julho, e art. 39.º, n.º 1 do DL n.º 106/98, de 24 de Abril (reposição de valores).

ARTIGO 66.º – **(Decisão)**

1 – A entidade competente analisará o processo, concordando ou não com as conclusões do relatório, podendo ordenar novas diligências, a realizar no prazo que para tal estabeleça.

2 – O despacho que ordene a realização de novas diligências ou que solicite a emissão de parecer nos termos do n.º 3 deste artigo será proferido no prazo máximo de 30 dias, contados da data da recepção do processo.

3 – Antes da decisão, poderá a entidade competente solicitar ou determinar a emissão de parecer por parte do superior hierárquico do arguido ou de organismos adequados dos serviços a que o mesmo pertença, devendo tal parecer ser emitido no prazo de 10 dias.

4 – A decisão do processo será sempre fundamentada quando não concordante com a proposta formulada no relatório do instrutor, devendo ser proferida no prazo máximo de 30 dias, contados das seguintes datas:

a) Da data da recepção do processo, quando a entidade competente para punir concorde com as conclusões do relatório;

b) Do termo do prazo que marcar quando utilize a faculdade prevista no n.º 1, ordenando novas diligências;

c) Do termo do prazo de 10 dias fixado no n.º 3 para emissão do parecer referido no mesmo número.

5 – Quando a decisão do processo for de exclusiva competência ministerial e exista auditoria jurídica, esta poderá ser ouvida.

Decreto-Lei n.º 24/84, de 16 de Janeiro   359

ARTIGO 67.º – **(Aplicação das penas aos funcionários e agentes ao serviço das autarquias locais, das associações de municípios ou dos serviços municipalizados)**

1 – Os processos disciplinares cuja resolução seja da competência dos órgãos das autarquias locais, das associações de municípios ou dos conselhos de administração dos serviços municipalizados entrarão na ordem do dia da primeira sessão ordinária a realizar, salvo se a sua realização não ocorrer no prazo de 5 dias contado a partir da sua recepção, caso em que será convocada sessão extraordinária, a efectuar até ao sexto dia, a qual será destinada à sua apreciação e consequente deliberação.

2 – As sanções que sejam da competência das entidades referidas no número anterior serão aplicadas por deliberação exarada na respectiva acta.

3 – Sempre que o órgão executivo entenda que a pena a aplicar é da competência do Ministro da Administração Interna, remeterá o processo àquela entidade, fazendo-o acompanhar da certidão da acta da reunião na parte respeitante à deliberação tomada naquele sentido e aos respectivos fundamentos.

ARTIGO 68.º – **(Pluralidade de arguidos)**

1 – Quando vários funcionários ou agentes, embora de diversos quadros mas pertencentes à mesma administração, inspecção, direcção-geral ou autarquia local, sejam arguidos da prática do mesmo facto ou de factos entre si conexos, a entidade que tiver competência para punir o funcionário ou agente de maior categoria decidirá relativamente a todos os arguidos.

2 – Se os arguidos pertencerem a administrações, inspecções, direcções-gerais ou autarquias locais diferentes, a decisão pertencerá ao respectivo ministro ou órgão executivo da autarquia local, consoante os casos.

ARTIGO 69.º – **(Notificação da decisão)**

1 – A decisão será notificada ao arguido, observando-se o disposto no artigo 59.º.

2 – Na data em que se fizer a notificação ao arguido será igualmente notificado o instrutor e também o participante, desde que o tenha requerido.

3 – A entidade que tiver decidido o processo poderá autorizar que a notificação do arguido seja protelada pelo prazo máximo de 30 dias, se se tratar de pena que implique suspensão ou cessação do exercício de funções por parte do infractor, desde que da execução da decisão disciplinar resultem para o serviço inconvenientes mais graves do que os decorrentes da permanência no desempenho do cargo do funcionário ou agente punido.

ARTIGO 70.º – **(Início de produção de efeitos das penas)**

1 – As decisões que apliquem penas disciplinares não carecem de publicação no *Diário da República,* começando a pena a produzir os seus efeitos legais no dia seguinte ao da notificação do arguido ou, não podendo este ser notificado, 15 dias após a publicação de aviso nos termos do n.º 2 do artigo 59.º.

2 – A vacatura de lugar ou cargo em consequência da aplicação das penas de aposentação compulsiva e demissão será publicada na 2.ª série do *Diário da República.*

SECÇÃO III – **Processo por falta de assiduidade**

ARTIGO 71.º – **(Falta de assiduidade)**

1 – Sempre que um funcionário ou agente deixe de comparecer ao serviço durante 5 dias seguidos ou 10 dias interpolados sem justificação, será pelo imediato superior hierárquico levantado auto por falta de assiduidade.

360 *IV – Funcionários da Administração Local*

2 – O disposto no número anterior não prejudica que o dirigente máximo do serviço considere, do ponto de vista disciplinar, justificada a ausência, se o funcionário ou agente fizer prova de motivos atendíveis.

ARTIGO 72.° – **(Processo)**

1 – O auto por falta de assiduidade servirá de base a processo disciplinar, que seguirá os trâmites previstos neste estatuto, com as especialidades previstas no presente artigo.

2 – Sendo desconhecido o paradeiro do arguido no termo do prazo da notificação por aviso publicado no *Diário da República,* será logo remetido o processo à entidade competente para decidir, sendo proferida a decisão sem mais trâmites.

3 – Mostrando-se que a falta de assiduidade, em face da prova produzida, constitui infracção disciplinar, o argido será demitido.

4 – A demissão será notificada ao arguido, por aviso, se continuar a ser desconhecido o seu paradeiro, podendo aquele, no prazo máximo de 60 dias após a publicação, impugná-la ou requerer a reabertura do processo.

5 – Vindo a ser conhecido o paradeiro do arguido, ser-lhe-á notificada a decisão, com menção de que dela poderá recorrer no prazo de 30 dias ou, no mesmo prazo, requerer que se proceda à reabertura do processo.

SECÇÃO IV – **Recursos**

ARTIGO 73.° – **(Espécie de recursos)**
Da decisão proferida em processo disciplinar pode caber recurso hierárquico e recurso contencioso.

ARTIGO 74.° – **(Recurso contencioso)**
Das decisões condenatórias dos ministros e demais entidades competentes cabe recurso contencioso nos termos gerais.

ARTIGO 75.° – **(Recurso hierárquico)**
1 – O arguido e o participante podem recorrer hierarquicamente dos despachos que não sejam de mero expediente proferidos por qualquer dos funcionários e agentes mencionados no artigo 16.°.

2 – O disposto no número anterior é aplicável ao recurso das decisões proferidas em processo disciplinar em que o arguido seja funcionário ou agente dos institutos públicos.

3 – O recurso hierárquico interpõe-se directamente para o membro do Governo competente, no prazo de 10 dias a contar da data em que o arguido e o participante tenham sido notificados do despacho ou no prazo de 20 dias a contar da publicação do aviso referido no n.° 2 do artigo 59.°.

4 – Na administração local, o recurso hierárquico previsto no n.° 3 do presente artigo será interposto para o respectivo órgão executivo, ao qual caberá resolver nos termos do n.° 6.

5 – Se o arguido não tiver sido notificado ou se apenas não tiver sido anunciada em aviso nos termos do n.° 3, o prazo conta-se a partir da data em que o arguido tiver conhecimento do despacho.

6 – A interposição do recurso hierárquico suspende a execução da decisão condenatória e devolve ao membro do Governo a competência para decidir definitivamente, podendo este mandar proceder a novas diligências, manter, diminuir ou anular a pena.

Decreto-Lei n.º 24/84, de 16 de Janeiro   361

7 – A pena só pode ser agravada ou substituída por pena mais grave em resultado de recurso do participante.

8 – Da aplicação de quaisquer penas que não sejam da exclusiva competência de um membro do Governo cabe recurso hierárquico necessário.

ARTIGO 76.º – **(Outros meios de prova)**
Com o requerimento em que interponha o recurso pode o recorrente requerer novos meios de prova ou juntar os documentos que entenda conveniente, desde que não pudessem ter sido requeridos ou utilizados antes, devendo o ministro, entidade equiparada ou órgão executivo ordenar, no prazo de 5 dias, o início da realização das diligências adequadas.

ARTIGO 77.º – **(Regime de subida dos recursos)**
1 – Os recursos das decisões que não ponham termo ao processo só subirão com a decisão final se dela se recorrer, salvo o disposto no número seguinte.

2 – Sobem imediatamente e nos próprios autos os recursos hierárquicos que, ficando retidos, percam por esse facto o efeito útil.

3 – Sobe imediatamente e nos próprios autos o recurso hierárquico interposto do despacho que não admita a dedução da suspeição do instrutor ou não aceite os fundamentos invocados para a mesma.

SECÇÃO V – **Revisão dos processos disciplinares**

ARTIGO 78.º – **(Requisitos da revisão)**
1 – A revisão dos processos disciplinares é admitida a todo o tempo, quando se verifiquem circunstâncias ou meios de prova susceptíveis de demonstrar a inexistência dos factos que determinaram a condenação e que não pudessem ter sido utilizados pelo arguido no processo disciplinar.

2 – A revisão pode conduzir à revogação ou alteração da decisão proferida no processo revisto, não podendo em caso algum ser agravada a pena.

3 – A pendência de recurso hierárquico ou contencioso não prejudica o requerimento da revisão do processo disciplinar.

ARTIGO 79.º – **(Legitimidade)**
1 – O interessado na revisão de um processo disciplinar ou, nos casos previstos no n.º 1 do artigo 60.º, o seu representante apresentará requerimento nesse sentido ao ministro ou entidade equiparada ou ao órgão executivo.

2 – O requerimento indicará as circunstâncias ou meios de prova não considerados no processo disciplinar que ao requerente parecem justificar a revisão e será instruído com os documentos indispensáveis.

3 – A simples alegação de ilegalidade, de forma ou de fundo, do processo e da decisão disciplinar não constitui fundamento para a revisão.

ARTIGO 80.º – **(Decisão sobre o requerimento)**
1 – Recebido o requerimento, qualquer das entidades referidas no n.º 1 do artigo anterior resolverá no prazo de 30 dias se deve ou não ser concedida a revisão do processo.

2 – Do despacho ou deliberação que não conceder a revisão cabe recurso contencioso.

IV – *Funcionários da Administração Local*

ARTIGO 81.º – **(Trâmites)**

Se for concedida a revisão, será esta apensa ao processo disciplinar, nomeando-se instrutor diferente do primeiro, que marcará ao interessado prazo não inferior a 10 nem superior a 20 dias para responder por escrito aos artigos de acusação constantes do processo a rever, seguindo-se os termos dos artigos 59.º e seguintes.

ARTIGO 82.º – **(Efeito sobre o cumprimento da pena)**

A revisão do processo não suspende o cumprimento da pena.

ARTIGO 83.º – **(Efeitos da revisão procedente)**

1 – Julgando-se procedente a revisão, será revogada ou alterada a decisão proferida no processo revisto.

2 – A revogação produzirá os seguintes efeitos:

a) Cancelamento do registo da pena no processo individual do funcionário ou agente;

b) Anulação dos efeitos da pena.

3 – Serão respeitadas as situações criadas a outros funcionários e agentes pelo provimento nas vagas abertas em consequência da pena imposta, mas sempre sem prejuízo da antiguidade do funcionário ou agente punido à data da aplicação da pena.

4 – Em caso de revogação ou alteração de pena expulsiva, o funcionário terá direito a ser provido em lugar de categoria igual ou equivalente ou, não sendo possível, à primeira vaga que ocorrer na categoria correspondente, exercendo transitoriamente funções fora do quadro até à sua integração neste.

5 – O disposto no número anterior é aplicável aos agentes, com as devidas adaptações.

6 – O funcionário tem direito, em caso de revisão procedente, à reconstituição da carreira, devendo ser consideradas as expectativas legítimas de promoção que não se efectivaram por efeito da punição, sem prejuízo da indemnização a que tenha direito, nos termos gerais, pelos danos morais e materiais sofridos.

SECÇÃO VI – **Reabilitação**

ARTIGO 84.º – **(Regime aplicável)**

1 – Os funcionários e agentes condenados em quaisquer penas poderão ser reabilitados independentemente da revisão do processo disciplinar, sendo competente para esse efeito a entidade com competência para a aplicação da pena.

2 – A reabilitação será concedida a quem a tenha merecido pela boa conduta, podendo para esse fim o interessado utilizar todos os meios de prova admitidos em direito.

3 – A reabilitação pode ser requerida pelo interessado ou seu representante, decorridos os prazos seguintes sobre a aplicação ou cumprimento da pena:

a) 1 ano, nos casos de repreensão escrita;

b) 2 anos, no caso de multa;

c) 3 anos, nos casos de suspensão e cessação da comissão de serviço;

d) 5 anos, no caso de inactividade;

e) 6 anos, nos casos das penas expulsivas, de aposentação compulsiva e demissão.

4 – A reabilitação fará cessar as incapacidades e demais efeitos da condenação ainda subsistentes, devendo ser registada no processo individual do funcionário ou agente.

5 – A concessão da reabilitação não atribui ao indivíduo a quem tenha sido aplicada pena de aposentação compulsiva ou demissão o direito de reocupar, por esse facto, um lugar ou cargo na administração, sendo considerado para todos os efeitos legais como não vinculado à função pública.

CAPÍTULO VI – **Processos de inquérito, de sindicância e de meras averiguações**

ARTIGO 85.º – **(Inquérito e sindicância)**

1 – Os membros do governo podem também ordenar inquéritos ou sindicâncias aos serviços, designadamente aos institutos públicos sob sua tutela.

2 – A competência referida no número anterior é igualmente reconhecida aos órgãos executivos.

3 – O inquérito tem o fim de apurar factos determinados e a sindicância destina-se a uma averiguação geral acerca do funcionamento do serviço.

4 – A escolha e nomeação dos inquiridores ou sindicantes e dos seus secretários e a instrução dos processos de inquérito ou sindicância ordenados nos termos deste artigo regem-se, na parte aplicável, pelo disposto nos artigos 46.º a 54.º.

5 – O disposto no presente artigo não prejudica a faculdade que assiste aos secretários-gerais, directores-gerais ou equiparados, órgãos executivos ou a quaisquer funcionários investidos em funções de direcção ou chefia ou competentes para instauração de procedimento disciplinar de ordenarem a realização de processos de averiguações tendentes à obtenção de elementos necessários à adequada qualificação de eventuais faltas ou irregularidades verificadas no funcionamento dos respectivos serviços.

ARTIGO 86.º – **(Anúncios)**

1 – Se o processo for de sindicância, deve o sindicante, logo que a ele dê início, fazê-lo constar por anúncios publicados em 1 ou 2 jornais da localidade, havendo-os, e por meio de editais, cuja afixação requisitará às autoridades administrativas ou policiais.

2 – Nos anúncios e editais declarar-se-á que toda a pessoa que tenha razão de queixa ou de agravo contra o regular funcionamento dos serviços sindicados se pode apresentar a ele, sindicante, no prazo designado, ou a ele apresentar queixa por escrito e pelo correio.

3 – A queixa por escrito deve conter os elementos completos de identificação do queixoso e o reconhecimento notarial da respectiva assinatura.

4 – A publicação dos anúncios pela imprensa é obrigatória para os periódicos a que forem remetidos, aplicando-se em casos de recusa a pena correspondente ao crime de desobediência qualificada, sendo a despesa a que der causa documentada pelo sindicante, para efeitos de pagamento.

ARTIGO 87.º – **(Relatório e trâmites ulteriores)**

1 – Concluída a instrução do processo, deve o inquiridor ou sindicante elaborar, no prazo de 10 dias, o seu relatório, que remeterá imediatamente à respectiva administração, inspecção, direcção-geral ou autarquia local para ser presente à entidade que o mandou instaurar, salvo se houver motivo para instauração de processo disciplinar, nos termos previstos nos n.ᵒˢ 3 e 4 deste artigo.

2 – O prazo fixado no número anterior pode ser prorrogado pelo membro do Governo ou pelo órgão executivo, até ao limite total de 30 dias, quando a complexidade do processo o justifique.

3 – Os funcionários ou agentes encarregados da sindicância ou inquérito devem instaurar processo disciplinar, com dependência de despacho da entidade competente, quando verifiquem a existência de infracções disciplinares.

4 – O processo de inquérito ou de sindicância poderá constituir, mediante decisão de qualquer das entidades referidas no n.º 2, a fase de instrução do processo disciplinar, deduzindo o

IV – Funcionários da Administração Local

instrutor, nos termos e dentro do prazo referido na parte final do artigo 58.º, a acusação do arguido ou arguidos, seguindo-se os demais termos do processo disciplinar.

5 – No processo de inquérito podem os funcionários ou agentes visados constituir advogado.

ARTIGO 88.º – **(Processo de averiguações)**

1 – O processo de averiguações é um processo de investigação sumária e deve ser iniciado no prazo máximo de 24 horas, a contar da notificação ao instrutor, nomeado nos termos do artigo 51.º do despacho que o mandou instaurar.

2 – O processo de averiguações deve concluir-se no prazo improrrogável de 10 dias a contar da data em que foi iniciado.

3 – Decorrido o prazo referido no número anterior, o instrutor elaborará um relatório no prazo de 3 dias, que remeterá à entidade que tiver mandado instaurar o processo de averiguações e no qual poderá propor:

a) O arquivamento do processo, se entender que não há lugar a procedimento disciplinar, sem prejuízo do disposto no n.º 4 do artigo 50.º;

b) A instauração de processo de inquérito, nos termos do artigo 58.º, se, verificada a existência de infracção, não estiver ainda identificado o seu autor;

c) A instauração de processo disciplinar.

CAPÍTULO VII – Disposições finais

ARTIGO 89.º – **(Destino das multas)**

Sem prejuízo do disposto no artigo seguinte, as multas aplicadas nos termos do presente diploma constituem receita do Estado.

ARTIGO 90.º – **(Destino das multas da administração local)**

A importância das multas aplicadas constituirá receita das autarquias locais, asso-ciações de municípios ou serviços municipalizados ao serviço dos quais se encontrasse o funcionário ou agente no momento da prática da infracção, independentemente da sua situação na data em que seja punido.

ARTIGO 91.º – **(Não pagamento voluntário)**

1 – Se o arguido condenado em multa ou na reposição de qualquer quantia não pagar o que for devido no prazo de 30 dias a contar da notificação, ser-lhe-á a importância respectiva descontada nos vencimentos, emolumentos ou pensões que haja de perceber.

2 – O desconto previsto no número anterior será feito em prestações mensais não excedentes à quinta parte dos referidos vencimentos, emolumentos ou pensões, segundo decisão da entidade que julgar o processo, a qual fixará o montante de cada prestação.

ARTIGO 92.º – **(Execução)**

1 – O disposto no artigo anterior não prejudica a execução, quando seja necessária, a qual seguirá os termos do processo de execução fiscal.

2 – Servirá de base à execução a certidão do despacho condenatório.

DECRETO-LEI N.º 116/84*

de 6 de Abril

Revê o regime de organização e funcionamento dos serviços técnico-administrativos das autarquias locais

1. A estrutura e a organização dos municípios têm continuado a reger-se pelas normas do Código Administrativo, cuja filosofia centralizadora contraria os princípios constitucionais vigentes sobre a autonomia das autarquias locais e a consagração do poder local.

2. A consolidação daqueles princípios pressupõe a organização dos serviços municipais em moldes que permitam aos municípios dar resposta, de forma eficaz e eficiente, às solicitações decorrentes das suas novas atribuições e das competências acrescidas dos respectivos órgãos.

3. Neste contexto, procura-se que o presente decreto-lei se articule com o conjunto de diplomas sobre reorganização do poder autárquico, recentemente aprovado, estabelecendo os princípios gerais de organização e gestão que deverão orientar os órgãos autárquicos a definir, nos termos da competência exclusiva que passam a deter, a estrutura e funcionamento dos serviços que melhor se adequem à prossecução das suas atribuições.

4. Deste modo, a par de se abandonar a classificação administrativa dos municípios, libertando-os das discriminações por ela impostas em matéria de carreiras e categorias de pessoal, preconizou-se uma tipologia para os cargos de direcção e chefia que permitirá às autarquias, sem outras restrições que não as exclusivamente decorrentes de critérios objectivos de avaliação do nível das responsabilidades e qualificações exigidas para o desempenho dos cargos, dotar-se, em igualdade de situações com a administração central, de dirigentes habilitados.

5. A autonomia da decisão tem como contrapartida uma responsabilização mais directa dos autarcas, consubstanciada, designadamente, no reforço dos seus poderes de superintendência sobre a gestão das actividades camarárias.

Sem prejuízo da flexibilidade que sistematicamente se procurou instituir houve, pois, a preocupação de introduzir regras que garantam a racionalidade e operacionalidade das estruturas e que travem a tendência para o excessivo empolamento dos quadros.

6. Por outro lado, no sentido de garantir o melhor aproveitamento dos recursos humanos nos diversos níveis da Administração Pública, procurou-se ir tão longe quanto possível na institui-

---

* O DL n.º 247/87, de 17 de Junho, com as alterações que resultam do DL n.º 265/88, de 28 de Julho, estebelece o regime de carreiras e de categorias, bem como as formas de provimento do pessoal, dos serviços municipais.

ção da intercomunicabilidade dos quadros, garantindo, desde já, que a transição da administração central para os quadros das autarquias se poderá processar sem perda de vínculo àquela.

7. Procurou-se ainda privilegiar a colocação de pessoal nas zonas mais carenciadas, objectivo a prosseguir através da regulamentação a que se procederá em consonância com a política que neste domínio irá ser implementada em toda a função pública.

Não só nesse caso como em toda a legislação regulamentar que decorrerá dos Decretos-Leis n.os 41/84, 42/84, 43/84 e 44/84, de 3 de Fevereiro, procurar-se-á explorar ao máximo as virtualidades existentes no conjunto de diplomas referidos para propiciar uma mais estreita adequação às reconhecidas especificidades do exercício de funções nas autarquias locais.

8. Quanto à extinção do quadro geral administrativo, que, por imperativo constitucional e como forma de reconhecer expressamente a plena gestão autonómica dos quadros próprios das autarquias locais, houve que prever, teve-se sempre presente a indispensabilidade de acautelar os legítimos interesses e salvaguardar os direitos adquiridos pelo respectivo pessoal, estabelecendo adequados mecanismos de transição relativamente aos quais houve o cuidado de auscultar todos os interessados. Neste como noutros capítulos, as soluções que acabaram por se consagrar foram precedidas de consulta e nelas foram acolhidas, na medida do possível e aconselhável, as sugestões apresentadas. Destaca-se a este propósito a garantia dos direitos dos funcionários titulares de lugares do quadro geral administrativo que, por causas a que eram totalmente alheios, se viram obrigados ao desempenho de funções em regime de interinidade.

Assim:

ARTIGO 1.º – (Objecto e âmbito)

1 – O presente diploma estabelece os princípios a que obedece a organização dos serviços municipais.

2 – Mantém-se em vigor a legislação especial aplicável aos Municípios de Lisboa e Porto em tudo o que não contrarie o presente diploma.

ARTIGO 2.º(1-2) – (Princípios de organização dos serviços)

1 – A organização dos serviços municipais deverá ser estabelecida por deliberação da assembleia municipal, mediante proposta fundamentada da respectiva câmara municipal, no sentido da prossecução das atribuições legalmente cometidas aos municípios, designadamente pelo artigo 2.º do Decreto-Lei n.º 100/84, de 29 de Março, e das necessidades correspondentes de pessoal.

2 – A estrutura e o funcionamento dos serviços municipais adequar-se-ão aos objectivos de carácter permanente do município, bem como, com a necessária flexibilidade, aos objectivos postos pelo desenvolvimento municipal e intermunicipal.

3 – A organização municipal reflectirá a interligação funcional entre os órgãos e serviços da administração autárquica e os periféricos e centrais da administração central.

1 – Redacção da Lei n.º 44/85, de 13 de Setembro.

2 – Os municípios dispõem de serviços municipais de protecção civil (art. 5.º, n.º 1 do DL n.º 203//93, de 3 de Junho).

Ver, ainda, arts. 11.º e 13.º do DL n.º 222/93, de 18 de Junho (centro de operações de emergência de protecção civil – COEPC).

Decreto-Lei n.° 116/84, de 6 de Abril 367

ARTIGO 3.° – **(Princípio de gestão dos serviços)**
A gestão dos serviços municipais deve respeitar:
a) A correlação entre o plano de actividades e o orçamento do município, no sentido da obtenção da maior eficácia e eficiência dos serviços municipais;
b) O princípio da prioridade das actividades operativas sobre as actividades instrumentais, devendo estas orientar-se essencialmente para o apoio administrativo daquelas;
c) O princípio da utilização de gestão por projectos quando a realização de missões com finalidade económico-social e carácter interdisciplinar integrado não possa ser eficaz e eficientemente alcançado com recurso a estruturas verticais permanentes.

ARTIGO 4.° – **(Poderes de superintendência)**
A superintendência da gestão das actividades enquadradas pelos níveis de direcção e chefia a que se reporta o n.° 1 do artigo 7.° será cometida ao presidente da câmara municipal e aos vereadores.

ARTIGO 5.° ([1]) – **(Quadros próprios dos municípios)**
1 – ([2]) Os municípios disporão de quadros de pessoal próprios, nos termos do artigo 244.° da Constituição, os quais deverão ser estruturados de acordo com as necessidades permanentes do município.
2 – Os quadros municipais serão intercomunicáveis, devendo a regulamentação sobre as regras de mobilidade entre os quadros privilegiar a colocação de pessoal nas zonas de média e extrema periferia legalmente definidas.
3 – ([3]) Os funcionários dos quadros da administração central que ingressem nos quadros próprios dos municípios não perdem, por força da transição, o vínculo à função pública.

1 – Redacção da Lei n.° 44/85, de 13 de Setembro.
2 – O DL n.° 247/87, de 17 de Junho, com as alterações que resultam do DL n.° 265//88, de 28 de Julho, estabelece o regime de carreiras e categorias do pessoal dos quadros dos serviços municipais.
3 – Ver arts. 3.°, 4.° e 5.° do DL n.° 409/91, de 17 de Outubro (permuta, transferência e requisição de funcionários da administração central para a local).
Ver, ainda, o DL n.° 175/98, de 2 de Julho.

ARTIGO 6.° ([1]) – **(Restrições à admissão de pessoal não vinculado)**
As restrições à admissão de pessoal não vinculado à função pública, bem como os respectivos efeitos, devem ser entendidos sem prejuízo das situações de constituição de reservas de recrutamento nos termos da Portaria n.° 800/82, de 24 de Agosto, bem como de outras situações que venham a constituir-se ao abrigo de disposições regulamentares que promovam a adaptação à administração local do Decreto-Lei n.° 44/84, de 3 de Fevereiro.

1 – O DL n.° 44/84 foi revogado pelo art. 49.° do DL n.° 498/88, de 30 de Dezembro (ver arts. 2.°, n.os 2 e 3 e 5.° deste último Diploma).
O DL n.° 52/91, de 25 de Janeiro adaptou à administração local o regime de recrutamento e selecção do pessoal constante do DL n.° 498/88.
Este regime foi substituído, entretanto, pelo previsto no DL n.° 204/98, de 11 de Julho, adaptado à administração local pelo DL n.° 238/99, de 25 de Junho.

ARTIGO 7.° ([1-2]) – *(Pessoal dirigente)*
1 – Para direcção das actividades organizadas no âmbito dos municípios com vista à prossecução dos seus objectivos, os serviços municipais poderão dispor dos cargos de direcção e chefia constantes do mapa I anexo, para além dos já previstos no anexo I ao Decreto-Lei n.° 406/82, de 27 de Setembro.

368 IV – Funcionários da Administração Local

2 – *Os cargos dirigentes não poderão ser criados sem a existência da correspondente unidade orgânica, devidamente estruturada, quer essa unidade seja de natureza permanente quer tenha a natureza de projecto.*

3 – *Os cargos dirigentes a que se refere o presente artigo são exercidos em comissão de serviço, sendo-lhes aplicável, com as necessárias adaptações, o regime definido na lei geral para cargos dirigentes de vencimento equiparado.*

4 – *O cargo de director de projecto municipal será exercido em comissão de serviço por tempo indeterminado, cessando a respectiva comissão com o termo do projecto.*

5 – *O recrutamento do pessoal dirigente far-se-á de entre indivíduos vinculados à administração local e central possuidores das necessárias qualificações e especializações, obedecendo às seguintes regras:*

a) *Director municipal ou de departamento municipal, de entre licenciados com curso superior adequado, assessores autárquicos, letras C e D, chefes de secretaria das assembleias distritais, bem como diplomados pelo CEFA, em condições a regulamentar por diploma legal;*

b) *Chefes de divisão municipal, de entre indivíduos habilitados com curso superior adequado, assessores autárquicos, letra F, chefes de secretaria das assembleias distritais, bem como diplomados pelo CEFA, em condições a regulamentar por diploma legal.*

6 – (3) *Os chefes de repartição poderão ser recrutados de entre indivíduos com habilitações nas condições referidas nas alíneas a) e b) do número anterior e de entre chefes de secção e tesoureiros, letras G e H, em qualquer dos casos com, pelo menos, 3 anos de bom e efectivo serviço na categoria, bem como de entre assessores autárquicos, letras F e G, não se lhes aplicando o disposto no n.° 3 do presente artigo.*

7 – *Excepcionalmente e por razões devidamente fundamentadas em função do perfil do cargo a prover ou do grau de especialização exigida, poderá ser dispensada, mediante diploma adequado, sob proposta da câmara aprovada pela assembleia municipal, a vinculação à função pública ou a posse das habilitações literárias normalmente exigidas, para os cargos referidos no n.° 5.*

1 – Redacção da lei n.° 44/85, de 13 de Setembro.

2 – Revogado pelo art. 18.°, alínea b), do DL n.° 198/91, de 29 de Maio.

3 – O disposto nos n.ºs 1 e 6 do artigo 7.° do DL n.°116/84, de 6 de Abril, bem assim o mapa I anexo ao diploma, revogados pela alínea b) do artigo 18.° do DL n.° 198/91, de 29 de Maio, não eram aplicáveis aos serviços municipalizados;

Face à vigência do artigo 23.°, n.° 1, do DL n.° 247/87, de 17 de Junho, os serviços municipalizados do Grupo I poderão criar nos seus quadros lugares de chefe de repartição (Parecer da P.G.R. n.° 4/93, publicado no D.R., II Série, de 2/10/93).

ARTIGO 8.° (1-2) – (Gabinete de apoio pessoal)

1 – *Os presidentes das câmaras municipais podem constituir um gabinete de apoio pessoal, composto por um chefe de gabinete, um adjunto e um secretário, com remuneração correspondente, respectivamente, a 90%, 80% e 60% da remuneração legalmente prevista para os vereadores em regime de permanência a tempo inteiro.*

2 – *O chefe de gabinete, adjunto e secretário têm ainda direito aos abonos genericamente atribuídos para a função pública.*

3 – *Os membros do gabinete são livremente providos e exonerados pelo presidente da câmara municipal, sendo dado por findo o exercício das suas funções com a cessação do mandato do presidente.*

4 – *Os membros do gabinete são providos em regime de comissão de serviço, com a faculdade de optarem pelas remunerações correspondentes aos lugares ou cargos de origem, mantendo o direito a estes, bem com às promoções, ao acesso a concursos, às regalias ou qualificações, aos benefícios sociais e a qualquer outro direito adquirido.*

Decreto-Lei n.º 116/84, de 6 de Abril   369

5 – *Os membros do gabinete não podem beneficiar de quaisquer gratificações atribuídas a título de trabalho extraordinário.*

6 – *Ao exercício das funções de chefe de gabinete e de adjunto é aplicável o disposto na alínea c) do n.º 1 do artigo 6.º do Decreto-Lei n.º 323/89, de 6 de Setembro.*

1 – Redacção do art. 1.º da Lei n.º 96/99, de 17 de Julho. Este dispositivo já havia sido alterado pela Lei n.º 44/85, de 13 de Setembro.

2 – Revogado pelo n.º 2 do art. 100.º da Lei n.º 169/99, de 18 de Setembro.

ARTIGO 8.º-A (¹) – **(Apoio a vereadores em regime de permanência)**

1 – Os vereadores em regime de tempo inteiro podem ser coadjuvados por um secretário, com remuneração correspondente a 60% da auferida por aqueles vereadores, sendo aplicável o regime estabelecido no artigo anterior.

2 – Compete ao presidente da câmara municipal proceder à nomeação do secretário, sob proposta do respectivo vereador.

3 – Para efeitos de aplicação do disposto nos números anteriores, dois vereadores em regime de meio tempo correspondem a um vereador em regime de tempo inteiro.

1 – Aditado pelo art. 2.º da Lei n.º 96/99, de 17 de Julho.

ARTIGO 9.º (¹-²-³-⁴) – **(Assessoria técnica)**

1 – Sempre que os municípios careçam de pessoal especializado deverão, preferencialmente, recorrer à assessoria dos gabinetes de apoio técnico, criados nos termos do Decreto-Lei n.º 58/79, de 9 de Março, com a redacção que lhe foi dada pela Lei n.º 10/80, de 19 de Junho.

2 – A assessoria técnica no âmbito dos gabinetes referidos no número anterior poderá ser ampliada de acordo com modalidades a acordar caso a caso, comparticipando os municípios do agrupamento e a administração central no aumento das despesas daí decorrentes, nos termos do n.º 1 do artigo 10.º do Decreto-Lei n.º 58/79, de 9 de Março.

1 – Redacção da Lei n.º 44/85, de 13 de Setembro.

2 – Os GATs dependem das comissões de coordenação regional (arts. 1.º n.º 4, 50.º e 51.º do DL n.º 130/86, de 7 de Junho).

3 – O DL n.º 122/90, de 14 de Abril, permite a integração nos quadros de pessoal das câmaras municipais do pessoal dos gabinetes técnicos locais.

4 – As áreas de actuação dos GATS serão redimensionadas por portaria, extinguindo-se, na data em vigor de tal portaria, aqueles que não tenham sido objecto de redimensionamento (arts. 1.º e 2.º do DL n.º 66/94, de 28 de Fevereiro).

ARTIGO 10.º (¹) – **(Limite dos encargos)**

1 – As despesas efectuadas com o pessoal do quadro da nova estrutura não poderão exceder 60% das receitas correntes do ano económico anterior ao respectivo exercício.

2 – As despesas com o pessoal pago pela rubrica «Pessoal em qualquer outra situação» não podem ultrapassar os 25% do limite dos encargos referidos no número anterior.

3 – Se as despesas realizadas com o pessoal do quadro existente em 31 de Dezembro de 1985 forem superiores ao limite fixado no n.º 1, será a respectiva diferença suportada pelo montante referido no número anterior, com a correspondente redução da verba disponível para despesas com pessoal em qualquer outra situação.

4 – A estrutura adoptada e o preenchimento do correspondente quadro de pessoal poderão ser implementados por fases, desde que em cada ano sejam respeitados os limites previstos nos números anteriores.

1 – Redacção da Lei n.º 44/85, de 13 de Setembro.

370   *IV – Funcionários da Administração Local*

ARTIGO 11.° ([1]) – **(Eficácia e tramitação das deliberações)**

1 – ([2]) A verificação do cumprimento dos limites referidos no artigo 10.° será efectuada pelo Ministério da Administração Interna com base nos elementos apurados nas contas de gerência, no prazo de 60 dias.

2 – É condição de eficácia das deliberações da assembleia municipal sobre a estrutura e a organização dos serviços e respectivos quadros de pessoal a sua publicação no *Diário da República*, 2.ª série.

3 – ([3]) Considera-se ilegalidade grave, constituindo fundamento para a dissolução do órgão ou órgãos responsáveis por tal facto, a violação do disposto no artigo anterior.

1 – Redacção da lei n.° 44/85, de 13 de Setembro.
2 – Cabe à Inspecção-Geral da Administração do Território, integrada no Ministério do Planeamento e Administração do Território, verificar o cumprimento das obrigações impostas às autarquias locais pela presente norma (art. 12.°, alínea *a*), do DL n.° 130/86, de 7 de Junho).
3 – Ver art. 9.° da Lei n.° 27/96, de 1 de Agosto.

ARTIGO 12.° ([1-2]) – **(Apoio à organização)**

O Ministério da Administração Interna prestará apoio técnico no âmbito da reorganização dos serviços dos municípios, nomeadamente emitindo parecer, sempre que solicitado, sobre o projecto de estrutura a submeter pelo executivo à aprovação da assembleia municipal.

1 – Redacção da Lei n.° 44/85, de 13 de Setembro.
2 – Compete à Direcção-Geral de Administração Autárquica, integrada no Ministério do Planeamento e Administração do Território, elaborar os pareceres relativos à reorganização dos serviços municipais (art. 27.°, alínea *e*), do DL n.° 130/86, de 7 de Junho).

ARTIGO 13.° ([1]) – **(Extinção do quadro geral administrativo)**

1 – É extinto o quadro geral administrativo dos serviços externos do Ministério da Administração Interna, criado nos termos do Decreto-Lei n.° 274 24, de 31 de Dezembro de 1936, na parte correspondente às autarquias locais.

2 – O pessoal provido nas categorias do quadro geral administrativo dos serviços externos do Ministério da Administração Interna mantém as actuais categorias, continuando no exercício das suas funções nos quadros próprios dos municípios.

3 – As competências cometidas ao Ministério da Administração Interna relativamente ao pessoal do quadro geral administrativo passam a ser exercidas pelos órgãos executivos municipais, que procederão à sua gestão com respeito pelas normas específicas que regem o ingresso e a progressão na carreira.

4 – A salvaguarda do direito de regresso à actividade do pessoal do quadro geral administrativo que se encontra em situação de licença sem vencimento ou ilimitada reportar-se-á ao quadro do município onde exercia funções à data em que foi autorizada a respectiva licença.

5 – ([2]) Aos funcionários providos na categoria de chefe de secretaria é assegurado o direito ao provimento na categoria de assessor autárquico, de acordo com o mapa II anexo, que se reportará aos quadros dos municípios em que aqueles se encontrem a exercer funções.

6 – Nos quadros actualmente existentes de cada município serão aditados os lugares necessários à execução do disposto no número anterior, os quais serão extintos à medida que vagarem.

7 – ([3-4]) Os funcionários referidos no n.° 5 poderão continuar a exercer funções notariais sempre que o órgão executivo do município o julgue conveniente, não podendo auferir anualmente, a título de participação emolumentar, bem como de custas fiscais, remuneração superior a 70% do seu vencimento base como assessores autárquicos.

8 – Sem prejuízo do disposto no número anterior, será aplicável àquelas remunerações aces-

Decreto-Lei n.º 116/84, de 6 de Abril 371

sórias o regime definido nos diplomas que estabelecem a tabela de vencimentos dos funcionários e agentes da administração pública central e local.

9 – Sem prejuízo do disposto no n.º 7, o recrutamento de notários privativos para o município deverá recair em indivíduos licenciados em Direito, habilitados com estágio de notariado, podendo ainda as funções notariais ser cometidas a notários pertencentes aos quadros da Direcção-Geral dos Registos e do Notariado.

10 – As competências atribuídas aos chefes de secretaria nos termos do artigo 137.º do Código Administrativo e demais legislação em vigor passarão a ser asseguradas pelos assessores autárquicos até à reorganização dos serviços, processada nos termos do presente diploma.

11 – (5) Após a reorganização dos serviços, de acordo com o disposto no presente diploma, as competências atribuídas aos chefes de secretaria, nos termos do artigo 137.º do Código Administrativo e demais legislação em vigor, passarão a ser asseguradas, nos termos a fixar caso a caso, por deliberação do executivo municipal.

12 – Nas câmaras municipais em que não haja assessor autárquico as competências referidas no n.º 10 serão asseguradas pelo funcionário que as vinha exercendo e que auferirá, a esse título, vencimento e participação emolumentar correspondente à categoria de assessor autárquico.

1 – Redacção da Lei n.º 44/85, de 13 de Setembro.
2 – Ver art. 57.º do DL n.º 247/87, de 17 de Junho.
3 – O limite máximo de percepção de emolumentos notariais e de custas fiscais previsto na norma em anotação é igualmente aplicável aos titulares de cargos de direcção e de chefia, quando sejam estes a exercer as funções notariais e de juiz auxiliar em processos de execução fiscal, nos termos de deliberação do órgão autárquico (art. 58.º n.º 2 do DL n.º 247/87).
4 – Ver art. 43.º n.º 2 do DL n.º 353-A/89, de 16 de Outubro.
5 – Ver Parecer da P.G.R. n.º 3/93, publicado no DR, II série, de 7/10/93.

ARTIGO 13.º-A (¹) – (Concursos)

1 – Mantém-se a validade dos concursos abertos até à data da entrada em vigor deste diploma para as categorias do quadro geral administrativo.

2 – O provimento resultante da aprovação nos concursos referidos no número anterior será feito em lugares correspondentes dos quadros próprios dos municípios.

3 – O provimento resultante da aprovação em concurso para chefe de secretaria será feito no lugar de assessor autárquico correspondente, aditado para o efeito ao quadro próprio do município, de acordo com o mapa II anexo.

1 – Aditado pela Lei n.º 44/85, de 13 de Setembro.

ARTIGO 14.º (¹) – (Transição)

1 – (2-3) Os mecanismos de transição do pessoal para os lugares dos quadros próprios dos municípios que vierem a ser criados ao abrigo do presente diploma serão definidos no âmbito da legislação que regular o regime jurídico do funcionalismo autárquico, sem prejuízo das letras de vencimento actualmente detidas, designadamente nos diplomas regulamentares que adaptarem à administração local as medidas sobre mobilidade de recursos humanos e os princípios de recrutamento e selecção de pessoal a que se referem os Decretos-Leis n.ºs 41/84 e 44/84, de 3 de Fevereiro.

2 – Os funcionários titulares de lugares do quadro geral administrativo que, à data da publicação da Lei n.º 19/83, de 6 de Setembro, se encontrassem a ocupar ou tivessem ocupado lugares do mesmo quadro em regime de interinidade consideram-se providos, a título definitivo, nesses lugares, desde que tenham bom e efectivo serviço nos mesmos.

3 – Os funcionários titulares de lugares do quadro geral administrativo que, à data da publi-

cação da Lei n.º 19/83, de 6 de Setembro, se encon-trassem a desempenhar ou tivessem desempenhado cargos do mesmo quadro em regime de substituição consideram-se providos na categoria imediatamente superior à categoria de origem, até à de primeiro-oficial, inclusive.

4 – Os funcionários do quadro geral administrativo que, à data da publicação da Lei n.º 19/83, de 6 de Setembro, se encontrassem a desempenhar funções em regime de requisição ou destacamento serão providos, a título definitivo, em lugares correspondentes às funções que vinham exercendo mediante deliberação dos municípios interessados e a anuência dos funcionários.

5 – Para a execução do disposto nos n.ᵒˢ 2, 3 e 4, os quadros de pessoal dos municípios serão aumentados em tantos lugares quantos os necessários, os quais se extinguirão à medida que vagarem.

1 – Redacção da Lei n.º 44/85, de 13 de Setembro.
2 – Ver art. 62 do DL n.º 247/87, de 17 de Junho.
3 – As normas do Capítulo IV do DL n.º 41/84, referentes à mobilidade do pessoal foram revogadas pelo DL n.º 427/89, de 7 de Dezembro, com excepção dos arts. 26.º e 30.º.
O DL n.º 409/91, de 17 de Outubro, aplica à administração local o DL n.º 427/89.
O DL 44/84 foi revogado pelo DL n.º 498/88, de 30 de Dezembro, que estabeceu o novo regime de recrutamento e selecção do pessoal para a Administração Pública. Este diploma foi adaptado à administração local pelo DL n.º 52/91, de 25 de Janeiro.
Hoje, o regime de recrutamento e selecção de pessoal para a Administração Pública consta do DL n.º 204/98, de 11 de Julho, adaptado à administração local pelo DL n.º 238/99, de 25 de Junho.

ARTIGO 15.º – (Regulamentação)

A regulamentação das matérias constantes do presente decreto-lei será objecto de decreto regulamentar da responsabilidade conjunta dos Ministros da Administração Interna e das Finanças e do Plano e do membro do Governo que tiver a seu cargo a Administração Pública.

ARTIGO 16.º (¹) – (Actualização de vencimentos)

Os vencimentos fixados pelo presente diploma serão actualizados pela forma prevista no diploma de vencimentos da função pública.

1 – O DL n.º 353-A/89, de 16 de Outubro, estabelece o novo regime remuneratório da Administração Pública.

ARTIGO 17.º (¹) – (Regiões autónomas)

O presente diploma aplica-se às regiões autónomas, sem prejuízo de, por decreto das respectivas assembleias regionais, ser objecto da adaptação justificada pelas especificidades regionais.

1 – Redacção da Lei n.º 44/85, de 13 de Setembro.

ARTIGO 17-A (¹) – (Norma interpretativa)

Consideram-se indevidamente recebidas as remunerações que, com base na interpretação do artigo 30.º do Decreto-Lei n.º 466/79, de 7 de Dezembro, conjugada com a dos artigos 33.º n.º 1 e 26.º do Decreto-Lei n.º 110-A/81, de 14 de Maio, ultrapassarem o limite máximo de vencimento sucessivamente estabelecido nos diplomas reguladores das remunerações dos membros do Governo.

1 – Aditado pela Lei n.º 44/85, de 13 de Setembro.

ARTIGO 17-B (¹) – (Prazo para a reorganização dos serviços)

Os municípios deverão reorganizar os seus serviços, de acordo com os princípios definidos no presente diploma, até 31 de Dezembro de 1986.

1 – Aditado pela Lei n.º 44/85, de 13 de Setembro.

Decreto-Lei n.º 116/84, de 6 de Abril 373

ARTIGO 18.º – (Norma revogatória)

Ficam revogadas as disposições do Código Administrativo e demais legislação contrárias ao presente diploma.

ARTIGO 19.º – (Entrada em vigor)

O presente diploma entra em vigor 30 dias após a sua publicação.

MAPA I (¹)

Cargo	Remuneração	Descrição genérica da função
Director municipal (Municípios de Lisboa e do Porto)	*Equiparada à de director-geral.*	*Directamente dependente dos membros do executivo camarário, nos termos do artigo 4.º, organiza, dirige e coordena grupos de actividades, agregados consoante os seus objectivos e complexidade, pessoal e orçamentos a gerir. Dirige directores de departamento municipal.*
Director do departamento municipal [municípios cuja participação no FEF é > 2/1000 do montante total do FEF (Fundo de Equilíbrio Financeiro)].	*Equiparada à de director de serviços.*	*Directamente dependente de um director municipal, dirige e coordena de forma integrada uma parcela das actividades sob a responsabilidade daquele, ou, não existindo director municipal, directamente dependente dos membros do executivo camarário, nos termos do artigo 4.º, exerce cumulativamente as funções acima descritas para director municipal. Dirige chefes de divisão municipal.*
Chefe de divisão municipal (restantes municípios).	*Equiparada à de chefe de divisão.*	*Directamente dependente de um director de departamento municipal, chefia o pessoal que, de uma forma integrada, executa as tarefas correspondentes a uma parcela das actividades sob a responsabilidade daquele, ou, não existindo director de departamento municipal nem director municipal, exerce cumulativamente as funções acima descritas para aqueles cargos, sob a directa dependência dos membros do executivo camarário, nos termos do artigo 4.º.*
Chefe de repartição.	*E*	*Na directa dependência dos membros do executivo cama-rário ou de qualquer dos cargos acima mencionados, organiza, chefia e coordena um conjunto de actividades instrumentais de carácter administrativo. Chefia chefes de secção.*
Director de projecto municipal	*A fixar pelas assembleias municipais, sob proposta do executivo camarário, não superior à remuneração fixada para director de departamento municipal.*	*Na directa dependência do executivo camarário, superintende no processo de consecução dos objectivos, na definição dos meios e responsabilidades pelo acompanhamento físico e financeiro do projecto.*

MAPA II (¹)

Categorias actuais	Categorias de transição	Actual	Após a transição
Chefe de secretaria de município urbano de 1.ª ordem.	*Assessor autárquico*	*D*	*C*
Chefe de secretaria de município urbano de 2.ª ordem e rural de 1.ª ordem.	*Assessor autárquico*	*E*	*D*
Chefe de secretaria de município rural de 2.ª ordem.	*Assessor autárquico*	*G*	*F*
Chefe de secretaria de município rural de 3.ª ordem.	*Assessor autárquico*	*H*	*G*

1 – Revogados pelo art. 18.º, alínea b), do DL n.º 198/91, de 29 de Maio.

DECRETO-LEI N.° 247/87*

de 17 de Junho

**Estabelece o regime jurídico de carreiras e categorias,
bem como as formas de provimento, do pessoal das câmaras
municipais, serviços municipalizados, federações e associações
de municípios, assembleias distritais e juntas de freguesia**

O presente diploma procede à adaptação do Decreto-Lei n.° 248/85, de 15 de Julho, às carreiras de pessoal da administração local.

No respeito da filosofia inovadora do referido decreto-lei procura-se a sua indispensável adequação às reconhecidas especificidades do funcionalismo autárquico no sentido da aproximação possível de regimes.

Visando, por um lado, dar continuidade ao processo de aperfeiçoamento do sistema de carreiras, procura-se aprofundar as medidas que têm vindo a ser encetadas no sentido da obtenção de um justo e correcto ordenamento dos recursos humanos da administração autárquica e, por outro, conferir mecanismos que permitam uma maior flexibilização da gestão do pessoal pelos órgãos competentes das autarquias locais.

Para além do cumprimento das exigências de regulamentação do Decreto-Lei n.° 248/85, de 15 de Julho, aproveita-se a oportunidade para rever as disposições contidas ainda no Código Administrativo e regulamentar determinados preceitos legais constantes, designadamente, do Decreto-Lei n.° 41/84, de 3 de Fevereiro, e do Decreto-Lei n.° 116//84, de 6 de Abril.

Das medidas consagradas, cumpre salientar as seguintes:

a) A criação de categorias ou carreiras deixa de estar condicionada à existência de grupos de actividade, por se entender que estes, face aos princípios consignados no Decreto-Lei n.° 116/84, de 6 de Abril, constituem um espartilho à gestão dos serviços;

b) Disciplina-se a estruturação dos quadros de pessoal, tendo em conta, nomeadamente, a concretização das áreas funcionais em que se inserem as diferentes carreiras ou categorias, sem prejuízo de virem a efectuar-se análises de funções em relação a cada categoria ou carreira, constituindo estas uma forma de auxílio à gestão de pessoal;

c) Na reestruturação das carreiras teve-se como princípio básico, e na medida do possível, o enquadramento das categorias profissionais existentes em regime de carreira, a determinação de áreas de recrutamento, o abandono da classificação administrativa dos municípios em matéria de carreiras ou categorias de pessoal;

---

* O regime estabelecido pelo presente Diploma foi alterado pelo DL n.° 220/88, de 28 de Junho (regime da carreira de condutor de máquinas pesadas), pelo DL n.° 265/88, de 28 de Julho (carreiras técnicas superior e técnica), pelo DL n.° 353-A/89, de 16 de Outubro (regime remuneratório), e pelo DL n.° 409/91, de 17 de Outubro (regime de constituição, modificação e extinção da relação de emprego).

376   *IV – Funcionários da Administração Local*

d) Relativamente ao pessoal do quadro estabelece-se um novo enquadramento das formas de provimento, generalizando-se o regime de nomeação;

e) Quanto ao pessoal fora do quadro, prevê-se um regime de contrato administrativo a prazo certo, aferido, sempre que possível, em função das necessidades transitórias dos serviços, disciplinando-se, assim, a diversidade de situações que, em muitos casos, não se mostravam conformes à legislação vigente;

f) Procura-se flexibilizar a gestão do pessoal, permitindo-se, dentro de certos parâmetros, a sua reclassificação profissional, bem como a possibilidade de concessão de licenças sem vencimento, destacando-se de entre estas a que visa o descongestionamento do pessoal;

g) Altera-se desde já, sem prejuízo da revisão global do Decreto Regulamentar n.º 68/80, de 4 de Novembro, o regime relativo à constituição e composição dos júris de consursos.

Sobre o presente diploma foram consultadas as organizações sindicais, bem como a Associação Nacional de Municípios, tendo-se procurado, na medida do possível, acolher as sugestões formuladas.

Nos termos constitucionais, foram ouvidas as Regiões Autónomas dos Açores e da Madeira. Assim:

ARTIGO 1.º (1-2) – **(Objecto e âmbito)**

1 – O presente diploma estabelece o regime de carreiras e categorias, bem como as formas de provimento, do pessoal das câmaras municipais, serviços municipalizados, federações e associações de municípios, assembleias distritais e juntas de freguesia.

2 – O presente decreto-lei aplica-se nas regiões autónomas, com as necessárias adaptações.

3 – As competências atribuídas no presente diploma ao Governo da República serão exercidas nas regiões pelos governos regionais e respectivos departamentos.

1 – Ver arts. 39.º e 40.º do DL n.º 169/99, de 18 de Setembro (pessoal das juntas de freguesia), art. 20.º do DL n.º 172/99, de 21 de Setembro (pessoal das associações de municípios), e art. 25.º do DL n.º 175/99, de 21 de Setembro (pessoal das associações de freguesias).

2 – O presente diploma aplica-se ao pessoal das assembleias distritais que integra os respectivos quadros privativos.

O pessoal ao serviço das assembleias distritais não provido em lugares dos quadros próprios fica sujeito ao regime jurídico do pessoal da Administração Central, nos termos do art. 13.º do DL n.º 5/91, de 8 de Janeiro.

CAPÍTULO I – **Disposições gerais**

ARTIGO 2.º – **(Princípios de gestão)**

A gestão dos recursos humanos deve pautar-se, no estabelecimento dos respectivos quadros de pessoal, entre outros princípios, pela necessidade de adequação das carreiras às competências dos serviços e proceder ao enquadramento do respectivo pessoal numa perspectiva de avaliação global das funções exercidas.

ARTIGO 3.º – **(Conteúdos funcionais)**

1 – A descrição das funções correspondentes às carreiras e categorias específicas dos funcionários e agentes da administração local serão objecto de portaria do Ministro do Plano e da Administração do Território.

2 – Para efeitos do número anterior, as comissões de coordenação regional realizarão, em colaboração com os serviços competentes das entidades abrangidas pelo presente diploma, as adequadas análises de funções, podendo solicitar, sempre que se mostre necessário, a colaboração de serviços da administração central.

Decreto-Lei n.° 247/87, de 17 de Junho 377

3 – O disposto no número anterior não prejudica o recurso a outros serviços públicos ou empresas especializadas em matéria de análise de funções.

4 – A descrição dos conteúdos funcionais não pode, em caso algum, constituir fundamento para o não cumprimento do dever de obediência e não prejudica a atribuição aos funcionários e agentes de tarefas de complexidade e responsabilidade equiparáveis, não expressamente mencionadas.

ARTIGO 4.° – **(Criação ou reestruturação de carreiras ou categorias)**

1 – ([1]) A criação de carreiras ou categorias específicas da administração local ou a reestruturação das existentes será feita mediante decreto regulamentar do Ministro do Plano e da Administração do Território e do membro do Governo que tiver a seu cargo a função pública.

2 – As propostas de criação ou reestruturação de carreiras ou categorias deverão ser acompanhadas da descrição dos conteúdos funcionais, as quais deverão conter a enumeração das tarefas e responsabilidades que lhe são inerentes e dos requisitos exigíveis para o seu exercício.

1 – Ver Decreto-Regulamentar n.° 27/97, de 18 de Junho (carreira de conselheiro de consumo), e Decreto-Regulamentar n.° 51/97, de 24 de Novembro (carreira de auxiliar de acção educativa).

O DL n.° 39/2000, de 17 de Março, criou a carreira de polícia municipal, tendo revogado o Decreto-Regulamentar n.° 20/95, de 18 de Julho.

ARTIGO 5.° ([1]) – **(Formação e aperfeiçoamento profissional)**

1 – As entidades abrangidas pelo presente dipoma assegurarão a concretização do direito à formação permanente dos funcionários e agentes ao seu serviço.

2 – A satisfação do objectivo referido no número anterior será efectivada mediante a realização de acções de formação profissional, inicial ou prévia, bem como de acções de aperfeiçoamento e reciclagem permanente.

3 – A preparação e ou execução das acções de formação e aperfeiçoamento que atinjam os objectivos de generalização e especialização de conhecimentos adequados ao desempenho eficiente das funções e à consequente valorização dos funcionários e agentes cabem especialmente às estruturas de formação do Ministério do plano e da Administração do Território, independentemente de as mesmas poderem ser prosseguidas pelas próprias entidades abrangidas pelo presente diploma e sem prejuízo do recurso a outras entidades públicas ou privadas.

4 – Na elaboração do plano de actividades, e face aos objectivos anuais a prosseguir de acordo com o mesmo, poderão as entidades abrangidas pelo presente decreto-lei prever o programa anual de formação e aperfeiçoamento profissional para os seus funcionários e agentes.

5 – Sempre que as referidas entidades desejem recorrer às estruturas de formação do Ministério do Plano e da Administração do Território deverão comunicar, com a antecedência necessária, as suas necessidades em matéria de formação e aperfeiçoamento profissional.

1 – Ver DL n.° 50/98, de 11 de Março.

ARTIGO 6.° – **(Estruturação dos quadros)**

1 – Os quadros de pessoal das entidades abrangidas pelo presente diploma, aprovados nos termos da lei, deverão ser estruturados tendo em conta os seguintes princípios:

a) A concretização das áreas funcionais em que se inserem as diferentes carreiras ou categorias;

b) A designação das carreiras de acordo com o mapa I anexo, ou, quando se trate de carreiras de conteúdo genérico, a respectiva adjectivação.

2 – Na estruturação dos quadros o pessoal deverá ser agrupado em:

a) Pessoal dirigente e de chefia;

378   *IV – Funcionários da Administração Local*

b) Pessoal técnico superior;

c) Pessoal técnico;

d) Pessoal técnico-profissional;

e) Pessoal administrativo;

f) Pessoal operário;

g) Pessoal auxiliar.

3 – Nos quadros de pessoal o número de lugares de cada categoria não deve, em regra, exceder o da categoria imediatamente inferior.

4 – Quando o número de lugares fixados não exceder o número de categorias ou classes integradas na respectiva carreira, poderão ser estabelecidas dotações globais.

5 – O número de lugares fixados para as carreiras horizontais é estabelecido globalmente para o conjunto de categorias ou classes da mesma carreira.

6 – Nos quadros de pessoal não poderão ser previstas carreiras ou categorias com desenvolvimento ou designação diferentes das previstas na lei geral e no presente diploma e respectivos anexos.

7 – Não podem ser criados nos quadros de pessoal lugares relativos a carreiras de conteúdo genérico, quando no mapa I anexo esteja prevista a existência de carreira ou categoria com designação específica para a respectiva área funcional.

ARTIGO 7.°(1-2) – (Intercomunicabilidade vertical. Concurso de habilitação)

1 – *O recrutamento e selecção do pessoal nas situações previstas no n.° 2 do artigo 17.° do Decreto-Lei n.° 248/85, de 15 de Julho, fica sujeito às seguintes regras:*

a) *O método de selecção obrigatório é o concurso, com a natureza de concurso de habilitação, o qual consistirá na prestação de provas de conhecimentos teóricos e ou práticos;*

b) *O concurso apenas poderá ser aberto por mais de três das entidades a que se refere o n.° 1 do artigo 1.°, agrupadas para o efeito;*

c) *O júri do concurso de habilitação será constituído por deliberação do respectivo ou respectivos órgãos executivos, devendo incluir obrigatoriamente um técnico de reconhecida competência, estranho às entidades que promoverem a abertura do concurso;*

d) *As entidades agrupadas nos termos da alínea b) do presente artigo acordarão entre si qual a entidade responsável pela abertura do concurso e demais fases processuais até à lista de classificação final dos candidatos aprovados;*

e) *O conteúdo das provas, cujo programa será objecto de despacho do Ministro do Plano e da Administração do Território, será elaborado pelo júri do respectivo concurso;*

f) *Os funcionários aprovados no concurso de habilitação ficam aptos a candidatar-se aos concursos de provimento para as categorias em relação às quais se encontram habilitados, abertos pelas entidades que promoverem o concurso de habilitação.*

2 – *Sempre que a complexidade de determinado tipo de funções o aconselhe, poderão as entidades promotoras do concurso de habilitação deliberar no sentido de a apresentação a este concurso ficar condicionada à frequência prévia, com aproveitamento, de acções de formação adequadas.*

1 – Revogado pelo art. 25.°, alínea *a)*, do DL n.° 412-A/98, de 30 de Dezembro.

2 – Ver art. 3.° do DL n.° 404-A/98, de 18 de Dezembro.

Decreto-Lei n.° 247/87, de 17 de Junho 379

CAPÍTULO II – Carreiras

ARTIGO 8.° (1-2) – **(Desenvolvimento e regime de carreiras)**

O desenvolvimento e o regime de carreiras e categorias do pessoal da administração local é o constante do presente diploma e respectivos anexos.

1 – As escalas salariais das carreiras e categorias da administração local a que se referia o Anexo I ao DL n.° 247/87 foram substituídas pelas dos Anexos II e III ao DL n.° 353-A/89, de 16 de Outubro, e constam hoje dos Anexos II e III ao DL n.° 412-A/98, de 30 de Dezembro.

2 – O DL n.° 234-A/2000, de 25 de Setembro, cria, no ordenamento de carreiras da administração local, a carreira de assistente de acção educativa e estabelece regras para a contratação de pessoal para o exercício de funções de auxiliar de acção educativa.

ARTIGO 9.° (1) – **(Carreiras técnica superior e técnica)**

O recrutamento para as categorias das carreiras integradas nos grupos de pessoal técnico superior e técnico obedece às regras constantes dos artigos 18.° e 19.° do Decreto-Lei n.° 248/85, de 15 de Julho, e às disposições aplicáveis do presente diploma.

1 – Os arts. 18.° e 19.° do DL n.° 248/85, de 15 de Julho, foram revogados pelo art. 14.° do DL n.° 265/88, de 28 de Julho.

A remissão para aqueles dispositivos deve considerar-se feita para os arts 4.° e 5.° do DL n.° 404-A/98, de 18 de Dezembro, com as adaptações resultantes dos arts. 2.° e 3.° do DL n.° 412-A/98, de 30 de Dezembro, e, ainda, para o art. 5.° do DL n.° 265/88, de 28 de Julho.

ARTIGO 10.° (1) – **(Carreiras de BAD e de conservador de museus)**

1 – O recrutamento para as categorias de acesso das carreiras dos serviços de bibliotecas, arquivos e documentação, bem como para a carreira de conservador de museus, obedecerá ao disposto na lei geral.

2 – Ao ingresso nas carreiras de técnico superior, de técnico auxiliar e de auxiliar técnico de bibliotecas, arquivos e documentação aplica-se o disposto no Decreto-Lei n.° 280/79, de 10 de Agosto.

3 – As eventuais alterações que venham a verificar-se na estrutura das carreiras dos serviços de bibliotecas, arquivos e documentação constante do Decreto-Lei n.° 280/79, de 10 de Agosto, serão, desde logo, aplicáveis à administração local.

4 – O provimento na categoria de conservador de museus de 2.ª classe far-se-á nos termos do Decreto-Lei n.° 45/80, de 20 de Março.

1 – Este preceito deve considerar-se revogado no que concerne às carreiras de BAD.

O regime jurídico das carreiras de pessoal específico das áreas funcionais de biblioteca, documentação e de arquivo consta do DL n.° 247/91, de 10 de Julho.

A carreira de auxiliares técnicos de biblioteca, documentação e arquivo é extinta à medida que vagarem os respectivos lugares (art. 13.°).

ARTIGO 11.° (1) – **(Carreiras de informática)**

1 – O Decreto-Lei n.° 110-A/80, de 10 de Maio, aplica-se ao pessoal dos serviços de informática da administração local que se ocupa do estudo sistemático da estrutura, armazenamento, transmissão e transformação de informação por meio de computador, em que sejam executadas todas ou parte das funções descritas no capítulo III daquele decreto-lei.

2 – As eventuais alterações que se venham a verificar na estrutura das carreiras de informática constante do Decreto-Lei n.° 110-A/80, de 10 de Maio, em consequência do Decreto-Lei n.° 248/85, de 15 de Julho, serão, desde logo, aplicáveis à administração local.

1 – O DL n.° 110-A/80 foi revogado pelo DL n.° 23/91, de 11 de Janeiro, que, com as alterações cons-

380   *IV – Funcionários da Administração Local*

tantes do DL n.º 177/95, de 26 de Julho, estabelece o novo estatuto das carreiras e categorias do pessoal de informática.

O DL n.º 12/2000, de 11 de Fevereiro, aplica às carreiras de pessoal de informática a revalorização prevista no DL n.º 404-A/98, de 18 de Dezembro.

ARTIGO 12.º (¹) – **(Carreira de educador de infância. Auxiliar de educação)**

É aplicável aos educadores de infância, quanto ao ingresso e acesso na respectiva carreira, bem como aos auxiliares de educação, o regime do pessoal docente de educação pré-escolar do Ministério da Educação e Cultura.

1 – Ver Decreto-Regulamentar n.º 51/97, de 24 de Novembro.

ARTIGO 13.º (¹⁻²) – **(Carreiras técnico-profissionais)**

O recrutamento para as categorias das carreiras integradas no grupo de pessoal técnico-profissional faz-se de harmonia com o disposto no artigo 20.º do Decreto-Lei n.º 248/85, de 15 de Julho, e de acordo com o estabelecido no presente diploma.

1 – Revogado pelo art. 25.º, alínea a), do DL n.º 412-A/98, de 30 de Dezembro.
2 – Ver art. 6.º do DL n.º 404-A/98, de 18 de Dezembro.

ARTIGO 14.º (¹) – **(Carreira de enfermagem)**

1 – O recrutamento para o ingresso na carreira de enfermagem faz-se pela categoria de enfermeiro de 2.ª classe, mediante concurso documental, a que podem candidatar-se os enfermeiros habilitados com o curso de Enfermagem Geral ou equivalente legal.

2 – O acesso às categorias de enfermeiro de 1.ª classe e principal fica condicionado à permanência de cinco anos na categoria imediatamente inferior e à classificação de serviço não inferior a *Bom.*

3 – A mudança de categoria faz-se a requerimento do interessado uma vez preenchidas as condições para tal e produz efeitos no dia em que perfizer cinco anos, dispensando-se quaisquer formalidades legais, à excepção da deliberação do órgão executivo.

4 – O recrutamento para a categoria de enfermeiro-chefe faz-se, mediante concurso documental, de entre enfermeiros principais com três anos de serviço na categoria, classificados, no mínimo, de *Bom.*

1 – O DL n.º 437/91, de 8 de Novembro, com as alterações constantes do DL n.º 412/98, de 30 de Dezembro, e do DL n.º 411/99, de 15 de Outubro, estabelece o novo regime legal da carreira de enfermagem, fixando a respectiva estrutura, forma de provimento e regime remuneratório.

ARTIGO 15.º (¹) – **(Carreira de tesoureiro)**

1 – O recrutamento para as categorias da carreira de tesoureiro far-se-á de acordo com as seguintes regras:

a) Tesoureiro principal: de entre tesoureiros de 1.ª classe dos quadros das entidades abrangidas pelo presente diploma, bem como de entre chefes de secção e técnicos de contabilidade e administração de 1.ª classe, todos com, pelos menos, três anos de serviço, classificados de *Bom;*

b) Tesoureiros de 1.ª classe: de entre tesoureiros de 2.ª classe dos quadros de quaisquer das entidades abrangidas pelo presente diploma, bem como de entre oficiais administrativos principais ou primeiros-oficiais e técnicos de contabilidade e administração de 2.ª classe, todos com, pelo menos três anos de serviço, classificados de *Bom;*

c) Tesoureiros de 2.ª classe: de entre tesoureiros de 3.ª classe e segundos-oficiais, todos com, pelo menos, três anos de serviço, classificados de *Bom;*

d) Tesoureiros de 3.ª classe: de entre segundos-oficiais, ou terceiros-oficiais e adjuntos de

Decreto-Lei n.° 247/87, de 17 de Junho 381

tesoureiro principais, com, pelo menos, três anos de serviço nas respectivas categorias, classificados de *Bom*, e, em qualquer dos casos, com o 9.° ano de escolaridade ou equiparado.

2 – O recrutamento para a categoria de tesoureiro de 3.ª classe poderá ainda fazer-se de entre adjuntos de tesoureiro principais, com a escolaridade obrigatória, nos termos e condições previstos no artigo 7.° do presente decreto-lei.

3 – A categoria de tesoureiro principal apenas poderá ser criada nos municípios de Lisboa e do Porto, nos municípios cuja participação no FEF seja igual ou superior a 2/1000 e nos serviços do grupo I.

4 – Após a reorganização de serviços a que se refere o Decreto-Lei n.° 116/84, de 6 de Abril, com as alterações introduzidas pela Lei n.° 44/85, de 13 de Setembro, o tesoureiro ficará na dependência hierárquica e funcional do responsável pelos serviços administrativos e ou financeiros.

1 – Ver arts. 7.° e 17.° do DL n.° 412-A/98, de 30 de Dezembro.
Os n.os 2 e 3 do preceito em anotação devem considerar-se revogados pelo art. 7.° do referido DL.

ARTIGO 16.° – (Caução)

1 – Não pode ser conferida posse ao funcionário provido na categoria de tesoureiro sem que se mostre ter sido prestada caução.

2 – A caução a prestar será fixada pelo órgão executivo e o seu valor nunca poderá ser superior a metade do vencimento ilíquido anual da categoria de ingresso na carreira de tesoureiro.

3 – A caução poderá ser prestada mediante depósito de dinheiro, títulos de dívida pública fundada, hipoteca sobre prédios rústicos ou urbanos ou seguro de caução.

ARTIGO 17.° (¹) – (Abono para falhas e gratificações)

1 – (²) O abono para falhas dos tesoureiros é fixado em 10% do vencimento ilíquido da respectiva categoria.

2 – Aos tesoureiros municipais que acumulem com as suas funções as de tesoureiro dos serviços municipalizados, das federações e associações de municípios será atribuída pelo órgão deliberativo competente, mediante proposta fundamentada, respectivamente, do conselho de administração, da comissão administrativa e do conselho administrativo, uma gratificação que, em qualquer caso, nunca poderá ser superior a 50% do valor correspondente à letra de vencimento da categoria de ingresso na carreira de tesoureiro.

3 – A gratificação referida no número anterior será distribuída, em cada mês, pelo pessoal em serviço na tesouraria municipal na proporção do vencimento base a que nesse período tenha direito.

4 – (³) O pessoal integrado em carreira cujo conteúdo funcional implique o manuseamento de dinheiro terá direito a abono para falhas, do montante igual a metade do referido no n.° 1, devendo prestar caução nos termos do artigo 16.°.

1 – O abono para falhas mantém-se como acréscimo remuneratório nos termos dos n.os 2 e 3 do art. 11.° do DL n.° 353-A/89, de 16 de Outubro.
2 – Este número deve considerar-se revogado pelo n.° 3 do art. 11.° do DL n.° 353-A/89, que fixou o montante do abono para falhas em 10% do valor correspondente ao índice 215 de escala salarial do regime geral (cf. art. 44.° deste DL).
3 – Ver art. 11.° n.° 3 do DL n.° 353-A/89 (montante do abono para falhas).

ARTIGO 18.° – (Faltas e impedimentos do tesoureiro)

1 – Nas faltas e impedimentos do tesoureiro inferiores a 30 dias, as funções que lhe são atribuídas deverão ser sempre asseguradas pelos funcionários em serviço na respectiva tesouraria, de harmonia com as regras definidas no n.° 3 do presente artigo.

382   *IV – Funcionários da Administração Local*

2 – Quando se verifique a vacatura do cargo ou a situação de falta ou impedimento for superior a 30 dias, haverá lugar à substituição do tesoureiro de harmonia com as regras definidas no número seguinte.

3 – A substituição deferir-se-á pela seguinte ordem:

a) Funcionário de categoria mais elevada;

b) Funcionário com melhor classificação de serviço;

c) Funcionário com maior antiguidade na categoria;

d) Funcionário com melhores habitações literárias.

4 – O substituto será designado por deliberação do órgão executivo, devendo assumir a gestão dos respectivos serviços logo que tenha prestado caução.

5 – O substituto terá direito à totalidade dos vencimentos e demais abonos atribuídos ao tesoureiro.

6 – A substituição cessará passados seis meses sobre a data do seu início, salvo quando:

a) Tenha o concurso de provimento ficado deserto ou sem efeito útil, caso em que a substituição poderá ser prorrogada por novo período de seis meses, findo o qual serão obrigatoriamente encetadas as diligências legais necessárias ao preenchimento do lugar;

b) Se verifique impedimento legal ao provimento.

ARTIGO 19.° (1-2) – **(Carreira de oficial administrativo)**

1 – O recrutamento para as categorias de acesso da carreira de oficial administrativo obedece ao disposto na alínea a) do n.° 1 do artigo 22.° do Decreto-Lei n.° 248/85, de 15 de Julho, bem como ao estabelecido no presente diploma.

2 – O ingresso na categoria de terceiro-oficial far-se-á de entre:

a) Indivíduos habilitados com o curso de administração autárquica ministrado pelo Centro de Estudos e Formação Autárquica, bem como de entre escriturários-dactilógrafos como mesmo curso;

b) Escriturários-dactilógrafos, adjuntos de tesoureiro e auxiliares técnicos administrativos, com a categoria de principal em qualquer das carreiras, nos termos e condições previstos no artigo 7.° do presente decreto-lei;

c) Indivíduos possuidores do 9.° ano de escolaridade ou equiparado, mediante concurso de prestação de provas e com conhecimentos práticos de dactilografia.

3 – Os escriturários-dactilógrafos habilitados com o curso de administração autár-quica têm preferência no provimento dos lugares de terceiro-oficial do quadro dos serviços a que pertencem, relativamente aos indivíduos referidos na primeira parte da alínea a) do número anterior.

1 – Revogado pelo art. 25.°, alínea a), do DL n.° 412-A/98,de 30 de Dezembro.

2 – Ver art. 8.° do DL n.° 404-A/98, de 18 de Dezembro.

ARTIGO 20.° (1) – **(Pessoal habilitado com o curso de administração autárquica)**

1 – O pessoal habilitado com o curso de administração autárquica ministrado pelo Centro de Estudos e Formação Autárquica constitui uma reserva de recrutamento para efeitos de ingresso na carreira de oficial administrativo.

2 – A aprovação no curso é equiparada, para efeitos de provimento em lugar de terceiro-oficial, a concurso de habilitação.

3 – Os oficiais administrativos habilitados com o curso de administração autárquica, quando candidatos a concurso, têm preferência, em igualdade de classificação, em relação aos demais candidatos.

Decreto-Lei n.º 247/87, de 17 de Junho

4 – A obtenção do diploma de curso com a classificação mínima de 14 valores habilita a concurso para a categoria imediatamente superior àquela em que se encontrem no termo do curso, independentemente do tempo de serviço.

1 – As referências feitas nos arts. 20.º, 21.º, 22.º, 46.º e 48.º deste DL n.º 247/87 à carreira de oficial administrativo e respectivas categorias consideram-se reportadas à carreira de assistente administrativo e respectivas categorias (art. 6.º do DL n.º 412-A/98, de 30 de Dezembro).

ARTIGO 21.º (¹) – (Utilização da reserva de recrutamento)

1 – (²) Previamente à abertura do concurso para terceiro-oficial, as entidades abrangidas pelo presente diploma consultarão obrigatoriamente o Centro de Estudos e Formação Autárquica, o qual, no prazo de quinze dias a contar da data de recepção do pedido, deve informar a entidade interessada do pessoal disponível ou emitir documento comprovativo da sua inexistência.

2 – (³) Quando o Centro de Estudos e Formação Autárquica emita o documento comprovativo da inexistência de pessoal habilitado com o curso a que se refere o número anterior, serão consultados os serviços competentes do Ministério das Finanças para os efeitos previstos no artigo 10.º do Decreto-Lei n.º 43/84, de 3 de Fevereiro.

3 – A utilização da reserva de recrutamento constituída no Centro de Estudos e Formação Autárquica é condicionada a 50% do número total de lugares vagos de terceiro-oficial existentes no quadro de cada uma das entidades abrangidas pelo presente diploma.

4 – Sempre que da aplicação da percentagem referida no número anterior não resulte número inteiro, far-se-á arredondamento para a unidade imediatamente superior favorável à reserva de recrutamento.

5 – Quando exista apenas uma vaga de terceiro-oficial, será a mesma destinada a pessoal oriundo da reserva de recrutamento.

6 – São nulas e de nenhum efeito as deliberações dos orgãos autárquicos tomadas com inobservância do disposto nos n.ᵒˢ 1, 3, 4 e 5 do presente artigo.

1 – Ver nota 1 ao art. 20.º.

2 – Ver art. 4.º n.º 1 do DL n.º 52/81, de 25 de Janeiro.

3 – O DL n.º 43/84, de 3 de Fevereiro, foi revogado pelo art. 28.º, alínea e), do DL n.º 247/92, de 7 de Novembro.

A norma do art. 10.º do DL n.º 43/84 tinha correspondência no art. 23.º n.º 1 do DL n.º 247/92, que dispunha:

«As admissões de pessoal não vinculado à função pública pelos serviços e organismos abrangidos pelo âmbito de aplicação deste decreto-lei, inclusive as autarquias locais, depende de prévia consulta à DGAP, a qual no prazo de 15 dias contado da data da recepção do pedido, deve informar a entidade interessada do pessoal disponível do QEI ou emitir documento comprovativo da sua inexistência».

Este diploma foi revogado, entretanto, pelo DL n.º 14/97, de 17 de Janeiro.

ARTIGO 22.º (¹) – (Afectação do pessoal habilitado com o curso de administração autárquica)

1 – Para efeito do disposto no n.º 1 do artigo anterior, as entidades interessadas em preencher lugares vagos de terceiro-oficial deverão solicitar ao Centro de Estudos e Formação Autárquica o accionamento do processo de afectação.

2 – Na afectação deve seguir-se, relativamente a cada entrada de pedido de diplomados, o ordenamento do pessoal habilitado com o curso de administração autárquica segundo a nota final obtida no mesmo, salvo outras considerações relevantes devidamente fundamentadas.

3 – Os diplomados que recusem ou não declarem, no prazo de vinte dias a contar da data do aviso de recepção formulado pelo Centro de Estudos e Formação Autárquica, a aceitação do lugar para provimento serão reposicionados no fim da respectiva lista de ordenação final.

1 – Ver nota 1 ao art. 20.º.

IV – Funcionários da Administração Local

ARTIGO 23.° (¹) – **(Chefe de repartição)**

1 – Poderão ser previstos nos quadros de pessoal dos serviços municipalizados do grupo I lugares de chefe de repartição, com vencimento correspondente à letra E da tabela de vencimentos da função pública.

2 – O provimento no lugar de chefe de repartição faz-se, mediante concurso, de entre chefes de secção e tesoureiros, letras G e H, em qualquer dos casos com, pelo menos, três anos de serviço na categoria e classificação de serviço não inferior a *Bom*, bem como de entre indivíduos possuidores de curso superior adequado.

1 – Os lugares de chefe de repartição serão extintos à medida que se operarem as reestruturações dos serviços, sendo a respectiva reclassificação e transição dos titulares dos cargos efectuada nos termos do art. 14.° do DL n.° 412-A/98, de 30 de Dezembro, por referência ao art. 18.° do DL n.° 404-A/98, de 18 de Dezembro.
As remunerações dos chefes de repartição são actualmente as previstas no n.° 3 do art. 21.° do DL n.° 353-A/89, de 16 de Outubro.

ARTIGO 24.° (¹⁻²) – **(Acesso a chefes de secção)**

1 – *Durante o período de cinco anos a contar da data da entrada em vigor do presente diploma, o provimento dos lugares de chefe de secção far-se-á, mediante concurso de prestação de provas, de entre oficiais administrativos principais, independentemente do tempo de serviço na categoria, bem como primeiros-oficiais e tesoureiros de 2.ª classe com, pelo menos, três anos de serviço nas respectivas categorias e classificação de serviço não inferior a* Bom.

2 – *Findo aquele período, o provimento daqueles lugares far-se-á, mediante concurso de prestação de provas, de entre oficiais administrativos principais com, pelo menos, três anos de serviço na categoria e classificação de serviço não inferior a* Bom.

3 – *Nos concursos abertos para chefe de secção, os candidatos habilitados com o curso de administração autárquica e que tenham frequentado, com aproveitamento, curso de aperfeiçoamento profissional para chefe de secção organizado pelo Centro de Estudos e Formação Autárquica, aprovado por despacho do Ministro do Plano e da Administração do Território, têm preferência, em igualdade de classificação, relativamente aos restantes candidatos.*

1 – Revogado pelo art. 25.°, alínea *a*), do DL n.° 412-A/98, de 30 de Dezembro.
2 – Ver art. 5.° desse DL.

ARTIGO 25.° (¹) – **(Escriturários-dactilógrafos)**

1 – As entidades a que se refere o presente diploma não deverão prever nos novos quadros de pessoal lugares de escriturário-dactilógrafo, nem poderão aumentar as respectivas dotações nos quadros já existentes, podendo ainda proceder à extinção de lugares não preenchidos.

2 – Quando se mostre necessário preencher os lugares vagos ainda existentes na categoria de escriturário-dactilógrafo de 2.ª classe, o recrutamento faz-se:

a) De entre os funcionários e agentes habilitados com a escolaridade obrigatória e com conhecimentos comprovados de dactilografia, mediante recurso aos instrumentos de mobilidade;

b) De entre os indivíduos possuidores do 9.° ano de escolaridade ou equiparado, com conhecimento comprovado de dactilografia.

3 – São extintos os lugares de escriturário-dactilógrafo que vagarem por motivo de ingresso dos respectivos titulares na carreira de oficial administrativo.

1 – A carreira de escriturário-dactilógrafo foi extinta pelo DL n.° 221/98, de 9 de Fevereiro. Nos termos desse Diploma, os funcionários e agentes detentores dessa categoria transitaram para a categoria de terceiro-oficial.
Entretanto, a carreira de oficial administrativo foi substituída pela carreira de assistente administrativo (art. 8.° do DL n.° 404-A/98, de 18 de Dezembro, e art. 6.° do DL n.° 412-A/98, de 30 de Dezembro).

Decreto-Lei n.° 247/87, de 17 de Junho

ARTIGO 26.° ([1-2-3]) – (**Carreiras de motorista**)

1 – As carreiras de motorista compreendem as de agente único de transportes colectivos, condutor de máquinas pesadas e veículos especiais, motorista de transportes colectivos, motorista de pesados e motorista de ligeiros.

2 – O recrutamento para as categorias de ingresso de qualquer uma das carreiras fica condicionado à posse da escolaridade obrigatória e carta profissional de condução adequada, sem prejuízo dos demais requisitos exigidos por lei.

1 – O DL n.° 220/88, de 28 de Junho, aplicável à administração local, estabeleceu o regime da carreira dos condutores de máquinas pesadas e veículos especiais.

2 – Ver DL n.° 381/89, de 28 de Outubro (estabelece diversas normas relativas ao regime legal da carreira de motorista).

3 – Ver art. 10.°, n.° 2 do DL n.° 404-A/98, de 18 de Dezembro.

ARTIGO 27.° – (**Agente único de transportes colectivas**)

1 – ([1-2]) O recrutamento para a categoria de agente único de transportes colectivos principal faz-se, mediante concurso, de entre agentes únicos de transportes colectivos de 1.ª classe ou motoristas de transportes colectivos principais com, pelo menos, três anos de serviço na categoria, classificados de *Muito bom,* ou cinco, classificados, no mínimo, de *Bom.*

2 – O recrutamento para a categoria de 1.ª classe faz-se de acordo com as regras de progressão definidas na lei geral para as carreiras horizontais.

3 – A carreira de agente único de transportes colectivos será criada nos serviços municipalizados em que se verifique a introdução gradual do sistema de automatização da cobrança.

4 – Sempre que se verifique o condicionalismo previsto no número anterior, os motoristas de transportes colectivos serão integrados na carreira de agente único de transportes colectivos em categoria correspondente àquela em que se encontram providos.

5 – Sempre que da aplicação do disposto no número anterior resulte a atribuição de vencimento inferior à remuneração que o funcionário vinha auferindo por efeito do disposto no Despacho n.° 9/84, de 12 de Dezembro, e publicado no *Diário da república,* 2.ª série, de 29 de Dezembro, será a parte remanescente da gratificação mantida até que seja completamente absorvida por futuras actualizações da tabela de vencimentos da função pública.

6 – Para efeitos do disposto no número anterior são congelados no montante correspondente ao mês anterior ao da entrada em vigor do presente diploma as gratificações previstas naquele despacho.

1 – A área de recrutamento de agente único de transportes colectivos de entre motoristas de transportes colectivos passa a reportar-se aos motoristas de transportes colectivos com pelo menos 8 anos na carreira (art. 4.°, n.° 3 do DL n.° 498/99, de 19 de Novembro).

2 – O tempo de serviço prestado pelos motoristas de transportes colectivos que transitaram para a carreira de agente único de transportes colectivos releva para todos os efeitos legais como se fora prestado nesta última (art. 5.° n.° 1 do DL n.° 420/91, de 29 de Outubro).

ARTIGO 28.° – (**Encarregado de movimento (chefe de tráfego)**)

1 – ([1]) O recrutamento para a categoria de encarregado de movimento (chefe de tráfego) efectuar-se-á, mediante concurso, de entre revisores de transportes colectivos e agentes únicos de transportes colectivos principais com classificação de serviço não inferior a *Bom,* bem como de entre agentes únicos de transportes colectivos de 1.ª classe e motoristas de transportes colectivos principais com três anos de serviço nas respectivas categorias e classificação de serviço não inferior a *Bom.*

2 – ([1]) Enquanto não existirem motoristas de transportes colectivos principais com três anos de serviço, o provimento dos lugares de encarregado de movimento (chefe de tráfego) poderá

386   *IV – Funcionários da Administração Local*

efectuar-se, mediante concurso, de entre motoristas de transportes colectivos principais, independentemente de tempo de serviço e de entre motoristas de transportes colectivos de 1.ª classe com três anos de serviço, classificados de *Bom*.

3 – Poderão ainda ser recrutados para a categoria de encarregado de movimento (chefe de tráfego), mediante concurso, indivíduos possuidores do 9.° ano de escolaridade ou equivalente legal, sempre que o concurso realizado nos termos dos números anteriores fique deserto ou sem efeito útil.

1 – A área de recrutamento para encarregado de movimento (chefe de tráfego), prevista nos n.ºs 1 e 2 do art. 28.° do DL n.° 247/87, passa a reportar-se:
    a) Aos revisores de transportes colectivos, independentemente do tempo de serviço;
    b) Aos agentes únicos de transportes colectivos com pelo menos 4 anos na categoria;
    c) Aos motoristas de transportes colectivos com pelo menos 8 anos na carreira (art. 4.°, n.° 1 do DL n.° 498/99, de 19 de Novembro).

ARTIGO 29.° (¹) – (Chefe de armazém)

1 – O recrutamento para a categoria de chefe de armazém efectuar-se-á, mediante concurso, de entre fiéis de armazém principais com, pelo menos, três anos de serviço na respectiva categoria, classificados de *Muito bom,* ou cinco anos, classificados de *Bom.*

2 – Poderão ainda ser recrutados para a categoria de chefe de armazém, mediante concurso, indivíduos possuidores do 9.° ano de escolaridade ou equivalente legal, sempre que o concurso realizado nos termos do número anterior fique deserto ou sem efeito útil.

1 – A área de recrutamento para chefe de armazém passa a reportar-se aos fiéis de armazém posicionados no 4.° escalão ou superior (art. 42.° n.° 11 do DL n.° 353-A/89, de 16 de Outubro).

ARTIGO 30.° (¹) – (Fiscal de leituras e cobranças)

O recrutamento para a categoria de fiscal de leituras e cobranças efectuar-se-á, mediante concurso, de entre leitores-cobradores de 1.ª classe com, pelo menos, três anos de serviço na categoria, classificados, no mínimo, de *Bom.*

1 – A área de recrutamento para fiscal de leituras e cobranças passa a reportar-se aos leitores-cobradores posicionados no 3.° escalão ou superior (art. 42.° n.° 12 do DL n.° 353-A/89, de 16 de Outubro).

ARTIGO 31.° – (Chefe de campo)

1 – *O recrutamento para a categoria de chefe de campo far-se-á, mediante concurso, de entre técnicos auxiliares de campismo ou de turismo com, pelo menos, três anos de serviço na categoria de especialista e classificação de serviço não inferior a* Bom.

2 – *Enquanto não existirem técnicos auxiliares de campismo ou de turismo especialistas, o provimento do lugar de chefe de campo efectuar-se-á, mediante concurso, de entre técnicos auxiliares de campismo ou de turismo principais com, pelo menos, três anos de serviço na categoria, classificados de* Bom.

1 – Revogado pelo art. 25.°, alínea *a*), do DL n.° 412-A/98, de 30 de Dezembro.

ARTIGO 32.° – (Revisor de transportes colectivos)

1 – (¹) O recrutamento para a categoria de revisor de transportes colectivos efectuar-se-á, mediante concurso, de entre cobradores de transportes colectivos de 1.ª classe com três anos de serviço na categoria, classificados de *Bom*, bem como de entre agentes únicos de transportes colectivos principais com classificação de serviço não inferior a *Bom,* e agentes únicos de transportes colectivos de 1.ª classe com três anos de serviço na categoria, classificados de *Muito bom,* ou cinco anos de serviço na categoria, classificados de *Bom.*

2 – Poderão ainda ser recrutados para a categoria de revisor de transportes colectivos, mediante concurso, indivíduos possuidores do 9.º ano de escolaridade ou equivalente legal sempre que o concurso realizado nos termos do número anterior fique deserto ou sem efeito útil.

1 – A área de recrutamento para revisor de transportes colectivos, prevista no n.º 1 do art. 32.º do DL n.º 247/87, passa a reportar-se:
     a) aos cobradores de transportes colectivos com pelo menos 8 anos na carreira;
     b) aos agentes únicos de transportes colectivos com o mínimo de 4 anos na categoria;
     c) aos motoristas de transportes colectivos com pelo menos 8 anos na carreira (art. 4.º, n.º 2 do DL n.º 498/99, de 19 de Novembro).

ARTIGO 33.º – (Encarregado de mercados)

1 – ([1]) O recrutamento para a categoria de encarregado de mercados efectuar-se-á, mediante concurso, de entre fiéis de mercados e feiras com um mínimo de três anos na categoria de principal e classificação de serviço não inferior a *Bom*.

2 – Poderão ainda ser recrutados para a categoria de encarregado de mercados, mediante concurso, indivíduos possuidores do 9.º ano de escolaridade ou equivalente legal, sempre que o concurso realizado nos termos do número anterior fique deserto ou sem efeito útil.

1 – A área de recrutamento para encarregado de mercados passa a reportar-se aos fiéis de mercados e feiras posicionados no 4.º escalão ou superior (art. 42.º n.º 14 do DL n.º 353-A/89, de 16 de Outubro).

ARTIGO 34.º ([1-2]) – (Capataz dos serviços de limpeza e capataz de limpa-colectores)

O recrutamento para as categorias de capataz dos serviços de limpeza e capataz de limpa-colectores efectuar-se-á, mediante concurso, respectivamente, de entre cantoneiros de limpeza e limpa-colectores com um mínimo de três anos na categoria de 1.ª classe, em qualquer das carreiras, e classificação de serviço não inferior a Bom.

1 – Revogado pelo art. 25.º, alínea *a*), do DL n.º 412-A/98, de 30 de Dezembro.
1 – Ver art. 11.º desse DL.

ARTIGO 35.º ([1]) – (Bombeiros)

1 – Mantém-se em vigor a legislação especial aplicável aos corpos de bombeiros.

2 – A aplicação ao pessoal dos corpos de bombeiros municipais, a tempo inteiro, do regime vigente para os batalhões de sapadores de bombeiros, salvo no que respeita ao ordenamento da carreira, dependerá de parecer favorável do Serviço Nacional de Bombeiros.

1 – Este preceito deve considerar-se revogado pelo DL n.º 293/92, de 30 de Dezembro, que estabeleceu o novo regime jurídico dos corpos de bombeiros profissionais da administração local.

ARTIGO 36.º ([1]) – (Carreiras verticais)

O acesso nas carreiras verticais específicas da administração local fica condicionado à permanência de, pelo menos, três anos na categoria imediatamente inferior, classificados de Bom, e obedece às demais disposições legais sobre concursos de acesso.

1 – Revogado pelo art. 25.º, alínea *a*), do DL n.º 412-A/98, de 30 de Dezembro.

ARTIGO 37.º ([1]) – (Carreiras mistas)

1 – *São consideradas mistas as carreiras de motorista referidas no artigo 26.º, de auxiliar administrativo, de operador de estações elevatórias, de tratamento ou depuradoras e de tractorista.*

2 – *O recrutamento para a categoria de topo das carreiras mencionadas no número anterior far-se-á, mediante concurso, de entre funcionários providos na categoria imediatamente*

388   *IV – Funcionários da Administração Local*

inferior com, pelo menos, três anos de serviço, classificados de Muito bom, ou cinco anos, classificados de Bom.

3 – *A progressão nas restantes categorias que integram aquelas carreiras far-se-á de harmonia com as regras definidas na lei geral para a progressão nas carreiras horizontais.*

1 – Revogado pelo art. 25.°, alínea *a*), do DL n.° 412-A/98, de 30 de Dezembro.

ARTIGO 38.° (1-2-3-4-5) – (Carreiras horizontais)

1 – São considerados carreiras horizontais as de adjunto de tesoureiro, apontador, auxiliar de serviços gerais, auxiliar técnico, bilheteiro, cantoneiro de limpeza, cobrador de transportes colectivos, condutor de cilindros, coveiro, cozinheiro, ecónomo, escriturário-dactilógrafo, fiel de armazém ou mercados e feiras, fiel de aeródromo, de frigorífico, de refeitório ou de rouparia, guarda campestre, leitor-cobrador de consumos, limpa-colectores, nadador-salvador, oficial de diligências, operador de máquinas de endereçar, operador de reprografia, telefonista, tratador-apanhador de animais, varejador e vigilante de jardins e parques infantis.

2 – O recrutamento para a categoria de ingresso das carreiras referidas no número anterior far-se-á, mediante concurso, de entre indivíduos habilitados com a escolaridade obrigatória, acrescida, consoante os casos, da habilitação profissional específica.

3 – A progressão nas restantes categorias que integram as carreiras referidas no n.° 1 far-se-á de harmonia com as regras definidas na lei geral para as carreiras horizontais.

1 – A carreira de adjunto de tesoureiro foi extinta (art. 15.° do DL n.° 412-A/98, de 30 de Dezembro).
2 – A carreira de cozinheiro é vertical e desenvolve-se nos termos previstos no art. 9.° do DL n.° 412-A/98. O regime de recrutamento consta igualmente desse dispositivo.
3 – A carreira de escriturário-dactilógrafo foi extinta (ver nota 1 ao art. 25.°).
4 – As carreiras referidas neste preceito que não foram extintas ou reclassificadas enquadram-se no pessoal auxiliar (ver arts. 10.° e 11.° do DL n.° 404-A/98, de 18 de Dezembro, e mapas anexos ao DL n.° 412-A/98, de 30 de Dezembro).
5 – A norma do n.° 3 do art. 15.° do DL n.° 248/85, de 15 de Julho, que estabelecia o modo de progressão nas carreiras horizontais, foi revogado pelo art. 35.°, alínea *c*), do DL n.° 404-A/98.
A progressão nas categorias efectua-se agora nos termos do art. 19.° do DL n.° 353-A/89, de 16 de Dezembro, considerando os escalões aplicáveis a cada categoria, segundo os mapas anexos ao DL n.° 412-A/98.

ARTIGO 39.° (1-2) – (Lugares de chefia do pessoal operário)

1 – *O número de lugares correspondentes às categorias de chefia do pessoal operário fica condicionado às seguintes regras de densidade:*

a) *Só poderá ser criado um lugar de encarregado geral quando se verifique a necessidade de coordenar, pelo menos, três encarregados do respectivo sector de actividades;*

b) *Só poderá ser criado um lugar de encarregado quando se verifique a necessidade de dirigir e controlar, pelo menos, vinte profissionais dos grupos de pessoal operário qualificado e semiqualificado;*

c) *Só poderá ser criado um lugar de mestre nas carreiras de pessoal operário qualificado e semiqualificado quando se verifique a necessidade de dirigir e controlar, pelo menos, dez operários do respectivo sector de actividades;*

d) *Só poderá ser criado um lugar de encarregado para o pessoal operário não qualificado quando se verifique a necessidade de coordenar um mínimo de 30 operários.*

e) *Só poderá ser criado um lugar de capataz por cada grupo de 10 operários.*

2 – *O recrutamento para a categoria de mestre far-se-á mediante concurso, de entre operários principais com um mínimo de três anos de serviço na categoria, classificados de* Bom.

3 – *Transitoriamente, enquanto não for possível preencher as regras de densidade estabelecidas no n.° 1, poderão os órgãos executivos designar para o exercício de funções de encar-*

Decreto-Lei n.° 247/87, de 17 de Junho 389

regado um elemento da carreira operária, de entre os detentores de maior categoria, a remunerar pela letra J.

1 – Revogado pelo art. 25.°, alínea *a*), do DL n.° 412-A/98, de 30 de Dezembro.
2 – Ver art. 16.° do DL n.° 404-A/98, de 18 de Dezembro.

ARTIGO 40.° – **(Integração nas carreiras de pessoal operário)**
Até à publicação da portaria a que se refere o n.° 2 do artigo 29.° do Decreto-Lei n.° 248/85, de 15 de Julho, a integração do pessoal operário nas carreiras a que se refere o n.° 1 do mesmo artigo é a constante da Portaria n.° 739/79, de 31 de Dezembro, e do anexo II ao presente diploma.

CAPÍTULO III – Formas de provimento

ARTIGO 41.° (¹) – **(Nomeação)**
1 – O provimento do pessoal dos quadros das câmaras municipais, serviços municipalizados, federações de municípios, assembleias distritais e juntas de freguesia é feito por nomeação provisória ou em comissão de serviço pelo período de um ano.

2 – Se o funcionário a nomear já tiver nomeação definitiva em lugar de outro quadro, poderá ser, desde logo, nomeado definitivamente nos casos em que exerça funções da mesma natureza.

3 – O disposto no número anterior não prejudica a nomeação em comissão de serviço por um período a determinar até ao limite fixado no n.° 1, com base na opção do funcionário ou por conveniência da autarquia.

4 – O tempo de serviço em regime de comissão conta, para todos os efeitos legais:
a) No lugar de origem quando à comissão se não seguir nomeação definitiva;
b) No lugar do quadro das câmaras municipais, serviços municipalizados, federações de municípios, assembleias distritais e juntas de freguesia em que vier a ser nomeado definitivamente, finda a comissão de serviço.

5 – Findo o prazo referido no n.° 1 o funcionário:
a) Será nomeado definitivamente se tiver classificação de serviço não inferior a Bom;
b) Será exonerado ou regressará ao quadro de origem, conforme se trate de nomeação provisória ou em comissão de serviço, se não tiver obtido aquela classificação.

6 – O disposto no presente artigo não prejudica a forma de provimento em comissão de serviço do pessoal dirigente a que se referem os artigos 4.° e 6.° do Decreto-Lei n.° 466//79, de 7 de Dezembro, na redacção que lhes foi dada pelo Decreto-Lei n.° 406/82, de 27 de Setembro, e 7.° do Decreto-Lei n.° 116/84, de 6 de Abril, alterado pela Lei n.° 44/85, de 13 de Setembro, à excepção do cargo de chefe de repartição.

1 – Revogado pelo art. 10.° do DL n.° 409/91, de 17 de Outubro.

ARTIGO 42.° (¹) – **(Nomeação interina)**
1 – Os lugares dos quadros podem ser desempenhados interinamente por funcionários da categoria imediatamente inferior da respectiva carreira, desde que o titular do lugar se encontre impedido no desempenho de outras funções públicas ou em situação equivalente que legalmente lhe garanta o direito ao lugar.

2 – Na nomeação interina terão preferência os funcionários aprovados em concurso válido para o lugar a prover, segundo a ordem constante da lista de classificação final.

1 – Revogado pelo art. 10.° do DL n.° 409/91, de 17 de Outubro.

IV – Funcionários da Administração Local

ARTIGO 43.° – (Conversão em nomeação)

1 – O pessoal contratado ou assalariado dos quadros das entidades referidas no artigo 1.° considera-se nomeado definitivamente a partir da entrada em vigor do presente decreto-lei, devendo ser efectuado o respectivo averbamento no termo de posse e anotada a nova situação no processo individual.

2 – O pessoal dos quadros provido por contrato administrativo ou assalariamento que ainda não possua um ano de serviço considera-se nomeado provisoriamente, nos termos do n.° 1 do artigo 41.°, sendo contado, para efeitos do disposto no n.° 5 do mesmo artigo, o tempo de serviço que já possua.

ARTIGO 44.° (1-2) – (Contratação de pessoal fora dos quadros)

1 – *O desempenho de funções públicas que não correspondam a necessidades permanentes dos serviços é assegurado por pessoal contratado a prazo certo.*

2 – *O contrato referido no número anterior obedecerá às seguintes regras:*

a) *Qualquer que seja a duração nele estabelecida, o contrato a prazo nunca se converterá em contrato sem prazo;*

b) *O contrato caduca tácita e automaticamente no termo do prazo estabelecido, não conferindo a caducidade do contrato direito a qualquer indemnização;*

c) *A celebração de novo contrato com os mesmos outorgantes nunca poderá considerar-se como prorrogação do contrato anterior.*

3 – *O contrato previsto no presente artigo revestirá a forma escrita e conterá obrigatoriamente as seguintes cláusulas:*

a) *Identificação dos outorgantes;*

b) *Identificação, tão precisa quanto possível, do serviço ou da obra a que a prestação do serviço se destina;*

c) *A categoria profissional e respectiva remuneração, a qual será correspondente ao vencimento mensal de categoria equiparável inserida na carreira;*

d) *Local da prestação de serviço;*

e) *Data do início e prazo do contrato.*

4 – *O contratado fica sujeito ao estatuto legal e disciplinar dos funcionários e agentes das autarquias locais, excepto no que for incompatível com a natureza da situação contratual, sem que tal facto lhe confira a qualidade de agente.*

5 – *Ao pessoal que actualmente se encontra fora do quadro não é aplicável o regime constante do presente artigo.*

1 – Revogado pelo art. 10.° do DL n.° 409/91, de 17 de Outubro.

2 – Ver art. 6.° do DL n.° 409/91 (transição do pessoal contratado nos termos do art. 44.° do DL n.° 247/87 para o regime de contrato administrativo de provimento).

ARTIGO 45.° (1) – (Associações de municípios e estruturas por projectos)

1 – O pessoal a contratar pelas associações de municípios terá sempre natureza eventual, obedecendo a contratação ao disposto no artigo anterior e sem prejuízo do recurso ao destacamento ou requisição de funcionários dos quadros próprios dos municípios associados.

2 – O regime definido no artigo é aplicável ao recrutamento de pessoal destinado à realização de trabalhos enquadrados em estruturas por projectos, sem prejuízo do disposto no n.° 4 do artigo 7.° do Decreto-Lei n.° 116/84, de 6 de Abril.

1 – Este preceito deve considerar-se revogado pelo art. 18.° do DL n.° 412/89, de 29 de Novembro. O regime do pessoal das associações de municípios consta, hoje, do art. 20.° do DL n.° 122/99, de 21 de Setembro.

CAPÍTULO IV – Pessoal das juntas de freguesia

ARTIGO 46.º ([1-2-3]) – **(Carreiras e categorias de pessoal)**

1 – As carreiras e categorias de pessoal das juntas de freguesia são as constantes do anexo I ao presente diploma.

2 – No grupo de pessoal administrativo apenas poderá ser criada a carreira de oficial administrativo e mantida, se já existia no quadro, a de escriturário-dactilógrafo, sem prejuízo, quanto a esta, do disposto no artigo 25.º do presente diploma.

1 – Ver nota 1 ao art. 20.º.

2 – Os funcionários e agentes das freguesias gozam dos benefícios concedidos pela ADSE nos mesmos termos que o pessoal da Administração Central do Estado (art. 30.º, n.º 1 da Lei n.º 169/99, de 18 de Setembro).

3 – Quanto a contratos de prestação de serviço, ver art. 40.º da Lei n.º 169/99.

ARTIGO 47.º ([1-2]) – **(Carreira de oficial administrativo)**

O ingresso e acesso na carreira de oficial administrativo obedece, directa e automaticamente, ao disposto no artigo 22.º do Decreto-Lei n.º 248/85, de 15 de Julho, devendo considerar-se reportada ao disposto no artigo 7.º do presente diploma a remissão feita na segunda parte da alínea b) do n.º 1 daquele artigo.

1 – Revogado pelo art. 25.º, alínea *a*), do DL n.º 412-A/98, de 30 de Dezembro.

2 – Ver art. 8.º do DL n.º 404-A/98, de 18 de Dezembro.

ARTIGO 48.º ([1-2]) – **(Chefe de secção)**

1 – Sempre que se verifique a necessidade de coordenar no mínimo quatro oficiais administrativos que exerçam funções com carácter de permanência e em regime de tempo completo, poderão as juntas de freguesia prever nos quadros de pessoal um lugar de chefe de secção.

2 – O provimento no lugar de chefe de secção faz-se nos termos previstos nos n.ºs 1 e 2 do artigo 24.º do presente diploma.

1 – Revogado pelo art. 25.º, alínea *a*), do DL n.º 412-A/98, de 30 de Dezembro.

2 – Ver nota 1 ao art. 20.º.

ARTIGO 49.º ([1]) – **(Provimento em lugares dos quadros. Exercício de funções a tempo parcial)**

1 – Os lugares dos quadros das juntas de freguesia poderão ser total ou parcialmente preenchidos em regime de tempo parcial.

2 – Duas ou mais juntas de freguesia poderão utilizar os serviços do mesmo funcionário ou agente, sendo a repartição dos encargos e demais condições fixadas por acordo entre as partes.

3 ([2]) – O quantitativo da remuneração a atribuir ao pessoal em regime de tempo parcial será proporcional ao número de horas semanais de serviço que for fixado pela assembleia de freguesia, calculado de acordo com a fórmula $V \times \dfrac{12}{52} \times n$, em que V representa o vencimento atribuído à categoria e n o número de horas correspondentes ao horário normal semanal.

1 – Ver arts. 39.º e 40.º da Lei n.º 169/99, de 18 de Setembro.

2 – Ver arts. 11.º e 12.º do DL n.º 259/98, de 18 de Agosto (Regime de trabalho a meio tempo).

ARTIGO 50.º ([1-2]) – **(Contratação de pessoal fora do quadro)**

1 – Para ocorrer à satisfação de necessidades transitórias poderá ser contrato pessoal fora do quadro nos termos do artigo 44.º do presente decreto-lei.

392 IV – Funcionários da Administração Local

2 – *O disposto no número anterior não prejudica os contratos celebrados até à data da entrada em vigor do presente diploma ao abrigo de regimes contratuais diferentes.*

1 – Revogado pelo art. 10.º do DL n.º 409/91, de 17 de Outubro.

2 – Ver nota 2 ao art.º 44.º.

CAPÍTULO V – Disposições finais e transitórias

ARTIGO 51.º (¹) – **(Reclassificação profissional)**

1 – *Os funcionários e agentes das entidades abrangidas pelo presente diploma podem ser objecto de medidas de reclassificação profissional, por iniciativa da Administração, nos termos e condições estabelecidos no presente artigo.*

2 – *A reclassificação consiste na atribuição de categoria diferente da que o funcionário ou agente é titular, de outra carreira, e exige que aqueles reúnam os requisitos legalmente exigidos para a nova carreira.*

3 – *A reclassificação profissional só poderá ocorrer quando se verifiquem situações de organização total ou parcial dos serviços ou reestruturação dos mesmos, em ordem a facilitar a redistribuição de efectivos, devendo ser respeitada a adequação entre o conteúdo funcional dos postos de trabalho e as capacidades e aptidões dos funcionários e agentes.*

4 – *A reclassificação profissional far-se-á para categoria remunerada pela mesma letra de vencimento ou imediatamente superior, quando não se verifique coincidência de remuneração.*

5 – *A reclassificação profissional será fundamentada na descrição das funções correspondentes aos novos postos de trabalho efectuada nos termos do artigo 3.º do presente diploma ou pelos serviços competentes do Ministério do Plano e da Administração do Território, se aquela descrição ainda se não tiver verificado.*

6 – *A deliberação de reclassificação carece de publicação na 3.ª série do* Diário da República.

1 – Revogado pelo art. 7.º do DL n.º 218/2000, de 9 de Setembro.

ARTIGO 52.º (¹) – **(Constituição e composição dos júris de concursos)**

1 – *A constituição dos júris dos concursos deve constar de deliberação do órgão que autoriza a respectiva abertura.*

2 – *O júri é composto por um presidente e vogais, devendo o número de elementos do júri ser ímpar, até ao limite de cinco.*

3 – *A presidência do júri competirá a um dos titulares do órgão ou ao dirigente do serviço a que se destina o concurso.*

4 – *Qualquer dos membros efectivos poderá ser funcionário alheio ao serviço para que foi aberto concurso.*

5 – *Nenhum dos membros do júri poderá ter categoria inferior àquela para que é aberto concurso.*

6 – *A deliberação constitutiva do júri designará também o vogal efectivo que substituirá o presidente nas suas faltas e impedimentos, bem como o número de vogais suplentes em idêntico número ao de efectivos.*

1 – Revogado pelo art. 13.º do DL n.º 52/91, de 25 de Janeiro.

ARTIGO 53.º (¹) – **(Licença ilimitada)**

1 – Aos funcionários de nomeação definitiva com mais de três anos de serviço efectivo, ainda que prestado interpoladamente ou em quadros diferentes, poderá ser concedida licença ilimitada, mediante deliberação do órgão executivo.

Decreto-Lei n.º 247/87, de 17 de Junho

2 – A concessão de licença ilimitada determina a abertura de vaga.

3 – O funcionário que tiver obtido licença ilimitada só poderá regressar ao serviço um ano após a concessão da licença, pertencendo-lhe a primeira vaga da sua categoria que ocorrer depois de requerida a readmissão.

4 – Os funcionários que, após a permanência de dois anos na situação de licença ilimitada, pretendam regressar ao serviço não o poderão fazer sem prévia inspecção médica e, no caso de exercerem funções de chefia, devem demonstrar que têm actualizados os conhecimentos necessários ao exercício das suas funções, por meio de provas a fixar pelo órgão executivo.

1 – Este preceito deve considerar-se revogado pelo DL n.º 497/88, de 30 de Dezembro. Ver, hoje, arts. 73.º a 77.º do DL n.º 100/99, de 31 de Março.

ARTIGO 54.º (¹) – (Licença sem vencimento)

1 – Poderá ser concedida, em cada ano aos funcionários e agentes das entidades abrangidas pelo presente diploma, mediante deliberação do órgão executivo, licença sem vencimento por tempo não superior a 90 dias.

2 – Sempre que à licença sem vencimento não suceda a apresentação ao serviço por motivo de doença, as faltas justificadas serão tidas como prorrogação daquela licença, desde que não seja ultrapassado o período de 90 dias referido no número anterior.

3 – Se o limite de 90 dias for atingindo, a ausência ao serviço deverá ser justificada nos termos previstos na lei para a passagem do funcionário à situação de licença por doença.

1 – Este preceito deve considerar-se revogado pelo DL n.º 497/88, de 30 de Dezembro. Ver, hoje, arts. 78.º e segs. do DL n.º 100/99, de 31 de Março.

ARTIGO 55.º (¹) – (Medidas de descongestionamento – licença sem vencimento)

1 – A licença sem vencimento a que se refere o artigo 33.º do Decreto-Lei n.º 41/84, de 3 de Fevereiro, apenas poderá ser concedida, mediante deliberação dos órgãos executivos respectivos, ao pessoal dos quadros próprios das autarquias, serviços municipalizados, federações e associações de municípios, integrado nos seguintes grupos profissionais:

a) Pessoal técnico-profissional;

b) Pessoal administrativo;

c) Pessoal operário;

d) Pessoal auxiliar.

2 – O regresso à actividade depende de requerimento do interessado, que deverá ser presente com um prazo de 60 dias relativamente à data em que pretende reiniciar funções.

3 – Quando se verifique a manutenção da situação da licença por tempo superior a dois anos, o funcionário entrará na situação de licença ilimitada se tiver provimento definitivo, ou considerar-se-á rescindido o contrato nos restantes casos.

1 – Este preceito deve considerar-se revogado pelo DL n.º 497/88, de 30 de Dezembro. Ver, hoje, art. 77.º do DL n.º 100/99, de 31 de Março.

ARTIGO 56.º (¹) – (Recuperação do vencimento de exercício perdido)

É aplicável ao pessoal das entidades abrangidas pelo presente diploma o disposto no artigo 9.º do Decreto com força de Lei n.º 19478, de 18 de Março de 1931.

1 – O Dec. n.º 19478 foi revogado pelo n.º 2 do art. 108.º do DL n.º 497/88, de 30 de Dezembro, exceptuados os arts. 2.º, 3.º, 16.º e 28.º. Ver art. 29.º, n.ºˢ 1 e 4 do DL n.º 100/99, de 31 de Março.

394 *IV – Funcionários da Administração Local*

ARTIGO 57.° – (**Assessor autárquico**)

1 – Aos funcionários providos definitivamente na categoria de assessor autárquico por força do disposto no n.° 5 do artigo 13.° do Decreto-Lei n.° 116/84, de 6 de Abril, de harmonia com a redacção que lhe foi dada pela Lei n.° 44/85, de 13 de Setembro, é facultado candidatarem-se, nos termos gerais, a concurso para lugares de ingresso ou acesso das carreiras técnica superior ou técnica, remunerados por letra de vencimento igual ou imediatamente superior, desde que possuam os requisitos habilitacionais exigidos para o provimento naqueles lugares e contem, pelo menos, três anos de serviço naquela categoria, classificados de *Muito bom,* ou cinco, classificados de *Bom.*

2 – Aos funcionários providos definitivamente na categoria de assessor autárquico por força do disposto no n.° 5 do artigo 13.° do Decreto-Lei n.° 116/84, de 6 de Abril, de harmonia com a redacção que lhe foi dada pela Lei n.° 44/85, de 13 de Setembro, possuidores, no mínimo, do 9.° ano de escolaridade, é facultado canditarem-se a concurso para provimento em lugares de ingresso ou acesso da carreira técnica, remunerados por letra de vencimento igual ou imediatamente superior à que detêm, desde que previamente habilitados no concurso a que alude o artigo 7.° do presente diploma e contem, pelo menos, três anos de serviço na categoria, classificados de *Muito bom*, ou cinco anos classificados, no mínimo, de *Bom.*

ARTIGO 58.° – (**Funções notariais e de juiz auxiliar**)

1 – ([1]) Após a reorganização dos serviços de harmonia com o disposto no Decreto-Lei n.° 116/84, de 6 de Abril, com a redacção que lhe foi dada pela Lei n.° 44/85, de 13 de Setembro, e quando as funções notariais e de juiz auxiliar nos processos de execução fiscal não sejam desempenhadas pelo assessor autárquico, serão as mesmas, por deliberação do órgão executivo, cometidas aos titulares de cargos de direcção ou chefia de serviços de apoio instrumental, sem prejuízo, quanto às funções notariais, do recurso aos notários públicos.

2 – ([2-3]) O limite máximo de percepção de emolumentos notariais e de custas fiscais a auferir pelos titulares dos cargos referidos no número anterior não poderá, em caso algum, exceder 70% do montante anual do vencimento base da respectiva categoria.

3 – O limite máximo de percepção de custas fiscais em processos de execução fiscal a auferir pelos funcionários que na qualidade de escrivães deles participem é de 30% do montante anual do vencimento base da respectiva categoria.

4 – Para efeitos do disposto nos números anteriores, entende-se por vencimento base o vencimento mensal legalmente fixado para a respectiva categoria na tabela de vencimentos da função pública.

5 – Será aplicável às remunerações acessórias inseridas nos n.os 2 e 3 do presente artigo o regime que vier a ser definido nos diplomas que estabeleçam a tabela de vencimentos dos funcionários e agentes da Administração Pública.

1 – O regime de exclusividade do pessoal dirigente estabelecido no art. 22.° da Lei n.° 49/99, de 22 de Junho, não prejudica o exercício da competência prevista neste preceito (cfr. art. 10.° do DL n.° 514/99, de 24 de Novembro).

2 – O mesmo limite é aplicável aos assessores autárquicos que tenham continuado a exercer funções notariais (art. 13.° n.° 7 do DL n.° 116/84, de 6 de Abril).

3 – Até à revisão das condições de exercício das funções notariais e de juiz auxiliar nas autarquias locais as remunerações acessórias referidas no artigo 58.° do presente DL n.° 247/87, mantêm os limites máximos nele estabelecidos com referência aos montantes anuais dos vencimentos base auferidos imediatamente antes da data da produção de efeitos do presente diploma, sujeitos a actualização, nos termos da actualização salarial anual (art. 43.° n.° 2 do DL n.° 353-A/89, de 16 de Outubro).

Decreto-Lei n.° 247/87, de 17 de Junho

ARTIGO 59.° – **(Pessoal técnico superior e técnico abrangido pelo Decreto-Lei n.° 466/79, de 7 de Dezembro)**

Aos funcionários abrangidos pelo artigo 32.° do Decreto-Lei n.° 466/79, de 7 de Dezembro, independentemente de já terem sido criados ou não os respectivos lugares, é facultado candidatarem-se, nos termos gerais, a concurso para preenchimento de lugares de acesso das carreiras técnica superior ou técnica, podendo, caso se encontrem em comissão de serviço, tomar posse dos lugares sem que ocorra interrupção dessa comissão.

ARTIGO 60.° (1-2) – **(Integração dos serventes)**

As entidades a que se refere o presente diploma deverão promover a integração dos serventes do quadro com, pelo menos, um ano de exercício de funções inerentes a carreiras específicas na categoria de ingresso da carreira respectiva, mediante concurso e sem prejuízo das habilitações legais.

1 – Revogado pelo art. 5.° do DL n.° 35/2001, de 8 de Fevereiro.

2 – Nos termos desse DL n.° 35/2001, entrado em vigor em 9 de Fevereiro, os lugares da carreira de servente da administração local são extintos à medida que forem vagando, ficando proíbida a criação e o provimento de lugares nessa carreira (art. 1.°), e os respectivos funcionários são obrigatoriamente objecto de reclassificação profissional, no prazo máximo de 90 dias, ou de reconversão profissional, que deve ser concretizada até ao final de 2001 (art. 2.°).

ARTIGO 61.° (1) – **(Reorganização dos serviços técnico-administrativos das câmaras municipais. Extinção de cargos dirigentes)**

1 – Com a reorganização técnico-administrativa das câmaras municipais a efectuar de harmonia com o disposto no Decreto-Lei n.° 116/84, de 6 de Abril, com a redacção que lhe foi dada pela Lei n.° 44/85, de 13 de Setembro, não podem prever-se nos quadros categorias de pessoal dirigente com designação diferente da prevista no anexo I do Decreto-Lei n.° 116/84, de 6 de Abril.

2 – As comissões de serviço do pessoal dirigente provido nas categorias a extinguir nos termos do número anterior caducam à data da publicação na 2.ª série do *Diário da República* da deliberação da assembleia municipal contendo a reorganização daqueles serviços.

1 – Os cargos dirigentes da administração municipal são agora os previstos no art. 2.° do DL n.° 198/91, de 29 de Maio.

ARTIGO 62.° – **(Alteração de quadros de pessoal)**

1 – As entidades a que se refere o presente decreto-lei procederão às alterações dos quadros de pessoal necessárias à sua execução no prazo de 90 dias a contar da data da publicação deste diploma no *Diário da República*.

2 – (1) A transição do pessoal para os novos quadros far-se-á na categoria ou classe em que o funcionário se encontra provido, sem prejuízo da atribuição de nova letra de vencimento, nos casos em que haja lugar, e de acordo com o disposto no anexo III.

3 – Sempre que da aplicação do disposto no presente diploma resultem dotações diferentes das previstas no n.° 3 do artigo 6.° serão as respectivas proporções restabelecidas à medida que se verificar a vacatura dos lugares.

4 – A transição do pessoal que é objecto de reclassificação, a quem seja atribuída, automática e independentemente de concurso, nova letra de vencimento ou que, nas mesmas condições, passe a inserir-se em carreira a que corresponda nova letra de vencimento produz efeitos reportados à data da alteração dos quadros a que alude o n.° 1 do presente artigo, ou ao dia imediato ao termo do prazo referido naquele número quando não se tenha ainda verificado aquela alteração.

1 – O tempo de serviço prestado nas anteriores categorias releva para todos os efeitos legais e, designadamente, para efeito de antiguidade (art. 2.°, alínea *a*), do DL n.° 244/89, de 5 de Agosto).

IV – Funcionários da Administração Local

ARTIGO 63.º – (Deliberações nulas e de nenhum efeito)

São nulas e de nenhum efeito, independentemente de declaração dos tribunais, as deliberações dos órgãos autárquicos que violem as regras sobre reclassificação profissional, bem como as relativas ao ordenamento do pessoal abrangido pelo presente diploma.

ARTIGO 64.º – (Remissão)

Em tudo o que não seja especialmente previsto no presente diploma aplica-se o disposto no Decreto-Lei n.º 248/85, de 15 de Julho.

ARTIGO 65.º – (Norma revogatória)

São revogados:

a) Os Decretos-Leis n.ºs 466/79, de 7 de Dezembro, 406/82, de 27 de Setembro, e 113/83, de 22 de Fevereiro, na parte relativa a carreiras;

b) O Decreto Regulamentar n.º 21/81, de 3 de Junho;

c) Os artigos 21.º e 54.º do Decreto Regulamentar n.º 68/80, de 4 de Novembro;

d) Os artigos 176.º, 469.º, 494.º, 516.º, 534.º, 621.º e 658.º a 663.º, inclusive, todos do Código Administrativo.

ARTIGO 66.º – (Entrada em vigor)

O presente decreto-lei entra em vigor no dia seguinte ao da sua publicação.

ANEXO I (a que se refere o artigo 8.º)

1 – Ver nota 1 ao art. 8.º.

Decreto-Lei n.º 247/87, de 17 de Junho

ANEXO II (a que se refere o artigo 40º)
CARREIRAS OPERÁRIAS

QUALIFICADOS

Azulejador (de museus)
Bate-chapas
Calceteiro
Canalizador
Canteiro
Carpinteiro de limpos
Compositor gráfico
Electricista
Electricista de automóveis
Electricista projeccionista
Encadernador
Estofador
Estucador
Ferreiro ou forjador
Fogueiro
Fundidor
Impressor
Marceneiro
Mecânico
Mecânico de automóveis
Mecânico de contadores (a)
Mecânico electricista
Mineiro (captação de águas)
Montador electricista
Operador de central ou subestação eléctrica
Operador de pasteurização
Operário de construção de espaços verdes (b)
Pedreiro
Pintor
Pintor de automóveis
Serralheiro civil
Serralheiro mecânico
Soldador a electroarco ou oxi-acetileno
Torneiro mecânico
Trolha
Viveirista

SEMIQUALIFICADOS

Aferidor de contadores (c)
Alfaiate
Asfaltador
Batedor de maço
Cantoneiro de arruamentos
Carpinteiro de toscos e cofragens
Correeiro
Costureira
Costureira de encadernação
Funileiro
Guarda-fios
Jardineiro
Lubrificador
Marteleiro
Niquelador
Operador de matadouro de aves (Lisboa)
Operador de centro de ovos (Lisboa)
Padeiro
Sapateiro
Soldador
Torneiro (de peito e unheta)
Vassoureiro
Vidraceiro
Vulcanizador

NÃO QUALIFICADOS:

Assentador de via
Cantoneiro (vias municipais)
Cabouqueiro
Caiador
Carregador
Desassoreador
Lavador de viaturas
Malhador
Marcador de via
Operador de estâncias termais
Porta-miras

Esta carreira só poderá ser criada quando se verifique a necessidade de assegurar a realização das seguintes tarefas:

Inspeccionar os contadores de energia eléctrica, conservando-os e mantendo-os em correcto estado de funcionamento;

Certificar-se, in loco, se estes trabalham segundo as especificações técnicas;

Realizar reparações e substituições de peças;

Limpar e lubrificar o conjunto mecânico e proceder às afinações necessárias para um funcionamento de harmonia com as indicações do fabricante.

(b) Esta carreira só poderá ser criada quando se verifique a necessidade de assegurar a realização das seguintes tarefas:

Proceder ao desbravamento dos terrenos destinados à construção de novos ajardinados, com corte de mato e remoção de lixos e entulhos;

Modelar o terreno manualmente ou orientando a movimentação de bulldozer;

Executar pequenos pavimentos na área da construção;

Executar e orientar a instalação das redes de drenagem e rega;

Proceder à instalação de equipamentos desportivos, de acordo com a natureza do espaço ajardinado;

Executar pequenas obras de construção e reparações complementares das demais tarefas;

Proceder ainda ao carregamento e transporte em máquinas apropriadas dos materiais a remover da área da obra.

(c) Esta carreira só poderá ser criada quando se verifique a necessidade de assegurar a realização das seguintes tarefas:

Aferir e reparar contadores de energia eléctrica;

Efectuar os cálculos necessários à aferição;

Limpar o contador das poeiras e limalhas;

Colocá-lo e ligá-lo num quadro de aferição;

Inspeccionar o contador para localizar quaisquer objectos fraudulentos, e efectuar as correcções e reparações necessárias ou solicitar que estas sejam executadas por um mecânico.

ANEXO III (a que se refere o nº 2 do artigo 62º)

DESIGNAÇÃO ANTERIOR	CARREIRA DE INTEGRAÇÃO	CATEGORIA DE INTEGRAÇÃO
Apontador	Apontador	1ª classe
Auxiliar de cemitério	Auxiliar de serviços gerais	1ª classe
Auxiliar de laboratório	Auxiliar de serviços gerais	1ª classe
Auxiliar de mercados	Auxiliar de serviços gerais	1ª classe
Auxiliar de parques desportivos e/ou recreativos	Auxiliar de serviços gerais	1ª classe
Bilheteiro de 1ª ou de 2ª classe	Bilheteiro	2ª classe
Bilheteiro (teatro municipal)	Bilheteiro	Principal
Chefe de serviços de fiscalização (abastecimentos)	Fiscal municipal	Coordenador
Chefe de serviços de fiscalização (iluminação pública)	Fiscal municipal	Coordenador
Chefe de serviços de fiscalização (toponímia)	Fiscal municipal	Coordenador
Cobrador	Fiel de mercados e feiras	1ª classe
Condutor de máquinas pesadas de 1ª classe	Condutor de máquinas pesadas e veículos especiais	1ª classe
Condutor de máquinas pesadas de 2ª classe	Condutor de máquinas pesadas e veículos especiais	2ª classe
Condutor de veículos especiais de 1ª classe	Condutor de máquinas pesadas e veículos especiais	Principal
Condutor de veículos especiais de 2ª classe	Condutor de máquinas pesadas e veículos especiais	1ª classe
Contínuo de 1ª classe	Auxiliar administrativo	1ª classe
Contínuo de 2ª classe	Auxiliar administrativo	2ª classe
Desenhador-decorador principal, 1ª ou 2ª classe	Desenhador de especialidade (1)	- De acordo com o disposto no nº 2 do artigo 62º
Desenhador projectista, electrotécnico, electromecânico ou de construção civil principal, de 1ª ou 2ª classe	Desenhador de especialidade (1)	- De acordo com o disposto no nº 2 do artigo 62º
Encarregado de limpeza de edifícios	-	- Encarregado de pessoal auxiliar
Encarregado de mercados (nos municípios em que coordene, pelo menos, 3 fiscais municipais de serviços de abastecimentos)	Fiscal municipal	- Coordenador
Encarregado de parques de máquinas	-	- Encarregado de parques de máquinas, de parques viaturas automóveis ou de transportes
Encarregado de parques de viaturas automóveis	-	- Encarregado de parques de máquinas, de parques viaturas automóveis ou de transportes

398 · IV – Funcionários da Administração Local

DESIGNAÇÃO ANTERIOR	CARREIRA DE INTEGRAÇÃO	CATEGORIA DE INTEGRAÇÃO
Encarregado de transportes	-	- Encarregado de parques de máquinas, de parques viaturas automóveis ou de transportes
Encarregado de pessoal auxiliar	-	- Encarregado do pessoal auxiliar
Enfermeiro-chefe	Enfermagem	- Enfermeiro-chefe
Enfermeiro (com mais de 10 anos de serviço)	Enfermagem	- Principal
Enfermeiro (com mais de 5 anos de serviço)	Enfermagem	- 1ª classe
Enfermeiro (com menos de 5 anos de serviço)	Enfermagem	- 2ª classe
Fiel de aeródromo	Fiel de aeródromo, frigorífico, de refeitório ou de rouparia	
Fiel de frigorífico	Fiel de aeródromo, frigorífico, de refeitório ou de rouparia	- 2ª classe
Fiel de rouparia	Fiel de aeródromo, frigorífico, de refeitório ou de rouparia	- 2ª classe
	Fiel de aeródromo, frigorífico, de refeitório ou de rouparia	- 2ª classe
Fiel de armazém principal, de 1ª ou de 2ª classe	Fiel de armazém ou mercados e feiras	De acordo com o disposto no nº2 do artigo 62º
Fiel de mercados e feiras principal, de 1ª ou 2ª classe	Fiel de armazém ou mercados e feiras	De acordo com o disposto no nº2 do artigo 62º
Fiscal sanitário principal	Técnico profissional sanitário	Principal
Fiscal sanitário de 1ª classe	Técnico profissional sanitário	1ª classe
Fiscal sanitário de 2ª classe	Técnico profissional sanitário	2ª classe
Guarda de 1ª classe	Auxiliar administrativo	1ª classe
Guarda de 2ª classe	Auxiliar administrativo	2ª classe
Nadador salvador	Nadador salvador	Principal
Oficial de diligências (administrações de bairro)		
Porteiro de 1ª classe	Auxiliar administrativo	1ª classe
Porteiro de 2ª classe	Auxiliar administrativo	2ª classe
Revisor de transportes colectivos	-	Revisor de transportes colectivos
Técnico auxiliar (BAD, campismo, educação, museografia, organização e métodos e turismo) principal, de 1ª ou de 2ª classe	Técnico profissional(1)	De acordo com o nº 2 do artigo 62º
Técnico auxiliar analista principal	Técnico adjunto analista	Principal
Técnico auxiliar analista de 1ª classe	Técnico adjunto analista	1ª classe
Técnico auxiliar analista de 2ª classe	Técnico adjunto analista	2ª classe
Técnico auxiliar de laboratório, radiologia principal	Técnico adjunto de laboratório, radiologia ou terapeuta	Especialista

DESIGNAÇÃO ANTERIOR	CARREIRA DE INTEGRAÇÃO	CATEGORIA DE INTEGRAÇÃO
Técnico auxiliar de laboratório, de 1ª ou 2ª classe	Técnico adjunto de laboratório, radiologia ou terapeuta	Principal
Técnico auxiliar de radiologia principal	Técnico adjunto de laboratório, radiologia ou terapeuta	Especialista
Técnico auxiliar de radiologia de 1ª ou 2ª classe	Técnico adjunto de laboratório, radiologia ou terapeuta	Principal
Técnico auxiliar de serviço social principal	Técnico adjunto de serviço social	Principal
Técnico auxiliar de serviço social de 1ª classe	Técnico adjunto de serviço social	1ª classe
Técnico auxiliar de serviço social de 2ª classe	Técnico adjunto de serviço social	2ª classe
Técnico auxiliar terapêutica principal	Técnico adjunto de laboratório, radiologia ou terapeuta	Especialista
Técnico auxiliar terapeuta de 1ª ou 2ª classe	Técnico adjunto de laboratório, radiologia ou terapeuta	Principal
Técnico maquinista (CPL) principal	Técnico adjunto maquinista (CPL)	Principal
Técnico maquinista (CPL) de 1ª classe	Técnico adjunto maquinista (CPL)	1ª classe
Técnico maquinista (CPL) de 2ª classe	Técnico adjunto maquinista (CPL)	2ª classe
Telefonista principal	Telefonista	Principal
Tesoureiro de município urbano de 1ª ordem e serviços do Grupo I	Tesoureiro	Principal
Tesoureiro de município urbano de 2ª ordem ou rural de 1ª ordem e serviços do Grupo II	Tesoureiro	1ª classe
Tesoureiro de município rural de 2ª ordem e serviços do Grupo III	Tesoureiro	2ª classe
Tesoureiro de município de 3ª ordem e serviços do Grupo IV	Tesoureiro	3ª classe
Tradutor-correspondente-intérprete	Tradutor-correspondente-intérprete	Principal
Verificador	Auxiliar de serviços gerais	Principal
Vigilante de jardins e parques infantis de 1ª classe	Vigilante de jardins e parques infantis	1ª classe
Vigilante de jardins e parques infantis de 2ª classe	Vigilante de jardins e parques infantis	2ª classe

NOTA - (1) - Adjectivação no quadro de pessoal nos termos da alínea b) do nº 1 do artigo 6º

DECRETO-LEI N.° 265/88*

de 28 de Julho

Reestrutura as carreiras técnica superior e técnica

Os quadros técnicos constituem, no âmbito da Administração Pública, um grupo de pessoal cuja importância não é por de mais realçar, em particular se se tiver em linha de conta a necessidade imperiosa de uma melhoria do nível de qualidade dos serviços do Estado.

Acresce que é reconhecido generalizadamente que o leque salarial na função pública tem vindo a restringir-se, ano após ano, para além de limites aceitáveis e compreensíveis, pelo que, nesse domínio, importa alargá-lo, ainda que de forma moderada.

Por outro lado, a reestruturação operada pelo Decreto-Lei n.° 248/85, de 15 de Julho, limitou-se a alargar o número de categorias das carreiras técnicas, não procedendo, deste modo, a uma verdadeira revalorização das mesmas.

Neste contexto, procede-se à revisão das carreiras técnica superior e técnica, em ordem a torná-las mais atractivas e a propiciar condições para reduzir situações de acumulação.

Pelos mesmos motivos se justificará que se venha a promover, em fase posterior, à reestruturação das carreiras médicas.

As medidas aqui consagradas, que se traduzem essencialmente na subida de uma posição salarial e na institucionalização de um estágio, como forma mais selectiva de ingresso nas carreiras em causa, constituem um passo significativo para uma ampla reestruturação e revalorização das mesmas carreiras, a qual terá de aguardar pela ponderação e debate das soluções preconizadas pela comissão para o estudo do sistema retributivo da função pública. Importa, nessa perspectiva, criar condições mais atractivas para o exercício de funções técnicas na Administração Pública, designadamente criando uma relação mais directa entre remuneração, desempenho e resultados, por forma a estimular o mérito e a determinar acréscimos reais de produtividade.

Acresce que o presente decreto-lei é resultante de acordos firmados entre o Governo e organizações sindicais, em que ficou determinada a revisão das mencionadas carreiras.

ARTIGO 1.° ([1]) – (Âmbito de aplicação)

1 – *As disposições do presente decreto-lei são aplicáveis a todos os serviços da administração central, regional e local, bem como aos institutos públicos que revistam a natureza de serviços personalizados ou fundos públicos.*

2 – *O presente diploma aplicar-se-á às regiões autónomas mediante diploma das assembleias regionais que o regulamente, tendo em conta a realidade insular.*

1 – Revogado pelo art. 35.°, alínea *d*), do DL n.° 404-A/98, de 18 de Dezembro.

---

* Ver DL n.° 247/87, de 17 de Junho, que estabelece o regime geral de carreiras e categorias, bem como as formas de provimento do pessoal da administração local, e DL n.° 353-A/89, de 16 de Outubro, que estabelece o estatuto remuneratório dos funcionários e agentes da Administração Pública.

400   *IV – Funcionários da Administração Local*

ARTIGO 2.°([1]) – **(Estrutura das carreiras técnica superior e técnica)**

1 – *Todas as carreiras de regime geral integradas no grupo de pessoal técnico superior que possuam estrutura idêntica à fixada no Decreto-Lei n.° 248/85, de 15 de Julho, para a carreira técnica superior, e bem assim as que, integradas naquele grupo e independentemente das suas especificidades tenham sido abrangidas por aquele diploma, passam a ter a estrutura constante do mapa I anexo ao presente diploma, de que faz parte integrante, desde que obedeçam aos mesmos requisitos habilitacionais de ingresso.*

2 – *O disposto no número anterior, aplica-se também às carreiras de técnicos superiores de saúde, de técnicos superiores de informática, analistas e programadores de sistema ou de aplicações, com excepção das categorias de programador e programador estagiário.*

3 – *As carreiras de regime geral integradas no grupo de pessoal técnico que possuam estrutura idêntica à estabelecida no Decreto-Lei n.° 248/85, de 15 de Julho, para a carreira técnica, e bem assim as que, integradas naquele grupo e independentemente das suas especificidades, tenham sido abrangidas por aquele diploma, passam a ter o desenvolvimento constante do mapa II anexo a este decreto-lei, que dele faz parte integrante, desde que obedeçam aos mesmos requisitos habilitacionais de ingresso.*

4 – *A estrutura constante dos mesmos mapas é aplicável, mediante decreto-lei e com as necessárias adaptações, às carreiras de inspecção que se integrem nos grupos de pessoal técnico superior e técnico.*

5 – *Mediante decreto-lei poderão ainda ser reestruturadas, de acordo com os princípios consignados no presente diploma e com as necessárias adaptações, as carreiras de regime especial que contenham categorias equivalentes às previstas nas carreiras a que se referem os n.ºs 1 e 3 da presente disposição.*

6 – *O regime previsto no presente diploma será aplicável, com as necessárias adaptações, à carreira de técnicos de diagnóstico e terapêutica, mediante decreto-lei, o qual especificará os respectivos requisitos de ingresso e de acesso.*

1 – Revogado pelo art. 35.°, alínea *d*), do DL n.° 404-A/98, de 18 de Dezembro.

ARTIGO 3.° ([1-2]) – **(Carreira técnica superior)**

1 – *O recrutamento para as categorias da carreira técnica superior obedece às seguintes regras:*

a) *Assessor principal, de entre assessores ou equiparados com, pelo menos, três anos de serviço, classificados de* Muito bom, *ou cinco anos, classificados, no mínimo, de* Bom;

b) *Assessor, de entre técnicos superiores principais ou equiparados com, pelo menos, três anos na respectiva categoria, classificados de* Muito bom, *ou cinco anos, classificados, no mínimo, de* Bom, *mediante concurso de provas públicas, que consistirá na apreciação e discussão do currículo profissional do candidato;*

c) *Técnicos superiores principais e de 1.ª classe, de entre, respectivamente, técnicos superiores de 1.ª classe e de 2.ª classe com, pelo menos, três anos nas respectivas categorias, classificados de* Bom;

d) *Técnico superior de 2.ª classe, de entre indivíduos habilitados com licenciatura em área de formação adequada ao conteúdo funcional a prover, aprovados em estágio, com classificação não inferior a* Bom *(14 valores).*

2 – *Os candidatos a assessor podem apresentar um trabalho que verse tema actual e concreto de interesse para a Administração Pública, directamente relacionado com o conteúdo funcional dos respectivos cargos, cabendo ao júri, com base nesse trabalho, avaliar a capacidade de análise e concepção do candidato.*

Decreto-Lei n.° 265/88, de 28 de Julho

3 – *O trabalho, quando apresentado, será devidamente valorizado, para efeitos de classificação final, devendo o serviço assegurar a sua posterior divulgação.*

4 – *A área de recrutamento prevista na alínea c) do n.° 1 para a categoria de técnico superior principal é alargada, nos termos dos n.ᵒˢ 2 a 7 do artigo 17.° do Decreto-Lei n.° 248/85, de 15 de Julho, aos técnicos especialistas principais com curso superior que não confira o grau de licenciatura, desde que previamente habilitados em concurso.*

1 – Redacção do art. 1.° do DL n.° 233/94, de 15 de Setembro.
2 – Revogado pelo art. 35.°, alínea d), do DL n.° 404-A/98, de 18 de Dezembro.

ARTIGO 4.° (1-2) – **(Carreira técnica)**

1 – *O recrutamento para as categorias da carreira técnica obedece às seguintes regras:*

a) *Técnico especialista principal e técnico especialista, de entre respectivamente, técnicos especialistas e técnicos principais com, pelo menos, três anos nas respectivas categorias, classificados de* Muito bom, *ou cinco anos, classificados, no mínimo, de* Bom;

b) *Técnico principal e de 1.ª classe, de entre, respectivamente, técnicos de 1.ª e de 2.ª classe com um mínimo de três anos nas respectivas categorias, classificados de* Bom;

c) *Técnico de 2.ª classe, de entre indivíduos habilitados com curso superior que não confira o grau de licenciatura, em área de formação adequada ao conteúdo funcional do lugar a prover, aprovados em estágio, com classificação não inferior a* Bom *(14 valores).*

2 – *A área de recrutamento para a categoria de técnico de 1.ª classe é alargada, nos termos dos n.ᵒˢ 2 a 7 do artigo 17.° do Decreto-Lei n.° 248//85, de 15 de Julho, aos técnicos-adjuntos especialistas de 1.ª classe do grupo de pessoal técnico-profissional, nível 4, com, pelo menos, três anos na categoria, classificados de* Muito bom, *ou com cinco anos, classificados, no mínimo, de* Bom, *desde que habilitados com curso técnico profissional ou equiparado e previamente habilitados em concurso.*

3 – *A área de recrutamento para a categoria de técnico de 2.ª classe poderá ser alargada nos termos das disposições referidas no número anterior:*

a) *Aos oficiais administrativos principais e tesoureiros principais e de 1.ª classe com, pelo menos, três anos na categoria, classificados de* Muito bom, *ou cinco anos, classificados, no mínimo, de* Bom, *desde que habilitados com o curso geral do ensino secundário ou equiparado e previamente habilitados em concurso;*

b) *Aos técnicos auxiliares especialistas do grupo de pessoal técnico-profissional, nível 3, com, pelo menos, três anos na categoria, classificados de* Muito bom, *ou cinco anos, classificados, no mínimo, de* Bom, *desde que habilitados com curso profissional ou equiparado e previamente habilitados em concurso.*

1 – Redacção do art. 1.° do DL n.° 233/94, de 15 de Setembro.
2 – Ver nota 2 ao art. 3.°.

ARTIGO 5.° (1-2) – **(Regime dos estágios)**

1 – O estágio para ingresso nas carreiras técnica superior e técnica obedece às seguintes regras:

a) (3) A admissão ao estágio faz-se de acordo com as normas estabelecidas para os concursos de ingresso na administração central e local, definidas pelo Decreto-Lei n.° 44/84, de 3 de Fevereiro, e diplomas regulamentadores;

b) O estágio tem carácter probatório e deverá, em princípio, integrar a frequência de cursos de formação directamente relacionados com as funções a exercer;

c) O número de estagiários não pode ultrapassar em mais de 30% o número de lugares vagos existentes na categoria de ingresso da respectiva carreira;

402   *IV – Funcionários da Administração Local*

d) A frequência do estágio será feita em regime de contrato além do quadro, no caso de indivíduos não vinculados à função pública, e em regime de requisição, nos restantes casos;

e) O estágio tem duração não inferior a um ano, a fixar no aviso de abertura de concurso, findo o qual os estagiários serão ordenados em função da classificação obtida;

f) Os estagiários aprovados com classificação não inferior a *Bom* (14 valores) serão providos a título definitivo, de acordo com o ordenamento referido no número anterior, nos lugares vagos de técnico superior de 2.ª classe ou de técnico de 2.ª classe;

g) A não admissão, quer dos estagiários não aprovados, quer dos aprovados que excedam o número de vagas, implica o regresso ao lugar de origem ou a imediata rescisão do contrato, sem direito a qualquer indemnização, consoante se trate de indivíduos vinculados ou não à função pública.

2 – O disposto na alínea *g*) do número anterior não prejudica a possibilidade de nomeação dos estagiários aprovados, desde que a mesma se efective dentro do prazo de validade do concurso para admissão a estagiário.

3 – A avaliação e classificação final dos estagiários será feita nos termos a fixar no aviso de abertura do concurso, devendo respeitar os seguintes princípios gerais:

a) A avaliação e classificação final competem a um júri de estágio;

b) A avaliação e classificação final terão em atenção o relatório de estágio a apresentar por cada estagiário, a classificação de serviço obtida durante o período de estágio e, sempre que possível, os resultados da formação profissional;

c) A classificação final traduzir-se-á na escala de 0 a 20 valores;

d) Em matéria de constituição, composição, funcionamento e competência do júri, homologação, publicação, reclamação e recursos aplicam-se as regras previstas na lei geral sobre concursos na função pública, com as necessárias adaptações.

4 – A requisição a que se refere a alínea *d*) do n.º 1 não carece de autorização do membro do Governo ou órgão executivo que superintenda no serviço de origem.

5 – Os estagiários serão remunerados pelas letras G ou J, conforme se trate de estágio para ingresso na carreira técnica superior ou na carreira técnica, sem prejuízo do direito de opção pelo vencimento do lugar de origem, no caso de pessoal já vinculado à função pública.

6 – Os contratos e as requisições dos estagiários aprovados no estágio, para os quais existam vagas, consideram-se automaticamente prorrogados até á data da posse na categoria de ingresso, não podendo, contudo, a prorrogação ultrapassar seis meses.

7 – O disposto no presente artigo não prejudica os estágios de duração superior a um ano, fixados em legislação orgânica dos serviços para as carreiras abrangidas pelo presente diploma.

1 – Ver art. 6.º do DL n.º 427/89, de 7 de Dezembro, aplicável à administração local por força do DL n.º 409/91, de 17 de Outubro.

2 – Ver arts. 10.º e 12.º do DL n.º 39/2000, de 17 de Março (estágio para ingresso na carreira técnica superior de polícia municipal e na carreira de polícia municipal).

3 – O DL n.º 44/84, de 3 de Fevereiro, foi revogado pelo art. 49.º, alínea *b*), do DL n.º 498//88, de 30 de Dezembro.

O DL n.º 498/88 que estabelecia o regime legal de recrutamento e selecção de pessoal para a Administração Pública, o qual foi adaptado à administração local pelo DL n.º 52//91, de 25 de Janeiro, foi, por sua vez, revogado pelo DL n.º 204/98, de 11 de Julho, adaptado à administração local pelo DL n.º 238/99, de 25 de Junho.

ARTIGO 6.º – (Chefes de repartição)

1 – ([1]) A categoria de chefe de repartição passa a ser remunerada pela letra D da tabela de vencimentos da função pública.

2 – ([2-3]) O recrutamento dos chefes de repartição far-se-á, mediante concurso, de entre:

Decreto-Lei n.° 265/88, de 28 de Julho 403

a) Chefes de secção com, pelo menos, três anos de serviço na categoria, classificados de *Muito bom;*

b) Indivíduos possuidores de curso superior e adequada experiência profissional, não inferior a três anos.

3 – Os actuais lugares de chefe de repartição que não tenham correspondência em unidades orgânicas são extintos à medida que vagarem.

1 – Os chefes de repartição são remunerados nos termos previstos no n.° 3 do art. 21.° do DL n.° 353-A/89, de 16 de Outubro.

2 – Os lugares de chefe de repartição são extintos à medida que as leis orgânicas dos serviços operem a reorganização da área administrativa, sendo os respectivos titulares reclassificados de acordo com as regras previstas no art. 18.° do DL n.° 404-A/98, de 18 de Dezembro (cfr. art. 14.° do DL n.° 412-A/98, de 30 de Dezembro).

3 – Transitoriamente, o recrutamento para chefe de repartição, para além do previsto no n.° 2 do art. 6.° do DL n.° 265/88, faz-se ainda, mediante concurso, nos termos do n.° 4 do art. 14.° do DL n.° 412-A/98.

ARTIGO 7.° (¹) – (Chefes de secção)

A categoria de chefe de secção passa a ser remunerada pela letra G da tabela de vencimentos da função pública.

1 – Revogado pelo art. 35.°, alínea *d*), do DL n.° 404-A/98, de 18 de Dezembro.

Este preceito já devia considerar-se tacitamente revogado pelo Anexo n.° 2 ao DL n.° 353-A/89, de 16 de Outubro, que fixava a remuneração dos chefes de secção.

ARTIGO 8.° (¹) – (Transição de pessoal)

1 – Os primeiros-assessores e os técnicos especialistas de 1.ª classe transitam, respectivamente, para assessor principal e técnico especialista principal.

2 – O pessoal a que se refere o artigo 36.° do Decreto-Lei n.° 248/85, de 15 de Julho, transita para as categorias da carreira técnica superior, de harmonia com a tabela constante do mapa III anexo ao presente diploma.

3 – No caso dos funcionários abrangidos pelos artigos 12.° a 14.° do Decreto-Lei n.° 191-F/79, de 26 de Junho, cujos lugares ainda não tenham sido criados, a transição a que tenham direito, nos termos do mesmo diploma, far-se-á para a categoria correspondente na tabela referida no número anterior.

4 – As transições a que se referem os números precedentes e, bem assim, todas as revalorizações de categorias determinadas pelo presente diploma apenas estão sujeitas a anotação das novas situações pelo Tribunal de Contas e a publicação no Diário da República, *sendo que, no caso da administração local, apenas haverá que observar esta última formalidade.*

1 – Revogado pelo art. 35.°, alínea *d*), do DL n.° 404-A/98, de 18 de Dezembro.

ARTIGO 9.° (¹) – (Relevância do tempo de serviço prestado)

Releva para todos os efeitos legais, com excepção dos remuneratórios, o tempo de serviço anteriormente prestado nas categorias revalorizadas ou reclassificadas pelo presente diploma.

1 – Revogado pelo art. 35.°, alínea *d*), do DL n.° 404-A/98, de 18 de Dezembro.

ARTIGO 10.° (¹) – (Quadros de pessoal)

Para efeitos de aplicação do disposto no presente diploma, os quadros de pessoal consideram-se automaticamente alterados, nos seguintes termos:

a) As letras de vencimento, no caso das categorias objecto de revalorização, são as constantes dos mapas anexos ao presente diploma;

404   *IV – Funcionários da Administração Local*

b) As dotações das categorias de assessor principal e de técnico especialista principal são acrescidas, respectivamente, do número de lugares actualmente previstos para as categorias de primeiro-assessor e de técnico especialista de 1.ª classe.

1 – Revogado pelo art. 35.º, alínea *d*), do DL n.º 404-A/98, de 18 de Dezembro.

ARTIGO 11.º (¹) – (Concursos pendentes)

1 – *Mantêm-se em vigor os concursos cujos avisos de abertura se encontrem publicados à data da publicação do presente diploma, sendo os respectivos candidatos providos de acordo com a nova estrutura da carreira técnica superior e da carreira técnica constante dos mapas anexos ao presente diploma.*

2 – *Excepcionam-se do disposto no número anterior os concursos para assessor principal, os quais se consideram desde já extintos.*

1 – Revogado pelo art. 35.º, alínea *d*), do DL n.º 404-A/98, de 18 de Dezembro.

ARTIGO 12.º (¹) – (Providências orçamentais)

Os encargos resultantes do previsto no presente diploma serão satisfeitos por conta das disponibilidades orçamentais dos respectivos serviços, devendo estes proceder, se for caso disso, às alterações orçamentais permitidas pelos n.ºs 2 e 3 do artigo 5.º do Decreto-Lei n.º 46/84, de 4 de Fevereiro, e pelo artigo 31.º do Decreto-Lei n.º 341/83, de 21 de Julho, respectivamente, para a administração central e local.

1 – Revogado pelo art. 35.º, alínea *d*), do DL n.º 404-A/98, de 18 de Dezembro.

ARTIGO 13.º (¹) – (Prevalência)

O disposto no presente diploma prevalece sobre todas e quaisquer disposições gerais ou especiais relativas às matérias reguladas no presente decreto-lei, com ressalva do regime especial de recrutamento para as categorias de analista de 2.ª classe e programador de aplicações ou sistema de 2.ª classe, bem como do regime de recrutamento para a carreira de técnico de reinserção social estabelecido no Decreto-Lei n.º 204/83, de 20 de Maio.

1 – Revogado pelo art. 35.º, alínea *d*), do DL n.º 404-A/98, de 18 de Dezembro.

ARTIGO 14.º (¹) – (Disposições revogadas)

São revogadas as seguintes disposições:
a) Os artigos 18.º e 19.º do Decreto-Lei n.º 248/85, de 15 de Julho;
b) O n.º 1 do artigo 3.º do Decreto-Lei n.º 465/80, de 14 de Outubro;
c) O n.º 1 do artigo 4.º do Decreto-Lei n.º 106/78, de 24 de Maio.

1 – Revogado pelo art. 35.º, alínea *d*), do DL n.º 404-A/98, de 18 de Dezembro.

ARTIGO 15.º (¹) – (Entrada em vigor)

Este diploma entra em vigor no dia seguinte ao da sua publicação, produzindo efeitos, no tocante às reclassificações e revalorizações nele estabelecidas, desde 1 de Janeiro de 1988.

1 – Revogado pelo art. 35.º, alínea *d*), do DL n.º 404-A/98, de 18 de Dezembro.

Decreto-Lei n.º 265/88, de 28 de Julho   405

MAPA I (1-2)
Estrutura da carreira técnica superior

Letra de vencimento	Categoria
A	*Assessor principal.*
B	*Assessor.*
C	*Técnico superior principal.*
D	*Técnico superior de 1.ª classe.*
E	*Técnico superior de 2.ª classe.*

MAPA II (1-2)
Estrutura da carreira técnica

Letra de vencimento	Categoria
C	*Técnico especialista principal.*
D	*Técnico especialista.*
E	*Técnico principal.*
F	*Técnico de 1.ª classe.*
H	*Técnico de 2.ª classe.*

1 – Revogado pelo art. 35.º, alínea *d*), do DL n.º 404-A/98, de 18 de Dezembro.

2 – O regime remuneratório do pessoal técnico superior e do pessoal técnico da administração local é o constante dos Anexos n.os 2 e 3 ao DL n.º 412-A/98, de 30 de Dezembro.

MAPA III
Tabela a que se refere o n.º 2 do artigo 8.º

Situação actual		Transição	
Categoria	Letra de vencimento	Categoria	Letra de vencimento
Inspector superior	B	Assessor principal	A
Assessor	B	Assessor principal	A
Assessor	C	Assessor	B
Técnico superior principal	D	Técnico superior principal	C

DECRETO REGULAMENTAR N.° 45/88

de 16 de Dezembro

Altera a disciplina de classificação de serviço
do pessoal da administração autárquica

O n.° 3 do artigo 1.° do Decreto Regulamentar n.° 44-B/83, de 1 Junho, prevê a adaptação à situação do pessoal autárquico do regime de classificação de serviço estabelecido naquele decreto regulamentar.

Ouvidas, nos termos da lei, as associações representativas dos trabalhadores da administração local, bem como a Associação Nacional de Municípios Portugueses, pelo presente diploma dá-se cumprimento àquele normativo, atentas as especificidades próprias dos serviços por ele abrangidos.

A reduzida dimensão de alguns serviços e a estrutura dos seus quadros ditaram a necessidade de introduzir ajustamentos relativos à substituição da classificação de serviço por ponderação de currículo profissional, aos princípios aplicáveis às fichas, à constituição da comissão paritária e à definição do dirigente máximo.

Assim:

ARTIGO 1.° – (Âmbito)

1 – O disposto no Decreto Regulamentar n.° 44-B/83, de 1 de Junho, com as alterações que lhe foram introduzidas pelo Decreto Regulamentar n.° 40/85, de 1 de Julho, é aplicável ao processo de classificação de serviço dos funcionários e agentes que prestam serviço nas câmaras municipais e respectivos serviços municipalizados, juntas de freguesia, associações e federações de municípios, bem como nas assembleias distritais, em tudo o que não contrarie o disposto no presente diploma.

2 – O disposto no número anterior não é aplicável ao pessoal dirigente cuja forma de provimento seja a comissão de serviço, bem como aos chefes de repartição e tesoureiros-chefes.

ARTIGO 2.° – (Ponderação do currículo profissional)

Nas juntas de freguesia não será atribuída classificação de serviço, devendo a sua falta ser suprida por ponderação do currículo profissional nos termos dos artigos 20.° e 21.° do Decreto Regulamentar n.° 44-B/83, de 1 de Junho, com as alterações que lhe foram introduzidas pelo Decreto Regulamentar n.° 40/85, de 1 de Julho.

ARTIGO 3.° – (Fichas)

Serão utilizadas as fichas modelos n.ºs 156, 157, 158, 159 e 160 exclusivos da Imprensa Nacional-Casa da Moeda, aprovadas pela Portaria n.° 642-A/83, de 1 de Junho, com as necessárias adaptações no que concerne à identificação dos serviços.

IV – Funcionários da Administração Local

ARTIGO 4.° – **(Coeficientes de ponderação)**

1 – Mediante deliberação das câmaras municipais, conselhos de administração dos serviços municipalizados, conselhos administrativos das associações de municípios e comissões administrativas das federações de municípios, sob proposta do dirigente máximo dos serviços e ouvidas as comissões paritárias de avaliação, podem ser introduzidos coeficientes de ponderação para a valoração dos diferentes factores nas fichas de notação a que se refere o artigo anterior, tendo em atenção as funções efectivamente desempenhadas.

2 – Por despacho do respectivo presidente e mediante parecer da comissão paritária de avaliação, poderão ser aplicados ao pessoal das assembleias distritais os coeficientes de ponderação acima previstos.

3 – O disposto nos números anteriores não se aplica durante o primeiro ano de vigência do presente diploma.

ARTIGO 5.° – **(Comissão paritária)**

1 – Junto do dirigente com competência para homologar classificações de serviço será constituída, como órgão consultivo, uma comissão paritária de avaliação, composta por quatro vogais, sendo dois representantes da Administração e dois representantes dos notados.

2 – Nas câmaras municipais poderá ser constituída uma comissão paritária comum a dois ou mais dos respectivos serviços, por acordo dos dirigentes com competência para homologar classificações de serviço, sempre que se verifique a impossibilidade de cumprimento do disposto no n.° 1.

3 – Sempre que se torne necessário viabilizar a constituição da comissão paritária, as câmaras municipais, os serviços municipalizados, as associações de municípios, as federações de municípios e as assembleias distritais poderão agrupar-se constituindo uma comissão paritária comum.

4 – Nas situações correspondentes aos n.os 2 e 3, a designação dos vogais representantes dos serviços e o processo de eleição dos representantes dos notados a que se refere o artigo 26.° do Decreto Regulamentar n.° 44-B/83, de 1 de Junho, são feitos por acordo dos dirigentes com competência para homologar as classificações de serviço.

ARTIGO 6.° – **(Recursos)**

1 – Cabe recurso hierárquico da classificação de serviço, a interpor no prazo de dez dias úteis a partir da data do conhecimento da homologação:

a) Para a câmara municipal respectiva, tratando-se do pessoal das câmaras municipais e dos serviços municipalizados;

b) ([1]) Para o conselho administrativo, se o pessoal pertencer a associações de municípios;

c) Para a comissão administrativa, quando se trate de pessoal pertencente às federações de municípios.

2 – A decisão deve ser proferida no prazo de 30 dias contados a partir da data da interposição do recurso.

3 – A invocação de meras diferenças de classificação com base na comparação entre classificações atribuídas não constitui fundamento atendível de recurso.

4 – Das classificações de serviço do pessoal das assembleias distritais apenas é possível a interposição de recurso contencioso.

1 – O órgão executivo da associação de municípios é o conselho de administração (art. 10.° do DL n.° 172/99, de 21 de Setembro).

Decreto Regulamentar n.° 45/88, de 16 de Dezembro

ARTIGO 7.° – **(Dirigente máximo)**

Para efeitos deste dipoma, consideram-se dirigentes máximos dos serviços da administração local, respectivamente, os seguintes:

a) O presidente, nas assembleias distritais e nas juntas de freguesia;

b) O presidente ou os vereadores, de acordo com as distribuições de funções nos termos do Decreto-Lei n.° 100/84, de 29 de Março, quanto às câmaras municipais;

c) O presidente do conselho de administração, nos serviços municipalizados;

d) (¹) O presidente do conselho administrativo, nas associações de municípios;

e) O presidente da comissão administrativa, nas federações de municípios.

1 – Ver nota ao artigo anterior.

ARTIGO 8.° (¹) – **(Suspensão da redução de tempo de serviço)**

Aos funcionários e agentes referidos no artigo 1.° é aplicável o disposto no n.° 3 do artigo 42.° do Decreto-Lei n.° 248/85, de 15 de Julho.

1 – O art. 42.° do DL n.° 248/85 foi revogado pelo art. 35.° do DL n.° 404-A/98, de 18 de Dezembro.

ARTIGO 9.° – **(Suprimento da falta de tempo de serviço classificado relevante como requisito de promoção e progressão nas carreiras)**

Para efeitos de promoção e progressão nas carreiras, a classificação de serviço obtida no primeiro ano de vigência deste diploma reportar-se-á ao ano ou anos imediatamente anteriores, de modo a complementar a exigência legal.

ARTIGO 10.° – **(Aplicação do diploma em 1988)**

1 – No decurso do corrente ano, o processo de classificação de serviço iniciar-se-á no 30.° dia a partir da data da publicação do presente diploma com o preenchimento das fichas e notação, observando-se seguidamente os intervalos temporais entre cada uma das fases do processo.

2 – Até ao dia referido no número anterior deverão ser cumpridas as formalidades exigidas, nomeadamente a constituição da comissão paritária.

ARTIGO 11.°(¹⁻²) – **(Aplicação nas regiões autónomas)**

O regime do presente diploma poderá ser tornado extensivo, com as necessárias adaptações, ao pessoal autárquico das regiões autónomas, mediante decreto regulamentar regional.

1 – O DRR n.° 3/89/M, de 9 de Fevereiro, manda aplicar o regime de classificação de serviço estabelecido pelo Dec. Reg. n.° 45/88 às autarquias locais da Região Autónoma da Madeira.

2 – O DRR n.° 10/89/A, de 31 de Março, manda aplicar o regime de clasificação de serviço estabelecido pelo Dec. Reg. n.° 45/88 às autarquias locais da Região Autónoma dos Açores.

DECRETO-LEI N.º 244/89

de 5 de Agosto

**Disciplina a relevância do tempo de serviço prestado
pelos funcionários e agentes da Administração**

Tendo em conta o princípio da unidade da Administração Pública, o tempo de serviço prestado em qualquer dos subsistemas que aquela comporta deve ser considerado, para todos os efeitos legais, em cada um dos outros.

No caso do pessoal da administração local, que não se considera vinculado à função pública para efeitos de ingresso nos serviços e organismos da administração central e regional, prevê-se que venha a transitar para estas últimas através de concurso externo desde que se respeitem os condicionalismos legais vigentes sobre controlo de admissões de pessoal.

Outras situações há que, embora de natureza distinta, devem ser objecto de tratamento idêntico. Respeita uma ao tempo de serviço prestado em carreiras que tenham sido substituídas, reclassificadas ou reconvertidas e outra ao tempo de serviço prestado na carreira de origem pelos funcionários objecto de permuta ou transferência, permitindo-se, igualmente, que o tempo de serviço prestado nas novas categorias e carreiras releve para todos os efeitos legais.

Finalmente, refira-se que as associações sindicais foram ouvidas na elaboração do presente projecto, de acordo com disposto sobre a matéria no Decreto-Lei n.º 45-A/84, de 3 de Fevereiro.

Foram ouvidos os órgãos de governo próprio das Regiões Autónomas dos Açores e da Madeira.

Assim:

ARTIGO 1.º ([1])

1 – O tempo de serviço prestado na administração pública central, regional e local releva, do ponto de vista de antiguidade na categoria e na carreira, para efeitos de promoção e progressão quando o pessoal afecto aos respectivos serviços e organismos transite de uma para outra das pessoas colectivas que integram a Administração.

2 – O disposto no número anterior não prejudica a legislação actualmente em vigor sobre restrições à admissão de pessoal na administração central.

1 – Ver DL n.º 409/91, de 17 de Outubro, e DL n.º 175/98, de 2 de Julho.

ARTIGO 2.º

Releva para todos os efeitos legais, nas novas categorias e carreiras, o tempo de serviço prestado:

a) Pelo pessoal abrangido pelo disposto nos artigos 27.º, 37.º e 39.º do Decreto-Lei n.º 248/85, de 15 de Julho, e no anexo III ao Decreto-Lei n.º 247/87, de 17 de Junho;

412   *IV – Funcionários da Administração Local*

b) (¹) Pelos funcionários objecto de permuta ou transferência, nos termos dos artigos 22.° e 23.° do Decreto-Lei n.° 41/84, de 3 de Fevereiro, ainda que as mesmas se processem para carreira diversa daquela em que estavam integrados.

1 – Os arts. 22.° e 23.° do DL n.° 41/84 foram revogados pelo art. 45.° n.° 1 do DL n.° 427/89, de 7 de Dezembro.

A transferência e permuta de funcionários estão reguladas nos arts. 23.° e 26.° do DL n.° 427/89 e nos arts. 3.° e 4.° do DL n.° 409/91, de 17 de Outubro.

DECRETO-LEI N.° 353-A/89 *

de 16 de Outubro

**Estabelece regras sobre o estatuto remuneratório dos funcionários
e agentes da Administração Pública e a estrutura das remunerações base
das carreiras e categorias nele contempladas**

O Decreto-Lei n.° 184/89, de 2 de Junho, definiu os princípios gerais em matéria de emprego público, remunerações e gestão de pessoal da função pública, circunscrevendo-se nuclearmente à reforma do sistema retributivo, no sentido de lhe devolver coerência e de o dotar de equidade, quer no plano interno, quer no âmbito do mercado de emprego em geral.

Nos termos do artigo 43.° daquele diploma legal, há que proceder ao desenvolvimento e regulamentação dos princípios gerais nele contidos, designadamente em matéria salarial, objectivo que se cumpre através do presente diploma.

Como princípios enformadores do presente diploma salarial destacam-se os seguintes:

Reconverter o sistema em vigor há mais de 50 anos, substituindo a tabela de letras por novas escalas indiciárias, sem se visar um aumento generalizado da função pública, mas antes proceder a uma reforma estrutural susceptível de comportar continuadas melhorias qualitativas e quantitativas;

Alcançar uma progressiva competitividade no recrutamento e manutenção dos recursos humanos ao serviço da organização, privilegiando-se, através do alargamento do leque salarial, os grupos de pessoal técnico superior e técnico e abrindo-se perspectivas de valorização de carreira para todos os funcionários;

Melhorar a produtividade dos recursos humanos e racionalizar a sua gestão, dando-se corpo a mecanismos que tenham em atenção o mérito, a experiência e o desempenho, procedendo-se ainda à necessária adequação das regras de promoção e progressão nas carreiras.

Finalmente, há que destacar o carácter gradualista da reforma que se empreende. Ao darem-se passos decisivos no novo sistema retributivo, não se negam, antes se reafirmam, os objectivos de prosseguir vias selectivas, no sentido de proceder ao enriquecimento funcional das carreiras e à qualidade e formação profissional dos funcionários, por forma a valorizar os recursos humanos e a melhorar a qualidade dos serviços públicos.

Importa acrescentar que, nos termos da legislação em vigor sobre negociação colectiva (Decreto-Lei n.° 45-A/84, de 3 de Fevereiro), foi o presente diploma antecedido de negociações com as organizações sindicais.

Foram ouvidos os órgãos de governo próprio das Regiões Autónomas dos Açores e da Madeira.

---

* Rectificado pelas declarações publicadas no suplemento ao DR., I Série-A, de 30/12/89 e no 2.° suplemento ao DR., I Série-A, de 28/2/90.

414 *IV – Funcionários da Administração Local*

Assim:

No desenvolvimento do regime jurídico estabelecido pelo Decreto-Lei n.° 184/89, de 2 de Junho, e nos termos da alínea *c*) do n.° 1 do artigo 201.° da Constituição, o Governo decreta o seguinte:

CAPÍTULO I – Objecto e âmbito

ARTIGO 1.° – (Objecto)

O presente diploma estabelece regras sobre o estatuto remuneratório dos funcionários e agentes da Administração Pública e a estrutura das remunerações base das carreiras e categorias nele contempladas.

ARTIGO 2.° – (Âmbito)

1 – O presente decreto-lei aplica-se a todos os serviços e organismos da administração central, local e regional autónoma, incluindo os institutos públicos nas modalidades de serviços personalizados do Estado e de fundos públicos.

2 – O presente diploma aplica-se também aos serviços e organismos que estejam na dependência orgânica e funcional da Presidência da República e da Assembleia da República e aos serviços de apoio das instituições judiciárias.

3 – A aplicação à administração regional autónoma faz-se sem prejuízo da possibilidade de os competentes órgãos introduzirem as adaptações necessárias.

CAPÍTULO II – Disposições gerais

SECÇÃO I – Princípios gerais

ARTIGO 3.° – (Direito à remuneração)

1 – O direito à remuneração devida pelo exercício de funções na Administração Pública constitui-se com a aceitação da nomeação.

2 – Nos casos em que não há lugar a aceitação, o direito à remuneração reporta-se ao início do exercício efectivo de funções.

3 – O disposto nos números anteriores não prejudica o regime especial da urgente conveniência de serviço.

4 – As situações e as condições em que se suspende o direito à remuneração, total ou parcialmente, constam da lei.

5 – O direito à remuneração cessa com a verificação de qualquer das causas de cessação da relação de emprego.

6 – A remuneração é paga mensalmente, podendo, em casos especiais, ser estabelecida periodicidade inferior.

ARTIGO 4.° – (Estrutura indiciária)

1 – A remuneração base mensal correspondente a cada categoria e escalão referencia-se por índices, cujo limite máximo é o índice 900 para a escala salarial de regime geral.

2 – A remuneração base mensal correspondente ao índice 100 consta de portaria conjunta do Primeiro-Ministro e do Ministro das Finanças.

Decreto-Lei n.° 353-A/89, de 16 de Outubro 415

3 (¹) – No quadro da negociação colectiva, a actualização anual do valor dos índices opera-se na proporção da alteração do valor do índice 100 das escalas, mediante portaria do Ministro das Finanças.

4 – A actualização salarial anual prevista no número anterior aplica-se, simultaneamente e em igual percentagem, a todos os índices 100 de todas as escalas indiciárias.

5 – À actualização salarial anual dos cargos dirigentes que detenham o efectivo exercício de competências de chefia aplica-se o disposto no Decreto-Lei n.° 383-A/87, de 23 de Dezembro.

1 – Ver Portaria n.° 239/2000, de 29 de Abril.

ARTIGO 5.° – (Remuneração base)

1 – A remuneração base integra a remuneração de categoria e a remuneração de exercício.

2 – A remuneração de categoria é igual a cinco sextos da remuneração base, acrescida dos suplementos que se fundamentem em incentivos à fixação em zonas de periferia e em transferência para localidade diversa que confira direito a subsídio de residência ou outro.

3 – A remuneração de exercício é igual a um sexto da remuneração base, acrescida dos suplementos não referidos no número anterior a que eventualmente haja lugar.

4 – As situações e as condições em que se perde o direito à remuneração de exercício constam da lei.

ARTIGO 6.° – (Remuneração horária)

1 – Para todos os efeitos legais, o valor da hora normal de trabalho é calculada através da fórmula $\frac{Rb \times 12}{52 \times N}$, sendo Rb a remuneração mensal e N o número de horas correspondentes à normal duração semanal de trabalho.

2 – A fórmula referida no número anterior serve de base ao cálculo da remuneração correspondente a qualquer outra fracção de tempo de trabalho.

ARTIGO 7.° – (Opção de remuneração)

Em todos os casos em que o funcionário passe a exercer transitoriamente funções em lugar ou cargo diferente daquele em que está provido é-lhe reconhecida a faculdade de optar a todo o tempo pelo estatuto remuneratório devido na origem.

SECÇÃO II – Prestações sociais

ARTIGO 8.° – (Prestações sociais)

As prestações sociais são constituídas por:

a) Abono de família;

b) Prestações complementares de abono de família;

c) Subsídio de refeição;

d) Prestações da acção social complementar;

e) Subsídio por morte.

ARTIGO 9.° – (Abono de família e prestações complementares)

1 – O regime do abono de família e prestações complementares consta de lei geral.

2 – São prestações complementares de abono de família, sem prejuízo de outras que venham a ser criadas por lei geral, as seguintes:

a) Subsídio de casamento;

416   *IV – Funcionários da Administração Local*

b) Subsídio de nascimento;
c) Subsídio de aleitação;
d) Abono complementar a crianças e jovens deficientes;
e) Subsídio de educação especial;
f) Subsídio mensal vitalício;
g) Subsídio de funeral.

ARTIGO 10.º – **(Outras prestações sociais)**

O regime do subsídio de refeição, das prestações da acção social complementar e do subsídio por morte constam de legislação própria.

SECÇÃO III – Suplementos

ARTIGO 11.º – **(Suplementos)**

1 – Consideram-se suplementos os acréscimos remuneratórios atribuídos em função de particularidades específicas da prestação de trabalho, cujos fundamentos obedecem ao estabelecido nos n.os 1 e 2 do artigo 19.º do Decreto-Lei n.º 184/89, de 2 de Junho, considerando-se extintos todos os que nele se não enquadrem.

2 – Os abonos actualmente praticados com fundamento legal em trabalho extraordinário, nocturno, em dias de descanso semanal ou feriados, em regime de turnos, falhas e em trabalho efectuado fora do local normal de trabalho que dê direito à atribuição de ajudas de custo, ou outros abonos devidos a deslocações em serviço, mantêm-se nos seus regimes de abono e de actualização.

3 – O montante do abono para falhas previsto no n.º 1 do artigo 4.º do Decreto-Lei n.º 4/89, de 6 de Janeiro, é fixado em 10% do valor correspondente ao índice 215 da escala salarial de regime geral.

4 (¹) – O suplemento abonado aos funcionários que exerçam funções de secretariado nos termos do n.º 3 do artigo 35.º do Decreto-Lei n.º 248/85, de 15 de Julho, é fixado em 35% do valor do índice 100 da escala indiciária do regime geral.

1 – Aditado pelo art. 6.º do DL n.º 393/90, de 11 de Dezembro.

ARTIGO 12.º – **(Regime de suplementos)**

O regime e as condições de atribuição de cada suplemento são fixados mediante decreto-lei.

SECÇÃO IV – Descontos

ARTIGO 13.º – **(Descontos)**

1 – Sobre as remunerações devidas pelo exercício de funções na Administração Pública incidem:
a) Descontos obrigatórios;
b) Descontos facultativos.

2 – São descontos obrigatórios os que resultam de imposição legal.

3 – São descontos facultativos os que, sendo permitidos por lei, carecem de autorização expressa do titular do direito à remuneração.

4 – Em regra, os descontos são efectuados directamente através de retenção da fonte.

Decreto-Lei n.° 353-A/89, de 16 de Outubro 417

ARTIGO 14.° – **(Descontos obrigatórios)**

1 – São descontos obrigatórios os seguintes:

a) Impostos sobre o rendimento das pessoas singulares (IRS);

b) Quotas para aposentação e sobrevivência;

c) Desconto para a Direcção-Geral de Protecção Social aos Funcionários e Agentes da Administração Pública (ADSE);

d) Imposto do selo.

2 – É ainda objecto de desconto obrigatório a renda de casa pertencente ao Estado, nos casos previstos na lei.

3 – O regime dos descontos obrigatórios consta de legislação própria.

ARTIGO 15.° – **(Descontos facultativos)**

1 – São descontos facultativos, designadamente, os seguintes:

a) Quotizações para cofres ou caixas de previdência;

b) Quota sindical;

c) Prémios de seguros de doença ou de acidentes pessoais, de seguros de vida e complementos de reforma e planos de poupança-reforma.

2 – As quotizações sindicais são obrigatoriamente descontadas na fonte, desde que solicitado pelos funcionários e agentes.

CAPÍTULO III – Carreiras

SECÇÃO I – Princípios gerais

ARTIGO 16.° – **(Promoção)**

1 – A promoção a categoria superior depende da existência de vaga, de concurso e da prestação de serviço na categoria imediatamente inferior durante o tempo e com a classificação de serviço legalmente previstos na regulamentação da respectiva carreira.

2 – São abertos obrigatoriamente concursos de acesso quando existam, pelo menos, três vagas orçamentadas na mesma categoria e conforme o plano de actividades, desde que existam no serviço candidatos que satisfaçam os requisitos de promoção.

3 – O disposto no número anterior não se aplica nos casos em que as carreiras são dotadas globalmente.

ARTIGO 17.° – **(Escalão de promoção)**

1 – A promoção a categoria superior da respectiva carreira faz-se da seguinte forma:

a) Para o escalão 1 da categoria para a qual se faz a promoção;

b) Para o escalão a que na estrutura remuneratória da categoria para a qual se faz a promoção corresponde o índice superior mais aproximado, se o funcionário vier já auferindo remuneração igual ou superior à do escalão 1.

2 – Sempre que do disposto no número anterior resultar um impulso salarial inferior a 10 pontos, a integração na nova categoria faz-se no escalão seguinte da estrutura da categoria.

ARTIGO 18.° – **(Mobilidade)**

1 – Para efeitos de determinação da categoria da nova carreira nos casos de intercomunicabilidade horizontal ou vertical ou de mobilidade entre carreiras, a relação de natureza remunera-

IV – Funcionários da Administração Local

tória legalmente fixada estabelece-se entre os índices remuneratórios correspondentes ao escalão 1 da categoria em que o funcionário se encontre e o escalão 1 da categoria da nova carreira.

2 – Nos casos referidos no número anterior, a integração na nova carreira faz-se em escalão a que corresponda:

a) O mesmo índice remuneratório;

b) Na falta de coincidência, o índice superior mais aproximado na estrutura da categoria.

3 – Nas situações previstas na alínea *a*) do número anterior, o tempo de serviço prestado no escalão de origem releva para progressão na nova carreira.

4 – (¹) As regras estabelecidas nos n.ᵒˢ 2 e 3 são também aplicáveis às situações de mobilidade, mediante concurso entre carreiras inseridas nos grupos de pessoal operário e auxiliar e, bem assim, entre carreiras para cujo provimento esteja estabelecido legalmente o mesmo nível de habilitações.

1 – Aditado pelo art. 3.° do DL n.° 420/91, de 29 de Outubro.

ARTIGO 19.° – (Progressão)

1 – A progressão nas categorias faz-se por mudança de escalão.

2 – A mudança de escalão depende da permanência no escalão imediatamente anterior dos seguintes módulos de tempo:

a) Nas carreiras horizontais, quatro anos;

b) Nas carreiras verticais, três anos.

3 – A atribuição de classificação de serviço de *Não satisfatório* ou equivalente determina a não consideração do tempo de serviço prestado com essa classificação para efeitos de progressão.

4 – O disposto nos números anteriores não prejudica a fixação de regras próprias de progressão para carreiras de regime especial e corpos especiais.

ARTIGO 20.° – (Formalidades)

1 – A progressão é automática e oficiosa.

2 – A progressão não depende de requerimento do interessado, devendo os serviços proceder com diligência ao processamento oficioso das progressões.

3 – O direito à remuneração pelo escalão superior vence-se no dia 1 do mês seguinte ao do preenchimento dos requisitos estabelecidos no artigo anterior, dependendo o seu abono da simples confirmação das condições legais por parte do dirigente máximo do serviço a cujo quadro o funcionário pertence ou o agente está vinculado.

4 – Mensalmente será afixada em cada serviço a listagem dos respectivos funcionários e agentes que tenham progredido de escalão.

5 – A progressão não carece de fiscalização prévia do Tribunal de Contas nem de publicação no Diário da República.

SECÇÃO II – Estruturas remuneratórias

ARTIGO 21.° – (Carreiras e categorias do regime geral)

. . . .

ARTIGO 22.° (¹) – (Carreiras e categorias da administração local)

As escalas salariais de cada uma das carreiras e categorias da administração local constam dos anexos n.ᵒˢ 2 e 3 ao presente diploma, do qual fazem parte integrante.

Decreto-Lei n.º 353-A/89, de 16 de Outubro

1 – Este preceito deve considerar-se tacitamente revogado. As escalas salariais das carreiras e categorias da administração local constam dos anexos II e III ao DL n.º 412-A/98, de 30 de Dezembro.

ARTIGO 23.º – **(Carreiras de pessoal dos serviços gerais dos estabelecimentos e serviços de saúde)**

. . . .

ARTIGO 24.º – **(Carreiras do pessoal auxiliar dos serviços e estabelecimentos da Segurança Social)**

. . . .

ARTIGO 25.º – **(Carreiras do pessoal não docente dos estabelecimentos de ensino não superior)**

. . . .

ARTIGO 26.º – **(Carreiras de regime especial)**

. . . .

CAPÍTULO IV – Disposições finais e transitórias

ARTIGO 27.º – **(Aplicação a outras carreiras)**

. . . .

ARTIGO 28.º – **(Corpos especiais)**

. . . .

ARTIGO 29.º – **(Outras carreiras de regime especial)**

. . . .

ARTIGO 30.º ([1]) – **(Regime de transição)**

1 – A integração na nova estrutura salarial faz-se de acordo com as seguintes regras:

a) Na mesma carreira e categoria;

b) Em escalão a que corresponda na estrutura da categoria remuneração igual ou, se não houver coincidência, a remuneração imediatamente superior.

2 – A remuneração a considerar para efeitos da transição referida no n.º 1 resulta do valor correspondente à remuneração base decorrente do Decreto-Lei n.º 98/89, de 29 de Março, actualizada a 12%, acrescida do montante da remuneração acessória a que eventualmente haja direito, com excepção das que sejam consideradas suplementos, nos termos do Decreto-Lei n.º 184/89, de 2 de Junho, e deste diploma.

3 – Para efeitos do número anterior, as remunerações acessórias de montante variável são fixadas no valor médio das remunerações acessórias percebidas nos 12 meses imediatamente anteriores à data da produção de efeitos do presente diploma.

4 – Sempre que o montante apurado nos termos dos números anteriores ultrapasse o valor do escalão máximo da respectiva categoria, é criado um diferencial de integração correspondente à diferença entre a remuneração indiciária e o montante a que o funcionário ou agente tem direito nos termos dos números anteriores.

420　　　　*IV – Funcionários da Administração Local*

5 – Da aplicação do presente diploma não pode resultar a redução das remunerações efectivamente auferidas.

6 – Na integração na nova estrutura salarial devem ser consideradas as agregações de categorias e as alterações da designação decorrentes dos mapas anexos.

7 (²) – Os médicos veterinários municipais providos nas categorias previstas no Decreto--Lei n.° 143/83, de 30 de Março, transitam para a carreira de médico veterinário, com a categoria que já detêm.

8 – As regras previstas no presente artigo aplicam-se igualmente à transição das carreiras diplomática e de inspecção de alto nível.

1 – Ver art. 6.° do DL n.° 373/93, de 4 de Novembro (regime de transição de carreiras de bombeiros sapadores) e art. 4.° do DL n.° 374/93, de 4 de Novembro (regime de transição de carreiras de bombeiros municipais).

2 – O DL n.° 143/83, foi revogado pelo DL n.° 116/98, de 5 de Maio, que estabelece os princípios gerais da carreira de médico veterinário municipal.

ARTIGO 31.° – (Transição do pessoal dirigente)

1 – Os titulares dos cargos dirigentes que detenham o efectivo exercício de competências de chefia transitam para o novo sistema de acordo com o artigo anterior e ainda com as seguintes regras:

a) Até ao final do ano de 1990, o cargo de director-geral é remunerado pelos índices 100, 118 e 135, operando-se a transição para o índice a que corresponda a remuneração imediatamente superior;

b) No ano de 1991, os cargos de director-geral, remunerados pelo índice 100 transitam para o índice 118;

c) No ano de 1992, os cargos de director-geral remunerados pelo índice 118 transitam para o índice 135;

d) A partir de 1993, a remuneração base mensal do cargo de director-geral passa a corresponder ao índice 100.

2 – Em cada unidade orgânica a remuneração dos restantes cargos dirigentes é fixada proporcionalmente, nos termos previstos no Decreto-Lei n.° 383-A/87, de 23 de Dezembro, tomando como valor padrão a remuneração atribuída ao cargo de director-geral.

3 – A remuneração a considerar para efeitos da transição referida nos números anteriores resulta do valor correspondente à remuneração, com cinco diuturnidades, decorrente do Despacho Normativo n.° 23/89, de 15 de Março, actualizada a 12%, acrescida do montante da remuneração acessória a que eventualmente haja direito, com excepção das que sejam consideradas suplementos, nos termos do Decreto-Lei n.° 184/89, de 2 de Junho, e do presente diploma.

4 – O disposto no presente artigo não prejudica a actualização anual das remunerações dos cargos dirigentes, nos termos previstos no Decreto-lei n.° 383-A/ /87, de 23 de Dezembro.

5 – Quando o director-geral opte pelo vencimento do cargo de origem, toma-se por valor padrão, para efeitos do n.° 2, o vencimento que lhe caberia no caso de opção pelo vencimento do cargo em que está provido, com cinco diuturnidades.

ARTIGO 32.° – (Regime de transição do pessoal destacado, requisitado e em comissão de serviço)

A transição do pessoal destacado, requisitado e em comissão de serviço obedece ao disposto no artigo 30.°, devendo ainda atender-se às seguintes regras:

a) Se o lugar de origem conferir direito a remuneração acessória de qualquer natureza, a remuneração a considerar para efeitos de transição no lugar de origem é apurada nos termos dos n.ᵒˢ 2 e 3 do artigo 30.°, ainda que a remuneração acessória não venha sendo efectivamente abonada;

Decreto-Lei n.° 353-A/89, de 16 de Outubro

b) (¹) Se o lugar de destino conferir direito a remuneração acessória de qualquer natureza, a remuneração a abonar no lugar de destino, enquanto se mantiverem o destacamento, a requisição e a comissão de serviço, é apurada nos termos dos n.ᵒˢ 2 a 5 do artigo 30.°.

1 – Ver art. 4.° do DL n.° 204/91, de 7 de Junho.

ARTIGO 33.° – (Nomeações interinas)

1 – Na nomeação interina não há lugar a progressão na categoria em que o funcionário se encontra nomeado inteiramente.

2 – Quando, em virtude da progressão na categoria de origem nos termos gerais, o funcionário ficar integrado em escalão com remuneração superior à que lhe é devida enquanto interino, passa a ser abonado pelo escalão que lhe cabe na categoria de origem.

3 – A transição dos funcionários interinos faz-se nos termos gerais, quer no que respeita à categoria onde estão nomeados definitivamente, quer no que respeita à categoria onde estão interinamente.

4 – (¹) Nos casos em que o exercício de funções em regime de interinidade seja seguido, com observância do disposto no n.° 2 do artigo 36.° do Decreto-Lei n.° 427/89, de 7 de Dezembro, de provimento definitivo na categoria que vinha sendo exercida naquele regime, a integração nesta faz-se no escalão pelo qual o funcionário vinha sendo remunerado.

1 – Aditado pelo art. 3.° do DL n.° 420/91, de 29 de Outubro.

ARTIGO 34.° – (Formalidades da transição)

1 – A integração dos funcionários nos escalões das respectivas carreiras e categorias, bem como dos agentes, não depende de quaisquer formalidades, para além das referidas nos números seguintes.

2 – Cada serviço deve elaborar uma lista de transição para a nova estrutura salarial, que deve ser afixada em local apropriado a possibilitar a sua consulta pelos interessados.

3 – É publicado no *Diário da República* o aviso de afixação da lista referida no número anterior.

4 – Da integração cabe reclamação para o dirigente máximo do serviço no prazo de 15 dias a contar da data da publicação do aviso, o qual deve ser decidido em idêntico prazo.

5 – Da lista referida no n.° 2 é enviada cópia à Direcção-Geral da Contabilidade Pública.

6 – Na administração local a reclamação prevista no n.° 4 faz-se para o órgão executivo e a listagem referida no n.° 5 é submetida à apreciação do órgão deliberativo.

ARTIGO 35.° – (Actualização de remunerações contratuais)

As remunerações atribuídas a pessoal contratado não contemplado no artigo 30.° devem ser actualizadas tendo em conta o novo enquadramento salarial das correspondentes funções.

ARTIGO 36.° – (Diferencial de integração)

1 – O diferencial de integração anual corresponde ao montante apurado nos termos do n.° 4 do artigo 39.° do Decreto-Lei n.° 184/89, sendo abonado em 12 mensalidades.

2 – O diferencial de integração não é abonado nas situações e condições em que se perde o direito à remuneração de exercício.

3 – A absorção gradual do diferencial de integração na remuneração base é feita, em termos a definir anualmente, de acordo com o n.° 5 do artigo 39.° do Decreto-Lei n.° 184/89.

IV – Funcionários da Administração Local

ARTIGO 37.° – **(Regime transitório dos suplementos)**

1 – Os subsídios, suplementos, gratificações ou abonos anteriormente praticados, identificados em lei especial como subsídios, suplementos, gratificações ou abonos de risco, penosidade, insalubridade, participação em reuniões, comissões ou grupos de trabalho, deslocação em serviço, despesas de representação e subsídio de residência, mantêm-se nos seus montantes actuais, sujeitos à actualização, nos termos em que vem sendo feita.

2 – Para efeitos do disposto no número anterior, as gratificações de inspecção, bem como a remuneração suplementar atribuída no âmbito da Alta Autoridade contra a Corrupção, são enquadráveis no suplemento de risco.

3 – O previsto no presente artigo vigora até à fixação do regime e condições de atribuição de cada suplemento em decreto-lei, nos termos do n.° 3 do artigo 19.° do Decreto-Lei n.° 184/89 e do artigo 12.° do presente diploma.

ARTIGO 38.° – **(Condicionamento da progressão)**

1 – Sem prejuízo dos posicionamentos que resultarem das regras de transição, fica congelada a progressão nas categorias.

2 – A calendarização do progressivo alargamento do desenvolvimento por escalões faz-se mediante decreto regulamentar e obedecerá aos seguintes princípios:

a) (1-2-3) Em Julho de 1990 são descongelados os dois escalões seguintes ao escalão de integração;

b) (2-3-4) Em Janeiro de 1991 são descongelados mais dois escalões subsequentes;

c) (2-3-5) Em Janeiro de 1992 são descongelados os restantes escalões;

d) (6) O escalão 0 vigora até 31 de Dezembro de 1990, equivalente neste período, para todos os efeitos legais, com excepção dos retributivos, ao escalão 1 das respectivas categorias.

3 – O número de anos de serviço para integração nos escalões descongelados durante o período de transição, bem como as regras transitórias sobre contagem de tempo de serviço para progressão, são fixados no mesmo diploma regulamentar.

4 – (7) Durante o período de condicionamento da progressão é facultada a aposentação em escalão imediatamente superior ao que resulta do condicionamento, desde que o funcionário ou agente a ele já pudesse ter ascendido de acordo com as normas dinâmicas de progressão.

1 – O art.° do DL n.° 393/90, de 11 de Dezembro, efectuou o descongelamento dos dois escalões seguintes ao escalão de integração, com efeitos desde 1/7/90, de acordo com as seguintes regras:

a) Subida de um escalão quando a antiguidade na categoria seja igual ou superior a 8 ou a 10 anos, consoante o escalão inicial da respectiva categoria seja 0 ou 1;

b) Subida de dois escalões quando a antiguidade na categoria seja igual ou superior a 15 ou 16 anos, consoante o escalão inicial da respectiva categoria seja 0 ou 1.

2 – Para efeito de descongelamento de escalões previstos neste dispositivo, a contagem do tempo de serviço nos casos das carreiras horizontais e das categorias extintas por agregação pelo DL n.° 353-A/89 e legislação complementar integra o tempo de serviço globalmente prestado na respectiva carreira (cfr. art. 2.°, n.° 3 do DL n.° 393/90, de 11 de Dezembro, art. 2.°, n.° 4 do DL n.° 204/91, de 7 de Junho, e art. 2.°, n.° 3 do DL n.° 61/92, de 15 de Abril).

3 – O DL n.° 393/90, o DL n.° 204/91 e o DL n.° 61/92, estabeleceram regras de reposicionamento dos funcionários e agentes que, por terem adquirido o direito a mais uma diuturnidade de acordo com o regime salarial anterior ou por efeito de promoção, passassem a auferir um vencimento superior ao que resultou da sua integração no novo sistema retributivo ou não tivessem alcançado o escalão decorrente dos descongelamentos (cfr. arts. 3.° e 4.° do DL ° 393/90, art. 3.° do DL n.° 204/91 e art. 3.° do DL n.° 61/92).

4 – O DL n.° 204/91 deu execução à 2ª fase do descongelamento de escalões previsto na alínea *b*) do n.° 2 do art. 38.° do DL n.° 353-A/89, de acordo com as seguintes regras:

a) Subida de um escalão quando a antiguidade na categoria for igual ou superior a 7 anos;

b) Subida de dois escalões quando a antiguidade na categoria for igual ou superior a 18 anos.

Decreto-Lei n.º 353-A/89, de 16 de Outubro 423

A extinção do escalão 0 e a consequente transição para o escalão 1 dos funcionários e agentes naquele integrados não prejudica a mudança de um ou de dois escalões por aplicação das regras do descongelamento.

5 – O DL n.º 61/92 deu execução à última fase do descongelamento de escalões, de acordo com estas regras:

a) Entre 1 de Janeiro e 30 de Setembro de 1992, os funcionários e agentes serão posicionados no escalão correspondente à antiguidade na categoria, segundo módulos de tempo de quatro e cinco anos, respectivamente, para as carreiras verticais e horizontais, contados a partir do escalão 1;

b) Em 1 de Outubro de 1992, os funcionários e agentes serão reposicionados no escalão a que corresponder a antiguidade na categoria, segundo módulos de três e quatro anos, respectivamente, para as carreiras verticais e horizontais, contados a partir do escalão 1.

6 – Redacção do art. 7.º do DL n.º 393/90.

7 – O disposto neste normativo só é aplicado aos funcionários e agentes que se apresentam até 30/9/92 (cfr. art. 4.º do DL n.º 61/92).

ARTIGO 39.º (¹) – (Concursos pendentes)

1 – Mantêm-se em vigor os concursos cujos avisos de abertura se encontrem publicados até 30 de Setembro de 1989, observando-se as seguintes regras:

a) Os candidatos que tenham sido ou vieram a ser aprovados nesses concursos são integrados no escalão para que transitaram os actuais titulares das categorias a que se candidataram, com idênticas diuturnidades;

b) A integração prevista na alínea anterior depende de despacho de nomeação ou de despacho de transição no caso de categorias extintas e produz efeitos a partir da data da sua publicação no Diário da República.

2 – O regime consignado no número precedente é aplicável apenas às vagas existentes à data da publicação dos avisos de abertura dos respectivos concursos.

1 – Redacção do art. 5.º do DL n.º 393/90, de 11 de Dezembro.

ARTIGO 40.º – (Quadros de pessoal)

1 – (¹) O sistema de fixação de quadros de pessoal previsto no artigo 25.º do Decreto-Lei n.º 184/89, de 2 de Junho, tem início com a execução do Orçamento do Estado para 1991.

2 – O disposto no número anterior não se aplica à administração local.

3 – Até à fixação dos quadros nos termos do n.º 1 mantém-se em vigor o actual regime de fixação e alteração de quadros.

4 – Nos casos de categorias agregadas numa única designação por força deste diploma, a dotação da nova categoria corresponde ao somatório dos lugares das categorias agregadas.

1 – O DL n.º 62/92, de 21 de Abril, que estabelece as normas de execução do Orçamento para 1992, suspendeu o sistema de fixação de quadros de pessoal previstos no artigo em anotação, até à concretização da respectiva regulamentação (cfr. art. 13.º).

ARTIGO 41.º (¹) – (Admissão em lugares de acesso)

1 – Sempre que o concurso destinado ao preenchimento de lugares de ingresso em carreiras dos grupos de pessoal técnico superior e técnico fique deserto, pode ser aberto concurso, sem prejuízo do regime de estágio, para o preenchimento de lugares vagos na categoria imediatamente superior.

2 – O disposto no número anterior é aplicável, com as necessárias adaptações, às carreiras horizontais, não podendo porém, a admissão fazer-se em escalão superior ao 3.º.

1 – Redacção do art. 43.º do DL n.º 70-A/2000, de 5 de Maio.

ARTIGO 42.º – (Adaptação de regimes)

1 – (¹) *A área de recrutamento para chefe de secção, referida nos n.ºˢ 2 e 3 do artigo 38.º do Decreto-Lei n.º 248/85, de 15 de Julho, bem como a área de recrutamento para técnico de 2.ª*

424 IV – Funcionários da Administração Local

classe, referida na alínea a) do n.° 3 do artigo 4.° do Decreto-Lei n.° 265/88, de 28 de Julho, considera-se reportada, no que se refere aos tesoureiros, aos posicionados no 2.° escalão ou superior.

2 ([1]) – A área de recrutamento para terceiro-oficial, nos termos da alínea b) do n.° 1 do artigo 22.° do Decreto-Lei n.° 248/85 e da alínea b) do n.° 2 do artigo 19.° do Decreto-Lei n.° 247/87, de 17 de Junho, considera-se reportada, no que se refere aos escriturários-dactilógrafos, aos auxiliares técnicos administrativos e ainda aos adjuntos de tesoureiro, aos posicionados no 3.° escalão ou superior.

3 ([1]) – A área de recrutamento para técnico auxiliar de 2.ª classe, nos termos do n.° 4 do artigo 20.° do Decreto-Lei n.° 248/85, considera-se reportada aos auxiliares técnicos posicionados no 3.° escalão ou superior.

4 – ([1-2]) Os escriturários-dactilógrafos, os auxiliares técnicos administrativos e os adjuntos de tesoureiro, bem como os auxiliares técnicos posicionados no 8.° escalão que ascendam a terceiro-oficial e a técnico auxiliar de 2ª classe, respectivamente, serão remunerados pelo índice 225.

5 – ([1]) O recrutamento para a categoria de operário principal das carreiras de operário qualificado e semiqualificado faz-se de entre operários das respectivas carreiras posicionados no 3.° escalão ou superior.

6 – ([1]) O recrutamento para a categoria de capataz da carreira de operário não qualificado faz-se de entre operários da respectiva carreira posicionados no 3.° escalão ou superior.

7 – ([1]) O recrutamento para a categoria de encarregado de pessoal auxiliar faz-se de entre auxiliares administrativos posicionados no 4.° escalão ou superior.

8 – ([3]) A área de recrutamento dos chefes de repartição na administração local, para além do previsto no n.° 2 do artigo 6.° do Decreto-Lei n.° 265/88, de 28 de Julho, faz-se ainda mediante concurso de entre:

a) Tesoureiros principais e de 1ª classe, respectivamente com, pelo menos, três e cinco anos de serviço na categoria classificados de Muito bom;

b) Chefes de serviços de cemitérios e chefes de serviços de teatro com, pelo menos, três anos de serviços nas respectivas categorias classificados de Muito bom;

c) Assessores autárquicos.

9 – ([4]) A área de recrutamento para agente único de transportes colectivos de entre motoristas de transportes colectivos passa a reportar-se aos posicionados no 3.° escalão ou superior.

10 – ([4]) A área de recrutamento para encarregado de movimento – chefe de tráfego –, prevista nos n.os 1 e 2 do artigo 28.° do Decreto-Lei n.° 247/87, passa a reportar-se:

a) Aos revisores de transportes colectivos, independentemente do escalão onde se encontram posicionados;

b) Aos agentes únicos de transportes colectivos posicionados no 2.° escalão ou superior;

c) Aos motoristas de transportes colectivos posicionados no 3.° escalão ou superior.

11 – A área de recrutamento para chefe de armazém, prevista no n.° 1 do artigo 29.° do Decreto-Lei n.° 247/87, passa a reportar-se aos fiéis de armazém posicionados no 4.° escalão ou superior.

12 – A área de recrutamento para fiscal de leituras e cobranças, prevista no artigo 30.° do Decreto-Lei n.° 247/87, passa a reportar-se aos leitores-cobradores posicionados no 3.° escalão ou superior.

13 – ([4]) A área de recrutamento para revisor de transportes colectivos, prevista no n.° 1 do artigo 32.° do Decreto-Lei n.° 247/87, passa a reportar-se:

a) Aos cobradores de transportes colectivos posicionados no 3.° escalão ou superior;

b) Aos agentes únicos de transportes colectivos posicionados no 2.° escalão ou superior.

Decreto-Lei n.° 353-A/89, de 16 de Outubro 425

14 – A área de recrutamento para encarregado de mercados, prevista no n.° 1 do artigo 33.° do Decreto-Lei n.° 247/87, passa a reportar-se aos fiéis de mercados e feiras posicionados no 4.° escalão ou superior.

15 – (³) *A área de recrutamento para capataz dos serviços de limpa-colectores, prevista no artigo 34.° do Decreto-lei n.° 247/87, passa a reportar-se aos cantoneiros de limpeza e limpa-colectores posicionados no 3.° escalão ou superior.*

16 – A área de recrutamento para encarregado da carreira de operador de estações elevatórias, de tratamento ou depuradoras, previstga no n.° 2 do artigo 37.° do Decreto-Lei n.° 247/87, passa a reportar-se a operadores de estações elevatórias posicionados no 4.° escalão ou superior.

1 – Revogado pelo art. 36.°, alínea *a*), do DL n.° 404-A/98, de 18 de Dezembro (este art. 36.° foi renumerado pela Lei n.° 44/99, de 11 de Junho, que aditou um novo art. 35.°).
2 – Este n.° 4 já tinha sido revogado pelo art. 3.°, n.° 2 do DL n.° 420/91, de 29 de Outubro.
3 – Revogado pelo art. 25.°, alínea *b*), do DL n.° 412-A/98, de 30 de Dezembro.
4 – Revogado pelo art. 6.° do DL n.° 498/99, de 19 de Novembro.

ARTIGO 43.° – **(Salvaguarda de regimes especiais)**
1 – Ao pessoal dos institutos públicos que revistam a forma de serviços personalizados ou de fundos públicos e dos serviços públicos abrangidos pelo regime aplicável às empresas públicas ou de contrato individual de trabalho, bem como das conservatórias, cartórios notariais, e às situações identificadas em lei como regime de direito público privativo aplicam-se as respectivas disposições estatutárias.
2 – Até à revisão das condições de exercício das funções notariais e de juiz auxiliar nas autarquias locais as remunerações acessórias referidas no artigo 58.° do Decreto-Lei n.° 247/87 mantêm os limites máximos nele estabelecidos com referência aos montantes anuais dos vencimentos base auferidos imediatamente antes da data da produção de efeitos do presente diploma, sujeitos a actualização, nos termos da actualização salarial anual.

ARTIGO 44.° – **(Prevalência)**
O disposto no presente diploma prevalece sobre quaisquer normas gerais ou especiais.

ARTIGO 45.° – **(Produção de efeitos)**
1 – O presente diploma produz efeitos a partir de 1 de Outubro de 1989.
2 – As remunerações fixadas para o primeiro ano de aplicação, ao abrigo da portaria mencionada no n.° 2 do artigo 4.°, vigoram de 1 de Outubro de 1989 a 31 de Dezembro de 1990.
3 – Relativamente às carreiras e categorias não contempladas neste diploma, o Decreto-Lei n.° 184/89, de 2 de Junho, entra em vigor, no que respeita à matéria salarial, à medida que forem publicados os respectivos diplomas de desenvolvimento, sem prejuízo de a produção de efeitos se reportar à data prevista no número anterior.
4 – A revisão anual das pensões da competência da Caixa Geral de Aposentações e do Montepio dos Servidores do Estado e a actualização das remunerações não abrangidas pelo presente diploma a partir de 1 de Janeiro de 1990, com efeitos antecipados a 1 de Outubro de 1989, são fixadas em portaria do Ministro das Finanças.
5 – Até à entrada em vigor do diploma a que se refere a alínea *e*) do artigo 15.° da Lei n.° 114/88, de 30 de Dezembro, às pensões calculadas com base nas renunerações abrangidas pelo presente diploma é aplicado o disposto nos artigos 3.° e 4.° do Decreto-Lei n.° 487/88, de 30 de Dezembro, não sendo estas abrangidas pelo previsto no número anterior.

426 IV – Funcionários da Administração Local

6 – A portaria referida no n.º 4 fixa o montante do subsídio de refeição, subsídio de viagem e marcha e ajudas de custo a partir de 1 de Janeiro de 1990.

7 – A extinção das diuturnidades de regime geral e especial produz efeitos, para todos os casos, a partir de 1 de Outubro de 1989.

8 – A extinção do desconto para a Assistência aos Funcionários Civis Tuberculosos, previsto no Decreto-Lei n.º 48 319, de 27 de Abril de 1968, produz efeitos a 1 de Janeiro de 1990.

Decreto-Lei n.º 353-A/89, de 16 de Outubro 427

ANEXO N.º 1

. . . .

ANEXO N.º 2

Administração local
Regime geral

. . . .

ANEXO N.º 3
Administração local
Carreiras e categorias específicas

. . . .

ANEXO N.º 4
Carreiras do pessoal dos serviços gerais dos estabelecimentos e serviços de saúde

Sector	Carreiras/categorias	Escalões								
		0	1	2	3	4	5	6	7	8

ANEXO N.º 5
Carreiras do pessoal dos serviços e estabelecimentos da Segurança Social

Área	Sector	Carreiras/categorias	Escalões								
			0	1	2	3	4	5	6	7	8

ANEXO N.º 6
Carreiras do pessoal não docente dos estabelecimentos de ensino não superior

Sector	Carreiras/categorias	Escalões								
		0	1	2	3	4	5	6	7	8

ANEXO N.º 7
Carreiras de regime especial

Serviço	Grupo de pessoal	Carreiras/categorias	Escalões						
			0	1	2	3	4	5	6

ANEXO N.º 8 (¹)
Dirigentes da Administração Pública

Cargos	Anos			
	1989-1990 (a)	1991	1992	1993 (b)
Director-geral	100	118	135	100
Subdirector-geral	85%	85%	85%	85%
Director de serviços	80%	80%	80%	80%
Chefe de divisão	70%	70%	70%	70%

(a) O valor do índice 100 será fixado em portaria do Primeiro-Ministro e do Ministro das Finanças, o qual vigorará até 1992, sem prejuízo da actualização anual decorrente do regime geral aplicável à função pública.

(b) O valor padrão será fixado para o cargo de director-geral, nos termos do artigo 1.º do Decreto-Lei n.º 383-A/87, de 23 de Dezembro.

1 – O Anexo n.º 8 é aplicável ao pessoal dirigente da administração local em função da tabela de equiparação estabelecida no art. 12.º do DL n.º 198/91, de 29 de Maio.

ANEXO N.º 9
Carreira diplomática

Categorias	Escalões				
	(a) 0	1	2	3	4

ANEXO N.º 10
Carreira de inspecção de alto nível

Categorias	Escalões			
	1	2	3	4

DECRETO-LEI N.° 381/89

de 28 de Outubro

**Estabelece diversas normas aplicáveis aos motoristas
da Administração Pública e de institutos públicos.
Revoga o Decreto-Lei n.° 33651, de 19 de Maio de 1944,
o Decreto-Lei n.° 43336, de 21 de Novembro de 1960,
e o Decreto-Lei n.° 298/85, de 26 de Julho**

O limite de idade de 65 anos fixado pelo artigo 1.° do Decreto-Lei n.° 43 336, de 21 de Novembro de 1960, para o exercício das funções de motorista em serviços e organismos públicos não tem hoje razão de ser face à obrigação legal de verificação periódica da capacidade para conduzir, necessária à renovação da respectiva carta de condução. Não existem, também, razões válidas para manter os limites de idade mínima e máxima para provimento nos lugares de motorista, previstos no artigo 3.° do Decreto-Lei n.° 33 651, de 19 de Maio de 1944.

Considerando tais factos, o presente diploma visa enquadrar os motoristas no regime geral da função pública sobre limites de idade, sem perder de vista a possibilidade da sua reclassificação noutra categoria quando deixem de reunir as condições necessárias ao exercício das respectivas funções.

Aproveitando a oportunidade, atribui-se aos motoristas ao serviço da Presidência da República, da Assembleia da República, da Presidência do Conselho de Ministros, dos gabinetes dos membros do Governo, dos ministros da República para as regiões autónomas, da presidência dos tribunais, das assembleias regionais e dos gabinetes dos membros dos governos regionais, do Provedor de Justiça, do Procurador-Geral da República e dos governadores civis uma gratificação, a título de suplemento de risco, o que se justifica devido à especial perigosidade das funções específicas que desempenham, e altera-se o limite remuneratório por trabalho extraordinário, tendo em atenção as condições especiais em que exercem as suas funções, designadamente a quase permanente disponibilidade.

Foram ouvidos os órgãos de governo próprio das Regiões Autónomas dos Açores e da Madeira.

Assim:

ARTIGO 1.° – (Limites de idade dos motoristas)

O regime geral de limites de idade para o exercício de funções públicas é aplicável aos motoristas da administração central, regional e local, incluindo os institutos públicos que revistam a natureza de serviços personalizados ou de fundos públicos.

ARTIGO 2.° – (Reclassificação para a carreira de auxiliar administrativo)

1 – Os motoristas que deixem de possuir as faculdades necessárias ao bom desempenho da sua profissão serão objecto de reclassificação para a carreira de auxiliar administrativo, sendo-lhes atribuída a categoria de auxiliar administrativo principal.

IV – Funcionários da Administração Local

2 – O provimento encontra-se sujeito às formalidades legais estabelecidas e será feito para lugar de supranumerário ao quadro do respectivo serviço ou organismo, a criar para o efeito, lugar esse que se considera extinto logo que vagar.

3 – Sempre que da reclassificação referida no n.º 1 resulte baixa de vencimento, terão os interessados direito ao abono, a título de compensação, da diferença entre a remuneração base da nova categoria e a correspondente àquela de que eram titulares.

ARTIGO 3.º – (Verificação da perda de faculdades)

A verificação da perda de faculdades a que se refere o n.º 1 do artigo anterior será feita através de exame organizado pela Direcção-Geral de Viação ou pelos serviços regionais competentes das Regiões Autónomas dos Açores e da Madeira, requerido pelo respectivo serviço ou organismo.

ARTIGO 4.º – (Atribuição de suplemento de risco)

1 – É atribuída, a título de suplemento de risco, uma gratificação mensal no valor de 30% da remuneração base aos motoristas ao serviço da Presidência da República, da Assembleia da República, da Presidência do Conselho de Ministros, dos gabinetes dos membros do Governo ou equiparados e dos ministros da República para as regiões autónomas, da presidência dos tribunais superiores, de 2.ª instância e de círculo, das assembleias regionais e dos gabinetes dos membros dos governos regionais, do Provedor de Justiça, do Procurador-Geral da República e dos governadores civis, sobre a qual serão efectuados descontos para os efeitos previstos na alínea *b)* do n.º 1 do artigo 47.º do Decreto-Lei n.º 498/72, de 9 de Dezembro.

2 – O disposto no número anterior é aplicável aos funcionários e agentes que, não pertencendo à carreira de motorista, prestem efectivamente esse serviço.

ARTIGO 5.º – (Trabalho extraordinário)

Os motoristas ao serviço das entidades referidas no n.º 1 do artigo anterior podem receber por trabalho extraordinário realizado até 80% da remuneração base fixada na tabela salarial para a respectiva categoria.

ARTIGO 6.º – (Listas de motoristas. Número máximo)

1 – Deverão ser elaboradas e manter-se actualizadas, pelos competentes serviços de apoio adminstrativo, listas dos motoristas ao serviço dos gabinetes ministeriais, as quais incluirão o número de unidades considerado necessário para garantir todo o apoio requerido.

2 – O número máximo de motoristas ao serviço dos gabinetes dos membros do Governo será fixado por despacho conjunto do Ministro das Finanças e do membro do Governo competente.

ARTIGO 7.º – (Remunerações)

Da aplicação das disposições do presente diploma não pode, em qualquer caso, resultar uma diminuição do valor das remunerações actualmente recebidas.

ARTIGO 8.º – (Norma revogatória)

São revogados o Decreto-Lei n.º 33651, de 19 de Maio de 1944, o Decreto-Lei n.º 43336, de 21 de Novembro de 1960, e o Decreto-Lei n.º 298/85, de 26 de Julho.

ARTIGO 9.º – (Entrada em vigor)

O presente decreto-lei produz efeitos desde o dia 1 de Setembro de 1989.

DECRETO-LEI N.° 427/89 *

de 7 de Dezembro

Define o regime de constituição, modificação e extinção da relação jurídica de emprego na Administração Pública

Tal como se previa no Decreto-Lei n.° 184/89, de 2 de Junho, que aprovou os princípios gerais sobre salários e gestão de pessoal na função pública, o presente diploma desenvolve e regulamenta os princípios a que obedece a relação jurídica de emprego na Administração Pública.

Definem-se agora como vínculos jurídicos a nomeação e o contrato, reservando para este as modalidades de contrato administrativo de provimento e contrato de trabalho a termo certo. Pela nomeação assegura-se o exercício de funções próprias do serviço público com carácter de permanência, correspondendo à forma estável de prestar serviço à Administração Pública, sendo o contrato, em qualquer das suas modalidades, limitado a situações específicas claramente definidas, com características de excepcionalidade e transitoriedade.

O presente decreto-lei tem também em conta que ao longo dos últimos anos foram surgindo formas de vinculação precária, de raiz irregular, que se institucionalizaram como verdadeiras relações de trabalho subordinado. Para o pessoal assim admitido, impropriamente designado por "tarefeiro", consagra-se um processo de regularização da sua situação jurídica, que culmina, nuns casos, com a contratação a termo certo e, noutros, com a integração nos quadros de pessoal ou nos quadros de efectivos interdepartamentais, se não houver vagas da respectiva categoria, após apresentação a concurso.

Como aconteceu com o Decreto-Lei n.° 184/89, de 2 de Junho, o presente diploma foi amplamente discutido com as associações sindicais da função pública, reflectindo-se no articulado as soluções que foram alcançadas.

Assim:

CAPÍTULO I – Objecto e âmbito

ARTIGO 1.° – **(Objecto)**
O presente diploma define o regime de constituição, modificação e extinção da relação jurídica de emprego na Administração Pública.

ARTIGO 2.° – **(Âmbito)**
1 – O presente diploma aplica-se aos serviços e organismos da Administração Central, bem como aos institutos públicos nas modalidades de serviços personalizados do Estado e de fundos públicos.

---

* Este diploma foi adaptado à Administração Local pelo DL n.° 409/91, de 17 de Outubro.

432   *IV – Funcionários da Administração Local*

2 – O presente diploma aplica-se ainda aos serviços e organismos na dependência orgânica e funcional da Presidência da República, da Assembleia da República e das instituições judiciárias.

3 – O presente diploma aplica-se à administração regional autónoma, podendo ser-lhe introduzidas adaptações em diploma próprio.

4 – (¹) A aplicação do presente diploma à administração local faz-se por diploma próprio.

1 – Ver DL n.° 409/91, de 17 de Outubro.

CAPÍTULO II – Constituição da relação jurídica de emprego

SECÇÃO I – Modalidades

ARTIGO 3.° – **(Constituição)**

A relação jurídica de emprego na Administração Pública constitui-se por nomeação e contrato de pessoal.

SECÇÃO II – Nomeação

ARTIGO 4.° – **(Noção e efeitos)**

1 – A nomeação é um acto unilateral da Administração pelo qual se preenche um lugar do quadro e se visa assegurar, de modo profissionalizado, o exercício de funções próprias do serviço público que revistam carácter de permanência.

2 – Para efeitos do presente diploma, consideram-se funções próprias do serviço público aquelas cujo exercício corresponda à aplicação de medidas de política e à concepção, execução e acompanhamento das acções tendentes à prossecução das atribuições de cada serviço.

3 – É obrigatória a nomeação dos candidatos aprovados em concurso para os quais existam vagas que tenham sido postas a concurso.

4 – A eficácia da nomeação depende da aceitação do nomeado.

5 – A nomeação confere ao nomeado a qualidade de funcionário.

ARTIGO 5.° – **(Modalidades de nomeação)**

A constituição da relação jurídica de emprego por nomeação reveste as modalidades de nomeação por tempo indeterminado, adiante designada por nomeação, e de nomeação em comissão de serviço.

ARTIGO 6.° (¹⁻²) – **(Nomeação por tempo indeterminado)**

1 – A nomeação em lugar de ingresso é provisória durante um período probatório e converte-se automaticamente em definitiva, independentemente de quaisquer formalidades, no seu termo.

2 – O período probatório em lugar de ingresso tem a duração de um ano, salvo o disposto no n.° 6.

3 – Exceptua-se do disposto no n.° 1:

a) A nomeação de funcionário já nomeado definitivamente em lugar de outra carreira;

b) A nomeação após frequência de estágio de duração igual ou superior a um ano.

Decreto-Lei n.º 427/89, de 7 de Dezembro 433

4 – Se o funcionário a nomear em lugar de ingresso já estiver nomeado definitivamente em lugar de outra carreira, a nomeação é feita, durante o período probatório, em comissão de serviço.

5 – Nos casos em que a nomeação é precedida de estágio de duração igual ou superior a um ano, a nomeação em lugar de ingresso é definitiva.

6 – Se a nomeação for precedida da frequência de estágio de duração inferior a um ano, a nomeação em lugar de ingresso é provisória ou em comissão de serviço, consoante os casos, e é feita pelo tempo que faltar para que se complete aquele período.

7 – Nos casos previstos nos n.os 5 e 6, a nomeação dos estagiários aprovados para os quais existam vagas deve ser feita no prazo de 15 dias a contar da aprovação no estágio.

8 – A nomeação em lugar de acesso é definitiva, salvo no caso de recrutamento excepcional previsto no artigo 28.º do Decreto-Lei n.º 184/89, de 2 de Junho.

9 – No caso de a nomeação ocorrer na sequência de recrutamento excepcional, a nomeação é provisória e converte-se em definitiva, independentemente de quaisquer formalidades, após o decurso de um período probatório com a duração de seis meses.

10 – Sem prejuízo do regime de estágio, o funcioário que durante o período probatório não revelar aptidão para o desempenho de funções pode ser exonerado a todo o tempo, por despacho da entidade que o tiver nomeado.

1 – O DL n.º 159/95, de 6 de Julho, veio estatuir:

«Artigo 1.º – 1 – Sem prejuízo do disposto em lei especial, o tempo de serviço legalmente considerado como estágio para ingresso nas denominadas carreiras técnica superior e técnica conta para efeitos de progressão e promoção na categoria de ingresso da respectiva carreira, desde que o funcionário ou agente nela obtenha nomeação definitiva.

2 – O disposto no número anterior é aplicável aos funcionários que, à data da entrada em vigor do presente diploma, sejam detentores das categorias de técnico superior de 2.ª classe ou de técnico de 2.ª classe, mas as mudanças de escalão que dele resultem só produzirão efeitos a partir do dia 1 do mês seguinte ao daquela data.

Artigo 2.º – Revela apenas para efeitos de antiguidade na carreira o tempo de serviço de estágio dos funcionários que à data da entrada em vigor do presente diploma se encontram já providos em categoria de acesso das carreiras a que se refere o artigo anterior».

2 – O pessoal abrangido pelo processo de regularização previsto no DL n.º 195/97, de 31 de Julho, é dispensado de frequência de estágio para ingresso nas carreiras em que este seja legalmente exigido (art. 7.º, n.º 1 desse DL).

ARTIGO 7.º – (Nomeação em comissão de serviço)

1 – A nomeação em comissão de serviço é aplicável:

a) À nomeação do pessoal dirigente e equiparado;

b) Aos casos expressamente previstos na lei;

c) Durante o período probatório, quando o funcionário a nomear em lugar de ingresso já estiver nomeado definitivamente em outra carreira.

2 – A nomeação em comissão de serviço prevista na alínea *c*) do número anterior converte-se automaticamente em nomeação definitiva, independentemente de quaisquer formalidades, no termo de um período probatório.

3 – O período probatório tem a duração de um ano, sem prejuízo do disposto no n.º 6 do artigo anterior.

4 – O serviço prestado em comissão de serviço releva no lugar de origem do nomeado, salvo no caso da alínea *c*) do n.º 1 se a nomeação em comissão de serviço se converter em definitiva, nos termos do n.º 2.

5 – A conversão da nomeação em comissão de serviço em nomeação definitiva determina automaticamente a exoneração do lugar anterior.

434   *IV – Funcionários da Administração Local*

ARTIGO 8.º [1-2] **– (Forma da nomeação)**

1 – A nomeação reveste a forma de despacho, podendo consistir em mera declaração de concordância com proposta ou informação anterior, que, neste caso, faz parte integrante do acto.

2 – Do despacho de nomeação deve constar a referência às normas legais que permitem a nomeação e, bem assim, informação sobre a existência de cabimento orçamental.

3 – Nos casos em que a nomeação está sujeita a fiscalização do Tribunal de Contas deve o original do despacho ser remetido àquele Tribunal.

4 – É abolido o diploma de provimento.

1 – Ver arts. 46.º e 47.º da Lei n.º 98/97, de 26 de Agosto (Lei de Organização e Processo do Tribunal de Contas).

2 – A Resolução n.º 1/94 do Tribunal de Contas, publicada no DR, I Série-B, de 24/1/94, aprova as instruções para a organização dos processos de VISTO, a remeter a esse Tribunal pelos serviços e organismos da administração central e local.

SECÇÃO III – Aceitação do nomeado

ARTIGO 9.º – (Aceitação)

1 – A aceitação é o acto pessoal pelo qual o nomeado declara aceitar a nomeação.

2 – Nos casos de primeira nomeação, a qualquer título, e de nomeação para cargo dirigente, a aceitação reveste a forma de posse.

3 – A posse é um acto público, pessoal e solene pelo qual o nomeado, nos casos previstos no número anterior, manifesta a vontade de aceitar a nomeação.

4 – No acto de posse o nomeado presta o seguinte compromisso de honra:

Eu, abaixo assinado, afirmo solenemente pela minha honra que cumprirei com lealdade as funções que me são confiadas.

5 – ([1]) A aceitação, designadamente na forma de posse, é titulada pelo respectivo termo, de modelo a aprovar por portaria do membro do Governo responsável pela área da modernização administrativa.

1 – Ver Portaria n.º 1056/89 (Aprova os modelos de termo, de aceitação e termo de posse).

ARTIGO 10.º – (Competência)

1 – A competência para a assinatura do termo de aceitação ou para conferir a posse pertence à entidade que procedeu à nomeação e só pode ser delegada em funcionário de categoria superior à do nomeado.

2 – A competência prevista no número anterior pode, a solicitação do serviço ou organismo e quando tal se justifique, ser exercida pelo governador civil ou, no estrangeiro, pela autoridade diplomática ou consular.

3 – O funcionário interessado pode requerer ao serviço ou organismo a utilização da faculdade prevista no número anterior.

ARTIGO 11.º – (Prazo da aceitação)

Se outro não estiver previsto em lei especial, o prazo para a aceitação é de 20 dias a contar da data da publicação do acto de nomeação, podendo ser prorrogado, por períodos determinados, por despacho da entidade que procedeu à nomeação, designadamente por motivo de doença, férias, licenças por maternidade e cumprimento do serviço militar obrigatório.

Decreto-Lei n.º 427/89, de 7 de Dezembro 435

ARTIGO 12.º – **(Efeitos)**

1 – A aceitação determina o início de funções para todos os efeitos legais, designadamente abono de remunerações e contagem de tempo de serviço.

2 – Sempre que a aceitação deva ocorrer durante o período de licença por maternidade ou de faltas por acidente em serviço há lugar à prorrogação do respectivo prazo, considerando-se que a aceitação retroage à data da publicação do despacho de nomeação.

3 – Quando a aceitação deva ocorrer durante o cumprimento do serviço militar obrigatório é prorrogado o respectivo prazo e contado todo o tempo decorrido desde a publicação do despacho de nomeação, mas as remunerações só são devidas desde a aceitação.

4 – A aceitação da nomeação definitiva em lugar de acesso determina automaticamente a exoneração do lugar anterior.

ARTIGO 13.º – **(Falta de aceitação)**

1 – A entidade competente para a assinatura do termo de aceitação ou para conferir a posse não pode recusar-se a fazê-lo, sob pena de incorrer em responsabilidade civil e disciplinar.

2 – A recusa de aceitação por parte do nomeado implica a renúncia ao direito de ocupação do lugar, sem prejuízo dos efeitos previstos em legislação especial.

SECÇÃO IV – **Contrato de pessoal**

ARTIGO 14.º – **(Modalidades e efeitos)**

1 – O contrato de pessoal só pode revestir as modalidades de:

a) Contrato administrativo de provimento;

b) Contrato de trabalho a termo certo.

2 – O contrato administrativo de provimento confere ao particular outorgante a qualidade de agente administrativo.

3 – O contrato de trabalho a termo certo não confere a qualidade de agente administrativo e rege-se pela lei geral sobre contratos de trabalho a termo certo, com as especialidades constantes do presente diploma.

SUBSECÇÃO I – **Contrato administrativo de provimento**

ARTIGO 15.º – **(Noção e admissibilidade)**

1 – O contrato administrativo de provimento é o acordo bilateral pelo qual uma pessoa não integrada nos quadros assegura, a título transitório e com carácter de subordinação, o exercício de funções próprias do serviço público, com sujeição ao regime jurídico da função pública.

2 – ([1]) O contrato administrativo de provimento é celebrado nos seguintes casos:

a) Quando se trate de serviços em regime de instalação, salvo se o interessado já possuir nomeação definitiva;

b) Quando se trate de pessoal médico em regime de internato geral ou complementar, docente e de investigação, nos termos e condições dos respectivos estatutos, salvo se o interessado já possuir nomeação definitiva;

c) Para frequência de estágio de ingresso na carreira, salvo se o interessado já possuir nomeação definitiva.

1 – Redacção do art. único do DL n.º 218/98, de 17 de Julho.

436 IV – Funcionários da Administração Local

ARTIGO 16.º – (Forma e prazo)

1 – O contrato administrativo de provimento é celebrado por escrito e dele consta obrigatoriamente:

a) O nome dos outorgantes;

b) A categoria, a remuneração e a data de início do contrato;

c) A data e assinatura dos outorgantes.

2 – O contrato administrativo de provimento considera-se celebrado por um ano, tácita e sucessivamente renovável por iguais períodos, se não for oportunamente denunciado, nos termos previstos no presente diploma.

3 – A renovação do contrato tem como limite, consoante os casos, o termo do regime de instalação, o regime em vigor sobre a contratação de pessoal médico, docente e de investigação e o termo do período de estágio, salvo o disposto no número seguinte.

4 – O contrato administrativo de provimento dos estagiários aprovados no estágio para os quais existam vagas considera-se automaticamente prorrogado até à data da aceitação da nomeação.

ARTIGO 17.º – (Selecção de pessoal)

1 – O recrutamento do pessoal em regime de contrato administrativo de provimento depende de um processo de selecção sumário, sem prejuízo do regime aplicável ao pessoal médico, docente e de investigação e do regime geral de recrutamento aplicável a estagiários.

2 – Do processo de selecção faz parte:

a) A publicação da oferta de emprego em jornal de expansão regional e nacional, incluindo obrigatoriamente a indicação do tipo de contrato a celebrar, o serviço a que se destina, a categoria, os requisitos exigidos e aqueles que constituem condição de preferência, bem como a remuneração a atribuir;

b) A apreciação das candidaturas por um júri especialmente designado para o efeito;

c) A elaboração da acta contendo obrigatoriamente os fundamentos da decisão tomada e os critérios adoptados para a admissão.

3 – A acta referida na alínea *c)* do número anterior é fornecida em certidão a qualquer candidato que a solicite.

4 – Só pode ser contratado o pessoal que possua as habilitações literárias e as qualificações profissionais exigidas na lei para a respectiva categoria.

SUBSECÇÃO II – Contrato de trabalho a termo certo

ARTIGO 18.º (¹) – (Admissibilidade)

1 – O contrato de trabalho a termo certo é o acordo bilateral pelo qual uma pessoa não integrada nos quadros assegura, com carácter de subordinação, a satisfação de necessidades transitórias dos serviços de duração determinada.

2 – O contrato de trabalho a termo certo só pode ser celebrado nos seguintes casos:

a) Substituição temporária de um funcionário ou agente;

b) Actividades sazonais;

c) Execução de uma tarefa ocasional ou serviço determinado, precisamente definido e não duradouro;

d) Aumento excepcional e temporário da actividade do serviço;

e) Desenvolvimento de projectos não inseridos nas actividades normais dos serviços.

Decreto-Lei n.º 427/89, de 7 de Dezembro

3 – Para efeitos da alínea *b*) do número anterior, entende-se por actividade sazonal aquela que, por ciclos da natureza, só se justifica em épocas determinadas ou determináveis de cada ano.

4 – O contrato de trabalho a termo certo a que se refere o presente diploma não se converte, em caso algum, em contrato sem termo.

5 – A celebração do contrato de trabalho a termo certo com violação do disposto no presente diploma implica a sua nulidade e constitui os dirigentes em responsabilidade civil, disciplinar e financeira pela prática de actos ilícitos, sendo ainda fundamento para a cessação da comissão de serviço nos termos da lei.

6 – A responsabilidade financeira dos dirigentes referidos no número anterior consiste na entrega, nos cofres do Estado, do quantitativo igual ao que tiver sido abonado ao pessoal ilegalmente contratado.

1 – Redacção do art. único do DL n.º 218/98, de 17 de Julho.

ARTIGO 19.º ([1-2-3]) – (Selecção de candidatos)

1 – A oferta de emprego é publicitada por meio adequado, designadamente em órgão de imprensa de expansão local, regional ou nacional, incluindo obrigatoriamente, para além de outros aspectos considerados relevantes, a referência ao tipo de contrato a celebrar, o serviço a que se destina, a função a desempenhar e o prazo de duração e a proposta de remuneração a atribuir.

2 – Os fundamentos da decisão tomada, bem como os critérios adoptados na decisão, devem constar de acta, que é fornecida em certidão a qualquer candidato que a solicite.

3 – Só pode ser contratado o pessoal que possua as habilitações literárias ou qualificações profissionais adequadas ao desempenho das respectivas funções.

4 – A celebração de contratos a termo certo para a execução de actividades de carácter sazonal por trabalhadores rurais não está sujeita ao disposto nos n.os 1 e 2.

1 – Redação do art. 1.º do DL n.º 407/91, de 17 de Outubro.

2 – Esta nova redacção do preceito produz efeitos reportados à data da entrada em vigor do Decreto-Lei n.º 427/89, de 7 de Dezembro, sem prejuízo da manutenção de prazos superiores dos contratos de trabalho a termo entretanto celebrados ou de situações desde então legalmente constituídas (art. 5.º do DL n.º 407/91).

3 – Ver art. 2.º do DL n.º 234-A/2000, de 25 de Setembro (assistente de acção educativa).

ARTIGO 20.º ([1]) – (Estipulação do prazo e renovação do contrato)

1 – O contrato de trabalho a termo certo pode ser objecto de renovação, mas a sua duração total nunca poderá exceder dois anos, com excepção dos contratos celebrados ao abrigo da alínea *e*) do n.º 2 do artigo 18.º que se relacionem com projectos desenvolvidos com apoio internacional, os quais poderão ter a duração de três anos, sem prejuízo do disposto nos números seguintes.

2 – O contrato de trabalho a termo certo celebrado ao abrigo das alíneas *b*) e *c*) do n.º 2 do artigo 18.º não pode ter a duração superior a seis meses, sem possibilidade de renovação.

3 – O contrato de trabalho a termo certo só pode ser celebrado por prazo inferior a seis meses nas situações previstas nas alíneas *a*) e *d*) do n.º 2 do artigo 18.º.

4 – A renovação do contrato de trabalho a termo certo é obrigatoriamente comunicada, por escrito, ao contratado com a antecedência mínima de 30 dias sobre o termo do prazo, sob pena de caducidade.

5 – Considera-se como um único contrato aquele que seja objecto de renovação.

6 – Atingido o prazo máximo do contrato de trabalho a termo certo, não pode ser celebrado novo contrato da mesma natureza e objecto com o mesmo trabalhador antes de decorrido o prazo de seis meses.

438   *IV – Funcionários da Administração Local*

7 – Para efeito do disposto no número anterior, consideram-se objecto do contrato as funções efectivamente exercidas.

1 – Redacção do art. único do DL n.° 218/98, de 17 de Julho.

ARTIGO 21.° ([1]) – **(Limites à celebração)**

1 – A celebração de contratos de trabalho a termo certo nas situações previstas nas alíneas *c*), *d*) e *e*) do n.° 2 do artigo 18.° depende da autorização do Ministro das Finanças e do membro do Governo que tiver a seu cargo a Administração Pública.

2 – Nos casos das alíneas *a*) e *b*) do n.° 2 do artigo 18.°, a celebração dos respecivos contratos deve ser comunicada ao Ministro das Finanças e ao membro do Governo que tiver a seu cargo a Administração Pública.

3 – Os serviços deverão obrigatoriamente manter afixadas, nos locais de trabalho, listas actualizadas dos contratos, donde constem o nome, a função, a data de início e termo do contrato, os motivos da sua celebração e a respectiva remuneração.

4 – As listas, objecto de afixação, reportadas a 30 de Junho e 31 de Dezembro de cada ano, deverão ser enviadas nos 15 dias úteis posteriores ao Ministro das Finanças e ao membro do Governo que tiver a seu cargo a Administração Pública e, desde que requeridas, às associações sindicais.

5 – Os contratos de trabalho a termo certo consideram-se sempre celebrados por urgente conveniência do serviço.

1 – Redacção do art. único do DL n.° 218/98, de 17 de Julho.

CAPÍTULO III – Modificação da relação jurídica de emprego

ARTIGO 22.° ([1-2]) – **(Modificação da relação)**

1 – A relação jurídica de emprego constituída por nomeação pode, a todo o tempo e sem prejuízo das situações funcionais de origem, ser transitoriamente modificada através da nomeação em substituição e da nomeação em comissão de serviço extraordinária.

2 – A relação jurídica de emprego dos funcionários em geral pode também ser modificada, com carácter de permanência, através da transferência e da permuta.

3 – ([3]) A relação jurídica de emprego dos funcionários, bem como a dos agentes integrados no quadro de efectivos interdepartamentais, pode ainda ser modificada através da requisição e do destacamento.

1 – Redacção do art. 1.° do DL n.° 407/91, de 17 de Outubro.

2 – Ver nota 2 ao art. 19.° .

3 – O QEI foi extinto pelo art. 1.° do DL n.° 14/97, de 17 de Janeiro, e o pessoal nele integrado que se encontrava em situação de inactividade foi sujeito a medidas de descongestionamento (cfr. art. 6.°)

ARTIGO 23.° ([1]) – **(Nomeação em substituição)**

1 – Considera-se em substituição a nomeação a título transitório em lugar dirigente ou de chefia enquanto durar a sua vacatura ou a ausência ou impedimento do respectivo titular.

2 – À nomeação em substituição é aplicável o disposto no artigo 8.° do Decreto-Lei n.° 323/89, de 26 de Setembro.

3 – Sem prejuízo do disposto no número anterior o tempo de serviço prestado em regime de substituição em lugares de chefia considera-se, para todos os efeitos legais, designadamente antiguidade, progressão na categoria e promoção, como prestado na categoria correspondente ao

Decreto-Lei n.º 427/89, de 7 de Dezembro

cargo exercido naquele regime, quando o substituto venha nela a ser provido a título normal e sem interrupção de funções.

1 – Redacção do art. único do DL n.º 102/96, de 31 de Julho.

ARTIGO 24.º (¹) – **(Comissão de serviço extraordinária)**

1 – A comissão de serviço extraordinária consiste na nomeação do funcionário para a prestação, por tempo determinado, do serviço legalmente considerado estágio de ingresso na carreira.

2 – (²) A comissão de serviço extraordinária é igualmente aplicável ao pessoal que se encontre nas situações previstas nas alíneas *a*) e *b*) do n.º 2 do artigo 15.º, quando, sendo funcionário, já possua nomeação definitiva.

3 – A comissão de serviço extraordinária tem a duração do estágio, do regime de instalação ou das situações previstas na alínea *b*) do n.º 2 do artigo 15.º, consoante os casos, sendo prorrogada automaticamente até à data da aceitação da nomeação no caso dos estagiários aprovados no estágio para os quais existam vagas.

4 – A comissão de serviço extraordinária para a realização do estágio e para as situações previstas na alínea *b*) do n.º 2 do artigo 15.º não carece de autorização do serviço de origem do nomeado.

5 – Durante a comissão de serviço extraordinária os nomeados têm direito, mediante a opção prevista no artigo 7.º do Decreto-Lei n.º 353-A/89, de 16 de Outubro, à remuneração correspondente ao cargo de origem.

1 – Redacção do art. único do DL n.º 218/98, de 17 de Julho.
2 – Ver DL n.º 215/97, de 18 de Agosto (regime de instalação na Administração Pública).

ARTIGO 25.º (¹⁻²) – **(Transferência)**

1 – A transferência consiste na nomeação do funcionário sem prévia aprovação em concurso para lugar vago do quadro de outro serviço ou organismo, da mesma categoria e carreira ou de carreira diferente desde que, neste caso, se verifique a identidade ou afinidade de conteúdo funcional e idênticos requisitos habilitacionais e que sejam iguais os índices correspondentes ao escalão 1 da categoria em que o funcionário se encontra e ao escalão 1 da categoria da nova carreira.

2 – (³) Da transferência não pode resultar o preenchimento de vagas postas a concurso à data da emissão do despacho que a defere ou determina.

3 – (³) A transferência faz-se a requerimento do funcionário ou por conveniência da Administração, devidamente fundamentada e com o acordo do interessado, no caso de mudança do município de origem.

4 – (³) Se o lugar de origem se situar na área dos municípios de Lisboa ou Porto ou na área dos seus municípios confinantes, a transferência pode fazer-se para lugares neles situados, independentemente do acordo do funcionário.

5 – (³) A transferência para as autarquias locais, para os serviços desconcentrados do Estado e para os institutos públicos, nas modalidades de serviços personalizados ou de fundos públicos, situados nas zonas de média e extrema periferia, a que se refere o Decreto-Lei n.º 45/84, de 3 de Fevereiro, não depende de autorização do serviço de origem, salvo no caso de corpos especiais ou de inspecção.

6 – (³) A transferência para outro serviço de funcionários nomeados em lugar a extinguir quando vagar faz-se mediante a criação de lugar, a extinguir quando vagar, no quadro de pessoal do serviço ou organismo do destino.

1 – Ver art. 3.º do DL n.º 409/91, de 17 de Outubro.

440   *IV – Funcionários da Administração Local*

2 – O DL n.º 175/98, de 2 de Julho, regula a transferência entre funcionários autárquicos e a Administração Central.

3 – Redacção do art. único do DL n.º 218/98, de 17 de Julho.

ARTIGO 26.º ([1]) – (Permuta)

1 – A permuta é a nomeação recíproca e simultânea de funcionários pertencentes a quadros de pessoal de serviço ou organismos distintos.

2 – A permuta faz-se entre funcionários pertencentes à mesma categoria e carreira, a requerimento dos interessados ou por iniciativa da Administração, com o seu acordo.

3 – A permuta pode também fazer-se entre funcionários de carreiras diferentes, desde que se verifiquem cumulativamente os seguintes requisitos:

a) Que o conteúdo funcional das respectivas funções seja idêntico ou afim;

b) Que sejam respeitados os requisitos habilitacionais de cada carreira;

c) Que os índices correspondentes ao escalão 1 de cada categoria sejam iguais.

1 – Ver art. 4.º do DL n.º 409/91, de 17 de Outubro.

ARTIGO 27.º ([1-2-3]) – (Requisição e destacamento)

1 – Entende-se por requisição e destacamento o exercício de funções a título transitório em serviço ou organismo diferente daquele a que pertence o funcionário ou agente, sem ocupação de lugar do quadro, sendo os encargos suportados pelo serviço do destino, no caso da requisição, e pelo serviço de origem, no caso do destacamento.

2 – A requisição e o destacamento fazem-se para a categoria que o funcionário ou agente já detém.

3 – A requisição e o destacamento fazem-se por períodos até um ano, prorrogáveis até ao limite de três anos.

4 – Decorrido o prazo previsto no número anterior, o funcionário ou agente regressa obrigatoriamente ao serviço de origem, não podendo ser requisitado ou destacado para o mesmo serviço durante o prazo de um ano.

5 – A requisição e o destacamento não têm limite de duração nos casos em que, de acordo com a lei, as funções só possam ser exercidas naqueles regimes.

6 – À requisição e ao destacamento é aplicável o disposto nos n.ºs 2 e 3 do artigo 25.º .

1 – Ver art. 5.º do DL n.º 409/91, de 17 de Outubro.

2 – Ver DL n.º 175/98, de 2 de Julho (requisição e destacamento de funcionários autárquicos para a Administração Central).

3 – O disposto nos n.ºs 1, 2, 3 e 4 aplica-se ao destacamento de graduados das forças de segurança para o desempenho de funções nos serviços da polícia municipal (art. 19.º do DL n.º 39/2000, de 17 de Junho).

CAPÍTULO IV – Extinção da relação de emprego

ARTIGO 28.º – (Causas de extinção aplicáveis a funcionários e agentes)

1 – Sem prejuízo do disposto nos artigos seguintes e no n.º 10 do artigo 6.º, a relação jurídica de emprego dos funcionários e agentes cessa por morte do funcionário ou agente, por aplicação de pena disciplinar expulsiva e por desligação do serviço para efeito de aposentação.

2 – A relação jurídica de emprego dos funcionários e agentes pode ainda cessar por mútuo acordo entre o interessado e a Administração, mediante uma indemnização.

3 – O pessoal abrangido pelo número anterior não pode ser admitido, a qualquer título e pelo prazo de dez anos, em serviços abrangidos pelo presente diploma.

Decreto-Lei n.º 427/89, de 7 de Dezembro 441

ARTIGO 29.º – **(Causas de extinção aplicáveis a funcionários)**
A relação jurídica de emprego dos funcionários pode ainda cessar por exoneração, a qual produz efeitos no prazo máximo de 30 dias a contar da data da apresentação do pedido.

ARTIGO 30.º – **(Causas de extinção aplicáveis aos contratados)**
1 – A relação jurídica de emprego do pessoal contratado em regime de contrato administrativo de provimento cessa por:
a) Mútuo acordo;
b) Denúncia de qualquer das partes;
c) Rescisão pelo contratado.
2 – A denúncia e a rescisão do contrato dependem da apresentação de pré-aviso com a antecedência mínima de 60 dias, salvo nos casos em que a cessação do contrato administrativo de provimento tenha como causa a nomeação do contratado.
3 – Ao contratado que não cumprir, total ou parcialmente, o prazo de pré-aviso estabelecido no presente artigo poderá ser exigido, a título de indemnização, o valor da remuneração base correspondente ao período de pré-aviso em falta.

CAPÍTULO V – Acumulação de funções

ARTIGO 31.º [1-2-3-4-5] – **(Acumulação de funções)**
1 – Não é permitida a acumulação de funções ou cargos públicos remunerados, salvo quando devidamente fundamentada em motivo de interesse público e no disposto nos números seguintes.
2 – Há lugar à acumulação de funções ou cargos públicos nos seguintes casos:
a) Inerências;
b) Actividades de representação de departamentos ministeriais ou de serviços públicos;
c) Actividades de carácter ocasional e temporário que possam ser consideradas complemento do cargo ou função;
d) Actividades docentes, não podendo o respectivo horário ultrapassar o limite a fixar em despacho conjunto dos Ministros das Finanças e da Educação.
3 – O disposto no n.º 1 não é aplicável às remunerações provenientes de:
a) Criação artística e literária, realização de conferências, palestras, acções de formação de curta duração e outras de idêntica natureza;
b) Participação em comissões ou grupos de trabalho, quando criados por resolução ou deliberação do Conselho de Ministros;
c) Participação em conselhos consultivos, comissões de fiscalização ou outros órgãos colegiais, quando previstas na lei e no exercício de fiscalização ou controlo de dinheiros públicos.
4 – A acumulação prevista nas alíneas *b)*, *c)* e *d)* do n.º 2 é autorizada por despacho do membro do Governo competente.
5 – No caso previsto na alínea *d)* do n.º 2, a acumulação depende de requerimento do interessado e só pode ser autorizada se o horário a praticar como docente for compatível com o que competir ao cargo ou função principal.
6 – É permitida a acumulação de cargos públicos não remunerados quando fundamentada em motivo de interesse público.

1 – Redacção do art. 1.º do DL n.º 407/91, de 17 de Outubro.
2 – Ver nota 2 ao art. 19.º .

442 *IV – Funcionários da Administração Local*

3 – A competência atribuída ao membro do Governo considera-se reportada aos seguintes órgãos e entidades, quando se trate de pessoal afecto à administração local:

a) Nas câmaras municipais – à câmara municipal ou ao respectivo presidente, no caso de existir delegação de competências;

b) Nos serviços municipalizados – ao conselho de administração;

c) Nas juntas de freguesia – à junta de freguesia;

d) Nas assembleias distritais – à assembleia distrital (art. 8.° do DL n.° 409/91, de 17 de Outubro).

4 – O art. 8.° do DL n.° 413/93, de 23 de Dezembro, indica os elementos que devem constar do requerimento para acumulação de funções públicas.

5 – Ver Portaria n.° 652/99, de 14 de Agosto (regime de acumulação de funções e actividades públicas e privadas dos educadores de infância e professores do ensino básico e secundário).

ARTIGO 32.° (¹⁻²) – **(Acumulação de funções privadas)**

1 – O exercício em acumulação de actividades privadas carece de autorização prévia do membro do Governo competente, a qual pode ser delegada no dirigente máximo do serviço.

2 – O disposto no n.° 1 não abrange a criação artística e literária e a realização de conferências, palestras, acções de formação de curta duração e outras actividades de idêntica natureza.

3 – A autorização referida no n.° 1 só pode ser concedida se se verificarem as seguintes condições:

a) Se a actividade a acumular não for legalmente considerada incompatível;

b) Se os horários a praticar não forem total ou parcialmente coincidentes;

c) Se não ficarem comprometidas a isenção e a imparcialidade do funcionário ou agente no desempenho de funções;

d) Se não houver prejuízo para o interesse público e para os direitos e interesses legalmente protegidos dos cidadãos.

4 – A recusa de autorização para o desempenho de funções públicas em acumulação com actividades privadas carece de fundamentação, nos termos gerais.

1 – No âmbito do pessoal afecto à administração local, a competência atribuída ao membro do Governo considera-se reportada aos seguintes órgãos ou entidades:

a) Nas câmaras municipais – à câmara municipal ou ao respectivo presidente, no caso de existir delegação de competências;

b) Nos serviços municipalizados – ao conselho de administração;

c) Nas juntas de freguesia – à junta de freguesia;

d) Nas assembleias distritais – à assembleia distrital.

A mesma competência pode ser delegada:

a) Nos serviços municipalizados – no presidente do conselho de administração;

b) Nas juntas de freguesia – no presidente da junta de freguesia (art. 8.°, n.° 2 do DL n.° 409/91, de 17 de Outubro).

2 – Este preceito deve considerar-se tacitamente revogado pelo DL n.° 413/93, de 23 de Dezembro, que veio estabelecer a incompatibilidade para os titulares de órgãos, funcionários e agentes de exercício de actividades privadas concorrentes ou similares com as que exercem na administração pública e definir as entidades competentes para autorizar a acumulação de actividades privadas e de funções públicas.

CAPÍTULO VI – **Disposições finais e transitórias**

ARTIGO 33.° (¹) – **(Actos sujeitos a fiscalização)**

A fiscalização dos actos e contratos previstos no presente diploma rege-se pelo disposto na Lei n.° 86/89, de 8 de Setembro.

1 – A Lei n.° 86/89 foi revogada pela Lei n.° 98/97, de 26 de Agosto, que veio regular a Organização e Processo no Tribunal de Contas.

Decreto-Lei n.º 427/89, de 7 de Dezembro

ARTIGO 34.º – (Actos sujeitos a publicação)

1 – Estão sujeitos a publicação no *Diário da República*, por extracto:

a) A nomeação em qualquer das suas modalidades;

b) O contrato administrativo de provimento e o contrato de trabalho a termo certo, bem como a sua renovação, denúncia e rescisão;

c) A exoneração, sempre que esta não resultar directamente da lei.

2 – Dos extractos dos contratos consta obrigatoriamente a categoria ou as funções dos contratados, a remuneração acordada e, no caso do contrato de trabalho a termo certo, o respectivo prazo.

3 – Do extracto de publicação consta a referência à concessão do visto ou à emissão da declaração de conformidade, em todos os casos em que seja exigida pela Lei n.º 86/89, de 8 de Setembro, ou à sua dispensabilidade, nos restantes casos.

ARTIGO 35.º – (Transição do pessoal em nomeação)

1 – O pessoal nomeado provisoriamente há mais de um ano à data de entrada em vigor do presente diploma é considerado, independentemente de quaisquer formalidades, na situação de nomeação definitiva.

2 – O regime previsto no número anterior é aplicável ao pessoal nomeado em comissão de serviço nos termos da alínea *c*) do n.º 1 do artigo 7.º .

ARTIGO 36.º (1-2) – (Transição do pessoal em nomeação interina)

1 – Mantêm-se as nomeações interinas que subsistam à data de entrada em vigor do presente diploma, cessando com o decurso do prazo por que foram constituídas ou com a reocupação do lugar pelo respectivo titular.

2 – Às nomeações previstas no número anterior é aplicável o disposto no artigo 3.º do Decreto-Lei n.º 49 031, de 27 de Maio de 1969.

3 – Para efeitos do disposto no número anterior, a realização do estágio não se considera interrupção de funções, podendo o estagiário optar pela remuneração do lugar que ocupava interinamente.

1 – Redacção do art. 1.º do DL n.º 407/91, de 17 de Outubro.
2 – Ver nota 2 ao art. 19.º .

ARTIGO 37.º (1-2-3) – (Transição do pessoal em situação irregular)

1 – É contratado em regime de contrato administrativo de provimento o pessoal sem título jurídico adequado que à data de entrada em vigor do presente diploma conte mais de três anos de exercício de funções nos serviços e organismos referidos no artigo 2.º, com sujeição à disciplina e hierarquia e com horário de trabalho completo.

2 – O pessoal que à data de entrada em vigor do presente diploma venha prestando serviço nos termos do número anterior e possua menos de três anos de serviço ou não desempenhe funções em regime de tempo completo é contratado em regime de contrato de trabalho a termo certo, sem prejuízo de poder ser dispensado no prazo de 90 dias.

3 – O contrato administrativo de provimento previsto no n.º 1 faz-se na categoria de ingresso da carreira correspondente às funções desempenhadas, sem prejuízo das habilitações literárias e profissionais legalmente exigidas.

4 – O prazo máximo de duração do contrato de trabalho a termo certo é contado a partir da data do seu início.

444   *IV – Funcionários da Administração Local*

5 – Ao pessoal referido no n.° 1 que não possua as habilitações literárias e profissionais legalmente exigidas é concedido o prazo de três anos, a contar da data da entrada em vigor do presente diploma, para adquirir essas habilitações, período em que se manterá na situação em que vinha exercendo funções.

6 – Adquiridas as habilitações nos termos previstos no número anterior, procede-se à celebração do contrato administrativo nos termos do n.° 3.

7 – O pessoal que não adquira as habilitações até ao termo do prazo fixado no n.° 5 será contratado em categoria para que possua as habilitações literárias e profissionais exigidas para o ingresso, ou na categoria de servente, no caso de não possuir a escolaridade obrigatória.

8 – O disposto no presente artigo não é aplicável ao pessoal nomeado definitivamente que exerça funções em situação irregular em outro serviço ou organismo.

1 – Redacção do art. 1.° do DL n.° 407/91, de 17 de Outubro.

2 – Ver nota 2 ao art. 19.° .

3 – O DL n.° 407/91, dispôs nos seus arts. 2.°, 3.° e 4.° :

> «1 – Ao pessoal referido no n.° 1 do artigo 37.° e no n.° 1 do artigo 39.° do Decreto-Lei n.° 427/89, de 7 de Dezembro, que exerça funções em áreas das carreiras técnico-profissionais e tenha sido admitido para o exercício das mesmas em data anterior à entrada em vigor do Decreto-Lei n.° 248/85, de 15 de Julho, são apenas exigidos, para o efeito do n.° 3 do mencionado artigo 37.°, os requisitos habilitacionais previstos na legislação vigente até essa data, sendo-lhe aplicável o regime consignado nos n.os 2 a 6 do artigo 38.°.
>
> 2 – Os prazos previstos nos n.os 1 e 3 do artigo 38.° contam-se, relativamente ao mesmo pessoal, a partir da data da entrada em vigor do presente diploma» (art. 2.°).
>
> «A correspondência entre as funções exercidas pelo pessoal a que alude o artigo anterior e as das carreiras técnico-profissionais é fixada através de declaração passada pelo respectivo serviço ou organismo, a qual especificará as tarefas e responsabilidades que lhe estiveram cometidas e o tempo de serviço prestado no exercício dessas funções» (art. 3.°).
>
> «O tempo de serviço que vier a ser apurado nos termos do artigo anterior conta como prestado na categoria de ingresso para efeitos de acesso na carreira» (art. 4.°).

4 – Ver art. 13.°, alínea *a*) do DL n.° 5/91, de 8 de Janeiro (pessoal ao serviço das assembleias distritais).

5 – Ver art. 13.°, alínea *b*), do DL n.° 5/91.

ARTIGO 38.° ([1-2-3]) – (Processo de regularização)

1 – ([4]) Cada secretaria-geral, direcção-geral ou unidade orgânica equiparada deve proceder, até 31 de Dezembro de 1991, à contratação do pessoal de acordo com os princípios definidos no artigo anterior.

2 – ([5]) O pessoal que seja contratado em regime de contrato administrativo de provimento é candidato obrigatório ao primeiro concurso interno aberto no respectivo serviço para a sua categoria.

3 – ([4]) Independentemente da existência de vagas na respectiva categoria, devem os serviços que possuam contratados em regime de contrato administrativo de provimento abrir concursos internos até 31 de Dezembro de 1991, considerando-se rescindidos os contratos do pessoal que não se candidate ou não obtenha aprovação.

4 – ([5]) O pessoal contratado ao abrigo do n.° 1 do artigo anterior é dispensado da frequência de estágio para ingresso nas carreiras onde legalmente este é exigido, podendo os concursos referidos nos números anteriores ser abertos directamente para a categoria de ingresso da respectiva carreira.

5 – ([6]) Os contratados aprovados no concurso referido nos números anteriores que não obtenham vaga são integrados no quadro de efectivos interdepartamentais, nos termos e para os efeitos do Decreto-Lei n.° 43/84, de 3 de Fevereiro.

6 – A admissão de pessoal, a qualquer título, em cada categoria só pode fazer-se desde que estejam integrados no respectivo serviço todos os contratados detentores da mesma categoria.

Decreto-Lei n.° 427/89, de 7 de Dezembro   445

7 – As secretarias-gerais, direcções-gerais e unidades orgânicas equiparadas devem apresentar ao Ministério das Finanças a relação do pessoal dispensado e contratado, bem como a indicação dos concursos abertos nos termos do n.° 3 logo após a conclusão do processo.

8 – O disposto nos n.ᵒˢ 2 a 6 não é aplicável ao pessoal em situação irregular que desempenhe funções nos serviços em regime de instalação.

9 – Sem prejuízo da aplicação de regimes mais favoráveis, o tempo de serviço prestado em situação irregular pelo pessoal aprovado no concurso a que se referem os números anteriores releva na categoria de ingresso em que sejam contratados, bem como para efeitos de aposentação e sobrevivência, mediante o pagamento dos correspondentes descontos.

10 – O disposto no número anterior é igualmente aplicável ao pessoal integrado ao abrigo do artigo 16.° do Decreto-Lei n.° 100-A/87, de 5 de Março, e ao pessoal que anteriormente à data da entrada em vigor do presente diploma reunia as condições referidas no n.° 1 do artigo 37.° e foi integrado nos quadros por concurso externo.

11 – O prazo a que se refere o n.° 3 deste artigo é de 180 dias a contar da celebração do contrato administrativo de provimento para o pessoal a que aludem os n.ᵒˢ 5 e 7 do artigo anterior.

1 – Redacção do art. 1.° do DL n.° 407/91, de 17 de Outubro.
2 – Ver nota 2 ao art. 19.°.
3 – Ver nota 3 ao art. 37.°.
4 – Os prazos referidos nestes preceitos passaram a ser de 15 dias a contar da data da entrada em vigor da Lei n.° 19/92, de 13 de Agosto (art. 2.° desta Lei).
5 – Os concursos abertos ao abrigo do disposto nos n.ᵒˢ 2 e 4 deste preceito podem ser circunscritos aos contratados do respectivo serviço (Assento do Tribunal de Contas n.° 2/92, publicado no DR, I Série-A, de 6/2/92).
6 – O Quadro de Efectivos Interdepartamentais foi extinto pelo DL n.° 14/97, de 17 de Janeiro.

ARTIGO 39.° [1-2-3] – **(Transição do pessoal contratado em regime de direito público)**

1 – O pessoal que à data da entrada em vigor do presente diploma seja contratado do quadro considera-se nomeado nos respectivos lugares independentemente de quaisquer formalidades.

2 – O pessoal que à data da entrada em vigor do presente diploma esteja contratado em qualquer situação além dos quadros é considerado contratado em regime de contrato administrativo de provimento independentemente de quaisquer formalidades.

3 – É aplicável à transição do pessoal contratado além do quadro, com as necessárias adaptações, o regime previsto nos n.ᵒˢ 2, 3, 5, 6 e 9 do artigo anterior.

4 – O n.° 4 do artigo anterior só é aplicável aos casos em que os interessados tenham desempenhado funções como contratados por tempo igual ou superior ao da duração do estágio de ingresso na carreira.

5 – O pessoal referido no n.° 2 que não possua as habilitações legalmente exigidas para a candidatura aos concursos previstos no n.° 3 do artigo 38.° mantém-se na situação de contrato administrativo de provimento.

1 – Redacção do art. 1.° do DL n.° 407/91, de 17 de Outubro.
2 – Ver nota 2 ao art. 19.°.
3 – Ver nota 3 ao art. 37.°.

ARTIGO 40.° [1-2] – **(Transição de pessoal requisitado e destacado)**

1 – Às requisições e destacamentos constituídos à data de entrada em vigor do presente diploma é aplicável o regime previsto no artigo 27.°.

2 – O tempo de serviço prestado na situação de requisição ou destacamento até á data de entrada em vigor do presente diploma releva para efeitos da contagem do prazo de três anos previsto no n.° 3 do artigo 27.°.

446   *IV – Funcionários da Administração Local*

3 – Cessam na data da entrada em vigor do presente diploma as requisições e destacamentos constituídos há mais de três anos, salvo as relativas ao pessoal integrado de efectivos interdepartamentais, as previstas no n.° 5 do artigo 27.° e as que não estejam sujeitas ao prazo genericamente previsto no Decreto-Lei n.° 41/84, de 3 de Fevereiro.

1 – Redacção do art. 1.° do DL n.° 407/91, de 17 de Outubro.
2 – Ver nota 2 do art. 19.°.

ARTIGO 41.° – **(Regime de instalação e estágio)**

1 – O pessoal contratado além do quadro que se encontra a desempenhar funções em serviços em regime de instalação considera-se, independentemente de quaisquer formalidades, em regime de contrato administrativo de provimento.

2 – Os funcionários que se encontrem a desempenhar funções em serviços em regime de instalação consideram-se, independentemente de quaiquer formalidades, em regime de comissão de serviço extraordinária.

3 – O disposto nos números anteriores é aplicável ao pessoal que se encontre em situação de estágio.

ARTIGO 42.° – **(Acumulação de funções)**

Os funcionários e agentes que se encontrem a exercer em acumulação funções públicas ou privadas sem a autorização prevista nos artigos 31.° e 32.° devem solicitá-la no no prazo de 30 dias a contar da entrada em vigor do presente diploma.

ARTIGO 43.° – **(Prevalência)**

1 – A partir da data de entrada em vigor do presente diploma é vedada aos serviços e organismos referidos no artigo 2.° a constituição de relações de emprego com carácter subordinado por forma diferente das previstas no presente diploma.

2 – Os funcionários e agentes que autorizem, informem favoravelmente ou omitam informação relativamente à admissão ou permanência de pessoal em contravenção com o disposto no presente diploma são solidariamente responsáveis pela reposição das quantias pagas, para além da responsabilidade civil e disciplinar que ao caso couber.

ARTIGO 44.° (1-2) – **(Salvaguarda de regimes especiais)**

1 – Ao pessoal dos institutos públicos que revistam a forma de serviços personalizados ou de fundos públicos abrangidos pelo regime aplicável às empresas públicas ou pelo contrato individual de trabalho e, bem assim, ao pessoal abrangido por regimes identificados em lei como regimes de direito público privativo aplicam-se as respectivas disposições estatutárias.

2 – Ao pessoal dos consulados e missões diplomáticas aplica-se a legislação em vigor.

3 – Ao pessoal médico, docente e de investigação aplicam-se as normas dos respectivos estatutos.

4 – O pessoal admitido em regime de administração directa mantém-se a prestar serviço nesse regime.

5 – O disposto nos artigos 6.° , 7.° e 35.° não prejudica os períodos probatórios de duração superior a um ano fixados em leis especiais, aplicando-se-lhes a disciplina daqueles preceitos, com as necessárias adaptações.

1 – Redacção do art. 1.° do DL 407/91, de 17 de Outubro.
2 – Ver nota 2 ao art.° 19.°.

ARTIGO 45.º – (Norma revogatória)

1 – São revogados os artigos 30.º, 31.º e 32.º da Lei de 14 de Junho de 1913, o Decreto-Lei n.º 27 199, de 16 de Novembro de 1936, o Decreto-Lei n.º 32 679, de 20 de Fevereiro de 1943, o Decreto-Lei n.º 37 881, de 11 de Julho de 1950, o Decreto-Lei n.º 34 945, de 27 de Setembro de 1945, o Decreto-Lei 49 397, de 24 de Novembro de 1969, o Decreto-Lei n.º 146/75, de 21 de Março, o Decreto-lei n.º 130/76, de 14 de Fevereiro, os artigos 14.º a 16.º, 19.º a 25.º, 27.º a 29.º, 32.º e 39.º do Decreto-Lei n.º 41/84, de 3 de Fevereiro, o Decreto-Lei n.º 118/86, de 27 de Maio, o Decreto-Lei n.º 160/86, de 26 de Junho, e o Decreto-Lei n.º 137/88, de 22 de Abril.

2 – Relativamente à administração local, a revogação do Decreto-Lei n.º 49 397, de 24 de Novembro de 1969, só se torna efectiva com a entrada em vigor do diploma previsto no n.º 4 do artigo 2.º.

DECRETO-LEI N.° 122/90

de 14 de Abril

**Permite a integração nos quadros das câmaras municipais
do pessoal dos gabinetes técnicos locais**

Estão a funcionar na dependência de algumas câmaras municipais gabinetes técnicos locais, criados com o objectivo de conceder apoio técnico aos municípios empenhados na reabilitação de áreas degradadas.

O progressivo alargamento da sua actuação, em resultado da política de ordenamento do território, aliado à escassez de pessoal técnico superior, técnico e técnico-profissional que se vem verificando nos quadros das câmaras municipais, justifica a adopção de medidas que permitam obstar à manutenção de situações de precariedade dos recursos humanos que àqueles gabinetes estão afectos.

De acordo com o disposto sobre a matéria no Decreto-Lei n.° 45-A/84, de 3 de Fevereiro, foram ouvidas as associações sindicais, bem como a Associação Nacional dos Municípios Portugueses.

Assim:

ARTIGO 1.° (¹) – (Objecto e âmbito)

O pessoal técnico superior, técnico e técnico-profissional dos gabinetes técnicos locais criados até 31 de Dezembro de 1989, através de protocolo firmado entre a Direcção-Geral do Ordenamento do Território e a câmara municipal, pode ser integrado nos quadros de pessoal das câmaras municipais que manifestem interesse na prossecução das actividades que por eles têm vindo a ser desenvolvidas.

1 – Ver art. 9.° do DL n.° 116/84, de 16 de Abril.

ARTIGO 2.° – (Competências)

Compete à câmara municipal deliberar quanto à integração, no seu quadro, do pessoal do gabinete técnico local que funcione na sua dependência.

ARTIGO 3.° – (Criação de lugares)

Nos quadros de pessoal em que não existam lugares suficientes são criados os lugares necessários à execução da deliberação referida no artigo anterior, nos termos do disposto no Decreto-Lei n.° 100/84, de 29 de Março.

ARTIGO 4.° – (Regras de integração)

1 – A integração do pessoal efectua-se, observadas as habilitações literárias e qualificações profissionais exigíveis nos termos da lei, de acordo com os seguintes critérios:

a) Pessoal com vínculo à Administração Pública, para categoria igual à que possui, independentemente de concurso;

b) Pessoal sem vínculo à Administração Pública, para categoria de ingresso, com conteúdo funcional idêntico ao exercido no gabinete técnico local, mediante concurso circunscrito ao pessoal referido no artigo 1.° .

2 – A integração, observados os critérios referidos no número anterior, faz-se independentemente de qualquer outra formalidade, salvo a fiscalização prévia do Tribunal de Contas, nos termos gerais, e o acto de posse no que respeita a pessoal mencionado na alínea *b*) do número anterior.

ARTIGO 5.° – (Contagem de tempo de serviço)

Ao pessoal a integrar nas câmaras municipais, nos termos deste diploma, é contado, para todos os efeitos legais, o tempo de serviço prestado nos gabinetes técnicos locais.

DECRETO REGULAMENTAR N.° 41/90 *

de 29 de Novembro

Define a composição, competência e normas de funcionamento das juntas médicas

O Decreto-Lei n.° 497/88, de 30 de Dezembro, estabelece o regime de férias, faltas e licenças dos funcionários e agentes da Administração Pública, disciplinando, nomeadamente, o instituto da verificação domiciliária da doença, complementado pela intervenção de junta médica, a qual funciona na dependência da ADSE.

A primeira inovação decorrente do presente diploma reporta-se à composição e ao funcionamento da junta médica. Nesse sentido, entende-se adequado fixar a dependência orgânica e funcional da junta no dirigente máximo da ADSE, promovendo, paralelamente, o funcionamento de secções de âmbito regional, bem como a eventual criação de secções de âmbito geográfico mais restrito, sempre que a experiência o aconselhe e as disponibilidades da Administração o permitam.

Valora-se, assim, o elemento desconcentrado da Administração, sem prejuízo de a ADSE coordenar e superintender a actuação da junta.

Quanto à competência da junta médica, ela foi delineada de modo a permitir uma intervenção tão plena e actuante quanto o diploma habilitante o permite, no que concerne à apreciação da capacidade ou aptidão dos funcionários e agentes da Administração para o exercício de funções públicas.

Por outro lado, face à extinção da junta médica existente na Secretaria-Geral do Ministério das Finanças, houve ainda que consagrar no presente diploma a transferência para a ADSE das atribuições que, no âmbito da realização de inspecções e juntas médicas em matéria de acidentes em serviço, competem, no Município de Lisboa, aos médicos que exercem funções naquela Secretaria-Geral e às juntas médicas dos diferentes ministérios.

Por fim, e tendo presente objectivos de economia de recursos, de simplificação, desburocratização, celeridade, eficiência de procedimentos e de colaboração entre as diversas entidades processadoras de vencimentos de funcionários e agentes, é prevista a celebração de protocolos que permitam fazer submeter à junta médica da ADSE funcionários e agentes das Regiões Autónomas dos Açores e da Madeira e do Território de Macau que se encontrem doentes na área geográfica de intervenção das suas secções.

---

* O DL n.° 497/88, de 30 de Dezembro, foi revogado e substituído pelo DL n.° 100/99, de 31 de Março, que estabelece o novo regime jurídico das férias, faltas e licenças.

A intervenção da junta médica, no caso de faltas por doença, está prevista nos arts. 36.° e segs. deste diploma.

A regulamentação da composição, competência e funcionamento da junta médica deverá ser efectuado por decreto-regulamentar, nos termos dos n.° 2 do art. 46.° daquele DL, pelo que, não tendo sido até agora publicado esse diploma, mantém-se a vigência do presente decreto-regulamentar.

IV – Funcionários da Administração Local

Ouvidos os órgãos de governo próprio das Regiões Autónomas dos Açores e da Madeira. Assim:

ARTIGO 1.º – (Âmbito)

1 – As disposições constantes no presente diploma aplicam-se aos funcionários e agentes da administração central, regional e local, incluindo os institutos públicos que revistam a natureza de serviços personalizados ou de fundos públicos.

2 – Mediante protocolos a celebrar com as entidades interessadas e nos termos neles previstos poderão ser submetidos à junta médica da ADSE funcionários e agentes das Regiões Autónomas dos Açores e da Madeira e do Território de Macau que se encontrem doentes na área geográfica das suas secções.

ARTIGO 2.º – (Objecto)

1 – O presente diploma regulamenta a composição, a competência e o funcionamento da junta médica da ADSE.

2 – As juntas médicas previstas no n.º 3 do artigo 46.º do Decreto-Lei n.º 497/88, de 30 de Dezembro, regem-se, na parte aplicável, pelo disposto no presente diploma.

ARTIGO 3.º – (Composição)

1 – A junta médica funciona na dependência do director-geral da ADSE.

2 – A junta médica é constituída por secções de âmbito regional, funcionando em sessões cuja frequência é determinada por despacho do director-geral da ADSE.

3 – Cada secção é constituída, sem prejuízo do disposto nos números seguintes, por um representante da ADSE, que presidirá, e por dois médicos.

4 – O representante da ADSE nas secções será um dos médicos do respectivo quadro, a designar pelo director-geral, ou o funcionário mais categorizado dos serviços dependentes do representante do Governo.

5 – Enquanto não forem implementadas as regiões administrativas, os representantes da ADSE nas secções do Norte, Centro e Sul serão, respectivamente, os secretários dos Governos Civis do Porto, de Coimbra e de Évora.

6 ([1]) – Os representantes da ADSE nas secções têm direito, pelo exercício das respectivas funções, a uma remuneração igual a 50% ou 100% do limite máximo a que se refere o n.º 2 do artigo 15.º, consoante presidirem, respectivamente, a uma ou mais sessões semanais.

1 – Redacção do art. único do Dec.-Regulamentar n.º 36/91, de 1 de Julho.

ARTIGO 4.º – (Participação de especialidades)

1 – Sempre que pela análise da história clínica do doente se reconheça aconselhável o parecer de um médico de determinada especialidade, poderá ser designado para integrar a junta um médico dessa especialidade.

2 – Sempre que, nos termos da legislação em vigor, o funcionário ou agente indicar o seu médico assistente para fazer parte da junta médica, esta será integrada também pelo referido clínico.

ARTIGO 5.º – (Secções)

1 – As áreas de jurisdição de cada secção da junta médica corresponderão às regiões administrativas e funcionarão:

a) Na Região de Lisboa, em instalações dependentes da ADSE;

b) Nas restantes regiões, em instalações dependentes do representante do Governo.

Decreto Regulamentar n.° 41/90, de 29 de Novembro 453

2 – Enquanto não forem implementadas as regiões administrativas, são criadas, desde já, as seguintes secções:

a) Do Norte, com sede no Porto, abrangendo os distritos de Viana do Castelo, Braga, Porto, Vila Real e Bragança, a funcionar em instalações dependentes do Governo Civil do Porto;

b) Do Centro, com sede em Coimbra, abrangendo os distritos de Aveiro, Coimbra, Viseu, Guarda e Leiria, a funcionar em instalações dependentes do Governo Civil de Coimbra;

c) De Lisboa, com sede em Lisboa, abrangendo os distritos de Lisboa, Castelo Branco, Santarém e Setúbal, a funcionar em instalações dependentes da ADSE;

d) Do Sul, com sede em Évora, abrangendo os distritos de Beja, Évora, Portalegre e Faro, a funcionar em instalações dependentes do Governo Civil de Évora.

3 – Sempre que a experiência o aconselhar e as disponibilidades da Administração o permitam, poderão, mediante despacho do Ministro das Finanças, ser criadas secções de âmbito geográfico mais restrito.

ARTIGO 6.° – (Competência)

Compete à junta médica da ADSE, quando solicitada pelas entidades competentes:

a) Pronunciar-se sobre o estado de doença do funcionário ou agente cuja ausência ao serviço atingiu 60 dias consecutivos de faltas, mesmo nos casos em que haja transição de um ano civil para o outro;

b) Pronunciar-se sobre a situação de doença que impossibilite o funcionário ou agente de se apresentar ao serviço;

c) Pronunciar-se sobre a situação dos funcionários e agentes que lhe sejam submetidos, nos termos do disposto no artigo 37.° do Decreto-Lei n.° 497/88, de 30 de Dezembro;

d) Determinar a duração previsível da doença nos casos previstos nas alíneas anteriores;

e) Avaliar as capacidades do funcionário ou agente que se revele incapaz para o exercício das suas funções mas apto para o desempenho de outras;

f) Determinar a observação clínica do funcionário ou agente ou a realização de exames complementares de diagnóstico por serviços oficiais especializados;

g) Pronunciar-se sobre situações de doença que devam ser objecto de deliberação pela junta médica da Caixa Geral de Aposentações.

ARTIGO 7.° (¹) – (Acidentes em serviço)

São cometidas à ADSE as atribuições que, no âmbito da realização de inspecções e juntas médicas em matéria de acidentes em serviço, competem, no Município de Lisboa, aos médicos da Secretaria-Geral do Ministério das Finanças e às juntas médicas dos diferentes ministérios.

1 – Revogado pelo art. 57.°, alínea *e*), do DL n.° 503/99, de 20 de Novembro.

ARTIGO 8.° – (Funcionamento)

1 – O presidente da junta médica providenciará para que seja assegurado o seu regular funcionamento, promovendo com a devida oportunidade quer a nomeação de suplentes quer a preparação dos processos e outro expediente a examinar.

2 – As sessões da junta são reservadas e os seus pareceres tomados por unanimidade ou maioria de votos, só tendo validade quando estiverem presentes todos os seus membros.

3 – Nas situações referidas no artigo 4.° o presidente tem voto de qualidade em caso de empate na votação.

ARTIGO 9.° – (Apresentação à junta médica)

1 – Os serviços devem comunicar à secção da junta médica que funciona na respectiva área

454   *IV – Funcionários da Administração Local*

quais os funcionários e agentes que lhe deverão ser presentes e informar estes de que deverão ser portadores de relatório circunstanciado e actualizado da sua situação clínica, devidamente documentado com elementos auxiliares de diagnóstico com interesse para apreciação dessa situação.

2 – As sessões da junta médica, em função dos pedidos, farão de imediato a convocação dos funcionários e agentes através de carta registada com aviso de recepção e com a antecedência mínima de cinco dias úteis relativamente à data de realização da junta médica.

ARTIGO 10.° – (**Falta de comparência à junta médica**)

1 – O funcionário ou agente impossibilitado, por motivo de doença, de comparecer no local para onde tiver sido convocado deve comunicar o facto à secção da junta médica que o haja convocado, e será observado no seu domicílio ou no local onde tiver indicado estar doente por um dos médicos membros da junta, que elaborará relatório circunstanciado para ser presente à junta médica, que sobre ele deliberará.

2 – Qualquer outro impedimento deve ser comunicado e comprovado por qualquer meio admitido em direito.

3 – A não aceitação da justificação da falta de comparência à junta médica implica a injustificação das faltas dadas.

ARTIGO 11.° – (**Deliberação**)

1 – A junta médica fundamenta os seus pareceres na observação clínica e no exame dos processos.

2 – A junta médica deve elaborar parecer escrito fundamentado em relação a cada funcionário ou agente que lhe seja presente, do mesmo devendo constar, conforme a situação:

a) Se o funcionário ou agente se encontra apto a regressar ao serviço;

b) A impossibilidade de regressar ao serviço e a data em que deve apresentar-se de novo a exame;

c) Se o funcionário ou agente necessita de exames clínicos complementares;

d) Se a situação do funcionário ou agente impõe que lhe sejam atribuídos serviços moderados e em condições devem ser prestados;

e) Se o funcionário ou agente se encontra incapaz para o exercício das suas funções mas apto para o desempenho de outras;

f) Se o funcionário ou agente, para efeitos do disposto no artigo 37.° do Decreto-Lei n.° 497/88, de 30 de Dezembro, se encontra física e psicofisiologicamente apto para o exercício de funções na Administração Pública;

g) A eventual incapacidade permanente para o serviço, com recomendação ao respectivo serviço sugerindo a apresentação à junta médica da Caixa Geral de Aposentações.

3 – Os membros que discordarem da deliberação votada assinarão «vencidos», devendo justificar o seu voto por meio de declaração escrita fundamentada.

ARTIGO 12.° – (**Situações de deficiência**)

A junta médica, ao pronunciar-se sobre a situação de funcionários ou agentes com deficiência que, no decurso das suas funções, vêem a sua deficiência agravar-se, ou de funcionários ou agentes que, por factores supervenientes, ficam deficientes, deverá sempre ter em consideração as especificidades do processo de reconversão ou reclassificação profissional inerentes às situações de deficiência agravada ou tardia.

ARTIGO 13.° – (**Comunicação da deliberação**)

O parecer da junta médica deve ser comunicado ao funcionário ou agente no próprio dia e enviado de imediato ao respectivo serviço.

Decreto Regulamentar n.° 41/90, de 29 de Novembro 455

ARTIGO 14.° – **(Exames requisitados pela junta médica)**
Os serviços de saúde, quando solicitados pela ADSE, devem proceder à observação clínica e à realização dos exames requisitados pela junta médica, sem prejuízo do funcionamento normal dos serviços.

ARTIGO 15.° – **(Médicos)**
1 – A junta médica pode integrar médicos da ADSE ou médicos avençados.
2 – Por despacho do Ministro das Finanças será estabelecido o limite remuneratório máximo a auferir pelos médicos avençados referidos no número anterior.
3 – Os médicos avençados serão compensados das despesas de deslocação que efectuarem para realização de inspecções domiciliárias, quando deslocados para fora do município em cuja área esteja sediada a secção da junta médica a que se encontrem afectos, sendo ainda abonados de ajudas de custo equivalentes às atribuídas aos funcionários e agentes da Administração Pública com a categoria de técnico superior principal.

ARTIGO 16.° – **(Apoio administrativo)**
1 – O apoio administrativo das secções, com exclusão da sediada em Lisboa, será assegurado por um funcionário dos serviços dependentes do representante do Governo na respectiva região administrativa ou por um funcionário do Governo Civil.
2 – Ao funcionário referido no número anterior será atribuída uma gratificação de montante a fixar por despacho do Ministro das Finanças, automaticamente actualizável em função do aumento médio da tabela geral da função pública.

ARTIGO 17.° – **(Encargos)**
1 – Os encargos com o funcionamento da junta médica, incluindo os decorrentes do disposto nos artigos 4.° e 5.°, na alínea *f*) do artigo 6.°, no artigo 7.°, no n.° 1 do artigo 10.° e nos artigos 14.°, 15.° e 16.° do presente diploma, são suportados pelo orçamento da ADSE.
2 – Os encargos decorrentes da participação na junta médica do médico assistente do funcionário ou agente são por este suportados.
3 – Os encargos decorrentes da apresentação do funcionário ou agente à junta médica por iniciativa da Administração serão suportados pelo serviço de que aquele depende, com base na tabela de ajudas de custo em vigor à data da deslocação, sempre que esta se verifique para fora do município em cuja área está situado o respectivo local de trabalho.
4 – Os protocolos referidos no n.° 2 do artigo 1.° estabelecerão as normas necessárias à efectivação do reembolso, pelas entidades interessadas, dos encargos suportados pela ADSE decorrentes da realização de juntas médicas relativamente a funcionários e agentes que lhes sejam submetidos.

ARTIGO 18.° – **(Disposições finais e transitórias)**
1 – Os médicos que exercem funções na Secretaria-Geral do Ministério das Finanças em regime de comissão de serviço amovível poderão ser contratados pela ADSE, mediante autorização do Ministro das Finanças.
2 – Até à extinção da junta médica existente na Secretaria-Geral do Ministério das Finanças, esta ultimará os processos em curso e procederá à transferência dos seus arquivos para a ADSE.

ARTIGO 19.° – **(Entrada em vigor)**
O presente diploma entra em vigor 30 dias após a data da sua publicação.

DECRETO-LEI N.° 247/91

de 10 de Julho

Aprova o estatuto das carreiras de pessoal específicas das áreas funcionais de biblioteca e documentação e de arquivo (BAD)

A evolução mais recente do sector das ciências da informação provocou alterações sensíveis do nível do desempenho das correspondentes funções e dos requisitos e exigências necessários ao seu exercício.

A crescente procura de informação que contribua para o planeamento, gestão e decisão por parte dos serviços, que sirvam de suporte à concretização de políticas nacionais de arquivos e de bibliotecas que apoiem o ensino e a investigação, veio evidenciar o papel cada vez mais interveniente e exigente dos profissionais deste sector de actividade.

Simultaneamente, a crescente utilização das novas tecnologias de informação, proporcionando novas possibilidades de manipulação (micro-informática), de transmissão (redes de teleinformática e fornecimento electrónico de documentos), de criação (edição electrónica) e de armazenamento (base de dados), tem contribuído também para a evolução das funções em causa, alterando o seu conteúdo, modificando os procedimentos de trabalho e potencializando a qualidade dos produtos oferecidos.

Neste contexto, importa adaptar à realidade presente o ordenamento das carreiras de biblioteca, arquivo e documentação (BAD) estabelecido pelo Decreto-Lei n.° 280/79, de 10 de Agosto, distinguindo, em lugar de uma, duas áreas funcionais: a de biblioteca e documentação e a de arquivo.

As acções de análise de funções realizadas aconselharam a distinção de apenas dois níveis de complexidade funcional em lugar dos três hoje existentes: um primeiro nível, compreendendo funções técnicas com grau de responsabilidade e de autonomia correspondente ao grupo de pessoal técnico superior, para desempenho de cujas tarefas são necessários conhecimentos ao nível de curso de pós-graduação em Ciências de Informação, para além de um curso ao nível de licenciatura, sendo, por isso, dispensável o estágio que constitui requisito de ingresso para a carreira técnica superior. Um segundo nível, correspondente às funções de apoio técnico, que se caracterizam por serem funções de natureza executiva de aplicação técnica, com base no conhecimento ou adaptação de métodos e processos previamente definidos, cujo exercício faz apelo a conhecimentos especializados ao nível do curso técnico-profissional do sistema de ensino oficial, justificando a integração da respectiva carreira no nível 4 das denominadas «carreiras técnico-profissionais».

Finalmente, as conclusões dos mesmos estudos determinaram a gradual extinção da carreira de auxiliar-técnico de BAD, que correspondia ao terceiro nível de complexidade funcional hoje reconhecido, por se constatar que as funções a ele correspondentes não são específicas das áreas funcionais de biblioteca e documentação ou de arquivo, tratando-se antes de tarefas de apoio geral à estrutura e funcionamento dos serviços.

458   IV – Funcionários da Administração Local

Foram ouvidas, nos termos legais, as organizações sindicais, bem como os órgãos de governo próprio das Regiões Autónomas dos Açores e da Madeira.
Assim:

ARTIGO 1.° – (Objecto)
O presente decreto-lei estabelece o estatuto das carreiras de pessoal específicas das áreas funcionais de biblioteca e documentação e de arquivo.

ARTIGO 2.° – (Âmbito de aplicação)
1 – O regime estabelecido neste diploma aplica-se aos serviços e organismos da administração central e local e aos institutos públicos que revistam a natureza de serviços personalizados ou de fundos públicos.
2 – A aplicação do regime estabelecido no presente diploma às administrações regionais autónomas não prejudica a publicação de diploma regional adequado que lhe introduza as adaptações consideradas necessárias.

ARTIGO 3.° – (Carreiras)
1 – As carreiras do pessoal da área funcional de biblioteca e documentação são as seguintes:
a) Técnico superior de biblioteca e documentação;
b) Técnico-adjunto de biblioteca e documentação.
2 – As carreiras do pessoal da área funcional de arquivo são as seguintes:
a) Técnico superior de arquivo;
b) Técnico-adjunto de arquivo.
3 – As carreiras mencionadas nos números anteriores têm a estrutura e a escala salarial fixadas no mapa I anexo ao presente diploma, do qual faz parte integrante.
4 – A actividade de investigação nas áreas funcionais mencionadas nos n.os 1 e 2 será desenvolvida, quando for caso disso, por pessoal titular das habilitações previstas nos artigos 5.° e 7.°, integrado na carreira de investigação científica, regulada pelo Decreto-Lei n.° 68/88, de 3 de Março.

ARTIGO 4.° – (Conteúdos funcionais)
A descrição dos conteúdos das funções tipo das carreiras a que se refere o presente diploma é a constante do mapa II anexo, do qual faz parte integrante.

ARTIGO 5.° – (Carreira de técnico superior de biblioteca e documentação)
1 – O recrutamento para a categoria de técnico suerior de biblioteca e documentação de 2.ª classe faz-se de entre indivíduos titulares de uma das habilitações seguintes:
a) Licenciatura, complementada por um dos cursos instituídos pelos Decretos n.os 20 478 e 22 014, respectivamente de 6 de Novembro de 1931 e de 21 de Dezembro de 1932, e pelos Decretos-Leis n.os 26 026 e 49 009, de, respectivamente, 7 de Novembro de 1935 e 16 de Maio de 1969;
b) Curso de especialização em Ciências Documentais, opção em Documentação e Biblioteca, criado pelo Decreto-Lei n.° 87/82, de 13 de Julho, e regulamentado pelas Portarias n.os 448/83 e 449/83, de 19 de Abril, e 852/85, de 9 de Novembro;
c) Outros cursos de especialização pós-licenciatura na área das Ciências Documentais de duração não inferior a dois anos, ministrados em instituições nacionais de ensino universitário;

Decreto-Lei n.º 247/91, de 10 de Julho   459

d) Cursos ministrados em instituições estrangeiras reconhecidos como equivalentes aos mencionados nas alíneas precedentes.

2 – O recrutamento para as categorias de acesso da carreira de técnico superior de biblioteca e documentação obedece às seguintes regras:

a) Assessor principal, de entre assessores com, pelo menos, três anos de serviço na categoria classificados de *Muito bom* ou cinco anos classificados de *Bom;*

b) Assessor, mediante concurso de provas públicas, que consistirá na apreciação e discussão do currículo profissional do candidato, de entre técnicos superiores principais com, pelo menos, três anos de serviço na categoria classificados de *Muito bom* ou cinco anos classificados de *Bom;*

c) Técnico superior principal e de 1.ª classe, de entre, respectivamente, técnicos superiores de 1.ª classe e de 2.ª classe com, pelo menos, três anos de serviço na categoria classificados de *Bom.*

3 – Os candidatos a concurso para provimento na categoria de assessor de biblioteca e documentação poderão apresentar um trabalho original sobre matérias de interesse para a realização dos objectivos prosseguidos pelo respectivo serviço ou organismo, caso em que o mesmo será objecto de ponderação para efeitos de classificação final.

ARTIGO 6.º – (Carreira de técnico-adjunto de biblioteca e documentação)

1 – O recrutamento para a categoria de técnico-adjunto de biblioteca e documentação de 2.ª classe faz-se de entre diplomados com curso de formação técnico-profissional na área de biblioteca e documentação, de duração não inferior a três anos, para além de nove anos de escolaridade.

2 – O recrutamento para as categorias de acesso da carreira de técnico-adjunto de biblioteca e documentação obedece às seguintes regras:

a) Técnico-adjunto especialista de 1.ª classe e especialista, de entre, respectivamente, técnicos-adjuntos especialistas e principais com, pelo menos, três anos de serviço na categoria classificados de *Muito bom* ou cinco anos classificados de *Bom;*

b) Técnico-adjunto principal e de 1.ª classe, de entre, respectivamente, técnicos-adjuntos de 1.ª classe e de 2.ª classe com, pelo menos, três anos de serviço na categoria classificados de *Bom.*

ARTIGO 7.º – (Carreira de técnico superior de arquivo)

1 – O recrutamento para a categoria de técnico superior de arquivo de 2.ª classe faz-se de entre indivíduos titulares de uma das habilitações seguintes:

a) Licenciatura, complementada por um dos cursos instituídos pelos Decretos n.os 20 478 e 22 014, respectivamente de 6 de Novembro de 1931 e de 21 de Dezembro de 1932, e pelos Decretos-Leis n.os 26 029 e 49 009, de, respectivamente, 7 de Novembro de 1935 e 16 de Maio de 1969;

b) Curso de especialização em Ciências Documentais, opção em Arquivo, criado pelo Decreto-Lei n.º 87/82, de 13 de Julho, e regulamentado pelas Portarias n.os 448/83 e 449/83, de 19 de Abril, e 852/85, de 9 de Novembro;

c) Outros cursos de especialização pós-licenciatura na área das Ciências Documentais, de duração não inferior a dois anos, ministrados em instituições nacionais de ensino universitário;

d) Cursos ministrados em instituições estrangeiras reconhecidos como equivalentes aos citados nas alíneas precedentes.

2 – O recrutamento para as categorias de acesso da carreira de técnico superior de arquivo obedece às seguintes regras:

a) Assessor principal, de entre assessores com, pelo menos três anos de serviço na categoria classificados de *Muito bom* ou cinco anos classificados de *Bom;*

460   *IV – Funcionários da Administração Local*

b) Assessor, mediante concurso de provas públicas, que consistirá na apreciação e discussão do currículo profissional do candidato, de entre técnicos superiores principais com, pelo menos, três anos de serviço na categoria classificados de *Muito bom* ou cinco anos classificados de *Bom;*

c) Técnico superior principal e de 1.ª classe, de entre, respectivamente, técnicos superiores de 1.ª classe e de 2.ª classe com, pelo menos, três anos de serviço na categoria classificados de *Bom.*

3 – Os candidatos a concurso para provimento na categoria de assessor de arquivo poderão apresentar um trabalho original sobre matérias de interesse para a realização dos objectivos prosseguidos pelo respectivo serviço ou organismo, caso em que o mesmo será objecto de ponderação para efeitos de classificação final.

ARTIGO 8.º – (Carreira de técnico-adjunto de arquivo)

1 – O recrutamento para a categoria de técnico-adjunto de arquivo de 2.ª classe faz-se entre diplomados com curso de formação técnico-profissional na área de arquivo, de duração não inferior a três anos, para além de nove anos de escolaridade.

2 – O recrutamento para as categorias de acesso da carreira de técnico-adjunto de arquivo obedece às seguintes regras:

a) Técnico-adjunto especialista de 1.ª classe e especialista, de entre, respectivamente, técnicos-adjuntos especialistas e principais com, pelo menos, três anos de serviço na categoria classificados de *Muito bom* ou cinco anos classificados de *Bom;*

b) Técnico-adjunto principal e de 1.ª classe, de entre, respectivamente, técnicos-adjuntos de 1.ª classe e de 2.ª classe com, pelo menos, três anos de serviço na categoria classificados de Bom.

ARTIGO 9.º – (Recrutamento excepcional para lugares de acesso das carreiras de técnico superior de biblioteca e documentação e de técnico superior de arquivo)

Excepcionalmente, em casos devidamente fundamentados, podem ser recrutados, mediante concurso externo, para lugares de acesso das carreiras de técnico superior de biblioteca e documentação e de técnico superior de arquivo indivíduos que possuam as habilitações referidas nos artigos 5.º e 7.º e qualificação e experiência profissional de duração não inferior à normalmente exigível para acesso, bem como indivíduos habilitados com mestrado ou doutoramento no âmbito das Ciências Documentais.

ARTIGO 10.º – (Outros requisitos de ingresso nas carreiras de técnico-adjunto de biblioteca e documentação e de arquivo)

1 – O ingresso nas carreiras de técnico-adjunto de biblioteca e documentação e de arquivo pode também fazer-se entre indivíduos habilitados com o 11.º ano de escolaridade, detentores de curso de formação nas áreas de biblioteca e documentação e de arquivo, ministrado por serviços públicos ou pela Associação Portuguesa de Bibliotecários, Arquivistas e Documentalistas, de acordo com o programa, sistema de funcionamento e forma de avaliação aprovados por despacho conjunto do Ministro das Finanças e do membro do Governo responsável pela área da formação da função pública, desde que o tenham frequentado, com aproveitamento, no prazo de cinco anos contado da data da publicação no *Diário da República* daquele despacho.

2 – A formação na área de biblioteca, arquivo e documentação ministrada pelas escolas profissionais reconhecidas pelo Ministério da Educação aos indivíduos habilitados com o 11.º ano de escolaridade é igualmente válida para os efeitos previstos no número anterior.

– Redacção do art. 1.º do DL n.º 276/95, de 25 de Outubro.

Decreto-Lei n.º 247/91, de 10 de Julho 461

ARTIGO 11.º – **(Transição de pessoal para as carreiras previstas no presente diploma)**

1 – A transição para as carreiras previstas no presente diploma faz-se para a mesma classe e escalão em que o pessoal actualmente se encontra provido e de harmonia com o disposto nos números seguintes.

2 – Transita para a carreira de técnico superior de biblioteca e documentação ou para a carreira de técnico superior de arquivo, de acordo com as funções desempenhadas, o pessoal pertencente à carreira de técnico superior de biblioteca, arquivo e documentação e o pessoal inserido em outras carreiras, ainda que com designações específicas, desde que integradas na área funcional de BAD do grupo de pessoal técnico superior.

3 – Os indivíduos que à data da entrada em vigor do presente diploma se encontrem a frequentar o estágio para ingresso na carreira técnica superior de BAD transitam, com efeitos a partir da mesma data, para a categoria de técnico superior de biblioteca e documentação ou de arquivo de 2.ª classe, conforme os casos, mediante despacho do respectivo dirigente.

4 – Transita para a carreira de técnico-adjunto de biblioteca e documentação ou para a carreira de técnico-adjunto de arquivo, consoante as funções desempenhadas, o pessoal inserido na carreira de técnico auxiliar de biblioteca, arquivo e documentação que cumulativamente possua:

a) O 9.º ano de escolaridade ou equivalente;

b) A formação complementar na área de BAD, a que se refere o artigo 6.º do Decreto-Lei n.º 280/79, de 10 de Agosto.

5 – O pessoal que, por força do disposto nos n.ᵒˢ 2 e 4, tenha transitado para a carreira de área funcional não coincidente com a formação de que é detentor pode, no prazo de cinco anos e observado o disposto nas alíneas *a*) e *b*) do n.º 1 do artigo 16.º do Decreto-Lei n.º 248/85, de 15 de Julho, ser opositor a concurso para lugares de acesso das carreiras de técnico superior ou de técnico-adjunto correspondentes à formação de que é titular.

6 – Os actuais técnicos auxiliares de biblioteca, arquivo e documentação que não reúnam os requisitos constantes do n.º 4 mantêm-se em lugares da carreira e categoria que possuem, a extinguir quando vagarem, podendo, durante um período de cinco anos, beneficiar do disposto naquele preceito à medida que preencham aquelas condições.

7 – Para execução do disposto no número anterior os quadros de pessoal consideram-se automaticamente aumentados dos correspondentes lugares da carreira de técnico-adjunto de biblioteca e documentação ou da carreira de técnico-adjunto de arquivo.

8 – O tempo de serviço prestado na categoria actual é contado, para todos os efeitos legais, nomeadamente acesso na carreira, como prestado na categoria para que se operar a transição.

ARTIGO 11.º-A [1-2] – **(Contagem do tempo de serviço)**

O tempo de serviço prestado em regime de estágio para ingresso na extinta carreira técnica superior de biblioteca, arquivo e documentação releva para efeitos de:

a) Promoção e progressão, relativamente aos funcionários que, à data da entrada em vigor do presente diploma, se encontrem providos na categoria de ingresso das carreiras de técnico superior, de biblioteca e documentação e de técnico superior de arquivo;

b) De antiguidade na carreira, para os funcionários que, na mesma data, se encontrem providos em lugares de acesso das carreiras mencionadas na alínea precedente.

1 – Aditado pelo art. 2.º do DL n.º 276/95, de 25 de Outubro.

2 – O art. 3.º deste DL veio dispor:

«A mudança de escalão que resulte do disposto na alínea *a*) do artigo 11.º-A do Decreto-Lei n.º 247/91, de 10 de Julho, apenas produz efeitos a partir do dia 1 do mês seguinte ao da entrada em vigor do presente diploma».

IV – Funcionários da Administração Local

ARTIGO 12.° – **(Enquadramento do pessoal que desempenha funções na área funcional de BAD)**

1 – O pessoal que à data da entrada em vigor do presente diploma desempenhe funções correspondentes aos conteúdos funcionais constantes dos mapas anexos e que tenha a qualidade de funcionário ou que, sendo agente, desempenhe funções em regime de tempo completo, com sujeição à disciplina, hierarquia e horário do serviço, e conte mais de três anos de serviço ininterrupto à data da entrada em vigor do Decreto-Lei n.° 427/89, de 7 de Dezembro, transita para a correspondente carreira prevista no presente diploma que integre as funções desempenhadas, desde que possua as habilitações e qualificações profissionais previstas no Decreto-Lei n.° 280/79, de 10 de Agosto.

2 – A transição a que se refere o número anterior faz-se de acordo com as seguintes regras:

a) Para categoria e escalão resultantes da aplicação do disposto no artigo 18.° do Decreto-Lei n.° 353-A/89, de 16 de Outubro, no caso dos funcionários e, bem assim, dos agentes a que se refere o artigo 39.° do Decreto-Lei n.° 427/89, de 7 de Dezembro;

b) Para a categoria de ingresso na carreira, no caso dos agentes a que alude o artigo 37.° do Decreto-Lei n.° 427/89.

3 – O tempo de serviço prestado na categoria actual conta, para todos os efeitos legais, como prestado na nova categoria, desde que no exercício de funções correspondentes às da carreira para que se operou a transição.

ARTIGO 13.° – **(Situação dos auxiliares técnicos de biblioteca, arquivo e documentação)**

1 – A carreira de auxiliares técnicos de biblioteca, arquivo e documentação (BAD) é extinta à medida que forem vagando os respectivos lugares.

2 – A carreira a que se refere o número anterior mantém o desenvolvimento indiciário e as regras de progressão definidas no Decreto-Lei n.° 353-A/89, de 16 de Outubro.

ARTIGO 14.° – **(Alterações aos quadros de pessoal)**

1 – A alteração dos quadros de pessoal dos serviços e organismos da administração central abrangidos pelo presente diploma, para efeitos de aplicação do regime nele previsto, faz-se por portaria conjunta do Ministro das Finanças e do ministro competente e não pode determinar aumento do número de lugares das carreiras específicas das áreas funcionais de biblioteca e documentação e de arquivo, salvo se houver contrapartida no abatimento de lugares de outras carreiras ou se se tratar da integração de agentes nos termos previstos no artigo 12.°.

2 – Na administração local a alteração dos quadros de pessoal necessária à execução do disposto no presente diploma é efectuada nos termos do Decreto-Lei n.° 100/84, de 29 de Março, ratificado pela Lei n.° 25/85, de 12 de Agosto.

ARTIGO 15.° – **(Norma revogatória)**

É revogado o Decreto-Lei n.° 280/79, de 10 de Agosto.

ARTIGO 16.° – **(Produção de efeitos)**

O presente diploma produz efeitos a partir do dia 1 do mês seguinte ao da sua publicação.

MAPA I ([1])

. . . .

1 – As remunerações do pessoal de BAD são as que constam do Anexo II ao DL n.° 412-A/98, de 30 de Dezembro.

Decreto-Lei n.° 247/91, de 10 de Julho 463

MAPA II
Carreira de técnico superior de biblioteca e documentação

Ao técnico superior de biblioteca e documentação incumbe genericamente:

Conceber e planear serviços e sistemas de informação;

Estabelecer e aplicar critérios de organização e funcionamento dos serviços;

Seleccionar, classificar e indexar documentos sob a forma textual, sonora, visual ou outra, para o que necessita de desenvolver e adaptar sistemas de tratamento automático ou manual, de acordo com as necessidades específicas dos utilizadores;

Definir procedimentos de recuperação e exploração de informação;

Apoiar e orientar o utilizador dos serviços;

Promover acções de difusão, a fim de tornar acessíveis as fontes de informação primária, secundária e terciária;

Coordenar e supervisionar os recursos humanos e materiais necessários às actividades a desenvolver e proceder à avaliação dos resultados.

Carreira de técnico superior de arquivo

Ao técnico superior de arquivo incumbe genericamente:

Estabelecer e aplicar critérios de gestão de documentos;

Avaliar e organizar a documentação de fundos públicos e privados com interesse administrativo, probatório e cultural, tais como documentos textuais, cartográficos, áudio-visuais e legíveis por máquina, de acordo com sistemas de classificação que define a partir do estudo da instituição produtora da documentação;

Orientar a elaboração de instrumentos de descrição da documentação, tais como guias, inventários, catálogos e índices;

Apoiar o utilizador, orientando-o na pesquisa de registos e documentos apropriados;

Promover acções de difusão, a fim de tornar acessíveis as fontes;

Executar ou dirigir os trabalhos tendo em vista a conservação e o restauro de documentos;

Coordenar e supervisionar o pessoal afecto à função de apoio técnico de arquivista.

Carreira de técnico-adjunto de biblioteca e documentação

Ao técnico-adjunto de biblioteca e documentação incumbe genericamente, utilizando sistemas manuais ou automatizados, realizar tarefas relacionadas com a aquisição, o registo, a catalogação, a cotação, o armazenamento de espécies documentais, a gestão de catálogos, os serviços de atendimento, de empréstimo e de pesquisa bibliográfica, assim como a preparação de instrumentos de difusão, aplicando normas de funcionamento de bibliotecas e serviços de documentação de acordo com métodos e procedimentos previamente estabelecidos.

Carreira de técnico-adjunto de arquivo

Ao técnico-adjunto de arquivo incumbe genericamente realizar tarefas relacionadas com a gestão de documentos, o controlo das incorporações, o registo, a cotação, o averbamento de registos, a descrição de documentos, o acondicionamento de documentos, o empréstimo, a pesquisa documental, a emissão de certidões, a produção editorial de normas de funcionamento de arquivos, de acordo com métodos e procedimentos estabelecidos.

DECRETO-LEI N.º 409/91*
de 17 de Outubro

Procede à aplicação à administração local autárquica do Decreto-Lei n.º 427/89, de 7 de Dezembro, o qual define o regime de constituição, modificação e extinção da relação jurídica de emprego na Administração Pública

O Decreto-Lei n.º 184/89, de 2 de Junho, que aprovou os princípios gerais sobre salários e gestão de pessoal na função pública, previa no seu artigo 43.º o desenvolvimento e regulamentação daqueles princípios, o que veio a ser objecto do Decreto-Lei n.º 427/89, de 7 de Dezembro.

Conforme o disposto no n.º 4 do artigo 2.º do referido Decreto-Lei n.º 427/89, a sua aplicação à administração local ficou dependente da publicação de diploma próprio.

Ouvidas, nos termos da lei, as associações representativas dos trabalhadores da administração local, bem como a Associação Nacional de Municípios Portugueses, pelo presente diploma dá-se cumprimento àquele normativo, atentas as especificidades próprias dos serviços abrangidos.

Tais especificidades ditaram a necessidade de introduzir ajustamentos relativos a competências, transferência e requisição.

Atendendo a não ser aplicável à administração local o artigo 17.º do Decreto-Lei 41/84, de 3 de Fevereiro, alterado pelo Decreto-Lei n.º 299/85, de 29 de Julho, contém ainda o presente diploma disposição regulamentadora de contratos de tarefa e avença.

Assim:

ARTIGO 1.º – **(Objecto e âmbito)**

1 – O disposto no Decreto-Lei n.º 427/89, de 7 de Dezembro, aplica-se à administração local, com as adaptações constantes do presente diploma.

2 – O presente decreto-lei aplica-se na administração local das Regiões Autónomas, sem prejuízo da possibilidade de se introduzirem, por diploma legislativo regional, as adaptações necessárias.

ARTIGO 2.º – **(Contrato de trabalho a termo certo)**

1 – O orçamento incluirá dotação global necessária à celebração de contratos de trabalho a termo certo.

2 – Compete ao órgão executivo ou ao respectivo presidente, se para o efeito tiver poderes delegados, gerir a dotação a que se refere o número anterior.

---

* Alterado, por ratificação, pela Lei n.º 6/92, de 29 de Abril.

466   IV – Funcionários da Administração Local

ARTIGO 3.° [1-2-3] – **(Transferência)**

A transferência pode ainda fazer-se de lugar dos quadros da administração central para lugar dos quadros da administração local, podendo verificar-se para categoria imediatamente superior quando tiver lugar para zonas legalmente consideradas como de extrema periferia.

1 – Ver art. 25.° do DL n.° 427/89, de 7 de Dezembro.

2 – Ver art. 5.° n.° 3 do DL n.° 116/84, de 16 de Abril.

3 – O tempo de serviço prestado na administração pública central, regional e local releva, do ponto de vista de antiguidade na categoria e na carreira, para efeitos de promoção e progressão quando o pessoal afecto aos respectivos serviços e organismos transite de uma para outra das pessoas colectivas que integram a Administração (art. 1.° n.° 1 do DL n.° 244/89, de 5 de Agosto).

ARTIGO 4.° [1] – **(Permuta)**

É facultada a permuta entre funcionários autárquicos e funcionários da administração central.

1 – Ver art. 26.° do DL n.° 427/89, de 7 de Dezembro.

ARTIGO 5.° [1] – **(Requisição)**

1 – É ainda permitida a requisição de funcionários pertencentes à administração central, bem como dos agentes integrados em quadros de efectivos interdepartamentais.

2 – A requisição a que se refere o número anterior pode fazer-se para categoria imediatamente superior quando tiver lugar para zonas legalmente consideradas como de extrema periferia.

3 – Os professores do 1.° ciclo do ensino básico que venham a ser requisitados podem ser integrados em carreiras de regime geral dos quadros do pessoal das autarquias, em categoria e escalão correspondentes à sua remuneração à data da transição para a nova carreira, observados os requisitos habilitacionais, decorrido um ano de exercício de funções como requisitados, desde que as autarquias deliberem a respectiva integração e seja obtida a anuência daqueles.

4 – A requisição carece sempre de acordo do serviço de origem.

1 – Ver art. 27.° do DL 427/89, de 7 de Dezembro.

ARTIGO 5.°-A [1] – **(Processo de regularização)**

1 – As entidades abrangidas pelo presente diploma devem proceder a contratação do pessoal de acordo com os princípios definidos no artigo 37.° do Decreto-Lei n.° 427/89, de 7 de Dezembro, até 30 de Junho de 1992.

2 – As entidades que possuam contratados em regime de contrato administrativo de provimento devem abrir concurso para a sua integração até 30 de Junho de 1992.

3 – O prazo para abertura dos concursos para o pessoal referido nos n.os 5 e 7 do artigo 37.° do Decreto-Lei n.° 427/89, de 7 de Dezembro, é de 180 dias a contar da celebração do contrato administrativo de provimento.

4 – Aos concursos são candidatos, únicos e obrigatórios, não havendo lugar a requerimento de admissão, os contratados em regime de contrato administrativo de provimento nos termos do artigo 37.° do Decreto-Lei n.° 427/89, de 7 de Dezembro.

5 – Consideram-se rescindidos os contratos do pessoal que não obtenha aprovação nos concursos.

1 – Aditado pelo art. 2.° da Lei n.° 6/92, de 29 de Abril.

ARTIGO 6.° [1-2] – **(Transição de pessoal contratado)**

1 – O pessoal contratado nos termos do artigo 44.° do Decreto-Lei n.° 247/87, de 17 de Junho, que, à data da entrada em vigor do presente diploma, conte, pelo menos, três anos de exer-

cício de funções é considerado contratado em regime de contrato administrativo de provimento, independentemente de quaisquer formalidades.

2 – O contrato administrativo de provimento previsto no número anterior considera-se celebrado para a categoria de ingresso da carreira correspondente às funções actualmente desempenhadas, sem prejuízo das habilitações literárias legalmente exigidas.

3 – É aplicável ao pessoal referido nos n.os 1 e 2, com as necessárias adaptações, o regime previsto nos n.os 2, 4 e 5 do artigo 5.°-A deste diploma.

4 – O tempo de serviço prestado como contratado nos termos do artigo 44.° do Decreto-Lei n.° 247/87, de 17 de Junho, no exercício de funções correspondentes às da categoria de ingresso releva para efeitos de progressão na categoria e promoção na carreira.

5 – O pessoal a que se refere o presente artigo é dispensado da frequência de estágio desde que tenha desempenhado funções correspondentes às da categoria de ingresso onde vai ser provido por tempo igual ou superior ao da duração do estágio, podendo os concursos ser abertos directamente para a categoria de ingresso da respectiva carreira.

1 – Redacção do art. 1.° da Lei n.° 6/92, de 29 de Abril.
2 – Ver arts. 14.° a 17.° do DL n.° 427/89, de 7 de Dezembro.

ARTIGO 6.°-A (¹) – **(Pessoal contratado sem prazo e assalariado eventual)**
1 – (²) O pessoal contratado ao abrigo do Decreto-Lei n.° 781/76, de 28 de Outubro, e o assalariado eventual, nos termos do artigo 658.° do Código Administrativo, pode candidatar-se a concursos de ingresso, sendo dispensado da frequência do estágio nas carreiras onde este é legalmente exigido.

2 – Ao pessoal que exerça funções em áreas das carreiras técnico-profissionais e tenha sido admitido para o exercício das mesmas em data anterior à entrada em vigor do Decreto-Lei n.° 247/87, de 17 de Junho, são apenas exigidos, para efeitos de admissão a concurso, os requisitos habilitacionais previstos na legislação vigente até essa data.

3 – O tempo de serviço como contratado ou assalariado pelo pessoal a que se referem os números anteriores releva na categoria de ingresso em que vierem a ser providos para efeitos de progressão na categoria e promoção na carreira.

4 – O pessoal a que se refere o presente artigo que vier a ser provido nos quadros considera-se nomeado definitivamente.

1 – Aditado pelo art. 2.° do DL n.° 6/92, de 29 de Abril.
2 – O art. 658.° do Cód. Administrativo já havia sido revogado pelo art. 65.° do DL n.° 247/87, de 17 de Junho.

ARTIGO 6.°-B (¹) – **(Criação de lugares)**
Consideram-se automaticamente aditados aos quadros de pessoal em que não existam lugares suficientes aqueles que se mostrem necessários à execução do disposto nos artigos 5.°-A e 6.° do presente diploma.

1 – Aditado pelo art. 2.° da Lei n.° 6/92, de 29 de Abril.

ARTIGO 6.°-C (¹) – **(Limites de despesas com pessoal)**
Até 30 de Junho de 1993, os encargos com pessoas resultantes da aplicação dos artigos 5.°-A e 6.° do presente diploma não são considerados para efeitos do disposto no artigo 10.° do Decreto-Lei n.° 116/84, de 6 de Abril.

1 – Aditado pelo art. 2.° da Lei n.° 6/92, de 29 de Abril.

468   *IV – Funcionários da Administração Local*

ARTIGO 7.º (1-2) – **(Contratos de tarefa e de avença)**

1 – Podem ser celebrados contratos de tarefa e de avença, sujeitos ao regime previsto na lei geral quanto a despesas públicas em matéria de aquisição de serviços.

2 – O contrato de tarefa caracteriza-se por ter como objectivo a execução de trabalhos específicos, de natureza excepcional, sem subordinação hierárquica, não podendo exceder o termo do prazo contratual inicialmente estabelecido, apenas se admitindo recorrer a este tipo de contrato quando não existam funcionários com as qualificações adequadas ao exercício das funções objecto da tarefa e a celebração de contrato de trabalho a termo certo for desadequada.

3 – O contrato de avença caracteriza-se por ter como objecto prestações sucessivas no exercício de profissão liberal, apenas se podendo recorrer a este tipo de contrato quando não existam funcionários com as qualificações adequadas ao exercício das funções objecto da avença.

4 – Os serviços prestados em regime de contrato de avença são objecto de remuneração certa mensal.

5 – O contrato de avença, mesmo quando celebrado com cláusula de prorrogação tácita, pode ser feito cessar a todo o tempo, por qualquer das partes, com aviso prévio de 60 dias e sem obrigações de indemnizar.

6 – Os contratos de tarefa e avença não conferem ao particular outorgante a qualidade de agente.

1 – Para assegurar o desempenho de funções próprias do serviço público, a título transitório e com carácter de subordinação, a Administração terá de lançar mão do contrato administrativo de provimento ou do contrato de trabalho a termo certo, nas condições previstas nos arts. 15.º e 18.º do DL n.º 427/89, de 7 de Dezembro.

O STA tem entendido que os contratados em regime de tarefa, mas que prestem serviço em tempo completo e continuado, com sujeição à disciplina, direcção hierárquica da entidade administrativa e ao horário de serviço, mais não são do que assalariados eventuais a quem compete os mesmos direitos, deveres e regalias do pessoal dos quadros, incluindo a contagem do tempo de serviço (ver, entre outros, o acórdão de 30/1/90, no Recurso n.º 27667).

2 – Os arts. 37.º e 38.º do DL n.º 427/89, aplicáveis à administração local por força deste diploma, prevêem um processo de regularização da situação jurídica do pessoal impropriamente designado com tarefeiro.

ARTIGO 8.º – **(Competências)**

1 – As competências que no n.º 4 do artigo 31.º e no n.º 1 do artigo 32.º do Decreto-Lei n.º 427/89, de 7 de Dezembro, são cometidas a membro do Governo são reportadas aos seguintes órgãos ou entidades:

a) Nas câmaras municipais – à câmara municipal ou ao respectivo presidente, no caso de existir delegação de competências;

b) Nos serviços municipalizados – ao conselho de administração;

c) Nas juntas de freguesia – à junta de freguesia;

d) Nas assembleias distritais – à assembleia distrital.

2 – A competência referida no n.º 1 do artigo 32.º do Decreto-Lei n.º 427/89, de 7 de Dezembro, pode ser delegada:

a) Nos serviços municipalizados – no presidente do conselho de administração;

b) Nas juntas de freguesia – no presidente da junta de freguesia.

ARTIGO 9.º – **(Disposição transitória)**

Em todos os casos em que se dispõe com referência à data de entrada em vigor do Decreto-Lei n.º 427/89, de 7 de Dezembro, deve considerar-se a data de entrada em vigor do presente diploma.

ARTIGO 10.º – (Revogação)

São revogados:

a) Os artigos 491.º, 492.º, 493.º, 496.º, 497.º e 498.º do Código Administrativo;

b) O artigo 26.º do Decreto-Lei n.º 466/79, de 7 de Dezembro;

c) Os artigos 41.º, 42.º, 44.º e 50.º do Decreto-Lei n.º 247/87, de 17 de Junho;

d) O artigo 15.º do Decreto Regulamentar n.º 48/86, de 1 de Outubro.

DECRETO-LEI N.° 413/91*

de 19 de Outubro

Define o regime de regularização de actos de provimento de agentes e funcionários dos serviços dos municípios e estabelece sanções para a prática de actos de provimento nulos ou inexistentes

Têm vindo a detectar-se no âmbito dos serviços dos municípios inúmeras situações em que as admissões de pessoal para lugares do quadro ou as promoções de funcionários resultam de actos nulos ou juridicamente inexistentes.

Por outro lado, e ainda que, para a solução de muitas situações, a jurisprudência e a doutrina tenham recorrido à figura jurídica do «agente putativo», segundo a qual o decurso de tempo de exercício pacífico, contínuo e público de funções, legitima a situação do agente ou funcionário, com provimento afectado de nulidade ou inexistência jurídica, este expediente não se revela suficiente para a resolução da problemática, à qual importa pôr termo por via legislativa.

Com o presente diploma visa-se regularizar a situação dos agentes admitidos naquelas condições, para lugares dos quadros e dos funcionários dos serviços dos municípios que venham desempenhando funções, em regime de tempo completo, com sujeição à disciplina, herárquica e horário do respectivo serviço e de forma pacífica, pública e ininterrupta, cuja admissão ou promoção esteja afectada de nulidade ou inexistência jurídica.

Tornando-se necessário evitar que ocorram situações idênticas às que agora se regularizam, prevêem-se ainda medidas sancionatórias.

Foram ouvidas a Associação Nacional de Municípios Portugueses, bem como as associações sindicais.

Assim:

ARTIGO 1.° (1-2)

O presente diploma define o regime de regularização da situação do pessoal do quadro dos serviços de municípios e freguesias que tenha sido admitido para lugares de ingresso ou de acesso ou promovido com violação de disposições legais geradora de nulidade ou inexistência jurídica.

1 – Redacção do art. 1.° da Lei n.° 5/92, de 21 de Abril.

2 – O processo de regularização previsto neste diploma não abrange os funcionários cuja situação de facto tenha já sido legitimada por decisão judicial transitada em julgado, mediante o recurso à figura do agente putativo.

---

* Alterado, por ratificação, pela Lei n.° 5/92, de 21 de Abril.

O regime deste diploma foi tornado extensivo ao pessoal irregularmente admitido até 20/10/91, pelo DL n.° 489/99, de 17 de Novembro, adiante publicado.

472   IV – Funcionários da Administração Local

ARTIGO 2.° (1-2)

1 – O pessoal que tenha sido admitido para lugares de ingresso ou de acesso há mais de três anos, à data da entrada em vigor do presente diploma, e desempenhe funções em regime de tempo completo, com sujeição à disciplina, hierarquia e horário do respectivo serviço, e de forma pacífica, pública e ininterrupta, considera-se provido nos respectivos lugares, sem prejuízo do disposto no número seguinte.

2 – Quando do provimento em lugar de acesso resultar tratamento mais favorável do que o que decorreria do normal acesso na carreira, o provimento efectua-se, sem prejuízo das habilitações legais exigíveis, para a categoria que integre as funções que o funcionário efectivamente desempenha, no escalão 1 de categoria inferior, a determinar consoante os anos de serviço prestado, agrupados de acordo com os módulos de tempo de serviço exigíveis para a promoção na carreira.

1 – De acordo com o disposto no artigo 2.°, n.ᵒˢ 1 e 2, do DL n.° 413/91, de 19 de Outubro, o pessoal dos municípios pode ser regularizado em lugares de acesso, independentemente de possuir as habilitações literárias legais necessárias, desde que se mostrem preenchidos os requisitos e respeitados os condicionalismos aí previstos. O pessoal assim regularizado só pode ser promovido na respectiva carreira desde que seja possuidor das habilitações literárias e demais requisitos exigidos, conforme o disposto no artigo 5.°, n.° 4, do mesmo diploma legal (Acórdão do Tribunal de Contas, n.° 6/96, publicado no DR., I Série-B, de 24/7/96).

2 – O DL n.° 489/99, de 17 de Novembro, torna extensivo o processo de regularização previsto no DL n.° 413/91 ao pessoal admitido irregularmente até 20/10/91.

ARTIGO 3.°

1 – Os funcionários que tenham sido promovidos com violação de disposições legais geradora de nulidade ou inexistência jurídica consideram-se providos nessa categoria, sem prejuízo do disposto no número seguinte.

2 – Nos casos em que do provimento a que se refere o número anterior resulte um tratamento mais favorável do que o normal acesso na carreira, o provimento considera-se feito no escalão 1 de categoria inferior, a determinar consoante os anos de serviço prestado, agrupados de harmonia com os módulos de tempo de serviço exigíveis para promoção na carreira.

ARTIGO 4.° (1)

Na aplicação do presente diploma devem ser consideradas as agregações de categorias decorrentes do Decreto-Lei n.° 353-A/89, de 16 de Outubro, operando-se, nestes casos, a integração nos escalões de acordo com os módulos de tempo exigidos para progressão na categoria.

1 – Ver art. 30.° n.° 6 do DL 353-A/89, de 16 de Outubro.

ARTIGO 5.°

1 – Os provimentos decorrentes da aplicação do presente diploma são feitas por deliberação da câmara municipal ou do conselho de administração dos serviços municipalizados, mediante iniciativa do respectivo serviço, do interessado ou das entidades a quem compete o exercício da tutela inspectiva sobre as autarquias locais.

2 – Nas câmaras municipais, e existindo delegação de competência, o provimento é feito por decisão do presidente da câmara.

3 – O tempo de serviço prestado antes da regularização releva para efeitos de progressão e promoção na carreira, bem como para efeitos de aposentação ou sobrevivência, mediante o pagamento dos respectivos descontos.

Decreto-Lei n.° 413/91, de 19 de Outubro

4 – (1-2) *Ao pessoal provido nos termos do presente diploma apenas são requeridas, para efeitos de promoção nas respectivas carreiras, as habilitações legais exigíveis no momento em que se efectuou o provimento nos termos previstos no artigo 1.°.*

1 – Redacção do art. único do DL n.° 79/98, de 26 de Março.
2 – Revogado pelo art. 3.° do DL n.° 489/99, de 17 de Novembro.

ARTIGO 6.°

1 – Os membros da câmara municipal e do conselho de administração dos serviços municipalizados que tomem parte em deliberação relativa a acto de admissão ou promoção, com violação dos preceitos legais aplicáveis, resultando dessa violação a nulidade ou inexistência jurídica do acto, são pessoalmente responsáveis pelas quantias pagas.

2 – São igualmente responsáveis nos termos do número anterior os membros da câmara municipal ou do conselho administrativo dos serviços municipalizados que tomem parte em deliberação relativa aos processos de regularização que viole o disposto no presente diploma.

3 – O disposto nos números anteriores não é aplicável aos membros da câmara municipal ou do conselho de administração dos serviços municipalizados que tenham votado contra ou não tenham participado nas deliberações ali aludidas.

4 – O pessoal dirigente ou de chefia dos serviços de apoio instrumental informa obrigatoriamente os processos de regularização, sendo pessoal e solidariamente responsáveis por eventual reposição de quantias indevidamente pagas.

ARTIGO 7.° ([1])

Para efeitos de execução do disposto no presente diploma são criados, nos termos do Decreto-Lei n.° 100/84, de 29 de Março, os lugares necessários, os quais são extintos à medida que vagarem.

1 – O DL n.° 100/84 foi revogado pelo art. 100.° da Lei n.° 169/99, de 18 de Setembro.

ARTIGO 8.°

São nulas e de nenhum efeito as deliberações que violem o disposto no presente diploma.

ARTIGO 9.° ([1])

Para efeitos da aplicação do presente diploma às freguesias, dever-se-ão considerar também referidas aos competentes órgãos da freguesia as menções nele reportadas aos órgãos municipais.

1 – Aditado pelo art. 2.° da Lei n.° 5/92, de 21 de Abril.

DECRETO-LEI N.° 441/91 *

de 14 de Novembro

Estabelece o regime jurídico do enquadramento da segurança, higiene e saúde no trabalho

A realização pessoal e profissional encontra na qualidade de vida do trabalho, particularmente a que é favorecida pelas condições de segurança, higiene e saúde, uma matriz fundamental para o seu desenvolvimento.

Nesta mesma perspectiva deverá ser compreendido o relevo particularmente significativo que o ordenamento jurídico-constitucional português reservou à matéria de segurança, higiene e saúde no trabalho, na esteira, aliás, do lugar cimeiro que estas matérias adquiriram no fórum mundial das questões do trabalho e da saúde, nomeadamente na Organização Internacional do Trabalho e na Organização Mundial de Saúde, bem como a importância de que se reveste para o conteúdo da dimensão social do mercado único.

Para além disso, as condições de segurança, higiene e saúde no trabalho constituem o fundamento material de qualquer programa de prevenção de riscos profissionais e contribuem, na empresa, para o aumento da competitividade com diminuição da sinistralidade.

A presente lei quadro visa realizar tais objectivos e a sua *ratio* enformadora assentou, nomeadamente, nas seguintes linhas de força:

Necessidade de dotar o País de referências estratégicas e de um quadro jurídico global que garanta uma efectiva prevenção de riscos profissionais;

Necessidade de dar cumprimento integral às obrigações decorrentes da ratificação da Convenção n.° 155 da OIT, sobre Segurança, Saúde dos Trabalhadores e Ambiente de Trabalho, sem prejuízo da plena validade e eficácia da mesma Convenção no ordenamento jurídico interno;

Necessidade de adaptar o normativo interno à Directiva n.° 89/391/CEE, relativa à aplicação de medidas destinadas a promover a melhoria da segurança e da saúde dos trabalhadores na trabalho;

Necessidade de institucionalizar formas eficazes de participação e diálogo de todos os interessados na matéria de segurança, saúde dos trabalhadores e ambiente de trabalho.

Finalmente, será de referir que o presente diploma acolhe parte substancial das propostas formuladas ao projecto relativo às bases sobre segurança, higiene e saúde no trabalho, posto à discussão pública na separata n.° 2 do *Boletim do Trabalho e Emprego,* enriquecida ainda pela apreciação em sede do Conselho Nacional de Higiene e Segurança do Trabalho e, muito particularmente, pelas negociações com os parceiros sociais em sede do Conselho Permanente de Concertação Social.

---

* O regime jurídico do DL n.° 441/91 é aplicável à Administração Pública com as especificidades constantes do DL n.° 488/99, de 17 de Novembro.

476   *IV – Funcionários da Administração Local*

Assim:

CAPÍTULO I – Disposições gerais

ARTIGO 1.° – Objecto

O presente diploma contém os princípios que visam promover a segurança, higiene e saúde no trabalho, nos termos do disposto nos artigos 59.° e 64.° da Constituição.

ARTIGO 2.° – Âmbito

1 – O presente diploma aplica-se:

a) A todos os ramos de actividade, nos sectores público, privado ou cooperativo e social;

b) Aos trabalhadores por conta ou ao serviço de outrem e aos respectivos empregadores, incluindo os trabalhadores da administração pública central, regional e local, dos institutos públicos, das demais pessoas colectivas de direito público e das pessoas colectivas de direito privado sem fins lucrativos e a todas estas entidades;

c) Ao trabalhador independente.

2 – Nos casos de explorações agrícolas familiares, do exercício da actividade da pesca em regime de «companha» e da actividade desenvolvida por artesãos em instalações próprias, considerar-se-á aplicável o regime estabelecido para o trabalhador independente sempre que não se encontre prevista a adaptação do regime geral àquelas situações.

3 – Os princípios definidos neste diploma serão adaptados ao serviço doméstico, sempre que se mostrem compatíveis com o trabalho prestado, através das normas específicas contidas no diploma regulamentador do regime jurídico do serviço doméstico e em legislação complementar.

4 – O presente diploma não é aplicável a actividades da função pública cujo exercício seja condicionado por critérios de segurança ou emergência, nomeadamente das Formas Armadas ou da polícia, bem como a actividades específicas dos serviços de protecção civil, sem prejuízo da adopção de medidas que visem garantir a segurança e a saúde dos respectivos trabalhadores.

ARTIGO 3.° – Conceitos

Para efeitos do presente diploma entende-se por:

a) Trabalhador – pessoa sigular que, mediante retribuição, se obriga a prestar serviço a um empregador, incluindo a Administração Pública, os institutos públicos e demais pessoas colectivas de direito público, e, bem assim, o tirocinante, o estagiário e o aprendiz e os que estejam na dependência económica do empregador em razão dos meios de trabalho e do resultado da sua actividade, embora não titulares de uma relação jurídica de emprego, pública ou privada;

b) Trabalhador independente – pessoa singular que exerce uma actividade por conta própria;

c) Empregador – pessoa singular ou colectiva com um ou mais trabalhadores ao seu serviço e responsável pela empresa ou pelo estabelecimento ou, quando se trate de organismos sem fins lucrativos, que detenha competência para contratação de trabalhadores;

d) Representante dos trabalhadores – pessoa eleita nos termos definidos na lei para exercer funções de representação dos trabalhadores nos domínios da segurança, higiene e saúde no trabalho;

e) Local de trabalho – todo o lugar em que o trabalhador se encontra, ou donde ou para onde deve dirigir-se em virtude do seu trabalho, e em que esteja, directa ou indirectamente, sujeito ao controlo do empregador;

f) Componentes materiais do trabalho – os locais de trabalho, o ambiente de trabalho, as ferramentas, as máquinas e materiais, as substâncias e agentes químicos, físicos e biológicos, os processos de trabalho e a organização do trabalho;

g) Prevenção – acção de evitar ou diminuir os riscos profissionais através de um conjunto de disposições ou medidas que devam ser tomadas no licenciamento e em todas as fases de actividade da empresa, do estabelecimento ou do serviço.

ARTIGO 4.° – Princípios gerais

1 – Todos os trabalhadores têm direito à prestação de trabalho em condições de segurança, higiene e de protecção da saúde.

2 – Deve assegurar-se que o desenvolvimento económico vise também promover a humanização do trabalho em condições de segurança, higiene e saúde.

3 – A prevenção dos riscos profissionais deve ser desenvolvida segundo princípios, normas e programas que visem, nomeadamente:

a) A definição das condições técnicas a que devem obedecer a concepção, a fabricação, a importação, a venda, a cedência, a instalação, a organização, a utilização e as transformações dos componentes materiais do trabalho em função da natureza e grau dos riscos e, ainda,as obrigações das pessoas por tal responsáveis;

b) A determinação das substâncias, agentes ou processos que devam ser proibidos, limitados ou sujeitos a autorização ou a controlo da autoridade competente, bem como a definição de valores limites de exposição dos trabalhadores e agentes químicos, físicos e biológicos e das normas técnicas para a amostragem, medição e avaliação de resultados;

c) A promoção e vigilância da saúde dos trabalhadores;

d) O incremento da investigação no domínio da segurança, higiene e saúde no trabalho;

e) A educação, formação e informação para promover a segurança, higiene e saúde no trabalho;

f) A eficácia de um sistema de fiscalização do cumprimento da legislação relativa à segurança, higiene e saúde no trabalho.

4 – O desenvolvimento de programas e a aplicação de medidas a que se refere o número anterior devem ser apoiados por uma coordenação dos meios disponíveis, pela avaliação dos resultados quanto à diminuição dos riscos profissionais e dos danos para a saúde dos trabalhadores e, ainda, pela mobilização dos agentes de que depende a sua execução, particularmente os empregadores e os trabalhadores.

CAPÍTULO II – Sistema de prevenção de riscos profissionais

ARTIGO 5.° – Elementos integradores

1 – O sistema de prevenção de riscos profissionais visa a efectivação do direito à segurança e à protecção da saúde no local de trabalho por via da salvaguarda da coerência de medidas e da eficácia de intervenção das entidades, públicas, privadas ou cooperativas, que exercem, naquele âmbito, competências nas áreas da regulamentação, licenciamento, certificação, normalização, investigação, formação, informação, consulta e participação, serviços técnicos de prevenção e vigilância da saúde e fiscalização.

2 – O Estado promoverá o desenvolvimento de uma rede nacional para a prevenção de riscos profissionais constituída, de acordo com as áreas de actuação referidas no número anterior, pelos serviços próprios e apoiando e celebrando acordos com entidades privadas ou cooperati-

IV – Funcionários da Administração Local

vas com capacidade técnica para a realização de acções nos domínios da segurança, higiene e saúde no trabalho.

3 – Nos domínios da segurança, higiene e saúde no trabalho deve procurar-se desenvolver a cooperação entre o Estado e as organizações representativas de empregadores e trabalhadores e, ao nível da empresa, estabelecimento ou serviço, entre o empregador e os respresentantes dos trabalhadores e estes.

ARTIGO 6.º – **Definição de políticas, coordenação e avaliação de resultados**

1 – Incumbe aos ministérios responsáveis pelas áreas das condições de trabalho e da saúde propor a definição da política de promoção e fiscalização da segurança, higiene e saúde no trabalho.

2 – As propostas referidas no número anterior devem procurar desenvolver as complementaridades e interdependências entre os domínios da segurança, higiene e saúde no trabalho e o Sistema de Segurança Social, o Serviço Nacional de Saúde, a protecção do ambiente e o Sistema Nacional de Gestão da Qualidade.

3 – Os serviços da administração central e local e serviços públicos autónomos com competências de licenciamento, de certificação ou relativos a qualquer outra autorização para o exercício de uma actividade ou afectação de um bem para tal exercício devem desenvolver tais competências de modo a favorecer os objectivos de promoção e fiscalização da segurança, higiene e saúde no trabalho.

4 – A coordenação da aplicação das medidas de política e da avaliação de resultados, nomeadamente relativos à actividade fiscalizadora, cabe aos serviços competentes do ministério responsável pela área das condições de trabalho.

5 – Para além da divulgação a que se refere o artigo 20.º as medidas de política adoptadas e a avaliação dos resultados destas e da acção fiscalizadora desenvolvida serão objecto de publicação anual e de adequada divulgação.

ARTIGO 7.º – **Consulta e participação**

1 – Na promoção e avaliação, a nível nacional das medidas de política no domínio da segurança, higiene e saúde no trabalho deve assegurar-se a consulta e a participação das organizações mais representativas dos empregadores e trabalhadores.

2 – Para efeitos do disposto no número anterior, as organizações de empregadores e trabalhadores com assento no Conselho Económico e Social devem integrar:

a) O Instituto de Segurança, Higiene e Saúde no Trabalho;
b) OConselho Nacional de Higiene e Segurança do Trabalho.

3 – A constituição, a competência e o funcionamento dos órgãos previstos no número anterior serão objecto de regulamentação própria.

CAPÍTULO III – Direitos, deveres e garantias das partes

ARTIGO 8.º – **Obrigações gerais do empregador**

1 – O empregador é obrigado a assegurar aos trabalhadores condições de segurança, higiene e saúde em todos os aspectos relacionados com o trabalho.

2 – Para efeitos do disposto no número anterior, o empregador deve aplicar as medidas necessárias, tendo em conta os seguintes princípios de prevenção:

a) Proceder, na concepção das instalações, dos locais e processos de trabalho, à identificação dos riscos previsíveis, combatendo-os na origem, anulando-os ou limitando os seus efeitos, por forma a garantir um nível eficaz de protecção;

b) Integrar no conjunto das actividades da empresa, estabelecimento ou serviço e a todos os níveis a avaliação dos riscos para a segurança e saúde dos trabalhadores, com a adopção de convenientes medidas de prevenção;

c) Assegurar que as exposições aos agentes químicos, físicos e biológicos nos locais de trabalho não constituam risco para a saúde dos trabalhadores;

d) Planificar a prevenção na empresa, estabelecimento ou serviço num sistema coerente que tenha em conta a componente técnica, a organização do trabalho, as relações sociais e os factores materiais inerentes do trabalho;

e) Ter em conta, na organização dos meios, não só os trabalhadores, como também terceiros susceptíveis de serem abrangidos pelos riscos e a realização dos trabalhos, quer nas instalações, quer no exterior;

f) Dar prioridade à protecção colectiva em relação às medidas de protecção individual;

g) Organizar o trabalho, procurando, designadamente, eliminar os efeitos nocivos do trabalho monótono e do trabalho cadenciado sobre a saúde dos trabalhadores;

h) Assegurar a vigilância adequada da saúde dos trabalhadores em função dos riscos a que se encontram expostos no local de trabalho;

i) (¹) Estabelecer, em matéria de primeiros socorros, de combate a incêndios e de evacuação de trabalhadores, as medidas que devem ser adoptadas e a identificação dos trabalhadores responsáveis pela sua aplicação, bem como assegurar os contactos necessários com as entidades exteriores competentes para realizar aquelas operações e as de emergência médica;

j) Permitir unicamente a trabalhadores com aptidão e formação adequadas, e apenas quando e durante o tempo necessário, o acesso a zonas de risco grave;

l) Adoptar medidas e dar instruções que permitam aos trabalhadores, em caso de perigo grave e iminente que não possa ser evitado, cessar a sua actividade ou afastar-se imediatamente do local de trabalho, sem que possam retomar a actividade enquanto persistir esse perigo, salvo em casos excepcionais e desde que assegurada a protecção adequada.

m) (¹) Substituir o que é perigoso pelo que é isento de perigo ou menos perigoso;

n) (¹) Dar instruções adequadas aos trabalhadores;

o) (¹) Ter em consideração se os trabalhadores têm conhecimentos e aptidões em matéria de segurança e saúde no trabalho que lhes permitam exercer com segurança as tarefas de que os incumbir.

3 – Na aplicação das medidas de prevenção, o empregador deve mobilizar os meios necessários, nomeadamente nos domínios da prevenção técnica, da formação e da informação, e os serviços adequados, internos ou exteriores à empresa, estabelecimento ou serviço, bem como o equipamento de protecção que se torne necessário utilizar, tendo em conta, em qualquer caso, a evolução da técnica.

4 – Quando várias empresas, estabelecimentos ou serviços desenvolvam, simultaneamente, actividades com os respectivos trabalhadores no mesmo local de trabalho, devem os empregadores, tendo em conta a natureza das actividades que cada um desenvolve, cooperar no sentido da protecção da segurança e da saúde, sendo as obrigações asseguradas pelas seguintes entidades:

a) A empresa ulilizadora, no caso de trabalhadores em regime de trabalho temporário ou de cedência de mão-de-obra;

b) A empresa em cujas instalações outros trabalhadores prestam serviços a titulo de trabalhador por conta própria, independente ou ao abrigo de contratos de prestação de serviços;

480   *IV – Funcionários da Administração Local*

c) Nos restantes casos, a empresa adjudicatária da obra ou do serviço, para o que deve assegurar a coordenação dos demais empregadores através da organização das actividades previstas no artigo 13.°, sem prejuízo das obrigações de cada empregador relativamente aos respectivos trabalhadores.

5 – As prescrições legais ou convencionais de segurança, higiene e saúde no trabalho estabelecidas para serem aplicadas na empresa, no estabelecimento ou serviço devem ser observadas pelo próprio empregador.

6 – Para efeitos do disposto no presente artigo, e com as devidas adaptações, o trabalhador independente é equiparado ao empregador.

1 – Redacção do art. 1.° do DL n.° 133/99, de 21 de Abril.

ARTIGO 9.° (¹) – **Informação e consulta dos trabalhadores**

1 – Os trabalhadores, assim como os seus representantes na empresa, estabelecimento ou serviço, devem dispor de informação actualizada sobre:

a) Os riscos para a segurança e saúde, bem como as medidas de protecção e de prevenção e a forma como se aplicam, relativos quer ao posto de trabalho ou função, quer, em geral, à empresa, estabelecimento ou serviço;

b) As medidas e as instruções a adoptar em caso de perigo grave e iminente;

c) As medidas de primeiros socorros, de combate a incêndios e de evacuação dos trabalhadores em caso de sinistro, bem como os trabalhadores ou serviços encarregados de as pôr em prática.

2 – Sem prejuízo da formação adequada, a informação a que se refere o número anterior deve ser sempre proporcionada ao trabalhador nos seguintes casos:

a) Admissão na empresa;

b) Mudança de posto de trabalho ou de funções;

c) Introdução de novos equipamentos de trabalho ou alteração dos existentes;

d) Adopção de uma nova tecnologia;

e) Actividades que envolvam trabalhadores de diversas empresas.

3– O empregador deve consultar previamente e em tempo útil os representantes dos trabalhadores ou, na sua falta, os próprios trabalhadores sobre:

a) A avaliação dos riscos para a segurança e saúde no trabalho, incluindo os respeitantes aos grupos de trabalhadores sujeitos a riscos especiais;

b) As medidas de higiene e segurança antes de serem postas em prática ou, logo que seja possível, em caso de aplicação urgente das mesmas;

c) As medidas que, pelo seu impacte nas tecnologias e nas funções, tenham repercussão sobre a segurança e a saúde no trabalho;

d) O programa e a organização da formação no domínio da segurança, higiene e saúde no trabalho;

e) A designação e a exoneração dos trabalhadores referidos no artigo 13.°;

f) A designação dos trabalhadores responsáveis pela aplicação das medidas de primeiros socorros, de combate a incêndios e de evacuação de trabalhadores, a respectiva formação e o material disponível;

g) O recurso a serviços exteriores à empresa ou a técnicos qualificados para assegurar o desenvolvimento de todas ou parte das actividades de segurança, higiene e saúde no trabalho;

h) O material de protecção que seja necessário utilizar;

i) As informações referidas na alínea *a)* do n.° 1;

j) A lista anual dos acidentes de trabalho mortais e dos que ocasionem incapacidade para o trabalho superior a três dias úteis, elaborada até ao final de Março do ano subsequente;

l) Os relatórios dos acidentes de trabalho;

m) As medidas tomadas de acordo com o disposto no n.° 6 e no n.° 2 do artigo 9.°-A.

4 – Os trabalhadores e os seus representantes podem apresentar propostas, de modo a minimizar qualquer risco profissional.

5 – Para efeitos do disposto nos números anteriores, deve ser facultado o acesso:

a) Às informações técnicas objecto de registo e aos dados médicos colectivos, não individualizados;

b) Às informações técnicas provenientes de serviços de inspecção e outros organismos competentes no domínio da segurança, higiene e saúde no trabalho.

6 – O empregador deve informar os trabalhadores com funções específicas no domínio da segurança, higiene e saúde no trabalho sobre as matérias referidas nas alíneas *a), b), h), j)* e *l)* do n.° 3 e no n.° 5.

1 – Redacção do art. 1.° do DL n.° 133/99, de 21 de Abril.

ARTIGO 9.°-A (¹) – **Informação de outras entidades**

1 – O empregador deve informar os serviços e os técnicos qualificados exteriores à empresa que exerçam actividades de segurança, higiene e saúde no trabalho sobre os factores que reconhecida ou presumivelmente afectam a segurança e saúde dos trabalhadores e as matérias referidas na alínea *a)* do n.° 1 e na alínea *f)* do n.° 3 do artigo 9.°.

2 – O empregador deve informar os trabalhadores independentes e as entidades patronais cujos trabalhadores prestem serviço na empresa ou estabelecimento sobre as matérias referidas na alínea *a)* do n.° 1 e na alínea *f)* do n.° 3 do artigo 9.°, devendo ainda assegurar-se de que estes foram adequadamente informados.

1 – Aditado pelo art. 2.° do DL n.° 133/99, de 21 de Abril.

ARTIGO 10.° – **Representantes dos trabalhadores**

1 – Os representantes dos trabalhadores para a segurança, higiene e saúde no trabalho são eleitos pelos trabalhadores por voto directo e secreto, segundo o princípio da representação pelo método de Hondt.

2 – Só podem concorrer listas apresentadas pelas organizações sindicais que tenham trabalhadores representados na empresa ou listas que se apresentem subscritas, no mínimo, por 20% dos trabalhadores da empresa, não podendo nenhum trabalhador subscrever ou fazer parte de mais de uma lista.

3 – Cada lista deverá indicar um número de candidatos efectivos igual ao dos lugares elegíveis e igual número de candidatos suplentes.

4 – Os representantes dos trabalhadores não poderão exceder:

a) Empresas com menos de 61 trabalhadores – um representante;

b) Empresas de 61 a 150 trabalhadores – dois representantes;

c) Empresas de 151 a 300 trabalhadores – três representantes;

d) Empresas de 301 a 500 trabalhadores – quatro representantes;

e) Empresas de 501 a 1000 trabalhadores – cinco representantes;

f) Empresas de 1001 a 1500 trabalhadores – seis representantes;

g) Empresas com mais de 1500 trabalhadores – sete representantes.

5 –O mandato dos representantes dos trabalhadores é de três anos.

6 – A substituição dos representantes só é admitida no caso de renúncia ou impedimento definitivo, cabendo a mesma aos cuidados efectivos e suplentes pela ordem indicada na respectiva lista.

482   *IV – Funcionários da Administração Local*

7– Os representantes dos trabalhadores a que se referem os números anteriores dispõem, para o exercício das suas funções, de um crédito de cinco horas por mês.

8 – O crédito de horas referido no número anterior não é acumulável com créditos de horas de que o trabalhador beneficie por integrar outras estruturas representativas dos trabalhadores.

ARTIGO 11.º – Comissões de higiene e segurança no trabalho

1 – Por convenção colectiva de trabalho podem ser criadas comissões de higiene e segurança no trabalho de composição paritária.

2 – Os representantes dos trabalhadores previstos no artigo anterior escolherão de entre si, com respeito pelo princípio da proporcionalidade, os respectivos membros da comissão de higiene e segurança no trabalho.

ARTIGO 12.º – Formação dos trabalhadores

1 – Os trabalhadores devem receber uma formação adequada e suficiente no domínio da segurança, higiene e saúde no trabalho, tendo em conta as respectivas funções e o posto de trabalho.

2 – Aos trabalhadores referidos no artigo 13.º deve ser assegurada formação permanente para o exercício das respectivas funções.

3 – O empregador deve ainda proporcionar condições para que os representantes dos trabalhadores na empresa, estabelecimento ou serviço que desempenhem funções específicas nos domínios da segurança, higiene e saúde no local de trabalho possam receber uma formação adequada, concedendo, para tanto, se necessário, licença com retribuição ou sem retribuição nos casos em que seja atribuído a esses trabalhadores, por outra entidade, subsídio específico.

4 – Para efeitos do disposto nos n.ºs 1, 2 e 3, o empregador e as respectivas associações representativas podem solicitar o apoio das autoridades competentes quando careçam dos meios e condições necessários à realização da formação, bem como as organizações representativas dos trabalhadores no que se refere à formação dos respectivos representantes.

5 – A formação dos trabalhadores da empresa sobre segurança, higiene e saúde no trabalho prevista nos números anteriores deve ser assegurada aos trabalhadores ou seus representantes de modo que não possa resultar qualquer prejuízo para os mesmos.

6 – ([1]) O empregador deve, tendo em conta a dimensão e os riscos específicos existentes na empresa ou estabelecimento, formar em número suficiente os trabalhadores responsáveis pela aplicação das medidas de primeiros socorros, de combate a incêndios e de evacuação de trabalhadores, bem como facultar-lhes material adequado.

1 – Aditado pelo art. 1.º do DL n.º 133/99, de 21 de Abril.

ARTIGO 13.º ([1]) – Organização das actividades de segurança, higiene e saúde no trabalho

1 – Para a realização das obrigações definidas neste diploma, o empregador deve garantir a organização das actividades de segurança, higiene e saúde no trabalho.

2 – Para efeitos do disposto no número anterior, estas actividades poderão ser desenvolvidas por um ou mais trabalhadores, por um único serviço ou serviços distintos, internos ou exteriores à empresa ou ao estabelecimento, bem como, na parte relativa à higiene e segurança, pelo próprio empregador, se tiver preparação adequada, tendo em conta a natureza das actividades, a dimensão da empresa, estabelecimento ou serviço e o tipo de riscos profissionais e respectiva prevenção existente, e verifique ser inviável a adopção de outra forma de organização das actividades.

3 – ([2]) O empregador pode designar um ou mais trabalhadores para se ocuparem de todas ou algumas das actividades de segurança, higiene e saúde no trabalho, que sejam em número suficiente, tenham as qualificações adequadas e disponham do tempo e dos meios necessários às

Decreto-Lei n.° 441/91, de 14 de Novembro 483

actividades de que forem incumbidos, os quais não serão por qualquer modo prejudicados por causa do exercício dessas actividades.

4 – ([2]) Se no estabelecimento ou empresa não houver meios suficientes para o desenvolvimento das actividades de segurança, higiene e saúde no trabalho por parte de serviços internos, de trabalhadores designados ou do próprio empregador, este deve utilizar serviços inter-empresas ou serviços externos que disponham de recursos humanos e equipamentos adequados ou, ainda, técnicos qualificados em número suficiente para assegurar ou completar o desenvolvimento daquelas actividades.

5 – ([2]) O empregador deve, nomeadamente através dos trabalhadores, dos serviços ou dos técnicos referidos nos números anteriores:

a) Ter disponíveis os resultados das avaliações de riscos especiais relativos aos grupos de trabalhadores a eles expostos;

b) Elaborar uma lista de acidentes de trabalho que tenham ocasionado incapacidade para o trabalho superior a três dias úteis;

c) Assegurar a elaboração de relatórios sobre os acidentes de trabalho previstos na alínea anterior.

6 – Aos trabalhadores independentes, aos trabalhadores na situação prevista na parte final do n.° 2 do presente artigo e a outros cuja especificidade da actividade torne praticamente impossível a integração no serviço previsto no n.° 1, nomeadamente nos casos de explorações agrícolas familiares, de pesca em regime de «companha», de artesãos em instalações próprias, de trabalho no domicílio, de serviço doméstico, o direito às actividades de promoção e vigilância da saúde no trabalho será assegurado pelo Serviço Nacional de Saúde.

1 – Ver DL n.° 26/94, de 1 de Fevereiro, republicado em anexo ao DL n.° 109/2000, de 30 de Junho.
2 – Redacção do art. 1.° do DL n.° 133/99, de 21 de Abril.

ARTIGO 14.° – **Comunicações e participações**

Sem prejuízo de outras notificações previstas em legislação especial, o empregador deve comunicar à Inspecção-Geral do Trabalho, nas 24 horas seguintes à ocorrência, os casos de acidentes mortais ou que evidenciem uma situação particularmente grave.

ARTIGO 15.° – **Obrigações dos trabalhadores**

1 – Constituem obrigação dos trabalhadores:

a) Cumprir as prescrições de segurança, higiene e saúde no trabalho estabelecidas nas disposições legais ou convencionais aplicáveis e as instruções determinadas com esse fim pelo empregador;

b) Zelar pela sua segurança e saúde, bem como pela segurança e saúde das outras pessoas que possam ser afectadas pelas suas acções ou omissões no trabalho;

c) Utilizar correctamente, e segundo as instruções transmitidas pelo empregador, máquinas, aparelhos, instrumentos, substâncias perigosas e outros equipamentos e meios postos à sua disposição, designadamente os equipamentos de protecção colectiva e individual, bem como cumprir os procedimentos de trabalho estabelecidos;

d) Cooperar, na empresa, estabelecimento ou serviço, para a melhoria do sistema de segurança, higiene e saúde no trabalho;

e) Comunicar imediatamente ao superior hierárquico ou, não sendo possível, aos trabalhadores a que se refere o artigo 13.° as avarias e deficiências por si detectadas que se lhe afigurem susceptíveis de originarem perigo grave e iminente, assim como qualquer defeito verificado nos sistemas de protecção;

484   *IV – Funcionários da Administração Local*

f) Em caso de perigo grave e iminente, não sendo possível estabelecer contacto imediato com o superior hierárquico ou com os trabalhadores que desempenham funções específicas nos domínios da segurança, higiene e saúde no local de trabalho, adoptar as medidas e instruções estabelecidas para tal situação.

2 – (¹) Os trabalhadores não podem ser prejudicados por causa dos procedimentos adoptados na situação referida na alínea *f)*, do número anterior, nomeadamente em virtude de, em caso de perigo grave e iminente que não possa ser evitado, se afastarem do seu posto de trabalho ou de uma área perigosa, ou tomarem outras medidas para a sua própria segurança ou a de terceiros.

3 – (¹) Se a conduta do trabalhador tiver contribuído para originar a situação de perigo, o disposto no número anterior não prejudica a sua responsabilidade, nos termos gerais.

4 – (¹) As medidas e actividades relativas à segurança, higiene e saúde no trabalho não implicam encargos financeiros para os trabalhadores, sem prejuízo da responsabilidade disciplinar e civil emergente do incumprimento culposo das respectivas obrigações.

5 – (¹) As obrigações dos trabalhadores no domínio da segurança e saúde nos locais de trabalho não excluem a responsabilidade do empregador pela segurança e a saúde daqueles em todos os aspectos relacionados com o trabalho.

1 – Redacção do art. 1.º do DL n.º 133/99, de 21 de Abril.

CAPITULO IV – Outros instrumentos de acção

ARTIGO 16.º – Educação e informação para a segurança, higiene e saúde no trabalho

1 – A integração dos conteúdos de segurança, higiene e saúde no trabalho nos currículos escolares deve ser prosseguida nos vários níveis de ensino, tendo em vista uma cultura de prevenção no quadro geral do sistema educativo e a prevenção dos riscos profissionais como preparação para a vida activa.

2 – A integração de conteúdos sobre segurança, higiene e saúde no trabalho nos programas de formação profissional deve ser concretizada por forma a permitir a aquisição de adequados conhecimentos e hábitos de segurança para o desempenho da profissão.

3 – A formação técnica necessária ao exercício das actividades previstas no artigo 13.º será definida pela entidade competente e a qualificação adquirida será objecto de certificação.

4 – O Estado deve fomentar, em matéria de segurança, higiene e saúde no trabalho, acções de formação e informação destinadas a empregadores, gestores, quadros e trabalhadores, especialmente para os que asseguram as actividades previstas no artigo 13.º.

5 – O Estado deve promover acções de esclarecimento das populações nos domínios da segurança, higiene e saúde no trabalho.

ARTIGO 17.º – Investigação e formação especializada

1 – O Estado deve assegurar condições que garantam a promoção da investigação científica na área da segurança, higiene e saúde no trabalho.

2 – A acção do Estado no fomento da investigação deve orientar-se, em especial, pelos seguintes vectores:

a) Apoio à criação de estruturas de investigação e à formação prós-graduada de especialistas e de investigadores;

b) Promoção de colaboração entre as várias estruturas nacionais interessadas;

c) Divulgação de informação científica que contribua para o avanço do conhecimento e progresso da investigação na área da segurança, higiene e saúde no trabalho;

d) Incentivo à participação nacional em programas internacionais.

3 – O fomento da investigação, do desenvolvimento experimental e da demonstração deve orientar-se predominantemente para aplicações técnicas que promovam a melhoria do nível da prevenção dos riscos profissionais e da protecção da saúde no trabalho.

ARTIGO 18.° – **Normalização**

1 – As normas e especificações técnicas na área da segurança, higiene e saúde no trabalho, relativas a metodologias e procedimentos, critérios de amostragem, certificação de equipamentos e outras, são aprovadas no âmbito do Sistema Nacional de Gestão da Qualidade.

2 – As normas e demais especificações técnicas constituem referência indispensável à adopção de procedimentos e medidas exigidos em legislação aplicável no domínio da segurança, protecção da saúde dos trabalhadores e meio de trabalho, constituindo, complementarmente, uma orientação para várias actividades, nomeadamente as produtoras de bens e equipamentos para utilização profissional.

ARTIGO 19.° – **Licenciamento e autorização de laboração**

1 – Os processos de licenciamento e autorização de laboração são objecto de legislação específica, devendo integrar as especificações adequadas à prevenção de riscos profissionais e à protecção da saúde.

2 – Toda a pessoa singular ou colectiva que fabrique máquinas, aparelhos, ferramentas, instalações e outros equipamentos para utilização profissional deve proceder às investigações e operações necessárias para que, na fase de concepção e durante a fabricação, sejam, na medida do possível, eliminados ou reduzidos ao mínimo quaisquer riscos que tais produtos possam apresentar para a saúde ou para a segurança das pessoas e garantir, por certificação adequada antes do lançamento no mercado, a conformidade com os requisitos de segurança e de saúde aplicáveis.

3 – Toda a pessoa singular ou colectiva que importe, venda, alugue, ceda a qualquer título ou coloque em exposição máquinas, aparelhos, ferramentas ou instalações para utilização profissional deve:

a) Proceder ou mandar proceder aos ensaios e controlos que se mostrem ou sejam necessários para se assegurar que a construção e o estado de tais equipamentos de trabalho são de forma a não apresentar riscos para a segurança e a saúde dos trabalhadores, desde que a utilização de tais equipamentos seja feita correctamente e para o fim a que se destinam, salvo quando os referidos equipamentos estejam devidamente certificados;

b) Tomar as medidas necessárias para que às máquinas, aparelhos, ferramentas ou instalações para utilização profissional sejam anexadas instruções, em português, quanto à montagem, utilização, conservação e reparação das mesmas, em que se especifiquem, em particular, como devem proceder os trabalhadores incumbidos dessas tarefas, de forma a prevenir riscos para a sua segurança e saúde e de outras pessoas.

4 – Toda a pessoa singular ou colectiva que proceda à montagem, colocação, reparação ou adaptação de máquinas, aparelhos, ferramentas ou instalações para utilização profissional deve assegurar-se, na medida do possível, de que, em resultado daquelas operações, tais equipamentos não apresentam perigo para a segurança e saúde das pessoas se a sua utilização for efectuada correctamente.

5 – As máquinas, aparelhos, ferramentas e instalações para utilização profissional só podem ser fornecidos ou colocados em serviço desde que contenham a marcação de segurança,

486   *IV – Funcionários da Administração Local*

o nome e o endereço do fabricante ou do importador, bem como outras informações que permitam identificar claramente os mesmos e prevenir os riscos na sua utilização.

6 – Nos casos de feiras e demonstrações ou exposições quando as máquinas, aparelhos, ferramentas e instalações para utilização profissional se encontrarem sem as normais protecções de segurança, devem estar indicadas, de forma bem visível, as precauções de segurança, bem como a impossibilidade de aquisição destes equipamentos tal como estão apresentados.

7 – As autoridades competentes para o licenciamento divulgarão, periodicamente, as especificações a respeitar na área de segurança e higiene no trabalho, por forma a garantir uma prevenção de concepção e facilitar os respectivos procedimentos administrativos.

ARTIGO 20.° – Estatísticas de acidentes de trabalho e doenças profissionais

1 – O Estado assegura a publicação regular e a divulgação de estatísticas anuais sobre acidentes de trabalho e doenças profissionais.

2 – A informação estatística deve permitir a caracterização dos acidentes e das doenças profissionais, de molde a contribuir para os estudos epidemiológicos, possibilitar a adopção de metodologias e critérios apropriados à concepção de programas e medidas de prevenção de âmbito nacional e sectorial e ao controlo periódico dos resultados obtidos.

ARTIGO 21.° – Inspecção

1 – A fiscalização do cumprimento da legislação relativa a segurança, higiene e saúde no trabalho, assim como a aplicação das correspondentes sanções, compete, em geral, à inspecção--Geral do Trabalho, sem prejuízo de competência fiscalizadora específica atribuída a outras entidades.

2 – Compete à Inspecção-Geral do Trabalho a realização de inquéritos em caso de acidente de trabalho mortal ou que evidencie uma situação particularmente grave.

3 – Nos casos de doença profissional ou quaisquer outros danos para a saúde ocorridos durante o trabalho ou com ele relacionados, a Direcção-Geral dos Cuidados de Saúde Primários, através das autoridades de saúde, bem como a Caixa Nacional de Seguros de Doenças Profissionais, podem, igualmente, promover a realização de inquéritos.

4 – Os representantes dos trabalhadores podem apresentar as suas observações por ocasião das visitas e fiscalizações efectuadas à empresa ou estabelecimento pela Inspecção-Geral do Trabalho ou outra autoridade competente, bem como solicitar a sua intervenção se as medidas adoptadas e os meios fornecidos pelo empregador forem insuficientes para assegurar a segurança e saúde no trabalho.

CAPÍTULO V – Disposições gerais

ARTIGO 22.°

1 – Mantem-se em vigor a legislação e regulamentação específicas que não contrariem o regime constante do presente diploma.

2 – As disposições deste diploma não prejudicam a aplicação de normas mais favoráveis à prevenção dos riscos profissionais e à protecção da saúde no trabalho.

ARTIGO 23.° – Legislação complementar

1 – A regulamentação do presente diploma deve ser publicada até 30 de Abril de 1992, ocorrendo a sua entrada em vigor na data prevista no artigo 25.°.

Decreto-Lei n.° 441/91, de 14 de Novembro 487

2 – Sem prejuízo da regulamentação derivada da transposição para o direito interno das directivas comunitárias, a regulamentação referida no número anterior deve contemplar, prioritariamente, os seguintes domínios:

a) Serviços de segurança, higiene e saúde no trabalho e, bem assim, a formação, capacitação e qualificação exigíveis para o exercício de tais actividades a que se refere o artigo 13.° e, nomeadamente, as condições em que essas funções podem ser exercidas pelo próprio empregador;

b) Processo de eleição dos representantes dos trabalhadores previstos no artigo 10.° e o respectivo regime de protecção;

c) ([1-2-3]) Definição das formas de aplicação do presente diploma à Administração Pública;

d) Grupos de trabalhadores especialmente sensíveis a certos riscos, nomeadamente jovens e mulheres grávidas

e) No caso da agricultura, da pesca e da marinha de comércio, desenvolvimento de adaptações que tenham em conta a especificidade da respectiva actividade e organização empresarial, nomeadamente quanto ao representante dos trabalhadores e sua eleição por empresa ou zona geográfica;

f) Revisão do regime de penalizações por prática de infracções.

1 – A regulamentação do DL n.° 441/91, no que concerne à sua aplicação à Administração Pública, consta do DL n.° 488/99, de 17 de Novembro, adiante publicado.

2 – O DL n.° 83/98, de 3 de Abril, criou o Conselho de Saúde e Segurança no Trabalho para a Administração Pública.

3 – O regime de organização e funcionamento dos serviços de segurança, higiene e saúde no trabalho consta do DL n.° 26/94, de 1 de Fevereiro, com as alterações introduzidas pela Lei n.° 7/95, de 29 de Março, pela Lei n.° 118/99, de 11 de Agosto, e pelo DL n.° 109/2000, de 30 de Junho, e é aplicável no âmbito da Administração Pública com as adaptações resultantes do DL n.° 488/99.

ARTIGO 24.° – **Regiões Autónomas**

Nas Regiões Autónomas dos Açores e da Madeira, a execução administrativa do presente diploma cabe aos serviços competentes das respectivas administrações regionais.

ARTIGO 24.°-A ([1]) – **Contra-ordenações**

A violação dos n.os 2 e 4 do artigo 8.°, do n.° 1 e das alíneas *c*), *d*) e *e*) do n.° 3 do artigo 9.°, do artigo 14.° e do n.° 2 do artigo 15.° constitui contra-ordenação grave sujeita também à sanção acessória de publicidade nos termos da lei do regime geral das contra-ordenações laborais.

1 – Aditado pelo art. 24.° da Lei n.° 118/99, de 11 de Agosto

ARTIGO 25.° – **Entrada em vigor**

O presente diploma entra em vigor no dia 1 de Julho de 1992

DECRETO-LEI N.º 293/92*

de 30 de Dezembro

Estabelece o regime jurídico dos corpos de bombeiros profissionais

A existência da dupla tutela no que respeita ao regime organizativo, inserção profissional e enquadramento operacional não foi nem é a responsável pela desactualização do conjunto de normas dispersas que se aplicaram ao bombeiro profissional.

As dificuldades parecem ter advindo da aplicação prática de dois regimes; um, proveniente de adaptações do Código Administrativo e da transição imperfeita dos regimentos de sapadores bombeiros para o âmbito municipal, outro, da insuficiência dos normativos aplicáveis à administração local.

Daí que o estatuto do bombeiro profissional pretenda esclarecer a natureza destes corpos de bombeiros, oferecer um esquema claro de constituição, organização e enquadramento no âmbito autárquico e prover sobre a sua subordinação aos princípios de formação e actuação operacional que se encontram sob a alçada do Serviço Nacional de Bombeiros.

Os bombeiros profissionais são funcionários da autarquia, com todas as implicações que desta qualidade decorrem, e a ligação que se mantém ao Serviço Nacional de Bombeiros justifica-se pela necessidade de harmonização de formação e coordenação no terreno, tendo em vista a existência das inúmeras corporações de bombeiros voluntários e a eficaz articulação entre todas.

O presente estatuto é, pois, um compromisso que envolve, para além da prossecução dos objectivos inerentes ao interesse público, a estrutura dos bombeiros em Portugal, os interesses das autarquias e os legítimos anseios dos profissionais envolvidos.

Foram ouvidas a Associação Nacional de Municípios Portugueses e as associações representativas dos trabalhadores da administração local, nos termos legais.

Assim:

CAPÍTULO I – Disposições gerais

ARTIGO 1.º (1-2) – (Objecto)

O presente diploma estabelece o regime jurídico dos corpos de bombeiros profissionais da administração local.

1 – O DL n.º 407/93, de 14 de Dezembro, estebelece o regime jurídico dos corpos de bombeiros, prevendo a criação, no âmbito do município, de corpos de bombeiros sapadores, municipais e voluntários.

---

* Alterado, por ratificação, pela Lei n.º 52/93, de 14 de Julho.

O art. 1.º desta Lei deu nova redacção aos arts. 13.º, 14.º e 23.º do presente DL e o seu art. 2.º aditou-lhe o art. 19.º-A.

Entretanto, o art. 3.º da mesma Lei dispôs: «O Decreto-Lei n.º 293/92, de 30 de Dezembro, com as alterações introduzidas pelos artigos anteriores e numeração sequencial do seu articulado, passa a ter a redacção que se publica em anexo a esta lei».

490 IV – Funcionários da Administração Local

2 – O Dec. Reg. n.° 62/94, de 2 de Novembro, estabelece o regime jurídico da tipificação dos corpos de bombeiros.

ARTIGO 2.° – (Legislação aplicável)

Os corpos de bombeiros profissionais regem-se pela legislação geral em vigor para o pessoal da administração local e pela demais legislação especial aplicável, em tudo o que se não encontre especialmente regulado no presente diploma.

ARTIGO 3.° – (Natureza)

1 – Os corpos de bombeiros profissionais são corpos especiais de funcionários especializados de protecção civil integrados nos quadros de pessoal das câmaras municipais.

2 – Para efeitos do presente diploma, entende-se por bombeiros profissionais os bombeiros municipais que desempenham funções com carácter profissionalizado e a tempo inteiro e os bombeiros sapadores.

ARTIGO 4.° – (Dependência administrativa e operacional)

1 – (¹) Os corpos de bombeiros profissionais dependem, para efeitos funcionais, administrativos e disciplinares, da respectiva autarquia local, cabendo ao Serviço Nacional de Bombeiros a coordenação técnico-operacional da sua actividade.

2 – A componente operacional da coordenação a que se refere o número anterior é objecto de protocolo a celebrar entre o município e o Serviço Nacional de Bombeiros.

1 – O Serviço Nacional de Protecção Civil é um serviço de protecção civil organicamente dependente do MAI (cfr. art. 15.° n.° 4 do DL n.° 55/87, de 31 de Janeiro, DL n.° 418/80, de 29 de Setembro, com as alterações constantes do DL n.° 205/91, de 7 de Junho, DL n.° 253/92, de 19 de Novembro, e art. 18.° da Lei n.° 113/91, de 20 de Agosto).

ARTIGO 5.° – (Conteúdo funcional)

Aos corpos de bombeiros profissionais compete, no exercício das suas funções:

a) O combate a incêndios;

b) Prestar socorro às populações em caso de incêndios, inundações, desabamentos e abalroamentos, e em todos os acidentes, catástrofes ou calamidades;

c) Prestar socorro a náufragos;

d) Exercer actividades de socorrismo na área da saúde;

e) Proteger contra incêndios os edifícios públicos, casas de espectáculos e outros recintos, mediante solicitação e de acordo com as normas em vigor, nomeadamente prestando serviço de vigilância durante a realização de eventos públicos;

f) Colaborar na actividade de protecção civil, no âmbito do exercício das funções específicas que lhes forem cometidas;

g) Emitir pareceres técnicos em matéria de protecção contra incêndios e outros sinistros, nos termos da lei.

ARTIGO 6.° – (Área geográfica de actuação)

1 – Os corpos de bombeiros profissionais devem ser instituídos e mantidos nos municípios onde não existam associações ou outras organizações de bombeiros voluntários ou nos quais estas, só por si, não preencham em toda a área da autarquia as funções a que se destinam.

2 – Nos municípios podem coexistir corpos de bombeiros sapadores com corpos de bombeiros municipais.

Decreto-Lei n.º 293/92, de 30 de Dezembro

3 – Os corpos de bombeiros profissionais têm a sua área de intervenção própria, correspondente à área do respectivo município, sem prejuízo dos mecanismos de colaboração ou de intervenção operacional conjuntamente com outros tipos de corpos de bombeiros, sempre que as circunstâncias o justifiquem.

4 – Nos municípios onde coexistam corpos de bombeiros profissionais e de associação voluntária, cabe àqueles a responsabilidade de intervenção prioritária, sem prejuízo da actuação destes como apoio complementar.

ARTIGO 7.º (¹) – **(Corpos de bombeiros sapadores)**

1 – Os municípios podem constituir companhias de bombeiros sapadores, quando o número de efectivos do respectivo quadro de pessoal seja igual ou superior a 100 elementos.

2 – Os corpos de bombeiros podem ser constituídos em batalhão em municípios com sede em cidade com mais de 200 000 habitantes, quando o número de efectivos do respectivo quadro de pessoal seja igual ou superior a 250 elementos.

3 – Podem ainda ser constituídos em regimentos de bombeiros sapadores em municípios cujo agregado populacional seja igual ou superior a 600 000 habitantes.

1 – Ver nota ao art. 1.º.

ARTIGO 8.º – **(Princípio de comando)**

Os bombeiros profissionais organizam-se de acordo com o princípio de comando, no sentido de se possibilitar a máxima eficiência de coordenação técnico-operacional no desempenho das suas funções.

CAPÍTULO II – Recrutamento e carreiras dos bombeiros

ARTIGO 9.º – **(Provimento dos cargos de comando)**

1 – (¹) O provimento dos cargos de comando dos corpos de bombeiros sapadores é feito nos termos da legislação em vigor para o pessoal dirigente da administração local, devendo, preferencialmente, ser providos por oficiais das Forças Armadas na situação de reserva ou por indivíduos licenciados de reconhecido mérito no exercício de funções de comando, cumulativamente com experiência profissional na área da protecção civil.

2 – (¹) O cargo de comandante de regimento ou de batalhão de bombeiros sapadores é equiparado, para efeitos remuneratórios, ao de director municipal.

3 – A remuneração do cargo de 2.º comandante de regimento ou batalhão de bombeiros sapadores é fixada em 85% do vencimento base do cargo de director municipal.

4 – O cargo de comandante de companhia de bombeiros sapadores é equiparado, para efeitos remuneratórios, ao de director de departamento municipal.

5 – O cargo de adjunto técnico de comandante de regimento ou batalhão de bombeiros sapadores é equiparado, para efeitos remuneratórios, a chefe de divisão municipal.

6 – Os oficiais das Forças Armadas na reserva chamados a desempenhar funções nos corpos de bombeiros sapadores ficam sujeitos ao disposto no artigo 79.º do Decreto-Lei n.º 498/72, de 9 de Dezembro, no artigo 125.º, n.º 4, do Estatuto dos Militares das Forças Armadas e no artigo 17.º do Decreto-Lei n.º 57/90, de 14 de Fevereiro.

1 – Ver Lei n.º 49/99, de 22 de Junho, adaptada à administração local pelo DL n.º 514/99, de 24 de Novembro (estatuto do pessoal dirigente).

492 IV – Funcionários da Administração Local

ARTIGO 10.º (¹) – **(Ingresso e acesso)**

O ingresso, o acesso e o provimento dos lugares das carreiras dos bombeiros profissionais são feitos nos termos da lei e do regulamento de concursos aprovado pela respectiva autarquia local.

1 – Ver DL n.º 204/98, de 11 de Julho, adaptado à administração local pelo DL n.º 238/99, de 25 de Junho.

ARTIGO 11.º – **(Carreira de bombeiro sapador)**

1 – A carreira de bombeiro sapador desenvolve-se pelas categorias de chefe-ajudante, chefe de 1.ª classe, chefe de 2.ª classe, subchefe-ajudante, subchefe, cabo e bombeiro.

2 – O recrutamento para as categorias da carreira de bombeiro sapador obedece às seguintes regras:

a) Chefe-ajudante – de entre chefes de 1.ª classe com, pelo menos, três anos na categoria, com classificação de *Bom* e aproveitamento em curso de promoção;

b) Chefe de 1.ª classe – de entre chefes de 2.ª classe com, pelo menos, três anos na categoria, com classificação de *Bom* e aproveitamento em curso de promoção;

c) Chefe de 2.ª classe – de entre subchefes-ajudantes com, pelo menos, três anos na categoria, com classificação de *Bom* e aproveitamento em curso de promoção;

d) Subchefe-ajudante – de entre subchefes com, pelo menos, três anos na categoria, com classificação de *Bom* e aprovação em curso de promoção;

e) Subchefe – de entre cabos com, pelo menos, três anos na categoria, com classificação de *Bom*;

f) Cabo – de entre bombeiros sapadores com, pelo menos, oito anos na categoria, com classificação de *Bom* e aprovação em curso de promoção;

g) Bombeiro sapador – de entre indivíduos habilitados com o 9.º ano de escolaridade, aprovados em estágio com classificação não inferior a 14 valores.

ARTIGO 12.º – **(Carreira de bombeiro municipal)**

1 – A carreira de bombeiro municipal desenvolve-se pelas categorias de chefe, subchefe, bombeiro de 1.ª classe, de 2.ª classe e de 3.ª classe.

2 – O recrutamento para as categorias da carreira de bombeiro municipal obedece às seguintes regras:

a) Chefe – de entre subchefes com, pelo menos, três anos na categoria, com classificação de *Bom* e aproveitamento em curso de promoção;

b) Subchefe – de entre bombeiros de 1.ª classe com, pelo menos, três anos na categoria, com classificação de *Bom* e aproveitamento em curso de formação adequado;

c) Bombeiro de 1.ª classe e de 2.ª classe – de entre bombeiros de 2.ª classe e de 3.ª classe, respectivamente, com, pelo menos, três anos de serviço na categoria, com classificação de *Bom;*

d) Bombeiro de 3.ª classe – de entre indivíduos habilitados com a escolaridade obrigatória, aprovados em estágio com classificação não inferior a 14 valores.

ARTIGO 13.º (¹) – **(Concursos de promoção)**

1 – Quando o provimento de lugares depender de aprovação em cursos de promoção, os candidatos são graduados de acordo com a classificação final obtida, resultante da média aritmética da classificação do respectivo curso e da avaliação curricular.

2 – A admissão aos cursos de promoção a que se refere o número anterior é feita mediante prestação de provas, que podem revestir a forma de provas de conhecimentos específicos e provas físicas, devendo o conteúdo e as regras processuais ser fixados, de acordo com a lei geral no respectivo regulamento de concursos.

Decreto-Lei n.° 293/92, de 30 de Dezembro 493

3 – A admissão aos cursos de promoção é precedida de inspecção médica para avaliar da robustez física dos candidatos e do estado geral de saúde, tendo em vista o desempenho das funções correspondentes à categoria superior.

4 – A desistência ou a exclusão da admissão a concurso ou da frequência do curso de promoção por duas vezes impede a admissão a novo curso de promoção nos três anos subsequentes.

5 – A duração, o conteúdo programático e o sistema de funcionamento e avaliação dos cursos de promoção são aprovados por despacho conjunto dos Ministros da Administração Interna e do Planeamento e da Administração do Território, ouvida a Associação Nacional de Municípios Portugueses e o Serviço Nacional de Bombeiros.

1 – Ver art. único do DL n.° 186/2001, de 22 de Junho.

ARTIGO 14.° – **(Estágio)**

1 – O estágio a que se referem a alínea *g*) do n.° 2 do artigo 11.° e a alínea *d*) do n.° 2 do artigo 12.° tem carácter probatório e visa a formação e adaptação do candidato às funções para que foi recrutado, devendo integrar a frequência de cursos de formação directamente relacionados com as funções a exercer.

2 – O recrutamento dos candidatos ao estágio faz-se mediante concurso de prestação de provas práticas, precedidas de inspecção médica para avaliar da robustez física dos candidatos e do estado geral de saúde, tendo em vista avaliar a aptidão para o exercício das funções a que se candidataram.

3 – A frequência do estágio é feita como bombeiro recruta, sendo a remuneração de 50% e de 80% do valor da remuneração base mensal correspondente ao escalão 1 da categoria de ingresso respectivamente da carreira de bombeiro sapador e de bombeiro municipal, não podendo, em caso algum, ser inferior ao salário mínimo nacional.

4 – A frequência do estágio é feita em regime de contrato administrativo de provimento, nos casos de indivíduos não vinculados à função pública e em regime de comissão de serviço extraordinária, nos restantes casos, nos termos da lei geral.

5 – O estágio tem a duração de um ano, findo o qual os bombeiros recrutas são ordenados em função da classificação obtida.

6 – Os estagiários aprovados com classificação não inferior a *Bom* são providos nos lugares, respectivamente de bombeiro sapador e de bombeiro de 3.ª classe, por nomeação definitiva, de acordo com o ordenamento referido no número anterior.

7 – O sistema de funcionamento, avaliação e classificação final do estágio consta de regulamento interno, a aprovar pela câmara municipal.

CAPÍTULO III – **Direitos e deveres dos bombeiros profissionais**

ARTIGO 15.° (¹) – **(Direitos e deveres)**

1 – Os bombeiros profissionais gozam dos direitos e estão sujeitos aos deveres previstos na lei geral para os demais funcionários da Administração Pública.

2 – Os bombeiros profissionais asseguram obrigatoriamente, em qualquer caso, os serviços mínimos indispensáveis para satisfazer as necessidades sociais impreteríveis no âmbito das suas funções de agentes especializados de protecção civil.

1 – Ver Lei n.° 21/87, de 20 de Junho, alterada pela Lei n.° 23/95, de 18 de Agosto (Estatuto Social do Bombeiro).

Ver, ainda, o DL n.° 297/2000, de 17 de Novembro (Protecção Social).

IV – Funcionários da Administração Local

ARTIGO 16.° – (Formação profissional)

1 – É assegurada aos bombeiros profissionais a adequada formação profissional com vista à eficácia do desempenho da sua acção, bem como ao seu desenvolvimento e promoção na carreira.

2 – A formação profissional nas vertentes técnicas é prioritariamente assegurada pelos respectivos municípios, bem como pelas seguintes entidades:

a) Serviço Nacional de Bombeiros;

b) Serviço Nacional de Protecção Civil;

c) Intituto Nacional de Emergência Médica;

d) Instituto de Socorros a Náufragos.

3 – Para efeitos do disposto nos números anteriores, será elaborado, anualmente, pelos diferentes comandos, um plano de formação profissional com base nas necessidades dos serviços e nas expectativas profissionais dos seus efectivos.

ARTIGO 17.° – (Acumulação de funções)

A autorização referida no n.° 1 do artigo 32.° do Decreto-Lei n.° 427/89, de 7 de Dezembro, conjugado com o artigo 8.° do Decreto-Lei n.° 409/91, de 17 de Outubro, só pode ser concedida, sem prejuízo do disposto no n.° 3 daquele artigo, desde que seja assegurada a disponibilidade permanente nos termos do artigo 20.° do presente diploma.

ARTIGO 18.° – (Residência)

1 – Os bombeiros profissionais devem residir na localidade onde habitualmente exercem funções.

2 – Quando especiais circunstâncias o justifiquem e não haja prejuízo para a total disponibilidade no exercício de funções, podem os funcionários ser autorizados a residir em localidade diferente, desde que não diste da localidade onde habitualmente exercem funções mais de 30 km.

ARTIGO 19.° (1-2) – (Duração e horário de trabalho)

1 – Os corpos de bombeiros profissionais estão sujeitos ao regime geral da duração e horário de trabalho em vigor para a função pública, sendo a duração semanal de trabalho de quarenta horas.

2 – Os períodos de funcionamento, horários de trabalho e respectiva regulamentação são obrigatoriamente aprovados pelo órgão autárquico competente.

3 – Nos casos em que a prática actualmente seguida se não conforme ao disposto nos números anteriores, a câmara municipal promoverá as diligências tendentes às necessárias adequações, que se concretizarão no prazo máximo de um ano após a publicação do presente diploma.

1 – Redacção da art. único do DL n.° 158/95, de 6 de Julho.
2 – Ver DL 259/98, de 18 de Agosto.

ARTIGO 20.° (1) – (Férias, faltas e licenças)

Os bombeiros profissionais estão sujeitos ao regime geral de férias, faltas e licenças.

1 – Ver DL n.° 100/99, de 31de Março.

ARTIGO 21.° – (Disponibilidade permanente)

O serviço do pessoal dos corpos de bombeiros profissionais é de carácter permanente e obrigatório.

Decreto-Lei n.° 293/92, de 30 de Dezembro   495

ARTIGO 22.° – **(Regime disciplinar)**
Aos bombeiros profissionais aplica-se o Decreto-Lei n.° 24/84, de 16 de Janeiro, e demais legislação aplicável aos corpos de bombeiros.

ARTIGO 23.° – **(Classificação de serviço)**
1 – ([1]) Aos corpos de bombeiros profissionais aplica-se o sistema de classificação de serviço em vigor para o pessoal da administração local.
2 – Para efeitos do disposto no número anterior são utilizados os modelos n.os 4 e 5 da Portaria n.° 642-A/83, de 1 de Junho.

1 – Ver Dec. Reg. n.° 44-B/83, de 1 de Junho, aplicável à administração local por força do Dec. Reg. n.° 45/88, de 16 de Dezembro.

ARTIGO 24.° – **(Reclassificação profissional)**
1 – Os bombeiros profissionais considerados incapazes, por decisão de junta médica, para o exercício das suas funções podem ser reclassificados, por deliberação da câmara, em categoria compatível com as suas habilitações literárias, mantendo-se o vencimento de origem, no caso de ser mais favorável.
2 – ([1]) Consideram-se para efeitos do número anterior, as juntas médicas previstas no Decreto-Lei n.° 497/88, de 30 de Dezembro, e no Decreto-Lei n.° 38 523, de 23 de Novembro de 1951.
3 – Para efeitos de vencimento, aplica-se o artigo 18.° do Decreto-Lei n.° 353-A//89, de 16 de Outubro.

1 – O DL n.° 497/98 foi revogado pelo DL n.° 100/99, de 31 de Março. Ver art. 46.° deste DL e o Dec. Regulamentar n.° 41/90, de 19 de Novembro.
O DL n.° 38523 foi revogado pelo DL n.° 503/99, de 20 de Novembro.

ARTIGO 25.° ([1]) – **(Estatuto remuneratório)**
O estatuto remuneratório dos bombeiros profissionais é aprovado por decreto regulamentar.

1 – O estatuto remuneratório dos bombeiros *municipais* foi estabelecido pelo DL n.° 374/93, de 4 de Novembro.
O DL n.° 373/93, da mesma data, define o sistema retributivo dos bombeiros *sapadores*.

CAPÍTULO IV – **Disposições transitórias e finais**

ARTIGO 26.° ([1]) – **(Concursos)**
Nos primeiros concursos que forem abertos até três anos após a data da entrada em vigor do despacho conjunto previsto no n.° 5 do artigo 13.° para categorias para as quais são exigidos o aproveitamento ou aprovação em curso de promoção e não existam condições para a sua realização, este curso pode ser substituído, para aquele efeito, pela prestação de provas teóricas e práticas.

1 – Redacção do art. único do DL n.° 359/97, de 17 de Dezembro.

ARTIGO 27.° – **(Pessoal)**
1 – O pessoal que exerce actualmente as funções de comando dos bombeiros sapadores mantém-se nos respectivos cargos até ao fim da comissão de serviço.

IV – Funcionários da Administração Local

2 – O pessoal provido nos lugares das carreiras de bombeiro sapador e de bombeiro municipal é integrado nas novas carreiras, respectivamente, de bombeiro sapador e de bombeiro municipal, na mesma categoria que actualmente detém.

ARTIGO 28.° – (Autorização para acumulação de funções)

Os bombeiros profissionais que se encontrem a exercer em acumulação funções públicas ou privadas sem a autorização prevista no artigo 17.° devem solicitá-la no prazo de 30 dias a contar da data da entrada em vigor do presente diploma.

ARTIGO 29.° – (Norma revogatória)

É revogado o § 3.° do artigo 163.° do Código Administrativo, na parte em que remete para o regime disciplinar dos bombeiros sapadores.

ARTIGO 30.° – (Entrada em vigor)

O presente diploma entra em vigor no prazo de 60 dias a contar da data da sua publicação.

DECRETO-LEI N.º 374/93

de 4 de Novembro

Aplica o novo sistema retributivo aos bombeiros municipais

O Decreto-Lei n.º 184/89, de 2 de Junho, definiu os princípios gerais em matéria de remuneração e gestão do pessoal da função pública e consagrou a especificidade dos bombeiros ao considerá-los como corpo especial.

O Decreto-Lei n.º 353-A/89, de 16 de Outubro, desenvolvendo aqueles princípios gerais, veio fixar as regras sobre o estatuto remuneratório dos funcionários da Administração Pública e a estrutura das remunerações base das carreiras e categorias nele contempladas. Estabeleceu, ainda, um período de condicionamento da progressão, durante o qual esta se fazia em obediência a regras transitórias.

Estas regras foram consagradas nos Decretos-Leis n.ºs 393/90, de 11 de Dezembro, 204/91, de 7 de Junho, e 61/92, de 15 de Abril, cujo regime se aplica às carreiras de regime geral e especial e aos corpos especiais, com excepção dos regulados em diploma específico.

Com respeito destes princípios, urge aplicar o novo sistema retributivo aos bombeiros municipais, o que se concretiza pelo presente diploma.

O tratamento autónomo destes profissionais em relação aos bombeiros sapadores justifica-se pela circunstância de deterem regimes estatutários diferenciados.

Foram ouvidas as associações sindicais e a Associação Nacional de Municípios Portugueses.

Assim:

ARTIGO 1.º (¹) – Objecto

1 – O presente diploma estabelece regras relativas ao estatuto remuneratório e à estrutura das remunerações base dos bombeiros municipais, a que alude o Decreto-Lei n.º 293/92, de 30 de Dezembro.

2 – Ao pessoal referido no número anterior é aplicável o disposto no Decreto-Lei n.º 353--A/89, de 16 de Outubro, com as especificidades constantes dos artigos seguintes.

1 – O estatuto remuneratório dos bombeiros *sapadores*, que poderão igualmente ser instituídos no âmbito dos municípios, nos termos do DL n.º 295/2000, de 17 de Novembro, é o estabelecido no DL n.º 373/93, de 4 de Novembro.

ARTIGO 2.º – Escala salarial

1 – A escala salarial das categorias da carreira de bombeiro municipal é a constante do anexo ao presente diploma, do qual faz parte integrante.

2 – A remuneração dos bombeiros sapadores recrutas é calculada nos termos dispostos no n.º 3 do artigo 14.º do Decreto-Lei n.º 293/92, de 30 de Dezembro, na redacção que lhe foi dada pela Lei n.º 52/93, de 14 de Julho.

IV – Funcionários da Administração Local

3 – A remuneração base mensal correspondente ao índice 100 é fixada por portaria conjunta do Primeiro-Ministro e do Ministro das Finanças.

ARTIGO 3.° – **Progressão**

1 – A progressão nas categorias faz-se por mudança de escalão.

2 – A mudança de escalão depende da permanência de três anos no escalão imediatamente anterior.

ARTIGO 4.° – **Transição**

1 – A integração da nova estrutura salarial faz-se nos termos do artigo 30.° do Decreto-Lei n.° 353-A/89, de 16 de Outubro.

2 – O pessoal que tenha mudado de categoria a partir de 1 de Outubro de 1989 transita para a nova estrutura salarial de acordo com a categoria de que é titular à data da entrada em vigor do presente diploma, devendo, para efeitos de cálculo da remuneração, atender-se, entre 1 de Outubro de 1989 e a data em que se verificou a mudança, ao índice agora atribuído à categoria detida nesse período.

ARTIGO 5.° – **Funções de comando**

1 – As funções de comando dos bombeiros municipais, quando exercidas a tempo inteiro por bombeiros profissionalizados, conferem direito à remuneração pelo escalão imediatamente superior àquele em que este se encontre posicionado.

2 – No caso de o funcionário referido no número anterior estar já posicionado no último escalão da respectiva categoria, será remunerado por um índice a que corresponda um impulso salarial de 10 pontos relativamente ao último escalão da categoria.

ARTIGO 6.° – **Produção de efeitos**

O presente diploma, no que respeita à integração na nova estrutura salarial, reporta os seus efeitos a 1 de Outubro de 1989.

Anexo a que se refere o n.° 1 do artigo 2.°

Categorias	Escalões				
	1	2	3	4	5
Chefe	230	240	255	270	–
Subchefe	195	210	225	240	–
Bombeiro de 1.ª classe	150	160	170	180	190
Bombeiro de 2.ª classe	130	140	150	160	170
Bombeiro de 3.ª classe	100	110	120	130	140

LEI N.º 12/96

de 18 de Abril

Estabelece um novo regime de incompatibilidades

ARTIGO 1.º (¹) – **(Regime de exclusividade)**

1 – Os presidentes, vice-presidentes e vogais da direcção de instituto público, fundação pública ou estabelecimento público, bem como os directores-gerais e subdirectores-gerais e aqueles cujo estatuto lhes seja equiparado em razão da natureza das suas funções, exercem os cargos em regime de exclusividade, independentemente da sua forma de provimento ou designação.

2 – O regime de exclusividade implica a incompatibilidade dos cargos aí referidos com:

a) Quaisquer outras funções profissionais, remuneradas ou não;

b) A integração em corpos sociais de quaisquer pessoas colectivas de fins lucrativos ou a participação remunerada em órgãos de outras pessoas colectivas.

1 – O cargo de director municipal encontra-se equiparado a director-geral (art. 2.º, n.º 1, alínea *a*), do DL n.º 514/99, de 24 de Novembro).

Também o cargo de director-delegado dos serviços municipalizados pode ser equiparado a director municipal nos termos do artigo 3.º, n.º 2 do mesmo diploma.

O regime de exclusividade do pessoal dirigente das câmaras municipais e dos serviços municipalizados é o constante do art. 22.º da Lei n.º 49/99, de 22 de Junho.

Por outro lado, no que concerne aos cargos equiparados a director-geral, como é o caso de director municipal e, eventualmente, do director-delegado, o art. 23.º da Lei n.º 49/99 manda aplicar o regime de incompatibilidades previsto para os altos cargos públicos (Lei n.º 64/93, de 26 de Agosto).

Deste modo, a presente Lei, e particularmente o seu art. 1.º, deve considerar-se derrogado no que respeita aos directores-gerais, subdirectores-gerais e cargos equiparados.

ARTIGO 2.º – **(Excepções)**

1 – Exceptuam-se do disposto no artigo anterior:

a) As actividades de docência no ensino superior, bem como as actividades de investigação, não podendo o horário em tempo parcial ultrapassar um limite a fixar por despacho conjunto dos Ministros das Finanças e da Educação;

b) As actividades derivadas do cargo e as que são exercidas por inerência;

c) A participação não remunerada quer em comissões ou grupos de trabalho, quer em conselhos consultivos, comissões de fiscalização ou outros organismos colegiais, quando previstos na lei e no exercício de fiscalização ou controlo do uso de dinheiros públicos;

d) As actividades ao abrigo do artigo 32.º do Decreto-Lei n.º 73/90, de 6 de Março, e do artigo único do Decreto Regulamentar n.º 46/91, de 12 de Setembro.

2 – Os titulares de altos cargos públicos referidos no artigo 1.º poderão auferir remunerações provenientes de:

a) Direitos de autor;

500 IV – Funcionários da Administração Local

b) Realização de conferências, palestras, acções de formação de curta duração e outras actividades de idêntica natureza.

ARTIGO 3.° – **(Remissão)**

Aos titulares de altos cargos públicos referidos no artigo 1.° são aplicáveis os artigos 8.°, 9.°, 11.°, 12.° e, com as necessárias adaptações, 13.° e 14.° da Lei n.° 64/93, de 26 de Agosto, na redacção dada pela Lei n.° 28/95, de 18 de Agosto.

ARTIGO 4.° – **(Norma revogatória)**

É revogado o n.° 2 do artigo 3.° da Lei n.° 64/93, de 26 de Agosto, na redacção dada pelo n.° 4 do artigo 8.° da Lei n.° 39-B/94, de 27 de Dezembro.

ARTIGO 5.° – **(Aplicação)**

As situações jurídicas constituídas na vigência da lei anterior serão adequadas ao disposto na presente lei no prazo de 60 dias após a sua entrada em vigor.

DECRETO REGULAMENTAR N.° 27/97

de 18 de Junho

Cria, no âmbito do regime de pessoal da administração local, a carreira de conselheiro de consumo

Prevê o n.° 1 do artigo 4.° do Decreto-Lei n.° 247/87, de 17 de Junho, que a criação de carreiras ou categorias específicas da administração local se faz mediante decreto regulamentar do Ministro do Planeamento e da Administração do Território e do membro do Governo que tiver a seu cargo a função pública.

Competindo, nos termos da Lei n.° 24/96, de 31 de Julho, às autarquias locais a protecção e defesa dos consumidores;

Considerando que nos últimos 10 anos foram abertos, por protocolo entre as câmaras municipais e o Instituto do Consumidor, cerca de 40 centros de informação autárquicos ao consumidor (CIAC) ou postos municipais de informação ao consumidor (PMIC);

Sendo manifesta a vontade por parte dos municípios de proceder à abertura de novos CIAC;

Considerando ainda a necessidade de garantir a dignificação e a especialização dos funcionários autárquicos que, nas autarquias, asseguram estes serviços:

Assim, sob proposta do Instituto do Consumidor (IC) e do Centro de Estudos e Formação Autárquica (CEFA) e ouvida a Associação Nacional de Municípios Portugueses:

Ao abrigo do disposto no n.° 1 do artigo 4.° do Decreto-Lei n.° 247/87, de 17 de Junho, e nos termos da alínea *c*) do artigo 202.° da Constituição, o Governo decreta o seguinte:

Artigo 1.° – **Objecto**

É criada no regime de pessoal da administração local, no grupo de pessoal técnico-profissional, nível 4, a carreira de conselheiro de consumo, com o desenvolvimento e escala salarial fixados no mapa anexo ao presente diploma, do qual faz parte integrante.

ARTIGO 2.° – **Conteúdo funcional**

O conteúdo funcional da carreira referida no artigo anterior integra as seguintes tarefas:

a) Atender e informar os consumidores sobre questões relacionadas com o consumo e sobre os seus direitos e modo de exercício;

b) Receber e analisar as reclamações dos consumidores, procedendo à mediação dos respectivos conflitos de consumo ou, caso esta não seja viável, encaminhar a resolução desses conflitos para as entidades competentes;

c) Pesquisar, analisar e seleccionar a documentação necessária ao fornecimento da informação objectiva e actualizada no domínio do consumo;

502   *IV – Funcionários da Administração Local*

d) Inventariar e analisar os recursos concelhios, designadamente em matéria de estrutura do mercado, do consumo e de organizações sócio-económicas;

e) Promover e organizar, a nível local, acções de sensibilização e de informação sobre a temática do consumo e da protecção dos direitos dos consumidores.

ARTIGO 3.° – **Ingresso e acesso**

O recrutamento para ingresso na carreira de conselheiro de consumo faz-se de entre indivíduos titulares, cumulativamente, das habilitações seguintes:

a) Ensino secundário completo;

b) Curso de formação adequado, ministrado pelo Centro de Estudos e Formação Autárquica (CEFA), cujo programa e duração sejam aprovados por portaria conjunta dos Ministros das Finanças e da Administração do Território, do Ambiente e Adjunto.

ARTIGO 4.° – **Condições especiais de acesso**

A requerimento dos interessados, serão integrados na categoria de ingresso da carreira de conselheiro de consumo os funcionários autárquicos que à data da entrada em vigor do presente diploma reúnam, cumulativamente, os seguintes requisitos:

a) Sejam detentores do 9.° ano de escolaridade obrigatória ou equivalente;

b) Tenham frequentado com aproveitamento curso de formação em matéria de defesa do consumidor ministrado pelo Instituto do Consumidor;

c) Desempenhem há, pelo menos, três anos funções de conteúdo idêntico às previstas no artigo 2.°

DECRETO-LEI N.° 195/97

de 31 de Julho

**Define o processo e os prazos para a regularização das situações
do pessoal da administração central, regional e local**

Na sequência dos compromissos assumidos pelo Governo no acordo salarial para 1996 e compromissos de médio e longo prazos subscritos com as organizações sindicais, foi publicado o Decreto-Lei n.° 81-A/96, de 21 de Junho. Este diploma veio permitir a prorrogação de contratos a termo certo e a celebração de outros, quando os interessados vinham, sem título jurídico adequado, satisfazendo necessidades permanentes dos serviços com sujeição à hierarquia e horário completo.

Como sempre foi reconhecido, este Decreto-Lei n.° 81-A/96, de 21 de Junho, constituía o primeiro passo de um processo mais vasto e complexo, que culminaria com a definição dos termos da regularização das situações irregulares existentes.

É este, pois, o objectivo do presente diploma: criar condições para, através de um processo gradual e selectivo, promover a regularização da situação jurídica daqueles que ao longo dos últimos anos foram sendo admitidos irregularmente, através dos chamados «recibos verdes», para satisfação de necessidades permanentes dos serviços públicos.

Trata-se, assim, de um diploma que não pode deixar de ser articulado com o Decreto-Lei n.° 81-A/96, de 21 de Junho, de que constitui, aliás, um natural desenvolvimento, esperando-se que as medidas ora adoptadas possam contribuir decisiva e definitivamente para pôr termo às situações de precariedade na Administração Pública. Refira-se, a este respeito, que o presente diploma reafirma a proibição de recurso a formas de vinculação precária para satisfação de necessidades permanentes dos serviços.

O presente diploma foi objecto de ampla discussão com as associações sindicais, reflectindo o articulado muitos consensos alcançados.

Assim:

ARTIGO 1.° – Objecto

O presente diploma define o processo e os prazos para a regularização das situações do pessoal da administração central, regional e local que, em 10 de Janeiro de 1996, desempenhava funções correspondentes a necessidades permanentes dos serviços, com sujeição hierárquica e horário completo e que é abrangido pelo Decreto-Lei n.° 81-A/96, de 21 de Junho, bem como do pessoal em idênticas situações cuja relação laboral foi constituída antes da entrada em vigor deste diploma, e ainda do pessoal que, tendo desempenhado funções correspondentes a necessidades permanentes dos serviços em idênticas condições, foi dispensado antes de 10 de Janeiro de 1996 e posteriormente readmitido através de processo de selecção já em curso nessa data.

ARTIGO 2.º – Âmbito

1 – O presente diploma aplica-se:

a) Ao pessoal cujos contratos de trabalho a termo certo foram prorrogados nos termos do artigo 3.º do Decreto-Lei n.º 81-A/96, de 21 de Junho;

b) Ao pessoal contratado a termo certo nos termos dos artigos 4.º e 5.º do Decreto-Lei n.º 81-A/96, de 21 de Junho.

2 – O presente diploma aplica-se ainda:

a) Ao pessoal abrangido pelo n.º 3 do artigo 4.º e pelo n.º 2 do artigo 5.º do Decreto-Lei n.º 81-A/96, de 21 de Junho, cujos contratos a termo certo não tenham sido celebrados à data da entrada em vigor do presente diploma;

b) Ao pessoal que, entre 10 de Janeiro e 26 de Junho de 1996, foi admitido para o desempenho de funções correspondentes a necessidades permanentes dos serviços, com sujeição hierárquica e horário completo;

c) Ao pessoal referido na última parte do artigo anterior.

3 – O pessoal a que se refere a alínea b) do número anterior é desde já contratado a termo certo, se ainda não o tiver sido, após despacho conjunto autorizador do Ministro das Finanças e do membro do Governo que tiver a seu cargo a função pública, emitido a solicitação dos departamentos governamentais interessados.

4 – A aplicação do presente diploma não depende do momento da celebração do contrato a termo certo e pressupõe a existência do despacho conjunto autorizador, nos termos do número anterior, do n.º 3 do artigo 4.º ou do n.º 2 do artigo 5.º do Decreto-Lei n.º 81-A/96, de 21 de Junho, consoante os casos.

ARTIGO 3.º (1-2) – Categoria de integração

1 – A integração de pessoal nos quadros dos serviços e organismos da Administração Pública faz-se no escalão 1 da categoria de ingresso das carreiras que correspondam às funções efectivamente desempenhadas, constantes dos contratos a termo certo autorizados nos termos dos artigos 3.º, 4.º e 5.º do Decreto-Lei n.º 81-A/96, de 21 de Junho, e do n.º 3 do artigo 2.º do presente diploma, sem prejuízo das habilitações literárias e profissionais exigidas.

2 – Nos casos em que as categorias constantes dos contratos a termo certo prorrogados em conformidade com o artigo 3.º do Decreto-Lei n.º 181-A/96, de 21 de Junho, não correspondam às funções efectivamente desempenhadas no momento da prorrogação, devem os serviços e organismos proceder à elaboração de novas propostas de contratação, instruídas nos termos dos artigos 4.º ou 5.º daquele diploma legal.

3 – Nos casos em que o interessado não possua as habilitações literárias ou profissionais adequadas às funções efectivamente desempenhadas, a integração é feita em categoria de ingresso de carreira em que se verifique o preenchimento do requisito habilitacional, cujo conteúdo funcional mais se aproxime daquele que vem sendo exercido.

4 – A habilitação literária poderá ser dispensada nas categorias de ingresso das carreiras dos grupos operário e auxiliar e para os trabalhadores agrícolas em que se exija a escolaridade obrigatória, desde que, independentemente da idade, se mostre, por meios idóneos, que a falta da habilitação literária não prejudica a sua capacidade de trabalho nas respectivas funções.

5 – A integração é feita nas vagas existentes na respectiva categoria, considerando-se os quadros automaticamente alterados na estrita medida do indispensável, se os lugares vagos não forem suficientes, sendo os lugares assim criados a extinguir quando vagarem.

Decreto-Lei n.° 195/97, de 31 de Julho 505

6 – Sem prejuízo do disposto no artigo 8.°, os serviços que não disponham de quadro de pessoal devem abrir os concursos necessários à integração do pessoal, a qual se opera em situação de nomeação definitiva em mapas que deverão integrar o referido quadro.

7 – Os serviços assegurarão no agrupamento económico «Despesas com o pessoal», através de mecanismos legais em vigor e sem aumento da despesa pública, as dotações necessárias à satisfação dos encargos decorrentes da integração prevista no número anterior.

1 – Redacção do art. 1.° do DL n.° 256/98, de 14 de Agosto.
2 – Os n.os 1 e 2 deste art. 3.°, na redacção introduzida pelo DL n.° 256/98, têm natureza interpretativa (cfr. art. 2.° desse Diploma).

ARTIGO 4.°(1-2) – **Processo de integração**

1 – A integração nos quadros do pessoal a que se refere o artigo 1.° depende da aprovação em concurso.

2 – Os concursos necessários à integração do pessoal são abertos, independentemente da existência de vagas:

a) Até ao final do mês de Setembro de 1997, para o pessoal que até 30 de Abril de 1997 conte mais de três anos de serviço;

b) Durante os meses de Novembro de 1997 e de Fevereiro, Maio, Setembro e Dezembro de 1998, para o pessoal que entretanto tenha completado três anos de serviço;

c) Durante os meses de Janeiro, Abril e Junho de 1999, para o pessoal que entretanto complete três anos de serviço.

d) Durante os meses de Setembro e Dezembro de 1999 e de Fevereiro, Maio, Junho e Setembro do ano 2000, para o pessoal abrangido pelo n.° 5 do art. 13.° do Decreto-Lei n.° 215/97, de 18 de Agosto, que entretanto complete três anos de serviço.

3 – Se a emissão do despacho conjunto autorizador previsto no n.° 4 do artigo 2.° for posterior ao mês previsto para a abertura do concurso, será este obrigatoriamente aberto até final do mês que mais se aproxime daquele, de acordo com a calendarização prevista no número anterior.

4 – O pessoal abrangido pelo presente diploma é candidato obrigatório ao concurso aberto no respectivo serviço ou organismo para a categoria correspondente às funções que desempenha, sem prejuízo do disposto no n.° 2 do artigo 3.°, sem o que o seu contrato é rescindido no termo do prazo fixado para a apresentação de candidaturas.

1 – Redacção do art. n.° 1 do DL n.° 256/98, de 14 de Agosto.
2 – Os efeitos das normas contidas nos n.os 2 e 3 do art. 4.°, na redacção introduzida pelo DL n.° 256/98, retroagem à data da entrada em vigor do DL n.° 195/97, de 31 de Julho (cfr. art. 3.° do DL n.° 256/98).

ARTIGO 5.° (1) – **Concursos**

1 – Os concursos regem-se pelo disposto no Decreto-Lei n.° 498/88, de 30 de Dezembro, alterado pelo Decreto-Lei n.° 215/95, de 22 de Agosto, ou pelos regimes especiais dos corpos e carreiras especiais em vigor, com as especialidades dos números seguintes.

2 – Só podem ser opositores a cada concurso os trabalhadores do respectivo serviço ou organismo, abrangidos pelo presente diploma, a desempenhar funções correspondentes à categoria para a qual o concurso é aberto, sem prejuízo do disposto no n.° 2 do artigo 3.°.

3 – O desempenho das tarefas próprias do júri prefere sobre quaisquer outras, salvo em situações de urgência.

4 – O aviso de abertura deve ser afixado em local a que todos os interessados tenham acesso, e notificado por carta registada, com aviso de recepção, àqueles que se encontrem ausentes em serviço ou situação legalmente justificada.

IV – Funcionários da Administração Local

5 – Todas as publicações no Diário da República são substituídas por afixação em local a que os interessados tenham acesso, sendo ainda aplicável o disposto na parte final do número anterior.

6 – O prazo de apresentação de candidaturas é de 10 dias úteis.

7 – O método de selecção a utilizar é o de avaliação curricular, salvo regimes específicos previstos para carreiras ou corpos especiais.

1 – Os DL n.ºs 498/88 e 215/95 foram revogados pelo DL n.º 204/98, de 11 de Julho, que passou a regular o concurso para recrutamento e selecção do pessoal da Administração Pública.

ARTIGO 6.º – Contagem de tempo de serviço

1 – O tempo de serviço efectivamente prestado em situação irregular pelo pessoal aprovado nos concursos a que se refere o presente diploma releva na categoria de integração para efeitos de promoção, de aposentação e sobrevivência.

2 – O disposto no número anterior é ainda aplicável ao pessoal que, anteriormente à data da entrada em vigor do presente diploma, desempenhava funções correspondentes a necessidades permanentes dos serviços, com sujeição hierárquica e horário completo, e foi integrado no quadro por concurso ou venha a sê-lo na sequência de concurso já aberto à data da entrada em vigor do presente diploma.

3 – O tempo de serviço referido nos números anteriores será contado pela Caixa Geral de Aposentações mediante o pagamento dos respectivos descontos, com excepção daquele em que os interessados tenham efectuado pagamento de contribuições para a segurança social, que será considerado para efeitos de atribuição de pensão unificada.

4 – O disposto nos números anteriores não confere, em caso algum, o direito à percepção de retroactivos.

ARTIGO 7.º – Regime de estágio

1 – O pessoal abrangido pelo presente diploma é dispensado da frequência de estágio para ingresso nas carreiras em que este é legalmente exigido, salvo regimes específicos previstos para carreiras ou corpos especiais.

2 – Ao pessoal a frequentar estágio para ingresso na carreira ou que venha a frequentá-lo na sequência de concurso aberto à data de entrada em vigor do presente diploma e que anteriormente havia permanecido em situação irregular há mais de um ano é facultada, mediante opção, a dispensa prevista no número anterior.

3 – O pessoal que, nos termos do número anterior, opte pela dispensa de estágio fica sujeito ao processo de regularização previsto no presente diploma.

ARTIGO 8.º – Regime de instalação

O disposto no presente diploma é aplicável aos serviços em regime de instalação, com as necessárias adaptações.

ARTIGO 9.º – Limites à prorrogação dos contratos

1 – Os contratos a termo certo do pessoal a que se referem as alíneas *a*) e *b*) do n.º 1 do artigo 2.º e ainda os contratos a termo certo já celebrados ou a celebrar nos termos do n.º 2 do mesmo artigo consideram-se prorrogados, independentemente de quaisquer formalidades, até:

a) À aceitação de nomeaçao, após aprovação em concurso;

b) Ao termo do prazo de apresentação de candidaturas, no caso de não se verificar a apresentação ao concurso;

c) À data da nomeação do 1.º classificado no respectivo concurso, para os trabalhadores que não tenham obtido aprovação nos mesmos.

Decreto-Lei n.º 195/97, de 31 de Julho 507

2 – Os contratos a termo certo a que se refere o n.º 2 do artigo 2.º e que ainda não tenham sido celebrados à data de entrada em vigor do presente diploma devem ser celebrados com o termo final previsto no número anterior.

ARTIGO 10.º – **Responsabilidade**

Os dirigentes máximos dos serviços e organismos da Administração Pública que não cumpram o disposto no presente diploma, designadamente os prazos e todas as restantes formalidades, são responsáveis civil e disciplinarmente pelo incumprimento e ficam ainda obrigados à reposição nos cofres do Estado dos abonos indevidamente processados e pagos.

ARTIGO 11.º – **Proibição**

1 – É expressamente proibido o recurso a formas de trabalho precário para satisfação de necessidades permanentes dos serviços.

2 – Os funcionários e agentes que violem o disposto no número anterior incorrem em responsabilidades civil, financeira e disciplinar.

ARTIGO 12.º – **Pessoal com processos de regularização anteriores ainda em curso**

1 – O pessoal concursado e aprovado em processos de regularização anteriores ainda em curso que não chegou a ser integrado por falta de vaga nem foi integrado no quadro de efectivos interdepartamentais é considerado automaticamente integrado no serviço onde exerce funções, na categoria para a qual foi aprovado, em lugares que se consideram criados, a extinguir quando vagarem.

2 – Ao pessoal referido no número anterior é aplicável o disposto no n.º 1 do artigo 6.º

ARTIGO 13.º – **Entrada em vigor**

O presente diploma entra em vigor no dia 1 de Agosto de 1997.

DECRETO-LEI N.° 22/98

de 9 de Fevereiro

Extingue a carreira de escriturário-dactilógrafo e determina a transição dos funcionários e agentes detentores daquela categoria para a de terceiro-oficial

O conteúdo funcional da carreira de oficial administrativo passou a integrar, a partir da entrada em vigor do Decreto-Lei n.° 248/85, de 15 de Julho, funções de dactilografia e de tratamento de texto.

Aquele diploma aponta claramente para a gradual extinção da carreira de escriturário-dactilógrafo, prevendo, desde logo, maiores exigências habilitacionais nos casos em que se verificasse a necessidade de preencher os lugares vagos ainda existentes.

Por sua vez, o n.° 4 do artigo 40.° do mesmo diploma legal determina a extinção dos lugares que vagarem por motivo de ingresso dos respectivos titulares na carreira de oficial administrativo.

Numa óptica de optimização dos recursos humanos existentes e de progressiva melhoria dos serviços, afigura-se da maior importância promover de imediato a extinção da carreira de escriturário-dactilógrafo e consequente transição para a carreira de oficial administrativo, independentemente das habilitações.

Ao pessoal que agora transita deverão ser dadas condições adequadas ao bom desempenho das tarefas inerentes à carreira, devendo os serviços assegurar a adequada formação profissional, por forma que, quando reunirem as condições para aceder à categoria de primeiro-oficial, aqueles funcionários tenham formação nas áreas de pessoal, contabilidade, economato, património, secretaria, arquivo, expediente e tratamento de texto, inerentes à carreira de oficial administrativo. Para o efeito, estabelece-se desde já uma duração mínima de formação.

Com o presente diploma, o Governo dá cumprimento a uma das medidas previstas no acordo salarial para 1997.

Foram ouvidos os órgãos de governo próprio das Regiões Autónomas dos Açores e da Madeira.

Foram também ouvidas, nos termos da lei, a Associação Nacional de Municípios Portugueses e as organizações representativas dos trabalhadores.

Assim:

ARTIGO 1.° – Âmbito

O disposto no presente diploma é aplicável aos organismos e serviços da administração central, local e regional, incluindo os institutos públicos que revistam a natureza de serviços personalizados ou de fundos públicos.

ARTIGO 2.° – Extinção e regime de transição

1 – É extinta a carreira de escriturário-dactilógrafo.

510   *IV – Funcionários da Administração Local*

2 – Os funcionários e agentes detentores da categoria de escriturário-dactilógrafo transitam para a categoria de terceiro-oficial da carreira de oficial administrativo, independentemente da posse das habilitações legalmente exigidas.

3 – A transição a que se refere o número anterior faz-se com observância do disposto nos n.os 2 e 3 do artigo 18.° do Decreto-Lei n.° 353-A/89, de 16 de Outubro.

4 ([1]) – Releva, para efeitos de prorrogação ao escalão seguinte, na categoria de terceiro-oficial, o tempo de serviço prestado no escalão 7 pelos escriturários-dactilógrafos posicionados neste escalão.

5 ([1]) – O disposto no número anterior produz efeitos desde 1 de Junho de 1997.

1 – Aditado pelo art. 28.° do DL n.° 404-A/98, de 18 de Dezembro.

ARTIGO 3.° – **Formalidades**

O pessoal abrangido por este diploma transita para a nova categoria independentemente de quaisquer formalidades, salvo publicação no Diário da República.

ARTIGO 4.° – **Quadros de pessoal**

Para efeitos de aplicação do presente diploma, os quadros de pessoal consideram-se automaticamente alterados nos seguintes termos:

1 – Os lugares de escriturário-dactilógrafo convertem-se automaticamente em igual número de lugares da categoria de terceiro-oficial;

2 – Mantém-se, a extinguir quando vagarem, na categoria de terceiro-oficial o mesmo número de lugares que, na carreira de escriturário-dactilógrafo, tiverem aquela natureza.

ARTIGO 5.° – **Concursos pendentes**

Os concursos para lugares da categoria de escriturário-dactilógrafo cujos avisos de abertura se encontrem publicados à data da entrada em vigor do presente diploma consideram-se válidos para o mesmo número de lugares da categoria de terceiro-oficial.

ARTIGO 6.° – **Acesso na carreira**

1 – Sem prejuízo do disposto no número seguinte, é assegurado o acesso na carreira aos funcionários que transitam por força deste diploma e que não sejam detentores das habilitações legalmente exigidas para ingresso na carreira de oficial administrativo.

2 ([1]) – O acesso à categoria de primeiro-oficial dos funcionários referidos no número anterior que não tenham sido aprovados em concurso de habilitação para a categoria de terceiro-oficial está condicionado à frequência, por módulos, de cursos de formação profissional nas áreas relativas ao conteúdo funcional da carreira de oficial administrativo, nos termos do mapa anexo ao presente diploma.

1 – O condicionamento de acesso à carreira de oficial administrativo previsto neste número considera-se reportado à carreira de assistente administrativo (art. 15.° n.° 3 do DL n.° 412-A/98, de 30 de Dezembro).

ARTIGO 7.° – **Produção de efeitos**

O presente diploma produz efeitos desde 1 de Junho de 1997.

DECRETO-LEI N.º 50/98

de 11 de Março

Reformula o regime jurídico da formação profissional na Administração Pública

O desempenho da economia e o desenvolvimento social dependem da interligação e da complementaridade entre os sectores público, privado e social.

Esta interdependência exige capacidades de cooperação e negociação que permitam, em áreas cujos interesses em jogo o autorizem, a rentabilização dos recursos e dos esforços, potenciando assim a criação de riqueza, a sua distribuição equitativa e o aumento da qualidade de vida dos cidadãos.

Neste contexto, o papel da Administração Pública é relevante.

Atentas as funções que lhe estão cometidas, dela depende, em grande medida, o funcionamento da economia: a constituição de empresas, o licenciamento de diversas actividades, a atribuição de concessões e de autorizações e a prestação de informação, entre um sem-número de outras funções essenciais ao desenvolvimento de actividades do dia-a-dia.

Ciente do papel determinante da Administração neste quadro, o Governo definiu como objectivo estratégico «a qualificação, a dignificação, a motivação e a profissionalização dos recursos humanos da Administração Pública, através de uma política coerente e adequada de carreiras, remunerações e formação profissional».

A definição deste objectivo resulta da constatação de que a transformação de uma Administração de modelo burocrático numa Administração de modelo gestionário impõe a adopção de um conjunto de medidas integrado, dirigido aos mais diferentes níveis e aspectos da organização, sob pena de não se alcançarem quaisquer resultados.

É no quadro destas medidas que a formação profissional ganha o merecido relevo. Aliás, esta problemática deu origem, no âmbito do acordo salarial assinado com as organizações sindicais em 1996, à constituição de uma mesa negocial com o objectivo de reformular o Decreto-Lei n.º 9/94, de 13 de Janeiro, da qual resultou o presente diploma.

De entre as principais modificações introduzidas, são de realçar as que se prendem com: a regulamentação do direito à formação profissional, através da atribuição de um crédito de trinta e cinco horas anuais ao pessoal, que, por sua iniciativa, o pode utilizar em acções de formação, quando não seja contemplado nos planos de formação dos serviços; a reformulação do sistema existente, de molde a facilitar o levantamento das necessidades de formação e a elaboração dos planos adequados à sua satisfação, em sintonia com a feitura dos planos de actividades e os orçamentos dos serviços; a atribuição à Direcção-Geral da Administração Pública da função de coordenadora do sistema e a exigência de acreditação a todas as entidades que promovam a formação para a Administração Pública, com excepção do Instituto Nacional de Administração e do Centro de Estudos e Formação Autárquica, nos mesmos moldes que as entidades privadas.

512 IV – Funcionários da Administração Local

Deste modo, atribuem-se à Administração os mecanismos para dar resposta às contínuas transformações económicas, sociais, culturais e tecnológicas.

De acordo com a lei, foram ouvidos os órgãos de governo próprio das Regiões Autónomas, as associações sindicais e a Associação Nacional de Municípios Portugueses.

Assim, no desenvolvimento do regime jurídico estabelecido pelo artigo 35.° do Decreto-Lei n.° 184/89, de 2 de Junho, e nos termos do n.° 5 do artigo 112.° e das alíneas *a*) e *c*) do n.° 1 do artigo 198.° da Constituição, o Governo decreta o seguinte:

CAPÍTULO I – Disposições gerais, objectivos e princípios

SECÇÃO I – Disposições gerais

ARTIGO 1.° – Objecto

O presente diploma define as regras e os princípios que regem a formação profissional na Administração Pública.

ARTIGO 2.° – Âmbito pessoal e institucional

1 – O regime estabelecido no presente diploma aplica-se:

a) Aos serviços e organismos da Administração Pública, incluindo os institutos públicos nas modalidades de serviços personalizados e de fundos públicos, e ainda aos serviços que estejam na dependência orgânica e funcional da Presidência da República, da Assembleia da República e das instituições judiciárias;

b) Ao pessoal que, com subordinação hierárquica e independentemente da natureza da sua vinculação, exerça funções nos serviços e organismos referidos na alínea anterior;

c) Aos candidatos sujeitos a um processo de recrutamento e selecção.

2 – O regime do presente decreto-lei aplica-se às administrações regionais dos Açores e da Madeira.

ARTIGO 3.° – Conceito de formação profissional

Para os efeitos do disposto no presente diploma, entende-se por formação profissional o processo global e permanente através do qual os funcionários e agentes, bem como os candidatos a funcionários sujeitos a um processo de recrutamento e selecção, se preparam para o exercício de uma actividade profissional, através da aquisição e do desenvolvimento de capacidades ou competências, cuja síntese e integração possibilitam a adopção dos comportamentos adequados ao desempenho profissional e à valorização pessoal e profissional.

ARTIGO 4.° – Direito e dever de formação profissional

1 – Os funcionários e agentes da Administração Pública têm o direito de frequentar acções de formação profissional.

2 – Os funcionários e agentes da Administração Pública, bem como os candidatos sujeitos a um processo de recrutamento e selecção, são obrigados a frequentar as acções de formação profissional para que forem designados, especialmente as que se destinem a melhorar o seu desempenho profissional ou a suprir carências detectadas na avaliação do seu desempenho.

ARTIGO 5.° – Conceito de formador

Entende-se por formador o indivíduo que, reunindo os necessários requisitos científicos,

Decreto-Lei n.° 50/98, de 11 de Março 513

técnicos, profissionais e pedagógicos, está apto a conduzir acções pedagógicas conducentes à melhoria dos conhecimentos e nível técnico dos formandos, de acordo com objectivos e programas previamente definidos.

ARTIGO 6.° – **Estatuto do formador**

1 – O recrutamento, as condições de exercício da actividade de formador e os direitos e deveres dos formadores constam de estatuto próprio, a definir por portaria conjunta dos membros do Governo que tutelam o Instituto Nacional de Administração, o Centro de Estudos de Formação Autárquica e a Administração Pública.

2 – Até à publicação do estatuto do formador, o exercício da função monitória faz-se sem prejuízo do cumprimento das actividades directamente ligadas às missões e objectivos de cada serviço.

3 – Os formadores da Administração Pública podem ministrar formação profissional promovida pelas organizações sindicais, em termos a regulamentar no estatuto do formador.

ARTIGO 7.° – **Validade da formação profissional**

A formação profissional ministrada 90 dias após a entrada em vigor do presente diploma que não obedeça aos requisitos nele fixados não pode ser considerada e ponderada para os efeitos previstos na alínea *b*) do n.° 3 do artigo 27.° do Decreto-Lei n.° 498/88, de 30 de Dezembro.

SECÇÃO II – Objectivos, princípios e estrutura da formação profissional

ARTIGO 8.° – **Objectivos da formação profissional**

A formação profissional tem, designadamente, por objectivos:

a) Contribuir para a eficiência, a eficácia e a qualidade dos serviços;

b) Melhorar o desempenho profissional dos funcionários e agentes da Administração Pública, fomentando a sua criatividade, a inovação, o espírito de iniciativa, o espírito crítico e a qualidade;

c) Assegurar a qualificação dos funcionários para o ingresso, acesso e intercomunicabilidade nas carreiras;

d) Contribuir para a mobilidade dos efectivos da Administração Pública;

e) Contribuir para a realização pessoal e profissional dos funcionários e agentes da Administração, preparando-os para o desempenho das diversas missões para que estão vocacionados;

f) Complementar os conhecimentos técnicos e os fundamentos culturais ministrados pelo sistema educativo.

ARTIGO 9.° – **Princípios**

A formação profissional prosseguida na Administração Pública obedece aos seguintes princípios:

a) Universalidade, porque abrange genericamente os funcionários e agentes, bem como os candidatos a funcionários, da Administração Pública;

b) Continuidade, porque se reveste de uma função de educação permanente ao longo de toda a carreira;

c) Utilidade funcional, porque se relaciona com as necessidades do serviço público e da sua gestão, com a política de qualidade do pessoal e de emprego público, com as necessidades de carácter organizativo e as aspirações de desenvolvimento sócio-profissional dos respectivos funcionários e agentes;

514   *IV – Funcionários da Administração Local*

d) Multidisciplinaridade, porque abarca diversos ramos de conhecimento e técnicas necessárias à satisfação das necessidades dos serviços públicos e à realização e motivação profissional dos respectivos funcionários e agentes, tendo em conta a evolução do saber e dos meios tecnológicos;

e) Desconcentração e descentralização, porque procura diversificar os locais de realização das acções de formação, procurando facilitar o acesso dos funcionários às mesmas;

f) Complementaridade, enquanto sequência natural do sistema educativo.

ARTIGO 10.° – **Estrutura da formação profissional**

A formação profissional na Administração Pública pode ser:

a) Formação inicial;

b) Formação contínua.

ARTIGO 11.° – **Formação inicial**

1 – A formação inicial visa habilitar os formandos com conhecimentos e aptidões para o exercício das respectivas funções.

2 – A formação inicial pode desenvolver-se em dois momentos distintos:

a) Em fase anterior à admissão, como condicionante da mesma;

b) Em fase imediatamente posterior à admissão, integrando-se no período probatório ou de provisoriedade da nomeação.

3 – O processo de formação inicial é sempre objecto de avaliação e de classificação.

4 – A definição de cursos, conteúdos programáticos e respectivos regulamentos de funcionamento que se insiram no âmbito da formação inicial são objecto de despacho conjunto dos membros do Governo da tutela e do que tiver a seu cargo a Administração Pública.

ARTIGO 12.° – **Formação contínua**

1 – A formação contínua visa promover a actualização e a valorização pessoal e profissional dos funcionários e agentes, em consonância com as políticas de desenvolvimento, inovação e mudança da Administração Pública.

2 – Constituem objectivos específicos da formação contínua, nomeadamente, os seguintes:

a) O complemento da formação de base, actualizando-a e proporcionando a preparação necessária para o desenvolvimento técnico-científico;

b) A adequação às inovações técnicas e tecnológicas com reflexo directo no desempenho profissional;

c) O desenvolvimento e valorização pessoal e profissional dos funcionários e agentes da Administração, tendo por objectivo o desempenho de tarefas mais complexas, a promoção e a intercomunicabilidade de carreiras.

ARTIGO 13.° – **Modalidades da formação contínua**

1 – A formação contínua reveste as seguintes modalidades:

a) A formação de aperfeiçoamento, que visa o aprofundamento e a melhoria das capacidades já existentes;

b) A formação de especialização, que visa conferir e desenvolver ou aprofundar conhecimentos e aptidões profissionais relativamente a determinada técnica ou área do saber, proporcionando o exercício especializado de funções nos correspondentes domínios;

c) A formação para promoção na carreira, que, nos casos e nos termos em que o respectivo regime o preveja, visa especificamente o desenvolvimento dos conhecimentos e aptidões profissionais considerados indispensáveis para o exercício de funções de maior complexidade e responsabilidade no âmbito da mesma carreira;

d) A formação de reconversão profissional, que visa conferir os conhecimentos e as aptidões profissionais indispensáveis ao exercício das tarefas e responsabilidades relativas ao conteúdo funcional da carreira diversa daquela em que o funcionário está integrado, suprindo a falta de habilitações literárias ou qualificações profissionais legalmente estabelecidas para provimento na nova carreira e possibilitando, dessa forma, a sua adequada transição.

2 – A regulamentação da formação de reconversão profissional, no que respeita aos conteúdos programáticos, procedimentos e avaliação, é objecto de despacho conjunto dos membros do Governo da tutela e do que tiver a seu cargo a Administração Pública.

ARTIGO 14.º – **Tipologia**
1 – A formação profissional organiza-se em:
a) Cursos de formação de pequena, média e longa duração;
b) Módulos capitalizáveis de cursos de formação;
c) Seminários, encontros, jornadas, palestras, conferências e estágios.
2 – Os tipos de formação referidos nas alíneas *a*) e *b*) do número anterior desenvolvem-se em serviço, em sala ou à distância.

ARTIGO 15.º – **Avaliação da formação**
1 – A formação profissional na Administração Publica é objecto de avaliação, quer em função dos objectivos de cada acção quer ao nível do desempenho profissional dos formandos e dos resultados nas organizações.
2 – Em função dos objectivos de cada acção de formação, podem ser adoptados os seguintes instrumentos de avaliação:
a) Provas de conhecimentos, sempre que se tenha por objectivo aferir o nível de eficácia relativa de cada participante;
b) Metodologias de dinâmica de grupos, simulações ou métodos de casos, sempre que se pretenda verificar o nível de alteração da capacidade dos participantes;
c) Questionários de avaliação das acções de formação, sempre que se pretenda avaliar a reacção dos formandos, a consecução dos objectivos das acções e o nível técnico-pedagógico das mesmas.

CAPÍTULO II – Sistema de formação profissional

ARTIGO 16.º – **Entidades competentes para realizar acções de formação**
São competentes para a realização de formação na Administração Pública:
a) Os organismos centrais e sectoriais de formação com âmbito de actuação para a administração central, regional ou local;
b) Os serviços e organismos da Administração Pública;
c) As entidades formadoras públicas ou privadas que sejam reconhecidas pelos respectivos ministérios da tutela e que se encontrem inseridas, nomeadamente, nos sistemas educativo, científico ou tecnológico;
d) As associações sindicais e profissionais, dentro do seu âmbito de actuação;
e) Quaisquer outras entidades privadas.

516   *IV – Funcionários da Administração Local*

ARTIGO 17.° – **Organismos centrais de formação**

1 – O Instituto Nacional de Administração e o Centro de Estudos e Formação Autárquica são considerados organismos centrais de formação para efeitos do presente diploma.

2 – Compete aos organismos centrais de formação:

a) Promover regularmente a realização de diagnósticos de necessidades de formação e estudos de impacte da formação nos seus domínios de intervenção, com base nos elementos fornecidos pelos serviços, nos termos do artigo 21.°, dos quais deve ser dado conhecimento às demais entidades referidas no artigo anterior;

b) Conceber e desenvolver planos anuais de formação de âmbito predominantemente horizontal para os diferentes grupos de pessoal e tendo em conta as políticas do Governo e as principais necessidades identificadas nas suas áreas de actuação;

c) Conceber e desenvolver formação específica para os dirigentes e chefias da Administração Pública;

d) Apoiar os serviços sectoriais de formação através da elaboração e divulgação de instrumentos técnicos, com vista a facilitar a concretização das diferentes fases do processo formativo;

e) Assegurar a preparação pedagógica e a actualização de conhecimentos dos formadores da Administração Pública, tendo em conta a necessidade de manter uma bolsa de formadores que responda às necessidades formativas dos vários serviços nas áreas comuns da Administração;

f) Desenvolver projectos de formação ajustados às necessidades específicas dos serviços da Administração Pública, sempre que para tal solicitados;

g) Elaborar relatórios de actividades que contenham as acções desenvolvidas e o balanço dos resultados obtidos.

3 – O Instituto Nacional de Administração e o Centro de Estudos e Formação Autárquica remetem, até ao dia 30 de Abril de cada ano, ao órgão coordenador a que se refere o artigo 30.° do presente diploma os relatórios de actividades referidos na alínea *g)* do número anterior.

ARTIGO 18.° – **Organismos sectoriais de formação**

1 – Para efeitos do presente diploma, consideram-se organismos sectoriais de formação:

a) As unidades de formação de âmbito ministerial reconhecidas nas respectivas leis orgânicas;

b) As unidades de formação dos serviços ou organismos com mais de 1500 funcionários e agentes reconhecidas nas respectivas leis orgânicas;

c) As unidades de formação dos institutos públicos como tal consideradas nos respectivos estatutos.

2 – Compete aos organismos sectoriais de formação:

a) Conceber e realizar planos anuais de formação, associados quer a planos de actividades quer a processos de mudança que ocorram nos vários serviços, tendo em conta a prévia identificação das necessidades específicas de cada sector;

b) Assegurar a consultadoria nas áreas de formação aos serviços da Administração Pública;

c) Elaborar relatórios de actividades que contenham as acções desenvolvidas e o balanço dos resultados obtidos.

3 – Os organismos sectoriais de formação remetem, até ao dia 15 de Abril de cada ano, ao órgão coordenador a que se refere o artigo 30.° do presente diploma os relatórios de actividade referidos na alínea c) do número anterior.

ARTIGO 19.° – **Protocolos com outras entidades**

Os organismos centrais e sectoriais de formação fomentam e apoiam iniciativas de formação e podem estabelecer acordos ou protocolos de cooperação com outros organismos, designa-

Decreto-Lei n.º 50/98, de 11 de Março 517

damente universidades, centros de investigação públicos ou privados, nacionais ou estrangeiros, e organizações sindicais e profissionais, visando:

a) Promover a aquisição de meios e competências adicionais e o intercâmbio de experiências;

b) Colaborar na concepção, programação e execução de planos e actividades de formação e informação de interesse para ambas as partes;

c) Desenvolver estudos e actividades de investigação em domínios de formação de interesse para a Administração Pública.

ARTIGO 20.º – **Acreditação das entidades formadoras**

As entidades referidas nas alíneas *b)*, *c)*, *d)* e *e)* do artigo 16.º, bem como os organismos sectoriais de formação, podem realizar acções de formação, desde que sejam devidamente acreditadas nos termos da portaria conjunta a que se refere o n.º 3 do artigo 14.º do Decreto Regulamentar n.º 15/96, de 23 de Novembro.

CAPÍTULO III – Organização da formação

SECÇÃO I – Iniciativa dos serviços

ARTIGO 21.º – **Diagnósticos de necessidades e planos de formação**

1 – Os serviços e organismos da Administração são obrigados a elaborar e manter actualizado, anualmente, o diagnóstico de necessidades de formação.

2 – O disposto no número anterior não exclui a obrigatoriedade de os serviços da Administração Pública, em articulação com a elaboração dos respectivos planos de actividades, e fazendo parte integrante dos mesmos, prepararem um plano de formação ou um plano de frequência de acções de formação, consoante possuam ou não unidade de formação criada na respectiva lei orgânica, devidamente orçamentados.

3 – Os diagnósticos de necessidades de formação e os planos de frequência de acções de formação dos serviços devem ser comunicados ao Instituto Nacional de Administração ou ao Centro de Estudos e Formação Autárquica até ao dia 31 de Maio do ano anterior a que respeitam, consoante se refiram à administração central ou autárquica.

4 – A elaboração dos diagnósticos de necessidades de formação, dos planos de formação ou de frequência de acções de formação deve ser precedida de consulta prévia aos funcionários e agentes dos serviços, podendo ser ouvidas as organizações dos trabalhadores que abranjam os respectivos serviços.

ARTIGO 22.º – **Indicadores de gestão**

1 – Os serviços da Administração Pública que realizem planos e acções de formação ou planos de frequência de acções de formação devem elaborar anualmente relatórios de actividades que contenham as acções desenvolvidas e o balanço dos resultados obtidos e enviá-los, até ao dia 15 de Abril de cada ano, ao órgão coordenador a que se refere o artigo 30.º do presente diploma.

2 – Os relatórios referidos no número anterior integram o relatório de actividades referido no Decreto-Lei n.º 183/96, de 27 de Setembro.

ARTIGO 23.º – **Recurso à formação prestada por entidades privadas**

1 – Os serviços da Administração Pública que recorram à formação ministrada por entidades privadas estão obrigados a verificar o cumprimento, por parte destas, dos requisitos cons-

518   *IV – Funcionários da Administração Local*

tantes do artigo 16.° do Decreto Regulamentar n.° 15/96, de 23 de Novembro, bem como a exigir o comprovativo da respectiva acreditação.

2 – O dirigente máximo dos serviços é responsável financeira e disciplinarmente pelos montantes despendidos quando não se tenha verificado o cumprimento dos requisitos referidos no número anterior.

SECÇÃO II – Iniciativa dos funcionários e agentes

ARTIGO 24.° ([1]) – Autoformação

1 – Entende-se por autoformação o acesso à formação por iniciativa individual do pessoal a que se refere o artigo 2.° do presente diploma que corresponda, directa ou indirectamente, às áreas funcionais em que se encontre inserido ou contribua para o aumento da respectiva qualificação.

2 – Para os efeitos do disposto no número anterior, aquele pessoal tem direito, dentro do período laboral, a um crédito para a sua autoformação, por ano civil, correspondente a cem horas, para as carreiras técnica e técnica superior, e a setenta horas, para as restantes carreiras.

3 – Quando se trate de acções formativas com relevância directa nas respectivas áreas funcionais, a apreciar pelo dirigente máximo do serviço, os créditos previstos no número anterior podem ser ultrapassados até ao limite da carga horária prevista para a acção de formação que o funcionário pretende frequentar.

4 – A autoformação é financiada pelo formando, sem prejuízo do disposto no Decreto Regulamentar n.° 15/96, de 23 de Novembro, quanto ao acesso individual à formação.

5 – A autoformação, quando realizada dentro do período laboral, corresponde, para todos os efeitos legais, ao exercício efectivo de funções.

6 – Os serviços e organismos da administração central, regional e local não podem impedir a frequência de acções de autoformação quando estas tenham lugar fora do período laboral.

1 – Redacção do art. 42.° do DL n.° 70.°-A/2000, de 5 de Maio, e do art. 1.° do DL n.° 174/2001, de 31 de Maio.

ARTIGO 25.° – Procedimentos

1 – A autorização para a autoformação será concedida dentro dos limites dos créditos disponíveis por ano.

2 – O pedido de autorização para autoformação deve ser requerido ao dirigente máximo do serviço com a indicação da data de início, da natureza da acção de formação, da sua duração, assim como da entidade que a promove e do local.

3 – O acesso à autoformação é automático para o pessoal não contemplado no plano de formação do serviço ou organismo, sem prejuízo, todavia, do normal funcionamento do serviço.

4 – O funcionário ou agente que tenha beneficiado de uma autorização para autoformação não poderá obter uma nova autorização no mesmo ano civil, sem prejuízo do número seguinte.

5 – A impossibilidade referida no número anterior só é aplicável caso a formação esgote o crédito anual para a formação.

6 – A recusa do acesso à autoformação deve ser fundamentada.

ARTIGO 26.° – Obrigações do funcionário ou agente

1 – O funcionário ou agente a quem for concedida a autorização para a formação deve, no fim da mesma, apresentar uma declaração de frequência ou certificado de formação.

Decreto-Lei n.º 50/98, de 11 de Março 519

2 – Em caso de ausência, o funcionário ou agente deve justificar a sua falta nos termos legais, sob pena de ficar impossibilitado de requerer nova autorização para formação no ano em curso e no seguinte, independentemente da sanção disciplinar que ao caso couber.

CAPÍTULO IV – **Órgãos consultivos** e de coordenação da formação profissional

SECÇÃO I – **Órgãos consultivos**

ARTIGO 27.º – **Órgãos consultivos**

Constituem órgãos de apoio consultivo em matéria de formação e aperfeiçoamento profissional da Administração Pública:

a) A Comissão Intersectorial de Formação (CIF);

b) Os conselhos consultivos sectoriais (CCS).

ARTIGO 28.º – **Comissão Intersectorial de Formação**

1 – A CIF é um órgão consultivo do membro do Governo que tiver a seu cargo a Administração Pública e a respectiva formação profissional, ao qual compete:

a) Colaborar na definição e permanente actualização da política de formação e aperfeiçoamento profissional da Administração Pública;

b) Dar parecer sobre os planos anuais de formação do Instituto Nacional de Administração e do Centro de Estudos e Formação Autárquica;

c) Pronunciar-se sobre qualquer outro assunto, a solicitação do seu presidente.

2 – A CIF é composta pelos seguintes membros:

a) O membro do Governo que tiver a seu cargo a Administração Pública, que preside;

b) O director-geral da Administração Pública;

c) O presidente do Instituto Nacional de Administração;

d) O presidente do Centro de Estudos e Formação Autárquica;

e) O presidente do Instituto do Emprego e Formação Profissional;

f) Um representante do Ministério do Equipamento, do Planeamento e da Administração do Território;

g) Um representante do Ministério da Educação;

h) Um representante de cada organismo sectorial de formação;

i) Um representante de cada órgão sectorial de formação de âmbito ministerial;

j) Um representante da Direcção-Geral da Administração Pública;

l) Um representante do Secretariado para a Modernização Administrativa;

m) O gestor do Programa Integrado de Formação para a Modernização da Administração Pública (PROFAP);

n) Um representante da administração regional da Madeira e um representante da administração regional dos Açores;

o) Três representantes da Associação Nacional de Municípios Portugueses;

p) Um representante da Associação Nacional de Freguesias;

q) Seis representantes das associações sindicais representativas dos trabalhadores da função pública;

r) Até três personalidades de reconhecido mérito ligadas à formação e ao ensino, designadas pelo membro do Governo que tiver a seu cargo a Administração Pública.

520   IV – Funcionários da Administração Local

3 – O presidente da CIF pode delegar a sua competência no director-geral da Administração Pública.

4 – A CIF funciona junto do gabinete do membro do Governo que a preside, cabendo à Direcção-Geral da Administração Pública prestar o apoio técnico e administrativo indispensável ao seu funcionamento.

5 – A CIF aprova o seu regulamento interno, podendo funcionar em reuniões restritas ou plenárias.

ARTIGO 29.° – Conselhos consultivos sectoriais

1 – Devem ser constituídos, com representação sindical, conselhos consultivos sectoriais, de âmbito ministerial, que têm por missão colaborar na determinação das necessidades de formação de cada departamento governamental, na definição dos princípios informadores da respectiva política de formação e na execução coordenada dos correspondentes planos de formação.

2 – A competência dos conselhos consultivos sectoriais consta de portaria conjunta dos membros do Governo interessados e daquele que tiver a seu cargo a Administração Pública.

3 – Cada conselho consultivo sectorial aprova o seu próprio regulamento interno.

SECÇÃO II – Órgão de coordenação

ARTIGO 30.° – Atribuições e competências

1 – Cabe à Direcção-Geral da Administração Pública coordenar o sistema da formação profissional da Administração Pública, em consonância com as linhas de orientação em matéria de modernização e reforma da Administração Pública.

2 – Para efeito do número anterior, compete à Direcção-Geral da Administração Pública:

a) Estudar e propor ao Governo a definição de linhas políticas e estratégias para a formação e aperfeiçoamento profissional da Administração Pública;

b) Recolher dados que permitam avaliar o cumprimento dos planos de formação e os investimentos efectuados nesta matéria pelos organismos centrais e sectoriais de formação, associações sindicais e profissionais e entidades privadas;

c) Estudar e propor ao Governo a metodologia adequada à elaboração de diagnósticos de necessidades de formação revistos nos artigos 17.°, 18.° e 21.° do presente diploma;

d) Elaborar um sistema de indicadores que deve presidir à elaboração dos relatórios de actividades a executar pelas entidades a que se refere a alínea *b)*;

e) Promover, periodicamente, a avaliação dos efeitos da formação ministrada ao nível de eficácia dos serviços, por forma a avaliar o impacte do investimento efectuado nos resultados das organizações;

f) Promover, através dos organismos centrais de formação, a verificação do cumprimento do disposto no artigo 21.° do presente diploma;

g) Promover, periodicamente, auditorias às entidades que desenvolvem a formação profissional para a Administração Pública, quer de âmbito oficial quer de âmbito privado, numa óptica de análise da contribuição da formação profissional para a modernização e reforma da Administração Pública.

3 – A Direcção-Geral da Administração Pública promoverá as necessárias articulações com a Direcção-Geral da Administração Autárquica nas matérias relativas à formação profissional que se destinem à administração local.

4 – Tendo em vista o desenvolvimento das atribuições e competências previstas no presente

Decreto-Lei n.º 50/98, de 11 de Março   521

diploma, proceder-se-á aos necessários ajustamentos na Lei Orgânica da Direcção-Geral da Administração Pública.

CAPÍTULO V – Disposições finais

ARTIGO 31.º – **Certificação para o mercado de emprego**
A certificação profissional para o mercado de emprego de formação ministrada no âmbito deste diploma rege-se pelas disposições aplicáveis do Decreto-Lei n.º 95/92, de 23 de Maio.

ARTIGO 32.º – **Acompanhamento profissional**
1 – O pessoal dirigente e de chefia deve assegurar o acompanhamento profissional, no próprio local de trabalho, visando a transmissão ao funcionário ou agente dos conhecimentos e aptidões profissionais necessários ao exercício do respectivo posto de trabalho, bem como os procedimentos mais adequados ao incremento da qualidade do serviço prestado.
2 – O acompanhamento profissional cabe na esfera de responsabilidades próprias do pessoal dirigente e de chefia.
3 – O acompanhamento profissional a que se referem os números anteriores não se considera formação profissional para os efeitos do presente diploma e é equiparado a exercício de funções no posto de trabalho.

ARTIGO 33.º – **Revogação**
São revogados os Decretos-Leis n.ºˢ 9/94 e 140/96, de 13 de Janeiro e 23 de Agosto, respectivamente, e a Portaria n.º 80/94, de 7 de Fevereiro.

ARTIGO 34.º – **Entrada em vigor**
O presente diploma entra em vigor 30 dias após a data da sua publicação.

DECRETO-LEI N.° 106/98

de 24 de Abril

**Estabelece normas relativas ao abono de ajudas de custo
e de transporte pelas deslocações em serviço público**

O regime jurídico do abono de ajudas de custo e transporte ao pessoal da Administração Pública, quando deslocado em serviço público em território nacional, encontra-se fixado há cerca de 20 anos, no Decreto-Lei n.° 519-M/79, de 28 de Dezembro.

Este regime tem-se mostrado, no essencial, adaptado à realidade. Porém, justifica-se a introdução de um conjunto significativo de alterações pontuais, de molde a adequá-lo à nova realidade económica e social, contribuindo, ao mesmo tempo, para dignificar os funcionários e agentes da Administração Pública, quando no exercício de funções públicas.

A maioria das modificações que ora se efectuam é resultado das negociações efectuadas no âmbito do acordo salarial para 1996 e compromissos de médio e longo prazo, celebrado com as organizações dos trabalhadores da Administração Pública, de entre as quais se realçam: a inclusão, no âmbito do diploma, do pessoal contratado a termo certo; a adopção do conceito de domicílio necessário consagrado no artigo 87.° do Código Civil e a consagração da faculdade de os funcionários e agentes optarem pelo reembolso das despesas de alojamento contra a apresentação de recibo da despesa efectuada em estabelecimento hoteleiro até 3 estrelas ou equivalente, desde que estes hajam celebrado acordo com o Estado.

Foram ouvidos os órgãos de governo próprio das Regiões Autónomas, as associações sindicais e a Associação Nacional de Municípios Portugueses.

Assim:

CAPÍTULO I – Disposições gerais

ARTIGO 1.° – Âmbito de aplicação pessoal

1 – Os funcionários e agentes da administração central, regional e local e dos institutos públicos, nas modalidades de serviços públicos personalizados e de fundos públicos, quando deslocados do seu domicílio necessário por motivo de serviço público, têm direito ao abono de ajudas de custo e transporte, conforme as tabelas em vigor e de acordo com o disposto no presente diploma.

2 – Têm igualmente direito àqueles abonos os membros do Governo e dos respectivos gabinetes.

3 – O disposto no presente diploma é aplicável, com as necessárias adaptações, ao pessoal contratado a termo certo que exerça funções em serviços e organismos referidos no n.° 1.

IV – Funcionários da Administração Local

ARTIGO 2.º – Domicílio necessário

Sem prejuízo do estabelecido em lei especial, considera-se domicílio necessário, para efeitos de abono de ajudas de custo:

a) A localidade onde o funcionário aceitou o lugar ou cargo, se aí ficar a prestar serviço;

b) A localidade onde exerce funções, se for colocado em localidade diversa da referida na alínea anterior;

c) A localidade onde se situa o centro da sua actividade funcional, quando não haja local certo para o exercício de funções.

CAPÍTULO II – Ajudas de custo em território nacional

ARTIGO 3.º – Tipos de deslocação

As deslocações em território nacional classificam-se em diárias e por dias sucessivos.

ARTIGO 4.º – Deslocações diárias

Consideram-se deslocações diárias as que se realizam num período de vinte e quatro horas e, bem assim, as que, embora ultrapassando este período, não impliquem a necessidade de realização de novas despesas.

ARTIGO 5.º – Deslocações por dias sucessivos

Consideram-se deslocações por dias sucessivos as que se efectivam num período de tempo superior a vinte e quatro horas e não estejam abrangidas na parte final do artigo anterior.

ARTIGO 6.º – Direito ao abono

Só há direito ao abono de ajudas de custo nas deslocações diárias que se realizem para além de 5 km do domicílio necessário e nas deslocações por dias sucessivos que se realizem para além de 20 km do mesmo domicílio.

ARTIGO 7.º – Contagem de distâncias

As distâncias previstas neste diploma são contadas da periferia da localidade onde o funcionário ou agente tem o seu domicílio necessário e a partir do ponto mais próximo do local de destino.

ARTIGO 8.º – Condições de atribuição

1 – O abono da ajuda de custo corresponde ao pagamento de uma parte da importância diária que estiver fixada ou da sua totalidade, conforme o disposto nos números seguintes.

2 – Nas deslocações diárias, abonam-se as seguintes percentagens da ajuda de custo diária:

a) Se a deslocação abranger, ainda que parcialmente, o período compreendido entre as 13 e as 14 horas – 25%;

b) Se a deslocação abranger, ainda que parcialmente, o período compreendido entre as 20 e as 21 horas – 25%;

c) Se a deslocação implicar alojamento – 50%.

3 – As despesas de alojamento só são consideradas nas deslocações diárias que se não prolonguem para o dia seguinte, quando o funcionário não dispuser de transportes colectivos regulares que lhe permitam regressar à sua residência até às 22 horas.

Decreto-Lei n.° 106/98, de 24 de Abril

4 – Nas deslocações por dias sucessivos abonam-se as seguintes percentagens da ajuda de custo diário:

a) Dia da partida:

Horas de partida	Percentagem
Até às 13 horas	100
Depois das 13 até às 21 horas	75
Depois das 21 horas	50

b) Dia de regresso:

Horas de partida	Percentagem
Até às 13 horas	0
Depois das 13 até às 20 horas	25
Depois das 20 horas	50

c) Restantes dias – 100%.

5 – Atendendo a que as percentagens referidas nos n.os 2 e 4 correspondem ao pagamento de uma ou duas refeições e alojamento, não haverá lugar aos respectivos abonos quando a correspondente prestação seja fornecida em espécie.

ARTIGO 9.° – Reembolso da despesa com alojamento

1 – O pagamento da percentagem da ajuda de custo relativa ao alojamento (50%), quer em deslocações diárias, quer por dias sucessivos, pode ser substituído, por opção do interessado, pelo reembolso da despesa efectuada com o alojamento em estabelecimento hoteleiro até 3 estrelas ou equivalente.

2 – Caso o interessado use da faculdade prevista no número anterior, é obrigado a optar por estabelecimentos que tenham celebrado acordo com o Estado, nos termos a definir em despacho conjunto dos Ministros das Finanças e da Economia e do membro do Governo responsável pela Administração Pública.

3 – Nas localidades em que os estabelecimentos hoteleiros não tenham celebrado acordo com o Estado, o interessado pode optar pelo reembolso da despesa efectuada com o alojamento, desde que aquela não ultrapasse o valor médio do custo de alojamento constante dos acordos celebrados com o Estado no respectivo distrito e para a correspondente época.

4 – Para efeitos do disposto no presente artigo, o Ministério das Finanças publicará, na 2.ª série do Diário da República, até ao final de cada ano civil, a lista dos estabelecimentos hoteleiros que tenham celebrado acordo com o Estado, bem como o valor médio do custo do alojamento por cada distrito e correspondentes épocas.

5 – O disposto nos n.os 2, 3 e 4 não é aplicável à administração local.

ARTIGO 10.° – Casos especiais

1 – Quando o funcionário ou agente não dispuser de transporte que lhe permita almoçar no seu domicílio necessário ou nos refeitórios dos serviços sociais a que tenha direito poderá ser concedido abono para despesa de almoço de uma importância equivalente a 25% da ajuda de custo diária nas deslocações até 5 km, após apreciação pelo dirigente do serviço.

526   *IV – Funcionários da Administração Local*

2 – O dirigente do serviço poderá, em despacho proferido nos termos do número seguinte, proceder à atribuição dos quantitativos previstos no n.º 4 do artigo 8.º para deslocações entre 5 km e 20 km.

3 – O despacho previsto no número anterior deverá conter os seguintes elementos:

a) A distância entre o domicílio necessário do funcionário ou agente e a localidade onde se encontra;

b) O meio de transporte utilizado na deslocação;

c) Os transportes colectivos que estabelecem ligações entre as localidades referidas na alínea *a*) e respectivos horários compatíveis, tendo em conta não só os horários que permitam respeitar o horário normal de trabalho como outros aproximados;

d) A distância aproximada entre o domicílio necessário do funcionário ou agente e o local mais próximo onde os transportes referidos na alínea *c*) podem ser tomados;

e) Os meios de transporte utilizados nos percursos referidos na alínea anterior;

f) O tempo gasto nas deslocações referidas nas alíneas *c*) e *d*) em circunstâncias normais;

g) O incómodo da deslocação.

4 – O dirigente do serviço poderá ainda, em despacho fundamentado e tendo em conta as circunstâncias referidas no número anterior, proceder à atribuição dos quantitativos previstos no n.º 2 do artigo 8.º para deslocações que ultrapassem 20 km.

ARTIGO 11.º – Abonos de ajudas de custo por conta de outros serviços

As despesas com ajudas de custo abonadas a funcionários ou agentes que desempenhem funções noutros serviços e no interesse destes devem onerar as dotações dos organismos onde os deslocados exercem a sua actividade.

ARTIGO 12.º – Limite do tempo de deslocação

1 – O abono de ajudas de custo não pode ter lugar para além de 90 dias seguidos de deslocação.

2 – O limite de tempo previsto no número anterior pode, em casos excepcionais e devidamente fundamentados, ser prorrogado até 90 dias, por despacho conjunto do ministro da tutela, do Ministro das Finanças e do membro do Governo responsável pela Administração Pública.

ARTIGO 13.º – Faltas por falecimento de familiar e por doença

1 – As faltas por falecimento de familiar não interrompem o abono de ajudas de custo até à chegada do funcionário ou agente ao seu domicílio necessário.

2 – Os funcionários e agentes que adoeçam quando deslocados do seu domicílio necessário mantêm o direito ao abono de ajudas de custo se a doença os obrigar a permanecer nesse local ou o período previsível da doença for de tal forma curto que a manutenção do abono de ajudas de custo não provoque prejuízos, desde que observado o disposto no artigo 28.º do Decreto-Lei n.º 497/88, de 30 de Dezembro.

ARTIGO 14.º – Pessoal sem vínculo à função pública

1 – O montante das ajudas de custo devidas aos indivíduos que, não sendo funcionários ou agentes, façam parte de conselhos, comissões, grupos de trabalho, grupos de projecto ou outras estruturas de carácter não permanente de serviços do Estado, quando convocados para reuniões em que tenham de ausentar-se do local onde exercem normalmente a sua actividade, é fixado globalmente por estrutura, de entre as estabelecidas na tabela em vigor, mediante despacho do

Decreto-Lei n.° 106/98, de 24 de Abril 527

ministro da tutela e prévio acordo do Ministro das Finanças, obtido por intermédio da Direcção-Geral do Orçamento.

2 – A fixação de ajudas de custo nos termos previstos no número anterior deve ter em atenção as funções desempenhadas e as que estão fixadas para os funcionários ou agentes abrangidos pela tabela com cargos de conteúdo funcional equiparável.

CAPÍTULO III – Ajudas de custo
por deslocações ao estrangeiro e no estrangeiro

ARTIGO 15.° (¹) – Deslocações ao estrangeiro e no estrangeiro

O abono de ajudas de custo por deslocações ao estrangeiro e por deslocações no estrangeiro é regulado por diploma próprio.

1 – Ver DL n.° 192/95, de 28 de Julho.

CAPÍTULO IV – Transporte em território nacional
e nas deslocações ao estrangeiro

ARTIGO 16.° – Direito a transporte

Para além do pessoal a que se referem os n.ᵒˢ 1 e 2 do artigo 1.°, pode ser reconhecido o direito a transporte às pessoas que constituem o seu agregado familiar, nas condições previstas na lei.

ARTIGO 17.° – Transportes de móveis e bagagem

Às pessoas com direito a transporte é assegurado ainda o pagamento das despesas de embalagem, seguro e transporte de móveis e bagagem, nas condições previstas na lei.

ARTIGO 18.° – Meios de transporte

1 – O Estado deve, como procedimento geral, facultar ao seu pessoal os veículos de serviços gerais necessários às deslocações em serviço.

2 – Na falta ou impossibilidade de recurso aos meios referidos no número anterior, devem utilizar-se preferencialmente os transportes colectivos de serviço público, permitindo-se, em casos especiais, o uso do automóvel próprio do funcionário ou agente ou o recurso ao automóvel de aluguer, sem prejuízo da utilização de outro meio de transporte que se mostre mais conveniente desde que em relação a ele esteja fixado o respectivo abono.

ARTIGO 19.° – Veículos de serviços gerais

Na atribuição do contingente de veículos de serviços gerais aos diferentes serviços observar-se-á o disposto no Decreto-Lei n.° 50/78, de 26 de Março.

ARTIGO 20.° – Uso de automóvel próprio

1 – A título excepcional, e em casos de comprovado interesse dos serviços nos termos dos números seguintes, pode ser autorizado, com o acordo do funcionário ou agente, o uso de veículo próprio nas deslocações em serviço em território nacional.

2 – O uso de viatura própria só é permitido quando, esgotadas as possibilidades de utilização económica das viaturas afectas ao serviço, o atraso no transporte implique grave inconveniente para o serviço.

IV – *Funcionários da Administração Local*

3 – Na autorização individual para o uso de automóvel próprio deve ter-se em consideração, para além do disposto no número anterior, o interesse do serviço numa perspectiva económico-funcional mais rentável.

4 – A pedido do interessado e por sua conveniência, pode ser autorizado o uso de veículo próprio em deslocações de serviço para localidades servidas por transporte público que o funcionário ou agente devesse, em princípio, utilizar, abonando-se, neste caso, apenas o montante correspondente ao custo das passagens no transporte colectivo.

ARTIGO 21.º – Uso de automóvel de aluguer

O transporte em automóvel de aluguer só deve verificar-se nos casos em que a sua utilização seja considerada absolutamente indispensável ao interesse dos serviços e mediante prévia autorização.

ARTIGO 22.º – Casos especiais

1 – Em casos especiais, e quando não for possível ou conveniente utilizar os transportes colectivos, pode ser autorizado o reembolso das despesas de transporte efectivamente realizadas ou o abono do correspondente subsídio, se for caso disso, mediante pedido devidamente fundamentado a apresentar no prazo de 10 dias após a realização da diligência.

2 – Para efeitos do pagamento dos quantitativos autorizados, os interessados apresentam nos serviços os documentos comprovativos das despesas de transporte ou os boletins itinerários devidamente preenchidos.

ARTIGO 23.º – Entidades competentes para a autorização

As autorizações referidas nos artigos 20.º, 21.º e 22.º são da competência do respectivo director-geral ou funcionário de categoria equivalente ou superior e dos dirigentes dos serviços externos que tenham ordenado a diligência, podendo as mesmas ser subdelegadas em outros dirigentes dos serviços.

ARTIGO 24.º – Uso do avião

A utilização de avião no continente tem sempre carácter excepcional, dependendo de autorização do membro do Governo competente.

ARTIGO 25.º – Classes nos transportes

1 – O abono de transporte ao pessoal abrangido por este diploma é atribuído nas classes indicadas nos números seguintes.

2 – Por caminho de ferro:

1.ª classe (em qualquer tipo de comboio):

a) Membros do Governo, chefes e adjuntos dos respectivos gabinetes;

b) Pessoal que receba remuneração igual ou superior à correspondente ao índice 405 da escala salarial do regime geral;

c) Pessoal remunerado por gratificação, desde que possuidor de categoria ou exercendo funções equiparáveis às exercidas pelo pessoal abrangido pela alínea anterior;

d) Funcionários que acompanhem os membros do Governo;

2.ª classe – restante pessoal.

3 – Por via aérea:

1.ª classe (ou equivalente):

a) Membros do Governo, chefes e adjuntos dos respectivos gabinetes;

Decreto-Lei n.° 106/98, de 24 de Abril 529

b) Chefes de missão diplomática nas viagens que tenham por ponto de partida ou de chegada o local do respectivo posto;

c) Directores-gerais ou equiparados;

d) Funcionários que acompanhem os membros dos órgãos de soberania;

Classe turística ou económica – restante pessoal.

4 – Por via marítima, a determinação da classe é sempre efectuada por despacho ministerial, mediante proposta fundamentada do respectivo serviço.

5 – Os cônjuges ou familiares dos funcionários ou agentes têm direito a viajar na mesma classe destes, sempre que legalmente lhes seja atribuído o abono de transporte.

6 – Na ocorrência de circunstâncias de natureza excepcional, pode ser autorizada a utilização da classe superior à que normalmente seria utilizada, por despacho ministerial, sob proposta devidamente fundamentada.

7 – Nas missões de serviço público, todos os funcionários ou agentes viajam de acordo com a classe correspondente à categoria mais elevada.

8 – Compete ao Ministro das Finanças e ao membro do Governo responsável pela Administração Pública determinar, por despacho conjunto, a classe a atribuir ao pessoal não previsto neste artigo.

ARTIGO 26.° – **Âmbito das despesas de transporte e modos de pagamento**

As despesas de transporte devem corresponder ao montante efectivamente despendido, podendo o seu pagamento ser efectuado nas formas seguintes:

a) Através de requisição de passagens às empresas transportadoras, quer directamente por reembolso ao funcionário ou agente;

b) Atribuição de subsídio por quilómetro percorrido, calculado de forma a compensar o funcionário ou agente da despesa realmente efectuada.

ARTIGO 27.° – **Subsídio de transporte**

1 – O subsídio de transporte depende da utilização de automóvel próprio do funcionário ou agente.

2 – Para além do subsídio referido no número anterior, são fixados por despacho do Ministro das Finanças outros subsídios da mesma natureza, designadamente para percursos a pé, em velocípedes, ciclomotores, motociclos e outros.

3 – O abono dos subsídios de transporte é devido a partir da periferia do domicílio necessário dos funcionários ou agentes.

4 – A revisão e alteração dos quantitativos dos subsídios de transportes são efectuadas anualmente no diploma previsto no artigo 38.°.

ARTIGO 28.° – **Uso de transportes públicos nas áreas urbanas e suburbanas**

1 – Quando, por motivo de serviço público, o funcionário ou agente tiver de se deslocar nas áreas urbanas e suburbanas da localidade onde exerce funções, pode utilizar os transportes públicos existentes, com a restrição prevista no artigo 21.°

2 – Nos casos em que a actividade implique deslocações frequentes dentro das áreas urbanas e suburbanas, pode ser atribuído um subsídio mensal de montante igual ao preço dos passes sociais dos transportes colectivos.

ARTIGO 29.° – **Requisição de transportes**

1 – As deslocações em transportes colectivos de serviço público que ultrapassem as áreas

530 IV – Funcionários da Administração Local

urbanas e suburbanas devem efectuar-se através de requisição oficial dos respectivos títulos às empresas transportadoras, nos termos do Decreto n.º 8023, de 4 de Fevereiro de 1922.

2 – Em casos devidamente comprovados de inconveniência para o serviço ou de impossibilidade de recurso à requisição prevista no número anterior, pode o dirigente dos serviços autorizar o reembolso da despesa efectivamente realizada, sem dependência do referido documento.

3 – Nos transportes a realizar nas áreas urbanas e suburbanas das cidades de Lisboa e Porto, é dispensada a requisição das respectivas passagens.

4 – A dispensa referida no número anterior pode ser alargada a outras cidades em que se verifiquem idênticas condições, mediante despacho do Ministro das Finanças, sob proposta da Direcção-Geral do Orçamento.

ARTIGO 30.º – **Remessa e processamento das contas de transportes**

1 – As empresas transportadoras enviam directamente aos serviços requisitantes, dentro dos 60 dias seguintes ao termo do mês a que respeitem, as contas de transportes, em duplicado, bem como os originais das respectivas requisições.

2 – As operações relativas ao processamento, verificação, autorização e pagamento ficam sujeitas aos prazos legalmente estabelecidos para as restantes despesas públicas, tomando-se como referência, para efeitos de processamento, a data da recepção das contas nos serviços processadores.

3 – As contas dos transportes requisitados e fornecidos nos dois últimos meses do ano podem ser satisfeitas no ano imediato, por conta das correspondentes dotações do orçamento em vigor, sem dependência do cumprimento das formalidades relativas às despesas de anos anteriores.

ARTIGO 31.º – **Documentação das despesas**

1 – As despesas efectuadas com transportes são reembolsadas pelo montante despendido, mediante a apresentação dos documentos comprovativos.

2 – As despesas efectuadas com transportes nas áreas urbanas e suburbanas, por motivo de serviço público, podem ser documentadas com a apresentação de uma relação dos quantitativos despendidos em cada deslocação, devidamente visada pelo dirigente do serviço.

CAPÍTULO V – **Disposições finais e transitórias**

ARTIGO 32.º – **Administração local**

As competências que nos artigos 10.º, 12.º, n.º 2, 14.º, n.º 1, 20.º, 21.º, 22.º, 24.º, 25.º, n.ºs 4, 6 e 8, 33.º, n.º 2, e 36.º, n.º 2, são cometidas a membros do Governo ou a dirigentes dos serviços, no âmbito da administração local, são exercidas pelos seguintes órgãos ou entidades:

a) Nas câmaras municipais, pelo presidente;

b) Nos serviços municipalizados, pelo conselho de administração;

c) Nas juntas de freguesia, pela junta de freguesia;

d) Nas assembleias distritais, pela assembleia distrital.

ARTIGO 33.º – **Casos excepcionais de representação**

1 – Em casos excepcionais de representação, os encargos com o alojamento e alimentação inerentes a deslocações em serviço público podem ser satisfeitos contra documento comprovativo das despesas efectuadas, não havendo nesse caso lugar ao abono de ajudas de custo.

2 – O pagamento destas despesas deve ser objecto de proposta fundamentada e depende de despacho do membro do Governo competente e do Ministro das Finanças.

Decreto-Lei n.° 106/98, de 24 de Abril 531

ARTIGO 34.° – **Deslocações em conjunto**

Ao pessoal envolvido em missões que impliquem deslocações conjuntas em território nacional são abonadas ajudas de custo pelo escalão correspondente ao da categoria mais elevada.

ARTIGO 35.° – **Abono das ajudas de custo**

As ajudas de custo devem ser abonadas no prazo máximo de 30 dias a contar da data da apresentação pelo interessado dos documentos respeitantes à deslocação efectuada.

ARTIGO 36.° – **Abonos adiantados**

1 – Os funcionários e agentes que se desloquem em serviço público têm direito ao abono adiantado das respectivas ajudas de custo e transporte.

2 – Os dirigentes dos serviços podem autorizar o abono adiantado de ajudas de custo e transportes até 30 dias, sucessivamente renováveis, devendo os interessados prestar contas da importância avançada no prazo de 10 dias após o regresso ao domicílio necessário, sem o que não lhes podem ser disponibilizados outros abonos desta natureza.

ARTIGO 37.° – **Subsídio de refeição**

O quantitativo correspondente ao abono diário do subsídio de refeição é deduzido nas ajudas de custo, quando as despesas sujeitas a compensação incluírem o custo do almoço.

ARTIGO 38.°

Forma legal para fixação de ajudas de custo e subsídio de transporte Os montantes das ajudas de custo e subsídio de transporte previstos neste diploma constam do diploma legal que fixar anualmente as remunerações dos funcionários e agentes da Administração Pública.

ARTIGO 39.° – **Responsabilidade**

1 – Os funcionários ou agentes que recebam indevidamente quaisquer abonos de ajudas de custo e subsídio de transporte ficam obrigados à sua reposição, independentemente da responsabilidade disciplinar que ao caso couber.

2 – Ficam solidariamente responsáveis pela restituição das quantias indevidamente abonadas os dirigentes do serviço que autorizem o abono de ajudas de custo e transportes nos casos em que não haja justificação para tal.

ARTIGO 40.° – **Revogação**

São revogados os Decretos-Leis n.os 616/74, de 14 de Novembro, 519-M/79, de 28 de Dezembro, e 248/94, de 7 de Outubro.

DECRETO-LEI N.° 116/98

de 5 de Maio

Estabelece os princípios gerais da carreira de médico veterinário municipal (revoga os Decretos-Leis n.ºs 143/83, de 30 de Março, e 436/89, de 19 de Dezembro

O Decreto-Lei n.° 143/83, de 30 de Março, e respectiva rectificação publicada no Diário da República, 1.ª série, n.° 99, de 30 de Abril de 1983, para além de estabelecer que os médicos veterinários municipais têm o dever de colaborar com o Ministério da Agricultura, do Desenvolvimento Rural e das Pescas, na área do respectivo município, em todas as acções levadas a efeito nos domínios da sanidade animal, da higiene pública veterinária, do melhoramento zootécnico e da economia e comércio pecuários programados pelos serviços competentes, veio definir que a retribuição mensal dos médicos veterinários municipais passaria a ser suportada pelos municípios e pelo Ministério da Agricultura, respectivamente em 60% e 40%, sendo metade desta percentagem comparticipada pela ex-Junta Nacional dos Produtos Pecuários e 20% a cargo dos serviços regionais.

No entanto, a extinção entretanto verificada do Instituto Regulador e Orientador dos Mercados Agrícolas, que sucedeu à Junta Nacional dos Produtos Pecuários nas suas competências, impede que seja esta entidade a comparticipar naquela retribuição mensal.

Por outro lado, na sequência da reestruturação do Ministério da Agricultura, do Desenvolvimento Rural e das Pescas (MADRP) ao abrigo dos Decretos-Leis n.ºs 74/96 e 75/96, de 18 de Junho, impõe-se que aquele encargo passe a ser integralmente suportado pelos serviços regionais do Ministério da Agricultura, do Desenvolvimento Rural e das Pescas, readaptando-se a carreira de médico veterinário municipal em conformidade.

Foi ouvida a Associação Nacional de Municípios.

Assim:

ARTIGO 1.°

A estrutura da carreira de médico veterinário municipal é a constante do mapa I anexo ao Decreto-Lei n.° 265/88, de 28 de Julho, com o desenvolvimento indiciário previsto no anexo II ao Decreto-Lei n.° 353-A/89, de 16 de Outubro.

ARTIGO 2.°

1 – O provimento dos lugares é feito nos termos da lei.

2 – O médico veterinário municipal é a autoridade sanitária veterinária concelhia, a nível da respectiva área geográfica de actuação, quando no exercício das atribuições que lhe estão legalmente cometidas.

534 *IV – Funcionários da Administração Local*

3 – Os poderes de autoridade sanitária veterinária são conferidos aos médicos veterinários municipais, por inerência de cargo, pela Direcção-Geral de Veterinária (DGV), enquanto autoridade sanitária veterinária nacional, e pela Direcção-Geral de Fiscalização e Controlo da Qualidade Alimentar (DGFCQA), a título pessoal, não delegável e abrangendo a actividade por eles exercida na respectiva área concelhia, quando esteja em causa a sanidade animal ou a saúde pública.

4 – O exercício do poder de autoridade sanitária veterinária concelhia traduz-se na competência de, sem dependência hierárquica, tomar qualquer decisão, por necessidade técnica ou científica, que entenda indispensável ou relevante para a prevenção e correcção de factores ou situações susceptíveis de causarem prejuízos graves à saúde pública, bem como nas competências relativas à garantia de salubridade dos produtos de origem animal.

5 – A autoridade sanitária veterinária concelhia será substituída, na sua ausência ou impedimento, pelo médico veterinário municipal de um dos concelhos limítrofes, a designar pela autoridade sanitária veterinária nacional.

ARTIGO 3.º

1 – Os médicos veterinários municipais têm o dever de, nos termos da legislação vigente, colaborar com o Ministério da Agricultura, do Desenvolvimento Rural e das Pescas (MADRP), na área do respectivo município, em todas as acções levadas a efeito nos domínios da saúde e bem-estar animal, da saúde pública veterinária, da segurança da cadeia alimentar de origem animal, da inspecção hígio-sanitária, do controlo de higiene da produção, da transformação e da alimentação animal e dos controlos veterinários de animais e produtos provenientes das trocas intracomunitárias e importados de países terceiros, programadas e desencadeadas pelos serviços competentes, designadamente a DGV e a DGFCQA.

2 – Compete aos médicos veterinários municipais, no exercício da colaboração referida no número anterior:

a) Colaborar na execução das tarefas de inspecção hígio-sanitária e controlo hígio-sanitário das instalações para alojamento de animais, dos produtos de origem animal e dos estabelecimentos comerciais ou industriais onde se abatam, preparem, produzam, transformem, fabriquem, conservem, armazenem ou comercializem animais ou produtos de origem animal e seus derivados;

b) Emitir parecer, nos termos da legislação vigente, sobre as instalações e estabelecimentos referidos na alínea anterior;

c) Elaborar e remeter, nos prazos fixados, a informação relativa ao movimento nosonecrológico dos animais;

d) Notificar de imediato as doenças de declaração obrigatória e adoptar prontamente as medidas de profilaxia determinadas pela autoridade sanitária veterinária nacional sempre que sejam detectados casos de doenças de carácter epizoótico;

e) Emitir guias sanitárias de trânsito;

f) Participar nas campanhas de saneamento ou de profilaxia determinadas pela autoridade sanitária veterinária nacional do respectivo município;

g) Colaborar na realização do recenseamento de animais, de inquéritos de interesse pecuário e ou económico e prestar informação técnica sobre abertura de novos estabelecimentos de comercialização, de preparação e de transformação de produtos de origem animal.

ARTIGO 4.º

1 – Os médicos veterinários municipais dependem, hierárquica e disciplinarmente, do presidente da câmara da respectiva área da sua intervenção.

Decreto-Lei n.º 116/98, de 5 de Maio

2 – As relações funcionais dos médicos veterinários com o MADRP são asseguradas através das direcções regionais de agricultura e da articulação destas com a DGV e a DGFCQA, consoante a natureza das respectivas atribuições.

3 – Entre os médicos veterinários municipais e os serviços mencionados no número anterior será estabelecido um programa de contactos regulares, sem prejuízo da possibilidade de convocação extraordinária por motivo urgente.

4 – Em caso de concorrência de obrigações, prevalece o serviço municipal.

ARTIGO 5.º

1 – A retribuição mensal correspondente aos índice e escalão do vencimento dos médicos veterinários municipais é suportada pelos respectivos municípios e pelo MADRP, respectivamente em 60% e 40%.

2 – O encargo correspondente ao MADRP é suportado pelas direcções regionais de agricultura, através de verba inscrita nos respectivos orçamentos em despesas com o pessoal.

3 – Constitui encargo das câmaras municipais o pagamento do subsídio de refeição e o apoio técnico-profissional e administrativo.

4 – Os serviços prestados no exercício das funções enunciadas na alínea f) do n.º 2 do artigo 3.º estão sujeitos às regras fixadas para cada campanha.

ARTIGO 6.º

1 – Os médicos veterinários municipais, quando se desloquem no exercício das suas funções oficiais, têm direito a ajudas de custo e a despesas de transporte, nos termos legais.

2 – O pagamento das despesas referidas no número anterior compete à câmara municipal ou ao MADRP, consoante a natureza do serviço prestado e de harmonia com a legislação em vigor, considerando-se para o efeito como domicílio profissional a sede do respectivo município.

3 – A quota de desconto para efeitos de aposentação incide sobre a totalidade da retribuição mensal fixada nos termos do n.º 1 do artigo 5.º do presente diploma, assim como sobre a percentagem inerente ao trabalho dependente, resultante das campanhas de saneamento ou profilaxia para a área do município, de acordo com a alínea f) do n.º 2 do artigo 3.º deste diploma.

ARTIGO 7.º

1 – Para efeitos do disposto no presente diploma, as câmaras municipais comunicarão aos respectivos serviços regionais a data de posse dos médicos veterinários municipais que vierem a ser nomeados.

2 – Relativamente aos médicos veterinários municipais referidos no número anterior, o direito ao abono da remuneração a cargo do MADRP será reconhecido por despacho do Ministro, mediante processo a organizar pelos serviços regionais, no prazo de 30 dias a contar da posse, sem prejuízo, porém, da retroacção de efeitos a esta última data.

ARTIGO 8.º

No exercício da sua actividade como autoridade sanitária veterinária concelhia, o médico veterinário municipal deverá articular-se com a autoridade de saúde concelhia nos aspectos relacionados com a saúde humana, tendo poderes para solicitar a colaboração e intervenção das autoridades administrativas, policiais e de fiscalização das actividades económicas.

ARTIGO 9.º

São revogados os Decretos-Leis n.os 143/83, de 30 de Março, e 436/89, de 19 de Dezembro.

LEI N.° 23/98

de 26 de Maio

Estabelece o regime de negociação colectiva e a participação dos trabalhadores da Administração Pública em regime de direito público

ARTIGO 1.° – Objecto

1 – O presente diploma regula as condições do exercício dos direitos de negociação colectiva e de participação dos trabalhadores da Administração Pública em regime de direito público.

2 – Os direitos de negociação colectiva e de participação têm por objecto, no âmbito do presente diploma, a fixação ou alteração do estatuto dos trabalhadores da Administração Pública, bem como o acompanhamento da sua execução.

3 – Os direitos de negociação colectiva e de participação dos trabalhadores da Administração Pública, em regime de direito privado, regem-se pela legislação geral referente à regulamentação colectiva das relações de trabalho.

ARTIGO 2.° – Legitimidade

Os direitos de negociação colectiva e de participação, no que respeita às organizações sindicais, apenas podem ser exercidos através daquelas que, nos termos dos respectivos estatutos, representem interesses de trabalhadores da Administração Pública e se encontrem devidamente registadas.

ARTIGO 3.° – Princípios

1 – A Administração e as associações sindicais respeitam os princípios da boa fé, nomeadamente respondendo com a máxima brevidade quer aos pedidos de reunião solicitados, quer às propostas mútuas, fazendo-se representar nas reuniões destinadas à negociação ou participação e à prevenção ou resolução de conflitos.

2 – As consultas dos representantes da Administração e dos trabalhadores, através das suas organizações sindicais, não suspendem ou interrompem a marcha do procedimento de negociação ou participação, salvo se as partes nisso expressamente acordarem.

3 – Cada uma das partes pode solicitar à outra as informações consideradas necessárias ao exercício adequado dos direitos de negociação colectiva e de participação, designadamente os estudos e elementos de ordem técnica ou estatística, não classificados, que sejam tidos como indispensáveis à fundamentação das propostas e das contrapropostas.

ARTIGO 4.° – Cláusula de salvaguarda

A Administração e as associações sindicais devem assegurar a apreciação, discussão e resolução das questões colocadas numa perspectiva global e comum a todos os serviços e organismos e aos trabalhadores da Administração Pública no seu conjunto, respeitando o princípio da

538 IV – Funcionários da Administração Local

prossecução do interesse público e visando a dignificação da função pública e a melhoria das condições sócio-económicas dos mesmos trabalhadores.

ARTIGO 5.º – **Direito de negociação colectiva**
1 – É garantido aos trabalhadores da Administração Pública em regime de direito público o direito de negociação colectiva do seu estatuto.

2 – Considera-se negociação colectiva a negociação efectuada entre as associações sindicais e a Administração das matérias relativas àquele estatuto, com vista à obtenção de um acordo.

3 – O acordo, total ou parcial, que for obtido consta de documento autónomo subscrito pelas partes e obriga o Governo a adoptar as medidas legislativas ou administrativas adequadas ao seu integral e exacto cumprimento, no prazo máximo de 180 dias, sem prejuízo de outros prazos que sejam acordados, salvo nas matérias que careçam de autorização legislativa, caso em que os respectivos pedidos devem ser submetidos à Assembleia da República no prazo máximo de 45 dias.

ARTIGO 6.º – **Objecto de negociação colectiva**
São objecto de negociação colectiva as matérias relativas à fixação ou alteração:
a) Dos vencimentos e das demais prestações de carácter remuneratório;
b) Das pensões de aposentação ou de reforma;
c) Das prestações da acção social e da acção social complementar;
d) Da constituição, modificação e extinção da relação de emprego;
e) Das carreiras de regime geral e especial e das integradas em corpos especiais, incluindo as respectivas escalas salariais;
f) Da duração e horário de trabalho;
g) Do regime das férias, faltas e licenças;
h) Do regime dos direitos de exercício colectivo;
i) Das condições de higiene, saúde e segurança no trabalho;
j) Da formação e aperfeiçoamento profissional;
k) Do estatuto disciplinar;
l) Do regime de mobilidade;
m) Do regime de recrutamento e selecção;
n) Do regime de classificação de serviço.

ARTIGO 7.º – **Procedimento de negociação**
1 – A negociação geral anual deverá iniciar-se a partir do dia 1 de Setembro, com a apresentação, por uma das partes, de proposta fundamentada sobre qualquer das matérias previstas no artigo anterior, procedendo-se seguidamente à calendarização das negociações, de forma que estas terminem tendencialmente antes da votação final global da proposta do Orçamento, nos termos constitucionais, na Assembleia da República.

2 – As matérias sem incidência orçamental constantes do artigo anterior podem ser objecto de negociação a qualquer momento, desde que as partes contratantes nisso acordem, e desde que não tenham sido discutidas na negociação geral anual precedente.

3 – As partes devem fundamentar as suas propostas e contrapropostas, impendendo sobre elas o dever de tentar atingir, em prazo adequado, um acordo.

4 – Das reuniões havidas são elaboradas actas, subscritas pelas partes, donde constará um resumo do que tiver ocorrido, designadamente os pontos em que não se tenha obtido acordo.

Lei n.° 23/98, de 26 de Maio

5 – As negociações sectoriais iniciam-se em qualquer altura do ano e têm a duração que for acordada entre as partes, aplicando-se-lhes os princípios constantes dos números anteriores.

ARTIGO 8.° – **Convocação de reuniões**

A convocação de reuniões dentro do procedimento negocial tem de ser feita sempre com a antecedência mínima de cinco dias úteis, salvo acordo das partes.

ARTIGO 9.° – **Resolução de conflitos**

1 – Terminado o período da negociação sem que tenha havido acordo poderá abrir-se uma negociação suplementar, a pedido das associações sindicais, para resolução dos conflitos.

2 – O pedido para negociação suplementar será apresentado no final da última reunião negocial, ou por escrito, no prazo de cinco dias úteis, contado a partir do encerramento de qualquer dos procedimentos de negociação previstos no artigo 7.°, devendo dele ser dado conhecimento a todas as partes envolvidas no processo.

3 – A negociação suplementar, desde que requerida nos termos do número anterior, é obrigatória, não podendo a sua duração exceder 15 dias úteis, consiste na tentativa de obtenção de um acordo e tem como consequência que não pode ser encerrado qualquer procedimento negocial em curso sobre as mesmas matérias com qualquer outra entidade.

4 – Na negociação suplementar a parte governamental será constituída por membro ou membros do Governo, sendo obrigatoriamente presidida pelo que for responsável pela Administração Pública e, no caso das negociações sectoriais, pelo que for responsável pelo sector.

5 – Finda a negociação suplementar sem obtenção de acordo, o Governo toma a decisão que entender adequada, sem prejuízo do disposto no n.° 3 do artigo 5.°.

ARTIGO 10.° – **Direito de participação**

1 – É garantido aos trabalhadores da Administração Pública o direito de participarem, através das suas associações sindicais:

a) Na elaboração de programas de emprego;

b) Na fiscalização e implementação das medidas relativas às condições de higiene, saúde e segurança no trabalho;

c) Na gestão das instituições de segurança social dos trabalhadores da função pública e de outras organizações que visem satisfazer o interesse dos trabalhadores, designadamente as obras e serviços sociais, a ADSE e a Caixa Geral de Aposentações;

d) Nas alterações ao Estatuto da Aposentação;

e) Na definição da política de formação e aperfeiçoamento profissional da Administração Pública;

f) No controlo de execução dos planos económico-sociais;

g) No domínio da melhoria da qualidade dos serviços públicos;

h) Nas auditorias de gestão efectuadas aos serviços públicos;

i) Na elaboração dos pedidos de autorização legislativa sobre matéria sujeita à negociação ou participação;

j) Na elaboração da regulamentação interna relativa às condições específicas de trabalho de cada serviço;

l) Na definição do regime de acidentes de serviço e doenças profissionais;

m) Na elaboração da legislação respeitante ao regime geral ou especial da função pública que não for objecto de negociação.

2 – A participação na elaboração de programas de emprego tem a natureza de consulta e

540   *IV – Funcionários da Administração Local*

tem como referência o plano anual de actividades previsto no Decreto-Lei n.º 183/96, de 27 de Setembro.

3 – A participação na fiscalização das medidas relativas às condições de higiene e segurança faz-se nos termos da lei.

4 – A participação nas instituições de segurança social dos trabalhadores da função pública e de outras organizações que visem satisfazer o interesse dos trabalhadores consiste no direito de ser informado sobre a gestão daquelas instituições pelos respectivos órgãos e no de lhes fazer recomendações visando a melhoria dos serviços prestados, regendo-se, quanto ao mais, pelo disposto na lei.

5 – A participação na definição da política de formação e aperfeiçoamento profissional faz-se, designadamente, no âmbito da comissão intersectorial de formação e dos conselhos consultivos.

6 – A participação no controlo da execução dos planos económico-sociais faz-se de acordo com o disposto na lei.

7 – A participação na melhoria da qualidade dos serviços públicos envolve a consulta das associações sindicais sobre a elaboração dos programas de qualidade e o acompanhamento da sua execução.

8 – A participação nas auditorias de gestão faz-se através da consulta dos respectivos relatórios finais e emissão de sugestões, podendo as associações sindicais propor fundadamente a realização daquelas auditorias.

9 – A participação nas alterações ao Estatuto da Aposentação e na elaboração da legislação respeitante ao regime geral ou especial da função pública, que não for objecto de negociação, tem a natureza de consulta, oral ou escrita, pressupondo, caso a iniciativa seja do Governo, a existência de documento escrito a apresentar por este.

10 – A participação na legislação prevista nas alíneas *i*) a *m*) do n.º 1 tem a natureza de consulta, oral ou escrita, podendo para o efeito constituir-se comissões técnicas especializadas, segundo regulamento a adoptar caso a caso.

11 – Das reuniões das comissões técnicas especializadas que vierem a ser constituídas serão lavradas actas nos termos do n.º 4 do artigo 7.º

12 – O prazo para apreciação escrita dos projectos de diploma por parte das associações sindicais nunca pode ser inferior a 20 dias a contar da sua recepção por parte da associação sindical, salvo acordo expresso em contrário.

13 – O prazo previsto no número anterior é, porém, contado a partir do dia útil imediatamente seguinte ao do recebimento das informações solicitadas ao abrigo do n.º 3 do artigo 3.º

ARTIGO 11.º – **Casos especiais**

Ao pessoal com funções de representação externa do Estado, bem como ao que desempenhe funções de natureza altamente confidencial, é aplicado, em cada caso, o procedimento negocial adequado à natureza das respectivas funções, sem prejuízo dos direitos reconhecidos no presente diploma.

ARTIGO 12.º – **Matérias excluídas**

A estrutura, atribuições e competências da Administração Pública não podem ser objecto de negociação colectiva ou de participação.

ARTIGO 13.º – **Informação sobre política salarial**

As associações sindicais podem enviar ao Governo, até ao fim do 1.º semestre de cada ano, a respectiva posição sobre os critérios que entendam dever orientar a política salarial a prosseguir no ano seguinte.

Lei n.º 23/98, de 26 de Maio 541

ARTIGO 14.º – **Interlocutor da Administração nos processos de negociação e participação**
1 – O interlocutor pela Administração nos procedimentos de negociação colectiva e de participação que revistam carácter geral é o Governo, através daquele dos seus membros que tiver a seu cargo a função pública, que coordena, e do Ministro das Finanças, os quais intervêm por si ou através de representantes.
2 – O interlocutor pela Administração nos procedimentos de negociação colectiva e de participação que revistam carácter sectorial é o Governo, através do ministro responsável pelo sector, que coordena, do Ministro das Finanças e do membro do Governo que tiver a seu cargo a função pública, nos quais intervêm por si ou através de representantes.
3 – Compete à Direcção-Geral da Administração Pública apoiar o membro do Governo que tiver a seu cargo a função pública nos procedimentos de negociação colectiva e de participação referidos nos números anteriores.

ARTIGO 15.º – **Representantes das associações sindicais**
1 – Consideram-se representantes legítimos das associações sindicais:
a) Os membros dos respectivos corpos gerentes portadores de credencial com poderes bastantes para negociar e participar;
b) Os portadores de mandato escrito conferido pelos corpos gerentes das associações sindicais, do qual constem expressamente poderes para negociar e participar.
2 – A revogação do mandato só é eficaz após comunicação aos serviços competentes da Administração Pública.

ARTIGO 16.º – **Transcrição oficiosa do registo das associações sindicais**
A Direcção-Geral da Administração Pública deve requerer ao Ministério do Trabalho e da Solidariedade a transcrição oficiosa do registo das associações sindicais que representem interesses dos trabalhadores da Administração Pública e comunicá-la às Regiões Autónomas.

ARTIGO 17.º – **Aplicação à administração regional autónoma**
1 – O presente diploma aplica-se a todo o território nacional.
2 – Os órgãos de governo próprio das Regiões Autónomas dos Açores e da Madeira observam, relativamente às administrações regionais e no âmbito das suas competências, o regime previsto no presente diploma.

ARTIGO 18.º – **Revogação**
É revogado o Decreto-Lei n.º 45-A/84, de 3 de Fevereiro, com excepção do artigo 10.º

ARTIGO 19.º – **Entrada em vigor**
A presente lei entra em vigor no dia imediato ao da sua publicação.

DECRETO-LEI N.° 175/98

de 2 de Julho

**Regula a mobilidade entre os funcionários da administração local
e da administração central**

Os diplomas que regulam o regime de pessoal da Administração Pública têm vindo a ser aplicados à administração local autárquica com as necessárias adaptações.

Com efeito, assim aconteceu, designadamente, com o Decreto-Lei n.° 247/87, de 17 de Junho, que aplicou à administração local o Decreto-Lei n.° 248/85, de 15 de Julho, o Decreto--Lei n.° 52/91, de 25 de Janeiro, que adoptou o Decreto-Lei n.° 498/88, de 30 de Dezembro, e o Decreto-Lei n.° 409/91, de 17 de Outubro, que procedeu à aplicação do Decreto-Lei n.° 427/89, de 7 de Dezembro.

Estas adaptações, fundadas na especificidade do funcionalismo autárquico, têm vindo a espelhar, primordialmente, ajustamentos atinentes a competências.

A evolução do regime do pessoal autárquico denota, assim, a tendência progressiva de aproximação ao do pessoal da administração central, facto para que terá contribuído o Decreto-Lei n.° 116/84, de 6 de Abril – princípios de organização dos serviços municipais em termos idênticos aos da administração central –, e a dinâmica que decorre do princípio constitucional da tendencial equiparação de regime do pessoal autárquico e da administração central, contido no artigo 243.° da Constituição da República.

Na linha de evolução que tem vindo a ser traçada, o Governo entende dever dar mais um passo no sentido da progressiva igualização de regimes, permitindo, em determinadas condições, a mobilidade dos funcionários da administração local para a administração central.

Passo esse que não poderá deixar de ser cauteloso, prevenindo um eventual afluxo significativo de pessoal da administração local para a administração central, o que, com alguma perversidade do sistema de admissões nesta última, também redundaria em indesejável diminuição de meios humanos, tecnicamente habilitados e qualificados, ao serviço da administração local.

Por isso mesmo se fixa para os casos de transferência, de requisição e de destacamento a permanência obrigatória na administração local por um período superior ao exigível para os casos de apresentação a concurso.

Nos termos da lei, foram ouvidas a Associação Nacional de Municípios Portugueses e as organizações sindicais.

Assim:

No desenvolvimento do regime jurídico estabelecido pelo Decreto-Lei n.° 184/89, de 2 de Junho, da alínea c) do n.° 1 do artigo 198.° e do n.° 5 do artigo 112.° da Constituição, o Governo decreta o seguinte:

544 *IV – Funcionários da Administração Local*

ARTIGO 1.º (¹) – **Concurso interno geral e misto**

1 – Os funcionários da administração central que satisfaçam os requisitos gerais, de ingresso ou de acesso na carreira, podem candidatar-se aos concursos internos gerais, para lugares de ingresso ou de acesso, e mistos nos quadros de pessoal da administração local.

2 – Os funcionários da administração local que satisfaçam os requisitos gerais, de ingresso ou de acesso, podem candidatar-se aos concursos internos gerais, para lugares de ingresso ou de acesso, e mistos nos quadros de pessoal da administração central.

1 – Ver DL n.º 244/89, de 5 de Agosto (relevância do tempo de serviço prestado por funcionários que transitem de uma para outra pessoa colectiva da Administração).

ARTIGO 2.º – **Transferência**

1 – A transferência de funcionários pode fazer-se de lugares dos quadros da administração local para lugares dos quadros da administração central, observando-se o disposto no n.º 1 do artigo 25.º do Decreto-Lei n.º 427/89, de 7 de Dezembro.

2 – A transferência faz-se a requerimento do funcionário, devidamente fundamentado, e depende de autorização do serviço de origem, ouvido o Ministro das Finanças, e de parecer favorável do membro do Governo que tiver a seu cargo a Administração Pública.

3 – Da transferência não pode resultar o preenchimento de vagas postas a concurso à data do despacho que a defere.

ARTIGO 3.º – **Requisição e destacamento**

É permitida a requisição e o destacamento de funcionários autárquicos para a administração central.

ARTIGO 4.º – **Períodos de permanência**

Após um período de, pelo menos, sete anos de provimento a título definitivo em lugar do quadro de pessoal da administração local é facultada a transferência, a requisição e o destacamento de funcionários autárquicos para a administração central.

DECRETO-LEI N.° 204/98

de 11 de Julho

**Regula o concurso como forma de recrutamento e selecção de pessoal
para os quadros da Administração Pública**

O regime geral de recrutamento e selecção de pessoal para a Administração Pública, embora com algumas alterações introduzidas pelo Decreto-Lei n.° 215/95, de 22 de Agosto, encontra-se regulado pelo Decreto-Lei n.° 498/88, de 30 de Dezembro, configurando um sistema que não se revela totalmente adequado à realidade actual da Administração Pública.

Torna-se necessário pôr à disposição dos dirigentes máximos dos serviços uma maior variedade de instrumentos de gestão de recursos humanos nesta área, bem como possibilitar a satisfação das expectativas profissionais dos funcionários e agentes que prestam serviço na Administração Pública.

Salienta-se neste âmbito a liberalização do recurso ao concurso de acesso circunscrito ao pessoal que já desempenha funções no serviço, quando aquele é suficiente para a prossecução das atribuições que a este são cometidas, criando-se ainda um novo tipo de concurso que visa possibilitar em simultâneo o recrutamento interno e exterior ao organismo, sem comprometer as perspectivas de dinamização da carreira. Mantém-se, todavia, a realização de concursos abertos a toda a Administração Pública, a fim de fomentar a necessária mobilidade interdepartamental.

No âmbito dos métodos de selecção, refere-se a relevância atribuída às provas de conhecimentos, nomeadamente no que respeita aos temas dos direitos e deveres da função pública e deontologia profissional. Foi ainda clarificado o carácter complementar da entrevista e do exame psicológico de selecção.

No que respeita ao júri, deve mencionar-se a prevalência das respectivas tarefas, salvo situações de urgência, e a responsabilização pela condução do procedimento com a celeridade adequada, bem como uma mais clara definição das circunstâncias que permitem a alteração da respectiva composição, devendo a escolha dos seus membros respeitar, na medida do possível, a área funcional para que o concurso é aberto.

Por outro lado, e na perspectiva da desburocratização e da celeridade do concurso, procurou-se a simplificação de procedimentos, suprimindo, sempre que possível, as formalidades dispensáveis, designadamente publicações no Diário da República, adequando os avisos de abertura aos respectivos destinatários e flexibilizando os prazos de entrega de candidaturas.

Adoptou-se ainda o princípio da confiança, nomeadamente no que respeita à entrega de documentos, sem comprometer a segurança e a utilidade das operações do concurso.

Finalmente, foi acautelado o cumprimento dos princípios e institutos previstos no Código do Procedimento Administrativo, ora por aplicação directa, ora adaptando-o, salientando-se a audição dos interessados e o carácter de decisão final no procedimento do indeferimento tácito.

546   *IV – Funcionários da Administração Local*

Foram ouvidas as organizações sindicais e os órgãos de governo próprio das Regiões Autónomas.

Assim:

CAPÍTULO I – Objecto, âmbito, princípios e classificações

ARTIGO 1.º – Objecto

O presente decreto-lei regula o concurso como forma de recrutamento e selecção de pessoal para os quadros da Administração Pública, bem como os princípios e garantias gerais a que o mesmo deve obedecer.

ARTIGO 2.º – Âmbito

1 – O regime estabelecido neste diploma aplica-se aos serviços e organismos da administração central, bem como aos institutos públicos nas modalidades de serviços personalizados do Estado e de fundos públicos.

2 ([1]) – O mesmo regime aplica-se, com as necessárias adaptações, à administração local e à administração regional, sem prejuízo da competência dos órgãos de governo próprio das Regiões Autónomas.

3 – O disposto no número anterior não pode ter como efeito o afastamento dos princípios e garantias consagrados no artigo 5.º.

1 – O regime do DL n.º 204/98 foi adaptado à administração local pelo DL n.º 238/99, de 25 de Junho. E foi adaptado à R.A. dos Açores pelo DLR n.º 27/99/A, de 31 de Julho.

ARTIGO 3.º – Excepções

1 ([1]) – O recrutamento e selecção dos directores de serviços e chefes de divisão consta de diploma próprio.

2 – Os regimes de recrutamento e selecção de pessoal dos corpos especiais e das carreiras de regime especial podem obedecer a processo de concurso próprio com respeito pelos princípios e garantias consagrados no artigo 5.º

3 – Mantêm-se os regimes de recrutamento e selecção de pessoal aplicáveis aos corpos especiais e às carreiras de regime especial que deles disponham.

1 – Ver arts. 5.º e segs. da Lei n.º 49/99, de 22 de Junho.

ARTIGO 4.º – Definições

1 – O recrutamento consiste no conjunto de operações tendentes à satisfação das necessidades de pessoal dos serviços e organismos da Administração Pública, bem como à satisfação das expectativas profissionais dos seus funcionários e agentes, criando condições para o acesso no próprio serviço ou organismo ou em serviço ou organismo diferente.

2 – A selecção de pessoal consiste no conjunto de operações que, enquadradas no processo de recrutamento e mediante a utilização de métodos e técnicas adequados, permitem avaliar e classificar os candidatos segundo as aptidões e capacidades indispensáveis para o exercício das tarefas e responsabilidades de determinada função.

ARTIGO 5.º – Princípios e garantias

1 – O concurso obedece aos princípios de liberdade de candidatura, de igualdade de condições e de igualdade de oportunidades para todos os candidatos.

2 – Para respeito dos princípios referidos no número anterior, são garantidos:

a) A neutralidade da composição do júri;

Decreto-Lei n.º 204/98, de 11 de Julho

b) A divulgação atempada dos métodos de selecção a utilizar, do programa das provas de conhecimentos e do sistema de classificação final;

c) A aplicação de métodos e critérios objectivos de avaliação;

d) O direito de recurso.

ARTIGO 6.º – **Classificações**

1 – O concurso pode classificar-se, quanto à origem dos candidatos, em concurso externo ou interno, consoante seja aberto a todos os indivíduos ou apenas aberto a funcionários ou agentes que, a qualquer título, exerçam funções correspondentes a necessidades permanentes há mais de um ano nos serviços e organismos referidos no n.º 1 do artigo 2.º

2 – O concurso pode ainda classificar-se, quanto à natureza das vagas, em concurso de ingresso ou de acesso, consoante vise o preenchimento de lugares das categorias de base ou o preenchimento das categorias intermédias e de topo das respectivas carreiras.

3 – Considera-se incluído no âmbito subjectivo dos concursos internos de ingresso o pessoal vinculado por contrato administrativo de provimento.

4 – O concurso interno de acesso pode revestir as seguintes modalidades:

a) (¹) Concurso interno de acesso geral – quando aberto a todos os funcionários, independentemente do serviço ou organismo a que pertençam;

b) Concurso interno de acesso limitado – quando se destine apenas a funcionários pertencentes ao serviço ou quadro único para o qual é aberto o concurso;

c) Concurso interno de acesso misto – quando se prevejam duas quotas destinadas, respectivamente, a funcionários pertencentes ao serviço ou quadro único para o qual o concurso é aberto e a funcionários que a ele não pertençam.

1 – O Acórdão do Tribunal de Contas n.º 3/98, publicado no DR, I Série, de 7 de Janeiro, fixou a seguinte jurisprudência obrigatória, quanto à correspondente norma da alínea *a)* do n.º 3 do art. 6.º do DL n.º 498/88, de 30 de Dezembro:

« O conceito de funcionário constante da alínea *a)* do n.º 3 do artigo 6.º do Decreto-Lei n.º 498/88, de 30 de Dezembro, não abrange os militares dos quadros permanentes das Forças Armadas, no activo ou na reserva, pelo que estes não poderão ser admitidos como opositores a concursos internos gerais para provimento de lugares dos quadros da administração pública civil do Estado».

CAPÍTULO II – Condições gerais, júri e métodos de selecção

SECÇÃO I – Condições gerais

ARTIGO 7.º – **Lugares a preencher**

O concurso destina-se:

a) Ao preenchimento de todos ou alguns dos lugares vagos existentes à data da sua abertura;

b) Ao preenchimento dos lugares vagos existentes e dos que vierem a vagar até ao termo do prazo de validade;

c) Ao preenchimento dos lugares vagos existentes e dos que vierem a vagar até um número limite previamente fixado no aviso de abertura, desde que este número se verifique até ao termo do prazo de validade;

d) À constituição de reservas de recrutamento, com vista à satisfação de necessidades previsionais de pessoal, no caso de não existirem vagas à data da sua abertura. mas no pressuposto de que estas ocorrerão até ao termo do prazo de validade.

548   *IV – Funcionários da Administração Local*

ARTIGO 8.° – **Condições de abertura de concursos de acesso**

1 – Quando o número de lugares vagos existentes no quadro de pessoal seja igual ou inferior ao número de funcionários do serviço ou quadro único em condições de se candidatarem, a entidade competente para autorizar a abertura do concurso de acesso pode optar entre o concurso interno geral e o limitado.

2 – Quando o número de lugares vagos existentes no quadro de pessoal seja superior ao número de funcionários do serviço ou quadro único em condições de se candidatarem, a entidade competente para autorizar a abertura do concurso de acesso pode optar entre o concurso interno geral e o misto.

3 – No caso de a entidade competente optar pela realização do concurso misto, deve, no despacho que autoriza a abertura do concurso, fixar as quotas a que se refere a alínea *c*) do n.° 4 do artigo 6.°

4 – O número de lugares vagos mencionados nos números anteriores releva apenas para a determinação da modalidade de concurso a utilizar, independentemente do número de lugares que seja posto a concurso.

5 – Os concursos de acesso para lugares de carreiras verticais com dotação global são circunscritos aos funcionários do respectivo serviço, sempre que se verifique que a totalidade dos lugares do correspondente quadro se encontra preenchida.

6 – Os concursos abertos nos termos do número anterior obedecem ao procedimento do concurso limitado.

ARTIGO 9.° (¹) – **Competência**

É competente para autorizar a abertura do concurso:

a) O dirigente máximo do serviço competente para a sua realização;

b) O director-geral ou equiparado que tem a seu cargo o recrutamento e gestão de pessoal do respectivo ministério;

c) O director-geral da Administração Pública, no caso de centralização de recrutamento nos termos do artigo 11.°.

1 – Ver art. 4.° do DL n.° 238/99, de 25 de Junho.

ARTIGO 10.° – **Prazo**

1 – O prazo de validade do concurso é fixado pela entidade competente para autorizar a sua abertura entre um mínimo de três meses e um máximo de um ano, sem prejuízo do disposto no n.° 4.

2 – Até ao decurso do prazo, os lugares postos a concurso ficam cativos, independentemente da data do respectivo provimento.

3 – O prazo de validade é contado da data da publicação da lista de classificação final.

4 – O concurso aberto apenas para preenchimento das vagas existentes caduca com o respectivo preenchimento.

ARTIGO 11.° – **Recrutamento centralizado**

1 – Por resolução do Conselho de Ministros, pode ser centralizado na Direcção-Geral da Administração Pública o recrutamento para categorias de ingresso.

2 – As categorias a abranger e o regime a que deve obedecer o recrutamento centralizado constam de diploma próprio.

Decreto-Lei n.° 204/98, de 11 de Julho 549

SECÇÃO II – Júri

ARTIGO 12.° – Composição

1 – O júri do concurso é composto por um presidente e dois ou quatro vogais efectivos.

2 – Os vogais não podem ter categoria inferior à categoria para que é aberto o concurso, excepto no caso de exercerem cargos dirigentes.

3 – O presidente do júri não pode ter categoria inferior à categoria para que é aberto o concurso, excepto no caso de exercer cargo dirigente.

4 – Os membros do júri devem estar integrados na área ou áreas funcionais para as quais é aberto o concurso, em maior número possível.

5 – Nos casos em que o director-geral, o subdirector-geral ou o titular de cargo equiparado seja opositor ao concurso, o júri é obrigatoriamente estranho ao serviço para o qual o concurso é aberto.

6 – A composição do júri pode ser alterada por motivos ponderosos e devidamente fundamentados, nomeadamente em caso de falta de quórum.

7 – No caso previsto no número anterior, o novo júri dá continuidade às operações do concurso, assume integralmente os critérios definidos e aprova o processado.

ARTIGO 13.° – Designação

1 – Os membros do júri são designados pela entidade com competência para autorizar o concurso.

2 – No mesmo acto é designado o vogal que substitui o presidente nas suas faltas e impedimentos, bem como os vogais suplentes em número igual ao dos vogais efectivos.

ARTIGO 14.° – Competência

1 – Compete ao júri a realização de todas as operações do concurso.

2 – O disposto no número anterior não prejudica a faculdade de os serviços, sob proposta do júri, solicitarem à Direcção-Geral da Administração Pública ou a outras entidades públicas ou privadas especializadas na matéria, ou detentoras de conhecimentos técnicos específicos exigíveis para o exercício das funções para que é aberto o concurso, a realização de todas ou parte das operações do concurso.

3 – O júri pode solicitar aos serviços a que pertencem os candidatos os elementos considerados necessários, designadamente os seus processos individuais.

4 – O júri pode ainda exigir dos candidatos a apresentação de documentos comprovativos de factos por eles referidos que possam relevar para a apreciação do seu mérito.

ARTIGO 15.° – Funcionamento

1 – O júri só pode funcionar quando estiverem presentes todos os seus membros, devendo as respectivas deliberações ser tomadas por maioria e sempre por votação nominal.

2 – Das reuniões do júri são lavradas actas contendo os fundamentos das decisões tomadas.

3 – As actas devem ser presentes, em caso de recurso, à entidade que sobre ele tenha que decidir.

4 – O júri é secretariado por um vogal por ele escolhido ou por funcionário a designar para o efeito.

ARTIGO 16.° – Acesso a actas e documentos

1 – Os interessados têm acesso, nos termos da lei, às actas e aos documentos em que assentam as deliberações do júri.

IV – Funcionários da Administração Local

2 – As certidões ou reproduções autenticadas das actas e dos documentos a que alude o número anterior devem ser passadas no prazo de três dias úteis, contado da data da entrada do requerimento.

ARTIGO 17.º – Prevalência das funções de júri

Ressalvadas as situações de urgência, o exercício de tarefas próprias do júri prevalece sobre todas as outras tarefas, incorrendo os seus membros em responsabilidade disciplinar quando não cumpram, injustificadamente, os prazos previstos no presente diploma ou não procedam com a celeridade adequada à natureza do procedimento de recrutamento e selecção.

SECÇÃO III – Métodos de selecção

ARTIGO 18.º – Princípio geral

A definição dos métodos de selecção e respectivo conteúdo e, bem assim, quando for caso disso, dos programas das provas de conhecimentos aplicáveis a cada categoria é feita em função do complexo de tarefas e responsabilidades inerentes ao respectivo conteúdo funcional e ao conjunto de requisitos de natureza física, psicológica, habilitacional ou profissional exigível para o seu exercício.

ARTIGO 19.º – Métodos

1 – Nos concursos podem ser utilizados, isolada ou conjuntamente, e com carácter eliminatório, os seguintes métodos:
a) Provas de conhecimentos;
b) Avaliação curricular.

2 – Podem ainda ser utilizados, com carácter complementar, os seguintes métodos:
a) Entrevista profissional de selecção;
b) Exame psicológico de selecção;
c) Exame médico de selecção.

ARTIGO 20.º – Provas de conhecimentos

1 – As provas de conhecimentos visam avaliar os níveis de conhecimentos académicos e profissionais dos candidatos exigíveis e adequados ao exercício de determinada função.

2 – As provas obedecem ao programa aprovado, podendo avaliar conhecimentos gerais ou específicos, assumir a forma escrita ou oral, e revestir natureza teórica ou prática.

3 – As provas de conhecimentos podem comportar mais de uma fase, podendo qualquer delas ter carácter eliminatório.

4 – A natureza, forma e duração das provas constam do aviso de abertura do concurso, sendo ainda obrigatória a indicação da bibliografia ou legislação necessária à sua realização quando se trate de matérias não previstas no currículo escolar correspondente às habilitações literárias ou profissionais exigidas.

5 – É obrigatório o recurso a provas de conhecimentos nos concursos de ingresso, sem prejuízo da utilização de outros métodos de selecção.

ARTIGO 21.º – Programa

1 – O programa das provas de conhecimentos gerais é aprovado pelo membro do Governo que tem a seu cargo a Administração Pública.

Decreto-Lei n.º 204/98, de 11 de Julho 551

2 – Do programa das provas de conhecimentos gerais constam, obrigatoriamente, os temas relativos aos direitos e deveres da função pública e à deontologia profissional.

3 – O programa das provas de conhecimentos específicos é aprovado por despacho conjunto do membro do Governo que tem a seu cargo a Administração Pública e do membro do Governo com tutela sobre o órgão ou serviço em causa.

4 – Considera-se delegada no director-geral da Administração Pública a competência atribuída nos números anteriores ao membro do Governo que tem a seu cargo a Administração Pública.

ARTIGO 22.º – **Avaliação curricular**

1 – A avaliação curricular visa avaliar as aptidões profissionais do candidato na área para que o concurso é aberto, com base na análise do respectivo currículo profissional.

2 – Na avaliação curricular são obrigatoriamente considerados e ponderados, de acordo com as exigências da função:

a) A habilitação académica de base, onde se pondera a titularidade de grau académico ou a sua equiparação legalmente reconhecida;

b) A formação profissional, em que se ponderam as acções de formação e aperfeiçoamento profissional, em especial as relacionadas com as áreas funcionais dos lugares postos a concurso;

c) A experiência profissional, em que se pondera o desempenho efectivo de funções na área de actividade para a qual o concurso é aberto, bem como outras capacitações adequadas, com avaliação da sua natureza e duração.

3 – O júri pode, se assim o entender, considerar a classificação de serviço como factor de apreciação na avaliação curricular referente a concursos de acesso.

4 – Nos concursos limitados é obrigatório considerar a classificação de serviço como factor de apreciação.

ARTIGO 23.º – Entrevista profissional de selecção

1 – A entrevista profissional de selecção visa avaliar, numa relação interpessoal e de forma objectiva e sistemática, as aptidões profissionais e pessoais dos candidatos.

2 – Por cada entrevista profissional de selecção é elaborada uma ficha individual, contendo o resumo dos assuntos abordados, os parâmetros relevantes e a classificação obtida em cada um deles, devidamente fundamentada.

3 – A entrevista profissional de selecção é utilizada em concursos externos e internos de ingresso, desde que, neste caso, o conteúdo funcional e as especificidades da categoria o justifiquem, sem carácter eliminatório.

ARTIGO 24.º – **Exame psicológico de selecção**

1 – O exame psicológico de selecção visa avaliar as capacidades e as características de personalidade dos candidatos através da utilização de técnicas psicológicas, visando determinar a sua adequação à função.

2 – O exame psicológico de selecção só pode ser utilizado em concursos de ingresso, podendo assumir carácter eliminatório.

3 – O exame psicológico pode comportar mais de uma fase, podendo qualquer delas ter carácter eliminatório, desde que o respectivo método o seja.

4 – É garantida a privacidade do exame psicológico de selecção, sendo o resultado transmitido ao júri do concurso sob a forma de apreciação global referente à aptidão do candidato relativamente às funções a exercer.

552 IV – Funcionários da Administração Local

5 – A revelação ou transmissão do resultado do exame psicológico a outra pessoa que não o próprio candidato ou o júri do concurso constitui quebra do dever de sigilo e responsabiliza disciplinarmente o funcionário ou agente pela infracção.

ARTIGO 25.° – **Exame médico de selecção**

1 – O exame médico de selecção visa avaliar as condições físicas e psíquicas dos candidatos, tendo em vista determinar a sua aptidão para o exercício da função.

2 – O exame médico de selecção só pode ser utilizado em concurso de ingresso, tendo sempre carácter eliminatório.

3 – É garantida a privacidade do exame médico de selecção, sendo o resultado transmitido ao júri do concurso sob a forma de apreciação global referente à aptidão do candidato relativamente às funções a exercer.

4 – A revelação ou transmissão do resultado do exame médico a outra pessoa que não o próprio candidato ou o júri do concurso constitui quebra do dever de sigilo e responsabiliza disciplinarmente o funcionário ou agente pela infracção.

ARTIGO 26.° – **Classificações**

1 – Os resultados obtidos na aplicação dos métodos de selecção são classificados na escala de 0 a 20 valores, sem prejuízo do disposto no número seguinte.

2 – No exame psicológico e no exame médico de selecção são atribuídas as seguintes menções qualitativas:

a) Exame psicológico – Favorável preferencialmente, Bastante favorável, Favorável, Com reservas e Não favorável, correspondendo-lhes as classificações de 20, 16, 12, 8 e 4 valores, respectivamente;

b) Exame médico – Apto ou Não apto.

CAPÍTULO III – **Procedimento**

SECÇÃO I – **Abertura do concurso**

ARTIGO 27.° – **Aviso de abertura**

1 – O concurso é aberto por aviso publicado nos termos do artigo seguinte, contendo os seguintes elementos:

a) Requisitos gerais e especiais de admissão ao concurso;

b) Remuneração e condições de trabalho;

c) Descrição breve do conteúdo funcional do lugar a prover;

d) Categoria, carreira, área funcional e serviço para que é aberto o concurso, local de prestação de trabalho, tipo de concurso, número de lugares a preencher e prazo de validade;

e) Composição do júri;

f) Métodos de selecção, seu carácter eliminatório, existência de várias fases, se for o caso, referência à publicação do programa de provas, se for caso disso, e ainda sistema de classificação final a utilizar;

g) Indicação de que os critérios de apreciação e ponderação da avaliação curricular e da entrevista profissional de selecção, bem como o sistema de classificação final, incluindo a respectiva fórmula classificativa, constam de actas de reuniões do júri do concurso, sendo a mesma facultada aos candidatos sempre que solicitada;

Decreto-Lei n.º 204/98, de 11 de Julho 553

h) Entidade a quem apresentar o requerimento, com o respectivo endereço, prazo de entrega, forma de apresentação, documentos a juntar e demais indicações necessárias à formalização da candidatura;

i) Local de afixação da relação de candidatos e lista de classificação final.

2 – Nos avisos de abertura de concursos internos de acesso é dispensada a referência aos elementos previstos nas alíneas *a*) a *c*).

ARTIGO 28.º – **Publicidade**

1 – Salvo o disposto no número seguinte, o aviso de abertura é publicado no Diário da República, 2.ª série, sendo ainda publicado em órgão de imprensa de expansão nacional um anúncio contendo apenas a referência ao serviço, à categoria e ao Diário da República em que o aviso se encontra publicado.

2 – No concurso limitado o aviso de abertura é apenas afixado nos locais a que tenham acesso os funcionários que reúnam as condições de admissão e, na mesma data, notificado por ofício registado ou outro meio adequado aos funcionários que, por motivos fundamentados, estejam ausentes das instalações do serviço.

3 – Nos concursos mistos há lugar a ambas as publicações previstas nos números anteriores.

SECÇÃO II – **Candidaturas e admissão**

ARTIGO 29.º (¹) – **Requisitos de admissão**

1 – Só podem ser admitidos a concurso os candidatos que satisfaçam os requisitos gerais de admissão a concurso e provimento em funções públicas, bem como os requisitos especiais legalmente exigidos para o provimento dos lugares a preencher.

2 – São requisitos gerais de admissão a concurso e provimento em funções públicas:

a) Ter nacionalidade portuguesa, salvo nos casos exceptuados por lei especial ou convenção internacional;

b) Ter 18 anos completos;

c) Possuir as habilitações literárias ou profissionais legalmente exigidas para o desempenho do cargo;

d) Ter cumprido os deveres militares ou de serviço cívico, quando obrigatório;

e) Não estar inibido do exercício de funções públicas ou interdito para o exercício das funções a que se candidata;

f) Possuir a robustez física e o perfil psíquico indispensáveis ao exercício da função e ter cumprido as leis de vacinação obrigatória.

3 – Os candidatos devem reunir os requisitos referidos nos números anteriores até ao termo do prazo fixado para apresentação das candidaturas.

1 – Ver art. 1.º do DL n.º 175/98, de 2 de Julho.

ARTIGO 30.º – **Requerimento de admissão**

1 – A apresentação a concurso é efectuada por requerimento acompanhado dos demais documentos exigidos no aviso.

2 – O requerimento e os documentos referidos no número anterior são apresentados até ao termo do prazo fixado para apresentação das candidaturas, sendo entregues pessoalmente ou pelo correio, com aviso de recepção, atendendo-se, neste último caso, à data do registo.

554   *IV – Funcionários da Administração Local*

3 – Os serviços e organismos podem optar pela utilização de requerimento modelo tipo, a utilizar obrigatoriamente pelos candidatos, quando o número elevado de candidaturas previsto o justifique, devendo esta opção ser expressamente mencionada no aviso de abertura.

4 – No caso previsto no número anterior, o requerimento é posto à disposição dos interessados pelo serviço para o qual é aberto o concurso.

5 – Na entrega pessoal do requerimento de admissão é obrigatória a passagem de recibo.

ARTIGO 31.° – **Documentos**

1 – Os candidatos devem apresentar os documentos comprovativos da titularidade dos requisitos especiais legalmente exigidos para o provimento dos lugares a preencher.

2 – Sem prejuízo do disposto no número seguinte, não é exigida a apresentação de documentos comprovativos dos requisitos gerais de provimento em funções públicas, bastando a declaração dos candidatos sob compromisso de honra no próprio requerimento.

3 – Nos concursos externos as habilitações literárias ou profissionais são comprovadas pelo respectivo certificado ou outro documento idóneo.

4 – Os serviços e organismos públicos deverão emitir a documentação exigível para admissão a concurso dentro do prazo estabelecido para apresentação das candidaturas, desde que requerida com uma antecedência mínima de três dias úteis.

5 – Quando se trate de concurso limitado, as declarações comprovativas da titularidade dos requisitos mencionados no n.° 1 são oficiosamente entregues ao júri pelo respectivo serviço de pessoal, sendo dispensada a entrega de documentos comprovativos que se encontrem arquivados no processo individual.

6 – O disposto no número anterior é aplicável aos concursos mistos, no que se refere aos funcionários do próprio serviço ou organismo.

7 – A não apresentação dos documentos comprovativos dos requisitos de admissão exigíveis nos termos do presente diploma e constantes do aviso de abertura determina a exclusão do concurso.

ARTIGO 32.° – **Prazo**

1 – A entidade competente para autorizar a abertura de concurso fixa em cada caso, no aviso de abertura, o prazo para apresentação de candidaturas, dentro dos seguintes limites:

a) Entre 10 e 20 dias úteis, para os concursos externos;

b) Entre 10 e 15 dias úteis, para os concursos internos gerais e mistos;

c) Entre 5 e 7 dias úteis, para os concursos limitados.

2 – O prazo é contado da data da publicação do aviso de abertura no Diário da República, ou da respectiva afixação, quando se trate de concurso limitado.

3 – Sem prejuízo do disposto no artigo 73.° do Código do Procedimento Administrativo, o prazo a que se refere o n.° 1, relativamente ao pessoal que se encontre ausente das instalações do serviço, por motivos fundamentados, conta-se da data do registo do ofício, respeitada a dilação de três dias do correio.

ARTIGO 33.° – **Verificação dos requisitos de admissão**

1 – Terminado o prazo para apresentação de candidaturas, o júri procede à verificação dos requisitos de admissão no prazo máximo de 15 dias úteis.

2 – Após a conclusão do procedimento previsto no artigo seguinte, ou, não havendo candidatos excluídos, no termo do prazo previsto no n.° 1, é afixada no serviço uma relação dos candidatos admitidos.

Decreto-Lei n.º 204/98, de 11 de Julho

ARTIGO 34.º – **Exclusão de candidatos**

1 – Os candidatos que devam ser excluídos são notificados, no âmbito do exercício do direito de participação dos interessados, para, no prazo de 10 dias úteis, dizerem por escrito o que se lhes oferecer.

2 – A notificação contém o enunciado sucinto dos fundamentos da intenção de exclusão, sendo efectuada:

a) Por ofício registado, quando o número de candidatos a excluir seja inferior a 100;

b) Através de publicação de aviso no Diário da República, 2.ª série, quando o número de candidatos a excluir for igual ou superior a 100;

c) Pessoalmente, quando todos os candidatos a excluir se encontrem no serviço.

3 – O prazo para o exercício do direito de participação dos interessados conta-se nos termos do artigo 44.º.

4 – Não é admitida a junção de documentos que pudessem ter sido apresentados dentro do prazo previsto para entrega de candidaturas.

5 – Terminado o prazo para o exercício do direito de participação dos interessados, o júri aprecia as alegações oferecidas e, caso mantenha a decisão de exclusão, notifica todos os candidatos excluídos, de acordo com o estabelecido no n.º 2, indicando nessa notificação o prazo de interposição de recurso hierárquico e o órgão competente para apreciar a impugnação do acto, como previsto no n.º 1 do artigo 43.º.

ARTIGO 35.º – **Convocação dos candidatos admitidos**

1 – Os candidatos admitidos são convocados para realização dos métodos de selecção através das formas de notificação previstas no Código do Procedimento Administrativo que se revelem mais adequadas.

2 – O disposto no número anterior não se aplica quando haja lugar a provas de conhecimentos, caso em que os candidatos são notificados para prestação das mesmas, nos termos do n.º 2 do artigo anterior.

3 – A aplicação dos métodos de selecção tem início no prazo máximo de 20 dias úteis contado da data da afixação da relação de candidatos admitidos ou da notificação de exclusão a que se refere o n.º 5 do artigo anterior.

SECÇÃO III – **Classificação e provimento**

ARTIGO 36.º – **Classificação final**

1 – Na classificação final é adoptada a escala de 0 a 20 valores, considerando-se não aprovados os candidatos que, nas fases ou métodos de selecção eliminatórios ou na classificação final, obtenham classificação inferior a 9,5 valores e, bem assim, os que sejam considerados não aptos no exame médico de selecção.

2 – A classificação final resulta da média aritmética simples ou ponderada das classificações obtidas em todos os métodos de selecção.

3 – Os métodos de selecção complementares referidos nas alíneas a) e b) do n.º 2 do artigo 19.º não podem isoladamente ter ponderação superior à fixada para a prova de conhecimentos ou de avaliação curricular.

ARTIGO 37.º – **Critérios de preferência**

1 – Em caso de igualdade de classificação em concursos internos preferem, sucessivamente:

a) O candidato mais antigo na categoria, na carreira e na função pública;

556   *IV – Funcionários da Administração Local*

b) O candidato do serviço ou do organismo interessado;

c) O candidato que desempenhe funções ou resida fora do município em que se situa o serviço para que é aberto o concurso, desde que neste município ou em município limítrofe desempenhe funções o funcionário ou agente seu cônjuge ou com quem viva em condições análogas às dos cônjuges.

2 – Nos concursos externos, em caso de igualdade de classificação, prefere o candidato que reúna as condições da alínea *c)* do número anterior.

3 – Compete ao júri o estabelecimento de outros critérios de preferência, sempre que subsistir igualdade após a aplicação dos critérios referidos nos números anteriores.

ARTIGO 38.° – **Decisão final e participação dos interessados**

1 – Terminada a aplicação dos métodos de selecção, o júri elabora, no prazo máximo de 10 dias úteis, a decisão relativa à classificação final e ordenação dos candidatos e procede à respectiva audição no âmbito do exercício do direito de participação dos interessados, notificando-os para, no prazo de 10 dias úteis, contados nos termos do artigo 44.°, dizerem, por escrito, o que se lhes oferecer.

2 – A notificação contém a indicação do local e horário de consulta do processo.

3 – Quando o número de candidatos seja inferior a 100, a notificação é efectuada por ofício registado, sendo enviada a acta do júri que define os critérios de classificação, a sua aplicação ao interessado e o projecto de lista de classificação final.

4 – Quando o número de candidatos seja igual ou superior a 100, a notificação é efectuada através de publicação de aviso no Diário da República, 2.ª série, informando os interessados da afixação no serviço da lista de classificação final e da acta que define os respectivos critérios.

5 – Tratando-se de concurso limitado, observa-se o disposto no número anterior, com excepção da publicação no Diário da República, sendo ainda enviado ofício aos funcionários que, por motivos fundamentados, estejam ausentes das instalações do serviço.

6 – No concurso misto aplica-se o disposto nas alíneas anteriores, de acordo com o número e a origem dos candidatos.

7 – Terminado o prazo para o exercício do direito de participação dos interessados, o júri aprecia as alegações oferecidas e procede à classificação final e ordenação dos candidatos.

ARTIGO 39.° – **Homologação**

1 – A acta que contém a lista de classificação final, acompanhada das restantes actas, é submetida a homologação do dirigente máximo, ou do membro do Governo competente, quando aquele for membro do júri, no prazo de cinco dias úteis.

2 – No concurso misto são elaboradas duas listas de classificação final, correspondentes às quotas a que se refere a alínea *c)* do n.° 4 do artigo 6.°.

3 – Homologada a acta a que se refere o n.° 1, a lista ou listas de classificação final são notificadas aos candidatos, nos termos do disposto no artigo seguinte.

ARTIGO 40.° – **Publicidade**

1 – A lista de classificação final é notificada aos candidatos através de:

a) Envio de ofício registado, com cópia da lista, quando o número de candidatos admitidos for inferior a 100;

b) Publicação de aviso no Diário da República, 2.ª série, informando os interessados da afixação da lista no serviço, quando o número de candidatos admitidos for igual ou superior a 100;

c) Afixação da lista no serviço.

Decreto-Lei n.° 204/98, de 11 de Julho 557

2 – A lista de classificação final contém a graduação dos candidatos e, em anotação sucinta, os motivos de não aprovação, se for caso disso, bem como, quando caiba recurso hierárquico, a indicação do prazo de interposição do mesmo e o órgão competente para a sua apreciação.

3 – No concurso limitado observa-se apenas o disposto na alínea *c*) do n.° 1, enviando-se ainda cópia da lista aos candidatos que, por motivos fundamentados, estejam ausentes das instalações do serviço.

4 – No concurso misto aplica-se o disposto nos n.os 1 e 3, de acordo com o número e a origem dos candidatos.

5 – Quando todos os candidatos se encontrem no serviço, pode ser feita notificação pessoal.

ARTIGO 41.° – **Provimento**

1 – Os candidatos aprovados são nomeados segundo a ordenação das respectivas listas de classificação final.

2 – Não podem ser efectuadas quaisquer nomeações antes de decorrido o prazo de interposição do recurso hierárquico da homologação da lista de classificação final ou, sendo interposto, da sua decisão expressa ou tácita.

3 – Os candidatos são notificados por ofício registado para, no prazo máximo de 10 dias úteis, procederem à entrega dos documentos necessários para o provimento que não tenham sido exigidos na admissão a concurso.

4 – O prazo estabelecido no número anterior pode ser prorrogado até 15 dias úteis, em casos excepcionais, quando a falta de apresentação de documentos dentro do prazo inicial não seja imputável ao interessado.

5 – A documentação pode ser enviada, por correio registado, até ao último dia do prazo, relevando neste caso a data do registo.

ARTIGO 42.° – **Redução da lista**

São retirados da lista de classificação final os candidatos aprovados que:

a) Recusem ser providos no lugar a que têm direito de acordo com a sua ordenação;

b) Não compareçam para posse ou aceitação no prazo legal, por motivos que lhes sejam imputáveis;

c) Apresentem documentos inadequados à prova das condições necessárias para o provimento ou não façam a sua apresentação no prazo fixado;

d) Apresentem documento falso.

CAPÍTULO IV – **Garantias**

ARTIGO 43.° – **Recurso hierárquico**

1 – Da exclusão do concurso cabe recurso hierárquico, a interpor no prazo de oito dias úteis para o dirigente máximo ou, se este for membro do júri, para o membro do Governo competente.

2 – Da homologação da lista de classificação final feita pelo dirigente máximo do serviço cabe recurso hierárquico com efeito suspensivo, a interpor no prazo de 10 dias úteis para o membro do Governo competente.

3 – No procedimento de concurso não há lugar a reclamação.

ARTIGO 44.° – **Contagem do prazo**

O prazo de interposição do recurso conta-se, consoante o caso:

IV – Funcionários da Administração Local

a) Da data do registo do ofício contendo os fundamentos da exclusão ou cópia da lista de classificação final, respeitada a dilação de três dias do correio;

b) Da publicação do aviso no Diário da República contendo os fundamentos da exclusão ou a publicitação da lista de classificação final nos termos da alínea *b)* do n.° 1 do artigo 40.°;

c) Da data de afixação da lista de classificação final no serviço;

d) Da data da notificação pessoal.

ARTIGO 45.° – **Efeitos do recurso da exclusão do concurso**

O recurso da exclusão do concurso não suspende as respectivas operações, salvo quando haja lugar à aplicação de métodos de selecção que requeiram a presença simultânea de todos os candidatos.

ARTIGO 46.° – **Prazo de decisão**

O prazo de decisão do recurso é, em todos os casos, de 15 dias úteis contado da data da remessa do processo pelo órgão recorrido ao órgão competente para dele conhecer, considerando-se o mesmo tacitamente indeferido, com cessação do efeito suspensivo, quando não seja proferida decisão naquele prazo.

CAPÍTULO V – Disposições finais e transitórias

ARTIGO 47.° – **Falsidade de documentos**

Para além dos efeitos de exclusão ou de não provimento, a apresentação ou a entrega de documento falso implica a participação à entidade competente para procedimento disciplinar e penal, conforme os casos.

ARTIGO 48.° – **Participação dos interessados**

Em tudo o que não se encontrar especialmente previsto no presente diploma relativamente ao exercício do direito de participação dos interessados é aplicável o disposto nos artigos 100.° a 105.° do Código do Procedimento Administrativo.

ARTIGO 49.° – **Quadros e carreiras em extinção**

1 – A abertura de concursos para lugares em extinção só pode fazer-se para categorias de acesso.

2 – Consideram-se lugares em extinção os integrados em carreiras a extinguir, à medida que vagarem, da base para o topo e os integrados em quadros paralelos ou de supranumerários.

3 – Só poderão candidatar-se a concurso para os lugares a que se refere o n.° 1 os funcionários providos no quadro ou carreira em extinção, aplicando-se o procedimento do concurso limitado.

ARTIGO 50.° – **Restituição e destruição de documentos**

1 – É destruída a documentação apresentada pelos candidatos se a sua restituição não for solicitada no prazo máximo de um ano após o termo do prazo de validade do respectivo concurso.

2 – A documentação apresentada pelos candidatos respeitante a concursos que tenham sido objecto de recurso contencioso só poderá ser destruída ou restituída após a execução da sentença.

Decreto-Lei n.° 204/98, de 11 de Julho　　559

ARTIGO 51.° – **Execução de sentença**

Para reconstituição da situação actual hipotética decorrente da procedência de recurso contencioso de anulação, o recorrente que adquira o direito ao provimento poderá sempre exigi-lo, ainda que como supranumerário, em lugar a extinguir quando vagar.

ARTIGO 52.° – **Revogação**

São revogados os Decretos-Leis n.os 498/88, de 30 de Dezembro, e 215/95, de 22 de Agosto.

ARTIGO 53.° – **Regime transitório**

1 – O presente diploma não se aplica aos concursos cujo aviso de abertura tenha sido publicitado até à data da sua entrada em vigor, salvo o disposto no artigo 51.° e no n.° 3 do presente artigo.

2 – Mantêm-se em vigor os programas de provas aprovados ao abrigo da legislação revogada pelo presente diploma.

3 – Consideram-se válidos os concursos que, devendo ter sido abertos ao abrigo da alínea *b)* do n.° 1 do artigo 38.° do Decreto-Lei n.° 498/88, de 30 de Dezembro, com a redacção dada pelo artigo 1.° do Decreto-Lei n.° 215/95, de 22 de Agosto, o foram sob a forma de processo comum.

4 – Para efeitos do disposto nos n.os 3 e 4 do artigo 22.°, e enquanto não for revisto o regime de classificação de serviço, a sua ponderação é feita através da expressão quantitativa, sem arredondamento.

5 – O diploma previsto no n.° 2 do artigo 11.° deve ser publicado no prazo de um ano.

ARTIGO 54.° – **Entrada em vigor**

O presente diploma entra em vigor 30 dias após a data da sua publicação.

DECRETO-LEI N.° 259/98

de 18 de Agosto

Estabelece as regras e os princípios gerais em matéria de duração e horário de trabalho na Administração Pública

Com a publicação do Decreto-Lei n.° 187/88, de 27 de Maio, consagrou-se, pela primeira vez na Administração Pública, um instrumento legal que, de modo sistemático, reuniu os princípios fundamentais enformadores do regime jurídico da duração de trabalho.

Decorridos cerca de 10 anos sobre a sua aplicação, impõe-se adaptar este regime às transformações sócio-laborais que se têm vindo a verificar, bem como às alterações que a experiência vem ditando, no sentido de melhorar o funcionamento e a operacionalidade dos serviços e organismos da Administração Pública, tendo em vista a sua adequação às necessidades e à disponibilidade dos cidadãos.

De entre as alterações introduzidas merecem realce: a distinção entre o período de funcionamento e o período de atendimento, com a obrigatoriedade de afixação pública deste, a uniformização da duração do horário de trabalho, sem prejuízo da fixação de um período transitório, a consagração da audição dos trabalhadores, através das suas organizações representativas, na fixação das condições de prestação de trabalho, a faculdade da abertura dos serviços em dias de feiras e mercados relevantes, a criação do regime de prestação de trabalho sujeito apenas ao cumprimento de objectivos, situação que facilita a concretização do designado «teletrabalho», o alargamento do âmbito de aplicação do trabalho a meio tempo e a atribuição dos dirigentes máximos dos serviços da responsabilidade de gestão dos regimes de prestação de trabalho, entre outras.

As alterações, ora propostas, foram negociadas com as organizações representativas dos trabalhadores da função pública, no quadro do acordo salarial para 1996 e compromissos de médio e longo prazos.

Foram ouvidos os órgãos de Governo próprio das Regiões Autónomas e a Associação Nacional de Municípios Portugueses.

Assim:

CAPÍTULO I – Objecto, âmbito e princípios gerais

ARTIGO 1.° (1-2-3) – Objecto e âmbito

1 – O presente diploma estabelece as regras e os princípios gerais em matéria de duração e horário de trabalho na Administração Pública.

2 – O regime instituído no presente diploma aplica-se a todos os serviços da Administração

562   *IV – Funcionários da Administração Local*

Pública, incluindo os institutos públicos que revistam a natureza de serviços personalizados ou de fundos públicos.

1 – O DL n.° 324/99, de 18 de Agosto, instituiu «um regime de trabalho a tempo parcial para o pessoal com mais de 55 anos de idade».

2 – O DL 325/99, de 18 de Agosto, introduziu «a semana de trabalho de quatro dias no âmbito da Administração Pública».

3 – O DL n.° 277/2000, de 10 de Novembro, adaptou «à administração local o regime especial de trabalho a tempo parcial para os funcionários de nomeação definitiva com mais de 55 anos de idade», bem como o regime que introduziu «a semana de trabalho de quatro dias».

ARTIGO 2.° – **Período de funcionamento**

1 – Entende-se por período de funcionamento o período diário durante o qual os serviços exercem a sua actividade.

2 – Sem prejuízo do disposto no artigo 10.°, o período normal de funcionamento dos serviços não pode iniciar-se antes das 8 horas, nem terminar depois das 20 horas, sendo obrigatoriamente afixado de modo visível aos funcionários e agentes.

ARTIGO 3.° – **Período de atendimento**

1 – Entende-se por período de atendimento o período durante o qual os serviços estão abertos para atender o público, podendo este período ser igual ou inferior ao período de funcionamento.

2 – O período de atendimento deve, tendencialmente, ter a duração mínima de sete horas diárias, abranger o período da manhã e da tarde e ter obrigatoriamente afixadas, de modo visível ao público, nos locais de atendimento, as horas do seu início e do seu termo.

3 – Na definição e fixação do período de atendimento deve atender-se aos interesses dos utentes dos serviços e respeitar-se os direitos dos respectivos funcionários e agentes.

4 – Os serviços podem estabelecer um período excepcional de atendimento, sempre que o interesse do público fundamentadamente o justifique, designadamente nos dias de feiras e mercados localmente relevantes, ouvindo-se as organizações representativas dos trabalhadores e sem prejuízo do disposto nos artigos 26.° e 33.°

5 – Fora dos períodos de atendimento, os serviços colocam ao dispor dos utentes meios adequados a permitir a comunicação, através da utilização de tecnologias próprias que permitam o seu registo para posterior resposta.

ARTIGO 4.° – **Regimes de prestação de trabalho**

O trabalho pode, de acordo com as atribuições do serviço ou organismo e com a natureza da actividade desenvolvida, ser prestado nos seguintes regimes:

a) Sujeito ao cumprimento do horário diário;

b) Sujeito ao cumprimento de objectivos definidos.

ARTIGO 5.°

Fixação e compatibilização dos períodos de funcionamento e de atendimento com os regimes de prestação de trabalho

Compete ao dirigente máximo dos serviços fixar os períodos de funcionamento e atendimento dos serviços, assegurando a sua compatibilidade com a existência de diversos regimes de prestação de trabalho, por forma a garantir o regular cumprimento das missões que lhes estão cometidas.

Decreto-Lei n.º 259/98, de 18 de Agosto 563

ARTIGO 6.º – **Responsabilidade da gestão dos regimes de prestação de trabalho**

1 – Compete ao dirigente máximo do serviço, em função das atribuições e competências de cada serviço ou organismo:

a) Determinar os regimes de prestação de trabalho e horários mais adequados;

b) Aprovar o número de turnos e respectiva duração;

c) Aprovar as escalas nos horários por turnos;

d) Autorizar os horários específicos previstos no artigo 22.º

2 – As matérias constantes nas alíneas *a)* e *b)* do número anterior devem ser fixadas em regulamento interno após consulta prévia dos funcionários e agentes, através das suas organizações representativas.

3 – Compete ao pessoal dirigente e de chefia autorizar os funcionários e agentes hierarquicamente dependentes a ausentar-se do serviço durante o período de presença obrigatória.

CAPÍTULO II – **Duração do trabalho**

SECÇÃO I – **Regime geral da duração de trabalho**

ARTIGO 7.º – **Duração semanal do trabalho**

1 – A duração semanal do trabalho nos serviços abrangidos pelo presente diploma é de trinta e cinco horas.

2 – O disposto no número anterior não prejudica a existência de regimes de duração semanal inferior já estabelecidos, nem os que se venham a estabelecer mediante despacho conjunto do membro do Governo responsável pelo serviço e do membro do Governo que tiver a seu cargo a Administração Pública.

ARTIGO 8.º – **Limite máximo do período normal de trabalho**

1 – O período normal de trabalho diário tem a duração de sete horas.

2 – O limite previsto no número anterior não é aplicável no caso de horários flexíveis.

ARTIGO 9.º – **Semana de trabalho e descanso semanal**

1 – A semana de trabalho é, em regra, de cinco dias.

2 – Os funcionários e agentes têm direito a um dia de descanso semanal, acrescido de um dia de descanso complementar que devem coincidir com o domingo e o sábado, respectivamente.

3 – Os dias de descanso referidos no número anterior podem deixar de coincidir com o domingo e o sábado nos seguintes casos:

a) Pessoal dos serviços que encerrem a sua actividade noutros dias da semana;

b) Pessoal dos serviços cuja continuidade de actividade não possa ser interrompida;

c) Pessoal dos serviços de limpeza e de outros serviços preparatórios ou complementares que devem necessariamente ser efectuados nos dias de descanso do restante pessoal;

d) Pessoal dos serviços de inspecção de actividades que não encerrem ao sábado e ao domingo;

e) Pessoal de outros serviços em que o interesse público o justifique, designadamente nos dias de feiras ou de mercados.

4 – Quando a natureza do serviço ou razões de interesse do público o exijam, pode o dia de descanso complementar ser gozado, segundo opção do funcionário, do seguinte modo:

a) Dividido em dois períodos imediatamente anteriores ou posteriores ao dia de descanso semanal;

564   *IV – Funcionários da Administração Local*

b) Meio dia imediatamente anterior ou posterior ao dia de descanso semanal, sendo o tempo restante deduzido na duração normal de trabalho dos restantes dias úteis, sem prejuízo da duração semanal de trabalho.

SECÇÃO II – **Regimes especiais da duração de trabalho**

ARTIGO 10.° – **Regime dos serviços de funcionamento especial**

1 – Nos serviços de regime de funcionamento especial, a semana de trabalho é de cinco dias e meio, sendo reconhecido ao respectivo pessoal o direito a um dia de descanso semanal, acrescido de meio dia de descanso semanal complementar.

2 – Consideram-se serviços de regime de funcionamento especial:

a) Os serviços de laboração contínua;

b) Os estabelecimentos de ensino;

c) Os serviços de saúde e os serviços médico-legais;

d) Os mercados e demais serviços de abastecimento;

e) Os cemitérios;

f) Os serviços de luta contra incêndios e de ambulâncias;

g) Os serviços de recolha e tratamento de lixos;

h) Os museus, palácios, monumentos nacionais, sítios e parques arqueológicos, salas de espectáculo e serviços de produção artística, dependentes do Ministério da Cultura;

i) Os serviços de leitura das bibliotecas, arquivos e secções abertos ao público dependentes do Ministério da Cultura;

j) Os postos de turismo.

3 – Nos serviços de regime de funcionamento especial, o meio dia de descanso complementar é sempre gozado no período imediatamente anterior ou posterior ao dia de descanso semanal o qual, por determinação do dirigente máximo do serviço, pode deixar de coincidir com o domingo.

4 – Relativamente a certos grupos profissionais que exerçam funções nos serviços de regime de funcionamento especial, pode, em alternativa, ser determinada a adopção do regime previsto nos n.os 2 a 4 do artigo anterior por despacho do dirigente máximo do serviço.

5 – O regime da semana de cinco dias deve ser progressivamente estendido aos serviços com regime de funcionamento especial, por portaria do membro do Governo competente, do Ministro das Finanças e do membro do Governo que tutela a Administração Pública, desde que daí não resulte o encerramento dos serviços aos utentes nem agravamento dos encargos com o pessoal.

ARTIGO 11.° – **Regime do trabalho a meio tempo**

1 – Os funcionários ou agentes com mais de três anos de serviço efectivo podem requerer redução a meio tempo da duração de trabalho, por um período mínimo de trinta dias e máximo de dois anos, podendo esta ser autorizada desde que não implique qualquer prejuízo para o serviço e as características da actividade desenvolvida pelos requerentes o permitam.

2 – O trabalho a tempo parcial a que se refere o número anterior tem a duração de metade do horário normal de trabalho e pode ser prestado diariamente, de manhã ou à tarde, ou três vezes por semana, conforme houver sido requerido.

3 – O requisito de tempo de serviço efectivo estabelecido no n.° 1 não é exigido aos funcionários e agentes que se encontrem nas seguintes situações:

a) Tenham a seu cargo descendentes, afins na linha recta descendente, adoptandos ou adoptados menores de 12 anos que desejem orientar directa e pessoalmente;

Decreto-Lei n.° 259/98, de 18 de Agosto 565

b) Necessitem de cuidar de descendentes, afins na linha recta descendente, adoptandos ou adoptados cuja enfermidade ou situação específica exija cuidados e acompanhamento directo do ascendente;

c) Tenham a seu cargo descendentes, afins na linha recta descendente, adoptandos ou adoptados portadores de deficiência e que se encontrem nas situações previstas no artigo 5.° do Decreto-Lei n.° 170/80, de 29 de Maio;

d) Pretendam assistir o cônjuge, ou pessoa com quem vivam em condições análogas às dos cônjuges, ascendente ou afim na linha recta ascendente, na sequência de acidente ou doença grave, o seu estado exigir a presença de uma terceira pessoa;

e) Quando sejam portadores de deficiência ou sofram de doença grave e sempre que a junta médica competente recomende o exercício de funções em tempo parcial;

f) Frequentem com aproveitamento cursos de vários graus de ensino com vista à obtenção de habilitações académicas que lhes permitam ingressar ou progredir nas carreiras da função pública.

4 – O gozo de dois anos de redução da duração de trabalho a meio tempo, seguido ou interpolado num período de três anos, impede que se requeira nova redução no prazo de três anos, excepto nas situações previstas no número anterior.

5 – As reduções de duração de trabalho a meio tempo superiores a três meses conferem aos serviços a possibilidade de contratar um trabalhador a termo certo, por período idêntico ao autorizado para a redução, com vista ao desempenho de funções no restante meio tempo.

6 – O funcionário ou agente a quem tenha sido autorizada a redução de trabalho a meio tempo superior a três meses não pode requerer o regresso antecipado ao regime de duração de trabalho a tempo inteiro quando se tenha verificado a sua substituição nos termos do número anterior e só enquanto esta durar.

7 – O trabalho a meio tempo conta, proporcionalmente, para efeitos de carreira e dos decorrentes da antiguidade, sendo a retribuição correspondente a 50% da remuneração base a que o funcionário ou agente tem direito no exercício de funções em tempo completo.

8 – É vedado aos funcionários ou agentes referidos no n.° 1 a prestação de trabalho extraordinário.

ARTIGO 12.° – **Outros regimes especiais de duração de trabalho**

1 – Sempre que a política de emprego público o justifique, designadamente a renovação dos efectivos da Administração Pública, podem ser estabelecidos outros regimes de trabalho a tempo parcial.

2 (¹) – Quando as características de risco, penosidade e insalubridade decorrentes da actividade exercida o exijam, devem ser fixados regimes de duração semanal inferiores aos previstos no presente diploma.

1 – Ver art. 7.° do DL n.° 53-A/98, de 11 de Março.

CAPÍTULO III – **Regimes de trabalho e condições da sua prestação**

SECÇÃO I – **Princípios gerais**

ARTIGO 13.° – **Horário de trabalho**

1 – Entende-se por horário de trabalho a determinação das horas do início e do termo do período normal de trabalho diário ou dos respectivos limites, bem como dos intervalos de descanso.

566   *IV – Funcionários da Administração Local*

2 – O período normal de trabalho diário é interrompido por um intervalo de descanso de duração não inferior a uma hora nem superior a duas, excepto em casos excepcionais devidamente fundamentados, de modo que os funcionários e agentes não prestem mais do que cinco horas de trabalho consecutivo, salvo no caso de jornada contínua.

3 – Pode ser fixado para os funcionários e agentes portadores de deficiência, pelo respectivo dirigente máximo e a pedido do interessado, mais do que um intervalo de repouso e com duração diferente da prevista no número anterior, mas sem exceder no total o limite nele estabelecido.

4 – Ao pessoal encarregado da limpeza dos serviços deve ser fixado um horário especial que recaia apenas num dos períodos do dia e evite a completa coincidência do exercício das suas funções com os períodos normais do serviço ou plataformas fixas.

ARTIGO 14.º – **Modo de verificação dos deveres de assiduidade e de pontualidade**

1 – Os funcionários e agentes devem comparecer regularmente ao serviço às horas que lhes forem designadas e aí permanecer continuamente, não podendo ausentar-se salvo nos termos e pelo tempo autorizados pelo respectivo superior hierárquico, sob pena de marcação de falta, de acordo com a legislação aplicável.

2 – O cumprimento dos deveres de assiduidade e pontualidade, bem como do período normal de trabalho, deve ser verificado por sistemas de registo automáticos, mecânicos ou de outra natureza.

3 – No caso de horários flexíveis, a verificação a que se refere o número anterior deve ser feita, no local de trabalho, através de sistemas de registo automáticos ou mecânicos.

4 – Nos serviços com mais de 50 trabalhadores, a verificação dos deveres de assiduidade e de pontualidade é efectuada por sistemas de registo automáticos ou mecânicos, salvo casos excepcionais, devidamente fundamentados e autorizados pelo dirigente máximo do serviço, com a anuência do respectivo Ministro da tutela e do membro do Governo que tenha a seu cargo a Administração Pública, mediante despacho conjunto.

SECÇÃO II – **Modalidades de horário de trabalho**

ARTIGO 15.º – **Modalidades de horário**

1 – Em função da natureza das suas actividades, podem os serviços adoptar uma ou, simultaneamente, mais do que uma das seguintes modalidades de horário de trabalho:
a) Horários flexíveis;
b) Horário rígido;
c) Horários desfasados;
d) Jornada contínua;
e) Trabalho por turnos.

2 – Para além dos horários referidos no número anterior, podem ser fixados horários específicos de harmonia com o previsto no artigo 22.º.

ARTIGO 16.º – **Horários flexíveis**

1 – Horários flexíveis são aqueles que permitem aos funcionários e agentes de um serviço gerir os seus tempos de trabalho, escolhendo as horas de entrada e de saída.

2 – A adopção de qualquer horário flexível está sujeita às seguintes regras:
a) A flexibilidade não pode afectar o regular e eficaz funcionamento dos serviços, especialmente no que respeita às relações com o público;

Decreto-Lei n.º 259/98, de 18 de Agosto 567

b) É obrigatória a previsão de plataformas fixas da parte da manhã e da parte da tarde, as quais não podem ter, no seu conjunto, duração inferior a quatro horas;

c) Não podem ser prestadas, por dia, mais de nove horas de trabalho;

d) O cumprimento da duração do trabalho deve ser aferido à semana, à quinzena ou ao mês.

3 – O débito de horas, apurado no final de cada período de aferição, dá lugar à marcação de uma falta, que deve ser justificada nos termos da legislação aplicável, por cada período igual ou inferior à duração média diária do trabalho.

4 – Relativamente aos funcionários e agentes portadores de deficiência, o excesso ou débito de horas apurado no final de cada um dos períodos de aferição pode ser transportado para o período imediatamente seguinte e nele compensado, desde que não ultrapasse o limite de cinco e dez horas, respectivamente, para a quinzena e para o mês.

5 – Para efeitos do disposto no n.º 3, a duração média do trabalho é de sete horas e, nos serviços com funcionamento ao sábado de manhã, a que resultar do respectivo regulamento.

6 – As faltas a que se refere o n.º 3 são reportadas ao último dia ou dias do período de aferição a que o débito respeita.

ARTIGO 17.º – **Horário rígido**

1 – Horário rígido é aquele que, exigindo o cumprimento da duração semanal do trabalho, se reparte por dois períodos diários, com horas de entrada e de saída fixas idênticas, separados por um intervalo de descanso.

2 – O horário rígido é o seguinte:

a) Serviços de regime de funcionamento comum que encerram ao sábado:

Período da manhã – das 9 horas às 12 horas e 30 minutos;

Período da tarde – das 14 horas às 17 horas e 30 minutos;

b) Serviços de regime de funcionamento especial que funcionam ao sábado de manhã:

Período da manhã – das 9 horas e 30 minutos às 12 horas e 30 minutos de segunda-feira a sexta-feira, e até às 12 horas aos sábados;

Período da tarde – das 14 horas às 17 horas e 30 minutos de segunda-feira a sexta-feira.

3 – A adopção do horário rígido não prejudica o estabelecido no n.º 3 do artigo 13.º.

ARTIGO 18.º – **Horários desfasados**

Horários desfasados são aqueles que, embora mantendo inalterado o período normal de trabalho diário, permitem estabelecer, serviço a serviço ou para determinado grupo ou grupos de pessoal, e sem possibilidade de opção, horas fixas diferentes de entrada e de saída.

ARTIGO 19.º – **Jornada contínua**

1 – A jornada contínua consiste na prestação ininterrupta de trabalho, salvo um período de descanso nunca superior a trinta minutos, que, para todos os efeitos, se considera tempo de trabalho.

2 – A jornada contínua deve ocupar, predominantemente, um dos períodos do dia e determinar uma redução do período normal de trabalho diário nunca superior a uma hora, a fixar na regulamentação a que se refere o n.º 2 do artigo 6.º.

3 – A jornada contínua pode ser adoptada nos casos previstos no artigo 22.º e em casos excepcionais devidamente fundamentados.

ARTIGO 20.º – **Trabalho por turnos**

1 – O trabalho por turnos é aquele em que, por necessidade do regular e normal funcionamento do serviço, há lugar à prestação de trabalho em pelo menos dois períodos diários e sucessivos, sendo cada um de duração não inferior à duração média diária do trabalho.

IV – Funcionários da Administração Local

2 – A prestação de trabalho por turnos deve obedecer às seguintes regras:

a) Os turnos são rotativos, estando o respectivo pessoal sujeito à sua variação regular;

b) Nos serviços de funcionamento permanente não podem ser prestados mais de seis dias consecutivos de trabalho;

c) As interrupções a observar em cada turno devem obedecer ao princípio de que não podem ser prestadas mais de cinco horas de trabalho consecutivo;

d) As interrupções destinadas a repouso ou refeição, quando não superiores a 30 minutos, consideram-se incluídas no período de trabalho;

e) O dia de descanso semanal deve coincidir com o domingo, pelo menos uma vez em cada período de quatro semanas;

f) Salvo casos excepcionais, como tal reconhecidos pelo dirigente do serviço e aceites pelo interessado, a mudança de turno só pode ocorrer após o dia de descanso.

ARTIGO 21.º – **Subsídio de turno**

1 – O pessoal em regime de trabalho por turnos, desde que um dos turnos seja total ou parcialmente coincidente com o período nocturno, tem direito a um subsídio correspondente a um acréscimo de remuneração.

2 – O montante do subsídio de turno é variável em função do número de turnos adoptados, bem como do carácter permanente ou não do funcionamento do serviço.

3 – As percentagens fixadas para o subsídio de turno incluem a remuneração devida por trabalho nocturno.

4 – A prestação de trabalho em regime de turnos confere direito a atribuição de um subsídio correspondente a um acréscimo de remuneração calculada sobre o vencimento fixado no índice remuneratório da categoria onde o trabalhador estiver posicionado de acordo com as seguintes percentagens:

a) ([1]) 25% a 22% quando o regime de turnos for permanente, total ou parcial;

b) ([1]) 22% a 20% quando o regime de turnos for semanal prolongado, total ou parcial;

c) ([1]) 20% a 15% quando o regime de turnos for semanal total ou parcial.

5 – As percentagens de acréscimo de remuneração referidas no número anterior são estabelecidas no regulamento interno a que se refere o n.º 2 do artigo 6.º tendo em conta o regime de turnos.

6 – O regime de turnos será permanente quando o trabalho for prestado em todos os sete dias da semana, semanal prolongado quando for prestado em todos os cinco dias úteis e no sábado ou domingo e semanal quando for prestado apenas de segunda-feira a sexta-feira.

7 – O regime de turnos será total quando for prestado em, pelos menos, três períodos de trabalho diário e parcial quando for prestado apenas em dois períodos.

8 – A percepção do subsídio de turno não afasta a remuneração por trabalho extraordinário e em dias de descanso semanal ou complementar, nos termos da lei geral, sempre que haja necessidade de prolongar o período de trabalho.

9 – Só há lugar a subsídio de turno enquanto for devido o vencimento de exercício.

10 – O subsídio de um turno está sujeito ao desconto da quota legal para a Caixa Geral de Aposentações e intervém no cálculo da pensão de aposentação pela forma prevista na alínea *b)* do n.º 1 do artigo 47.º do Estatuto da Aposentação.

1 – Rectificado no DR, I Série-A, 2.º Suplemento, de 31/8/98.

ARTIGO 22.º – **Horários específicos**

1 – Os dirigentes dos serviços devem fixar aos trabalhadores-estudantes, nos termos da Lei n.º 116/97, de 4 de Novembro, horários de trabalho adequados à frequência das aulas e às inerentes deslocações para os respectivos estabelecimentos de ensino.

Decreto-Lei n.° 259/98, de 18 de Agosto

2 – De igual modo, aos funcionários e agentes com descendentes ou afins na linha recta descendente, adoptandos ou adoptados a cargo, com idade inferior a 12 anos ou que sejam portadores de deficiência e se encontrem em alguma das situações previstas no artigo 5.° do Decreto--Lei n.° 170/80, de 29 de Maio, devem ser fixados, nos termos do artigo 15.° da Lei n.° 4/84, de 5 de Abril, alterada pela Lei n.° 17/95, de 9 de Junho, pelo Decreto-Lei n.° 194/96, de 16 de Outubro, e pela Lei n.° 102/97, de 13 de Setembro, horários de trabalho ajustados, na medida do possível, ao acompanhamento dos mesmos.

3 – No interesse dos funcionários e agentes, podem ainda ser fixados horários específicos sempre que outras circunstâncias relevantes, devidamente fundamentadas, o justifiquem.

4 – Os horários referidos nos números anteriores são fixados pelos dirigentes dos serviços, a requerimento dos interessados, e podem incluir, para além da jornada contínua, regimes de flexibilidade mais amplos, sem prejuízo da observância do disposto no artigo 13.°.

5 – Podem ainda ser fixados outros horários específicos sempre que circunstâncias relevantes relacionadas com a natureza das actividades desenvolvidas, devidamente fundamentadas e sujeitas a consulta prévia dos funcionários e agentes, através das suas organizações representativas, o justifiquem.

SECÇÃO III – Não sujeição a horário de trabalho e isenção de horário de trabalho

ARTIGO 23.° – Não sujeição a horário de trabalho

1 – Entende-se por não sujeição a horário de trabalho a prestação de trabalho não sujeita ao cumprimento de qualquer das modalidades de horário previstas no presente diploma, nem à observância do dever geral de assiduidade e de cumprimento da duração semanal de trabalho.

2 – A adopção de qualquer regime de prestação de trabalho não sujeita a horário obedece às seguintes regras:

a) Concordância expressa do funcionário ou agente relativamente às tarefas e aos prazos da sua realização;

b) Destinar-se à realização de tarefas constantes do plano de actividades do serviço, desde que calendarizadas, e cuja execução esteja atribuída ao funcionário não sujeito a horário;

c) Fixação de um prazo certo para a realização da tarefa a executar, que não deve exceder o limite máximo de 10 dias úteis;

d) Não autorização ao mesmo funcionário mais do que uma vez por trimestre.

3 – O não cumprimento da tarefa no prazo acordado, sem motivos justificados, impede o funcionário ou agente de utilizar este regime durante o prazo de um ano a contar da data do incumprimento.

4 – A não sujeição a horário de trabalho não dispensa o contacto regular do funcionário com o serviço, nem a sua presença no local do trabalho, sempre que tal se mostre necessário.

ARTIGO 24.° – Isenção de horário de trabalho

1 – Gozam da isenção de horário de trabalho o pessoal dirigente, bem como os chefes de repartição e de secção e o pessoal de categorias legalmente equiparadas, bem como o pessoal cujas funções não conferem direito a trabalho extraordinário.

2 – A isenção de horário não dispensa a observância do dever geral de assiduidade, nem o cumprimento da duração semanal de trabalho legalmente estabelecida.

CAPÍTULO IV – Trabalho extraordinário, nocturno, em dias de descanso e em feriados

SECÇÃO I – Trabalho extraordinário

ARTIGO 25.º – Noção

1 – Considera-se extraordinário o trabalho que for prestado:

a) Fora do período normal de trabalho diário;

b) Nos casos de horário flexível, para além do número de horas a que o trabalhador se encontra obrigado em cada um dos períodos de aferição ou fora do período de funcionamento normal do serviço.

2 – Não há lugar a trabalho extraordinário no regime de isenção de horário e no regime de não sujeição a horário de trabalho.

ARTIGO 26.º – Prestação de trabalho extraordinário

1 – Só é admitida a prestação de trabalho extraordinário quando as necessidades do serviço imperiosamente o exigirem, em virtude da acumulação anormal ou imprevista de trabalho ou da urgência na realização de tarefas especiais não constantes do plano de actividades e, ainda, em situações que resultem de imposição legal.

2 – Salvo o disposto no número seguinte, os funcionários e agentes não podem recusar-se ao cumprimento de trabalho extraordinário.

3 – Não são obrigados à prestação de trabalho extraordinário os funcionários ou agentes que:

a) Sejam portadores de deficiência;

b) Estejam em situação de gravidez;

c) Tenham à sua guarda descendentes ou afins na linha recta, adoptandos ou adoptados de idade inferior a 12 anos ou que, sendo portadores de deficiência, careçam de acompanhamento dos progenitores;

d) Gozem do estatuto de trabalhador-estudante;

e) Invoquem motivos atendíveis.

ARTIGO 27.º – Limites ao trabalho extraordinário

1 – O trabalho extraordinário não pode exceder duas horas por dia, nem ultrapassar cento e vinte horas por ano.

2 – A prestação de trabalho extraordinário não pode determinar um período de trabalho diário superior a nove horas.

3 – Os limites fixados nos números anteriores podem, no entanto, ser ultrapassados:

a) Em casos especiais, regulados em diploma próprio, a negociar com as associações sindicais;

b) Quando se trate de motoristas, telefonistas e outro pessoal auxiliar que seja indispensável manter ao serviço;

c) Quando se trate de pessoal administrativo e auxiliar que preste serviço nos gabinetes dos membros do Governo ou equiparados e de pessoal da Presidência da República destacado para, normal ou eventualmente, prestar apoio ao Gabinete do Presidente da República;

d) Em circunstâncias excepcionais e delimitadas no tempo, mediante autorização do membro do Governo competente ou, quando esta não for possível, mediante confirmação da mesma entidade, a proferir nos 15 dias posteriores à ocorrência.

4 – Nos casos das alíneas *b)* e *d)* a não oposição dos trabalhadores vale como assentimento à prestação do trabalho.

Decreto-Lei n.º 259/98, de 18 de Agosto					571

5 – Na administração local, os limites fixados nos n.os 1 e 2 do presente artigo podem ser ultrapassados quando se trate de pessoal administrativo ou auxiliar que preste apoio às reuniões ou sessões dos órgãos autárquicos, bem como motoristas, telefonistas e outro pessoal auxiliar ou operário, cuja manutenção em serviço seja expressamente fundamentada e reconhecida como indispensável.

ARTIGO 28.º – **Compensação do trabalho extraordinário**

1 – As horas extraordinárias são compensadas, de acordo com a opção do funcionário ou agente, por um dos seguintes sistemas:

a) Dedução posterior no período normal de trabalho, conforme as disponibilidades de serviço, a efectuar dentro do ano civil em que o trabalho foi prestado, acrescida de 25% ou de 50%, respectivamente, nos casos de trabalho extraordinário diurno e nocturno;

b) Acréscimo na retribuição horária, com as seguintes percentagens: 25% para a primeira hora de trabalho extraordinário diurno, 50% para as horas subsequentes de trabalho extraordinário diurno, 60% para a primeira hora de trabalho extraordinário nocturno e 90% para as restantes horas de trabalho extraordinário nocturno.

2 – Na remuneração por trabalho extraordinário só são de considerar, em cada dia, períodos mínimos de meia hora, sendo sempre remunerados os períodos de duração inferior como correspondentes a meia hora.

3 – Quando o trabalho extraordinário diurno se prolongar para além das 20 horas, a meia hora que abranger o período de trabalho diurno e nocturno é remunerada como extraordinária diurna ou nocturna, consoante não haja ou haja efectiva prestação de trabalho para além daquele limite horário, conferindo, ainda, direito ao subsídio de refeição.

4 – As percentagens referidas na alínea *b)* do n.º 1 para o trabalho extraordinário nocturno são mantidas quando, no prosseguimento daquele, se transitar para trabalho extraordinário diurno.

5 – Nos primeiros oito dias do mês seguinte àquele em que foi realizado trabalho extraordinário, o funcionário ou agente deve comunicar aos serviços o sistema por que tenha optado.

ARTIGO 29.º – **Compensação por dedução do período normal de trabalho**

1 – O sistema previsto na alínea *a)* do n.º 1 do artigo anterior pode revestir uma das seguintes formas:

a) Dispensa, até ao limite de um dia de trabalho por semana;

b) Acréscimo do período de férias no mesmo ano ou no ano seguinte até ao limite máximo de cinco dias úteis seguidos.

2 – Nos horários flexíveis, a compensação das horas extraordinárias faz-se, em regra, por dedução no período normal de trabalho, salvo quando se mostrar inviável por razões de exclusiva conveniência do serviço e nos casos previstos na alínea *d)* do n.º 3 do artigo 27.º, em que o pessoal mantém o direito de opção.

3 – As horas extraordinárias que não possam ser compensadas nos termos dos números anteriores são remuneradas de acordo com o disposto na alínea *b)* do n.º 1 do artigo anterior.

ARTIGO 30.º – **Limites remuneratórios**

1 – Os funcionários e agentes não podem, em cada mês, receber por trabalho extraordinário mais do que um terço do índice remuneratório respectivo, pelo que não pode ser exigida a sua realização quando implique a ultrapassagem desse limite.

2 – Exceptua-se do disposto no número anterior o pessoal referido na alínea *c*) do n.º 3 do artigo 27.º, bem como os motoristas afectos a directores-gerais ou a pessoal de cargos equiparados, os quais podem receber pelo trabalho extraordinário realizado até 60% do vencimento do índice remuneratório respectivo.

3 – O disposto nos números anteriores não prejudica os limites fixados para o pessoal operário e auxiliar afecto às residências oficiais do Presidente da República e do Primeiro-Ministro, nos termos da legislação em vigor.

4 – Na administração local podem ser abonadas importâncias até 60% do respectivo índice remuneratório do pessoal administrativo ou auxiliar que preste apoio a reuniões ou sessões dos órgãos autárquicos, bem como aos motoristas, telefonistas e outro pessoal auxiliar, afectos, por deliberação expressa, ao serviço da presidência dos órgãos executivos e ainda aos motoristas afectos a pessoal de cargos equiparados a director-geral.

ARTIGO 31.º – **Registo de horas extraordinárias**

Os serviços devem preencher e enviar mensalmente à Direcção-Geral do Orçamento em impresso próprio a indicação do número de horas extraordinárias por cada funcionário ou agente, o respectivo fundamento legal e as correspondentes remunerações.

SECÇÃO II – **Trabalho nocturno**

ARTIGO 32.º – **Noção e regime**

1 – Considera-se trabalho nocturno o prestado entre as 20 horas de um dia e as 7 horas do dia seguinte.

2 – O trabalho nocturno pode ser normal ou extraordinário.

3 – A retribuição do trabalho normal nocturno é calculada através da multiplicação do valor da hora normal de trabalho pelo coeficiente 1,25.

4 – O disposto no número anterior não se aplica às categorias cujas funções, pela sua natureza, só possam ser exercidas em período predominantemente nocturno, salvo casos excepcionais devidamente autorizados pelos Ministros da tutela, das Finanças e do membro do Governo responsável pela Administração Pública, mediante despacho conjunto.

SECÇÃO III – **Trabalho em dias de descanso semanal, de descanso complementar e em feriados**

ARTIGO 33.º – **Regime**

1 – A prestação de trabalho em dia de descanso semanal, de descanso complementar e em feriado pode ter lugar nos casos e nos termos previstos no artigo 26.º, não podendo ultrapassar a duração normal de trabalho diário.

2 – O trabalho prestado em dia de descanso semanal é compensado por um acréscimo de remuneração calculado através da multiplicação do valor da hora normal de trabalho pelo coeficiente 2 e confere ainda direito a um dia completo de descanso na semana de trabalho seguinte.

3 – A prestação de trabalho em dia de descanso complementar ou feriado é compensada apenas pelo acréscimo de remuneração referido no número anterior.

4 – Nos casos em que o feriado recaia em dia de descanso semanal aplica-se na íntegra o regime previsto no n.º 2.

Decreto-Lei n.º 259/98, de 18 de Agosto

5 – O regime previsto nos n.os 2, 3 e 4 pode ser aplicado ao pessoal dirigente e de chefia, desde que a prestação de trabalho seja autorizada pelo membro do Governo competente.

6 – O disposto no n.º 1 é aplicável aos funcionários e agentes que se deslocam ao estrangeiro em representação do Estado Português.

7 – A prestação de trabalho efectuada nos termos do número anterior confere o direito a um dia completo de descanso, a gozar de acordo com a conveniência do serviço.

SECÇÃO IV – Autorização e responsabilização

ARTIGO 34.º – Autorização

1 – A prestação de trabalho extraordinário e em dia de descanso semanal, descanso complementar e feriado deve ser previamente autorizada pelo dirigente do respectivo serviço ou organismo ou pelas entidades que superintendem nos gabinetes a que alude a alínea c) do n.º 3 do artigo 27.º

2 – Exceptuam-se do disposto no número anterior, quanto aos feriados, os serviços que, por força da actividade exercida, laborem normalmente nesse dia.

3 – Os funcionários e agentes interessados devem ser informados, salvo casos excepcionais, com a antecedência de quarenta e oito horas, da necessidade de prestarem trabalho extraordinário e em dia de descanso semanal ou complementar e em feriado.

ARTIGO 35.º – Responsabilização

1 – Os dirigentes devem limitar ao estritamente indispensável a autorização de trabalho nas modalidades previstas no presente capítulo.

2 – Os funcionários e agentes que tenham recebido indevidamente quaisquer abonos são obrigados à sua reposição, pela qual ficam solidariamente responsáveis os dirigentes dos respectivos serviços.

CAPÍTULO V – Disposições finais e transitórias

ARTIGO 36.º – Cálculo da remuneração horária normal

A remuneração horária é calculada através da fórmula $(R \times 12)/(52 \times N)$, sendo R o vencimento mensal auferido e N o número de horas correspondente à normal duração semanal do trabalho.

ARTIGO 37.º – Pessoal dirigente

1 – As referências feitas no presente diploma aos dirigentes máximos dos serviços entendem-se reportadas aos secretários-gerais, directores-gerais e pessoal de cargos equiparados, bem como ao pessoal dirigente directamente dependente de qualquer membro do Governo.

2 – As competências atribuídas no presente diploma aos dirigentes máximos dos serviços são, na administração local, cometidas:

a) Ao presidente da câmara municipal – nas câmaras municipais;

b) Ao presidente do conselho de administração – nas associações de municípios e nos serviços municipalizados;

c) À junta de freguesia – nas juntas de freguesia;

d) Ao presidente da mesa da assembleia distrital – nas assembleias distritais.

IV – Funcionários da Administração Local

ARTIGO 38.° – **Pessoal docente, saúde e justiça**

Mantêm-se em vigor os regimes de trabalho e condições da sua prestação fixados em legislação especial para o pessoal docente e da saúde e, bem assim, para o sector da justiça, sem prejuízo do previsto artigo 15.°

ARTIGO 39.° – **Pessoal dos grupos operário e auxiliar**

1 – Para o pessoal dos grupos operário e auxiliar, a duração semanal do trabalho é, transitoriamente, a seguinte:

a) Em 1998: trinta e sete horas semanais;

b) Em 1999: trinta e seis horas semanais.

2 – A duração semanal de trabalho referida no número anterior produz efeitos a partir do dia 1 de Janeiro de cada ano.

3 – O disposto no n.° 1 não prejudica a existência de regimes de duração semanal de trabalho inferiores já estabelecidos.

4 – O limite máximo do período normal de trabalho diário é, em função da duração semanal, o constante do anexo A ao presente diploma, que dele faz parte integrante.

5 – O horário rígido a que se refere o artigo 17.° do presente diploma é, nos anos de 1997 a 1999, o que consta dos anexos B e C ao presente diploma, que dele fazem parte integrante, consoante se trate de serviços de regime de funcionamento normal que encerrem ao sábado ou de serviços de regime de funcionamento especial que funcionam ao sábado de manhã, respectivamente.

6 – Transitoriamente até à generalização da duração de trabalho de trinta e cinco horas semanais, no caso de horários flexíveis devem seguir-se as seguintes regras:

a) É obrigatória a previsão das plataformas fixas da parte da manhã e da parte da tarde, as quais não podem ter, no seu conjunto, duração inferior a quatro horas, no caso de horários até trinta e sete horas, e de cinco horas, nos restantes casos;

b) Não podem ser prestados, por dia, mais de nove horas de trabalho, no caso de horários até trinta e sete horas, ou de dez horas, nos restantes casos.

7 – Para efeitos do disposto no n.° 3 do artigo 16.°, a duração média de trabalho é de sete ou oito horas para o pessoal abrangido por uma duração semanal inferior a trinta e sete horas, ou superior a este limite, respectivamente, e ainda a que resultar do respectivo regulamento, nos serviços com funcionamento ao sábado de manhã.

8 – Em caso de jornada contínua, até à generalização da duração de trabalho de trinta e cinco horas semanais, a redução referida no n.° 2 do artigo 19.° do presente diploma não pode ser superior a uma hora ou a uma hora e trinta minutos por dia, conforme a duração semanal de trabalho seja, respectivamente, inferior, ou não, a trinta e sete horas.

9 – Ao pessoal a quem, nos termos do artigo 7.° do Decreto-Lei n.° 159/96, de 4 de Setembro, foi concedido um crédito de não trabalho de três dias é mantido o direito ao subsídio de refeição durante o uso deste crédito.

10 – O crédito de não trabalho de três dias, referido no número anterior, que não foi usado até ao termo do ano civil de 1996, por razões de conveniência de serviço ou interesse relevante do próprio trabalhador, deve ser gozado durante o ano civil de 1997.

11 – Os créditos de não trabalho que não foram usados até ao termo do ano civil de 1996 podem ser gozados seguida ou interpoladamente, repartidos por meios dias ou não, e ser associados ao gozo de férias ou a um período de faltas, de qualquer natureza, mantendo-se, também, o direito ao subsídio de refeição.

Decreto-Lei n.º 259/98, de 18 de Agosto

ARTIGO 40.º – **Revisão do regime de trabalho a meio tempo e da não sujeição a horário de trabalho**

Os regimes de trabalho a meio tempo e da não sujeição a horário de trabalho, constantes dos artigos 8.º e 23.º, serão obrigatoriamente revistos no prazo máximo de dois anos a contar da data da entrada em vigor do presente diploma.

ARTIGO 41.º – **Legislação revogada**

É revogada a Lei n.º 17/89, de 5 de Julho, e o Decreto-Lei n.º 167/80, de 29 de Maio, o Decreto-Lei n.º 235/81, de 6 de Agosto, o Decreto-Lei n.º 187/88, de 27 de Maio, o Decreto-Lei n.º 263/91, de 26 de Julho, e o Decreto-Lei n.º 159/96, de 4 de Setembro.

ARTIGO 42.º – **Entrada em vigor**

O presente diploma entra em vigor no dia seguinte ao da sua publicação.

ANEXO A

Ano	Duração semanal	Limite máximo do período normal de trabalho diário — Dias da semana				
		Segunda-feira	Terça-feira	Quarta-feira	Quinta-feira	Sexta-feira
1997	38	8	8	8	7	7
1998	37	8	8	7	7	7
1999	36	8	7	7	7	7

ANEXO B

Dia da semana	Manhã			Tarde		
	1997	1998	1999	1997	1998	1999
Segunda-feira	8.30-12.30	8.30-12.30	9-12.30	14-18	14-18	14-18
Terça-feira	8.30-12.30	9-12.30	9-12.30	14-18	14-18	14-18
Quarta-feira	9-12.30	9-12.30	9-12.30	14-18	14-18	14-17.30
Quinta-feira	9-12.30	9-12.30	9-12.30	14-18	14-17.30	14-17.30
Sexta-feira	9-12.30	9-12.30	9-12.30	14-17.30	14-17.30	14-17.30

ANEXO C

Dia da semana	Manhã			Tarde		
	1997	1998	1999	1997	1998	1999
Segunda-feira	9-12.30	9.30-12.30	9.30-12.30	14-17.30	14-17.30	14-17.30
Terça-feira	9-12.30	9.30-12.30	9.30-12.30	14-17.30	14-17.30	14-17.30
Quarta-feira	9-12.30	9-12.30	9-12.30	14-17.30	14-17.30	14-17.30
Quinta-feira	9-12.30	9-12.30	9-12.30	14-17.30	14-17.30	14-17.30
Sexta-feira	9-12.30	9-12.30	9-12.30	14-17.30	14-17.30	14-17.30
Sábado	9-12	9-12	9-12	–	–	–

DECRETO-LEI N.° 404-A/98 *

de 18 de Dezembro

**Estabelece regras sobre o regime geral de estruturação de carreiras
da Administração Pública**

Com o acordo salarial de 1996 e compromissos de médio e longo prazo, o Governo comprometeu-se a proceder à revisão do regime de carreiras da Administração Pública, designadamente mediante a extinção e ou fusão de carreiras, a sua estruturação e enquadramento indiciário, em correspondência com os conteúdos funcionais e exigências necessárias ao seu exercício, as formas e prazos de acesso e as condições de intercomunicabilidade.

Não visando a criação de um novo sistema de carreiras, nem um novo sistema retributivo para a função pública, pretendeu-se ainda assim introduzir mais justiça relativa no sistema vigente, dando-lhe coerência e equidade, e melhorando as condições para um acesso mais fácil no percurso da carreira dos funcionários.

Em resultado do aturado e complexo trabalho efectuado e de prolongadas e intensas negociações com as organizações sindicais subscritoras do acordo para 1998, cujos relevantes contributos devem ser realçados, foi possível acordar num conjunto de soluções, vertidas neste texto legal, que dão corpo aos objectivos enunciados: valorizam-se carreiras, simplifica-se o sistema, reforça-se a qualificação da Administração Pública, criam-se condições para operacionalizar a intercomunicabilidade entre carreiras, valoriza-se o papel da formação profissional no contexto do racional aproveitamento dos recursos próprios da Administração, garante-se mais justiça e equidade no sistema de carreiras.

Os princípios e soluções definidos no presente diploma, incluindo a produção de efeitos, serão tornados extensivos às carreiras de regime especial ou com designações específicas, cujo desenvolvimento indiciário se aproxime de forma significativa às carreiras de regime geral.

Prossegue, assim, o esforço político, técnico e financeiro do Governo com o objectivo de dotar o País de uma Administração Pública mais eficaz, servida por profissionais qualificados, dignos e mais motivados para o esforço de modernização nacional que constitui o desafio na viragem deste século.

Foram ouvidas as Regiões Autónomas dos Açores e da Madeira e as organizações representativas dos trabalhadores, tendo sido celebrado acordo com duas delas.

Assim:

---

* Republicado e renumerado, em resultado das alterações introduzidas pela Lei n.° 44/99, de 11 de Junho, em anexo a essa Lei (cfr. art. 3.°).

CAPÍTULO I – Disposições gerais

ARTIGO 1.º – Objecto

O presente diploma estabelece as regras sobre o ingresso, acesso e progressão nas carreiras e categorias de regime geral, bem como as respectivas escalas salariais.

ARTIGO 2.º (1-2) – Âmbito

1 – O presente diploma aplica-se a todos os serviços e organismos da administração central e regional autónoma, incluindo os institutos públicos nas modalidades de serviços personalizados do Estado e de fundos públicos, sem prejuízo da possibilidade de se introduzirem, por diploma regional adequado, as necessárias adaptações.

2 – O presente diploma aplica-se à administração local com as adaptações que lhe vierem a ser introduzidas por decreto-lei.

1 – O DL n.º 404/98 foi aplicado às carreiras do regime geral dos grupos de pessoal técnico-profissional e administrativo da Inspecção-Geral de Finanças, pela Portaria n.º 657/2000, de 29 de Agosto.

2 – O DL n.º 404-A/98 foi adaptado à administração local pelo DL n.º 412-A/98, de 30 de Dezembro.

ARTIGO 3.º – Intercomunicabilidade vertical

1 – Os funcionários possuidores das habilitações exigidas podem ser opositores a concurso para lugares de categorias de acesso, cujo escalão 1 seja igual ou superior mais aproximado do escalão 1 da categoria de origem de carreiras de um grupo de pessoal diferente, desde que se trate de carreiras inseridas na mesma área funcional.

2 – Os funcionários não possuidores dos requisitos habilitacionais legalmente exigidos podem, também, nos termos previstos no presente diploma, candidatar-se a concursos para lugares de categorias integradas em carreiras de grupos de pessoal diferentes, desde que pertencentes à mesma área funcional.

3 – O número de lugares a prover nos termos dos números anteriores não pode ultrapassar a quota a fixar, em cada caso, no respectivo aviso de abertura do concurso, atento o aproveitamento racional de recursos humanos e as necessidades do serviço.

CAPÍTULO II – Regime das carreiras

ARTIGO 4.º – Carreira técnica superior

1 – O recrutamento para as categorias da carreira técnica superior obedece às seguintes regras:

a) Assessor principal, de entre assessores com, pelo menos, três anos de serviço classificados de Muito bom ou cinco anos classificados de Bom;

b) Assessor, de entre técnicos superiores principais com, pelo menos, três anos de serviço classificados de Muito bom ou cinco anos classificados de Bom, mediante concurso de provas públicas, que consistirá na apreciação e discussão do currículo profissional do candidato;

c) Técnicos superiores principais e de 1.ª classe, de entre, respectivamente, técnicos superiores de 1.ª classe e de 2.ª classe com, pelo menos, três anos nas respectivas categorias classificados de Bom;

d) Técnico superior de 2.ª classe, de entre indivíduos habilitados com licenciatura em área de formação adequada ao conteúdo funcional do lugar a prover, aprovados em estágio com classificação não inferior a Bom (14 valores).

Decreto-Lei n.º 404-A/98, de 18 de Dezembro

2 – A área de recrutamento prevista na alínea *c*) do número anterior para a categoria de técnico superior principal é alargada aos técnicos especialistas principais com curso superior que não confira o grau de licenciatura, desde que previamente habilitados com formação adequada.

3 (¹) – Aos titulares de mestrado ou doutoramento, desde que o conteúdo funcional seja do interesse da instituição, é reduzido em 12 meses, o tempo legalmento exigido para progressão na carreira, previsto nas alíneas *a*), *b*) e *c*) do n.º 1.

1 – Aditado pelo art. 2.º da Lei n.º 44/99, de 11 de Junho.

ARTIGO 5.º – Carreira técnica

1 – O recrutamento para as categorias da carreira técnica obedece às seguintes regras:

a) Técnico especialista principal e técnico especialista, de entre, respectivamente, técnicos especialistas e técnicos principais com, pelo menos, três anos nas respectivas categorias classificados de Muito bom ou cinco anos classificados de Bom;

b) Técnico principal e de 1.ª classe, de entre, respectivamente, técnicos de 1.ª classe e de 2.ª classe com um mínimo de três anos nas respectivas categorias classificados de Bom;

c) Técnico de 2.ª classe, de entre indivíduos habilitados com curso superior que não confira o grau de licenciatura, em área de formação adequada ao conteúdo funcional do lugar a prover, aprovados em estágio com classificação não inferior a Bom (14 valores).

2 – A área de recrutamento para a categoria de técnico principal é alargada nos seguintes termos:

a) A coordenadores da carreira técnico-profissional detentores de um dos cursos a que se refere o artigo seguinte, desde que habilitados com formação adequada;

b) A chefes de secção posicionados nos escalões 4, 5 e 6, possuidores do 11.º ano de escolaridade ou equivalente, desde que habilitados com formação adequada.

3 – A área de recrutamento para a categoria de técnico de 1.ª classe é alargada nos termos seguintes:

a) A técnicos profissionais especialistas principais, detentores de um dos cursos a que se refere o artigo seguinte, desde que habilitados com formação adequada;

b) A chefes de secção posicionados nos escalões 1, 2 e 3, bem como aos assistentes administrativos especialistas e aos tesoureiros possuidores, em todos os casos, do 11.º ano de escolaridade ou equivalente, desde que habilitados com formação adequada.

ARTIGO 6.º – Carreira técnico-profissional

1 – O recrutamento para as categorias da carreira técnico-profissional faz-se de acordo com as seguintes regras:

a) Coordenador, de entre técnicos profissionais especialistas principais com classificação de serviço de Bom, bem como de entre técnicos profissionais especialistas com, pelo menos, três anos de serviço na categoria classificados de Muito bom ou cinco anos classificados de Bom;

b) Técnicos profissionais especialista principal e técnico profissional especialista, de entre, respectivamente, as categorias de especialista e principal com pelo menos três anos na respectiva categoria classificados de Muito bom ou cinco anos classificados de Bom;

c) Técnico profissional principal e técnico profissional de 1.ª classe, de entre, respectivamente, as categorias de 1.ª classe e de 2.ª classe com um mínimo de três anos na respectiva categoria classificados de Bom;

d) Técnico profissional de 2.ª classe, de entre indivíduos habilitados com adequado curso tecnológico, curso das escolas profissionais, curso das escolas especializadas de ensino artístico, curso que confira certificado de qualificação profissional de nível III, definida pela Decisão

580   *IV – Funcionários da Administração Local*

n.º 85/368/CEE, do Conselho das Comunidades Europeias, de 16 de Julho de 1985, ou curso equiparado.

2 – A área de recrutamento para a categoria de técnico profissional de 1.ª classe é alargada aos operários principais da carreira de operário qualificado devidamente habilitados para o exercício da respectiva profissão, desde que possuidores de formação adequada.

3 – Só poderá ser criada a categoria de coordenador quando se verifique a necessidade de coordenar pelo menos 10 profissionais da mesma área funcional.

ARTIGO 7.º – **Chefe de secção**

1 – O recrutamento para a categoria de chefe de secção faz-se de entre assistentes administrativos especialistas e tesoureiros, em ambos os casos com classificação de serviço não inferior a Bom.

2 – A progressão faz-se segundo módulos de três anos.

ARTIGO 8.º – **Carreira de assistente administrativo**

1 – O recrutamento para as categorias da carreira de assistente administrativo faz-se de acordo com as seguintes regras:

a) Assistente administrativo especialista e assistente administrativo principal, de entre, respectivamente, assistentes administrativos principais e assistentes administrativos com, pelo menos, três anos na categoria e classificação de serviço não inferior a Bom;

b) Assistentes administrativos, de entre indivíduos habilitados com o 11.º ano de escolaridade ou equivalente.

2 – Os concursos para provimento na categoria de assistente administrativo abrangem obrigatoriamente como método de selecção uma prova de conhecimentos gerais e uma prova de conhecimentos específicos, cada uma delas eliminatória de per si, provas essas que poderão ser complementadas com uma entrevista profissional de selecção nos casos em que os serviços e organismos interessados o considerem conveniente.

3 – O provimento definitivo na categoria de assistente administrativo fica condicionado à aprendizagem, durante o período probatório, devidamente comprovada pelo respectivo serviço, do tratamento de texto.

ARTIGO 9.º – **Carreira de tesoureiro**

1 – O recrutamento para a carreira de tesoureiro faz-se de entre assistentes administrativos especialistas com classificação de serviço não inferior a Bom, bem como de entre assistentes administrativos principais com, pelo menos, três anos de serviço na categoria e com classificação de serviço não inferior a Bom.

2 – A progressão faz-se segundo módulos de três anos.

ARTIGO 10.º – **Carreiras de pessoal auxiliar**

1 – O recrutamento para as carreiras de pessoal auxiliar faz-se de acordo com as seguintes regras:

a) Motorista de transportes colectivos, condutor de máquinas pesadas, motorista de pesados e motorista de ligeiros, de entre indivíduos habilitados com a escolaridade obrigatória e carta de condução adequada;

b) Fiscal de obras e fiscal de obras públicas, de entre operários qualificados e semiqualificados da respectiva área funcional habilitados com a escolaridade obrigatória e com, pelo menos, quatro anos de prática profissional;

Decreto-Lei n.º 404-A/98, de 18 de Dezembro

c) Telefonista, auxiliar administrativo, operador de reprografia, guarda-nocturno, servente e auxiliar de limpeza, de entre indivíduos habilitados com a escolaridade obrigatória.

2 – As carreiras de motorista de transportes colectivos e de motorista de pesados só podem ser criadas em serviços cujo parque automóvel integre, respectivamente, veículos pesados de passageiros e veículos pesados.

3 – As funções de guarda-nocturno são exercidas, em horário a estabelecer, no período que decorre entre as 20 horas de um dia e as 7 horas do dia seguinte, com observância do disposto no n.º 4 do artigo 32.º do Decreto-Lei n.º 259/98, de 18 de Agosto.

ARTIGO 11.º – **Encarregado de pessoal auxiliar**

1 – O recrutamento para a categoria de encarregado de pessoal auxiliar faz-se de entre auxiliares administrativos posicionados no escalão 4 ou superior.

2 – A progressão faz-se segundo módulos de três anos.

ARTIGO 12.º – **Carreiras de pessoal operário**

1 – O pessoal operário compreende:

a) Carreira de operário qualificado;

b) Carreira de operário semiqualificado.

2 – O recrutamento para cada uma das carreiras fica condicionado a concurso de prestação de provas práticas e à posse de escolaridade obrigatória e de comprovada formação ou experiência profissional, adequada ao exercício da respectiva profissão, de duração não inferior a dois ou um anos, consoante se trate da carreira de operário qualificado ou de operário semiqualificado, respectivamente.

3 – A formação ou experiência profissional a que se refere o número anterior pode ser obtida nas situações de aprendiz e ou de ajudante.

ARTIGO 13.º – **Aprendizes e ajudantes**

1 – Os aprendizes são recrutados de entre indivíduos habilitados com a escolaridade obrigatória e a idade mínima de 16 anos.

2 – O período de formação dos aprendizes terá a duração de dois ou um anos, consoante se trate de carreiras de operário qualificado ou semiqualificado.

3 – A passagem à situação de ajudante fica dependente de aprovação em exame de aprendizagem profissional e ao requisito de maioridade, devendo os aprendizes das profissões semiqualificadas aguardar nessa situação o tempo necessário para atingir os 18 anos.

4 – Os aprendizes e ajudantes são admitidos por contrato administrativo de provimento.

5 – Os contratos a que se refere o número anterior que sejam celebrados com menores são válidos, salvo havendo oposição dos respectivos representantes legais.

6 ([1]) – Os aprendizes são remunerados pelos índices 79, 89 e 98, correspondentes aos 1.º, 2.º e 3.º anos de aprendizagem.

7 ([1-2]) – Os ajudantes das carreiras de operário qualificado e semiqualificado são remunerados, respectivamente, pelos índices 122 e 118.

1 – Redacção do art. 51.º do DL n.º 77/2001, de 5 de Março.

2 – Ver nota ao Anexo a este Diploma.

ARTIGO 14.º – **Carreira de operário qualificado**

1 – O recrutamento para as categorias de encarregado geral e encarregado faz-se de entre, respectivamente, as categorias de encarregado e operário principal com um mínimo de três anos na categoria e classificação de serviço não inferior a Bom.

582   *IV – Funcionários da Administração Local*

2 – O recrutamento para a categoria de operário principal faz-se de entre operários com, pelo menos, seis anos na categoria e classificação de serviço não inferior a Bom.

3 – O recrutamento para a categoria de operário faz-se nos termos do disposto nos n.os 2 e 3 do artigo 12.°.

ARTIGO 15.° – Carreira de operário semiqualificado

1 – O recrutamento para encarregado faz-se de entre operários com um mínimo de seis anos na categoria e classificação de serviço não inferior a Bom.

2 – O recrutamento para a categoria de operário faz-se nos termos do disposto nos n.os 2 e 3 do artigo 12.°.

3 – A área de recrutamento para a categoria de operário é alargada aos funcionários das carreiras de pessoal auxiliar, desde que possuidores de formação adequada.

4 – A carreira de operário semiqualificado é horizontal.

5 – A progressão faz-se segundo módulos de três anos, quando se trate da categoria de encarregado.

ARTIGO 16.° – Lugares de chefia do pessoal operário

1 – O número de lugares correspondentes às categorias de chefia do pessoal operário fica condicionado às seguintes regras de densidade:

a) Só poderá ser criado um lugar de encarregado geral quando se verifique a necessidade de coordenar, pelo menos, três encarregados do respectivo sector de actividade;

b) Só poderá ser criado um lugar de encarregado quando se verifique a necessidade de dirigir e controlar pelo menos 20 profissionais das carreiras de operário qualificado e semiqualificado.

2 – Quando nas carreiras de operário qualificado e semiqualificado se verificar a impossibilidade de criar os lugares de encarregado por não estarem preenchidos os requisitos da alínea *b)* do número anterior, e for necessário assegurar o exercício de funções de chefia, ao operário principal ou operário, consoante se trate da carreira de operário qualificado ou semiqualificado, designado para o exercício das mesmas é atribuída a remuneração correspondente aos índices 255 e 240, respectivamente.

ARTIGO 17.° – Escalas salariais

1 – As escalas salariais das carreiras de regime geral da administração central constam do anexo ao presente diploma, do qual faz parte integrante.

2 – Às carreiras e categorias com designações específicas que apresentem um desenvolvimento indiciário mais ou menos igual ao das carreiras e categorias dos correspondentes grupos de pessoal do regime geral será aplicada a revalorização prevista no presente diploma bem como as regras de transição e de produção de efeitos, mediante decreto regulamentar.

3 – Nos casos em que se justifique a adaptação dos regimes e escalas salariais de carreiras de regime especial ao disposto no presente diploma, as alterações são feitas mediante decreto regulamentar.

CAPÍTULO III – Disposições transitórias

ARTIGO 18.° (¹) – Chefes de repartição

1 – Os lugares de chefe de repartição são extintos à medida que as leis orgânicas dos serviços operem a reorganização da área administrativa, sendo os respectivos titulares reclassificados na categoria de técnico superior de 1.ª classe.

Decreto-Lei n.º 404-A/98, de 18 de Dezembro

2 – Os chefes de repartição que não estejam habilitados com licenciatura ou com curso superior que não confira o grau de licenciatura não podem ascender a categoria superior à de técnico superior principal.

3 – Os chefes de repartição licenciados, bem como os que, habilitados com curso superior que não confira grau de licenciatura, hajam sido reclassificados em técnicos superiores de 1.ª classe, podem ser opositores aos concursos para director de serviços e chefe de divisão das áreas administrativas, desde que tenham, respectivamente, seis ou quatro anos de experiência profissional naquelas áreas.

4 – Enquanto existirem nos quadros de pessoal lugares de chefe de repartição, a respectiva escala salarial integra os índices 460, 475, 500 e 545 correspondentes aos escalões 1, 2, 3 e 4, respectivamente, fazendo-se a progressão segundo módulos de três anos.

5 – Sem prejuízo do disposto no n.º 1, os chefes de repartição habilitados com licenciatura podem candidatar-se nos termos das regras de intercomunicabilidade a lugares de técnico superior de 1.ª classe.

6 – Os chefes de repartição que se encontrem providos em lugares dirigentes consideram-se reclassificados, de acordo com as regras do n.º 1, independentemente da reorganização da área administrativa.

1 – Redacção do art. 1.º da Lei n.º 44/99, de 11 de Junho.

ARTIGO 19.º – **Auxiliares técnicos administrativos**

1 – Os auxiliares técnicos administrativos transitam para a categoria de assistente administrativo nos termos aplicáveis à transição dos escriturários-dactilógrafos definida no Decreto-Lei n.º 22/98, de 9 de Fevereiro, produzindo efeitos a partir de 1 de Janeiro de 1998.

2 – O condicionamento do acesso na carreira de assistente administrativo estabelecido no n.º 2 do artigo 6.º do Decreto-Lei n.º 22/98, de 9 de Fevereiro, passa a reportar-se à categoria de assistente administrativo especialista.

ARTIGO 20.º – **Regra geral de transição**

1 – Sem prejuízo do disposto nos números seguintes, a transição faz-se para a mesma carreira e categoria.

2 – A transição dos funcionários integrados em carreiras técnico-profissionais, níveis 4 e 3, faz-se de acordo com as seguintes regras:

a) Os técnicos-adjuntos especialistas de 1.ª classe para a categoria de técnico profissional especialista principal;

b) Os técnicos-adjuntos especialistas, técnicos-adjuntos principais e técnicos auxiliares especialistas para a categoria de técnico profissional especialista;

c) Os técnicos-adjuntos de 1.ª classe e os técnicos auxiliares principais para a categoria de técnico profissional principal;

d) Os técnicos-adjuntos de 2.ª classe e os técnicos auxiliares de 1.ª classe para a categoria de técnico profissional de 1.ª classe;

e) Os técnicos auxiliares de 2.ª classe para a categoria de técnico profissional de 2.ª classe.

3 – A transição dos funcionários integrados na carreira de oficial administrativo faz-se de acordo com as seguintes regras:

a) Os oficiais administrativos principais para a categoria de assistente administrativo especialista;

b) Os primeiros-oficiais e segundos-oficiais para a categoria de assistente administrativo principal;

584   *IV – Funcionários da Administração Local*

c) Os terceiros-oficiais para a categoria de assistente administrativo.

4 – A transição dos funcionários integrados nas carreiras de operário qualificado e semi-qualificado faz-se para a mesma categoria da carreira de operário qualificado.

5 – A transição dos funcionários integrados nas carreiras de operário não qualificado faz-se para a mesma categoria da carreira de operário semiqualificado, com excepção dos capatazes, que transitam para a categoria de encarregado.

6 (¹) – As transições a que se reportam os números anteriores efectuam-se para o escalão a que corresponda, na estrutura da categoria, índice remuneratório igual ou, se não houver coincidência, índice superior mais aproximado.

1 – Na sequência da revisão do regime de carreiras operada pelo DL n.° 404-A/98, o DL n.° 518/99, de 10 de Dezembro, criou a carreira de *«operário altamente qualificado»*.

E, para salvaguarda de expectativas de progressão na carreira de *operário altamente qualificado*, o art. 1.° do DL n.° 124/2001, de 24 de Abril, vei dispor:

«Os funcionários que transitaram para a carreira de operário altamente qualificado ao abrigo do disposto no Decreto-Lei n.° 518/99, de 10 de Dezembro, cujas primeira e segunda progressões após a transição para a escala salarial aprovada por aquele diploma se façam para índice inferior ao que lhes teria sido atribuído no sistema anterior, serão pagos pelo índice que lhes caberia na escala anterior até perfazerem o tempo legalmente previsto para uma nova progressão».

ARTIGO 21.° – Situações especiais

1 – Os actuais técnicos-adjuntos especialistas, primeiros-oficiais e encarregados do pessoal operário não qualificado que, de acordo com a regra geral de transição, venham a ser integrados em índice igual àquele para que transitariam se não tivessem sido promovidos a essas categorias serão integrados no índice imediatamente superior da respectiva categoria.

2 – No caso de na aplicação deste diploma se verificarem situações análogas às previstas no número anterior, de que decorram injustiças relativas, aplicar-se-á solução que permita o afastamento da desigualdade que resultar da aplicação directa da regra de transição.

3 – Serão igualmente posicionados no escalão imediatamente superior os funcionários promovidos em 1997 que, se não tivessem sido promovidos, adquirissem pela combinação das regras de transição e de progressão um índice salarial superior ao que resulta da transição para a nova escala salarial.

4 – Serão igualmente posicionados no escalão imediatamente superior os funcionários que na sequência de promoção ocorrida em 1997 sejam posicionados em escalão a que corresponda índice igual ou inferior ao atribuído a outros funcionários do mesmo organismo e com a mesma categoria e escalão que não foram promovidos ou o venham a ser durante 1998.

5 – Os recursos apresentados com fundamento na inversão das posições relativas detidas pelos funcionários ou agentes à data da publicação do presente diploma e que violem o princípio da coerência e da equidade que presidem ao sistema de carreiras serão resolvidas por despacho conjunto dos ministros da tutela, das Finanças e do membro do Governo responsável pela Administração Pública.

6 – Os técnicos de 2.ª classe, posicionados nos escalões 3 e 4, transitam para os escalões 2 e 3, respectivamente.

7 – A transição dos chefes de secção faz-se nos seguintes termos:

a) Os dos 1.° e 2.° escalões transitam para o 1.° escalão;

b) Os do 3.° escalão transitam para o 2.° escalão;

c) Os do 4.° escalão transitam para o 3.° escalão;

d) Os do 5.° escalão transitam para o 4.° escalão;

e) Os do 6.° escalão transitam para o 5.° escalão.

8 – Aos actuais técnicos-adjuntos especialistas de 1.ª classe posicionados no 4.º escalão, técnicos-adjuntos especialistas posicionados no 1.º escalão, técnicos auxiliares principais posicionados nos 2.º, 3.º e 4.º escalões, técnicos auxiliares de 1.ª classe posicionados nos 3.º e 4.º escalões, técnicos auxiliares de 2.ª classe posicionados nos 2.º e 3.º escalões, primeiros-oficiais posicionados no 5.º escalão e terceiros-oficiais posicionados nos 2.º e 3.º escalões é reduzido em um ano o tempo de serviço necessário para progressão ao escalão imediato, na primeira progressão que ocorrer após 1 de Janeiro de 1998.

9 – Aos actuais operários semiqualificados posicionados nos escalões 2.º a 8.º, bem como aos actuais operários não qualificados posicionados nos escalões 2.º a 7.º e aos serventes e auxiliares de limpeza posicionados nos 2.º a 8.º escalões é reduzido em dois anos o tempo de serviço necessário para progressão ao escalão imediato, na primeira progressão que ocorrer após 1 de Janeiro de 1998.

ARTIGO 22.º – **Enquadramento salarial das mudanças de situação**
Os funcionários que tenham mudado de categoria ou escalão a partir de 1 de Janeiro de 1998 transitam para a nova escala salarial de acordo com a categoria e escalão de que eram titulares àquela data, sem prejuízo do reposicionamento decorrente das alterações subsequentes de acordo com as regras aplicáveis.

ARTIGO 23.º – **Contagem de tempo de serviço**
1 – Aos actuais técnicos-adjuntos especialistas, o tempo de serviço prestado nas categorias de técnico-adjunto principal e técnico-adjunto especialista conta, para efeitos de promoção, como prestado na categoria de técnico profissional especialista.

2 – Aos actuais primeiros-oficiais, o tempo de serviço prestado nas categorias de segundo-oficial e primeiro-oficial conta, para efeitos de promoção, como prestado na categoria de assistente administrativo principal.

3 – Nos casos em que da aplicação da regra constante do n.º 6 do artigo 20.º resulte um impulso salarial igual ou inferior a 10 pontos, releva para efeitos de progressão o tempo de permanência no índice de origem.

CAPÍTULO IV – Disposições finais

ARTIGO 24.º – **Regime especial para diplomados com o curso de Estudos Avançados em Gestão Pública**
1 – Mediante decreto-lei podem ser definidas condições especiais de ingresso e acesso na carreira técnica superior para os diplomados com o curso de Estudos Avançados em Gestão Pública, criado no Instituto Nacional de Administração pela Portaria n.º 1319/95, de 8 de Novembro.

2 – O número de lugares reservados para funcionários e para indivíduos não vinculados à função pública admitidos à frequência do curso será fixado anualmente por despacho conjunto do Ministro das Finanças e do membro do Governo responsável pela Administração Pública.

ARTIGO 25.º ([1]) – **Formação**
1 – A formação a que se referem os artigos 4.º, 5.º, 6.º e 15.º é definida em diploma próprio, mediante a participação das organizações sindicais.

586 IV – Funcionários da Administração Local

2 – No diploma a que se refere o número anterior serão salvaguardadas as profissões para cujo exercício se exija, nos termos dos respectivos estatutos profissionais, a titularidade de uma licenciatura específica.

1 – Ver DL n.º 50/98, de 11 de Março.

ARTIGO 26.º – **Níveis de qualificação das carreiras operárias**

1 (¹) – No prazo de 180 dias a contar da data da entrada em vigor do presente diploma será revista a Portaria n.º 739/79, de 31 de Dezembro, tendo em vista a actualização dos níveis de qualificação das carreiras operárias.

2 – No mesmo prazo, será criada, mediante diploma autónomo, a carreira de operário altamente qualificado.

1 – A Portaria n.º 807/99, de 21 de Setembro, reviu e actualizou os níveis de qualificação das carreiras operárias da Administração Pública e revogou a Portaria n.º 739/79.

ARTIGO 27.º – **Alterações ao Decreto-Lei n.º 353-A/89, de 16 de Outubro**

Os artigos 17.º e 18.º do Decreto-Lei n.º 353-A/89, de 16 de Outubro, passam a ter a seguinte redacção: ....

ARTIGO 28.º – **Alteração ao Decreto-Lei n.º 22/98, de 9 de Fevereiro**

São aditados ao artigo 2.º do Decreto-Lei n.º 22/98, de 9 de Fevereiro, os n.ºs 4 e 5, com a seguinte redacção: ....

ARTIGO 29.º – **Alteração dos quadros de pessoal**

1 – Os quadros de pessoal dos serviços e organismos abrangidos por este diploma consideram-se automaticamente alterados nos seguintes termos:

a) (¹) *As dotações de técnico superior principal, de 1.ª e 2.ª classes são convertidas em dotação global*;

b) A dotação de técnico profissional especialista corresponde à soma dos lugares de técnico-adjunto especialista, técnico-adjunto principal e técnico auxiliar especialista;

c) A dotação de técnico profissional principal corresponde à soma dos lugares de técnico-adjunto de 1.ª classe e de técnico auxiliar principal;

d) A dotação de técnico profissional de 1.ª classe corresponde à soma dos lugares de técnico-adjunto de 2.ª classe e de técnico auxiliar de 1.ª classe;

e) A dotação de assistente administrativo principal corresponde à soma dos lugares de primeiro-oficial e segundo-oficial;

f) A dotação de encarregado da carreira de operário qualificado corresponde à soma dos lugares de encarregado das carreiras de operário qualificado e semiqualificado;

g) A dotação de operário principal da carreira de operário qualificado corresponde à soma dos lugares de operário principal das carreiras de operário qualificado e semiqualificado;

h) A dotação de operário da carreira de operário qualificado corresponde à soma dos lugares de operário das carreiras de operário qualificado e semiqualificado;

i) A dotação de encarregado da carreira de operário semiqualificado corresponde à soma dos lugares de encarregado e capataz da carreira de operário não qualificado.

2 (¹) – *A partir de 1 de Janeiro de 1999 as dotações de assessor principal e de assessor são convertidas em dotação global.*

1 – Revogado pelo art. 5.º do DL n.º 141/2001, de 24 de Abril.

Este DL estabeleceu o regime aplicável à globalização das dotações individuais das várias categorias

Decreto-Lei n.º 404-A/98, de 18 de Dezembro

das carreiras de regime geral, de regime especial e com designações específicas, bem como das dotações semiglobais já previstas para a carreira técnica superior.

ARTIGO 30.º – **Concursos pendentes**

1 – Mantêm-se em vigor os concursos cujos avisos de abertura se encontrem publicados até à data da publicação do presente diploma, observando-se as seguintes regras:

a) Os candidatos que tenham sido ou vierem a ser aprovados nesses concursos são integrados na nova categoria em escalão para que transitaram os titulares das categorias a que se candidataram que estavam posicionados no mesmo escalão;

b) A integração prevista na alínea anterior depende de despacho de nomeação ou de transição no caso de categorias extintas e produz efeitos a partir da data da sua publicação no Diário da República.

2 – O regime consignado no número precedente é aplicável apenas às vagas existentes à data da publicação dos avisos de abertura dos respectivos concursos, salvo nos casos de dotação global.

ARTIGO 31.º – **Salvaguarda dos concursos de habilitação**

1 – A aprovação em concurso de habilitação para as categorias de técnico superior principal e de técnico de 1.ª classe, obtida nos termos do anterior regime, considera-se válida para efeitos da intercomunicabilidade a que se referem o n.º 2 do artigo 4.º e o n.º 3 do artigo 5.º do presente diploma.

2 – Durante o período transitório de três anos, a contar da data de publicação do presente diploma, a aprovação em concurso de habilitação para a categoria de técnico de 2.ª classe e de técnico auxiliar de 2.ª classe, obtida nos termos do anterior regime, considera-se válida para efeitos de admissão a concurso para as categorias de técnico de 2.ª classe e de técnico profissional de 2.ª classe.

3 – O disposto nos números anteriores é aplicável aos concursos de habilitação cujos avisos de abertura se encontrem publicados à data da publicação do presente diploma.

ARTIGO 32.º – **Salvaguarda de expectativas decorrentes de requisitos habilitacionais**

1 – O estabelecimento de habilitações literárias ou profissionais mais exigentes para ingresso nas carreiras de técnico profissional e assistente administrativo, nos termos deste diploma, não prejudica o acesso e a intercomunicabilidade dos funcionários já integrados nas mesmas.

2 – Ao pessoal abrangido pelo processo de regularização nos termos do Decreto-Lei n.º 81-A/96, de 16 de Junho, e legislação complementar, bem como por concursos já abertos à data da entrada em vigor do presente diploma, aplicam-se os requisitos habilitacionais previstos na legislação vigente nessa data.

ARTIGO 33.º – **Salvaguarda de expectativas de progressão**

Os funcionários cuja primeira e segunda progressão após a transição para a escala salarial aprovada pelo presente diploma se faça para índice inferior ao que lhes teria sido atribuído no sistema actualmente vigente serão pagos pelo índice que lhes caberia na escala anterior até perfazerem o tempo legalmente previsto para uma nova progressão.

ARTIGO 34.º – **Produção de efeitos**

1 – Sem prejuízo do disposto no número seguinte, o presente diploma produz efeitos a 1 de Janeiro de 1998.

588 IV – Funcionários da Administração Local

2 – Das transições decorrentes deste diploma não podem resultar, em 1998, impulsos salariais superiores a 15 pontos indiciários.

3 – Nos casos em que se verificam impulsos salariais superiores, o direito à totalidade da remuneração só se adquire em 1 de Janeiro de 1999.

4 – Aos funcionários que em 1998 adquirissem, por progressão na anterior escala salarial, o direito a remuneração superior à que lhes é atribuída de acordo com os n.os 2 e 3 é garantida, entre o momento da progressão e 31 de Dezembro de 1998, a remuneração correspondente ao índice para o qual progrediriam naquela escala salarial.

5 – O disposto nos números anteriores não impede a integração formal no escalão que resultar das regras de transição.

6 – Os funcionários e agentes que se aposentem durante o ano de 1998 terão a sua pensão de aposentação calculada com base no índice que couber ao escalão em que ficarem posicionados.

ARTIGO 35.º ([1]) – **Transferência de verbas**

O Governo deverá proceder à transferência para as autarquias locais das verbas necessárias ao aumento das despesas resultantes da aplicação deste diploma.

1 – Aditado pelo art. 2.º da Lei n.º 44/99, de 11 de Junho.

ARTIGO 36.º – **Revogações**

São revogadas todas as disposições legais e regulamentares que contrariem o presente diploma, designadamente:

a) O Decreto-Lei n.º 465/80, de 14 de Outubro, excepto o artigo 3.º;

b) Os artigos 15.º, 17.º, 20.º a 34.º, 36.º a 40.º e 42.º a 46.º do Decreto-Lei n.º 248/85, de 15 de Julho;

c) O Decreto Regulamentar n.º 32/87, de 18 de Maio;

d) O Decreto-Lei n.º 265/88, de 28 de Julho, excepto os artigos 5.º e 6.º;

e) Os n.os 1 a 5, 7 a 10, 13 e 14 do artigo 21.º e os n.os 1 a 7 do artigo 42.º do Decreto-Lei n.º 353-A/89, de 16 de Outubro.

Decreto-Lei n.º 404-A/98, de 18 de Dezembro

ANEXO I ([1])

Grupo de pessoal	Carreiras/categorias	Escalões							
		1	2	3	4	5	6	7	8
Técnico superior	Assessor principal	710	770	830	900				
	Assessor	610	660	690	730				
	Técnico superior principal ...	510	560	590	650				
	Técnico superior de 1.ª classe	460	475	500	545				
	Tecnico superior de 2.ª classe	400	415	435	455				
	Estagiário	310							
Técnico	Técnico especialista principal	510	560	590	650				
	Técnico especialista	460	475	500	545				
	Técnico principal	400	420	440	475				
	Técnico de 1.ª classe	340	355	375	415				
	Técnico de 2.ª classe	285	295	305	330				
	Estagiário	215							
Técnico-profissional	Coordenador	360	380	410	450				
	Técnico profissional especialista principal.	305	315	330	345	360			
	Técnico profissional especialista	260	270	285	305	325			
	Técnico profissional principal	230	240	250	265	285			
	Técnico profissional de 1.ª classe.	215	220	230	245	260			
	Técnico profissional de 2.ª classe.	190	200	210	220	240			
Administrativo ... Chefia ...	Chefe de secção	330	350	370	400	430	460		
	Assistente administrativo especialista.	260	270	285	305	325			
	Assistente administrativo principal.	215	225	235	245	260	280		
	Assistente administrativo	190	200	210	220	230	240		
	Tesoureiro	250	260	280	300	320	350		
—	Auxiliar técnico	190	200	210	220	230	240		
Operário .... Qualificado.	Encarregado geral	290	300	320	340				
	Encarregado	260	270	280	290				
	Operário principal	195	205	215	230	245			
	Operário	130	140	150	160	175	190	205	225
Semiqualificado.	Encarregado	240	250	260	270				
	Operário	125	135	145	155	170	185	205	220
Pessoal auxiliar	Motorista de transportes colectivos.	165	175	190	205	225	250		
	Condutor de máquinas pesadas	145	155	170	185	200	215	230	250
	Fiscal de obras/fiscal de obras públicas.	140	150	165	180	195	210	225	240
	Motorista de pesados	140	150	165	180	195	210	225	240
	Motorista de ligeiros	130	140	150	165	180	195	210	225
	Telefonista	120	130	140	155	170	185	200	220
	Encarregado de pessoal auxiliar	205	210	215	220				
	Auxiliar administrativo	115	125	135	145	160	175	190	205
	Operador de reprografia	120	130	140	150	160	175	190	205
	Guarda-nocturno	120	130	140	150	160	175	190	205
	Servente/auxiliar de limpeza	110	120	130	140	150	160	170	180

---

* 1 – O art. 41.º do DL n.º 70-A/2000, de 5 de Maio, alterou os índices mencionados na coluna 1, a seguir publicada, passando a corresponder-lhes os índices previstos na coluna 2.

Essa alteração não é, todavia, aplicável às situações previstas no n.º 7 do art. 13.º do DL n.º 404-A/98.

Coluna 1	Coluna 2
110	113
115	118
120	123
125	127
130	132
135	137
140	142
145	147
150	152
155	157
160	162
165	166
170	171
175	176
180	181
185	186
190	191
195	196
200	201

DECRETO-LEI N.° 412-A/98*

de 30 de Dezembro

Procede à adaptação à administração local do decreto-lei que estabelece as regras sobre o ingresso, acesso e progressão nas carreiras e categorias do regime geral, bem como as respectivas escalas salariais

O Decreto-Lei n.° 404-A/98, de 18 de Dezembro (revisão do regime de carreiras), visando introduzir mais justiça relativa no regime de carreiras da Administração Pública, procedeu à sua revisão mediante, designadamente, a extinção e ou fusão de carreiras, a sua estruturação e enquadramento indiciário.

O n.° 2 do artigo 2.° do referido decreto-lei prevê a sua aplicação à administração local, com as adaptações que lhe vierem a ser introduzidas por decreto-lei, o que o presente diploma visa concretizar, tendo em atenção as especificidades da administração local.

As soluções consagradas, reflectindo o quadro balizado naquele texto legal e o contributo das organizações representativas dos trabalhadores da administração local, consubstanciam-se na valorização de algumas carreiras, na extinção das que na perspectiva da modernização se consideram esvaziadas de sentido, na criação de outras e na flexibilização dos mecanismos de gestão dos recursos humanos.

Foram ouvidas as Regiões Autónomas dos Açores e da Madeira, a Associação Nacional de Municípios Portugueses, a Associação Nacional de Freguesias e as organizações representativas dos trabalhadores da administração local.

Assim, ao abrigo do n.° 2 do artigo 2.° do Decreto-Lei n.° 404-A/98, de 18 de Dezembro, e da alínea *a*) do n.° 1 do artigo 198.° da Constituição, o Governo decreta o seguinte:

ARTIGO 1.° – **Objecto e âmbito**

1 – O Decreto-Lei n.° 404-A/98, de 18 de Dezembro, aplica-se na administração local com as adaptações constantes do presente diploma.

2 – O presente diploma aplica-se na administração local das Regiões Autónomas, sem prejuízo da possibilidade de se introduzirem, por diploma regional adequado, as necessárias adaptações.

ARTIGO 2.° – **Carreira técnica superior – médico**

A carreira técnica superior – médico só pode ser criada nos municípios com 400 ou mais trabalhadores.

ARTIGO 3.° – **Carreira técnica**

1 – A área de recrutamento para a categoria de técnico principal é ainda alargada aos tesoureiros especialistas posicionados nos escalões 4, 5 e 6, possuidores do 11.° ano de escolaridade ou equivalente, desde que habilitados com formação adequada.

---

* Rectificado no DR, I Série-A, 2.° Suplemento, de 27/2/99.

IV – Funcionários da Administração Local

2 – A área de recrutamento para a categoria de técnico de 1.ª classe é ainda alargada aos tesoureiros especialistas posicionados nos escalões 1, 2 e 3 e aos tesoureiros principais, em todos os casos possuidores do 11.° ano de escolaridade ou equivalente, desde que habilitados com formação adequada.

ARTIGO 4.° ([1]) – **Carreira de fiscal municipal**

1 – O recrutamento para as categorias da carreira de fiscal municipal faz-se de acordo com as seguintes regras:

a) Fiscal municipal especialista principal e especialista, de entre, respectivamente, as categorias de especialista e principal com, pelo menos, três anos na respectiva categoria classificados de Muito bom ou cinco anos classificados de Bom;

b) Fiscal municipal principal e de 1.ª classe, de entre, respectivamente, as categorias de 1.ª classe e de 2.ª classe com um mínimo de três anos na respectiva categoria classificados de Bom;

c) Fiscal municipal de 2.ª classe, de entre indivíduos habilitados com o 12.° ano de escolaridade e um curso específico a ministrar pelo Centro de Estudos e Formação Autárquica.

2 – A duração, o conteúdo curricular, os critérios de avaliação e o regime de frequência do curso a que se refere a alínea *c*) do número anterior são aprovados por portaria conjunta dos Ministros do Equipamento, do Planeamento e da Administração do Território e do membro do Governo que tiver a seu cargo a Administração Pública.

3 ([2]) – Durante o período de um ano a contar da data da entrada em vigor do diploma referido no número anterior, o recrutamento para a categoria de fiscal municipal de 2.ª classe pode efectuar-se de entre indivíduos com o 12.° ano de escolaridade, aprovados em estágio de duração não inferior a seis meses.

4 – O estagiário é remunerado pelo índice 165.

1 – Ver art. 13.° do DL n.° 39/2000, de 17 de Março.
2 – Redacção do art. único do DL n.° 207/2000, de 2 de Setembro.

ARTIGO 5.° – **Chefe de secção**

O recrutamento para a categoria de chefe de secção faz-se de entre assistentes administrativos especialistas, tendo preferência, em igualdade de classificação, os candidatos habilitados com o curso de administração autárquica e que tenham frequentado, com aproveitamento, o curso de aperfeiçoamento profissional para chefe de secção, organizado pelo Centro de Estudos e Formação Autárquica.

ARTIGO 6.° – **Carreira de assistente administrativo**

As referências feitas nos artigos 20.°, 21.°, 22.°, 46.° e 48.° do Decreto-Lei n.° 247/87, de 17 de Junho, à carreira de oficial administrativo e respectivas categorias consideram-se reportadas à carreira de assistente administrativo e correspondentes categorias.

ARTIGO 7.° – **Carreira de tesoureiro**

1 – A carreira de tesoureiro desenvolve-se pelas categorias de especialista, principal e tesoureiro.

2 – O recrutamento para as categorias da carreira de tesoureiro obedece às seguintes regras:

a) Tesoureiro especialista, de entre tesoureiros principais com, pelo menos, três anos na categoria classificados de Bom e de entre chefes de secção;

b) Tesoureiro principal, de entre tesoureiros com, pelo menos, três anos na categoria classificados de Bom, assistentes administrativos especialistas, independentemente do tempo de ser-

Decreto-Lei n.º 412-A/98, de 30 de Dezembro

viço, e assistentes administrativos principais com, pelo menos, três anos na categoria classificados de Bom;

c) Tesoureiro, de entre assistentes administrativos principais, independentemente do tempo de serviço, e assistentes administrativos com, pelo menos, três anos na categoria.

3 – A categoria de tesoureiro especialista apenas pode ser criada nos municípios cuja média aritmética das receitas dos últimos cinco anos seja igual ou superior a 12500 vezes o valor do índice 100 da escala remuneratória do regime geral da função pública e nos serviços municipalizados do grupo I.

ARTIGO 8.º – Carreiras de tráfego fluvial

1 – São criadas as carreiras de mestre de tráfego fluvial, de motorista prático de tráfego fluvial e de marinheiro de tráfego fluvial, cujos conteúdos funcionais são os constantes do anexo I ao presente diploma, do qual faz parte integrante.

2 – O recrutamento para ingresso em cada uma das carreiras referidas no número anterior faz-se de entre indivíduos habilitados com a escolaridade obrigatória, sem prejuízo do preenchimento dos requisitos especiais decorrentes do exercício da actividade de marítimo, designadamente os respeitantes à inscrição marítima.

3 – A progressão nos escalões das carreiras de mestre de tráfego fluvial, de motorista prático de tráfego fluvial e de marinheiro de tráfego fluvial faz-se de acordo com as regras definidas na lei geral para a progressão nas carreiras horizontais.

4 – Os funcionários que têm vindo a desempenhar funções correspondentes aos conteúdos funcionais das carreiras ora criadas transitam para a correspondente carreira, para o escalão a que corresponda, na estrutura da nova carreira, remuneração igual ou, se não houver coincidência, remuneração imediatamente superior, sem prejuízo do preenchimento dos requisitos especiais decorrentes do exercício da actividade de marítimo.

ARTIGO 9.º – Carreira de cozinheiro

1 – A carreira de cozinheiro desenvolve-se pelas categorias de principal e de cozinheiro.

2 – O recrutamento para a categoria de cozinheiro principal faz-se de entre cozinheiros com, pelo menos, três anos na respectiva categoria classificados de Bom.

3 – O recrutamento para a categoria de cozinheiro faz-se de entre indivíduos possuidores da escolaridade obrigatória.

4 – A carreira de cozinheiro é vertical.

5 – Só pode ser criado um lugar de cozinheiro principal quando estejam previstos no quadro de pessoal quatro lugares de cozinheiro.

ARTIGO 10.º (¹) – Carreira de revisor de transportes colectivos

Para além do previsto no n.º 13 do artigo 42.º do Decreto-Lei n.º 353-A/89, de 16 de Outubro, o recrutamento para a carreira de revisor de transportes colectivos pode ainda efectuar-se de entre motoristas de transportes colectivos posicionados no 3.º escalão ou superior.

1 – Revogado pelo art. 6.º do DL n.º 498/99, de 19 de Novembro.

ARTIGO 11.º – Encarregado de brigada dos serviços de limpeza ou de limpa-colectores

1 – São criadas as categorias de encarregado de brigada dos serviços de limpeza e de encarregado de brigada de limpa-colectores, cujo recrutamento é feito, respectivamente, de entre cantoneiros de limpeza e limpa-colectores com seis anos na categoria classificados de Bom.

2 – Só podem ser criadas as categorias de encarregado de brigada dos serviços de limpeza

594   *IV – Funcionários da Administração Local*

e de encarregado de brigada de limpa-colectores quando se verifique a necessidade de supervisionar, pelo menos, 10 profissionais do sector.

3 – São extintas as categorias de capataz dos serviços de limpeza e de capataz de limpa-colectores.

4 – Os funcionários providos nas categorias de capataz dos serviços de limpeza e de capataz de limpa-colectores transitam, respectivamente, para as categorias de encarregado de brigada dos serviços de limpeza e de encarregado de brigada de limpa-colectores.

ARTIGO 12.º – **Carreiras de pessoal operário**

1 – A área de recrutamento para a categoria de operário semiqualificado é alargada aos funcionários das carreiras de pessoal auxiliar, desde que possuidores de formação adequada.

2 – São extintas as categorias de mestre das carreiras de operário qualificado e semiqualificado.

3 – Os funcionários providos na categoria de mestre das carreiras de operário qualificado e semiqualificado transitam para a categoria de encarregado da carreira de operário qualificado.

ARTIGO 13.º – **Escalas salariais**

1 – As escalas salariais das carreiras e categorias de regime geral e das carreiras e categorias específicas constam, respectivamente, dos anexos II e III ao presente diploma, do qual fazem parte integrante.

2 – As escalas salariais das carreiras e categorias específicas para vigorarem no ano de 1998 constam do anexo III-A ao presente diploma, do qual faz parte integrante.

ARTIGO 14.º – **Chefes de repartição**

1 – Em caso de reestruturação dos serviços, devem os lugares de chefe de repartição ser extintos nos termos do n.º 1 do artigo 18.º do Decreto-Lei n.º 404-A/98, de 18 de Dezembro.

2 – As reclassificações operadas nos termos da alínea *a*) do n.º 1 do artigo 18.º do Decreto-Lei n.º 404-A/98, de 18 de Dezembro, não prejudicam o recrutamento, nos termos da lei, para directores de serviços, chefes de divisão e cargos equiparados, previsto no Estatuto do Pessoal Dirigente da Administração Local.

3 – Os chefes de repartição reclassificados nos termos da alínea *b*) do n.º 1 do artigo 18.º do Decreto-Lei n.º 404-A/98, de 18 de Dezembro, podem ser opositores a concursos para chefes de divisão municipal, nos termos da lei, durante o período de três anos a contar da data da reclassificação.

4 – Transitoriamente, o recrutamento para chefe de repartição, para além do previsto no n.º 2 do artigo 6.º do Decreto-Lei n.º 265/88, de 28 de Julho, faz-se ainda, mediante concurso, de entre:

a) Tesoureiros especialistas e tesoureiros principais, respectivamente, com, pelo menos, três e cinco anos de serviço na categoria classificados de Muito bom;

b) Chefes de serviço de cemitério e chefes de serviços de teatro com, pelo menos, três anos de serviço nas respectivas categorias classificados de Muito bom;

c) Assessores autárquicos.

ARTIGO 15.º – **Extinção da carreira de adjunto de tesoureiro**

1 – É extinta a carreira de adjunto de tesoureiro.

2 – Os funcionários providos em lugares da carreira de adjunto de tesoureiro transitam para a categoria de assistente administrativo nos termos aplicáveis à transição dos escriturários-dac-

Decreto-Lei n.º 412-A/98, de 30 de Dezembro 595

tilógrafos definida no Decreto-Lei n.º 22/98, de 9 de Fevereiro, produzindo efeitos a partir de 1 de Janeiro de 1998.

3 – Para efeitos do disposto no número anterior, o condicionamento de acesso na carreira de oficial administrativo estabelecido no n.º 2 do artigo 6.º do Decreto-Lei n.º 22/98, de 9 de Fevereiro, reporta-se à categoria de assistente administrativo especialista.

ARTIGO 16.º – **Extinção da categoria de encarregado de pessoal doméstico**

1 – É extinta a categoria de encarregado de pessoal doméstico.

2 – Os funcionários integrados na categoria de encarregado de pessoal doméstico transitam para a categoria de encarregado de pessoal auxiliar.

ARTIGO 17.º – **Transições**

1 – A transição dos funcionários integrados na carreira de tesoureiro faz-se de acordo com as seguintes regras:

a) Os tesoureiros principais transitam para a categoria de especialista;

b) Os tesoureiros de 1.ª classe transitam para a categoria de principal;

c) Os tesoureiros de 2.ª e 3.ª classes transitam para a categoria de tesoureiro.

2 – A transição dos tesoureiros principais para a categoria de especialista, bem como a dos chefes de serviço de teatro, dos chefes de serviço de cemitério, dos chefes de serviço de turismo em município urbano de 1.ª ordem e outros municípios que sejam sede de zonas de jogo e dos chefes de serviço de turismo faz-se nos seguintes termos:

a) Os dos 1.º e 2.º escalões transitam para o 1.º escalão;

b) Os do 3.º escalão transitam para o 2.º escalão;

c) Os do 4.º escalão transitam para o 3.º escalão.

3 – A transição dos funcionários providos nas categorias das carreiras de conselheiro de consumo, técnico-adjunto de informação de tráfego de aeródromo, agente de informação de tráfego de aeródromo, monitor de museus e assistente de conservador de museus faz-se, com as devidas adaptações, de acordo com as regras previstas no Decreto-Lei n.º 404-A/98, de 18 de Dezembro, designadamente no n.º 2 do artigo 20.º, para as correspondentes carreiras técnico-profissionais, níveis 4 e 3.

4 – A transição dos fiscais municipais faz-se de acordo com as seguintes regras:

a) Os coordenadores transitam para a categoria de especialista;

b) Os fiscais municipais principais, de 1.ª e de 2.ª classes transitam, respectivamente, para as categorias de principal, de 1.ª e de 2.ª classes da nova carreira.

5 – A transição dos funcionários integrados na carreira de solicitador faz-se de acordo com as seguintes regras:

a) Os dos 1.º, 2.º e 3.º escalões transitam para o 2.º escalão;

b) Os do 4.º escalão transitam para o 3.º escalão;

c) Os dos 5.º e 6.º escalões transitam para o 4.º escalão.

ARTIGO 18.º – **Contagem de tempo de serviço**

Aos actuais tesoureiros de 2.ª classe o tempo de serviço prestado nas categorias de 2.ª e 3.ª classes conta, para efeitos de promoção, como prestado na categoria de tesoureiro.

ARTIGO 19.º – **Situações especiais**

Os recursos apresentados com fundamento na inversão das posições relativas detidas pelos funcionários ou agentes antes da publicação do presente diploma e que violem os princípios da coerência e da equidade que presidem ao sistema de carreiras serão resolvidos, sob proposta do

596 IV – *Funcionários da Administração Local*

órgão a quem compete a gestão do pessoal, por despacho conjunto do Ministro das Finanças e do membro do Governo responsável pela Administração Pública.

ARTIGO 20.° – **Alteração dos quadros de pessoal**
Os quadros de pessoal consideram-se automaticamente alterados nos seguintes termos:
a) A dotação de tesoureiro especialista corresponde à de tesoureiro principal;
b) A dotação de tesoureiro principal corresponde à de tesoureiro de 1.ª classe;
c) A dotação de tesoureiro corresponde à soma dos lugares de tesoureiro de 2.ª e de 3.ª classes;
d) As dotações de encarregado de brigada dos serviços de limpeza e de encarregado de brigada de limpa-colectores correspondem, respectivamente, às de capataz dos serviços de limpeza e de capataz de limpa-colectores;
e) A dotação de encarregado de pessoal auxiliar corresponde à soma dos lugares de encarregado de pessoal auxiliar e de encarregado de pessoal doméstico;
f) A dotação de encarregado da carreira de operário qualificado corresponde à soma dos lugares de encarregado e de mestre das carreiras de operário qualificado e semiqualificado.

ARTIGO 21.° – **Formação**
A formação a que se referem os artigos 3.° e 12.° do presente diploma é definida nos termos do artigo 25.° do Decreto-Lei n.° 404-A/98, de 18 de Dezembro.

ARTIGO 22.° – **Salvaguarda de expectativas decorrentes de requisitos habilitacionais**
O estabelecimento de habilitações literárias e profissionais mais exigentes para ingresso nas carreiras de tesoureiro e fiscal municipal, nos termos deste diploma, não prejudica o acesso e a intercomunicabilidade dos funcionários já integrados nas mesmas.

ARTIGO 23.° – **Transições em 1999**
As transições para 1999 a que se reporta o presente diploma efectuam-se para o escalão a que corresponda, na estrutura da categoria, índice remuneratório igual ou, se não houver coincidência, índice superior mais aproximado.

ARTIGO 24.° – **Carreiras e categorias a extinguir**
É proibido o recrutamento para lugares de carreiras e categorias legalmente consideradas a extinguir quando vagarem.

ARTIGO 25.° – **Revogações**
São revogados:
a) Os artigos 7.°, 13.°, 19.°, 24.°, 31.°, 34.°, 36.°, 37.°, 39.°, 47.° e 48.°, n.° 2, do Decreto-Lei n.° 247/87, de 17 de Junho;
b) Os artigos 21.°, n.os 11 e 12, e 42.°, n.os 8 e 15, do Decreto-Lei n.° 353-A/89, de 16 de Outubro;
c) O artigo 10.° do Decreto-Lei n.° 466/79, de 7 de Dezembro, com a redacção dada pelo Decreto-Lei n.° 406/82, de 17 de Setembro.

ARTIGO 26.° – **Produção de efeitos**
O presente diploma produz efeitos a 1 de Janeiro de 1998, sem prejuízo do disposto no n.° 2 do artigo seguinte, bem como nos n.os 2 a 6 do artigo 34.° do Decreto-Lei n.° 404-A/98, de 18 de Dezembro.

Decreto-Lei n.º 412-A/98, de 30 de Dezembro

ARTIGO 27.º – **Entrada em vigor**

1 – O presente diploma entra em vigor no dia seguinte ao da sua publicação, sem prejuízo do disposto no número seguinte.

2 – Os artigos 8.º e 9.º e o anexo III previsto no n.º 1 do artigo 13.º entram em vigor a partir de 1 de Janeiro de 1999.

ANEXO I
(a que se refere o n.º 1 do artigo 8.º)

Ao pessoal integrado nas carreiras de mestre de tráfego fluvial, de motorista prático de tráfego fluvial e de marinheiro de tráfego fluvial incumbe, genericamente:

Mestre de tráfego fluvial. – Responde pela embarcação de tráfego local onde presta serviço, na área da capitania do porto onde é efectuado o tempo de embarcação. Executa o expediente relacionado com o funcionamento da embarcação, nomeadamente elaborando requisições de materiais sobresselentes e registando em boletins e mapas elementos de execução dos serviços.

Motorista prático de tráfego fluvial. – Coadjuva e substitui o mestre de tráfego fluvial nas suas faltas e impedimentos. Para além de conduzir a embarcação, auxilia o mestre em todos os trabalhos para os quais seja solicitada a sua colaboração.

Marinheiro de tráfego fluvial. – Executa tarefas inerentes ao serviço de convés, a navegar ou em cais, subordinadas ao nível da sua competência técnica. Efectua manobras de amarração, fundeamento, recepção, recolha e passagem de cabos de reboque, executa trabalhos de mancaria, conservação e limpeza da unidade, necessários à manutenção e bom funcionamento de todos os apetrechos da embarcação. Dá informações aos passageiros relacionadas com o percurso e arrumação de eventuais veículos e bagagens.

ANEXO II
(a que se refere o n.º 1 do artigo 13.º)

Grupo de pessoal	Carreiras	Categorias	Escalões 1	2	3	4	5	6	7	8
Técnico superior	Arquitecto, arquitecto paisagista, bibliotecário, bibliotecário-arquivista, conservador (museus), engenheiro, médico, médico veterinário, técnico superior de serviço social, técnico superior.	Assessor principal	710	770	830	900				
		Assessor	610	660	690	730				
		Técnico superior principal	510	560	590	650				
		Técnico superior de 1.ª classe	460	475	500	545				
		Técnico superior de 2.ª classe	400	415	435	455				
		Estagiário	310							
Técnico	Engenheiro técnico, engenheiro técnico agrário, técnico de contabilidade e administração, técnico de serviço social (¹), técnico.	Técnico especialista principal	510	560	590	650				
		Técnico especialista	460	475	500	545				
		Técnico principal	400	420	440	475				
		Técnico de 1.ª classe	340	355	375	415				
		Técnico de 2.ª classe	285	295	305	330				
		Estagiário	215							
Técnico-profissional	Agente técnico agrário, fiscal técnico de electricidade, técnico profissional de laboratório, radioterapia ou terapeuta (²), técnico profissional de serviço social, técnico profissional maquinista (Lisboa) (¹), técnico profissional de construção civil, topógrafo, tradutor-correspondente-intérprete, técnico profissional analista, aferidor de pesos e medidas, desenhador, técnico profissional sanitário, guia-intérprete, técnico profissional.	Coordenador	360	380	410	450				
		Técnico profissional especialista principal	305	315	330	345	360			
		Técnico profissional especialista	260	270	285	305	325			
		Técnico profissional principal	230	240	250	265	285			
		Técnico profissional de 1.ª classe	215	220	230	245	260			
		Técnico profissional de 2.ª classe	190	200	210	220	240			
Chefia	—	Chefe de secção	330	350	370	400	430	460		
Administrativo	Assistente administrativo	Assistente administrativo especialista	260	270	285	305	325			
		Assistente administrativo principal	215	225	235	245	260	280		
		Assistente administrativo	190	200	210	220	230	240		
Operário	Operário qualificado	Encarregado geral	290	300	320	340				
		Encarregado	260	270	280	290				
		Operário principal	195	205	215	230	245			
		Operário	130	140	150	160	175	190	205	225
	Operário semiqualificado	Encarregado	240	250	260	270				
		Operário	125	135	145	155	170	185	205	220
Auxiliar	Auxiliar técnico (¹), auxiliar técnico de análises, auxiliar técnico de bibliotecas, arquivos e documentação (¹), auxiliar técnico de campismo, auxiliar técnico de museografia, auxiliar técnico de turismo, auxiliar técnico de educação.	Auxiliar técnico, auxiliar técnico de análises, auxiliar técnico de bibliotecas, arquivos e documentação, auxiliar técnico de campismo, auxiliar técnico de museografia, auxiliar técnico de turismo, auxiliar técnico de educação.	190	200	210	220	230	240		
	—	Encarregado de pessoal auxiliar	205	210	215	220				

Decreto-Lei n.º 412-A/98, de 30 de Dezembro

Grupo de pessoal	Carreiras	Categorias	Escalões							
			1	2	3	4	5	6	7	8
Auxiliar	Motorista de transportes colectivos.	Motorista de transportes colectivos.	165	175	190	205	225	250		
	Fiscal de obras, fiscal de serviços de água e ou saneamento ou de serviços de higiene e limpeza, motorista de pesados.	Fiscal de obras, fiscal de serviços de água e ou saneamento ou de serviços de higiene e limpeza, motorista de pesados.	140	150	165	180	195	210	225	240
	Motorista de ligeiros, tractorista	Motorista de ligeiros, tractorista	130	140	150	165	180	195	210	225
	Telefonista	Telefonista	120	130	140	155	170	185	200	220
	Operador de reprografia	Operador de reprografia	120	130	140	150	160	175	190	205
	Auxiliar administrativo, auxiliar de serviços gerais, nadador-salvador, vigilante de jardins e parques infantis.	Auxiliar administrativo, auxiliar de serviços gerais, nadador-salvador, vigilante de jardins e parques infantis.	115	125	135	145	160	175	190	205

(1) A extinguir quando vagar.
(2) O pessoal sem habilitação tem desenvolvimento idêntico ao de auxiliar de enfermagem.

ANEXO III
(a que se refere o n.º 1 do artigo 13.º)

Grupo de pessoal	Carreiras	Categorias	Escalões							
			1	2	3	4	5	6	7	8
Assessor autárquico ...	Assessor autárquico (a)	Assessor autárquico (município urbano de 1.ª ordem).	510	560	590	650				
		Assessor autárquico (município urbano de 2.ª ordem, rural de 1.ª ordem e assembleia distrital).	460	475	500	545				
		Assessor autárquico (município rural de 2.ª ordem).	340	355	375	415				
		Assessor autárquico (município rural de 3.ª ordem).	305	315	330	345	360			
Chefia	—	Tesoureiro-chefe (Lisboa e Porto).	460	475	500	545				
		Chefe de serviço de cemitério, chefe de serviço de teatro.	330	350	370	400	430	460		
		Chefe de serviço de turismo em município urbano de 1.ª ordem e outros municípios que sejam sede de zonas de jogo (a), chefe de serviço de turismo (a).	330	350	370	400				
		Chefe de armazém, chefe de serviço de limpeza (b), chefe de transportes mecânicos, encarregado de movimento (chefe de tráfego).	285	300	315	340				

600 IV – Funcionários da Administração Local

Grupo de pessoal	Carreiras	Categorias	Escalões							
			1	2	3	4	5	6	7	8
Técnico	—	Instrutor de educação física (a)	230	240	250	265	290			
Técnico-profissional ...	Enfermagem	Enfermeiro-chefe, enfermeiro ...	(c)	(c)	(c)	(c)	(c)	(c)		
	—	Chefe de campo (a), chefe de serviço de almoxarifado (Lisboa e Porto) (a), chefe de serviço de protocolo (Lisboa) (a), chefe de serviço de fiscalização (grupo de actividades 1 e 7) (a).	305	315	330	345	360			
	Solicitador	Solicitador	260	270	285	305	325	345	360	
	—	Almoxarife, director de estabelecimento (a), director do Museu Etnográfico (Porto) (a)	230	240	250	265	285			
	Polícia administrativa municipal	Guarda municipal graduado-coordenador.	305	315	340	365				
		Guarda municipal graduado ...	250	260	275	295	315			
		Guarda municipal principal	240	250	260	275	295			
		Guarda municipal de 1.ª classe	220	225	235	250	265			
		Guarda municipal de 2.ª classe	195	205	215	225	250			
		Estagiário	165							
	Conselheiro de consumo	Especialista principal	305	315	330	345	360			
		Especialista	260	270	285	305	325			
		Principal	230	240	250	265	285			
		1.ª classe	215	220	230	245	260			
		2.ª classe	190	200	210	220	240			
	Técnico-profissional de informação de tráfego de aeródromo.	Especialista principal	305	315	330	345	360			
		Especialista	260	270	285	305	325			
		Principal	230	240	250	265	285			
		1.ª classe	215	220	230	245	260			
		2.ª classe	190	200	210	220	240			
	Agente de informação de tráfego de aeródromo.	Especialista principal	305	315	330	345	360			
		Especialista	260	270	285	305	325			
		Principal	230	240	250	265	285			
		1.ª classe	215	220	230	245	260			
		2.ª classe	190	200	210	220	240			
	Monitor de museus	Especialista principal	305	315	330	345	360			
		Especialista	260	270	285	305	325			
		Principal	230	240	250	265	285			
		1.ª classe	215	220	230	245	260			
		2.ª classe	190	200	210	220	240			
		Estagiário	165							
	Assistente de conservador de museus.	Especialista principal	305	315	330	345	360			
		Especialista	260	270	285	305	325			
		Principal	230	240	250	265	285			
		1.ª classe	215	220	230	245	260			
		2.ª classe	190	200	210	220	240			
		Estagiário	165							
	Fiscal municipal	Especialista principal	305	315	330	345	360			
		Especialista	260	270	285	305	325			
		Principal	230	240	250	265	285			
		1.ª classe	215	220	230	245	260			
		2.ª classe	190	200	210	220	240			
	Técnico de educação (a)	Técnico de educação	230	240	250	265	290			

Decreto-Lei n.º 412-A/98, de 30 de Dezembro

Grupo de pessoal	Carreiras	Categorias	Escalões							
			1	2	3	4	5	6	7	8
Administrativo	Tesoureiro	Especialista .... Principal .... Tesoureiro	330 260 215	350 270 225	370 285 235	400 305 245	430 325 260	460 280		
	Ajudante de notariado (Lisboa) (a).	Ajudante de notariado	185	200	220	240	265	290	315	350
Auxiliar	— (¹)	Revisor de transportes colectivos	240	255	270	280	290			
		Encarregado de canil, encarregado de cemitério, encarregado de mercado, encarregado de parques desportivos e ou recreativos, encarregado de parques de máquinas, de parques de viaturas automóveis ou de transportes, encarregado de serviços de higiene e limpeza, fiscal de leituras e cobranças, oficial de diligências (em serviço nos extintos Tribunais Municipais de Lisboa e Porto) (a).	235	240	245	255				
	Mestre de tráfego fluvial	Mestre de tráfego fluvial	220	230	240	250	265	280	300	
	—	Encarregado de brigada dos serviços de limpeza, encarregado de brigada de limpa-colectores.	195	205	215	230	240			
	—	Encarregado de internato (a) ...	185	190	195	205	215	230		
	Motorista prático de tráfego fluvial.	Motorista prático de tráfego fluvial.	170	180	190	200	215	230	245	260
	Marinheiro de tráfego fluvial ...	Marinheiro de tráfego fluvial ...	140	150	160	175	190	205	220	240
	—	Visitadora (a)	150	160	170	180	195			
	—	Fotógrafo (a)	140	155	170	185	200			
		Praticante de desenho (a), praticante de topógrafo (a).	140	150	160	170	180	190		
		Carroceiro (a), motociclista (a)	135	145	155	165	175	185		
		Ajudante de motorista sem carta (a), monitor de internato (a).	130	140	150	160	170	180		
	—	Chefe de polícia florestal (Lisboa) (a).	295	310	325	350				
		Subchefe de polícia florestal (Lisboa) (a).	290	305	320	340				
	Guarda florestal	Mestre florestal principal, mestre florestal, guarda florestal, estagiário.	(d)	(d)	(d)	(d)	(d)	(d)	(d)	(d)
	—	Auxiliar de enfermagem (a) e enfermeiro de 3.ª classe (a).	165	175	185	200	215	230	250	260

IV – Funcionários da Administração Local

Grupo de pessoal	Carreiras	Categorias	Escalões							
			1	2	3	4	5	6	7	8
Auxiliar	Maquinista teatral	Maquinista teatral-chefe	185	190	195	205	215	225		
		Maquinista teatral	170	175	180	190	200	210		
	Sonoplasta	Sonoplasta-chefe	185	190	195	205	215	225		
		Sonoplasta	170	175	180	190	200	210		
	(¹) Agente único de transportes colectivos.	Agente único de transportes colectivos.	205	220	240	260	285			
	Operador de estações elevatórias, de tratamento ou depuradoras.	Encarregado	195	205	215	230	245			
		Operador	130	140	150	160	180	195	210	225
	Condutor de máquinas pesadas e veículos especiais.	Condutor de máquinas pesadas e veículos especiais.	145	155	170	185	200	215	230	250
	Cobrador de transportes colectivos (a), leitor-cobrador de consumos.	Cobrador de transportes colectivos, leitor-cobrador de consumos.	165	175	185	195	205	215	230	
	Apontador	Apontador	135	145	155	165	180	195	210	230
	Auxiliar de acção educativa	Auxiliar de acção educativa	(e)	(e)	(e)	(e)	(e)	(e)	(e)	
	Auxiliar de aeródromo	Auxiliar de aeródromo	120	130	140	150	160	175	190	205
	Fiel de armazém	Fiel de armazém	130	140	155	170	185	200	215	230
	Fiel de mercado e feiras	Fiel de mercado e feiras	130	140	155	170	185	200	215	230
	Oficial de diligências (a)	Oficial de diligências	125	135	145	155	165	180	195	210
	Fiel de aeródromo, de refeitório, de frigorífico ou de rouparia.	Fiel de aeródromo, de refeitório, de frigorífico ou de rouparia.	130	140	150	160	170	180	190	205
	Bilheteiro	Bilheteiro	120	130	140	150	160	170	180	195
	Condutor de cilindros	Condutor de cilindros	130	140	150	165	180	195	210	225
	Operador de máquinas de endereçar (a).	Operador de máquinas de endereçar.	125	135	145	155	165	175	185	195
	Cantoneiro de limpeza, coveiro, limpa-colectores, varejador.	Cantoneiro de limpeza, coveiro, limpa-colectores, varejador.	145	155	170	185	205	220		
	Ecónomo (a)	Ecónomo	125	135	145	155	170	185	200	225
	Tratador-apanhador de animais	Tratador-apanhador de animais	125	135	145	155	170	185	205	225
	Cozinheiro	Cozinheiro principal	185	190	195	205	215	230		
		Cozinheiro	130	140	150	160	170	180	195	210
	Guarda campestre	Guarda campestre	145	155	165	175	185	195	205	
	—	Servente	115	125	135	145	155	165	180	

(a) A extinguir quando vagar.
(b) 9.º ano de escolaridade.
(c) Remunerações a fixar nos termos do diploma próprio da carreira de enfermagem.
(d) Regime de carreira e remunerações idênticas às dos guardas florestais do Ministério da Agricultura, do Desenvolvimento Rural e das Pescas.
(e) Regime vigente para idêntica carreira de pessoal não docente do Ministério da Educação, nos termos do Decreto Regulamentar n.º 51/97, de 24 de Novembro.

Decreto-Lei n.º 412-A/98, de 30 de Dezembro

ANEXO III-A
(a que se refere o n.º 2 do artigo 13.º)

Grupo de pessoal	Carreiras	Categorias	1	2	3	4	5	6	7	8
Assessor autárquico ...	Assessor autárquico (a)	Assessor autárquico (município urbano de 1.ª ordem).	510	560	590	650				
		Assessor autárquico (município urbano de 2.ª ordem, rural de 1.ª ordem e assembleia distrital).	460	475	500	545				
		Assessor autárquico (município rural de 2.ª ordem).	340	355	375	415				
		Assessor autárquico (município rural de 3.ª ordem).	305	315	330	345	360			
Chefia	—	Tesoureiro-chefe (Lisboa e Porto).	460	475	500	545				
		Chefe de serviço de cemitério, chefe de serviço de teatro.	330	350	370	400				
		Chefe de serviço de turismo em município urbano de 1.ª ordem e outros municípios que sejam sede de zonas de jogo (a), chefe de serviço de turismo (a).	330	350	370	400				
Técnico	—	Instrutor de educação física (a)	230	240	250	265	290			
Técnico-profissional ...	Enfermagem	Enfermeiro-chefe, enfermeiro ...	(c)	(c)	(c)	(c)	(c)	(c)		
	—	Chefe de campo (a), chefe de serviço de almoxarifado (Lisboa e Porto) (a), chefe de serviço de protocolo (Lisboa) (a), chefe de serviço de fiscalização (grupo de actividades 1 e 7) (a).	305	315	335	355				
	Solicitador	Solicitador	260	270	285	305	325			
	—	Almoxarife, director de estabelecimento (a), director do Museu Etnográfico (Porto) (a)	220	230	240	250	260	270		
	Polícia administrativa municipal	Guarda municipal graduado-coordenador.	305	315	340	365				
		Guarda municipal graduado ...	250	260	275	295	315			
		Guarda municipal principal	240	250	260	275	295			
		Guarda municipal de 1.ª classe	220	225	235	250	265			
		Guarda municipal de 2.ª classe	195	205	215	225	250			
		Estagiário	165							
	Conselheiro de consumo	Especialista principal	305	315	330	345	360			
		Especialista	260	270	285	305	325			
		Principal	230	240	250	265	285			
		1.ª classe	215	220	230	245	260			
		2.ª classe	190	200	210	220	240			
	Técnico-profissional de informação de tráfego de aeródromo.	Especialista principal	305	315	330	345	360			
		Especialista	260	270	285	305	325			
		Principal	230	240	250	265	285			
		1.ª classe	215	220	230	245	260			
		2.ª classe	190	200	210	220	240			

IV – Funcionários da Administração Local

Grupo de pessoal	Carreiras	Categorias	Escalões							
			1	2	3	4	5	6	7	8
Técnico-profissional ...	Agente de informação de tráfego de aeródromo.	Especialista principal	305	315	330	345	360			
		Especialista	260	270	285	305	325			
		Principal	230	240	250	265	285			
		1.ª classe	215	220	230	245	260			
		2.ª classe	190	200	210	220	240			
	Monitor de museus	Especialista principal	305	315	330	345	360			
		Especialista	260	270	285	305	325			
		Principal	230	240	250	265	285			
		1.ª classe	215	220	230	245	260			
		2.ª classe	190	200	210	220	240			
		Estagiário	165							
	Assistente de conservador de museus.	Especialista principal	305	315	330	345	360			
		Especialista	260	270	285	305	325			
		Principal	230	240	250	265	285			
		1.ª classe	215	225	230	245	260			
		2.ª classe	190	200	215	220	240			
		Estagiário	165							
	Fiscal municipal	Especialista principal	305	315	330	345	360			
		Especialista	260	270	285	305	325			
		Principal	230	240	250	265	285			
		1.ª classe	215	220	230	245	260			
		2.ª classe	190	200	210	220	240			
	Técnico de educação (a)	Técnico de educação	230	240	250	265	290			
Administrativo	Tesoureiro	Especialista	330	350	370	400				
		Principal	260	270	285	305	325			
		Tesoureiro	215	225	235	245	260	280		
	Ajudante de notariado (Lisboa) (a).	Ajudante de notariado	185	200	220	240	265	290	315	
Auxiliar	—	Chefe de armazém, chefe de serviço de limpeza (b), chefe de transportes mecânicos, encarregado de movimento (chefe de tráfego).	260	280	300	315				
		Revisor de transportes colectivos	235	240	245	255	270	280		
		Encarregado de canil, encarregado de cemitério, encarregado de mercado, encarregado de parques desportivos e ou recreativos, encarregado de parques de máquinas, de parques de viaturas automóveis ou de transportes, encarregado de serviços de higiene e limpeza, fiscal de leituras e cobranças, oficial de diligências (em serviço nos extintos Tribunais Municipais de Lisboa e Porto) (a).	230	235	240	250				
		Encarregado de brigada dos serviços de limpeza, encarregado de brigada de limpa-colectores.	185	190	195	205	215	230		
		Encarregado de internato (a) ...	185	190	195	205	215	230		

Decreto-Lei n.º 412-A/98, de 30 de Dezembro

Grupo de pessoal	Carreiras	Categorias	Escalões							
			1	2	3	4	5	6	7	8
Auxiliar	—	Visitadora (a)	150	160	170	180	195			
		Fotógrafo (a)	140	155	170	185	200			
		Praticante de desenho (a), praticante de topógrafo (a).	140	150	160	170	180	190		
		Carroceiro (a), motociclista (a)	135	145	155	165	175	185		
	—	Ajudante de motorista sem carta (a), monitor de internato (a).	130	140	150	160	170	180		
	—	Chefe de polícia florestal (Lisboa) (a).	260	280	300	315				
		Subchefe de polícia florestal (Lisboa) (a).	240	255	270	285				
	Guarda florestal	Mestre florestal principal, mestre florestal, guarda florestal, estagiário.	(d)	(d)	(d)	(d)	(d)	(d)	(d)	(d)
	—	Auxiliar de enfermagem (a) e enfermeiro de 3.ª classe (a).	165	175	185	200	215	230	250	260
	Maquinista teatral	Maquinista teatral-chefe	185	190	195	205	215	225		
		Maquinista teatral	170	175	180	190	200	210		
	Sonoplasta	Sonoplasta-chefe	185	190	195	205	215	225		
		Sonoplasta	170	175	180	190	200	210		
	Agente único de transportes colectivos.	Agente único de transportes colectivos.	185	195	210	225	245	270		
	Operador de estações elevatórias, de tratamento ou depuradoras.	Encarregado	190	195	205	215	230			
		Operador	130	140	150	160	170	180	195	210
	Condutor de máquinas pesadas e veículos especiais.	Condutor de máquinas pesadas e veículos especiais.	145	155	170	185	200	215	230	250
	Cobrador de transportes colectivos (a), leitor-cobrador de consumos.	Cobrador de transportes colectivos, leitor-cobrador de consumos.	165	175	185	195	205	215	230	
	Apontador	Apontador	135	145	155	165	180	195	210	230
	Auxiliar de acção educativa	Auxiliar de acção educativa	(e)	(e)	(e)	(e)	(e)	(e)	(e)	
	Auxiliar de aeródromo	Auxiliar de aeródromo	120	130	140	150	160	175	190	205
	Fiel de armazém	Fiel de armazém	130	140	155	170	185	200	215	230
	Fiel de mercado e feiras	Fiel de mercado e feiras	130	140	155	170	185	200	215	230
	Oficial de diligências (a)	Oficial de diligências	125	135	145	155	165	180	195	210
	Fiel de aeródromo, de refeitório, de frigorífico ou de rouparia.	Fiel de aeródromo, de refeitório, de frigorífico ou de rouparia.	130	140	150	160	170	180	190	205

IV – Funcionários da Administração Local

Grupo de pessoal	Carreiras	Categorias	Escalões							
			1	2	3	4	5	6	7	8
Auxiliar............	Bilheteiro..................	Bilheteiro..................	120	130	140	150	160	170	180	195
	Condutor de cilindros........	Condutor de cilindros........	125	135	145	155	165	175	185	195
	Operador de máquinas de endereçar (a).	Operador de máquinas de endereçar.	125	135	145	155	165	175	185	195
	Cantoneiro de limpeza, coveiro, limpa-colectores, varejador.	Cantoneiro de limpeza, coveiro, limpa-colectores, varejador.	125	135	145	155	170	185	200	215
	Ecónomo (a)...............	Ecónomo..................	125	135	145	155	170	185	200	215
	Tratador-apanhador de animais	Tratador-apanhador de animais	125	135	145	155	170	185	205	225
	Cozinheiro.................	Cozinheiro.................	130	140	150	160	170	180	195	210
	Guarda campestre	Guarda campestre	145	155	165	175	185	195	205	
	—	Servente..................	115	125	135	145	155	165	180	

(a) A extinguir quando vagar.
(b) 9.º ano de escolaridade.
(c) Remunerações a fixar nos termos do diploma próprio da carreira de enfermagem.
(d) Regime de carreira e remunerações idênticas às dos guardas florestais do Ministério da Agricultura, do Desenvolvimento Rural e das Pescas.
(e) Regime vigente para idêntica carreira de pessoal não docente do Ministério da Educação, nos termos do Decreto Regulamentar n.º 51/97, de 24 de Novembro.

Nota:
1 – Alterado em conformidade com o disposto no art. 2.º do DL n.º 498/99, de 19 de Novembro.

DECRETO-LEI N.º 100/99 *

de 31 de Março

Estabelece o regime de férias, faltas e licenças dos funcionários e agentes da administração central, regional e local, incluindo os institutos públicos que revistam a natureza de serviços personalizados ou de fundos públicos

O regime de férias, faltas e licenças dos funcionários e agentes da Administração Pública foi aprovado pelo Decreto-Lei n.º 497/88, de 30 de Dezembro, e sucessivamente alterado por legislação avulsa, como é o caso do Decreto-Lei n.º 178/95, de 26 de Julho, e do Decreto-Lei n.º 101-A/96, de 26 de Julho.

No acordo salarial para 1996 e compromissos de médio e longo prazos, o Governo e as organizações sindicais confluíram na revisão do regime de férias, faltas e licenças dos funcionários e agentes, desde logo com destaque para as matérias relativas à aquisição do direito a férias, regime das ausências por motivo de greve e actividade sindical, reformulação do regime da perda de vencimento de exercício em caso de faltas por doença e condições da sua recuperação.

No quadro daquele compromisso, o Governo e as organizações sindicais consensualizaram posições.

Inserindo-se a matéria na reserva relativa de competência da Assembleia da República, a esta o Governo submeteu a necessária proposta de autorização legislativa.

Após a pertinente e alargada discussão pública, a Assembleia da República concedeu ao Governo a por este peticionada autorização legislativa, a qual se encontra vazada na Lei n.º 76/98, de 19 de Novembro.

E assim, tendo sido também ouvidos os órgãos de governo próprio das Regiões Autónomas, a Associação Nacional de Municípios Portugueses e a Associação Nacional de Freguesias, edita-se o decreto-lei que aprova o regime de férias, faltas e licenças dos funcionários e agentes da Administração Pública.

Um dos objectivos prosseguidos é a concentração harmonizada de legislação dispersa por vários diplomas. Na verdade, embora se mantenham, no essencial, as figuras típicas do regime de férias, faltas e licenças, introduz-se um conjunto de melhorias no regime vigente, as quais visam as condições de prestação de trabalho dos funcionários e agentes.

De entre as inovações introduzidas merecem saliência:

a) O novo regime adoptado para o gozo de férias no 1.º ano de serviço, garantindo-se, no ano civil de ingresso, o gozo de 6 dias úteis de férias após a prestação de um mínimo de 60 dias de trabalho;

b) O regime de recuperação de vencimento perdido na sequência de faltas por doença;

---

* Ratificado, com alterações, pela Lei n.º 117/99, de 11 de Agosto.

608   *IV – Funcionários da Administração Local*

c) Os ajustamentos introduzidos no regime de verificação domiciliária da doença, em especial nos casos em que a doença não exige permanência no domicílio;

d) A revisão dos efeitos das faltas por isolamento profiláctico, na situação de equiparado a bolseiro e ao abrigo da Assistência a Funcionários Civis Tuberculosos;

e) A revisão dos limites de faltas por conta do período de férias;

f) A revisão das condições de concessão da licença sem vencimento até 90 dias;

g) A revisão da licença sem vencimento para o desempenho de funções em organismos internacionais;

h) O reconhecimento da possibilidade de apresentação a concurso para os funcionários em situação de licença sem vencimento de longa duração.

Especial destaque merece, ainda, o tratamento dado às ausências por greve, que deixam de ser qualificadas como faltas, suprimindo-se a referência às ausências por actividade sindical que constam de diploma próprio.

Assim:

CAPÍTULO I – Âmbito

ARTIGO 1.º – Âmbito de aplicação

O presente diploma aplica-se aos funcionários e agentes, ainda que em regime de tempo parcial, da administração central, regional e local, incluindo os institutos públicos que revistam a natureza de serviços personalizados ou de fundos públicos.

CAPÍTULO II – Férias

ARTIGO 2.º (1-2) – Direito a férias

1 – O pessoal abrangido pelo presente diploma tem direito, em cada ano civil, a um período de férias calculado de acordo com as seguintes regras:

a) 25 dias úteis de férias até completar 39 anos de idade;

b) 26 dias úteis de férias até completar 49 anos de idade;

c) 27 dias úteis de férias até completar 59 anos de idade;

d) 28 dias úteis de férias a partir dos 59 anos de idade.

2 – A idade relevante para efeitos da aplicação do número anterior é aquela que o funcionário ou agente completar até 31 de Dezembro do ano em que as férias se vencem.

3 – Sem prejuízo no disposto no n.º 1, o pessoal abrangido pelo presente diploma tem ainda direito a mais um dia útil de férias por cada 10 anos de serviço efectivamente prestado.

4 – O direito a férias adquire-se com a constituição da relação jurídica de emprego público.

5 – O direito a férias deve efectivar-se de modo a possibilitar a recuperação física e psíquica dos funcionários e agentes e assegurar-lhes condições mínimas de disponibilidade pessoal, de integração na vida familiar e de participação social e cultural.

6 – O direito a férias vence-se no dia 1 de Janeiro de cada ano e reporta-se, em regra, ao serviço prestado no ano civil anterior.

7 – Os dias de férias podem ser gozados em meios dias, no máximo de quatro meios dias, seguidos ou interpolados, por exclusiva iniciativa do trabalhador.

8 – O direito a férias é irrenunciável e imprescritível e o seu gozo efectivo não pode ser substituído por qualquer compensação económica, ainda que com o acordo do interessado, salvo nos casos expressamente previstos no presente diploma.

Decreto-Lei n.° 100/99, de 31 de Março

9 – Durante as férias não pode ser exercida qualquer actividade remunerada, salvo se a mesma já viesse sendo legalmente exercida.

1 – Redacção do art. 42.° n.° 2 do DL n.° 70-A/2000, de 5 de Maio, e do art. 1.° do DL n.° 157/2001, de 11 de Maio.

2 – O DL n.° 157/2001, que produz efeitos desde 1/1/2001 (art. 3.°), veio dispor no seu art. 2.°:

«A aplicação do disposto no n.° 1 do artigo 2.° do Decreto-Lei n.° 100/99, de 31 de Março, na redacção dada pelo n.° 1 do artigo 1.° do presente diploma é feita de forma progressiva, até 2003, de acordo com as seguintes regras:

a) 23, 24 e 25 dias úteis de férias até completar 39 anos de idade, respectivamente nos anos, de 2001, 2002 e 2003;

b) 24, 25 e 26 dias úteis de férias até completar 49 anos de idade, respectivamente nos anos, de 2001, 2002 e 2003;

c) 25, 26 e 27 dias úteis de férias até completar 59 anos de idade, respectivamente nos anos, de 2001, 2002 e 2003;

d) 26, 27 e 28 dias úteis de férias a partir dos 59 anos de idade, respectivamente nos anos, de 2001, 2002 e 2003».

ARTIGO 3.° – Direito a férias relativo ao 1.° ano de serviço

No ano civil de ingresso, decorrido um período de 60 dias de prestação efectiva de serviço, o funcionário ou agente tem direito a dois dias úteis de férias por cada um dos meses completos de serviço até 31 de Dezembro desse ano.

ARTIGO 4.° ([1]) – Retribuição durante as férias

1 – Durante o período de férias, o funcionário ou agente é abonado das remunerações a que teria direito se se encontrasse em serviço efectivo, à excepção do subsídio de refeição.

2 – O gozo de férias em períodos de meios dias, nos termos previstos no n.° 7 do artigo 2.°, implica a perda de um dia de subsídio de refeição por cada dois meios dias de férias.

3 – Além das remunerações mencionadas no n.° 1, o funcionário ou agente tem ainda direito a subsídio de férias nos termos da legislação em vigor, calculado através da multiplicação da remuneração base diária pelo coeficiente 1,365.

4 – O período de férias relevante, em cada ano civil, para efeitos do abono do subsídio de férias não pode exceder 22 dias úteis.

5 – Nos casos previstos no artigo anterior, o pagamento do subsídio de férias é efectuado no mês de Junho ou em conjunto com a remuneração mensal do mês anterior ao do gozo das férias, quando a aquisição do respectivo direito ocorrer em momento posterior.

1 – Redacção do art. 42.° n.° 3 do DL n.° 70-A/2000, de 5 de Maio, e do art. 1.° do DL n.° 157/2001, de 11 de Maio.

ARTIGO 5.° ([1]) – Marcação das férias

1 – As férias podem ser gozadas seguida ou interpoladamente, não podendo ser gozados, seguidamente, mais de 22 dias úteis, sem prejuízo dos direitos já adquiridos pelo pessoal abrangido pelo presente diploma, nem, no caso de gozo interpolado, um dos períodos pode ser inferior a metade dos dias de férias a que o funcionário tenha direito.

2 – Sem prejuízo do disposto no número anterior e salvo os casos de conveniência de serviço devidamente fundamentada, não pode ser imposto ao funcionário ou agente o gozo interpolado das férias a que tem direito.

3 – Salvo o disposto na parte final do n.° 1 e sem prejuízo dos casos de conveniência de serviço, devidamente fundamentada, a Administração não pode limitar o número de períodos de férias que o funcionário ou agente pretenda gozar.

IV – Funcionários da Administração Local

4 – As férias devem ser marcadas de acordo com os interesses das partes, sem prejuízo de se assegurar, em todos os casos, o regular funcionamento dos serviços.

5 – Na falta de acordo, as férias são fixadas pelo dirigente competente entre 1 de Junho e 30 de Setembro, podendo ser ouvidas as organizações representativas dos trabalhadores que abranjam o local de trabalho em que o interessado desempenha funções.

6 – Na fixação das férias devem ser rateados, se necessário, os meses mais pretendidos, de modo a beneficiar alternadamente cada interessado, em função do mês gozado nos dois anos anteriores.

7 – Sem prejuízo do disposto no número anterior, aos cônjuges que trabalhem no mesmo serviço ou organismo é dada preferência na marcação de férias em períodos coincidentes.

8 – Sem prejuízo do disposto no n.° 2 do presente artigo, a preferência prevista no número anterior é extensiva ao pessoal cujo cônjuge, caso seja também funcionário ou agente, tenha, por força da lei ou pela natureza do serviço, de gozar férias num determinado período do ano.

9 – O disposto nos n.ºs 7 e 8 é aplicável às pessoas que vivam há mais de dois anos em condições análogas às dos cônjuges.

1 – Redacção do art. 1.° do DL n.° 157/2001, de 11 de Maio.

ARTIGO 6.° – Mapa de férias

1 – Até 30 de Abril de cada ano, os serviços devem elaborar o mapa de férias e dele dar conhecimento aos respectivos funcionários e agentes.

2 – Salvo nos casos previstos no presente diploma, o mapa de férias só pode ser alterado, posteriormente a 30 de Abril, por acordo entre os serviços e os interessados.

ARTIGO 7.° – Duração especial das férias

1 – Ao funcionário ou agente que goze a totalidade do período normal de férias vencidas em 1 de Janeiro de um determinado ano até 31 de Maio e ou de 1 de Outubro a 31 de Dezembro é concedido, no próprio ano ou no ano imediatamente a seguir, consoante a sua opção, um período de cinco dias úteis de férias, o qual não pode ser gozado nos meses de Julho, Agosto e Setembro.

2 – Sem prejuízo do disposto na parte final do número anterior, o período complementar de férias pode ser gozado imediatamente a seguir ao período normal de férias, desde que não haja inconveniente para o serviço.

3 – O disposto no n.° 1 só é aplicável nos casos em que o funcionário ou agente tenha direito a, pelo menos, 15 dias de férias, não relevando, para este efeito, o período complementar previsto nesse número.

4 – O período complementar de cinco dias úteis de férias não releva para efeitos de atribuição de subsídio de férias.

5 – Nos casos de acumulação de férias o período complementar de férias só pode ser concedido verificada a condição imposta pelo n.° 1.

6 – As faltas por conta do período de férias não afectam o direito ao período complementar de férias, desde que as não reduzam a menos de 15 dias.

ARTIGO 8.° – Gozo de férias

Salvo nos casos previstos no presente diploma, as férias devem ser gozadas no decurso do ano civil em que se vencem.

Decreto-Lei n.º 100/99, de 31 de Março 611

ARTIGO 9.º – **Acumulação de férias**

1 – As férias respeitantes a determinado ano podem, por conveniência de serviço, ou por acordo entre o funcionário ou agente e a Administração, ser gozadas no ano civil imediato, seguidas ou não das férias vencidas neste.

2 – No caso de acumulação de férias por conveniência de serviço, o funcionário ou agente não pode, salvo acordo nesse sentido, ser impedido de gozar metade dos dias de férias a que tiver direito no ano a que as mesmas se reportam.

3 – A invocação da conveniência de serviço deve ser casuística e devidamente fundamentada.

ARTIGO 10.º – **Interrupção das férias**

1 – As férias são interrompidas por motivo de maternidade, paternidade e adopção nos termos do disposto no artigo 5.º do Decreto-Lei n.º 194/96, de 16 de Outubro.

2 – As férias são, igualmente, interrompidas por doença e para assistência a familiares doentes, situações a que se aplicam, com as necessárias adaptações, os respectivos regimes.

3 – Ultrapassado o prazo de cinco dias úteis previsto no n.º 3 do artigo 30.º, salvo se por motivo fundamentado, as férias são interrompidas apenas a partir da data da entrada no serviço do documento comprovativo da doença.

4 – Os restantes dias de férias serão gozados em momento a acordar com o dirigente do serviço até ao termo do ano civil imediato ao do regresso ao serviço.

5 – Por razões imperiosas e imprevistas, decorrentes do funcionamento do serviço, pode ainda ser determinado o adiamento ou a interrupção das férias, sem prejuízo do disposto no n.º 2 do artigo anterior, por despacho fundamentado do dirigente máximo do serviço, podendo o período correspondente à interrupção ser gozado, com as devidas adaptações, nos termos do número anterior.

6 – O adiamento ou a interrupção das férias dos dirigentes máximos dos serviços, nas condições previstas no número anterior, é determinado por despacho fundamentado do respectivo membro do Governo.

7 – Nos casos previstos nos n.ºs 5 e 6, o funcionário ou agente tem direito:

a) Ao pagamento das despesas de transporte efectuadas;

b) A uma indemnização igual ao montante das ajudas de custo por inteiro, relativas aos dias de férias não gozados, nos termos da tabela em vigor para as deslocações no continente, salvo se outra mais elevada for de atribuir ao funcionário ou agente, no caso de este o demonstrar inequivocamente.

8 – O disposto na alínea *b)* do número anterior aplica-se independentemente do local em que o funcionário ou agente gozar férias.

ARTIGO 11.º – **Alteração do período de férias**

O disposto nos n.ºs 7 e 8 do artigo anterior é aplicável às situações de alteração de férias por conveniência de serviço.

ARTIGO 12.º – **Impossibilidade de gozo de férias**

O disposto no n.º 4 do artigo 10.º é aplicável aos casos em que o funcionário ou agente não pode gozar, no respectivo ano civil, a totalidade ou parte das férias já vencidas, nomeadamente por motivo de maternidade, paternidade, adopção ou doença.

ARTIGO 13.º – **Repercussão das faltas e licenças nas férias**

1 – As faltas justificadas nos termos do presente diploma não implicam desconto nas férias, salvo as previstas na alínea *t)* do n.º 1 do artigo 21.º.

612   *IV – Funcionários da Administração Local*

2 – As faltas injustificadas descontam nas férias do ano civil seguinte, na proporção de um dia de férias por cada falta.

3 – As licenças repercutem-se nas férias, nos termos do presente diploma.

4 – Da aplicação do disposto nos números anteriores não pode resultar um período de férias inferior a oito dias úteis consecutivos.

ARTIGO 14.° – **Férias em caso de suspensão de funções em virtude de cumprimento do serviço militar**

1 – Se o funcionário ou agente for cumprir serviço militar antes de ter gozado as férias a que tenha direito, é abonado, nos 60 dias subsequentes ao início do cumprimento do serviço militar, da remuneração correspondente ao período de férias não gozado, bem como o respectivo subsídio, se ainda o não tiver percebido.

2 – Para além do disposto no número anterior, o funcionário ou agente tem direito a receber a remuneração correspondente ao período de férias relativo ao tempo de serviço prestado no ano em que se verificar a suspensão de funções, bem como o subsídio de férias correspondente.

3 – O funcionário ou agente que, no ano de regresso ao serviço, após a prestação de serviço militar, apresentar documento comprovativo de que não gozou, nesse ano, a totalidade ou parte das férias tem direito, respectivamente, a 22 dias úteis de férias ou aos dias restantes, não podendo verificar-se em qualquer caso duplicação de férias ou dos correspondentes abonos.

ARTIGO 15.° – **Férias em caso de comissão de serviço e requisição em entidades sujeitas a regime diferente do da função pública**

1 – O funcionário ou agente que seja autorizado a exercer funções em comissão de serviço ou requisição em entidades sujeitas a regime diferente do vigente na função pública deve gozar as férias a que tenha direito antes do início da comissão de serviço ou requisição.

2 – Quando não seja possível gozar férias nos termos previstos no número anterior, tem direito a receber, nos 60 dias subsequentes ao início da comissão de serviço ou da requisição, a remuneração correspondente ao período de férias não gozado e o respectivo subsídio, se ainda o não tiver percebido.

3 – Para além do disposto nos números anteriores, o funcionário ou agente tem direito a receber, nos 60 dias subsequentes ao início de qualquer daquelas situações, uma remuneração correspondente ao período de férias relativo ao tempo de serviço prestado nesse ano, bem como o subsídio de férias correspondente.

4 – O funcionário ou agente que, no ano de regresso ao serviço, após a comissão de serviço ou requisição, apresentar documento comprovativo de que não gozou, nesse ano, a totalidade ou parte das férias tem direito, respectivamente, aos dias de férias que lhe cabem nos termos do artigo 2.°, n.° 1, ou aos dias restantes, não podendo verificar-se em qualquer caso duplicação de férias ou dos correspondentes abonos.

ARTIGO 16.° – **Férias em caso de cessação definitiva de funções**

1 – No caso de a cessação definitiva de funções ocorrer antes do gozo de férias já vencidas, o funcionário ou agente tem direito a receber a remuneração correspondente ao período de férias, bem como ao correspondente subsídio.

2 – Se a cessação ocorrer antes de gozado, total ou parcialmente, o período de férias vencido em 1 de Janeiro desse ano, o funcionário ou agente tem ainda direito à remuneração prevista no n.° 2 do artigo 14.° do presente diploma.

3 – O disposto do n.° 1 anterior é aplicável a todas as férias a que o funcionário ou agente tenha direito e que não tenha podido gozar até à data da cessação de funções.

Decreto-Lei n.° 100/99, de 31 de Março 613

4 – O período de férias a que se referem os números anteriores, ainda que não gozado, conta para efeitos de antiguidade, salvo disposição legal em contrário.

ARTIGO 17.° – **Contacto em período de férias**
Antes do início das férias, o funcionário ou agente deve indicar, se possível, ao respectivo serviço a forma como poderá ser eventualmente contactado.

CAPÍTULO III – Faltas

SECÇÃO I – Disposições gerais

ARTIGO 18.° – **Conceito de falta**
1 – Considera-se falta a não comparência do funcionário ou agente durante a totalidade ou parte do período de trabalho a que está obrigado, bem como a não comparência em local a que o mesmo deva deslocar-se por motivo de serviço.

2 – No caso de horários flexíveis, considera-se ainda como falta o período de tempo em débito apurado no final de cada período de aferição.

3 – As faltas contam-se por dias inteiros, salvo quando do presente diploma ou da legislação específica resultar o contrário.

ARTIGO 19.° – **Ausências por motivo de greve**
1 – A ausência por exercício do direito à greve rege-se pelo disposto na Lei n.° 65/77, de 26 de Agosto, alterada pela Lei n.° 30/92, de 20 de Outubro, considera-se justificada e implica sempre a perda das remunerações correspondentes ao período de ausência, mas não desconta para efeito de antiguidade, nem no cômputo do período de férias.

2 – As ausências durante o período de greve presumem-se motivadas pelo exercício do respectivo direito, salvo indicação em contrário dada pelo trabalhador.

ARTIGO 20.° – **Tipos de faltas**
As faltas podem ser justificadas ou injustificadas.

SECÇÃO II – Das faltas justificadas

ARTIGO 21.° – **Faltas justificadas**
1 – Consideram-se justificadas, desde que observado o respectivo condicionalismo legal, as seguintes faltas:
 a) Por casamento;
 b) Por maternidade ou paternidade;
 c) Por nascimento;
 d) Para consultas pré-natais e amamentação;
 e) Por adopção;
 f) Por falecimento de familiar;
 g) Por doença;
 h) Por doença prolongada;
 i) Por acidente em serviço ou doença profissional;
 j) Para reabilitação profissional;

IV – Funcionários da Administração Local

l) Para tratamento ambulatório, realização de consultas médicas e exames complementares de diagnóstico;

m) Para assistência a familiares;

n) Por isolamento profiláctico;

o) Como trabalhador-estudante;

p) Como bolseiro ou equiparado;

q) Para doação de sangue e socorrismo;

r) Para cumprimento de obrigações;

s) Para prestação de provas de concurso;

t) Por conta do período de férias;

u) Com perda de vencimento;

v) Por deslocação para a periferia;

x) Por motivos não imputáveis ao funcionário ou agente;

z) Por motivo de participação nos órgãos e estruturas de administração e gestão dos estabelecimentos de ensino nos termos previstos na lei.

2 – Nos casos em que a junção de meios de prova ou processos de justificação específicos não estejam legalmente previstos, o dirigente pode exigir, quando entender insuficiente a mera declaração, solicitação ou comunicação do interessado, a apresentação dos meios adequados à prova da ocorrência dos motivos justificativos das faltas.

SUBSECÇÃO I – Faltas por casamento

ARTIGO 22.º – Faltas por casamento

1 – Por ocasião do casamento, o funcionário ou agente pode faltar 11 dias úteis seguidos.

2 – O exercício da faculdade prevista no número anterior depende de comunicação ao dirigente do serviço feita com, pelo menos, 15 dias de antecedência relativamente à data em que pretende iniciar o período de faltas.

3 – As faltas por casamento são equiparadas a serviço efectivo, mas implicam a perda do subsídio de refeição.

SUBSECÇÃO II – Faltas por maternidade ou paternidade

ARTIGO 23.º – Faltas por maternidade ou paternidade

As faltas por maternidade ou paternidade regem-se pelo disposto nas Leis n.ºs 4/84, de 5 de Abril, 17/95, de 9 de Junho, 102/97, de 13 de Setembro, e 18/98, de 28 de Abril.

SUBSECÇÃO III – Faltas por nascimento

ARTIGO 24.º – Faltas por nascimento

1 – Por ocasião do nascimento de um filho, o pai funcionário ou agente tem direito a faltar dois dias úteis.

2 – As faltas previstas neste artigo podem ser gozadas seguida ou interpoladamente desde o dia do nascimento, inclusive, ou dentro dos 15 dias seguintes.

3 – A ausência ao serviço por motivo de nascimento deve ser participada no próprio dia em

Decreto-Lei n.° 100/99, de 31 de Março 615

que ocorrer ou, excepcionalmente, no dia seguinte e justificada por escrito logo que o funcionário ou agente se apresente ao serviço.

4 – As faltas por nascimento são equiparadas a serviço efectivo, mas implicam a perda de subsídio de refeição.

SUBSECÇÃO IV – Faltas para consultas pré-natais e amamentação

ARTIGO 25.° – **Faltas para consultas pré-natais e amamentação**
As faltas para consultas pré-natais e amamentação regem-se pelo disposto nas Leis n.os 4/84, de 5 de Abril, 17/95, de 9 de Junho, 102/97, de 13 de Setembro, e 18/98, de 28 de Abril.

SUBSECÇÃO V – Faltas por adopção

ARTIGO 26.° – **Faltas por adopção**
As faltas por adopção regem-se pelo disposto nas Leis n.os 4/84, de 5 de Abril, 17/95, de 9 de Junho, 102/97, de 13 de Setembro, e 18/98, de 28 de Abril.

SUBSECÇÃO VI – Faltas por falecimento de familiar

ARTIGO 27.° – **Faltas por falecimento de familiar**
1 – Por motivo de falecimento de familiar, o funcionário ou agente pode faltar justificadamente:
a) Até cinco dias consecutivos, por falecimento do cônjuge não separado de pessoas e bens ou de parente ou afim no 1.° grau da linha recta;
b) Até dois dias consecutivos, por falecimento de parente ou afim em qualquer outro grau da linha recta e no 2.° e 3.° graus da linha colateral.
2 – O disposto na primeira parte da alínea *a)* do número anterior é também aplicável em caso de falecimento de pessoa que viva há mais de dois anos em condições análogas à dos cônjuges com o funcionário ou agente.

ARTIGO 28.° – **Contagem, forma de justificação e efeitos**
1 – As faltas a que se refere o artigo anterior têm início, segundo opção do interessado, no dia do falecimento, no do seu conhecimento ou no da realização da cerimónia fúnebre e são utilizadas num único período.
2 – A ausência ao serviço por motivo de falecimento de familiar ou equiparado deve ser participada no próprio dia em que a mesma ocorra ou, excepcionalmente, no dia seguinte e justificada por escrito logo que o funcionário ou agente se apresente ao serviço.
3 – As faltas por falecimento de familiar ou equiparado são consideradas serviço efectivo, mas implicam a perda do subsídio de refeição.

SUBSECÇÃO VII – Faltas por doença

ARTIGO 29.° – **Regime**
1 – O funcionário ou agente pode faltar ao serviço por motivo de doença devidamente comprovada.

IV – Funcionários da Administração Local

2 – Salvo nos casos de internamento hospitalar, as faltas por doença determinam a perda do vencimento de exercício apenas nos primeiros 30 dias de ausência, seguidos ou interpolados, em cada ano civil.

3 – As faltas por doença descontam na antiguidade para efeitos de carreira quando ultrapassem 30 dias seguidos ou interpolados em cada ano civil.

4 – O disposto no número anterior não se aplica às faltas por doença dadas por deficientes quando decorrentes da própria deficiência.

5 – As faltas por doença implicam sempre a perda do subsídio de refeição.

6 (¹) – O dirigente máximo do serviço pode, a requerimento do interessado e tendo em conta a assiduidade e o mérito evidenciado no desempenho das funções, nomeadamente através da última classificação de serviço, autorizar o abono do vencimento de exercício perdido nos termos do n.° 2.

1 – Redacção do art. 1.° da Lei n.° 117/99, de 11 de Agosto.

ARTIGO 30.° – **Justificação da doença**

1 – A doença deve ser comprovada mediante apresentação de atestado médico ou declaração de doença passada por estabelecimento hospitalar, público ou privado, centro de saúde ou instituições destinadas à reabilitação de toxicodependência ou alcoolismo.

2 – O atestado médico a que se refere o número anterior pode ser passado por médico privativo dos serviços que dele disponha.

3 – O funcionário ou agente impedido de comparecer ao serviço por motivo de doença deve indicar o local onde se encontra e apresentar documento comprovativo no prazo de cinco dias úteis contados nos termos do artigo 72.° do Código do Procedimento Administrativo.

4 – A falta de entrega do documento comprovativo da doença nos termos do número anterior implica, se não for devidamente fundamentada, a injustificação das faltas dadas até à data da entrada do documento comprovativo nos serviços.

5 – Os documentos comprovativos da doença podem ser entregues directamente nos serviços ou enviados aos mesmos através do correio, devidamente registados, relevando, neste último caso, a data da respectiva expedição para efeitos de cumprimento dos prazos de entrega fixados neste artigo, se a data da sua entrada nos serviços for posterior ao limite dos referidos prazos.

ARTIGO 31.° – **Meios de prova**

1 – O atestado médico deve ser passado sob compromisso de honra, indicando o número da cédula profissional do médico, número do bilhete de identidade do funcionário ou agente, além da impossibilidade de comparência ao serviço e a duração previsível da doença.

2 – A declaração de doença deve ser devidamente autenticada e assinada pelo médico, devendo dela constar, além dos elementos referidos no número anterior, o facto de ter ou não havido lugar a internamento.

3 – Quando tiver havido lugar a internamento e este cessar, o funcionário ou agente deve apresentar-se ao serviço com o respectivo documento de alta ou, no caso de ainda não estar apto a regressar, proceder à comunicação e apresentar documento comprovativo da doença nos termos do disposto no artigo anterior, contando-se os prazos respectivos a partir do dia em que teve alta.

4 – Cada atestado médico ou declaração de doença é válido pelo período que o médico indicar como duração previsível da doença, o qual não pode exceder 30 dias.

5 – Se a situação de doença se mantiver para além do período previsto pelo médico, deve ser entregue novo atestado ou declaração, sendo aplicável o disposto nos n.ºs 3 e 5 do artigo anterior.

Decreto-Lei n.º 100/99, de 31 de Março 617

ARTIGO 32.º (¹) – **Doença ocorrida no estrangeiro**

1 – O funcionário ou agente que adoeça no estrangeiro deve, por si ou por interposta pessoa, comunicar o facto ao serviço no prazo de sete dias úteis contados nos termos do artigo 72.º do Código do Procedimento Administrativo.

2 – Salvo a ocorrência de motivos que o impossibilitem ou dificultem em termos que afastem a sua exigibilidade, os documentos comprovativos de doença ocorrida no estrangeiro devem ser visados pela autoridade competente da missão diplomática ou consular da área onde o interessado se encontra doente e entregues ou enviados ao respectivo serviço no prazo de 20 dias úteis contados nos termos do artigo 72.º do Código do Procedimento Administrativo.

3 – Se a comunicação e o documento comprovativo de doença foram enviados através do correio, sob registo, releva a data da respectiva expedição para efeitos do cumprimento dos prazos referidos nos números anteriores, se a data da sua entrada nos serviços for posterior ao limite daqueles prazos.

4 – A falta da comunicação referida no n.º 1 ou da entrega dos documentos comprovativos da doença nos termos dos números anteriores implica, se não for devidamento fundamentada, a injustificação das faltas dadas até à data da recepção da comunicação ou da entrada dos documentos.

1 – Ver art. 6.º do DL n.º 192/95, de 28 de Julho (abono de ajudas de custo a funcionários e agentes que adoeçam quando colocados no estrangeiro.

ARTIGO 33.º – **Verificação domiciliária da doença**

1 – Salvo nos casos de internamento, de atestado médico passado nos termos do n.º 2 do artigo 30.º e de doença ocorrida no estrangeiro, pode o dirigente competente, se assim o entender, solicitar a verificação domiciliária da doença.

2 – Quando a doença não implicar a permanência no domicílio, o respectivo documento comprovativo deve conter referência a esse facto.

3 – Nos casos previstos no número anterior, o funcionário ou agente deve fazer acompanhar o documento comprovativo da doença da indicação dos dias e das horas a que pode ser efectuada a verificação domiciliária, num mínimo de três dias por semana e de dois períodos de verificação diária, de duas horas e meia cada um, compreendidos entre as 9 e as 19 horas.

4 – Se o interessado não for encontrado no seu domicílio ou no local onde tiver indicado estar doente, todas as faltas dadas são injustificadas, por despacho do dirigente máximo do serviço, se o funcionário ou agente não justificar a sua ausência, mediante apresentação de meios de prova adequados, no prazo de dois dias úteis a contar do conhecimento do facto, que lhe será transmitido por carta registada, com aviso de recepção.

5 – Se o parecer do médico competente para a inspecção domiciliária for negativo, serão consideradas injustificadas todas as faltas dadas desde o dia seguinte ao da comunicação do resultado da inspecção feita através de carta registada, com aviso de recepção, e considerada a dilação de três dias úteis, e até ao momento em que efectivamente retome funções.

ARTIGO 34.º – **Verificação domiciliária da doença pela ADSE**

1 – A verificação domiciliária da doença do funcionário ou agente nas zonas definidas por portaria do Ministro das Finanças é efectuada por médicos do quadro da ADSE ou por ela convencionados ou credenciados, neste caso por contrato de avença, de remuneração a fixar por despacho do Ministro das Finanças.

2 – O dirigente máximo do serviço requisita directamente à ADSE, por escrito ou pelo telefone, um médico para esse efeito, que efectuará um exame médico adequado, enviando logo as indicações indispensáveis.

618 IV – Funcionários da Administração Local

ARTIGO 35.º – **Verificação domiciliária da doença pelas autoridades de saúde**

1 – Fora das zonas a que se refere o n.º 1 do artigo anterior, a verificação domiciliária da doença do funcionário ou agente é feita pelas autoridades de saúde da área da sua residência habitual ou daquela em que ele se encontre doente.

2 – Sempre que da verificação domiciliária da doença efectuada fora daquelas zonas resultarem despesas de transporte, deve o serviço de que depende o funcionário ou agente inspeccionado promover a sua satisfação pela adequada verba orçamental.

ARTIGO 36.º – **Intervenção da junta**

1 – Com excepção dos casos de internamento, bem como daqueles em que o funcionário ou agente se encontre doente no estrangeiro, há lugar à intervenção da junta médica quando:

a) O funcionário ou agente tenha atingido o limite de 60 dias consecutivos de faltas por doença e não se encontre apto a regressar ao serviço;

b) A actuação do funcionário ou agente indicie, em matéria de faltas por doença, um comportamento fraudulento.

2 – No caso previsto na alínea *b*) do número anterior, o dirigente do serviço deve fundamentar o pedido de intervenção da junta.

ARTIGO 37.º – **Pedido de submissão à junta médica**

1 – Para efeitos do disposto na alínea *a*) do artigo anterior, o serviço de que dependa o funcionário ou agente deve, nos 5 dias imediatamente anteriores à data em que se completarem os 60 dias consecutivos de faltas por doença, notificá-lo para se apresentar à junta médica, indicando o dia, hora e local onde a mesma se realizará.

2 – Se a junta médica considerar o interessado apto para regressar ao serviço, as faltas dadas no período de tempo que mediar entre o termo do período de 60 dias e o parecer da junta são consideradas justificadas por doença.

3 – Para efeitos do disposto no artigo anterior, o período de 60 dias consecutivos de faltas conta-se seguidamente mesmo nos casos em que haja transição de um ano civil para o outro.

ARTIGO 38.º – **Limite de faltas**

1 – A junta pode justificar faltas por doença dos funcionários ou agentes por períodos sucessivos de 30 dias, até ao limite de 18 meses, sem prejuízo do disposto nos artigos 49.º e 50.º

2 – O disposto no número anterior não prejudica a possibilidade de o serviço denunciar, no seu termo, os contratos de pessoal celebrados ao abrigo da legislação em vigor sobre a matéria.

ARTIGO 39.º – **Submissão a junta médica independentemente da ocorrência de faltas por doença**

1 – Quando o comportamento do funcionário ou agente indiciar perturbação psíquica que comprometa o normal desempenho das suas funções, o dirigente máximo do serviço, por despacho fundamentado, pode mandar submetê-lo a junta médica, mesmo nos casos em que o funcionário ou agente se encontre em exercício de funções.

2 – A submissão à junta médica considera-se, neste caso, de manifesta urgência.

3 – O funcionário ou agente pode, se o entender conveniente, indicar o seu médico assistente para integrar a junta médica.

ARTIGO 40.º – **Falta de elementos clínicos e colaboração de médicos especialistas**

1 – Se a junta não dispuser de elementos suficientes que lhe permitam deliberar, deve con-

Decreto-Lei n.° 100/99, de 31 de Março

ceder ao funcionário ou agente um prazo para obtenção dos mesmos, decorrido o qual este deve submeter-se novamente à junta.

2 – O funcionário ou agente é obrigado, nos prazos fixados pela junta, a:

a) Submeter-se aos exames clínicos que aquela considerar indispensáveis, que são, a sua solicitação, marcados pela mesma, e integralmente suportadas pela ADSE;

b) Apresentar-se à junta com os elementos por ela requeridos.

3 – O não cumprimento do disposto no número anterior implica a injustificação das faltas dadas desde o termo do período de faltas anteriormente concedido, a menos que não seja imputável ao funcionário ou agente a obtenção dos exames fora do prazo.

4 – Sempre que seja necessário, a junta médica pode requerer a colaboração de médicos especialistas e de outros peritos ou recorrer aos serviços especializados dos estabelecimentos oficiais, sendo os encargos suportados nos termos previstos na alínea *a)* do n.° 2.

ARTIGO 41.° – **Obrigatoriedade de submissão à junta médica**

1 – O funcionário ou agente que, nos termos dos artigos anteriores, deva ser submetido a junta médica pode apresentar-se ao serviço antes que tal se tenha verificado, salvo nos casos previstos nos artigos 36.°, alínea *b)*, e 39.°

2 – Salvo impedimento justificado, a não comparência à junta médica para que o funcionário ou agente tenha sido convocado implica que sejam consideradas injustificadas as faltas dadas desde o termo do período de faltas anteriormente concedido.

3 – O funcionário ou agente que, nos termos do artigo 39.°, tenha sido mandado apresentar à junta médica e a ela não compareça é considerado na situação de faltas injustificadas a partir da data em que a mesma deveria realizar-se, salvo se a não comparência for devidamente justificada, perante o serviço de que depende, no prazo de dois dias úteis a contar da data da não comparência.

ARTIGO 42.° – **Parecer da junta médica**

1 – O parecer da junta médica deve ser comunicado ao funcionário ou agente no próprio dia e enviado de imediato ao respectivo serviço.

2 – A junta deve pronunciar-se sobre se o funcionário ou agente se encontra apto a regressar ao serviço e, nos casos em que considere que aquele se não encontra em condições de retomar a actividade, indicar a duração previsível da doença, com respeito do limite previsto no artigo 38.°, e marcar a data de submissão a nova junta.

3 – No caso previsto no n.° 1 do artigo 40.°, as faltas dadas pelo funcionário ou agente que venha a ser considerado apto para regressar ao serviço, desde a data do pedido da submissão à junta médica, são equiparadas a serviço efectivo.

ARTIGO 43.° – **Interrupção das faltas por doença**

1 – O funcionário ou agente que se encontre na situação de faltas por doença concedidas pela junta ou a aguardar a primeira apresentação à junta só pode regressar ao serviço antes do termo do período previsto mediante atestado médico que o considere apto a retomar a actividade, sem prejuízo de posterior apresentação à junta médica.

2 – Para efeitos do número anterior, a intervenção da junta considera-se de manifesta urgência.

ARTIGO 44.° – **Cômputo do prazo de faltas por doença**

Para efeitos do limite máximo de 18 meses de faltas por doença previsto no n.° 1 do artigo 38.°, contam-se sempre, ainda que relativos a anos civis diferentes:

a) Todas as faltas por doença, seguidas ou interpoladas, quando entre elas não mediar um intervalo superior a 30 dias, no qual não se incluem os períodos de férias;

620   *IV – Funcionários da Administração Local*

b) As faltas justificadas por doença correspondentes aos dias que medeiam entre o termo do período de 30 dias consecutivos de faltas por doença e o parecer da junta médica que considere o funcionário ou agente capaz para o serviço.

ARTIGO 45.° – Fim do prazo de faltas por doença do pessoal contratado em regime de contrato administrativo de provimento

1 – Findo o prazo de 18 meses de faltas por doença, e sem prejuízo do disposto no artigo 51.°, ao pessoal contratado em regime de contrato administrativo de provimento que não se encontre em condições de regressar ao serviço é aplicável, desde que preencha os requisitos para a aposentação, o disposto na alínea *a*) do n.° 1 do artigo 47.°, salvo se optar pela rescisão do contrato.

2 – Ao pessoal que ainda não reúna os requisitos para a aposentação é rescindido o contrato.

3 – Se o contratado tiver prestado mais de três anos de serviço efectivo, pode ser novamente contratado se as necessidades do serviço o justificarem e desde que o requeira no triénio posterior à rescisão, independentemente do disposto sobre restrições à admissão de pessoal na Administração Pública.

4 – A readmissão depende de parecer favorável da competente junta médica.

ARTIGO 46.° – Junta médica

1 – A junta médica a que se refere a presente subsecção funcionará na dependência da ADSE, sem prejuízo do disposto no n.° 3.

2 (¹) – A composição, competência e funcionamento da junta médica referida no número anterior são fixados em decreto regulamentar.

3 – Os ministérios que tiverem serviços desconcentrados e, bem assim, as autarquias locais poderão criar juntas médicas sediadas junto dos respectivos serviços.

1 – Ver Dec.-Reg. n.° 41/90, de 19 de Novembro, publicado em execução do DL n.° 497/88, de 30 de Dezembro.

SUBSECÇÃO VIII – Junta médica da Caixa Geral de Aposentações

ARTIGO 47.° – Fim do prazo de faltas por doença do pessoal provido por nomeação

1 – Findo o prazo de 18 meses na situação de faltas por doença, o pessoal nomeado pode, sem prejuízo do disposto no artigo 51.°:

a) Requerer, no prazo de 30 dias e através do respectivo serviço, a sua apresentação à junta médica da Caixa Geral de Aposentações, reunidas que sejam as condições mínimas para a aposentação;

b) Requerer a passagem à situação de licença sem vencimento até 90 dias, por um ano ou de longa duração, independentemente do tempo de serviço prestado.

2 – No caso previsto na alínea a) do número anterior e até à data da decisão da junta médica da Caixa Geral de Aposentações, o funcionário é considerado na situação de faltas por doença, com todos os direitos e deveres à mesma inerentes.

3 – O funcionário que não requerer, no prazo previsto, a sua apresentação à junta médica da Caixa Geral de Aposentações passa automaticamente à situação de licença sem vencimento de longa duração.

4 – O funcionário que não reunir os requisitos para apresentação à junta médica da Caixa Geral de Aposentações deve ser notificado pelo respectivo serviço para, no dia imediato ao da notificação, retomar o exercício de funções, sob pena de ficar abrangido pelo disposto na parte final do número anterior.

Decreto-Lei n.° 100/99, de 31 de Março

5 – Passa igualmente à situação de licença sem vencimento de longa duração o funcionário que, tendo sido considerado apto pela junta médica da Caixa Geral de Aposentações, volte a adoecer sem que tenha prestado mais de 30 dias de serviço consecutivos, nos quais não se incluem férias.

6 – O funcionário está obrigado a submeter-se aos exames clínicos que a junta médica da Caixa Geral de Aposentações determinar, implicando a recusa da sua realização a injustificação das faltas dadas desde a data que lhe tiver sido fixada para a respectiva apresentação.

7 – O regresso ao serviço do funcionário que tenha passado a qualquer das situações de licença previstas na alínea *b*) do n.° 1 não está sujeito ao decurso de qualquer prazo.

8 – Os processos de aposentação previstos neste artigo têm prioridade absoluta sobre quaisquer outros, devendo tal prioridade ser invocada pelos serviços quando da remessa do respectivo processo à Caixa Geral de Aposentações.

ARTIGO 48.° – **Submissão à junta médica da Caixa Geral de Aposentações no decurso da doença**

O funcionário ou agente pode, no decurso da doença, requerer a sua apresentação à junta médica da Caixa Geral de Aposentações, aplicando-se, com as devidas adaptações, o disposto, respectivamente, nos artigos 47.° e 45.°, conforme os casos.

SUBSECÇÃO IX – Faltas por doença prolongada

ARTIGO 49.° – **Faltas por doença prolongada**

1 – As faltas dadas por doença incapacitante que exija tratamento oneroso e ou prolongado conferem ao funcionário ou agente o direito à prorrogação, por 18 meses, do prazo máximo de ausência previsto no artigo 38.°.

2 – As doenças a que se refere o n.° 1 são definidas por despacho conjunto dos Ministros das Finanças e da Saúde.

3 – As faltas dadas ao abrigo da Assistência a Funcionários Civis Tuberculosos regem-se pelo disposto no Decreto-Lei n.° 48359, de 27 de Abril de 1968.

4 – As faltas a que se referem os números anteriores não descontam para efeitos de antiguidade, promoção e progressão.

SUBSECÇÃO X – Faltas por acidente em serviço ou doença profissional

ARTIGO 50.° ([1]) – **Regime**

As faltas por acidente em serviço ou doença profissional não implicam desconto na antiguidade nem determinam, em caso algum, a perda do vencimento de exercício e do subsídio de refeição.

1 – Revogado pelo art. 57.°, alínea *d*), do DL n.° 503/99, de 20 de Novembro.

SUBSECÇÃO XI – Faltas para reabilitação profissional

ARTIGO 51.° ([1]) – **Regime aplicável**

1 – O funcionário ou agente que for considerado, pela junta médica a que se refere o artigo

46.°, incapaz para o exercício das suas funções, mas apto para o desempenho de outras, poderá requerer a sua reconversão ou reclassificação profissional.

2 – O requerimento referido no número anterior só pode ser apresentado até ao termo do prazo de 18 meses previsto no n.° 1 do artigo 38.° e no artigo 49.°, consoante os casos.

3 – O processo de reconversão profissional é definido em decreto regulamentar, a publicar no prazo de 180 dias.

4 – O processo de reclassificação profissional é decidido, caso a caso, pelo dirigente máximo do serviço, atendendo ao parecer da junta médica e às funções que o funcionário ou agente se encontre apto a desempenhar, sem prejuízo das habilitações literárias exigíveis para o efeito.

5 – Enquanto decorrer o processo de reconversão ou reclassificação profissional, o funcionário ou agente encontra-se em regime de faltas para reabilitação profissional.

6 – O período de faltas para reabilitação profissional tem a duração de seis meses, podendo, no entanto, ser prorrogado por duas vezes, por períodos não superiores a três meses.

7 – As faltas para reabilitação produzem os efeitos das faltas por doença, salvo quanto à perda do vencimento de exercício.

8 – Às situações de faltas para reabilitação motivadas por acidente em serviço ou doença profissional é aplicável o n.° 3 do artigo 50.°.

1 – Ver art. 14.° do DL n.° 497/99, de 19 de Novembro.

SUBSECÇÃO XII – Faltas para tratamento ambulatório, realização de consultas médicas e exames complementares de diagnóstico

ARTIGO 52.° – Faltas para tratamento ambulatório, realização de consultas médicas e exames complementares de diagnóstico

1 – O funcionário ou agente que, encontrando-se ao serviço, careça, em virtude de doença, deficiência ou acidente em serviço, de tratamento ambulatório que não possa efectuar-se fora do período normal de trabalho pode faltar durante o tempo necessário para o efeito.

2 – Para poder beneficiar do regime de faltas previsto no número anterior, o funcionário ou agente tem de apresentar declaração passada por qualquer das entidades referidas nos n.ºs 1 e 2 do artigo 30.°, a qual deve indicar a necessidade de ausência ao serviço para tratamento ambulatório e os termos em que a fruirá.

3 – O funcionário ou agente tem de apresentar, no serviço de que depende, um plano de tratamento ou, na sua falta e, neste caso, por cada ausência para tratamento, documento comprovativo da sua presença no local da realização do mesmo.

4 – As horas utilizadas devem ser convertidas, através da respectiva soma, em dias completos de faltas, as quais são consideradas, para todos os efeitos legais, como serviço efectivo.

5 – O disposto nosn.ºs 1, 3 e 4 é aplicável, com as devidas adaptações, às situações de ausência para realização de consultas médicas e exames complementares de diagnóstico.

ARTIGO 53.° – Tratamento ambulatório, realização de consultas médicas e exames complementares de diagnóstico do cônjuge, ascendentes, descendentes e equiparados

1 – O disposto no artigo anterior é extensivo à assistência ao cônjuge ou equiparado, ascendentes, descendentes, adoptandos, adoptados e enteados, menores ou deficientes, em regime de tratamento ambulatório, quando comprovadamente o funcionário ou agente seja a pessoa mais adequada para o fazer.

Decreto-Lei n.º 100/99, de 31 de Março

2 – As horas utilizadas são justificadas e convertidas através da respectiva soma em dias completos de faltas e produzem os efeitos das faltas para assistência a familiares.

3 – O disposto nos números anteriores é aplicável, com as devidas adaptações, às situações de ausência para realização de consultas médicas e exames complementares de diagnóstico.

SUBSECÇÃO XIII – Faltas para assistência a familiares

ARTIGO 54.º – Regime geral

1 – As faltas para assistência a familiares doentes regem-se pelo disposto nas Leis n.os 4/84, de 5 de Abril, 17/95, de 9 de Junho, 102/97, de 13 de Setembro, e 18/98, de 28 de Abril.

2 – As faltas para assistência especial a filhos, filhos de cônjuge ou de pessoa em união de facto que com este residam e adoptados, menores de 3 anos, regem-se pelo disposto, na parte aplicável, na legislação referida no número anterior.

3 – Nos casos previstos no número anterior, o funcionário ou agente tem direito ao período de férias que normalmente lhe corresponderia caso não tivesse havido lugar às faltas para a assistência especial nele prevista.

4 – O disposto nos números anteriores não prejudica o gozo de um período mínimo de oito dias úteis de férias consecutivos.

5 – As faltas a que se refere o presente artigo implicam ainda a perda do subsídio de refeição.

SUBSECÇÃO XIV – Faltas por isolamento profiláctico

ARTIGO 55.º – Processo de justificação

1 – As faltas dadas por funcionário ou agente que, embora não atingido por doença infecto-contagiosa ou já restabelecido da mesma, estiver impedido de comparecer ao serviço em cumprimento de determinação emitida pela autoridade sanitária da respectiva área, ao abrigo da legislação em vigor sobre doenças dessa natureza, são justificadas mediante declaração passada por aquela autoridade.

2 – A declaração referida no número anterior deve conter obrigatoriamente a menção do período de isolamento e ser enviada aos serviços, pela autoridade sanitária, no prazo de oito dias úteis contados desde a primeira falta dada por aquele motivo.

ARTIGO 56.º – Impossibilidade de determinação do termo do período de isolamento

1 – Se a autoridade sanitária não puder determinar data certa para termo do período de isolamento, deve marcar os exames laboratoriais ou de outra natureza que entender serem necessários e fixar prazo para apresentação, pelo interessado, dos resultados desses exames.

2 – A mesma autoridade deve comunicar ao funcionário ou agente e ao serviço de que este dependa a data certa para termo do período de isolamento logo que sejam apresentados os resultados dos exames.

3 – O prazo a que se refere o n.º 1 pode ser prorrogado, tendo em consideração a marcação e obtenção dos exames necessários.

ARTIGO 57.º – Efeitos

As faltas dadas por isolamento profiláctico são equiparadas a serviço efectivo.

IV – Funcionários da Administração Local

ARTIGO 58.° – **Injustificação das faltas**

São consideradas injustificadas as faltas dadas entre o termo do prazo determinado pela autoridade sanitária para apresentação dos resultados dos exames referidos no artigo 56.° e a data de apresentação dos mesmos, quando o atraso for da responsabilidade do funcionário ou agente, e deverá ser comunicado aos serviços, pela autoridade sanitária, nos mesmos termos do n.° 2 do artigo 55.°.

SUBSECÇÃO XV – **Faltas ao abrigo do Estatuto de Trabalhador-Estudante**

ARTIGO 59.° – **Faltas dadas como trabalhador-estudante**

1 – As faltas dadas pelo funcionário ou agente como trabalhador-estudante regem-se pelo disposto na Lei n.° 116/97, de 4 de Novembro.

2 – Ao funcionário ou agente não matriculado em estabelecimento de ensino é aplicável o disposto no artigo 5.° da Lei n.° 116/97, de 4 de Novembro, para prestação de exames ou provas de avaliação, desde que satisfaça as seguintes condições:

a) Indique, por cada disciplina, os dias pretendidos para a realização de provas de exame, testes ou provas de avaliação de conhecimentos, sempre que possível com a antecedência mínima de dois dias úteis;

b) Comprove que os dias solicitados para a prestação das provas foram de facto utilizados para esse fim.

SUBSECÇÃO XVI – **Faltas dadas na situação de bolseiro ou equiparado**

ARTIGO 60.° – **Faltas dadas como bolseiro ou equiparado**

As faltas dadas por funcionário ou agente na situação de bolseiro ou de equiparado a bolseiro consideram-se justificadas e produzem os efeitos previstos nos Decretos-Leis n.os 220/84, de 4 de Julho, 272/88, de 3 de Agosto, e 282/89, de 23 de Agosto.

SUBSECÇÃO XVII – **Faltas para doação de sangue e socorrismo**

ARTIGO 61.° – **Faltas para doação de sangue**

1 – O funcionário ou agente que pretenda dar sangue benevolamente tem direito a faltar ao serviço pelo tempo necessário para o efeito, mediante prévia autorização.

2 – A autorização referida no número anterior só pode ser denegada com fundamento em motivos urgentes e inadiáveis decorrentes do funcionamento do serviço.

3 – As faltas por motivo de doação de sangue não implicam a perda de quaisquer direitos ou regalias.

ARTIGO 62.° – **Faltas por socorrismo**

1 – O funcionário ou agente que pertença a associações de bombeiros voluntários ou a associações humanitárias, designadamente a Cruz Vermelha Portuguesa, tem direito a faltar ao serviço durante os períodos necessários para acorrer a incêndios ou quaisquer outros acidentes ou eventos em que a sua presença seja exigida pelos regulamentos aplicáveis.

2 – As faltas previstas no número anterior são justificadas mediante apresentação de decla-

Decreto-Lei n.º 100/99, de 31 de Março 625

ração da respectiva associação no prazo de dois dias úteis contados após o regresso ao serviço do funcionário ou agente.

3 – As faltas para socorrismo não implicam a perda de quaisquer direitos ou regalias.

SUBSECÇÃO XVIII – Faltas para cumprimento de obrigações

ARTIGO 63.º – **Regime**

1 – Consideram-se justificadas as faltas motivadas pelo cumprimento de obrigações legais ou por imposição de autoridade judicial, policial ou militar.

2 – As faltas previstas no número anterior não importam a perda de quaisquer direitos e regalias.

ARTIGO 64.º – **Situação de prisão**

1 – As faltas dadas por motivo de prisão preventiva consideram-se justificadas e determinam a perda de vencimento de exercício e do subsídio de refeição.

2 – A perda do vencimento de exercício e do subsídio de refeição é reparada em caso de revogação ou extinção da prisão preventiva, salvo se o funcionário ou agente vier a ser condenado definitivamente.

3 – O cumprimento de pena de prisão por funcionário ou agente implica a perda total do vencimento e a não contagem do tempo para qualquer efeito.

4 – Nos casos em que, na sequência da prisão preventiva, o funcionário ou agente venha a ser condenado definitivamente, aplica-se, ao período de prisão preventiva que não exceda a pena de prisão que lhe for aplicada, o disposto no número anterior.

SUBSECÇÃO XIX – Faltas para prestação de provas de concurso

ARTIGO 65.º – **Regime**

1 – O funcionário ou agente tem direito a faltar ao serviço pelo tempo necessário para prestação de provas de concurso público no âmbito dos serviços abrangidos pelo artigo 1.º do presente diploma, bem como de organismos internacionais, desde que se trate de lugares reservados a cidadãos de nacionalidade portuguesa ou sejam considerados de interesse para o País.

2 – As faltas referidas no número anterior não determinam a perda de quaisquer direitos ou regalias.

SUBSECÇÃO XX – Faltas por conta do período de férias

ARTIGO 66.º – **Regime**

1 – O funcionário ou agente pode faltar 2 dias por mês por conta do período de férias, até ao máximo de 13 dias por ano, os quais podem ser utilizados em períodos de meios dias.

2 – As faltas previstas no número anterior relevam, segundo opção do interessado, no período de férias do próprio ano ou do seguinte.

ARTIGO 67.º – **Processo de justificação**

1 – O funcionário ou agente que pretenda faltar ao abrigo do disposto no artigo anterior deve participar essa intenção ao superior hierárquico competente, por escrito, na véspera, ou, se

IV – Funcionários da Administração Local

não for possível, no próprio dia, oralmente, podendo este recusar, fundamentadamente, a autorização, atento o interesse do serviço.

2 – A participação oral deve ser reduzida a escrito no dia em que o funcionário ou agente regressar ao serviço.

SUBSECÇÃO XXI – Faltas com perda de vencimento

ARTIGO 68.° – Regime

1 – O funcionário ou agente pode faltar excepcionalmente, mediante autorização do respectivo dirigente, a qual deve ser solicitada nos termos dos n.os 1 e 2 do artigo 67.°

2 – As faltas referidas no número anterior não podem ultrapassar seis dias em cada ano civil e um dia por mês.

3 – As faltas previstas neste artigo descontam para todos os efeitos legais, sendo o desconto da remuneração e do subsídio de refeição correspondentes aos dias de faltas efectuado no vencimento do mês de Dezembro ou no último vencimento percebido nos casos de suspensão ou cessação definitiva de funções.

SUBSECÇÃO XXII – Faltas por deslocação para a periferia

ARTIGO 69.° – Faltas por deslocação para a periferia

1 – O funcionário ou agente que se desloque para a periferia ao abrigo do disposto no Decreto-Lei n.° 45/84, de 3 de Fevereiro, tem direito a faltar até cinco dias seguidos.

2 – As faltas referidas no número anterior não determinam a perda de quaisquer direitos ou regalias.

SUBSECÇÃO XXIII – Faltas por motivos não imputáveis ao funcionário ou agente

ARTIGO 70.° – Faltas por motivos não imputáveis ao funcionário ou agente

1 – São consideradas justificadas as faltas determinadas por facto qualificado como calamidade pública pelo Conselho de Ministros.

2 – Consideram-se igualmente justificadas as faltas ocasionadas por factos não imputáveis ao funcionário ou agente e determinadas por motivos não previstos no presente diploma que impossibilitem o cumprimento do dever de assiduidade ou o dificultem em termos que afastem a sua exigibilidade.

3 – O funcionário ou agente impedido de comparecer ao serviço nos termos do número anterior deve, por si ou por interposta pessoa, comunicar o facto ao dirigente competente logo que possível, preferencialmente no próprio dia ou no dia seguinte, devendo apresentar justificação por escrito no dia em que regressar ao serviço.

4 – As faltas previstas nos n.os 1 e 2 são equiparadas a serviço efectivo.

SECÇÃO III – Faltas injustificadas

ARTIGO 71.° – Faltas injustificadas

1 – Consideram-se injustificadas:

a) Todas as faltas dadas por motivos não previstos no n.° 1 do artigo 21.°;

Decreto-Lei n.° 100/99, de 31 de Março 627

b) As faltas dadas ao abrigo do n.° 1 do artigo 21.°, não justificadas nos termos do presente capítulo, designadamente quando não seja apresentada a prova prevista no n.° 2 do mesmo artigo ou quando o motivo invocado seja comprovadamente falso.

2 – As faltas injustificadas, para além das consequências disciplinares a que possam dar lugar, determinam sempre a perda das remunerações correspondentes aos dias de ausência, não contam para efeitos de antiguidade e descontam nas férias nos termos do artigo 13.°.

3 – O funcionário ou agente que invocar motivos falsos para justificação das faltas pode ainda incorrer em infracção criminal nos termos da respectiva legislação.

CAPÍTULO IV – **Licenças**

SECÇÃO I – **Disposições gerais**

ARTIGO 72.° – **Conceito de licença**

Considera-se licença a ausência prolongada do serviço mediante autorização.

ARTIGO 73.° – **Tipos de licenças**

1 – As licenças podem revestir as seguintes modalidades:
a) Licença sem vencimento até 90 dias;
b) Licença sem vencimento por um ano;
c) Licença sem vencimento de longa duração;
d) Licença sem vencimento para acompanhamento do cônjuge colocado no estrangeiro;
e) Licença sem vencimento para exercício de funções em organismos internacionais.

2 – A concessão das licenças depende de prévia ponderação da conveniência de serviço e, no caso das alíneas *b*) e *e*), da ponderação do interesse público, sendo motivo especialmente atendível a valorização profissional do funcionário, ou agente.

SUBSECÇÃO I – **Licença sem vencimento até 90 dias**

ARTIGO 74.° – **Regime**

1 – O funcionário ou agente pode requerer, em cada ano civil, licença sem vencimento com a duração máxima de 90 dias, a gozar seguida ou interpoladamente.

2 – O limite máximo previsto no número anterior é aplicável mesmo nos casos em que, no decurso da licença, ocorra o final de um ano civil e o início do imediato.

3 – O funcionário ou agente a quem a licença tenha sido concedida pode requerer o regresso antecipado ao serviço.

ARTIGO 75.° – **Efeitos da licença**

1 – A licença sem vencimento implica a perda total das remunerações e o desconto na antiguidade para efeitos de carreira, aposentação e sobrevivência.

2 – Quando o início e o fim da licença ocorram no mesmo ano civil, o funcionário ou agente tem direito, no ano seguinte, a um período de férias proporcional ao tempo de serviço prestado no ano da licença.

3 – Quando a licença abranja dois anos civis, o funcionário ou agente tem direito, no ano de regresso e no seguinte, a um período de férias proporcional ao tempo de serviço prestado, respectivamente, no ano da suspensão de funções e no ano de regresso à actividade.

628   *IV – Funcionários da Administração Local*

4 – O disposto no número anterior não prejudica o gozo de um período de oito dias úteis de férias consecutivos.

SUBSECÇÃO II – Licença sem vencimento por um ano

ARTIGO 76.° – Regime

1 – Quando circunstâncias de interesse público o justifiquem, pode ser concedida aos funcionários licença sem vencimento pelo período de um ano, renovável até ao limite de três anos.

2 – A licença é concedida pelo membro do Governo de que dependa o funcionário, a requerimento deste devidamente fundamentado.

3 – Quando as circunstâncias de interesse público que determinaram a concessão da licença cessarem, o funcionário pode requerer o regresso antecipado ao serviço.

4 – O disposto na presente subsecção não se aplica aos agentes referidos no artigo 1.°.

ARTIGO 77.° – Efeitos da licença

1 – A licença sem vencimento por um ano implica a perda total das remunerações e o desconto na antiguidade para efeitos de carreira, aposentação e sobrevivência.

2 – O período de tempo de licença pode, no entanto, contar para efeitos de aposentação, sobrevivência e fruição dos benefícios da ADSE se o interessado mantiver os correspondentes descontos com base na remuneração auferida à data da sua concessão.

3 – O funcionário deve gozar as férias a que tem direito, no ano civil de passagem à situação de licença sem vencimento por um ano, antes do início da mesma.

4 – Quando haja manifesta impossibilidade do cumprimento do disposto no número anterior, o funcionário tem direito a receber, nos 60 dias subsequentes ao início daquela situação, a remuneração correspondente ao período de férias não gozado, bem como o respectivo subsídio, e a gozar as férias vencidas em 1 de Janeiro desse ano.

5 – No ano de regresso e no seguinte, o funcionário tem direito a um período de férias proporcional ao tempo de serviço prestado no ano da suspensão de funções.

6 – O disposto no número anterior não prejudica o gozo de um período mínimo de oito dias úteis de férias.

SUBSECÇÃO III – Licença sem vencimento de longa duração

ARTIGO 78.° – Regime

1 – Sem prejuízo do disposto na alínea *b*) do n.° 1 do artigo 47.°, os funcionários com provimento definitivo e pelo menos cinco anos de serviço efectivo prestado à Administração, ainda que em diversas situações e interpoladamente, podem requerer licença sem vencimento de longa duração.

2 – A licença é concedida mediante despacho do membro do Governo de que depende o funcionário.

3 – Os funcionários em gozo de licença sem vencimento de longa duração não podem ser providos em lugares dos quadros dos serviços e organismos abrangidos pelo âmbito de aplicação do presente diploma, enquanto se mantiverem naquela situação.

ARTIGO 79.° – Duração da licença

A licença prevista no artigo anterior não pode ter duração inferior a um ano.

Decreto-Lei n.º 100/99, de 31 de Março 629

ARTIGO 80.º (¹) – **Efeitos da licença**

1 – A concessão da licença determina abertura de vaga e a suspensão do vínculo com a Administração, a partir da data do despacho referido no n.º 2 do artigo 78.º, sem prejuízo do disposto no artigo 82.º.

2 – A licença sem vencimento de longa duração implica a perda total da remuneração e o desconto na antiguidade para efeitos de carreira, aposentação e sobrevivência, sem prejuízo do disposto no número seguinte.

3 – O funcionário ou agente pode requerer que lhe continue a ser contado o tempo para efeitos de aposentação e sobrevivência, mediante o pagamento, nos termos legais aplicáveis, das respectivas quotas.

4 – O disposto no número anterior é aplicável às situações de licença de longa duração que estejam em curso à data da entrada em vigor do presente diploma, apenas relevando, para efeitos daquela contagem, o tempo que vier a decorrer após a sua vigência.

1 – Redacção do art. 1.º do DL n.º 157/2001, de 11 de Maio.

ARTIGO 81.º – **Férias nos anos de início e termo da licença sem vencimento de longa duração**

1 – O funcionário deve gozar as férias a que tem direito no ano civil de passagem à situação de licença sem vencimento de longa duração antes do início da mesma.

2 – Quando haja manifesta impossibilidade do cumprimento do disposto no número anterior, o funcionário tem direito a receber, nos 60 dias subsequentes ao início daquela situação, a remuneração correspondente ao período de férias não gozado, bem como ao respectivo subsídio.

3 – Para além do disposto no número anterior, o funcionário tem direito a receber a remuneração correspondente ao período de férias relativo ao tempo de serviço prestado nesse ano, bem como o subsídio de férias correspondente.

4 – Após o regresso ao serviço, o funcionário tem direito a gozar férias nos termos do disposto nos artigos 2.º e 3.º.

ARTIGO 82.º – **Regresso da situação de licença sem vencimento de longa duração**

1 – O funcionário em gozo de licença sem vencimento de longa duração só pode requerer o regresso ao serviço ao fim de um ano nesta situação, cabendo-lhe uma das vagas existentes ou a primeira da sua categoria que venha a ocorrer no serviço de origem, podendo, no entanto, candidatar-se a concurso interno geral para a categoria que detêm, ou para categoria superior, se preencher os requisitos legais, desde que o faça depois de ter manifestado vontade de regressar ao serviço efectivo, e sem prejuízo do disposto do artigo 83.º.

3 – O regresso do funcionário da situação de licença sem vencimento de longa duração faz-se mediante despacho do respectivo membro do Governo publicado no Diário da República, quando se trate de funcionários da administração central, ou no jornal oficial, quando se trate de funcionários da administração regional.

ARTIGO 83.º – **Inspecção médica**

O regresso ao serviço de funcionário que tenha estado na situação de licença sem vencimento de longa duração por período superior a dois anos só pode ocorrer após inspecção médica pela entidade competente para inspeccionar os candidatos ao exercício de funções públicas.

SUBSECÇÃO IV – Licença sem vencimento
para acompanhamento do cônjuge colocado no estrangeiro

ARTIGO 84.° – **Licença sem vencimento para acompanhamento do cônjuge colocado no estrangeiro**

O funcionário ou agente tem direito a licença sem vencimento para acompanhamento do respectivo cônjuge, quando este, tenha ou não a qualidade de funcionário ou agente, for colocado no estrangeiro por período de tempo superior a 90 dias ou indeterminado, em missões de defesa ou representação de interesses do País ou em organizações internacionais de que Portugal seja membro.

ARTIGO 85.° – **Concessão e efeitos de licença**

1 – A licença é concedida pelo dirigente competente, a requerimento do interessado devidamente fundamentado.

2 – A concessão da licença por período superior a um ano a titular de um lugar do quadro determina a abertura de vaga.

3 – À licença prevista na presente subsecção aplica-se o disposto nos n.ºs 5 e 6 do artigo 77.°, se tiver sido concedida por período inferior a dois anos, e o disposto no artigo 80.°, se tiver sido concedida por período igual ou superior àquele.

4 – O período de tempo de licença não conta para quaisquer efeitos, excepto para aposentação, sobrevivência e fruição dos benefícios da ADSE, se o funcionário ou agente mantiver os correspondentes descontos com base na remuneração auferida à data da sua concessão.

ARTIGO 86.° – **Duração da licença**

1 – A licença tem a mesma duração que a da colocação do cônjuge no estrangeiro, sem prejuízo do disposto nos números seguintes.

2 – A licença pode iniciar-se em data posterior à do início das funções do cônjuge no estrangeiro, desde que o interessado alegue conveniência nesse sentido.

3 – O regresso do funcionário ou agente à efectividade de serviço pode ser antecipado a seu pedido.

ARTIGO 87.° – **Requerimento para regressar ao serviço**

1 – Finda a colocação do cônjuge no estrangeiro, o funcionário ou agente pode requerer ao dirigente máximo do respectivo serviço o regresso à actividade no prazo de 90 dias a contar da data do termo da situação de colocação daquele no estrangeiro.

2 – O não cumprimento do disposto no número anterior determina, conforme os casos, a exoneração ou a rescisão do contrato.

ARTIGO 88.° – **Situação após o termo da licença**

1 – No caso de ter sido preenchida a respectiva vaga, o funcionário fica a aguardar, na situação de supranumerário, com todos os direitos inerentes à efectividade de funções, a primeira vaga existente ou que venha a ocorrer da sua categoria no serviço de origem.

2 – Ao regresso da situação de licença para acompanhamento do cônjuge colocado no estrangeiro é aplicável o disposto no n.° 2 do artigo 82.°.

3 – O funcionário no gozo de licença sem vencimento cuja categoria foi, entretanto, revalorizada ou extinta tem direito, ao regressar, a ser integrado, respectivamente, na categoria resultante da revalorização ou noutra categoria equivalente à que possuía à data do início da licença.

4 – O disposto no n.° 2 aplica-se, com as necessárias adaptações, aos agentes.

Decreto-Lei n.° 100/99, de 31 de Março 631

SUBSECÇÃO V – Licença sem vencimento
para exercício de funções em organismos internacionais

ARTIGO 89.° – Princípios gerais

1 – A licença sem vencimento para exercício de funções em organismos internacionais pode ser concedida aos funcionários, revestindo, conforme os casos, uma das seguintes modalidades:

a) Licença para o exercício de funções com carácter precário ou experimental com vista a uma integração futura no respectivo organismo;

b) Licença para o exercício de funções na qualidade de funcionário ou agente do quadro de organismo internacional.

2 – O disposto na presente subsecção aplica-se aos agentes que tenham o contrato administrativo como forma normal de provimento.

ARTIGO 90.° – Licença para exercício de funções com carácter precário ou experimental em organismo internacional

1 – A licença prevista na alínea *a)* do artigo anterior tem a duração do exercício de funções com carácter precário ou experimental para que foi concedida, implicando a cessação das situações de requisição ou de comissão de serviço.

2 – A licença implica a perda total da remuneração, contando, porém, o tempo de serviço respectivo para todos os efeitos legais.

3 – O funcionário continuará a efectuar os descontos para a aposentação ou reforma, sobrevivência e ADSE com base na remuneração auferida à data do início da licença.

4 – À licença prevista no presente artigo aplica-se o disposto nos n.os 4, 5 e 6 do artigo 77.° e no n.° 3 do artigo 82.°.

5 – A concessão de licença por período superior a dois anos determina a abertura de vaga, tendo o funcionário, no momento do regresso, direito a ser provido em vaga da sua categoria e ficando como supranumerário do quadro enquanto a mesma não ocorrer.

ARTIGO 91.° – Licença para exercício de funções como funcionário ou agente de organismo internacional

1 – A licença prevista na alínea *b)* do artigo 89.° é concedida pelo período de exercício de funções e determina a abertura de vaga.

2 – O funcionário tem, quando do seu regresso, direito a ser provido em vaga da sua categoria, ficando como supranumerário do quadro enquanto a mesma não ocorrer.

3 – É aplicável à licença prevista neste artigo o disposto nos n.os 2 e 3 do artigo anterior, no artigo 81.° e no artigo 82.°.

ARTIGO 92.° – Concessão das licenças

1 – O despacho de concessão das licenças previstas nesta subsecção é da competência conjunta do Ministro dos Negócios Estrangeiros e do membro do Governo responsável pelo serviço a que pertence o requerente.

2 – O exercício de funções nos termos do artigo 89.° implica que o interessado faça prova, no requerimento a apresentar para concessão da licença ou para o regresso, da sua situação face à organização internacional, mediante documento comprovativo a emitir pela mesma.

CAPÍTULO V – Listas de antiguidade

ARTIGO 93.º – Organização das listas de antiguidade

1 – Os serviços e organismos devem organizar em cada ano listas de antiguidade dos seus funcionários, com referência a 31 de Dezembro do ano anterior.

2 – As listas de antiguidade devem ordenar os funcionários pelas diversas categorias e, dentro delas, segundo a respectiva antiguidade, devendo conter ainda as seguintes indicações:

a) Data da aceitação, da posse ou do início do exercício de funções na categoria;

b) Número de dias descontados nos termos da lei;

c) Tempo contado para antiguidade na categoria referido a anos, meses e dias e independentemente do serviço ou organismo onde as funções foram prestadas.

3 – As listas são acompanhadas das observações que se mostrem necessárias à boa compreensão do seu conteúdo ou ao esclarecimento da situação dos funcionários por elas abrangidos.

ARTIGO 94.º – Cálculo da antiguidade

1 – Para efeitos do disposto na alínea *c)* do n.º 2 do artigo anterior, a antiguidade dos funcionários é calculada em dias, devendo o tempo apurado ser depois convertido em anos, meses e dias e considerar-se o ano e o mês como períodos de, respectivamente, 365 e 30 dias.

2 – Os dias de descanso semanal e complementar e feriados contam para efeitos de antiguidade, excepto se intercalados em licenças ou sucessão de faltas da mesma natureza que, nos termos da lei, não sejam consideradas serviço efectivo.

ARTIGO 95.º – Aprovação e distribuição das listas de antiguidade

1 – As listas de antiguidade, depois de aprovadas pelos dirigentes dos serviços, devem ser afixadas em local apropriado, de forma a possibilitar a consulta pelos interessados.

2 – A afixação pode ser substituída pela inclusão das listas em publicação oficial dos respectivos serviços.

3 – Até 31 de Março de cada ano, deve ser publicado no Diário da República o aviso da afixação ou publicação das listas de antiguidade.

ARTIGO 96.º – Reclamação das listas

1 – Da organização das listas cabe reclamação, a deduzir no prazo de 30 dias consecutivos a contar da data da publicação do aviso a que se refere o n.º 3 do artigo anterior.

2 – A reclamação pode ter por fundamento omissão, indevida graduação ou situação na lista ou erro na contagem de tempo de serviço.

3 – A reclamação não pode fundamentar-se em contagem de tempo de serviço ou em outras circunstâncias que tenham sido consideradas em listas anteriores.

4 – As reclamações são decididas pelo dirigente dos serviços, no prazo de 30 dias úteis, depois de obtidos os necessários esclarecimentos e prestadas as convenientes informações.

5 – As decisões são notificadas ao reclamante no prazo de oito dias úteis, por ofício entregue por protocolo ou remetido pelo correio, com aviso de recepção.

ARTIGO 97.º – Recurso da decisão sobre a reclamação

1 – Das decisões sobre as reclamações cabe recurso para o membro do Governo competente, a interpor no prazo de 30 dias consecutivos a contar da data da recepção da notificação.

2 – A decisão do recurso é notificada ao recorrente, aplicando-se o disposto no n.º 5 do artigo anterior.

Decreto-Lei n.º 100/99, de 31 de Março 633

ARTIGO 98.º **– Prazos de reclamação e recurso dos funcionários que se encontrem a prestar serviço fora do continente**
Os prazos estabelecidos no n.º 1 do artigo 96.º e no n.º 1 do artigo anterior são fixados em 60 dias consecutivos para os funcionários que prestem serviço nas Regiões Autónomas, em Macau ou no estrangeiro.

ARTIGO 99.º **– Instrumento de gestão da assiduidade**
1 – Cada serviço deve elaborar em duplicado, no fim de cada mês, uma relação manual ou informatizada, com discriminação das faltas e licenças de cada funcionário ou agente e sua natureza, cujo original é submetido a visto do responsável máximo, servindo o duplicado de base à elaboração das folhas de vencimento.
2 – Por despacho do membro do Governo que tenha a seu cargo a função pública, serão estabelecidas as orientações genéricas necessárias à elaboração, por parte de cada departamento ministerial, das relações a que se refere o número anterior, para efeitos de apuramentos estatísticos.
3 – O cômputo dos dias de férias a que o funcionário ou agente tem direito em cada ano civil é realizado com base nas relações mensais de assiduidade relativas ao ano anterior.

CAPÍTULO VI – Disposições finais e transitórias

ARTIGO 100.º **– Relevância dos dias de descanso semanal e feriados**
Os dias de descanso semanal ou complementar e os feriados, quando intercalados no decurso de uma licença ou de uma sucessão de faltas da mesma natureza, integram-se no cômputo dos respectivos períodos de duração, salvo se a lei se referir expressamente a dias úteis.

ARTIGO 101.º
Regresso da situação de licença sem vencimento de longa duração, da licença para acompanhamento do cônjuge colocado no estrangeiro e da licença para o exercício de funções em organismos internacionais.
1 – Se durante o decurso da licença sem vencimento de longa duração, licença para o acompanhamento do cônjuge colocado no estrangeiro e licença para exercício de funções em organismos internacionais se verificar a restruturação ou extinção do serviço, o regresso à actividade no serviço para o qual, de acordo com a respectiva legislação orgânica, tenham passado as atribuições do primeiro depende de uma apreciação prévia da necessidade desse recrutamento, de acordo com a política de gestão de efectivos.
2 – O disposto na alínea *d*) do artigo 2.º do Decreto-Lei n.º 13/97, de 17 de Janeiro, é aplicável aos funcionários e agentes que não possam regressar à actividade por aplicação da última parte do número anterior.

ARTIGO 102.º **– Situações de licença ilimitada existentes à data da entrada em vigor deste diploma**
O regime constante dos artigos 90.º e 91.º é aplicável aos funcionários que se encontrem nas situações de licença ali previstas, mediante requerimento dos interessados aos membros do Governo competentes, a formular no prazo de 90 dias contados da data da entrada em vigor do presente diploma.

634　　IV – Funcionários da Administração Local

ARTIGO 103.° – **Situações de exercício de funções em organismos internacionais existentes à data da entrada em vigor deste diploma**

1 – A situação dos funcionários que, à data da entrada em vigor do presente diploma, se encontrem a exercer funções em organismos internacionais continuará a reger-se pelo disposto no Decreto-Lei n.° 39018, de 3 de Dezembro de 1952, salvo se o presente diploma for mais favorável.

2 – Até à publicação de legislação própria, aplicam-se, com as devidas adaptações, aos trabalhadores dos entes públicos não abrangidos por este diploma as disposições dos artigos 84.° e 89.° a 91.° do presente diploma.

ARTIGO 104.° – **Entidades e órgãos competentes na administração local**

1 – As competências que no presente diploma são cometidas ao membro ou membros do Governo são, na administração local, referidas aos seguintes órgãos e entidades:

Presidente da câmara municipal, nos municípios;
Presidente da assembleia distrital, nas assembleias distritais;
Conselho de administração, nos serviços municipalizados;
Conselho de administração, nas associações de municípios;
Comissão administrativa, nas federações de municípios;
Junta de freguesia, nas freguesias.

2 – Exceptuam-se do disposto no n.° 1 as competências conferidas pelo n.° 2 do artigo 99.° e pelo n.° 2 do artigo 105.° aos membros do Governo neles mencionados.

ARTIGO 105.° – **Junta de recurso**

1 – Quando a junta da Caixa Geral de Aposentações, contrariamente ao parecer da junta médica competente, considerar o funcionário ou agente apto para o serviço, pode este ou o serviço de que depende requerer a sua apresentação a uma junta de recurso.

2 – A junta de recurso a que se refere o número anterior é constituída por um médico indicado pela Caixa Nacional de Previdência, um médico indicado pela ADSE ou pelas entidades a que alude o n.° 3 do artigo 46.° e um professor universitário das faculdades de medicina, que presidirá (designado por despacho do Ministro das Finanças).

ARTIGO 106.°

O novo regime de recuperação de vencimento de exercício produz efeitos a 1 de Janeiro de 1998.

ARTIGO 107.° – **Revogação**

São revogados, pelo presente diploma, a segunda parte do artigo 16.° do Decreto-Lei n.° 48359, de 27 de Abril de 1968, o Decreto-Lei n.° 497/88, de 30 de Dezembro, o Decreto-Lei n.° 178/95, de 26 de Julho, e o Decreto-Lei n.° 101-A/96, de 26 de Julho.

DECRETO-LEI N.º 190/99

de 5 de Junho

Estabelece o regime geral de atribuição de incentivos à mobilidade dos recursos humanos na Administração Pública

A mobilidade dos recursos humanos da Administração Pública constitui importante factor potenciador do desenvolvimento económico e social das regiões, contribuindo para a alteração das assimetrias existentes na distribuição dos recursos humanos da Administração e, do mesmo passo, para colmatar as reconhecidas carências de pessoal – sobretudo daquele que possui maiores qualificações habilitacionais e profissionais – dos serviços ou organismos desconcentrados da administração central e das autarquias locais.

O modelo de incentivos até agora ensaiado não gerou receptividade, quer por parte da Administração quer dos funcionários.

Por isso, no acordo salarial para 1996 e compromissos de médio e longo prazos, o Governo e as associações sindicais dele subscritoras confluíram na necessidade da «revisão do regime de incentivos à deslocação para a periferia, na perspectiva da descentralização e desconcentração administrativa».

O presente diploma, precedido da legal intervenção das associações sindicais no respectivo procedimento, dá, assim, cumprimento ao acordado.

E, divergindo do actual figurino, que assentava nas consideradas «zonas periféricas», focaliza-se num novo conceito – o de «serviço carenciado» –, o qual, assim se considera, é mais lógico e racional, no assumido propósito de atenuação das assimetrias existentes na distribuição dos recursos humanos da Administração Pública.

Foram ouvidos os órgãos de governo próprios das Regiões Autónomas, a Associação Nacional de Municípios Portugueses e a Associação Nacional de Freguesias.

Assim:

No desenvolvimento do regime jurídico constante do artigo 23.º do Decreto-Lei n.º 184/89, de 2 de Junho, e nos termos da alínea c) do n.º 1 do artigo 198.º da. Constituição, o Governo decreta, para valer como lei geral da República, o seguinte:

ARTIGO 1.º – **Objecto**

O presente decreto-lei estabelece o regime geral de atribuição de incentivos à mobilidade dos recursos humanos da Administração Pública.

ARTIGO 2.º – **Âmbito de aplicação**

1 – O presente diploma aplica-se ao pessoal das carreiras do regime geral, cuja mobilidade se verifique para e entre serviços ou organismos desconcentrados e descentralizados da administração central que venham a ser declarados como carenciados de recursos humanos nos termos do presente diploma.

636 IV – Funcionários da Administração Local

2 – O presente diploma aplica-se igualmente à mobilidade do pessoal referido no número anterior para e entre as autarquias locais, cujos serviços, nos termos do presente diploma, venham a ser considerados carenciados de recursos humanos.

3 – Este diploma aplica-se ainda ao pessoal das carreiras de regime especial nos casos em que para os mesmos não se encontrem previstos, em legislação própria, incentivos de idêntica natureza.

4 – O regime previsto no presente diploma pode ainda ser aplicado ao pessoal dos corpos especiais, mediante portaria conjunta do ministro interessado, do Ministro das Finanças e do membro do Governo que tiver a seu cargo a Administração Pública.

5 – A aplicação do presente diploma nas Regiões Autónomas dos Açores e da Madeira, far-se-á nos termos do respectivo diploma legislativo regional que o adapte às especificidades próprias da administração regional.

ARTIGO 3.º – **Definições**
Para efeitos de aplicação do presente diploma considera-se:
a) Mobilidade – a deslocação de pessoal para outros serviços ou organismos da Administração Pública, por concurso interno, transferência ou requisição nas condições previstas no presente diploma;
b) Serviço ou organismo carenciado de recursos humanos – aquele que, esgotadas as diferentes formas de recrutamento de pessoal, continue a manter lugares vagos no respectivo quadro de pessoal, cujo preenchimento seja considerado essencial ao seu funcionamento;
c) Residência – o domicílio voluntário geral correspondente ao lugar da residência habitual;
d) Vencimento base mensal – o valor correspondente ao índice do escalão 1 da respectiva categoria de cada carreira ou do valor da remuneração que competir aos cargos não inseridos em carreiras;
e) Processo especial de recrutamento – o procedimento conducente ao preenchimento de um lugar ou cargo público, desencadeado depois de esgotadas as vias normais de recrutamento.

ARTIGO 4.º – **Reconhecimento de serviço carenciado de recursos humanos**
1 – O reconhecimento de serviço ou organismo carenciado de recursos humanos depende de despacho conjunto do ministro da tutela e do membro do Governo que tenha a seu cargo a Administração Pública, mediante proposta fundamentada do dirigente máximo do serviço ou organismo que se encontre nas condições previstas na alínea *b)* do artigo anterior.

2 – Na administração local, o reconhecimento a que se refere o número anterior é da competência:
a) Do presidente da câmara municipal, nas câmaras municipais;
b) Da junta de freguesia, nas juntas de freguesia.

3 – O despacho ou a deliberação referidos nos números anteriores são obrigatoriamente publicados na 2.ª série do *Diário da República*.

ARTIGO 5.º – **Modalidades de incentivos**
1 – Os incentivos previstos no presente diploma são de natureza pecuniária e não pecuniária.
2 – São incentivos de natureza pecuniária o subsídio para a fixação e o subsídio de residência.
3 – São incentivos de natureza não pecuniária a garantia de transferência escolar, a preferência na colocação do cônjuge e a prioridade na participação em acções de formação profissional.

Decreto-Lei n.º 190/99, de 5 de Junho 637

ARTIGO 6.º – **Subsídio para a fixação**

1 – O subsídio para a fixação consiste num único abono pecuniário a atribuir imediatamente, após o início de funções no serviço de destino.

2 – O subsídio previsto no número anterior é de montante correspondente ao vencimento base mensal, multiplicado pelos factores 6 ou 10, consoante se trate de deslocação para localidade situada a uma distância entre 50 km e 80 km ou superior a 80 km do local da residência.

ARTIGO 7.º – **Subsídio de residência**

1 – Enquanto não for possível ao Estado ou às autarquias locais fornecer habitações, é atribuído ao pessoal deslocado um subsídio de residência mensal destinado a compensar o encargo com a habitação resultante da mudança do local de trabalho.

2 – O subsídio de residência não é acumulável com o abono de ajudas de custo ou qualquer outro abono que vise compensar despesas de alojamento.

3 – O direito ao subsídio de residência mantém-se enquanto durar a situação de deslocação, não podendo ultrapassar o limite máximo de seis anos de atribuição.

ARTIGO 8.º – **Montante do subsídio de residência**

1 – O montante máximo do subsídio de residência é de 80% do valor do índice 100 da escala salarial do regime geral.

2 – O subsídio de residência corresponde à renda efectivamente paga nos locais de nova colocação, sem prejuízo do limite fixado nos termos do número anterior.

3 – Quando por qualquer motivo o trabalhador tiver de alojar-se em estabelecimento hoteleiro ou equiparado, é-lhe atribuído o subsídio de residência correspondente ao valor efectivamente pago, sem prejuízo do limite fixado no n.º 1.

4 – O subsídio de residência manter-se-á, até ao limite do tempo fixado no n.º 3 do artigo anterior, ainda que o trabalhador opte pela aquisição de habitação própria na localidade onde presta serviço.

ARTIGO 9.º – **Situações de não atribuição do subsídio de residência**

Não têm direito ao subsídio de residência:

a) O trabalhador cujo cônjuge beneficie de subsídio idêntico ao instituído pelo presente diploma e dele não prescinda, excepto se em situação enquadrada pelo n.º 3 do artigo anterior;

b) O trabalhador que possua habitação adequada ao agregado familiar, própria ou do cônjuge, a menos de 50 km da localidade da nova colocação;

c) O trabalhador cuja mudança de local de trabalho der origem a deslocação inferior a 50 km da sua residência.

ARTIGO 10.º – **Concessão do subsídio de residência**

1 – O subsídio de residência é concedido por despacho do dirigente máximo do serviço, mediante requerimento do interessado.

2 – O requerimento deve ser instruído com os seguintes documentos:

a) Contrato de arrendamento da nova habitação ou fotocópia autenticada do mesmo;

b) Recibo comprovativo do pagamento, quando utilize alojamento que não se encontre titulado por contrato de arrendamento;

c) Declaração comprovativa de que o cônjuge não recebe subsídio de residência ou outro de idêntica natureza, emitida pela entidade onde o mesmo presta serviço;

d) Declaração, sob compromisso de honra, de que não possui habitação adequada ao agregado familiar, própria ou do cônjuge, a menos de 50 km da localidade da nova colocação.

638 *IV – Funcionários da Administração Local*

3 – Quando se verificarem condições que impliquem a alteração do valor ou a cessação do subsídio de residência, o trabalhador deslocado deve dar conhecimento do facto ao serviço onde exerce funções, no prazo de 30 dias após a ocorrência.

4 – O não cumprimento do disposto no número anterior, bem como as falsas declarações, implicam a perda do subsídio, a reposição das importâncias já recebidas e a responsabilidade de natureza disciplinar e criminal, se for caso disso.

ARTIGO 11.º – **Incentivos não pecuniários**
1 – São incentivos de natureza não pecuniária:

a) A garantia de transferência escolar dos filhos de qualquer dos cônjuges, que vivam em comunhão de mesa e habitação, para qualquer grau de ensino e da inscrição dos mesmos em estabelecimentos de ensino superior público, sem observância do *numerus clausus,* quando a inscrição se processar em estabelecimento de ensino situado no município onde o funcionário ou agente for colocado ou, caso não haja estabelecimento adequado, no estabelecimento de ensino que se encontre mais próximo da localidade para onde o funcionário ou agente se deslocou;

b) A preferência de colocação do cônjuge funcionário ou agente em serviço ou organismo existente no concelho ou concelhos limítrofes da localidade para onde se verificou a deslocação;

c) A prioridade no direito à frequência de acções de formação directamente relacionadas com o cargo ou actividade que exerce e que se revelem de interesse para o serviço, até um limite de 15 dias úteis por ano, sendo-lhe devidas, em qualquer dos casos, ajudas de custo e o pagamento de transporte nos termos legais.

2 – A colocação do cônjuge funcionário ou agente ao abrigo da alínea b) do número anterior não carece da concordância do dirigente máximo do serviço de origem, devendo, porém, ser-lhe comunicada com uma antecedência mínima de 30 dias.

ARTIGO 12.º – **Subsídio de deslocação**
1 – Para além dos incentivos previstos nos artigos anteriores, o pessoal deslocado tem ainda direito a um subsídio de deslocação, destinado a compensar as despesas emergentes da mudança de residência e que inclui os abonos para as despesas de viagem, de transporte de móveis e bagagens e respectivos seguros.

2 – O subsídio referido no número anterior é de montante pecuniário equivalente ao custo das passagens do próprio e seu agregado familiar, em transporte público ou viatura própria, de acordo com os montantes que à data se encontrem em vigor a título de subsídio de transporte.

3 – Para efeitos do disposto no número anterior consideram-se como fazendo parte do agregado familiar:

a) O cônjuge ou pessoa que viva em união de facto;

b) Os ascendentes e descendentes de qualquer dos cônjuges ou equiparados que vivam em comunhão de mesa e habitação.

4 – São equiparados a descendentes os enteados, os tutelados e os adoptados e os menores confiados por decisão dos tribunais ou de entidades ou serviços legalmente competentes para o efeito.

5 – São equiparados a ascendentes os padrastos e madrastas, os adoptantes e os afins compreendidos na linha recta ascendente.

6 – Os abonos para pagamento das despesas de transporte dos móveis e bagagens do trabalhador e do seu agregado familiar são equivalentes aos respectivos encargos, não podendo exceder o valor correspondente ao transporte de 4 t ou 25 m2 de bagagens e mobiliário.

7 – Para efeitos de seguro de bagagens e do mobiliário, o valor tem como limite o corres-

Decreto-Lei n.º 190/99, de 5 de Junho 639

pondente a 20 vezes o montante do vencimento base mensal do trabalhador abrangido pela deslocação para o novo serviço.

8 – O subsídio calculado nos termos dos números anteriores é atribuído na data da deslocação.

9 – O direito aos abonos para despesas de viagem do agregado familiar, bem como para o transporte dos móveis e bagagens, incluindo o respectivo seguro, caduca decorrido um ano após o início de funções no serviço de destino.

ARTIGO 13.º – **Faltas ao serviço**

1 – O pessoal abrangido pelas medidas previstas neste diploma tem direito a faltar ao serviço até cinco dias úteis no período imediatamente anterior ao início de funções no serviço de destino.

2 – As faltas são consideradas como prestação de serviço efectivo, não implicando a perda de quaisquer direitos ou regalias, designadamente do subsídio de refeição.

ARTIGO 14.º – **Condições para a atribuição de incentivos**

1 – Os incentivos previstos neste diploma são atribuídos ao pessoal que seja deslocado, mediante processo especial de recrutamento, para serviço ou organismo carenciado de recursos humanos definido na alínea *b)* do artigo 3.º.

2 – A atribuição dos incentivos depende ainda da verificação das seguintes condições:

a) O exercício de funções no serviço de destino em regime de tempo completo;

b) A garantia de permanência no serviço ou organismo carenciado por um período mínimo de cinco anos.

3 – O incumprimento do disposto no número anterior, salvo por motivo não imputável ao trabalhador, determina a reposição da totalidade do montante recebido a título de subsídio de fixação e a cessação imediata do subsídio de residência.

ARTIGO 15.º – **Processo especial de recrutamento**

1 – A abertura do processo especial de recrutamento é decidida pela entidade competente para o provimento dos lugares, após o reconhecimento do serviço ou organismo como carenciado, nos termos do artigo 4.º.

2 – A oportunidade de emprego e os montantes dos subsídios a atribuir são publicitados nos precisos termos em que o tiverem sido as diferentes formas de recrutamento utilizadas e esgotadas.

3 – O procedimento seguirá os demais termos previstos na lei para o provimento dos lugares por qualquer dos mecanismos de mobilidade referidos na alínea *a)* do artigo 3.º.

ARTIGO 16.º – **Encargos**

Os encargos resultantes da atribuição dos incentivos de natureza pecuniária e do subsídio de deslocação previstos neste diploma são suportados pelo serviço ou organismo de destino.

ARTIGO 17.º – **Não acumulação**

O pessoal que beneficie do regime de incentivos previstos neste diploma não pode, pelo motivo que determinou a sua deslocação, auferir ajudas de custo, salvo na situação referida na alínea *c)* do n.º 1 do artigo 11.º e sempre que, nos termos da lei, sejam devidas no exercício das novas funções.

IV – Funcionários da Administração Local

ARTIGO 18.º – Revogação

São revogados o Decreto-Lei n.º 45/84, de 3 de Fevereiro, e as Portarias n.ºs 715/85, de 24 de Setembro, e 56/87, de 23 de Janeiro.

ARTIGO 19.º – Entrada em vigor

O presente diploma entra em vigor no dia seguinte ao da sua publicação.

LEI N.º 49/99 *

de 22 de Junho

**Estabelece o estatuto do pessoal dirigente dos serviços e organismos
da administração central e local do Estado e da administração regional,
bem como, com as necessárias adaptações, dos institutos públicos
que revistam a natureza de serviços personalizados ou de fundos públicos**

CAPÍTULO I – Objecto e âmbito de aplicação

ARTIGO 1.º – Objecto e âmbito

1 – A presente lei estabelece o estatuto do pessoal dirigente dos serviços e organismos da administração central e local do Estado e da administração regional, bem como, com as necessárias adaptações, dos institutos públicos que revistam a natureza de serviços personalizados ou de fundos públicos.

2 (1) – A aplicação do regime previsto na presente lei nas Regiões Autónomas dos Açores e da Madeira não prejudica a publicação de diploma legislativo regional que o adapte às especificidades orgânicas do pessoal dirigente da respectiva administração regional.

3 (2) – A presente lei será aplicada, com as necessárias adaptações, à administração local mediante decreto-lei.

4 – A presente lei não é aplicável ao pessoal das Forças Armadas e das forças de segurança.

5 – O regime previsto na presente lei não se aplica aos institutos públicos cujo pessoal dirigente esteja subordinado ao Estatuto do Gestor Público e àqueles que estejam sujeitos ao regime do contrato individual de trabalho ou a regimes de direito público privativo.

1 – A presente Lei foi adaptada à R.A. da Madeira pelo DLR n.º 15/2000/M, de 8 de Julho.
2 – A presente Lei foi aplicada à Administração Local, com adaptações, pelo DL n.º 514/99.

ARTIGO 2.º – Pessoal e cargos dirigentes

1 – Considera-se dirigente o pessoal que exerce actividades de direcção, gestão, coordenação e controlo nos serviços ou organismos públicos referidos no artigo anterior.

2 – São considerados cargos dirigentes os de director-geral, secretário-geral, inspector-geral, subdirector-geral, director de serviços e chefe de divisão, bem como os cargos a estes legalmente equiparados.

---

* Rectificada no DR, I Série-A, de 21/8/99.

642 IV – Funcionários da Administração Local

3 – As referências feitas na presente lei a director-geral e subdirector-geral são aplicáveis, respectivamente, aos cargos de secretário-geral e inspector-geral e aos de adjunto do secretário-geral e subinspector-geral.

4 – Excluem-se do disposto no n.º 2 os cargos de direcção integrados em carreiras e, bem assim, o de secretário-geral da Assembleia da República.

5 – A criação de cargos dirigentes diversos dos que são enumerados no n.º 2, com fundamento na melhor adequação à correspondente solução estrutural ou na especificidade das funções a exercer, será feita no diploma orgânico dos respectivos serviços ou organismos, no qual será expressamente estabelecida a equiparação.

6 – O pessoal dirigente exerce as suas competências no âmbito da unidade orgânica em que se integra e desenvolve as suas actividades de harmonia com o conteúdo funcional genericamente definido para cada cargo no mapa I anexo à presente lei, que dele faz parte integrante, sem prejuízo dos casos em que as respectivas leis orgânicas lhe atribuam competência hierárquica sobre outros serviços ou organismos.

7 – Ao subdirector-geral não compete a direcção de qualquer unidade orgânica, salvo nos casos previstos nas leis orgânicas dos respectivos serviços ou organismos.

CAPÍTULO II – Recrutamento, provimento e exercício de funções

SECÇÃO I – Do recrutamento

ARTIGO 3.º – Recrutamento de directores-gerais e subdirectores-gerais

1 – O recrutamento para os cargos de director-geral e subdirector-geral ou equiparados é feito por escolha, de entre dirigentes e assessores ou titulares de categorias equiparadas da Administração Pública, para cujo provimento seja exigível uma licenciatura, que possuam aptidão e experiência profissional adequada ao exercício das respectivas funções.

2 – O recrutamento para estes cargos pode ainda fazer-se de entre indivíduos licenciados, vinculados ou não à Administração Pública, que possuam aptidão e experiência profissional adequada ao exercício das respectivas funções.

3 – O despacho de nomeação, devidamente fundamentado, é publicado no Diário da República juntamente com o currículo do nomeado.

ARTIGO 4.º – Recrutamento de directores de serviços e chefes de divisão

1 – O recrutamento para os cargos de director de serviços e chefe de divisão ou equiparados é feito, por concurso, de entre funcionários que reúnam cumulativamente os seguintes requisitos:

a) Licenciatura adequada;

b) Integração em carreira do grupo de pessoal técnico superior;

c) Seis ou quatro anos de experiência profissional em cargos inseridos em carreiras do grupo de pessoal a que alude a alínea precedente, consoante se trate, respectivamente, de lugares de director de serviços ou chefe de divisão.

2 – O recrutamento para o cargo de director de serviços pode, ainda, ser feito por concurso de entre chefes de divisão.

3 – Na proposta de abertura do concurso são estabelecidas as condições preferenciais de habilitações e experiência consideradas necessárias ao desempenho do cargo, as quais constarão do respectivo aviso.

Lei n.º 49/99, de 22 de Junho 643

4 – Para efeitos do disposto nas alíneas *b*) e *c*) do n.º 1, consideram-se integradas no grupo de pessoal técnico superior as carreiras para cujo provimento seja legalmente exigível uma licenciatura, nomeadamente as denominadas carreiras técnicas superiores, independentemente da sua designação específica, e as carreiras da magistratura judicial e do Ministério Público, investigação, docentes e médicas.

5 – Ainda para efeitos do disposto nos preceitos citados no número precedente, considera-se equiparado ao grupo de pessoal técnico superior o pessoal das Forças Armadas e das forças de segurança integrado em carreiras para cujo ingresso seja exigível a posse de licenciatura.

6 – O recrutamento para os cargos de director de serviços e chefe de divisão de unidades orgânicas cujas funções sejam essencialmente asseguradas por pessoal da carreira técnica poderá também ser feito de entre funcionários pertencentes ao grupo de pessoal técnico que possuam curso superior que não confira o grau de licenciatura e, respectivamente, seis ou quatro anos de experiência profissional nas áreas de actividade dos cargos a exercer.

7 – Nos casos em que as leis orgânicas expressamente o prevejam, o recrutamento para os cargos de director de serviços e chefe de divisão poderá também ser feito de entre funcionários integrados em carreiras específicas dos respectivos serviços ou organismos, ainda que não possuidores de curso superior.

8 – Nos casos em que os concursos para recrutamento de director de serviços e chefe de divisão fiquem desertos, ou em que não haja candidatos aprovados, o recrutamento pode fazer-se por escolha, em regime de comissão de serviço por um ano.

9 – Nos casos de criação de serviços, o primeiro provimento dos cargos de director de serviços e chefe de divisão pode ser feito por escolha, em regime de comissão de serviço por um ano.

10 – Nos casos previstos nos n.ºs 8 e 9 é aberto concurso até 120 dias antes do termo da comissão de serviço do nomeado.

11 – Nos concursos abertos nos termos do número anterior, os nomeados ao abrigo do disposto nos n.ºs 8 e 9 gozam de preferência em caso de igualdade de classificação, considerando-se prorrogada a respectiva comissão até ao provimento do concursado.

SECÇÃO II – Do concurso

ARTIGO 5.º – Comissão de observação e acompanhamento

1 – Junto do membro do Governo que tem a seu cargo a Administração Pública funcionará uma comissão de observação e acompanhamento dos concursos para os cargos dirigentes, com a seguinte composição:

a) Um magistrado, indicado pelo Conselho Superior da Magistratura, que preside;

b) Quatro representantes da Administração, designados por despacho do membro do Governo que tenha a seu cargo a Administração Pública, obtida a anuência do membro do Governo respectivo, quando se trate de funcionário dependente de outro departamento;

c) Quatro representantes das associações sindicais dos trabalhadores da função pública.

2 – A comissão observa e acompanha os processos de concurso para os cargos dirigentes, podendo solicitar a todo o tempo informações sobre o respectivo andamento.

3 – À comissão compete ainda:

a) Superintender no sorteio dos membros do júri do concurso vinculados à Administração Pública, nos termos do artigo 7.º da presente lei;

b) Elaborar relatório anual sobre os concursos para cargos dirigentes;

c) Aprovar o respectivo regulamento interno.

644   *IV – Funcionários da Administração Local*

4 – O apoio administrativo ao funcionamento da comissão é prestado pelo gabinete do membro do Governo que tenha a seu cargo a Administração Pública.

ARTIGO 6.º – Constituição e composição do júri

1 – O júri dos concursos para os cargos a que se referem os artigos anteriores é constituído por despacho do membro do Governo em cuja dependência se encontra o serviço em que se integra o cargo posto a concurso.

2 – O júri é composto por um presidente e por dois ou quatro vogais efectivos, dos quais até metade podem ser escolhidos de entre pessoas não vinculadas à Administração Pública, caso em que lhes será fixada uma compensação adequada, por despacho conjunto do Ministro das Finanças e do membro do Governo que tenha a seu cargo a Administração Pública.

3 – Os membros do júri que tenham vínculo à Administração Pública não podem ter categoria inferior àquela para que é aberto concurso e são sorteados de entre pessoal dirigente, preferencialmente e sempre que possível, do serviço ou departamento em que se insere o respectivo cargo.

4 – O presidente do júri é o director-geral ou um subdirector-geral ou equiparado, ou ainda um dos membros do órgão máximo do serviço, no caso de o lugar a prover ser o de director de serviços, ou um director de serviços, caso o concurso se destine ao provimento do cargo de chefe de divisão do organismo a que pertence o cargo posto a concurso.

5 – Os vogais efectivos podem ser escolhidos, mediante sorteio, de entre pessoal não vinculado à Administração Pública, até ao limite de um ou dois, conforme, respectivamente, o júri seja composto por dois ou quatro vogais efectivos, devendo possuir, em qualquer caso, habilitação literária não inferior à exigida para o exercício do cargo posto a concurso, bem como experiência e competência reconhecidas na área do cargo para o qual é aberto o concurso.

ARTIGO 7.º – Do sorteio

1 – O sorteio a que se refere o artigo anterior é efectuado com base em listas apresentadas pelo dirigente máximo do serviço ao membro do Governo competente, com a proposta de abertura do concurso, sendo uma lista destinada ao sorteio do presidente e outra ao dos vogais.

2 – O membro do Governo, após receber as listas a que se refere o número anterior, promove, de imediato, o sorteio.

3 – As listas contêm dirigentes em número duplo ao dos membros do júri, nas respectivas qualidades, devendo o dirigente máximo fundamentar a respectiva designação.

4 – Os vogais suplentes são designados nos mesmos termos dos vogais efectivos.

5 – Os vogais suplentes não vinculados à Administração só podem substituir os vogais efectivos igualmente não vinculados.

6 – O sorteio realiza-se perante o presidente da comissão de observação e acompanhamento dos concursos ou seu representante, sendo lavrada acta, da qual constem os seguintes elementos:

a) As listas a que se refere o n.º 1;

b) A indicação dos presentes;

c) O método utilizado;

d) O resultado do sorteio.

ARTIGO 8.º – Abertura do concurso e métodos de selecção

1 – A abertura do concurso é autorizada pelo membro do Governo competente sob proposta do dirigente máximo do serviço, contendo o cargo, área de actuação e métodos de selecção a utilizar.

Lei n.º 49/99, de 22 de Junho

2 – Nos concursos para os cargos de director de serviços e chefe de divisão podem ser utilizados quaisquer dos métodos de selecção previstos para as carreiras do regime geral, sem prejuízo do estabelecimento de critérios de apreciação específicos.

3 – O programa da prova de conhecimentos, quando este método seja utilizado, é aprovado pelo membro do Governo.

4 – Na realização da entrevista profissional de selecção é obrigatória a participação da totalidade do júri.

5 – Os diplomas orgânicos dos serviços podem prever métodos de selecção e ou procedimentos de recrutamento específicos, verificadas as condições constantes do n.º 5 do artigo 2.º

6 – O despacho que autoriza a abertura do concurso contém o respectivo prazo de validade e a composição do júri, bem como o prazo para elaboração do competente aviso e envio para publicação.

ARTIGO 9.º – **Validade do concurso**

1 – O concurso é válido para o preenchimento do cargo para o qual é aberto.

2 – O prazo de validade é fixado, pela entidade que abre o concurso, de seis meses a um ano, contado da data da publicitação da lista de classificação final.

ARTIGO 10.º – **Publicitação**

1 – O aviso de abertura é publicado no Diário da República, 2.ª série, contendo, para além da menção da presente lei, o seguinte:

a) Cargo, área de actuação, requisitos legais e condições preferenciais;

b) Composição do júri;

c) Métodos de selecção a utilizar e programa da prova de conhecimentos, quando for caso disso;

d) Indicação de que os critérios de apreciação e ponderação da avaliação curricular e da entrevista profissional de selecção, bem como o sistema de classificação final, incluindo a respectiva fórmula classificativa, constam de acta das reuniões do júri do concurso, sendo a mesma facultada aos candidatos sempre que solicitada;

e) Prazo de validade;

f) Entidade a quem apresentar o requerimento, com o respectivo endereço, prazo de entrega, forma de apresentação e demais indicações necessárias à formalização da candidatura.

2 – Simultaneamente ao envio para publicação, é remetida cópia do aviso ao presidente da comissão de observação e acompanhamento dos concursos para os cargos dirigentes.

ARTIGO 11.º – **Candidaturas**

1 – Os candidatos formalizam as respectivas candidaturas através de requerimento de admissão a concurso, contendo obrigatoriamente a declaração de que possuem os requisitos legais de admissão, juntando ainda o respectivo curriculum vitae.

2 – A falta da declaração a que se refere o número anterior determina a exclusão do concurso.

3 – Analisadas as candidaturas, o júri procede à audiência dos interessados, se a ela houver lugar, nos termos do Código do Procedimento Administrativo.

4 – O júri convoca os candidatos admitidos para a realização dos métodos de selecção através de ofício registado.

646 *IV – Funcionários da Administração Local*

ARTIGO 12.º – **Princípio geral de selecção**

A definição do conteúdo dos métodos de selecção e do programa da prova de conhecimentos, quando aplicável, é feita em função do complexo de tarefas e responsabilidades inerentes ao cargo posto a concurso e do conjunto de requisitos legais exigíveis para o seu exercício.

ARTIGO 13.º – **Sistema de classificação**

1 – Os resultados obtidos na aplicação dos métodos de selecção são classificados na escala de 0 a 20 valores.

2 – A classificação final é expressa na escala de 0 a 20 valores e resulta da média aritmética simples ou ponderada das classificações obtidas nos métodos de selecção, sendo que a entrevista profissional de selecção não pode ter um índice de ponderação superior a qualquer um dos métodos de selecção.

3 – Consideram-se não aprovados os candidatos que obtenham classificação final inferior a 9,5 valores.

4 – Em caso de igualdade de classificação, a ordenação é definida de acordo com a utilização sucessiva dos seguintes critérios de preferência:

a) Pertencer ao serviço a que corresponde o cargo posto a concurso;

b) Maior número de anos de experiência profissional em cargos relevantes, nos termos da alínea *c)* do n.º 1 do artigo 4.º da presente lei.

5 – Compete ao júri o estabelecimento de critérios de desempate, sempre que subsista igualdade após aplicação dos critérios referidos no número anterior.

ARTIGO 14.º – **Audiência**

Após as operações de recrutamento e selecção, o júri elabora projecto de lista contendo a classificação final dos candidatos aprovados e não aprovados e procede à audiência dos interessados, nos termos do Código do Procedimento Administrativo.

ARTIGO 15.º – **Lista de classificação final**

1 – A acta que contém a lista de classificação final é submetida a homologação do membro do Governo competente, no prazo de cinco dias.

2 – No prazo de cinco dias após a homologação, é publicitada a lista de classificação final, por afixação no respectivo serviço ou organismo, recorrendo-se ao ofício registado, no mesmo prazo, para os interessados externos ao serviço ou organismo.

3 – No prazo referido no n.º 2 é remetida cópia da lista ao presidente da comissão de observação e acompanhamento dos concursos para os cargos dirigentes.

ARTIGO 16.º – **Nomeação**

1 – A nomeação obedece à ordenação da lista de classificação final.

2 – A nomeação deve ter lugar no prazo de cinco dias contados do termo do prazo para interposição de recurso hierárquico ou, caso este tenha sido interposto, nos cinco dias posteriores à respectiva decisão.

ARTIGO 17.º – **Direito subsidiário**

Em tudo o que não esteja especialmente regulado na presente lei aplica-se o regime geral de recrutamento e selecção de pessoal para os quadros da Administração Pública relativo ao concurso interno geral.

SECÇÃO III – Do provimento e exercício de funções

ARTIGO 18.º – **Provimento**

1 – O pessoal dirigente é provido em comissão de serviço por um período de três anos, que poderá ser renovada por iguais períodos.

2 – Para efeitos de eventual renovação da comissão de serviço deve o membro do Governo competente ser informado pelos respectivos serviços, com a antecedência mínima de 120 dias, do termo do período de cada comissão, cessando esta automaticamente no fim do respectivo período sempre que não seja dado cumprimento àquela formalidade.

3 – A renovação da comissão de serviço deverá ser comunicada ao interessado até 90 dias antes do seu termo, cessando a mesma automaticamente no final do respectivo período se o membro do Governo competente não tiver manifestado expressamente a intenção de a renovar.

4 – No caso de não renovação da comissão de serviço de pessoal dirigente cujo provimento está sujeito a concurso, o membro do Governo determina a abertura do concurso para o respectivo cargo no prazo previsto no número anterior.

5 – Até à nomeação do novo titular, as funções são asseguradas em regime de gestão corrente ou por substituição, não podendo ter duração superior a seis meses, salvo se estiver a decorrer o procedimento de concurso.

6 – O provimento dos cargos dirigentes é feito:

a) O de director-geral, por despacho conjunto do Primeiro-Ministro e do membro do Governo competente;

b) O de subdirector-geral, director de serviços e chefe de divisão, por despacho do membro do Governo competente;

c) O de subdirector-geral, quando a escolha recaia sobre indivíduos não vinculados, por despacho conjunto do Primeiro-Ministro e do membro do Governo competente.

7 – O provimento de pessoal dirigente entende-se sempre feito por urgente conveniência de serviço, salvo se o contrário for expressamente declarado no despacho de nomeação.

ARTIGO 19.º – **Suspensão da comissão de serviço**

1 – A comissão de serviço do pessoal dirigente suspende-se nos casos seguintes:

a) Exercício dos cargos de Presidente da República, deputado à Assembleia da República, membro do Governo, Ministro da República para as Regiões Autónomas, Governador e Secretário-Adjunto do Governo de Macau e outros por lei a eles equiparados, membros dos governos e das assembleias regionais, governador civil e vice-governador civil, presidente e vice-presidente do Conselho Económico e Social, presidente de câmara municipal e de comissão administrativa ou vereador em regime de permanência, juiz do Tribunal Constitucional;

b) Exercício dos cargos de chefe da Casa Civil e do Gabinete do Presidente da República e membros da Casa Civil e do Gabinete do Presidente da República, chefe de gabinete e adjunto do Presidente da Assembleia da República, dos membros do Governo, do Ministro da República e dos grupos parlamentares, dos governos e assembleias regionais e, bem assim, de assessor do Primeiro-Ministro, ou outros por lei a eles equiparados;

c) Exercício de cargo ou função de reconhecido interesse público, desde que de natureza transitória ou com prazo certo de duração, que não possa ser desempenhado em regime de acumulação;

d) Exercício de funções em regime de substituição nos termos do artigo 21.º ou nas situações previstas em lei especial.

648   *IV – Funcionários da Administração Local*

2 – Nos casos referidos no número anterior, a comissão de serviço suspende-se enquanto durar o exercício do cargo ou função, suspendendo-se igualmente a contagem do prazo da comissão, devendo as respectivas funções ser asseguradas nos termos do artigo 21.º desta lei.

3 – Sem prejuízo do disposto no número anterior, o período de suspensão conta, para todos os efeitos legais, como tempo de serviço prestado no cargo dirigente de origem.

4 – Para efeitos do disposto na alínea *c*) do n.º 1, o reconhecimento do interesse público faz-se mediante despacho:

a) Do Primeiro-Ministro, no caso dos directores-gerais;

b) Do ministro competente, nos restantes casos.

ARTIGO 20.º – **Cessação da comissão de serviço**

1 – Sem prejuízo do previsto na presente lei, a comissão de serviço cessa automaticamente:

a) Pela tomada de posse seguida de exercício, noutro cargo ou função, a qualquer título, salvo nos casos em que houver lugar a suspensão ou for permitida a acumulação nos termos da presente lei;

b) Por extinção ou reorganização da unidade orgânica, salvo se, por despacho fundamentado do membro do Governo, for mantida a comissão de serviço na unidade orgânica que lhe suceda, independentemente da alteração do respectivo nível.

2 – A comissão de serviço pode, a todo o tempo, ser dada por finda durante a sua vigência:

a) Por despacho fundamentado do membro do Governo competente, nos casos de director-geral ou de subdirector-geral ou cargos equiparados, podendo tal fundamentação basear-se, nomeadamente, na não comprovação superveniente da capacidade adequada a garantir a execução das orientações superiormente fixadas, na não realização dos objectivos previstos, na necessidade de imprimir nova orientação à gestão dos serviços, de modificar as políticas a prosseguir por estes ou de tornar mais eficaz a sua actuação e na não prestação de informações ou na prestação deficiente das mesmas quando consideradas essenciais para o cumprimento de política global do Governo;

b) Por despacho fundamentado do membro do Governo competente, na sequência de procedimento disciplinar em que se tenha concluído pela aplicação de sanção disciplinar;

c) A requerimento do interessado, apresentado nos serviços com a antecedência mínima de 60 dias, e que se considerará deferido se, no prazo de 30 dias a contar da data da sua entrada, sobre ele não recair despacho de indeferimento.

ARTIGO 21.º – **Substituição**

1 – Os cargos dirigentes podem ser exercidos em regime de substituição enquanto durar a vacatura do lugar ou a ausência ou impedimento do respectivo titular.

2 – A substituição só poderá ser autorizada quando se preveja que os condicionalismos referidos no número anterior persistam por mais de 60 dias, sem prejuízo de, em todos os casos, deverem ser asseguradas as funções atribuídas aos dirigentes ausentes.

3 – No caso de vacatura do lugar, a substituição tem a duração máxima de seis meses, improrrogáveis, salvo se estiver a decorrer o procedimento de concurso.

4 – A substituição cessará na data em que o titular do cargo dirigente inicie ou retome funções ou, a qualquer momento, por decisão do membro do Governo que a determinou ou a pedido do substituto, logo que deferido.

5 – A substituição deferir-se-á pela seguinte ordem:

a) Substituto designado na lei;

b) Substituto designado por despacho do membro do Governo competente.

Lei n.° 49/99, de 22 de Junho

6 – A substituição considera-se sempre feita por urgente conveniência de serviço.

7 – O período de substituição conta, para todos os efeitos legais, como tempo de serviço prestado no cargo ou lugar anteriormente ocupado pelo substituto, bem como no lugar de origem.

8 – O substituto terá direito à totalidade dos vencimentos e demais abonos e regalias atribuídos pelo exercício do cargo do substituído, independentemente da libertação das respectivas verbas por este, sendo os encargos suportados pelas correspondentes dotações orçamentais.

ARTIGO 22.° – **Regime de exclusividade**

1 – O pessoal dirigente exerce funções em regime de exclusividade, não sendo permitido, durante a vigência da comissão de serviço, o exercício de outros cargos ou funções públicas remunerados, salvo os que resultem de inerências ou de representação de departamentos ministeriais ou de serviços públicos e, bem assim, do exercício de fiscalização ou controlo de dinheiros públicos, sem prejuízo da Lei n.° 12/96, de 18 de Abril.

2 – O disposto no número anterior não abrange as remunerações provenientes de:

a) Direitos de autor;

b) Realização de conferências, palestras, acções de formação de curta duração e outras actividades de idêntica natureza;

c) Actividade docente em instituições de ensino superior público, não podendo o horário parcial ultrapassar um limite a fixar por despacho conjunto dos Ministros das Finanças e da Educação;

d) Participação em comissões ou grupos de trabalho, quando criados por resolução ou deliberação do Conselho de Ministros;

e) Participação em conselhos consultivos, comissões de fiscalização ou outros organismos colegiais, quando previstos na lei e no exercício de fiscalização ou controlo de dinheiros públicos.

3 – Não é permitido o exercício de actividades privadas pelos titulares de cargos dirigentes, ainda que por interposta pessoa, excepto em casos devidamente fundamentados, autorizados pelo membro do Governo competente, o qual só será concedido desde que a mesma actividade não se mostre susceptível de comprometer ou interferir com a isenção exigida para o exercício dos mencionados cargos.

4 – A violação do disposto neste artigo constitui fundamento para dar por finda a comissão de serviço, nos termos da alínea a) do n.° 2 do artigo 20.°

ARTIGO 23.° ([1]) – **Regime especial de incompatibilidades**

Aos directores-gerais, subdirectores-gerais ou equiparados aplica-se o regime de incompatibilidades previsto na lei para os altos cargos públicos.

1 – Ver Lei n.° 64/93, de 26 de Agosto.

ARTIGO 24.° – **Isenção de horário**

1 – O pessoal dirigente está isento de horário de trabalho, não lhe sendo, por isso, devida qualquer remuneração por trabalho prestado fora do horário normal.

2 – A isenção prevista no número anterior abrange a obrigatoriedade de, a qualquer momento, comparecer ao serviço quando chamado e não dispensa a observância do dever geral de assiduidade, nem o cumprimento da duração normal de trabalho.

CAPÍTULO III – Competências do pessoal dirigente

ARTIGO 25.º – Competências do pessoal dirigente

1 – Incumbe, genericamente, ao pessoal dirigente assegurar a gestão permanente das respectivas unidades orgânicas.

2 – Compete ao director-geral superintender em todos os serviços da sua direcção-geral, assegurar a unidade de direcção, submeter a despacho os assuntos que careçam de resolução superior, representar o serviço e exercer as competências constantes do mapa II anexo à presente lei, de que faz parte integrante, bem como as que lhe houverem sido delegadas ou subdelegadas.

3 – As competências dos directores-gerais em matéria de gestão de recursos humanos não prejudicam as competências atribuídas aos secretários-gerais nos casos dos departamentos ministeriais que possuam quadros únicos, nem as restrições vigentes à admissão de pessoal na função pública.

4 – Compete ao subdirector-geral exercer as competências que lhe forem delegadas pelo membro do Governo competente ou delegadas ou subdelegadas pelo director-geral, bem como as que lhe forem expressamente cometidas pelo diploma orgânico do respectivo serviço ou organismo.

5 – O director-geral será substituído nas suas faltas ou impedimentos pelo subdirector-geral designado pelo membro do Governo competente, sob proposta do primeiro.

6 – Compete ao director de serviços e ao chefe de divisão exercer as competências constantes do mapa II anexo à presente lei, que dele faz parte integrante, bem como as que lhes tiverem sido delegadas ou subdelegadas.

ARTIGO 26.º – Competências específicas

As competências constantes do mapa II anexo à presente lei não prejudicam a existência de competências mais amplas conferidas aos directores-gerais pelas leis orgânicas dos respectivos serviços.

ARTIGO 27.º – Delegação de competências

1 – Os membros do Governo podem delegar nos directores-gerais a competência para emitir instruções referentes a matérias relativas às atribuições genéricas dos respectivos serviços e organismos, bem como as competências relativas ao procedimento de concurso.

2 – O director-geral poderá delegar ou subdelegar em todos os níveis de pessoal dirigente as competências próprias ou as delegadas, salvo as previstas no número anterior.

3 – Os membros do Governo podem delegar nos secretários-gerais ou, quando existam, nos dirigentes máximos dos serviços centrais com atribuições em matéria de recursos humanos a competência para decidir recursos hierárquicos interpostos de actos praticados pelos demais dirigentes máximos dos serviços em matéria de gestão de recursos humanos.

ARTIGO 28.º – Delegação de competências no substituto

O exercício de funções em regime de substituição abrange os poderes delegados e subdelegados no substituído, salvo se o despacho de delegação ou subdelegação ou o que determina a substituição expressamente dispuser em contrário.

ARTIGO 29.º – Exercício da delegação

1 – A delegação de competências envolve o poder de subdelegar, salvo quando a lei ou o delegante disponham em contrário.

Lei n.° 49/99, de 22 de Junho 651

2 – As delegações e subdelegações de competências são revogáveis a todo o tempo e, salvo os casos de falta ou impedimento temporário, caducam com a mudança do delegante ou subdelegante e do delegado ou subdelegado.

3 – As delegações e subdelegações de competências não prejudicam, em caso algum, o direito de avocação ou de direcção e o poder de revogar os actos praticados.

4 – A entidade delegada ou subdelegada deverá sempre mencionar essa qualidade nos actos que pratique por delegação ou subdelegação.

5 – O delegado não pode conhecer do recurso hierárquico dos actos por si praticados no âmbito da delegação, interposto para o delegante, sendo nulos os actos de decisão de tais recursos praticados pelo delegado.

6 – Os despachos de delegação ou subdelegação deverão especificar as matérias ou poderes neles abrangidos.

7 – Quando se trate de poderes da competência originária de entidades de cujos actos caiba recurso contencioso, os despachos de delegação ou subdelegação serão sempre publicados no Diário da República.

ARTIGO 30.° – **Delegação de assinatura**
A delegação de assinatura da correspondência ou de expediente necessário à mera instrução dos processos é sempre possível em qualquer funcionário.

CAPÍTULO IV – Direitos e deveres

ARTIGO 31.° – **Direitos**
Para além dos direitos de que gozam os funcionários e agentes em geral, ao pessoal dirigente são assegurados, nos termos dos artigos seguintes:
a) Direito à carreira;
b) Direito à retribuição.

ARTIGO 32.° – **Direito à carreira**
1 – O tempo de serviço prestado em cargos dirigentes conta, para todos os efeitos legais, designadamente para promoção e progressão na carreira e categoria em que cada funcionário se encontrar integrado.

2 – Os funcionários nomeados para cargos dirigentes têm direito, findo o exercício de funções dirigentes nos termos previstos na presente lei:
a) Ao provimento em categoria superior à que possuam à data da cessação do exercício de funções dirigentes, a atribuir em função do número de anos de exercício continuado nestas funções, agrupados de harmonia com os módulos de promoção na carreira e em escalão a determinar, nos termos do artigo 19.° do Decreto-Lei n.° 353-A/89, de 16 de Outubro;
b) Ao regresso ao lugar de origem, caso não estejam em condições de beneficiar do disposto na alínea anterior.

3 – A aplicação do disposto na alínea *a)* do número anterior aos funcionários oriundos de carreiras ou corpos especiais depende da verificação dos requisitos especiais de acesso previstos nas respectivas leis reguladoras, bem como das habilitações literárias exigidas.

4 – Para efeitos do cômputo do tempo de serviço estabelecido no n.° 2, releva também o prestado em regime de substituição.

652   *IV – Funcionários da Administração Local*

5 – O disposto no n.º 2 não prejudica o direito de os funcionários que exerçam funções dirigentes se candidatarem aos concursos de acesso, caso em que o provimento respectivo é determinante para efeitos da alínea *a*) do n.º 2.

6 – São criados nos quadros de pessoal dos serviços ou organismos de origem, se noutro não for acordado, os lugares necessários à execução do disposto na alínea *a*) do n.º 2, os quais serão extintos à medida que vagarem.

7 – O disposto no número anterior pode ter lugar, a requerimento do interessado, independentemente da cessação do exercício de funções dirigentes, quando se trate da categoria mais elevada da carreira.

8 – A alteração dos quadros prevista no n.º 5 será feita por portaria do membro do Governo competente e do que tiver a seu cargo a Administração Pública, a publicar na 2.ª série do Diário da República.

9 – Os funcionários que beneficiem do disposto na alínea *a*) do n.º 2 do presente artigo têm direito à remuneração pela nova categoria e escalão desde a data da cessação do exercício de funções dirigentes.

10 – No caso da cessação da comissão de serviço nos termos da primeira parte da alínea *b*) do n.º 1 do artigo 20.º, os dirigentes têm direito, desde que contem pelo menos 12 meses seguidos de exercício do respectivo cargo, a uma indemnização de montante igual à diferença entre a remuneração do cargo dirigente cessante e a remuneração da respectiva categoria calculada em função do tempo que faltar para o termo da comissão, a qual não pode ultrapassar a diferença anual das remunerações, nelas se incluindo os subsídios de férias e de Natal.

11 – O direito à indemnização prevista no número anterior só é reconhecido nos casos em que à cessação da comissão de serviço não se siga imediatamente novo exercício de funções dirigentes de nível igual ou superior.

12 – O exercício de funções dirigentes no período a que se reporta a indemnização determina a obrigatoriedade da reposição da importância correspondente à diferença entre o número de meses a que respeite a indemnização percebida e o número de meses que mediar até à nova nomeação.

ARTIGO 33.º (¹) – **Regime remuneratório excepcional**

1 – Os directores-gerais que exerçam as correspondentes funções por período igual ou superior a 12 anos, seguidos ou interpolados, têm direito a optar, uma vez cessadas aquelas funções e enquanto permanecerem no serviço activo na Administração Pública, por uma remuneração correspondente a 90% da remuneração que auferiam pelo exercício do referido cargo.

2 – Os directores-gerais que reúnam as condições previstas no número anterior e que não sejam vinculados à função pública poderão optar, no prazo de um ano a contar da cessação da respectiva comissão de serviço, pelo ingresso na função pública na situação de supranumerário, sendo-lhes atribuída uma remuneração correspondente a 90% da remuneração que auferiam pelo exercício do referido cargo.

3 – Releva para efeitos do disposto no número anterior o tempo de serviço prestado até à data da entrada em vigor da presente lei.

1 – Ver art. 11.º do DL 514/99, de 24 de Novembro.

ARTIGO 34.º – **Remunerações**

1 – A remuneração base do pessoal dirigente é estabelecida em diploma próprio, o qual poderá fixar níveis diferenciados de remuneração para cada cargo, de harmonia com os critérios nele consignados.

Lei n.° 49/99, de 22 de Junho

2 – Ao pessoal dirigente podem ser abonadas despesas de representação em montante a fixar por despacho conjunto do Primeiro-Ministro, do Ministro das Finanças e do membro do Governo que tiver a seu cargo a Administração Pública.

ARTIGO 35.° – **Formação profissional**

1 – A Administração, através dos seus departamentos competentes na matéria, privilegiará a realização de acções de formação e aperfeiçoamento profissional que visem:

a) A preparação dos seus quadros técnicos superiores e técnicos para o exercício de funções de direcção;

b) A permanente actualização dos seus quadros dirigentes no domínio das técnicas de gestão que influenciem mais directamente a rentabilidade e produtividade dos serviços.

2 – Os mesmos departamentos organizarão periodicamente congressos, seminários, colóquios e palestras destinados a quadros dirigentes que visem:

a) A análise e debate de temas de âmbito nacional e internacional de interesse para a Administração;

b) A divulgação e estudo de temas de actualização sobre ciências da Administração e técnicas de gestão que possam contribuir para o aumento da eficiência e eficácia dos serviços públicos;

c) A troca de experiências entre administrações públicas, mormente as comunitárias, ou entre os diversos departamentos da Administração Pública Portuguesa.

3 – A frequência de acções de formação que vierem a ser efectuadas não constituem requisitos de provimento dos cargos dirigentes, podendo, contudo, actuar como condição de preferência.

ARTIGO 36.° – **Deveres**

Para além dos deveres gerais dos funcionários e agentes, o pessoal dirigente será sujeito aos seguintes deveres específicos:

a) Dever de assegurar a orientação geral do serviço e de definir a estratégia da sua actuação de acordo com as orientações contidas no Programa do Governo e na lei e de harmonia com as determinações recebidas do respectivo membro do Governo;

b) Dever de assegurar a eficiência e eficácia da unidade orgânica que dirige;

c) Dever de manter informado o Governo, através da via hierárquica competente, sobre todas as questões relevantes referentes aos serviços;

d) Dever de assegurar a conformidade dos actos praticados pelos seus subordinados com o estatuído na lei e com os legítimos interesses dos cidadãos.

CAPÍTULO V – **Disposições finais e transitórias**

ARTIGO 37.° – **Encarregados de missão**

1 – A prossecução de objectivos de administração de missão pode ser cometida ao pessoal dirigente, bem como a outros altos funcionários e cidadãos de reconhecido mérito, a nomear pelo Conselho de Ministros, mediante resolução, para o desempenho de funções de encarregados de missão junto dos membros do Governo interessados, devendo no acto de nomeação ser fixada a correspondente remuneração, o objectivo e o prazo para a execução da missão.

2 – Para efeitos do disposto no número anterior, o exercício de tais funções pode ser dado por findo, em qualquer momento, pelo membro do Governo junto do qual são prestadas.

654 IV – Funcionários da Administração Local

ARTIGO 38.° – **Prevalência**

1 – A presente lei prevalece sobre quaisquer disposições gerais ou especiais relativas aos diversos serviços e organismos.

2 – Os regimes de recrutamento e provimento definidos nesta lei não se aplicam aos cargos dirigentes do Ministério dos Negócios Estrangeiros que, por força de disposição legal própria, tenham de ser providos por pessoal da carreira diplomática.

ARTIGO 39.° – **Normas transitórias**

1 – As equiparações de cargos dirigentes feitas antes da entrada em vigor da presente lei consideram-se eficazes para efeitos do disposto no artigo 2.°

2 – O pessoal de direcção a quem, por força do disposto no artigo 12.° do Decreto-Lei n.° 191-F/79, de 26 de Junho, tenha sido assegurado o direito ao provimento definitivo em categorias da carreira técnica superior, previstas no mapa anexo ao mesmo diploma, mantém os referidos direitos nos termos em que estes se encontram regulamentados na referida disposição legal, podendo, desde logo, ser criado o respectivo lugar, independentemente da cessação da comissão de serviço.

3 – Até à publicação das portarias de criação dos respectivos lugares de transição, os funcionários devem ser abonados dos vencimentos da categoria a que têm direito, por conta das disponibilidades existentes nas dotações orçamentais que vêm suportando o pagamento do pessoal do serviço e organismo onde as funções dirigentes vinham sendo desempenhadas.

4 – Mantêm-se em vigor os critérios fixados na Resolução n.° 354-B/79, de 18 de Dezembro, para efeitos da eventual equiparação de cargos dirigentes existentes em 1 de Julho de 1979, com vista à transição a que se reportam os artigos 12.° a 14.° do Decreto-Lei n.° 191-F/79, de 26 de Junho.

5 – A entrada em vigor da presente lei não prejudica as comissões de serviço de pessoal dirigente existentes à data da sua entrada em vigor, nem a contagem dos respectivos prazos.

6 – Mantém-se transitoriamente em vigor o disposto no artigo 9.° do Decreto-Lei n.° 180/80, de 3 de Junho, sobre o provimento dos lugares de director de serviços administrativos, até à fixação legal dos princípios referentes à departamentalização dos serviços dessa natureza.

7 – A duração máxima estabelecida para a gestão corrente e para a substituição aplica-se às situações já constituídas, iniciando-se a contagem do prazo na data da entrada em vigor desta lei.

8 – O disposto nos artigos 18.°, n.° 1, segunda parte, e 20.°, n.° 1, alínea *b*), segunda parte, apenas se aplica aos cargos de director de serviços, chefe de divisão ou equiparados que neles tenham sido providos precedendo aprovação em concurso.

9 – Se da aplicação da alínea a) do n.° 2 do artigo 32.° da presente lei resultasse tratamento mais favorável, podem os interessados requerer a reapreciação da respectiva situação, no prazo de 60 dias após a entrada em vigor da presente lei, sob pena de caducidade do seu direito.

ARTIGO 40.° – **Revogação**

São revogados, relativamente aos serviços e organismos abrangidos pelo âmbito de aplicação estabelecido no n.° 1 do artigo 1.° da presente lei:

a) O Decreto-Lei n.° 323/89, de 26 de Setembro;

b) O Decreto-Lei n.° 34/93, de 13 de Fevereiro, com excepção do artigo 3.°;

c) O Decreto-Lei n.° 239/94, de 22 de Setembro;

d) A Lei n.° 13/97, de 23 de Maio;

e) O Decreto-Lei n.° 231/97, de 3 de Setembro.

ARTIGO 41.º – **Entrada em vigor**

1 – A presente lei entra em vigor no dia 1 do mês seguinte ao da sua publicação.

2 – A presente lei não se aplica aos concursos que já tenham tido início à data da sua entrada em vigor.

ANEXO
MAPA I
Pessoal dirigente – Descrição de funções

Cargos	Descrição genérica da função
Director-geral	Gere as actividades de uma direcção-geral, na linha geral da política global definida pelo Governo. Participa na elaboração das políticas governamentais na parte correspondente ao sector a seu cargo, criando e canalizando as informações para a sua definição, e dirige, organiza e coordena, de modo eficaz e eficiente, os meios para a respectiva execução. Controla os resultados sectoriais, responsabilizando-se pela sua produção de forma adequada aos objectivos prosseguidos. Assegura a representação da direcção-geral e suas ligações externas. Gere e administra os recursos humanos e materiais da direcção-geral.
Subdirector-geral	Substitui o director-geral nas suas ausências ou impedimentos. Actua no exercício de actividades delegadas ou subdelegadas pelo director-geral ou de competências próprias expressamente cometidas pelo diploma orgânico da direcção-geral. Colabora na execução das políticas governamentais afectas às actividades ou sectores de actividade sob sua responsabilidade. Coordena actividades internas ou sectores de actividade da direcção-geral, responsabilizando-se, ao seu nível, pela obtenção de resultados conjuntos das actividades coordenadas.
Director de serviços	Dirige as actividades de uma direcção de serviços definindo objectivos de actuação da mesma, tendo em conta os objectivos gerais estabelecidos. Controla o cumprimento dos planos de actividades, os resultados obtidos e a eficiência dos serviços dependentes. Assegura a administração e a gestão dos recursos humanos e materiais que lhe estão afectos, promovendo o melhor aproveitamento e desenvolvimento dos mesmos, tendo em conta os objectivos e actividades dos serviços dependentes.
Chefe de divisão	Dirige o pessoal integrado numa divisão, para o que distribui, orienta e controla a execução dos trabalhos dos subordinados. Organiza as actividades da divisão, de acordo com o plano definido para o organismo, e procede à avaliação dos resultados alcançados. Promove a qualificação do pessoal da divisão. Elabora pareceres e informações sobre assuntos da competência da divisão a seu cargo.

MAPA II
Pessoal dirigente – Competências próprias

Cargo	Área	Competências
Director-geral	Gestão geral	1 — Assegurar a orientação geral do serviço e definir a estratégia da sua actuação de acordo com as orientações contidas no Programa do Governo e na lei, e de harmonia com as determinações recebidas do respectivo membro do Governo, com vista a assegurar o seu cumprimento.
		2 — Propor ao Governo as medidas que considere mais aconselháveis para se alcançarem os objectivos e as metas consagrados nos documentos e determinações antes mencionados.
		3 — Elaborar e submeter à aprovação do membro do Governo os planos anuais ou plurianuais de actividades, bem como os respectivos relatórios de execução, propor as formas de financiamento mais adequadas e definir e implementar o programa de desenvolvimento do serviço, avaliando-o e corrigindo-o em função dos indicadores de gestão recolhidos.
		4 — Submeter à apreciação superior os projectos de orçamento de funcionamento e investimento, no respeito pelas orientações e objectivos estabelecidos no Programa do Governo e nos planos de actividades.
		5 — Representar o Governo em quaisquer actos para que seja designado e praticar todos os actos preparatórios das decisões finais cuja competência caiba ao membro do Governo.
		6 — Praticar todos os actos que, não envolvendo juízos de oportunidade e conveniência, não possam deixar de ser praticados uma vez verificados os pressupostos de facto que condicionam a respectiva legalidade.
		7 — Gerir os meios humanos, financeiros e de equipamento da direcção-geral e a sua comparticipação em programas e projectos em que a mesma seja interveniente.
		8 — Estabelecer as relações horizontais ao seu nível com outros serviços e organismos da Administração Pública e com outras entidades congéneres, nacionais, internacionais e estrangeiras.

IV – Funcionários da Administração Local

Cargo	Área	Competências
Director-geral	Gestão dos recursos humanos	9 — Elaborar e executar o plano de gestão previsional de pessoal, bem como o correspondente plano de formação, e afectar o pessoal aos diversos departamentos dos serviços ou organismos em função dos objectivos e prioridades fixados nos respectivos planos de actividade. 10 — Autorizar a abertura de concursos e praticar todos os actos subsequentes, nomear, promover e exonerar o pessoal do quadro, determinar a conversão da nomeação provisória em definitiva e autorizar que seja mantida a nomeação definitiva enquanto o funcionário não a adquirir noutro cargo que exerça em regime precário, bem como autorizar destacamentos, requisições, transferências, permutas e comissões de serviço. 11 — Celebrar, prorrogar, renovar e rescindir contratos de pessoal, praticando os actos resultantes da caducidade ou revogação dos mesmos. 12 — Autorizar o exercício de funções a tempo parcial e a prestação de horas extraordinárias, bem como adoptar os horários de trabalho mais adequados ao funcionamento do serviço, observados os condicionalismos legais. 13 — Empossar o pessoal e autorizar os funcionários e agentes a tomarem posse em local diferente daquele em que foram colocados, prorrogar o respectivo prazo, solicitar que aquela seja conferida pela autoridade administrativa ou por agente diplomático ou consular e conceder aos funcionários e agentes dos serviços externos o direito ao vencimento a partir da data da posse, independentemente da entrada em exercício das novas funções. 14 — Justificar ou injustificar faltas, conceder licenças por período superior a 30 dias, com excepção da licença sem vencimento por um ano por motivo de interesse público e da licença ilimitada, bem como autorizar o regresso à actividade. 15 — Autorizar o gozo e a acumulação de férias e aprovar o respectivo plano anual. 16 — Autorizar o abono do vencimento de exercício perdido por motivo de doença, bem como o exercício de funções em situação que dê lugar à reversão do vencimento do exercício e o respectivo processamento. 17 — Autorizar a atribuição dos abonos e regalias a que os funcionários ou agentes tenham direito, nos termos da lei. 18 — Autorizar a inscrição e participação de funcionários em estágios, congressos, reuniões, seminários, colóquios, cursos de formação ou outras iniciativas semelhantes que decorram em território nacional. 19 — Propor ao membro do Governo a designação do subdirector-geral substituto nas suas faltas e impedimentos. 20 — Praticar todos os actos relativos à aposentação dos funcionários e agentes, salvo no caso de aposentação compulsiva, e, em geral, todos os actos respeitantes ao regime de segurança social da função pública, incluindo os referentes a acidentes em serviço. 21 — Celebrar contratos com entidades nacionais ou estrangeiras, desde que constem de programas de actividades previamente aprovados pelo membro do Governo competente, em ordem à realização de estudos, inquéritos e outros trabalhos de carácter técnico eventual relacionados com as atribuições dos serviços e que não possam ser assegurados pelo respectivo pessoal. 22 — Praticar os actos constantes dos n.os 41 a 45, quando respeitantes a funcionários de categoria igual ou superior a chefe de divisão.
	Gestão orçamental e realização de despesa.	23 — Gerir o orçamento e propor as alterações orçamentais julgadas adequadas, tendo em vista os objectivos a atingir. 24 — Gerir o orçamento cambial, autorizando despesas, inclusive em moeda estrangeira, até ao limite legalmente estabelecido. 25 — Autorizar, dentro dos limites estabelecidos pelo respectivo orçamento anual, transferências de verbas subordinadas à mesma classificação orgânica e a antecipação até dois duodécimos por rubrica, com limites anualmente fixados pelo Ministério das Finanças, não podendo em caso algum essas autorizações servir de fundamento a pedido de reforço do respectivo orçamento. 26 — Autorizar a constituição de fundos permanentes das dotações do respectivo orçamento, com excepção das rubricas referentes a pessoal, até ao limite de um duodécimo. 27 — Celebrar contratos de seguro e de arrendamento nos termos legais e autorizar a respectiva actualização, sempre que resulte de imposição legal. 28 — Autorizar a prestação de serviços e a venda de produtos próprios, fixando os respectivos preços. 29 — Autorizar deslocações em serviço, qualquer que seja o meio de transporte, bem como o processamento dos correspondentes abonos ou despesas com a aquisição de bilhetes ou títulos de transporte e de ajudas de custo, antecipadas ou não. 30 — Autorizar despesas com obras e aquisição de bens e serviços, com ou sem dispensa da realização de concursos, públicos ou limitados, e a celebração de contrato escrito, dentro dos limites a fixar em diploma regulamentar. 31 — Autorizar as despesas resultantes de indemnizações a terceiros ou da recuperação de bens afectos ao serviço, danificados por acidentes com intervenção de terceiros, dentro de limites a fixar nos termos do número anterior. 32 — Autorizar despesas eventuais de representação dos serviços, bem como as de carácter excepcional, dentro dos limites a fixar nos termos dos números anteriores.

Lei n.º 49/99, de 22 de Junho

Cargo	Área	Competências
Director-geral	Gestão orçamental e realização de despesa.	33 — Qualificar como acidente em serviço os sofridos por funcionários e agentes e autorizar o processamento das respectivas despesas, até aos limites a fixar nos termos dos números anteriores. 34 — Praticar todos os actos subsequentes à autorização de despesas, quando esta seja da competência do membro do Governo. 35 — Autorizar o processamento de despesas cujas facturas, por motivo justificado, dêem entrada nos serviços para além do prazo regulamentar. 36 — Superintender na utilização racional das instalações afectas ao respectivo serviço, bem como na sua manutenção e conservação. 37 — Propor ao membro do Governo competente as medidas de correcção necessárias à instalação dos respectivos serviços em tudo que não tenha competência própria ou delegada, sempre que se verifiquem situações de deterioração, insuficiência de espaço ou irracionalidade da situação. 38 — Velar pela existência de condições de higiene e segurança no trabalho. 39 — Gerir de forma eficaz e eficiente a utilização, manutenção e conservação dos equipamentos afectos ao respectivo serviço. 40 — Elaborar e executar planos anuais e plurianuais de reequipamento em função das necessidades previstas e da evolução tecnológica, bem como autorizar as aquisições resultantes da sua execução.
Director de serviços e chefe de divisão.	Gestão da unidade orgânica	41 — Conceder licenças por período até 30 dias. 42 — Autorizar o início das férias e o seu gozo interpolado, bem como a sua acumulação parcial por interesse do serviço, de acordo com o mapa de férias superiormente aprovado. 43 — Justificar faltas. 44 — Afectar o pessoal na área dos respectivos departamentos. 45 — Autorizar os funcionários e agentes a comparecer em juízo, quando requisitados nos termos da lei de processo. 46 — Autorizar a passagem de certidões de documentos arquivados na respectiva unidade orgânica, excepto quando contenham matéria confidencial ou reservada, bem como a restituição de documentos aos interessados.

DECRETO-LEI N.° 238/99

de 25 de Junho

Adapta à administração local o regime geral de recrutamento e selecção de pessoal na Administração Pública

A revisão do regime de recrutamento e selecção de pessoal na Administração Pública no sentido do reforço do recrutamento como instrumento de gestão de pessoal, simplificando o procedimento sem comprometer as garantias dos interessados, foi inscrita no acordo salarial para 1996 e compromissos de médio e longo prazo, subscrito com as associações sindicais. Constitui execução deste acordo o Decreto-Lei n.° 204/98, de 11 de Julho, assim como a sua adaptação à administração local, nele prevista.

Com o presente diploma procede-se precisamente a essa adaptação às especificidades da administração local em matéria de competência, composição do júri, publicação no *Diário da República* e recurso.

Foram ouvidas, nos termos da lei, a Associação Nacional de Municípios Portugueses e a Associação Nacional de Freguesias, bem como as associações representativas dos trabalhadores da administração local.

Assim:

ARTIGO 1.° – Objecto e âmbito

O recrutamento e selecção de pessoal para as carreiras e categorias da administração local obedece ao disposto no Decreto-Lei n.° 204/98, de 11 de Julho, com as alterações constantes do presente diploma.

ARTIGO 2.° – Composição do júri

1 – A presidência do júri cabe a um dos membros dos órgãos referidos no n.° 2 do artigo 4.° ou a dirigente dos serviços, de preferência da área funcional a que o recrutamento se destina.

2 – O presidente do júri e os vogais não podem ter categoria inferior àquela para que é aberto o concurso, excepto se forem membros dos órgãos citados ou exercerem cargo dirigente.

ARTIGO 3.° – Competência do júri

Sem prejuízo do disposto no n.° 1 do artigo 14.° do Decreto-Lei n.° 204/98, de 11 de Julho, as entidades com competência para autorizar a abertura do concurso, sob proposta do júri, podem solicitar ao Ministério do Equipamento, do Planeamento e da Administração do Território ou a outras entidades públicas ou privadas especializadas na matéria ou detentoras de conhecimentos técnicos específicos exigíveis para o exercício do cargo a realização de todas ou parte das operações do concurso.

660   *IV – Funcionários da Administração Local*

ARTIGO 4.º – Competências

1 – As competências que no artigo 9.º do Decreto-Lei n.º 204/98, de 11 de Julho, são cometidas a dirigente máximo ou a director-geral ou equiparado são reportadas da seguinte forma:

a) Presidente da câmara municipal – nos municípios;

b) Conselho de administração – nos serviços municipalizados;

c) Junta de freguesia – nas freguesias;

d) Assembleia distrital – nas assembleias distritais.

2 – As competências que nos n.ºs 1 e 3 do artigo 21.º do Decreto-Lei n.º 204/98, de 11 de Julho, são cometidas a membro do Governo são reportadas da seguinte forma:

a) Presidente da câmara municipal – nos municípios;

b) Conselho de administração – nos serviços municipalizados;

c) Junta de freguesia – nas freguesias;

d) Assembleia distrital – nas assembleias distritais.

3 – As competências que no n.º 1 do artigo 39.º e no n.º 1 do artigo 43.º do Decreto-Lei n.º 204/98, de 11 de Julho, são cometidas ao dirigente máximo ou ao membro do Governo competente são reportadas da seguinte forma:

a) Presidente da câmara municipal ou câmara municipal, no caso de o presidente ser membro do júri – nos municípios;

b) Conselho de administração – nos serviços municipalizados;

c) Junta de freguesia – nas freguesias;

d) Assembleia distrital – nas assembleias distritais.

4 – As competências conferidas:

a) No n.º 1, alínea *b)*, e no n.º 2, alínea *b)*, ao conselho de administração consideram-se delegadas no respectivo presidente;

b) No n.º 3, alíneas *b)* e *c)*, respectivamente ao conselho de administração e à junta de freguesia consideram-se delegadas no respectivo presidente quando este não for membro do júri.

ARTIGO 5.º – Recurso

Da homologação da acta de que consta a lista de classificação final cabe recurso, nos termos do regime geral do contencioso administrativo.

ARTIGO 6.º – Publicações

Reportam-se à 3.ª série do *Diário da República* as referências feitas no Decreto-Lei n.º 204/98, de 11 de Julho, à 2.ª série do *Diário da República*.

ARTIGO 7.º – Regime transitório

Este diploma não se aplica aos concursos cujo aviso de abertura tenha sido publicitado até à data da sua entrada em vigor, salvo os casos de reconstituição da situação actual hipotética em sede de execução de sentença.

ARTIGO 8.º – Revogação

É revogado o Decreto-Lei n.º 52/91, de 25 de Janeiro.

DECRETO-LEI N.° 324/99

de 18 de Agosto

**Institui um regime especial de trabalho a tempo parcial para o pessoal
com mais de 55 anos de idade**

A situação actual do mercado de trabalho aconselha a adopção de medidas que potenciem a renovação dos efectivos da Administração Pública, concorrendo também para a diversificação da oferta de emprego.

O Decreto-Lei n.° 259/98, de 18 de Agosto, publicado ao abrigo de autorização legislativa, estabeleceu as regras e os princípios gerais em matéria de duração e horário de trabalho na Administração Pública, tendo previsto, no seu artigo 11.°, um regime de trabalho a tempo parcial, o qual pode ser requerido por funcionários ou agentes, por um período mínimo de 30 dias e máximo de 2 anos.

O artigo 12.° do citado diploma permitiu o estabelecimento de outros regimes de trabalho a tempo parcial – sempre que a política de emprego público o justifique, designadamente a renovação de efectivos.

É neste contexto que se inscreve o presente diploma, que estabelece um novo regime especial de trabalho a tempo parcial, cujos destinatários são os funcionários em final de vida profissional e que estejam interessados em traçar o seu próprio plano de transição para a futura situação de aposentadoria.

Com esta medida, para além da renovação dos efectivos da Administração Pública, visa-se uma vantagem adicional da maior importância, que se traduz no cruzamento de experiências e transmissão de saberes acumulados ao longo de percursos profissionais muito diversificados.

Foram observados os procedimentos decorrentes da Lei n.° 23/98, de 26 de Maio, e, bem assim, foram ouvidos os órgãos de governo próprios das Regiões Autónomas dos Açores e da Madeira, a Associação Nacional de Municípios Portugueses e a Associação Nacional de Freguesias.

Assim:

No desenvolvimento do regime jurídico estabelecido pelo artigo 12.° do Decreto-Lei n.° 259/98, de 18 de Agosto, e nos termos da alínea c) do n.° 1 do artigo 198.° da Constituição, o Governo decreta, para valer como lei geral da República, o seguinte:

ARTIGO 1.° – **Objecto e âmbito de aplicação**

1 – O presente diploma estabelece um regime especial de trabalho a tempo parcial de funcionários de nomeação definitiva dos serviços e organismos da administração central, bem como dos institutos públicos, nas modalidades de serviços personalizados ou de fundos públicos.

2 – São destinatários deste regime especial de trabalho a tempo parcial os funcionários de nomeação definitiva com mais de 55 anos de idade e que estejam a cinco ou menos anos da data em que, em condições normais, terão direito a passar à aposentação.

662   *IV – Funcionários da Administração Local*

3 – O disposto no número anterior não é aplicável aos funcionários que estatutariamente beneficiem de regime especial, designadamente por disporem da faculdade legal de praticar horário de trabalho reduzido ou por beneficiarem de regime especial de aposentação.

4 ([1]) – O presente diploma é aplicável, com as necessárias adaptações, à administração local e à administração regional, sem prejuízo da competência dos órgãos de governo próprios das Regiões Autónomas.

1 – Adaptado à Administração Local pelo DL n.º 277/2000, de 10 de Novembro.

ARTIGO 2.º – Noção e regime

1 – O regime especial de trabalho a tempo parcial previsto no presente diploma traduz-se no cumprimento de metade da duração semanal ou mensal do trabalho.

2 – O horário a cumprir pelo funcionário pode compreender a prestação de trabalho em dias inteiros ou meios dias.

3 ([1]) – Compete ao dirigente máximo do serviço a aprovação do horário de trabalho a praticar pelo funcionário em regime especial de trabalho a tempo parcial, tendo em conta a pretensão do funcionário e as conveniências do serviço.

4 ([1]) – A prestação de trabalho a tempo parcial no regime especial previsto no presente diploma faz-se por opção do funcionário interessado, a qual, uma vez aceite pelo membro do Governo competente, é irrevogável.

5 – O regime especial de trabalho a tempo parcial não pode ser interrompido, sem prejuízo do disposto no número seguinte.

6 – O regime especial de trabalho a tempo parcial é suspenso em caso de licença sem retribuição.

1 – Ver art. 2.º n.º 1 do DL n.º 277/2000, de 10 de Novembro.

ARTIGO 3.º – Situação funcional do abrangido

1 – O funcionário cuja opção pelo regime especial de trabalho a tempo parcial tenha sido aceite é considerado, para todos os efeitos legais, em efectividade de serviço, mantendo a totalidade dos direitos e ficando subordinado a todos os deveres de carácter geral ou especial, com as especificidades constantes do presente diploma.

2 – O regime especial de trabalho a tempo parcial não prejudica a contagem de tempo do funcionário para efeitos de progressão na carreira e aposentação, sendo considerado nos mesmos termos que a prestação de trabalho em regime de tempo completo.

3 – O funcionário em regime especial de trabalho a tempo parcial terá direito a 50% da retribuição correspondente ao escalão em que estiver integrado e, bem assim, aos suplementos remuneratórios fixos, a que acrescem as prestações sociais devidas e um diferencial destinado a garantir, na sua totalidade, as quotizações para a Caixa Geral de Aposentações e ADSE.

4 – O funcionário tem ainda direito a 50% dos subsídios de férias e de Natal, bem como ao abono do subsídio de refeição, nos termos da respectiva lei reguladora.

ARTIGO 4.º – Procedimento

1 – O procedimento conducente à passagem ao regime especial de trabalho a tempo parcial inicia-se com a apresentação de requerimento, do qual deve constar:

a) A data a partir da qual o funcionário pretende passar a este regime;

b) O horário de trabalho que pretende cumprir;

c) A data em que reunirá os requisitos gerais ou especiais, exigíveis para aposentação.

2 ([1]) – O requerimento é objecto de despacho do membro do Governo competente, sob proposta do dirigente máximo do serviço, que tenha em conta as conveniências do serviço.

Decreto-Lei n.º 324/99, de 18 de Agosto   663

3 – A data da passagem do funcionário para este regime poderá ser diferida, por um período não superior a seis meses, com fundamento em conveniência de serviço e respeitada a audiência prévia do interessado.

1 – Ver nota ao art. 2.º.

ARTIGO 5.º – Admissão de pessoal

1 ([1]) – Quando num mesmo serviço ou organismo houver pelo menos dois funcionários em regime especial de trabalho a tempo parcial, o respectivo dirigente máximo promoverá a abertura de concurso externo de ingresso para uma admissão, com observância dos procedimentos legais aplicáveis.

2 – Sem prejuízo do disposto no n.º 2 do artigo 37.º do Decreto-Lei n.º 204/98, de 11 de Julho, na admissão a efectuar têm preferência, em caso de igualdade, e sucessivamente, os candidatos:

a) Que tenham concluído, com aproveitamento, o estágio profissional nos termos legalmente previstos;

b) Que estejam inscritos no centro de emprego da respectiva área e que possuam formação adequada.

1 – Ver nota ao art. 2.º.

ARTIGO 6.º – Formalidades e responsabilidades

1 ([1]) – A abertura de concurso carece da anuência prévia do Ministro das Finanças e do membro do Governo responsável pela Administração Pública, devendo as propostas respectivas incluir a indicação das verbas orçamentais disponibilizadas por aplicação do presente diploma e a comprovação dos pressupostos referidos no artigo anterior.

2 – As admissões efectuadas com preterição das formalidades fixadas no número anterior são nulas, sem prejuízo de produzirem todos os seus efeitos como se fossem válidas em relação ao tempo durante o qual estiveram em execução.

3 – Os dirigentes que autorizem a admissão com preterição das formalidades exigidas incorrem em responsabilidade civil, disciplinar e financeira, pela prática de actos ilícitos, constituindo fundamento para a cessação da respectiva comissão de serviço.

4 – A responsabilidade financeira dos dirigentes efectiva-se através da entrega nos cofres do Estado do quantitativo igual ao que tiver sido abonado ao pessoal ilegalmente admitido.

1 – Ver nota ao art. 2.º.

ARTIGO 7.º – Limitação de encargos

Os encargos com o pessoal a admitir não podem exceder as disponibilidades libertadas, podendo estas ser geridas a nível de cada ministério, através do serviço responsável pela coordenação da política sectorial de recursos humanos.

ARTIGO 8.º – Acompanhamento

Compete à Direcção-Geral da Administração Pública o acompanhamento das medidas directamente previstas no presente diploma e a apresentação de propostas que visem o seu aperfeiçoamento.

ARTIGO 9.º – Entrada em vigor

O presente diploma entra em vigor no dia 1 do mês seguinte ao da sua publicação.

DECRETO-LEI N.º 325/99
de 18 de Agosto

Introduz a semana de trabalho de quatro dias no âmbito da Administração Pública

A situação do mercado de trabalho nos tempos actuais e a estrutura etária dos trabalhadores da Administração Pública aconselham a adopção das medidas que potenciem a renovação dos seus efectivos, contribuindo, simultaneamente, para a promoção do emprego.

Com a instituição do regime especial da semana de quatro dias visa-se a criação de condições favoráveis à prossecução daqueles objectivos.

Por outro lado, a redução da duração do trabalho e a redistribuição do tempo de trabalho constituem uma resposta colectiva e solidária a dois dos graves problemas das sociedades actuais: o desemprego e a falta de tempo livre, com a correspondente dificuldade de harmonizar a vida familiar e profissional.

Entende assim o Governo que cabe à Administração Pública desempenhar um papel locomotivo sobre o mercado de emprego, dando, nesta matéria, o exemplo ao sector privado e às administrações regionais e locais.

Foi, aliás, em conformidade com este entendimento que, ao abrigo de autorização legislativa, o Governo aprovou o Decreto-Lei n.º 259/98, de 18 de Agosto, que estabeleceu os princípios gerais em matéria de duração e horário de trabalho, o qual, no seu artigo 12.º, permite o estabelecimento de outros regimes de trabalho a tempo parcial, sempre que a política de emprego público o justifique.

Foram observados os procedimentos decorrentes da Lei n.º 23/98, de 23 de Maio, e, bem assim, foram ouvidos os órgãos de governo próprios das Regiões Autónomas dos Açores e da Madeira, a Associação Nacional de Municípios Portugueses e a Associação Nacional de Freguesias.

Assim:

No desenvolvimento do regime jurídico estabelecido pelo artigo 12.º do Decreto-Lei n.º 259/98, de 18 de Agosto, e nos termos da alínea c) do n.º 1 do artigo 198.º da Constituição, o Governo decreta, para valer como lei geral da República, o seguinte:

ARTIGO 1.º – Objecto e âmbito de aplicação

1 – O presente diploma estabelece o regime de prestação de trabalho designado por semana de quatro dias de funcionários de nomeação definitiva de serviços e organismos da administração central, bem como dos institutos públicos, nas modalidades de serviços personalizados do Estado e de fundos públicos.

2 (^{1}) – O mesmo regime é aplicável, com as necessárias adaptações, à administração local e à administração regional, sem prejuízo da competência dos órgãos de governo próprios das Regiões Autónomas.

666   *IV – Funcionários da Administração Local*

3 – O regime estabelecido no presente diploma não é aplicável aos funcionários integrados em corpos especiais que disponham já da faculdade legal da prática de horário de trabalho reduzido.

1 – Adaptado à Administração Local pelo Decreto-Lei n.° 277/2000, de 10 de Novembro.

ARTIGO 2.° – Noção e regime

1 – A semana de quatro dias traduz-se na redução de um dia, ou de dois meios-dias, na duração do período normal de trabalho semanal.

2 – A prestação de trabalho em regime de semana de quatro dias é deferida pelo período mínimo de um ano, renovável por iguais períodos, sem prejuízo do disposto no número seguinte.

3 – A prestação de trabalho em regime de semana de quatro dias pode ser interrompida, ou cessar, a requerimento do funcionário, uma vez decorrido o primeiro período inicial de um ano e observadas as demais condições fixadas no presente diploma e na lei geral do regime de emprego público.

ARTIGO 3.° – Situação funcional do pessoal abrangido

1 – O funcionário que opte pela semana de quatro dias é considerado, para todos os efeitos legais, em efectividade de serviço, mantendo a totalidade dos direitos e ficando subordinado a todos os deveres de carácter geral ou especial, com as modificações constantes do presente diploma.

2 – A prestação de trabalho em regime de semana de quatro dias não prejudica a contagem do tempo do funcionário para efeitos de progressão na carreira e aposentação, sendo considerado nos mesmos termos que a prestação de trabalho em regime de tempo completo.

3 – O funcionário que opte pela semana de quatro dias tem direito a 80% da retribuição que corresponder ao escalão em que se encontrar integrado e, bem assim, dos suplementos remune-ratórios fixos, a que acrescem as prestações sociais devidas e um diferencial destinado a garan-tir, na sua totalidade, as quotizações para a Caixa Geral de Aposentações e ADSE.

4 – O funcionário tem ainda direito a 80% dos subsídios de férias e de Natal, bem como ao abono do subsídio de refeição, nos termos da respectiva lei reguladora.

ARTIGO 4.° – Procedimento

1 – O procedimento conducente à passagem ao regime da semana de quatro dias inicia-se com a apresentação de requerimento, do qual deve constar:

a) A data a partir da qual o funcionário pretende passar a este regime;

b) O período semanal de trabalho que pretende cumprir, nos termos do n.° 1 do artigo 2.° do presente diploma.

2 ([1]) – O requerimento é objecto de despacho do membro do Governo competente, sob proposta do dirigente máximo do serviço.

3 – A data da passagem do funcionário para este regime pode ser diferida, por um período não superior a dois meses, com fundamento em conveniência de serviço e respeitada a audiên-cia prévia do interessado.

1 – Ver art. 2.° n.° 2 do Decreto-Lei n.° 277/2000, de 10 de Novembro.

ARTIGO 5.° – Regresso ao regime de tempo completo

1 – O regresso ao regime de tempo completo é feito a requerimento do funcionário inte-ressado.

2 – O requerimento previsto no número anterior será obrigatoriamente apresentado até ao último dia útil do 9.° mês de cada período anual de duração do regime da semana de quatro dias.

Decreto-Lei n.° 325/99, de 18 de Agosto 667

3 – A não apresentação do requerimento, ou a sua apresentação extemporânea, determina a prorrogação automática do regime em que o funcionário se encontra.

ARTIGO 6.° – **Contratação de pessoal**

1 (¹) – Quando num mesmo serviço ou organismo houver pelo menos cinco funcionários em regime de semana de quatro dias, o respectivo dirigente máximo promoverá uma contratação em regime de contrato de trabalho a termo certo, com observância dos procedimentos legais aplicáveis e do disposto no artigo 8.°.

2 – Sem prejuízo da observância do disposto no número anterior, na contratação a efectuar será dada prioridade aos candidatos:

a) Que tenham concluído, com aproveitamento, o estágio profissional nos termos legalmente previstos;

b) Que estejam inscritos no centro de emprego da respectiva área, possuam formação adequada e se encontrem disponíveis para colocação em regime de contrato de trabalho a termo certo.

1 – Ver nota ao art. 4.°.

ARTIGO 7.° – **Formalidades e responsabilidades**

1 (¹) – A celebração dos contratos de trabalho a termo certo carece da anuência prévia do Ministro das Finanças e do membro do Governo responsável pela Administração Pública, devendo as propostas respectivas incluir a indicação das verbas orçamentais disponibilizadas por aplicação do presente diploma e a comprovação dos pressupostos referidos no artigo anterior.

2 – As contratações efectuadas com preterição das formalidades fixadas no número anterior são nulas, sem prejuízo de os contratos produzirem todos os seus efeitos como se fossem válidos em relação ao tempo durante o qual estiveram em execução.

3 – Os dirigentes que celebrem ou autorizem a celebração de contratos com preterição das formalidades exigidas incorrem em responsabilidade civil, disciplinar e financeira pela prática de actos ilícitos, constituindo fundamento para a cessação da respectiva comissão de serviço.

4 – A responsabilidade financeira dos dirigentes efectiva-se através da entrega nos cofres do Estado do quantitativo igual ao que tiver sido abonado ao pessoal ilegalmente contratado.

1 – Ver nota ao art. 4.°.

ARTIGO 8.° – **Regime do contrato de trabalho a termo certo**

1 – A celebração de contrato de trabalho a termo certo, nos termos deste diploma, não confere ao contratado a qualidade de agente administrativo.

2 – O contrato referido no número anterior é resolúvel nos termos gerais, designadamente quando se verifique inadaptação do trabalhador ou manifesto incumprimento seu das cláusulas contratuais, podendo ser iniciado novo processo de recrutamento.

3 – Os contratos de trabalho a termo certo a celebrar nos termos do presente diploma têm o prazo de um ano, renovável, nos termos gerais, até ao máximo de dois anos.

4 – Nos casos em que, por virtude da celebração de um ou mais contratos, o contratado complete, no mesmo serviço, dois anos seguidos de desempenho efectivo de funções, ou interpolados, com interrupções não superiores a 60 dias, o seu contrato de trabalho a termo certo é convertível em contrato administrativo de provimento, caso a necessidade se mantenha e seja expressamente reconhecida, nos termos do número seguinte.

5 (¹) – O reconhecimento de que o contratado não desempenha funções que correspondam a necessidades próprias do serviço, de natureza permanente, consta de despacho devidamente fundamentado do dirigente máximo do serviço.

1 – Ver nota ao art. 4.°.

668   *IV – Funcionários da Administração Local*

ARTIGO 9.° – **Limitação de encargos com o pessoal contratado**

Os encargos com o pessoal contratado nos termos dos artigos anteriores não poderão exceder as disponibilidades libertadas por aplicação do regime nele previsto, podendo estas ser geridas a nível de cada ministério, através do serviço responsável pela coordenação da política sectorial de recursos humanos, quando se mostre inexequível o disposto no n.° 1 do artigo 6.° do presente diploma.

ARTIGO 10.° – **Acompanhamento**

Compete à Direcção-Geral da Administração Pública o acompanhamento das medidas directamente previstas no presente diploma e a apresentação de propostas que visem o seu aperfeiçoamento.

ARTIGO 11.° – **Entrada em vigor**

O presente diploma entra em vigor no dia 1 do mês seguinte ao da sua publicação.

DECRETO-LEI N.º 488/99

de 17 de Novembro

Define as formas de aplicação do regime jurídico de segurança, higiene e saúde no trabalho à Administração Pública e revoga o Decreto-Lei n.º 191/95, de 28 de Julho

O Decreto-Lei n.º 441/91, de 14 de Novembro, acolhe no ordenamento jurídico nacional as obrigações decorrentes da ratificação da Convenção n.º 155 da Organização Internacional do Trabalho (OIT), relativa à segurança, à saúde dos trabalhadores e ao ambiente de trabalho, e transpõe para o direito interno a Directiva n.º 89/391/CEE, respeitante à aplicação de medidas destinadas a promover a melhoria da segurança e saúde no trabalho.

O âmbito de aplicação do citado diploma abrange todos os ramos de actividade, nos sectores público, privado, cooperativo e social, e bem assim todos os trabalhadores, remetendo para regulamentação própria a definição das formas da sua aplicação à Administração Pública, finalidade que o Decreto-Lei n.º 191/95, de 28 de Julho, pretendeu atingir, contudo, sem efectiva concretização.

Os princípios normativos constantes do citado Decreto-Lei n.º 441/91, de 14 de Novembro, e demais legislação complementar, designadamente do Decreto-Lei n.º 26/94, de 1 de Fevereiro, exigem que se adaptem conceitos e se explicitem algumas das obrigações e inerentes responsabilidades dos empregadores e trabalhadores no âmbito da Administração Pública. Este é o objectivo do presente diploma, que pressupõe a garantia da avaliação e registo actualizado dos factores de risco, da planificação e orçamentação das acções conducentes ao seu efectivo controlo, bem como a existência de recursos humanos com competência e qualificação adequadas, em conformidade com o regime consagrado na referida lei quadro.

Pretende-se ainda assegurar a informação, formação, participação e consulta dos trabalhadores e estabelecer o regime de responsabilização pelo não cumprimento das normas legais sobre segurança, higiene e saúde no trabalho.

Neste contexto e no âmbito do acordo salarial para 1996 e compromissos de médio e longo prazos, procede-se à revisão do referido Decreto-Lei n.º 191/95, de 28 de Julho.

Foram observados os procedimentos decorrentes da Lei n.º 23/98, de 26 de Maio.

O presente diploma obteve o acordo da Frente Sindical da Administração Pública e do Sindicato dos Quadros Técnicos do Estado, tendo a Frente Comum dos Sindicatos da Administração Pública manifestado a sua indisponibilidade para o negociar.

Nos termos constitucionais e legais, foram ouvidas as Regiões Autónomas dos Açores e da Madeira, a Associação Nacional de Municípios Portugueses e a Associação Nacional de Freguesias.

Assim:

No desenvolvimento do regime jurídico estabelecido pelo Decreto-Lei n.º 441/91, de 14 de Novembro, e nos termos da alínea c) do n.º 1 do artigo 198.º da Constituição, o Governo decreta, para valer como lei geral da República, o seguinte:

670   *IV – Funcionários da Administração Local*

ARTIGO 1.° – Finalidade

1 – O presente diploma define as formas de aplicação do Decreto-Lei n.° 441/91, de 14 de Novembro, à Administração Pública.

2 – O regime jurídico do enquadramento da segurança, higiene e saúde no trabalho, aprovado pelo Decreto-Lei n.° 441/91, de 14 de Novembro, aplica-se à Administração Pública com as especificidades constantes deste diploma.

ARTIGO 2.° – Âmbito de aplicação

1 – O presente diploma aplica-se aos trabalhadores e empregadores dos serviços e organismos da administração central, local e regional, incluindo os institutos públicos nas modalidades de serviços personalizados do Estado e de fundos públicos, e ainda aos serviços e organismos que estejam na dependência orgânica e funcional da Presidência da República, da Assembleia da República e das instituições judiciárias.

2 – O presente diploma não é aplicável a actividades da função pública, quando o respectivo exercício seja condicionado por critérios de segurança ou emergência, nomeadamente as desenvolvidas pelas Forças Armadas, pelas forças de segurança, bem como as actividades específicas dos serviços de protecção civil, sem prejuízo da adopção de medidas que visem garantir a segurança e a saúde dos respectivos trabalhadores.

ARTIGO 3.° – Conceitos

1 – Para efeitos do presente diploma considera-se:

a) Empregador ou entidade empregadora – o dirigente máximo do serviço ou do organismo da Administração Pública que tenha a competência própria prevista na lei para gestão e administração do pessoal;

b) Trabalhador – pessoa vinculada por nomeação, contrato administrativo de provimento ou contrato individual de trabalho que desempenhe funções nos serviços e organismos referidos no n.° 1 do artigo anterior e, bem assim, os que estejam na dependência económica do empregador em razão dos meios de trabalho e do resultado da sua actividade;

c) Representante dos trabalhadores – pessoa eleita nos termos da lei para exercer funções de representação dos trabalhadores nos domínios da segurança e saúde no trabalho;

d) Local de trabalho – todo o lugar em que o trabalhador se encontra, ou donde ou para onde deve dirigir-se em virtude do seu trabalho, e em que esteja, directa ou indirectamente, sujeito ao controlo do empregador;

e) Estabelecimento – serviço ou organismo da Administração Pública, ou parte destes, situado num local geograficamente identificado, no qual ou a partir do qual é exercida uma ou mais actividades.

2 – Na administração local, considera-se empregador:

a) O presidente da câmara, nas câmaras municipais;

b) O conselho de administração, nos serviços municipalizados e nas associações de municípios;

c) A junta de freguesia, nas juntas de freguesia;

d) O presidente da mesa da assembleia distrital, nas assembleias distritais;

e) A junta metropolitana, nas juntas metropolitanas.

ARTIGO 4.° – Representantes dos trabalhadores

1 – Aos representantes dos trabalhadores é aplicável o disposto no artigo 10.° do Decreto-Lei n.° 441/91, de 14 de Novembro, com as alterações constantes dos números seguintes.

Decreto-Lei n.º 488/99, de 17 de Novembro 671

2 – Podem eleger e ser eleitos trabalhadores vinculados por nomeação, por contrato administrativo de provimento ou por contrato individual de trabalho sem termo.

3 – A eleição dos trabalhadores é feita, em cada estabelecimento, por entidade empregadora.

4 – Os representantes dos trabalhadores não podem exceder:

a) Estabelecimentos com mais de 20 e menos de 61 trabalhadores – um representante;

b) Estabelecimentos de 61 a 150 trabalhadores – dois representantes;

c) Estabelecimentos de 151 a 300 trabalhadores – três representantes;

d) Estabelecimentos de 301 a 500 trabalhadores – quatro representantes;

e) Estabelecimentos de 501 a 1000 trabalhadores – cinco representantes;

f) Estabelecimentos de 1001 a 1500 trabalhadores – seis representantes;

g) Estabelecimentos com mais de 1500 trabalhadores – sete representantes.

5 – Quando haja estabelecimentos pertencentes à mesma entidade empregadora com 20 ou menos trabalhadores, estes serão agrupados por concelho, ou, na sua impossibilidade, por distrito, para os efeitos previstos na alínea *a)* do número anterior.

6 – O exercício das funções dos representantes dos trabalhadores não implica a perda de quaisquer direitos ou regalias, inclusive do subsídio de refeição.

7 – Aos representantes dos trabalhadores deve ser garantida, pela entidade empregadora, formação suficiente e adequada no domínio da segurança e saúde no trabalho, bem como a sua actualização, quando necessária.

ARTIGO 5.º – **Processo de eleição dos representantes dos trabalhadores**

1 – A convocatória da eleição pode resultar da iniciativa do respectivo empregador ou ser precedida de solicitação subscrita por organização sindical que represente os trabalhadores, ou por, pelo menos, 20% dos trabalhadores, devendo a eleição, quando solicitada, realizar-se no prazo de 45 dias.

2 – O processo de eleição é estabelecido por decisão do respectivo empregador ou entidade empregadora, ouvidas as organizações representativas dos trabalhadores, caso existam.

3 – Da decisão referida no número anterior deve constar, designadamente:

a) A data limite para indicação, pelos trabalhadores, dos membros da mesa ou mesas de voto, referindo expressamente que, na ausência dessa indicação, os mesmos serão designados pelo dirigente competente até quarenta e oito horas antes da realização do acto eleitoral;

b) A designação de cinco elementos por cada mesa ou mesas de voto, sendo três efectivos e dois suplentes;

c) A data do acto eleitoral;

d) O período e o local de funcionamento das mesas de voto;

e) A data limite da comunicação dos resultados ao dirigente respectivo.

4 – Nos estabelecimentos com um número superior a 20 trabalhadores deve existir uma mesa de voto.

5 – Nos estabelecimentos com um número igual ou inferior a 20 trabalhadores e distanciados entre si mais de 5 km deve existir, se possível, uma mesa de voto.

6 – Nos casos não abrangidos pelos n.os 4 e 5, a votação deve efectuar-se na mesa de voto constituída para o efeito que se situe no local mais acessível ou próximo do estabelecimento.

7 – Sem prejuízo do previsto no número anterior, quando a distância entre os estabelecimentos for superior a 5 km ou ocorra manifesto prejuízo para o funcionamento do serviço, o direito de voto pode ser exercido por correspondência.

8 – Os membros das mesas são dispensados do exercício dos seus deveres funcionais no dia em que houver eleições, sendo igualmente concedidas facilidades aos restantes trabalhadores,

672   *IV – Funcionários da Administração Local*

pelo período estritamente necessário para o exercício do direito de voto, sem perda de quaisquer direitos ou regalias, inclusive do subsídio de refeição.

ARTIGO 6.º – Comissões de segurança e saúde no trabalho

1 – Nos serviços e organismos abrangidos por este diploma podem ser criadas comissões de segurança e saúde no trabalho, mediante acordo entre a entidade empregadora e os representantes dos trabalhadores, em especial quando as condições de segurança e saúde no trabalho o aconselhem.

2 – Sem prejuízo do disposto no número anterior, por negociação colectiva entre as organizações representativas dos trabalhadores e o membro do Governo que tenha a seu cargo a Administração Pública podem ser criadas comissões de segurança e saúde no trabalho em serviços e organismos da Administração Pública.

3 – As comissões de segurança e saúde no trabalho são órgãos de composição paritária, para consulta e cooperação regular e periódica em matéria de informação e formação dos trabalhadores e de prevenção dos riscos profissionais e promoção da saúde no trabalho.

4 – As comissões de segurança e saúde são compostas, no máximo, por quatro ou seis membros efectivos, e por igual número de suplentes, em representação paritária da entidade empregadora e dos trabalhadores, consoante os serviços ou organismos abranjam, respectivamente, um número de trabalhadores igual ou inferior a 500 ou superior.

5 – A entidade empregadora designa os seus representantes, indicando, de entre eles, o coordenador da comissão.

6 – Os representantes dos trabalhadores escolhem, de entre si, os dois ou três membros e respectivos suplentes a que têm direito.

7 – Quando no mesmo local geograficamente identificado exerçam actividades mais de um estabelecimento, poderá ser constituída uma comissão comum, devendo, neste caso, as entidades empregadoras e os representantes dos trabalhadores indicar, de entre si e com respeito pelo princípio da proporcionalidade, os elementos que integrem a comissão, nos termos do n.º 3 do presente artigo.

8 – No caso previsto no número anterior, o coordenador da comissão será indicado pelas entidades empregadoras, mediante acordo entre elas.

9 – As comissões devem reunir, pelo menos, uma vez por trimestre e sempre que uma das partes o solicite ao respectivo coordenador, podendo nas suas reuniões participar, sem direito a voto, os elementos dos serviços de prevenção.

10 – A entidade empregadora deve garantir às comissões as condições necessárias para o exercício das suas competências.

ARTIGO 7.º – Competência das comissões

Às comissões de segurança e saúde no trabalho compete, designadamente:

a) Obter informação relativa às condições de trabalho necessária para o prosseguimento das suas funções;

b) Realizar visitas aos locais de trabalho para reconhecimento dos riscos para a segurança e saúde e avaliação das medidas de prevenção adoptadas;

c) Propor iniciativas no âmbito da prevenção dos riscos para a segurança e saúde no trabalho, visando a melhoria das condições de trabalho e a correcção de deficiências detectadas;

d) Participar na elaboração, acompanhamento e avaliação dos programas de prevenção de riscos profissionais;

Decreto-Lei n.º 488/99, de 17 de Novembro 673

e) Analisar os elementos disponíveis relativos aos acidentes de trabalho e doenças profissionais;

f) Emitir parecer sobre a programação anual dos serviços de segurança e saúde no trabalho.

ARTIGO 8.º – **Organização dos serviços de segurança e saúde no trabalho**

1 – No âmbito da Administração Pública é aplicável à organização e funcionamento dos serviços de segurança e saúde no trabalho o regime aprovado pelo Decreto-Lei n.º 26/94, de 1 de Fevereiro, ratificado pela Lei n.º 7/95, de 29 de Março, e legislação complementar, com as adaptações constantes do presente diploma.

2 – A entidade empregadora deve garantir a organização e o funcionamento dos serviços de segurança e saúde no trabalho, de forma a abranger todos os trabalhadores, através das seguintes medidas:

a) Designação de um ou mais trabalhadores para se ocuparem de todas ou algumas das actividades de segurança e saúde no trabalho;

b) Criação de serviços próprios de segurança e ou saúde no trabalho;

c) Contratação de serviços externos para completar ou assegurar as actividades de segurança e saúde no trabalho;

d) Utilização de serviços comuns a mais de uma entidade empregadora.

3 – Quando no mesmo local de trabalho prestem serviço trabalhadores afectos a mais de uma entidade empregadora, estas devem cooperar entre si na aplicação das disposições relativas à segurança e saúde no trabalho, sem prejuízo da responsabilidade específica de cada entidade em relação aos seus trabalhadores.

4 – Os serviços de segurança e saúde no trabalho podem revestir as seguintes modalidades:

a) Serviços próprios;

b) Serviços comuns;

c) Serviços externos.

5 – Possuindo vários estabelecimentos, a entidade empregadora pode adoptar modalidade diferente para cada um deles.

6 – No mesmo estabelecimento, as actividades de saúde podem ser organizadas em modalidade diferente das de segurança e higiene no trabalho.

ARTIGO 9.º – **Serviços próprios**

Os serviços próprios são criados pela entidade empregadora, fazendo parte integrante da sua estrutura e hierarquia, e abrangem exclusivamente os trabalhadores que nela prestam serviço.

ARTIGO 10.º – **Serviços comuns**

1 – Os serviços comuns são criados por mais de uma entidade empregadora, abrangendo vários estabelecimentos situados na mesma localidade ou localidades contíguas, para utilização comum dos trabalhadores que neles prestam serviço.

2 – A criação de um serviço comum é objecto de acordo reduzido a escrito, donde conste, nomeadamente, a identificação da entidade empregadora gestora do serviço, a sua localização, empregadores e estabelecimentos constituintes, número de trabalhadores potencialmente abrangidos, recursos humanos afectos ao serviço e delimitação dos correspondentes encargos financeiros.

ARTIGO 11.º – **Obrigatoriedade de serviços próprios ou comuns**

A entidade empregadora deve organizar serviços próprios ou comuns em qualquer das seguintes condições:

674   *IV – Funcionários da Administração Local*

a) Quando os trabalhadores exerçam actividades reguladas por legislação específica de risco de doença profissional, desde que o seu número seja superior a 200 no mesmo estabelecimento ou em estabelecimentos situados na mesma localidade ou localidades contíguas;

b) Quando o número de trabalhadores, no mesmo estabelecimento ou em estabelecimentos situados na mesma localidade ou localidades contíguas, seja superior a 800.

ARTIGO 12.° – Serviços externos

1 – Os serviços externos são contratados pelos empregadores a entidades públicas ou privadas.

2 – O contrato celebrado entre as entidades empregadoras e a entidade que assegura a prestação de serviço é reduzido a escrito, devendo contemplar, designadamente, os seguintes elementos:

a) A identificação completa da entidade prestadora do serviço;

b) O local ou locais da prestação dos serviços;

c) A data do início e termo da actividade;

d) A identificação do técnico responsável pelo serviço e, se for pessoa diferente, do médico do trabalho;

e) O número de trabalhadores potencialmente abrangidos;

f) O número de horas mensais de afectação de pessoal da entidade prestadora de serviços ao empregador;

g) Os actos excluídos do âmbito do contrato.

ARTIGO 13.° – Dever de comunicação

1 – No prazo de 30 dias após a celebração do acordo ou do contrato previsto no n.° 2 do artigo 10.°, ou do contrato referido no artigo anterior, a entidade empregadora deve enviar um exemplar ao Instituto de Desenvolvimento e Inspecção das Condições de Trabalho e à Direcção-Geral da Saúde.

2 – Quaisquer alterações aos elementos que devem constar do acordo ou do contrato são igualmente comunicadas, no mesmo prazo, às entidades referidas no número anterior.

3 – O Instituto de Desenvolvimento e Inspecção das Condições de Trabalho e a Direcção-Geral da Saúde, consoante a matéria constante do acordo ou do contrato, podem solicitar informações complementares sempre que se verifique qualquer desconformidade com as normas legais aplicáveis ou não se encontre devidamente acautelada a qualidade dos serviços.

ARTIGO 14.° – Condições de funcionamento dos serviços

1 – Sem prejuízo do disposto sobre o objectivo e actividades dos serviços de segurança e saúde no trabalho, o empregador, quando optar por serviços próprios ou comuns, deve disponibilizar instalações adequadas ao exercício das actividades dos técnicos dos serviços de segurança, higiene e saúde no trabalho.

2 – Quando o empregador optar pela modalidade de serviços externos, deve disponibilizar, sempre que possível, instalações adequadas para o exercício das actividades referidas no número anterior.

3 – Qualquer que seja a modalidade de organização de serviços adoptada pelo empregador, deve ser assegurado que:

a) Os técnicos de segurança e saúde exerçam regularmente a sua actividade nos locais de trabalho;

b) A disponibilidade horária do médico de trabalho permita que, pelo menos, um terço do seu tempo seja utilizado em actividades a desenvolver no meio laboral.

Decreto-Lei n.° 488/99, de 17 de Novembro

4 – As instalações dos serviços de saúde no trabalho devem, em qualquer caso:

a) Situar-se nos estabelecimentos ou nas proximidades destes, de modo a assegurar que a sua actividade seja exercida regularmente nos locais de trabalho;

b) Possuir a estrutura e o equipamento adequados ao exercício das actividades, de harmonia com as normas definidas pelo Ministério da Saúde.

ARTIGO 15.° – **Responsabilização**

1 – O empregador ou entidade empregadora é responsável disciplinarmente pelo não cumprimento das normas legais sobre segurança, higiene e saúde no trabalho.

2 – A responsabilidade disciplinar não afasta a responsabilidade civil ou criminal, se for caso disso.

3 – O incumprimento grave e reiterado das normas referidas no n.° 1 pode constituir fundamento para a cessação da comissão de serviço prevista na lei para o pessoal dirigente, independentemente da instauração de processo disciplinar.

4 – Na administração local, o empregador ou entidade empregadora, para além de estar sujeito ao regime jurídico da respectiva tutela, é responsável civil e criminalmente pelo incumprimento das normas referidas no n.° 1, se for caso disso.

ARTIGO 16.° – **Fiscalização**

1 – A fiscalização do cumprimento da legislação relativa à segurança, higiene e saúde no trabalho, nos serviços e organismos abrangidos pelo presente diploma, compete à Inspecção-Geral do Trabalho e à Direcção-Geral da Saúde no âmbito das respectivas atribuições, sem prejuízo da competência específica de outras entidades.

2 – No âmbito da respectiva actividade fiscalizadora, as entidades referidas no número anterior devem elaborar um auto de notícia de quaisquer infracções às normas sobre segurança, higiene e saúde no trabalho e remetê-lo ao respectivo ministro da tutela para os efeitos previstos no artigo anterior.

ARTIGO 17.° – **Revogação**

Com a entrada em vigor do presente diploma fica revogado o Decreto-Lei n.° 191/95, de 28 de Julho.

ARTIGO 18.° – **Entrada em vigor**

O presente diploma entra em vigor no dia 1 de Janeiro de 2000.

DECRETO-LEI N.º 489/99

de 17 de Novembro

Aplica o processo de regularização previsto no Decreto-Lei n.º 413/91, de 19 de Outubro, alterado pela Lei n.º 5/92, de 21 de Abril, ao pessoal admitido ou promovido irregularmente até três anos antes da entrada em vigor daquele diploma

O Decreto-Lei n.º 413/91, de 19 de Outubro, alterado pela Lei n.º 5/92, de 21 de Abril, estabeleceu o regime de regularização do pessoal dos quadros da administração local admitido para lugares de ingresso e de acesso ou promovido com violação de disposições legais geradoras de nulidade ou inexistência jurídica.

Aquele diploma, se bem que tenha constituído um instrumento útil para a realização dos fins pretendidos, adoptou regras limitadoras quer do universo do pessoal a regularizar, quer das perspectivas de carreira do pessoal regularizado, consignando, a este respeito, certos requisitos que a experiência demonstrou não serem consentâneos com o regime-regra estabelecido.

Com o presente diploma visa-se, por um lado, regularizar a situação do pessoal do quadro dos serviços dos municípios e das freguesias provido com violação das disposições legais geradora de nulidade ou inexistência jurídica, e que possuía menos de três anos de serviço à data de entrada em vigor do Decreto-Lei n.º 413/91, de 19 de Outubro, e, por outro, revogar a norma que impede o acesso na carreira do pessoal regularizado que não possua as habilitações literárias ou profissionais normalmente exigíveis.

Sendo legítimo dinamizar a carreira deste pessoal, criam-se as condições para que sejam abertos obrigatoriamente concursos de acesso, com sujeição aos prazos e formalidades de publicitação do concurso interno condicionado.

O presente diploma dá execução ao acordo salarial para 1999, celebrado com a Frente Sindical da Administração Pública (ponto 15 do anexo ao referido acordo).

Foram observados os procedimentos decorrentes da Lei n.º 23/98, de 26 de Maio. Ao abrigo do seu artigo 10.º, garantiu-se aos trabalhadores o exercício do direito de participação na elaboração do presente diploma, através das suas organizações sindicais. Foram devidamente ponderadas as opiniões formuladas, tendo merecido acolhimento múltiplas propostas de alteração, sem prejuízo da filosofia de base subjacente ao diploma.

Foram ouvidas a Associação Nacional de Municípios Portugueses (ANMP) e a Associação Nacional de Freguesias (ANAFRE).

Assim:

ARTIGO 1.º

Ao pessoal do quadro dos serviços dos municípios e das freguesias que tenha sido admitido até ao dia 20 de Outubro de 1991 para lugares de ingresso ou de acesso ou promovido com violação de disposições legais geradora de nulidade ou de inexistência jurídica é aplicável o pro-

678   *IV – Funcionários da Administração Local*

cesso de regularização constante do Decreto-Lei n.° 413/91, de 19 de Outubro, ratificado pela Lei n.° 5/92, de 21 de Abril, com as alterações resultantes dos artigos seguintes.

ARTIGO 2.°

Na aplicação das normas previstas no Decreto-Lei n.° 413/91, de 19 de Outubro, devem ser consideradas as agregações de categorias e alterações de carreiras decorrentes do Decreto-Lei n.° 412-A/98, de 31 de Dezembro.

ARTIGO 3.°

É revogado o n.° 4 do artigo 5.° do Decreto-Lei n.° 413/91, de 19 de Outubro.

ARTIGO 4.°

1 – O pessoal provido nos termos do Decreto-Lei n.° 413/91, de 19 de Outubro, que, por força do disposto no n.° 4 do artigo 5.°, não ascendeu na carreira, pode ser opositor a concursos de acesso, independentemente das habilitações literárias ou profissionais normalmente exigíveis para o acesso na mesma.

2 – Nos concursos a que se refere o número anterior, em caso de igualdade de classificação entre candidatos possuidores e não possuidores das habilitações literárias ou profissionais exigíveis para o acesso na respectiva carreira, preferem os que possuam aquelas habilitações.

ARTIGO 5.°

1 – O pessoal a que se refere o artigo anterior é candidato único a concurso de acesso à categoria seguinte, a abrir no prazo de 90 dias, a contar da data da publicação do presente diploma.

2 – O concurso a que se refere o número anterior efectua-se para as vagas existentes ou para lugares automaticamente aditados ao quadro de pessoal por força do presente diploma, quando tal se mostre necessário.

3 – O concurso previsto no n.° 1 obedece aos prazos e formalidades de publicitação do concurso interno de acesso limitado.

4 – Os lugares criados nos termos do n.° 2 são extintos quando vagarem.

5 – O concurso previsto nos números anteriores não prejudica o ulterior acesso na carreira, a processar ao abrigo do artigo 4.°, nos termos das regras gerais fixadas para os concursos de acesso.

DECRETO-LEI N.° 497/99

de 19 de Novembro

**Estabelece o regime da reclassificação e da reconversão profissionais
nos serviços e organismos da Administração Pública**

A reanimação das acções de reclassificação e de reconversão profissionais, na perspectiva do estímulo à mobilidade intercarreiras, é uma das medidas do acordo salarial e compromissos de médio e longo prazos, celebrado entre o Governo e as associações sindicais em Janeiro de 1996, devendo tal medida ser concretizada no período da legislatura.

As virtualidades destas formas de mobilidade dos recursos humanos, por um lado, e as situações específicas de alguns grupos de pessoal e suas estruturas orgânicas, por outro, têm vindo a possibilitar a concretização de um número significativo de reclassificações. Algumas delas envolveram vários grupos de trabalhadores, como sejam as que ocorreram no âmbito do processo de regularização das situações de trabalho precário, e muitas outras têm vindo a ser dinamizadas no contexto da reestruturação e reorganização dos serviços.

Muito embora o concurso constitua a forma normal de ingresso em lugares dos quadros da Administração Pública, no tocante à mobilidade intercarreiras impõe-se o desenvolvimento dos mecanismos da reconversão e da reclassificação, como instrumentos privilegiados de gestão, optimização e motivação do capital de recursos humanos de que dispõe.

Nesta perspectiva redefinem-se os critérios e alarga-se o âmbito de aplicação de tais instrumentos de gestão, introduzindo-se, concomitantemente, meios de controlo que se centram no exercício de novas funções em regime probatório e na aquisição de novos conhecimentos e competências obtidos em processo de formação sujeito a avaliação final.

Importa, por último, uniformizar critérios e procedimentos, bem como simplificar formalidades e, sobretudo, afastar quaisquer condicionamentos à reclassificação e reconversão, enquadráveis no artigo 51.° do Decreto-Lei n.° 100/99, de 31 de Março, o qual prevê, expressamente, que o funcionário ou agente que for considerado, pela junta médica, incapaz para o exercício das suas funções, mas apto para o desempenho de outras, poderá requerer a sua reclassificação ou reconversão profissionais.

Com o presente diploma, o XIII Governo Constitucional dá cumprimento ao acordo salarial para 1996 e compromissos de médio e longo prazos, no seguimento de medida a concretizar no período da legislatura, e, do mesmo passo, respeita a calendarização fixada no acordo salarial para 1999 celebrado com a única organização sindical dele subscritora, a FESAP – Frente Sindical da Administração Pública.

Foram observados os procedimentos decorrentes da Lei n.° 23/98, de 26 de Maio, tendo o presente diploma o acordo da FESAP – Frente Sindical da Administração Pública.

Foram ouvidos os órgãos de governo próprios das Regiões Autónomas dos Açores e da Madeira, a Associação Nacional de Municípios Portugueses e a Associação Nacional de Freguesias.

680   *IV – Funcionários da Administração Local*

CAPÍTULO I – Disposições gerais

ARTIGO 1.º – Objecto

O presente diploma estabelece o regime da reclassificação e da reconversão profissionais nos serviços e organismos da Administração Pública.

ARTIGO 2.º – Âmbito

1 – O regime previsto no presente diploma aplica-se:

a) Aos funcionários dos serviços e organismos da administração central, bem como dos institutos públicos nas modalidades de serviços personalizados do Estado e de fundos públicos;

b) Aos funcionários dos serviços na dependência orgânica e funcional da Presidência da República, da Assembleia da República e das instituições judiciárias;

c) Aos agentes, em caso de reabilitação profissional.

2 (¹) – A aplicação do presente diploma às Regiões Autónomas dos Açores e da Madeira depende do respectivo diploma legislativo regional que o adapte às especificidades próprias da administração regional.

3 (²) – A adaptação do presente diploma à administração local é feita por decreto-lei.

1 – Adaptado à Região Autónoma da Madeira pelo DLR n.º 8/2000/M, de 1 de Abril.
2 – Adaptado à Administração Local pelo DL n.º 218/2000, de 9 de Setembro.

ARTIGO 3.º – Definições

1 – A reclassificação profissional consiste na atribuição de categoria e carreira diferente daquela que o funcionário é titular, reunidos que estejam os requisitos legalmente exigidos para a nova carreira.

2 – A reconversão profissional consiste na atribuição de categoria e carreira diferentes daquela que o funcionário é titular, sendo a falta de habilitações literárias ou qualificação profissional supridas pela aprovação em curso ou cursos de formação profissional.

ARTIGO 4.º – Condições de aplicação

Podem dar lugar à reclassificação ou reconversão profissionais as seguintes situações:

a) A alteração das atribuições e competências dos organismos e serviços da Administração Pública;

b) A alteração de funções ou a extinção de postos de trabalho, originadas, designadamente, pela introdução de novas tecnologias e métodos ou processos de trabalho;

c) A desadaptação ou a inaptidão profissional do funcionário para o exercício das funções inerentes à carreira e categoria que detém;

d) A aquisição de novas habilitações académicas e ou profissionais, desde que relevantes para as áreas de especialidade enquadráveis nas atribuições e competências dos organismos e serviços da Administração Pública;

e) O desajustamento funcional, caracterizado pela não coincidência entre o conteúdo funcional da carreira que o funcionário é titular e as funções efectivamente exercidas;

f) Outras situações legalmente previstas.

ARTIGO 5.º – Limites à reclassificação e reconversão profissionais

1 – A reclassificação e reconversão não podem dar origem à atribuição de cargos e categorias de chefia.

2 – A reconversão não pode dar origem à atribuição de cargos em corpos especiais ou em

Decreto-Lei n.º 497/99, de 19 de Novembro 681

carreiras em cujo ingresso seja exigida licenciatura, ou curso superior, salvo o disposto na alínea *a*) do artigo anterior, quando ocorra no âmbito do mesmo organismo ou serviço.

ARTIGO 6.º – Procedimentos

1 – A reclassificação e reconversão profissionais dependem de iniciativa da Administração, mediante despacho do dirigente máximo do serviço ou deliberação do respectivo órgão executivo ou ainda de requerimento fundamentado do funcionário que detenha mais de três anos na categoria e se verifique o interesse e a conveniência do serviço.

2 – A reclassificação e reconversão profissionais são precedidas do exercício, em comissão de serviço extraordinária, das funções correspondentes à nova carreira por um período de seis meses ou pelo período legalmente fixado para o estágio de ingresso, se este for superior.

3 – Findo o período previsto no número anterior, o funcionário que para tanto revele aptidão é provido no lugar vago do quadro do serviço ou organismo onde se opere a reclassificação ou reconversão.

4 – Quando os funcionários que reúnam condições não possam ser reclassificados ou reconvertidos no próprio serviço, a reclassificação ou reconversão profissionais podem ser feitas em outros serviços ou organismos, obtida a concordância do funcionário e do serviço ou organismo de origem.

5 – Os actos administrativos proferidos no âmbito dos procedimentos de reclassificação e de reconversão profissionais são objecto de publicação no Diário da República.

CAPÍTULO II – Regime da reclassificação e da reconversão profissionais

ARTIGO 7.º – Reclassificação profissional

1 – São requisitos da reclassificação profissional:

a) A titularidade das habilitações literárias e das qualificações profissionais legalmente exigidas para o ingresso e ou acesso na nova carreira;

b) O exercício efectivo das funções correspondentes a nova carreira nos termos do n.º 2 do artigo anterior;

c) O parecer prévio favorável da secretaria-geral ou do departamento responsável pela gestão dos recursos humanos do ministério da tutela.

2 – O requisito previsto na alínea *b*) do número anterior pode ser dispensado quando seja comprovado com informação favorável do respectivo superior hierárquico o exercício, no mesmo serviço ou organismo, das funções correspondentes à nova carreira por período não inferior a um ano ou à duração do estágio de ingresso, se este for superior.

ARTIGO 8.º – Reconversão profissional

São requisitos da reconversão profissional:

a) A frequência, com aproveitamento, do curso ou dos cursos de formação profissional que em cada caso seja determinada em função das habilitações já adquiridas e dos requisitos de ingresso e ou acesso na nova carreira;

b) O exercício efectivo das funções correspondentes à nova carreira nos termos do n.º 2 do artigo 6.º;

c) O parecer prévio favorável da secretaria-geral ou do departamento responsável pela gestão dos recursos humanos do ministério da tutela.

682   *IV – Funcionários da Administração Local*

ARTIGO 9.º – Formação profissional

1 – A formação necessária à reconversão profissional é fixada caso a caso em despacho conjunto do membro do Governo da tutela e do que tiver a seu cargo a Administração Pública, e em conformidade com as disposições do Decreto-Lei n.º 50/98, de 11 de Março.

2 – Do despacho deve constar:

a) O nome do funcionário;

b) A carreira e categoria de origem e a resultante da reconversão profissional;

c) A formação relevante previamente adquirida pelo interessado que haja sido reconhecida;

d) O curso ou cursos de formação existentes a frequentar e a entidade competente para os ministrar.

3 – Quando a reconversão profissional se destine a um grupo de funcionários, a formação necessária pode ainda ser obtida através de curso específico cujo conteúdo programático, duração e formas de avaliação são definidas no despacho referido no número anterior.

ARTIGO 10.º – Categoria e remuneração

1 – A reclassificação e reconversão determinam a transição para categoria da nova carreira cujo índice correspondente ao escalão 1 seja igual ou superior mais aproximado ao do escalão 1 da categoria de origem, aplicando-se-lhe o disposto no artigo 18.º do Decreto-Lei n.º 353-A/89, de 16 de Outubro.

2 – Quando um funcionário integrado em corpo especial for objecto de reclassificação ou reconversão para carreira do regime geral, tem direito à categoria menos elevada da nova carreira que integre remuneração base igual ou, na falta de coincidência, à remuneração base superior mais aproximada.

3 – Quando a reclassificação ou reconversão, por conveniência da Administração ou em caso de reabilitação profissional, só possa efectuar-se para categoria com desenvolvimento indiciário inferior ao da categoria de origem, poder-se-á manter, por opção do trabalhador, o desenvolvimento indiciário desta categoria.

ARTIGO 11.º – Antiguidade

1 – O tempo de serviço prestado no escalão de origem releva para progressão na nova categoria quando da reclassificação ou da reconversão profissionais resulte o mesmo índice remuneratório.

2 – O período de exercício efectivo das funções a que se refere o n.º 2 do artigo 6.º releva na nova carreira para efeitos de promoção.

CAPÍTULO III – Reabilitação profissional

ARTIGO 12.º – Regime

1 – A reabilitação profissional concretiza-se através da aplicação de um processo de reclassificação ou de reconversão profissionais, determinado por incapacidade permanente decorrente de doença natural, doença profissional ou acidente em serviço que torne o funcionário ou agente incapaz para o exercício das suas funções mas apto para o desempenho de outras.

2 – O procedimento administrativo que conduz à reclassificação ou reconversão determinadas por incapacidade permanente deve ser iniciado dentro do prazo a que se refere o artigo 38.º do Decreto-Lei n.º 100/99, de 31 de Março, salvo se a incapacidade tiver sido originada por doença profissional ou acidente em serviço.

Decreto-Lei n.° 497/99, de 19 de Novembro

3 – No procedimento de reclassificação e reconversão profissionais, determinado por incapacidade permanente, o dirigente máximo do respectivo serviço ou organismo deve ter em consideração:

a) O parecer da junta médica;

b) As habilitações literárias e as qualificações profissionais detidas pelo funcionário ou agente;

c) As aptidões e a opinião do trabalhador sobre a área funcional de inserção da nova carreira;

d) O interesse e a conveniência do serviço.

4 – À reclassificação e à reconversão profissionais de funcionários ou agentes a que se refere o presente artigo aplica-se, com as necessárias adaptações, o disposto no capítulo II.

ARTIGO 13.° – **Provimento**

1 – Quando o quadro de pessoal do serviço ou organismo não tiver lugar vago para o funcionário reabilitado, o provimento faz-se em lugar a aditar automaticamente e a extinguir quando vagar.

2 – Se o trabalhador reabilitado tiver a qualidade de agente, é celebrado contrato com novo objecto.

ARTIGO 14.° – **Falta de aproveitamento nos cursos de formação profissional**

Quando a reclassificação e reconversão ocorram por força do disposto no artigo 51.° do Decreto-Lei n.° 100/99, de 31 de Março, e o funcionário ou agente não obtenha aproveitamento nos cursos de formação superiormente determinados, aplica-se-lhe, respectivamente, o disposto nos n.ºs 1 e 3 do artigo 47.° e no artigo 45.° daquele diploma.

CAPÍTULO IV – Disposições finais

ARTIGO 15.° ([1]) – **Situações funcionalmente desajustadas**

1 – Os serviços e organismos abrangidos pelo presente diploma procederão, no prazo máximo de 180 dias a contar da data da entrada em vigor do presente diploma, à reclassificação obrigatória dos funcionários que vêm exercendo funções correspondentes a carreira distinta daquela em que estão integrados, desde que se verifiquem, cumulativamente, as seguintes condições:

a) Exerçam essas funções há mais de um ano até ao final do prazo acima estabelecido;

b) Possuam os requisitos habilitacionais e profissionais exigidos para o provimento na nova carreira;

c) As funções que vêm assegurando correspondam a necessidades permanentes do serviço;

d) Exista disponibilidade orçamental.

2 – A reclassificação prevista no número anterior determina a transição para a categoria de ingresso, em lugares vagos ou a aditar automaticamente ao quadro de pessoal, se necessário.

1 – Ver art. 6.° do DL n.° 218/2000, de 9 de Setembro.

ARTIGO 16.° – **Encargos**

1 – Os encargos resultantes da participação nos cursos de formação a que se refere o presente diploma são suportados pelo serviço ou organismo interessado na reconversão.

2 – Os encargos resultantes da colocação dos funcionários ou agentes são suportados pelo serviço ou organismo de destino.

IV – Funcionários da Administração Local

ARTIGO 17.º – Prevalência

O disposto no presente diploma não prejudica a aplicação de regimes especiais fixados na lei.

ARTIGO 18.º – Revogação

É revogado o artigo 30.º do Decreto-Lei n.º 41/84, de 3 de Fevereiro.

DECRETO-LEI N.º 498/99

de 19 de Novembro

Estabelece o desenvolvimento indiciário da categoria de revisor de transportes colectivos e da carreira de agente único de transportes colectivos, da administração local

O Decreto-Lei n.º 412-A/98, de 30 de Dezembro, que adaptou à administração local as regras sobre ingresso, acesso e progressão nas carreiras e categorias do regime geral, bem como as respectivas escalas salariais, estabelecidas para a Administração Pública pelo Decreto-Lei n.º 404-A/98, de 18 de Dezembro, representou um marco de indiscutível importância no processo de revisão das respectivas carreiras, procurando introduzir mais justiça relativa no sistema vigente, dando-lhe uma maior coerência e equidade.

Não obstante, aquando da sua elaboração ter-se procurado atender às especificidades da administração local, verificou-se que, ao nível da categoria de revisor de transportes colectivos e da carreira de agente único de transportes colectivos, específicas da administração local, a aplicação do referido diploma conduziu a algumas distorções de ordem pontual que importa, por essa razão, alterar, reconduzindo-se às soluções mais adequadas e justas.

Por outro lado, procurou-se assimilar num único diploma o desenvolvimento indiciário da carreira e categoria em causa, bem como as respectivas regras de recrutamento.

Foram observados os procedimentos decorrentes da Lei n.º 23/98, de 26 de Maio. Foram ouvidas a Associação Nacional de Municípios Portugueses e a Associação Nacional de Freguesias.

ARTIGO 1.º – **Objecto e âmbito**

O presente diploma estabelece o desenvolvimento indiciário das seguintes carreiras específicas da administração local:

a) Revisor de transportes colectivos;

b) Agente único de transportes colectivos.

ARTIGO 2.º – **Escalas salariais**

É alterada a estrutura indiciária da categoria de revisor de transportes colectivos e da carreira de agente único de transportes colectivos, constante do anexo III ao Decreto-Lei n.º 412--A/98, de 30 de Dezembro, nos termos do mapa anexo ao presente diploma.

ARTIGO 3.º – **Transição**

1 – A transição dos funcionários faz-se para a mesma carreira e categoria, efectuando-se para o escalão a que corresponda na nova estrutura indiciária índice remuneratório igual ou, se não houver coincidência, índice superior mais aproximado.

2 – Nos casos em que da aplicação da regra constante do número anterior resulte um impulso salarial igual ou inferior a 10 pontos, releva para efeitos de progressão o tempo de permanência no índice de origem em 31 de Dezembro de 1997.

IV – Funcionários da Administração Local

3 – Aos revisores de transportes colectivos posicionados no escalão 1, índice 240, nos termos do presente diploma, e que em 31 de Dezembro de 1997 se encontravam posicionados no escalão 3, índice 240, é reduzido em dois anos o tempo de serviço necessário para progressão ao escalão imediato.

ARTIGO 4.° – Área de recrutamento

1 – A área de recrutamento para encarregado de movimento (chefe de tráfego), prevista nos n.ᵒˢ 1 e 2 do artigo 28.° do Decreto-Lei n.° 247/87, de 17 de Junho, passa a reportar-se:

a) Aos revisores de transportes colectivos, independentemente do tempo de serviço;

b) Aos agentes únicos de transportes colectivos com pelo menos quatro anos na categoria;

c) Aos motoristas de transportes colectivos com pelo menos oito anos na carreira.

2 – A área de recrutamento para revisor de transportes colectivos, prevista no n.° 1 do artigo 32.° do Decreto-Lei n.° 247/87, de 17 de Junho, passa a reportar-se:

a) Aos cobradores de transportes colectivos com pelo menos oito anos na carreira;

b) Aos agentes únicos de transportes colectivos com o mínimo de quatro anos na categoria;

c) Aos motoristas de transportes colectivos com pelo menos oito anos na carreira.

3 – A área de recrutamento para agente único de transportes colectivos passa a reportar-se aos motoristas de transportes colectivos com pelo menos oito anos na carreira.

ARTIGO 5.° – Concursos pendentes

Consideram-se válidos os concursos cujos avisos de abertura se encontrem publicados até a data da entrada em vigor deste diploma, para lugares da categoria de revisor de transportes colectivos e da carreira de agente único de transportes colectivos.

ARTIGO 6.° – Norma revogatória

São revogados:

a) Os n.ᵒˢ 9, 10 e 13 do artigo 42.° do Decreto-Lei n.° 353-A/89, de 16 de Outubro;

b) O artigo 10.° do Decreto-Lei n.° 412-A/98, de 30 de Dezembro.

ARTIGO 7.° – Produção de efeitos

O presente diploma produz efeitos no dia 1 do mês seguinte à data da sua publicação.

MAPA (¹)

Grupo de pessoal	Carreira	Categoria	Escalões				
			1	2	3	4	5
Auxiliar.........	—	Revisor de transportes colectivos	240	255	270	280	290
	Agente único de transportes colectivos.	Agente único de transportes colectivos	205	220	240	260	285

1 – O presente Mapa encontra-se integrado, com as alterações dele resultantes, no Anexo II ao DL n.° 412-A/98, de 30 de Dezembro.

DECRETO-LEI N.° 514/99

de 24 de Novembro

**Procede à adaptação à administração local da Lei n.° 49/99, de 22 de Junho,
que estabelece o estatuto do pessoal dirigente dos serviços e organismos
da administração central e local do Estado, bem como, com as necessárias adaptações,
dos institutos personalizados ou de fundos públicos**

O estatuto do pessoal dirigente dos serviços e organismos da administração central e local do Estado e da administração regional, bem como, com as necessárias adaptações, dos institutos públicos que revistam a natureza de serviços personalizados ou de fundos públicos, que foi aprovado pela Lei n.° 49/99, de 22 de Junho, prevê a sua aplicação à administração local, com as necessárias adaptações, mediante decreto-lei.

É o que se concretiza com o presente diploma, no qual se inclui a regulação de todas as especificidades da administração local autárquica. Assim, quanto aos aspectos aqui não regulados e que não vão excepcionados no n.° 1 do artigo 1.° regem, naturalmente, os normativos da Lei n.° 49/99, de 22 de Junho, os quais são, pois, objecto de aplicação directa.

Nos termos da lei, foram ouvidas a Associação Nacional de Municípios Portugueses e as associações sindicais representativas dos trabalhadores da administração local.

Assim:

ARTIGO 1.° – Objecto e âmbito

1 – A Lei n.° 49/99, de 22 de Junho, com excepção do capítulo III e do artigo 37.°, aplica-se ao pessoal dirigente das câmaras municipais e dos serviços municipalizados, com as adaptações constantes do presente diploma.

2 – O presente diploma aplica-se nas Regiões Autónomas, sem prejuízo da publicação de diploma regional adequado que o adapte às especificidades orgânicas do pessoal dirigente da respectiva administração local.

3 – O estatuto do pessoal dirigente de outras entidades autárquicas ou equiparadas é regulado por legislação especial.

ARTIGO 2.° – Cargos dirigentes das câmaras municipais

1 – Os cargos dirigentes das câmaras municipais e a sua equiparação, para efeitos do presente diploma, são os seguintes:

a) Director municipal, equiparado a director-geral;

b) Director de departamento municipal, equiparado a director de serviços;

c) Chefe de divisão municipal, equiparado a chefe de divisão;

d) Director de projecto municipal, exercido em comissão de serviço por tempo indeterminado e equiparado a director de departamento municipal ou a chefe de divisão municipal, por deliberação da assembleia municipal, sob proposta da câmara municipal.

688 IV – Funcionários da Administração Local

2 – Os cargos de director municipal e de director de departamento municipal apenas podem ser criados nos municípios com uma participação no montante total do Fundo Geral Municipal igual ou superior a 8% e 1,75%, respectivamente.

3 – O disposto no número anterior não prejudica os lugares criados ao abrigo do disposto no n.º 3 do artigo 12.º do Decreto-Lei n.º 198/91, de 29 de Maio.

ARTIGO 3.º – **Cargos dirigentes dos serviços municipalizados**
1 – Os cargos dirigentes dos serviços municipalizados são:
a) Director-delegado;
b) Director de departamento municipal;
c) Chefe de divisão municipal.
2 – O cargo de director-delegado é equiparado a director municipal ou a director de departamento municipal, por deliberação da assembleia municipal, sob proposta da câmara municipal.
3 – Só pode ser criado o cargo de director de departamento municipal quando o cargo de director-delegado for equiparado a director municipal.
4 – Os actuais titulares dos cargos de director de serviços e de chefe de divisão transitam para os cargos de director de departamento municipal e de chefe de divisão municipal, respectivamente.

ARTIGO 4.º – **Competências e funções do pessoal dirigente**
1 – O pessoal dirigente exerce as competências que nele forem delegadas, nos termos da lei.
2 – O pessoal dirigente exerce ainda as funções descritas no mapa I anexo à Lei n.º 49/99, de 22 de Junho, na parte aplicável, e no mapa I anexo ao presente diploma, de que faz parte integrante, sem prejuízo de outras que lhe sejam cometidas no âmbito da regulamentação interna dos serviços.
3 – Os directores municipais exercem ainda as competências enunciadas no mapa II anexo ao presente diploma, de que faz parte integrante.
4 – Os directores municipais ou equiparados podem subdelegar nos directores de departamento municipal as competências que neles sejam delegadas, com autorização do delegante.

ARTIGO 5.º – **Recrutamento para os cargos de director municipal e equiparados**
1 – O recrutamento para os cargos de director municipal ou a ele equiparados é feito nos termos do artigo 3.º da Lei n.º 49/99, de 22 de Junho.
2 – O recrutamento para os cargos referidos no número anterior, de entre indivíduos licenciados não vinculados à Administração Pública, fica sujeito a aprovação prévia da câmara municipal, sob proposta do respectivo presidente.

ARTIGO 6.º – **Recrutamento de directores de departamento municipal e chefes de divisão municipal**
1 – O recrutamento para os cargos de director de departamento municipal e chefe de divisão municipal é feito nos termos previstos nos n.ºs 1 a 6 e 8 a 11 do artigo 4.º da Lei n.º 49/99, de 22 de Junho.
2 – O recrutamento para os cargos de director de departamento municipal e de chefe de divisão municipal dos serviços de apoio instrumental pode ainda ser feito:
a) Director de departamento municipal: de entre assessores autárquicos de município urbano de 1.ª ordem, urbano de 2.ª ordem e rural de 1.ª ordem e de assembleia distrital e assessores autárquicos de município rural de 2.ª ordem, com o curso de administração autárquica

Decreto-Lei n.º 514/99, de 24 de Novembro

ministrado pelo Centro de Estudos e Formação Autárquica e classificação final não inferior a 14 valores;

b) Chefe de divisão municipal: de entre funcionários detentores das categorias referidas na alínea *a)*, assessores autárquicos de município rural de 2.ª ordem e chefes de repartição com, pelo menos, três anos de serviço na categoria, bem como assessores autárquicos de município rural de 3.ª ordem com o curso de administração autárquica ministrado pelo Centro de Estudos e Formação Autárquica e classificação final não inferior a 14 valores.

3 – Os chefes de divisão municipal que se enquadrem na área de recrutamento referida na alínea *b)* do número anterior e, bem assim, os que se encontrem em exercício de funções sem recurso a portaria de alargamento, quer quanto a dispensa de vínculo à Administração Pública quer quanto à posse das habilitações literárias normalmente exigidas, são recrutáveis para o cargo de director de departamento municipal dos serviços de apoio instrumental ou equiparado.

4 – Os módulos de experiência profissional previstos na alínea *c)* do n.º 1 e no n.º 6 do artigo 4.º da Lei n.º 49/99, de 22 de Junho, são reduzidos para quatro anos e dois anos quando o concurso tenha ficado deserto.

5 – Excepcionalmente, quando tenham ficado desertos os concursos abertos para funcionários que reúnam os requisitos estabelecidos nos n.ºs 1 ou 6 do artigo 4.º da Lei n.º 49/99, de 22 de Junho, ou no número anterior do presente artigo, podem ainda ser recrutados, por concurso, para os cargos de director de departamento municipal e de chefe de divisão municipal ou cargos equiparados indivíduos licenciados ou possuidores de curso superior que não confira grau de licenciatura, estes últimos para unidades orgânicas cujas funções sejam essencialmente asseguradas por pessoal não pertencente à carreira técnica superior, não vinculados à Administração Pública, detentores de aptidão e experiência profissional adequada não inferior a cinco e três anos, respectivamente.

6 – Podem ainda ser opositores aos concursos para os cargos de director de departamento municipal e de chefe de divisão municipal de serviços de apoio instrumental chefes de repartição habilitados com licenciatura adequada.

7 – Os chefes de repartição que estejam no desempenho de funções dirigentes, bem como os que foram reclassificados nos termos do n.º 6 do artigo 18.º do Decreto-Lei n.º 404-A/98, de 18 de Dezembro, podem ser opositores a concursos para cargos dirigentes, nos termos da lei, durante o período de três anos a contar da data da cessação das respectivas comissões de serviço.

8 – O recrutamento para os cargos dirigentes efectuado nos termos dos n.os 4 e 5 do presente artigo bem como a confirmação de que as funções da unidade orgânica a que se refere o n.º 6 do artigo 4.º da Lei n.º 49/99, de 22 de Junho, são essencialmente asseguradas por pessoal da carreira técnica ficam sujeitos a aprovação prévia da câmara municipal, sob proposta do respectivo presidente.

ARTIGO 7.º – Composição do júri

1 – O presidente do júri é:

a) Nas câmaras municipais – o presidente, um dos vereadores ou um director municipal, no caso de o lugar a prover ser o de director de departamento municipal, ou ainda um director de departamento municipal, caso o concurso se destine ao provimento do cargo de chefe de divisão municipal;

b) Nos serviços municipalizados – um dos membros do respectivo conselho de administração, o director-delegado, quando equiparado a director municipal, ou um director municipal, no caso de o lugar a prover ser o de director de departamento municipal, ou ainda um director de

690   *IV – Funcionários da Administração Local*

departamento municipal, caso o concurso se destine ao provimento do cargo de chefe de divisão municipal.

2 – Os membros do júri são escolhidos mediante sorteio, realizado, nos termos dos n.ºs 3 a 6 do artigo 7.° da Lei n.° 49/99, 22 de Junho, perante a comissão de observação e acompanhamento dos concursos para os cargos dirigentes.

ARTIGO 8.° – **Autorização para o exercício de cargos dirigentes**

A nomeação por escolha para cargo dirigente, nos casos em que é admitida, de funcionário que pertença a quadro de pessoal diferente daquele onde ocorre a vaga depende de autorização do serviço de origem.

ARTIGO 9.° – **Substituição**

A substituição a que se refere o artigo 21.° da Lei n.° 49/99, de 22 de Junho, defere-se pela seguinte ordem:

a) Titular de cargo dirigente de nível imediatamente inferior na escala hierárquica;

b) Funcionário que reúna as condições legais para recrutamento para o cargo dirigente a substituir, independentemente dos módulos de experiência profissional possuídos.

ARTIGO 10.° – **Regime de exclusividade**

A exclusividade do exercício de funções dirigentes estabelecida no artigo 22.° da Lei n.° 49/99, de 22 de Junho, não prejudica o disposto no n.° 1 do artigo 58.° do Decreto-Lei n.° 247/87, de 17 de Junho.

ARTIGO 11.° – **Regime remuneratório excepcional**

É aplicável aos directores municipais e equiparados o regime previsto no artigo 33.° da Lei n.° 49/99, de 22 de Junho.

ARTIGO 12.° – **Publicitações**

1 – Reportam-se à 3.ª série do Diário da República as referências feitas à 2.ª série do Diário da República na Lei n.° 49/99, de 22 de Junho.

2 – Sem prejuízo do disposto no número anterior, o aviso de abertura do concurso para o recrutamento excepcional previsto no n.° 5 do artigo 6.° do presente diploma deve ser publicado em jornal de expansão nacional, reportando-se a contagem dos prazos para apresentação das candidaturas à data da última publicação.

ARTIGO 13.° – **Violação de normas**

Para além da responsabilidade civil, financeira e disciplinar que ao caso couber, o pessoal que receba indevidamente remuneração e demais abonos inerentes a lugar dirigente fica obrigado à reposição das quantias recebidas, sendo solidariamente responsável pela referida reposição aquele que informe favoravelmente ou omita informação relativamente ao provimento ou permanência de pessoal dirigente em contravenção com o disposto no presente diploma.

ARTIGO 14.° – **Competências**

1 – Consideram-se reportadas ao presidente da câmara municipal ou ao conselho de administração dos serviços municipalizados as referências feitas aos membros do Governo no n.° 1 do artigo 6.°, no n.° 3 do artigo 8.°, no n.° 1 do artigo 15.°, nos n.ºs 2 a 6 do artigo 18.°, nos n.ºs 1 e 2 do artigo 20.°, no n.° 4 do artigo 21.° e no n.° 3 do artigo 22.°, todos da Lei n.° 49/99, de 22 de Junho.

Decreto-Lei n.º 514/99, de 24 de Novembro

2 – Compete ao presidente da câmara municipal ou ao conselho de administração dos serviços municipalizados:

a) Autorizar a abertura de concursos para os cargos dirigentes respectivamente das câmaras municipais e dos serviços municipalizados;

b) Promover a abertura daqueles concursos, definindo o cargo dirigente a prover, a respectiva área de actuação e os métodos de selecção a utilizar;

c) Promover o sorteio das listas dos membros do júri.

3 – As competências previstas nas alíneas *b)* e *c)* do número anterior podem ser delegadas num dos cargos dirigentes previstos nas alíneas *a)* ou *b)* do n.º 1 do artigo 2.º e nas alíneas *a)* ou *b)* do n.º 1 do artigo 3.º, respectivamente.

4 – Compete à assembleia municipal, mediante proposta da câmara municipal, conceder o abono de despesas de representação ao pessoal dirigente das câmaras municipais e dos serviços municipalizados.

5 – Aos montantes mensal e anual do suplemento por despesas de representação, bem como à respectiva actualização, aplica-se o regime estabelecido no despacho conjunto a que se refere o n.º 2 do artigo 34.º da Lei n.º 49/99, de 22 de Junho.

ARTIGO 15.º – **Norma revogatória**

1 – São revogados:

a) O Decreto-Lei n.º 198/91, de 29 de Maio;

b) O Decreto-Lei n.º 235/98, de 31 de Julho;

c) A Lei n.º 95/99, de 17 de Julho.

2 – O disposto na alínea *a)* do número anterior não prejudica o exercício dos direitos assegurados no n.º 4 do artigo 9.º e no artigo 13.º do Decreto-Lei n.º 198/91, de 29 de Maio.

ANEXO

MAPA I

(a que se refere o n.º 2 do artigo 4.º)

Director municipal – directamente dependente do presidente da câmara municipal, gere as actividades da direcção municipal na linha geral de actuação definida pelos órgãos municipais competentes. Dirige e coordena, de modo eficiente, a actividade dos departamentos municipais ou outros serviços de nível inferior integrados na respectiva direcção municipal. Controla os resultados sectoriais, responsabilizando-se pela sua produção de forma adequada aos objectivos prosseguidos. Promove a execução das ordens e dos despachos do presidente da câmara ou dos vereadores com poderes para o efeito nas matérias compreendidas na esfera de competências da respectiva direcção municipal.

Director-delegado – directamente dependente do conselho de administração dos serviços municipalizados, pode deter a orientação técnica e a direcção administrativa dos serviços municipalizados nas matérias que lhe sejam cometidas pelo conselho de administração. Assiste às reuniões do conselho de administração para efeitos de informação e consulta sobre tudo o que diga respeito à disciplina e ao regular funcionamento do serviço. Apresenta anualmente ao conselho de administração o relatório da exploração e resultados do serviço, instruídos com o inventário, balanço e contas respectivas. Quando o cargo for equiparado a director de departamento municipal, exerce também as funções descritas para este.

Director de departamento municipal – directamente dependente de um director municipal, ou, não existindo director municipal ou equiparado, directamente dependente do presidente

692   *IV – Funcionários da Administração Local*

da câmara municipal ou do conselho de administração dos serviços municipalizados, dirige os serviços compreendidos no respectivo departamento, definindo objectivos de actuação do mesmo, tendo em conta os planos gerais estabelecidos, a competência do departamento e a regulamentação interna, quando exista. Controla o cumprimento dos planos de actividade, os resultados obtidos e a eficiência dos serviços dependentes. Assegura a administração dos recursos humanos e materiais que lhe estão afectos, promovendo o melhor aproveitamento e desenvolvimento dos mesmos, tendo em conta os objectivos e actividades dos serviços dependentes.

Chefe de divisão municipal – directamente dependente de um director de departamento municipal ou do director-delegado, ou, nas câmaras municipais, não existindo o primeiro, directamente dependente do presidente da câmara municipal, dirige o pessoal integrado na divisão, para o que distribui, orienta e controla a execução dos trabalhos dos subordinados. Organiza as actividades da divisão, de acordo com o plano de actividades definido, e procede à avaliação dos resultados alcançados. Promove a qualificação do pessoal da divisão. Elabora pareceres e informações sobre assuntos da competência da divisão a seu cargo. Quando não exista director de departamento municipal, exerce também as funções descritas para director de departamento municipal, sob a directa dependência dos membros do órgão executivo municipal ou do membro do órgão executivo com poderes para o efeito.

Director de projecto municipal – directamente dependente do presidente da câmara municipal, superintende no processo de consecução dos objectivos e na definição dos meios e é responsável pelo acompanhamento físico e financeiro do projecto.

MAPA II

(a que se refere o n.º 3 do artigo 4.º)

Compete, especificamente, aos directores municipais ou equiparados, conforme o caso:

a) Submeter a despacho do presidente da câmara ou a deliberação do conselho de administração dos serviços municipalizados, devidamente instruídos e informados, os assuntos que dependam da sua resolução;

b) Receber e fazer distribuir pelos serviços da direcção a correspondência a eles referente;

c) Propor ao presidente da câmara municipal ou ao conselho de administração dos serviços municipalizados tudo o que seja do interesse dos órgãos referidos;

d) Colaborar na elaboração dos instrumentos de gestão previsional e dos relatórios e contas;

e) Estudar os problemas de que sejam encarregados pelo presidente dos órgãos executivos e propor as soluções adequadas;

f) Promover a execução das decisões do presidente e das deliberações dos órgãos executivos nas matérias que interessam à respectiva unidade orgânica que dirige;

g) Corresponder-se directamente, em assuntos da sua competência e por delegação do presidente, com autoridades e repartições públicas;

h) Assistir às reuniões da câmara municipal para prestarem todas as informações e esclarecimentos que lhe forem pedidos por intermédio do presidente.

DECRETO-LEI N.º 39/2000

de 17 de Março

Regula a criação de serviços de polícia municipal

Com a 4.ª revisão da lei fundamental do Estado Português, a figura das polícias municipais assumiu dignidade constitucional, após o que o Governo pôde tomar o impulso legislativo necessário à concretização de um objectivo que se havia proposto – a criação efectiva das polícias municipais. Para tal, apresentou à Assembleia da República uma proposta de lei que veio a ser aprovada e publicada com o n.º 140/99, de 28 de Agosto.

A referida Lei n.º 140/99, de 28 de Agosto, que estabelece o regime e forma de criação das polícias municipais, comete ao Governo a fixação do conjunto de normas necessárias à efectiva criação das polícias municipais.

Considerando que constitui objectivo fulcral do actual governo, na área da segurança, vertido no respectivo Programa, no capítulo V, na alínea B, dar expressão material à criação de polícias municipais, que são o veículo fundamental da territorialização da segurança;

Considerando que, por outro lado, a criação de polícias municipais se insere, na sequência do que, aliás, se verifica no direito comparado, na actualização dos modelos policiais, tendo em conta as necessidades das actuais sociedades:

Com o presente diploma procede-se à regulamentação da Lei n.º 140/99, de 28 de Agosto. Nesse sentido:

São fixadas as regras e os procedimentos a observar na criação de serviços de polícia municipal, nomeadamente no que concerne ao conteúdo das deliberações autárquicas a submeter ao Conselho de Ministros, ao número de efectivos, às competências dos serviços e à delimitação geográfica do exercício de competências;

É fixado o regime jurídico relativo ao financiamento do serviço de polícia municipal, mediante a transferência de verbas da administração central para os municípios que criem esses serviços através da celebração de contratos-programa;

São criadas a carreira de técnico superior de polícia municipal e a carreira de polícia municipal, definindo-se, ainda, as regras de recrutamento, de transição de pessoal, assim como das respectivas formações profissionais.

Foram observados os procedimentos decorrentes da Lei n.º 23/98, de 26 de Maio, bem como ouvidas as Regiões Autónomas dos Açores e da Madeira e a Associação Nacional de Municípios Portugueses.

Assim, ao abrigo do artigo 20.º da Lei n.º 140/99, de 28 de Agosto, e da alínea *a*) do n.º 1 do artigo 198.º da Constituição, o Governo decreta, para valer como lei geral da República, o seguinte:

694   *IV – Funcionários da Administração Local*

CAPÍTULO I – Do âmbito de aplicação

ARTIGO 1.º – Objecto

1 – O presente diploma estabelece as regras a observar na deliberação da assembleia municipal que crie, para o respectivo município, o serviço de polícia municipal, bem como os regimes de transferências financeiras e de carreiras de pessoal, com obediência pelo disposto na Lei n.º 140/99, de 28 de Agosto.

2 – A criação das polícias municipais compete à assembleia municipal, sob proposta da câmara municipal, nos termos do disposto no n.º 1 do artigo 10.º da lei referida no número anterior.

CAPÍTULO II – Da deliberação da assembleia municipal

ARTIGO 2.º – Conteúdo da deliberação

1 – Na deliberação da assembleia municipal que crie o serviço de polícia municipal são, obrigatoriamente, aprovados:

a) O regulamento de organização e funcionamento do serviço;

b) O quadro de pessoal.

2 – A validade do regulamento de organização e funcionamento do serviço e do quadro de pessoal aprovados depende da sua conformidade com as regras previstas na Lei n.º 140/99, de 28 de Agosto, no decreto-lei que regula as condições e o modo de exercício de funções de agente de polícia municipal e no presente diploma.

ARTIGO 3.º – Conteúdo do regulamento de organização e funcionamento

Do regulamento de organização e funcionamento de serviço de polícia municipal constará, obrigatoriamente:

a) A enumeração taxativa das competências do serviço de polícia municipal a criar, dentro do respectivo quadro legal;

b) A delimitação geográfica da área do território municipal onde serão exercidas as respectivas competências;

c) A determinação do número de efectivos, atendendo aos critérios fixados no artigo 4.º;

d) A fixação do equipamento coercivo a deter pelo serviço, nos termos dos normativos aplicáveis;

e) A definição precisa do local de depósito das armas;

f) A descrição, com recurso a elementos figurativos, dos distintivos heráldicos e gráficos do município para uso nos uniformes e viaturas;

g) A caracterização das instalações de funcionamento do serviço de polícia municipal.

ARTIGO 4.º – Efectivos

1 – A fixação do número de efectivos de cada polícia municipal dependerá das necessidades do serviço e da proporcionalidade entre o número de agentes e o número de cidadãos eleitores inscritos na área do respectivo município, nos termos do disposto nos n.ºs 2 e 3 do presente artigo.

2 – Na fixação do número de efectivos de polícia municipal considerar-se-ão, cumulativamente, os seguintes factores:

a) A extensão geográfica do município;

b) A área do município sobre que incide o exercício das competências do serviço de polícia municipal, a definir na deliberação da assembleia municipal respectiva;

Decreto-Lei n.º 39/2000, de 17 de Março 695

c) A razão da concentração ou dispersão populacional;

d) As competências efectivamente exercidas, a definir na deliberação da assembleia municipal respectiva;

e) O número de freguesias do município;

f) O número de equipamentos públicos existentes na área do município sobre que incide o exercício das competências do serviço de polícia municipal;

g) A população em idade escolar na área do município sobre que incide o exercício das competências do serviço de polícia municipal;

h) A extensão da rede viária municipal;

i) A delimitação da área urbana do município.

3 – A ponderação dos factores fixados no número anterior não poderá exceder a razão de 3 agentes por 1000 cidadãos eleitores inscritos na área do respectivo município.

4 – Da fixação prevista nos n.os 1 e 2 não pode resultar, relativamente a cada polícia municipal, um número de efectivos inferior a seis.

ARTIGO 5.º – **Eficácia da deliberação da assembleia municipal**

1 – Nos termos do disposto no n.º 3 do artigo 10.º da Lei n.º 140/99, de 28 de Agosto, a eficácia da deliberação da assembleia municipal depende de ratificação por resolução do Conselho de Ministros, que se destina a verificar a conformidade da deliberação autárquica com as disposições legais vigentes.

2 – A resolução do Conselho de Ministros será tomada mediante proposta dos membros do Governo que tiverem a seu cargo as áreas da administração interna e das autarquias locais.

3 – Da proposta referida no número anterior constará, obrigatoriamente, o contrato-programa a celebrar entre o Governo e o respectivo município.

CAPÍTULO III – **Das transferências financeiras**

ARTIGO 6.º (¹) – **Transferências financeiras**

1 – A dotação dos municípios que possuam ou venham a possuir polícia municipal com os meios financeiros necessários ao investimento para o exercício das competências assumidas efectua-se mediante a celebração de contrato-programa.

2 – Os contratos-programa referidos no número anterior, celebrados no âmbito da cooperação técnica e financeira entre a administração central e os municípios, visam a realização de investimentos para a constituição e equipamento de serviços de polícia municipal.

3 – As regras de celebração dos contratos-programa referidos nos números anteriores são fixadas no anexo I do presente diploma, do qual faz parte integrante.

1 – Os critérios de análise, negociação e selecção de candidaturas à celebração de contratos-programa para a criação de polícias municipais foram definidos pelo Desp. Norm. n.º 23-B/2000, de 8 de Maio (rectificado no DR de 31/5/2000).

CAPÍTULO IV – **Das carreiras de pessoal de polícia municipal**

ARTIGO 7.º (¹) – **Carreiras de polícia municipal**

1 – São aditadas ao ordenamento de carreiras da administração local a carreira de técnico superior de polícia municipal e a carreira de polícia municipal, com as estruturas e escalas salariais fixadas no mapa I, anexo II, do presente diploma, do qual faz parte integrante.

696   *IV – Funcionários da Administração Local*

2 – Os municípios que criem o serviço de polícia municipal podem extinguir a carreira de fiscal municipal.

1 – A Portaria 247-A/2000, de 8 de Maio, cria os cursos de formação para a carreira de técnico superior de polícia municipal e para a carreira de polícia municipal.

ARTIGO 8.° – Conteúdo funcional

1 – O conteúdo funcional da carreira técnica superior de polícia municipal é o constante do mapa II, anexo III, do presente diploma, do qual faz parte integrante.

2 – O conteúdo funcional da carreira de polícia municipal é o constante do mapa III, anexo IV, do presente diploma, do qual faz parte integrante.

ARTIGO 9.° – Carreira técnica superior de polícia municipal

O recrutamento para as categorias da carreira técnica superior de polícia municipal obedece às seguintes regras:

a) Assessor de polícia municipal principal, de entre assessores de polícia municipal com, pelo menos, três anos de serviço classificados de Muito bom ou cinco anos classificados de Bom;

b) Assessor de polícia municipal, de entre técnicos superiores de polícia municipal especialistas com, pelo menos, três anos de serviço classificados de Muito bom ou cinco anos classificados de Bom, mediante concurso de provas públicas, que consistirá na apreciação e discussão do currículo profissional do candidato;

c) Técnicos superiores de polícia municipal especialistas e técnicos superiores de polícia municipal principais, de entre, respectivamente, técnicos superiores de polícia municipal principais e técnicos superiores de polícia municipal com, pelo menos, três anos nas respectivas categorias classificados de Bom;

d) Técnico superior de polícia municipal, de entre indivíduos habilitados com licenciatura em área de formação adequada ao conteúdo funcional do lugar a prover, aprovados em estágio com classificação não inferior a Bom (14 valores).

ARTIGO 10.° – Regime de estágio

1 – O estágio para ingresso na carreira técnica superior de polícia municipal rege-se pelo disposto no artigo 5.° do Decreto-Lei n.° 265/88, de 28 de Julho, com as necessárias adaptações, no artigo 6.° do Decreto-Lei n.° 427/89, de 7 de Dezembro, aplicável à administração local nos termos do Decreto-Lei n.° 409/91, de 17 de Outubro, e pelo disposto nos números seguintes.

2 – Nos concursos para admissão de estagiários são obrigatoriamente utilizados como métodos de selecção a prova de conhecimentos, o exame psicológico, o exame médico e a entrevista profissional, tendo os três primeiros carácter eliminatório.

3 – O estágio tem a duração de um ano e inclui a frequência, com aproveitamento, do curso de formação profissional, com a duração de cento e vinte horas, para o pessoal técnico superior em regime de estágio na administração autárquica, ministrado pelo Centro de Estudos e Formação Autárquica, e de uma formação complementar específica, de duração não superior cem horas, a realizar pelo Instituto Superior de Ciências Policiais e Segurança Interna.

4 – A não obtenção de aproveitamento na formação a realizar nos termos do número anterior, bem como no final do estágio, implica o regresso do estagiário ao lugar de origem ou a imediata rescisão do contrato, sem direito a qualquer indemnização, consoante se trate de indivíduos providos, ou não, definitivamente.

5 – Os estagiários são remunerados pelo índice 310 da escala salarial do regime geral, sem prejuízo de opção pela remuneração do lugar de origem, no caso de pessoal provido definitivamente.

Decreto-Lei n.º 39/2000, de 17 de Março 697

6 – Findo o estágio, os candidatos são ordenados em função das classificações obtidas e os que se encontrem dentro das vagas serão providos a título definitivo, contando o tempo de estágio para efeitos de promoção e progressão na categoria de ingresso da carreira.

ARTIGO 11.º – **Carreira de polícia municipal**

1 – O recrutamento para as categorias da carreira de polícia municipal obedece às seguintes regras:

a) Graduado-coordenador, de entre agentes graduados principais com classificação de serviço de Bom com, pelo menos, três anos de serviço na categoria e com aprovação em curso de formação complementar na área de polícia municipal;

b) Agente graduado principal e agente graduado, de entre, respectivamente, agentes graduados e agentes municipais de 1.ª classe com, pelo menos, três anos na respectiva categoria classificados de Muito bom ou cinco anos classificados de Bom;

c) Agente municipal de 1.ª classe, de entre agentes de 2.ª classe com, pelo menos, três anos na categoria classificados de Bom;

d) Agente municipal de 2.ª classe, de entre indivíduos habilitados com o 12.º ano de escolaridade ou equivalente aprovados em estágio com classificação não inferior a Bom (14 valores), dando-se preferência, em caso de igualdade de circunstâncias, àqueles ou àquelas que tiverem prestado serviço militar nas Forças Armadas em regime de voluntariado ou contrato pelo período mínimo de um ano.

2 – Só poderá ser criada a categoria de graduado-coordenador quando se verifique a necessidade de coordenar, pelo menos, 10 agentes de polícia municipal.

ARTIGO 12.º – **Regime de estágio**

1 – O estágio para ingresso na carreira de polícia municipal rege-se pelo disposto no artigo 5.º do Decreto-Lei n.º 265/88, de 28 de Julho, com as necessárias adaptações, no artigo 6.º do Decreto-Lei n.º 427/89, de 7 de Dezembro, aplicável à administração local nos termos do Decreto-Lei n.º 409/91, de 17 de Outubro, e pelo disposto nos números seguintes.

2 – A admissão ao estágio faz-se de entre indivíduos habilitados com o 12.º ano de escolaridade ou equivalente e que reúnam os requisitos gerais e específicos de provimento, de idade inferior a 28 anos à data do encerramento do prazo da candidatura, dando-se preferência, em caso de igualdade de circunstâncias, àqueles ou àquelas que tiverem prestado serviço militar nas Forças Armadas em regime de voluntariado ou contrato pelo período mínimo de um ano.

3 – Nos concursos para admissão de estagiários são obrigatoriamente utilizados como métodos de selecção a prova de conhecimentos, o exame psicológico, o exame médico e a entrevista profissional, tendo os três primeiros carácter eliminatório

4 – O estágio tem a duração de um ano e inclui a frequência, com aproveitamento, de um curso de formação, que conterá obrigatoriamente módulos de natureza administrativa, cívica e profissional específica, com a duração de um semestre, a ministrar conjuntamente pelo Centro de Estudos e Formação Autárquica e pela Escola Prática de Polícia.

5 – Sem prejuízo do disposto no n.º 3, os candidatos que comprovem ter frequentado, com aproveitamento, o curso a que se refere o número anterior são dispensados da sua frequência.

6 – A não obtenção de aproveitamento no curso de formação a realizar, bem como no final do estágio, implica o regresso do estagiário ao lugar de origem ou a imediata rescisão do contrato, sem direito a qualquer indemnização, consoante se trate de indivíduos providos, ou não, definitivamente.

7 – Os estagiários são remunerados pelo índice 165 da escala salarial do regime geral, sem prejuízo do direito de opção pela remuneração do lugar de origem, no caso do pessoal provido definitivamente.

698   *IV – Funcionários da Administração Local*

8 – Os indivíduos aprovados em estágio e que se encontrem dentro das vagas serão providos a título definitivo, contando o tempo de estágio para efeitos de promoção e progressão na categoria de ingresso da carreira.

ARTIGO 13.° – **Transição de fiscais municipais**

1 – Nos municípios que criem o serviço de polícia municipal, os fiscais municipais podem transitar para a carreira de polícia municipal, desde que satisfaçam, cumulativamente, as seguintes condições:

a) Estejam habilitados com o 12.° ano de escolaridade ou equivalente;

b) Frequentem, com aproveitamento, um curso de formação profissional na área de polícia municipal, com duração não inferior a três meses, ministrado conjuntamente pelo Centro de Estudos e Formação Autárquica e pela Escola Prática de Polícia;

c) Comprovem possuir a robustez física para o exercício das funções previstas na carreira, mediante exame médico de selecção;

d) Obtenham relatório favorável em exame psicológico de selecção.

2 – A transição do pessoal a que se refere o número anterior efectua-se no escalão em que o funcionário se encontra posicionado e de acordo com as seguintes regras:

a) Fiscal municipal especialista principal para agente graduado principal;

b) Fiscal municipal especialista para agente graduado;

c) Fiscal municipal de 1.ª classe para agente municipal de 1.ª classe;

d) Fiscal municipal de 2.ª classe para agente municipal de 2.ª classe.

3 – O previsto no número anterior não se aplica aos fiscais municipais principais, que transitarão nos termos dos n.os 4 e 5.

4 – Os funcionários detentores da categoria de fiscal municipal principal transitam para a categoria de agente graduado.

5 – A transição a que se refere o número anterior faz-se com observância do disposto nos n.os 2 e 3 do artigo 18.° do Decreto-Lei n.° 353-A/89, de 16 de Outubro.

6 – Nas situações previstas no n.° 2, o tempo de serviço prestado na anterior categoria da carreira de fiscal municipal conta, para todos os efeitos legais, designadamente, para promoção na carreira de polícia municipal e progressão na categoria para a qual o funcionário venha a transitar.

ARTIGO 14.° – **Transição de outro pessoal**

1 – Sem prejuízo do disposto no artigo anterior, podem transitar para a carreira de polícia municipal os funcionários municipais que satisfaçam, cumulativamente, as seguintes condições:

a) Estejam habilitados com o 12.° ano de escolaridade ou equivalente;

b) Frequentem, com aproveitamento, um curso de formação profissional na área de polícia municipal, a que se refere o n.° 4 do artigo 12.°;

c) Comprovem possuir a robustez física para o exercício das funções previstas na carreira, mediante exame médico de selecção;

d) Obtenham relatório favorável em exame psicológico de selecção.

2 – Transitam também para a carreira de polícia municipal os funcionários integrados na carreira de polícia administrativa municipal.

3 – Para efeitos de determinação da categoria da carreira de polícia municipal, a relação de natureza remuneratória legalmente fixada estabelece-se entre os índices remuneratórios correspondentes ao escalão 1 da categoria em que o funcionário se encontre e o escalão 1 da categoria da nova carreira.

Decreto-Lei n.° 39/2000, de 17 de Março

4 – As transições a que se refere o número anterior efectuam-se para o escalão a que corresponda, na estrutura da categoria, índice remuneratório igual ou, se não houver coincidência, índice superior mais elevado.

5 – Nos casos em que a integração na nova carreira se faça em escalão a que corresponda o mesmo índice remuneratório, o tempo de serviço prestado no escalão de origem releva para progressão na nova categoria.

6 – Nas situações previstas nos números anteriores, o tempo de serviço prestado na anterior categoria conta para efeitos de promoção na carreira de polícia municipal.

ARTIGO 15.° – **Formação profissional e exames médico e psicológico de selecção**

1 – A duração, o conteúdo curricular, os critérios de avaliação e o regime de frequência dos cursos de formação previstos nos artigos 10.°, n.° 3, 11.°, n.° 1, alínea *a*), 12.°, n.° 4, e 13.°, n.° 1, alínea *b*), do presente diploma são fixados por portaria conjunta dos membros do Governo responsáveis pelas áreas da administração interna e das autarquias locais.

2 (¹) – A definição do conteúdo e da realização dos exames médico e psicológico de selecção são fixados por portaria conjunta dos membros do Governo responsáveis pelas áreas da administração interna e das autarquias locais.

1 – As normas relativas aos exames médico e psicológico forem estabelecidas pela Portaria n.° 247--B/2000, de 8 de Maio (rectificada no DR de 31/5/2000).

ARTIGO 16.° – **Extinção de lugares**

1 – No caso de o município optar pela extinção da carreira de fiscal municipal, são extintos os lugares dos fiscais municipais que transitem para lugares da carreira de polícia municipal.

2 – Os fiscais municipais que não transitem, nos termos do número anterior, para a carreira de polícia municipal mantêm-se nos lugares da carreira de fiscal municipal, os quais se extinguem quando vagarem, da base para o topo.

ARTIGO 17.° – **Semana de trabalho e descanso semanal**

1 – A duração semanal de trabalho do pessoal da carreira de polícia municipal é de trinta e cinco horas.

2 – São considerados dias normais de trabalho todos os dias da semana, incluindo sábados, domingos e feriados.

3 – As situações de trabalho extraordinário, de descanso semanal e descanso complementar, bem como a fixação da modalidade de horário, são definidas na programação de serviço a estabelecer mensalmente pelos serviços municipais de polícia, devendo, pelo menos uma vez por mês, fazer coincidir aqueles dias de descanso com o sábado e o domingo.

4 – A programação a que se refere o número anterior pode ser alterada, devendo ser comunicada aos interessados com a antecedência de uma semana, salvo casos excepcionais, em que a referida comunicação poderá ser feita com a antecedência de quarenta e oito horas.

ARTIGO 18.° – **Trabalho extraordinário, nocturno, em dias de descanso e em feriados**

1 – Sempre que o horário diário de trabalho coincida, no todo ou em parte, com o período de trabalho nocturno, a remuneração respectiva é acrescida nos termos do artigo 32.°, n.° 3, do Decreto-Lei n.° 259/98, de 18 de Agosto.

2 – As situações de trabalho extraordinário e a prestação de trabalho em dias de descanso semanal e descanso complementar, programados nos termos do n.° 3 do artigo 17.° do presente diploma, bem como nos dias feriados, são igualmente remuneradas nos termos do diploma referido no número anterior.

IV – Funcionários da Administração Local

ARTIGO 19.º – Destacamento de graduados das forças de segurança

1 – Os oficiais e demais graduados das forças de segurança podem desempenhar funções de enquadramento compatíveis nas polícias municipais.

2 – O exercício das funções referidas no número anterior faz-se em regime de destacamento em termos idênticos ao disposto nos n.ºs 1, 2, 3 e 4 do artigo 27.º do Decreto-Lei n.º 427/89, de 7 de Dezembro.

3 – O destacamento faz-se por solicitação da câmara municipal, devidamente fundamentada e com o acordo do interessado, e depende de autorização do Ministro da Administração Interna, ouvido o responsável máximo da força de segurança respectiva.

CAPÍTULO IV – Disposições finais e transitórias

ARTIGO 20.º – Receita do município

O produto das coimas resultante da actividade do serviço de polícia municipal constitui receita do município, salvo disposição legal em contrário.

ARTIGO 21.º – Recrutamento excepcional para a categoria de graduado-coordenador

1 – A área de recrutamento para a categoria de graduado-coordenador é alargada, por um período de cinco anos, nos seguintes termos:

a) Funcionários do grupo de pessoal técnico-profissional detentores da categoria de técnico profissional especialista principal habilitados com o 12.º ano de escolaridade ou equivalente;

b) Funcionários pertencentes a outros grupos de pessoal, integrados no índice 300 ou superior do regime geral, habilitados com o 12.º ano de escolaridade ou equivalente.

2 – Sem prejuízo do previsto no número anterior, os candidatos à categoria de graduado-coordenador devem satisfazer cumulativamente os seguintes requisitos:

a) Frequentem com aproveitamento um curso de formação profissional a regular nos termos do artigo 15.º e da alínea *b)* do n.º 1 do artigo 13.º;

b) Comprovem possuir robustez física para o exercício das funções previstas na carreira, mediante exame médico de selecção;

c) Obtenham relatório favorável em exame psicológico de selecção.

ARTIGO 22.º – Regime excepcional de transição de pessoal da carreira de fiscal municipal para a carreira de polícia municipal

No prazo de cinco anos, contados a partir da data da entrada em vigor do presente decreto-lei, o pessoal da carreira de fiscal municipal provido até à data da entrada em vigor da Lei n.º 140/99, de 28 de Agosto, e habilitado com o 9.º ano de escolaridade ou equivalente poderá transitar para a carreira de polícia municipal, nos termos do disposto nos n.ºs 2, 3, 4, 5 e 6 do artigo 13.º do presente diploma, desde que preencha, cumulativamente, os requisitos constantes nas alíneas *b)*, *c)* e *d)* do n.º 1 do mesmo preceito.

ARTIGO 23.º – Regime especial transitório de Lisboa e do Porto

1 – Os municípios de Lisboa e do Porto, no prazo máximo estabelecido no artigo 22.º da Lei n.º 140/99, de 28 de Agosto, promovem a aplicação do regime previsto no presente diploma.

2 – O regime especial transitório das polícias municipais de Lisboa e do Porto bem como as condições de eventual integração dos agentes da Polícia de Segurança Pública em funções naqueles municípios são estabelecidos pelo Governo em diploma próprio.

Decreto-Lei n.º 39/2000, de 17 de Março 701

ARTIGO 24.º – Norma revogatória

É revogado o Decreto Regulamentar n.º 20/95, de 18 de Julho.

ANEXO I
Regras de celebração de contratos-programa

ARTIGO 1.º – Condições de admissibilidade

1 – Após a deliberação da assembleia municipal a que se refere o artigo 2.º do presente decreto-lei, o respectivo município apresentará ao membro do Governo responsável pela área da administração interna proposta de contrato-programa, nos termos do disposto no n.º 2 do artigo 6.º do mesmo diploma.

2 – A proposta de contrato-programa será objecto de negociação entre o município e a administração central, representada pelos membros do Governo responsáveis pelas áreas da administração interna e das autarquias locais.

ARTIGO 2.º – Elegibilidades

São elegíveis, para efeitos de financiamento pela administração central, os seguintes investimentos:

a) Construção ou adaptação de edifícios, incluindo a construção de um armeiro privativo, de forma a dotar de instalações próprias os serviços de polícia municipal, nos termos previstos no n.º 2 do artigo 10.º do decreto-lei que regula as condições e o modo de exercício das funções de agente de polícia municipal;

b) Equipamento previsto no artigo 8.º do decreto-lei previsto na alínea *a)* do presente artigo;

c) Equipamento de comunicações, nos termos previstos no artigo 11.º do decreto-lei previsto nas alíneas anteriores;

d) Viaturas;

e) Equipamento de informática, mobiliário ou outro equipamento de uso específico e de apoio administrativo.

ARTIGO 3.º – Grau de financiamento

Nos investimentos para constituição e ou equipamento dos serviços de polícia municipal, a participação financeira da administração central poderá atingir 90% dos respectivos custos totais.

ARTIGO 4.º – Apresentação e apreciação da proposta

1 – Compete ao ministério responsável pela área da administração interna apreciar, no prazo de 60 dias, a proposta de contrato-programa.

2 – Compete ao membro do Governo responsável pela área da administração interna submeter, após parecer favorável do membro do Governo responsável pela área das autarquias locais, a decisão a Conselho de Ministros.

ARTIGO 5.º – Conteúdo da proposta

A proposta será acompanhada dos seguintes elementos:

1 – Regulamento de organização e funcionamento do serviço de polícia municipal, a que se refere o artigo 3.º do decreto-lei;

2 – Discriminação dos factores enunciados no n.º 2 do artigo 4.º do decreto-lei;

3 – Relatório de apresentação do projecto que contenha os seguintes aspectos:

a) Memória descritiva e justificativa das soluções preconizadas;

b) Objectivos do projecto e quantificação dos resultados, em termos de população servida e especificamente da população estudante;

c) Planta de localização do futuro serviço de polícia municipal;

d) Planta do edifício a construir ou recuperar e respectiva descrição técnica, destacando o armeiro;

e) Cálculo e descrição técnica dos equipamentos a adquirir;

f) Programação física e financeira;

g) Importância do projecto no contexto local/municipal face aos actuais níveis médios de satisfação dos objectivos a atingir;

4 – Estudos e projectos técnicos já elaborados e eventuais pareceres sobre os mesmos, emitidos pelas entidades com atribuições nos domínios em causa;

702   *IV – Funcionários da Administração Local*

5 – Identificação das potenciais entidades contratantes;

6 – Titularidade dos bens patrimoniais e dos equipamentos públicos a construir;

7 – Estimativa dos volumes anuais do investimento face ao calendário previsto para a execução dos projectos;

8 – Proposta de modelo de financiamento, com incidência plurianual.

ARTIGO 6.° – **Conteúdo do contrato-programa**

1 – O contrato-programa é composto por:

a) Definição do objecto do contrato;

b) Período de vigência do contrato, com indicação das datas dos respectivos início e termo;

c) Direitos e obrigações das partes contratantes;

d) Definição dos instrumentos financeiros aplicáveis;

e) Quantificação da responsabilidade de financiamento de cada uma das partes;

f) Estrutura de acompanhamento e controlo da execução do contrato;

g) Regime sancionatório no caso de incumprimento por qualquer das partes.

2 – Qualquer alteração ao contrato-programa só poderá ser efectuada mediante acordo expresso de todos os contratantes.

ARTIGO 7.° – **Celebração do contrato-programa**

1 – O contrato-programa é celebrado entre o município requerente e os ministérios responsáveis pelas áreas da administração interna e das autarquias locais, após aprovação e dotação pelo Orçamento do Estado dos respectivos investimentos, bem como inclusão no plano de actividades e orçamento dos municípios.

2 – O contrato-programa, bem como qualquer alteração, é publicado na 2.ª série do Diário da República.

ARTIGO 8.° – **Norma financeira**

1 – Anualmente será inscrita no capítulo 50 (PIDDAC) do ministério responsável pela área da administração interna, em programa específico, a verba a transferir para os municípios cujos processos de criação de serviços de polícia municipal tenham sido objecto de deliberação favorável por resolução do Conselho de Ministros até 30 de Junho do ano anterior.

2 – A verba referida no número anterior destina-se ao financiamento de investimentos objecto do contrato-programa celebrado.

ARTIGO 9.° – **Coordenação e acompanhamento da execução**

1 – Compete ao ministério responsável pela área da administração interna o acompanhamento e a elaboração dos relatórios de execução dos contratos-programa.

2 – O procedimento previsto no número anterior será submetido à apreciação dos membros do Governo responsáveis pelas áreas da administração interna e das autarquias locais.

ARTIGO 10.° – **Alteração ao contrato-programa**

Ocorrendo desactualização dos calendários de realização, originada pela alteração anormal e imprevisível das circunstâncias que determinam os termos do contrato-programa, ou face a quaisquer outras consequências provenientes daquela alteração, deverá ser a mesma proposta pela parte que, nos termos do contrato, seja responsável pela execução dos investimentos ou das acções que constituem o objecto do contrato.

ARTIGO 11.° – **Resolução do contrato-programa**

1 – Qualquer dos contraentes poderá resolver o contrato-programa quando ocorra alguma das cláusulas de resolução nele previstas.

2 – Resolvido o contrato-programa, e no caso de nova proposta que inclua a totalidade ou parte dos projectos de investimento já abrangidos pelo contrato-programa resolvido, será elaborado um relatório detalhado das causas que motivaram a sua resolução e responsabilidades de cada uma das partes pelo seu não cumprimento.

Decreto-Lei n.° 39/2000, de 17 de Março

ANEXO II

MAPA I
Carreira técnica superior de polícia municipal

Grupo de pessoal	Categoria	Escalões			
		1	2	3	4
Técnico superior	Assessor de polícia municipal principal	710	770	830	900
	Assessor de polícia municipal	610	660	690	730
	Técnico superior de polícia municipal especialista	510	560	590	650
	Técnico superior de polícia municipal principal	460	475	500	545
	Técnico superior de polícia municipal	400	415	435	455
	Estagiário	310			

Carreira de polícia municipal

Grupo de pessoal	Categoria	Escalões				
		1	2	3	4	5
Técnico-profissional	Graduado-coordenador	360	380	410	450	
	Agente graduado principal	305	315	330	345	360
	Agente graduado	260	270	285	305	325
	Agente municipal de 1.ª	215	220	230	245	260
	Agente municipal de 2.ª	190	200	210	220	240
	Estagiário	165				

ANEXO III

MAPA II
Conteúdo funcional

Ao pessoal da carreira técnica superior de polícia municipal incumbe, genericamente:

a) Desempenhar funções de enquadramento técnico relativamente ao pessoal da carreira de polícia municipal;

b) Instruir processos de contra-ordenação e de transgressão da respectiva competência;

c) Participar no serviço municipal de protecção civil;

d) Realizar estudos, conceber e adaptar métodos e processos científico-técnicos, no âmbito das polícias municipais, tendo em vista informar a decisão superior;

e) Propor alterações às normas regulamentares municipais;

f) Colaborar na elaboração de regulamentos municipais;

g) Participar em acções de sensibilização e divulgação de várias matérias, designadamente de prevenção rodoviária e ambiental.

ANEXO IV

MAPA III
Conteúdo funcional

Ao pessoal da carreira de polícia municipal incumbe, genericamente:

a) Fiscalizar o cumprimento das normas de estacionamento de veículos e de circulação rodoviária, incluindo a participação dos acidentes de viação, e proceder à regulação do trânsito rodoviário e pedonal na área de jurisdição municipal;

IV – Funcionários da Administração Local

b) Fazer vigilância nos transportes urbanos locais, nos espaços públicos ou abertos ao público, designadamente nas áreas circundantes de escolas, e providenciar pela guarda de edifícios e equipamentos públicos municipais;

c) Executar coercivamente, nos termos da lei, os actos administrativos das autoridades municipais;

d) Deter e entregar imediatamente à autoridade judiciária ou a entidade policial suspeitos de crime punível com pena de prisão em caso de flagrante delito, nos termos da lei processual penal;

e) Denunciar os crimes de que tiver conhecimento no exercício das suas funções, e por causa delas, e praticar os actos cautelares necessários e urgentes para assegurar os meios de prova, nos termos da lei processual penal, até à chegada do órgão de polícia criminal competente;

f) Elaborar autos de notícia e autos de contra-ordenação ou transgressão por infracções às normas regulamentares municipais e às normas de âmbito nacional ou regional cuja competência de aplicação ou fiscalização pertença ao município;

g) Elaborar autos de notícia por acidente de viação quando o facto não constituir crime;

h) Elaborar autos de notícia, com remessa à autoridade competente, por infracções cuja fiscalização não seja da competência do município, nos casos em que a lei o imponha ou permita;

i) Instruir processos de contra-ordenação e de transgressão da respectiva competência;

j) Exercer funções de polícia ambiental;

k) Exercer funções de polícia mortuária;

l) Fiscalizar o cumprimento dos regulamentos municipais e de aplicação das normas legais, designadamente nos domínios do urbanismo, da construção, da defesa e protecção dos recursos cinegéticos, do património cultural, da Natureza e do ambiente;

m) Garantir o cumprimento das leis e dos regulamentos que envolvam competências municipais de fiscalização;

n) Exercer funções de sensibilização e divulgação de várias matérias, designadamente de prevenção rodoviária e ambiental;

o) Participar no serviço municipal de protecção civil.

DECRETO-LEI N.º 40/2000

de 17 de Março

Regula as condições e o modo de exercício de funções de agente de polícia municipal

Com a 4.ª revisão da lei fundamental do Estado Português, a figura das polícias municipais assumiu dignidade constitucional, após o que o Governo pôde tomar o impulso legislativo necessário à concretização de um objectivo que se havia proposto – a criação efectiva das polícias municipais. Para tal, apresentou à Assembleia da República uma proposta de lei que veio a ser aprovada e publicada com o n.º 140/99, de 28 de Agosto.

A referida Lei n.º 140/99, de 28 de Agosto, que estabelece o regime e forma de criação das polícias municipais, comete ao Governo a fixação do conjunto de normas necessárias à sua efectiva criação das polícias municipais.

Considerando que, nos termos da lei, as polícias municipais cooperam com as forças de segurança na manutenção da tranquilidade pública e na protecção das comunidades locais, mostra-se necessário regulamentar as condições e o modo de exercício de função de polícia municipal, de modo que seja inequívoca a distinção entre estes modelos de polícia.

Assim, o presente diploma define os direitos e deveres dos agentes de polícia municipal e, em simultâneo, é fixado o equipamento e as respectivas regras de utilização de uso obrigatório e ou autorizado aos agentes de polícia municipal.

Foram observados os procedimentos decorrentes da Lei n.º 23/98, de 26 de Maio, bem como ouvidas as Regiões Autónomas dos Açores e da Madeira e a Associação Nacional de Municípios Portugueses.

Assim, ao abrigo do artigo 20.º da Lei n.º 140/99, de 28 de Agosto, e da alínea *a*) do n.º 1 do artigo 198.º da Constituição, o Governo decreta, para valer como lei geral da República, o seguinte:

CAPÍTULO I – Do âmbito de aplicação

ARTIGO 1.º – **Objecto**

O presente diploma regula as condições e o modo do exercício de funções de agente de polícia municipal, nos termos fixados pela Lei n.º 140/99, de 28 de Agosto.

CAPÍTULO II – Dos direitos e deveres dos agentes de polícia municipal

ARTIGO 2.º – **Princípio geral**

Os agentes de polícia municipal gozam de todos os direitos e estão sujeitos aos deveres consignados na Constituição e no estatuto geral dos funcionários da administração central, regional e local, sem prejuízo do regime próprio previsto no presente diploma.

IV – Funcionários da Administração Local

ARTIGO 3.º – Exercício das funções de agente de polícia municipal

O exercício das funções de agente de polícia municipal depende do uso de uniforme e de cartão de identificação pessoal.

ARTIGO 4.º – Direito de acesso e livre trânsito

1 – Os agentes de polícia municipal têm, no exercício das suas funções, a faculdade de entrar livremente em todos os lugares onde se realizem reuniões públicas ou onde o acesso do público dependa do pagamento de uma entrada ou da realização de certa despesa, dos quais se encontram dispensados.

2 – No exercício das suas funções de vigilância, os agentes de polícia municipal podem circular livremente nos transportes urbanos locais, na área da sua competência, desde que devidamente uniformizados e identificados.

ARTIGO 5.º – Recurso a meios coercivos

1 – Os agentes de polícia municipal poderão fazer uso dos meios coercivos de que dispõem, atentos os condicionalismos legais, nos seguintes casos:

a) Para repelir uma agressão ilícita, actual ou iminente de interesses ou direitos juridicamente protegidos, em defesa própria ou de terceiros;

b) Para vencer a resistência à execução de um serviço no exercício das suas funções, depois de ter feito aos resistentes intimação formal de obediência e esgotados que tenham sido quaisquer outros meios para o conseguir.

2 – Quem faltar à obediência devida a ordem ou mandado legítimos que tenham sido regularmente comunicados e emanados de agente de polícia municipal será punido com a pena prevista para o crime de desobediência.

CAPÍTULO III – Do equipamento

ARTIGO 6.º – Uso de uniforme

1 – Os agentes de polícia municipal exercem as suas funções uniformizados.

2 (¹) – Os modelos de uniforme são aprovados nos termos previstos no n.º 4 do artigo 7.º da Lei n.º 140/99, de 28 de Agosto.

1 – Ver Portaria n.º 533/2000, de 1 de Agosto.

ARTIGO 7.º – Identificação

1 – Os agentes de polícia municipal consideram-se identificados quando devidamente uniformizados.

2 – Sem prejuízo do disposto no número anterior, os agentes de polícia municipal devem exibir prontamente o cartão de identificação pessoal, sempre que isso seja solicitado ou as circunstâncias do serviço o exijam, para certificar a sua qualidade.

ARTIGO 8.º – Equipamento

1 – O equipamento dos agentes de polícia municipal é composto por:

a) Bastão curto e pala de suporte;

b) Arma de fogo e coldre;

c) Apito;

d) Emissor-receptor portátil.

Decreto-Lei n.° 40/2000, de 17 de Março

2 – Os agentes de polícia municipal não poderão deter ou utilizar outros equipamentos coercivos além dos previstos nas alíneas *a*) e *b*) do número anterior.

3 – O número de equipamentos coercivos será na razão de um por agente, acrescido de 10%.

ARTIGO 9.° – Uso e porte de arma

1 – Os agentes de polícia municipal poderão, quando em serviço, deter e usar arma de fogo a disponibilizar pelo município.

2 – Para efeitos do disposto no número anterior, são autorizados aos agentes de polícia municipal a detenção e o uso de arma de defesa classificada como pistola de calibre 6,35 mm, cujo cano não exceda 8 cm.

ARTIGO 10.° – Regras de utilização de armas de defesa

1 – À utilização de armas de defesa por agentes de polícia municipal aplicam-se, com as necessárias adaptações, decorrentes das especiais competências exercidas por este serviço municipal, as regras que regulam o recurso a arma de fogo em acção policial.

2 – Sem prejuízo do disposto no número anterior, findo o período de serviço, as armas serão depositadas em armeiro próprio, a disponibilizar, obrigatoriamente, pela câmara municipal.

3 – A câmara municipal organizará e manterá actualizado um registo identificativo das armas de defesa disponibilizadas e dos respectivos utilizadores.

ARTIGO 11.° – Meios de comunicação

1 – No exercício das suas funções, os agentes de polícia municipal utilizam equipamento de transmissão e de recepção para comunicação via rádio.

2 – A rede de rádio própria da polícia municipal é, obrigatoriamente, conectada com as redes de rádio locais das forças de segurança, bombeiros e protecção civil.

ARTIGO 12.° – Uso de viaturas

1 – As viaturas utilizadas pela polícia municipal são sempre caracterizadas, nos termos do disposto no n.° 2.

2 – Os distintivos heráldicos e gráficos, bem como o modelo de caracterização das viaturas, são aprovados nos termos previstos no n.° 4 do artigo 7.° da Lei n.° 140/99, de 28 de Agosto.

DECRETO-LEI N.° 218/2000

de 9 de Setembro

Procede à adaptação à administração local do Decreto-Lei n.° 497/99, de 19 de Novembro, que estabelece o regime de reclassificação e reconversão profissionais nos serviços e organismos da Administração Pública

O Decreto-Lei n.° 497/99, de 19 de Novembro, que estabelece o regime da reclassificação e da reconversão profissionais nos serviços e organismos da Administração Pública, prevê que a sua adaptação à administração local se faça mediante decreto-lei.

É o que se concretiza com o presente diploma, sendo certo que aquele regime se aplica integralmente à administração local, havendo apenas necessidade de introduzir as especificidades decorrentes da realidade autárquica.

Consagra-se nomeadamente a necessidade de a reclassificação profissional dever ser fundamentada na descrição das funções correspondentes aos novos postos de trabalho, efectuada nos termos do artigo 3.° do Decreto-Lei n.° 247/87, de 17 de Junho, ou pelo membro do Governo com competência na área das autarquias locais.

Nos termos da lei foram ouvidas as associações representativas dos trabalhadores da administração local, a Associação Nacional de Municípios Portugueses, a Associação Nacional de Freguesias e os órgãos de governo próprio das Regiões Autónomas dos Açores e da Madeira.

Nos termos do n.° 3 do artigo 2.° do Decreto-Lei n.° 497/99, de 19 de Novembro, o Governo decreta, para valer como lei geral da República, o seguinte:

ARTIGO 1.° – Âmbito

O Decreto-Lei n.° 497/99, de 19 de Novembro, que estabelece o regime da reclassificação e reconversão profissionais, aplica-se na administração local com as adaptações constantes do presente diploma.

ARTIGO 2.° – Condições de aplicação

Podem dar lugar à reclassificação e à reconversão profissional as seguintes situações:

a) A criação ou reorganização total ou parcial dos serviços;

b) A alteração de funções ou a extinção de postos de trabalho, originadas, designadamente, pela introdução de novas tecnologias e métodos ou processos de trabalho;

c) A desadaptação ou a inaptidão profissional do funcionário para o exercício das funções inerentes à carreira e categoria que detém;

d) A aquisição de novas habilitações académicas e ou profissionais, desde que relevantes para as áreas de especialidade enquadráveis nas atribuições das respectivas autarquias;

e) O desajustamento funcional, caracterizado pela não coincidência entre o conteúdo funcional da carreira de que o funcionário é titular e as funções efectivamente exercidas;

f) Outras situações legalmente previstas.

710 IV – Funcionários da Administração Local

ARTIGO 3.º – Competências

Os procedimentos de reclassificação e reconversão profissionais, bem como de reabilitação profissional, previstos nos artigos 6.º e 12.º do Decreto-Lei n.º 497/99, de 19 de Novembro, têm lugar mediante despacho ou deliberação do órgão que detém a gestão de pessoal.

ARTIGO 4.º – Descrição de funções

A reclassificação profissional e fundamentada na descrição das funções correspondentes à nova categoria da nova carreira efectuada nos termos do artigo 3.º do Decreto-Lei n.º 247/87, de 17 de Junho, ou pelo membro do Governo com competência na área das autarquias locais, se aquela descrição ainda se não tiver verificado.

ARTIGO 5.º – Requisitos

1 – São requisitos da reclassificação profissional:

a) A titularidade das habilitações literárias e das qualificações profissionais legalmente exigidas para o ingresso e ou acesso na nova carreira;

b) O exercício efectivo das funções correspondentes à nova carreira, em comissão de serviço extraordinária, por um período de seis meses, ou pelo período legalmente fixado para o estágio, se este for superior.

2 – O requisito previsto na alínea *b*) do número anterior pode ser dispensado quando seja comprovado com informação favorável do respectivo superior hierárquico o exercício, no mesmo serviço ou organismo, das funções correspondentes à nova carreira por período não inferior a um ano ou à duração do estágio de ingresso, se este for superior.

3 – São requisitos da reconversão profissional:

a) A frequência com aproveitamento do curso ou dos cursos de formação profissional, que em cada caso seja determinada, em função das habilitações já adquiridas e dos requisitos de ingresso e ou acesso na nova carreira;

b) O exercício efectivo das funções correspondentes à nova carreira, em comissão de serviço extraordinária, por um período de seis meses, ou pelo período legalmente fixado para o estágio, se este for superior.

ARTIGO 6.º – Situações funcionalmente desajustadas

O prazo previsto no artigo 15.º do Decreto-Lei n.º 497/99, de 19 de Novembro, conta-se a partir da entrada em vigor do presente diploma.

ARTIGO 7.º – Revogação

É revogado o artigo 51.º do Decreto-Lei n.º 247/87, de 17 de Junho.

DECRETO-LEI N.º 234-A/2000

de 25 de Setembro

Cria, no ordenamento de carreiras da administração local, a carreira de assistente de acção educativa e estabelece regras para a contratação de pessoal para o exercício de funções de auxiliar de acção educativa.

A rede pública de educação pré-escolar, cujo regime jurídico de desenvolvimento e expansão foi aprovado pelo Decreto-Lei n.º 147/97, de 11 de Junho, integra estabelecimentos criados e a funcionar na directa dependência da administração local.

Após a criação da carreira de auxiliar de acção educativa no regime de carreiras da administração local pelo Decreto Regulamentar n.º 51/97, de 24 de Novembro, a qual segue o regime de idêntica carreira no âmbito do Ministério da Educação, constatou-se que as funções de auxiliar de acção educativa vinham a ser desempenhadas por pessoal especialmente contratado para o efeito. Atento este facto, e porque se tornava imperioso assegurar o regular funcionamento dos estabelecimentos de educação pré-escolar, estabeleceu-se a prorrogação excepcional de tais contratos através dos Decretos-Leis n.ºs 331/97, de 27 de Novembro, 23/99, de 28 de Janeiro, e 459/99, de 5 de Novembro, tendo este último diploma previsto como data limite da prorrogação 30 de Setembro de 2000.

No âmbito do Ministério da Educação, o Decreto-Lei n.º 515/99, de 24 de Novembro, determinou a extinção, à medida que forem vagando, dos lugares de auxiliar de acção educativa, criando, por sua vez, a carreira de assistente de acção educativa, para a qual se exige a posse do ensino secundário ou equiparado. Determina-se, ainda, que, até ao termo do ano escolar de 2001--2002, possam ser integrados, por concurso, na categoria de auxiliar de acção educativa, os agentes que possuam, no mínimo, a escolaridade obrigatória.

No sentido de colocar em situação de igualdade o pessoal dos estabelecimentos de ensino da administração central e da administração local, vem o presente diploma criar a carreira de assistente de acção educativa no âmbito da administração local, aplicando-se-lhe o regime vigente para idêntica carreira do pessoal não docente do Ministério da Educação.

Por sua vez, julga-se necessário e adequado às circunstâncias e exigências de funcionamento dos estabelecimentos de ensino pré-escolar que, à semelhança do estatuído no Decreto-Lei n.º 344/99, de 26 de Agosto, se consagre, a título excepcional, a possibilidade de celebração de contratos administrativos de provimento, e por outro lado, se preveja, sem prejuízo das habilitações legalmente exigíveis e durante um período transitório, a integração nos quadros, na carreira de auxiliar de acção educativa, do pessoal detentor da qualidade de agente.

As razões justificativas que presidiram à aprovação do Decreto-Lei n.º 344/99, de 26 de Agosto, procedem no caso em apreço, tornando-se, por conseguinte, imperativa a adopção de medidas idênticas para a administração local, motivo pelo qual se optou, no presente diploma, por seguir de perto o regime estatuído naquele decreto-lei.

IV – Funcionários da Administração Local

Foram cumpridos os procedimentos decorrentes da Lei n.° 23/98, de 26 de Maio, tendo-se ainda procedido à audição da Associação Nacional de Municípios Portugueses.

Assim:

No desenvolvimento do regime jurídico estabelecido pelo Decreto-Lei n.° 184/89, de 2 de Junho, e nos termos das alíneas *a*) e *c*) do artigo 198.° da Constituição, o Governo decreta o seguinte:

ARTIGO 1.° – Assistente de acção educativa

1 – É criada, no ordenamento de carreiras da administração local, a carreira de assistente de acção educativa, à qual é aplicável o regime vigente para idêntica carreira do pessoal não docente do Ministério da Educação.

2 – Consideram-se salvaguardadas a criação de lugares e a abertura de concursos na carreira de assistente de acção educativa nos quadros de pessoal das autarquias locais.

ARTIGO 2.° – Contratos administrativos de provimento

1 – O pessoal contratado a termo certo para o exercício de funções de auxiliar de acção educativa na administração local, seleccionado nos termos do artigo 19.° do Decreto-Lei n.° 427/89, de 7 de Dezembro, e em efectivo exercício de funções à data da produção de efeitos do presente diploma, considera-se contratado em regime de contrato administrativo de provimento, com efeitos a partir de 1 de Outubro de 2000.

2 – Os contratos referidos no número anterior têm a duração de um ano, tácita e sucessivamente renováveis até um limite máximo de quatro anos, se não forem oportunamente denunciados nos termos da lei geral.

ARTIGO 3.° – Auxiliares de acção educativa

1 – Os agentes a que se refere o artigo 2.° que possuam, no mínimo, a escolaridade obrigatória, podem ser candidatos a concurso para a carreira de auxiliar de acção educativa, a abrir obrigatoriamente até final do ano escolar de 2001-2002.

2 – O concurso a que se refere o número anterior efectua-se para os lugares vagos existentes ou para lugares aditados automaticamente aos quadros de pessoal das autarquias locais por força do presente diploma.

3 – Os lugares da carreira de auxiliar de acção educativa dos quadros das autarquias locais, providos e a prover nos termos dos números anteriores, são extintos à medida que forem vagando.

ARTIGO 4.° – Produção de efeitos

O presente diploma produz efeitos a 30 de Setembro de 2000.

DECRETO-LEI N.º 277/2000

de 10 de Novembro

Adapta à administração local o regime especial de trabalho a tempo parcial para os funcionários de nomeação definitiva com mais de 55 anos de idade, bem como o regime que introduz a semana de trabalho de quatro dias

A situação actual do mercado de trabalho e a estrutura etária dos trabalhadores da Administração Pública aconselham a adopção de medidas que potenciem a renovação dos seus efectivos, contribuindo, simultaneamente, para a promoção do emprego.

Nesta medida, o Decreto-Lei n.º 259/98, de 18 de Agosto, ao estabelecer as novas regras e os princípios gerais em matéria de duração e horário de trabalho na Administração Pública, prevê, no seu artigo 11.º, um regime de trabalho a tempo parcial, o qual pode ser requerido por funcionários ou agentes, por um período mínimo de 30 dias e máximo de 2 anos. Simultaneamente, consagra, no artigo 12.º, a possibilidade de, sempre que a política de emprego público o justifique, serem estabelecidos outros regimes de trabalho a tempo parcial.

É assim, neste enquadramento, que surgem os Decretos-Leis n.os 324/99 e 325/99, ambos de 18 de Agosto.

O primeiro institui o regime especial de trabalho a tempo parcial para os funcionários de nomeação definitiva, com mais de 55 anos de idade, que estejam interessados em traçar o seu próprio plano de transição para a futura situação de aposentadoria. O segundo introduz o regime especial da semana de trabalho de quatro dias no âmbito da Administração Pública.

Cabe, no entanto, dadas as especificidades da administração local autárquica em matéria de competências, promover a respectiva adaptação destes regimes especiais de prestação de trabalho.

Foram ouvidos os órgãos de governo próprio das Regiões Autónomas, a Associação Nacional de Municípios Portugueses e a Associação Nacional de Freguesias.

Foram observados os procedimentos decorrentes da Lei n.º 23/98, de 26 de Maio.

Assim:

No desenvolvimento do regime jurídico estabelecido pelo artigo 12.º do Decreto-Lei n.º 259/98, de 18 de Agosto, pelo n.º 4 do artigo 1.º do Decreto-Lei n.º 324/99, de 18 de Agosto, pelo n.º 2 do artigo 1.º do Decreto-Lei n.º 325/99, de 18 de Agosto, e nos termos da alínea *c*) do n.º 1 do artigo 198.º da Constituição, o Governo decreta o seguinte:

ARTIGO 1.º – Objecto e âmbito

1 – Os regimes aprovados para a administração central pelos Decretos-Leis n.os 324/99 e 325/99, ambos de 18 de Agosto, aplicam-se na administração local com as adaptações constantes no presente diploma.

2 – O presente diploma aplica-se na administração local das Regiões Autónomas, sem prejuízo da possibilidade de se produzirem, por diploma regional adequado, as necessárias adaptações.

IV – Funcionários da Administração Local

ARTIGO 2.º – **Competências**

1 – As competências que nos n.ºs 3 e 4 do artigo 2.º, no n.º 2 do artigo 4.º, no n.º 1 do artigo 5.º e no n.º 1 do artigo 6.º do Decreto-Lei n.º 324/99, de 18 de Agosto, são cometidas ao dirigente máximo e ao membro do Governo são, na administração local, reportadas:

a) Ao presidente da câmara municipal – nos municípios;

b) Ao conselho de administração – nas associações de municípios e nos serviços municipalizados;

c) À junta de freguesia – nas freguesias;

d) À assembleia distrital – nas assembleias distritais.

2 – As competências que no n.º 2 do artigo 4.º, no n.º 1 do artigo 6.º, no n.º 1 do artigo 7.º e no n.º 5 do artigo 8.º do Decreto-Lei n.º 325/99, de 18 de Agosto, são cometidas ao dirigente máximo do serviço e ao membro do Governo são, na administração local, reportadas:

a) Ao presidente da câmara municipal – nos municípios;

b) Ao conselho de administração – nas associações de municípios e nos serviços municipalizados;

c) À junta de freguesia – nas freguesias;

d) À assembleia distrital – nas assembleias distritais.

V
REGIME DE CONTRATAÇÃO LOCAL

Decreto-Lei n.º 390/82, de 17 de Setembro – Regula a realização de empreitadas, fornecimentos e concessões de exclusivos, obras e serviços públicos, por parte dos órgãos autárquicos.

Decreto-Lei n.º 379/93, de 5 de Novembro – Permite o acesso a capitais privados às actividades económicas de captação, tratamento e rejeição de efluentes e recolha e tratamento de resíduos sólidos.

Decreto-Lei n.º 294/94, de 16 de Novembro – Estabelece o regime jurídico da concessão de exploração e gestão dos sistemas multimunicipais dos resíduos sólidos urbanos.

Decreto-Lei n.º 319/94, de 24 de Dezembro – Estabelece o regime jurídico da construção, exploração e gestão dos sistemas multimunicipais de captação e tratamento de água para consumo público quando atribuídos por concessão.

Decreto-Lei n.º 162/96, de 4 de Setembro – Estabelece o regime jurídico da contratação, exploração e gestão dos sistemas multimunicipais de recolha, tratamento e rejeição de efluentes.

Decreto-Lei nº 197/99, de 8 de Junho – Transpõe para a ordem jurídica interna as Directivas n.os 592/50/CEE, do Conselho, de 18 de Junho, e 97/52/CE, do Parlamento Europeu e do Conselho, de 13 de Outubro, e estabelece o regime de realização de despesas públicas com locação e aquisição de bens e serviços, bem como da contratação pública, relativa à locação e aquisição de bens móveis e serviços.

DECRETO-LEI N.º 390/82

de 17 de Setembro

**Regula a realização de empreitadas, fornecimentos
e concessões de exclusivos, obras e serviços públicos,
por parte dos órgãos autárquicos**

Está reservado às autarquias locais um papel primordial nas realizações necessárias à resolução das múltiplas carências existentes e à consequente melhoria das condições das populações que lhes servem de substracto.

A legislação por que se rege a execução e a promoção de empreitadas de obras públicas pelas autarquias locais, os fornecimentos a estas mesmas entidades de bens e serviços e a concessão, por parte dos órgãos autárquicos, da exploração de obras e serviços públicos não foi, porém, ainda objecto de reformulação com vista à sua adaptação à nova realidade autárquica e, nomeadamente, à sua compatibilização com o princípio constitucional da autonomia local, tendo apenas beneficiado de meras actualizações pontuais.

É esta revisão que agora se faz, introduzindo-se algumas inovações, de entre as quais se salientam, por mais relevantes, as seguintes:

a) Atribui-se à assembleia deliberativa competência para fixar, genericamente e sobre propostas do executivo, o valor acima do qual as obras e os fornecimentos deverão, obrigatoriamente, ser feitos mediante concurso público;

b) Alargam-se, no que concerne à execução de obras, as possibi-lidades de recurso à administração directa, evitando-se os bloqueamentos que a lei vigente vinha impondo e garantindo--se o pleno aproveitamento dos recursos humanos e técnicos de que as autarquias locais disponham, permitindo-lhes que, por si ou através das associações de municípios, assumam, por sua conta e em termos de maior eficácia e racionalidade, a realização de empreendimentos;

c) É facilitado o acesso ao concurso limitado e permitido o ajuste directo, dando-se, por outro lado, no caso de o primeiro concurso haver ficado deserto por falta de concorrentes, a possibilidade de o órgão executivo optar entre o aumento do valor base da licitação e a abertura de novo concurso sem alteração do valor da base de licitação e ao qual poderão também concorrer empreiteiros não possuidores do alvará exigido. Tais medidas visam obviar, tanto quanto possível, à sistemática ausência de concorrentes que ocorre nas zonas menos desenvolvidas, bem como obstar a conluios tendentes a conseguir o encarecimento da obra, o que também não raras vezes vem acontecendo;

d) Estabelece-se a sujeição dos contratos agora regulamentados à fiscalização do Tribunal de Contas, nos termos que os contratos de idêntica natureza celebrados pelo Estado, exigindo-se, em regra, a sua redução à forma escrita e, nalguns casos, a celebração por escritura pública, de molde a garantir-se a definição precisa dos direitos e deveres dos contraentes e a conseguir-se a concomitante redução dos litígios suscitados na interpretação das respectivas cláusulas.

718   *V – Regime de Contratação Local*

Nestes termos:

CAPÍTULO I – Objecto

ARTIGO 1.º (¹) – (Âmbito de aplicação)
1 – O presente diploma aplica-se à execução de trabalhos de construção, reconstrução, restauro, reparação, conservação e adaptação de bens imóveis a cargo das autarquias locais, ao fornecimento de bens e serviços à administração regional e local e à concessão de exclusivos, obras e serviços públicos por parte dos órgãos autárquicos.
2 – O disposto no presente diploma é igualmente aplicável às associações de municípios.

1 – As disposições deste diploma ainda subsistentes que respeitem a empreitadas de obras públicas e a concessões de obras públicas foram revogadas pelo art. 272.º, n.º 2, alínea *b*), do DL n.º 59/99, de 2 de Março, diploma este que veio estabelecer um novo regime do contrato administrativo de empreitada de obras públicas e que é também aplicável, com as necessárias adaptações às concessões de obras públicas (cfr. art. 2.º, n.ºs 1 e 2 do DL n.º 59/99).
Deste modo, o DL n.º 390/82 deve considerar-se aplicável apenas às concessões de exclusivos e de serviços públicos por parte das autarquias locais e associações de municípios, nos termos dos arts. 10.º e segs. (cfr., neste ponto, o art. 2.º, n.º 6 do DL n.º 59/99).

CAPÍTULO II – Empreitadas e administração directa

ARTIGO 2.º (¹) – (Concurso público)

1 – Revogado pelo art. 107.º do DL. n.º 55/95, de 29 de Março.

ARTIGO 3.º (¹) – (Concurso limitado)

1 – Revogado pelo art. 107.º do DL. n.º 55/95, de 29 de Março.

ARTIGO 4.º (¹) – (Ajuste directo)

1 – Revogado pelo art. 107.º do DL. n.º 55/95, de 29 de Março.

ARTIGO 5.º (¹) – (Forma do contrato)

1 – Revogado pelo art. 107.º do DL. n.º 55/95, de 29 de Março.

ARTIGO 6.º (¹) – (Administração directa)
1 – *Podem ser feitas por administração directa:*
a) As obras de valor inferior ao limite estabelecido pela assembleia deliberativa nos termos do n.º 1 do artigo 2.º ou ao estabelecido no n.º 2 do mesmo artigo, quando for caso disso;
b) As obras de valor superior ao previsto na alínea a) cuja realização por administração directa haja sido expressamente autorizada pela assembleia deliberativa, na sequência de proposta do órgão executivo;
c) As obras ou reparações imprevistas ou de carácter urgente;

Decreto-Lei n.º 390/82, de 17 de Setembro

d) (²) *As obras que, postas a concurso nos termos da lei, não tenham sido licitadas ou não hajam sido adjudicadas.*

2 – *Não poderão fazer-se desdobramentos de trabalhos da mesma obra cujo valor, no conjunto, atinja verba superior à estabelecida ao abrigo do artigo 2.º, quer se trate de administração ou ajuste directos, ou de concursos público ou limitado.*

1 – Revogado pelo art. 207.º do DL n.º 197/99, de 8 de Junho.
2 – Redacção do art. 2.º da Lei n.º 22/95, de 18 de Julho.

CAPÍTULO III – Fornecimentos

ARTIGO 7.º (¹) – (Concurso público)

1 – Revogado pelo art. 107.º do DL. n.º 55/95, de 29 de Março.

ARTIGO 8.º (¹) – (Concurso limitado e ajuste directo)

1 – Revogado pelo art. 107.º do DL. n.º 55/95, de 29 de Março.

ARTIGO 9.º (¹) – (Forma do contrato)

1 – Revogado pelo art. 107.º do DL. n.º 55/95, de 29 de Março.

CAPÍTULO IV – Concessões

ARTIGO 10.º (¹) – (Concurso público)

1 – A concessão de exclusivos, obras e serviços públicos por parte das autarquias locais e associações de municípios, depois de autorizada pela assembleia deliberativa, será adjudicada mediante concurso público, ficando os programas, projectos e cadernos de encargos sujeitos a parecer vinculativo e obrigatório das administrações central e regional nos casos expressamente previstos por lei.

1 – Ver nota 1 ao art. 1.º.

ARTIGO 11.º – (Prazo da concessão e direito a resgate)

1 – Nenhuma concessão pode ser feita por prazo superior a 20 anos.

2 – Em todos os contratos de concessão deve ser previsto o direito a resgate pela entidade concedente, a partir, pelo menos, do décimo ano de exploração.

ARTIGO 12.º – (Transmissão da concessão)

As concessões adjudicadas não são transmissíveis, total ou parcialmente, ainda mesmo por arrendamento, sem prévia autorização da entidade concedente, sendo nulos e de nenhum efeito os actos e contratos celebrados pelo concessionário com infracção do disposto neste preceito.

ARTIGO 13.º – (Direito de fiscalização)

No contrato de concessão deve ser expressamente salvaguardado o direito de fiscalização da entidade concedente sobre o concessionário.

ARTIGO 14.º – **(Forma do contrato)**

O contrato de concessão constará sempre de escritura pública.

CAPÍTULO V – Disposições gerais

ARTIGO 15.º (¹) – **(Legislação subsidiária)**

Em tudo o que diga respeito ao regime de empreitadas de obras públicas, fornecimentos e concessões, e que não esteja especialmente regulado neste diploma, observar-se-ão as disposições legais aplicáveis ao Estado, competindo, porém, relativamente às empreitadas, ao órgão executivo da autarquia ou da associação de municípios resolver sobre a adjudicação e desempenhar as funções cometidas à comissão perante a qual decorre o acto público do concurso de obras do estado.

1 – O regime jurídico de empreitadas de obras do Estado encontra-se definido no DL n.º 59/99, de 2 de Março.

Quanto a fornecimentos e aquisição de bens ou serviços, ver DL n.º 197/99, de 8 de Junho.

ARTIGO 16.º – **(Visto do Tribunal de Contas)**

1 – Os contratos de empreitada, de fornecimento e de concessão celebrados pelas autarquias locais e associações de municípios ficam sujeitos ao visto do Tribunal de Contas, nos mesmos termos que os contratos de idêntica natureza celebrados pelo Estado, considerando-se visados 30 dias após a sua remessa.

2 – A contagem do prazo do número anterior será interrompida sempre que forem solicitados elementos adicionais ou em falta e até à respectiva satisfação.

ARTIGO 17.º – **(Norma revogatória)**

Ficam revogados os artigos 359.º a 362.º do Código Administrativo.

ARTIGO 18.º – **(Entrada em vigor)**

O presente diploma entra em vigor 60 dias após a sua publicação, aplicando-se apenas às obras, aos fornecimentos e às concessões objecto de deliberação pelos órgãos autárquicos posterior à sua entrada em vigor.

DECRETO-LEI N.° 379/93

de 5 de Novembro

Permite o acesso a capitais privados às actividades económicas de captação, tratamento e rejeição de efluentes e recolha e tratamentos de resíduos sólidos

Uma vez alterada a lei de delimitação de sectores no sentido de permitir o acesso de capitais privados às actividades de captação, tratamento e distribuição de água para consumo público, de recolha e tratamento de resíduos sólidos, estão reunidas as condições para se consagrar o regime legal da gestão e exploração de sistemas que tenham por objecto aquelas actividades.

Nestes termos, o presente diploma distingue entre sistemas multimunicipais e municipais, considerando os primeiros como os sistemas em «alta» (a montante da distribuição de água ou a jusante da colecta de esgotos e sistemas de tratamento de resíduos sólidos), de importância estratégica, que abranjam a área de pelo menos dois municípios e exijam um investimento predominante do Estado, e os segundos todos os restantes, independentemente de a sua gestão poder ser municipal ou intermunicipal.

A gestão e exploração dos sistemas multimunicipais pode ser directamente efectuada pelo Estado ou concessionada a entidade pública de natureza empresarial ou a empresa que resulte da associação de entidades públicas, em posição obrigatoriamente maioritária no capital social com outras entidades. A criação destes sistemas e respectivas concessões serão regulamentadas por decreto-lei, sem embargo de o presente diploma proceder de imediato à criação de alguns deles.

A gestão e exploração dos sistemas municipais é regulamentada neste decreto-lei, podendo ser directamente efectuada pelos respectivos municípios ou atribuída, mediante contrato de concessão, a entidade pública ou privada de natureza empresarial.

Em qualquer dos casos, a titularidade do património afecto à concessão reverte sempre para a concedente: para o Estado, quando se tratar de sistemas multimunicipais; para a administração local, nos restantes.

Desta forma, são criadas as condições para um acréscimo de eficácia na prestação da Administração em matéria de abastecimento de água e de recolha e tratamento de esgotos e resíduos sólidos, facto que irá beneficiar os respectivos utentes destes serviços.

Foi ouvida a Associação Nacional de Municípios Portugueses.

Assim:

CAPÍTULO I – Disposições gerais

ARTIGO 1.° – **(Objecto)**

1 – O presente diploma tem por objecto o regime de exploração e gestão dos sistemas multimunicipais e municipais de captação, tratamento e distribuição de água para consumo público, de recolha, tratamento e rejeição de efluentes e de recolha e tratamento de resíduos sólidos.

V – Regime de Contratação Local

2 – São sistemas multimunicipais os que sirvam pelo menos dois municípios e exijam um investimento predominante a efectuar pelo Estado em função de razões de interesse nacional, sendo a sua criação precedida de parecer dos municípios territorialmente envolvidos.

3 – São sistemas municipais todos os demais não abrangidos pelo número anterior, bem como os sistemas geridos através de associações de municípios.

ARTIGO 2.º – **(Princípios gerais)**

1 – São os seguintes os princípios fundamentais do regime de exploração e gestão dos sistemas multimunicipais e municipais:

a) O princípio da prossecução do interesse público;
b) O princípio do carácter integrado dos sistemas;
c) O princípio da eficiência;
d) O princípio da prevalência da gestão empresarial.

2 – Tendo em vista a concretização dos princípios enunciados no número anterior, é obrigatória para os utilizadores a ligação aos sistemas previstos no presente diploma e, se for caso disso, a criação de condições para harmonização com os respectivos sistemas municipais.

3 – A obrigação consagrada no número anterior não se verifica quando razões ponderosas de interesse público o justifiquem, reconhecidas por despacho do Ministro do Ambiente e Recursos Naturais, no caso de sistemas multimunicipais, ou por deliberação da câmara municipal respectiva, no caso de sistemas municipais.

4 – São considerados utilizadores, para os efeitos do n.º 2, os municípios, no caso de sistemas multimunicipais, e qualquer pessoa singular ou colectiva, pública ou privada, no caso de sistemas municipais ou da distribuição directa integrada em sistemas multimunicipais.

CAPÍTULO II – Sistemas Multimunicipais

ARTIGO 3.º (¹) – **(Princípio geral)**

1 – A exploração e gestão dos sistemas multimunicipais pode ser directamente efectuada pelo Estado ou atribuída, em regime de concessão, a entidade pública de natureza empresarial ou a empresa que resulte da associação de entidades públicas, em posição obrigatoriamente maioritária no capital social, com entidades privadas.

2 – A criação e a concessão de sistemas multimunicipais são objecto de decreto-lei.

3 – São criados os seguintes sistemas multimunicipais de captação, tratamento e abastecimento de água para consumo dos municípios:

a) Sotavento Algarvio, integrado, total ou parcialmente, pelos municípios de Castro Marim, Faro, Loulé, Olhão, São Brás de Alportel, Tavira e Vila Real de Santo António;

b) Barlavento Algarvio, integrado, total ou parcialmente, pelos municípios de Albufeira, Lagos, Portimão, Lagoa, Monchique, Vila do Bispo, Aljezur e Silves;

c) Área da Grande Lisboa, integrado, total ou parcialmente, pelos municípios de Lisboa, Alcanena, Alenquer, Amadora, Arruda dos Vinhos, Azambuja, Cartaxo, Cascais, Loures, Mafra, Oeiras, Santarém, Sintra, Sobral de Monte Agraço, Torres Vedras, Vila Franca de Xira, Constância, Ourém, Tomar, Torres Novas e Vila Nova da Barquinha;

d) Norte da área do Grande Porto, com origem no rio Cávado, integrado, total ou parcialmente, pelos municípios de Barcelos, Esposende, Maia, Póvoa de Varzim, Santo Tirso, Vila do Conde e Vila Nova de Famalicão;

Decreto-Lei n.° 379/93, de 5 de Novembro 723

e) Sul da área do Grande Porto, com origem nos rios Douro e Paiva, integrado, total ou parcialmente, pelos municípios de Arouca, Castelo de Paiva, Espinho, Feira, Gondomar, Maia, Matosinhos, Oliveira de Azemeis, Porto, São João da Madeira, Valongo e Vila Nova de Gaia.

1 – Ver DL n.° 294/94, de 18 de Novembro, DL n.° 319/94, de 24 de Dezembro e DL n.° 162/96, de 4 de Setembro.

ARTIGO 3.°-A ([1-2]) – (**Participação das autarquias locais**)

Os municípios servidos por sistemas multimunicipais têm o direito de deter uma participação maioritária no capital da sociedade concessionária da respectiva exploração e gestão, no respeito pela regra da maioria pública do capital social referida no n.° 1 do artigo 3.°.

1 – Aditado pelo artigo 1.° da Lei n.° 176/99, de 25 de Outubro.
2 – Sobre esta matéria, o art. 2.° da Lei n.° 176/99 veio dispor o seguinte:
«1 – Para efeitos do disposto no artigo 3.°-A do Decreto-Lei n.° 379/93, de 5 de Novembro, o Estado, enquanto accionista directo ou indirecto em entidades concessionárias de sistemas multimunicipais já existentes, obriga-se a disponibilizar as participações necessárias à assunção pelas autarquias locais de uma participação pública maioritária no capital social das sociedades concessionárias que as servem.
2 – A transmissão de participações referidas no número anterior deve ser realizada até ao final do presente ano económico, pelo respectivo valor nominal, com dispensa do consentimento das assembleias gerais respectivas.
3 – Os municípios interessados ficam obrigados a, no prazo de 90 dias, declarar aos accionistas públicos das entidades concessionárias a sua intenção de exercer, ou não, o direito de assumir uma participação maioritária na sociedade concessionária do sistema.
4 – O município ou municípios interessados têm ainda o direito de adquirir, na proporção do capital que já detêm, as eventuais acções sobrantes destinadas aos restantes municípios servidos, caso estes não exerçam, total ou parcialmente, o direito previsto na presente lei.
5 – Compete ao conselho de administração de cada uma das sociedades concessionárias já existentes promover as diligências e desencadear os procedimentos necessários ao cumprimento do disposto no presente artigo e às alterações estatutárias daí decorrentes».

ARTIGO 4.° – (**Propriedade dos bens afectos à concessão**)

Enquanto durar a concessão, a propriedade dos bens integrados nos sistemas multimunicipais e a ela afectos pertence à concessionária, revertendo para o Estado no termo da concessão.

ARTIGO 5.° – (**Concessão**)

O decreto-lei que estabelece a concessão deve prever obrigatoriamente:
a) O prazo do contrato;
b) O investimento a cargo da empresa concessionária;
c) A remuneração do investimento;
d) A aprovação pelo Estado das tarifas a cobrar;
e) A possibilidade de resgate e de sequestro;
f) A reversão da concessão para o Estado, findo o prazo do contrato;
g) Os poderes do concedente.

CAPÍTULO III – Sistemas municipais

SECÇÃO I – Disposições gerais

ARTIGO 6.º – (Princípio geral)

A exploração e a gestão dos sistemas municipais pode ser directamente efectuada pelos respectivos municípios e associações de municípios ou atribuída, em regime de concessão, a entidade pública ou privada de natureza empresarial, bem como a associação de utilizadores.

ARTIGO 7.º – (Propriedade dos bens afectos à concessão)

Enquanto durar a concessão, a propriedade dos bens integrados nos sistemas municipais e a ela afectos pertence à concessionária, revertendo para os respectivos municípios no termo da concessão.

ARTIGO 8.º – (Prazo da concessão)

A concessão é atribuída pelos prazos mínimo e máximo de 5 e 50 anos, respectivamente.

ARTIGO 9.º – (Objecto da concessão)

1 – O contrato de concessão tem por objecto:

a) A exploração e a gestão dos serviços públicos municipais de captação, tratamento e distribuição de água para consumo público;

b) A exploração e a gestão dos serviços públicos municipais de recolha, tratamento e rejeição de efluentes, através de redes fixas;

c) A exploração e a gestão dos serviços públicos municipais de recolha e tratamento de resíduos sólidos;

d) A exploração e a gestão conjunta dos serviços previstos nas alíneas *a)*, *b)* e *c)*.

2 – A exploração e a gestão dos serviços referidos no número anterior abrangem a construção, extensão, reparação, renovação, manutenção de obras e equipamentos, e respectiva melhoria.

3 – A concessão pode abranger a utilização de obras e equipamentos instalados pelo município ou municípios concedentes.

ARTIGO 10.º – (Formação do contrato)

1 – O contrato de concessão é precedido de concurso público, excepto quando a concessionária seja uma associação de utilizadores reconhecida como entidade pública.

2 – Do programa do concurso deve constar:

a) A identificação do concedente;

b) A composição da comissão de avaliação;

c) Os prazos de prestação de esclarecimento adicionais e de recepção das propostas, em caso algum inferiores a 30 a 90 dias, respectivamente;

d) A forma jurídica a adoptar pelos concorrentes;

e) Os requisitos de admissibilidade respeitantes às exigências técnicas, económicas e financeiras mínimas;

f) A obrigatoriedade da redacção das propostas em língua portuguesa;

g) A menção de que as propostas não admitem variantes;

h) O montante da caução a prestar, que não pode ser inferior a 30% do valor da concessão;

i) O prazo de validade das propostas em caso algum inferior a um ano;

j) A data, o local, a hora e as pessoas autorizadas a assistirem à abertura das propostas;

Decreto-Lei n.º 379/93, de 5 de Novembro 725

l) As entidades cujo parecer deve ser ouvido pela comissão de avaliação, se for caso disso;

m) O prazo de avaliação das propostas, em caso algum inferior a 90 dias;

n) O prazo de adjudicação;

o) O critério de adjudicação, enumerando os factores relevantes por ordem decrescente de importância, entre os quais constem, necessariamente, o montante e o regime de retribuição a pagar ao município ou municípios concedentes, o regime tarifário, a qualidade do serviço e a segurança da sua prestação.

ARTIGO 11.º – **(Conteúdo do contrato)**

1 – A concessão confere ao seu titular o exclusivo da exploração do serviço concessionado, para os fins e com os limites consignados no respectivo contrato, assim como a disponibilidade de todos os bens indispensáveis à exploração e o direito de utilizar as vias públicas e privadas, nos termos da lei, incluindo o respectivo subsolo, no âmbito e para os fins da concessão.

2 – Do contrato de concessão deve constar:

a) O objecto do contrato;

b) A determinação dos bens e equipamentos existentes a afectar ao concessionário e a definição da separação ou ligação a sistemas não incluídos na concessão, se os houver;

c) O valor do contrato;

d) Os poderes de aprovação, fiscalização, modificação unilateral e de aplicação de sanções pelo concedente;

e) O regime de sequestro e de rescisão do contrato;

f) Os direitos e deveres específicos das partes contratantes, incluindo os termos da sub-rogação da concessionária em direitos e obrigações da concedente e o prazo de tempo durante o qual a concessionária pode invocar invalidades ou irregularidades de transmissão de direitos relacionados com a concessão, nos termos da lei;

g) O regime jurídico do pessoal afecto à concessão;

h) A data do início da exploração;

i) O prazo de vigência do contrato;

j) Os termos do resgate;

l) A retribuição a pagar pela concessionária;

m) O regime de tarifas a pagar pelos utentes;

n) O montante da caução referida no n.º 3 do artigo 10.º a prestar pela concessionária;

o) O regime da reversão para a concedente dos direitos e bens afectos à concessão, no termo desta;

p) As sanções pecuniárias a aplicar em consequência do incumprimento do contrato pela concessionária;

q) O tribunal competente, sendo admitido o recurso a arbitragem.

3 – No momento da celebração do contrato, a concessionária deve apresentar uma apólice de seguro que cubra a totalidade do valor da concessão.

ARTIGO 12.º – **(Poderes da concedente)**

1 – O poder de modificação unilateral do contrato de concessão pela concedente é reservado a alteração do seu objecto ou outros elementos essenciais, tendo a concessionária direito ao reequilíbrio financeiro do contrato.

2 – As sanções referidas na alínea *p)* do artigo anterior são calculadas tendo em conta as receitas previstas no regime tarifário, no decurso do ano considerado, e o número de metros cúbicos de água ou de efluente apurado no mesmo período de tempo.

726 V – Regime de Contratação Local

3 – Pode haver lugar a sequestro pelo concedente do serviço concedido quando se der ou estiver eminente a cessação ou a interrupção total ou parcial da exploração do serviço ou se verifiquem deficiências graves na respectiva organização e funcionamento susceptíveis de comprometer a regularidade do serviço.

4 – O sequestro previsto no número anterior não pode ser superior a 120 dias, cabendo à concedente a adopção de todas as medidas para restabelecer a normalidade do serviço, por conta e risco da concessionária, com recurso à utilização da caução.

5 – A rescisão por decisão unilateral da concedente funda-se no incumprimento dos deveres legais e contratuais ou na verificação da impossibilidade do restabelecimento do normal funcionamento do serviço após o termo do prazo para o sequestro e não dá direito a qualquer indemnização à concessionária.

6 – É possível o resgate, quando o interesse público o justifique, a partir do decurso de um quinto do prazo de vigência do contrato, tendo a concessionária direito a indemnização pelos danos sofridos e pelos lucros cessantes.

7 – Não é permitida a transmissão, total ou parcial, da concessão.

ARTIGO 13.º – (Concessionária)

1 – A exploração do serviço concessionado é efectuada por conta e risco da concessionária.

2 – A concessionária, precedendo aprovação pelo concedente, tem direito a fixar, liquidar e cobrar uma taxa aos utentes, bem como a estabelecer o regime de utilização, e está autorizada a recorrer ao regime legal da expropriação, nos termos do Código das Expropriações, bem como aos regimes de empreitada de obras públicas e de fornecimento contínuo.

3 – A concessionária responde perante o concedente pela preservação e melhoria da qualidade da água distribuída ou do sistema de tratamento e rejeição dos efluentes ou de recolha e tratamento dos resíduos sólidos, devendo apresentar programas de investimento e de investigação, anualmente aprovados pelo município.

4 – A concessionária é responsável perante terceiros pelos prejuízos causados pelo serviço concessionado, incluindo danos materiais e morais, continuados ou não, e lucros cessantes, resultantes, nomeadamente, de doença, intoxicação, envenenamento e poluição provenientes da água distribuída ou dos efluentes ou dos resíduos sólidos.

ARTIGO 14.º – (Retribuição)

1 – A retribuição a pagar pela concessionária à concedente pode ser global ou parcelada, paga no início ou durante a vigência da concessão, com ou sem periodicidade, e sujeita ou não a reajustamento, nos termos a definir no contrato de concessão.

2 – Em caso algum é admitida, a título de retribuição ou outro, a assunção pela concessionária de débitos do concedente.

ARTIGO 15.º – (Taxas)

1 – As taxas a cobrar aos utentes pela concessionária respeitam à prestação de cada um dos serviços previstos no n.º 1 do artigo 9.º, podendo o contrato de concessão autorizar a cobrança de taxa única pela exploração conjunta dos serviços, no caso de ambos integrarem o objecto da concessão.

2 – É permitida, no contrato de concessão, a previsão de fórmulas de revisão das taxas, mas não de taxas excepcionais.

Decreto-Lei n.º 379/93, de 5 de Novembro 727

ARTIGO 16.º – **(Pessoal)**

1 – A concessionária deve respeitar os direitos e regalias dos trabalhadores do serviço objecto de concessão e a ele afectos, independentemente do regime jurídico laboral que lhes seja aplicável.

ARTIGO 17.º – **(Nulidade)**

São nulos os contratos de concessão que contrariem o disposto no presente diploma.

SECÇÃO II – **Disposições transitórias e finais**

ARTIGO 18.º – **(Situações existentes)**

1 – As situações actualmente existentes relativas aos serviços municipais mencionados no presente diploma devem ser reajustadas ao regime agora estabelecido, no prazo máximo de 180 dias, a contar da data de entrada em vigor do presente diploma.

2 – No prazo referido no número anterior devem os municípios abrir concurso público para a celebração de contrato de concessão, quando as situações actualmente existentes não tenham sido precedidas de concurso público.

DECRETO-LEI N.° 294/94

de 16 de Novembro

Estabelece o regime jurídico da concessão de exploração e gestão de sistemas multimunicipais de tratamentos de resíduos sólidos urbanos

Na sequência da alteração da lei de delimitação de sectores, que abriu a possibilidade de participação de capitais privados, sob a forma de concessão, nas actividades de recolha e tratamento de resíduos sólidos e da consagração dos princípios legais da gestão e exploração de sistemas que tenham por objecto aquelas actividades, cumpre agora definir o quadro legal concretizador das opções legislativas subjacentes aos diplomas anteriores .

O Decreto-Lei n.° 379/93, de 5 de Novembro, estruturou as actividades em causa com base na distinção entre sistemas multimunicipais e sistemas municipais. Os primeiros, de importância estratégica, são os que abrangem a área de pelo menos dois municípios e exigem um investimento predominante do Estado. Os segundos, são todos os demais, incluindo os sistemas geridos através de associações de municípios.

A gestão e exploração dos sistemas municipais foram em parte desenvolvidas naquele decreto-lei. Relativamente aos sistemas multimunicipais, o mesmo diploma, além da consagração de alguns princípios comuns aos sistemas municipais, apenas previu as modalidades de gestão (directa ou indirecta) e o modo de criação.

No presente decreto-lei consagra-se um quadro legal de carácter geral, contendo os princípios informadores do regime jurídico de construção, exploração e gestão dos sistemas multimunicipais de tratamento de resíduos sólidos urbanos quando atribuídos por concessão a empresa pública ou a sociedade de capitais exclusiva ou maioritariamente públicos, por se entender que esta é a actividade que, pela importância que assume face às necessidades do País, reclama desde já um enquadramento legal pormenorizado.

As actividades de exploração e gestão dos sistemas multimunicipais de tratamento de resíduos sólidos urbanos gerados nas áreas dos municípios utilizadores têm a natureza de serviço público e são exercidas em regime de exclusivo com base num contrato de concessão celebrado entre o Estado e a empresa concessionária. A articulação entre cada sistema multimunicipal e os sistemas abrangidos pela respectiva área é assegurada através de contratos a celebrar entre a concessionária e cada um dos municípios utilizadores, sem prejuízo de estes poderem transmitir a respectiva posição contratual aos concessionários dos seus sistemas de recolha e transporte de resíduos sólidos urbanos.

Ainda no tocante às relações com os municípios utilizadores, consagra-se, por um lado, a obrigação de as concessionárias dos sistemas multimunicipais assegurarem o processamento de todos os resíduos sólidos urbanos gerados nas áreas dos municípios utilizadores que lhes forem entregues pelos respectivos serviços e de estabelecerem com cada um daqueles municípios os acordos necessários à promoção da sua recolha selectiva e do seu adequado processamento. Por

730 V – Regime de Contratação Local

outro lado, os municípios têm garantida uma adequação dos sistemas multimunicipais às suas reais necessidades, sob os aspectos quantitativos e qualitativos, e em conformidade com as normas nacionais e comunitárias aplicáveis.

No objecto da concessão inclui-se, além da exploração e gestão de um sistema multimunicipal de tratamento de resíduos urbanos sólidos, a concepção e construção de todas as instalações necessárias à realização daquelas actividades, incluindo, nomeadamente, a construção de centrais de processamento, triagem e valorização, de aterros sanitários complementares e de estações de transferência, respectivos acessos e extensão e, bem assim, a respectiva reparação, extensão e renovação, de acordo com as exigências técnicas e com os parâmetros de sanidade e qualidade ambiental exigíveis. A aquisição, manutenção e renovação de todos os equipamentos e meios de transporte necessários à realização daquelas actividades incluem-se igualmente no objecto da concessão. Para melhor garantir a eficácia na prossecução deste objecto e permitir um melhor acompanhamento do equilíbrio financeiro da concessão determina-se que o mesmo seja exclusivo no sentido de a concessionária não poder exercer outras actividades diferentes daquelas que o integram, salvo as que sejam acessórias ou complementares e devidamente autorizadas pelo concedente.

A propriedade dos bens afectos à concessão pertence, em princípio, à concessionária, revertendo para o Estado no termo da concessão sem qualquer indemnização e livres de quaisquer ónus ou encargos. Exceptuam-se os bens afectos à concessão que pertencessem, antes da respectiva afectação, ao Estado, aos municípios utilizadores ou a associação em que estes se integrem. Os primeiros representam uma forma de financiamento da concessionária, enquanto, relativamente aos demais, é assegurada a sua devolução aos municípios ou às associações de municípios quando se tornar desnecessária a sua utilização. No entanto, e para assegurar a permanente actualização do sistema multimunicipal, a concessionária terá direito, no termo da concessão, a uma indemnização calculada em função do valor líquido de amortizações dos bens que resultarem de novos investimentos de expansão ou de diversificação aprovados ou impostos pelo Estado.

Estão, deste modo, criadas as condições para a instituição dos sistemas multimunicipais de tratamento de resíduos sólidos urbanos e para a atribuição das respectivas concessões de exploração e gestão. Sublinhe-se que o presente diploma é propositadamente exaustivo no que se refere às cautelas a assegurar para defesa de todos os interesses em causa e sustentação económica da concessão, de modo a reflectir princípios que devem guiar a implantação e funcionamento, não só deste tipo de concessões mas também das relativas a sistemas municipais. O passo seguinte é a concretização deste quadro legal em relação a cada um dos sistemas multimunicipais através da sua criação, da constituição das empresas às quais será atribuída a concessão, da atribuição da concessão e da celebração dos contratos de concessão e de entrega de resíduos sólidos urbanos com o Estado e os municípios utilizadores, respectivamente.

Foi ouvida a Associação Nacional de Municípios Portugueses.

Assim:

ARTIGO 1.º – (Objecto)

1 – O presente diploma consagra o regime jurídico da concessão da exploração e gestão dos sistemas multimunicipais de tratamento de resíduos sólidos urbanos.

2 – A exploração e gestão referidas no número anterior abrangem a concepção, a construção, a aquisição, a extensão, a reparação, a renovação, a manutenção de obras e equipamentos e respectiva melhoria.

Decreto-Lei n.º 294/94, de 16 de Novembro 731

ARTIGO 2.º – **(Serviço público)**

1 – A exploração e gestão dos sistemas multimunicipais de tratamento dos resíduos sólidos urbanos gerados nas áreas dos municípios utilizadores consubstanciam um serviço público a exercer em regime de exclusivo.

2 – É objectivo fundamental da exploração e gestão dos sistemas multimunicipais de tratamento de resíduos sólidos urbanos contribuir para o saneamento público e para o bem-estar das populações, as segurando, nomeadamente:

a) O tratamento de resíduos sólidos urbanos adequado, nos termos do contrato de concessão, às reais necessidades dos municípios utilizadores sob os aspectos quantitativos e qualitativos e em conformidade com as normas nacionais e comunitárias aplicáveis;

b) A promoção das acções necessárias a uma correcta política de gestão de resíduos sólidos urbanos, nomeadamente no que respeita à sua redução e valorização;

c) O controlo dos custos através da racionalidade e eficácia dos meios utilizados nas suas diversas fases.

3 – Fora do âmbito do serviço público referido no n.º 1, o tratamento de resíduos sólidos urbanos obedece à legislação geral aplicável.

ARTIGO 3.º – **(Natureza do acto de concessão)**

A concessão da exploração e gestão dos sistemas multimunicipais de tratamento de resíduos sólidos urbanos opera-se por contrato administrativo a celebrar entre o Estado, representado pelo Ministro do Ambiente e Recursos Naturais, e uma empresa pública ou uma sociedade de capitais exclusiva ou maioritariamente públicos, nos termos das bases anexas ao presente diploma e que dele fazem parte integrante.

ARTIGO 4.º – **(Disposições aplicáveis)**

As concessões a que o presente diploma se refere reger-se-ão por este, pelo artigo 4.º da Lei n.º 46/77, de 8 de Julho, com a redacção dada pelo Decreto-Lei n.º 372/93, de 29 de Outubro, pelas disposições aplicáveis do Decreto-Lei n.º 379/93, de 5 de Novembro, e pelos respectivos contratos.

ARTIGO 5.º – **(Relações entre a concessionária e os municípios utilizadores)**

1 – Os municípios utilizadores devem articular os seus sistemas de recolha e transporte de resíduos sólidos urbanos com o sistema multimunicipal explorado e gerido pela concessionária de modo que todos os resíduos sólidos urbanos gerados nas suas áreas sejam entregues à concessionária.

2 – A necessidade de articulação prevista no número anterior cessa quando razões ponderosas de interesse público, reconhecidas por despacho do Ministro do Ambiente e Recursos Naturais, o justifiquem.

3 – A concessionária obriga-se a processar todos os resíduos sólidos urbanos gerados nas áreas dos municípios utilizadores e a estabelecer com cada um dos municípios os acordos necessários à promoção da sua recolha selectiva e do seu adequado processamento.

4 – A articulação entre os sistemas municipais de recolha e transporte de resíduos sólidos urbanos e o correspondente sistema multimunicipal explorado e gerido pela concessionária será assegurada através de contratos a celebrar entre a concessionária e cada um dos municípios.

ANEXO

Bases do contrato de concessão da exploração e gestão dos sistemas municipais de tratamento de resíduos sólidos urbanos

I – Disposições e princípios gerais

Base I – (Conteúdo)

A concessão do serviço público em regime de exclusivo tem por conteúdo a concepção, a construção, a exploração e a gestão de um sistema multimunicipal de tratamento de resíduos sólidos urbanos.

Base II – (Objecto da concessão)

1 – A actividade da concessão compreende o processamento dos resíduos sólidos urbanos, ou a tal equiparados nos termos da lei, gerados nas áreas dos municípios utilizadores e entregues por quem deva proceder à sua recolha, incluindo a sua valorização energética ou a sua reciclagem em termos economicamente viáveis, e a disponibilização de subprodutos.

2 – O objecto da concessão compreende:

a) A concepção e construção de todas as instalações necessárias ao tratamento de resíduos sólidos urbanos gerados nas áreas dos municípios utilizadores, incluindo, nomeadamente, a construção de centrais de processamento, triagem e valorização, a construção de aterros sanitários complementares e de estações de transferência, respectivos acessos e extensão, a reparação e a renovação de acordo com as exigências técnicas e com os parâmetros de sanidade e qualidade ambiental exigíveis;

b) A aquisição, manutenção e renovação de todos os equipamentos e meios de transporte necessários ao tratamento dos resíduos sólidos que deva receber.

3 – A concessionária poderá, desde que para o efeito esteja habilitada, exercer outras actividades para além daquelas que constituem o objecto da concessão, desde que consideradas acessórias ou complementares e devidamente autorizadas pelo concedente.

Base III – (Regime da concessão)

1 – A concessionária do serviço público de exploração e gestão do sistema multimunicipal de recolha e tratamento de resíduos sólidos urbanos obriga-se a assegurar o regular, contínuo e eficiente tratamento dos resíduos sólidos urbanos gerados nas áreas dos municípios utilizadores.

2 – Para efeitos das presentes bases, são utilizadores os municípios servidos pelo respectivo sistema multimunicipal.

3 – Com o objectivo de assegurar a permanente adequação da concessão às exigências de política ambiental e à regularidade e continuidade do serviço público, o concedente pode alterar as condições da sua exploração, nos termos da lei e das presentes bases.

4 – Quando, por efeito do disposto no número anterior, se alterarem significativamente as condições de exploração, o concedente compromete-se a promover a reposição do equilíbrio económico-financeiro do contrato.

5 – A reposição referida no número anterior poderá efectuar-se, consoante opção do concedente, ouvido o concessionário, mediante a revisão das tarifas, de acordo com os critérios mencionados na base XIII, ou pela prorrogação do prazo da concessão, ou ainda por compensação directa à concessionária.

6 – Para o efeito do disposto nos números anteriores, são ainda consideradas as receitas que advenham ou possam advir dos processos de tratamento e valorização dos recursos sólidos urbanos, nomeadamente da produção de energia ou da venda de produtos resultantes.

Base IV – (Prazo)

1 – A concessão terá uma duração de 10 a 50 anos, contados da data da celebração do respectivo contrato, nele se incluindo o tempo despendido com a construção das infra-estruturas.

2 – Os prazos de construção das infra-estruturas suspendem-se em consequência de atrasos devidos a casos de força maior ou a outras razões não imputáveis à concessionária julgadas atendíveis pelo Ministro do Ambiente e Recursos Naturais.

Decreto-Lei n.º 294/94, de 16 de Novembro

3 – Para efeitos do número anterior, serão considerados casos de força maior os factos de terceiro por que a concessionária não seja responsável e para os quais não haja contribuído e, bem assim, qualquer outro facto natural ou situação imprevisível ou inevitável cujos efeitos se produzam independentemente da vontade ou das circunstâncias pessoais da concessionária, tais como actos de guerra ou subversão, epidemias, ciclones, tremores de terra, fogo, raio, inundações e greves gerais ou sectoriais.

Base V – (Princípios aplicáveis às relações com os utilizadores)

1 – A concessionária é obrigada, mediante contrato, a assegurar aos utilizadores o tratamento dos resíduos sólidos urbanos gerados nas suas áreas, devendo proceder, relativamente aos utilizadores, sem discriminações ou diferenças que não resultem apenas da aplicação de critérios ou condicionalismos legais ou regulamentares ou, ainda, de diversidade manifesta das condições técnicas de entrega e dos correspondentes custos.

2 – Os municípios utilizadores são obrigados a entregar à concessionária todos os resíduos sólidos urbanos gerados nas suas respectivas áreas.

3 – A obrigação consagrada no número anterior cessa quando razões ponderosas de interesse público, reconhecidas por despacho do Ministro do Ambiente e Recursos Naturais, o justifiquem.

II – Dos bens e meios afectos à concessão

Base VI – (Estabelecimento da concessão)

1 – Integram o estabelecimento da concessão:

a) As infra-estruturas relativas à exploração, designadamente as estações de transferência, centrais de processamento, triagem e valorização e os respectivos acessos, as infra-estruturas associadas, os aterros sanitários complementares e os meios de transporte e de resíduos;

b) Os equipamentos necessários à operação das infra-estruturas e ao controlo de qualidade sanitária do tratamento;

c) Todas as obras, máquinas e aparelhagem e respectivos acessórios utilizados para a recepção e tratamento dos resíduos e para a manutenção dos equipamentos e gestão do sistema multimunicipal não referidos nas alíneas anteriores.

2 – As infra-estruturas consideram-se integradas na concessão, para todos os efeitos legais, desde a aprovação dos projectos de construção.

Base VII – (Bens e outros meios afectos à concessão)

1 – Consideram-se afectos à concessão, além dos bens que integram o estabelecimento, os imóveis adquiridos por via do direito privado ou mediante expropriação para implantação das infra-estruturas.

2 – Consideram-se também afectos à concessão os direitos privativos de propriedade intelectual e industrial de que a concessionária seja titular.

3 – Consideram-se ainda afectos à concessão, desde que directamente relacionados com a actividade objecto de cada contrato ou complementares da mesma, nos termos do n.º 3 da base II:

a) Quaisquer fundos ou reservas consignados à garantia do cumprimento de obrigação da concessionária;

b) A totalidade das relações jurídicas que se encontrem em cada momento conexionadas com a continuidade da exploração da concessão, nomeadamente laborais, de empreitada, de locação e de prestação de serviços.

Base Vlll – (Propriedade dos bens afectos à concessão)

1 – Enquanto durar a concessão e sem prejuízo do disposto na base seguinte, a concessionária detém a propriedade dos bens afectos à concessão que não pertençam ao Estado e aos municípios.

2 – Com ressalva do disposto no n.º 3 da presente base e na base seguinte, no termo da concessão, os bens a que se refere o número anterior reverterão, sem qualquer indemnização, para o Estado, livres de quaisquer ónus ou encargos e com boas condições de operacionalidade, utilização e manutenção.

3 – A concessionária terá direito no termo da concessão a uma indemnização calculada em função do valor contabilístico corrigido da depreciação monetária líquido de amortizações fiscais, dos bens que resultarem de novos investimentos de expansão ou de diversificação do sistema não previstos no contrato de concessão por impossibilidade da sua previsão, feitos a seu cargo e aprovados ou impostos pelo concedente.

734 V – Regime de Contratação Local

4 – Sem prejuízo do previsto no n.º 1 da base XV, os bens e direitos afectos à concessão só poderão ser vendidos, transmitidos por qualquer outro modo ou onerados após devida autorização do Ministro do Ambiente e Recursos Naturais.

Base IX – (Infra-estruturas pertencentes aos municípios ou a associações de municípios)

1 – Os aterros sanitários ou outras infra-estruturas relacionadas com o tratamento ou recolha de resíduos sólidos urbanos pertencentes aos municípios utilizadores ou a associações de municípios de que todos ou alguns destes façam parte poderão ser pelos mesmos cedidos à concessionária, a título gratuito ou oneroso, para exploração da concessão.

2 – Em qualquer caso, tornando-se desnecessária a utilização pela concessionária das infra-estruturas referidas no número anterior estas serão devolvidas aos municípios cedentes nas condições inicialmente acordadas.

Base X – (Inventário)

1 – A concessionária elaborará um inventário do património da concessão, que manterá actualizado e que deverá enviar bienalmente ao Ministro do Ambiente e Recursos Naturais, ou a entidade por ele designada, até ao final do mês de Janeiro, devidamente certificado por auditor aceite pelo concedente.

2 – Este inventário comportará a avaliação da aptidão de cada bem para desempenhar a sua função no sistema das respectivas condições de conservação e funcionamento, a identificação do proprietário de cada bem quando diferente da concessionária e a menção dos ónus ou encargos que recaem sobre os bens afectos à concessão.

Base XI – (Manutenção dos bens e meios afectos à concessão)

1 – A concessionária obriga-se a manter em bom estado de funcionamento, conservação e segurança, a expensas suas, os bens e meios afectos à concessão durante o prazo da sua vigência, efectuando para tanto as reparações, renovações e adaptações necessárias ao bom desempenho do serviço público.

2 – Para ocorrer a encargos correspondentes a esta obrigação a concessionária, após o início de exploração do serviço concedido, procederá à constituição de um fundo de renovação a regular no contrato de concessão.

III – Condições financeiras

Base XII – (Financiamento)

1 – A concessionária adoptará e executará, tanto na construção das infra-estruturas como na correspondente exploração do serviço concedido, o esquema financeiro constante do estudo económico anexo ao contrato de concessão.

2 – O esquema referido no número anterior será organizado tendo em conta as seguintes fontes de financiamento:

a) O capital da concessionária;

b) As comparticipações e subsídios atribuídos à concessionária;

c) As receitas provenientes da valorização dos recursos sólidos urbanos, nomeadamente da produção de energia, de outras importâncias cobradas pela concessionária e das retribuições pelos serviços que a mesma preste;

d) Quaisquer outras fontes de financiamento, designadamente empréstimos.

Base XIII – (Critérios para a fixação das tarifas)

1 – As tarifas são fixadas por forma a assegurar a protecção dos interesses dos utilizadores, a gestão eficiente do sistema e as condições necessárias para a qualidade do serviço durante e após o termo da concessão.

2 – A fixação das tarifas obedece aos seguintes critérios:

a) Assegurar, dentro do período da concessão, a amortização do investimento incial a cargo da concessionária descrito em estudo económico anexo ao contrato de concessão, deduzido das comparticipações e subsídios a fundo perdido, referidos na alínea *b)* do n.º 2 da base XII;

Decreto-Lei n.º 294/94, de 16 de Novembro 735

b) Assegurar a manutenção, reparação e renovação de todos os bens e equipamentos afectos à concessão, designadamente mediante a disponibilidade dos meios financeiros necessários à constituição do fundo de renovação previsto no n.º 2 da base XI;

c) Assegurar a amortização tecnicamente exigida de eventuais novos investimentos de expansão e diversificação do sistema especificamente incluídos nos planos de investimento autorizados;

d) Atender ao nível de custos necessários para uma gestão eficiente do sistema e à existência de receitas não provenientes da tarifa;

e) Assegurar, quando seja caso disso, o pagamento das despesas de funcionamento da comissão de acompanhamento da concessão;

f) Assegurar uma adequada remuneração dos capitais próprios da concessionária.

Base XIV – (Fixação e revisão das tarifas)

1 – O contrato de concessão e o contrato de fornecimento a celebrar entre a concessionária e cada um dos utilizadores fixam as tarifas e a forma e periodicidade da sua revisão tendo em atenção os critérios definidos na base anterior.

2 – Os valores das tarifas fixados no contrato de concessão serão sempre sujeitos a uma primeira revisão à data do início da exploração do sistema multimunicipal objecto da concessão.

IV – Exploração da concessão

Base XV – (Poderes do concedente)

1 – Além de outros poderes conferidos pelas presentes bases ou pela lei ao concedente:

a) Carece de autorização do concedente:

    i) A celebração ou a modificação dos contratos de fornecimento entre a concessionária e os utilizadores;

    ii) A aquisição e venda de bens de valor superior a 50 000 000$;

    iii) A aquisição e venda de bens imóveis, de valor inferior a 50 000 000$ quando as verbas correspondentes não estejam previstas nas rubricas respectivas do orçamento aprovado;

b) Carecem de aprovação do concedente:

    i) As tarifas;

    ii) Os planos de actividade e financeiros plurianuais para um período de, pelo menos, cinco anos e suas eventuais alterações, devidamente certificados por auditor aceite pelo concedente;

    iii) Os orçamentos anuais de exploração, de investimento e financeiros, bem como as respectivas actualizações que impliquem redução de resultados previsonais, acréscimo de despesas ou de necessidade de financiamento, devidamente certificados por auditor aceite pelo concedente.

2 – O valor referido na alínea *a*) do número anterior é obrigatoriamente actualizado anualmente de acordo com a variação do índice de preços no consumidor no continente.

3 – O contrato de concessão pode ainda prever outros poderes de fiscalização do concedente, designadamente o poder de apreciar certos actos de gestão da concessionária mediante a respectiva suspensão, autorização ou aprovação.

Base XVI – (Exercício dos poderes do concedente e comissão de acompanhamento da concessão)

1 – Os poderes do concedente referidos nas presentes bases ou outros relacionados com os sistemas multimunicipais de tratamento de resíduos sólidos urbanos que lhe forem conferidos por lei são exercidos pelo Ministro do Ambiente e Recursos Naturais, com a faculdade de delegação em comissão de acompanhamento da concessão.

2 – O Ministro do Ambiente e Recursos Naturais, por despacho, pode designar, relativamente a cada concessão ou conjunto de concessões, uma comissão de acompanhamento.

3 – A comissão de acompanhamento da concessão é composta por três a cinco membros, devendo, o respectivo despacho de nomeação fixar o limite máximo das suas despesas de funcionamento, que são da responsabilidade das respectivas concessionárias, bem como os poderes que o Ministro do Ambiente e Recursos Naturais nela delegue nos termos do n.º 1.

736   *V – Regime de Contratação Local*

Base XVII – (Fiscalização)

1 – O concedente poderá fiscalizar o cumprimento das leis e regulamentos aplicáveis e, bem assim, das cláusulas do contrato de concessão, onde quer que a concessionária exerça a sua actividade, podendo, para tanto, exigir-lhe as informações e os documentos que considerar nesessários.

2 – O pessoal de fiscalização dispõe de livre acesso, no exercício da suas funções, a todas as infra-estruturas e equipamentos da concessão e a todas as instalações da concessionária.

3 – A concessionária enviará todos os anos ao Ministro do Ambiente e Recursos Naturais, até ao termo do 1.° semestre do ano seguinte a que respeita o exercício considerado, os documentos contabilísticos para o efeito indicados no contrato de concessão, os quais deverão respeitar a apresentação formal que tiver sido definida e estar certificados por auditor aceite pelo concedente.

Base XVIII – (Regulamentos de tratamento dos resíduos sólidos urbanos)

1 – Os regulamentos de tratamento dos resíduos sólidos urbanos serão elaborados pela concessionária e submetidos a parecer dos municípios utilizadores, a emitir no prazo de 60 dias.

2 – Após o parecer referido no número anterior ou findo o prazo para a sua emissão, serão aqueles regulamentos sujeitos à aprovação do Ministro do Ambiente e Recursos Naturais, a qual se terá por concedida se não for expressamente recusada no prazo de 30 dias.

3 – Os procedimentos referidos no número anterior serão igualmente aplicáveis às modificações posteriores dos mesmos regulamentos.

Base XIX – (Responsabilidade civil extracontratual)

A responsabilidade civil extracontratual da concessionária deve ser coberta por seguro, regulado por portaria conjunta dos Ministros das Finanças e do Ambiente e Recursos Naturais.

Base XX – (Medição e facturação)

1 – Os resíduos sólidos urbanos a processar pela concessionária serão pesados no ponto de entrega acordado com cada utilizador do sistema multimunicipal, devendo ser registados os valores diários para cada um deles, podendo ser consideradas as origens e características dos resíduos entregues, desde que tal se encontre previsto nos contratos de entrega de resíduos sólidos urbanos.

2 – A concessionária deverá emitir facturas com uma periodicidade mensal e, se tal tiver sido acordado no contrato de entrega, enviar em anexo os registos mencionados no número anterior referentes ao período a que as mesmas respeitem.

3 – Os utilizadores poderão acordar com a concessionária procedimentos relacionados com a medição e a facturação.

Base XXI – (Concessão do sistema de recolha de resíduos sólidos urbanos)

1 – A concessionária não se poderá opor à transmissão da posição contratual de cada um dos utilizadores para uma concessionária do respectivo sistema municipal de recolha e transporte de resíduos sólidos urbanos.

2 – Em caso de transmissão da posição contratual de utilizadores, estes respondem solidariamente com o concessionário respectivo.

Base XXII – (Suspensão do contrato de entrega e recepção)

1 – Em caso de mora nos pagamentos pelos utilizadores que se prolongue para além de 90 dias, a concessionária poderá suspender a recepção no ponto de entrega dos resíduos sólidos urbanos gerados na área do utilizador inadimplente até que se encontre pago o débito correspondente.

2 – A decisão de suspender o fornecimento por falta de pagamento deverá ser comunicada ao Ministro do Ambiente e Recursos Naturais com uma antecedência mínima de 60 dias, podendo este opor-se à respectiva execução.

3 – No caso de o Ministro do Ambiente e Recursos Naturais exercer a oposição referida no número anterior, deve o concedente garantir à concessionária o pagamento do tratamento de resíduos que venham a ser entregues pelo utilizador inadimplente até que a situação seja por este regularizada.

Decreto-Lei n.º 294/94, de 16 de Novembro

Base XXIII – (Caução referente à exploração)

1 – Para garantia do cumprimento dos deveres contratuais emergentes da concessão, deverá a concessionária prestar uma caução de valor adequado a definir no contrato de concessão, a qual não poderá ser inferior a 50 000 000$.

2 – Nos casos em que a concessionária não tenha pago ou conteste as multas aplicadas por incumprimento das obrigações contratuais, poderá haver recurso à caução, sem dependência de decisão judicial, mediante despacho do Ministro do Ambiente e Recursos Naturais.

3 – Na hipótese contemplada no número anterior, a concessionária, caso tenha prestado a caução por depósito, deverá repor a importância utilizada no prazo de um mês contado da data de utilização.

4 – A caução só poderá ser levantada após o decurso de um ano sobre o termo da concessão.

V – Construção das infra-estruturas

Base XXIV – (Utilização do domínio público)

1 – A concessionária terá o direito de utilizar o domínio público do Estado ou dos municípios utilizadores, neste caso mediante afectação, para efeitos de implantação e exploração das infra-estruturas da concessão.

2 – A faculdade de utilização dos bens dominiais referidos no número anterior resulta da aprovação dos respectivos projectos ou de despacho do Ministro do Ambiente e Recursos Naturais, sem prejuízo da formalização da respectiva cedência nos termos da lei.

3 – No caso de afectação de bens dominiais dos municípios ou de outras pessoas colectivas públicas é aplicável o disposto no Código das Expropriações, correndo por conta da concessionária as compensações a que houver lugar.

Base XXV – (Servidões e expropriações)

1 – A concessionária poderá constituir as servidões e requerer as expropriações necessárias à implantação e exploração das infra-estruturas.

2 – As servidões e expropriações resultam da aprovação dos respectivos projectos pelo Ministro ou de declaração de utilidade pública, simultânea ou subsequente, nos termos da lei aplicável, correndo por conta da concessionária as indemnizações a que derem lugar.

Base XXVI – (Prazos de construção e data para a entrada em serviço dos sistemas multimunicipais)

1 – Os contratos de concessão deverão fixar prazos em cujo termo todas as obras necessárias ao regular funcionamento do sistema deverão estar concluídas.

2 – Durante toda a fase de construção das infra-estruturas, a concessionária enviará trimestralmente ao Ministro do Ambiente e Recursos Naturais um relatório sobre o estado de avanço das obras.

3 – A concessionária é responsável pelo incumprimento dos prazos a que se referem os números anteriores, salvo na hipótese de ocorrência de motivos de força maior, tais como os previstos no n.º 3 da base IV.

Base XXVII – (Responsabilidade pela concepção, projecto e construção das infra-estruturas)

1 – Constitui encargo e é da responsabilidade da concessionária a concepção, o projecto e a construção das instalações e a aquisição dos equipamentos necessários, em cada momento, à exploração da concessão.

2 – A concessionária responde perante o concedente por eventuais defeitos de concepção, de projecto, de construção ou dos equipamentos.

Base XXVIII – (Aprovação dos projectos de construção)

1 – Os projectos de construção das infra-estruturas, bem como as respectivas alterações, deverão ser elaborados com respeito da regulamentação vigente e exigem a aprovação prévia do Ministro do Ambiente e Recursos Naturais.

2 – Sem prejuízo de prazos previstos em procedimentos especiais, a aprovação referida no número anterior considera-se concedida caso não seja expressamente recusada no prazo de 60 dias, devendo previa-

738   *V – Regime de Contratação Local*

mente ser submetida a parecer não vinculativo da câmara municipal territorialmente competente, a qual se poderá pronunciar nos termos do n.º 3 do artigo 3.º do Decreto-Lei n.º 445/91, de 20 de Novembro.

Base XXIX – (Dispensa de licenciamento)

Para efeitos de execução dos projectos de construção de infra-estruturas aprovados nos termos da base anterior, a concessionária está dispensada de quaisquer outros licenciamentos.

VI – Sanções

Base XXX – (Multas contratuais)

1 – Pelo incumprimento das obrigações assumidas no âmbito do contrato de concessão poderá a concessionária ser punida com multa de 1 000 000$ a 50 000 000$, segundo a sua gravidade, a qual será aferida em função dos riscos para a segurança do sistema e para a sanidade pública e dos prejuízos resultantes.

2 – É da competência do Ministro do Ambiente e Recursos Naturais a aplicação das multas previstas na presente base.

3 – A sanção aplicada é comunicada por escrito à concessionária.

4 – Os limites das multas referidos no n.º 1 são actualizados anualmente de acordo com o índice de preços no consumidor no continente.

5 – As multas que não forem pagas voluntariamente até 30 dias após a data da notificação poderão ser levantadas da caução prestada pela concessionária.

Base XXXI – (Sequestro)

1 – O concedente poderá intervir na exploração do serviço concedido sempre que se dê, ou se afigure iminente, uma cessação ou interrupção total ou parcial da exploração do serviço ou se verifiquem graves deficiências na respectiva organização ou funcionamento ou no estado geral das instalações e do equipamento susceptíveis de comprometer a regularidade da exploração.

2 – Verificado o sequestro, a concessionária suportará não apenas os encargos resultantes da manutenção dos serviços, mas também quaisquer despesas extraordinárias necessárias ao restabelecimento da normalidade da exploração que não possam ser cobertas pelos resultados da exploração.

3 – Logo que cessem as razões de sequestro e o concedente julgue oportuno, será a concessionária notificada para retomar, na data que lhe for fixada, a normal exploração do serviço.

4 – Se a concessionária não quiser ou não puder retomar a exploração ou se, tendo-o feito, continuarem a verificar-se graves deficiências na organização e funcionamento do serviço, o Ministro do Ambiente e Recursos Naturais poderá declarar a imediata rescisão do contrato de concessão.

VII – Modificação e extinção da concessão

Base XXXII – (Trespasse da concessão)

1 – A concessionária não poderá trespassar a concessão, no todo ou em parte, sem prévia autorização do Ministro do Ambiente e Recursos Naturais.

2 – No caso de trespasse autorizado, considerar-se-ão transmitidos para a trespassária os direitos e obrigações da trespassante, assumindo ainda a trespassária as obrigações e encargos que eventualmente lhe venham a ser impostos como condição de autorização do trespasse.

Base XXXIII – (Subconcessão)

1 – A concessionária não pode, salvo havendo consentimento por parte do Ministro do Ambiente e Recursos Naturais, subconceder, no todo ou em parte, a concessão.

2 – O consentimento referido no número anterior, deverá, sob pena de nulidade, ser prévio, expresso e inequívoco.

3 – No caso de haver lugar a uma subconcessão devidamente autorizada, a concessionária mantém os direitos e continua sujeita às obrigações emergentes do contrato de concessão.

Decreto-Lei n.º 294/94, de 16 de Novembro

Base XXXIV – (Modificação da concessão)

Sem prejuízo do disposto no n.º 3 da base III, o contrato de concessão apenas pode ser alterado por acordo entre concedente e concessionária.

Base XXXV – (Rescisão do contrato)

1 – O concedente poderá dar por finda a concessão, mediante rescisão do contrato, quando tenha ocorrido qualquer dos factos seguintes:

a) Desvio do objecto da concessão;

b) Interrupção prolongada da exploração por facto imputável à concessionária;

c) Oposição reiterada ao exercício da fiscalização ou repetida desobediência às determinações do concedente ou, ainda, sistemática inobservância das leis e regulamentos aplicáveis à exploração;

d) Recusa em proceder à adequada conservação e reparação das infra-estruturas;

e) Cobrança dolosa de retribuições superiores às fixadas nos contratos de concessão e nos contratos colebrados com os utilizadores;

f) Cessação de pagamentos pela concessionária ou apresentação à falência;

g) Trespasse da concessão ou subconcessão não autorizados;

h) Violação grave das cláusulas do contrato de concessão.

2 – Não constituem causas de rescisão os factos ocorridos por motivos de força maior e, bem assim, os que o concedente aceite como justificados.

3 – A rescisão prevista no n.º 1 determina a reversão de todos os bens e meios afectos à concessão para o concedente, a efectivar nos termos da base seguinte e sem direito a qualquer indemnização.

4 – A rescisão do contrato de concessão será comunicada à concessionária por carta registada com aviso de recepção e produzirá imediatamente os seus efeitos.

Base XXXVI – (Termo do prazo de concessão)

1 – No termo da concessão e sem prejuízo do disposto nas bases VIII e IX, o Estado entrará na posse dos bens da concessionária afectos à concessão, sem dependência de qualquer formalidade que não seja uma vistoria *ad perpetuam rei memoriam,* para a qual serão convocados os representantes da concessionária.

2 – Do auto de vistoria constará obrigatoriamente o inventário dos bens e equipamentos afectos a concessão, assim como a descrição do seu estado de conservação e da respectiva aptidão para o desempenho da sua função no sistema.

Base XXXVII – (Resgate da concessão)

1 – O concedente poderá resgatar a concessão, retomando a gestão directa do serviço público concedido, sempre que motivos de interesse público o justifiquem e decorrido que seja pelo menos metade do prazo contratual, e mediante aviso prévio feito à concessionária, por carta registada com aviso de recepção, com, pelo menos, um ano de antecedência.

2 – Decorrido o período de um ano sobre o aviso do resgate, o Ministério do Ambiente e Recursos Naturais entrará na posse de todos os bens afectos à concessão, nos termos da base anterior

3 – Pelo resgate a concessionária terá direito a uma indemnização determinada por terceira entidade independente, escolhida por acordo entre o Ministro do Ambiente e Recursos Naturais e a concessionária, devendo aquela atender, na fixação do seu montante, ao valor contabilístico líquido dos bens referidos no número anterior e ao rendimento esperado.

4 – O valor contabilístico do imobilizado corpóreo, líquido de amortizações fiscais e das comparticipações financeiras e subsídios a fundo perdido, deverá ter em conta a depreciação monetária através de reavaliação por coeficientes de correcção monetária legalmente consagrados.

5 – O crédito previsto no n.º 3 desta base compensar-se-á com as dívidas ao concedente por multas contratuais e a título de indemnizações por prejuízos causados.

VIII – Contencioso

Base XXXVIII – (Arbitragem)

Nos litígios emergentes do contrato de concessão poderá o Estado celebrar convenções de arbitragem.

DECRETO-LEI N.º 319/94

de 24 de Dezembro

Estabelece o regime jurídico da construção, exploração, e gestão dos sistemas multimunicipais de captação e tratamento de água para consumo público, quando atribuídos por concessão, e aprova as respectivas bases

Na sequência da alteração da lei de delimitação de sectores que abriu a possibilidade de participação de capitais privados, sob a forma de concessão, nas actividades de captação, tratamento e distribuição de água para consumo público e consagração dos princípios legais da gestão e exploração de sistemas que tenham por objecto aquelas actividades, cumpre agora definir o quadro legal concretizador das opções legislativas subjacentes aos diplomas anteriores.

O Decreto-Lei n.º 379/93, de 5 de Novembro, estruturou as actividades em causa com base na distinção entre sistemas multimunicipais (sistemas em «alta», a montante da distribuição de água) e sistemas municipais. Os primeiros, de importância estratégica, são os que abrangem a área de pelo menos dois municípios e exigem um investimento predominante do Estado e são obrigatoriamente criados por decreto-lei. Os segundos são todos os demais, incluindo os sistemas geridos através de associações de municípios.

A gestão e exploração dos sistemas municipais foi em parte desenvolvida naquele decreto-lei. Relativamente aos sistemas multimunicipais, o mesmo diploma, além da consagração de princípios comuns aos sistemas municipais, apenas previu as modalidades de gestão (directa ou indirecta) e o modo de criação e, bem assim, procedeu à criação de sistemas multimunicipais determinados. Estes sistemas foram criados em resultado de processos de colaboração com os municípios abrangidos, que incluíram a negociação da respectiva participação como sócios fundadores, nas empresas futuras concessionárias.

No presente decreto-lei consagra-se um quadro legal de carácter geral contendo os princípios gerais informadores do regime jurídico de construção, exploração e gestão dos sistemas multimunicipais de captação, tratamento e abastecimento de água para consumo público, criados ou a criar quando atribuídos por concessão a empresa pública ou a sociedade de capitais exclusiva ou maioritariamente públicos.

As actividades de captação, tratamento e distribuição de água para consumo público têm a natureza de serviço público e são exercidas em regime de exclusivo com base num contrato de concessão celebrado entre o Estado e a empresa concessionária. A articulação entre cada sistema multimunicipal e os sistemas municipais abrangidos pela respectiva área é assegurada através de contratos de fornecimento a celebrar entre a concessionária e cada um dos municípios utilizadores sem prejuízo de estes poderem transmitir a respectiva posição contratual aos concessionários dos seus sistemas municipais de captação, tratamento e distribuição de água para consumo público.

Ainda no tocante às relações com os municípios utilizadores, consagra-se, por um lado, a obrigação de os sistemas multimunicipais assegurarem o abastecimento de água nos termos dos contratos de fornecimento e a proibição de discriminações entre os diversos utilizadores. Por outro lado, estes têm garantida uma flexibilidade mínima para além das quantidades contratadas de modo a poderem fazer face a flutuações da procura imprevistas, quer através de ajustamentos extraordinários da oferta, quer por via de acordos entre os próprios utilizadores. O único limite é a capacidade física de abastecimento do sistema multimunicipal.

No objecto da concessão inclui-se, além da exploração e gestão de um sistema multimunicipal de captação, tratamento e abastecimento de água para consumo público determinado, a concepção e construção de uma rede fixa e de todas as instalações necessárias à realização daquelas actividades e, bem assim, a respectiva reparação, extensão e renovação, de acordo com as exigências técnicas e com os parâmetros da qualidade da água a fornecer aos utilizadores. A aquisição, manutenção e renovação de todos os equipamentos necessários à realização daquelas actividades e o controlo de qualidade da água distribuída incluem-se igualmente no objecto da concessão. Para melhor garantir a eficácia na prossecução deste objecto determina-se que o mesmo seja exclusivo no sentido de a concessionária não poder exercer outras actividades diferentes daquelas que o integram.

A propriedade dos bens afectos à concessão pertence em regra, à concessionária, revertendo para o Estado no termo da concessão sem qualquer indemnização e livres de quaisquer ónus ou encargos quando se trate do investimento inicial. Exceptuam-se os bens afectos à concessão que pertencessem ao Estado ou aos municípios utilizadores antes da respectiva afectação à concessão. Os primeiros representam uma forma de financiamento da concessionária, enquanto, relativamente aos segundos, é assegurada a sua devolução aos municípios quando se tornar desnecessária a sua utilização.

Estão, deste modo, criadas as condições legais para a instituição dos sistemas multimunicipais de captação, tratamento e distribuição de água para consumo público e para a atribuição das respectivas concessões de exploração e gestão. O passo seguinte é a concretização deste quadro legal em relação a cada um dos sistemas multimunicipais através da criação dos sistemas, caso tal ainda não tenha ocorrido, da constituição das empresas às quais será atribuída a concessão, da atribuição da concessão e da celebração dos contratos de concessão e de fornecimento com o Estado e os municípios utilizadores, respectivamente.

As especificidades do sistema multimunicipal da área da Grande Lisboa aconselham a preparação de uma regulamentação própria, pelo que o presente diploma não lhe é directamente aplicável.

Foi ouvida a Associação Nacional de Municípios Portugueses.

Assim:

ARTIGO 1.º – **(Objecto)**

1 – O presente diploma consagra o regime jurídico da concessão da exploração e gestão dos sistemas multimunicipais de captação, tratamento e abastecimento de água para consumo público.

2 – A exploração e a gestão referidas no número anterior abrangem a concepção, a construção, a extensão, a reparação, a renovação, a manutenção de obras e equipamentos e respectiva melhoria.

3 – O presente diploma não é aplicável ao sistema multimunicipal da área da Grande Lisboa.

ARTIGO 2.º – **(Serviço público)**

1 – A exploração e gestão dos sistemas multimunicipais de captação, tratamento e abastecimento de água para consumo dos municípios utilizadores consubstancia um serviço público a exercer em regime de exclusivo.

Decreto-Lei n.° 319/94, de 24 de Dezembro 743

2 – São objectivos fundamentais da exploração e gestão dos sistemas multimunicipais de captação, tratamento e abastecimento de água para consumo público contribuir para o desenvolvimento económico nacional e para o bem-estar das populações, assegurando, nomeadamente:

a) A oferta de água para consumo público adequada, nos termos do contrato de concessão, à satisfação da procura nos municípios utilizadores, sob os aspectos quantitativos e qualitativos;

b) A progressiva redução dos custos através da racionalidade e eficácia dos meios utilizados nas suas diversas fases, desde a captação ao abastecimento das redes municipais.

3 – Fora do âmbito do serviço público referido no n.° 1, a captação de água do domínio hídrico obedece ao respectivo regime legal de utilização.

ARTIGO 3.° – **(Natureza do acto da concessão)**

A concessão da exploração e gestão dos sistemas multimunicipais de captação, tratamento e abastecimento de água para consumo público opera-se por contrato administrativo a celebrar entre o Estado, representado pelo Ministro do Ambiente e Recursos Naturais, e uma empresa pública ou uma sociedade de capitais exclusiva ou maioritariamente públicos, nos termos das bases anexas ao presente diploma e que dele fazem parte integrante

ARTIGO 4.° – **(Disposições aplicáveis)**

As concessões a que o presente diploma se refere regem-se por este, pelo artigo 4.° da Lei n.° 46/77, de 8 de Julho, com a redacção dada pelo Decreto-Lei n.° 372/93, de 29 de Outubro, pelas disposições aplicáveis do Decreto-Lei n.° 379/93, de 5 de Novembro, e pelos respectivos contratos.

ARTIGO 5.° – **(Relações entre a concessionária e os municípios utilizadores)**

1 – Os municípios utilizadores devem efectuar a ligação ao sistema multimunicipal de captação, tratamento e abastecimento de água para consumo explorado e gerido pela concessionária.

2 – A necessidade de ligação prevista no número anterior cessa quando razões ponderosas de interesse público reconhecidas por despacho do Ministro do Ambiente e dos Recursos Naturais o justifiquem.

3 – A articulação entre o sistema multimunicipal de captação, tratamento e abastecimento de água para consumo público explorado e gerido pela concessionária e o sistema correspondente de cada um dos municípios utilizadores será assegurada através de contratos de fornecimento a celebrar entre a concessionária e cada um dos municípios.

744 V – Regime de Contratação Local

ANEXO
Bases do contrato de concessão da exploração e gestão dos sistemas multimunicipais de captação, tratamento e abastecimento de água para consumo público

I – Disposições e princípios gerais

Base I – (Conteúdo)

A concessão tem por conteúdo a concepção, a construção, a exploração e a gestão, em regime de exclusivo, de um sistema multimunicipal de captação, tratamento e abastecimento de água para consumo público.

Base II – (Objecto da concessão)

1 – A actividade da concessão compreende a captação de água, o respectivo tratamento e o seu fornecimento aos utilizadores.

2 – O objecto da concessão compreende:

a) A concepção e construção de uma rede fixa e de todas as instalações necessárias à captação, tratamento e abastecimento de água para consumo público, a respectiva extensão, reparação e renovação de acordo com as exigências técnicas e com os parâmetros de qualidade da água a fornecer aos utilizadores;

b) A aquisição, manutenção e renovação de todos os equipamentos necessários à captação, tratamento e abastecimento de água para consumo público dos utilizadores;

c) O controlo dos parâmetros de qualidade da água distribuída.

3 – A concessionária não poderá exercer actividades diferentes daquelas que constituem o objecto da concessão.

Base III – (Regime da concessão)

1 – A concessionária do serviço público de captação, tratamento e abastecimento de água obriga-se a assegurar o regular, contínuo e eficiente abastecimento de água aos municípios utilizadores.

2 – Para efeito das presentes bases são utilizadores os municípios servidos pelo respectivo sistema multimunicipal.

3 – Com o objectivo de assegurar a adequação da concessão às exigências de política ambiental e da regularidade e continuidade do serviço público, o concedente reserva-se o direito de alterar as condições da sua exploração, nos termos da lei e das presentes bases.

4 – Quando, por efeito do disposto no número anterior, se alterarem significativamente as condições de exploração, o concedente compromete-se a promover a reposição do equilíbrio económico-financeiro do contrato.

5 – A reposição referida no número anterior poderá efectuar-se, consoante opção do concedente, ouvido o concessionário, mediante a revisão das tarifas, de acordo com os critérios mencionados na base XIV, ou pela prorrogação do prazo da concessão ou ainda por compensação directa à concessionária.

Base IV – (Prazo)

1 – A concessão terá uma duração de 10 a 50 anos contados da data da celebração do respectivo contrato, nele se incluindo o tempo despendido com a construção das infra-estruturas.

2 – Não contarão no cômputo do prazo os atrasos na construção das infra-estruturas devidos a casos de força maior ou a outras razões não imputáveis à concessionária, julgadas atendíveis pelo Ministro do Ambiente e Recursos Naturais.

3 – Para efeitos do número anterior, serão considerados casos de forma maior os factos de terceiro por que a concessionária não seja responsável e para os quais não haja contribuído e, bem assim, qualquer outro facto natural ou situação imprevisível ou inevitável cujos efeitos se produzam independentemente da vontade ou das circunstâncias pessoais da concessionária, tais como actos de guerra ou subversão, epidemias, ciclones, tremores de terra, fogo, raio, inundações e greves gerais ou sectoriais.

Base V – (Características da água)

A água distribuída pela concessionária deverá obedecer aos parâmetros legais da água para consumo humano.

Decreto-Lei n.º 319/94, de 24 de Dezembro

Base VI – (Princípios aplicáveis às relações com os utilizadores)

A concessionária e obrigada, mediante contrato de fornecimento, a assegurar o abastecimento de água aos utilizadores, devendo tratá-los sem discriminações ou diferenças que não resultem apenas da aplicação de critérios ou de condicionalismos legais ou regulamentares ou ainda de diversidade manifesta das condições técnicas de fornecimento.

II – Dos bens e meios afectos à concessão

Base VII – (Estabelecimento da concessão)

1 – Integram a concessão:

a) As infra-estruturas relativas à exploração, designadamente os sistemas de captação, as estações de tratamento e a rede de distribuição de água de abastecimento com uma determinada capacidade de produção máxima, determinada nos termos da base XXX;

b) Os equipamentos necessários à operação das infra-estruturas e ao controlo de qualidade da água produzida;

c) Todas as obras, máquinas e aparelhagem e respectivos acessórios utilizados para a exploração, para a manutenção e para a gestão do sistema intermunicipal de captação, tratamento e abastecimento de água para consumo dos utilizadores não referidos nas alíneas anteriores.

2 – As infra-estruturas consideram-se integradas na concessão, para todos os efeitos legais, desde a aprovação dos projectos de construção.

Base VIII – (Bens e outros meios afectos à concessão)

1 – Consideram-se afectos à concessão, além dos bens que integram o seu estabelecimento, os imóveis adquiridos por via do direito privado ou mediante expropriação para implantação das infra-estruturas.

2 – Consideram-se também afectos à concessão os direitos privativos de propriedade intelectual e industrial de que a concessionária seja titular.

3 – Consideram-se ainda afectos à concessão, desde que directamente relacionados com a actividade objecto de cada contrato:

a) Quaisquer fundos ou reservas consignados à garantia do cumprimento de obrigaçõss da concessionária, designadamente o fundo de renovação previsto no n.º 2 da base XII;

b) A totalidade das relações jurídicas que se encontrem em cada momento necessariamente conexionadas com a continuidade da exploração da concessão, nomeadamente laborais, de empreitada, de locação, de prestação de serviços, de aprovisionamento ou de fornecimento de água ou de materiais necessários à distribuição de água para consumo.

Base IX – (Propriedade dos bens afectos à concessão)

1 – Enquanto durar a concessão e sem prejuízo do disposto na base seguinte, a concessionária detém a propriedade dos bens afectos à concessão que não pertençam ao Estado e aos municípios.

2 – Com ressalva do disposto no n.º 3 da presente base e na base seguinte, no termo da concessão, os bens a que se refere o número anterior reverterão, sem qualquer indemnização, para o Estado, livres de quaisquer ónus ou encargos e em perfeitas condições de operacionalidade, utilização e manutenção.

3 – A concessionária terá direito no termo da concessão a uma indemnização calculada em função do valor contabilístico corrigido da depreciação monetária líquido de amortizações fiscais, dos bens que resultarem de novos investimentos de expansão ou de modernização do sistema não previstos no contrato de concessão por impossibilidade da sua previsão, feitos a seu cargo, aprovados ou impostos pelo concedente.

4 – Sem prejuízo do previsto no n.º 2 da base XXV, os bens e direitos afectos a concessão só poderão ser vendidos, ou transmitidos por qualquer outro modo, ou onerados, após devida autorização do Ministro do Ambiente e Recursos Naturais.

Base X – (Redes de distribuição, estações de elevação e reservatórios de água pertencentes aos municípios)

1 – As redes de distribuição de água para consumo público pertencentes aos municípios utilizadores poderão, mediante prévio acordo, ser por eles cedidas à concessionária, a título gratuito ou oneroso, na parte em que sejam indispensáveis à exploração por parte desta.

746   V – Regime de Contratação Local

2 – Em qualquer caso, tornando-se desnecessária a utilização pela concessionária das redes de distribuição de água para consumo público referidas no número anterior estas serão devolvidas aos municípios cedentes.

3 – O contrato de concessão poderá também prever mediante prévio acordo com os municípios utilizadores, que certos órgãos e reservatórios, designadamente destinados ao armazenamento de água na ligação com os sistemas municipais, sejam construídos ou ampliados por aqueles municípios, ficando na sua propriedade e constando o seu elenco e características de mapa anexo ao contrato.

Base XI – (Inventário)

1 – A concessionária elaborará um inventário do património da concessão, que manterá actualizado e que deverá enviar bienalmente ao Ministro do Ambiente e Recursos Naturais, ou a entidade por ele designada, até ao final do mês de Janeiro, devidamente certificado por auditor aceite pelo concedente.

2 – Este inventário comportará a avaliação da aptidão de cada bem para desempenhar a sua função no sistema e das respectivas condições de conservação e funcionamento, a identificação do proprietário de cada bem quando diferente da concessionária e a menção dos ónus ou encargos que recaem sobre os bens afectos à concessão e a descrição actualizada, em secção autónoma, das redes de distribuição de água para consumo público a que se refere a base anterior.

Base XII – (Manutenção dos bens e meios afectos à concessão)

1 – A concessionária obriga-se a manter em bom estado de funcionamento, conservação e segurança, a expensas suas, os bens e meios afectos à concessão durante o prazo da sua vigência, efectuando para tanto as reparações, renovações e adaptações necessárias ao bom desempenho do serviço público.

2 – Para ocorrer a encargos correspondentes a esta obrigação, a concessionária, após o início de exploração do sistema, procederá à constituição de um fundo de renovação a regular no contrato de concessão.

III – Condições financeiras

Base XIII – (Financiamento)

1 – A concessionária adoptará e executará, tanto na construção das infra-estruturas como na correspondente exploração do serviço concedido, o esquema financeiro constante do estudo económico anexo ao contrato de concessão.

2 – O esquema referido no número anterior será organizado tendo em conta as seguintes fontes de financiamento:

a) O capital da concessionária;

b) As comparticipações e subsídios atribuídos à concessionária;

c) As receitas provenientes das tarifas cobradas pela concessionária;

d) Quaisquer outras fontes de financiamento, designadamente empréstimos.

Base XIV – (Critérios para a fixação das tarifas)

1 – As tarifas serão fixadas por forma a assegurar a protecção dos interesses dos utilizadores, a gestão eficiente do sistema, o equilíbrio económico-financeiro da concessão e as condições necessárias para a qualidade do serviço durante e após o termo da concessão.

2 – A fixação das tarifas obedecerá aos seguintes critérios:

a) Assegurar, dentro do período da concessão, a amortização do investimento inicial a cargo da concessionária descrito em estudo económico anexo ao contrato de concessão, deduzido das comparticipações e subsídios a fundo perdido, referidos na alínea *b)* do n.º 2 da base XIII;

b) Assegurar a manutenção, reparação e renovação de todos os bens e equipamentos afectos à concessão, designadamente mediante a disponibilidade dos meios financeiros necessários à constituição do fundo de renovação previsto no n.º 2 da base XII;

c) Assegurar a amortização tecnicamente exigida de eventuais novos investimentos de expansão ou modernização do sistema especificamente incluídos nos planos de investimento autorizados;

d) Atender ao nível de custos necessários para uma gestão eficiente do sistema e à existência de receitas não provenientes da tarifa;

Decreto-Lei n.° 319/94, de 24 de Dezembro

e) Assegurar, quando seja caso disso, o pagamemo das despesas de funcionamenlo da comissão de acompanhamento da concessão;

f) Assegurar uma adequada remuneração dos capitais próprios da concessionária.

Base XV – (Fixação e revisão das tarifas)

1 – O contrato de concessão e o contrato de fornecimento a celebrar entre a concessionária e cada um dos utilizadores fixam as tarifas e a forma e periodicidade da sua revisão, tendo em atenção os critérios definidos na base anterior.

2 – Os valores das tarifas fixados no contrato de concessão serão sempre sujeitos a uma primeira revisão à data do início da exploração do sistema multimunicipal objecto da concessão.

IV – Construção das infra-estruturas

Base XVI – (Construção das infra-estruturas)

A construção das infra-estruturas para efeitos das presentes bases compreende também, para além da sua concepção e projecto, a aquisição, por via do direito privado ou de expropriação, dos terrenos necessários à sua implantação e, bem assim, a constituição das necessárias servidões.

Base XVII – (Utilização do domínio público)

1 – A concessionária terá o direito de utilizar o domínio público do Estado ou dos municípios utilizadores, neste caso mediante afectação, para efeitos de implantação e exploração das infra-estruturas da concessão.

2 – A faculdade de utilização dos bens dominiais referidos no número anterior resulta da aprovação dos respectivos projectos ou de despacho do Ministro do Ambiente e Recursos Naturais, sem prejuízo da formalização da respectiva cedência nos termos da lei.

3 – No caso de afectação de bens dominiais dos municípios ou de outras pessoas colectivas públicas é aplicável o disposto no Código das Expropriações, correndo por conta da concessionária as compensações a que houver lugar.

Base XVIII – (Servidões e expropriações)

1 – A concessionária poderá constituir as servidões e requerer as expropriações necessárias à implantação e exploração das infra-estruturas.

2 – As servidões e expropriações resultam da aprovação dos respectivos projectos pelo Ministro ou de declaração de utilidade pública, simultânea ou subsequente, nos termos da lei aplicável, correndo por conta da concessionária as indemnizações a que derem lugar.

Base XIX – (Prazos de construção e data limite para a entrada em serviço dos sistemas multimunicipais)

1 – Os contratos de concessão deverão fixar prazos em cujo termo todas as obras necessárias ao regular abastecimento de água deverão estar concluídas.

2 – Durante toda a fase de construção das infra-estruturas, a concessionária enviará trimestralmente ao Ministro do Ambiente e Recursos Naturais um relatório sobre o estado de avanço das obras.

3 – A concessionária é responsável pelo incumprimento dos prazos a quc se referem os números anteriores, salvo na hipótese de ocorrência de motivos de força maior tais como os previstos no n.° 3 da base IV.

Base XX – (Responsabilidade pela concepção, projecto e construção das infra-estruturas)

1 – Constitui encargo e é da responsabilidade da concessionária a concepção, o projecto e a construção das instalações e a aquisição dos equipamentos necessários, em cada momento, à exploração da concessão.

2 – A concessionária responde perante o concedente por eventuais defeitos de concepção, de projecto, de construção ou dos equipamentos.

748 V – Regime de Contratação Local

Base XXI – (Aprovação dos projectos de construção)

1 – Os projectos de construção das infra-estruturas, bem como as respectivas alterações, deverão ser elaborados com respeito da regulamentação vigente ern Portugal e exigem a aprovação prévia do Ministro do Ambiente e Recursos Naturais.

2 – Sem prejuízo de prazos previstos em procedimentos especiais, a aprovação referida no número anterior considera-se concedida caso não seja expressamente recusada no prazo de 60 dias, devendo previamente ser submetida a parecer não vinculativo da câmara municipal territorialmente competente, a qual se deve pronunciar nos termos do n.° 3 do artigo 3.° do Decreto-Lei n.° 445/91, de 20 de Novembro.

Base XXII – (Prazos a observar na construção)

A concessionária assegurará que os trabalhos sejam efectuados nos prazos fixados.

V – Relações com o concedente

Base XXIII – (Poderes do concedente)

1 – Além de outros poderes conferidos pelas presentes bases ou pela lei ao concedente:

a) Carecem de autorização do concedente:

    i) A celebração ou a modificação dos contratos de fornecimento entre a concessionária e os utilizadores;

    ii) A aquisição e venda de bens de valor superior a 50 000 000$;

    iii) A aquisição e venda de bens imóveis, de valor inferior a 50 000 000$, quando as verbas correspondentes não estejam previstas nas rubricas respectivas do orçamenlo aprovado;

b) Carecem de aprovação do concedente:

    i) As tarifas;

    ii) Os planos de actividade e financeiros plurianuais para um período de, pelo menos, cinco anos e suas eventuais alterações, devidamente certificados por auditor aceite pelo concedente;

    iii) Os orçamentos anuais de exploração, de investimento e financeiros, bem como as respectivas actualizações que impliquem redução de resultados previsionais, acréscimo de despesas ou de necessidade de financiamento, devidamente certificados por auditor aceite pelo concedente.

2 – O valor referido na alínea a) do número anterior é obrigatoriamente actualizado anualmente de acordo com a variação do índice de preços no consumidor no continente.

3 – O contrato de concessão poderá ainda prever outros poderes de fiscalização do concedente, designadamente o poder de apreciar certos actos de gestão da concessionária mediante a respectiva suspensão, autorização ou aprovação.

Base XXIV – (Exercício dos poderes do concedente e comissão de acompanhamento da concessão)

1 – Os poderes do concedente referidos nas presentes bases ou outros relacionados com os sistemas multimunicipais de captação, tratamento e abastecimento de água para consumo público que lhe forem conferidos por lei são exercidos pelo Ministro do Ambiente e Recursos Naturais, com a faculdade de delegação em comissão de acompanhamento da concessão.

2 – O Ministro do Ambiente e Recursos Naturais, por despacho, pode designar, relativamente a cada concessão ou conjunto de concessões, uma comissão de acompanhamento.

3 – A comissão de acompanhamento da concessão é composta por três a cinco membros, devendo o respectivo despacho de constituição fixar o limite máximo das suas despesas de funcionamento, que são da responsabilidade das respectivas concessionárias, bem como os poderes que o Ministro do Ambiente e Recursos Naturais nela delegue nos termos do n.° 1.

Base XXV – (Fiscalização)

1 – O concedente poderá fiscalizar o cumprimento das leis e regulamentos aplicáveis e, bem assim, das cláusulas do contrato de concessão, onde quer que a concessionária exerça a sua actividade, podendo, para tanto, exigir-lhe as informações e os documentos que considerar necessários.

Decreto-Lei n.º 319/94, de 24 de Dezembro

2 – O pessoal de fiscalização dispõe de livre acesso, no exercício da suas funções, a todas as infra-estruturas e equipamentos da concessão e a todas as instalações da concessionária.

3 – A concessionária enviará todos os anos ao Ministro do Ambiente e Recursos Naturais, até ao termo do 1.º semestre do ano seguinte a que respeita o exercício considerado, os documentos contabilísticos para o efeito indicados no contrato de concessão, os quais deverão respeitar a apresentação formal que tiver sido definida e estar certificados por auditor aceite pelo concedente.

Base XXVI – (Responsabilidade civil extracontratual)

A responsabilidade civil extracontratual da concessionária deve estar coberta por seguro, regulado por portaria conjunta dos Ministros das Finanças e do Ambiente e Recursos Naturais.

Base XXVII – (Caução referente à exploração)

1 – Para garantia do cumprimento dos deveres contratuais emergentes da concessão, deverá a concessionária prestar uma caução de valor adequado a definir no contrato de concessão, a qual não poderá ser inferior a 50 000 000$.

2 – Nos casos em que a concessionária não tenha pago ou conteste as multas aplicadas por incumprimento das obrigações contratuais poderá haver recurso a caução, sem dependência de decisão judicial, mediante despacho do Ministro do Ambiente e Recursos Naturais.

3 – Na hipótese contemplada no número anterior, a concessionária caso tenha prestado a caução por depósito, deverá repor a importância utilizada no prazo de um mês contado da data de utilização.

4 – A caução só poderá ser levantada após o decurso de um ano sobre o termo da concessão.

VI – Relações com os utilizadores

Base XXVIII – (Obrigação de fornecimento

1 – A concessionária obriga-se a fornecer a cada um dos utilizadores, mediante contrato, a água necessária para alimentar os respectivos sistemas municipais, com ressalva das situações de força maior ou de caso imprevisto ou razões técnicas julgadas atendíveis pelo Ministro do Ambiente e Recursos Naturais.

2 – Os contratos de concessão e de fornecimento fixarão, o volume de água para consumo público que cada utilizador se propõe adquirir a concessionária com referência a um valor mínimo e a um valor máximo.

3 – O valor mínimo significa o volume de segurança de água disponível de que a concessionária carece, como condição a garantir a todo o tempo pelo utilizador para equilíbrio da concessão, independentemente do consumo efectivo do utilizador.

4 – O valor máximo significa o volume de água contratado que a concessionária se obriga a garantir, com ressalva das situações referidas no n.º 1.

Base XXIX – (Ajustamentos extraordinários da oferta de água ao consumo)

1 – Extraordinariamente, os utilizadores podem pedir um volume de água superior ao máximo contratado, podendo a concessionária satisfazê-los desde que não ponha em causa o consumo dos outros municípios utilizadores do mesmo sistema multimunicipal.

2 – A concessionária não pode, em caso algum, colocar-se numa situação em que, para satisfazer a exigência dos utilizadores referida no número anterior, fique impossibilitada de assegurar a totalidade dos consumos mínimos dos demais utilizadores do mesmo sistema multimunicipal.

3 – No caso de ser necessário racionar a água fornecida pela concessionária, o valor mínimo a que se referem os n.ºs 2 e 3 da base anterior servirá de referência para a redução proporcional do fornecimento de água aos utilizadores.

Base XXX – (Acordos entre utilizadores do mesmo sistema multimunicipal)

1 – O utilizador de um sistema multimunicpal pode acordar com outro utilizador do mesmo sistema que a concessionária forneça àquele um volume de água correspondente ao valor máximo deste.

2 – A concessionária só não agirá em conformidade com a vontade dos utilizadores concordes, desde que existam causas técnicas que impossibilitem ou dificultem substancialmente a execução desse acordo.

750 V – Regime de Contratação Local

Base XXXI – (Medição e facturação da água fornecida)

A água fornecida será medida à entrada dos reservatórios de chegada a cada utilizador do sistema multimunicipal e facturada com a periodicidade mensal.

Base XXXII – (Regulamentos de exploração e serviço)

1 – Os regulamentos de exploração e serviço serão elaborados pela concessionária e submetidos a parecer dos municípios utilizadores, a emitir no prazo de 60 dias.

2 – Após o parecer referido no número anterior ou findo o prazo para a sua emissão, serão aqueles regulamentos de exploração e serviço sujeitos à aprovação do Ministro do Ambiente e Recursos Naturais, a qual se terá por concedida se não for expressamente recusada no prazo de 30 dias.

3 – O procedimento referido no número anterior será igualmente aplicável às modificações posteriores dos mesmos regulamentos.

4 – Os utilizadores obrigam-se a respeitar os regulamentos de exploração e serviço que a concessionária emane, desde que devidamente aprovados.

Base XXXIII – (Ligação técnica entre o sistema multimunicipal e os sistemas municipais)

1 – A concessionária assegurará as condições técnicas necessárias à ligação entre o sistema multimunicipal e os diversos sistemas municipais da área correspondente ao seu sistema multimunicipal.

2 – Os utilizadores respeitarão as determinações que lhes forem feitas em ordem a estabelecer a ligação entre os seus sistemas de distribuição e o sistema multimunicipal.

3 – Os encargos com a ligação técnica entre os dois sistemas referidos nos números anteriores serão facturados autonomamente pela concessionária a cada um dos utilizadores.

Base XXXIV – (Reparações)

A concessionária é responsável pela conservação e reparação dos meios necessários à ligação técnica dos sistemas multimunicipal e municipal.

Base XXXV – (Concessão do sistema municipal do utilizador)

1 – A concessionária não se poderá opor à transmissão da posição contratual de cada um dos utilizadores para uma concessionária do respectivo sistema municipal de tratamento e distribuição de água para consumo público.

2 – Em caso de transmissão da posição contratual de utilizadores, estes respondem solidariamente com o cessionário respectivo.

Base XXXVI – (Suspensão do fornecimento)

1 – Em caso de mora nos pagamentos pelos utilizadores que se prolongue para além de 90 dias, a concessionária poderá suspender o fornecimento de água até que se encontre pago o débito correspondente.

2 – A decisão de suspender o fornecimento por falta de pagamento deverá ser comunicada ao Ministro do Ambiente e Recursos Naturais com uma antecedência mínima de 60 dias, podendo este opor-se à respectiva execução.

3 – No caso de o Ministro do Ambiente e Recursos Naturais exercer a oposição referida no número anterior, deve o concedente garantir à concessionária o pagamento dos fornecimentos futuros ao utilizador inadimplente até que a situação seja por este regularizada.

VII – Sanções

Base XXXVII – (Multas contratuais)

1 – Pelo incumprimento das obrigações assumidas no âmbito do contrato de concessão poderá a concessionária ser punida com multa de 1 000 000$ a 50 000 000$, segundo a sua gravidade, a qual será aferida em função dos riscos para a segurança do sistema e para a sanidade pública e dos prejuízos resultantes.

2 – É da competência do Ministro do Ambiente e Recursos Naturais a aplicação das multas previstas na presente base.

3 – A sanção aplicada será comunicada por escrito à concessionária.

Decreto-Lei n.º 319/94, de 24 de Dezembro

4 – Os limites das multas referidos no n.º 1 são actualizados anualmente de acordo com o índice de preços no consumidor no continente.

5 – As multas que não forem pagas voluntariamente até 30 dias após a data da notificação poderão ser levantadas da caução prestada pela concessionária.

Base XXXVIII – (Sequestro)

1 – O concedente poderá intervir na exploração do serviço concedido sempre que se dê, ou se afigure iminente, uma cessação ou interrupção total ou parcial da exploração do serviço ou se verifiquem graves deficiências na respectiva organização ou funcionamento ou no estado geral das instalações e do equipamento susceptíveis de comprometerem a regularidade da exploração.

2 – Verificado o sequestro, a concessionária suportará não apenas os encargos resultantes da manutenção dos serviços, mas também quaisquer despesas extraordinárias necessárias ao restabelecimento da normalidade da exploração que não possam ser cobertas pelos resultados da exploração.

3 – Logo que cessem as razões de sequestro e o concedente julgue oportuno, será a concessionária notificada para retomar, na data que lhe for fixada, a normal exploração do serviço.

4 – Se a concessionária não quiser ou não puder retomar a exploração ou se, tendo-o feito, continuarem a verificar-se graves deficiências na organização e funcionamento do serviço, o Ministro do Ambiente e Recursos Naturais poderá declarar a imediata rescisão do contrato de concessão.

VIII – Modificação e extinção da concessão

Base XXXIX – (Trespasse da concessão)

1 – A concessionária não poderá trespassar a concessão, no todo ou em parte, sem prévia autorização do Ministro do Ambiente e Recursos Naturais.

2 – No caso de trespasse autorizado, considerar-se-ão transmitidos para a trespassária os direitos e obrigações da trespassante, assumindo ainda a trespassária as obrigações e encargos que eventualmente lhe venham a ser impostos como condição de autorização do trespasse.

Base XL – (Subconcessão)

1 – A concessionária não pode, salvo havendo consentimento por parte do Ministro do Ambiente e Recursos Naturais, subconceder, no todo ou em parte, a concessão.

2 – O consentimento referido no número anterior, deverá, sob pena de nulidade, ser prévio, expresso e inequívoco.

3 – No caso de haver lugar a uma subconcessão devidamente autorizada, a concessionária mantém os direitos e continua sujeita às obrigações emergentes do contrato de concessão.

Base XLI – (Modificação da concessão)

Sem prejuízo do disposto no n.º 3 da base III, o contrato de concessão apenas pode ser alterado por acordo entre concedente e concessionária .

Base XLII – (Rescisão do contrato)

1 – O concedente poderá dar por finda a concessão, mediante rescisão do contrato, quando tenha ocorrido qualquer dos factos seguintes:

a) Desvio do objecto da concessão;

b) Interrupção prolongada da exploração por facto imputável à concessionária;

c) Oposição reiterada ao exercício da fiscalização ou repetida desobediência às determinações de concedente ou ainda sistemática inobservância das leis e regulamentos aplicáveis à exploração;

d) Recusa em proceder à adequada conservação e reparação das infra-estruturas;

e) Cobrança dolosa de retribuições superiores às fixadas nos contratos de concessão e nos contratos de fornecimento;

f) Cessação de pagamentos pela concessionária ou apresentação à falência;

g) Trespasse da concessão ou subconcessão não autorizada;

h) Violação grave das cláusulas do contrato de concessão;

752   *V – Regime de Contratação Local*

2 – Não constituem causas de rescisão os factos ocorridos por motivos de força maior e, bem assim, os que o concedente aceite como justificados.

3 – A rescisão prevista no n.º 1 determina a reversão de todos os bens e meios afectos à concessão para o concedente, a efectivar nos termos da base seguinte e sem direito a qualquer indemnização.

4 – A rescisão do contrato de concessão será comunicada à concessionária por carta registada com aviso de recepção e produzirá imediatamente os seus efeitos.

Base XLIII – (Termo do prazo de concessão)

1 – No termo da concessão e sem prejuízo do disposto nas bases IX e X, o Estado entrará na posse dos bens da concessionária afectos à concessão, sem dependência de qualquer formalidade que não seja uma vistoria *ad perpetuam rei memoriam*, para a qual serão convocados também os representantes da concessionária.

2 – Do auto de vistoria constará obrigatoriamente o inventário dos bens e equipamentos afectos à concessão, assim como a descrição do seu estado de conservação e da respectiva aptidão para o desempenho da sua função no sistema.

Base XLIV – (Resgate da concessão)

1 – O concedente poderá resgatar a concessão, retomando a gestão directa do serviço público concedido, sempre que motivos de interesse público o justifiquem e decorrido que seja pelo menos metade do prazo contratual, mediante aviso prévio feito à concessionária, por carta registada com aviso de recepção, com, pelo menos, um ano de antecedência.

2 – Decorrido o período de um ano sobre o aviso do resgate, o Ministério do Ambiente e Recursos Naturais entrará na posse de todos os bens afectos à concessão, nos termos da base anterior.

3 – Pelo resgate a concessionária terá direito a uma indemnização determinada por terceira entidade independente, escolhida por acordo entre o Ministro do Ambiente e Recursos Naturais e a concessionária, devendo aquele atender, na fixação do seu montante, ao valor contabilístico líquido dos bens referidos no número anterior e ao rendimento esperado.

4 – O valor contabilístico do imobilizado corpóreo, líquido de amortizações fiscais e das comparticipações financeiras e subsídios a fundo perdido, deverá ter em conta a depreciação monetária, através de reavaliação por coeficientes de correcção monetária legalmente consagrados.

5 – O crédito previsto no n.º 3 compensar-se-á com as dívidas ao concedente por multas contratuais e a título de indemnizações por prejuízos causados.

IX – Contencioso

Base XLV – (Arbitragem)

Nos litígios emergentes do contrato de concessão poderá o Estado celebrar convenções de arbitragem.

DECRETO-LEI N.º 162/96 *

de 4 de Setembro

Estabelece o regime jurídico da construção, exploração e gestão dos sistemas multimunicipais de recolha, tratamento e rejeição de efluentes

Na sequência da alteração da lei de delimitação de sectores, que abriu a possibilidade de participação de capitais privados sob a forma de concessão, nas actividades de recolha, tratamento e rejeição de efluentes, e da consagração dos princípios por que se rege a gestão e exploração de sistemas que tenham por objecto aquelas actividades, cumpre definir as regras concretizadoras de tal quadro legal.

O Decreto-Lei n.º 379/93, de 5 de Novembro, estruturou as actividades em causa com base na distinção entre sistemas multimunicipais e sistemas municipais, caracterizando-se os primeiros por terem importância estratégica, abrangendo a área de pelo menos dois municípios e exigindo um investimento predominante do Estado, e os segundos por não obedecerem a tais critérios.

Após a criação do sistema multimunicipal de saneamento da Costa do Estoril, dotado de um quadro legal específico devido aos condicionalismos próprios do seu surgimento, sente-se a necessidade de criar outros sistemas multimunicipais de tratamento de efluentes, dada a importância que esta actividade assume para o País.

Torna-se assim necessário aprovar um quadro legal de carácter geral, contendo os princípios do regime jurídico de construção, exploração e gestão dos sistemas multimunicipais de recolha, tratamento e rejeição de efluentes, quando atribuídos por concessão a empresa pública ou a sociedade de capitais exclusiva ou maioritariamente públicos.

As actividades de recolha, tratamento e rejeição de efluentes têm a natureza de serviço público e são exercidas em sistema de exclusivo, com base num contrato de concessão celebrado entre o Estado e a empresa concessionária.

Dado que o bom funcionamento do sistema depende em grande parte da articulação que existir entre a sociedade concessionária e os municípios abrangidos pelo sistema, a par da necessidade de ligação dos diversos municípios ao sistema multimunicipal, estabelece-se um conjunto de regras que visam articular aquele sistema com os diversos sistemas municipais através de contratos de fornecimento a celebrar entre a concessionária e cada município utilizador, sem prejuízo de estes poderem vir a transmitir a respectiva posição contratual aos concessionários dos seus sistemas municipais de captação, tratamento e rejeição de efluentes.

O objecto da concessão compreende, além da actividade de recolha de efluentes canalizados pelos serviços municipais competentes, a concepção e construção de todos os equipamentos necessários à recolha, tratamento e rejeição de efluentes, incluindo a respectiva reparação e renovação, de acordo com as exigências técnicas e com os parâmetros sanitários exigíveis.

---

* Rectificado no *DR*, I Série-A, 4.º Suplemento, de 31/12/96.

754 V – Regime de Contratação Local

Estão deste modo criadas as condições legais para a instituição dos sistemas multimunicipais de recolha, tratamento e rejeição de efluentes e para a atribuição da sua exploração e gestão.
Foi ouvida a Associação Nacional de Municípios Portugueses.
Assim:

ARTIGO 1.º – **(Objecto)**
1 – O presente diploma consagra o regime jurídico da concessão da exploração e gestão dos sistemas multimunicipais de recolha, tratamento e rejeição de efluentes.
2 – A exploração e a gestão referidas no número anterior abrangem a concepção, construção e a aquisição de equipamento do sistema, bem como a sua exploração, reparação, renovação e manutenção.

ARTIGO 2.º – **(Serviço público)**
1 – A exploração e gestão dos sistemas multimunicipais de recolha, tratamento e rejeição de efluentes dos municípios utilizadores consubstancia um serviço público a exercer em regime de exclusivo.
2 – São objectivos fundamentais da exploração e gestão dos sistemas multimunicipais de recolha, tratamento e rejeição de efluentes contribuir para o desenvolvimento económico nacional e para o bem-estar das populações, assegurando, nomeadamente:
a) O tratamento e rejeição, nos termos do contrato de concessão, dos efluentes provenientes dos municípios utilizadores;
b) O controlo dos custos através da racionalidade e eficácia dos meios utilizados nas suas diversas fases.
3 – Fora do âmbito do serviço público referido no n.º 1, a recolha dos efluentes obedece à legislação geral aplicável.

ARTIGO 3.º – **(Natureza da concessão)**
A concessão da exploração e gestão dos sistemas multimunicipais de recolha, tratamento e rejeição de efluentes é efectuada através de contrato administrativo a celebrar entre o Estado, representado pelo Ministro do Ambiente, e uma empresa pública ou uma sociedade de capitais exclusiva ou maioritariamente públicos, nos termos das bases anexas ao presente diploma e que dele fazem parte integrante.

ARTIGO 4.º – **(Relação entre a concessionária e os municípios utilizadores)**
1 – Os municípios utilizadores devem efectuar a ligação ao respectivo sistema multimunicipal de recolha, tratamento e rejeição de efluentes.
2 – A obrigação da ligação prevista no número anterior cessa quando razões ponderosas de interesse público reconhecidas por despacho do Ministro do Ambiente o justifiquem.
3 – A articulação entre o sistema multimunicipal de recolha, tratamento e rejeição de efluentes explorado e gerido pela concessionária e o sistema correspondente de cada um dos municípios utilizadores será assegurada através de contratos de recolha a celebrar entre a concessionária e cada um dos municípios.

ARTIGO 5.º – **(Disposições aplicáceis)**
O artigo 4.º da Lei n.º 46/77, de 8 de Julho, com a redacção dada pelo Decreto-Lei n.º 372/93, de 29 de Outubro, e as disposições aplicáveis do Decreto-Lei n.º 379/93, de 5 de Novembro, são aplicáveis às concessões regidas pelo presente diploma.

Decreto-Lei n.º 162/96, de 4 de Setembro

ARTIGO 6.º

O presente diploma não é aplicável ao sistema multimunicipal de saneamento da Conta do Estoril, que se rege por legislação própria.

ANEXO
Bases do contrato de concessão da exploração e gestão
dos sistemas multimunicipais de recolha, tratamento e rejeição de efluentes

I – Disposições e princípios gerais

Base I – (Conteúdo)

A concessão de serviço público tem por conteúdo a exploração e a gestão, em regime exclusivo, de um sistema multimunicipal de recolha, tratamento e rejeição de efluentes.

Base II – (Objecto da concessão)

1 – A actividade da concessão compreende a recolha de efluentes canalizados pelos serviços municipais competentes e o respectivo tratamento e rejeição.

2 – O objecto da concessão compreende:

a) A concepção e construção de todos os equipamentos necessários à recolha, tratamento e rejeição de efluentes canalizados pelos serviços dos municípios utilizadores, incluindo a instalação de condutas, a concepção e construção de estações elevatórias e de tratamento, e a respectiva reparação e renovação de acordo com as exigências técnicas e com os parâmetros sanitários exigíveis;

b) A aquisição, a manutenção e renovação de todos os equipamentos necessários à recolha, tratamento e rejeição de efluentes que o sistema deva receber;

c) O controlo dos parâmetros sanitários dos efluentes tratados e dos meios receptores em que os mesmos sejam descarregados.

3 – A concessionária não poderá exercer actividades diferentes daquelas que constituem o objecto da concessão.

Base III – (Regime de concessão)

1 – A concessionária do serviço público de recolha, tratamento e rejeição de efluentes obriga-se a assegurar, de forma regular, contínua e eficiente a recolha, tratamento e rejeição de efluentes canalizados pelos municípios utilizadores cujo destino seja o sistema.

2 – Para os efeitos das presentes bases são considerados utilizadores os municípios servidos pelo respectivo sistema multimunicipal.

3 – O concedente tem o poder de proceder à adequação das condições da concessão às exigências da política ambiental e das normas legais e regulamentares.

4 – Quando, por efeito do disposto no número anterior, se alterarem significativamente as condições de exploração, o concedente compromete-se a promover a reposição do equilíbrio económico-financeiro do contrato.

5 – A reposição referida no número anterior terá lugar nos termos a determinar no contrato de concessão, que poderá integrar, por opção do concedente, ouvida a concessionária, a prorrogação do prazo da concessão, a compensação directa à concessionária ou ainda a revisão das tarifas, nos termos dos critérios mencionados na base XIV, desde que a concessionária dê o seu acordo.

Base IV – (Prazo)

1 – A concessão terá duração de 30 anos a contar da data de celebração do respectivo contrato.

2 – Não serão contabilizados para o cômputo do prazo os atrasos na construção das infra-estruturas devidos a casos de força maior ou a outras razões não imputáveis às concessionárias julgadas atendíveis pelo Ministro do Ambiente, mediante despacho fundamentado.

3 – Para efeitos do número anterior, são considerados casos de força maior os factos de terceiro por que a concessionária não seja responsável e para os quais não haja contribuído, bem como qualquer outro facto natural ou situação imprevisível cujos efeitos se produzam independentemente da vontade da concessionária, tais como actos de guerra ou subversão, epidemias, ciclones, tremores de terra, fogo, raio, inundações e greves gerais ou sectoriais.

756　　　　　　　　　　　　　*V – Regime de Contratação Local*

Base V – (Características dos efluentes)
O contrato de concessão fixará as obrigações da concessionária quanto às características da recolha, tratamento e rejeição dos efluentes.

Base VI – (Princípios aplicáveis às relações com utilizadores)
1 – A concessionária é obrigada, mediante contrato, a assegurar aos utilizadores a recolha, tratamento e rejeição dos efluentes que estes lhe entreguem.

2 – A concessionária não deve tratar os utilizadores de forma discriminatória, apenas se admitindo diferenças de tratamento resultantes de condicionalismos legais ou regulamentares, aplicação de critérios ou diversidade manifesta das condições técnicas de exploração.

3 – Os municípios utilizadores encontram-se obrigados a efectuar a ligação ao sistema explorado pela concessionária.

II – Dos bens e meios afectos à concessão

Base VII – (Estabelecimento da concessão)
1 – Integram a concessão:

a) As infra-estruturas relativas à exploração, designadamente colectores, emissários, interceptores, estações elevatórias, estações de tratamento, emissários submarinos e demais infra-estruturas associadas;

b) Os equipamentos necessários à operação das infra-estruturas e ao controlo de qualidade sanitária do tratamento;

c) Todas as obras, máquinas e aparelhagens e respectivos acessórios utilizados para a exploração, para a manutenção e para a gestão do sistema multimunicipal de recolha, tratamento e rejeição de efluentes não referidos nas alíneas anteriores.

2 – As infra-estruturas consideram-se integradas na concessão, para todos os efeitos legais, desde a aprovação dos projectos de construção.

Base VIII – (Bens e outros afectos à concessão)
1 – Consideram-se afectos à concessão, além dos bens que integram o seu estabelecimento, os imóveis adquiridos por via do direito privado ou mediante expropriação para implantação das infra-estruturas.

2 – Consideram-se também afectos à concessão os direitos privados de propriedade intelectual e industrial de que a concessionária seja titular.

3 – Consideram-se ainda afectos à concessão, desde que directamente relacionados com a actividade objecto do contrato:

a) Quaisquer fundos ou reservas consignados à garantia do cumprimento de obrigações da concessionária, designadamente o fundo de renovação previsto no n.° 2 da base XII;

b) A totalidade das relações jurídicas que se encontrem em cada momento necessariamente conexionadas com a continuidade da exploração da concessão, nomeadamente laborais, de empreitada, de locação, de prestação de serviços, de aprovisionamento ou de fomecimento de materiais.

Base IX – (Propriedade dos bens afectos à concessão)
1 – Enquanto durar a concessão, e sem prejuízo do disposto na base seguinte, a concessionária detém a propriedade dos bens afectos à concessão que não pertençam ao Estado e aos municípios.

2 – Com ressalva do disposto no n.° 3 da presente base e na base seguinte, no termo da concessão, os bens a que se refere o número anterior reverterão, sem qualquer indemnização, para o Estado, livres de quaisquer ónus ou encargos e em perfeitas condições de operacionalidade, utilização e manutenção.

3 – A concessionária terá direito, no termo da concessão, a uma indemnização calculada em função do valor contabilístico corrigido da depreciação monetária, líquido de amortizações fiscais, dos bens que resultarem de novos investimentos de expansão ou de modernização do sistema não previstos no contrato de concessão, feitos a seu cargo, aprovados ou impostos pelo concedente.

4 – Sem prejuízo do previsto na base XIII, os bens e direitos afectos à concessão só poderão ser vendidos, transmitidos por qualquer outro modo ou onerados após devida autorização do Ministro do Ambiente.

Decreto-Lei n.° 162/96, de 4 de Setembro 757

Base X – (Redes de colectores e outros órgãos pertencentes aos municípios)

1 – As redes de colectores de recolha de efluentes pertencentes aos municípios utilizadores poderão, mediante prévio acordo, ser por estes cedidas à concessionária, a título gratuito ou oneroso, na parte em que sejam indispensáveis à exploração por parte desta.

2 – Tornando-se desnecessária a utilização pela concessionária das redes de colectores municipais referidas no número anterior, estas serão devolvidas aos municípios cedentes.

3 – O contrato de concessão poderá prever, mediante prévio acordo com os municípios utilizadores, que certos órgãos, designadamente destinados à recolha e rejeição de efluentes, sejam construídos ou ampliados por aqueles municípios, ficando na sua propriedade e constando o seu elenco e características de um anexo ao contrato.

Base XI – (Inventário)

1 – A concessionária elaborará e manterá actualizado um inventário de património afecto à concessão, que deverá enviar anualmente ao Ministro do Ambiente ou à entidade por ele designada até ao final do mês de Janeiro, devidamente certificado por auditor aceite pelo concedente.

2 – Este inventário comportará a avaliação da aptidão de cada bem para desempenhar a sua função no sistema e das suas condições de conservação e funcionamento, a identificação do proprietário de cada bem, quando diferente da concessionária, e a dimensão dos ónus ou encargos que recaiam sobre os bens afectos à concessão.

Base XII – (Manutenção dos bens e meios afectos à concessão)

1 – A concessionária obriga-se a manter em bom estado de funcionamento, conservação e segurança, a expensas suas, os bens e meios afectos à concessão durante o prazo da sua vigência, efectuando para tanto as reparações, renovações e adaptações necessárias ao bom desempenho do serviço público.

2 – Para ocorrer aos encargos correspondentes a esta obrigação, a concessionária, após o início da exploração do sistema, procederá à constituição de um fundo de renovação, a regular no contrato de concessão.

III – Condições financeiras

Base XIII – (Financiamento)

1 – A concessionária adoptará e executará, tanto na construção das infra-estruturas como na correspondente exploração do serviço concedido, o esquema financeiro constante do estudo económico anexo ao contrato de concessão, que dele faz parte integrante.

2 – O esquema referido no número anterior será organizado tendo em conta as seguintes fontes de financiamento:

a) O capital da concessionária;

b) As comparticipações financeiras e os subsídios concedidos à concessionária;

c) As receitas provenientes das tarifas ou valores garantidos cobrados pela concessionária;

d) Outras fontes de financiamento, designadamente empréstimos.

3 – O contrato de concessão integrará a previsão das condições aplicáveis às comparticipações financeiras e subsídios referidos na alínea *b)* do número anterior.

Base XIV – (Critérios para a fixação das tarifas ou valores garantidos)

1 – As tarifas ou valores garantidos serão fixados por forma a assegurar a protecção dos interesses dos utilizadores, a gestão eficiente do sistema, o equilíbrio económico-financeiro e as condições necessárias para a qualidade do serviço durante e após o termo da concessão.

2 – A fixação das tarifas ou valores garantidos obedecerá aos seguintes critérios:

a) Assegurar, dentro do período da concessão, a amortização do investimento inicial descrito em estudo económico anexo ao contrato de concessão, deduzido das comparticipações e dos subsídios a fundo perdido referidos na alínea b) do n.° 2 da base XIII;

b) Assegurar a manutenção, reparação e renovação de todos os bens e equipamentos afectos à concessão, designadamente mediante a disponibilidade dos meios financeiros necessários à constituição do fundo de renovação previsto no n.° 2 da base XII;

c) Assegurar a amortização tecnicamente exigida de eventuais novos investimentos de expansão ou modernização do sistema especificamente incluídos nos planos de investimentos autorizados;

758 V – Regime de Contratação Local

d) Atender ao nível de custos necessários para uma gestão eficiente do sistema e à existência de receitas não provenientes da tarifa;

e) Assegurar, quando seja caso disso, o pagamento das despesas de funcionamento da comissão de acompanhamento da concessão;

f) Assegurar uma adequada remuneração dos capitais próprios da concessionária.

Base XV – (Fixação e revisão das tarifas ou valores garantidos)

1 – O contrato de concessão e o contrato de recolha a celebrar entre a concessionária e cada um dos utilizadores deverão fixar as tarifas ou os valores garantidos e a forma e periodicidade da sua revisão, tendo em atenção os critérios definidos na sua base anterior.

2 – As tarifas ou valores garantidos fixados no contrato de concessão serão sempre sujeitos a uma primeira revisão à data do início da exploração do sistema multimunicipal objecto da concessão.

IV – Construção das infra-estruturas

Base XVI – (Construção das infra-estruturas)

A construção das infra-estruturas para efeito das presentes bases compreende, além da concepção, o projecto, a aquisição, por via do direito privado ou de expropriação, dos terrenos necessários à sua implantação e a constituição das servidões necessárias.

Base XVII – (Utilização do domínio público)

1 – A concessionária terá o direito de utilizar o domínio público do Estado ou dos municípios utilizadores, neste caso mediante afectação, para efeitos de implantação e exploração das infra-estruturas da concessão.

2 – A faculdade de utilização dos bens dominiais referidos no número anterior resulta da aprovação dos respectivos projectos ou de despacho do Ministro do Ambiente, sem prejuízo da formalização da respectiva cedência, nos termos da lei.

3 – No caso de afectação de bens dominiais dos municípios ou de outras pessoas colectivas públicas, é aplicado o disposto no Código das Expropriações, correndo por conta da concessionária as compensações respeitantes à parte do sistema implantada sob sua direcção.

Base XVIII – (Servidões e expropriações)

1 – A concessionária poderá constituir servidões e requerer declarações de utilidade pública para efeito das expropriações necessárias à implantação e exploração das infra-estruturas.

2 – As servidões e as expropriações resultam de declarações de utilidade pública nos termos da lei aplicável, correndo por conta da concessionária as correspondentes indemnizações respeitantes à parte do sistema implantado sob sua direcção.

3 – A aprovação do projecto pelo Ministro do Ambiente precede a declaração de utilidade pública.

Base XIX – (Prazos de construção e data limite para a entrada em serviço do sistema multimunicipal

1 – O contrato de concessão deverá fixar prazos em cujo termo todas as obras nele previstas deverão estar concluídas.

2 – A concessionária é responsável pelo incumprimento dos prazos a que se refere o número anterior, salvo na hipótese de ocorrência de motivos de força maior, tal como previsto no n.º 2 da base IV, ou em situações especialmente previstas no contrato de concessão.

3 – As obras complementares, determinadas especificamente no contrato de concessão, que correspondam à assunção pela concessionária de obrigações originariamente atribuídas aos utilizadores, com estes acordadas, poderão ficar sujeitas a um regime especial de prazo.

4 – Durante toda a fase de construção das infra-estruturas a concessionária enviará trimestralmente ao Ministro do Ambiente um relatório sobre o estado de avanço das obras.

Base XX – (Responsabilidade pela concepção, projecto e construção das infra-estruturas)

1 – Constitui encargo, sendo responsabilidade da concessionária, a concepção, o projecto, a construção das instalações e a aquisição dos equipamentos necessários, em cada momento, à exploração da concessão.

Decreto-Lei n.° 162/96, de 4 de Setembro 759

2 – A concessionária responde perante o concedente por eventuais defeitos de concepção, de projecto, de construção ou dos equipamentos.

Base XXI – (Aprovação dos projectos de construção)

1 – Os projectos de construção das infra-estruturas, bem como as respectivas alterações, deverão ser elaborados com respeito da regulamentação vigente em Portugal e exigem a aprovação prévia do Ministro do Ambiente.

2 – Sem prejuízo de prazos previstos em procedimentos especiais, a aprovação referida no número anterior considera-se concedida caso não seja expressamente recusada no prazo de 60 dias, devendo previamente ser submetida a parecer não vinculativo da câmara municipal territorialmente competente, a qual se deve pronunciar nos termos do n.° 3 do artigo 3.° do Decreto-Lei n.° 445/91, de 20 de Novembro, na redacção da Lei n.° 29/92, de 5 de Setembro, e do Decreto-Lei n.° 250/94, de 15 de Outubro.

Base XXII – (Prazos a observar na construção)

A concessionária assegurará que os trabalhos sejam efectuados nos prazos fixados.

V – Relações com o concedente

Base XXIII – (Poderes do concedente)

1 – O concedente, além de outros poderes conferidos pelas presentes bases ou pela lei, tem os seguintes poderes de tutela:

a) O poder de autorizar:
  i) A celebração ou a modificação dos contratos de recolha entre a concessionária e os utilizadores;
  ii) A aquisição e venda de bens de valor superior a 50 000 000$;
  iii) A aquisição e venda de bens imóveis de valor inferior a 50 000 000$, quando as verbas correspondentes não estejam previstas nas rubricas respectivas do orçamento aprovado;

b) O poder de aprovar:
  i) As tarifas;
  ii) Os planos de actividades e financeiros plurianuais para um período de, pelo menos, cinco anos e suas eventuais alterações, devidamente certificados por auditor aceite pelo concedente;
  iii) Os orçamentos anuais de exploração, de investimentos e financeiros, bem como as respectivas actualizações que impliquem redução de resultados provisionais, acréscimo de despesas ou de necessidade de financiamento, devidamente certificados por auditor aceite pelo concedente.

2 – O valor referido na alínea *a*) do número anterior é obrigatoriamente actualizado anualmente de acordo com a variação do índice de preços no consumidor no continente.

3 – O contrato de concessão poderá ainda prover outros poderes de fiscalização do concedente, designadamente o poder de apreciar certos actos de gestão da concessionária mediante a respectiva suspensão, autorização ou aprovação.

Base XXIV – (Exercício dos poderes do concedente e comissão de acompanhamento da concessão)

1 – Os poderes do concedente referidos nas presentes bases ou outros relacionados com os sistemas multimunicipais de recolha tratamento e rejeição de efluentes que lhe forem conferidos por lei são exercidos pelo Ministro do Ambiente, com a faculdade de delegação em comissão de acompanhamento de concessão.

2 – O Ministro do Ambiente pode designar, por despacho, uma comissão de acompanhamento relativamente a cada concessão ou conjunto de concessões.

3 – A comissão de acompanhamento da concessão é composta de três a cinco membros, devendo o respectivo despacho de constituição fixar o limite máximo das suas despesas de funcionamento, que são da responsabilidade das respectivas concessionárias, bem como os poderes que o Ministro do Ambiente nela delegue nos termos do n.° 1.

Base XXV – (Fiscalização)

1 – O concedente poderá fiscalizar o cumprimento das leis e regulamentos aplicáveis e, bem assim, das cláusulas do contrato de concessão, onde quei que a concessionária exerça a sua actividade, podendo exigir-lhe as informações e os documentos que considerar necessários.

V – Regime de Contratação Local

2 – O pessoal de fiscalização dispõe de livre acesso, no exercício das suas funções, a todas as infra-estruturas, equipamentos da concessão e instalações da concessionária.

3 – A concessionária enviará todos os anos ao Ministro do Ambiente até ao termo do 1.º semestre do ano seguinte àquele a que respeite o exercício considerado os documentos contabilísticos para o efeito indicados no contrato de concessão, os quais deverão respeitar apresentação formal definida e estar certificados por auditor aceite pelo concedente.

4 – As condições financeiras da concessão estão ainda sujeitas a fiscalização pela Inspecção-Geral de Finanças nos termos previstos nos n.os 1 e 2 desta base, sem prejuízo dos poderes gerais que lhe são atribuídos por lei.

Base XXVI – (Responsabilidade civil extracontratual)

A responsabilidade civil extracontratual da concessionária deverá estar coberta por seguro, de acordo com habituais práticas vigentes no mercado segurador e de montante aprovado pelo Ministro do Ambiente.

Base XXVII – (Caução referente à exploração)

1 – Para garantia do cumprimento dos deveres contratuais emergentes da concessão, deverá a concessionária prestar uma caução de valor a definir no contrato de concessão, a qual não poderá ser inferior a 50 000 000$.

2 – Nos casos em que a concessionária não tenha pago ou conteste as multas aplicadas por incumprimento das obrigações contratuais, poderá ser exigida uma caução, sem dependência de decisão judicial, mediante despacho do Ministro do Ambiente.

3 – Na hipótese contemplada no número anterior, a concessionária, caso tenha prestado a caução por depósito, deverá repor a importância utilizada no prazo de um mês contado da data de utilização.

4 – A caução só poderá ser levantada após o decurso de um ano sobre o termo da concessão.

VI – Relações com os utilizadores

Base XXVIII – (Obrigação de recolha)

1 – A concessionária obriga-se a recolher de cada um dos utilizadores, mediante contrato, os efluentes provenientes dos respectivos sistemas municipais, com ressalva das situações previstas no contrato de concessão e no próprio contrato de recolha e, designadamente, das situações respeitantes a casos específicos de efluentes industriais que, pela sua especial agressividade ou toxicidade, ponham em causa a conservação do próprio sistema.

2 – São também ressalvadas das obrigações de recolha da concessionária as situações de força maior, de caso imprevisto ou de razões técnicas julgadas atendíveis pelo Ministro do Ambiente.

3 – Os contratos de concessão e de recolha fixarão o volume de efluentes que cada utilizador se propõe entregar à concessionária, com referência a um máximo que a concessionária se obriga a garantir, com ressalva das situações referidas nos números anteriores.

4 – Os contratos de concessão e de recolha fixarão os valores garantidos mínimos a receber pela concessionária ou os volumes mínimos de efluentes a afluir ao sistema, de que a concessionária carece como condições a garantir a todo o tempo pelo utilizador para equilíbrio da concessão, independentemente da recolha efectiva de efluentes em relação ao utilizador.

Base XXIX – (Medição e factura dos efluentes)

1 – Os efluentes serão medidos nas cirunstâncias e pelos meios definidos no contrato de concessão.

2 – A facturação da recolha dos efluentes pela concessionária terá periodicidade mensal.

Base XXX – (Regulamentos de exploração e serviço)

1 – Os regulamentos de exploração e serviço serão elaborados pela concessionária e submetidos a parecer dos municípios utilizadores, a emitir no prazo de 60 dias.

2 – Após o parecer referido no número anterior ou findo o prazo para a sua emissão, serão aqueles regulamentos de exploração e serviço sujeitos à aprovação do Ministro do Ambiente, a qual se terá por concedida se não for expressamente recusada no prazo de 30 dias.

3 – O procedimento referido no número anterior será igualmente aplicável às modificações posteriores dos mesmos regulamentos.

Decreto-Lei n.° 162/96, de 4 de Setembro

4 – Os regulamentos de exploração e serviço que a concessionária emane vinculam os utilizadores, desde que devidamente aprovados.

Base XXXI – (Ligação técnica entre o sistema multimunicipal e os sistemas municipais)

1 – A concessionária assegurará as condições técnicas necessárias à ligação entre o sistema multimunicipal e os diversos sistemas municipais da área correspondente ao seu sistema multimunicipal.

2 – Os utilizadores respeitarão as determinações que lhe forem dirigidas em ordem a estabelecer a ligação entre os seus sistemas municipais e o sistema multimunicipal.

3 – Os encargos com a ligação técnica entre os dois sistemas referidos nos números anteriores serão facturados pela concessionária a cada um dos utilizadores.

Base XXXII – (Reparações)

A concessionária é responsável pela conservação e reparação dos meios necessários à ligação técnica dos sistemas multimunicipais e municipal.

Base XXXIII – (Concessão do sistema municipal do utilizador)

1 – A concessionária não poderá opor-se à transmissão da posição contratual de um ou mais utilizadores para uma concessionária do respectivo sistema municipal de recolha, tratamento e rejeição de efluentes.

2 – Em caso de transmissão da posição contratual dos utilizadores, estes respondem solidariamente com o concessionário respectivo.

Base XXXIV – (Suspensão da exploração)

1 – Em caso de mora nos pagamentos pelos utilizadores que se prolongue para além de 90 dias, a concessionária poderá suspender total ou parcialmente a exploração do sistema até que se encontre pago o débito correspondente.

2 – A decisão de suspensão por falta de pagamento deverá ser comunicada ao Ministro do Ambiente com uma antecedência mínima de 60 dias podendo este opor-se à respectiva execução.

3 – No caso de oposição do Ministro do Ambiente nos termos do número anterior, deve o concedente garantir à concessionária o pagamento dos serviços prestados ao utilizador inadimplente até que a situação seja por este regularizada.

VII – Sanções

Base XXXV – (Multas contratuais)

1 – Pelo incumprimento das obrigações assumidas no âmbito do contrato de concessão poderá a concessionária ser punida com multa de 1 000 000$ a 50 000 000$, segundo a sua gravidade, a qual será aferida em função dos riscos para segurança do sistema e regularidade da exploração e em função dos prejuízos resultantes.

2 – É da competência do Ministro do Ambiente a aplicação das multas previstas na presente base.

3 – A sanção aplicada será comunicada por escrito à concessionária.

4 – Os limites das multas referidas no n.° 1 são actualizados anualmente de acordo com o índice de preços no consumidor no continente.

5 – As multas que não forem pagas voluntariamente até 30 dias após a data da notificação poderão ser levantadas da caução prestada pela concessionária.

Base XXXVI – (Sequestro)

1 – O concedente poderá intervir na exploração do serviço concedido sempre que se verifique, ou se afigure iminente, uma cessação ou interrupção total ou parcial da exploração do serviço ou se verifiquem graves deficiências na respectiva organização, funcionamento ou estado geral das instalações e do equipamento susceptíveis de comprometerem a regularidade da exploração.

2 – Verificado o sequestro, a concessionária suportará os encargos resultantes da manutenção dos serviços e quaisquer despesas extraordinárias necessárias ao restabelecimento da normalidade da exploração que não possam ser cobertas pelo resultado da mesma.

3 – Logo que cessem as razões de sequestro e o concedente o julgue oportuno, será a concessionária notificada para retomar, na data que lhe for fixada, a normal exploração de serviço.

762 V – Regime de Contratação Local

4 – Se a concessionária não quiser, ou não puder, retomar a exploração ou se, tendo-o feito, continuarem a verificar-se graves deficiências na organização e funcionamento do serviço, o Ministro do Ambiente poderá reclamar a imediata rescisão do contrato de concessão.

VIII – Modificação e extensão da concessão

Base XXXVII – (Trespasse da concessão)

1 – A concessionária não poderá trespassar a concessão, no todo ou em parte, sem autorização do Ministro do Ambiente.

2 – No caso de trespasse autorizado, considerar-se-ão transmitidos para a trespassária os direitos e obrigações do trespassante, assumindo ainda a trespassária as obrigações e encargos que eventualmente lhe venham a ser impostos como condição da autorização do trespasse.

3 – O trespasse não pode ser efectuado para entidade que não satisfaça as condições do n.º 3 do artigo 4.º da Lei n.º 46/77, de 8 de Julho, com a redacção dada pelo Decreto-Lei n.º 372/93, de 29 de Outubro.

Base XXXVIII – (Subconcessão)

1 – A concessionária não pode subconceder a concessão, no todo ou em parte, sem autorização do Ministro do Ambiente.

2 – O consentimento referido no número anterior deverá ser expresso, sob pena de nulidade.

3 – No caso de haver lugar a uma subconcessão devidamente autorizada, a concessionária mantém os direitos e continua sujeita às obrigações emergentes do contrato de concessão.

4 – A subconcessão não pode ser efectuada a entidade que não satisfaça as condições do n.º 3 do artigo 4.º da Lei n ° 46/77, de 8 de Julho, com a redacção dada pelo Decreto-Lei n.º 372/93, de 29 de Outubro.

Base XXXIX – (Modificação da concessão)

Sem prejuízo do disposto no n.º 3 da base III, o contrato de concessão apenas pode ser alterado por acordo entre o concedente e a concessionária.

Base XL – (Rescisão do contrato)

1 – O concedente poderá dar por finda a concessão mediante a rescisão do contrato quando tenha ocorrido qualquer dos actos seguintes:

a) Desvio do objecto da concessão;

b) Interrupção prolongada da exploração por acto imputável à concessionária;

c) Oposição reiterada ao exercício da fiscalização ou repetida desobediência às determinações do concedente ou ainda sistemática inobservância das leis e regulamentos aplicáveis à exploração;

d) Recusa infundada em proceder à adequada conservação e reparação das infra-estruturas;

e) Cobrança dolosa de retribuições superiores às fixadas no contrato de concessão e nos contratos de recolha;

f) Cessação de pagamentos pela concessionária ou apresentação à falência;

g) Trespasse da concessão ou subconcessão não autorizados;

h) Violação grave das cláusulas do contrato de concessão.

2 – Não constituem causas de rescisão os factos ocorridos por motivo de força maior e, bem assim, os que o concedente aceite como justificados.

3 – A rescisão prevista no n.º 1 determina a reversão de todos os bens e meios afectos à concessão para o concedente, a efectivar nos termos da base seguinte e sem direito a qualquer indemnização.

4 – A rescisão do contrato de concessão será comunicada à concessionária por carta registada com aviso de recepção e produzirá imediatamente os seus efeitos.

Base XLI – (Termo do prazo de concessão)

1 – No termo da concessão e sem prejuízo do disposto nas bases IX e X, o Estado entrará na posse dos bens da concessionária afectos à concessão sem dependência de qualquer formalidade que não seja uma vistoria *ad perpetuam rei memoriam,* para a qual serão convocados os representantes da concessionária.

2 – Do auto de vistoria constará obrigatoriamente o inventário dos bens e equipamentos afectos à concessão, bem como a descrição do seu estado de conservação e da respectiva aptidão para o desempenho da sua função no sistema.

Decreto-Lei n.º 162/96, de 4 de Setembro

Base XLII – (Resgate da concessão)

1 – O concedente poderá resgatar a concessão, retomando a gestão directa do serviço público concedido, sempre que motivos de interesse público o justifiquem e decorrido que seja pelo menos metade do prazo contratual, mediante aviso prévio feito à concessionária por carta registada com aviso de recepção com, pelo menos, um ano de antecedência.

2 – Decorrido o período de um ano sobre o aviso do resgate, o concedente entrará na posse de todos os bens afectos à concessão, nos termos da base anterior.

3 – Pelo resgate a concessionária terá direito a uma indemnização, determinada por entidade terceira independente, escolhida por acordo entre o Ministro do Ambiente e a concessionária, devendo aquela atender na fixação do seu montante ao valor contabilístico líquido dos bens referidos no número anterior e ao rendimento esperado.

4 – O valor contabilístico do imobilizado corpóreo líquido de amortizações fiscais e das comparticipações financeiras e subsídios a fundo perdido deverá ter em conta a depreciação monetária, através de reavaliação por coeficientes de correcção monetária, legalmente consagrados.

5 – O crédito previsto no n.º 3 desta base será compensado com as dívidas ao concedente por multas contratuais e a título de indemnizações por prejuízos causados.

IX – Contencioso

Base XLIII – (Arbitragem)

Nos litígios emergentes do contrato de concessão poderá o Estado celebrar convenções de arbitragem.

DECRETO-LEI N.° 197/99

de 8 de Junho

Transpõe para a ordem jurídica interna as Directivas n.ᵒˢ 592/50/CEE, do Conselho, de 18 de Junho, 93/36/CEE, do Conselho, de 14 de Junho, e 97/52/CE, do Parlamento Europeu e do Conselho, de 13 de Outubro, e estabelece o regime de realização de despesas públicas com locação e aquisição de bens e serviços, bem como da contratação pública relativa à locação e aquisição de bens móveis e serviços

1 – A aprovação de um novo regime jurídico de realização de despesas públicas e da contratação pública relativa à locação e aquisição de bens móveis e serviços constitui um momento fundamental da acção reformadora do Governo e tem por objectivos simplificar procedimentos, garantir a concorrência e assegurar a boa gestão dos dinheiros públicos.

Com o presente diploma transpõe-se, na parte correspondente, para a ordem jurídica interna a Directiva n.° 97/52/CE, do Parlamento Europeu e do Conselho, de 13 de Outubro, e revoga-se o Decreto-Lei n.° 55/95, de 29 de Março, diploma que continha, em múltiplos aspectos, uma regulamentação desadequada e que foi objecto de críticas generalizadas por parte da Administração Pública, das autarquias locais e dos agentes económicos em geral.

2 – A opção a nível de sistematização foi a de incluir no capítulo I as matérias comuns a todas as aquisições, desde as regras relativas à realização de despesas até às normas sobre celebração de contratos, passando pelas noções comuns aos diversos procedimentos e sua regulamentação. Nos capítulos seguintes apenas são regulados os aspectos específicos de cada um dos procedimentos, tendo havido a preocupação de densificar aqueles que se encontravam escassamente regulamentados no Decreto-Lei n.° 55/95.

3 – Não obstante os princípios constitucionais da actividade da Administração Pública e os princípios consagrados no Código do Procedimento Administrativo terem vocação para se aplicar à matéria disciplinada pelo presente diploma, incluiu-se no capítulo I uma secção dedicada aos princípios gerais da contratação pública e que traduz uma novidade no panorama legislativo português. O objectivo foi o de explicitar, ainda que sinteticamente, o sentido dos princípios que mais frequentemente têm vocação para se aplicar no domínio da contratação pública, que é uma área em que, muitas vezes, as regras são insuficientes e dificilmente aplicáveis sem o recurso aos referidos princípios.

4 – No regime jurídico da realização das despesas públicas destacam-se os seguintes aspectos inovadores:

a) Estabelece-se um único valor até ao qual as diversas entidades têm competência para autorizar despesas, independentemente do procedimento em causa, sem prejuízo de em situações específicas ser exigível a autorização de outras entidades para a escolha prévia do tipo de procedimento;

V – Regime de Contratação Local

b) Aumentam-se os valores até aos quais são competentes para autorizar despesas os directores-gerais e os órgãos máximos dos serviços com autonomia administrativa e com autonomia administrativa e financeira;

c) Estabelece-se a competência para autorizar despesas dos órgãos das autarquias locais;

d) Consagra-se a possibilidade de se efectuarem despesas com seguros de viaturas oficiais, desde que limitados à responsabilidade civil contra terceiros com o capital mínimo obrigatório previsto por lei, sem necessidade de prévia autorização do respectivo ministro e do Ministro das Finanças;

e) Fixa-se um regime especial para as despesas que dêem origem a encargos em mais de um ano económico ou em ano que não seja o da sua realização nas autarquias locais e aumenta-se o valor até ao qual é possível efectuar este tipo de despesas sem portaria de extensão de encargos;

f) Criam-se regras especiais sobre delegação de competências, nomeadamente para as autarquias locais.

5 – A simplificação dos diversos procedimentos partiu, em todos os casos, de uma ponderação entre os benefícios decorrentes para a regularidade dos contratos públicos da observância de determinadas formalidades e os eventuais prejuízos que as mesmas pudessem acarretar quer para o interesse público quer para os interesses dos potenciais contratantes. Em consequência, eliminaram-se todas as formalidades que se julgaram desadequadas, desnecessárias ou demasiado onerosas para os interesses envolvidos.

Neste âmbito é importante salientar os aspectos seguintes:

a) A comprovação negativa por parte dos concorrentes de que não se encontram em qualquer situação de impedimento para concorrer prevista na lei é simplificada. Para o efeito, substitui-se a entrega inicial da documentação por uma declaração sob compromisso de honra, nos termos do modelo anexo ao diploma, sem prejuízo da entidade adjudicante poder, a qualquer momento, solicitar os documentos comprovativos das situações declaradas e de exigir ao adjudicatário antes da celebração do contrato, nos casos previstos, determinados documentos comprovativos;

b) Aumenta-se o valor até ao qual não é exigida a celebração de contrato escrito, mas determina-se que quando o contrato não seja reduzido a escrito as propostas devem conter as condições essenciais da locação ou do fornecimento dos bens ou serviços;

c) Clarifica-se quais as situações em que a entrega imediata dos bens ou serviços torna inexigível a celebração de contrato escrito;

d) Pela primeira vez neste tipo de contratos, estabelece-se uma disposição que regulamenta a cessão da posição contratual, preenchendo-se, assim, uma lacuna que por vezes suscitava alguns problemas;

e) Respondendo a uma necessidade demonstrada pelos serviços, mas simultaneamente com a preocupação de não dar azo a uma utilização abusiva, estabelece-se a possibilidade de se proceder a pagamentos adiantados por conta de bens a entregar ou serviços a prestar e fixa-se o respectivo regime;

f) São definidos novos conceitos de proposta base e proposta com variantes, desaparecendo o de proposta condicionada. Sempre que a proposta base contenha alterações de cláusulas do caderno de encargos, o concorrente deve indicar o valor que atribui a cada uma delas para garantir a comparabilidade das propostas;

6 – No que se refere aos tipos de procedimentos, o diploma mantém todos os actualmente previstos e a mesma lógica na sua escolha em função do valor. Porém, introduz-se um novo procedimento, o qual é designado por consulta prévia, deixando o ajuste directo de implicar a consulta a vários locadores ou fornecedores de bens ou serviços.

O novo procedimento pretende, simultaneamente, ser célere e capaz de assegurar as necessárias transparência e concorrência fundamentais a uma boa contratação pública, sendo genericamente admitido para contratos até 10000 contos, mas tem diferentes regras – progressivamente mais exigentes –, consoante o valor envolvido.

7 – Sem prejuízo do respeito pelas directivas comunitárias, simplifica-se o concurso público do seguinte modo:

a) Institui-se a existência de uma única comissão, à qual se dá a designação de júri, com a vantagem de haver apenas um único órgão instrutor responsável por todo o procedimento;

b) Toma-se claro que os diversos elementos que interferem nos critérios de adjudicação (os usualmente chamados «subcritérios») e a sua ponderação têm de ser fixados pelo júri até ao termo do segundo terço do prazo para apresentação de propostas, devendo ser dados a conhecer aos interessados que o solicitem no prazo de dois dias ou no decurso do acto público. Garante-se, assim, a imparcialidade do júri na fixação desses subcritérios e permite-se que os concorrentes deles possam tomar conhecimento antes de elaborarem as suas propostas;

c) Consagra-se o acto público como um momento de análise formal dos documentos e das propostas e, simultaneamente, diminui-se consideravelmente o formalismo desse acto, evitando-se, tanto quanto possível, a exclusão de concorrentes e de propostas por razões meramente formais;

d) Evidencia-se a separação que deve existir entre a apreciação da capacidade dos concorrentes e a análise das propostas com vista à adjudicação.

8 – Relativamente ao procedimento por negociação, estabelece-se que as negociações têm sempre lugar em sessão oral com a participação simultânea dos concorrentes, instituindo-se que a falta de comparência a tal sessão não determina a exclusão do respectivo concorrente. Em consequência, as propostas dos concorrentes que não compareçam à sessão de negociações são comparadas com as restantes, estas com o conteúdo que resultarem das negociações. Neste procedimento também se definiu que os subcritérios e sua ponderação têm de ser fixados até ao termo do segundo terço do prazo para apresentação das propostas.

9 – Importa salientar também que deixa de existir uma disposição dedicada aos contratos públicos de aprovisionamento, estabelecendo-se a possibilidade de ajuste directo e a inexigibilidade de contrato escrito quando as aquisições sejam efectuadas ao abrigo daqueles contratos.

10 – De acordo com o objectivo de aperfeiçoar o sistema de garantias para os contratantes adoptam-se as seguinte soluções:

a) Distinção clara entre as situações de anulação da adjudicação, as causas de não adjudicação e de anulação do procedimento. Passa a ficar restringida a possibilidade de anulação do procedimento, porquanto entende-se que quando a entidade adjudicante inicia um procedimento de contratação deve, em princípio, levá-lo até ao fim, a não ser que causas supervenientes de interesse público determinem a sua anulação;

b) Clarificação do regime de audiência prévia nos diversos procedimentos, estabelecendo-se que esta é sempre escrita e quais os momentos em que a mesma é exigida;

c) Em matéria de recursos hierárquicos, desenvolvimento do regime hoje em vigor, nomeadamente esclarecendo-se quais as consequências da interposição do recurso na tramitação do procedimento, tendo-se considerado desnecessário que o procedimento se suspendesse em todos os casos. Todavia, determinou-se que alguns actos não podem ser praticados sem que estejam decididos os recursos.

11 – Finalmente, a regulamentação dos contratos para trabalhos de concepção constitui uma exigência das directivas comunitárias, tendo-se clarificado o seu regime. A escolha do procedimento fica sujeita às regras gerais do diploma (ou seja, até 25000 contos os contratos de concepção estão sujeitos aos mesmos procedimentos que os restantes contratos), apenas se estabe-

V – Regime de Contratação Local

lecendo especificidades quanto ao concurso público e ao concurso limitado com prévia qualificação com vista à celebração de contratos desta natureza, os quais têm de garantir o anonimato dos projectos e planos até à sua hierarquização pelo júri.

Foram ouvidos os órgãos de governo próprio das Regiões Autónomas dos Açores e da Madeira, a Associação Nacional de Municípios Portugueses e a Associação Nacional de Freguesias.

Assim:

CAPÍTULO I – **Disposições gerais comuns**

SECÇÃO I – **Objecto, âmbito e prazos**

ARTIGO 1.º (¹) – **Objecto**

O presente diploma estabelece o regime da realização de despesas públicas com locação e aquisição de bens e serviços, bem como da contratação pública relativa à locação e aquisição de bens móveis e de serviços.

1 – A contratação de empreitadas, fornecimentos e prestações de serviços nos sectores da água, da energia, dos transportes e das telecomunicações rege-se pelo DL n.º 223/2001, de 9 de Agosto.

ARTIGO 2.º – **Âmbito de aplicação pessoal**

O presente diploma aplica-se às seguintes entidades:

a) Estado;

b) Organismos públicos dotados de personalidade jurídica, com ou sem autonomia financeira, que não revistam natureza, forma e designação de empresa pública;

c) Regiões Autónomas;

d) Autarquias locais e entidades equiparadas sujeitas a tutela administrativa;

e) Associações exclusivamente formadas por autarquias locais e ou por outras pessoas colectivas de direito público mencionadas nas alíneas anteriores.

ARTIGO 3.º – **Extensão do âmbito de aplicação pessoal**

1 – Ficam sujeitas às disposições do capítulo XIII do presente diploma as pessoas colectivas sem natureza empresarial que, cumulativamente, sejam:

a) Criadas com o objectivo específico de satisfazer necessidades de interesse geral;

b) Financiadas maioritariamente pelas entidades referidas no artigo anterior ou sujeitas ao seu controlo de gestão ou tenham um órgão de administração, direcção ou fiscalização cujos membros sejam em mais de 50% designados por aquelas entidades.

2 – Quando qualquer das entidades referidas no artigo 2.º ou no número anterior financie directamente, em mais de 50%, um contrato de prestação de serviços de valor igual ou superior a 200000 euros celebrado por outra entidade e relacionado com um contrato de empreitada de obras públicas, deverá reter esse financiamento ou exigir a sua restituição imediata, caso essa entidade não cumpra o disposto no capítulo XIII.

ARTIGO 4.º – **Extensão do âmbito material**

1 – São aplicáveis às empreitadas de obras públicas, com as necessárias adaptações e em tudo o que não contrarie o regime do respectivo contrato administrativo:

a) A todas as entidades abrangidas pelo referido regime, os artigos 7.º a 16.º, 59.º, n.º 1, alíneas *a)* e *b)*, e 3, e 79.º, n.º 1;

Decreto-Lei n.° 197/99, de 8 de Junho 769

b) Às entidades referidas no artigo 2.° do presente diploma, os artigos 17.°, 18.°, 21.°, 22.°, 27.° a 29.°, 60.° e 63.°.

2 (¹) – O presente diploma é aplicável, com as necessárias adaptações, à venda de bens móveis que pertençam às entidades referidas no artigo 2.°, sem prejuízo do disposto em legislação especial sobre gestão e alienação de bens móveis do domínio privado do Estado.

1 – Ver DL n.° 307/94, de 21 de Dezembro.

ARTIGO 5.° – Contratos mistos

Na realização de despesas e na contratação pública que abranja, simultaneamente, empreitadas de obras públicas, locação, aquisição de bens ou serviços aplica-se o regime previsto para a componente de maior expressão financeira.

ARTIGO 6.° – Prazos

1 – Com excepção do disposto no número seguinte, os prazos estabelecidos no presente diploma contam-se nos termos do artigo 72.° do Código do Procedimento Administrativo.

2 – Os prazos fixados no presente diploma para apresentação de propostas e de candidaturas não se suspendem nos sábados, domingos e feriados.

SECÇÃO II – Princípios

ARTIGO 7.° – Princípios da legalidade e da prossecução do interesse público

1 – Na formação e execução dos contratos, as entidades públicas e privadas devem observar as regras e princípios previstos no presente diploma, não podendo, designadamente, ser adoptados procedimentos diferentes dos nele tipificados, excepto quando previstos na lei.

2 – Na formação e execução dos contratos, as entidades adjudicantes devem optimizar a satisfação das necessidades colectivas que a lei define como suas atribuições.

ARTIGO 8.° – Princípios da transparência e da publicidade

1 – O critério de adjudicação e as condições essenciais do contrato que se pretende celebrar devem estar definidos previamente à abertura do procedimento e ser dados a conhecer a todos os interessados a partir da data daquela abertura.

2 – As entidades públicas devem garantir uma adequada publicidade da sua intenção de contratar.

3 – A escolha de propostas deve ser sempre fundamentada.

ARTIGO 9.° – Princípio da igualdade

1 – Na formação dos contratos públicos devem proporcionar-se iguais condições de acesso e de participação dos interessados em contratar, segundo critérios que traduzam juízos de valor dos aspectos decisivos para contratar, coordenados com o objecto específico do contrato.

2 – Iniciado o procedimento, não pode ser feita discriminação de qualquer natureza entre os interessados em contratar nem admitir-se qualquer interpretação das regras que disciplinam a contratação que seja susceptível de determinar uma discriminação entre os concorrentes e aqueles que não apresentaram candidaturas ou propostas.

ARTIGO 10.° – Princípio da concorrência

Na formação dos contratos deve garantir-se o mais amplo acesso aos procedimentos dos interessados em contratar, e em cada procedimento deve ser consultado o maior número de interessados, no respeito pelo número mínimo que a lei imponha.

V – Regime de Contratação Local

ARTIGO 11.º – **Princípio da imparcialidade**

1 – Nos procedimentos devem ser ponderados todos os interesses públicos e privados relevantes, uns com os outros e entre si.

2 – Os programas de concurso, cadernos de encargos e outros documentos que servem de base ao procedimento não podem conter qualquer cláusula que vise favorecer ou prejudicar interessados em contratar, nem tão-pouco é permitida, na sua aplicação, qualquer interpretação que contemple tais propósitos.

ARTIGO 12.º – **Princípio da proporcionalidade**

1 – Observados os limites fixados no presente diploma, deve ser escolhido o procedimento mais adequado ao interesse público a prosseguir, ponderando-se os custos e os benefícios decorrentes da respectiva utilização.

2 – Na tramitação dos procedimentos apenas se devem efectuar as diligências e praticar os actos que se revelem indispensáveis à prossecução dos fins que legitimamente se visam alcançar.

ARTIGO 13.º – **Princípio da boa fé**

1 – Na formação e execução dos contratos as entidades públicas e privadas devem agir segundo as exigências da identidade, autenticidade e veracidade na comunicação.

2 – Os programas de concurso, cadernos de encargos e outros documentos que servem de base ao procedimento, bem como os contratos, devem conter disposições claras e precisas.

ARTIGO 14.º – **Princípio da estabilidade**

1 – Os programas de concurso, cadernos de encargos e outros documentos que servem de base ao procedimento devem manter-se inalterados durante a pendência dos respectivos procedimentos.

2 – Nos procedimentos em que não esteja prevista qualquer negociação, as propostas apresentadas pelos concorrentes são inalteráveis até à adjudicação.

3 – Efectuada a adjudicação, podem ser introduzidos, por acordo entre as partes, ajustamentos à proposta escolhida, desde que as alterações digam respeito a condições acessórias e sejam inequivocamente em benefício da entidade adjudicante.

4 – Quando já tenham sido apresentadas propostas, a entidade adjudicante não pode desistir de contratar, salvo nos casos previstos no presente diploma.

ARTIGO 15.º – **Princípio da responsabilidade**

1 – As entidades, funcionários e agentes podem ser responsabilizados civil, financeira e disciplinarmente pela prática de actos que violem o disposto no presente diploma.

2 – Os serviços públicos com competência para fiscalizar a observância do regime da realização de despesas e da contratação públicas devem, para os efeitos previstos no número anterior, comunicar às entidades competentes as infracções detectadas.

SECÇÃO III – **Realização de despesas**

ARTIGO 16.º – **Unidade da despesa**

1 – Para efeitos do presente diploma, a despesa a considerar é a do custo total da locação ou da aquisição de bens ou serviços.

2 – É proibido o fraccionamento da despesa com a intenção de a subtrair ao regime previsto no presente diploma.

Decreto-Lei n.º 197/99, de 8 de Junho 771

ARTIGO 17.º – **Competência para autorizar despesas**

1 – São competentes para autorizar despesas com locação e aquisição de bens e serviços as seguintes entidades:

a) Até 20000 contos, os directores-gerais ou equiparados e os órgãos máximos dos serviços com autonomia administrativa;

b) Até 40000 contos, os órgãos máximos dos organismos dotados de autonomia administrativa e financeira, com ou sem personalidade jurídica;

c) Até 750000 contos, os ministros;

d) Até 1500000 contos, o Primeiro-Ministro;

e) Sem limite, o Conselho de Ministros.

2 – As despesas devidamente discriminadas incluídas em planos de actividade que sejam objecto de aprovação ministerial podem ser autorizadas:

a) Até 30000 contos, pelos directores-gerais ou equiparados e pelos órgãos máximos dos serviços com autonomia administrativa;

b) Até 60000 contos, pelos órgãos máximos dos organismos dotados de autonomia administrativa e financeira, com ou sem personalidade jurídica.

3 – As despesas relativas à execução de planos ou programas plurianuais legalmente aprovados podem ser autorizadas:

a) Até 100000 contos, pelos directores-gerais ou equiparados e pelos órgãos máximos dos serviços com autonomia administrativa;

b) Até 200000 contos, pelos órgãos máximos dos organismos dotados de autonomia administrativa e financeira, com ou sem personalidade jurídica;

c) Sem limite, pelos ministros e pelo Primeiro-Ministro.

ARTIGO 18.º – **Competência para autorizar despesas no âmbito das autarquias locais**

1 – São competentes para autorizar despesas com locação e aquisição de bens e serviços as seguintes entidades:

a) Até 30000 contos, os presidentes de câmara e os conselhos de administração dos serviços municipalizados;

b) Sem limite, as câmaras municipais, as juntas de freguesia, o conselho de administração das associações de autarquias locais e o órgão executivo de entidades equiparadas a autarquias locais.

2 – As câmaras municipais e as juntas de freguesia podem autorizar a realização de obras ou reparações por administração directa até, respectivamente, 30000 contos e 10000 contos, podendo estes valores ser aumentados pelas respectivas assembleias deliberativas.

ARTIGO 19.º – **Despesas com seguros**

1 – As despesas com seguros que, em casos excepcionais, seja considerado conveniente fazer carecem de prévia autorização do respectivo ministro e do Ministro das Finanças.

2 – Excepcionam-se do disposto no número anterior as despesas com seguros:

a) De viaturas oficiais, desde que limitados ao seguro obrigatório de responsabilidade civil automóvel;

b) Que, por imposição de leis locais ou do titular do direito a segurar, tenham de efectuar-se no estrangeiro;

c) De bens culturais e outros casos previstos em norma especial.

3 – O regime previsto no presente artigo não é aplicável às entidades referidas nas alíneas *d*) e *e*) do artigo 2.º.

772   *V – Regime de Contratação Local*

ARTIGO 20.° – **Contratos de arrendamento**

1 – Sem prejuízo do regime especial previsto no Decreto-Lei n.° 228/95, de 11 de Setembro, são competentes para autorizar despesas com arrendamento de imóveis para instalação de serviços do Estado e dos organismos dotados de autonomia administrativa e financeira, com ou sem personalidade jurídica:

a) O respectivo ministro, quando a renda anual não exceda 40000 contos;

b) O respectivo ministro e o Ministro das Finanças, quando a renda anual seja superior a 40000 contos.

2 – As despesas com contratos de arrendamento de imóveis sitos no estrangeiro dispensam a autorização do Ministro das Finanças prevista na alínea *b)* do número anterior.

3 – Os contratos de arrendamento escritos em idioma estrangeiro devem ser remetidos à sede do serviço em Portugal, acompanhados da respectiva tradução oficial.

4 – O regime previsto no n.° 1 não é aplicável às entidades referidas nas alíneas *d)* e *e)* do artigo 2.°.

ARTIGO 21.° – **Alteração do montante da despesa autorizada**

1 – A competência fixada nos termos do artigo 17.° mantém-se para as despesas provenientes de alterações, variantes, revisões de preços e contratos adicionais, desde que o respectivo custo total não exceda 10% do limite da competência inicial.

2 – Quando for excedido o limite percentual estabelecido no número anterior, a autorização do acréscimo da despesa compete à entidade que, nos termos do artigo 17.°, detém a competência para autorizar a realização do montante total da despesa.

ARTIGO 22.° – **Ano económico**

1 – Sem prejuízo do disposto no n.° 3, a abertura de procedimento relativo a despesas que dêem lugar a encargo orçamental em mais de um ano económico ou em ano que não seja o da sua realização, designadamente com a aquisição de serviços e bens através de locação com opção de compra, locação financeira, locação-venda ou compra a prestações com encargos, não pode ser efectivada sem prévia autorização conferida em portaria conjunta do Ministro das Finanças e do respectivo ministro, salvo quando:

a) Resultem de planos ou programas plurianuais legalmente aprovados;

b) Os seus encargos não excedam o limite de 20000 contos em cada um dos anos económicos seguintes ao da sua contracção e o prazo de execução de três anos.

2 – Os contratos e as portarias a que se refere o número anterior devem fixar o limite máximo do encargo correspondente a cada ano económico.

3 – Dentro dos 60 dias anteriores ao fim do ano económico, podem ser efectuadas adjudicações de bens ou serviços ou celebrados contratos de arrendamento cujos efeitos se iniciem no começo do ano económico imediato, desde que se verifiquem, cumulativamente, as seguintes condições:

a) Constituir o fim da adjudicação ou da celebração do contrato despesa certa e indispensável;

b) Os encargos contraídos não excederem a importância de dois duodécimos da verba consignada a despesas da mesma natureza no orçamento do ano em que se fizer a adjudicação ou se celebrar o contrato;

c) Seja devidamente declarado que no projecto de orçamento aplicável foi inscrita a verba adequada para suportar a despesa.

4 – A declaração referida na alínea *c)* do número anterior supre a informação de cabimento

Decreto-Lei n.° 197/99, de 8 de Junho 773

exigida no instrumento do contrato e obedece à condição do encargo vir a ser suportado pela correspondente verba do orçamento do ano económico imediato.

5 – As despesas resultantes de situações imprevistas ou de fornecimentos a mais, cujos contratos iniciais tenham sido precedidos da portaria a que se refere o n.° 1 e desde que os novos encargos tenham cabimento no orçamento em vigor à data do adicional, são autorizadas nos termos do artigo anterior, sendo, neste caso, dispensada a publicação de nova portaria.

6 – No caso da entidade adjudicante ser uma das referidas nas alíneas *d*) ou *e*) do artigo 2.°, a portaria a que se refere o n.° 1 é substituída por autorização do respectivo órgão deliberativo.

7 – Podem ser excepcionados do disposto no presente artigo determinado tipo de contratos que se revelem imprescindíveis ao funcionamento das entidades referidas no artigo 2.° e que sejam incompatíveis com as regras relativas às despesas plurianuais, mediante despacho conjunto do Ministro das Finanças e do ministro da tutela.

ARTIGO 23.° – **Estimativa do valor global de bens**

1 – A estimativa do valor global dos contratos relativos à aquisição de bens é feita com base no número de unidades a adquirir.

2 – No caso de contratos de fornecimento contínuo, o valor do contrato deve calcular-se com base nos seguintes elementos:

a) O número de unidades que se prevê venham a ser adquiridas durante o prazo de execução do contrato, ou durante os primeiros 12 meses, se aquele prazo for superior a este; ou

b) O número de unidades de bens semelhantes adquiridos durante os 12 meses ou o ano económico anteriores.

3 – No caso de contratos de locação, a estimativa do valor global é feita com base nos seguintes elementos:

a) No caso de contratos com duração fixa, atende-se ao valor total das prestações acrescido do valor residual, se o houver;

b) No caso de contratos de duração indeterminada ou indeterminável, atende-se ao valor mensal das prestações multiplicado por 48.°

4 – Quando se preveja expressamente o recurso a opções, deve ser tomado como base para o cálculo do valor do contrato o total máximo possível, incluindo o recurso a opções.

ARTIGO 24.° – **Estimativa do valor global de serviços**

1 – A estimativa do valor global dos contratos relativos à aquisição de serviços é feita com base nos seguintes elementos:

a) Quanto aos serviços de seguros, o prémio a pagar;

b) Quanto aos serviços bancários e outros serviços financeiros, os honorários, comissões e juros ou outros tipos de remuneração;

c) Quanto aos serviços de concepção, os honorários ou comissões a pagar.

2 – No caso de contratos que não especifiquem um preço total, deve ser tomado como base para o cálculo do valor estimado:

a) Quanto aos contratos de duração fixa igual ou inferior a 48 meses, o valor total do contrato em relação ao seu período de vigência;

b) Quanto aos contratos de duração fixa superior a 48 meses, ou no caso de contratos de duração indeterminada, o valor mensal multiplicado por 48.°

3 – No caso de contratos de execução duradoura ou que devam ser renovados no decurso de determinado período, deve ser tomado como base para o cálculo do valor:

a) O valor global de contratos semelhantes celebrados durante o ano económico ou nos 12

774 V – Regime de Contratação Local

meses anteriores, para a mesma categoria de serviços, valor esse corrigido, sempre que possível, em função das alterações de quantidade ou valor que previsivelmente venham a ocorrer nos 12 meses seguintes ao contrato inicial; ou

b) O valor global estimado dos contratos durante os 12 meses seguintes à primeira prestação, ou durante o período de vigência do contrato, caso este seja superior a 12 meses.

4 – Quando se preveja expressamente o recurso a opções, deve ser tomado como base para o cálculo do valor do contrato o total máximo possível, incluindo o recurso a opções.

ARTIGO 25.° – **Divisão em lotes**

1 – Nos casos em que a locação, aquisição de bens ou serviços idênticos ou homogéneos puder ocasionar a celebração simultânea de contratos por lotes separados, o valor a atender para efeitos do regime aplicável a cada lote é o somatório dos valores estimados dos vários lotes.

2 – Na aquisição de serviços por lotes, as entidades adjudicantes ficam dispensadas da aplicação do disposto no capítulo XIII quando o valor estimado de algum dos lotes seja inferior a 80000 euros e desde que o valor estimado do conjunto dos lotes de valor inferior àquele limite não exceda 20% do valor estimado de todos os lotes.

ARTIGO 26.° – **Agrupamento de entidades adjudicantes**

1 – É admitido o agrupamento de entidades adjudicantes quando lhes seja vantajosa a celebração de um único contrato de locação para a aquisição de bens ou serviços ou obtenção de propostas.

2 – O agrupamento é representado pela entidade que a lei indicar ou, sendo esta omissa, pela que vise obter, em maior valor, os bens ou serviços objecto do contrato.

3 – Quando o agrupamento se destine à obtenção de propostas, nos termos previstos na parte final do n.° 1, o cumprimento das formalidades inerentes à celebração do contrato compete a cada uma das entidades, cabendo ao representante do agrupamento assegurar o procedimento com vista à escolha do adjudicatário.

SECÇÃO IV – Delegação de competências

ARTIGO 27.° – **Regra geral**

Salvo nos casos em que a delegação ou subdelegação esteja expressamente proibida por lei, a competência para a prática dos actos mencionados no presente diploma pode ser delegada ou subdelegada.

ARTIGO 28.° – **Competências ministeriais**

1 – As competências atribuídas ao Conselho de Ministros pelo presente diploma consideram-se delegadas no Primeiro-Ministro, com a faculdade de subdelegação, caso a caso, no Ministro das Finanças.

2 – A competência ministerial para autorizar despesas superiores a 500000 contos, dispensar a celebração de contrato escrito e autorizar adiantamentos, nos termos previstos, respectivamente, no artigo 60.° e no n.° 4 do artigo 72.°, só pode ser delegada ou subdelegada em membros do Governo.

3 – Entende-se que as delegações e subdelegações de competência efectuadas nos secretários e subsecretários de Estado compreendem a competência para autorizar despesas até 375000 contos nos casos previstos no n.° 1 do artigo 17.° e até 750000 contos nos casos previstos no n.° 3 do mesmo artigo, salvo indicação em contrário da entidade delegante.

Decreto-Lei n.º 197/99, de 8 de Junho 775

ARTIGO 29.º – **Autarquias locais**

1 – As competências atribuídas às câmaras municipais pelo presente diploma podem ser delegadas nos conselhos de administração dos serviços municipalizados, no âmbito das respectivas atribuições.

2 – As competências atribuídas pelo presente diploma às câmaras municipais, às juntas de freguesia e aos conselhos de administração dos serviços municipalizados podem ser delegadas nos seus presidentes até 150000 contos, 20000 contos e 50000 contos, respectivamente.

3 – Pode ser delegada nos dirigentes municipais a competência para autorizar despesas até 10000 contos.

SECÇÃO V – **Concorrentes**

ARTIGO 30.º – **Conceito**

É concorrente a entidade que apresenta, nos termos fixados no presente diploma, proposta ou candidatura para locação ou fornecimento de bens ou de serviços.

ARTIGO 31.º – **Nacionalidade dos concorrentes**

1 – Os concorrentes nacionais de outros Estados membros da União Europeia ou neles estabelecidos e das Partes Contratantes do Acordo do Espaço Económico Europeu e da Organização Mundial do Comércio podem concorrer em situação de igualdade com os nacionais, nos termos previstos nos respectivos acordos.

2 – Os concorrentes referidos no número anterior devem apresentar os mesmos documentos que são exigidos aos concorrentes nacionais, os quais, quando for caso disso, são emitidos pelas autoridades competentes do país de origem.

3 – No caso de na ordem jurídica do país de origem do concorrente não existir documento idêntico ao especialmente requerido, pode o mesmo ser substituído por declaração sob compromisso de honra, feita pelo concorrente perante uma autoridade judiciária ou administrativa, notário ou outra autoridade competente do país de origem.

4 – Os concorrentes que, ao abrigo da legislação do Estado membro da União Europeia em que estão estabelecidos, estejam habilitados a desenvolver a actividade de serviços objecto do procedimento não podem ser excluídos pelo simples facto de, ao abrigo da legislação nacional, tal actividade estar reservada exclusivamente a pessoas singulares ou a pessoas colectivas.

ARTIGO 32.º – **Agrupamento de concorrentes**

1 – É permitida a apresentação de propostas ou candidaturas por um agrupamento de concorrentes, o qual deve assumir a forma jurídica exigida, quando lhe for adjudicado o contrato e aquela forma seja necessária à boa execução do mesmo.

2 – Cada uma das entidades que compõe o agrupamento deve apresentar os documentos que são exigidos para acompanhar as propostas ou candidaturas.

3 – As entidades que compõem o agrupamento podem, a qualquer momento, designar um representante comum para praticar todos os actos no âmbito do respectivo procedimento, incluindo a assinatura da candidatura ou proposta, devendo, para o efeito, entregar instrumentos de mandato, emitidos por cada uma das entidades.

4 – Não existindo representante comum, as propostas e candidaturas devem ser assinadas por todas as entidades que compõem o agrupamento ou seus representantes.

ARTIGO 33.º – Impedimentos

1 – São excluídas dos procedimentos de contratação as entidades relativamente às quais se verifique que:

a) Não se encontrem em situação regularizada relativamente a dívidas por impostos ao Estado Português e à respectiva Região Autónoma ou autarquia local, no caso de uma destas ser a entidade pública adjudicante;

b) Não se encontrem em situação regularizada relativamente a dívidas por contribuições para a segurança social em Portugal ou no Estado de que sejam nacionais ou onde se encontrem estabelecidas;

c) Se encontrem em estado de falência, de liquidação ou de cessação de actividade, ou tenham o respectivo processo pendente;

d) Tenham sido condenadas por sentença transitada em julgado, por qualquer delito que afecte a sua honorabilidade profissional, ou tenham sido disciplinarmente punidas por falta grave em matéria profissional, se entretanto não tiver ocorrido a sua reabilitação;

e) Tenham sido objecto de aplicação da sanção acessória prevista na alínea e) do n.º 1 do artigo 21.º do Decreto-Lei n.º 433/82, de 27 de Outubro, com a redacção dada pelo Decreto-Lei n.º 244/95, de 14 de Setembro, durante o período de inabilidade legalmente previsto;

f) Tenham sido objecto de aplicação da sanção acessória prevista no n.º 1 do artigo 5.º do Decreto-Lei n.º 396/91, de 16 de Outubro, durante o período de inabilidade legalmente previsto;

g) Tenham sido objecto de aplicação de sanção administrativa ou judicial pela utilização ao seu serviço de mão-de-obra legalmente sujeita ao pagamento de impostos e contribuições para a segurança social não declarada nos termos das normas que imponham essa obrigação, em Portugal ou no Estado membro da União Europeia de que sejam nacionais ou onde se encontrem estabelecidas, durante o prazo de prescrição da sanção legalmente previsto.

2 – Sem prejuízo das excepções previstas no presente diploma, para comprovação negativa das situações referidas no número anterior, os concorrentes devem apresentar declaração emitida conforme modelo constante do anexo I ao presente diploma.

ARTIGO 34.º – Habilitações profissionais

1 – Quando legalmente exigido, os concorrentes devem ser titulares de habilitações ou autorizações profissionais específicas ou membros de determinadas organizações profissionais para poderem prestar determinado serviço.

2 – Os concorrentes nacionais de outros Estados membros da União Europeia, ou neles estabelecidos, devem deter os requisitos exigidos legalmente nesse Estado membro para a prestação de serviços objecto do contrato.

3 – Pode ser exigida, a qualquer momento, prova das situações previstas nos números anteriores, devendo, para o efeito, ser fixado um prazo razoável.

ARTIGO 35.º – Capacidade financeira

1 – Para avaliação da capacidade financeira dos concorrentes, pode ser exigida a apresentação dos seguintes documentos:

a) Declarações bancárias adequadas ou prova da subscrição de um seguro de riscos profissionais;

b) No caso de pessoas colectivas, documentos de prestação de contas dos três últimos exercícios findos ou dos exercícios findos desde a constituição, caso esta tenha ocorrido há menos de três anos;

c) No caso de pessoas singulares, declarações do IRS apresentadas nos três últimos anos;

Decreto-Lei n.º 197/99, de 8 de Junho　　　777

d) Declaração do concorrente na qual indique, em relação aos três últimos anos, o volume global dos seus negócios e dos fornecimentos de bens ou serviços objecto do procedimento.

2 – Podem, excepcionalmente, ser exigidos ainda outros elementos probatórios, desde que os mesmos interessem especialmente à finalidade do contrato.

3 – Quando o concorrente, justificadamente, não estiver em condições de apresentar os documentos exigidos, pode provar a sua capacidade financeira através de outros documentos, desde que estes sejam aceites pela entidade competente para a admissão das propostas ou candidaturas.

4 – Para efeitos do disposto no número anterior, pode o interessado solicitar informações à entidade competente para a admissão das propostas ou candidaturas, sendo aplicável o regime previsto no presente diploma relativo ao pedido e prestação de esclarecimentos.

ARTIGO 36.º – **Capacidade técnica**

1 – Para a avaliação da capacidade técnica dos concorrentes, incluindo a conformidade das soluções técnicas propostas com as características do fornecimento dos bens ou serviços, pode ser exigida, de acordo com a natureza, quantidade e finalidade do fornecimento, a apresentação dos seguintes documentos:

a) Lista dos principais bens ou serviços fornecidos nos últimos três anos, respectivos montantes, datas e destinatários, a comprovar por declaração destes ou, na sua falta e tratando-se de destinatários particulares, por simples declaração do concorrente;

b) Descrição do equipamento técnico utilizado pelo concorrente;

c) Indicação dos técnicos ou dos órgãos técnicos integrados ou não na empresa e, mais especificamente, daqueles que têm a seu cargo o controlo de qualidade, bem como das habilitações literárias e profissionais desses técnicos, especialmente dos afectos ao fornecimento dos bens ou serviços;

d) Indicação do pessoal efectivo médio anual do concorrente nos últimos três anos;

e) Descrição dos métodos adoptados pelo concorrente para garantia da qualidade e dos meios de estudo e investigação que utiliza;

f) Certificado emitido por instituto ou serviço oficial incumbido do controlo da qualidade, com competência reconhecida e que ateste a conformidade dos bens devidamente identificados, mediante referência a certas especificações ou normas;

g) Certificado emitido por organismos independentes para a certificação da conformidade do prestador de serviços com determinadas normas de garantia da qualidade.

2 – Caso as entidades adjudicantes exijam a apresentação do certificado previsto na alínea *g*) do número anterior, deve ser feita referência a sistemas de garantia da qualidade baseados no conjunto de normas de série NP EN ISO 9000 certificados por organismos conformes ao conjunto de normas de série NP EN 45 000.

3 – Se os bens ou serviços a fornecer forem complexos ou se, excepcionalmente, se destinarem a um fim especial, pode a entidade adjudicante efectuar um controlo relativo à capacidade de produção do fornecedor de bens ou à capacidade técnica do prestador de serviços.

4 – Se necessário, o controlo previsto no número anterior pode ainda abranger os meios de estudo e de investigação que o fornecedor de bens ou serviços utilize, bem como as medidas adoptadas para controlo da qualidade.

5 – Para efeitos do disposto nos n.os 3 e 4, pode a entidade adjudicante recorrer a um organismo oficial competente do país onde o fornecedor está estabelecido, sob reserva do acordo desse organismo.

V – Regime de Contratação Local

6 – É aplicável à comprovação da capacidade técnica dos concorrentes o disposto nos n.os 3 e 4 do artigo anterior.

ARTIGO 37.° – **Inscrição em listas oficiais de fornecedores de bens e serviços**

1 – Os requisitos constantes das alíneas *c*) e *d*) do n.° 1 do artigo 33.°, do n.° 1 do artigo 34.°, das alíneas *b*), *c*) e *d*) do n.° 1 do artigo 35.° e da alínea *a*) do n.° 1 do artigo 36.°, que constem de listas oficiais de fornecedores de bens e serviços, podem ser comprovados por certificados de inscrição emitidos pelas autoridades competentes dos Estados membros da União Europeia em que os fornecedores se encontram inscritos, devendo esses certificados indicar os elementos de referência que permitiram a sua inscrição na lista e a classificação que na mesma lhes é atribuída.

2 – A inscrição nas listas referidas no número anterior constitui presunção de que os fornecedores não são culpados de falsas declarações relativamente às informações necessárias à sua inscrição nas mesmas.

ARTIGO 38.° – **Irregularidades contributivas**

1 – As entidades com competência para fiscalizar o cumprimento das obrigações fiscais ou de contribuições para a segurança social devem notificar a entidade adjudicante, a pedido desta ou por iniciativa própria, dos casos em que se verifique a utilização, na execução de contratos celebrados ao abrigo do presente diploma, de mão-de-obra em situação contributiva irregular, resultante da falta de cumprimento da obrigação de declaração imputável ao adjudicatário ou aos subcontratantes.

2 – Ocorrendo a situação referida no número anterior, deve excluir-se do procedimento o respectivo concorrente.

3 – Quando a notificação a que se refere o n.° 1 ocorra após o acto de adjudicação, as entidades adjudicantes devem reter, mediante declaração das entidades competentes, os montantes previsíveis em dívida pelas situações referidas no mesmo número, sendo aplicável o disposto no artigo 11.° do Decreto-Lei n.° 411/91, de 17 de Outubro, quanto à retenção de pagamentos.

4 – Quando o exercício da actividade objecto do contrato estiver sujeito a autorização, a utilização reiterada de mão-de-obra na situação referida no n.° 1 gera a inidoneidade para a manutenção da autorização.

5 – Para efeitos do disposto no número anterior, as entidades adjudicantes devem comunicar a situação de mão-de-obra em situação contributiva irregular às entidades competentes para a emissão da autorização para o exercício das respectivas actividades.

6 – A verificação reiterada de situações de irregularidades contributivas previstas no n.° 1 constitui fundamento do exercício do direito de rescisão do contrato por incumprimento.

ARTIGO 39.° – **Prova de declarações**

1 – A entidade adjudicante pode, a qualquer momento, exigir a apresentação de documentos comprovativos das declarações prestadas pelos concorrentes.

2 – Nas adjudicações de valor igual ou superior a 5000 contos, deve ser exigido ao adjudicatário, aquando da notificação da adjudicação, a entrega de documentos comprovativos de que não se encontra em nenhuma das situações referidas nas alíneas *a*) e *b*) do n.° 1 do artigo 33.°

3 – Para efeitos do disposto nos números anteriores, deve ser fixado um prazo razoável para os concorrentes ou o adjudicatário apresentarem os documentos exigidos.

4 – O prazo fixado nos termos do número anterior pode, por motivos devidamente justificados, ser prorrogado.

Decreto-Lei n.º 197/99, de 8 de Junho 779

5 – Para comprovação negativa das situações referidas nas alíneas *a*) e *b*) do n.º 1 do artigo 33.º devem ser apresentadas certidões emitidas pelas autoridades competentes do respectivo Estado membro.

6 – Para comprovação negativa das restantes situações referidas no n.º 1 do artigo 33.º é suficiente a apresentação de certificado de registo criminal ou, na sua falta, de documentos equivalentes emitidos pelas autoridades judiciais ou administrativas competentes.

7 – A não apresentação pelo concorrente ou adjudicatário dos documentos solicitados ao abrigo do disposto no presente artigo, por motivo que lhe seja imputável, determina, para além da exclusão do procedimento ou da anulação da adjudicação, consoante o caso, a impossibilidade de, durante dois anos, concorrer a procedimentos abertos pelo serviço ou organismo público adjudicante.

8 – O prazo a que se refere o número anterior conta-se, consoante o caso, a partir da data da notificação da exclusão ou do termo do prazo fixado para a apresentação pelo adjudicatário dos documentos comprovativos.

ARTIGO 40.º – **Falsidade de documentos e de declarações**
Sem prejuízo da participação à entidade competente para efeitos de procedimento penal, a falsificação de documentos ou a prestação culposa de falsas declarações em propostas ou candidaturas determina, consoante o caso, a respectiva exclusão ou a invalidade da adjudicação e dos actos subsequentes.

ARTIGO 41.º – **Audiência prévia**
1 – Com excepção da exclusão de concorrentes ou de propostas efectuadas ao abrigo do disposto nos n.os 3 dos artigos 101.º, 103.º e 104.º e das situações previstas no artigo 154.º, as restantes decisões previstas no presente diploma relativas à exclusão de concorrentes, propostas e candidaturas, bem como à não selecção de candidaturas, devem ser precedidas de realização de audiência escrita dos concorrentes objecto daquelas decisões.

2 – Os concorrentes têm cinco dias, após a notificação do projecto de decisão, para se pronunciarem.

SECÇÃO VI – Caderno de encargos e especificações técnicas

ARTIGO 42.º – **Caderno de encargos**
O caderno de encargos é o documento que contém, ordenado por artigos numerados, as cláusulas jurídicas e técnicas, gerais e especiais, a incluir no contrato a celebrar.

ARTIGO 43.º – **Especificações técnicas**
1 – As especificações técnicas definem as características exigidas de um produto, tais como os níveis de qualidade ou de propriedade de utilização, a segurança, as dimensões, incluindo as prescrições aplicáveis ao produto, no que respeita ao sistema de garantia de qualidade, à terminologia, aos símbolos, aos ensaios e métodos de ensaio, à embalagem, à marcação e à rotulagem, e que permitem caracterizar objectivamente um material, um produto ou um bem a fornecer, de maneira a que corresponda à utilização a que é destinado pela entidade pública contratante.

2 – As especificações técnicas podem ser completadas por um protótipo do material ou do elemento, devendo o mesmo ser expressamente identificado nos documentos que servem de base ao procedimento.

780 V – Regime de Contratação Local

3 – As especificações técnicas podem ser definidas por referência a normas especiais europeias, nacionais ou internacionais.

4 – Não é permitido fixar especificações técnicas que mencionem produtos de uma dada fabricação ou proveniência ou mencionar processos de fabrico particulares cujo efeito seja o de favorecer ou eliminar determinadas empresas ou produtos, sendo igualmente proibido utilizar marcas, patentes ou tipos de marca ou indicar uma origem ou produção determinada, salvo quando haja impossibilidade na descrição das especificações, caso em que é permitido o uso daqueles, acompanhados da expressão «ou equivalente».

5 – Sem prejuízo das regras técnicas nacionais obrigatórias, desde que estas sejam compatíveis com o direito comunitário, as especificações técnicas devem ser definidas por referência a normas nacionais que adoptem normas europeias, a condições de homologação técnica europeias ou a especificações técnicas comuns e, tratando-se de serviços, também por referência a requisitos essenciais.

6 – Para efeitos do disposto no número anterior, entende-se por:

a) Norma, a especificação técnica para a aplicação repetida ou continuada aprovada por um organismo reconhecido com actividade normativa, cuja observação não é, em princípio, obrigatória;

b) Normas europeias, as aprovadas pelos organismos europeus de normalização e colocadas à disposição do público;

c) Homologação técnica europeia, a apreciação técnica favorável, emitida pelo organismo competente, da aptidão de um produto para ser utilizado;

d) Especificação técnica comum, a especificação técnica oficialmente reconhecida para assegurar uma aplicação uniformizada e que tenha sido publicada no Jornal Oficial das Comunidades Europeias;

e) Requisitos essenciais, as exigências relativas à segurança, saúde e certos outros aspectos de interesse colectivo a que devem obedecer as obras de construção.

7 – O disposto no n.º 5 não é aplicável:

a) Se as normas nacionais, as condições de homologação técnica europeias ou as especificações técnicas comuns não viabilizarem a verificação da sua conformidade com essas normas, condições ou especificações ou se não existirem meios técnicos que permitam estabelecer de forma satisfatória essa conformidade;

b) Se a sua aplicação for incompatível com a aplicação da Directiva n.º 98/13/CE, de 12 de Março, e da Decisão n.º 87/95/CEE, de 27 de Dezembro, ambas do Conselho, referentes ao sector das telecomunicações, ou de outros instrumentos comunitários precisos, relativos a produtos ou prestações de serviços;

c) Se as normas obrigarem a entidade adjudicante a adquirir fornecimentos incompatíveis com instalações já utilizadas ou acarretarem custos ou dificuldades técnicas desproporcionadas, mas unicamente no âmbito de uma estratégia claramente definida e estabelecida de forma a dar lugar, num prazo determinado, a normas europeias ou especificações técnicas comuns;

d) Se o projecto em causa for verdadeiramente inovador e não for possível o recurso a normas existentes.

8 – Na falta de normas europeias, de condições de homologação técnica europeias ou de especificações técnicas comuns, as especificações técnicas são definidas por referência:

a) Às especificações técnicas nacionais reconhecidas como sendo conformes aos requisitos essenciais enunciados nas directivas relativas à harmonização técnica, nos termos dos processos nelas previstos e, em especial, nos termos dos processos previstos na Directiva n.º 89/106/CEE, do Conselho, de 11 de Fevereiro;

Decreto-Lei n.º 197/99, de 8 de Junho

b) Às especificações técnicas nacionais em matéria de concepção, de cálculo e de realização de obras e de utilização dos produtos;

c) A outros documentos, designadamente e por ordem de preferência, às normas nacionais que transpõem normas internacionais já aceites, outras normas ou condições internas de homologação técnica nacionais, ou a qualquer outra norma.

9 – Quando ocorram circunstâncias que justifiquem a não aplicação do n.º 5, deve tal procedimento de excepção ser fundamentado, mediante a indicação das respectivas razões nos documentos que servem de base ao procedimento.

SECÇÃO VII – **Propostas e candidaturas**

ARTIGO 44.º – **Conteúdo das propostas e candidaturas**

1 – Nas propostas e candidaturas os concorrentes manifestam a sua vontade de contratar, indicando nas propostas as condições em que se dispõem a fazê-lo.

2 – As propostas e candidaturas devem ser assinadas pelos concorrentes ou seus representantes.

ARTIGO 45.º – **Fixação do prazo para entrega de propostas ou candidaturas**

1 – O prazo para entrega de propostas ou candidaturas deve ser fixado de acordo com a natureza e características dos bens ou dos serviços objecto do fornecimento.

2 – Os prazos mínimos estabelecidos no presente diploma para entrega de propostas devem ser adequadamente alargados quando aquelas apenas possam ser apresentadas na sequência de visita aos locais do fornecimento dos bens ou serviços.

3 – A data limite para a entrega de propostas ou candidaturas pode, a pedido dos interessados e em casos devidamente fundamentados, ser prorrogada por prazo adequado quando o programa do procedimento, o caderno de encargos ou os esclarecimentos não puderem ser fornecidos nos prazos fixados, para o efeito, no presente diploma.

4 – A prorrogação do prazo prevista no número anterior beneficia todos os interessados, devendo ser comunicada àqueles que procederam ou venham a proceder ao levantamento dos documentos que servem de base ao procedimento e publicitada pelos meios julgados mais convenientes.

ARTIGO 46.º – **Entrega de propostas e candidaturas**

1 – As propostas e candidaturas, bem como os documentos que as acompanham, podem ser entregues directamente ou enviadas por correio registado, devendo a respectiva recepção ocorrer dentro do prazo e no local fixados para a sua entrega.

2 – Nos casos previstos no presente diploma, a entrega de propostas e candidaturas pode ser efectuada por meios diferentes dos indicados no número anterior.

3 – Sem prejuízo do disposto no n.º 2 do artigo 167.º, a recepção das propostas e candidaturas deve ser registada, anotando-se a data e hora em que as mesmas são recebidas, o número de ordem de apresentação e, no caso de entregas directas, a identidade e morada das pessoas que as entregam, devendo iguais anotações ser feitas pelo serviço de recepção nos invólucros exteriores que as contêm.

ARTIGO 47.º – **Elementos da proposta**

1 – Nas propostas os concorrentes devem indicar os seguintes elementos:

a) O preço total e condições de pagamento;

782 V – Regime de Contratação Local

b) O prazo de entrega ou de execução;

c) O programa de trabalhos, quando exigido;

d) Outros elementos exigidos, designadamente nota justificativa do preço.

2 – Nas propostas os concorrentes podem especificar aspectos que considerem relevantes para avaliação das mesmas.

3 – O preço, que não deve incluir o IVA, é indicado em algarismos e, preferencialmente, por extenso, prevalecendo, em caso de divergência, o expresso por extenso.

4 – As propostas devem mencionar expressamente que ao preço total acresce o IVA, indicando-se o respectivo valor e a taxa legal aplicável, entendendo-se, na falta daquela menção, que o preço apresentado não inclui aquele imposto.

5 – No caso de existir divergência entre o preço total indicado na proposta e o valor resultante da respectiva nota justificativa, prevalece o valor mais baixo.

ARTIGO 48.° – **Documentos que acompanham as propostas e candidaturas**

1 – As propostas e candidaturas devem ser acompanhadas dos documentos exigidos, consoante o caso, no programa do procedimento, no anúncio ou no convite, de entre os indicados nos artigos 33.° a 36.°

2 – Os documentos que acompanham as propostas e candidaturas devem ser assinados pelas entidades que os emitem.

ARTIGO 49.° – **Proposta base**

1 – Proposta base é a única apresentada pelo concorrente ou aquela que este indica como a sua principal proposta.

2 – A proposta base pode ser apresentada:

a) Sem alteração de cláusulas do caderno de encargos ou de condições fixadas noutros documentos que servem de base ao procedimento;

b) Com alteração de cláusulas do caderno de encargos ou de condições fixadas noutros documentos que servem de base ao procedimento, quando essa alteração seja expressamente admitida.

3 – O concorrente que apresente proposta base com alterações de cláusulas do caderno de encargos ou de condições fixadas noutros documentos que servem de base ao procedimento, quando admitidas, deve indicar o valor que atribui a cada uma das condições especiais nela incluídas, de forma a garantir a comparabilidade entre as propostas apresentadas no procedimento.

ARTIGO 50.° – **Proposta com variantes**

1 – Proposta com variantes é aquela que apresenta diferenças em relação à proposta base.

2 – O concorrente só pode apresentar uma ou mais propostas com variantes quando essa apresentação seja admitida nos documentos que servem de base ao procedimento.

3 – O concorrente que apresente proposta variante com alterações de cláusulas do caderno de encargos ou de condições fixadas noutros documentos que servem de base ao procedimento, quando admitidas, deve indicar o valor que atribui a cada uma das condições especiais nela incluídas, de forma a garantir a comparabilidade entre as propostas apresentadas no procedimento.

4 – Quando o critério de adjudicação seja o da proposta economicamente mais vantajosa, a proposta com variantes deve ser elaborada com sistematização idêntica à da proposta base em termos que permitam fácil comparação e de acordo com as regras estabelecidas para a sua apresentação.

Decreto-Lei n.º 197/99, de 8 de Junho　　783

5 – Quando sejam admitidas propostas variantes, as entidades adjudicantes não as podem recusar:

a) Por terem sido elaboradas com especificações técnicas definidas por referência a normas nacionais que transponham normas europeias ou a especificações técnicas comuns referidas no n.º 5 do artigo 43.º ou por referência a especificações técnicas nacionais referidas nas alíneas *a)* e *b)* do n.º 8 do mesmo artigo;

b) Se forem susceptíveis de conduzir, caso sejam escolhidas, a um contrato de fornecimento de bens e não a um contrato de prestação de serviços, ou vice-versa.

ARTIGO 51.º – **Idioma**

1 – As propostas e candidaturas, bem como os documentos que as acompanham, devem ser redigidos em língua portuguesa ou, não o sendo, devem ser acompanhados de tradução devidamente legalizada e em relação à qual o concorrente declara aceitar a prevalência, para todos os efeitos, sobre os respectivos originais.

2 – Nos documentos que servem de base ao procedimento pode, excepcionalmente, permitir-se a apresentação de documentos em língua estrangeira com dispensa de tradução, desde que se especifiquem os documentos e os idiomas admitidos.

ARTIGO 52.º – **Prazo de manutenção das propostas**

1 – Sem prejuízo da fixação de um prazo superior nos documentos que servem de base ao procedimento, os concorrentes ficam obrigados a manter as suas propostas durante um período de 60 dias contados da data limite para a sua entrega.

2 – O prazo de manutenção das propostas considera-se prorrogado por iguais períodos, para os concorrentes que nada requererem em contrário.

ARTIGO 53.º – **Práticas restritivas da concorrência**

1 – As propostas que resultem de práticas restritivas da concorrência ilícitas devem ser excluídas.

2 – Quando, após a adjudicação, se verifique existirem indícios sérios de que as propostas apresentadas resultam de práticas restritivas da concorrência, deve a entidade competente para autorizar a despesa suspender a adjudicação até à conclusão do processo de contra-ordenação instaurado nos termos do Decreto-Lei n.º 371/93, de 29 de Outubro, salvo se decidir fundamentadamente de outro modo.

3 – A ocorrência de qualquer dos factos previstos nos números anteriores deve ser comunicada pela entidade competente para autorizar a despesa à Direcção-Geral do Comércio e da Concorrência, bem como à entidade que comprova a inscrição no registo profissional nas condições do Estado membro da União Europeia onde está estabelecido o fornecedor de bens ou serviços.

SECÇÃO VIII – Adjudicação

ARTIGO 54.º – **Conceito**

Adjudicação é o acto administrativo pelo qual a entidade competente para autorizar a despesa escolhe uma proposta.

ARTIGO 55.º – **Critérios**

1 – A adjudicação é feita segundo um dos seguintes critérios:

784 V – Regime de Contratação Local

a) O da proposta economicamente mais vantajosa, tendo em conta, entre outros e consoante o contrato em questão, factores como o preço, qualidade, mérito técnico, características estéticas e funcionais, assistência técnica e prazos de entrega ou de execução;

b) Unicamente o do mais baixo preço.

2 – O critério de adjudicação escolhido deve ser indicado nos documentos que servem de base ao procedimento, com explicitação, no caso da alínea *a)* do número anterior, dos factores que nele intervêm, por ordem decrescente de importância.

3 – Na análise do conteúdo das propostas não se pode, em qualquer circunstância, ter em consideração, directa ou indirectamente, factores relacionados com as habilitações profissionais ou capacidade financeira ou técnica dos concorrentes.

4 – Se uma proposta apresentar um preço anormalmente baixo, a entidade que procede à respectiva análise deve solicitar, por escrito, esclarecimentos sobre os elementos constitutivos da mesma.

5 – Deve ser rejeitada a proposta cujo preço seja anormalmente baixo e não se encontre devidamente justificado por razões objectivas, tais como a economia do método do serviço ou processo de fabrico, as soluções técnicas escolhidas, as condições excepcionalmente favoráveis de que o concorrente dispõe para o fornecimento de bens ou serviços, ou a originalidade do serviço ou projecto proposto.

ARTIGO 56.º – Anulação da adjudicação

1 – A adjudicação considera-se sem efeito quando, por facto que lhe seja imputável, o adjudicatário:

a) Não entregue a documentação que lhe seja exigida nos termos do artigo 39.º;

b) Não preste a caução que lhe seja exigida nos termos dos artigos 69.º e 70.º;

c) Não compareça no dia, hora e local fixados para a outorga do contrato.

2 – Nos casos previstos no número anterior, a entidade competente para autorizar a despesa pode decidir pela adjudicação ao concorrente classificado em segundo lugar.

ARTIGO 57.º – Causas de não adjudicação

1 – Não há lugar à adjudicação nos seguintes casos:

a) Quando todas as propostas apresentadas sejam consideradas inaceitáveis pela entidade competente para autorizar a despesa;

b) Quando houver forte presunção de conluio entre os concorrentes, nos termos do disposto no artigo 53.º

2 – Na decisão de não adjudicação devem indicar-se as medidas a adoptar em seguida.

3 – Os concorrentes devem ser notificados da decisão de não adjudicação, das medidas a adoptar de seguida e dos respectivos fundamentos.

ARTIGO 58.º – Anulação do procedimento

1 – A entidade competente para autorizar a despesa pode anular o procedimento quando:

a) Por circunstância imprevisível, seja necessário alterar os elementos fundamentais dos documentos que servem de base ao procedimento;

b) Outras razões supervenientes e de manifesto interesse público o justifiquem.

2 – No caso da alínea *a)* do número anterior é obrigatória a abertura de um procedimento do mesmo tipo, no prazo de seis meses a contar da data do despacho de anulação.

3 – A decisão de anulação do procedimento deve ser fundamentada e publicitada nos mesmos termos em que foi publicitada a sua abertura.

Decreto-Lei n.º 197/99, de 8 de Junho 785

4 – Os concorrentes que, entretanto, tenham apresentado propostas devem ser notificados dos fundamentos da decisão de anulação do procedimento e, ulteriormente, da abertura do novo procedimento.

SECÇÃO IX – Contrato

ARTIGO 59.º – **Contrato escrito**

1 – A celebração de contrato escrito não é exigida quando:

a) A despesa seja de valor igual ou inferior a 10000 contos;

b) Se trate de despesa proveniente de revisão de preços;

c) A aquisição de bens ou serviços seja efectuada ao abrigo de contratos públicos de aprovisionamento celebrados pela Direcção-Geral do Património;

d) A aquisição de bens ou serviços seja efectuada ao abrigo de contratos públicos de aprovisionamento celebrados para sectores específicos e aprovados por portaria conjunta do Ministro das Finanças e do respectivo ministro.

2 – Não é igualmente exigida a celebração de contrato escrito para a realização de despesa de valor superior ao fixado na alínea *a*) do número anterior quando, cumulativamente:

a) A prestação de serviços ou a entrega dos bens ocorra integralmente no prazo de 20 dias a contar da data da notificação da adjudicação;

b) As relações contratuais se extingam com a entrega dos bens ou da prestação de serviços, sem prejuízo da existência de eventuais garantias;

c) Pelo seu valor, não esteja sujeita a fiscalização prévia do Tribunal de Contas.

3 – Quando não seja exigível a celebração de contrato escrito ou a mesma seja dispensada nos termos previstos no artigo seguinte, as entidades adjudicantes devem assegurar que as propostas dos concorrentes, ainda que por mera adesão às condições fixadas nos documentos que servem de base ao procedimento, contêm as condições essenciais do fornecimento dos bens ou serviços, designadamente o seu objecto, preço, condições de pagamento, prazo de entrega ou de execução e garantias.

ARTIGO 60.º – **Dispensa da celebração de contrato escrito**

1 – A celebração de contrato escrito só pode ser dispensada quando:

a) A segurança pública interna ou externa o aconselhe;

b) Seja necessário dar execução imediata às relações contratuais e apenas na medida do estritamente necessário, em resultado de acontecimentos imprevisíveis e por motivos de urgência imperiosa, desde que as circunstâncias invocadas não sejam, em caso algum, imputáveis às entidades adjudicantes.

2 – Sem prejuízo do disposto nos números seguintes, a dispensa da celebração de contrato escrito é da competência do respectivo ministro.

3 – Nos casos em que a despesa deva ser autorizada pelo Primeiro-Ministro ou pelo Conselho de Ministros, a dispensa da celebração de contrato escrito é da competência dessas entidades, sob proposta do respectivo ministro.

4 – Nas entidades referidas nas alíneas *d*) e *e*) do artigo 2.º, a competência para autorizar a dispensa da celebração de contrato escrito cabe à entidade competente para autorizar a respectiva despesa nos termos fixados no n.º 1 do artigo 18.º.

ARTIGO 61.° – Cláusulas contratuais

Os contratos devem mencionar, designadamente e quando aplicável:

a) A identificação da entidade adjudicante;

b) Os despachos de adjudicação, de autorização da celebração do contrato e de designação do representante para a respectiva outorga;

c) Os elementos de identificação do adjudicatário;

d) O objecto do contrato, suficientemente individualizado;

e) O prazo durante o qual se efectua a locação ou o fornecimento dos bens ou serviços, com as datas dos respectivos início e termo;

f) As garantias relativas à execução do contrato, quando oferecidas ou exigidas;

g) A forma, os prazos e demais cláusulas sobre o regime de pagamentos e de revisão de preços;

h) O encargo total ou encargo máximo estimado resultante do contrato, com indicação do valor da locação ou dos bens ou serviços e do correspondente IVA;

i) O limite máximo do encargo correspondente a cada ano económico;

j) A classificação orçamental da dotação por onde será satisfeito o encargo no ano económico da celebração do contrato;

l) As sanções aplicáveis por incumprimento;

m) As condições de denúncia e de rescisão do contrato.

ARTIGO 62.° – Representação na outorga de contrato escrito

1 – A representação na outorga dos contratos cabe à entidade competente para autorizar a despesa, sem prejuízo do disposto no número seguinte.

2 – Quando a entidade adjudicante seja uma pessoa colectiva distinta do Estado, a sua representação cabe ao órgão designado no respectivo diploma orgânico, qualquer que seja o valor do contrato.

3 – Para efeitos do disposto no número anterior, quando seja competente um órgão colegial, entende-se que a sua representação se encontra delegada no respectivo presidente.

4 – Quando a competência para a outorga do contrato seja delegada, o respectivo acto deve constar do despacho que aprova a minuta do contrato.

5 – A representação na outorga de contratos escritos pelas autarquias locais, respectivas associações e entidades equiparadas a autarquias locais cabe ao presidente dos respectivos órgãos executivos, podendo ser delegada nos vereadores ou nos dirigentes municipais, no caso dos municípios.

6 – A representação na outorga de contratos escritos pelas autarquias locais, respectivas associações e entidades equiparadas a autarquias locais cabe ao presidente dos respectivos órgãos executivos, podendo ser delegada nos vereadores ou nos dirigentes municipais, no caso dos municípios.

ARTIGO 63.° – Contratos celebrados no estrangeiro

1 – Os contratos que haja necessidade de celebrar no estrangeiro estão sujeitos às normas estabelecidas para os contratos celebrados em território nacional, que não sejam excluídas pela lei do lugar da celebração, devendo a respectiva minuta ser aprovada nos termos gerais.

2 – Se o contrato tiver de ser escrito em língua estrangeira, a minuta a aprovar é redigida em português e devolvida à sede do serviço, após a celebração do contrato, com a declaração do funcionário responsável de que o texto em língua estrangeira do título contratual está conforme com os seus termos.

Decreto-Lei n.º 197/99, de 8 de Junho

ARTIGO 64.º – **Aprovação das minutas dos contratos**

1 – Nos casos em que haja lugar à celebração de contrato escrito, a respectiva minuta é aprovada, após o acto de adjudicação, ou em simultâneo com este, pela entidade competente para autorizar a despesa.

2 – A aprovação da minuta do contrato tem por objectivo verificar o cumprimento das disposições legais aplicáveis, designadamente:

a) Se a redacção corresponde ao que se determina na decisão ou deliberação que autorizou a contratação e a despesa dela resultante;

b) Se o conteúdo do contrato está conforme aos objectivos a prosseguir;

c) Se foram observadas as normas aplicáveis previstas no presente diploma.

ARTIGO 65.º – **Aceitação da minuta do contrato**

1 – Após a aprovação prevista no artigo anterior, a minuta do contrato é enviada, para aceitação, ao adjudicatário, determinando-se-lhe que, no prazo de seis dias, comprove a prestação da caução devida, nos termos dos artigos 69.º e 70.º, e cujo valor expressamente se deve indicar.

2 – A minuta considera-se aceite pelo adjudicatário quando haja aceitação expressa ou quando não haja reclamação nos cinco dias subsequentes à respectiva notificação.

ARTIGO 66.º – **Reclamações contra a minuta**

1 – São admissíveis reclamações contra a minuta quando dela constem obrigações não contidas na proposta ou nos documentos que servem de base ao procedimento.

2 – Em caso de reclamação a entidade que aprovou a minuta comunica ao adjudicatário, no prazo de 10 dias, o que houver decidido sobre a mesma, entendendo-se que a defere se nada disser no referido prazo.

3 – O prazo referido no número anterior é alargado para 30 dias no caso de a entidade competente ser o Conselho de Ministros.

4 – Nos casos em que haja reclamação contra a minuta, o prazo para comprovar a prestação da caução interrompe-se a partir da data da apresentação da reclamação e até ao conhecimento da decisão da reclamação ou ao termo do prazo fixado nos números anteriores para o respectivo deferimento tácito.

ARTIGO 67.º – **Celebração de contrato escrito**

1 – O contrato deve ser celebrado no prazo de 30 dias a contar da prova da prestação da caução.

2 – Não havendo lugar à prestação de caução, o prazo fixado no número anterior conta-se a partir da aceitação da minuta ou, consoante o caso, do conhecimento da decisão sobre a reclamação contra aquela ou do termo do prazo fixado para o respectivo deferimento tácito.

3 – A entidade pública contratante comunica ao adjudicatário, com a antecedência mínima de cinco dias, a data, hora e local em que se celebra o contrato.

4 – Se entidade pública contratante não celebrar o contrato no prazo fixado, pode o adjudicatário desvincular-se da proposta, liberando-se a caução que haja sido prestada, sendo reembolsado de todas as despesas e demais encargos decorrentes da prestação da caução, sem prejuízo de direito a justa indemnização.

ARTIGO 68.º – **Cessão da posição contratual**

1 – No decurso da execução do contrato, a entidade adjudicante pode, a pedido fundamentado do adjudicatário, autorizar a cessão da correspondente posição contratual.

788   *V – Regime de Contratação Local*

2 – Para efeitos da autorização prevista no número anterior, deve:

a) Ser apresentada pelo eventual cessionário toda a documentação exigida ao adjudicatário no respectivo procedimento;

b) A entidade adjudicante apreciar, designadamente, se o eventual cessionário não se encontra em nenhuma das situações previstas no artigo 33.° e se tem capacidade técnica e financeira para assegurar o exacto e pontual cumprimento do contrato.

SECÇÃO X – Caução

ARTIGO 69.° – Valor e finalidade

1 – Para garantir o exacto e pontual cumprimento das suas obrigações, pode ser exigida ao adjudicatário a prestação de caução no valor máximo de 5% do valor total do fornecimento, com exclusão do IVA.

2 – A entidade adjudicante pode considerar perdida a seu favor a caução prestada, independentemente de decisão judicial, nos casos de não cumprimento das obrigações legais, contratuais ou pré-contratuais pelo adjudicatário.

ARTIGO 70.° – Modos de prestação

1 – A caução pode ser prestada por depósito em dinheiro ou em títulos emitidos ou garantidos pelo Estado, ou mediante garantia bancária ou seguro-caução, conforme escolha do adjudicatário.

2 – O depósito de dinheiro ou títulos efectua-se numa instituição de crédito, à ordem da entidade previamente indicada nos documentos que servem de base ao procedimento, devendo ser especificado o fim a que se destina.

3 – Quando o depósito for efectuado em títulos, estes devem ser avaliados pelo respectivo valor nominal, salvo se, nos últimos três meses, a média da cotação na Bolsa de Valores de Lisboa ficar abaixo do par, caso em que a avaliação deve ser feita em 90% dessa média.

4 – Se o adjudicatário prestar a caução mediante garantia bancária, deve apresentar um documento pelo qual um estabelecimento bancário legalmente autorizado assegure, até ao limite do valor da caução, o imediato pagamento de quaisquer importâncias exigidas pela entidade adjudicante em virtude de incumprimento das obrigações, nos termos do disposto no n.° 2 do artigo anterior.

5 – Tratando-se de seguro-caução, o adjudicatário deve apresentar apólice pela qual uma entidade legalmente autorizada a realizar esse seguro assuma, até ao limite do valor da caução, o encargo de satisfazer de imediato quaisquer importâncias exigidas pela entidade adjudicante, em virtude de incumprimento das obrigações.

6 – Das condições da garantia bancária ou da apólice de seguro-caução não pode, em caso algum, resultar uma diminuição das garantias da entidade adjudicante, nos moldes em que são asseguradas pelas outras formas admitidas de prestação da caução, ainda que não tenha sido pago o respectivo prémio.

7 – Todas as despesas derivadas da prestação da caução são da responsabilidade do adjudicatário.

ARTIGO 71.° – Liberação da caução

1 – No prazo de 30 dias contados do cumprimento de todas as obrigações contratuais por parte do adjudicatário, a entidade adjudicante promove a liberação da caução prestada.

Decreto-Lei n.º 197/99, de 8 de Junho 789

2 – A demora na liberação da caução confere ao adjudicatário o direito de exigir à entidade adjudicante juros sobre a importância da caução, calculados sobre o tempo decorrido desde o dia seguinte ao termo do prazo referido no número anterior, nas condições a estabelecer por portaria do Ministro das Finanças.

SECÇÃO XI – **Adiantamentos e pagamentos parciais**

ARTIGO 72.º – **Adiantamentos**

1 – Podem ser autorizados adiantamentos por conta de bens a entregar ou serviços a prestar quando, cumulativamente:

a) O valor dos adiantamentos não seja superior a 30% do montante total do contrato, incluindo o IVA;

b) Seja prestada caução de valor igual ou superior aos adiantamentos efectuados;

c) O contrato seja integralmente executado no ano económico em que a realização da despesa foi autorizada, sem prejuízo da existência de eventuais garantias.

2 – Quando a despesa dê lugar a encargo orçamental em mais de um ano económico, podem ser autorizados adiantamentos desde que, cumulativamente:

a) O valor dos adiantamentos não seja superior a 30% do montante fixado no contrato, incluindo o IVA, relativamente a pagamentos a efectuar no ano económico em que se procede aos adiantamentos;

b) Seja prestada caução de valor igual ou superior aos adiantamentos efectuados;

c) No ano económico em que são efectivados os adiantamentos sejam entregues bens ou prestados serviços de montante igual ou superior aos valores adiantados.

3 – Os adiantamentos só podem ser autorizados em casos devidamente fundamentados e efectivados desde que tenham sido previstos nas condições contratuais fixadas.

4 – Em casos excepcionais e devidamente fundamentados podem ser autorizados adiantamentos sem que estejam reunidas todas as condições previstas nos n.os 1 e 2, desde que obtida a anuência do Ministro das Finanças.

5 – Nas entidades referidas nas alíneas *d*) e *e*) do artigo 2.º, a anuência a que se refere o número anterior cabe à entidade competente para autorizar a respectiva despesa nos termos fixados no artigo 18.º.

ARTIGO 73.º – **Caução para adiantamentos**

1 – A caução deve ser prestada nos termos definidos no artigo 70.º.

2 – No caso de se verificar o incumprimento do contrato, a entidade adjudicante pode considerar perdida a seu favor uma parte ou a totalidade da caução prestada, independentemente de decisão judicial, quando o adjudicatário não forneça bens ou serviços de valor igual ou superior ao montante em causa.

3 – A pedido do adjudicatário, a caução deve ser reduzida à medida que se procede à dedução nos pagamentos previstos no artigo seguinte ou quando aquele forneça bens ou serviços de valor igual ou superior ao montante da redução sem que se tenha procedido ao respectivo pagamento.

4 – Ocorrendo a situação prevista no número anterior, a caução deve ser reduzida ou totalmente liberada nos 30 dias subsequentes ao pedido apresentado, sendo aplicável o disposto no n.º 2 do artigo 71.º.

790 — V – Regime de Contratação Local

ARTIGO 74.º – **Reembolso dos adiantamentos**

O reembolso dos adiantamentos faz-se por dedução nos pagamentos, de acordo com as condições contratuais fixadas.

ARTIGO 75.º – **Pagamentos parciais**

De acordo com as condições contratuais fixadas e sem prejuízo da existência de adiantamentos, podem ser efectuados pagamentos parciais por conta do valor total do contrato, desde que os bens já entregues ou os serviços prestados sejam de valor igual ou superior aos pagamentos.

CAPÍTULO II – Contratos excepcionados

ARTIGO 76.º – **Contratos disciplinados por regras processuais específicas**

Não estão sujeitos ao disposto nos capítulos seguintes, desde que disciplinados por regras processuais específicas, os contratos que:

a) Tenham por objecto a execução ou exploração conjunta de um dado projecto, celebrados entre o Estado Português e países terceiros à União Europeia, ao abrigo de um acordo internacional notificado à Comissão da Comunidade Europeia;

b) Sejam celebrados com empresas de outro Estado, por força de um acordo internacional relativo ao estacionamento de tropas;

c) Sejam celebrados por força de regras específicas de uma organização internacional.

ARTIGO 77.º – **Outros contratos**

1 – Não estão, igualmente, sujeitos ao disposto nos capítulos seguintes os contratos:

a) Para aquisição, desenvolvimento, produção ou co-produção de programas por parte de organismos de radiodifusão e contratos relativos ao tempo de antena;

b) De aquisição de serviços de telefonia vocal, telex, radiotelefonia móvel, chamada de pessoas e comunicações via satélite;

c) De aquisição de serviços de arbitragem e conciliação;

d) De aquisição de serviços financeiros relativos à emissão, compra, venda ou transferência de títulos ou outros produtos financeiros, bem como serviços prestados pelo Banco de Portugal;

e) De aquisição de serviços de investigação e desenvolvimento, excepto quando os resultados destes sejam pertença exclusiva da entidade adjudicante que deles faça uso no exercício da sua própria actividade e desde que a prestação do serviço seja inteiramente remunerada pela entidade adjudicante;

f) Celebrados com um fornecedor de bens ou de serviços que seja, ele próprio, uma das entidades referidas no artigo 2.º, desde que o valor do contrato seja inferior, consoante o caso, ao fixado nos artigos 190.º e 191.º;

g) Celebrados com um fornecedor de serviços que seja, ele próprio, uma das entidades referidas nos artigos 2.º e 3.º, desde que o valor do contrato seja igual ou superior, consoante o caso, ao fixado no artigo 191.º e exista um direito exclusivo estabelecido por lei ou regulamento;

h) Celebrados no domínio da defesa, desde que abrangidos pelo disposto no artigo 223.º do Tratado CEE, sem prejuízo do disposto em legislação especial;

i) Que, nos termos da lei, sejam declarados secretos ou cuja execução deva ser acompanhada de medidas especiais de segurança, ou quando a protecção dos interesses essenciais de segurança do Estado Português o exigir;

Decreto-Lei n.° 197/99, de 8 de Junho 791

j) A que se aplique a Directiva n.° 93/38/CEE, do Conselho, de 14 de Junho, para os sectores de água, energia, transportes e telecomunicações;

l) Contratos-programas previstos em legislação especial;

m) Que não se encontrem abrangidos pelo disposto no capítulo XIII do presente diploma e destinados a satisfazer necessidades de serviços instalados no estrangeiro, desde que a locação ou aquisição seja contratada com uma entidade sediada no estrangeiro e não se mostre fundamentadamente possível cumprir as formalidades previstas no presente diploma para o respectivo procedimento.

2 – A excepção prevista na alínea *i*) do número anterior deve ser reconhecida em despacho fundamentado do respectivo ministro.

3 – Nas locações e aquisições efectuadas ao abrigo do disposto na alínea *m*) do n.° 1 deve, sempre que possível, observar-se um dos procedimentos previstos no presente diploma que melhor se adeqúe à respectiva situação.

4 – Não estão, ainda, sujeitos ao disposto nos capítulos seguintes os contratos celebrados por organismos públicos dotados de personalidade jurídica, com autonomia administrativa e financeira, que tenham carácter comercial ou industrial.

5 – O carácter comercial ou industrial dos organismos a que se refere o número anterior deve ser reconhecido por despacho conjunto, devidamente fundamentado, dos ministros das Finanças e da respectiva tutela, o qual é válido pelo período de um ano, podendo ser sucessivamente renovado, desde que se continuem a verificar os pressupostos que conduziram ao reconhecimento do carácter comercial ou industrial do organismo.

6 – Os organismos a que se refere o n.° 4 devem, sempre que possível, adoptar os procedimentos previstos no presente diploma, bem como a respectiva disciplina, incluindo a escolha do procedimento em função do valor, sem prejuízo de procederem à redução dos prazos previstos para apresentação de propostas ou candidaturas e simplificação de algumas formalidades.

CAPÍTULO III – Tipos e escolha de procedimentos

SECÇÃO I – Tipos de procedimentos

ARTIGO 78.° – **Tipos**

1 – A contratação relativa à locação e aquisição de bens ou serviços deve ser precedida de um dos seguintes procedimentos:

a) Concurso público;

b) Concurso limitado por prévia qualificação;

c) Concurso limitado sem apresentação de candidaturas;

d) Por negociação, com ou sem publicação prévia de anúncio;

e) Com consulta prévia;

f) Ajuste directo.

2 – No concurso público qualquer interessado que reúna os requisitos exigidos pode apresentar proposta.

3 – No concurso limitado por prévia qualificação apenas os seleccionados pela entidade adjudicante, na fase de candidaturas, podem apresentar propostas.

4 – No concurso limitado sem apresentação de candidaturas, apenas os convidados pela entidade adjudicante podem apresentar propostas.

V – Regime de Contratação Local

5 – Os procedimentos por negociação implicam a existência de uma fase de negociação do conteúdo do contrato com um ou vários locadores ou fornecedores de bens ou serviços.

6 – No procedimento com consulta prévia devem ser consultados vários locadores ou fornecedores de bens ou serviços.

7 – O ajuste directo não implica a consulta a vários locadores ou fornecedores de bens ou serviços.

ARTIGO 79.° – Competência para a escolha do tipo de procedimento

1 – A escolha prévia do tipo de procedimento, de acordo com os critérios fixados no presente diploma, deve ser fundamentada e cabe à entidade competente para autorizar a respectiva despesa.

2 – A escolha prévia do tipo de procedimento ao abrigo do disposto na alínea *b*) do n.° 3 do artigo 81.°, na alínea *a*) do artigo 84.°, no artigo 85.° e nas alíneas *c*) a *g*) do n.° 1 do artigo 86.° carece de aprovação prévia do respectivo ministro quando o valor do contrato seja igual ou superior a 15000 contos e não exceda a sua competência para autorizar despesas.

3 – O disposto no número anterior não é aplicável às entidades referidas nas alíneas *d*) e *e*) do artigo 2.°.

SECÇÃO II – Escolha do tipo de procedimento em função do valor

ARTIGO 80.° – Concursos e procedimentos por negociação

1 – É aplicável o concurso público quando o valor do contrato seja igual ou superior a 25000 contos ou, por decisão da entidade competente para autorizar a despesa, quando inferior àquele valor.

2 – Nas situações referidas no número anterior pode ser adoptado o concurso limitado por prévia qualificação quando a complexidade técnica ou o montante envolvido exijam uma pré-avaliação das capacidades técnicas, comerciais, financeiras e administrativas dos concorrentes.

3 – O procedimento por negociação com publicação prévia de anúncio é aplicável quando o valor do contrato seja inferior a 25000 contos.

4 – É aplicável o procedimento por negociação sem publicação prévia de anúncio ou o concurso limitado sem apresentação de candidaturas quando o valor do contrato seja igual ou inferior a 15000 contos.

ARTIGO 81.° – Consulta prévia e ajuste directo

1 – O procedimento com consulta prévia é aplicável quando o valor do contrato seja igual ou inferior a 10000 contos, sendo obrigatória a consulta a, pelo menos:

a) Cinco locadores ou fornecedores, quando o valor do contrato seja igual ou inferior a 10000 contos;

b) Três locadores ou fornecedores, quando o valor do contrato seja igual ou inferior a 5000 contos;

c) Dois locadores ou fornecedores, quando o valor do contrato seja igual ou inferior a 2500 contos.

2 – Quando não seja possível consultar o número mínimo de locadores ou fornecedores fixado no número anterior, deve ser adoptado um dos outros procedimentos, com excepção do ajuste directo.

3 – Pode recorrer-se ao ajuste directo quando:

a) O valor do contrato seja igual ou inferior a 1000 contos;

Decreto-Lei n.º 197/99, de 8 de Junho 793

b) A natureza dos serviços a prestar, nomeadamente no caso de serviços de carácter intelectual e de serviços financeiros, não permita a definição das especificações do contrato necessárias à sua adjudicação de acordo com as regras aplicáveis aos restantes procedimentos, desde que o contrato não ultrapasse os limites estabelecidos no artigo 191.º.

4 – Quando o valor do contrato seja igual ou inferior a 1000 contos, deve, preferencialmente e desde que o valor o justifique, adoptar-se o procedimento com consulta prévia a, pelo menos, dois locadores ou fornecedores.

ARTIGO 82.º – **Modificação do tipo de procedimento**

1 – Quando o valor da proposta a adjudicar não seja consentâneo com o tipo de procedimento que foi adoptado de acordo com os valores fixados nos artigos anteriores, deve proceder-se, de seguida, à abertura de um novo procedimento que observe os limites fixados naqueles preceitos.

2 – Os concorrentes devem ser notificados da decisão de abertura do novo procedimento a que se refere o número anterior.

SECÇÃO III – Escolha do tipo de procedimento independentemente do valor

ARTIGO 83.º – **Procedimento por negociação com publicação prévia de anúncio**

Independentemente do valor do contrato, pode ser adoptado o procedimento por negociação com publicação prévia de anúncio quando:

a) Na sequência de concurso, todas as propostas tenham sido consideradas inaceitáveis, desde que as condições iniciais do caderno de encargos não sejam substancialmente alteradas;

b) Em casos excepcionais, a natureza dos serviços a adquirir ou as contingências a eles inerentes não permitam uma fixação prévia e global do preço;

c) A natureza dos serviços a prestar, nomeadamente no caso de serviços de carácter intelectual e de serviços financeiros, não permita a definição das especificações do contrato necessárias à sua adjudicação de acordo com as regras aplicáveis aos concursos.

ARTIGO 84.º – **Procedimento por negociação sem publicação prévia de anúncio ou concurso limitado sem apresentação de candidaturas**

O procedimento por negociação sem publicação prévia de anúncio ou o concurso limitado sem apresentação de candidaturas podem ter lugar, independentemente do valor, quando:

a) Na medida do estritamente necessário e por motivos de urgência imperiosa resultante de acontecimentos imprevisíveis, não possam ser cumpridos os prazos previstos para os processos de concurso ou para o procedimento por negociação com publicação prévia de anúncio, desde que as circunstâncias invocadas não sejam, em caso algum, imputáveis às entidades adjudicantes;

b) Um concurso tenha ficado deserto, desde que as condições iniciais do caderno de encargos não sejam substancialmente alteradas;

c) Num concurso nenhuma das propostas tenha sido admitida nos termos do artigo 104.º, desde que as condições iniciais do caderno de encargos não sejam substancialmente alteradas e sejam convidados a apresentar proposta todos os concorrentes que não tenham sido excluídos nesse concurso;

d) Se encontrem reunidas as condições previstas na alínea *a*) do artigo anterior e desde que sejam incluídos no procedimento todos os concorrentes cujas propostas tenham sido apresentadas em conformidade com os requisitos formais do processo de concurso e detenham os requisitos a que se referem os artigos 34.º a 36.º e não estejam nas situações previstas no n.º 1 do artigo 33.º;

794   V – Regime de Contratação Local

e) O contrato a celebrar venha na sequência de um procedimento para trabalhos de concepção e, de acordo com as regras aplicáveis, deva ser atribuído a um dos candidatos seleccionados, caso em que todos os candidatos seleccionados devem ser convidados a apresentar proposta.

ARTIGO 85.° – **Consulta prévia**

O procedimento com consulta prévia, a pelo menos dois locadores ou fornecedores, pode ser adoptado, independentemente do valor, quando, na medida do estritamente necessário e por motivos de urgência imperiosa resultante de acontecimentos imprevisíveis, não possam ser cumpridos os prazos previstos para os processos de concurso ou para os procedimentos por negociação, desde que as circunstâncias invocadas não sejam, em caso algum, imputáveis às entidades adjudicantes.

ARTIGO 86.° – **Ajuste directo**

1 – O ajuste directo pode ter lugar, independentemente do valor, quando:

a) As aquisições sejam efectuadas ao abrigo de contratos públicos de aprovisionamento celebrados pela Direcção-Geral do Património;

b) As aquisições sejam efectuadas ao abrigo de contratos públicos de aprovisionamento celebrados para sectores específicos e aprovados por portaria conjunta do Ministro das Finanças e do respectivo ministro;

c) Na medida do estritamente necessário e por motivos de urgência imperiosa resultante de acontecimentos imprevisíveis, não possam ser cumpridos os prazos ou formalidades previstos para os restantes procedimentos, desde que as circunstâncias invocadas não sejam, em caso algum, imputáveis às entidades adjudicantes;

d) Por motivos de aptidão técnica ou artística ou relativos à protecção de direitos exclusivos ou de direitos de autor, a locação ou o fornecimento dos bens ou serviços apenas possa ser executado por um locador ou fornecedor determinado;

e) Se trate de serviços complementares não incluídos no projecto inicial ou no primeiro contrato celebrado, mas que, na sequência de circunstâncias imprevistas, se tenham tornado necessários para a execução dos serviços descritos nesses documentos, na condição de a sua adjudicação ser feita ao prestador inicial e se verificar que:

i) Esses serviços complementares não podem ser técnica ou economicamente separados do contrato inicial sem graves inconvenientes para as entidades adjudicantes; ou

ii) Os serviços em questão, embora possam ser separados da execução do contrato inicial, sejam estritamente necessários ao seu aperfeiçoamento;

f) Se trate de entregas complementares destinadas à substituição parcial de bens fornecidos ou de instalações de uso corrente ou à ampliação de fornecimentos ou de instalações existentes, desde que, cumulativamente:

i) A mudança de fornecedor obrigue a entidade adjudicante a adquirir material de técnica diferente que origine uma incompatibilidade ou dificuldades técnicas desproporcionadas de utilização e manutenção;

ii) A adjudicação seja feita ao fornecedor inicial;

iii) A duração do novo contrato não exceda, em regra, três anos;

g) Se trate de novos serviços que consistam na repetição de serviços similares confiados ao prestador de serviços a quem foi adjudicado um contrato anterior pela mesma entidade adjudicante, desde que, cumulativamente:

i) Esses serviços estejam em conformidade com um projecto base, projecto esse que tenha sido objecto de um primeiro contrato celebrado na sequência de concurso público ou concurso limitado por prévia qualificação;

Decreto-Lei n.° 197/99, de 8 de Junho 795

ii) Não tenha decorrido mais de três anos sobre a data da celebração do contrato inicial;

iii) A possibilidade de se recorrer a este procedimento tenha sido indicada aquando da abertura do concurso para o primeiro contrato e o custo estimado dos serviços subsequentes tenha sido tomado em consideração pelas entidades adjudicantes para efeitos da escolha do procedimento inicialmente adoptado;

h) O contrato a celebrar venha na sequência de um procedimento para trabalhos de concepção e, de acordo com as regras aplicáveis, deva ser atribuído ao candidato seleccionado.

2 – No caso da alínea *e*) do número anterior, o valor acumulado estimado dos contratos não pode exceder 50% do montante do contrato inicial.

CAPÍTULO IV – Concurso público

SECÇÃO I – Abertura

ARTIGO 87.° – **Publicitação**

1 – O concurso público é publicitado na 3.ª série do Diário da República e em dois jornais de grande circulação, conforme modelo de anúncio constante do anexo II ao presente diploma.

2 – No caso do concurso público se encontrar abrangido pelo disposto no capítulo XIII do presente diploma é ainda obrigatório o envio do anúncio a que se refere o número anterior para publicação no Jornal Oficial das Comunidades Europeias.

3 – Nos concursos não abrangidos pelo disposto no capítulo XIII do presente diploma, a entidade adjudicante pode mandar publicar no Jornal Oficial das Comunidades Europeias o anúncio previsto no n.° 1, devendo, neste caso, ser cumpridas as regras fixadas no presente diploma para a publicação obrigatória.

4 – A publicação do anúncio nos jornais de grande circulação pode incluir apenas o resumo dos elementos mais importantes constantes do anexo referido no n.° 1, devendo, quando aplicável, fazer referência à data de envio do anúncio ao Serviço de Publicações Oficiais das Comunidades Europeias.

5 – O anúncio a que se refere o presente artigo deve ser enviado para publicação às diversas entidades em simultâneo.

ARTIGO 88.° – **Programa de concurso e caderno de encargos**

1 – No concurso público há um programa e um caderno de encargos, os quais devem estar patentes no local indicado no anúncio desde o dia da primeira publicação até ao dia e hora da abertura do acto público do concurso.

2 – Desde que solicitados em tempo útil e mediante pagamento dos respectivos custos, o programa de concurso e o caderno de encargos devem ser enviados ou entregues aos interessados nos quatro dias subsequentes à recepção do pedido.

3 – Os serviços devem registar o nome e morada dos interessados que solicitem os documentos a que se refere o número anterior.

ARTIGO 89.° – **Programa de concurso**

O programa destina-se a definir os termos a que obedece o concurso e deve especificar, designadamente:

a) Identificação do concurso;

796 V – Regime de Contratação Local

b) Endereço e a data limite para a solicitação dos esclarecimentos necessários à boa compreensão e interpretação dos elementos expostos;

c) Endereço e designação do serviço de recepção das propostas, com menção do respectivo horário de funcionamento e a hora e data limites para recepção das propostas;

d) Requisitos necessários à admissão dos concorrentes;

e) Modo de apresentação das propostas;

f) Cláusulas do caderno de encargos que podem ser alteradas;

g) Possibilidade de apresentação de propostas com variantes;

h) Elementos da proposta e os documentos que a acompanham;

i) Data, hora e local do acto público de abertura dos invólucros;

j) Prazo durante o qual o concorrente fica vinculado a manter a proposta, para além do previsto no n.° 1 do artigo 52.°;

l) Critério de adjudicação, com explicitação, no caso de o mesmo ser o da proposta economicamente mais vantajosa, dos factores que nela intervêm, por ordem decrescente de importância.

SECÇÃO II – Júri do concurso

ARTIGO 90.° – **Designação e constituição**

1 – O concurso é conduzido por um júri, designado pela entidade competente para autorizar a despesa, constituído, em número ímpar, com pelo menos três membros efectivos, um dos quais presidirá, e dois suplentes.

2 – O despacho constitutivo do júri deve indicar o vogal efectivo que substitui o presidente nas suas faltas e impedimentos.

ARTIGO 91.° – **Funcionamento**

1 – O júri entra em exercício de funções a partir do dia útil subsequente ao envio para publicação do anúncio a que se refere o artigo 87.°.

2 – O júri só pode funcionar quando estiverem presentes todos os seus membros.

3 – O júri pode designar um secretário, de entre os seus membros ou de entre o pessoal dos serviços, neste caso com a anuência do respectivo dirigente, a quem compete, designadamente, lavrar as actas.

4 – O júri deve fundamentar em acta as suas deliberações e as mesmas são aprovadas por maioria de votos, não sendo admitida a abstenção.

5 – Nas deliberações em que haja voto de vencido de algum membro do júri menciona-se em acta essa circunstância, devendo o membro em questão fazer exarar as razões da sua discordância.

ARTIGO 92.° – **Competência**

1 – Compete ao júri a realização de todas as operações do concurso, podendo, para o efeito, solicitar o apoio a outras entidades.

2 – Quando o júri tenha conhecimento de que se verifica alguma das situações previstas nos artigos 33.°, n.° 1, 38.°, n.° 1, 39.°, n.° 7, 40.° e 53.°, n.° 1, deve propor, de imediato, a exclusão dos respectivos concorrentes.

3 – No estrito respeito pelos princípios da igualdade, da imparcialidade e da estabilidade, o júri pode solicitar aos concorrentes, por escrito, esclarecimentos sobre aspectos das propostas

Decreto-Lei n.° 197/99, de 8 de Junho 797

que suscitem fundadas dúvidas, devendo fixar prazo para a obtenção, por escrito, da respectiva resposta.

SECÇÃO III – Esclarecimentos e definição de critérios

ARTIGO 93.° – **Esclarecimentos**

1 – O júri, por iniciativa própria ou por solicitação dos interessados, desde que apresentada por escrito no primeiro terço do prazo fixado para a entrega das propostas, deve prestar os esclarecimentos necessários à boa compreensão e interpretação dos elementos expostos.

2 – Os esclarecimentos previstos no número anterior devem ser prestados por escrito até ao fim do segundo terço do prazo fixado para a entrega das propostas.

3 – Dos esclarecimentos prestados juntar-se-á cópia às peças patentes em concurso, devendo ser comunicados a todos os interessados que procederam ou venham a proceder ao levantamento dos documentos que servem de base ao concurso e publicitados pelos meios julgados mais convenientes.

ARTIGO 94.° – **Definição de critérios**

1 – Até ao termo do segundo terço do prazo fixado para a entrega das propostas, o júri deve definir a ponderação a aplicar aos diferentes elementos que interfiram na aplicação do critério de adjudicação estabelecido no programa do concurso.

2 – Sem prejuízo do disposto na alínea *f*) do n.° 2 do artigo 99.°, a cópia da acta relativa à definição dos critérios a que se refere o número anterior deve ser entregue, no prazo de dois dias, aos interessados que a solicitem.

SECÇÃO IV – Proposta

ARTIGO 95.° – **Prazo de entrega**

1 – Quando haja lugar à publicação do anúncio no Jornal Oficial das Comunidades Europeias, o prazo para entrega das propostas não pode ser inferior a 52 dias.

2 – Quando se tenha procedido à publicitação prevista no artigo 195.°, pode ser fixado um prazo não inferior a 36 dias ou, em casos excepcionais e devidamente fundamentados, não inferior a 24 dias.

3 – Os prazos a que se referem os números anteriores contam-se a partir da data do envio para publicação do anúncio a que se refere o artigo 87.°.

4 – Quando não haja lugar à publicação do anúncio no Jornal Oficial das Comunidades Europeias, pode ser fixado um prazo não inferior a 15 dias a contar da data da publicação do respectivo anúncio no Diário da República.

ARTIGO 96.° – **Documentos que acompanham a proposta**

1 – A proposta deve ser acompanhada dos seguintes documentos:

a) Declaração na qual os concorrentes indiquem o seu nome, número fiscal de contribuinte, número do bilhete de identidade ou de pessoa colectiva, estado civil e domicílio ou, no caso de pessoa colectiva, a denominação social, número de pessoa colectiva, sede, filiais que interessem à execução do contrato, objecto social, nome dos titulares dos corpos sociais e de outras pessoas com poderes para a obrigarem, conservatória do registo comercial onde se encontra matriculada e o seu número de matrícula nessa conservatória;

798   *V – Regime de Contratação Local*

b) Declaração emitida conforme modelo constante do anexo I ao presente diploma;

c) Outros documentos que forem exigidos no programa do concurso adequados à comprovação da habilitação profissional e capacidade técnica e financeira dos concorrentes, de entre, exclusivamente, os indicados nos artigos 34.º a 36.º

2 – No caso de o concorrente propor a subcontratação parcial do fornecimento de bens ou serviços, a proposta deve ainda ser acompanhada, relativamente às entidades a subcontratar, dos mesmos documentos exigidos no programa de concurso ao concorrente para comprovação da respectiva capacidade técnica.

ARTIGO 97.º – **Modo de apresentação da proposta**

1 – A proposta, elaborada nos termos do artigo 47.º, é apresentada em invólucro opaco e fechado, em cujo rosto se deve escrever a palavra «Proposta» e o nome ou denominação do concorrente.

2 – Os documentos a que se refere o artigo anterior são apresentados noutro invólucro, também opaco e fechado, em cujo rosto se deve escrever a palavra «Documentos» e o nome ou denominação do concorrente.

3 – Em caso de apresentação de propostas com variantes, cada uma delas é apresentada em invólucro opaco e fechado, em cujo rosto se deve escrever a expressão «Proposta, variante» e o nome ou denominação do concorrente.

4 – Os invólucros referidos nos números anteriores são, por sua vez, guardados num outro invólucro opaco e fechado, em cujo rosto se identifica o concurso.

5 – Na organização da proposta deve ser observado o disposto no artigo 51.º.

SECÇÃO V – **Acto público do concurso**

ARTIGO 98.º – **Data da abertura**

1 – No dia útil imediato à data limite para a apresentação das propostas o júri procede, em acto público, à abertura dos invólucros recebidos.

2 – Por motivo justificado, pode o acto público realizar-se dentro dos 10 dias subsequentes ao indicado no número anterior, em data a determinar pela entidade competente para autorizar a despesa.

3 – A alteração da data do acto público deve ser comunicada aos interessados que procederam ou venham a proceder ao levantamento dos documentos do concurso e publicitada pelos meios que o júri entenda mais convenientes.

ARTIGO 99.º – **Regras gerais**

1 – Ao acto público pode assistir qualquer interessado, apenas podendo nele intervir os concorrentes e seus representantes, devidamente credenciados.

2 – Os concorrentes ou os seus representantes podem, no acto:

a) Pedir esclarecimentos;

b) Apresentar reclamações sempre que seja cometida, no próprio acto, qualquer infracção aos preceitos deste diploma ou demais legislação aplicável ou ao programa de concurso;

c) Apresentar reclamações contra a admissão de qualquer outro concorrente, das respectivas propostas ou contra a sua própria admissão condicionada ou exclusão, ou da entidade que representam;

d) Apresentar recurso hierárquico facultativo das deliberações do júri;

e) Examinar a documentação apresentada durante um período razoável a fixar pelo júri;

f) Obter cópia da acta relativa à definição dos critérios a que se refere o artigo 94.°, bem como dos esclarecimentos prestados.

3 – As reclamações dos concorrentes podem consistir em declaração ditada para a acta ou em petição escrita.

4 – As deliberações do júri tomadas no âmbito do acto público são notificadas aos interessados, no próprio acto, não havendo lugar a qualquer outra forma de notificação, ainda que não estejam presentes ou representados no referido acto os destinatários das mesmas deliberações.

5 – Em qualquer momento, o presidente do júri pode interromper o acto público ou a sessão privada a que se refere o n.° 1 do artigo 101.°, fixando logo a hora e o dia da sua continuação, devendo justificar os motivos por que o faz.

6 – Do acto público é elaborada acta, a qual é assinada por todos os membros do júri.

ARTIGO 100.° – **Abertura dos invólucros**

1 – O acto público inicia-se com a identificação do concurso e com a abertura de todos os invólucros exteriores, bem como os relativos a documentos, mantendo-se inviolados os referidos nos n.os 1 e 3 do artigo 97.°

2 – É feita, depois, a leitura da lista de concorrentes, elaborada de acordo com a ordem de entrada dos invólucros.

3 – De seguida, o presidente do júri procede à identificação dos concorrentes e dos seus representantes.

4 – Os invólucros a que se referem os n.os 1 e 3 do artigo 97.° são guardados pelo presidente do júri num outro invólucro opaco e fechado.

5 – O invólucro referido no número anterior deve ser assinado pelos membros do júri e pelos concorrentes e seus representantes presentes no acto público.

6 – De seguida, interrompe-se o acto público para o júri passar à sessão privada a que se refere o n.° 1 do artigo seguinte.

ARTIGO 101.° – **Admissão de concorrentes**

1 – Em sessão privada, o júri começa por rubricar, pela maioria dos seus membros, os documentos inseridos no invólucro referido no n.° 2 do artigo 97.°, podendo as rubricas ser substituídas por chancela.

2 – Analisados os documentos, o júri delibera sobre a admissão e exclusão dos concorrentes.

3 – São excluídos os concorrentes:

a) Cujas propostas não sejam recebidas no prazo fixado;

b) Que nos documentos incluam qualquer referência que seja considerada indiciadora do preço da proposta ou das respectivas condições de pagamento;

c) Que não observem o disposto no artigo 97.°, desde que a falta seja essencial.

4 – São admitidos condicionalmente os concorrentes que:

a) Não entreguem a totalidade dos documentos exigidos nos termos do artigo 96.°;

b) Na documentação apresentada omitam qualquer dado exigido.

5 – Retomado o acto público, o presidente do júri procede à leitura da lista dos concorrentes admitidos, bem como dos admitidos condicionalmente e dos excluídos, indicando, nestes dois últimos casos, as respectivas razões.

6 – No caso de existirem concorrentes admitidos condicionalmente, o júri concede-lhes um prazo, até cinco dias, para entregarem os documentos em falta ou para completarem os dados

800 V – Regime de Contratação Local

omissos, contra a emissão de recibo no caso da entrega não ser feita de imediato no acto público, não sendo exigida qualquer formalidade para a respectiva apresentação.

7 – Cumpridas as formalidades previstas nos números anteriores, o júri delibera sobre as eventuais reclamações apresentadas pelos concorrentes relativamente a esta fase do acto público.

8 – Verificando-se a situação prevista no n.° 6, o júri, se necessário, interrompe o acto público, indicando o local, a hora e o dia limites para os concorrentes completarem as suas propostas e data da continuação do acto público.

ARTIGO 102.° – **Prosseguimento do acto público no caso de não ocorrer a admissão condicional de concorrentes**

No caso de não ocorrer a admissão condicional de concorrentes, o acto público prossegue de imediato com a abertura dos invólucros a que se referem os n.os 1 e 3 do artigo 97.°.

ARTIGO 103.° – **Prosseguimento do acto público no caso de ocorrer a admissão condicional de concorrentes**

1 – Ocorrendo a situação prevista no n.° 6 do artigo 101.°, o acto público prossegue de imediato se a falta aí for suprida ou no dia útil seguinte ao termo do prazo fixado para a entrega dos documentos e dados em falta.

2 – Verificados os documentos e os elementos entregues, se necessário em sessão prévia ao prosseguimento do acto público, o júri delibera sobre a admissão e a exclusão dos concorrentes admitidos condicionalmente.

3 – São excluídos os concorrentes admitidos condicionalmente quando:

a) Não entreguem os documentos em falta no prazo fixado;

b) Na nova documentação apresentada incluam qualquer referência que seja considerada indiciadora do preço da proposta ou das respectivas condições de pagamento;

c) Na nova documentação apresentada seja omitido qualquer dado exigido ou não sejam entregues, no prazo fixado, os dados entretanto exigidos e desde que, em qualquer caso, a falta seja essencial.

4 – O júri dá a conhecer as razões da exclusão de concorrentes nesta fase do processo, bem como a lista dos concorrentes admitidos.

5 – Cumpridas as formalidades previstas nos números anteriores, o júri delibera sobre as eventuais reclamações apresentadas pelos concorrentes relativamente a esta fase do acto público.

ARTIGO 104.° – **Abertura e admissão das propostas**

1 – O júri, no acto público, procede à abertura dos invólucros a que se referem os n.os 1 e 3 do artigo 97.° relativos aos concorrentes admitidos e ao exame formal das propostas, devendo estas ser rubricadas pela maioria dos membros do júri, podendo as rubricas ser substituídas por chancela.

2 – O júri, se o entender oportuno, pode proceder, em sessão privada, ao exame formal das propostas e aí deliberar sobre a admissão das mesmas.

3 – São excluídas as propostas que:

a) Sejam apresentadas como variantes, quando estas não sejam admitidas no programa do concurso;

b) Não contenham os elementos exigidos nos termos do n.° 1 do artigo 47.°;

c) Não observem o disposto no artigo 97.°, desde que a falta seja essencial.

4 – O júri procede à leitura da lista das propostas admitidas, elaborada de acordo com a sua ordem de entrada, e identifica as excluídas, com indicação dos respectivos motivos.

Decreto-Lei n.º 197/99, de 8 de Junho 801

5 – Em seguida, o júri dá a conhecer o preço total de cada uma das propostas admitidas, bem como os aspectos essenciais das mesmas.

6 – Cumpridas as formalidades previstas nos números anteriores e decididas as eventuais reclamações apresentadas pelos concorrentes relativamente a esta fase do acto público, o presidente do júri encerra esse acto.

SECÇÃO VI – Apreciação dos concorrentes e das propostas e decisão final

ARTIGO 105.º – Apreciação dos concorrentes

1 – Num primeiro momento, o júri deve apreciar as habilitações profissionais e a capacidade técnica e financeira dos concorrentes.

2 – Quando não estejam devidamente comprovadas as habilitações profissionais ou a capacidade técnica ou financeira de concorrentes, o júri, no relatório a que se refere o artigo 107.º, deve propor a respectiva exclusão.

ARTIGO 106.º – Apreciação das propostas

1 – Não devem ser objecto de apreciação as propostas apresentadas pelos concorrentes cuja exclusão seja proposta pelo júri nos termos previstos no n.º 2 do artigo anterior.

2 – O júri procede à apreciação do mérito das restantes propostas e ordena-as para efeitos de adjudicação, de acordo com o critério de adjudicação fixado.

3 – O júri, no relatório a que se refere o artigo seguinte, deve propor a exclusão das propostas que considere inaceitáveis.

ARTIGO 107.º – Relatório

1 – O júri elabora relatório fundamentado sobre o mérito das propostas.

2 – No relatório o júri deve fundamentar as razões por que propõe a exclusão de concorrentes nos termos previstos no n.º 2 do artigo 105.º e no n.º 3 do artigo anterior, bem como indicar os fundamentos que estiveram na base das exclusões efectuadas no acto público.

ARTIGO 108.º – Audiência prévia

1 – A entidade competente para autorizar a despesa deve, antes de proferir a decisão final, proceder à audiência escrita dos concorrentes.

2 – Os concorrentes têm cinco dias, após a notificação do projecto de decisão final, para se pronunciarem.

3 – A entidade referida no n.º 1 pode delegar no júri a realização da audiência prévia.

4 – Está dispensada a audiência prévia dos concorrentes quando, cumulativamente:

a) Nenhuma proposta tenha sido considerada inaceitável;

b) O critério de adjudicação seja unicamente o do mais baixo preço.

ARTIGO 109.º – Relatório final e escolha do adjudicatário

1 – O júri pondera as observações dos concorrentes e submete à aprovação da entidade competente para autorizar a despesa um relatório final fundamentado.

2 – A entidade competente para autorizar a despesa escolhe o adjudicatário, devendo a respectiva decisão ser notificada aos concorrentes nos cinco dias subsequentes à data daquela decisão.

CAPÍTULO V – Concurso limitado por prévia qualificação

SECÇÃO I – Disposições gerais

ARTIGO 110.º – **Regime**

O concurso limitado por prévia qualificação rege-se, com as necessárias adaptações, pelas disposições que regulam o concurso público em tudo o que não seja incompatível com o disposto nos artigos seguintes.

ARTIGO 111.º – **Formas e fases do processo**

1 – O concurso limitado por prévia qualificação pode seguir um processo normal ou urgente.

2 – O processo urgente pode ser adoptado quando, por razões de interesse público, devidamente fundamentadas, não seja possível observar os prazos estabelecidos para o processo normal.

3 – Independentemente da forma do processo adoptado, o concurso limitado por prévia qualificação comporta as seguintes fases:

a) Entrega, apreciação e selecção de candidaturas;

b) Entrega e apreciação de propostas e escolha do adjudicatário.

ARTIGO 112.º – **Programa de concurso**

O programa de concurso deve especificar, designadamente:

a) Identificação do concurso;

b) Endereço e data limite para a solicitação dos esclarecimentos necessários à boa compreensão e interpretação dos elementos expostos;

c) Endereço e designação do serviço de recepção das candidaturas, com menção do respectivo horário de funcionamento e a hora e a data limites para a recepção das candidaturas;

d) Requisitos necessários à admissão dos concorrentes;

e) Modo de apresentação das candidaturas, com indicação dos documentos que as integram;

f) Critérios de selecção de candidaturas;

g) Cláusulas do caderno de encargos que podem ser alteradas;

h) Possibilidade de apresentação de propostas com variantes;

i) Números mínimo e máximo de concorrentes que se pretende convidar a apresentar propostas;

j) Critério de adjudicação, com explicitação, no caso de o mesmo ser o da proposta economicamente mais vantajosa, dos factores que nela intervêm, por ordem decrescente de importância.

ARTIGO 113.º – **Esclarecimentos**

Os esclarecimentos necessários à boa compreensão e interpretação dos elementos expostos podem ser solicitados e prestados nas duas fases do procedimento, sendo os prazos fixados no artigo 93.º também aplicáveis à fase de entrega, apreciação e selecção de candidaturas.

ARTIGO 114.º – **Definição de critérios**

1 – Os critérios de selecção de candidaturas devem ser exclusivamente fixados em função das habilitações profissionais e capacidade financeira e ou técnica.

Decreto-Lei n.º 197/99, de 8 de Junho   803

2 – Até ao termo do segundo terço do prazo fixado para a entrega das candidaturas, o júri deve definir a ponderação a aplicar aos diferentes elementos que interfiram na aplicação dos critérios de selecção e de adjudicação estabelecidos no programa do concurso.

3 – A cópia da acta relativa à definição dos critérios a que se refere o número anterior deve ser entregue, no prazo de dois dias, aos interessados que a solicitem.

SECÇÃO II – Fase de entrega, apreciação e selecção de candidaturas

ARTIGO 115.º – **Publicitação**

O modelo de anúncio a que se refere o n.º 1 do artigo 87.º é substituído pelo modelo constante do anexo III ao presente diploma.

ARTIGO 116.º – **Candidaturas**

1 – As candidaturas são efectuadas por carta registada.

2 – As candidaturas podem ainda ser efectuadas por telegrama, telefax, telefone ou outro meio equivalente, devendo ser confirmadas por carta, sob pena de se considerarem inexistentes.

3 – As cartas a que se referem os números anteriores são acompanhadas dos documentos indicados no artigo 96.º.

4 – Em caso de processo urgente, as candidaturas devem ser efectuadas pela via mais rápida possível.

ARTIGO 117.º – **Prazo de entrega**

1 – Quando haja lugar à publicação do anúncio no Jornal Oficial das Comunidades Europeias, o prazo para entrega das cartas a que se refere o artigo anterior não pode ser inferior a 39 ou 21 dias, consoante o processo seja normal ou urgente.

2 – O prazo a que se refere o número anterior conta-se a partir da data do envio para publicação do anúncio a que se refere o artigo 115.º

3 – Quando não haja lugar à publicação do anúncio no Jornal Oficial das Comunidades Europeias, pode ser fixado um prazo não inferior a 12 ou 9 dias a contar da data da publicação do respectivo anúncio no Diário da República, consoante o processo seja normal ou urgente.

ARTIGO 118.º – **Admissão de candidaturas**

1 – No dia útil imediato à data limite para entrega das candidaturas, o júri procede, em sessão privada, ao exame formal das mesmas.

2 – O júri deve excluir as candidaturas que:

a) Não sejam recebidas no prazo fixado;

b) Incluam qualquer referência que seja indiciadora da proposta a apresentar.

3 – Verificando-se a não entrega de qualquer documento ou dado exigidos, o júri notifica os concorrentes das faltas detectadas, por via postal, telegrama, telefone ou telefax, concedendo-lhes um prazo até três dias para completarem as suas candidaturas.

4 – Sempre que a notificação a que se refere o número anterior seja feita pelo telefone, deve a mesma ser confirmada por carta registada, enviada o mais tardar no dia útil imediato, sem prejuízo da notificação se considerar feita na data da primeira comunicação.

5 – Cumprido o disposto nos números anteriores, o júri deve excluir as candidaturas quando:

a) Os documentos em falta não sejam entregues no prazo fixado;

804 V – Regime de Contratação Local

b) Na nova documentação apresentada seja omitido qualquer dado exigido, desde que a falta seja essencial;

c) Não sejam entregues, no prazo fixado, os dados solicitados, desde que a falta seja essencial;

d) Na nova documentação apresentada incluam qualquer referência que seja indiciadora da proposta a apresentar.

6 – Os concorrentes devem ser notificados dos motivos da respectiva exclusão.

ARTIGO 119.° – **Número de concorrentes a seleccionar**

O número de concorrentes a seleccionar para apresentação de propostas só pode ser inferior a cinco quando apenas um número inferior comprove as condições mínimas de carácter profissional, capacidade técnica e ou económica exigidas.

ARTIGO 120.° – **Apreciação e selecção**

1 – Apreciadas as candidaturas, o júri deve:

a) Excluir os concorrentes que não comprovem as condições mínimas de carácter profissional, capacidade técnica e económica exigidas;

b) Proceder à ordenação dos restantes concorrentes, de acordo com os critérios de selecção estabelecidos, identificando aqueles que serão convidados a apresentar propostas, observados os respectivos limites numéricos fixados no programa do concurso.

2 – Os concorrentes excluídos, bem como os não seleccionados, são notificados, respectivamente, das decisões de exclusão e de não selecção.

SECÇÃO III – Fase de entrega e apreciação de propostas e escolha do adjudicatário

ARTIGO 121.° – **Convite**

1 – O convite deve ser formulado, simultaneamente, a todos os concorrentes seleccionados por qualquer meio escrito.

2 – Em caso de processo urgente, o convite deve ser efectuado pela via mais rápida possível.

3 – No convite devem constar, designadamente, os seguintes elementos:

a) Referência ao anúncio;

b) Endereço onde podem ser pedidos o programa do concurso e o caderno de encargos, respectiva data limite e custo do envio;

c) Hora e data limites de recepção de propostas;

d) Elementos que devem ser indicados nas propostas;

e) Modo de apresentação das propostas;

f) Local de entrega das propostas e respectivo horário de funcionamento;

g) Data, hora e local do acto público de abertura das propostas;

h) Critério de adjudicação, com explicitação, no caso de o mesmo ser o da proposta economicamente mais vantajosa, dos factores que nele intervirão, por ordem decrescente de importância;

i) Prazo durante o qual os concorrentes ficam vinculados a manter as propostas, para além do previsto no n.° 1 do artigo 52.°.

ARTIGO 122.° – **Prazo de entrega**

1 – Quando haja lugar à publicação do anúncio no Jornal Oficial das Comunidades Europeias, o prazo para entrega das propostas não pode ser inferior a 42 ou 12 dias, consoante o processo seja normal ou urgente.

Decreto-Lei n.° 197/99, de 8 de Junho 805

2 – Quando se tenha procedido à publicitação prevista no artigo 195.°, pode ser fixado um prazo não inferior a 27 dias.

3 – Quando não haja lugar à publicação do anúncio no Jornal Oficial das Comunidades Europeias, pode ser fixado um prazo não inferior a 15 dias.

4 – Os prazos a que se referem os números anteriores contam-se a partir da data do envio do convite.

ARTIGO 123.° – **Modo de apresentação das propostas**
A proposta, elaborada nos termos do artigo 47.°, é apresentada em invólucro opaco e fechado em cujo rosto se identifica o concorrente e o concurso.

ARTIGO 124.° – **Acto público**
1 – O acto público inicia-se com a identificação do concurso e com a abertura de todos os invólucros que contêm as propostas.
2 – O acto público rege-se pelo disposto nos artigos 98.°, 99.°, 100.°, n.ᵒˢ 2 e 3, e 104.°, n.ᵒˢ 2 a 6.

ARTIGO 125.° – **Apreciação das propostas**
1 – O júri procede à apreciação do mérito das propostas e ordena-as para efeitos de adjudicação, de acordo com o critério de adjudicação fixado.
2 – O júri elabora relatório fundamentado sobre o mérito das propostas, devendo propor a exclusão das propostas que considere inaceitáveis e indicar as razões que estiveram na base das exclusões efectuadas no acto público.

ARTIGO 126.° – **Procedimentos subsequentes**
O procedimento prossegue nos termos dos artigos 108.° e 109.°.

CAPÍTULO VI – Concurso limitado sem apresentação de candidaturas

ARTIGO 127.° – **Regime aplicável**
O concurso limitado sem apresentação de candidaturas rege-se, com as necessárias adaptações, pelas disposições que regulam o concurso público em tudo o que não seja incompatível com o disposto nos artigos seguintes.

ARTIGO 128.° – **Convite**
1 – O convite para apresentação de propostas deve ser simultaneamente formulado a, pelo menos, cinco locadores ou fornecedores, podendo ser utilizado qualquer meio escrito.
2 – No convite, para além da referência ao objecto do fornecimento e aos documentos que acompanham a proposta, devem ser indicados os elementos referidos nas alíneas *b*) a *i*) do n.° 3 do artigo 121.°.

ARTIGO 129.° – **Programa de concurso e caderno de encargos**
A entrega ou envio do programa de concurso e do caderno de encargos aos interessados que o solicitem nos termos do n.° 2 do artigo 88.° deve ocorrer nos dois dias subsequentes à recepção do pedido.

V – Regime de Contratação Local

ARTIGO 130.º – Prazo para a entrega das propostas

O prazo para a entrega das propostas não pode ser inferior a seis dias a contar da data do envio do convite a que se refere o artigo 128.º.

ARTIGO 131.º – Documentos que acompanham a proposta

Pode ser autorizado, no convite, que os documentos a que se refere a alínea *c*) do n.º 1 do artigo 96.º sejam substituídos por declaração prestada pelos concorrentes.

CAPÍTULO VII – Procedimento por negociação com publicação prévia de anúncio

SECÇÃO I – Disposições gerais

ARTIGO 132.º – Formas e fases do processo

1 – O procedimento por negociação com publicação de anúncio pode seguir um processo normal ou urgente.

2 – O processo urgente pode ser adoptado quando, por razões de interesse público, devidamente fundamentadas, não seja possível observar os prazos estabelecidos para o processo normal.

3 – Independentemente da forma do processo adoptado, o procedimento por negociação com publicação prévia de anúncio comporta as seguintes fases:

a) Entrega, apreciação e selecção de candidaturas;

b) Entrega, negociação e apreciação de propostas e escolha do adjudicatário.

ARTIGO 133.º – Programa de procedimento e caderno de encargos

1 – Quando a natureza dos bens ou serviços a adquirir o justifique, pode ser elaborado programa de procedimento e caderno de encargos.

2 – No caso do procedimento se encontrar abrangido pelo disposto no capítulo XIII do presente diploma, é obrigatória a elaboração de programa de procedimento e caderno de encargos.

3 – O programa de procedimento e caderno de encargos devem estar patentes no local indicado no anúncio desde o dia da primeira publicação até ao dia e hora marcados para a sessão de negociação, sendo aplicável o disposto nos n.os 2 e 3 do artigo 88.º.

4 – O programa de procedimento deve observar, com as necessárias adaptações, o disposto no artigo 112.º.

ARTIGO 134.º – Esclarecimentos

1 – Aos pedidos e prestação de esclarecimentos é aplicável, com as necessárias adaptações, o regime previsto no artigo 93.º

2 – Os esclarecimentos podem ser solicitados e prestados nas duas fases do procedimento, sendo os prazos fixados no artigo a que se refere o número anterior também aplicáveis à fase de apresentação, apreciação e selecção de candidaturas.

ARTIGO 135.º – Definição de critérios

1 – Os critérios de selecção de candidaturas devem ser exclusivamente fixados em função das habilitações profissionais e capacidade financeira e ou técnica.

Decreto-Lei n.° 197/99, de 8 de Junho 807

2 – Até ao termo do 2.° terço do prazo fixado para a entrega das candidaturas, a comissão a que se refere o artigo seguinte deve definir a ponderação a aplicar aos diferentes elementos que interfiram na aplicação dos critérios de selecção e de adjudicação estabelecidos nos documentos que servem de base ao procedimento.

3 – A cópia da acta relativa à definição dos critérios a que se refere o número anterior deve ser entregue, no prazo de dois dias, aos interessados que a solicitem.

ARTIGO 136.° – **Comissão**

1 – O procedimento é conduzido por uma comissão, designada pela entidade competente para autorizar a despesa, constituída em número ímpar, com pelo menos três elementos, um dos quais presidirá.

2 – O despacho constitutivo da comissão deve designar o vogal que substitui o presidente nas suas faltas e impedimentos.

3 – Ao funcionamento e competência da comissão é aplicável, com as necessárias adaptações, o disposto nos artigos 91.° e 92.°.

SECÇÃO II – Fase de entrega, apreciação e selecção de candidaturas

ARTIGO 137.° – **Publicitação**

1 – O procedimento é publicitado na 3.ª série do Diário da República e em dois jornais de grande circulação, conforme modelo de anúncio constante do anexo IV ao presente diploma.

2 – É aplicável à publicitação do procedimento o disposto nos n.ºs 2 a 5 do artigo 87.° com as necessárias adaptações.

ARTIGO 138.° – **Candidaturas**

1 – As candidaturas são apresentadas nos termos fixados no artigo 116.°

2 – Pode ser autorizado, no anúncio de abertura do procedimento, que os documentos a que se refere a alínea c) do n.° 1 do artigo 96.° sejam parcialmente substituídos por declaração prestada pelos concorrentes.

3 – Com excepção do disposto no número seguinte, as candidaturas devem ser entregues nos prazos definidos no artigo 117.°

4 – No caso de processo urgente em que haja lugar à publicação de anúncio no Jornal Oficial das Comunidades Europeias, pode ser fixado um prazo não inferior a 15 dias para a entrega das cartas.

5 – A admissão de candidaturas é efectuada, pela comissão, nos termos fixados no artigo 118.°, com as necessárias adaptações.

ARTIGO 139.° – **Número de concorrentes a seleccionar**

O número de concorrentes a seleccionar para apresentação de propostas só pode ser inferior a três quando apenas um ou dois comprovem as condições mínimas de carácter profissional, técnico e económico exigidas.

ARTIGO 140.° – **Apreciação e selecção**

A apreciação e selecção de candidaturas são efectuadas, pela comissão, nos termos definidos no n.° 1 do artigo 120.°, sendo aplicável o disposto no n.° 2 do mesmo artigo.

V – Regime de Contratação Local

SECÇÃO III – Fase de entrega, negociação e apreciação de propostas e escolha do adjudicatário

ARTIGO 141.º – Convite e prazo para entrega das propostas

1 – O convite deve ser formulado nos termos fixados no artigo 121.º.

2 – O prazo para entrega das propostas não pode ser inferior a nove dias.

3 – No caso de o procedimento se encontrar abrangido pelo disposto no capítulo XIII do presente diploma, o prazo para entrega das propostas é fixado nos termos definidos nos n.os 1 e 2 do artigo 122.º.

4 – Os prazos a que se referem os n.os 2 e 3 contam-se a partir da data do envio do convite.

ARTIGO 142.º – Modo de apresentação das propostas e exclusões

1 – As propostas, elaboradas nos termos do artigo 47.º, podem ser apresentadas por qualquer meio escrito.

2 – No caso de o procedimento se encontrar abrangido pelo disposto no capítulo XIII do presente diploma, as propostas:

a) Devem ser apresentadas em invólucro opaco e fechado, em cujo rosto se escreve a expressão «Proposta de fornecimento» e o nome ou denominação do concorrente;

b) São abertas, pela comissão, em sessão privada, no dia útil imediato à data limite para a respectiva entrega.

3 – São excluídas, pela comissão, as propostas que não sejam recebidas no prazo fixado, devendo proceder-se à notificação dos respectivos concorrentes.

ARTIGO 143.º – Sessão de negociação

1 – Os concorrentes cujas propostas tenham sido admitidas devem ser simultaneamente notificados, com uma antecedência mínima de três dias, da data, hora e local da sessão de negociação.

2 – No caso de se verificar a exclusão de propostas e sem prejuízo do disposto na alínea *b*) do n.º 2 do artigo 181.º, a sessão de negociação não pode ocorrer antes de decorridos os prazos para a realização da audiência prévia e interposição de recurso.

3 – A negociação deve ocorrer simultaneamente com todos os concorrentes.

4 – As condições apresentadas nas propostas são livremente negociáveis, não podendo resultar das negociações condições globalmente menos favoráveis para a entidade adjudicante do que as inicialmente apresentadas.

5 – Na sessão deve ser lavrada acta, na qual deve constar, designadamente, a identificação dos concorrentes presentes ou representados e o resultado final das negociações.

6 – A acta deve ser assinada pelos membros da comissão e pelos concorrentes que tenham alterado as suas propostas.

7 – As propostas que não sejam alteradas na sessão de negociação, bem como as entregues pelos concorrentes que não compareçam à sessão, são consideradas, para efeitos de apreciação, nos termos em que inicialmente foram apresentadas.

ARTIGO 144.º – Apreciação das propostas

Apreciado o mérito das propostas, a comissão elabora um relatório fundamentado, no qual devem ser indicadas as propostas excluídas.

ARTIGO 145.º – Procedimentos subsequentes

O procedimento prossegue nos termos dos artigos 108.º e 109.º.

Decreto-Lei n.º 197/99, de 8 de Junho 809

CAPÍTULO VIII – **Procedimento por negociação sem publicação prévia de anúncio**

ARTIGO 146.º – **Programa de procedimento, caderno de encargos e esclarecimentos**

1 – Quando a natureza dos bens ou serviços a adquirir o justifique, pode ser elaborado programa de procedimento e caderno de encargos.

2 – Nos casos em que o procedimento é escolhido ao abrigo do disposto nas alíneas *b*) a *d*) do artigo 84.º é obrigatória a elaboração daqueles documentos.

3 – O programa de procedimento deve observar, com as necessárias adaptações, o disposto no artigo 89.º.

4 – O programa de procedimento e o caderno de encargos devem estar patentes no local indicado no convite desde a data do respectivo envio até ao dia e hora marcados para a sessão de negociação.

5 – A entrega ou envio do programa de concurso e caderno de encargos aos interessados que o solicitem nos termos do n.º 2 do artigo 88.º deve ocorrer nos dois dias subsequentes à recepção do pedido.

6 – Aos pedidos e prestação de esclarecimentos é aplicável, com as necessárias adaptações, o disposto no artigo 93.º.

ARTIGO 147.º – **Comissão**

1 – O procedimento por negociação sem publicação prévia de anúncio é conduzido por uma comissão, designada e constituída nos termos fixados nos n.ᵒˢ 1 e 2 do artigo 136.º

2 – Ao funcionamento e competência da comissão é aplicável, com as necessárias adaptações, o disposto nos artigos 91.º e 92.º.

ARTIGO 148.º – **Convite e prazo para entrega das propostas**

1 – O convite para apresentação de propostas deve ser dirigido a, pelo menos, três locadores ou fornecedores, podendo ser reduzido a dois em casos devidamente justificados.

2 – O convite deve ser formulado por qualquer meio escrito e enviado, simultaneamente, aos locadores ou fornecedores.

3 – No convite devem constar os seguintes elementos:

a) Objecto do fornecimento;

b) Os indicados nas alíneas *b*) a *f*), *h*) e *i*) do n.º 3 do artigo 121.º;

c) Documentos que devem acompanhar a proposta, nos termos do disposto no n.º 1 do artigo seguinte.

4 – O prazo para entrega das propostas não pode ser inferior a seis dias, a contar da data do envio do convite.

ARTIGO 149.º – **Modo de apresentação das propostas e exclusões**

1 – As propostas, elaboradas nos termos do artigo 47.º, podem ser apresentadas por qualquer meio escrito e devem ser acompanhadas dos seguintes documentos:

a) Declarações a que se referem as alíneas *a*) e *b*) do n.º 1 do artigo 96.º;

b) Outros documentos de entre, exclusivamente, os indicados nos artigos 34.º a 36.º adequados à comprovação da habilitação profissional e capacidade técnica e financeira dos concorrentes, os quais podem ser substituídos por declaração prestada pelos concorrentes.

2 – No caso de o procedimento se encontrar abrangido pelo disposto no capítulo XIII do presente diploma, as propostas e os documentos que as acompanham devem ser apresentados

810 V – Regime de Contratação Local

num único invólucro opaco e fechado, em cujo rosto se escreve a expressão «Proposta de fornecimento» e o nome ou denominação do concorrente.

3 – Os invólucros a que se refere o número anterior são abertos, pela comissão, em sessão privada, no dia útil imediato à data limite para a respectiva entrega.

4 – São excluídas, pela comissão, as propostas que não sejam recebidas no prazo fixado.

5 – Verificando-se a não entrega de qualquer documento ou dado exigidos, é aplicável, com as necessárias adaptações, o disposto nos n.os 3 a 5 do artigo 118.º.

6 – Os concorrentes devem ser notificados dos motivos da respectiva exclusão.

ARTIGO 150.º – **Procedimentos subsequentes**
O procedimento prossegue nos termos dos artigos 143.º a 145.º.

CAPÍTULO IX – Consulta prévia

SECÇÃO I – Disposições comuns

ARTIGO 151.º – **Convite**
1 – O convite para apresentação de propostas deve ser formulado por qualquer meio escrito e enviado simultaneamente aos locadores ou fornecedores.

2 – No convite devem ser indicados, designadamente, os seguintes elementos:
a) Objecto do fornecimento;
b) Critério de adjudicação, com explicitação, no caso de o mesmo ser o da proposta economicamente mais vantajosa, dos factores que nele intervêm, por ordem decrescente de importância;
c) Endereço e designação do serviço de recepção das propostas, com menção do respectivo horário de funcionamento, e a hora e data limites para apresentação das propostas;
d) Elementos que devem ser indicados nas propostas;
e) Modo de apresentação das propostas e documentos que a devem acompanhar, quando exigidos.

ARTIGO 152.º – **Entrega de propostas e exclusões**
1 – O prazo para entrega de propostas não deve ser inferior a cinco dias, a contar da data do envio do convite.

2 – Em casos devidamente justificados, pode ser fixado um prazo inferior ao indicado no número anterior.

3 – Nas locações ou aquisições de valor igual ou superior a 2500 contos, a proposta deve ser acompanhada de declaração emitida conforme modelo constante do anexo I ao presente diploma.

4 – Devem ser excluídas as propostas que:
a) Não sejam recebidas dentro do prazo fixado;
b) Não contenham os elementos exigidos nos termos do artigo 47.º;
c) Não sejam acompanhadas, quando exigível, da declaração a que se refere o número anterior;
d) Não sejam entregues em invólucro fechado, quando exigível.

SECÇÃO II – Aquisições até 5000 contos

ARTIGO 153.º – Entrega e análise das propostas

1 – Nas locações ou aquisições de valor igual ou inferior a 5000 contos, a entrega de propostas pode ser feita por qualquer meio escrito.

2 – As propostas são analisadas pelos respectivos serviços, a quem cabe submeter à entidade competente para autorizar a despesa um projecto de decisão final.

ARTIGO 154.º – Dispensa de audiência prévia dos interessados

Nas locações ou aquisições a que se refere o artigo anterior é dispensada a audiência prévia dos interessados, incluindo aqueles cujas propostas sejam excluídas nos termos do n.º 4 do artigo 152.º.

SECÇÃO III – Aquisições de valor superior a 5000 contos

ARTIGO 155.º – Comissão

1 – Nas locações ou aquisições de valor superior a 5000 contos, o procedimento é conduzido por uma comissão, designada e constituída nos termos fixados nos n.ᵒˢ 1 e 2 do artigo 136.º

2 – Ao funcionamento e competência da comissão é aplicável, com as necessárias adaptações, o disposto nos artigos 91.º e 92.º.

ARTIGO 156.º – Entrega e abertura das propostas

1 – A proposta e a declaração que a acompanha devem ser entregues em invólucro opaco e fechado, em cujo rosto se escreve a expressão «Proposta de fornecimento» e o nome ou denominação do concorrente.

2 – No dia útil imediato à data limite para a respectiva recepção, a comissão procede, em sessão privada, ao exame formal das propostas recebidas.

ARTIGO 157.º – Número mínimo de propostas admitidas

1 – Quando as propostas admitidas sejam em número inferior a três, a comissão negoceia com os concorrentes as condições das propostas admitidas.

2 – Ocorrendo a situação prevista no número anterior, o processo prossegue nos termos definidos nos artigos 143.º a 145.º.

ARTIGO 158.º – Apreciação das propostas

1 – Sendo admitidas três ou mais propostas, a comissão procede à apreciação do respectivo mérito e elabora um relatório fundamentado.

2 – No relatório a comissão deve indicar os fundamentos que estão na base da exclusão de propostas.

ARTIGO 159.º – Audiência prévia

1 – A entidade competente para autorizar a despesa deve, antes de proferir a decisão final, proceder à audiência escrita dos concorrentes.

2 – Os concorrentes têm três dias, após a notificação do projecto de decisão final, para se pronunciarem.

3 – A entidade referida no n.º 1 pode delegar na comissão a realização da audiência prévia.

812   *V – Regime de Contratação Local*

4 – Está dispensada a audiência prévia dos concorrentes quando, cumulativamente:

a) Sejam admitidas todas as propostas apresentadas;

b) O critério de adjudicação seja unicamente o do mais baixo preço.

ARTIGO 160.° – **Relatório final e escolha do adjudicatário**

1 – A comissão pondera as observações dos concorrentes e submete à aprovação da entidade competente para autorizar a despesa um relatório final fundamentado.

2 – A entidade competente para autorizar a despesa escolhe o adjudicatário, devendo a respectiva decisão ser notificada aos concorrentes, nos três dias subsequentes à data daquela decisão.

CAPÍTULO X – Ajuste directo

ARTIGO 161.° – **Declaração**

Nas locações ou aquisições de valor igual ou superior a 2500 contos efectuadas ao abrigo da alínea *b*) do n.° 3 do artigo 81.° e das alíneas *c*) a *h*) do n.° 1 do artigo 86.°, as propostas devem ser acompanhadas de declaração emitida conforme modelo constante do anexo I ao presente diploma.

ARTIGO 162.° – **Negociações**

1 – Quando as circunstâncias e o valor da aquisição o justifiquem, os serviços devem negociar as propostas apresentadas pelos concorrentes, não podendo resultar das negociações condições globalmente menos favoráveis para a entidade adjudicante do que as inicialmente apresentadas.

2 – As negociações não estão sujeitas a qualquer formalidade, devendo fazer-se menção do resultado das mesmas, quando existam, no projecto de decisão final a submeter à entidade competente para autorizar a despesa.

ARTIGO 163.° – **Adjudicação**

Compete aos respectivos serviços submeter à entidade competente para autorizar a despesa o projecto de decisão final.

CAPÍTULO XI – Trabalhos de concepção

SECÇÃO I – Disposições gerais

ARTIGO 164.° – **Definição**

1 – Os contratos de concepção destinam-se a fornecer projectos ou planos, designadamente nos domínios artístico, do ordenamento do território, do planeamento urbanístico, da arquitectura e engenharia civil ou do processamento de dados.

2 – Nos procedimentos para trabalhos de concepção pode-se conferir, ou não, o direito à celebração de um contrato de prestação de serviços na sua sequência.

ARTIGO 165.° – **Escolha do tipo de procedimento**

1 – A escolha do tipo de procedimento para a execução de trabalhos de concepção está sujeita ao regime fixado no capítulo III do presente diploma.

Decreto-Lei n.° 197/99, de 8 de Junho   813

2 – Para efeitos de escolha do procedimento, o valor a considerar é o total dos prémios de participação e de outros pagamentos a que os concorrentes tenham direito.

3 – Quando no procedimento se preveja a subsequente adjudicação do respectivo contrato de prestação de serviços, ao valor apurado nos termos do número anterior acresce o valor estimado desse contrato.

4 – Deve adoptar-se o concurso limitado por prévia qualificação quando a complexidade do respectivo objecto aconselhe maior exigência de qualificação dos concorrentes, designadamente experiência anterior reconhecida em domínios específicos.

ARTIGO 166.° – Admissão de concorrentes

A admissão de concorrentes não pode ser restringida ao território ou a parte do território nacional nem à condição de pessoa singular ou colectiva.

ARTIGO 167.° – Anonimato dos projectos ou planos

1 – No concurso público e no concurso limitado por prévia qualificação, a identidade dos autores dos projectos ou planos só pode ser conhecida e revelada depois de apreciados e hierarquizados os projectos ou planos apresentados.

2 – Para efeitos do disposto no número anterior, na recepção dos projectos ou planos não deve registar-se a identidade e morada das pessoas que os entregam.

3 – A entidade que organiza o concurso e os concorrentes devem praticar todos os actos que se revelem necessários a assegurar o cumprimento do disposto no n.° 1.

SECÇÃO II – Concurso público

ARTIGO 168.° – Regime aplicável

Ao concurso público para trabalhos de concepção é aplicável o regime previsto no capítulo IV, com as necessárias adaptações e com as especialidades indicadas nos artigos seguintes.

ARTIGO 169.° – Publicitação

1 – O modelo de anúncio a que se refere o n.° 1 do artigo 87.° é substituído pelo modelo constante do anexo VIII ao presente diploma.

2 – No prazo de 30 dias a contar da data do despacho que determina o resultado do concurso, deve ser enviado para publicação no Diário da República um anúncio, conforme modelo constante do anexo IX ao presente diploma.

ARTIGO 170.° – Júri

1 – O júri é composto unicamente por pessoas singulares.

2 – Quando seja exigida uma habilitação profissional específica aos concorrentes, a maioria dos membros do júri deve possuir as mesmas habilitações ou habilitações equivalentes, devendo, sempre que possível, um deles ser indicado pela respectiva associação pública.

3 – A composição nominal do júri não pode ser tornada pública antes da realização do acto público de abertura dos invólucros que contêm os projectos ou planos.

ARTIGO 171.° – Modo de apresentação dos projectos ou planos

1 – Os projectos ou planos são apresentados em invólucro opaco e fechado, em cujo rosto se deve escrever exclusivamente a palavra «Projecto».

2 – Os documentos que devem acompanhar o projecto são apresentados noutro invólucro, também opaco e fechado, em cujo rosto se escreve exclusivamente a palavra «Documentos».

814 V – Regime de Contratação Local

3 – Quando, de acordo com as regras do concurso, se preveja a subsequente adjudicação do respectivo contrato de prestação de serviços ao concorrente hierarquizado em primeiro lugar, deve ser elaborada proposta nos termos do artigo 47.°, a qual é apresentada noutro sobrescrito opaco e fechado, em cujo rosto se escreve exclusivamente a palavra «Proposta».

4 – Os invólucros referidos nos números anteriores são, por sua vez, guardados num outro invólucro opaco e fechado, em cujo rosto se deve identificar exclusivamente o concurso.

5 – Em nenhum dos invólucros pode constar exteriormente qualquer elemento susceptível de identificar os concorrentes.

6 – As inscrições nos invólucros devem ser dactilografadas.

ARTIGO 172.° – **Acto público de abertura dos invólucros**

1 – O acto público inicia-se com a identificação do concurso.

2 – No acto público o júri atribui um número a cada um dos invólucros recebidos e escreve esse número nos mesmos.

3 – O júri, à medida que procede à abertura dos invólucros exteriores, escreve nos respectivos invólucros interiores o número que foi escrito naqueles.

4 – Os invólucros que contêm os documentos e, quando for o caso, as propostas são guardados pelo presidente do júri num outro invólucro opaco e fechado, devendo ser assinado por todos os membros do júri.

5 – Depois de se ter procedido à abertura dos invólucros que contêm os projectos ou planos, o júri informa os presentes da hora, local e data da continuação do acto público, interrompendo este de seguida.

ARTIGO 173.° – **Apreciação e hierarquização dos projectos ou planos**

1 – O júri, em sessão privada, procede à apreciação e hierarquização dos projectos ou planos apresentados.

2 – Não devem ser hierarquizados os projectos ou planos:

a) Inseridos em invólucros que não tenham sido entregues no prazo fixado;

b) Cujos concorrentes tenham fornecido elementos susceptíveis de identificar a respectiva autoria;

c) Que sejam considerados inaceitáveis.

3 – A hierarquização deve ser fundamentada em relatório elaborado pelo júri.

4 – As deliberações do júri sobre a hierarquização ou sobre a qualificação como inaceitáveis dos projectos ou planos têm carácter técnico vinculativo, não podendo, em qualquer circunstância, ser alterada depois de conhecida a identidade dos concorrentes.

ARTIGO 174.° – **Prosseguimento do acto público**

1 – O acto público prossegue, com as necessárias adaptações, nos termos dos artigos 100.° a 103.°.

2 – No acto público, o júri:

a) Enuncia os concorrentes cujos projectos ou planos não foram hierarquizados ao abrigo do disposto no n.° 2 do artigo anterior;

b) Dá a conhecer a hierarquização dos projectos ou planos;

c) Coloca à disposição dos concorrentes ou seus representantes, durante um prazo razoável, o relatório a que se refere o n.° 3 do artigo anterior.

3 – A não hierarquização de projectos ou planos ao abrigo do n.° 2 do artigo anterior corresponde, para todos os efeitos, à exclusão de concorrentes no acto público.

Decreto-Lei n.º 197/99, de 8 de Junho 815

ARTIGO 175.º – **Apreciação dos concorrentes**

Quando, de acordo com as regras do concurso, se preveja a adjudicação subsequente do respectivo contrato de prestação de serviços ao concorrente hierarquizado em primeiro lugar ou a um dos concorrentes seleccionados, o júri deve propor, no relatório a que se refere o artigo seguinte, a exclusão dos concorrentes que não comprovem a capacidade técnica e financeira adequada.

ARTIGO 176.º – **Relatório**

1 – O júri, em relatório fundamentado, propõe o resultado do concurso.

2 – No relatório o júri deve fundamentar as razões por que propõe a exclusão de concorrentes, bem como indicar os fundamentos que estiveram na base das exclusões efectuadas no acto público.

ARTIGO 177.º – **Abertura do invólucro da proposta**

Quando, de acordo com as regras do concurso, se preveja a adjudicação subsequente do respectivo contrato de prestação de serviços ao concorrente hierarquizado em primeiro lugar, apenas pode ser aberto, para efeitos do disposto na alínea *h*) do n.º 1 do artigo 86.º, o invólucro da proposta apresentado por esse concorrente.

SECÇÃO III – Concurso limitado por prévia qualificação

ARTIGO 178.º – **Regimes aplicáveis**

Ao concurso limitado por prévia qualificação são aplicáveis, com as necessárias adaptações, os regimes previstos para o concurso público para trabalhos de concepção e para o concurso limitado por prévia qualificação previsto no capítulo V deste diploma.

ARTIGO 179.º – **Disposições especiais**

1 – Quando, de acordo com as regras do concurso, não se preveja a adjudicação subsequente do respectivo contrato de prestação de serviços ao concorrente hierarquizado em primeiro lugar, o invólucro que contém o projecto ou plano deve ser acompanhado de um outro invólucro que contenha um documento com a identificação completa do concorrente, sendo os dois invólucros encerrados num terceiro.

2 – Os critérios de selecção dos concorrentes a convidar para apresentarem projectos ou planos devem ser claros e não discriminatórios.

3 – Um terço do número máximo previsto de concorrentes que se pretende seleccionar pode ser directamente convidado para apresentar projectos ou planos sem necessidade de apresentação de candidaturas.

CAPÍTULO XII – Recursos hierárquicos

SECÇÃO I – Disposições gerais

ARTIGO 180.º – **Prazos de interposição**

1 – O recurso hierárquico facultativo das deliberações dos júris tomadas no acto público tem obrigatoriamente de ser interposto no próprio acto, podendo consistir em declaração ditada para a acta ou em petição escrita entregue ao júri.

V – Regime de Contratação Local

2 – No caso de o recurso ter por objecto o acto de adjudicação, o prazo para a respectiva interposição é de 10 dias a contar da notificação do respectivo acto.

3 – O recurso hierárquico dos restantes actos proferidos no âmbito do presente diploma deve ser interposto no prazo de cinco dias a contar da notificação do respectivo acto.

ARTIGO 181.º – Efeitos

1 – Com excepção do disposto no número seguinte, a interposição do recurso hierárquico não suspende a realização das operações subsequentes do respectivo procedimento.

2 – Enquanto o recurso hierárquico não for decidido ou não tiver decorrido o prazo para o respectivo indeferimento tácito, não se pode proceder:

a) Nos concursos, à abertura, nos termos definidos no artigo 104.º, dos invólucros que contêm as propostas;

b) Nos procedimentos por negociação, à realização da sessão de negociação;

c) Em todos os procedimentos, à adjudicação.

ARTIGO 182.º – Audiência dos contra-interessados

1 – Só há lugar a audiência dos contra-interessados nos casos em que o recurso tenha por objecto o acto de adjudicação.

2 – Interposto o recurso do acto de adjudicação, a entidade competente para dele conhecer deve notificar, de imediato, os concorrentes que possam ser prejudicados pela sua procedência para alegarem, no prazo de cinco dias, o que tiverem por conveniente sobre o pedido e os seus fundamentos.

3 – O recorrente deve ser notificado da data em que se procedeu à notificação referida no número anterior.

ARTIGO 183.º – Decisão dos recursos

1 – Se o recurso for deferido, devem ser praticados os actos necessários à satisfação dos legítimos interesses do recorrente.

2 – Considera-se o recurso tacitamente indeferido se o recorrente não for notificado da decisão no prazo de 10 dias a contar:

a) Do termo do prazo fixado para a audiência dos contra-interessados, no caso do recurso ter por objecto o acto de adjudicação;

b) Da data da sua apresentação, nos restantes casos.

SECÇÃO II – Recurso das deliberações dos júris

ARTIGO 184.º – No âmbito do acto público

1 – Das deliberações dos júris tomadas no acto público cabe recurso hierárquico facultativo, independentemente de prévia reclamação.

2 – As alegações do recurso devem ser apresentadas no prazo de cinco dias a contar do termo do acto público ou da entrega da certidão onde conste a deliberação objecto do recurso, desde que aquela seja solicitada nos três dias subsequentes ao termo do acto público.

ARTIGO 185.º – Outras deliberações dos júris

As restantes deliberações dos júris que não sejam tomadas no âmbito do acto público podem ser objecto de recurso hierárquico facultativo independentemente de prévia reclamação, devendo as respectivas alegações ser apresentadas junto com o recurso.

Decreto-Lei n.º 197/99, de 8 de Junho

ARTIGO 186.º – Entidade competente

O recurso deve ser interposto para o membro do Governo competente, quando o contrato deva ser celebrado pelo Estado ou pelas Regiões Autónomas, ou para o órgão executivo máximo da respectiva entidade pública, nos restantes casos.

SECÇÃO III – Recurso das deliberações das comissões

ARTIGO 187.º – Objecto

As deliberações das comissões podem ser objecto de recurso hierárquico facultativo, independentemente de apresentação de prévia reclamação.

ARTIGO 188.º – Entidade competente

1 – Quando o contrato deva ser celebrado pelo Estado ou pelas Regiões Autónomas, o recurso deve ser interposto para o órgão ou dirigente máximo do serviço que procedeu à abertura do procedimento ou, se aquele dirigente for membro da comissão, para o membro do Governo competente.

2 – Quando o contrato deva ser celebrado por pessoa colectiva diferente do Estado ou da Região Autónoma, o recurso deve ser interposto para o órgão executivo máximo da respectiva entidade pública.

SECÇÃO IV – Recurso de outras decisões

ARTIGO 189.º – Regime aplicável

Sem prejuízo do regime previsto nos artigos 180.º a 183.º, os actos proferidos no âmbito do presente diploma que não sejam da autoria dos júris ou das comissões são recorríveis nos termos gerais de direito.

CAPÍTULO XIII – Disposições especiais de natureza comunitária

SECÇÃO I – Âmbito

ARTIGO 190.º – Locação e fornecimento de bens móveis

As regras do presente capítulo são aplicáveis, cumulativamente com as disposições dos capítulos anteriores, às locações ou aquisições de bens móveis efectuadas:

a) Pelo Estado, quando o valor estimado dos contratos seja igual ou superior ao equivalente em euros a 130000 direitos de saque especiais (DSE);

b) Pelas entidades referidas nas alíneas *b)* a *e)* do artigo 2.º e no n.º 1 do artigo 3.º, quando o valor estimado dos contratos seja igual ou superior ao equivalente em euros a 200000 DSE.

ARTIGO 191.º – Fornecimento de serviços e trabalhos de concepção

1 – As regras do presente capítulo são aplicáveis, cumulativamente com as disposições dos capítulos anteriores, às aquisições de serviços incluídos no anexo V efectuadas:

a) Pelo Estado quando o valor dos contratos seja igual ou superior ao equivalente em euros a 130000 DSE;

818   V – Regime de Contratação Local

b) Pelas entidades referidas nas alíneas *b*) a *e*) do artigo 2.° e no n.° 1 do artigo 3.° quando o valor estimado dos contratos seja igual ou superior a 200000 euros.

2 – As regras do presente capítulo são, igualmente, aplicáveis, cumulativamente com as disposições dos capítulos anteriores, às aquisições de serviços incluídos no anexo VI efectuadas pelas entidades referidas no artigo 2.° e no n.° 1 do artigo 3.° quando o valor dos contratos seja igual ou superior a 200000 euros.

3 – O disposto nos n.ᵒˢ 1, 3 e 4 do artigo 196.° é aplicável, cumulativamente com as disposições dos capítulos anteriores, às aquisições de serviços incluídos no anexo VII efectuadas pelas entidades referidas no artigo 2.° e no n.° 1 do artigo 3.° quando o valor dos contratos seja igual ou superior a 200000 euros.

4 – O disposto nos números anteriores é aplicável, consoante o caso, aos concursos para trabalhos de concepção:

a) Cujos valores dos prémios e de outros pagamentos a que os participantes tenham direito, nos termos do respectivo regulamento, sejam iguais ou superiores aos fixados nesses números;

b) Que sejam organizados no âmbito de um processo que tenha por objecto a aquisição de serviços mencionados nesses números e cujos valores sejam iguais ou superiores aos neles fixados.

ARTIGO 192.° – **Contratos de serviços mistos**
Os contratos que tenham simultaneamente por objecto a aquisição de serviços constantes dos anexos V, VI ou VII devem ser celebrados de acordo com o regime previsto para a componente de maior expressão financeira.

ARTIGO 193.° – **Fornecimentos no domínio da defesa**
O disposto no presente capítulo é aplicável às locações ou aquisições de bens no domínio da defesa, cumulativamente com as disposições dos capítulos anteriores, nos seguintes casos:

a) Relativamente aos produtos constantes do anexo II da Directiva n.° 93/36/CEE, do Conselho, de 14 de Junho, publicada no Jornal Oficial das Comunidades Europeias, de 9 de Agosto de 1993, quando o valor estimado do contrato seja igual ou superior ao equivalente em euros a 130000 DSE;

b) Relativamente aos restantes produtos, quando o valor estimado do contrato seja igual ou superior ao equivalente em euros a 200000 DSE, sem prejuízo do disposto na alínea *h*) do n.° 1 do artigo 77.°.

SECÇÃO II – Publicações

ARTIGO 194.° – **Anúncios de procedimentos**
1 – Nos procedimentos em que haja lugar à publicação de anúncio no Diário da República devem as entidades adjudicantes proceder também ao seu envio para o Serviço de Publicações Oficiais das Comunidades Europeias.

2 – Os anúncios previstos no presente diploma para publicação no Diário da República e no Jornal Oficial das Comunidades Europeias são de conteúdo idêntico.

3 – Os anúncios a publicar no Diário da República não podem conter outras informações para além daquelas que são publicadas no Jornal Oficial das Comunidades Europeias.

4 – Os anúncios a que se referem os números anterior, bem como os que se destinam à imprensa nacional, devem ser enviados para publicação no mesmo dia, não podendo, em caso algum, a publicação anteceder o envio do anúncio para o Serviço de Publicações Oficiais das Comunidades Europeias.

Decreto-Lei n.º 197/99, de 8 de Junho

5 – Em caso de desfasamento temporal, prevalece a data do envio do anúncio para o Serviço de Publicações Oficiais das Comunidades Europeias.

6 – Os anúncios são enviados o mais rapidamente possível e pela via considerada adequada, devendo-o ser por telex, telegrama ou telefax, no caso de procedimentos urgentes.

ARTIGO 195.º – **Anúncio indicativo**

1 – No mais curto prazo possível após o início de cada exercício orçamental, devem as entidades adjudicantes enviar para o Serviço de Publicações Oficiais das Comunidades Europeias um anúncio indicativo, conforme modelo constante do anexo X ao presente diploma, no qual se mencione o total dos contratos de prestação de serviços incluídos nos anexos V e VI ou de aquisição de bens que tencionam celebrar durante os 12 meses seguintes, sempre que o seu valor total, estimado nos termos dos artigos 23.º a 25.º, seja igual ou superior a 750000 euros.

2 – Quando os procedimentos sejam publicitados nos termos do número anterior, só é permitida redução de prazos prevista nos n.ºs 2 dos artigos 95.º e 122.º desde que, cumulativamente:

a) O anúncio indicativo tenha sido enviado para o Serviço de Publicações Oficiais das Comunidades Europeias com uma antecedência mínima de 52 dias e máxima de 12 meses em relação à data do envio para aquele Serviço do anúncio de abertura do respectivo procedimento;

b) O anúncio indicativo inclua as informações exigidas para os anúncios de abertura do respectivo procedimento;

c) Essas informações estejam disponíveis no momento da publicação do anúncio indicativo.

ARTIGO 196.º – **Anúncio de resultados**

1 – No prazo de 48 dias após cada adjudicação, devem as entidades adjudicantes enviar ao Serviço de Publicações Oficiais das Comunidades Europeias um anúncio com os respectivos resultados, conforme modelo constante do anexo XI ao presente diploma.

2 – No caso de concursos para trabalhos de concepção, o anúncio a que se refere o n.º 2 do artigo 169.º deve ser enviado simultaneamente ao Serviço de Publicações Oficiais das Comunidades Europeias.

3 – No caso de aquisição de serviços constantes do anexo VII, o anúncio de resultados previsto no n.º 1 deve indicar expressamente se a entidade adjudicante concorda ou não com a publicação no Jornal Oficial das Comunidades Europeias.

4 – Em todos os casos em que a divulgação de informações relativas a adjudicações possa obstar à aplicação da lei, ser contrária ao interesse público, prejudicar os legítimos interesses comerciais dos fornecedores ou a concorrência leal entre eles, essas informações podem não ser publicadas.

ARTIGO 197.º – **Dimensão dos anúncios e comprovação da data de envio**

Cada anúncio não pode exceder uma página do Jornal Oficial das Comunidades Europeias, a que correspondem cerca de 650 palavras, devendo as entidades adjudicantes poder comprovar a respectiva data de envio.

SECÇÃO III – **Comunicações e relatórios**

ARTIGO 198.º – **Comunicações**

1 – A pedido da Comissão Europeia, devem as entidades adjudicantes fornecer os seguintes elementos:

a) Relatórios de contratos a que se refere o artigo seguinte;

820 V – Regime de Contratação Local

b) Relatórios referentes às situações previstas nas alíneas *b*) e *c*) do artigo 84.°;

c) Os fundamentos referidos no n.° 9 do artigo 43.°.

2 – As entidades adjudicantes devem ainda comunicar à Comissão Europeia a rejeição de propostas por os preços serem considerados anormalmente baixos, nos termos dos n.ᵒˢ 4 e 5 do artigo 55.°.

3 – Deve ser comunicada no Serviço de Publicações Oficiais das Comunidades Europeias a decisão de não adjudicação de um contrato objecto de um concurso ou de um procedimento por negociação ou a decisão de recomeçar o processo, bem como as respectivas razões.

ARTIGO 199.° – **Relatórios de contratos**

Por cada contrato celebrado devem as entidades adjudicantes elaborar um relatório do qual constem, designadamente, os seguintes elementos:

a) Nome e endereço da entidade adjudicante;

b) Objecto e valor do contrato;

c) Nomes dos concorrentes admitidos e respectivos fundamentos;

d) Nomes dos concorrentes não admitidos e respectivos fundamentos;

e) Nome do concorrente escolhido e respectivos fundamentos;

f) Indicação da parte do contrato a subcontratar;

g) Razões para a escolha do procedimento por negociação, com ou sem publicação de anúncio, do procedimento com consulta prévia ou do procedimento por ajuste directo.

CAPÍTULO XIV – **Disposições finais e transitórias**

ARTIGO 200.° – **Relatórios estatísticos**

1 – Compete à Direcção-Geral do Património elaborar e remeter à Comissão Europeia, até 31 de Outubro de cada ano, os relatórios estatísticos a que se referem os artigos 39.° e 31.°, respectivamente, das Directivas n.ᵒˢ 92/50/CEE, do Conselho, de 18 de Junho, e 93/36/CEE, do Conselho, de 14 de Junho, com a redacção que lhes foi introduzida pela Directiva n.° 97/52/CE, do Parlamento Europeu e do Conselho, de 13 de Outubro.

2 – Para efeitos do disposto no número anterior, as entidades abrangidas pelo presente diploma devem remeter àquela Direcção-Geral, até 31 de Março de cada ano, todos os dados estatísticos necessários à elaboração dos relatórios.

ARTIGO 201.° – **Confidencialidade das informações**

As entidades públicas devem, nos termos do disposto na lei sobre acesso a documentos da Administração, salvaguardar o carácter confidencial dos documentos e informações fornecidos pelos concorrentes.

ARTIGO 202.° – **Alteração de quantitativos e IVA**

1 – As importâncias fixadas no presente diploma em moeda nacional devem ser objecto de actualização de dois em dois anos.

2 – A referência a todas as importâncias nas disposições do presente diploma não inclui o imposto sobre o valor acrescentado (IVA).

ARTIGO 203.° – **Foro competente**

As questões emergentes da aplicação do regime previsto no presente diploma, incluindo as relações de natureza contratual, devem ser submetidas à legislação portuguesa e ao foro do tri-

Decreto-Lei n.º 197/99, de 8 de Junho 821

bunal português competente, sem prejuízo da sua submissão a tribunal arbitral quando o mesmo seja admitido nos termos da lei e do contrato.

ARTIGO 204.º – **Modelos**

1 – O Ministro das Finanças pode aprovar, por portaria, modelos para prestação de caução, bem como modelos de programas de procedimentos, cadernos de encargos e contratos.

2 – Os modelos referidos no número anterior não são de utilização obrigatória.

ARTIGO 205.º – **Empreitadas de obras públicas**

1 – Quando, nos termos fixados no regime do contrato administrativo de empreitadas de obras públicas, a escolha prévia do tipo de procedimento deva ser feita independentemente do valor da despesa, essa escolha carece de aprovação prévia do respectivo ministro, desde que o valor do contrato seja igual ou superior a 20000 contos e não exceda sua competência para autorizar despesas.

2 – Para efeitos da aplicação do presente diploma, só é permitida a divisão de uma empreitada em partes desde que cada uma delas respeite a um tipo de trabalho tecnicamente diferenciado dos restantes ou deva ser executada com intervalo de um ano ou mais relativamente às outras.

3 – O disposto no n.º 1 não é aplicável às entidades referidas nas alíneas *d*) a *e*) do artigo 2.º

ARTIGO 206.º – **Legislação subsidiária**

A tudo o que não esteja especialmente previsto no presente diploma aplica-se, subsidiariamente, o Código do Procedimento Administrativo.

ARTIGO 207.º – **Norma revogatória**

São revogados o Decreto-Lei n.º 55/95, de 29 de Março, e o artigo 6.º do Decreto-Lei n.º 390/82, de 17 de Setembro.

ARTIGO 208.º – **Regime transitório**

As entidades a que se refere a alínea *b*) do artigo 2.º que se encontrem enumeradas no anexo I da Directiva n.º 93/36/CEE, do Conselho, de 14 de Junho, publicada no Jornal Oficial das Comunidades Europeias, de 9 de Agosto de 1993, ficam sujeitas ao regime previsto para o Estado no capítulo XIII, enquanto figurarem no elenco desse anexo.

ARTIGO 209.º – **Entrada em vigor**

1 – O presente diploma entra em vigor no prazo de 60 dias após a data da sua publicação.

2 – O presente diploma não se aplica aos procedimentos iniciados em data anterior à da sua entrada em vigor.

ANEXO I

Modelo de declaração

(artigo 33.º, n.º 2)

1 – ... (ver nota 1), titular do bilhete de identidade n.º ..., residente em ..., na qualidade de representante legal de... (ver nota 2), declara, sob compromisso de honra, que a sua representada (ver nota 3):

a) Se encontra em situação regularizada relativamente a dívidas por impostos ao Estado Português;

V – Regime de Contratação Local

b) Se encontra em situação regularizada relativamente a dívidas por impostos à Região Autónoma ou autarquia local adjudicante (ver nota 4);

c) Se encontra em situação regularizada relativamente a dívidas por contribuições para a segurança social em Portugal (ou no Estado de que é nacional ou onde se encontra estabelecido/a) (ver nota 5);

d) Não se encontra em estado de falência, de liquidação ou de cessação de actividade, nem tem o respectivo processo pendente;

e) Não foi condenado/a, por sentença transitada em julgado, por qualquer delito que afecte a sua honorabilidade profissional nem foi disciplinarmente punido/a por falta grave em matéria profissional (ver nota 6);

f) Não foi objecto de aplicação da sanção acessória prevista na alínea *e*) do n.° 1 do artigo 21.° do Decreto-Lei n.° 433/82, de 27 de Outubro, com a redacção introduzida pelo Decreto-Lei n.° 244/95, de 14 de Setembro (ver nota 7);

g) Não foi objecto de aplicação da sanção acessória prevista no n.° 1 do artigo 5.° do Decreto-Lei n.° 396/91, de 16 de Outubro (ver nota 7);

h) Não foi objecto de aplicação de sanção administrativa ou judicial pela utilização ao seu serviço de mão-de-obra legalmente sujeita ao pagamento de impostos e contribuições para a segurança social não declarada nos termos das normas que imponham essa obrigação, em Portugal (ou no Estado membro da União Europeia de que é nacional ou onde se encontra estabelecido/a) (ver nota 8).

2 – O declarante tem pleno conhecimento de que a prestação de falsas declarações implica a exclusão da proposta apresentada, bem como da participação à entidade competente para efeitos de procedimento penal.

3 – Quando a entidade adjudicante o solicitar, o concorrente obriga-se, nos termos fixados no artigo 39.° do Decreto-Lei n.° 196/99, de 8 de Junho, a apresentar documentos comprovativos de qualquer das situações referidas no n.° 1 desta declaração.

4 – O declarante tem ainda pleno conhecimento de que a não apresentação dos documentos solicitados nos termos do número anterior, por motivo que lhe seja imputável, determina, para além da sua exclusão do procedimento ou da anulação da adjudicação que eventualmente lhe seja efectuada, consoante o caso, a impossibilidade de, durante dois anos, concorrer a procedimentos abertos pelo serviço ou organismo adjudicante.

... [data e assinatura (ver nota 9)].

(nota 1) Identificação do concorrente pessoa singular ou do/s representante/s legal/ais do concorrente, se se tratar de pessoa colectiva.

(nota 2) Só aplicável a concorrentes pessoas colectivas.

(nota 3) No caso de concorrente pessoa singular suprimir a expressão «a sua representada».

(nota 4) Só aplicável quando a entidade adjudicante seja uma Região Autónoma ou autarquia local.

(nota 5) Declarar consoante a situação.

(nota 6) Indicar se, entretanto, ocorreu a respectiva reabilitação.

(nota 7) Se foi objecto dessa sanção, indicar se já decorreu o período de inabilidade legalmente previsto.

(nota 8) Se foi objecto dessa sanção, indicar se já decorreu o prazo de prescrição legalmente previsto.

(nota 9) Assinatura do concorrente pessoa singular ou do/s representante/s legal/ais do concorrente, se se tratar de pessoa colectiva.

ANEXO II
Modelo de anúncio de abertura de concurso público
(artigo 87.°, n.° 1)

1 – Designação, endereço, números de telefone, telex e telefax da entidade adjudicante.

2 – Objecto do concurso público:

a) Categoria e descrição do serviço ou do bem, com a referência à Classificação Estatística de Produtos por Actividade, a que se refere o Regulamento (CEE) n.° 3696/93, do Conselho, de 29 de Outubro, publicado no Jornal Oficial das Comunidades Europeias, n.° L 342, de 31 de Dezembro de 1993, alterado pelo Regulamento (CE) n.° 1232/98, do Conselho, de 16 de Junho, publicado no Jornal Oficial das Comunidades Europeias, de 22 de Junho de 1998;

Decreto-Lei n.° 197/99, de 8 de Junho 823

b) Quantidade, incluindo quaisquer opções relativas a aquisições suplementares e, se conhecido, o calendário provisório do exercício de tais opções;

c) No caso de contratos de execução duradoura ou renováveis no decurso de determinado período, estimativa, se conhecida, do calendário dos concursos posteriores relativos aos bens ou serviços a obter;

d) No caso de bens, natureza do contrato a celebrar, nomeadamente se visa a aquisição, a locação financeira, a locação ou a locação-venda ou a mais de uma destas modalidades.

3 – Local da prestação do serviço ou da entrega dos bens.

4 – Data limite para a conclusão do fornecimento ou duração do contrato e, na medida do possível, data limite para o respectivo início.

5 – Indicação de profissões específicas a que esteja reservada a prestação de serviços e respectiva fundamentação legal ou regulamentar.

6 – Eventual exigência de indicação, pelos concorrentes, dos nomes e habilitações profissionais dos responsáveis pela prestação de serviços.

7 – Eventual admissibilidade de propostas relativas a parte dos serviços ou dos bens objecto do concurso.

8 – Eventual proibição de apresentação de alterações de cláusulas do caderno de encargos, bem como de propostas variantes.

9 – Descrição dos elementos e formalidades necessários à apreciação das condições de carácter profissional, técnico e económico que os concorrentes devam preencher.

10 – Se for caso disso, indicação da forma jurídica que deve revestir o grupo de concorrentes adjudicatário.

11 – *a*) Designação e endereço da entidade a quem podem ser pedidos o programa do concurso e o caderno de encargos.

b) Data limite de apresentação dos pedidos de documentos.

c) Se for caso disso, indicação do preço e condições de pagamento dos documentos.

12 – *a*) Designação e endereço da entidade a quem devem ser entregues ou enviadas as propostas.

b) Hora e data limites para entrega das propostas.

c) Idioma em que devem ser redigidas as propostas e os documentos que as acompanham.

13 – Data, hora e local de abertura das propostas e indicação das pessoas que a ela podem assistir.

14 – Critério de adjudicação do contrato, com explicitação dos factores que nele intervêm, por ordem decrescente de importância.

15 – Prazo durante o qual os concorrentes são obrigados a manter as propostas.

16 – Outras informações, designadamente quanto a eventual prestação de caução e a modalidades essenciais de financiamento e de pagamento.

17 – Data da publicação do anúncio indicativo, se for o caso, ou menção da sua não publicação.

18 – Indicação se o contrato a celebrar é ou não abrangido pelo acordo sobre contratos públicos aprovado pela Decisão n.° 94/800/CE, do Conselho, de 22 de Dezembro, publicada no Jornal Oficial das Comunidades Europeias, n.° L 336, de 23 de Dezembro de 1994.

19 – Data do envio do anúncio para publicação no Diário da República e, se for o caso, no Jornal Oficial das Comunidades Europeias.

20 – Data da recepção do anúncio para publicação na Imprensa Nacional-Casa da Moeda, E. P., e, se for o caso, no Serviço de Publicações Oficiais das Comunidades Europeias.

ANEXO III
Modelo de anúncio de abertura de concurso limitado por prévia qualificação
(artigo 115.°)

1 – Designação, endereço, números de telefone, telex e telefax da entidade adjudicante.

2 – Objecto do concurso limitado por prévia qualificação:

a) Categoria e descrição do serviço ou do bem, com a referência à Classificação Estatística de Produtos por Actividade, a que se refere o Regulamento (CEE) n.° 3696/93, do Conselho, de 29 de Outubro, publicado no Jornal Oficial das Comunidades Europeias, n.º L 342, de 31 de Dezembro de 1993, alterado pelo Regulamento (CE) n.º 1232/98, do Conselho, de 16 de Junho, publicado no Jornal Oficial das Comunidades Europeias, de 22 de Junho de 1998;

b) Quantidade, incluindo quaisquer opções relativas a aquisições suplementares e, se conhecido, o calendário provisório do exercício de tais opções;

c) No caso de contratos de execução duradoura ou renováveis no decurso de determinado período, estimativa, se conhecida, do calendário dos concursos posteriores relativos aos bens ou serviços a obter;

d) No caso de bens, natureza do contrato a celebrar, nomeadamente se visa a aquisição, a locação financeira, a locação ou a locação-venda ou a mais de uma destas modalidades.

3 – Local da prestação do serviço ou da entrega dos bens.

4 – Data limite para a conclusão do fornecimento ou duração do contrato e, na medida do possível, data limite para o respectivo início.

5 – Indicação de profissões específicas a que esteja reservada a prestação de serviços e respectiva fundamentação legal ou regulamentar.

6 – Eventual exigência de indicação, pelos concorrentes, dos nomes e habilitações profissionais dos responsáveis pela prestação de serviços.

7 – Eventual admissibilidade de propostas relativas a parte dos serviços ou dos bens objecto do concurso.

8 – Eventual proibição de apresentação de alterações de cláusulas do caderno de encargos, bem como de propostas variantes.

9 – Descrição dos elementos e formalidades necessários à apreciação das condições de carácter profissional, técnico e económico que os concorrentes devam preencher.

10 – Critérios de selecção das candidaturas.

11 – Se for caso disso, indicação da forma jurídica que deve revestir o grupo de concorrentes adjudicatário.

12 – Se for o caso, justificação do recurso ao processo urgente.

13 – *a*) Designação e endereço da entidade a quem podem ser pedidos o programa do concurso e o caderno de encargos.

b) Data limite de apresentação dos pedidos de documentos.

c) Se for caso disso, indicação do preço e condições de pagamento dos documentos.

14 – *a*) Designação e endereço da entidade a quem devem ser entregues ou enviadas as candidaturas.

b) Hora e data limites para entrega das candidaturas.

c) Idioma em que devem ser redigidas as candidaturas e os documentos que as acompanham.

15 – Data limite do envio dos convites para apresentação de propostas e número previsto de concorrentes que serão convidados a apresentar propostas.

16 – Critério de adjudicação do contrato, com explicitação dos factores que nele intervêm, por ordem decrescente de importância.

17 – Outras informações, designadamente quanto à prestação de caução.

18 – Data de publicação do anúncio indicativo, se for o caso, ou menção da sua não publicação.

19 – Indicação se o contrato a celebrar é ou não abrangido pelo acordo sobre contratos públicos aprovado pela Decisão n.º 94/800/CE, do Conselho, de 22 de Dezembro, publicada no Jornal Oficial das Comunidades Europeias, n.º L 336, de 23 de Dezembro de 1994.

20 – Data do envio do anúncio para publicação no Diário da República e, se for o caso, no Jornal Oficial das Comunidades Europeias.

21 – Data da recepção do anúncio para publicação na Imprensa Nacional-Casa da Moeda, E. P., e, se for o caso, no Serviço de Publicações Oficiais das Comunidades Europeias.

ANEXO IV

Modelo de anúncio de abertura de procedimento por negociação

(artigo 137.°, n.° 1)

1 – Designação, endereço, números de telefone, telex e telefax da entidade adjudicante.

2 – Objecto do procedimento por negociação:

a) Categoria e descrição do serviço ou do bem, com a referência à Classificação Estatística de Produtos por Actividade, a que se refere o Regulamento (CEE) n.° 3696/93, do Conselho, de 29 de Outubro, publicado no Jornal Oficial das Comunidades Europeias, n.° L 342, de 31 de Dezembro de 1993, alterado pelo Regulamento (CE) n.° 1232/98, do Conselho, de 16 de Junho, publicado no Jornal Oficial das Comunidades Europeias, de 22 de Junho de 1998;

b) Quantidade, incluindo quaisquer opções relativas a aquisições suplementares e, se conhecido, o calendário provisório do exercício de tais opções;

c) No caso de contratos de execução duradoura ou renováveis no decurso de determinado período, estimativa, se conhecida, do calendário dos procedimentos posteriores relativos aos bens ou serviços a obter;

d) No caso de bens, natureza do contrato a celebrar, nomeadamente se visa a aquisição, a locação financeira, a locação ou a locação-venda ou a mais de uma destas modalidades.

3 – Local da prestação de serviços ou da entrega dos bens.

4 – Data limite para a conclusão do fornecimento ou duração do contrato e, na medida do possível, data limite para o respectivo início.

5 – Indicação de profissões específicas a que esteja reservada a prestação de serviços e respectiva fundamentação legal ou regulamentar.

6 – Eventual exigência de indicação, pelos concorrentes, dos nomes e habilitações profissionais dos responsáveis pela prestação de serviços.

7 – Eventual admissibilidade de propostas relativas a parte dos serviços ou dos bens objecto do concurso.

8 – Eventual proibição de apresentação de alterações de cláusulas do caderno de encargos, bem como de propostas variantes.

9 – Descrição dos elementos e formalidades necessários à apreciação das condições de carácter profissional, técnico e económico que os participantes devam preencher.

10 – Critérios de selecção das candidaturas.

11 – Se for caso disso, indicação da forma jurídica que deve revestir o grupo de concorrentes adjudicatário.

12 – Se for o caso, justificação do recurso ao processo urgente.

13 – Se for caso disso:

a) Designação e endereço da entidade a quem podem ser pedidos o programa do concurso e o caderno de encargos;

b) Data limite de apresentação dos pedidos de documentos;

c) Indicação do preço e condições de pagamento dos documentos.

14 – *a)* Designação e endereço da entidade a quem devem ser entregues ou enviadas as candidaturas.

b) Hora e data limites para entrega das candidaturas.

c) Idioma em que devem ser redigidas as candidaturas e os documentos que as acompanham.

15 – Se for o caso, designação e endereço dos concorrentes já admitidos em sede do concurso.

16 – Número previsto de concorrentes que serão convidados a apresentar propostas.

17 – Critério de adjudicação do contrato, com explicitação dos factores que nele intervêm, por ordem decrescente de importância.

18 – Outras informações, designadamente quanto à prestação de caução.

19 – Data de publicação do anúncio indicativo, se for o caso, ou menção da sua não publicação.

20 – Indicação se o contrato a celebrar é ou não abrangido pelo acordo sobre contratos públicos aprovado pela Decisão n.° 94/800/CE, do Conselho, de 22 de Dezembro, publicada no Jornal Oficial das Comunidades Europeias, n.° L 336, de 23 de Dezembro de 1994.

V – Regime de Contratação Local

21 – Data do envio do anúncio para publicação no Diário da República e, se for o caso, no Jornal Oficial das Comunidades Europeias.

22 – Data da recepção do anúncio para publicação na Imprensa Nacional-Casa da Moeda, E. P., e, se for o caso, no Serviço de Publicações Oficiais das Comunidades Europeias.

ANEXO V

Serviços a que se refere o n.º 1 do artigo 191.º

Categoria	Serviços
1	Serviços de manutenção e de reparação.
2	Serviços de transporte terrestre ([1]) incluindo os serviços de veículos blindados e serviços de mensagens, com excepção do transporte de correio.
3	Serviços de transporte aéreo de passageiros e mercadorias, com excepção do transporte de correio.
4	Transporte terrestre ([1]) e aéreo de correio.
6	Serviços financeiros: *a)* Serviços de seguros; *b)* Serviços bancários e de investimento ([2]).
7	Serviços informáticos e afins.
9	Serviços de contabilidade, auditoria e escrituração.
10	Serviços de estudos de mercado e de sondagem da opinião pública.
11	Serviços de consultoria em gestão e afins ([3]).
12	Serviços de arquitectura, serviços de engenharia e serviços de engenharia integrados. Planeamento urbano e serviços de arquitectura paisagísticos. Serviços de consultoria científica e técnicas afins. Serviços técnicos de ensaio e análise.
13	Serviços publicitários.
14	Serviços de limpeza de edifícios e serviços de gestão de imóveis.
15	Serviços de edição e de impressão à obra ou de forma continuada.
16	Esgotos e eliminação de resíduos; serviços de saneamento e afins.

([1]) Com excepção dos serviços de transporte ferroviário visado na categoria 18.
([2]) Com excepção dos serviços previstos na alínea *d*) do n.º 1 do artigo 77.º
([3]) Com excepção dos serviços previstos na alínea *c*) do n.º 1 do artigo 77.º

ANEXO VI

Serviços a que se refere o n.º 2 do artigo 191.º

Categoria	Serviços
5	Serviço de telecomunicações ([1]).
8	Serviços de investigação e desenvolvimento ([2]).

([1]) Com excepção dos serviços previstos na alínea *b*) do n.º 1 do artigo 77.º
([2]) Com excepção dos serviços previstos na alínea *e*) do n.º 1 do artigo 77.º

Decreto-Lei n.º 197/99, de 8 de Junho

ANEXO VII

Serviços a que se refere o n.º 3 do artigo 191.º

Categoria	Serviços
17	Serviços de hotelaria e restauração.
18	Serviços de transporte ferroviário.
19	Serviços de transporte marítimo e fluvial.
20	Serviços conexos e auxiliares dos transportes.
21	Serviços jurídicos.
22	Serviços de colocação e fornecimento de pessoal.
23	Serviços de investigação e de segurança com excepção dos serviços de veículos blindados.
24	Serviços de educação e formação profissional.
25	Serviços de saúde e de carácter social.
26	Serviços de carácter recreativo, cultural e desportivo.
27	Outros serviços.

ANEXO VIII

Modelo de anúncio de abertura de concurso para trabalhos de concepção

(artigo 169.º, n.º 1)

1 – Designação, endereço, números de telefone, telex e telefax da entidade adjudicante e da entidade junto da qual podem ser obtidos o regulamento e demais documentos necessários.

2 – Descrição do projecto.

3 – Tipo de concurso público ou de prévia qualificação.

4 – No caso de concurso público, hora e data limites para a recepção dos projectos.

5 – No caso de concurso limitado por prévia qualificação:

a) Número previsto de concorrentes;

b) Se for caso disso, nomes dos concorrentes já seleccionados;

c) Critérios a utilizar para selecção dos concorrentes;

d) Hora e data limites para a entrega das candidaturas.

6 – Se for caso disso, indicação de profissões específicas de que os concorrentes devem ser titulares.

7 – Critérios de apreciação dos trabalhos e sua ordenação.

8 – Indicar que as deliberações do júri sobre a hierarquização ou sobre a qualificação como inaceitáveis dos projectos ou planos têm carácter vinculativo.

9 – Se for caso disso, número e valor dos prémios a atribuir.

10 – Se for caso disso, indicações sobre os pagamentos a efectuar aos concorrentes.

11 – Indicar se os vencedores adquirem o direito à celebração de um contrato na sequência do concurso.

12 – Outras informações.

13 – Data do envio do anúncio para publicação no Diário da República e, se for o caso, no Jornal Oficial das Comunidades Europeias.

14 – Data da recepção do anúncio para publicação na Imprensa Nacional-Casa da Moeda, E. P., e, se for o caso, no Serviço de Publicações Oficiais das Comunidade Europeias.

ANEXO IX

Modelo de anúncio de resultados de concurso para trabalhos de concepção

(artigo 169.º, n.º 2)

1 – Designação, endereço, números de telefone, telex e telefax da entidade adjudicante.

2 – Identificação do anúncio de abertura do concurso para trabalhos de concepção.

3 – Descrição do projecto.

4 – Número total de concorrentes.

5 – Número de concorrentes estrangeiros.

6 – Vencedor ou vencedores do concurso.

7 – Se for caso disso, prémio ou prémios atribuídos.

8 – Outras informações.

9 – Data do envio do anúncio para publicação no Diário da República e, se for o caso, no Jornal Oficial das Comunidades Europeias.

10 – Data da recepção do anúncio para publicação na Imprensa Nacional-Casa da Moeda, E. P., e, se for o caso, no Serviço de Publicações Oficiais das Comunidades Europeias.

ANEXO X

Modelo de anúncio indicativo

(artigo 195.º, n.º 1)

1 – Designação, endereço, números de telefone, telex e telefax da entidade adjudicante e do serviço junto do qual podem ser obtidas informações adicionais.

2 – Montante global das aquisições previstas para cada uma das categorias dos serviços enumerados nos anexos V e VI e dos bens com referência à Classificação Estatística de Produtos por Actividade, a que se refere o Regulamento (CEE) n.º 3696/93, do Conselho, de 29 de Outubro, publicado no Jornal Oficial das Comunidades Europeias, n.º L 342, de 31 de Dezembro de 1993, alterado pelo Regulamento (CE) n.º 1232/98, do Conselho, de 16 de Junho, publicado no Jornal Oficial das Comunidades Europeias, de 22 de Junho de 1998.

3 – Data prevista para início dos procedimentos, por categoria de serviços ou bens.

4 – Outras informações.

5 – Indicação se o contrato a celebrar é ou não abrangido pelo acordo sobre contratos públicos aprovado pela Decisão n.º 94/800/CE, do Conselho, de 22 de Dezembro, publicada no Jornal Oficial das Comunidades Europeias, n.º L 336, de 23 de Dezembro de 1994.

6 – Data do envio do anúncio para publicação no Jornal Oficial das Comunidades Europeias.

7 – Data da recepção do anúncio para publicação no Serviço de Publicações Oficiais das Comunidades Europeias.

ANEXO XI

Modelo de anúncio de resultados

(artigo 196.º, n.º 1)

1 – Designação e endereço da entidade adjudicante.

2 – Identificação do procedimento e da data de publicação do respectivo anúncio de abertura ou, na sua ausência, da data do início do procedimento.

3 – No caso de procedimento por negociação sem publicação de anúncio, indicação dos fundamentos da escolha.

Decreto-Lei n.º 197/99, de 8 de Junho

4 – Quantidade e categoria dos serviços ou dos bens e sua descrição com referência à Classificação Estatística de Produtos por Actividade, a que se refere o Regulamento (CEE) n.º 3696/93, do Conselho, de 29 de Outubro, publicado no Jornal Oficial das Comunidades Europeias, n.º L 342, de 31 de Dezembro de 1993, alterado pelo Regulamento (CE) n.º 1232/98, do Conselho, de 16 de Junho, publicado no Jornal Oficial das Comunidades Europeias, de 22 de Junho de 1998.

5 – Número de propostas recebidas.

6 – Critério de adjudicação.

7 – Data da adjudicação.

8 – Designação e endereço do adjudicatário.

9 – Preço acordado.

10 – Valor das propostas mais alta e mais baixa tidas em consideração para a adjudicação do contrato.

11 – Outras informações.

12 – Data do envio do anúncio para publicação no Jornal Oficial das Comunidades Europeias.

13 – Data da recepção do anúncio pelo Serviço de Publicações Oficiais das Comunidades Europeias.

14 – No caso de contratos relativos a serviços do anexo VII, referência expressa à autorização ou não da entidade adjudicante quanto à publicação do anúncio.

VI
REGIME DA URBANIZAÇÃO E DA EDIFICAÇÃO

Decreto-Lei n.º 38382, de 7 de Agosto de 1951 – Aprova o Regulamento Geral das Edificações Urbanas.

Portaria n.º 398/72, de 21 de Julho – Fixa as condições mínimas de habitabilidade das edificações.

Decreto-Lei n.º 569/76, de 19 de Julho – Normas relativas à construção, reconstrução, ampliação e remodelação de edifícios.

Decreto-Lei n.º 804/76, de 6 de Novembro – Determina as medidas a aplicar na construção clandestina, bem como nas operações de loteamento clandestino.

Decreto-Lei n.º 139/89, de 28 de Abril – Altera o Decreto-Lei n.º 357/75, de 8 de Julho, relativo à protecção ao relevo natural, solo arável e revestimento vegetal.

Decreto-Lei n.º 555/99, de 16 de Dezembro – Estabelece o regime jurídico da urbanização e da edificação.

Decreto-Lei n.º n.º 177/2001, de 4 de Junho – Altera o Decreto-Lei n.º 555/99, de 16 de Dezembro, que estabelece o regime jurídico da urbanização e da edificação.

VI
REFORMA DA URBANIZAÇÃO E DA EDIFICAÇÃO

DECRETO-LEI N.º 38 382 *

de 7 de Agosto de 1951

Aprova o Regulamento Geral das Edificações Urbanas

Reconhecida a necessidade de se actualizarem as disposições do Regulamento de Salubridade das Edificações Urbanas, aprovado pelo Decreto de 14 de Fevereiro de 1903, foi para o efeito nomeada uma comissão que posteriormente recebeu a incumbência mais vasta de preparar um projecto de regulamento geral das edificações. Na verdade, o quase meio século decorrido desde a promulgação da regulamentação vigente deu margem a uma larga evolução, tanto nas ideias acerca da intervenção dos serviços oficiais nas actividades relacionadas com as edificações, como nas técnicas que lhe são aplicáveis.

Desde há muito que se tem por necessário que aquela intervenção se exerça não apenas no sentido de tornar as edificações urbanas salubres, mas também no de as construir com os exigidos requisitos de solidez e defesa contra o risco de incêndio e ainda de lhes garantir condições mínimas de natureza estética, objectivos estes estranhos ao âmbito do regulamento de 1903. Por outro lado, o progresso natural da técnica das edificações – fortemente impulsionado pela necessidade premente de ocorrer rápida e economicamente à carência, notória por parte a parte, de edificações para habitação – impõe a necessidade de se adoptarem novos processos construtivos e de se conciliarem ao máximo as condições de salubridade, estética e segurança das edificações com a imperiosidade de as construir a preço tal que as suas rendas se compadeçam com a escala de níveis de proventos dos futuros ocupantes. Com base no trabalho elaborado pela comissão se promulga agora o Regulamento Geral das Edificações Urbanas, que faz parte integrante do presente diploma e que constitui um elemento de largo alcance e de grande projecção na vida nacional.

Ele interessa, em primeiro lugar, aos serviços do Estado e dos corpos administrativos – a estes em especial –, pela função directiva e disciplinadora que, através daquele instrumento legal, lhes cabe exercer sobre as actividades relacionadas com as diferentes espécies de edificações, salvaguardando os interesses da colectividade, impondo respeito pela vida e haveres da população e pelas condições estéticas do ambiente local, criando novos motivos de beleza e preservando ou aperfeiçoando os já existentes, tudo de modo a tornar a vida da população mais sadia e agradável e a dar aos núcleos urbanos e rurais um desenvolvimento correcto, harmonioso e progressivo.

Convém salientar que muitas das disposições constantes do regulamento, fixando áreas, espessuras, secções, distâncias, pés-direitos, números de pavimentos, etc., constituem limites mínimos ou máximos, conforme os casos, que não deverão ser ultrapassados. Deixa-se aos cor-

---

* De acordo com o DL n.º 237/85, de 5 de Julho, na construção de habitação social a que se refere a Portaria n.º 580/83, de 17 de Maio, é permitida a aplicação de limites e requisitos diferentes dos fixados no R.G.E.U., exclusivamente em casos e nos precisos termos estabelecidos nas recomendações técnicas para habitação social, aprovada pelo Despacho n.º 41/85, de 14 de Fevereiro, do Ministro do Equipamento Social.

pos administrativos a faculdade de, nos regulamentos especiais que promulgarem, poderem, conforme as circunstâncias, afastar-se mais ou menos – no sentido correcto – dos valores prescritos, de modo a terem em atenção os casos para que não se justifique, sobretudo por motivos de estrita economia do custo da construção, a adopção exacta dos limites consignados no regulamento. A mesma regulamentação especial permitirá ainda nos corpos administrativos completar, sem lhes fazer perder o sentido, certas disposições do regulamento geral à luz dos frutos da sua própria experiência e do conhecimento pormenorizado de condições locais a que convenha atender.

É de notar que não se julga conveniente que os municípios, quando não existam planos de urbanização regulando os casos sobre que haja de tomar resolução, se arrieguem à ideia de dispor as construções sempre alinhadas ao longo das ruas, porquanto é indiscutível a vantagem de as orientar convenientemente em relação ao Sol e aos ventos dominantes. O regulamento que se promulga abstém-se propositadamente de prescrever quaisquer disposições taxativas neste assunto, sobre o qual as câmaras terão a liberdade de decidir, com subordinação apenas a condicionamentos de outra índole.

Também, no tocante ao parcelamento dos terrenos para construção, haverá que ter em vista que difícil será atingir correctamente o mínimo das condições previstas no regulamento autorizando que se erijam edificações em terrenos acanhados e de conformação deficiente.

Igualmente não se poderá abstrair de que cada edificação deve ser encarada como mera parte de um todo, em que terá de se integrar harmonicamente, valorizando-o quanto possível.

É ainda indispensável que em locais privilegiados da Natureza, na concepção dos edifícios e na sua disposição relativamente ao conjunto, se não menosprezem as vantagens de tirar partido das condições naturais.

O regulamento, embora muito genericamente, pela dificuldade que há em pormenorizar preceitos relativos a assuntos desta espécie, dá algumas directivas que, quando criteriosamente aplicadas, poderão, contribuir para tornar atraentes os núcleos urbanos e para aproveitar inteligentemente, realçando-os, certos pormenores, tais como pontos de vista belos, maciços de arvoredo, configurações especiais do terreno, vizinhanças de cursos de água e do mar, etc., a que muitos aglomerados devem grande parte do seu enlevo.

O regulamento interessa também muito aos "técnicos" a quem caiba conceber e projectar uma edificação, portanto, pela respectiva consulta para aplicação dos preceitos que estatui, os habilita a dotar a construção projectada com os requisitos necessários ao fim em vista: conveniente insolação e iluminação das dependências de habitação ou de trabalho; isolamento contra o frio e calor excessivos; protecção contra ruídos incómodos; defesa das condições de vida na intimidade; possibilidades de execução de tarefas domésticas ou profissionais sem excesso de fadiga física e mental; criação e conservação de locais para recreio e repouso das crianças e adultos; salubridade da edificação e dos espaços livres adjacentes; criação de ambientes internos e externos acolhedores e protecção contra o risco de incêndio e deterioração provocada pelos agentes naturais.

Os técnicos encarregados de projectar uma edificação, salvo os casos, muito especiais, de construções com carácter estritamente económico, não se deverão deixar guiar pela ideia de dar sistematicamente a cada elemento e a cada local da construção as dimensões e proporções limites consignadas no regulamento. Assim procedendo, dificilmente a edificação projectada poderá, quando vista no seu conjunto, considerar-se como satisfazendo correctamente aos requisitos gerais exigidos pelo regulamento e proporcionar na justa medida a comodidade inerente à função a que se destina.

Finalmente, o regulamento interessa sobremaneira ao "público", visto que, como fruidor permanente ou temporário das habitações, o referido diploma lhe dá garantia, pela sua aplicação, de que os locais de moradias terão sido erigidos e se manterão de modo a proporcionar-lhes con-

Decreto-Lei n.º 38 382, de 7 de Agosto de 1951   835

dições vantajosas para a sua saúde e bem-estar; e, como habitante do aglomerado, poderá desfrutar com segurança o ambiente sadio e esteticamente agradável que a aplicação do regulamento terá progressivamente criado e ver respeitados os direitos e regalias que a lei lhe confira em matéria de edificações.

Não se ocupa o regulamento discriminadamente das edificações com finalidades especiais; insere apenas as de ordem geral que lhes são aplicáveis. Não pareceu conveniente, por agora, encarar a revisão e actualização da legislação publicada que lhes diz respeito, não só porque tal empreendimento não se reveste de grande acuidade, como também porque ocasionaria maior demora na publicação do presente regulamento, o que não pareceu vantajoso.

Pelo contrário, aproveitou-se a oportunidade da sua promulgação para nele inserir certas disposições, mais directamente correlacionadas com os objectivos do regulamento, constantes de anteriores diplomas, designadamente dos decretos n.os 14 268, de 9 de Setembro de 1927, e 15 899, de 23 de Agosto de 1928, e do Decreto-Lei n.º 34 472, de 31 de Março de 1945, a cuja revogação é assim possível proceder.

Não houve certamente a pretensão, por parte da comissão preparadora do projecto de regulamento, nem a tem o Governo, em matéria tão vasta e complexa, cuja evolução nos últimos anos foi bastante grande, de se haver conseguido, fazer obra definitiva. Não se lhe oferece, porém, dúvida, de que o regulamento vai constituir uma base excelente de partida para um progresso maior neste ramo de técnica e de referência para possíveis ajustamentos de doutrina e supressões de lacunas verificadas durante um período experimental de alguns anos. Entretanto, o Laboratório de Engenharia Civil irá coligindo elementos novos e efectuando estudos, mediante os quais se possam confirmar ou corrigir valores numéricos inseridos no regulamento; fixar normas precisas caracterizando os materiais a empregar e processos construtivos mais correntes; definir as condições restritivas aplicáveis em zonas sujeitas a abalos sísmicos; estabelecer a constituição das argamassas para os diferentes tipos de parede preconizados; indicar os coeficientes e tensões de segurança a adoptar para os diferentes materiais de uso corrente na construção; estabelecer normas para o emprego dos isolamentos fónico e térmico e definir, para as nossas características climáticas, certas condições fundamentais de habitabilidade, tais como a insolação e iluminação convenientes, a temperatura média e aconselhável no interior da habitação e o volume de ar respirável por indivíduo.

Deste modo se irá preparando o campo para que mais tarde se dê novo passo com o objectivo de conseguir mais e melhor.

ARTIGO 1.º

É aprovado o Regulamento Geral das Edificações Urbanas, que faz parte integrante do presente decreto-lei.

§ único. O regulamento pode ser alterado por decretos simples, salvo quanto a penalidades e restrições ao direito da propriedade e quanto a disposições que constituam transcrição ou aplicação de preceitos legais de direito comum.

ARTIGO 2.º

Ficam expressamente revogados os diplomas seguintes:

Decreto de 14 de Fevereiro de 1903, aprovando o Regulamento de Salubridade das Edificações Urbanas, anexo ao mesmo decreto;

Artigos 9.º e 10.º do Decreto n.º 902, de 30 de Setembro de 1914;

Decreto n.º 14 268, de 9 de Setembro de 1927;

Decreto n.º 15 899, de 23 de Agosto de 1928;

Decreto-Lei n.º 34 472, de 31 de Março de 1945.

Regulamento Geral das Edificações Urbanas

TÍTULO I – Disposições de natureza administrativa

CAPÍTULO I – Generalidades

ARTIGO 1.º

A execução de novas edificações ou de quaisquer obras de construção civil, a reconstrução, ampliação, alteração, reparação ou demolição das edificações e obras existentes, e bem assim os trabalhos que impliquem alteração da topografia local, dentro do perímetro urbano e das zonas rurais de protecção fixadas para as sedes do concelho e para as demais localidades sujeitas por lei a plano de urbanização e expansão, subordinar-se-ão às disposições do presente regulamento.

§ único (1). O presente regulamento aplicar-se-á, ainda, nas zonas e localidades a que seja tornado extensivo por deliberação municipal e, em todos os casos, às edificações de carácter industrial ou de utilização colectiva.

1 – A redacção do § único foi dada pelo DL n.º 44.258, de 31 de Março de 1962.

ARTIGO 2.º (1-2)

A execução das obras e trabalhos a que alude o artigo anterior não pode ser levada a efeito sem prévia licença das câmaras municipais, às quais incumbe também a fiscalização do cumprimento das disposições deste regulamento.

§ 1.º Tratando-se de obras que, pela sua natureza ou localização, possam considerar-se de pequena importância sob os pontos de vista da salubridade, segurança ou estética, designadamente pequenas construções para serviços rurais, obras ligeiras de conservação ou outras de pequena monta em construções existentes que não afectem a sua estrutura nem o seu aspecto geral, poderão as câmaras municipais dispensar a licença.

§ 2.º Compete às câmaras municipais fixar em regulamento os limites precisos da isenção a que se refere o parágrafo anterior.

1 – Este preceito foi tacitamente revogado pelo art. 1.º do DL n.º 166/70, de 15 de Abril.

2 – O actual regime de licenciamento municipal está definido no DL n.º 445/91, de 20 de Novembro (cfr. arts. 1.º e 3.º deste DL).

ARTIGO 3.º

As câmaras municipais não poderão conceder licenças para a execução de quaisquer obras sem que previamente verifiquem que elas não colidem com o plano de urbanização geral ou parcial aprovado para o local ou que, em todo o caso, não prejudicam a estética urbana.

§ único. A concessão de licença para a execução de quaisquer obras será sempre condicionada à observância das demais prescrições do presente regulamento, dos regulamentos municipais em vigor, e bem assim de quaisquer outras disposições legais cuja aplicação incumba à administração municipal assegurar.

ARTIGO 3.º-A (1)

É permitido às câmaras municipais recusar licenças para novas construções em zonas sujeitas a plano de urbanização e expansão enquanto nelas não existam arruamentos e redes públicas de água e de saneamento.

1 – Este artigo foi aditado pelo DL n.º 45 027, de 13 de Maio de 1963.

Decreto-Lei n.º 38 382, de 7 de Agosto de 1951 837

ARTIGO 4.º

A concessão da licença para a execução de qualquer obra e o próprio exercício da fiscalização municipal no seu decurso não isentam o dono da obra, ou o seu preposto ou comitido, da responsabilidade pela condução dos trabalhos em estrita concordância com as prescrições regulamentares e não poderão desobrigá-los da obediência a outros preceitos gerais ou especiais a que a edificação, pela sua localização ou natureza, haja de subordinar-se.

ARTIGO 5.º [1-2]

Os pedidos de licença para a execução de obras serão acompanhados dos elementos estritamente necessários ao exacto esclarecimento das condições da sua realização, conforme se dispuser nos regulamentos municipais, na elaboração dos quais se terá em conta a importância, localização e finalidade de cada tipo de obras.

§ único. As câmaras municipais submeterão à aprovação da assembleia municipal os regulamentos municipais cuja elaboração é prevista neste artigo.

1 – A redacção do § único foi dada pelo DL n.º 463/85, de 4 de Novembro.
2 – Este preceito deve considerar-se revogado pelos arts. 15.º, 34.º, 40.º e 46.º do DL n.º 445/91, de 20 de Novembro.

ARTIGO 6.º

Nos projectos de novas construções e de reconstrução, ampliação e alteração de construções existentes serão sempre indicados o destino da edificação e a utilização prevista para os diferentes compartimentos.

ARTIGO 7.º

As obras relativas a novas edificações, a reedificações, a ampliações e alterações de edificações existentes não poderão ser iniciadas sem que pela respectiva câmara municipal seja fixado, quando necessário, o alinhamento de acordo com o plano geral, e dada a cota de nível.

ARTIGO 8.º [1]

A utilização de qualquer edificação nova, reconstruída, ampliada ou alterada, quando da alteração resultem modificações importantes nas suas cartacterísticas, carece de licença municipal.

§ 1.º As câmaras municipais só poderão conceder as licenças a que este artigo se refere em seguida à realização de vistoria nos termos do § 1.º do artigo 51.º do Código Administrativo, destinada a verificar se as obras obedeceram às condições da respectiva licença, ao projecto aprovado e às disposições legais e regulamentares aplicáveis.

§ 2.º A licença de utilização só pode ser concedida depois de decorrido sobre a conclusão das obras o prazo fixado nos regulamentos municipais, tendo em vista as exigências da salubridade relacionadas com a natureza da utilização.

§ 3.º O disposto neste artigo é aplicável à utilização das edificações existentes para fins diversos dos anteriormente autorizados, não podendo a licença para este efeito ser concedida sem que se verifique a sua conformidade com as disposições legais e regulamentares aplicáveis.

1 – Este preceito deve considerar-se revogado pelo art. 1º n.º 1, alínea *b*), do DL n.º 445/91, de 20 de Novembro.
A concessão da licença de utilização está sujeita à tramitação prevista nos arts. 26.º e 27.º do mesmo Diploma.

838 VI – Regime da Urbanização e da Edificação

ARTIGO 9.° (¹)

As edificações existentes deverão ser reparadas e beneficiadas pelo menos uma vez em cada período de oito anos, com o fim de remediar as deficiências provenientes do seu uso normal e de as manter em boas condições de utilização, sob todos os aspectos de que trata o presente regulamento.

1 – Revogado pelo art. 129.°, alínea *e*), do DL n.° 555/99, de 16 de Dezembro.

ARTIGO 10.° (¹⁻²)

Independentemente das obras periódicas de conservação a que se refere o artigo anterior, as câmaras poderão, em qualquer altura determinar, em edificações existentes, precedendo vistoria realizada nos termos do artigo 51.°, § 1.°, do Código Administrativo, a execução de obras necessárias para corrigir más condições de salubridade, solidez ou segurança contra o risco de incêndio.

§ 1.° Às câmaras municipais compete ordenar, precedendo vistoria a demolição total ou parcial das construções que ameaçam ruína ou ofereçam perigo para a saúde pública.

§ 2.° As deliberações tomadas pelas câmaras municipais em matéria de beneficiação extraordinária ou demolição serão notificadas ao proprietário do prédio no prazo de três dias, a contar da aprovação da respectiva acta.

1 – A redacção do § 1.° foi dada pelo DL n.° 44258, de 31 de Março de 1962.
2 – Revogado pelo art. 129.° alínea *e*), do DL n.° 555/99, de 16 de Dezembro.

ARTIGO 11.° (¹)

Poderão ser expropriadas as edificações que, em consequência de deliberação camarária baseada em prévia vistoria realizada nos termos do § 1.° do artigo 51.° do Código Administrativo, devam ser reconstruídas, remodeladas, beneficiadas ou demolidas, total ou parcialmente, para realização de plano de urbanização geral ou parcial aprovado.

1 – Ver nota 2 ao art. 10.°.

ARTIGO 12.°

A execução de pequenas obras de reparação sanitária, como, por exemplo, as relativas a roturas, obstruções ou outras formas de mau funcionamento, tanto das canalizações interiores e exteriores de águas e esgotos como das instalações sanitárias, a deficiências das coberturas, e ao mau estado das fossas, será ordenada pelas câmaras municipais, independentemente de vistoria.

§ único. Passa para as câmaras municipais a competência para a aplicação das penas previstas na lei pelo não cumprimento das determinações a que este artigo se refere.

ARTIGO 13.°

Quando determinadas obras forem impostas por um serviço público, a notificação ao interessado deverá ser feita por intermédio da respectiva câmara municipal.

ARTIGO 14.° (¹)

As obras executadas pelos serviços do Estado não carecem de licença municipal, mas deverão ser submetidos à prévia apreciação das respectivas câmaras municipais, a fim de se verificar a sua conformidade com o plano geral ou parcial de urbanização aprovado e com as prescrições regulamentares aplicáveis.

1 – O DL n.° 555/99, de 16 de Dezembro, que estabelece o novo regime da urbanização e da edificação, prevê, igualmente, a isenção de licença ou autorização relativamente a operações urbanísticas promovidas pela Administração Pública (art. 7.°).

TÍTULO II – Condições gerais das edificações

CAPÍTULO I – Generalidades

ARTIGO 15.º

Todas as edificações, seja qual for a sua natureza, deverão ser construídas com perfeita observância das melhores normas da arte de construir e com todos os requisitos necessários para que lhes fiquem asseguradas, de modo duradouro, as condições da segurança, salubridade e estética mais adequadas à sua utilização e às funções educativas que devem exercer.

ARTIGO 16.º

A qualidade, a natureza e o modo e aplicação dos materiais utilizados na construção das edificações deverão ser de molde que satisfaçam às condições estabelecidas no artigo anterior e às especificações oficiais aplicáveis.

ARTIGO 17.º

A aplicação de novos materiais ou processos de construção para os quais não existam especificações oficiais nem suficiente prática de utilização será condicionada ao prévio parecer do Laboratório de Engenharia Civil do Ministério das Obras Públicas.

CAPÍTULO II – Fundações

ARTIGO 18.º

As fundações dos edifícios serão estabelecidas sobre terreno estável e suficientemente firme, por natureza ou por consolidação artificial, para suportar com segurança as cargas que lhe são transmitidas pelos elementos da construção, nas condições de utilização mais desfavoráveis.

ARTIGO 19.º

Quando as condições do terreno e as características da edificação permitam a fundação contínua, observar-se-ão os seguintes preceitos:

1 – Os caboucos penetrarão no terreno firme até à profundidade de 50 cm., pelo menos, excepto quando se trate de rocha dura, onde poderá ser menor. Esta profundidade deve, em todos os casos, ser suficiente para assegurar a distribuição quanto possível regular das pressões na base do alicerce.

2 – A espessura da base dos alicerces ou a largura das sapatas, quando requeridas, serão fixadas por forma que a pressão unitária no fundo dos caboucos não exceda a carga de segurança admissível para o terreno de fundação.

3 – Os alicerces serão construídos de tal arte que a humidade do terreno não se comunique às paredes da edificação, devendo, sempre que necessário, intercalar-se entre eles e as paredes uma camada hidrófuga.

Na execução dos alicerces e das paredes até 50 cm, acima do terreno exterior, utilizar-se-á alvenaria hidráulica, resistente e impermeável, fabricada com materiais rijos e não porosos.

4 – Nos alicerces constituídos por camadas de diferentes larguras, a saliência de cada degrau, desde que o contrário se não justifique por cálculos de resistência, não excederá a sua altura.

VI – Regime da Urbanização e da Edificação

ARTIGO 20.º

Quando o terreno com as características requeridas esteja a profundidade que não permita fundação contínua, directamente assente sobre elas, adoptar-se-ão processos especiais adequados de fundação, com observância, além das disposições aplicáveis do artigo anterior, de quaisquer prescrições especialmente estabelecidas para garantir a segurança da construção.

ARTIGO 21.º

As câmaras municipais, atendendo à natureza, importância e demais condições particulares das obras, poderão exigir que do respectivo projecto conste, quer o estudo suficientemente pormenorizado do terreno de fundação, de forma a ficarem definidas com clareza as suas características, quer a justificação pormenorizada da solução prevista, ou ambas as coisas.

ARTIGO 22.º

A compressão do terreno por meios mecânicos, a cravação de estacas ou qualquer outro processo de construir as fundações por percussão deverão mencionar-se claramente nos projectos, podendo as câmaras municipais condicionar, ou mesmo não autorizar o seu uso, sempre que possa afectar construções vizinhas.

CAPÍTULO III – Paredes

ARTIGO 23.º

As paredes das edificações serão construídas tendo em vista não só as exigências de segurança, como também as de salubridade, especialmente no que respeita à protecção contra a humidade, as variações de temperatura e a propagação de ruídos e vibrações.

ARTIGO 24.º

Na construção das paredes de edificações de carácter permanente, utilizar-se-ão materiais adequados à natureza, importância, carácter, destino e localização dessas edificações, os quais devem oferecer, em todos os casos, suficientes condições de segurança e durabilidade.

ARTIGO 25.º

Para as paredes das edificações correntes destinadas a habitação, quando construídas de alvenaria de pedra ou tijolo cerâmico maciço de 1.ª qualidade, com dimensões de 0,23m × 0,11m × 0,07m, poderá considerar-se assegurada, sem outra justificação, a sua resistência, sempre que se adoptem as espessuras mínimas fixadas na tabela da página seguinte.

§ 1.º Quando se empreguem tijolos de outras dimensões, admitir-se-á a tolerância até 10% nas espessuras correspondentes às indicações da tabela para as paredes de tijolo.

§ 2.º É permitido o emprego de alvenaria mista de tijolo maciço e furado nas paredes dos grupos A e B, nos dois andares superiores das edificações, desde que os topos dos furos ou canais dos tijolos não fiquem nos paramentos exteriores.

§ 3.º É permitindo o emprego de tijolo furado nas paredes do grupo C nos dois andares superiores, nas do grupo D nos quatro andares superiores e nas do grupo E em todos os andares acima do terreno.

§ 4.º É obrigatório o emprego de pedra rija nas paredes de alvenaria de pedra irregular dos andares abaixo dos quatro superiores, sempre que se adoptem as espessuras mínimas fixadas.

Decreto-Lei n.º 38 382, de 7 de Agosto de 1951

§ 5.º A alvenaria de pedra talhada (perpianho ou semelhante) será constituída por paralele-pípedos de pedra rija que abranja toda a espessura da parede.

ARTIGO 26.º

As câmaras municipais só poderão autorizar, para as paredes das edificações correntes destinadas a habitação, construídas de alvenaria de pedra ou tijolo, espessuras inferiores aos mínimos fixados no artigo anterior, desde que:

1 – Sejam asseguradas ao mesmo tempo as disposições porventura necessárias para que não resultem diminuídas as condições de salubridade da edificação, particularmente pelo que se refere à protecção contra a humidade, variações de temperatura e propagação de ruídos e vibrações;

2 – Sejam justificadas as espessuras propostas, por ensaios em laboratórios oficiais ou por cálculos rigorosos em que se tenham em consideração a resistência verificada dos materiais empregados e as forças actuantes, incluindo nestas não só as cargas verticais, como também a acção do vento, as componentes verticais e horizontais das forças oblíquas e as solicitações secundárias a que as paredes possam estar sujeitas por virtude de causas exteriores ou dos sistemas de construção adoptados.

§ único. Poderá também exigir-se o cumprimento do prescrito no corpo deste artigo, quaisquer que sejam as espessuras propostas, quando na construção das paredes se empreguem outros materiais ou elas tenham constituição especial.

Espessura de paredes de alvenaria de pedra ou de tijolo (não incluídos rebocos e guarneceimentos)
(Tabela a que se refere o artigo 25.º)

Ordem do andar (a partir de cima)	GRUPO A — Paredes das fachadas			GRUPO B — Paredes das empenas			GRUPO C — Paredes de separações entre habitações Paredes de caixa da escada Paredes interiores carregadas em geral			GRUPO D — Paredes interiores de pequena extensão livre servindo de apoio a pavimentos de reduzido vão (máximo de 3 m² de pavimento por metro linear)			GRUPO E — Paredes interiores não recebendo cargas		
	Pedra		Tijolo	Pedra		Tijolo	Pedra		Tijolo	Pedra		Tijolo	Pedra		Tijolo
	Talhada — Centimetros	Irregular — Centimetros	Vezes	Talhada — Centimetros	Irregular — Centimetros	Vezes	Talhada — Centimetros	Irregular — Centimetros	Vezes	Talhada — Centimetros	Irregular — Centimetros	Vezes	Talhada — Centimetros	Irregular — Centimetros	Vezes
1 ……	28	40	1	28	40	1	22	–	1	–	–	1/2	–	–	1/2
2 ……	28	40	1½	28	40	1½	22	–	1	–	–	1/2	–	–	1/2
3 ……	32	50	2	32	40	1½	22	–	1	–	–	1	–	–	1/2
4 ……	–	60	2½	32	50	2	22	–	1	–	–	1	–	–	1/2
5 ……	–	70	3	32	50	2	28	40	1½	–	–	1	–	–	1
6 ……	–	80	3½	–	60	2½	28	40	1½	–	–	1	–	–	1
7 ……	–	90	4	–	60	2½	32	50	2	28	40	1½	28	40	1½

ARTIGO 27.º

A justificação da resistência das paredes poderá ainda ser exigida quando tenham alturas livres superiores a 3,50m ou estejam sujeitas a solicitações superiores às verificadas nas habitações correntes, particularmente quando a edificação se destine a fins susceptíveis de lhe impor

VI – Regime da Urbanização e da Edificação

sobrecargas superiores a 300Kg por metro quadrado de pavimento ou de a sujeitar a esforços dinâmicos consideráveis.

ARTIGO 28.º

Nas edificações construídas com estruturas independentes de betão armado ou metálicas, as espessuras das paredes de simples preenchimento das malhas verticais das estruturas, quando de alvenaria de pedra ou de tijolo poderão ser reduzidas até aos valores mínimos de cada grupo fixados no artigo 25.º, desde que o menor vão livre da parede entre os elementos horizontais ou verticais da estrutura não exceda 3,50 m.

ARTIGO 29.º

A construção das paredes das caves que ficarem em contacto com o terreno exterior obedecerá a especificado no n.º 3 do artigo 19.º deste regulamento.

Nas caves consideradas habitáveis, quando não se adoptem outras soluções comprovadamente equivalentes do ponto de vista da salubridade da habitação, a espessura das paredes não poderá ser inferior a 60 cm e o seu paramento exterior será guarnecido até 20 cm acima do terreno exterior, com revestimento impermeável resistente, sem prejuízo de outras precauções consideradas necessárias para evitar a humidade no interior das habitações.

ARTIGO 30.º

Todas as paredes em elevação, quando não sejam construídas com material preparado para ficar à vista, serão guarnecidas, tanto interior como exteriormente, com revestimentos apropriados, de natureza, qualidade e espessura tais que, pela sua resistência à acção do tempo, garantam a manutenção das condições iniciais de salubridade e bom aspecto da edificação.

§ 1.º Os revestimentos exteriores serão impermeáveis sempre que as paredes estejam expostas à acção frequente dos ventos chuvosos.

§ 2.º O revestimento exterior das paredes das mansardas ou das janelas de trapeira será de material impermeável, com reduzida condutibilidade calorífera e resistente à acção dos agentes atmosféricos e ao fogo.

ARTIGO 31.º

As paredes das casas de banho, retretes, copas, cozinhas e locais de lavagem serão revestidos até, pelo menos, à altura de 1,50m com materiais impermeáveis, de superfície aparente lisa e facilmente lavável.

ARTIGO 32.º

Os paramentos exteriores das fachadas que marginem as vias públicas mais importantes designadas em postura municipal serão guarnecidos inferiormente de pedra aparelhada ou de outro material resistente ao desgaste e fácil de conservar limpo e em bom estado.

ARTIGO 33.º

No guarnecimento dos vãos abertos em paredes exteriores de alvenaria, quando não se empregar cantaria ou betão, utilizar-se-á pedra rija ou tijolo maciço e argamassa hidráulica. Para a fixação dos aros exteriores utilizar-se-á material resistente, com exclusão da madeira.

ARTIGO 34.º

Todas as cantarias aplicadas em guarnecimento de vãos ou revestimento de paredes serão ligadas ao material das mesmas paredes por processos que dêem suficiente garantia de solidez e duração.

Decreto-Lei n.° 38382, de 7 de Agosto de 1951   843

CAPÍTULO IV – Pavimentos e coberturas

ARTIGO 35.°

Na constituição dos pavimentos das edificações deve atender-se não só às exigências da segurança, como também às de salubridade e à defesa contra propagação de ruídos e vibrações.

ARTIGO 36.°

As estruturas dos pavimentos e coberturas das edificações serão construídas de madeira, betão armado, aço e outros materiais apropriados que possuam satisfatórias qualidades de resistência e duração. As secções transversais dos respectivos elementos serão justificadas pelo cálculo ou por experiências, devendo atender-se, para este fim, à disposição daqueles elementos, à capacidade de resistência dos materiais empregados e às solicitações inerentes à utilização da estrutura.

ARTIGO 37.°

Nos pavimentos de madeira das edificações correntes destinadas a habitação, as secções transversais das vigas poderão ser as justificadas pelo uso para idênticos vãos e cargas máximas não sendo todavia consentidas secções inferiores à de 0,16m x 0,08m, ou equivalente a esta em resistência e rigidez. A este valor numérico corresponderá afastamento entre eixos não superior a 0,40m. As vigas serão convenientemente tarugadas, quando o vão for superior a 2,5m.

ARTIGO 38.°

Nas coberturas das edificações correntes, com inclinação não inferior a 20° nem superior a 45°, apoiadas sobre estruturas de madeira, poderão empregar-se, sem outra justificação, as secções mínimas seguintes ou suas equivalentes em resistência e rigidez, desde que não se excedam as distâncias máximas indicadas.

Elementos da estrutura	Distância máxima entre eixos — Metros	Secção mínima dos elementos altura por largura — Centímetros
Madres	2,00	16 × 8
Varas para telha tipo marselha	0,50	10 × 5
Varas para telha tipo canudo	0,40	14 × 7
Ripas para telha tipo marselha	Comprimento da telha	3 × 2,5

ARTIGO 39.°

As estruturas das coberturas e pavimentos serão devidamente assentes nos elementos de apoio e construídas de modo que estes elementos não fiquem sujeitos a esforços horizontais importantes, salvo se para lhes resistirem se tomarem disposições apropriadas.

§ único. Quando se utilize madeira sem tratamento prévio adequado, os topos das vigas das estruturas dos pavimentos ou coberturas, introduzidas nas paredes de alvenaria, serão sempre protegidos com induto ou revestimento apropriados que impeçam o seu apodrecimento.

VI – Regime da Urbanização e da Edificação

ARTIGO 40.º

O pavimento dos andares térreos deve assentar sobre uma camada impermeável ou, quando a sua estrutura for de madeira, ter caixa de ar com a altura mínima de 0,50m e ventilada por circulação transversal de ar, assegurada por aberturas praticadas nas paredes. Destas aberturas, as situadas nas paredes exteriores terão dispositivos destinados a impedir, tanto quanto possível, a passagem de objectos ou animais.

ARTIGO 41.º

Os pavimentos das casas de banho, retretes, copas, cozinhas e outros locais onde forem de recear infiltrações serão assentes em estruturas imputrescíveis e constituídas por materiais impermeáveis apresentando uma superfície plana, lisa e facilmente lavável.

ARTIGO 42.º

As coberturas das edificações serão construídas com materiais impermeáveis, resistentes ao fogo e à acção dos agentes atmosféricos, e capazes de garantir o isolamento calorífero adequado ao fim a que se destina a edificação.

ARTIGO 43.º

Nas coberturas de betão armado dispostas em terraços utilizar-se-ão materiais e processos de construção que assegurem a impermeabilidade daqueles e protejam a edificação das variações de temperatura exterior.

§ 1.º As lajes da cobertura serão construídas de forma que possam dilatar-se ou contrair-se sem originar impulsos consideráveis nas paredes.

§ 2.º Tomar-se-ão as disposições necessárias para rápido e completo escoamento das águas pluviais e de lavagem, não podendo o declive das superfícies de escoamento ser inferior a 1%.

ARTIGO 44.º

Os algerozes dos telhados serão forrados com materiais apropriados para impedir infiltrações nas paredes. O forro deve ser prolongado sob o revestimento da cobertura, formando aba protectora, de largura variável com a área de inclinação do telhado, e nunca inferior a 25 cm. As dimensões dos algerozes serão proporcionadas à extensão da cobertura. O seu declive, no sentido longitudinal, será o suficiente para assegurar rápido escoamento das águas que receberem e nunca inferior a 2 mm por metro. A área útil da secção transversal será, pelo menos, de 2 cm² por cada metro quadrado de superfície coberta horizontal.

Tomar-se-ão as disposições necessárias para assegurar, nas condições menos nocivas possível, a extravasão das águas dos algerozes, no caso de entupimento acidental de um tubo de queda.

CAPÍTULO V – Comunicações verticais

ARTIGO 45.º[1]

As escalas de acesso aos diferentes andares das edificações devem ser seguras, suficientemente amplas, bem iluminadas e ventiladas e proporcionar cómoda utilização.

1 – A redacção deste preceito tinha sido alterada pelo DL n.º 43/82, de 8 de Fevereiro. Todavia, este DL, que nunca chegou a entrar em vigor, foi revogado pelo DL n.º 172-H/86, de 30 de Junho.

ARTIGO 46.º [1-2]

1 – A largura dos lanços das escadas nas moradias unifamiliares será, no mínimo, de 0,80m.

2 – Nas edificações para habitação colectiva até dois pisos ou quatro habitações, servidas pela mesma escada, os lanços desta terão a largura mínima de 0,90m.

3 – Nas edificações para habitação colectiva com mais de dois pisos ou com mais de quatro habitações, servidas pela mesma escada, os lanços terão a largura mínima de 1,10m.

4 – Nas edificações para habitação colectiva, quando os lanços se situem entre paredes, a sua largura mínima será, nos casos referidos no n.º 2, de 1,10m e, nos casos do n.º 3 de 1,20m.

5 – Para edifícios que integrem um corpo de altura superior a 30 m, a largura mínima admissível das escadas é de 1,40 m.

6 – As larguras mínimas dos patamares para onde se abrem as portas de acesso às habitações serão de 1,10m, nos casos contemplados no n.º2, de 1,40m, nos casos referidos no n.º 3, e de 1,50m, nos casos do n.º 5.

7 – Os degraus das escadas das edificações para habitação colectiva terão a largura (cobertor) mínima de 0,25m e a altura (espelho) máxima de 0,193 m.

No entanto, nos edifícios de três, quatro ou cinco pisos e sempre que não seja instalado ascensor, a largura (cobertor) mínima será de 0,280m e a altura (espelho) máxima será de 0,175m.

As dimensões adoptadas manter-se-ão constantes nos lanços entre pisos consecutivos.

1 – Redacção do DL n.º 650/75, de 18 de Novembro.
2 – A redacção deste preceito tinha sido alterada pelo DL n.º 43/82, de 8 de Fevereiro. Todavia, este DL, que nunca chegou a entrar em vigor, foi revogado pelo DL n.º 172-H/86, de 30 de Junho.

ARTIGO 47.º

As escadas de acesso comum nas edificações com mais de três pisos serão, sempre que possível, iluminadas e ventiladas por meio de aberturas praticadas nas paredes, em comunicação directa com o exterior. Todavia, nos dois andares superiores destas edificações, bem como no seu conjunto nas edificações até três pisos, a iluminação e ventilação das escadas de acesso comum poderão fazer-se por clarabóias providas de ventiladores, devendo as escadas ter no seu eixo um espaço vazio com largura não inferior a 40cm. Em todos os casos deverá ter-se em atenção o disposto no artigo 144.º.

ARTIGO 48.º [1]

Todas as edificações com mais de quatro pisos, incluindo cave e sótão quando habitáveis, não dotadas de monta-cargas utilizável por pessoas, terão, além da escada principal, uma escada de serviço, incorporada, sempre que possível, no perímetro da construção, com acesso directo, e quando possível independente, para a rua.

1 – Revogado pelo DL n.º 650/75, de 18 de Novembro.

ARTIGO 49.º [1]

A escada de serviço será estabelecida por forma que permita fácil acesso a todas as habitações e utilização cómoda e segura. Na sua construção utilizar-se-ão materiais resistentes ao desgaste e de fácil limpeza. Os lanços, que serão rectos entre patins, terão a largura mínima de 80 cm. Os degraus terão espelho e as suas dimensões obedecerão ao disposto no artigo 46.º.

1 – Revogado pelo DL n.º 650/75, de 18 de Novembro.

VI – Regime da Urbanização e da Edificação

ARTIGO 50.º [1-2]

1 – Nas edificações para habitação colectiva, quando a altura do último piso destinado a habitação exceder 11,5m, é obrigatória a instalação de ascensores.

A altura referida é medida a partir da cota mais baixa do arranque dos degraus ou rampas de acesso do interior do edifício.

2 – Os ascensores, no mínimo de dois, serão dimensionados de acordo com o número de habitantes e com a capacidade mínima correspondente a quatro pessoas e deverão servir todos os pisos de acesso aos fogos.

3 – Nas edificações para habitação colectiva com mais de três pisos e em que a altura do último piso, destinado à habitação, medida nos termos do n.º 1 deste artigo, for inferior a 11,5m deve prever-se espaço para futura instalação no mínimo de um ascensor.

1 – Redacção do DL n.º 650/75, de 18 de Novembro.
2 – A redacção deste preceito tinha sido alterada pelo DL n.º 43/82, de 8 de Fevereiro. Todavia, este DL, que nunca chegou a entrar em vigor, foi revogado pelo DL n.º 172-H/86, de 30 de Junho.

ARTIGO 51.º

Nas edificações com características especiais, e particularmente naquelas que sejam ocupadas ou frequentadas por grande número de pessoas e nas de grande desenvolvimento em planta, o número e natureza das escadas e dos meios de comunicação vertical, bem como a sua distribuição, serão fixados de modo que seja fácil utilizá-los em todas as circunstâncias.

ARTIGO 52.º

As edificações não destinadas a habitação deverão, quando o seu destino o justifique, ser providas, além de escadas ou rampas, de meios mecânicos de transporte vertical – ascensores, monta-cargas, escadas ou tapetes rolantes – em número e com a capacidade que forem necessários. Estes meios mecânicos servirão, obrigatoriamente, todos os pisos acima do terceiro.

TÍTULO III – Condições especiais relativas à salubridade das edificações e dos terrenos de construção

CAPÍTULO I – Salubridade dos terrenos

ARTIGO 53.º

Nenhuma edificação poderá ser construída ou reconstruída em terreno que não seja reconhecidamente salubre ou sujeito previamente às necessárias obras de saneamento.

ARTIGO 54.º

Em terrenos alagadiços ou húmidos, a construção ou reconstrução de qualquer edificação deverá ser precedida das obras necessárias para o enxugar e desviar as águas pluviais, de modo que o prédio venha a ficar preservado de toda a humidade.

ARTIGO 55.º

Em terrenos onde se tenham feito depósitos ou despejos de imundícies ou de águas sujas provenientes de usos domésticos ou de indústrias nocivas à saúde não poderá executar-se qualquer construção sem previamente se proceder à limpeza e beneficiação completas do mesmo terreno.

Decreto-Lei n.º 38382, de 7 de Agosto de 1951   847

ARTIGO 56.º

Nas zonas urbanas não poderão executar-se quaisquer construções ou instalações onde possam depositar-se imundícies – tais como cavalariças, currais, vacarias, pocilgas, lavadouros, fábricas de produtos corrosivos ou prejudiciais à saúde pública e estabelecimentos semelhantes – sem que os respectivos pavimentos fiquem perfeitamente impermeáveis e se adoptem as demais disposições próprias para evitar a poluição dos terrenos e das águas potáveis ou minero-medicinais.

§ único. O disposto neste artigo aplica-se às construções ou depósitos de natureza agrícola ou industrial nas zonas rurais, sempre que no terreno em que assentarem e a distância inferior a 100m – ou a distância superior quando não seja manifesta a ausência de perigo de poluição – haja nascentes, fontes, depósitos, canalizações ou cursos de água que importe defender.

ARTIGO 57.º

Em terrenos próximos de cemitérios não se poderá construir qualquer edificação sem se fazerem as obras porventura necessárias para os tornar inacessíveis às águas de infiltração provenientes do cemitério.

CAPÍTULO II – Da edificação em conjunto

ARTIGO 58.º

A construção ou reconstrução de qualquer edifício deve executar-se por forma que fiquem assegurados o arejamento, iluminação natural e exposição prolongada à acção directa dos raios solares, e bem assim o seu abastecimento de água potável e a evacuação inofensiva dos esgotos.

§ único. As câmaras municipais poderão condicionar a licença para se executarem obras importantes em edificações existentes à execução simultânea dos trabalhos acessórios indispensáveis para lhes assegurar as condições mínimas de salubridade prescritas neste regulamento.

ARTIGO 59.º

A altura de qualquer edificação será fixada de forma que em todos os planos verticais perpendiculares à fachada nenhum dos seus elementos, com excepção de chaminés e acessórios decorativos, ultrapasse o limite definido pela linha recta a 45.º, traçada em cada um desses planos a partir do alinhamento da edificação fronteira, definido pela intersecção do seu plano com o terreno exterior.

§ 1.º Nas edificações construídas sobre terrenos em declive consentir-se-á, na parte descendente a partir do referido plano médio, uma tolerância de altura até ao máximo de 1,50m.

§ 2.º Nos edifícios de gaveto formado por dois arruamentos de largura ou de níveis diferentes, desde que se não imponham soluções especiais, a fachada sobre o arruamento mais estreito ou mais baixo poderá elevar-se até à altura permitida para o outro arruamento, na extensão máxima de 15m.

§ 3.º Nas edificações que ocupem todo o intervalo entre dois arrua-mentos de larguras ou níveis diferentes, salvo nos casos que exijam solu-ções especiais, as alturas das fachadas obedecerão ao disposto neste artigo.

§ 4.º Em caso de simples interrupção de continuidade numa fila de construções poderá o intervalo entre as duas edificações confinantes ser igual à média das alturas dessas edificações, sem prejuízo, no entanto, do disposto no artigo 60.º.

ARTIGO 60.°

Independentemente do estabelecido no artigo anterior, a distância mínima entre fachadas de edificações nas quais existam vãos de compartimentos de habitação não poderá ser inferior a 10m.

§ único. Tratando-se de arruamentos já ladeados, no todo ou na maior parte, por edificações, as câmaras municipais poderão, sem prejuízo do que esteja previsto em plano de urbanização aprovado, estabelecer alinhamentos com menor intervalo, não inferior, contudo, ao definido pelas construções existentes.

ARTIGO 61.°

Independentemente do disposto nos artigos 59.° e 60.°, e sem prejuízo do que esteja previsto em plano de urbanização aprovado, as câmaras municipais poderão estabelecer a obrigatoriedade, generalizada ou circunscrita apenas a arruamentos ou zonas determinadas em cada localidade, da construção de edificações recuadas em relação aos limites do arruamento, qualquer que seja a largura deste, e fixar também quer a profundidade mínima deste recuo, quer a natureza do arranjo e o tipo da vedação dos terrenos livres entre o arruamento e as fachadas.

ARTIGO 62.°

As edificações para habitação multifamiliar ou colectiva deverão dispor-se nos respectivos lotes de forma que o menor intervalo entre fachadas posteriores esteja de acordo com o estabelecido no artigo 59.°.

§ 1.° Para os efeitos do corpo deste artigo, sempre que não tenha sido organizado logradouro comum que assegure condição nele estabelecida, cada edificação deverá ser provida de um logradouro próprio, com toda a largura do lote e com fácil acesso do exterior.

§ 2.° O logradouro a que alude o parágrafo anterior deverá ter em todos os seus pontos profundidade não inferior a metade da altura correspondente da fachada adjacente, medida na perpendicular a esta fachada no ponto mais desfavorável, com o mínimo de 6 m e sem que a área livre e descoberta seja inferior a 40m².

§ 3.° Nos prédios de gaveto poderão dispensar-se as condições de largura e profundidade mínima de logradouro referidas no corpo deste artigo desde que fiquem satisfatoriamente asseguradas a iluminação, ventilação e insolação da própria edificação e das contíguas.

ARTIGO 63.°

As câmaras municipais, salvo o disposto no artigo seguinte, não poderão consentir qualquer tolerância quanto ao disposto nos artigos anteriores deste capítulo, a não ser que reconhecidamente se justifiquem por condições excepcionais e irremediáveis, criadas antes da publicação deste regulamento, e somente se ficarem garantidas, em condições satisfatórias, a ventilação e iluminação natural e, tanto quanto possível, a insolação do edifício em todos os seus pisos habitáveis.

§ único. As concessões ao abrigo do disposto no presente artigo basear-se-ão sempre em parecer favorável da respectiva comissão municipal de higiene.

ARTIGO 64.°

Poderão admitir-se outras soluções em desacordo com o disposto nos artigos anteriores, desde que fiquem em todo o caso estritamente asseguradas as condições mínimas de salubridade exigíveis, mas só quando se trate de edificações cuja natureza, destino ou carácter arquitectónico requeiram disposições especiais.

Decreto-Lei n.º 38 382, de 7 de Agosto de 1951 849

CAPÍTULO III – Disposições interiores das edificações e espaços livres

ARTIGO 65.º [1-2]

1 – A altura mínima, piso a piso, em edificações destinadas à habitação é de 2,70m (27M), não podendo ser o pé-direito livre mínimo inferior a 2,40m (24M).

2 – Excepcionalmente, em vestíbulos, corredores, instalações sanitárias, despensas e arrecadações será admissível que o pé-direito se reduza ao mínimo de 2,20m (22M).

3 – O pé-direito livre mínimo de pisos destinados a estabelecimentos comerciais é de 3 m (30M).

4 – Nos tectos com vigas, inclinados, abobadados ou, em geral, contendo superfícies salientes, a altura piso a piso e/ou o pé-direito mínimos definidos nos n.os 1 e 3 devem ser mantidos, pelo menos, em 80% da superfície do tecto, admitindo-se na superfície restante que o pé-direito livre possa descer até ao mínimo de 2,20 m ou de 2,70 m, respectivamente, nos casos de habitação e de comércio.

1 – Redacção do DL n.º 650/75, de 18 de Novembro.
2 – Sobre a redução da altura mínima, ou pé direito dos andares, ver o n.º 9 da Portaria n.º 398/72, de 21 de Julho.

ARTIGO 66.º [1-2]

1 – Os compartimentos de habitação não poderão ser em número e área inferiores aos indicados no quadro seguinte.

2 – No número de compartimentos acima referidos não se incluem vestíbulos, instalações sanitárias, arrumos e outros compartimentos de função similar.

3 – O suplemento de área obrigatório referido no n.º 1 não pode dar origem a um espaço autónomo e encerrado, deve distribuir-se pela cozinha e sala, e terá uma sua parcela afectada ao tratamento de roupa, na proporção que estiver mais de acordo com os objectivos da solução do projecto.

4 – Quando o tratamento de roupa se fizer em espaço delimitado, a parcela do suplemento de área referida no n.º 3, destinada a essa função, não deve ser inferior a 2m².

5 – O tipo de fogo é definido pelo número de quartos de dormir, e para a sua identificação utiliza-se o símbolo Tx, em que x representa o número de quartos de dormir.

1 – Redacção do DL n.º 650/75, de 18 de Novembro.
2 – O quadro referido no n.º 1 vem na página imediata.

	Número de compartimentos e tipo de fogo							
	$\frac{2}{T_0}$	$\frac{3}{T_1}$	$\frac{4}{T_2}$	$\frac{5}{T_3}$	$\frac{6}{T_4}$	$\frac{7}{T_5}$	$\frac{8}{T_6}$	Mais de 8 T, > 6
	Áreas em metros quadrados							
Quarto casal	–	10,5	10,5	10,5	10,5	10,5	10,5	10,5
Quarto duplo	–	–	9	9	9	9	9	
Quarto duplo	–	–	–	9	9	9	9	Restantes quartos de 9m²
Quarto duplo	–	–	–	–	–	9	9	
Quarto simples	–	–	–	–	6,5	6,5	6,5	6,5
Quarto simples	–	–	–	–	–	–	6,5	6,5
Sala	10	10	12	12	12	16	16	16
Cozinha	6	6	6	6	6	6	6	6
Suplemento de área obrigatório ...	6	4	6	8	8	8	10	$(x + 4)$ m² $(x = $ número de quartos$)$

850 VI – Regime da Urbanização e da Edificação

ARTIGO 67.º [1]

1 – As áreas brutas dos fogos terão os seguintes valores mínimos:

Área bruta	Tipos de fogo							
	T_0	T_1	T_2	T_3	T_4	T_5	T_6	$T, > 6$
em metros quadrados	35	52	72	91	105	122	134	1,6xAh

2 – Para os fins do disposto neste regulamento, considera-se:

a) Área bruta (Ab) é a superfície total do fogo, medida pelo perímetro exterior das paredes exteriores e eixos das paredes separadoras dos fogos, e inclui varandas privativas, locais acessórios e a quota-parte que lhe corresponda nas circulações comuns do edifício;

b) Área útil (Au) é a soma das áreas de todos os compartimentos da habitação, incluido vestíbulos, circulações interiores, instalações sanitárias, arrumos, outros compartimentos de função similar e armários nas paredes, mede-se pelo perímetro interior das paredes que limitam o fogo, descontando encalços até 30cm, paredes interiores, divisórias e condutas;

c) Área habitável (Ah) é a soma das áreas dos compartimentos da habitação, com excepção de vestíbulos, circulações interiores, instalações sanitárias, arrumos e outros compartimentos de função similar, e mede-se pelo perímetro interior das paredes que limitam o fogo, descontando encalços até 30cm, paredes interiores, divisórias e condutas.

1 – Redacção do DL n.º 650/75, de 18 de Novembro.

ARTIGO 68.º [1-2]

1 – Nas habitações T_0, T_1 e T_2, a área mínima para instalações sanitárias é de 3,5m², sendo o equipamento mínimo definido de acordo com o artigo 84.º.

2 – Nas habitações T_3 e T_4, a área mínima para instalações sanitárias é de 4,5m², subdividida em dois espaços com acesso independente.

3 – Nas instalações sanitárias subdivididas haverá como equipamento mínimo uma banheira e um lavatório, num dos espaços; uma bacia de retrete, um bidé e um lavatório, no outro espaço.

4 – Nas habitações T_5 ou com mais de seis compartimentos, a área mínima para instalações sanitárias é de 6m², desdobrada em dois espaços com acesso independente.

5 – Nas instalações sanitárias desdobradas haverá como equipamento mínimo uma banheira, uma bacia de retrete, um bidé e um lavatório, num dos espaços; e uma bacia de duche, uma bacia de retrete e um lavatório, no outro.

1 – Redacção do DL n.º 650/75, de 18 de Novembro.

2 – A redacção deste preceito tinha sido alterada pelo DL n.º 43/82, de 8 de Fevereiro. Todavia, este DL, que nunca chegou a entrar em vigor, foi revogado pelo DL n.º 172-H/86, de 30 de Junho.

ARTIGO 69.º [1-2]

1 – As dimensões dos compartimentos das habitações referidas n.º 1 do artigo 66.º obedecerão às exigências seguintes:

a) Quando a respectiva área for menor que 9,5 m², a dimensão mínima será 2,10m;

b) Quando a respectiva área for maior ou igual a 9,5m² e menor que 12m², deverá inscrever-se nela um círculo de diâmetro não inferior a 2,40m;

c) Quando a respectiva área for maior ou igual a 12m² e menor que 15m², deverá inscrever-se nela um círculo de diâmetro não inferior a 2,70m;

Decreto-Lei n.° 38382, de 7 de Agosto de 1951   851

d) Quando a respectiva área for maior ou igual a 15 m², o comprimento não poderá exceder o dobro da largura, ressalvando-se as situações em que nas duas paredes opostas mais afastadas se pratiquem vãos, sem prejuízo de que possa inscrever-se nessa área um círculo de diâmetro não inferior a 2,70m.

2 – Quando um compartimento se articular em dois espaços não autónomos, a dimensão horizontal que define o seu contacto nunca será inferior a dois terços da dimensão menor do espaço maior, com o mínimo de 2,10m.

3 – Exceptua-se do preceituado no número anterior o compartimento destinado a cozinha, em que a dimensão mínima admitida será de 1,70m, sem prejuízo de que a distância mínima livre entre bancadas situadas em paredes opostas seja de 1,10 m.

1 – Redacção do DL n.° 650/75, de 18 de Novembro.
2 – A redacção deste preceito tinha sido alterada pelo DL n.° 43/82, de 8 de Fevereiro. Todavia, este DL, que nunca chegou a entrar em vigor, foi revogado pelo DL n.° 172-H/86, de 30 de Junho.

ARTIGO 70.° [1-2]

1 – A largura dos corredores das habitações não deve ser inferior a 1,10 m.

2 – No caso de corredores secundários com comprimento igual ou menor que 1,50m, poderá autorizar-se a largura mínima de 0,90m.

1 – Redacção do DL n.° 650/75, de 18 de Novembro.
2 – A redacção deste preceito tinha sido alterada pelo DL n.° 43/82, de 8 de Fevereiro. Todavia, este DL, que nunca chegou a entrar em vigor, foi revogado pelo DL n.° 172-H/86, de 30 de Junho.

ARTIGO 71.° [1]

1 – Os compartimentos das habitações referidos no n.° 1 do artigo 66.° serão sempre iluminados e ventilados por um ou mais vãos praticados nas paredes, em comunicação directa com o exterior e cuja área total não será inferior a um décimo da área do compartimento com o mínimo de 1,08m² medidos no tosco.

2 – Nos casos em que as condições climáticas e de ruído tal justifiquem, será permitido o uso de varandas envidraçadas, consideradas para efeito deste artigo como espaço exterior, de acordo com os condicio-namentos seguintes:

a) A largura das varandas não poderá exceder 1,80m;

b) As áreas dos vãos dos compartimentos confinantes não serão inferiores a um quinto da respectiva área nem a 3 m²;

c) A área do envidraçado da varanda não será inferior a um terço da respectiva área nem a 4,3m²;

d) A área de ventilação do envidraçado da varanda será, no mínimo, igual a metade da área total do envidraçado.

3 – As frestas praticadas em paredes confinantes com terrenos ou prédios contíguos não são consideradas vãos de iluminação ou ventilação para os fins do disposto neste artigo.

1 – Redacção do DL n.° 650/75, de 18 de Novembro.

ARTIGO 72.°

Deverá ficar assegurada a ventilação transversal do conjunto de cada habitação, em regra por meio de janelas dispostas em duas fachadas opostas.

ARTIGO 73.° [1]

As janelas dos compartimentos das habitações deverão ser sempre dispostas de forma que o seu afastamento de qualquer muro ou fachada fronteiros, medido perpendicularmente ao plano da janela e atendendo ao disposto no artigo 75.°, não seja inferior a metade da altura desse muro ou fachada acima do nível do pavimento do compartimento, com o mínimo de 3m. Além disso não deverá haver a um e outro lado do eixo vertical da janela qualquer obstáculo à iluminação a distância inferior a 2m, devendo garantir-se, em toda esta largura, o afastamento mínimo de 3 m acima fixado.

1 – Os afastamentos referidos neste preceito ficam reduzidos a metade, com um mínimo de 1,5 metro ao limite de qualquer lote contíguo, no âmbito dos processos de reconversão urbanística previstos na Lei n.° 91/95, de 2 de Setembro (artigo 46.°).

ARTIGO 74.°

A ocupação duradoura de logradouros, pátios ou recantos das edificações com quaisquer construções, designadamente telheiros e coberturas, e o pejamento dos mesmos locais com materiais ou volumes de qualquer natureza só podem efectuar-se com expressa autorização das câmaras municipais quando se verifique não advir daí prejuízo para o bom aspecto e condições de salubridade e segurança de todas as edificações directa ou indirectamente afectadas.

ARTIGO 75.°

Sempre que nas fachadas sobre logradouros ou pátios haja varandas, alpendres ou quaisquer outras construções, salientes das paredes, susceptíveis de prejudicar as condições de iluminação ou ventilação, as distâncias ou dimensões mínimas fixadas no artigo 73.° serão contadas a partir dos limites extremos dessas construções.

ARTIGO 76.°

Nos logradouros e outros espaços livres deverá haver ao longo da construção uma faixa de, pelo menos, 1 m de largura, revestida de material impermeável ou outra disposição igualmente eficiente para proteger as paredes contra infiltrações. A área restante deverá ser ajardinada ou ter outro arranjo condigno.

Os pavimentos dos pátios e as faixas impermeáveis dos espaços livres deverão ser construídos com inclinações que assegurem rápido e completo escoamento das águas pluviais ou de lavagem para uma abertura com ralo e vedação hidráulica, que poderá ser ligada ao esgoto do prédio.

ARTIGO 77.° ([1])

1 – Só é permitida a construção de caves destinadas a habitação em casos excepcionais, em que a orientação e o desafogo do local permitam assegurar-lhes boas condições de habitabilidade, reconhecidas pelas câmaras municipais, devendo, neste caso, todos os compartimentos satisfazer às condições especificadas neste regulamento para os andares de habitação e ainda ao seguinte:

a) A cave deverá ter, pelo menos, uma parede exterior completamente desafogada a partir de 0,15m abaixo do nível do pavimento interior;

b) Todos os compartimentos habitáveis referidos no n.° 1 do artigo 66.° deverão ser contíguos à fachada completamente desafogada;

c) Serão adoptadas todas as disposições construtivas necessárias para garantir a defesa da cave contra infiltrações de águas superficiais e contra a humidade telúrica e para impedir que quaisquer emanações subterraneas penetrem no seu interior;

d) O escoamento dos esgotos deverá ser conseguido por gravidade.

2 – No caso de habitações unifamiliares isoladas que tenham uma fachada completamente desafogada e, pelo menos, duas outras também desafogadas, só a partir de 1 m de altura acima

do pavimento interior po-derão dispor-se compartimentos habitacionais contíguos a qualquer das fachadas. Para o caso de habitações unifamiliares geminadas, exigir-se-á, para este efeito, além de uma fachada completamente desafogada, ape-nas uma outra desafogada, nos termos já referidos para a outra hipótese.

3 – Se da construção da cave resultar a possibilidade de se abrirem janelas sobre as ruas ou sobre o terreno circundante, não poderão aquelas, em regra, ter os seus peitoris a menos de 0,40cm acima do nível exterior.

1 – Redacção do DL n.° 650/75, de 18 de Novembro.

ARTIGO 78.°

Poderá autorizar-se a construção de caves que sirvam exclusivamente de arrecadação para uso dos inquilinos do próprio prédio ou de armazém ou arrecadação de estabelecimentos comerciais ou industriais existentes no mesmo prédio. Neste caso o pé-direito mínimo será de 2,20m e as caves deverão ser suficientemente arejadas e protegidas contra a humidade e não possuir qualquer comunicação directa com a parte do prédio destinada a habitação.

§ único. As câmaras municipais poderão ainda fixar outras disposições especiais a que devam obedecer as arrecadações nas caves, tendentes a impedir a sua utilização eventual para fins de habitação.

ARTIGO 79.° ([1])

Os sótãos, águas-furtadas e mansardas só poderão ser utilizados para fins de habitação quando satisfaçam a todas as condições de salubridade previstas neste regulamento para os andares de habitação. Será, no entanto, permitido que os respectivos compartimentos tenham o pé-direito mínimo regulamentar só em metade da sua área, não podendo, porém, em qualquer ponto afastado mais de 30cm do perímetro do compartimento, o pé-direito ser inferior a 2 m. Em todos os casos deverão ficar devida-mente asseguradas boas condições de isolamento térmico.

1 – Ver o n.° 10 da Portaria n.° 398/72, de 21 de Julho.

ARTIGO 80.°

As caves, sótãos, águas-furtadas e mansardas só poderão ter acesso pela escada principal da edificação ou por elevador quando satisfaçam às condições mínimas de habitabilidade fixadas neste regulamento. É interdita a construção de cozinhas ou retretes nestes locais quando não reúnam as demais condições de habitabilidade.

ARTIGO 81.°

As câmaras municipais poderão estabelecer nos seus regulamentos a obrigatoriedade de adopção, em zonas infestadas pelos ratos, de disposições construtivas especiais tendo por fim impossibilitar o acesso destes animais ao interior das edificações.

ARTIGO 82.°

As câmaras municipais, nas regiões sezonáticas ou infestadas por moscas, mosquitos e outros insectos prejudiciais à saúde, poderão determinar que os vãos das portas e janelas sejam convenientemente protegidos com caxilhos fixos ou adequadamente mobilizáveis, com rede mosquiteira ou com outras modalidades construtivas de adequada eficiência.

CAPÍTULO IV – Instalações sanitárias e esgotos

ARTIGO 83.º

Todas as edificações serão providas de instalações sanitárias adequadas ao destino e utilização efectiva da construção e reconhecidamente salubres tendo em atenção, além das disposições deste regulamento, as do Regulamento Geral das Canalizações de Esgoto.

ARTIGO 84.º (¹)

1 – Em cada habitação, as instalações sanitárias serão quantitativamente proporcionadas ao número de compartimentos e terão, como mínimo, uma instalação com lavatório, banheira, uma bacia de retrete e um bidé.

2 – Em cada cozinha é obrigatória a instalação de um lava-loiça e uma saída de esgoto através de um ramal de ligação com 50mm de diâmetro e construída com materiais que permitam o escoamento a temperaturas até 70°C, sem alteração no tempo das características físicas das tubagens desse ramal.

1 – Redacção do DL n.º 650/75, de 18 de Novembro.

ARTIGO 85.º

As instalações sanitárias das habitações serão normalmente incorporadas no perímetro da construção, em locais iluminados e arejados. Quando seja impossível ou inconveniente fazê-lo, e especialmente tratando-se de prédios já existentes, as instalações sanitárias poderão dispor-se em espaços contíguos à habitação, de acesso fácil e abrigado, localizado por forma que não prejudique o aspecto exterior da edificação.

ARTIGO 86.º

As retretes não deverão normalmente ter qualquer comunicação directa com os compartimentos de habitação. Poderá, todavia, consentir-se tal comunicação quando se adoptem as disposições necessárias para que desse facto não resulte difusão de maus cheiros nem prejuízo para a salubridade dos compartimentos comunicantes e estes não sejam a sala de refeições, cozinha, copa ou despensa.

ARTIGO 87.º (¹)

1 – As instalações sanitárias terão iluminação e renovação permanente de ar asseguradas directamente do exterior da edificação, e a área total envidraçada do vão ou vãos abertos na parede, em contacto directo com o exterior, não poderá ser inferior a 0,54 m², medida no tosco, devendo a parte de abrir ter, pelo menos, 0,36m².

2 – Em casos especiais, justificados por características próprias da edificação no seu conjunto, poderá exceptuar-se o disposto no número anterior, desde que fique eficazmente assegurada a renovação constante e suficiente do ar, por ventilação natural ou forçada, desde que o respectivo sistema obedeça ao condicionalismo previsto no artigo 17.º.

3 – Em caso algum será prevista a utilização de aparelhos de combustão, designadamente esquentador a gás, nas instalações sanitárias.

1 – Redacção do DL n.º 650/75, de 18 de Novembro.

ARTIGO 88.º

Todas as retretes serão providas de uma bacia munida de sifão e de um dispositivo para a sua lavagem. Onde exista rede pública de distribuição de água será obrigatória a instalação de

Decreto-Lei n.º 38 382, de 7 de Agosto de 1951

autoclismo de capacidade conveniente ou de outro dispositivo que assegure a rápida remoção das matérias depositadas na bacia.

ARTIGO 89.º

Serão aplicáveis aos urinóis as disposições deste regulamento relativas às condições de salubridade das retretes.

ARTIGO 90.º

As canalizações de esgoto dos prédios serão delineadas e estabelecidas de maneira a assegurar em todas as circunstâncias a boa evacuação das matérias recebidas. Deverão ser acessíveis e facilmente inspeccionáveis, tanto quanto possível, em toda a sua extensão, sem prejuízo do bom aspecto exterior da edificação. Nas canalizações dos prédios é interdito o emprego de tubagem de barro comum, mesmo vidrada.

ARTIGO 91.º

Será assegurado o rápido e completo escoamento das águas pluviais caídas em qualquer local do prédio. Os tubos de queda das águas pluviais serão independentes dos tubos de queda destinados ao esgoto de dejectos e águas servidas.

ARTIGO 92.º

Serão tomadas todas as disposições necessárias para rigorosa defesa da habitação contra emanações dos esgotos susceptíveis de prejudicar a saúde ou a comodidade dos ocupantes. Qualquer aparelho ou orifício de escoamento, sem excepção, desde que possa estabelecer comunicação entre canalizações ou reservatórios de águas servidas ou de dejectos e a habitação, incluindo os escoadouros colocados nos logradouros ou em outro qualquer local do prédio, será ligado ao ramal da evacuação por intermédio de um sifão acessível e de fácil limpeza e em condições de garantir uma vedação hidráulica efectiva e permanente.

ARTIGO 93.º

Serão adoptadas todas as precauções tendentes a assegurar a ventilação das canalizações de esgoto e a impedir o esvaziamento, mesmo temporário, dos sifões e a consequente descontinuidade da vedação hidráulica.

§1.º Os tubos de queda dos dejectos e águas servidas dos prédios serão sempre prolongados além da ramificação mais elevada, sem diminuição de secção, abrindo livremente na atmosfera a, pelo menos, 50 cm acima do telhado ou, quando a cobertura formar terraço, a 2m do seu nível e a 1 m acima de qualquer vão ou simples abertura em comunicação com os locais de habitação, quando situados a uma distância horizontal inferior a 4 m da desembocadura do tubo.

§ 2.º Nas edificações com instalações sanitárias distribuídas por mais de um piso é ainda obrigatória a instalação de um tubo geral de ventilação, de secção útil constante, adequada à sua extensão e ao número e natureza dos aparelhos servidos. Este tubo, a que se ligarão os ramais da ventilação dos sifões ou grupos de sifões a ventilar, poderá inserir-se no tubo de queda 1 m acima da última ramificação ou abrir-se livremente na atmosfera nas condições estabelecidas para os tubos de queda. Inferiormente o tubo geral de ventilação será inserido no tubo de queda a jusante da ligação do primeiro ramal de descarga.

ARTIGO 94.º

Os dejectos e águas servidas deverão ser afastados dos prédios prontamente e por forma tal que não possam originar quaisquer condições de insalubridade.

VI – Regime da Urbanização e da Edificação

§ único. Toda a edificação existente ou a construir será obrigatoriamente ligada à rede pública de esgotos por um ou mais ramais, em regra privativos da edificação, que sirvam para a evacuação dos seus esgotos.

ARTIGO 95.º

Nos locais ainda não servidos por colector público acessível os esgotos dos prédios serão dirigidos para instalações cujos efluentes sejam suficientemente depurados. É interdita a utilização de poços perdidos ou outros dispositivos susceptíveis de poluir o subsolo ou estabelecidos em condições de causarem quaisquer outros danos à salubridade pública.

§ único. As instalações referidas neste artigo não poderão continuar a ser utilizadas logo que aos prédios respectivos for assegurado esgoto para colector público e, ao cessar a sua utilização, serão demolidas ou entulhadas, depois de cuidadosamente limpas e desinfectadas.

ARTIGO 96.º

É proibido o escoamento, mesmo temporário, para cursos de água, lagos ou para o mar dos dejectos ou águas servidas de qualquer natureza não sujeitas a tratamento prévio conveniente, quando daí possam advir condições de insalubridade ou prejuízo público.

ARTIGO 97.º

Em todas as edificações com mais de quatro pisos, incluindo cave e sótão, sempre que habitáveis e quando não se preveja outro sistema mais aperfeiçoado de evacuação de lixos, deverá, pelo menos, existir um compartimento facilmente acessível, destinado a nele se depositarem contentores dos lixos dos diversos pisos.

§ único. Os compartimentos a que se refere o corpo deste artigo deverão ser bem ventilados e possuir disposições apropriadas para a sua lavagem frequente.

ARTIGO 98.º

As canalizações destinadas à evacuação dos lixos dos inquilinos dos diversos pisos – quando previstas – deverão ser verticais, ter secção útil proporcionada ao número de inquilinos e diâmetro mínimo de 30cm.

Em cada piso haverá, pelo menos, uma boca de despejo facilmente acessível e ligada à canalização vertical por meio de ramais, cuja inclinação sobre a horizontal nunca deve ser inferior a 45°.

§ 1.º Tanto a canalização vertical como os ramais de evacuação deverão ser constituídos por tubagens de grés vidrado ou outro material não sujeito a corrosão e de superficie interior perfeitamente lisa em toda a sua extensão e devem, além disso, possuir disposições eficazes de ventilação, lavagem e limpeza.

§ 2.º As bocas de despejo devem funcionar facilmente e satisfazer aos requisitos de perfeita vedação e higiene na sua utilização.

ARTIGO 99.º

A introdução em colectores públicos de produtos ou líquidos residuais de fábricas, garagens ou de outros estabelecimentos, e susceptíveis de prejudicarem a exploração ou o funcionamento das canalizações e instalações do sistema de esgotos públicos, só poderá ser autorizada quando se verifique ter sido precedida das operações necessárias para garantir a inocuidade do efluente.

ARTIGO 100.º

Os ramais de ligação dos prédios aos colectores públicos ou a quaisquer outros receptores terão secções úteis adequadas ao número e natureza dos aparelhos que servirem à área de drenagem e aos caudais previstos. Serão solidamente assentes e facilmente inspeccionáveis em toda a sua extensão, particularmente nos troços em que não for possível evitar a sua colocação sob as edificações. Não serão permitidas, em regra, inclinações inferiores a 2 cm nem superiores a 4 cm por metro, devendo, em todos os casos, tomar-se as disposições complementares porventura necessárias, quer para garantir o perfeito escoamento e impedir acumulação de matérias sólidas depositadas, quer para obstar ao retrocesso dos esgotos para as edificações, especialmente em zonas inundáveis.

CAPÍTULO V – Abastecimento de água potável

ARTIGO 101.º

As habitações deverão normalmente ter assegurado o seu abastecimento de água potável na quantidade bastante para a alimentação e higiene dos seus ocupantes.

§ único. Salvo os casos de isenção legal, os prédios situados em locais servidos por rede pública de abastecimento de água serão providos de sistemas de canalizações interiores de distribuição, ligadas àquela rede por meio de ramais privativos, devendo dar-se a uns e outros traçados e dimensões tais que permitam o abastecimento directo e contínuo de todos os inquilinos.

ARTIGO 102.º

As canalizações, dispositivos de utilização e acessórios de qualquer natureza das instalações de água potável dos prédios serão estabelecidos e explorados tendo em atenção as disposições do presente regulamento e as do Regulamento Geral do Abastecimento de Água, de forma que possam rigorosamente assegurar a protecção da água contra contaminação ou simples alteração das suas qualidades.

§ 1.º As instalações de distribuição de água potável serão inteiramente distintas de qualquer outra instalação de distribuição de água ou de drenagem. As canalizações de água manter-se-ão isoladas das canalizações de esgoto em todo o seu traçado.

§ 2.º A alimentação, pelas instalações de água potável, das bacias de retrete, urinóis ou quaisquer outros recipientes ou canalizações insalubres só poderá ser feita mediante interposição de um dispositivo isolador adequado.

§ 3.º Nas instalações de água potável é interdita a utilização de materiais que não sejam reconhecidamente impermeáveis e resistentes ou que não ofereçam suficientes garantias de inalterabilidade da água até à sua utilização.

ARTIGO 103.º

As instalações de distribuição de água potável devem estabelecer-se de modo que ela siga directamente da origem do abastecimento do prédio até aos dispositivos de utilização, sem retenção prolongada em quaisquer reservatórios.

§ único. Quando seja manifestamente indispensável o emprego de depósitos de água potável, terão estes disposições que facilitem o seu esvaziamento total e limpeza frequentes. Serão instalados em locais salubres e arejados, distantes das embocaduras dos tubos de ventilação dos esgotos e protegidos contra o calor. Quando necessário, serão ventila-dos, mas sempre protegidos eficazmente contra a entrada de mosquitos, de poeiras ou de outras matérias estranhas.

ARTIGO 104.º

Os poços e cisternas deverão ficar afastados de origens de possíveis conspurcações da água. Tomar-se-ão, além disso, as precauções necessárias para impedir a infiltração de águas superfi-

VI – Regime da Urbanização e da Edificação

ciais, assegurar conveniente ventilação e opor-se à entrada de mosquitos, poeiras ou de quaisquer outras matérias nocivas. Para extrair a água apenas se poderão utilizar sistemas que não possam ocasionar a sua inquinação.

ARTIGO 105.°

As paredes dos poços serão guarnecidas de revestimento impermeável nos seus primeiros metros e elevar-se-ão acima do terreno no mínimo de 0,50m, devendo evitar-se, em todos os casos, a infiltração de águas sujas, protegendo o terreno adjacente ao perímetro da boca numa faixa de largura não inferior a 1,50 m e com declive para a periferia. As coberturas dos poços serão sempre estanques. Qualquer abertura de ventilação deve obedecer às exigências mencionadas na última parte do § único do artigo 103.°.

ARTIGO 106.°

As cisternas deverão ser providas de dispositivos eficazes que impeçam a recolha das primeiras águas caídas nas coberturtas do prédio e que retenham a todo o momento quaisquer matérias sólidas arrastadas pela água recolhida.

Terão sempre cobertura rigorosamente estanque e qualquer abertura para arejamento deverá ser protegida contra a entrada de mosquitos, poeiras ou outras matérias estranhas.

ARTIGO 107.°

Será interdita a utilização de poços ou cisternas para o abastecimento de água de alimentação sempre que se verifiquem condições de deficiente segurança contra quaisquer possibilidades de contaminação.

CAPÍTULO VI – Evacuação dos fumos e gases

ARTIGO 108.°

Os compartimentos das habitações e quaisquer outros destinados à permanência de pessoas nos quais se preveja que venham a funcionar aparelhos de aquecimento por combustão serão providos dos dispositivos necessários para a sua ventilação e completa evacuação dos gases ou fumos susceptíveis de prejudicar a saúde ou o bem-estar dos ocupantes.

§ único. Quando as condições climatéricas locais o justifiquem, as câmaras municipais poderão tornar obrigatória a previsão, nos projectos de edificações, do aquecimento por aparelhos de combustão de todos os compartimentos destinados a habitação ou a maior permanência de pessoas e impor a consequente realização dos dispositivos mencionados no presente artigo.

ARTIGO 109.°

As cozinhas serão sempre providas de dispositivos eficientes para evacuação de fumos e gases e eliminação dos maus cheiros.

§ único. Quando nelas se instalar chaminé com lareira, esta terá sempre a profundidade de 0,50m, pelo menos, e conduta privativa para a evacuação do fumo e eliminação dos maus cheiros.

ARTIGO 110.° ([1])

1 – As condutas de fumo que sirvam chaminés, fogões de aquecimento, caloríferos e outras origens de fumo semelhantes serão independentes.

2 – No entanto, poderão ser aplicadas soluções de execução de condutas colectivas a que se ligam, com desfasamento de um piso, as fugas individuais.

Decreto-Lei n.° 38 382, de 7 de Agosto de 1951

3 – É indispensável, como complemento às soluções definidas no n.° 2, instalação nas saídas das chaminés de exaustores estáticos, convenien-temente conformados e dimensionados.

1 – Redacção do DL n.° 650/75, de 18 de Novembro.

ARTIGO 111.°

As chaminés de cozinha ou de aparelhos de aquecimento e as condutas de fumo serão construídas com materiais incombustíveis e ficarão afastadas, pelo menos, 0,20m de qualquer peça de madeira ou de outro material combustível. As condutas de fumo, quando agrupadas, deverão ficar separadas umas das outras por panos de material incombustível, de espessura conveniente e sem quaisquer aberturas. As embocaduras das chaminés e as condutas de fumo terão superfícies interiores lisas e desempenadas. Os registos das condutas de fumo, quando previstos, não deverão poder interceptar por completo a secção de evacuação.

ARTIGO 112.°

As condutas de fumo deverão formar com a vertical ângulo não superior a 30°. A sua secção será a necessária para assegurar boa tiragem até ao capelo, porém, sem descer a menos de 4dm² e sem que a maior dimensão exceda três vezes a menor.

ARTIGO 113.°

As condutas de fumo elevar-se-ão, em regra, pelo menos, 0,50 m acima da parte mais elevada da cobertura do prédio e, bem assim, das edificações contíguas existentes num raio de 10m. As bocas não deverão distar menos de 1,50m de quaisquer vãos de compartimentos de habitação e serão facilmente acessíveis para limpeza.

ARTIGO 114.°

As chaminés de instalações cujo funcionamento possa constituir causa de insalubridade ou de outros prejuízos para as edificações vizinhas serão providas dos dispositivos necessários para remediar estes inconvenientes.

CAPÍTULO VII – Alojamento de animais

ARTIGO 115.°

As instalações para alojamento de animais somente poderão ser consentidas nas áreas habitadas ou suas imediações quando construídas e exploradas em condições de não originarem, directa ou indirectamente, qualquer prejuízo para a salubridade e conforto das habitações.

Os anexos para alojamento de animais domésticos construídos nos logradouros dos prédios, quando expressamente autorizados, não poderão ocupar mais de 1/15 da área destes logradouros.

§ único. As câmaras municipais poderão interditar a construção ou utilização de anexos para instalação de animais nos logradouros ou terrenos vizinhos dos prédios situados em zonas urbanas quando as condições locais de aglomeração de habitações não permitirem a exploração desses anexos sem risco para a saúde e comodidade dos habitantes.

ARTIGO 116.°

As instalações para alojamento de animais constituirão, em regra, construções distintas das de habitação e afastadas delas. Quando tal, porém, não seja possível, serão, pelo menos, separadas das habitações por paredes cheias ou pavimentos contínuos que dêem garantia de isolamento perfeito. Qualquer comunicação directa com os compartimentos das habitações será sempre interdita.

860 VI – Regime da Urbanização e da Edificação

ARTIGO 117.°

As cavalariças, vacarias, currais e instalações semelhantes serão convenientemente iluminados e providos de meios eficazes de ventilação permanente, devendo na sua construção ter-se em atenção, além das disposições do presente regulamento, as constantes da legislação especial aplicável.

ARTIGO 118.°

As paredes das cavalariças, vacarias, currais e instalações semelhantes serão revestidas interiormente, até à altura mínima de 1,50 m acima do pavimento, de material resistente, impermeável e com superfície lisa que permita facilmente frequentes lavagens. Os tectos e as paredes acima desta altura serão rebocados e pintados ou, pelo menos, caiados, desde que a caiação seja mantida em condições de eficácia.

O revestimento do solo será sempre estabelecido de forma a impedir a infiltração ou a estagnação dos líquidos e a assegurar a sua pronta drenagem para a caleira de escoamento, ligada por intermédio de um sifão à tubagem de evacuação dos esgotos do prédio.

§ único. Quando, nas zonas rurais, haja em vista o ulterior aproveitamento dos líquidos acima referidos, o seu escoamento poderá fazer-se para depósitos distantes das habitações, solidamente construídos e perfeitamente estanques, cuja exploração só será permitida em condições de rigorosa garantia de salubridade pública e quando não haja dano para os moradores dos prédios vizinhos.

ARTIGO 119.°

Os estrumes produzidos nas cavalariças, vacarias, currais e instalações semelhantes serão tirados com frequência e prontamente conduzidos para longe das áreas habitadas, dos arruamentos e logradouros públicos e bem assim das nascentes, poços, cisternas ou outras origens ou depósitos de águas potáveis e das respectivas condutas.

§ único. Nas zonas rurais pode autorizar-se o depósito dos estrumes em estrumeiras ou nitreiras, desde que não haja prejuízo para a salubridade pública. As estrumeiras ou nitreiras devem ficar afastadas das habitações ou locais públicos e serão construídas de modo que delas não possam advir infiltrações prejudiciais no terreno e fiquem asseguradas, em condições inofensivas, a evacuação e eliminação dos líquidos exsudados ou a recolha destes em fossas que satisfaçam às condições especificadas no § único do artigo anterior.

ARTIGO 120.°

Serão sempre tomadas precauções rigorosas para impedir que as instalações ocupadas por animais e as estrumeiras ou nitreiras possam favorecer a propagação de moscas ou mosquitos.

TÍTULO IV – Condições especiais relativas à estética das edificações

CAPÍTULO ÚNICO

ARTIGO 121.°

As construções em zonas urbanas ou rurais, seja qual for a sua natu-reza e o fim a que se destinem, deverão ser delineadas, executadas e mantidas de forma que contribuam para dignifi-

Decreto-Lei n.º 38 382, de 7 de Agosto de 1951 861

cação e valorização estética do conjunto em que venham a integrar-se. Não poderão erigir-se quaisquer construções susceptíveis de comprometerem, pela localização, aparência ou proporções, o aspecto das povoações ou dos conjuntos arquitectónicos, edifícios e locais de reconhecido interesse histórico ou artístico ou de prejudicar a beleza das paisagens.

ARTIGO 122.º

O disposto no artigo anterior aplica-se integralmente às obras de conservação, reconstrução ou transformação de construções existentes.

ARTIGO 123.º (¹)

Nas zonas de protecção dos monumentos nacionais e dos imóveis de interesse público não podem as câmaras municipais autorizar qualquer obra de construção ou de alteração de edificações existentes sem prévia aprovação do respectivo projecto pelo Ministro da Educação Nacional. Nas zonas de protecção legalmente estabelecidas para outros edifícios públicos será obrigatória semelhante aprovação prévia pelo Ministro das Obras Públicas.

1 – Sobre zonas de protecção a edifícios públicos de reconhecido valor arquitectónico, a edifícios públicos não classificados como monumentos nacionais e aos edifícios e outras construções de interesse público, ver: Decreto n.º 21 875, de 18 de Novembro de 1932; DL n.º 31 467, de 19 de Agosto de 1941; DL n.º 34 993, de 11 de Outubro de 1945, e DL n.º 40 388, de 21 de Novembro de 1955.

Ver ainda, Lei n.º 13/85, de 6 de Julho (regime de classificação dos bens que integram o património cultural e de delimitação das respectivas áreas de protecção) e arts. 2.º e 3.º do DL n.º 106-F/92, de 1 de Junho.

ARTIGO 124.º (¹)

Não são autorizáveis quaisquer alterações em construções ou elementos naturais classificados como valores concelhios nos termos da Lei n.º 2032, quando delas possam resultar prejuízos para esses valores.

§ 1.º As câmaras municipais poderão condicionar a licença para se executarem trabalhos de reconstrução ou de transformação em construções de interesse histórico, artístico ou arqueológico, que precedentemente tenham sofrido obras parciais em desacordo com o estabelecido neste artigo, à simultânea execução dos trabalhos complementares de correcção necessários para reintegrar a construção nas suas características primitivas. Este condicionamento só poderá ser imposto se a importância das obras requeridas ou o valor histórico, arqueológico ou artístico da construção o justificar.

§ 2.º (²) Das deliberações camarárias tomadas nos termos do presente artigo haverá recurso para a entidade que tiver feito a classificação.

1 – Ver Lei n.º 13/85, de 6 de Julho, e DL n.º 106-F/92, de 1 de Junho.

2 – Este § 2.º deve considerar-se revogado. A tutela administrativa das autarquias locais é meramente inspectiva, o que não se compadece com a possibilidade de recurso administrativo das deliberações camarárias para um órgão da administração central. A inviabilidade do recurso é ainda corolário do princípio da autonomia local.

ARTIGO 125.º

As câmaras municipais poderão proibir a instalação de elementos ou objectos de mera publicidade e impor a supressão dos já existentes, quando prejudiquem o bom aspecto dos arruamentos e praças ou das construções onde se apliquem.

862 VI – Regime da Urbanização e da Edificação

ARTIGO 126.º

As árvores ou os maciços de arborização que, embora situados em logradouros de edificações ou outros terrenos particulares, constituam, pelo seu porte, beleza e condições de exposição, elementos de manifesto interesse público, e como tais oficialmente classificados, não poderão ser suprimidos, salvo em casos de perigo iminente, ou precedendo licença municipal, em casos de reconhecido prejuízo para a salubridade ou segurança dos edifícios vizinhos.

ARTIGO 127.º (¹)

As decisões das câmaras municipais que envolvam recusa ou condicionamento, ao abrigo das disposições do presente capítulo, de autorização para obras ou para modificação de elementos naturais, quando não resultem de imposição legal taxativa, serão sempre fundamentadas em parecer prévio da respectiva comissão municipal de arte e arqueologia, com recurso para o Ministro da Educação Nacional.

1 – Este preceito tinha correspondência no n.º 1 do art. 16.º do DL n.º 166/70, de 15 de Abril. O art. 64.º do DL n.º 445/91, de 20 de Novembro, previa o recurso hierárquico de actos administrativos proferidos por organismos da administração central emitidos no âmbito do processo de licenciamento municipal regulado nesse diploma.

Esta mesma forma de impugnação administrativa está prevista no art. 114.º do DL n.º 555/99, de 16 de Dezembro, que estabelece o novo regime da urbanização e da edificação.

TÍTULO V – Condições especiais relativas à segurança das edificações

CAPÍTULO I – Solidez das edificações

ARTIGO 128.º

As edificações serão delineadas e construídas de forma a ficar sempre assegurada a sua solidez e serão permanentemente mantidas em estado de não poderem constituir perigo para a segurança pública e dos seus ocupantes ou para a dos prédios vizinhos.

ARTIGO 129.º

As disposições do artigo anterior são aplicáveis às obras de reconstrução ou transformação de edificações existentes. Quando se trate de ampliação ou outra transformação de que resulte aumento das cargas transmitidas aos elementos não transformados da edificação ou às fundações, não poderão as obras ser iniciadas sem que se demonstre que a edificação suportará com segurança o acréscimo de solicitação resultante da obra projectada.

ARTIGO 130.º

A nenhuma edificação ou parte de edificação poderá ser dada, mesmo temporariamente, aplicação diferente daquela para que foi projectada e construída, e da qual resulte agravamento das sobrecargas inicialmente previstas, sem que se verifique que os elementos da edificação e as respectivas fundações suportarão com segurança o correspondente aumento de solicitação ou se efectuem as necessárias obras de reforço.

Decreto-Lei n.º 38 382, de 7 de Agosto de 1951 863

ARTIGO 131.º

Quando as edificações, no todo ou em parte, se destinem a aplicações que envolvam sobrecargas consideráveis, deverá ser afixada de forma bem visível em cada pavimento a indicação da sobrecarga máxima de utilização admissível.

ARTIGO 132.º

Os materiais de que forem construídos os elementos das edificações deverão ser sempre de boa qualidade e de natureza adequada às condições da sua utilização. Todos os elementos activos das edificações e respectivas fundações deverão ser estabelecidos de forma que possam suportar, com toda a segurança e sem deformações inconvenientes, as máximas solicitações a que sejam submetidos. As tensões limites correspondentes à solicitação mais desfavorável em ponto nenhum deverão ultrapassar valores deduzidos dos limites de resistência dos materiais constituintes, por aplicação de coeficientes de segurança convenientemente fixados.

ARTIGO 133.º

Antes da execução das obras ou no decurso, especialmente quando se trate de edificações de grande importância ou destinadas a suportar cargas elevadas, ou ainda quando se utilizem materiais ou processo de construção não correntes, poderá ser exigida a execução de ensaios para demonstração das qualidades dos terrenos ou de materiais, ou para justificação dos limites de tensão admitidos. Igualmente poderá exigir-se que tais edificações sejam submetidas a provas, antes de utilizadas, com o fim de se verificar directamente a sua solidez.

ARTIGO 134.º ([1])

Nas zonas sujeitas a sismos violentos deverão ser fixadas condições restritivas especiais para as edificações, ajustadas à máxima violência provável dos abalos e incidindo especialmente sobre a altura máxima permitida para as edificações, a estrutura destas e a constituição dos seus elementos, as sobrecargas adicionais que devam considerar, os valores dos coeficientes de segurança e a continuidade e homogeneidade do terreno de fundação.

1 – O DL n.º 41 658, de 31 de Maio de 1958, aprovou o Regulamento de Segurança das Construções contra Sismos.

CAPÍTULO II – Segurança pública e dos operários no decurso das obras

ARTIGO 135.º

Durante a execução de obras de qualquer natureza serão obrigatoriamente adoptadas as precauções e as disposições necessárias para garantir a segurança do público e dos operários, para salvaguardar, quanto possível, as condições normais do trânsito na via pública e, bem assim, para evitar danos materiais, mormente os que possam afectar os bens do domínio público do Estado ou dos municípios, as instalações de serviços públicos e os imóveis de valor histórico ou artístico.

Serão interditos quaisquer processos de trabalho susceptíveis de comprometer o exacto cumprimento do disposto neste artigo.

ARTIGO 136.º

Os estaleiros das obras de construção, demolição ou outras que interessem à segurança dos transeuntes, quando no interior de povoações, deverão em regra ser fechados ao longo dos arrua-

864 VI – Regime da Urbanização e da Edificação

mentos ou logradouros públicos por vedações do tipo fixado pelas respectivas câmaras municipais tendo em vista a natureza da obra e as características do espaço público confinante.

§ único. Quando as condições do trânsito na via pública impossibilitem ou tornem inconveniente a construção da vedação, poderão ser impostas, em sua substituição, disposições especiais que garantam por igual a segurança pública, sem embaraço para o trânsito.

ARTIGO 137.°

Os andaimes, escadas e pontes de serviço, passadiços, aparelhos de elevação de materiais e, de um modo geral, todas as construções ou instalações acessórias e dispositivos de trabalho utilizados para a execução das obras deverão ser construídos e conservados em condições de perfeita segurança dos operários e do público e de forma que constituam o menor embaraço possível para o trânsito.

§ único. As câmaras municipais poderão exigir disposições especiais no que se refere à constituição e modo de utilização dos andaimes e outros dispositivos em instalações acessórias das obras, tendo em vista a salvaguarda do trânsito nas artérias mais importantes.

ARTIGO 138.°

Na execução de terraplenagens, abertura de poços, galerias, valas e caboucos, ou outros trabalhos de natureza semelhante, os revestimentos e escoramentos deverão ser cuidadosamente construídos e conservados, adoptando-se as demais disposições necessárias para impedir qualquer acidente, tendo em atenção a natureza do terreno, as condições de trabalho do pessoal e a localização da obra em relação aos prédios vizinhos.

ARTIGO 139.°

Além das medidas de segurança referidas no presente capítulo, poderão as câmaras municipais, tendo em vista a comodidade e a higiene públicas e dos operários, impor outras relativas à organização dos estaleiros.

CAPÍTULO III ([1-2]) – Segurança contra incêndios

ARTIGO 140.° ([1-2])

Todas as edificações deverão ser delineadas e construídas tendo em atenção a segurança dos seus futuros ocupantes em caso de incêndio. Adoptar-se-ão as disposições necessárias para facilitar a extinção do fogo, impedir ou retardar o seu alastramento e evitar a propagação aos prédios vizinhos.

1 – Este Capítulo foi revogado relativamente:
– a edifícios para habitação, pelo art. 2.° do DL n.° 64/90, de 21 de Fevereiro, que aprovou o Regulamento de Segurança contra Incêndios em Edifícios de Habitação;
– a edifícios de tipo hospitalar, pelo art. 3.° do DL n.° 409/98, de 23 de Dezembro, que aprovou o Regulamento de Segurança contra Incêndios em Edifícios de Tipo Hospitalar;
– a edifícios de tipo administrativo, pelo art. 3.° do DL n.° 410/98, de 23 de Dezembro, que aprovou o Regulamento de Segurança contra Incêndios em Edifícios de Tipo Administrativo;
– aos edifícios escolares, pelo art. 3.° do DL n.° 414/98, de 31 de Dezembro, que aprovou o Regulamento de Segurança contra Incêndios em Edifícios Escolares.
2 – O DL n.° 61/90, de 15 de Fevereiro, que havia aprovado o Regulamento de Segurança contra Incêndios em Estabelecimentos Comerciais, foi revogado pelo DL n.° 368/99, de 16 de Setembro.
Este último DL aprovou o Regime de protecção contra riscos de incêndio em estabelecimentos comerciais.

Decreto-Lei n.º 38 382, de 7 de Agosto de 1951

ARTIGO 141.º (¹)

A nenhuma edificação ou parte de edificação poderá ser dada, mesmo temporariamente, aplicação diferente daquela para que for autorizada, de que resulte maior risco de incêndio, sem que previamente sejam executadas as obras de defesa indispensáveis para garantia da segurança dos ocupantes do próprio prédio ou dos vizinhos.

1 – Ver notas ao art. 140.º.

ARTIGO 142.º (¹)

Todas as edificações disporão de meios de saída para a via pública, directamente ou por intermédio de logradouros. O número, dimensões, localização e constituição destes meios de saída serão fixados tendo em atenção a natureza da ocupação e a capacidade de resistência da construção ao fogo, por forma a permitir com segurança a rápida evacuação dos ocupantes em caso de incêndio.

§ único. Todas as edificações sem acesso directo pela via pública ou dela afastadas deverão ser servidas por arruamento de largura não inferior a 3m, destinado a viaturas.

1 – Ver notas ao art. 140.º.

ARTIGO 143.º (¹)

As saídas das edificações devem conservar-se permanentemente desimpedidas em toda a sua largura e extensão. É interdito qualquer aproveitamento ou pejamento, mesmo temporário, das saídas, susceptível de afectar a segurança permanente da edificação ou dificultar a evacuação em caso de incêndio.

1 – Ver notas ao art. 140.º.

ARTIGO 144.º (¹)

As escadas de acesso aos andares ocupados das edificações, incluindo os respectivos patamares, e bem assim os acessos comuns a estas escadas, salvo nos casos referidos nos artigos 145.º e 146.º, serão construídos com materiais resistentes ao fogo, podendo, no entanto, ser revestidos com outros materiais. As escadas, desde que sirvam mais de dois pisos, serão encerradas em caixas de paredes igualmente resistentes ao fogo, nas quais não serão permitidos outros vãos em comunicação com o interior das edificações além das portas de ligação com os diversos pisos.

§ único. As caixas das escadas que sirvam mais de três pisos serão sempre providas de dispositivos de ventilação na parte superior.

1 – Ver notas ao art. 140.º.

ARTIGO 145.º (¹)

Nas habitações com o máximo de dois andares sobre o rés-do-chão, incluindo sótão, quando habitável, as escadas poderão ser construídas de materiais não resistentes ao fogo, desde que sejam dotadas inferiormente de um revestimento contínuo, sem fendas ou juntas, resistente ao fogo.

§ único. Nas pequenas habitações com o máximo de um andar sobre o rés-do-chão poderá ser dispensado este revestimento.

1 – Ver notas ao art. 140.º.

ARTIGO 146.º (¹)

O disposto no corpo do artigo anterior poderá ser aplicável a uma das escadas de acesso

VI – Regime da Urbanização e da Edificação

comum das habitações com maior número de andares, providas de escadas de serviço, desde que o número total de pisos habitáveis, incluindo cave e sótão, não exceda cinco.

1 – Ver notas ao art. 140.°.

ARTIGO 147.° (¹)

Tanto nas habitações destinadas ao alojamento de três ou mais inquilinos acima do rés-do--chão como em todas as edificações com mais de três pisos, incluindo o rés-do-chão e o sótão, quando habitável, todas as paredes e os revestimentos dos tectos serão resistentes ao fogo.

Todas as estruturas metálicas que suportem elementos de construção em edificações abrangidas pelo presente artigo serão eficazmente protegidas contra a acção do fogo por revestimentos de materiais isoladores com a necessária espessura.

1 – Ver notas ao art. 140.°.

ARTIGO 148.° (¹)

Nas edificações com mais de cinco pisos, incluindo cave e sótão, quando habitáveis, as paredes exteriores e das caixas das escadas, bem como os pavimentos e a estrutura das escadas, serão construídas com materiais resistentes ao fogo. Não se consideram abrangidos nesta disposição os revestimentos nem as portas e janelas ou outros acessórios ou guarnecimentos de construção.

1 – Ver notas ao art. 140.°.

ARTIGO 149.° (¹)

As edificações contíguas serão separadas por paredes guarda-fogo, as quais, quando se não prevejam outras disposições igualmente eficazes, serão elevadas 60 cm acima da cobertura mais baixa, sempre que esta assente em estrutura não resistente ao fogo. Quando as edificações tiverem grande extensão, serão estabelecidas paredes guarda-fogo intermédias a distâncias não superiores a 40m, excepto quando tal solução for incompatível com as necessidades funcionais das edificações, devendo neste caso ser adoptadas outras medidas de protecção contra o fogo, determinadas pelos serviços competentes.

Nas construções em zonas rurais que compreendam locais de habitação e dependências de carácter rural, como adegas, palheiros, celeiros e instalações de animais, a parte habitada será separada da parte rural por uma parede guarda-fogo.

1 – Ver nota ao art. 140.°.

ARTIGO 150.° (¹)

As paredes guarda-fogo terão uma espessura mínima, que garanta resistência ao fogo, não inferior à de uma parede de alvenaria de pedra irregular de 40cm. Quaisquer vigamentos combustíveis apoiados num e noutro lado de uma parede guarda-fogo deverão ficar separados por uma espessura de alvenaria não inferior a 15cm. Os vãos abertos em paredes guarda-fogo só serão admissíveis quando estritamente indispensáveis e serão sempre vedados por portas resistentes ao fogo.

1 – Ver notas ao art. 140.°.

ARTIGO 151.° (¹)

Quando numa edificação parte for destinada a fins de habitação ou semelhantes quanto aos riscos de incêndios e parte a instalação de estabelecimentos comerciais ou industriais, as duas partes ficarão separadas por elementos resistentes ao fogo, nos quais não será, em regra, permitida a abertura de quaisquer vãos. As duas partes disporão de meios de saída inteiramente independentes.

Decreto-Lei n.º 38382, de 7 de Agosto de 1951 867

§ único. Compete às câmaras municipais impor aos proprietários ou arrendatários dos estabelecimentos comerciais ou industriais já existentes nas condições referidas no presente artigo a execução das obras necessárias para impedir a propagação de fogo.

1 – Ver notas ao art. 140.º.

ARTIGO 152.º (¹)

As caixas dos ascensores não instaladas nas bombas das escadas, as dos monta-cargas, os poços de ventilação, as chaminés de evacuação de lixo, quando interiores, e quaisquer outras instalações semelhantes serão completamente encerradas em paredes resistentes ao fogo e os vãos de acesso serão dotados de portas igualmente resistentes ao fogo, que vedem perfeitamente e se mantenham sempre fechadas por intermédio de dispositivos convenientes.

1 – Ver notas ao art. 140.º.

ARTIGO 153.º (¹)

É interdito, em regra, o emprego de colmo ou de outros materiais combustíveis no revestimento das coberturas das edificações. Exceptuam-se as pequenas construções servindo de dependências de carácter rústico e que fiquem afastadas de qualquer habitação.

1 – Ver notas ao art. 140.º.

ARTIGO 154.º (¹)

Para o acesso aos telhados das edificações será estabelecida, pelo menos, uma escada entre cada duas paredes guarda-fogo consecutivas. Igualmente serão estabelecidos dispositivos de acesso às chaminés.

1 – Ver notas ao art. 140.º.

ARTIGO 155.º (¹)

As paredes, pavimentos e tectos de garagens, instalações de caldeiras, forjas ou fornos de qualquer natureza, depósitos de madeira e outros materiais inflamáveis, oficinas e estabelecimentos em que sejam trabalhados estes materiais e outras instalações semelhantes serão feitos de materiais resistentes ao fogo.

1 – Ver notas ao art. 140.º.

ARTIGO 156.º (¹)

Os pavimentos, paredes e tectos dos compartimentos destinados a cozinhas serão resistentes ao fogo ou, pelo menos, revestidos de materiais com essas características e de espessura conveniente.

1 – Ver notas ao art. 140.º.

ARTIGO 157.º (¹)

Os pavimentos de suporte das chaminés ou lareiras serão sempre resistentes ao fogo numa área que exceda em todos os sentidos a área por elas ocupada.

1 – Ver notas ao art. 140.º.

ARTIGO 158.º (¹)

As instalações de gás e electricidade deverão ser estabelecidas e mantidas em condições de rigorosa segurança contra o risco de incêndio originado pela sua utilização.

868   *VI – Regime da Urbanização e da Edificação*

§ único. A instalação eléctrica relativa aos ascensores e montacargas, incluindo iluminação e sinalização, será inteiramente independente da instalação geral da edificação.

1 – Ver notas ao art. 140.º.

ARTIGO 159.º (1)

Nas edificações com dez ou mais pisos ou de grande desenvolvimento horizontal e, bem assim, em edificações de natureza especial, seja qual for o número de pisos, outras disposições de segurança contra incêndios poderão ser exigidas pelas câmaras municipais, mediante prévia consulta dos peritos competentes.

1 – Ver notas ao art. 140.º.

TÍTULO VI – Sanções e disposições diversas

CAPÍTULO ÚNICO

ARTIGO 160.º

As câmaras municipais terão competência para cominar, nos seus regulamentos, as penalidades aplicáveis aos infractores do presente diploma, dentro dos limites assinados nos artigos seguintes, bem como poderão tomar as demais medidas adiante enunciadas, a fim de dar execução aos seus preceitos.

ARTIGO 161.º (1)

Constituem contra-ordenações a violação do disposto no presente Regulamento e nos regulamentos municipais neste previstos, competindo aos serviços de fiscalização da câmara municipal competente a instrução do respectivo processo, sem prejuízo das competências de fiscalização das autoridades policiais, cumulativamente.

1 – Redacção do DL n.º 463/85, de 4 de Novembro.

ARTIGO 162.º (1)

A execução de quaisquer obras em violação das disposições deste Regulamento, que não seja já objecto de sanção por via do disposto no Decreto-Lei n.º 445/91, de 20 de Novembro, é punida com a coima de 5 000$00 a 50 000$00.

§ 1.º (2) A supressão das árvores ou maciços abrangidos pela disposição do artigo 126.º, quando os proprietários tenham sido previamente notificados de interdição do respectivo corte, será punida com coima de 5 000$ a 500 000$.

§ 2.º A existência de meios de transporte vertical – ascensores, monta-cargas, escadas ou tapetes rolantes –, quando exigidos pelo presente Regulamento, em condições de não poderem ser utilizados permanentemente será punida com coima de 2 000$ a 5 000$ por aparelho e por dia.

§ 3.º A violação de disposições deste Regulamento para que não se preveja sanção especial, quer nos parágrafos anteriores, quer no Decreto-Lei n.º 445/91, de 20 de Novembro, é sancionada com coima de 5 000$ a 500 000$.

1 – Redacção do artigo único do DL n.º 61/93, de 3 de Março. Este preceito já havia sido alterado pelo DL n.º 463/85, de 4 de Novembro. Todavia, o Ac. do T. Constitucional n.º 329/92, de 20/10/92, publicado no *DR*, I série-A, de 14/11/92, declarou a inconstitucionalidade, com força obrigatória geral, da norma deste art. 162.º, na redacção introduzida pelo DL n.º 463/85, no segmento em que estabelecia, para as coimas nele previstas, aplicadas a pessoas singulares, um limite máximo superior a 200 000$.

Decreto-Lei n.º 38 382, de 7 de Agosto de 1951

2 – Ver DL n.º 139/89, de 28 de Abril (as acções de destruição do revestimento florestal que não tenham fins agrícolas carecem de licença das câmaras municipais).

ARTIGO 163.º ([1])

Quando as coimas forem aplicadas a pessoas colectivas os mínimos fixados no artigo anterior são elevados para o dobro, podendo os máximos atingir os limites fixados no artigo 17.º do Decreto-Lei n.º 433/82, de 27 de Outubro.

1 – Redacção do artigo único do DL n.º 61/93, de 3 de Março.

ARTIGO 164.º ([1])

A negligência é sempre punida.

1 – Redacção do DL n.º 463/85, de 4 de Novembro.

ARTIGO 165.º ([1-2])

As câmaras municipais poderão ordenar, independentemente da aplicação das penalidades referidas nos artigos anteriores, a demolição ou o embargo administrativo das obras executadas em desconformidade com o disposto nos artigos 1.º a 7.º, bem como o despejo sumário dos inquilinos e demais ocupantes das edificações ou parte das edificações utilizadas sem as respectivas licenças ou em desconformidade com elas.

§ 1.º Do auto de embargo constará, com a minúcia conveniente, o estado de adiantamento das obras e, quando possível, que se procedeu às notificações a que se refere o paráfrago seguinte.

§ 2.º A suspensão dos trabalhos será notificada aos donos das obras ou aos seus propostos ou comitidos e, no caso de estes se não encontrarem no local, aos respectivos encarregados. A notificação, quando não tenha sido precedida de deliberação da câmara municipal, apenas produzirá efeitos durante o prazo de vinte dias, salvo se for confirmada por deliberação de que o interessado seja entretanto notificado.

§ 3.º A continuação dos trabalhos depois do embargo sujeita os donos, responsáveis e executores da obra, às penas do crime de desobediência qualificada, desde que tenham sido notificados da determinação do embargo.

§ 4.º O despejo sumário terá lugar no prazo de quarenta e cinco dias.

§ 5.º Quando na câmara não existam elementos suficientes para verificar a falta de licença ou a sua inobservância, mas se reconheça não possuir o prédio, no todo ou em parte, condições de habitabilidade, será o facto notificado ao proprietário e a este ficará vedado, a partir da data da notificação, firmar novo contrato de arrendamento ou permitir a sublocação para habitação das dependências condenadas, sob pena de ser ordenado o despejo. A notificação será precedida de vistoria, realizada nos termos da primeira parte do § 1.º do artigo 51.º do Código Administrativo, e só se efectuará quando os peritos verificarem que o prédio ou parte do prédio não oferece condições de habitabilidade.

§ 6.º Nos casos em que for ordenado o despejo, os inquilinos ou sublocatários terão direito a uma indemnização correspondente a doze vezes a renda mensal, a pagar, respectivamente, pelos senhorios ou pelos inquilinos, salvo se estes lhe facultarem casa correspondente à que ocupavam.

§ 7.º A competência a que se refere este artigo caberá ao presidente da câmara sempre que se trate de pequenas casas, até dois pavimentos, e de quaisquer edificações ligeiras, umas e outras em construção ou já construídas, desde que o seu projecto não haja sido aprovado nem tenha sido concedida a necessária licença.

870 VI – Regime da Urbanização e da Edificação

1 – Redacção do DL n.º 44 258, de 31 de Março de 1962.
2 – Revogado pelo art. 129.º, alínea *e*), do DL n.º 555/99, de 16 de Dezembro.

ARTIGO 166.º [1-2]

Quando o proprietário não começar as obras de reparação, de beneficiação ou de demolição, aludidas nos artigos 9.º, 10.º, 12.º e 165.º, ou as não concluir dentro dos prazos que lhe forem fixados, poderá a câmara municipal ocupar o prédio para o efeito de mandar proceder à sua execução imediata.

§ único. Na falta de pagamento voluntário das despesas, proceder-se-á à cobrança coerciva, servindo de título executivo certidão passada pelos serviços municipais donde conste o quantitativo global das despesas.

1 – Redacção do DL n.º 44 258, de 31 de Março de 1962.
2 – Revogado pelo art. 129.º, alínea *e*), do DL n.º 555/99, de 16 de Dezembro.

ARTIGO 167.º [1-2]

A demolição das obras referidas no artigo 165.º só poderá ser evitada desde que a câmara municipal ou o seu presidente, conforme os casos, reconheça que são susceptíveis de vir a satisfazer aos requisitos legais e regulamentares de urbanização, de estética, de segurança e de salubridade.

§ 1.º O uso da faculdade prevista neste artigo poderá tornar-se dependente de o proprietário assumir, em escritura, a obrigação de fazer executar os trabalhos que se reputem necessários, nos termos e condições que forem fixados, e de demolir ulteriormente a edificação, sem direito a ser indemnizado – promovendo a inscrição predial deste ónus –, sempre que as obra contrariem as disposições do plano ou anteplano de urbanização que vier a ser aprovado.

§ 2.º A legalização das obras ficará dependente de autorização do Ministro das Obras Públicas, solicitada através da Direcção-Geral dos Serviços de Urbanização, quando possa colidir com plano ou anteplano de urbanização já aprovado ou, na área do plano director da região de Lisboa, nos casos em que a licença estivesse condicionada àquela autorização.

1 – Este artigo foi aditado pelo DL n.º 44 258, de 31 de Março de 1962.
2 – Revogado pelo art. 129.º, alínea *e*), do DL n.º 555/99, de 16 de Dezembro.

ARTIGO 168.º [1-2]

As câmaras municipais poderão ordenar o despejo sumário, no prazo de quarenta e cinco dias, dos prédios ou parte de prédios cuja demolição, reparação ou beneficiação tenha sido decretada ou ordenada.

§ 1.º Quando houver risco iminente de desmoronamento ou perigo para a saúde pública, o despejo poderá executar-se imediatamente.

§ 2.º Nos casos de simples reparações ou de beneficiação, o despejo só poderá ser ordenado se no parecer dos peritos se revelar indispensável para a execução das respectivas obras e para a própria segurança e comodidade dos ocupantes.

§ 3.º Fica garantido aos inquilinos o direito à reocupação dos prédios, uma vez feitas as obras de reparação ou beneficiação, mediante o aumento da renda nos termos legais.

1 – Este artigo corresponde ao antigo artigo 167.º, em virtude de o DL n.º 44 258, de 31 de Março de 1962, ter aditado um novo artigo 167.º.
2 – Revogado pelo art. 129.º, alínea *d*), do DL n.º 555/99, de 16 de Dezembro.

Decreto-Lei n.º 38 382, de 7 de Agosto de 1951 871

ARTIGO 169.º (¹)

Os serviços do Estado e das autarquias locais, as Misericórdias, os organismos corporativos e de coordenação económica e, de uma maneira geral, todas as entidades que promovam a distribuição de casas para pobres, casas para pescadores, casas económicas, de renda económica ou de renda limitada, comunicarão às câmaras, antes de efectuada a sua ocupação, os nomes e as moradas dos respectivos beneficiários, para que verifiquem, em relação às casas por eles desocupadas, a conformidade com as licenças concedidas e as condições de habitabilidade e possam agir de harmonia com as disposições do presente regulamento.

1 – Este artigo corresponde ao antigo artigo 168.º, em virtude de o DL n.º 44 258, de 31 de Março de 1962, ter aditado um novo artigo 167.º.

PORTARIA N.º 398/72 *

de 21 de Julho

Fixa as condições mínimas de habitabilidade das edificações

1 – As condições mínimas de habitabilidade exigíveis são as fixadas no Regulamento Geral das Edificações Urbanas (R.G.E.U.), aprovado pelo Decreto-Lei n.º 38 382, de 7 de Agosto de 1951, com as alterações posteriores e as tolerâncias estabelecidas nas normas seguintes.

2 – Os compartimentos das habitações, com excepção apenas dos casos previstos nos n.ᵒˢ 5 e 6, não poderão ter área inferior a 8m².

3 – Nas habitações com menos de cinco compartimentos, um deles, no mínimo, deverá ter área não inferior a 11 m².

4 – Nas habitações com cinco ou mais compartimentos haverá, pelo menos, dois com 11 m² de área.

5 – Nas habitações com mais de quatro ou com mais de seis compartimentos poderá haver, respectivamente, um ou dois compartimentos com a área reduzida de 7m².

6 – No número de compartimentos referidos nos números anteriores não se incluem os vestíbulos, retretes, casas de banho, despensas e outras divisões de função similar à de qualquer destes compartimentos.

7 – O compartimento destinado exclusivamente a cozinha deverá ter a área mínima de 5 m², podendo, no entanto, reduzir-se este limite a 4 m² quando o número de compartimentos, excluídos os referidos no n.º 6, for inferior a quatro.

8 – Os compartimentos das habitações, com exclusão dos referidos no n.º 7, deverão ser delineados de tal forma que o comprimento não exceda o dobro da largura e que na respectiva planta se possa inscrever, entre paredes, um círculo de diâmetro não inferior a 1,8m, podendo contudo baixar até 1,6m no caso das cozinhas com área inferior a 5m².

9 – A altura mínima ou pé-direito dos andares em edificações correntes destinadas a habitação, a que o artigo 65.º do R.G.E.U. se refere, pode ser reduzida até ao limite de 2,35 ou de 2,05, conforme seja medida entre o pavimento e o tecto ou aquele e as faces inferiores das vigas do tecto, quando aparentes.

10 – Quando os sótãos, águas-furtadas e mansardas possam ser utilizados para fins de habitação, nos termos do disposto no artigo 79.º do R.G.E.U., será permitido que os respectivos compartimentos tenham o pé-direito mínimo referido no n.º 9 só em metade da sua área.

11 – A largura dos corredores das habitações não poderá ser inferior a 90 cm.

12 – A largura dos lanços de escadas nos edifícios destinados a habitação não será inferior a 90 cm.

---

* A Portaria n.º 243/84, de 17 de Abril, fixa as condições mínimas de habitabilidade exigíveis em edifícios clandestinos, susceptíveis de reabilitação, bem como das edificações contíguas.

874 VI – Regime da Urbanização e da Edificação

13 – Os patins não poderão ter largura inferior à dos lanços e os degraus de escada terão como largura mínima 20 cm e altura máxima 18 cm.

14 – Os compartimentos das habitações, com excepção de vestíbulos, corredores pouco extensos e pequenos compartimentos destinados a despensas, vestiários e arrecadação, serão sempre iluminados e ventilados por um ou mais vãos praticados nas paredes, em comunicação directa com o exterior, e cuja área, no seu conjunto, não poderá ser inferior a 60dm^2.

DECRETO-LEI N.° 569/76

de 19 de Julho

Normas relativas à construção, reconstrução, ampliação e remodelação de edificações

O Decreto n.° 13166, de 18 de Fevereiro de 1927, publicado em 18 de Fevereiro do mesmo ano, para efeitos de regulamentar, embora parcialmente, a reorganização sanitária promulgada pelo Decreto n.° 12477, de 12 de Outubro de 1926, encontra-se completamente ultrapassada pela legislação em vigor, nomeadamente pelo Decreto-Lei n.° 38382, de 7 de Agosto de 1951 (Regulamento Geral das Edificações Urbanas), pelo Decreto-Lei n.° 413/71, de 27 de Setembro (Lei Orgânica do Ministério da Saúde e Assistência, hoje Ministério dos Assuntos Sociais), e pelo Decreto n.° 351/72, de 8 de Setembro (Regulamento Geral dos Serviços do mesmo Ministério).

Por outro lado, há que reconhecer que os princípios informadores daquele antiquado decreto não se ajustam já às modernas técnicas e estruturas sanitárias que é imprescindível implantar no nosso país, com vista a promover e assegurar a renovação e o desenvolvimento que importa levar a efeito também no sector fundamental da saúde pública.

Impõe-se, portanto, revogar o citado diploma de 1927, até porque, passados quase cinquenta anos, as sanções gerais nele previstas e aplicáveis por infracção às disposições legais ou regulamentares e às instruções emanadas dos serviços de saúde perderam o seu valor, como é óbvio, o que torna imperiosa a sua imediata actualização.

Devem, porém, manter-se dois preceitos daquele decreto, que, pela sua importância, convém até reforçar e completar:

a) O que determina deverem ser submetidos às autoridades sanitárias os projectos de obras que possam constituir perigo real ou potencial para a saúde pública;

b) O que permite à Direcção-Geral de Saúde conceder subsídios e outros auxílios às câmaras municipais, quando elas, por falta de meios de qualquer natureza, não possam exercer as suas atribuições e competência respeitantes à salubridade pública.

Nestes termos:

ARTIGO 1.°

Devem ser submetidos à apreciação da autoridade sanitária do concelho os seguintes projectos de obras de construção, reconstrução, ampliação ou remodelação de edificações:

a) (¹) *Os que respeitem a obras que careçam de licença ou de aprovação das câmaras municipais;*

b) Os que se refiram a obras que, embora não carecendo de licença ou de aprovação municipais, possam constituir perigo real ou potencial para a saúde pública, quer pela finalidade a que se destinem, quer pela insalubridade que representam os seus resíduos sólidos, líquidos ou gasosos.

1 – Revogado pelo art. 5.° n.° 2 do DL n.° 250/94, de 15 de Outubro.

876 VI – Regime da Urbanização e da Edificação

ARTIGO 2.°

Quando as câmaras municipais não tiverem possibilidade de resolver problemas urgentes dentro das suas atribuições e competência, a Direcção-Geral de Saúde pode conceder-lhes o necessário apoio técnico, mediante pedido fundamentado.

ARTIGO 3.° (1)

As transgressões das leis, regulamentos, portarias e instruções dos serviços de saúde são punidas, quando não houver sanções especiais, com multas de 1 000$00 a 10 000$00, que serão elevadas para o dobro em caso de primeira reincidência e para o triplo nas reincidências seguintes.

1 – O DL n.° 131/82, de 23 de Abril (interpretado autenticamente pelo DL n.° 159/84, de 18 de Maio) actualizou as importâncias das multas, mediante a aplicação do coeficiente 3 relativamente às que foram estabelecidas em diplomas publicados em 1976.

ARTIGO 4.°

É revogado o Decreto n.° 13 166, de 18 de Fevereiro de 1927.

DECRETO-LEI N.° 804/76

de 6 de Novembro

**Determina as medidas a aplicar na construção clandestina,
bem como nas operações de loteamento clandestino**

O fenómeno de construção clandestina que de há muito se vem verificando em larga escala nas regiões envolventes ou próximas dos grandes centros urbanos, designadamente Lisboa, sofreu, nos últimos tempos, um intenso desenvolvimento, de tal modo que são hoje em grande número e muitas vezes de larga extensão as áreas ocupadas por construção clandestina, quase sempre a partir de loteamentos também clandestinos.

São conhecidos os gravíssimos inconvenientes causados por todas essas actividades clandestinas.

Atendendo à enorme extensão das áreas de construção clandestina, ao grande número de agregados familiares nelas fixados, ao elevado volume de investimentos feitos nas respectivas construções – em grande parte por agregados familiares de poucos recursos económicos –, ao montante dos encargos e ao período de tempo necessário para deslocar toda essa massa populacional para outras zonas edificadas e à circunstância de algumas das áreas de construção clandestina serem aceitáveis, carecendo embora de operações de beneficiação e reconversão mais ou menos profundas, tem-se por aconselhável uma certa contemporização com as situações criadas, na medida em que se considere viável, técnica e economicamente, a reconversão das áreas, no que se refere aos edifícios e às infra-estruturas indispensáveis, e a ocupação das mesmas não se mostre contrário ao adequado ordenamento do território.

Prevê-se que as áreas de construção clandestina possam ser objecto de medidas tendentes à sua legalização, à sua manutenção temporária ou à sua imediata ou próxima demolição, definindo as directrizes gerais a observar para a aplicação dessas diversas medidas.

O que supõe a detecção e estudo das diversas áreas de construção clandestina, o qual, bem como a execução das medidas aplicáveis, se atribui aos órgãos locais competentes com o auxílio dos órgãos e serviços adequados da Administração Central e a participação das populações interessadas.

A legalização das áreas que dela sejam susceptíveis deverá ser procurada através de acordo com os interessados.

Tenta-se obter dos responsáveis pelos loteamentos clandestinos – causadores ou fautores originários da situação clandestina – indemnizações pelos prejuízos causados, como meio, até, de aumentar as fontes de receitas para a realização das operações necessárias.

Por outro lado, considerando que nas áreas de construção clandestina as cedências de terrenos entre particulares são efectuadas, regra geral, por actos ou negócios juridicamente inválidos, afigura-se justificado que nas expropriações de imóveis situados nessas áreas, como tais identificados pelo expropriante, os proprietários e usufrutuários não possam receber as indemni-

VI – Regime da Urbanização e da Edificação

zações a que tenham direito sem provarem não terem recebido qualquer importância dos possuidores pela cedência da posse ou terem restituído aos mesmos as importâncias pagas para esse fim, conquanto se facilite essa prova.

Nestes termos:

ARTIGO 1.º (¹)

1 – Consideram-se áreas de construção clandestina aquelas em que se verifique acentuada percentagem de construções efectuadas sem licença legalmente exigida, incluindo as realizadas em terrenos loteados sem a competente licença.

2 – As áreas de construção clandestina poderão, consoante as circunstâncias, ser objecto de medidas tendentes à legalização das mesmas, à sua manutenção temporária ou à sua imediata ou próxima demolição.

3 – As medidas previstas no número anterior poderão ser aplicadas conjuntamente dentro da mesma área se esta apresentar zonas com diferentes condições.

1 – A Lei n.º 91/95, de 2 de Setembro, estabelece o processo de reconversão de Áreas Urbanas de Génese Ilegal (AUGI), através da apresentação de processos de loteamento ou de planos de pormenor, e prevê, no seu art. 34.º, a aplicação, sempre que necessário, das medidas previstas no DL n.º 804/76.

ARTIGO 2.º (¹)

1 – Deverá procurar-se a legalização, em princípio, quando se verifiquem cumulativamente os seguintes requisitos:

a) Ser aceitável, sob o aspecto de ordenamento do território, a ocupação da área para fins habitacionais;

b) Serem técnica e economicamente viáveis a implantação ou melhoramento das infra-estruturas urbanísticas e a instalação do equipamento social indispensável;

c) Serem aceitáveis, em significativa percentagem no conjunto da área, as construções existentes nos aspectos de solidez, segurança e salubridade ou serem susceptíveis de assim se tornarem através de obras economicamente justificáveis.

2 – A apreciação do requisito a que se refere a alínea *c)* do número anterior poderá considerar a progressiva beneficiação das construções, salvo se houver justificado receio de perigo para os ocupantes ou para o público.

3 – Para os efeitos do número anterior e da alínea *c)* do n.º 1 poderão ser fixadas, em portaria ministerial, condições mínimas de habitabilidade das construções, nos diversos aspectos pertinentes.

4 – Na decisão sobre a legalização ter-se-á em especial atenção o número de construções existentes e a situação económico-social da generalidade das populações das áreas, de modo a conceder-se especial protecção aos agregados familiares de menores recursos económicos.

1 – Ver Portaria n.º 243/84, de 17 de Abril (condições mínimas de habitabilidade exigíveis em construções clandestinas).

ARTIGO 3.º (¹)

1 – Deverá procurar assegurar-se, em princípio, a manutenção temporária da área, desde que:

a) A sua ocupação, para fins habitacionais, seja inaceitável sob o aspecto de ordenamento do território;

b) Não seja necessária a imediata ou próxima ocupação da área para a realização de qualquer empreendimento público;

c) A manutenção das construções existentes e da sua ocupação não apresente perigos, para os ocupantes ou para o público, que não possam ser afastados através de obras ou beneficiações

Decreto-Lei n.º 804/76, de 6 de Novembro

economicamente justificáveis, em atenção ao período pelo qual se presume possível a ocupação da área.

2 – É aplicável às decisões sobre manutenção temporária de áreas clandestinas o princípio estabelecido no n.º 4 do artigo anterior.

1 – Redacção do DL n.º 90/77, de 9 de Março.

ARTIGO 4.º ([1])

Deverá decidir-se a demolição das construções clandestinas da área sempre que se verifique qualquer das circunstâncias referidas nas alíneas *b*) e *c*) do n.º 1 do artigo anterior.

1 – Redacção do DL n.º 90/77, de 9 de Março.

ARTIGO 5.º ([1-2])

Uma vez verificada pelos serviços competentes da Administração uma zona de construção clandestina, aplicar-se-á o disposto no capítulo XI do Decreto-Lei n.º 794/76, de 5 de Novembro, com as necessárias adaptações.

1 – Redacção do DL n.º 90/77, de 9 de Março.
2 – Ver Despacho Normativo n.º 207/79, de 23 de Agosto.

ARTIGO 6.º ([1])

1 – Quando, após os adequados estudos preliminares, se presuma ser aceitável a legalização de uma área de construção clandestina, deve a Administração preparar um projecto para a urbanização ou reconversão da mesma, no qual serão previstos, além do mais que seja conveniente:

a) O equipamento social e as infra-estruturas a instalar ou melhorar e o volume das despesas a realizar para esse efeito;

b) As redistribuições, correcções ou reduções que eventualmente se mostrem indispensáveis nos diversos lotes para o adequado reordenamento da área, incluindo a obtenção dos terrenos necessários para as infra-estruturas e o equipamento social;

c) A comparticipação, a assumir pelos proprietários ou possuidores do terreno e construções existentes na área, nas despesas com a instalação ou melhoria das infra-estruturas e equipamento social, quando e na medida em que tal comparticipação for considerada socialmente justa e possível;

d) A comparticipação, a assumir pelos proprietários ou possuidores dos terrenos por eles loteados clandestinamente, nas despesas necessárias para a eliminação dos prejuízos e inconvenientes causados pelos loteamentos clandestinos.

2 – O projecto poderá incluir, no grau que for conveniente, directrizes ou normas sobre as beneficiações ou outras obras a efectuar nas construções existentes, como requisito da legalização, embora sob a forma de execução progressiva.

3 – O reordenamento dos lotes referidos na alínea *b*) do n.º 1 deverá ser proporcional, em princípio, às respectivas superfícies, procurando-se salvaguardar, porém, não só as construções existentes que se possam manter, mas também os lotes que, pelas suas mais reduzidas áreas, não sejam susceptíveis de correspondente redução sem prejuízo da edificabilidade.

1 – Redacção do DL n.º 90/77, de 9 de Março.

ARTIGO 7.º

1 – O projecto a que se refere o artigo anterior poderá prever:

a) O pagamento em prestações das comparticipações contempladas nas alíneas *c*) e *d*) do n.º 1 do mesmo artigo;

880 VI – *Regime da Urbanização e da Edificação*

b) A concessão de empréstimos para a beneficiação ou outras obras exigidas para a legalização das construções;

c) A realização pela Administração, embora através de empreitada, das obras a que se refere a alínea anterior, com o pagamento posterior do respectivo preço à Administração, pelos interessados, em prestações, com ou sem juros.

2 – Qualquer das facilidades admitidas no número anterior poderá ser prevista para todos os interessados ou apenas para aqueles cujos agregados familiares tenham rendimentos inferiores a certos limites.

3 – Os empréstimos previstos na alínea *b*) do n.º 1 e a responsabilidade pelos pagamentos previstos na alínea *c*) do mesmo preceito serão objecto de garantia adequada.

ARTIGO 8.º

1 – O projecto poderá prever que os terrenos da área passem a pertencer à Administração em propriedade, ficando os possuidores dos lotes ou construções exclusivamente com direito de superfície.

2 – Será obrigatório este regime para as áreas de construção clandestina que constituam novos aglomerados urbanos ou expansão de aglomerados sujeitos ao disposto no n.º 1 do artigo 2.º do Decreto-Lei n.º 794/76, de 5 de Novembro.

ARTIGO 9.º

Elaborado o projecto para a legalização de uma área de construção clandestina, a Administração deverá procurar obter a concordância dos proprietários e possuidores dos terrenos e construções abrangidos pelo projecto para a respectiva execução, designadamente quanto aos seguintes aspectos:

a) Reordenamento dos lotes;

b) Pagamento das comparticipações a que se referem as alíneas *c*) e *d*) do n.º 1 do artigo 6.º.

ARTIGO 10.º

1 – Se for obtido o acordo de parte significativa dos interessados, em termos de se mostrar viável a execução do projecto, tal como foi elaborado ou com modificações por aqueles sugeridas e aceites pela Administração deverá proceder-se, com as devidas adaptações, nos termos do capítulo V do Decreto-Lei n.º 794/76, de 5 de Novembro, e expropriar-se por utilidade pública os terrenos e construções dos restantes.

2 – ([1]) As indemnizações pela expropriação de terrenos serão arbitradas nos termos do artigo 3.º do Código das Expropriações, deduzida a quota proporcional das despesas prováveis a realizar com as infra-estruturas se o expropriado tiver loteado clandestinamente o terreno.

3 – As indemnizações das construções serão arbitradas com base no valor do terreno, como prédio rústico, e dos materiais e do custo da mão-de-obra utilizada, na altura da construção, deduzida a quota proporcional das despesas prováveis a realizar com as infra-estruturas.

4 – ([2]) O pagamento das indemnizações a que se referem os n.os 2 e 3 é feito nos termos do título VI do Código das Expropriações.

5 – Se as construções não puderem ser mantidas, proceder-se-á à respectiva demolição, observando-se, com as devidas adaptações, o disposto sobre demolição de edifícios em zonas críticas de recuperação e reconversão urbanísticas no capítulo XI do Decreto-Lei n.º 794/76, de 5 de Novembro.

1 – Ver art. 8.º do Código das Expropriações, aprovado pelo DL n.º 168/99, de 18 de Setembro.
2 – Ver Título V do mesmo Código das Expropriações.

Decreto-Lei n.º 804/76, de 6 de Novembro 881

ARTIGO 11.º

1 – Quando se não mostre viável a execução do projecto de legalização de uma área de construção clandestina através da associação como os interessados, poderá a Administração optar:

a) Pela manutenção temporária da área, nos termos do artigo seguinte;

b) Pela expropriação de toda a área, ou de parte dela, e das construções que se possam manter, com demolição das restantes;

c) Pela demolição de todas as construções clandestinas.

2 – É aplicável às indemnizações pela expropriação e à demolição das construções o disposto nos n.ºs 2 a 5 do artigo anterior.

ARTIGO 12.º

1 – Quando, após os adequados estudos preliminares, se considerar que uma área de construção clandestina pode ser mantida temporariamente, deverá ser a mesma delimitada nos termos do artigo 5.º.

2 – Logo que se torne desaconselhável o prolongamento da manutenção da área de construção clandestina, por-se-á fim à ocupação da mesma, promovendo-se a demolição das construções nela existentes e expropriando-se, se for necessário, os respectivos terrenos.

ARTIGO 13.º (¹)

1 – Nas expropriações de imóveis situados em áreas de construção clandestina, como tais identificados pelo expropriante, consideram-se sempre como interessados, além dos demais, os respectivos possuidores.

2 – Os referidos possuidores deverão ser identificados pelo expropriante.

3 – Os proprietários e usufrutuários dos imóveis não poderão receber as indemnizações a que tenham direito sem que provem não ter recebido qualquer importância dos possuidores pela cedência da posse ou terem restituído aos mesmos as importâncias pagas para esse fim.

4 – A prova a que se refere o número anterior pode ser feita por qualquer meio, designadamente por declaração dos possuidores indicados pelo expropriante ou por documento passado pelos órgãos da Administração que hajam procedido aos inquéritos e estudos sobre a área de construção clandestina.

5 – Se a questão se mostrar de complexa indagação, a entrega de indemnização aguardará o esclarecimento do facto através dos meios judiciais comuns.

ARTIGO 14.º

1 – A Administração, sempre que tal lhe for possível, deverá facultar aos possuidores de lotes ou construções situadas em áreas de construção clandestina e destinados à habitação do possuidor ou do respectivo agregado familiar, que não sejam susceptíveis de legalização, lotes, em propriedade ou em direito de superfície, destinados ao mesmo fim.

2 – Os lotes deverão ser cedidos em direito de superfície nos casos previstos no n.º 2 do artigo 8.º.

3 – Quando os terrenos disponíveis pela Administração não sejam suficientes para satisfazer todos os interessados será dada preferência àqueles cujas construções sejam prioritariamente demolidas e cujos agregados familiares tenham menos recursos económicos.

ARTIGO 15.º

A Administração poderá conceder aos possuidores de lotes ou construções situados em áreas de construção clandestina e destinados a habitação própria ou do respectivo agregado fami-

882 VI – Regime da Urbanização e da Edificação

liar, que não sejam susceptíveis de legalização, empréstimos ou subsídios não reembolsáveis, quando, em virtude das suas precárias condições económicas e das circunstâncias em que se tenha verificado a aquisição do lote, a privação do terreno ou a demolição da construção constituam um prejuízo incomportável para a economia do agregado familiar.

ARTIGO 16.º (¹)

1 – Os proprietários ou possuidores de terrenos que, directamente ou através de outras pessoas, tenham procedido ao respectivo loteamento sem a competente licença e, embora por negócio juridicamente inválido, hajam cedido lotes ou permitido a sua utilização para construção são obrigados a indemnizar a Administração pelas despesas que esta tenha de suportar com a instalação ou o melhoramento das infra-estruturas que sejam necessárias para suprimir as carências ou insuficiências resultantes dos loteamentos clandestinos e das construções a que estes deram causa ou tornaram possíveis.

2 – As indemnizações serão fixadas tendo em conta, designadamente, em relação a cada responsável:

a) A proporção entre a superfície total da área de construção clandestina e a dos terrenos por ele loteados clandestinamente;

b) Os lucros por ele obtidos.

3 – Serão levados em conta das indemnizações os valores dos terrenos com que os responsáveis hajam contribuído para a execução do projecto de legalização da área de construção clandestina, nos termos do disposto nos artigos 9.º e 10.º.

Considera-se extinta a responsabilidade a que se refere o n.º 1 se o responsável aceitar e satisfizer a comparticipação para a execução do projecto de legalização da área de construção clandestina, nos termos do disposto na alínea d) do n.º 1 do artigo 6.º e nos artigos 9.º e 10.º.

5 – Na falta de acordo sobre a existência de responsabilidade e os quantitativos das indemnizações, a Administração exercerá os seus direitos através dos meios ordinários no tribunal comum.

1 – Redacção do DL n.º 90/77, de 9 de Março.

ARTIGO 17.º

Não são susceptíveis de legalização as áreas que tenham sido objecto de loteamento clandestino ou de cedência para construção em fraude à exigência legal de licença de loteamento depois da entrada em vigor do Decreto-Lei n.º 275/76, de 13 de Abril.

ARTIGO 18.º

Fica revogado o Decreto-Lei n.º 278/71, de 23 de Junho.

DECRETO-LEI N.° 139/89

de 28 de Abril

**Altera o Decreto-Lei n.° 357/75, de 8 de Julho, relativo
à protecção ao relevo natural, solo arável e revestimento vegetal**

O Decreto-Lei n.° 357/75, de 8 de Julho, procurou dar resposta à legítima preocupação de protecção ao relevo natural e ao revestimento vegetal.

Tal como resulta expressamente do seu preâmbulo, pretendeu-se pôr termo a acções que se traduziam na destruição sistemática e injustificada do revestimento vegetal e do relevo natural.

Na verdade, muitas vezes, com tais acções apenas se visava criar situações de facto susceptíveis de serem ulteriormente apresentadas pelos interessados aos órgãos decisórios, como argumento a favor do deferimento de pretensões de alterar a afectação dos solos em causa.

O objectivo do legislador não foi o de criar novos condicionalismos a acções já objecto de regime jurídico próprio, mas sim o de evitar que as decisões dos órgãos administrativos sobre estas fossem influenciadas por factos indevidamente criados com o objectivo de as determinar no sentido mais favorável aos interesses dos proprietários dos terrenos.

Verifica-se, porém, que a redacção da parte dispositiva do diploma não objectivou correctamente a finalidade que lhe está subjacente, ao exigir autorização camarária para todas as acções independentemente do facto de já estarem ou não submetidas a regime legal restritivo.

Ora, nos casos em que as acções pretendidas pelos particulares já foram objecto de apreciação por órgãos da Administração Pública especialmente vocacionados para a intervenção na matéria em causa, tendo por estes sido permitidas ao abrigo do regime legal próprio, a exigência de qualquer outra autorização traduz-se numa duplicação injustificada da intervenção pública, sendo ainda susceptível de criar situações gravemente lesivas dos direitos e legítimos interesses dos particulares que se podem ver confrontados com decisões contraditórias sobre a mesma pretensão.

Impõe-se, pois, alterar o regime legal instituído pelo Decreto-Lei n.° 357/75, de 8 de Julho, de forma a delimitar as acções sujeitas a autorização camarária, excepcionando-se aquelas em que a correcta prossecução do interesse público já se encontra assegurada pela prévia intervenção de um órgão administrativo especialmente vocacionado para o efeito.

Por outro lado, a eficácia do diploma em causa tem-se mostrado bastante limitada devido ao facto de o mesmo não prever um sistema sancionatório que reforce a imperatividade das suas prescrições nem atribuir aos órgãos autárquicos poderes de autoridade que lhes permitam uma intervenção pronta e eficaz perante as acções ilegais.

Exige-se também neste aspecto uma alteração ao regime existente.

Acresce que o Decreto-Lei n.° 175/88, de 17 de Maio, veio introduzir, justamente, um regime legal específico para acções de arborização e rearborização com recurso a espécies florestais de rápido crescimento matéria que vinha sendo uma das mais relevantes áreas de aplicação do Decreto-Lei n.° 357/75, de 8 de Julho.

VI – Regime da Urbanização e da Edificação

Nestas condições, e em relação às espécies em causa, o regime que agora resulta da harmonização do Decreto-Lei n.º 175/88, de 17 de Maio, com o presente diploma traduz-se na manutenção de competências das câmaras municipais para proceder ao licenciamento das acções que envolvam áreas inferiores a 50 ha, competências essas ora reforçadas com um adequado sistema sancionatório, e na introdução da sua audição obrigatória no processo de licenciamento relativo às acções que envolvem áreas superiores.

Foram ouvidos os órgãos de governo próprio das Regiões Autónomas dos Açores e da Madeira e a Associação Nacional dos Municípios Portugueses.

Assim:

ARTIGO 1.º

1 – (¹) Carecem de licença das câmaras municipais:

a) As acções de destruição do revestimento vegetal que não tenham fins agrícolas;

b) As acções de aterro ou escavação que conduzam à alteração do relevo natural e das camadas do solo arável.

2 – As câmaras municipais, sempre que não disponham de serviços técnicos qualificados para se pronunciarem sobre as licenças a conceder para as acções referidas no número anterior, solicitarão, para o efeito, parecer aos serviços centrais, regionais ou locais dos ministérios competentes ou, nas regiões autónomas, aos órgãos regionais competentes.

1 – Ver art. 4.º do DL n.º 93/90, de 19 de Março.

ARTIGO 2.º

1 – Exceptuam-se do disposto no artigo anterior:

a) As acções que, estando sujeitas a regime legal específico, já se encontrem devidamente autorizadas, licenciadas ou aprovadas pelos órgãos competentes;

b) As acções preparatórias de outras que se encontrem na situação descrita na alínea anterior.

2 – Nos processos administrativos em que estejam em causa autorizações, licenças ou aprovações previstas no número anterior e que habilitem os interessados a praticar acções do tipo das referidas no n.º 1 do artigo anterior deve ser solicitado o parecer das câmaras municipais.

3 – As câmaras municipais devem emitir o parecer solicitado no prazo de 30 dias, sob pena da sua não exigibilidade.

ARTIGO 3.º

1 – A infracção ao disposto no n.º 1 do artigo 1.º constitui contra-ordenação punível com coima de 100 000$ a 200 000$.

2 – No caso de a responsabilidade pela contra-ordenação pertencer a pessoa colectiva, o valor máximo da coima é de 3 000 000$.

3 – A negligência é punível.

ARTIGO 4.º

1 – A fiscalização do disposto no presente diploma compete, em especial, aos municípios.

2 – A instrução dos processos por contra-ordenações e a aplicação das coimas é da competência das câmaras municipais.

3 – O produto das coimas reverte para a respectiva autarquia local como receita própria.

ARTIGO 5.º

1 – Independentemente do processo das contra-ordenações e da aplicação das coimas, as câmaras municipais podem ordenar a cessação imediata das acções desenvolvidas em violação do disposto no presente diploma.

2 – O incumprimento da ordem referida no número anterior constitui crime de desobediência punível nos termos do artigo 388.º do Código Penal.

ARTIGO 6.º

O presente diploma aplica-se nas Regiões Autónomas dos Açores e da Madeira, sem prejuízo das adaptaçõess que lhe possam ser introduzidas por diploma das respectivas assembleias regionais.

ARTIGO 7.º

É revogado o Decreto-Lei n.º 357/75, de 8 de Julho.

DECRETO-LEI N.° 555/99 *

de 16 de Dezembro

Estabelece o regime jurídico da urbanização e edificação

A revisão dos regimes jurídicos do licenciamento municipal de loteamentos urbanos e obras de urbanização e de obras particulares constitui uma necessidade porque, embora recente, a legislação actualmente em vigor não tem conseguido compatibilizar as exigências de salvaguarda do interesse público com a eficiência administrativa a que legitimamente aspiram os cidadãos.

Os regimes jurídicos que regem a realização destas operações urbanísticas encontram-se actualmente estabelecidos em dois diplomas legais, nem sempre coerentes entre si, e o procedimento administrativo neles desenhado é excessivamente complexo, determinando tempos de espera na obtenção de uma licença de loteamento ou de construção que ultrapassam largamente os limites do razoável.

Neste domínio, a Administração move-se num tempo que não tem correspondência na vida real, impondo um sacrifício desproporcional aos direitos e interesses dos particulares.

Mas, porque a revisão daqueles regimes jurídicos comporta também alguns riscos, uma nova lei só é justificável se representar um esforço sério de simplificação do sistema sem, contudo, pôr em causa um nível adequado de controlo público, que garanta o respeito intransigente dos interesses públicos urbanísticos e ambientais.

Se é certo que, por via de um aumento da responsabilidade dos particulares, é possível diminuir a intensidade do controlo administrativo a que actualmente se sujeita a realização de certas

---

* O DL n.° 555/99, de 16 de Dezembro, rectificado no DR, I Série-A, 2.° Suplemento, de 29/2/2000, entrou «em vigor 120 dias após a data da sua publicação» (art. 130.°).

Todavia, a Lei n.° 13/2000, de 20 de Julho, entrada em vigor no dia imediato ao da sua publicação (art. 2.°), veio suspender a sua vigência e repristinar a legislação revogada, dispondo no seu art. 1.°:

«1 – É suspensa a vigência do Decreto-Lei n.° 555/99, de 16 de Dezembro, até ao dia 31 de Dezembro de 2000, inclusive, sendo repristinada a legislação referida no artigo 129.° do diploma e a respectiva regulamentação, que passam a aplicar-se aos processos em curso.

2 – Ficam salvaguardados os actos praticados pelas câmaras municipais em matéria de urbanização e edificação desde 14 de Abril do ano em curso até à entrada em vigor da presente lei, desde que conformes à legislação referida no número anterior, bem como os direitos entretanto consolidados».

O que significa que o DL n.° 555/99, na sua redacção inicial, esteve em vigor desde 14 de Abril até 20 de Julho de 2000.

Entretanto, a Lei n.° 30-A/2000, de 20 de Dezembro, que veio autorizar o Governo a alterar o DL n.° 555/99, preceituou no seu art. 4.°:

«A suspensão da vigência do Decreto-Lei n.° 555/99, de 16 de Dezembro, prevista no n.° 1 do artigo 1.° da Lei n.° 13/2000, de 20 de Julho, é prorrogada até a entrada em vigor do decreto-lei a emitir ao abrigo da presente autorização legislativa».

Ao abrigo de tal autorização legislativa, foi emitido o DL n.° 177/2001, de 4 de Junho, adiante publicado.

O DL n.° 555/99, com as alterações introduzidas pelo DL n.° 177/2001, foi republicado em anexo a este último DL (por força do seu art. 6.°), texto que aqui se incere (com as rectificações constantes do DR, I Série-A, 2.° Suplemento, de 30/6/2001).

operações urbanísticas, designadamente no que respeita ao respectivo controlo prévio, isso não pode nem deve significar menor responsabilidade da Administração.

A Administração tem de conservar os poderes necessários para fiscalizar a actividade dos particulares e garantir que esta se desenvolve no estrito cumprimento das disposições legais e regulamentares aplicáveis.

O regime que agora se institui obedece, desde logo, a um propósito de simplificação legislativa.

Na impossibilidade de avançar, desde já, para uma codificação integral do direito do urbanismo, a reunião num só diploma destes dois regimes jurídicos, a par da adopção de um único diploma para regular a elaboração, aprovação, execução e avaliação dos instrumentos de gestão territorial, constitui um passo decisivo nesse sentido.

Pretende-se, com isso, ganhar em clareza e coerência dos respectivos regimes jurídicos, evitando-se a dispersão e a duplicação desnecessárias de normas legais.

Numa época em que a generalidade do território nacional já se encontra coberto por planos municipais, e em que se renova a consciência das responsabilidades públicas na sua execução, o loteamento urbano tem de deixar de ser visto como um mecanismo de substituição da Administração pelos particulares no exercício de funções de planeamento e gestão urbanística.

As operações de loteamento urbano e obras de urbanização, tal como as obras particulares, concretizam e materializam as opções contidas nos instrumentos de gestão territorial, não se distinguindo tanto pela sua natureza quanto pelos seus fins. Justifica-se, assim, que a lei regule num único diploma o conjunto daquelas operações urbanísticas, tanto mais que, em regra, ambas são de iniciativa privada e a sua realização está sujeita a idênticos procedimentos de controlo administrativo.

A designação adoptada para o diploma – regime jurídico da urbanização e edificação – foge à terminologia tradicional no intuito de traduzir a maior amplitude do seu objecto.

Desde logo, porque, não obstante a particular atenção conferida às normas de procedimento administrativo, o mesmo não se esgota no regime de prévio licenciamento ou autorização das operações de loteamento urbano, obras de urbanização e obras particulares.

Para além de conter algumas normas do regime substantivo daquelas operações urbanísticas, o diploma abrange a actividade desenvolvida por entidades públicas ou privadas em todas as fases do processo urbano, desde a efectiva afectação dos solos à construção urbana até à utilização das edificações nele implantadas.

É no âmbito da regulamentação do controlo prévio que se faz sentir mais intensamente o propósito de simplificação de procedimentos que este anteprojecto visa prosseguir.

O sistema proposto diverge essencialmente daquele que vigora actualmente, ao fazer assentar a distinção das diferentes formas de procedimento não apenas na densidade de planeamento vigente na área de realização da operação urbanística mas também no tipo de operação a realizar.

Na base destes dois critérios está a consideração de que a intensidade do controlo que a administração municipal realiza preventivamente pode e deve variar em função do grau de concretização da posição subjectiva do particular perante determinada pretensão.

Assim, quando os parâmetros urbanísticos de uma pretensão já se encontram definidos em plano ou anterior acto da Administração, ou quando a mesma tenha escassa ou nenhuma relevância urbanística, o tradicional procedimento de licenciamento é substituído por um procedimento simplificado de autorização ou por um procedimento de mera comunicação prévia.

O procedimento de licença não se distingue, no essencial, do modelo consagrado na legislação em vigor.

Como inovações mais significativas são de salientar o princípio da sujeição a prévia dis-

Decreto-Lei n.° 555/99, de 16 de Dezembro 889

cussão pública dos procedimentos de licenciamento de operações de loteamento urbano e a possibilidade de ser concedida uma licença parcial para a construção da estrutura de um edifício, mesmo antes da aprovação final do projecto da obra.

No primeiro caso, por se entender que o impacte urbanístico causado por uma operação de loteamento urbano em área não abrangida por plano de pormenor tem implicações no ambiente urbano que justificam a participação das populações locais no respectivo processo de decisão, não obstante poder existir um plano director municipal ou plano de urbanização, sujeitos, eles próprios, a prévia discussão pública.

No segundo caso, por existir a convicção de que, ultrapassada a fase de apreciação urbanística do projecto da obra, é razoavelmente seguro permitir o início da execução da mesma enquanto decorre a fase de apreciação dos respectivos projectos de especialidade, reduzindo-se assim, em termos úteis, o tempo de espera necessário para a concretização de um projecto imobiliário.

O procedimento de autorização caracteriza-se pela dispensa de consultas a entidades estranhas ao município, bem como de apreciação dos projectos de arquitectura e das especialidades, os quais são apresentados em simultâneo juntamente com o requerimento inicial.

Ao diminuir substancialmente a intensidade do controlo realizado preventivamente pela Administração, o procedimento de autorização envolve necessariamente uma maior responsabilização do requerente e dos autores dos respectivos projectos, pelo que tem como «contrapartida» um regime mais apertado de fiscalização.

Deste modo, nenhuma obra sujeita a autorização pode ser utilizada sem que tenha, pelo menos uma vez, sido objecto de uma inspecção ou vistoria pelos fiscais municipais de obras, seja no decurso da sua execução, seja após a sua conclusão e como condição prévia da emissão da respectiva autorização de utilização.

Também nos casos em que a realização de uma obra depende de mera comunicação prévia, a câmara municipal pode, através do seu presidente, determinar se a mesma se subsume ou não à previsão normativa que define a respectiva forma de procedimento, sujeitando-a, se for caso disso, a licenciamento ou autorização.

Do mesmo modo, a dispensa de licença ou autorização não envolve diminuição dos poderes de fiscalização, podendo a obra ser objecto de qualquer das medidas de tutela da legalidade urbanística previstas no diploma, para além da aplicação das sanções que ao caso couberem.

Para além do seu tronco comum, os procedimentos de licenciamento ou autorização sujeitam-se ainda às especialidades resultantes do tipo de operação urbanística a realizar.

Em matéria de operações de loteamento urbano, e no que se refere a cedências gratuitas ao município de parcelas para implantação de espaços verdes públicos, equipamentos de utilização colectiva e infra-estruturas urbanísticas, estabelece-se, para além do direito de reversão sobre as parcelas cedidas quando as mesmas não sejam afectas pelo município aos fins para as quais hajam sido cedidas, que o cedente tem a possibilidade de, em alternativa, exigir o pagamento de uma indemnização, nos termos estabelecidos para a expropriação por utilidade pública.

Consagra-se ainda expressamente o princípio da protecção do existente em matéria de obras de edificação, retomando assim um princípio já aflorado nas disposições do Regulamento Geral das Edificações Urbanas mas esquecido nas sucessivas revisões do regime do licenciamento municipal de obras particulares.

Assim, à realização de obras em construções já existentes não se aplicam as disposições legais e regulamentares que lhe sejam supervenientes, desde que tais obras não se configurem como obras de ampliação e não agravem a desconformidade com as normas em vigor.

Por esta via se dá um passo importante na recuperação do património construído, já que, sem impor um sacrifício desproporcional aos proprietários, o regime proposto permite a realização de um conjunto de obras susceptíveis de melhorar as condições de segurança e salubridade das construções existentes.

A realização de uma vistoria prévia à utilização das edificações volta a constituir a regra geral nos casos de obras sujeitas a mera autorização, em virtude da menor intensidade do controlo prévio a que as mesmas foram sujeitas.

Porém, mesmo nesses casos é possível dispensar a realização daquela vistoria prévia, desde que no decurso da sua execução a obra tenha sido inspeccionada ou vistoriada pelo menos uma vez.

Manifesta-se, aqui, uma clara opção pelo reforço da fiscalização em detrimento do controlo prévio, na expectativa de que este regime constitua um incentivo à reestruturação e modernização dos serviços municipais de fiscalização de obras.

Para além da definição das condições legais do início dos trabalhos, em conjugação com o novo regime de garantias dos particulares, estabelece-se um conjunto de regras que acompanham todas as fases da execução de uma operação urbanística.

No que respeita à utilização e conservação do edificado, foram recuperadas e actualizadas disposições dispersas por diversos diplomas legais, designadamente o Regulamento Geral das Edificações Urbanas e a Lei das Autarquias Locais, obtendo-se assim um ganho de sistematização e de articulação das normas respeitantes às tradicionais atribuições municipais de polícia das edificações com as relativas aos seus poderes de tutela da legalidade urbanística.

No domínio da fiscalização da execução das operações urbanísticas estabelece-se uma distinção clara entre as acções de verificação do cumprimento das disposições legais e regulamentares aplicáveis e de repressão das infracções cometidas, distinguindo neste último caso as sanções propriamente ditas das medidas de tutela da legalidade urbanística.

Quanto a estas medidas, e porque a sua função é única e exclusivamente a de reintegrar a legalidade urbanística violada, estabelece-se um regime que, sem diminuir a intensidade dos poderes atribuídos às entidades fiscalizadoras, submete o seu exercício ao cumprimento estrito do princípio da proporcionalidade.

Merece especial destaque a este propósito o reconhecimento da natureza provisória do embargo de obras, cuja função é a de acautelar a utilidade das medidas que, a título definitivo, reintegrem a legalidade urbanística violada, incluindo nestas o licenciamento ou autorização da obra.

Procura-se assim evitar o prolongamento indefinido da vigência de ordens de embargo que, a pretexto da prossecução do interesse público, consolidam situações de facto que se revelam ainda mais prejudiciais ao ambiente e à qualidade de vida dos cidadãos do que aquelas que o próprio embargo procurava evitar.

Em matéria de garantias, procede-se à alteração da função do deferimento tácito nas operações urbanísticas sujeitas a licenciamento, sem que daí advenha qualquer prejuízo para os direitos dos particulares.

Com efeito, na sequência da revisão do artigo 268.º da CRP propõe-se a substituição da intimação judicial para a emissão do alvará pela intimação judicial para a prática de acto legalmente devido como instrumento privilegiado de protecção jurisdicional.

Significa isto que deixa de ser necessário ficcionar a existência de um acto tácito de deferimento do projecto para permitir o recurso do requerente aos tribunais para a obtenção de uma intimação judicial para a emissão do alvará.

O particular pode agora recorrer aos tribunais no primeiro momento em que se verificar o silêncio da Administração, já não lhe sendo exigível que percorra todas as fases do procedimento com base em sucessivos actos de deferimento tácito, com os riscos daí inerentes.

Decreto-Lei n.º 555/99, de 16 de Dezembro   891

E, se o silêncio da Administração só se verificar no momento da emissão do alvará, o particular dispõe do mesmo mecanismo para obter uma intimação para a sua emissão.

O deferimento tácito tem, assim, a sua função restrita às operações sujeitas a mera autorização, o que também é reflexo da maior concretização da posição jurídica do particular e da consequente menor intensidade do controlo prévio da sua actividade.

Diferentemente do que acontece hoje, porém, nestes casos o particular fica dispensado de recorrer aos tribunais, podendo dar início à execução da sua operação urbanística sem a prévia emissão do respectivo alvará desde que se mostrem pagas as taxas urbanísticas devidas.

Propõe-se igualmente um novo regime das taxas urbanísticas devidas pela realização de operações urbanísticas, no sentido de terminar com a polémica sobre se no licenciamento de obras particulares pode ou não ser cobrada a taxa pela realização, manutenção e reforço das infra-estruturas urbanísticas actualmente prevista no artigo 19.º, alínea *a*), da Lei das Finanças Locais, clarificando-se que a realização daquelas obras está sujeita ao pagamento da aludida taxa, sempre que pela sua natureza impliquem um acréscimo dos encargos públicos de realização, manutenção e reforço das infra-estruturas e serviços gerais do município equivalente ou até mesmo superior ao que resulta do licenciamento de uma operação de loteamento urbano.

Sujeita-se, assim, a realização de obras de construção e de ampliação ao pagamento daquela taxa, excepto se as mesmas se situarem no âmbito de uma operação de loteamento urbano onde aquelas taxas já tenham sido pagas.

Desta forma se alcança uma solução que, sem implicar com o equilíbrio precário das finanças municipais, distingue de forma equitativa o regime tributário da realização de obras de construção em função da sua natureza e finalidade.

Pelas mesmas razões, se prevê que os regulamentos municipais de taxas possam e devam distinguir o montante das taxas devidas, não apenas em função das necessidades concretas de infra-estruturas e serviços gerais do município, justificadas no respectivo programa plurianual de investimentos, como também em função dos usos e tipologias das edificações e, eventualmente, da respectiva localização.

Tendo sido ouvida a Associação Nacional de Municípios Portugueses, foram ouvidos os órgãos de Governo próprio dos Regiões Autónomas.

CAPÍTULO I – Disposições preliminares

ARTIGO 1.º – **Objecto**

O presente diploma estabelece o regime jurídico da urbanização e da edificação.

ARTIGO 2.º – **Definições**

Para efeitos do presente diploma, entende-se por:

a) Edificação: a actividade ou o resultado da construção, reconstrução, ampliação, alteração ou conservação de um imóvel destinado a utilização humana, bem como de qualquer outra construção que se incorpore no solo com carácter de permanência;

b) Obras de construção: as obras de criação de novas edificações;

c) Obras de reconstrução: as obras de construção subsequentes à demolição total ou parcial de uma edificação existente, das quais resulte a manutenção ou a reconstituição da estrutura das fachadas, da cércea e do número de pisos;

d) Obras de ampliação: as obras de que resulte o aumento da área de pavimento ou de implantação, da cércea ou do volume de uma edificação existente;

892 VI – Regime da Urbanização e da Edificação

e) Obras de alteração: as obras de que resulte a modificação das características físicas de uma edificação existente ou sua fracção, designadamente a respectiva estrutura resistente, o número de fogos ou divisões interiores, ou a natureza e cor dos materiais de revestimento exterior, sem aumento da área de pavimento ou de implantação ou da cércea;

f) Obras de conservação: as obras destinadas a manter uma edificação nas condições existentes à data da sua construção, reconstrução, ampliação ou alteração, designadamente as obras de restauro, reparação ou limpeza;

g) Obras de demolição: as obras de destruição, total ou parcial, de uma edificação existente;

h) Obras de urbanização: as obras de criação e remodelação de infra-estruturas destinadas a servir directamente os espaços urbanos ou as edificações, designadamente arruamentos viários e pedonais, redes de esgotos e de abastecimento de água, electricidade, gás e telecomunicações, e ainda espaços verdes e outros espaços de utilização colectiva;

i) Operações de loteamento: as acções que tenham por objecto ou por efeito a constituição de um ou mais lotes destinados imediata ou subsequentemente à edificação urbana, e que resulte da divisão de um ou vários prédios, ou do seu emparcelamento ou reparcelamento;

j) Operações urbanísticas: as operações materiais de urbanização, de edificação ou de utilização do solo e das edificações nele implantadas para fins não exclusivamente agrícolas, pecuários, florestais, mineiros ou de abastecimento público de água;

l) Trabalhos de remodelação dos terrenos: as operações urbanísticas não compreendidas nas alíneas anteriores que impliquem a destruição do revestimento vegetal, a alteração do relevo natural e das camadas de solo arável ou o derrube de árvores de alto porte ou em maciço para fins não exclusivamente agrícolas, pecuários, florestais ou mineiros.

ARTIGO 3.° – **Regulamentos municipais**

1 – No exercício do seu poder regulamentar próprio, os municípios aprovam regulamentos municipais de urbanização e ou de edificação, bem como regulamentos relativos ao lançamento e liquidação das taxas que, nos termos da lei, sejam devidas pela realização de operações urbanísticas.

2 – Os regulamentos previstos no número anterior devem especificar os montantes das taxas a cobrar no caso de deferimento tácito, não podendo estes valores exceder os previstos para o acto expresso.

3 – Os projectos dos regulamentos referidos no n.°1 são submetidos a apreciação pública, por prazo não inferior a 30 dias, antes da sua aprovação pelos órgãos municipais.

4 – Os regulamentos referidos no n.° 1 são objecto de publicação na 2.ª série do *Diário da República*, sem prejuízo das demais formas de publicidade previstas na lei.

CAPÍTULO II – Controlo prévio

SECÇÃO I – Âmbito e competência

ARTIGO 4.° – **Licenças e autorizações administrativas**

1 – A realização de operações urbanísticas depende de prévia licença ou autorização administrativas, nos termos e com as excepções constantes da presente secção.

2 – Estão sujeitas a licença administrativa:

a) As operações de loteamento em área não abrangida por plano de pormenor ou abrangida por plano de pormenor que não contenha as menções constantes das alíneas *a*), *c*), *d*), *e*) e *f*) do n.° 1 do artigo 91.° do Decreto-Lei n.° 380/99, de 22 de Setembro;

b) As obras de urbanização e os trabalhos de remodelação de terrenos em área não abrangida por operação de loteamento, bem como a criação ou remodelação de infra-estruturas que, não obstante se inserirem em área abrangida por operação de loteamento, estejam sujeitas a legislação específica que exija a intervenção de entidades exteriores ao município no procedimento de aprovação dos respectivos projectos de especialidades;

c) As obras de construção, de ampliação ou de alteração em área não abrangida por operação de loteamento nem por plano de pormenor que contenha as menções referidas na alínea *a*), sem prejuízo do disposto na alínea *b*) do n.º 1 do artigo 6.º;

d) As obras de reconstrução, ampliação, alteração ou demolição de edifícios classificados ou em vias de classificação e as obras de construção, reconstrução, ampliação, alteração ou demolição de edifícios situados em zona de protecção de imóvel classificado ou em vias de classificação ou em áreas sujeitas a servidão administrativa ou restrição de utilidade pública;

e) A alteração da utilização de edifícios ou suas fracções em área não abrangida por operação de loteamento ou plano municipal de ordenamento do território, quando a mesma não tenha sido precedida da realização de obras sujeitas a licença ou autorização administrativas.

3 – Estão sujeitas a autorização administrativa:

a) As operações de loteamento em área abrangida por plano de pormenor que contenha as menções referidas na parte final da alínea *a*) do número anterior;

b) As obras de urbanização e os trabalhos de remodelação de terrenos em área abrangida por operação de loteamento e que não respeitem à criação ou remodelação de infra-estruturas sujeitas à legislação específica referida na parte final da alínea *b*) do número anterior;

c) As obras de construção, de ampliação ou de alteração em área abrangida por operação de loteamento ou por plano de pormenor que contenha as menções referidas na parte final da alínea *a*) do número anterior, sem prejuízo do disposto na alínea *b*) do n.º 1 do artigo 6.º;

d) As obras de reconstrução salvo as previstas na alínea *d*) do número anterior;

e) As obras de demolição de edificações existentes que não se encontrem previstas em licença ou autorização de obras de reconstrução, salvo as previstas na alínea *d*) do número anterior;

f) A utilização de edifícios ou suas fracções, bem como as alterações à mesma que não se encontrem previstas na alínea *e*) do número anterior;

g) As demais operações urbanísticas que não estejam isentas ou dispensadas de licença ou autorização, nos termos do presente diploma.

ARTIGO 5.º – **Competência**

1 – A concessão da licença prevista no n.º 2 do artigo anterior é da competência da câmara municipal, com faculdade de delegação no presidente e de subdelegação deste nos vereadores.

2 – A concessão da autorização prevista no n.º 3 do artigo anterior é da competência do presidente da câmara, podendo ser delegada nos vereadores, com faculdade de subdelegação, ou nos dirigentes dos serviços municipais.

3 – A aprovação da informação prévia regulada no presente diploma é da competência da câmara municipal, podendo ser delegada no seu presidente, com faculdade de subdelegação nos vereadores.

4 – Quando a informação prévia respeite as operações urbanísticas sujeitas a autorização, a competência prevista no número anterior pode ainda ser subdelegada nos dirigentes dos serviços municipais.

ARTIGO 6.º – **Isenção e dispensa de licença ou autorização**

1 – Estão isentas de licença ou autorização:

894   *VI – Regime da Urbanização e da Edificação*

a) As obras de conservação;

b) As obras de alteração no interior de edifícios não classificados ou suas fracções que não impliquem modificações da estrutura resistente dos edifícios, das cérceas, das fachadas e da forma dos telhados.

c) Os destaques referidos nos n.ᵒˢ 4 e 5.

2 – Podem ser dispensadas de licença ou autorização, mediante previsão em regulamento municipal, as obras de edificação ou demolição que, pela sua natureza, dimensão ou localização, tenham escassa relevância urbanística.

3 – As obras referidas na alínea *b*) do n.º 1, bem como aquelas que sejam dispensadas de licença ou autorização nos termos do número anterior, ficam sujeitas ao regime de comunicação prévia previsto nos artigos 34.º a 36.º.

4 – Os actos que tenham por efeito o destaque de uma única parcela de prédio com descrição predial que se situe em perímetro urbano estão isentos de licença ou autorização, desde que cumpram, cumulativamente, as seguintes condições:

a) As parcelas resultantes do destaque confrontem com arruamentos públicos;

b) A construção erigida ou a erigir na parcela a destacar disponha de projecto aprovado quando exigível no momento da construção.

5 – Nas áreas situadas fora dos perímetros urbanos, os actos a que se refere o número anterior estão isentos de licença ou autorização quando, cumulativamente, se mostrem cumpridas as seguintes condições:

a) Na parcela destacada só seja construído edifício que se destine exclusivamente a fins habitacionais e que não tenha mais de dois fogos;

b) Na parcela restante se respeite a área mínima fixada no projecto de intervenção em espaço rural em vigor ou, quando aquele não exista, a área de unidade de cultura fixada nos termos da lei geral para a região respectiva.

6 – Nos casos referidos nos n.ᵒˢ 4 e 5, não é permitido efectuar, na área correspondente ao prédio originário, novo destaque nos termos aí referidos por um prazo de 10 anos contados da data do destaque anterior.

7 – O condicionamento da construção bem como o ónus do não fraccionamento, previstos nos n.ᵒˢ 5 e 6 devem ser inscritos no registo predial sobre as parcelas resultantes do destaque, sem o que não pode ser licenciada ou autorizada qualquer obra de construção nessas parcelas.

8 – O disposto neste artigo não isenta a realização das operações urbanísticas nele previstas da observância das normas legais e regulamentares aplicáveis, designadamente as constantes de plano municipal e plano especial de ordenamento do território e as normas técnicas de construção.

9 – A certidão emitida pela câmara municipal constitui documento bastante para efeitos de registo predial da parcela destacada.

ARTIGO 7.º – **Operações urbanísticas promovidas pela Administração Pública**

1 – Estão igualmente isentas de licença ou autorização:

a) As operações urbanísticas promovidas pelas autarquias locais e suas associações em área abrangida por plano municipal de ordenamento do território;

b) As operações urbanísticas promovidas pelo Estado relativas a equipamentos ou infra-estruturas destinados à instalação de serviços públicos ou afectos ao uso directo e imediato do público, sem prejuízo do disposto no n.º4;

c) As obras de edificação ou demolição promovidas pelos institutos públicos que tenham por atribuições específicas a promoção e gestão do parque habitacional do Estado e que estejam directamente relacionadas com a prossecução destas atribuições;

Decreto-Lei n.º 555/99, de 16 de Dezembro

d) As obras de edificação ou demolição promovidas por entidades públicas que tenham por atribuições específicas a administração das áreas portuárias ou do domínio público ferroviário ou aeroportuário, quando realizadas na respectiva área de jurisdição e directamente relacionadas com a prossecução daquelas atribuições;

e) As obras de edificação ou de demolição e os trabalhos promovidos por entidades concessionárias de obras ou serviços públicos, quando se reconduzam à prossecução do objecto da concessão.

2 – A execução das operações urbanísticas previstas no número anterior, com excepção das promovidas pelos municípios, fica sujeita a parecer prévio não vinculativo da câmara municipal, que deve ser emitido no prazo de 20 dias a contar da data da recepção do respectivo pedido.

3 – As operações de loteamento e as obras de urbanização promovidas pelas autarquias locais e suas associações em área não abrangida por plano director municipal devem ser previamente autorizadas pela assembleia municipal, depois de submetidas a parecer prévio vinculativo da direcção regional do ambiente e do ordenamento do território, que deve pronunciar-se no prazo de 20 dias a contar da recepção do respectivo pedido.

4 – As operações de loteamento e as obras de urbanização promovidas pelo Estado devem ser previamente autorizadas pelo ministro da tutela e pelo Ministro do Ambiente e do Ordenamento do Território, depois de ouvida a câmara municipal e a direcção regional do ambiente e do ordenamento do território, que devem pronunciar-se no prazo de 20 dias após a recepção do respectivo pedido.

5 – As operações de loteamento e as obras de urbanização promovidas pelas autarquias locais e suas associações ou pelo Estado, em área não abrangida por plano de urbanização ou plano de pormenor, são submetidas a discussão pública, nos termos estabelecidos no artigo 77.º do Decreto-Lei n.º 380/99, de 22 de Setembro, com as necessárias adaptações, excepto no que se refere aos períodos de anúncio e duração da discussão pública que são, respectivamente, de 8 e de 15 dias.

6 – A realização das operações urbanísticas previstas neste artigo deve observar as normas legais e regulamentares que lhes forem aplicáveis, designadamente as constantes de instrumento de gestão territorial e as normas técnicas de construção.

7 – À realização das operações urbanísticas previstas neste artigo aplica-se ainda, com as devidas adaptações, o disposto nos artigos 10.º, 12.º e 78.º.

SECÇÃO II – Formas de procedimento

SUBSECÇÃO I – Disposições gerais

ARTIGO 8.º – Procedimento

1 – O controlo prévio das operações urbanísticas obedece às formas de procedimento previstas na presente secção, devendo ainda ser observadas as condições especiais de licenciamento ou autorização previstas na secção III do presente capítulo.

2 – A direcção da instrução do procedimento compete ao presidente da câmara municipal, podendo ser delegada nos vereadores, com faculdade de subdelegação, ou nos dirigentes dos serviços municipais.

ARTIGO 9.º – Requerimento e instrução

1 – Salvo disposição em contrário, os procedimentos previstos no presente diploma iniciam-se através de requerimento escrito, dirigido ao presidente da câmara municipal, do qual

VI – Regime da Urbanização e da Edificação

deve constar sempre a identificação do requerente, incluindo o domicílio ou sede, bem como a indicação da qualidade de titular de qualquer direito que lhe confira a faculdade de realizar a operação urbanística a que se refere a pretensão.

2 – Do requerimento inicial consta igualmente a indicação do pedido em termos claros e precisos, identificando o tipo de operação urbanística a realizar por referência ao disposto no artigo 2.°, bem como a respectiva localização.

3 – Quando o pedido respeite a mais de um dos tipos de operações urbanísticas referidos no artigo 2.° directamente relacionadas, o requerimento deve identificar todas as operações nele abrangidas, aplicando-se neste caso a forma de procedimento correspondente ao tipo de operação mais complexa.

4 – O pedido é acompanhado dos elementos instrutórios previstos em portaria aprovada pelos Ministros do Equipamento Social e do Ambiente e do Ordenamento do Território, para além dos documentos especialmente referidos no presente diploma.

5 – O município fixa em regulamento o número mínimo de cópias dos elementos que devem instruir cada processo.

6 – O requerimento inicial deve ser apresentado em duplicado, sendo a cópia devolvida ao requerente depois de nela se ter aposto nota, datada, da recepção do original.

7 – No requerimento inicial pode o interessado solicitar a indicação das entidades que, nos termos da lei, devam emitir parecer, autorização ou aprovação relativamente ao pedido apresentado, o qual lhe é notificado no prazo de 15 dias, salvo rejeição liminar do pedido nos termos do disposto no artigo 11.°.

8 – O responsável pela instrução do procedimento regista no processo a junção subsequente de quaisquer novos documentos e a data das consultas a entidades exteriores ao município e da recepção das respectivas respostas, quando for caso disso, bem como a data e o teor das decisões dos órgãos municipais.

9 – No caso de substituição do requerente, do responsável por qualquer dos projectos apresentados ou do director técnico da obra, o substituto deve disso fazer prova junto do presidente da câmara municipal para que este proceda ao respectivo averbamento no prazo de 15 dias a contar da data da substituição.

ARTIGO 10.° – **Termo de responsabilidade**

1 – O requerimento inicial é sempre instruído com declaração dos autores dos projectos da qual conste que foram observadas na elaboração dos mesmos as normas legais e regulamentares aplicáveis, designadamente as normas técnicas de construção em vigor.

2 – Da declaração mencionada no número anterior deve ainda constar referência à conformidade do projecto com os planos municipais de ordenamento do território aplicáveis à pretensão, bem como com a licença ou autorização de loteamento, quando exista.

3 – Só podem subscrever os projectos os técnicos que se encontrem inscritos em associação pública de natureza profissional e que façam prova da validade da sua inscrição aquando da apresentação do requerimento inicial, sem prejuízo do disposto no número seguinte.

4 – Os técnicos cuja actividade não esteja abrangida por associação pública podem subscrever os projectos para os quais possuam habilitação adequada, nos termos do disposto no regime da qualificação profissional exigível aos autores de projectos de obras ou em legislação especial relativa a organismo público oficialmente reconhecido.

5 – Nas situações previstas no artigo 60.° os técnicos autores dos projectos devem declarar quais as normas técnicas ou regulamentares em vigor que não foram observadas na elaboração dos mesmos, fundamentando as razões da sua não observância.

Decreto-Lei n.º 555/99, de 16 de Dezembro

ARTIGO 11.º – **Saneamento e apreciação liminar**

1 – Compete ao presidente da câmara municipal decidir as questões de ordem formal e processual que possam obstar ao conhecimento de qualquer pedido apresentado no âmbito do presente diploma.

2 – O presidente da câmara municipal profere despacho de rejeição liminar do pedido, no prazo de oito dias a contar da respectiva apresentação, sempre que o requerimento não contenha a identificação do requerente, do pedido ou da localização da operação urbanística a realizar, bem como no caso de faltar documento instrutório exigível que seja indispensável ao conhecimento da pretensão.

3 – No prazo de 15 dias a contar da apresentação do requerimento inicial, o presidente da câmara municipal pode igualmente proferir despacho de rejeição liminar quando da análise dos elementos instrutórios resultar que o pedido é manifestamente contrário às normas legais e regulamentares aplicáveis.

4 – Caso sejam supríveis ou sanáveis as deficiências ou omissões verificadas, e estas não possam ser oficiosamente supridas pelo responsável pela instrução do procedimento, o requerente será notificado, no prazo referido no número anterior, para corrigir ou completar o pedido, ficando suspensos os termos ulteriores do procedimento.

5 – Não ocorrendo rejeição liminar, ou convite para corrigir ou completar o pedido, no prazo previsto nos n.ᵒˢ 2 e 4, presume-se que o processo se encontra correctamente instruído.

6 – Sem prejuízo do disposto nos números anteriores, o presidente da câmara municipal deve conhecer a qualquer momento, até à decisão final, de qualquer questão que prejudique o desenvolvimento normal do procedimento ou impeça a tomada de decisão sobre o objecto do pedido, nomeadamente a ilegitimidade do requerente e a caducidade do direito que se pretende exercer.

7 – Salvo no que respeita às consultas a que se refere o artigo 19.º, se a decisão final depender da decisão de uma questão que seja da competência de outro órgão administrativo ou dos tribunais, deve o presidente da câmara municipal suspender o procedimento até que o órgão ou o tribunal competente se pronunciem, notificando o requerente desse acto, sem prejuízo do disposto no n.º 2 do artigo 31.º do Código do Procedimento Administrativo.

8 – Havendo rejeição do pedido, nos termos do presente artigo, o interessado que apresente novo pedido para o mesmo fim está dispensado de juntar os documentos utilizados no pedido anterior que se mantenham válidos e adequados.

9 – O presidente da câmara municipal pode delegar nos vereadores com faculdade de subdelegação ou nos dirigentes dos serviços municipais as competências referidas nos n.ᵒˢ 1 a 4 e 7.

ARTIGO 12.º – **Publicidade do pedido**

O pedido de licenciamento ou autorização de operação urbanística deve ser publicitado pelo requerente sob forma de aviso, segundo modelo aprovado por portaria do Ministro do Ambiente e do Ordenamento do Território, a colocar no local de execução daquela de forma visível da via pública, no prazo de 15 dias a contar da apresentação do requerimento inicial.

ARTIGO 13.º – **Suspensão do procedimento**

Nas áreas a abranger por novas regras urbanísticas constantes de plano municipal ou especial de ordenamento do território ou sua revisão, os procedimentos de informação prévia, de licenciamento ou de autorização ficam suspensos a partir da data fixada para o início do período de discussão pública e até à data da entrada em vigor daquele instrumento, aplicando-se o disposto no artigo 117.º do regime jurídico dos instrumentos de gestão territorial.

VI – Regime da Urbanização e da Edificação

SUBSECÇÃO II – Informação prévia

ARTIGO 14.º – Pedido de informação prévia

1 – Qualquer interessado pode pedir à câmara municipal, a título prévio, informação sobre a viabilidade de realizar determinada operação urbanística e respectivos condicionamentos legais ou regulamentares, nomeadamente relativos a infra-estruturas, servidões administrativas e restrições de utilidade pública, índices urbanísticos, cérceas, afastamentos e demais condicionantes aplicáveis à pretensão.

2 – Quando o pedido respeite a operação de loteamento, em área não abrangida por plano de pormenor, ou a obra de construção, ampliação ou alteração em área não abrangida por plano de pormenor ou operação de loteamento, o interessado pode requerer que a informação prévia contemple especificamente os seguintes aspectos, em função dos elementos por si apresentados:

a) A volumetria da edificação e a implantação da mesma e dos muros de vedação;

b) Condicionantes para um adequado relacionamento formal e funcional com a envolvente;

c) Programa de utilização das edificações, incluindo a área bruta de construção a afectar aos diversos usos e o número de fogos e outras unidades de utilização;

d) Infra-estruturas locais e ligação às infra-estruturas gerais;

e) Estimativa de encargos urbanísticos devidos.

3 – Quando o interessado não seja o proprietário do prédio, o pedido de informação prévia inclui a identificação daquele bem como dos titulares de qualquer outro direito real sobre o prédio, através de certidão emitida pela conservatória do registo predial.

4 – No caso previsto no número anterior, a câmara municipal deve notificar o proprietário e os demais titulares de qualquer outro direito real sobre o prédio da abertura do procedimento.

ARTIGO 15.º – Consultas no âmbito do procedimento de informação prévia

No âmbito do procedimento de informação prévia há lugar a consulta, nos termos do disposto no artigo 19.º, às entidades cujos pareceres, autorizações ou aprovações condicionem, nos termos da lei, a informação a prestar, sempre que tal consulta deva ser promovida num eventual pedido de licenciamento da pretensão em causa.

ARTIGO 16.º – Deliberação

1 – A câmara municipal delibera sobre o pedido de informação prévia no prazo de 20 dias ou, no caso previsto no n.º 2 do artigo 14.º, no prazo de 30 dias contados a partir:

a) Da data da recepção do pedido ou dos elementos solicitados nos termos do n.º 4 do artigo 11.º; ou

b) Da data da recepção do último dos pareceres, autorizações ou aprovações emitidos pelas entidades exteriores ao município, quando tenha havido lugar a consultas; ou ainda

c) Do termo do prazo para a recepção dos pareceres, autorizações ou aprovações, sempre que alguma das entidades consultadas não se pronuncie até essa data.

2 – Os pareceres, autorizações ou aprovações emitidos pelas entidades exteriores ao município são obrigatoriamente notificados ao requerente juntamente com a informação prévia aprovada pela câmara municipal, dela fazendo parte integrante.

3 – A câmara municipal indica sempre, na informação aprovada, o procedimento de controlo prévio a que se encontra sujeita a realização da operação urbanística projectada, de acordo com o disposto na secção I do capítulo II do presente diploma.

4 – No caso de a informação ser desfavorável, dela deve constar a indicação dos termos em que a mesma, sempre que possível, pode ser revista por forma a serem cumpridas as prescrições

Decreto-Lei n.º 555/99, de 16 de Dezembro   899

urbanísticas aplicáveis, designadamente as constantes de plano municipal de ordenamento do território ou de operação de loteamento.

ARTIGO 17.º – **Efeitos**

1 – O conteúdo da informação prévia aprovada vincula as entidades competentes na decisão sobre um eventual pedido de licenciamento ou autorização da operação urbanística a que respeita, desde que tal pedido seja apresentado no prazo de um ano a contar da data da notificação da mesma ao requerente.

2 – Nos casos abrangidos pelo número anterior, é dispensada no procedimento de licenciamento a consulta às entidades exteriores ao município em matéria sobre a qual se tenham pronunciado no âmbito do pedido de informação prévia, desde que esta tenha sido favorável e o pedido de licenciamento com ela se conforme.

3 – Quando a informação prévia favorável respeite a pedido formulado nos termos do n.º 2 do artigo 14.º e tenha carácter vinculativo nos termos do n.º 1 do presente artigo, é reduzido para metade o prazo para decisão sobre o pedido de licenciamento ou autorização.

4 – Não se suspende o procedimento de licenciamento ou autorização nos termos do artigo 13.º sempre que o pedido tenha sido instruído com informação prévia favorável de carácter vinculativo, nos termos do n.º 1 do presente artigo.

SUBSECÇÃO III – **Licença**

ARTIGO 18.º – **Âmbito**

1 – Obedece ao procedimento regulado na presente subsecção a apreciação dos pedidos relativos às operações urbanísticas previstas no n.º 2 do artigo 4.º.

2 – No âmbito do procedimento de licenciamento há lugar a consulta às entidades que, nos termos da lei, devam emitir parecer, autorização ou aprovação sobre o pedido, excepto nos casos previstos no n.º 2 do artigo 17.º.

ARTIGO 19.º – **Consultas a entidades exteriores ao município**

1 – Compete ao presidente da câmara municipal promover a consulta às entidades que, nos termos da lei, devam emitir parecer, autorização ou aprovação relativamente às operações urbanísticas sujeitas a licenciamento.

2 – O interessado pode solicitar previamente os pareceres, autorizações ou aprovações legalmente exigidos junto das entidades competentes, entregando-os com o requerimento inicial do pedido de licenciamento, caso em que não há lugar a nova consulta desde que, até à data da apresentação de tal pedido na câmara municipal, não haja decorrido mais de um ano desde a emissão dos pareceres, autorizações ou aprovações emitidos e não se tenha verificado alteração dos pressupostos de facto ou de direito em que os mesmos se basearam.

3 – Para os efeitos do número anterior, caso qualquer das entidades consultadas não se haja pronunciado dentro do prazo referido no n.º 8, o requerimento inicial pode ser instruído com prova da solicitação das consultas e declaração do requerente de que os mesmos não foram emitidos dentro daquele prazo.

4 – O presidente da câmara municipal promove as consultas a que haja lugar em simultâneo, no prazo de 10 dias a contar da data do requerimento inicial ou da data da entrega dos elementos solicitados nos termos do n.º 4 do artigo 11.º.

5 – No prazo máximo de 10 dias a contar da data de recepção do processo, as entidades con-

900 VI – *Regime da Urbanização e da Edificação*

sultadas podem solicitar, por uma única vez, a apresentação de outros elementos que considerem indispensáveis à apreciação do pedido, dando desse facto conhecimento à câmara municipal.

6 – No termo do prazo fixado no n.º 4, o interessado pode solicitar a passagem de certidão da promoção das consultas devidas, a qual será emitida pela câmara municipal no prazo de oito dias.

7 – Se a certidão for negativa, o interessado pode promover directamente as consultas que não hajam sido realizadas ou pedir ao tribunal administrativo que intime a câmara municipal a fazê-lo, nos termos do artigo 112.º do presente diploma.

8 – O parecer, autorização ou aprovação das entidades consultadas deve ser recebido pelo presidente da câmara municipal ou pelo requerente, consoante quem houver promovido a consulta, no prazo de 20 dias ou do estabelecido na legislação aplicável a contar da data da recepção do processo ou dos elementos a que se refere o n.º 5.

9 – Considera-se haver concordância daquelas entidades com a pretensão formulada se os respectivos pareceres, autorizações ou aprovações não forem recebidos dentro do prazo fixado no número anterior, sem prejuízo do disposto em legislação específica.

10 – As entidades exteriores ao município devem pronunciar-se exclusivamente no âmbito das suas atribuições e competências.

11 – Os pareceres das entidades exteriores ao município só têm carácter vinculativo quando tal resulte da lei, desde que se fundamentem em condicionalismos legais ou regulamentares e sejam recebidos dentro do prazo fixado no n.º 8, sem prejuízo do disposto em legislação específica.

12 – O presidente da câmara municipal pode delegar nos vereadores ou nos dirigentes dos serviços municipais as competências previstas nos n.ºs 1 e 4.

ARTIGO 20.º – **Apreciação dos projectos de obras de edificação**

1 – A apreciação do projecto de arquitectura, no caso de pedido de licenciamento relativo a obras previstas nas alíneas *c*) e *d*) do n.º 2 do artigo 4.º, incide sobre a sua conformidade com planos municipais de ordenamento do território, planos especiais de ordenamento do território, medidas preventivas, área de desenvolvimento urbano prioritário, área de construção prioritária, servidões administrativas, restrições de utilidade pública e quaisquer outras normas legais e regulamentares relativas ao aspecto exterior e a inserção urbana e paisagística das edificações, bem como sobre o uso proposto.

2 – Para os efeitos do número anterior, a apreciação da inserção urbana das edificações é efectuada na perspectiva formal e funcional, tendo em atenção o edificado existente, bem como o espaço público envolvente e as infra-estruturas existentes e previstas.

3 – A câmara municipal delibera sobre o projecto de arquitectura no prazo de 30 dias contado a partir:

a) Da data da recepção do pedido ou dos elementos solicitados nos termos do n.º 4 do artigo 11.º; ou

b) Da data da recepção do último dos pareceres, autorizações ou aprovações emitidos pelas entidades exteriores ao município, quando tenha havido lugar a consultas; ou ainda

c) Do termo do prazo para a recepção dos pareceres, autorizações ou aprovações, sempre que alguma das entidades consultadas não se pronuncie até essa data.

4 – O interessado deve requerer a aprovação dos projectos das especialidades necessários à execução da obra no prazo de seis meses a contar da notificação do acto que aprovou o projecto de arquitectura, caso não tenha apresentado tais projectos com o requerimento inicial.

5 – O presidente da câmara poderá prorrogar o prazo referido no número anterior, por uma só vez e por período não superior a três meses, mediante requerimento fundamentado apresentado antes do respectivo termo.

Decreto-Lei n.° 555/99, de 16 de Dezembro

6 – A falta de apresentação dos projectos das especialidades no prazo estabelecido no n.° 4, ou naquele que resultar da prorrogação concedida nos termos do n.° 5, implica a caducidade do acto que aprovou o projecto de arquitectura e o arquivamento oficioso do processo de licenciamento.

7 – Há lugar a consulta às entidades que, nos termos da lei, devam emitir parecer, autorização ou aprovação sobre os projectos das especialidades, a qual deve ser promovida no prazo de 10 dias a contar da apresentação dos mesmos, ou da data da aprovação do projecto de arquitectura, se o interessado os tiver entregue juntamente com o requerimento inicial.

8 – As declarações de responsabilidade dos autores dos projectos das especialidades que estejam inscritos em associação pública constituem garantia bastante do cumprimento das normas legais e regulamentares aplicáveis aos projectos, excluindo a sua apreciação prévia pelos serviços municipais, salvo quando as declarações sejam formuladas nos termos do n.° 5 do artigo 10.°.

ARTIGO 21.° – **Apreciação dos projectos de loteamento, obras de urbanização e trabalhos de remodelação de terrenos**

A apreciação dos projectos de loteamento, de obras de urbanização e dos trabalhos de remodelação de terrenos pela câmara municipal incide sobre a sua conformidade com planos municipais de ordenamento do território, planos especiais de ordenamento do território, medidas preventivas, área de desenvolvimento urbano prioritário, área de construção prioritária, servidões administrativas, restrições de utilidade pública e quaisquer outras normas legais ou regulamentares aplicáveis, bem como sobre o uso e a integração urbana e paisagística.

ARTIGO 22.° – **Discussão pública**

1 – A aprovação pela câmara municipal do pedido de licenciamento de operação de loteamento é precedida de um período de discussão pública a efectuar nos termos do disposto no artigo 77.° do Decreto-Lei n.° 380/99, de 22 de Setembro, sem prejuízo do disposto nos números seguintes.

2 – Mediante regulamento municipal podem ser dispensadas de discussão pública as operações de loteamento que não excedam nenhum dos seguintes limites:

a) 4 ha;

b) 100 fogos;

c) 10% da população do aglomerado urbano em que se insere a pretensão.

3 – A discussão pública é anunciada com uma antecedência mínima de 8 dias a contar da data da recepção do último dos pareceres, autorizações ou aprovações emitidos pelas entidades exteriores ao município ou do termo do prazo para a sua emissão não podendo a sua duração ser inferior a 15 dias.

4 – A discussão pública tem por objecto o projecto de loteamento, que deve ser acompanhado da informação técnica elaborada pelos serviços municipais, bem como dos pareceres, autorizações ou aprovações emitidos pelas entidades exteriores ao município.

5 – Os planos municipais de ordenamento do território podem sujeitar a prévia discussão pública o licenciamento de operações urbanísticas de significativa relevância urbanística.

ARTIGO 23.° – **Deliberação final**

1 – A câmara municipal delibera sobre o pedido de licenciamento:

a) No prazo de 45 dias, no caso de operação de loteamento;

b) No prazo de 30 dias, no caso de obras de urbanização;

c) No prazo de 45 dias, no caso de obras previstas nas alíneas *c*) e *d*) do n.° 2 do artigo 4.°;

d) No prazo de 30 dias, no caso de alteração da utilização de edifício ou de sua fracção.

VI – Regime da Urbanização e da Edificação

2 – O prazo previsto na alínea *a*) do número anterior conta-se, consoante os casos, a partir do termo do período de discussão pública ou, quando não haja lugar à sua realização, nos termos previstos no n.º 3.

3 – Os prazos previstos nas alíneas *b*) e *d*) do n.º 1 contam-se a partir:

a) Da data da recepção do pedido ou dos elementos solicitados nos termos do n.º 4 do artigo 11.º;

b) Da data da recepção do último dos pareceres, autorizações ou aprovações emitidos pelas entidades exteriores ao município, quando tenha havido lugar a consultas; ou ainda

c) Do termo do prazo para a recepção dos pareceres, autorizações ou aprovações, sempre que alguma das entidades consultadas não se pronuncie até essa data.

4 – O prazo previsto na alínea *c*) do n.º 1 conta-se:

a) Da data da apresentação dos projectos das especialidades ou da data da aprovação do projecto de arquitectura, se o interessado os tiver apresentado juntamente com o requerimento inicial; ou

b) Da data da recepção do último dos pareceres, autorizações ou aprovações emitidos pelas entidades consultadas sobre os projectos das especialidades; ou ainda

c) Do termo do prazo para a recepção dos pareceres, autorizações ou aprovações, sempre que alguma das entidades consultadas não se pronuncie até essa data.

5 – Quando o pedido de licenciamento de obras de urbanização seja apresentado em simultâneo com o pedido de licenciamento de operação de loteamento, o prazo previsto na alínea *b*) do n.º 1 conta-se a partir da deliberação que aprove o pedido de loteamento.

6 – No caso das obras previstas nas alíneas *c*) e *d*) do n.º 2 do artigo 4.º, a câmara municipal pode, a requerimento do interessado, aprovar uma licença parcial para construção da estrutura, imediatamente após a entrega de todos os projectos das especialidades e desde que se mostrem aprovado o projecto de arquitectura e prestada caução para demolição da estrutura até ao piso de menor cota em caso de indeferimento.

7 – Nos casos referidos no número anterior, o deferimento do pedido de licença parcial dá lugar à emissão de alvará.

ARTIGO 24.º – Indeferimento do pedido de licenciamento

1 – O pedido de licenciamento é indeferido quando:

a) Violar plano municipal de ordenamento do território, plano especial de ordenamento do território, medidas preventivas, área de desenvolvimento urbano prioritário, área de construção prioritária, servidão administrativa, restrição de utilidade pública ou quaisquer outras normas legais e regulamentares aplicáveis;

b) Existir declaração de utilidade pública para efeitos de expropriação que abranja o prédio objecto do pedido de licenciamento, salvo se tal declaração tiver por fim a realização da própria operação urbanística;

c) Tiver sido objecto de parecer negativo, ou recusa de aprovação ou autorização de qualquer entidade consultada nos termos do presente diploma cuja decisão seja vinculativa para os órgãos municipais.

2 – Quando o pedido de licenciamento tiver por objecto a realização das operações urbanísticas referidas nas alíneas *a*), *b*), *c*) e *d*) do n.º 2 do artigo 4.º, o indeferimento pode ainda ter lugar com fundamento em:

a) A operação urbanística afectar negativamente o património arqueológico, histórico, cultural ou paisagístico, natural ou edificado;

b) A operação urbanística constituir, comprovadamente, uma sobrecarga incomportável

Decreto-Lei n.º 555/99, de 16 de Dezembro 903

para as infra-estruturas ou serviços gerais existentes ou implicar, para o município, a construção ou manutenção de equipamentos, a realização de trabalhos ou a prestação de serviços por este não previstos, designadamente quanto a arruamentos e redes de abastecimento de água, de energia eléctrica ou de saneamento.

3 – Quando o pedido de licenciamento tiver por objecto a realização das operações urbanísticas referidas na alínea *b*) do n.º 2 do artigo 4.º, o indeferimento pode ainda ter lugar com fundamento na desconformidade com as condições impostas no licenciamento ou autorização da operação de loteamento nos casos em que esta tenha precedido ou acompanhado o pedido.

4 – Quando o pedido de licenciamento tiver por objecto a realização das obras referidas nas alíneas *c*) e *d*) do n.º 2 do artigo 4.º, pode ainda ser indeferido quando a obra seja susceptível de manifestamente afectar a estética das povoações, a sua adequada inserção no ambiente urbano ou a beleza das paisagens, designadamente em resultado da desconformidade com as cérceas dominantes, a volumetria das edificações e outras prescrições expressamente previstas em regulamento.

5 – O pedido de licenciamento das obras referidas nas alíneas *c*) e *d*) do n.º 2 do artigo 4.º deve ser indeferido na ausência de arruamentos ou de infra-estruturas de abastecimento de água e saneamento.

6 – O pedido de licenciamento das operações referidas na alínea *e*) do n.º 2 do artigo 4.º pode ainda ser indeferido quando se conclua pela não verificação das condições referidas no n.º 1 do artigo 62.º, ou que suscitam sobrecarga incomportável para as infra-estruturas existentes.

ARTIGO 25.º – **Reapreciação do pedido**

1 – Quando exista projecto de decisão de indeferimento com os fundamentos referidos na alínea *b*) do n.º 2 e no n.º 4 do artigo anterior, pode haver deferimento do pedido desde que o requerente, na audiência prévia, se comprometa a realizar os trabalhos necessários ou a assumir os encargos inerentes à sua execução, bem como os encargos de funcionamento das infra-estruturas por um período mínimo de 10 anos.

2 – O disposto no número anterior é igualmente aplicável quando exista projecto de indeferimento de pedido de licenciamento das operações referidas na alínea *e*) do n.º 2 do artigo 4.º com fundamento no facto de suscitarem sobrecarga incomportável para as infra-estruturas existentes.

3 – Em caso de deferimento nos termos dos números anteriores, o requerente deve, antes da emissão do alvará, celebrar com a câmara municipal contrato relativo ao cumprimento das obrigações assumidas e prestar caução adequada, beneficiando de redução proporcional das taxas por realização de infra-estruturas urbanísticas, nos termos a fixar em regulamento municipal.

4 – A prestação da caução referida no número anterior, bem como a execução ou manutenção das obras de urbanização que o interessado se compromete a realizar ou a câmara municipal entenda indispensáveis, devem ser mencionadas expressamente como condição do deferimento do pedido.

5 – À prestação da caução referida no n.º 3 aplica-se, com as necessárias adaptações, o disposto no artigo 54.º.

6 – Os encargos a suportar pelo requerente ao abrigo do contrato referido no n.º 3 devem ser proporcionais à sobrecarga para as infra-estruturas existentes resultante da operação urbanística.

ARTIGO 26.º – **Licença**

A deliberação final de deferimento do pedido de licenciamento consubstancia a licença para a realização da operação urbanística.

904   *VI – Regime da Urbanização e da Edificação*

ARTIGO 27.º – **Alterações à licença**

1 – A requerimento do interessado, podem ser alterados os termos e condições da licença antes do início das obras ou trabalhos a que a mesma se refere.

2 – A alteração da licença da operação de loteamento é precedida de discussão pública, a efectuar nos termos estabelecidos no n.º 3 do artigo 22.º, com as necessárias adaptações, salvo se houver consentimento escrito dos proprietários de todos os lotes constantes do alvará, sem prejuízo do disposto no artigo 48.º.

3 – A alteração da licença de operação de loteamento não pode ser aprovada se ocorrer oposição escrita dos proprietários da maioria dos lotes constantes do alvará, desde que nela se inclua a maioria dos proprietários abrangidos pela alteração.

4 – A alteração à licença obedece ao procedimento estabelecido na presente subsecção, com as especialidades constantes dos números seguintes.

5 – É dispensada a consulta às entidades exteriores ao município desde que o pedido de alteração se conforme com os pressupostos de facto e de direito dos pareceres, autorizações ou aprovações que hajam sido emitidos no procedimento.

6 – Podem ser utilizados, no procedimento de alteração, os documentos constantes do processo que se mantenham válidos e adequados.

7 – A alteração da licença dá lugar a aditamento ao alvará, que, no caso de operação de loteamento, deve ser comunicado oficiosamente à conservatória do registo predial competente, para efeitos de averbamento.

8 – As alterações à licença de loteamento que se traduzam na variação das áreas de implantação e de construção até 3%, desde que não impliquem aumento do número de fogos ou alteração de parâmetros urbanísticos constantes de plano municipal de ordenamento do território, são aprovadas por simples deliberação da câmara municipal, com dispensa de quaisquer outras formalidades, sem prejuízo das demais disposições legais e regulamentares aplicáveis.

9 – Exceptuam-se do disposto nos n.os 2 a 6 as alterações às condições da licença que se refiram ao prazo de conclusão das operações urbanísticas licenciadas ou ao montante da caução para garantia das obras de urbanização, que se regem pelos artigos 53.º, 54.º e 58.º.

SUBSECÇÃO IV – **Autorização**

ARTIGO 28.º – **Âmbito**

1 – Obedece ao procedimento regulado na presente subsecção a apreciação dos pedidos relativos às operações urbanísticas previstas no n.º 3 do artigo 4.º, bem como àquelas que o regulamento referido no n.º 2 do artigo 6.º determine.

2 – Sem prejuízo do disposto nos artigos 37.º e seguintes, no âmbito do procedimento de autorização não há lugar a consultas a entidades exteriores ao município.

ARTIGO 29.º – **Apreciação liminar**

1 – Sem prejuízo do disposto nos n.os 2 e 3 do artigo 11.º, o pedido de autorização é liminarmente rejeitado quando se verifique que a operação urbanística a que respeita não se integra na previsão do n.º 3 do artigo 4.º, nem se encontra sujeita ao regime de autorização nos termos do regulamento municipal a que se refere o n.º 2 do artigo 6.º.

2 – Aplica-se igualmente o disposto no número anterior quando seja manifesto que:

a) O pedido de autorização das operações urbanísticas referidas na alínea *a)* do n.º 3 do artigo 4.º viola plano de pormenor;

Decreto-Lei n.° 555/99, de 16 de Dezembro 905

b) Os pedidos de autorização das operações urbanísticas referidas nas alíneas *b)* e *c)* do n.° 3 do artigo 4.° violam licença de loteamento ou plano de pormenor.

ARTIGO 30.° – **Decisão final**

1 – O presidente da câmara municipal decide sobre o pedido de autorização:

a) No prazo de 30 dias, no caso de operação de loteamento;

b) No prazo de 20 dias, no caso das demais operações urbanísticas previstas no n.° 3 do artigo 4.°.

2 – Sem prejuízo do disposto no n.° 3 do artigo 37.°, os prazos previstos no número anterior contam-se a partir da recepção do pedido ou dos elementos solicitados nos termos do n.° 4 do artigo 11.°, com excepção do disposto nos números seguintes.

3 – No caso de pedido de autorização para a utilização de edifício ou de sua fracção, bem como para alteração à utilização nos termos previstos na alínea *f)* do n.° 3 do artigo 4.°, o prazo para a decisão do presidente da câmara municipal conta-se a partir:

a) Da data da recepção do pedido ou da recepção dos elementos solicitados, nos termos do n.° 4 do artigo 11.°; ou

b) Da data da realização da vistoria, quando a ela houver lugar, nos termos do disposto no artigo 64.°.

4 – Quando o pedido de autorização de obras de urbanização seja apresentado em simultâneo com o pedido de autorização de operação de loteamento, o prazo previsto na alínea *b)* do n.° 1 conta-se a partir da deliberação que aprove o pedido de loteamento.

ARTIGO 31.° – **Indeferimento do pedido de autorização**

1 – O pedido de autorização é indeferido nos casos previstos nas alíneas *a)* e *b)* do n.° 1 do artigo 24.°, bem como quando se verifique a recusa das aprovações previstas no artigo 37.°.

2 – Quando o pedido de autorização tiver por objecto a realização das operações urbanísticas referidas nas alíneas *a)*, *b)*, *c)* ou *d)* do n.° 3 do artigo 4.°, o indeferimento pode ainda ter lugar com fundamento no disposto na alínea *b)* do n.° 2 do artigo 24.°.

3 – Quando o pedido de autorização tiver por objecto a realização das obras referidas nas alíneas *c)* e *d)* do n.° 3 do artigo 4.°, pode ainda ser indeferido nos seguintes casos:

a) A obra seja manifestamente susceptível de afectar a estética das povoações, a sua adequada inserção no ambiente urbano ou a beleza das paisagens;

b) Quando se verifique a ausência de arruamentos ou de infra-estruturas de abastecimento de água e saneamento.

4 – O disposto nos números anteriores é aplicável às operações previstas na alínea *g)* do n.° 3 do artigo 4.°, com as necessárias adaptações.

5 – Quando o pedido de autorização se referir às operações urbanísticas referidas na alínea *b)* do n.° 3 do artigo 4.°, o indeferimento pode ainda ter lugar com fundamento na desconformidade com as condições impostas no licenciamento ou autorização da operação de loteamento nos casos em que esta tenha precedido ou acompanhado o pedido de autorização das obras de urbanização.

6 – O pedido de autorização das operações referidas na alínea *f)* do n.° 3 do artigo 4.° pode ainda ser objecto de indeferimento quando:

a) Não respeite as condições constantes dos n.os 2 e 3 do artigo 62.°, consoante o caso;

b) Constitua, comprovadamente, uma sobrecarga incomportável para as infra-estruturas existentes.

7 – Quando exista projecto de indeferimento com os fundamentos constantes do n.° 2 e da alínea *b)* do n.° 6 do presente artigo, é aplicável o disposto no artigo 25.°, com as necessárias adaptações.

906　　　　VI – Regime da Urbanização e da Edificação

ARTIGO 32.º – **Autorização**

O acto de deferimento do pedido consubstancia a autorização para a realização da operação urbanística.

ARTIGO 33.º – **Alterações à autorização**

1 – A requerimento do interessado, podem ser alterados os termos e condições da autorização antes do início das obras ou trabalhos a que a mesma se refere.

2 – A alteração da autorização da operação de loteamento é precedida de discussão pública, a efectuar nos termos estabelecidos no n.º 3 do artigo 22.º, com as necessárias adaptações, salvo se houver consentimento escrito dos proprietários de todos os lotes constantes do alvará, sem prejuízo do disposto no artigo 48.º.

3 – A alteração da autorização de loteamento não pode ser licenciada se ocorrer oposição escrita dos proprietários da maioria dos lotes constantes do alvará, desde que nela se inclua a maioria dos proprietários abrangidos pela alteração.

4 – A alteração à autorização obedece ao procedimento estabelecido na presente subsecção, aplicando-se, com as necessárias adaptações, o que se dispõe no artigo 27.º.

SUBSECÇÃO V – **Comunicação prévia**

ARTIGO 34.º – **Âmbito**

Obedece ao procedimento regulado na presente subsecção a realização das operações urbanísticas referidas no n.º 3 do artigo 6.º.

ARTIGO 35.º – **Comunicação à câmara municipal**

1 – As obras referidas no artigo anterior podem realizar-se decorrido o prazo de 30 dias sobre a apresentação de comunicação prévia dirigida ao presidente da câmara municipal.

2 – A comunicação prévia deve conter a identificação do interessado e é acompanhada das peças escritas e desenhadas indispensáveis à identificação das obras ou trabalhos a realizar e da respectiva localização, assinadas por técnico legalmente habilitado e acompanhadas do termo de responsabilidade a que se refere o artigo 10.º.

ARTIGO 36.º – **Apreciação liminar**

1 – No prazo de 20 dias a contar da entrega da comunicação e demais elementos a que se refere o artigo anterior, o presidente da câmara municipal deve determinar a sujeição da obra a licenciamento ou autorização quando verifique que a mesma não se integra no âmbito a que se refere o artigo 34.º.

2 – Aplica-se ainda o disposto no número anterior quando se verifique haver fortes indícios de que a obra viola as normas legais e regulamentares aplicáveis, designadamente as constantes de plano municipal de ordenamento do território ou as normas técnicas de construção em vigor.

SUBSECÇÃO VI – **Procedimentos especiais**

ARTIGO 37.º – **Operações urbanísticas cujo projecto carece de aprovação da administração central**

1 – As operações urbanísticas referidas no artigo 4.º cujo projecto, nos termos da legislação especial aplicável, careça de aprovação da administração central, nomeadamente as relativas

Decreto-Lei n.° 555/99, de 16 de Dezembro

a empreendimentos industriais, recintos de espectáculos e divertimentos públicos e as que tenham lugar em imóveis classificados ou em vias de classificação estão também sujeitas a licença ou autorização administrativa municipal, nos termos do disposto no presente diploma.

2 – Salvo o disposto em lei especial, os órgãos municipais não podem aprovar informação prévia favorável, nem deferir pedidos de licença ou de autorização relativos a operações urbanísticas previstas no n.° 1, sem que o requerente apresente documento comprovativo da aprovação da administração central.

3 – Os prazos para a câmara municipal decidir sobre os pedidos de informação prévia, de licença ou de autorização relativos a operações urbanísticas previstas no n.° 1 contam-se a partir da data da entrega pelo requerente do documento referido no número anterior.

ARTIGO 38.° – **Empreendimentos turísticos**

1 – Os empreendimentos turísticos estão sujeitos ao regime jurídico das operações de loteamento nos casos em que se pretenda efectuar a divisão jurídica do terreno em lotes.

2 – Nas situações referidas no número anterior não é aplicável o disposto no artigo 41.°, podendo a operação de loteamento realizar-se em áreas em que o uso turístico seja compatível com o disposto nos instrumentos de gestão territorial válidos e eficazes.

ARTIGO 39.° – **Autorização prévia de localização**

Sempre que as obras se situem em área que nos termos de plano de urbanização, plano de pormenor ou licença ou autorização de loteamento em vigor, esteja expressamente afecta ao uso proposto, é dispensada a autorização prévia de localização que, nos termos da lei, devesse ser emitida por parte de órgãos da administração central, sem prejuízo das demais autorizações ou aprovações exigidas por lei relativas a servidões administrativas ou restrições de utilidade pública.

ARTIGO 40.° – **Licença ou autorização de funcionamento**

1 – A vistoria necessária à concessão da licença de funcionamento deve ser sempre efectuada em conjunto com a vistoria referida no artigo 64.°, quando a ela haja lugar.

2 – A câmara municipal dá conhecimento da data da vistoria às entidades da administração central que tenham competência para licenciar o funcionamento do estabelecimento.

3 – Salvo o disposto em lei especial, a licença de funcionamento de qualquer estabelecimento só pode ser concedida mediante a exibição do alvará de licença ou de autorização de utilização.

SECÇÃO III – Condições especiais de licenciamento ou autorização

SUBSECÇÃO I – Operações de loteamento

ARTIGO 41.° – **Localização**

As operações de loteamento só podem realizar-se nas áreas situadas dentro do perímetro urbano e em terrenos já urbanizados ou cuja urbanização se encontre programada em plano municipal de ordenamento do território.

ARTIGO 42.° – **Parecer da direcção regional do ambiente e do ordenamento do território**

1 – O licenciamento de operação de loteamento que se realize em área não abrangida por qualquer plano municipal de ordenamento do território está sujeito a parecer prévio favorável da direcção regional do ambiente e do ordenamento do território.

908 *VI – Regime da Urbanização e da Edificação*

2 – O parecer da direcção regional do ambiente e do ordenamento do território destina-se a avaliar a operação de loteamento do ponto de vista do ordenamento do território e a verificar a sua articulação com os instrumentos de desenvolvimento territorial previstos na lei.

3 – O parecer da direcção regional do ambiente e do ordenamento do território caduca no prazo de dois anos, salvo se, dentro desse prazo, for licenciada a operação de loteamento.

4 – A apresentação de requerimento nos termos referidos no artigo 112.º suspende a contagem do prazo referido no número anterior.

ARTIGO 43.º – **Áreas para espaços verdes e de utilização colectiva, infra-estruturas e equipamentos**

1 – Os projectos de loteamento devem prever áreas destinadas à implantação de espaços verdes e de utilização colectiva, infra-estruturas viárias e equipamentos.

2 – Os parâmetros para o dimensionamento das áreas referidas no número anterior são os que estiverem definidos em plano municipal de ordenamento do território, de acordo com as directrizes estabelecidas pelo Programa Nacional da Política de Ordenamento do Território e pelo plano regional de ordenamento do território.

3 – Para aferir se o projecto de loteamento respeita os parâmetros a que alude o número anterior consideram-se quer as parcelas de natureza privada a afectar àqueles fins quer as parcelas a ceder à câmara municipal nos termos do artigo seguinte.

4 – Os espaços verdes e de utilização colectiva, infra-estruturas viárias e equipamentos de natureza privada constituem partes comuns dos lotes resultantes da operação de loteamento e dos edifícios que neles venham a ser construídos e regem-se pelo disposto nos artigos 1420.º a 1438.º-A do Código Civil.

ARTIGO 44.º – **Cedências**

1 – O proprietário e os demais titulares de direitos reais sobre o prédio a lotear cedem gratuitamente ao município as parcelas para implantação de espaços verdes públicos e equipamentos de utilização colectiva e as infra-estruturas que, de acordo com a lei e a licença ou autorização de loteamento, devam integrar o domínio municipal.

2 – Para os efeitos do número anterior, o requerente deve assinalar as áreas de cedência ao município em planta a entregar com o pedido de licenciamento ou autorização.

3 – As parcelas de terrenos cedidas ao município integram-se automaticamente no domínio público municipal com a emissão de alvará.

4 – Se o prédio a lotear já estiver servido pelas infra-estruturas a que se refere a alínea *h*) do artigo 2.º ou não se justificar a localização de qualquer equipamento ou espaço verde públicos no referido prédio, ou ainda nos casos referidos no n.º 4 do artigo anterior, não há lugar a qualquer cedência para esses fins, ficando, no entanto, o proprietário obrigado ao pagamento de uma compensação ao município, em numerário ou em espécie, nos termos definidos em regulamento municipal.

ARTIGO 45.º – **Reversão**

1 – O cedente tem o direito de reversão sobre as parcelas cedidas nos termos do artigo anterior sempre que estas sejam afectas a fins diversos daqueles para que hajam sido cedidas.

2 – Ao exercício do direito de reversão previsto no número anterior aplica-se, com as necessárias adaptações, o disposto no Código das Expropriações.

3 – Em alternativa ao exercício do direito referido no n.º 1 ou no caso do n.º 9, o cedente pode exigir ao município uma indemnização, a determinar nos termos estabelecidos no Código

Decreto-Lei n.º 555/99, de 16 de Dezembro   909

das Expropriações com referência ao fim a que se encontre afecta a parcela, calculada à data em que pudesse haver lugar à reversão.

4 – As parcelas que, nos termos do n.º 1, tenham revertido para o cedente ficam sujeitas às mesmas finalidades a que deveriam estar afectas aquando da cedência, salvo quando se trate de parcela a afectar a equipamento de utilização colectiva, devendo nesse caso ser afecta a espaço verde, procedendo-se ainda ao averbamento desse facto no respectivo alvará.

5 – Os direitos referidos nos n.º 1 a 3 podem ser exercidos pelos proprietários de, pelo menos, um terço dos lotes constituídos em consequência da operação de loteamento.

6 – Havendo imóveis construídos na parcela revertida, o tribunal pode ordenar a sua demolição, a requerimento do cedente, nos termos estabelecidos nos artigos 86.º e seguintes do Decreto-Lei n.º 267/85, de 16 de Julho.

7 – O município é responsável pelos prejuízos causados aos proprietários dos imóveis referidos no número anterior, nos termos estabelecidos no Decreto-Lei n.º 48 051, de 21 de Novembro de 1967, em matéria de actos ilícitos.

8 – À demolição prevista no n.º 6 é aplicável o disposto nos artigos 52.º e seguintes do Decreto-Lei n.º 794/76, de 5 de Novembro.

9 – O direito de reversão previsto no n.º 1 não pode ser exercido quando os fins das parcelas cedidas sejam alterados ao abrigo do disposto no n.º 1 do artigo 48.º.

ARTIGO 46.º – **Gestão das infra-estruturas e dos espaços verdes e de utilização colectiva**

1 – A gestão das infra-estruturas e dos espaços verdes e de utilização colectiva pode ser confiada a moradores ou a grupos de moradores das zonas loteadas e urbanizadas, mediante a celebração com o município de acordos de cooperação ou de contratos de concessão do domínio municipal.

2 – Os acordos de cooperação podem incidir, nomeadamente, sobre os seguintes aspectos:

a) Limpeza e higiene;

b) Conservação de espaços verdes existentes;

c) Manutenção dos equipamentos de recreio e lazer;

d) Vigilância da área, por forma a evitar a sua degradação.

3 – Os contratos de concessão devem ser celebrados sempre que se pretenda realizar investimentos em equipamentos de utilização colectiva ou em instalações fixas e não desmontáveis em espaços verdes, ou a manutenção de infra-estruturas.

ARTIGO 47.º – **Contrato de concessão**

1 – Os princípios a que devem subordinar-se os contratos administrativos de concessão do domínio municipal a que se refere o artigo anterior são estabelecidos em decreto-lei, no qual se fixam as regras a observar em matéria de prazo de vigência, conteúdo do direito de uso privativo, obrigações do concessionário e do município em matéria de realização de obras, prestação de serviços e manutenção de infra-estruturas, garantias a prestar e modos e termos do sequestro e rescisão.

2 – A utilização das áreas concedidas nos termos do número anterior e a execução dos contratos respectivos estão sujeitas a fiscalização da câmara municipal, nos termos a estabelecer no decreto-lei aí referido.

3 – Os contratos referidos no número anterior não podem, sob pena de nulidade das cláusulas respectivas, proibir o acesso e utilização do espaço concessionado por parte do público, sem prejuízo das limitações a tais acesso e utilização que sejam admitidas no decreto-lei referido no n.º 1.

910   *VI – Regime da Urbanização e da Edificação*

ARTIGO 48.° – **Execução de instrumentos de planeamento territorial e outros instrumentos urbanísticos**

1 – As condições da licença ou autorização de operação de loteamento podem ser alteradas por iniciativa da câmara municipal, desde que tal alteração se mostre necessária à execução de plano municipal de ordenamento do território, plano especial de ordenamento do território, área de desenvolvimento urbano prioritário, área de construção prioritária ou área crítica de recuperação e reconversão urbanística.

2 – A deliberação da câmara municipal que determine as alterações referidas no número anterior é devidamente fundamentada e implica a emissão de novo alvará, e a publicação e submissão a registo deste, a expensas do município.

3 – A deliberação referida no número anterior é precedida da audiência prévia do titular do alvará e demais interessados, que dispõem do prazo de 30 dias para se pronunciarem sobre o projecto de decisão.

4 – A pessoa colectiva que aprovar os instrumentos referidos no n.° 1 que determinem directa ou indirectamente os danos causados ao titular do alvará e demais interessados, em virtude do exercício da faculdade prevista no n.° 1, é responsável pelos mesmos nos termos estabelecidos no Decreto-Lei n.° 48 051, de 21 de Novembro de 1967, em matéria de responsabilidade por actos lícitos.

ARTIGO 49.° – **Negócios jurídicos**

1 – Nos títulos de arrematação ou outros documentos judiciais, bem como nos instrumentos notariais relativos a actos ou negócios jurídicos de que resulte, directa ou indirectamente, a constituição de lotes nos termos da alínea *i*) do artigo 2.°, sem prejuízo do disposto nos artigos 6.° e 7.°, ou a transmissão de lotes legalmente constituídos, deve constar o número do alvará, a data da sua emissão pela câmara municipal e a certidão do registo predial.

2 – Não podem ser celebradas escrituras públicas de primeira transmissão de imóveis construídos nos lotes ou de fracções autónomas desses imóveis sem que seja exibida, perante o notário, certidão emitida pela câmara municipal, comprovativa da recepção provisória das obras de urbanização ou certidão, emitida pela câmara municipal, comprovativa de que a caução a que se refere o artigo 54.° é suficiente para garantir a boa execução das obras de urbanização.

3 – Caso as obras de urbanização sejam realizadas nos termos dos artigos 84.° e 85.°, as escrituras referidas no número anterior podem ser celebradas mediante a exibição de certidão, emitida pela câmara municipal, comprovativa da conclusão de tais obras, devidamente executadas em conformidade com os projectos aprovados.

4 – A exibição das certidões referidas nos n.ᵒˢ 2 e 3 é dispensada sempre que o alvará de loteamento tenha sido emitido ao abrigo dos Decretos-Leis n.ᵒˢ 289/73, de 6 de Junho, e 400/84, de 31 de Dezembro.

ARTIGO 50.° – **Fraccionamento de prédios rústicos**

1 – Ao fraccionamento de prédios aplica-se o disposto nos Decretos-Leis n.ᵒˢ 384/88, de 25 de Outubro, e 103/90, de 22 de Março.

2 – Os negócios jurídicos de que resulte o fraccionamento ou divisão de prédios rústicos são comunicados pelas partes intervenientes à câmara municipal do local da situação dos prédios e ao Instituto Português de Cartografia e Cadastro.

3 – A comunicação a que se refere o número anterior é efectuada no prazo de 20 dias a contar da celebração do negócio.

Decreto-Lei n.º 555/99, de 16 de Dezembro 911

ARTIGO 51.º – **Estatísticas dos alvarás**

1 – O conservador do registo predial remete mensalmente à direcção regional do ambiente e do ordenamento do território, até ao 15.º dia de cada mês, cópia, entregue pelo respectivo titular, dos alvarás de loteamento e respectivos anexos cujos registos tenham sido requeridos no mês anterior.

2 – A falta de entrega dos documentos referidos no número anterior determina a realização do registo como provisório.

ARTIGO 52.º – **Publicidade à alienação**

Na publicidade à alienação de lotes de terreno, de edifícios ou fracções autónomas neles construídos, em construção ou a construir, é obrigatório mencionar o número do alvará e a data da sua emissão pela câmara municipal, bem como o respectivo prazo de validade.

SUBSECÇÃO II – **Obras de urbanização**

ARTIGO 53.º – **Condições e prazo de execução**

1 – Com a deliberação prevista no artigo 26.º ou a decisão referida no artigo 32.º consoante os casos, o órgão competente para o licenciamento ou a autorização das obras de urbanização estabelece:

a) As condições a observar na execução das mesmas e o prazo para a sua conclusão;

b) O montante da caução destinada a assegurar a boa e regular execução das obras;

c) As condições gerais do contrato de urbanização a que se refere o artigo 55.º, se for caso disso.

2 – O prazo estabelecido nos termos da alínea *a*) do n.º 1 pode ser prorrogado a requerimento fundamentado do interessado, por uma única vez e por período não superior a metade do prazo inicial, quando não seja possível concluir as obras dentro do prazo para o efeito estabelecido.

3 – Quando a obra se encontre em fase de acabamentos, pode ainda o presidente da câmara municipal, a requerimento fundamentado do interessado, conceder nova prorrogação, mediante o pagamento de um adicional à taxa referida no n.º 2 do artigo 116.º, de montante a fixar em regulamento municipal.

4 – O prazo referido no n.º 2 pode ainda ser prorrogado em consequência de alteração da licença ou da autorização.

5 – A prorrogação do prazo nos termos referidos nos números anteriores não dá lugar à emissão de novo alvará, devendo ser averbada no alvará em vigor.

6 – As condições da licença ou autorização de obras de urbanização podem ser alteradas por iniciativa da câmara municipal, nos termos e com os fundamentos estabelecidos no artigo 48.º.

ARTIGO 54.º – **Caução**

1 – O requerente presta caução destinada a garantir a boa e regular execução das obras de urbanização.

2 – A caução referida no número anterior é prestada a favor da câmara municipal, mediante garantia bancária autónoma à primeira solicitação, sobre bens imóveis propriedade do requerente, depósito em dinheiro ou seguro-caução, devendo constar do próprio título que a mesma está sujeita a actualização nos termos do n.º 3 e se mantém válida até à recepção definitiva das obras de urbanização.

VI – Regime da Urbanização e da Edificação

3 – O montante da caução é igual ao valor constante dos orçamentos para execução dos projectos das obras a executar, eventualmente corrigido pela câmara municipal com a emissão da licença ou da autorização, a que pode ser acrescido um montante, não superior a 5% daquele valor, destinado a remunerar encargos de administração caso se mostre necessário aplicar o disposto nos artigos 84.º e 85.º.

4 – O montante da caução deve ser:

a) Reforçado, precedendo deliberação fundamentada da câmara municipal, tendo em atenção a correcção do valor dos trabalhos por aplicação das regras legais e regulamentares relativas a revisões de preços dos contratos de empreitada de obras públicas, quando se mostre insuficiente para garantir a conclusão dos trabalhos, em caso de prorrogação do prazo de conclusão ou em consequência de acentuada subida no custo dos materiais ou de salários;

b) Reduzido, nos mesmos termos, em conformidade com o andamento dos trabalhos a requerimento do interessado, que deve ser decidido no prazo de 45 dias.

5 – O conjunto das reduções efectuadas ao abrigo do disposto na alínea *b*) do número anterior não pode ultrapassar 90% do montante inicial da caução, sendo o remanescente libertado com a recepção definitiva das obras de urbanização.

6 – O reforço ou a redução da caução, nos termos do n.º 4, não dá lugar à emissão de novo alvará.

ARTIGO 55.º – Contrato de urbanização

1 – Quando a execução de obras de urbanização envolva, em virtude de disposição legal ou regulamentar ou por força de convenção, mais de um responsável, a realização das mesmas pode ser objecto de contrato de urbanização.

2 – São partes no contrato de urbanização, obrigatoriamente, o município e o proprietário e outros titulares de direitos reais sobre o prédio e, facultativamente, as empresas que prestem serviços públicos, bem como outras entidades envolvidas na operação de loteamento ou na urbanização dela resultante, designadamente interessadas na aquisição dos lotes.

3 – O contrato de urbanização estabelece as obrigações das partes contratantes relativamente à execução das obras de urbanização e as responsabilidades a que ficam sujeitas, bem como o prazo para cumprimento daquelas.

4 – Quando haja lugar à celebração de contrato de urbanização, a ele se fará menção no alvará.

5 – Juntamente com o requerimento inicial ou a qualquer momento do procedimento até à aprovação das obras de urbanização, o interessado pode apresentar proposta de contrato de urbanização.

ARTIGO 56.º – Execução por fases

1 – O interessado pode requerer a execução por fases das obras de urbanização, identificando as obras incluídas em cada fase e indicando o orçamento correspondente e os prazos dentro dos quais se propõe requerer a respectiva licença ou autorização.

2 – O requerimento referido no número anterior deve ser apresentado com o pedido de licenciamento ou de autorização de loteamento, ou, quando as obras de urbanização não se integrem em operação de loteamento, com o pedido de licenciamento das mesmas.

3 – Cada fase deve ter coerência interna e corresponder a uma zona da área a lotear ou a urbanizar que possa funcionar autonomamente.

4 – O requerimento é decidido no prazo de 30 dias a contar da data da sua apresentação.

5 – Admitida a execução por fases, o alvará abrange apenas a primeira fase das obras de urbanização, implicando cada fase subsequente um aditamento ao alvará.

Decreto-Lei n.º 555/99, de 16 de Dezembro 913

SUBSECÇÃO III – Obras de edificação

ARTIGO 57.º – Condições de execução

1 – A câmara municipal fixa, com o deferimento do pedido de licenciamento ou autorização das obras referidas nas alíneas *c*) e *d*) do n.º 2 e *c*) a *e*) do n.º 3 do artigo 4.º, as condições a observar na execução da obra.

2 – As condições relativas à ocupação da via pública ou à colocação de tapumes e vedações são estabelecidas mediante proposta do requerente, não podendo a câmara municipal alterá-las senão com fundamento na violação de normas legais ou regulamentares aplicáveis, ou na necessidade de articulação com outras ocupações previstas ou existentes.

3 – No caso previsto no artigo 113.º, as condições a observar na execução das obras são aquelas que forem propostas pelo requerente.

4 – O alvará de autorização de obras de construção situadas em área abrangida por operação de loteamento não pode ser emitido antes da recepção provisória das respectivas obras de urbanização ou da prestação de caução a que se refere o artigo 49.º, n.º 2.

5 – O disposto no artigo 43.º é aplicável aos pedidos de licenciamento ou autorização das obras referidas nas alíneas *c*) e *d*) do n.º 2 e *d*) do n.º 3 do artigo 4.º, bem como as referidas na alínea *c*) do n.º 3 do artigo 4.º em área não abrangida por operação de loteamento, quando respeitem a edifícios contíguos e funcionalmente ligados entre si que determinem, em termos urbanísticos, impactes semelhantes a uma operação de loteamento, nos termos a definir por regulamento municipal.

6 – O disposto no n.º 4 do artigo 44.º é aplicável aos pedidos de licenciamento ou autorização das obras referidas nas alíneas *c*) e *d*) do n.º 2 e *d*) do n.º 3 do artigo 4.º quando a operação contemple a criação de áreas de circulação viária e pedonal, espaços verdes e equipamentos de uso privativo.

7 – O disposto no número anterior é igualmente aplicável aos pedidos de licenciamento de autorização das obras referidas na alínea *c*) do n.º 3 do artigo 4.º desde que esteja prevista a sua realização em área não abrangida por operação de loteamento

ARTIGO 58.º – Prazo de execução

1 – A câmara municipal fixa, com o deferimento do pedido de licenciamento ou de autorização das obras referidas nas alíneas *c*) e *d*) do n.º 2 e *c*) a *e*) do n.º 3 do artigo 4.º, o prazo para a conclusão das obras.

2 – O prazo referido no número anterior começa a contar da data de emissão do respectivo alvará, ou, nas situações previstas no artigo 113.º, a contar da data do pagamento ou do depósito das taxas ou da caução.

3 – O prazo para a conclusão da obra é estabelecido em conformidade com a programação proposta pelo requerente, podendo ser fixado diferente prazo por motivo de interesse público devidamente fundamentado.

4 – Quando não seja possível concluir as obras no prazo previsto na licença ou autorização, o prazo estabelecido nos termos dos números anteriores pode ser prorrogado, a requerimento fundamentado do interessado, por uma única vez e por período não superior a metade do prazo inicial, salvo o disposto nos números seguintes.

5 – Quando a obra se encontre em fase de acabamentos, pode o presidente da câmara municipal, a requerimento fundamentado do interessado, conceder nova prorrogação, mediante o pagamento de um adicional à taxa referida no n.º 1 do artigo 116.º, de montante a fixar em regulamento municipal.

914   *VI – Regime da Urbanização e da Edificação*

6 – O prazo estabelecido nos termos dos números anteriores pode ainda ser prorrogado em consequência da alteração da licença ou autorização.

7 – A prorrogação do prazo nos termos referidos nos números anteriores não dá lugar à emissão de novo alvará, devendo ser averbada no alvará em vigor.

8 – No caso previsto no artigo 113.º, o prazo para a conclusão da obra é aquele que for proposto pelo requerente.

ARTIGO 59.º – **Execução por fases**

1 – O requerente pode optar pela execução faseada da obra, devendo para o efeito, em caso de operação urbanística sujeita a licenciamento, identificar no projecto de arquitectura os trabalhos incluídos em cada uma das fases e indicar os prazos, a contar da data de aprovação daquele projecto, em que se propõe requerer a aprovação dos projectos de especialidades relativos a cada uma dessas fases, podendo a câmara municipal fixar diferentes prazos por motivo de interesse público devidamente fundamentado.

2 – Cada fase deve corresponder a uma parte da edificação passível de utilização autónoma.

3 – Nos casos referidos no n.º 1, o requerimento referido no n.º 4 do artigo 20.º deverá identificar a fase da obra a que se reporta.

4 – A falta de apresentação do requerimento referido no número anterior dentro dos prazos previstos no n.º 1 implica a caducidade do acto de aprovação do projecto de arquitectura e o arquivamento oficioso do processo.

5 – Quando se trate de operação urbanística sujeita a autorização, o requerente identificará, no projecto de arquitectura, as fases em que pretende proceder à execução da obra e o prazo para início de cada uma delas, podendo optar por juntar apenas os projectos de especialidades referentes à fase que se propõe executar inicialmente, juntando nesse caso os projectos relativos às fases subsequentes com o requerimento de emissão do alvará da fase respectiva.

6 – Admitida a execução por fases, o alvará abrange apenas a primeira fase das obras, implicando cada fase subsequente um aditamento ao alvará.

ARTIGO 60.º – **Edificações existentes**

1 – As edificações construídas ao abrigo do direito anterior e as utilizações respectivas não são afectadas por normas legais e regulamentares supervenientes.

2 – A concessão de licença ou autorização para a realização de obras de reconstrução ou de alteração das edificações não pode ser recusada com fundamento em normas legais ou regulamentares supervenientes à construção originária, desde que tais obras não originem ou agravem desconformidade com as normas em vigor, ou tenham como resultado a melhoria das condições de segurança e de salubridade da edificação.

3 – Sem prejuízo do disposto nos números anteriores, a lei pode impor condições específicas para o exercício de certas actividades em edificações já afectas a tais actividades ao abrigo do direito anterior, bem como condicionar a concessão da licença ou autorização para a execução das obras referidas no n.º 2 à realização dos trabalhos acessórios que se mostrem necessários para a melhoria das condições de segurança e salubridade da edificação.

ARTIGO 61.º – **Identificação dos técnicos responsáveis**

O titular da licença ou autorização de construção fica obrigado a afixar uma placa em material imperecível no exterior da edificação, ou a gravar num dos seus elementos exteriores, com a identificação dos técnicos autores do respectivo projecto de arquitectura e do director técnico da obra.

Decreto-Lei n.º 555/99, de 16 de Dezembro

SUBSECÇÃO IV – Utilização de edifícios ou suas fracções

ARTIGO 62.º – Âmbito

1 – A licença de alteração da utilização prevista na alínea *e*) do n.º 2 do artigo 4.º destina--se a verificar a conformidade do uso previsto com as normas legais e regulamentares que lhe são aplicáveis e a idoneidade do edifício ou sua fracção autónoma para o fim a que se destina.

2 – A autorização de utilização prevista na alínea *f*) do n.º 3 do artigo 4.º destina-se a verificar a conformidade da obra concluída com o projecto aprovado e com as condições do licenciamento ou autorização.

3 – Quando não haja lugar à realização de obras ou nos casos previstos no artigo 6.º, a autorização de utilização referida no número anterior destina-se a verificar a conformidade do uso previsto com as normas legais e regulamentares aplicáveis e a idoneidade do edifício ou sua fracção autónoma para o fim pretendido.

ARTIGO 63.º – Instrução do pedido

1 – O requerimento de licença ou autorização de utilização deve ser instruído com termo de responsabilidade subscrito pelo responsável pela direcção técnica da obra, na qual aquele deve declarar que a obra foi executada de acordo com o projecto aprovado e com as condições da licença e ou autorização e, se for caso disso, se as alterações efectuadas ao projecto estão em conformidade com as normas legais e regulamentares que lhe são aplicáveis.

2 – Se o responsável pela direcção técnica da obra não estiver legalmente habilitado para subscrever projectos de arquitectura, o termo de responsabilidade deve ser igualmente apresentado pelo técnico autor do projecto ou por quem, estando mandatado para o efeito pelo dono da obra, tenha a habilitação legalmente exigida para o efeito.

ARTIGO 64.º – Vistoria

1 – A concessão da licença ou autorização de utilização não depende de prévia vistoria municipal, salvo o disposto no número seguinte.

2 – O presidente da câmara municipal pode determinar a realização de vistoria, no prazo de 15 dias a contar da entrega do requerimento referido no artigo anterior, se a obra não tiver sido inspeccionada ou vistoriada no decurso da sua execução ou se dos elementos constantes do processo ou do livro de obra resultarem indícios de que a mesma foi executada em desconformidade com o respectivo projecto e condições da licença, ou com as normas legais e regulamentares que lhe são aplicáveis.

ARTIGO 65.º – Realização da vistoria

1 – A vistoria realiza-se no prazo de 30 dias a contar da data de entrega do requerimento a que se refere o n.º 1 do artigo 63.º, sempre que possível em data a acordar com o requerente.

2 – A vistoria é efectuada por uma comissão composta, no mínimo, por três técnicos, a designar pela câmara municipal, dos quais pelo menos dois devem ter formação e habilitação legal para assinar projectos correspondentes à obra objecto de vistoria.

3 – A data da realização da vistoria é notificada pela câmara municipal às entidades que a ela devem comparecer nos termos da legislação específica, bem como ao requerente da licença de utilização que pode fazer-se acompanhar dos autores dos projectos e pelo técnico responsável pela direcção técnica da obra, que participam, sem direito a voto, na vistoria.

4 – As conclusões da vistoria são obrigatoriamente seguidas na decisão sobre o pedido de licenciamento ou autorização de utilização.

916   *VI – Regime da Urbanização e da Edificação*

5 – No caso de obras de alteração decorrentes da vistoria, a emissão do alvará depende da verificação da sua adequada realização, através de nova vistoria.

ARTIGO 66.° – Propriedade horizontal

1 – No caso de edifícios constituídos em regime de propriedade horizontal, a licença ou autorização de utilização pode ter por objecto o edifício na sua totalidade ou cada uma das suas fracções autónomas.

2 – A licença ou autorização de utilização só pode ser concedida autonomamente para uma ou mais fracções autónomas quando as partes comuns dos edifícios em que se integram estejam também em condições de serem utilizadas.

3 – Caso o interessado não tenha ainda requerido a certificação pela câmara municipal de que o edifício satisfaz os requisitos legais para a sua constituição em regime de propriedade horizontal, tal pedido pode integrar o requerimento de licença ou autorização de utilização.

SECÇÃO IV – Validade e eficácia dos actos de licenciamento ou autorização

SUBSECÇÃO I – Validade

ARTIGO 67.° – Requisitos

A validade das licenças ou autorizações das operações urbanísticas depende da sua conformidade com as normas legais e regulamentares aplicáveis em vigor à data da sua prática, sem prejuízo do disposto no artigo 60.°.

ARTIGO 68.° – Nulidades

São nulas as licenças ou autorizações previstas no presente diploma que:

a) Violem o disposto em plano municipal de ordenamento do território, plano especial de ordenamento do território, medidas preventivas ou licença ou autorização de loteamento em vigor;

b) Violem o disposto no n.° 2 do artigo 37.°;

c) Não tenham sido precedidas de consulta das entidades cujos pareceres, autorizações ou aprovações sejam legalmente exigíveis, bem como quando não estejam em conformidade com esses pareceres, autorizações ou aprovações.

ARTIGO 69.° – Participação e recurso contencioso

1 – Os factos geradores das nulidades previstas no artigo anterior e quaisquer outros factos de que possa resultar a invalidade dos actos administrativos previstos no presente diploma devem ser participados, por quem deles tenha conhecimento, ao Ministério Público, para efeitos de interposição do competente recurso contencioso e respectivos meios processuais acessórios.

2 – Quando tenha por objecto actos de licenciamento ou autorização com fundamento em qualquer das nulidades previstas no artigo anterior, a citação ao titular da licença ou da autorização para contestar o recurso referido no n.° 1 tem os efeitos previstos no artigo 103.° para o embargo, sem prejuízo do disposto no número seguinte.

3 – O tribunal pode, oficiosamente ou a requerimento dos interessados, autorizar o prosseguimento dos trabalhos caso do recurso resultem indícios de ilegalidade da sua interposição ou da sua improcedência, devendo o juiz decidir esta questão, quando a ela houver lugar, no prazo de 10 dias.

Decreto-Lei n.º 555/99, de 16 de Dezembro 917

ARTIGO 70.º – **Responsabilidade civil da Administração**

1 – O município responde civilmente pelos prejuízos causados em caso de revogação, anulação ou declaração de nulidade de licenças ou autorizações sempre que a causa da revogação, anulação ou declaração de nulidade resulte de uma conduta ilícita dos titulares dos seus órgãos ou dos seus uncionários e agentes.

2 – Os titulares dos órgãos do município e os seus funcionários e agentes respondem solidariamente com aquele quando tenham dolosamente dado causa à ilegalidade que fundamenta a revogação, anulação ou declaração de nulidade.

3 – Quando a ilegalidade que fundamenta a revogação, anulação ou declaração de nulidade resulte de parecer vinculativo, autorização ou aprovação legalmente exigível, a entidade que o emitiu responde solidariamente com o município, que tem sobre aquela direito de regresso.

4 – O disposto no presente artigo em matéria de responsabilidade solidária não prejudica o direito de regresso que ao caso couber, nos termos gerais de direito.

SUBSECÇÃO II – **Caducidade e revogação da licença ou autorização**

ARTIGO 71.º – **Caducidade**

1 – A licença ou autorização para a realização de operação de loteamento caduca se:

a) Não for requerida a autorização para a realização das respectivas obras de urbanização no prazo de um ano a contar da notificação do acto de licenciamento ou de autorização; ou se

b) Não for requerido o alvará único a que se refere o n.º 3 do artigo 76.º no prazo de um ano a contar da notificação do acto de autorização das respectivas obras de urbanização.

2 – A licença ou autorização para a realização de operação de loteamento que não exija a realização de obras de urbanização, bem como a licença para a realização das operações urbanísticas previstas nas alíneas *b)* a *d)* do n.º 2 e nas alíneas *b)* a *e)* e *g)* do n.º 3 do artigo 4.º caduca se, no prazo de um ano a contar da notificação do acto de licenciamento ou autorização, não for requerida a emissão do respectivo alvará.

3 – Para além das situações previstas no número anterior, a licença ou autorização para a realização das operações urbanísticas referidas no número anterior, bem como a licença ou a autorização para a realização de operação de loteamento que exija a realização de obras de urbanização, caduca ainda:

a) Se as obras não forem iniciadas no prazo de nove meses a contar da data de emissão do alvará ou, nos casos previstos no artigo 113.º, da data do pagamento das taxas, do seu depósito ou da garantia do seu pagamento;

b) Se as obras estiverem suspensas por período superior a seis meses, salvo se a suspensão decorrer de facto não imputável ao titular da licença ou autorização;

c) Se as obras estiverem abandonadas por período superior a seis meses;

d) Se as obras não forem concluídas no prazo fixado na licença ou na autorização ou suas prorrogações, contado a partir da data de emissão do alvará;

e) Se o titular da licença ou autorização for declarado falido ou insolvente.

4 – Para os efeitos do disposto na alínea *c)* do número anterior, presumem-se abandonadas as obras ou trabalhos sempre que:

a) Se encontrem suspensos sem motivo justificativo registado no respectivo livro de obra;

b) Decorram na ausência do técnico responsável pela respectiva execução;

c) Se desconheça o paradeiro do titular da respectiva licença, sem que este haja indicado à câmara municipal procurador bastante que o represente.

918 VI – Regime da Urbanização e da Edificação

5 – A caducidade prevista na alínea *d*) do n.º 3 é declarada pela câmara municipal, com audiência prévia do interessado.

6 – Os prazos a que se referem os números anteriores contam-se de acordo com o disposto no artigo 279.º do Código Civil.

7 – Tratando-se de licença para a realização de operação de loteamento ou de obras de urbanização, a caducidade pelos motivos previstos nos n.os 3 e 4 não produz efeitos relativamente aos lotes para os quais já haja sido aprovado pedido de licenciamento ou de autorização das obras de edificação neles previstas.

ARTIGO 72.º – **Renovação**

1 – O titular da licença ou autorização que haja caducado pode requerer nova licença ou autorização.

2 – No caso referido no número anterior, poderão ser utilizados no novo processo os pareceres, autorizações e aprovações que instruíram o processo anterior, desde que o novo requerimento seja apresentado no prazo de 18 meses a contar da data da caducidade da licença ou autorização anterior e os mesmos sejam confirmados pelas entidades que os emitiram.

3 – Os pedidos das confirmações previstas no número anterior devem ser decididos no prazo de 15 dias a contar da data em que sejam solicitados, considerando-se confirmados tais pareceres, autorizações ou aprovações se a entidade competente não se pronunciar dentro deste prazo.

ARTIGO 73.º – **Revogação**

1 – Sem prejuízo do que se dispõe no número seguinte, a licença ou autorização só pode ser revogada nos termos estabelecidos na lei para os actos constitutivos de direitos.

2 – Nos casos a que se refere o n.º 2 do artigo 105.º a licença ou autorização pode ser revogada pela câmara municipal decorrido o prazo de seis meses a contar do termo do prazo estabelecido de acordo com o n.º 1 do mesmo artigo.

SUBSECÇÃO III – **Alvará de licença ou autorização**

ARTIGO 74.º – **Título**

1 – O licenciamento ou autorização das operações urbanísticas é titulado por alvará.

2 – A emissão do alvará é condição de eficácia da licença ou autorização, e depende do pagamento das taxas devidas pelo requerente.

ARTIGO 75.º – **Competência**

Compete ao presidente da câmara municipal emitir o alvará de licença ou autorização para a realização das operações urbanísticas, podendo delegar esta competência nos vereadores com faculdade de subdelegação, ou nos dirigentes dos serviços municipais.

ARTIGO 76.º – **Requerimento**

1 – O interessado deve, no prazo de um ano a contar da data da notificação do acto de licenciamento ou autorização, requerer a emissão do respectivo alvará, apresentando para o efeito os elementos previstos em portaria aprovada pelo Ministro do Ambiente e do Ordenamento do Território.

2 – Pode ainda o presidente da câmara municipal, a requerimento fundamentado do interessado, conceder prorrogação, por uma única vez, do prazo previsto no número anterior.

3 – No caso de operação de loteamento que exija a realização de obras de urbanização é

Decreto-Lei n.º 555/99, de 16 de Dezembro   919

emitido um único alvará, que deve ser requerido no prazo de um ano a contar da notificação do acto de autorização das obras de urbanização.

4 – O alvará é emitido no prazo de 30 dias a contar da apresentação do requerimento previsto nos números anteriores, ou da recepção dos elementos a que se refere o n.º 4 do artigo 11.º, desde que se mostrem pagas as taxas devidas.

5 – O requerimento de emissão de alvará só pode ser indeferido com fundamento na caducidade, suspensão, revogação, anulação ou declaração de nulidade da licença ou autorização ou na falta de pagamento das taxas referidas no número anterior.

6 – O alvará obedece a um modelo tipo a estabelecer por portaria aprovada pelo Ministro do Ambiente e do Ordenamento do Território.

ARTIGO 77.º – **Especificações**

1 – O alvará de licença ou autorização de operação de loteamento ou de obras de urbanização deve conter, nos termos da licença ou autorização, a especificação dos seguintes elementos, consoante forem aplicáveis:

a) Identificação do titular do alvará;

b) Identificação do prédio objecto da operação de loteamento ou das obras de urbanização;

c) Identificação dos actos dos órgãos municipais relativos ao licenciamento ou autorização da operação de loteamento e das obras de urbanização;

d) Enquadramento da operação urbanística em plano municipal do ordenamento do território em vigor, bem como na respectiva unidade de execução, se a houver;

e) Número de lotes e indicação da área, localização, finalidade, área de implantação, área de construção, número de pisos e número de fogos de cada um dos lotes, com especificação dos fogos destinados a habitações a custos controlados, quando previstos;

f) Cedências obrigatórias, sua finalidade e especificação das parcelas a integrar no domínio municipal;

g) Prazo para a conclusão das obras de urbanização;

h) Montante da caução prestada e identificação do respectivo título.

2 – O alvará a que se refere o número anterior deve conter, em anexo, as plantas representativas dos elementos referidos nas alíneas *e*) e *f*).

3 – As especificações do alvará a que se refere o n.º 1 vinculam a câmara municipal, o proprietário do prédio, bem como os adquirentes dos lotes.

4 – O alvará de licença ou autorização para a realização das operações urbanísticas a que se referem as alíneas *b*) a *g*) e *l*) do artigo 2.º deve conter, nos termos da licença ou autorização, os seguintes elementos, consoante sejam aplicáveis:

a) Identificação do titular da licença ou autorização;

b) Identificação do lote ou do prédio onde se realizam as obras ou trabalhos;

c) Identificação dos actos dos órgãos municipais relativos ao licenciamento ou autorização das obras ou trabalhos;

d) Enquadramento das obras em operação de loteamento ou plano municipal de ordenamento do território em vigor, no caso das obras previstas nas alíneas *b*), *c*) e *e*) do artigo 2.º;

e) Os condicionamentos a que fica sujeita a licença ou autorização;

f) As cérceas e o número de pisos acima e abaixo da cota de soleira;

g) A área de construção e a volumetria dos edifícios;

h) O uso a que se destinam as edificações;

i) O prazo de validade da licença ou autorização, o qual corresponde ao prazo para a conclusão das obras ou trabalhos.

920   *VI – Regime da Urbanização e da Edificação*

5 – O alvará de licença ou autorização relativo à utilização de edifício ou de sua fracção deve conter, nos termos da licença ou autorização, a especificação dos seguintes elementos:

a) Identificação do titular da licença ou autorização;

b) Identificação do edifício ou fracção autónoma;

c) O uso a que se destina o edifício ou fracção autónoma.

6 – O alvará de licença ou autorização a que se refere o número anterior deve ainda mencionar, quando for caso disso, que o edifício a que respeita preenche os requisitos legais para a constituição da propriedade horizontal.

7 – No caso de substituição do titular de alvará de licença ou autorização, o substituto deve disso fazer prova junto do presidente da câmara para que este proceda ao respectivo averbamento no prazo de 15 dias a contar da data da substituição.

ARTIGO 78.º – **Publicidade**

1 – O titular do alvará deve promover, no prazo de 10 dias após a emissão do alvará, a afixação no prédio objecto de qualquer operação urbanística um aviso, bem visível do exterior, que deve aí permanecer até à conclusão das obras.

2 – A emissão do alvará de licença ou autorização de loteamento deve ainda ser publicitada pela câmara municipal, no prazo estabelecido no n.º 1, através de:

a) Publicação de aviso em boletim municipal ou, quando este não exista, através de edital a afixar nos paços do concelho e nas sedes das juntas de freguesia abrangidas;

b) Publicação de aviso num jornal de âmbito local, quando o número de lotes seja inferior a 20, ou num jornal de âmbito nacional, nos restantes casos.

3 – Compete ao Ministro do Ambiente e do Ordenamento do Território aprovar, por portaria, os modelos dos avisos referidos nos números anteriores.

4 – Os editais e os avisos previstos nos números anteriores devem mencionar, consoante os casos, as especificações previstas nas alíneas *a)* a *g)* do n.º 1 e *a)* a *c)* e *f)* a *i)* do n.º 4 do artigo 77.º.

ARTIGO 79.º – **Cassação**

1 – O alvará é cassado pelo presidente da câmara municipal quando caduque a licença ou autorização por ele titulada ou quando esta seja revogada, anulada ou declarada nula.

2 – A cassação do alvará de loteamento é comunicada pelo presidente da câmara municipal à conservatória do registo predial competente, para efeitos de anotação à descrição e de cancelamento do registo do alvará.

3 – Com a comunicação referida no número anterior, o presidente da câmara municipal dá igualmente conhecimento à conservatória dos lotes que se encontrem na situação referida no n.º 7 do artigo 71.º, requerendo a esta o cancelamento parcial do alvará nos termos da alínea *f)* do n.º 2 do artigo 101.º do Código do Registo Predial e indicando as descrições a manter.

4 – O alvará cassado é apreendido pela câmara municipal, na sequência de notificação ao respectivo titular.

CAPÍTULO III – **Execução e fiscalização**

SECÇÃO I – **Início dos trabalhos**

ARTIGO 80.º – **Início dos trabalhos**

1 – A execução das obras e trabalhos sujeitos a licença ou autorização nos termos do pre-

Decreto-Lei n.º 555/99, de 16 de Dezembro 921

sente diploma só pode iniciar-se depois de emitido o respectivo alvará, com excepção das situações referidas no artigo 81.º e salvo o disposto no artigo 113.º.

2 – As obras e trabalhos sujeitos ao regime de comunicação prévia podem iniciar-se logo que decorrido o prazo referido no n.º 1 do artigo 35.º.

3 – As obras e trabalhos referidos no artigo 7.º só podem iniciar-se depois de emitidos os pareceres ou autorizações aí referidos, ou após o decurso dos prazos fixados para a respectiva emissão.

4 – No prazo de 60 dias a contar do início dos trabalhos relativos às operações urbanísticas referidas nas alíneas *c*) e *d*) do n.º 2 e *c*) e *d*) do n.º 3 do artigo 4.º deve o promotor da obra apresentar na câmara municipal cópia do projecto de execução de arquitectura e das várias especialidades salvo nos casos de escassa relevância urbanística em que tal seja dispensado por regulamento municipal.

ARTIGO 81.º – **Demolição, escavação e contenção periférica**

1 – Quando o procedimento de licenciamento ou autorização haja sido precedido de informação prévia favorável que vincule a câmara municipal, emitida nos termos do disposto no n.º 2 do artigo 14.º, pode o presidente da câmara municipal, a pedido do interessado, permitir a execução de trabalhos de demolição ou de escavação e contenção periférica até à profundidade do piso de menor cota, logo após o saneamento referido no artigo 11.º, desde que seja prestada caução para reposição do terreno nas condições em que se encontrava antes do início dos trabalhos.

2 – Nas obras sujeitas a licença nos termos do presente diploma, a decisão referida no número anterior pode ser proferida em qualquer momento após a aprovação do projecto de arquitectura.

3 – Para os efeitos dos números anteriores, o requerente deve apresentar, consoante os casos, o plano de demolições, o projecto de estabilidade ou o projecto de escavação e contenção periférica até à data da apresentação do pedido referido no mesmo número.

4 – O presidente da câmara decide sobre o pedido previsto no n.º 1 no prazo de 15 dias a contar da data da sua apresentação.

5 – É título bastante para a execução dos trabalhos de demolição, escavação ou contenção periférica a notificação do deferimento do respectivo pedido, que o requerente, a partir do início da execução dos trabalhos por ela abrangidos, deverá guardar no local da obra.

ARTIGO 82.º – **Ligação às redes públicas**

1 – Os alvarás a que se referem os n.ᵒˢ 1 e 4 do artigo 77.º, bem como a notificação referida no n.º 5 do artigo anterior, constituem título bastante para instruir os pedidos de ligação das redes de água, de saneamento, de gás, de electricidade e de telecomunicações, podendo os requerentes optar, mediante autorização das entidades fornecedoras, pela realização das obras indispensáveis à sua concretização nas condições regulamentares e técnicas definidas por aquelas entidades.

2 – Até à apresentação do alvará de licença ou autorização de utilização, as ligações referidas no número anterior são efectuadas pelo prazo fixado no alvará respectivo e apenas podem ser prorrogadas pelo período correspondente à prorrogação daquele prazo, salvo nos casos em que aquele alvará não haja sido emitido por razões exclusivamente imputáveis à câmara municipal.

3 – Na situação prevista no artigo 113.º, os pedidos de ligação referidos no n.º 1 podem ser instruídos com o recibo do pagamento ou do depósito das taxas ou da caução.

4 – Nos casos referidos no n.º 3 do artigo 6.º, os pedidos de ligação podem ser instruídos com cópia da comunicação prévia.

VI – Regime da Urbanização e da Edificação

SECÇÃO II – **Execução dos trabalhos**

ARTIGO 83.º – **Alterações durante a execução da obra**

1 – Podem ser realizadas em obra alterações ao projecto, mediante comunicação prévia nos termos previstos nos artigos 34.º a 36.º, desde que essa comunicação seja efectuada com a antecedência necessária para que as obras estejam concluídas antes da apresentação do requerimento a que se refere o n.º 1 do artigo 63.º.

2 – Podem ser efectuadas sem dependência de comunicação prévia à câmara municipal as alterações em obra que não correspondam a obras que estivessem sujeitas a prévio licenciamento ou autorização administrativa.

3 – As alterações em obra ao projecto inicialmente aprovado que envolvam a realização de obras de ampliação ou de alterações à implantação das edificações estão sujeitas ao procedimento previsto nos artigos 27.º ou 33.º, consoante os casos.

ARTIGO 84.º – **Execução das obras pela câmara municipal**

1 – Sem prejuízo do disposto no presente diploma em matéria de suspensão e caducidade das licenças ou autorizações ou de cassação dos respectivos alvarás, a câmara municipal, para salvaguarda da qualidade do meio urbano e do meio ambiente, da segurança das edificações e do público em geral ou, no caso de obras de urbanização, também para protecção de interesses de terceiros adquirentes de lotes, pode promover a realização das obras por conta do titular do alvará quando, por causa que seja imputável a este último:

a) Não tiverem sido iniciadas no prazo de um ano a contar da data da emissão do alvará;

b) Permanecerem interrompidas por mais de um ano;

c) Não tiverem sido concluídas no prazo fixado ou suas prorrogações, nos casos em que a câmara municipal tenha declarado a caducidade;

d) Não hajam sido efectuadas as correcções ou alterações que hajam sido intimadas nos termos do artigo 105.º.

2 – A execução das obras referidas no número anterior e o pagamento das despesas suportadas com as mesmas efectuam-se nos termos dos artigos 107.º e 108.º.

3 – A câmara municipal pode ainda accionar as cauções referidas nos artigos 25.º e 54.º.

4 – Logo que se mostre reembolsada das despesas efectuadas nos termos do presente artigo, a câmara municipal procede ao levantamento do embargo que possa ter sido decretado ou, quando se trate de obras de urbanização, emite oficiosamente novo alvará, competindo ao presidente da câmara dar conhecimento das respectivas deliberações, quando seja caso disso, à direcção regional do ambiente e do ordenamento do território e ao conservador do registo predial.

ARTIGO 85.º – **Execução das obras de urbanização por terceiro**

1 – Qualquer adquirente dos lotes, de edifícios construídos nos lotes ou de fracções autónomas dos mesmos tem legitimidade para requerer a autorização judicial para promover directamente a execução das obras de urbanização quando, verificando-se as situações previstas no n.º 1 do artigo anterior, a câmara municipal não tenha promovido a sua execução.

2 – O requerimento é instruído com os seguintes elementos:

a) Cópia do alvará;

b) Orçamento, a preços correntes do mercado, relativo à execução das obras de urbanização em conformidade com os projectos aprovados e condições fixadas no licenciamento;

c) Quaisquer outros elementos que o requerente entenda necessários para o conhecimento do pedido.

Decreto-Lei n.º 555/99, de 16 de Dezembro

3 – Antes de decidir, o tribunal notifica a câmara municipal e o titular do alvará para responderem no prazo de 30 dias e ordena a realização das diligências que entenda úteis para o conhecimento do pedido, nomeadamente a inspecção judicial do local.

4 – Se deferir o pedido, o tribunal fixa especificadamente as obras a realizar e o respectivo orçamento e determina que a caução a que se refere o artigo 54.º fique à sua ordem, a fim de responder pelas despesas com as obras até ao limite do orçamento.

5 – Na falta ou insuficiência da caução, o tribunal determina que os custos sejam suportados pelo município, sem prejuízo do direito de regresso deste sobre o titular do alvará.

6 – O processo a que se referem os números anteriores é urgente e isento de custas.

7 – Da sentença cabe recurso nos termos gerais.

8 – Compete ao tribunal judicial da comarca onde se localiza o prédio no qual se devem realizar as obras de urbanização conhecer dos pedidos previstos no presente artigo.

9 – A câmara municipal emite oficiosamente novo alvará, competindo ao seu presidente dar conhecimento das respectivas deliberações à direcção regional do ambiente e do ordenamento do território e ao conservador do registo predial, quando:

a) Tenha havido recepção provisória das obras; ou

b) Seja integralmente reembolsada das despesas efectuadas, caso se verifique a situação prevista no n.º 5.

SECÇÃO III – Conclusão e recepção dos trabalhos

ARTIGO 86.º – **Limpeza da área e reparação de estragos**

1 – Concluída a obra, o dono da mesma é obrigado a proceder ao levantamento do estaleiro e à limpeza da área, removendo os materiais, entulhos e demais detritos que se hajam acumulado no decorrer da execução dos trabalhos, bem como à reparação de quaisquer estragos ou deteriorações que tenha causado em infra-estruturas públicas.

2 – O cumprimento do disposto no número anterior é condição da emissão do alvará de licença ou autorização de utilização ou da recepção provisória das obras de urbanização, salvo quando tenha sido prestada, em prazo a fixar pela câmara municipal, caução para garantia da execução das operações referidas no mesmo número.

ARTIGO 87.º – **Recepção provisória e definitiva das obras de urbanização**

1 – É da competência da câmara municipal deliberar sobre a recepção provisória e definitiva das obras de urbanização após a sua conclusão e o decurso do prazo de garantia, respectivamente, mediante requerimento do interessado.

2 – A recepção é precedida de vistoria, a realizar por uma comissão da qual fazem parte o interessado ou um seu representante e, pelo menos, dois representantes da câmara municipal.

3 – À recepção provisória e definitiva, bem como às respectivas vistorias, é aplicável, com as necessárias adaptações, o regime aplicável à recepção provisória e definitiva das empreitadas de obras públicas.

4 – Em caso de deficiência das obras de urbanização, como tal assinaladas no auto de vistoria, se o titular das obras de urbanização não reclamar ou vir indeferida a sua reclamação e não proceder à sua correcção no prazo para o efeito fixado, a câmara municipal procede em conformidade com o disposto no artigo 84.º.

5 – O prazo de garantia das obras de urbanização é de cinco anos.

924 VI – Regime da Urbanização e da Edificação

ARTIGO 88.º – **Obras inacabadas**

1 – Quando as obras já tenham atingido um estado avançado de execução mas a licença ou autorização haja caducado por motivo de falência ou insolvência do seu titular, pode qualquer terceiro, que tenha adquirido, em relação ao prédio em questão, a legitimidade prevista no n.º1 do artigo 9.º, requerer a concessão de uma licença especial para a sua conclusão.

2 – A concessão da licença especial referida no número anterior segue o procedimento previsto nos artigos 27.º ou 33.º, consoante se trate de obras sujeitas a licença ou autorização, aplicando-se o disposto no artigo 60.º.

3 – Independentemente dos motivos que tenham determinado a caducidade da licença ou da autorização, a licença referida no n.º 1 pode também ser concedida quando a câmara municipal reconheça o interesse na conclusão da obra e não se mostre aconselhável a demolição da mesma, por razões ambientais, urbanísticas, técnicas ou económicas.

SECÇÃO IV – Utilização e conservação do edificado

ARTIGO 89.º – **Dever de conservação**

1 – As edificações devem ser objecto de obras de conservação pelo menos uma vez em cada período de oito anos.

2 – Sem prejuízo do disposto no número anterior, a câmara municipal pode a todo o tempo, oficiosamente ou a requerimento de qualquer interessado, determinar a execução de obras de conservação necessárias à correcção de más condições de segurança ou de salubridade.

3 – A câmara municipal pode, oficiosamente ou a requerimento de qualquer interessado, ordenar a demolição total ou parcial das construções que ameacem ruína ou ofereçam perigo para a saúde pública e para a segurança das pessoas.

4 – Os actos referidos nos números anteriores são eficazes a partir da sua notificação ao proprietário.

ARTIGO 90.º – **Vistoria prévia**

1 – As deliberações referidas nos n.os 2 e 3 do artigo anterior são precedidas de vistoria a realizar por três técnicos a nomear pela câmara municipal.

2 – Do acto que determinar a realização da vistoria e respectivos fundamentos é notificado o proprietário do imóvel, mediante carta registada expedida com, pelo menos, sete dias de antecedência.

3 – Até à véspera da vistoria, o proprietário pode indicar um perito para intervir na realização da vistoria e formular quesitos a que deverão responder os técnicos nomeados.

4 – Da vistoria é imediatamente lavrado auto, do qual consta obrigatoriamente a identificação do imóvel, a descrição do estado do mesmo e as obras preconizadas e, bem assim, as respostas aos quesitos que sejam formuladas pelo proprietário.

5 – O auto referido no número anterior é assinado por todos os técnicos e pelo perito que hajam participado na vistoria e, se algum deles não quiser ou não puder assiná-lo, faz-se menção desse facto.

6 – Quando o proprietário não indique perito até à data referida no número anterior, a vistoria é realizada sem a presença deste, sem prejuízo de, em eventual impugnação administrativa ou contenciosa da deliberação em causa, o proprietário poder alegar factos não constantes do auto de vistoria, quando prove que não foi regularmente notificado nos termos do n.º 2.

Decreto-Lei n.º 555/99, de 16 de Dezembro   925

7 – As formalidades previstas no presente artigo podem ser preteridas quando exista risco iminente de desmoronamento ou grave perigo para a saúde pública, nos termos previstos na lei para o estado de necessidade.

ARTIGO 91.º – Obras coercivas

1 – Quando o proprietário não iniciar as obras que lhe sejam determinadas nos termos do artigo 89.º ou não as concluir dentro dos prazos que para o efeito lhe forem fixados, pode a câmara municipal tomar posse administrativa do imóvel para lhes dar execução imediata.

2 – À execução coerciva das obras referidas no número anterior aplica-se, com as devidas adaptações, o disposto nos artigos 107.º e 108.º.

ARTIGO 92.º – Despejo administrativo

1 – A câmara municipal pode ordenar o despejo sumário dos prédios ou parte de prédios nos quais haja de realizar-se as obras referidas nos n.ºs 2 e 3 do artigo 89.º, sempre que tal se mostre necessário à execução das mesmas.

2 – O despejo referido no número anterior pode ser determinado oficiosamente ou, quando o proprietário pretenda proceder às mesmas, a requerimento deste.

3 – A deliberação que ordene o despejo é eficaz a partir da sua notificação aos ocupantes.

4 – O despejo deve executar-se no prazo de 45 dias a contar da sua notificação aos ocupantes, salvo quando houver risco iminente de desmoronamento ou grave perigo para a saúde pública, em que poderá executar-se imediatamente.

5 – Fica garantido aos inquilinos o direito à reocupação dos prédios, uma vez concluídas as obras realizadas, havendo lugar a aumento de renda nos termos gerais.

SECÇÃO V – Fiscalização

SUBSECÇÃO I – Disposições gerais

ARTIGO 93.º – Âmbito

1 – A realização de quaisquer operações urbanísticas está sujeita a fiscalização administrativa, independentemente da sua sujeição a prévio licenciamento ou autorização.

2 – A fiscalização administrativa destina-se a assegurar a conformidade daquelas operações com as disposições legais e regulamentares aplicáveis e a prevenir os perigos que da sua realização possam resultar para a saúde e segurança das pessoas.

ARTIGO 94.º – Competência

1 – Sem prejuízo das competências atribuídas por lei a outras entidades, a fiscalização prevista no artigo anterior compete ao presidente da câmara municipal, com a faculdade de delegação em qualquer dos vereadores.

2 – Os actos praticados pelo presidente da câmara municipal no exercício dos poderes de fiscalização previstos no presente diploma e que envolvam um juízo de legalidade de actos praticados pela câmara municipal respectiva, ou que suspendam ou ponham termo à sua eficácia, podem ser por esta revogados ou suspensos.

3 – No exercício da actividade de fiscalização, o presidente da câmara municipal é auxiliado por funcionários municipais com formação adequada, a quem incumbe preparar e executar as suas decisões.

926   *VI – Regime da Urbanização e da Edificação*

4 – O presidente da câmara municipal pode ainda solicitar colaboração de quaisquer autoridades administrativas ou policiais.

5 – A câmara municipal pode contratar com empresas privadas habilitadas a efectuar fiscalização de obras a realização das inspecções a que se refere o artigo seguinte, bem como as vistorias referidas no artigo 64.º.

6 – A celebração dos contratos referidos no número anterior depende da observância das regras constantes de decreto regulamentar, de onde consta o âmbito das obrigações a assumir pelas empresas, o respectivo regime da responsabilidade e as garantias a prestar.

ARTIGO 95.º – **Inspecções**

1 – Os funcionários municipais responsáveis pela fiscalização de obras ou as empresas privadas a que se refere o n.º 5 do artigo anterior podem realizar inspecções aos locais onde se desenvolvam actividades sujeitas a fiscalização nos termos do presente diploma, sem dependência de prévia notificação.

2 – O disposto no número anterior não dispensa a obtenção de prévio mandado judicial para a entrada no domicílio de qualquer pessoa sem o seu consentimento.

3 – O mandado previsto no número anterior é concedido pelo juiz da comarca respectiva a pedido do presidente da câmara municipal e segue os termos do procedimento cautelar comum.

ARTIGO 96.º – **Vistorias**

1 – Para além dos casos especialmente previstos no presente diploma, o presidente da câmara municipal pode ordenar a realização de vistorias aos imóveis em que estejam a ser executadas operações urbanísticas quando o exercício dos poderes de fiscalização dependa da prova de factos que, pela sua natureza ou especial complexidade, impliquem uma apreciação valorativa de carácter pericial.

2 – As vistorias ordenadas nos termos do número anterior regem-se pelo disposto no artigo 90.º e as suas conclusões são obrigatoriamente seguidas na decisão a que respeita.

ARTIGO 97.º – **Livro de obra**

1 – Todos os factos relevantes relativos à execução de obras licenciadas ou autorizadas devem ser registados pelo respectivo director técnico no livro de obra, a conservar no local da sua realização para consulta pelos funcionários municipais responsáveis pela fiscalização de obras.

2 – São obrigatoriamente registados no livro de obra, para além das respectivas datas de início e conclusão, todos os factos que impliquem a sua paragem ou suspensão, bem como todas as alterações feitas ao projecto licenciado ou autorizado.

3 – O modelo, e demais registos a inscrever no livro de obra é o definido por portaria dos Ministros do Equipamento Social e do Ambiente e do Ordenamento do Território.

SUBSECÇÃO II – **Sanções**

ARTIGO 98.º – **Contra-ordenações**

1 – Sem prejuízo da responsabilidade civil, criminal ou disciplinar, são puníveis como contra-ordenação:

a) A realização de quaisquer operações urbanísticas sujeitas a prévio licenciamento ou autorização sem o respectivo alvará, excepto nos casos previstos nos artigos 81.ºe 113.º;

Decreto-Lei n.º 555/99, de 16 de Dezembro   927

b) A realização de quaisquer operações urbanísticas em desconformidade com o respectivo projecto ou com as condições do licenciamento ou autorização;

c) A não conclusão de quaisquer operações urbanísticas nos prazos fixados para o efeito;

d) A ocupação de edifícios ou suas fracções autónomas sem licença ou autorização de utilização ou em desacordo com o uso fixado no respectivo alvará, salvo se este não tiver sido emitido no prazo legal por razões exclusivamente imputáveis à câmara municipal;

e) As falsas declarações dos autores dos projectos no termo de responsabilidade, relativamente à observância das normas técnicas gerais e específicas de construção, bem como das disposições legais e regulamentares aplicáveis ao projecto;

f) As falsas declarações do director técnico da obra ou de quem esteja mandatado para esse efeito pelo dono da obra no termo de responsabilidade, relativamente à conformidade da obra com o projecto aprovado e com as condições da licença e ou autorização, bem como relativas à conformidade das alterações efectuadas ao projecto com as normas legais e regulamentares aplicáveis;

g) A subscrição de projecto da autoria de quem, por razões de ordem técnica, legal ou disciplinar, se encontre inibido de o elaborar;

h) O prosseguimento de obras cujo embargo tenha sido legitimamente ordenado;

i) A não afixação ou a afixação de forma não visível do exterior do prédio, durante o decurso do procedimento de licenciamento ou autorização, do aviso que publicita o pedido de licenciamento ou autorização;

j) A não afixação ou a afixação de forma não visível do exterior do prédio, até à conclusão da obra, do aviso que publicita o alvará;

l) A falta do livro de obra no local onde se realizam as obras;

m) A falta dos registos do estado de execução das obras no livro de obra;

n) A não remoção dos entulhos e demais detritos resultantes da obra nos termos do artigo 86.º;

o) A ausência de requerimento a solicitar à câmara municipal o averbamento de substituição do requerente, do autor do projecto ou director técnico da obra, bem como do titular de alvará de licença ou autorização;

p) A ausência do número de alvará de loteamento nos anúncios ou em quaisquer outras formas de publicidade à alienação dos lotes de terreno, de edifícios ou fracções autónomas nele construídos;

q) A não comunicação à câmara municipal e ao Instituto Português de Cartografia e Cadastro dos negócios jurídicos de que resulte o fraccionamento ou a divisão de prédios rústicos no prazo de 20 dias a contar da data de celebração;

r) A realização de operações urbanísticas sujeitas a comunicação prévia sem que esta haja sido efectuada;

s) A não conclusão das operações urbanísticas referidas nos n.ºs 2 e 3 do artigo 89.º nos prazos fixados para o efeito.

2 – A contra-ordenação prevista na alínea *a*) do número anterior é punível com coima graduada de 100 000$00 até ao máximo de 40 000 000$00, no caso de pessoa singular, ou até 90 000 000$00, no caso de pessoa colectiva.

3 – A contra-ordenação prevista na alínea *b*) do n.º 1 é punível com coima graduada de 50 000$00 até ao máximo de 40 000 000$00, no caso de pessoa singular, ou até 90 000 000$00, no caso de pessoa colectiva.

4 – A contra-ordenação prevista nas alíneas *c*), *d*) e *s*) do n.º 1 é punível com coima graduada de 100 000$00 até ao máximo de 20 000 000$00, no caso de pessoa singular, ou até 50 000 000$00, no caso de pessoa colectiva.

928 VI – Regime da Urbanização e da Edificação

5 – As contra-ordenações previstas nas alíneas *e*) a *h*) do n.° 1 são puníveis com coima graduada de 100 000$00 até ao máximo de 40 000 000$00.

6 – As contra-ordenações previstas nas alíneas *i*) a *n*) e *p*) do n.° 1 são puníveis com coima graduada de 50 000$00 até ao máximo de 10 000 000$00, ou até 20 000 000$00, no caso de pessoa colectiva.

7 – A contra-ordenação prevista nas alíneas *o*), *q*) e *r*) do n.° 1 é punível com coima graduada de 20 000$00 até ao máximo de 500 000$00, no caso de pessoa singular, ou até 2 000 000$00, no caso de pessoa colectiva.

8 – Quando as contra-ordenações referidas no n.° 1 sejam praticadas em relação a operações urbanísticas que hajam sido objecto de autorização administrativa nos termos do presente diploma, os montantes máximos das coimas referidos nos n.os 3 a 5 anteriores são agravados em 10 000 000$00 e os das coimas referidas nos n.os 6 e 7 em 5 000 000$00.

9 – A tentativa e a negligência são puníveis.

10 – A competência para determinar a instauração dos processos de contra-ordenação, para designar o instrutor e para aplicar as coimas pertence ao presidente da câmara municipal, podendo ser delegada em qualquer dos seus membros.

11 – O produto da aplicação das coimas referidas no presente artigo reverte para o município, inclusive quando as mesmas sejam cobradas em juízo.

ARTIGO 99.° – Sanções acessórias

1 – As contra-ordenações previstas no n.° 1 do artigo anterior podem ainda determinar, quando a gravidade da infracção o justifique, a aplicação das seguintes sanções acessórias:

a) A apreensão dos objectos pertencentes ao agente que tenham sido utilizados como instrumento na prática da infracção;

b) A interdição do exercício no município, até ao máximo de dois anos, da profissão ou actividade conexas com a infracção praticada;

c) A privação do direito a subsídios outorgados por entidades ou serviços públicos.

2 – As sanções previstas no n.°1, bem como as previstas no artigo anterior, quando aplicadas a industriais de construção civil, são comunicadas ao Instituto de Mercados de Obras Públicas e Particulares e do Imobiliário.

3 – As sanções aplicadas ao abrigo do disposto nas alíneas *e*), *f*), e *g*) do n.° 1 do artigo anterior aos autores dos projectos, responsáveis pela direcção técnica da obra ou a quem subscreva o termo de responsabilidade previsto no artigo 63.°, são comunicadas à respectiva ordem ou associação profissional, quando exista.

ARTIGO 100.° – Responsabilidade criminal

1 – O desrespeito dos actos administrativos que determinem qualquer das medidas de tutela da legalidade urbanística previstas no presente diploma constitui crime de desobediência, nos termos do artigo 348.° do Código Penal.

2 – As falsas declarações ou informações prestadas pelos responsáveis referidos nas alíneas *e*) e *f*) do n.° 1 do artigo 98.° nos termos de responsabilidade ou no livro de obra integram o crime de falsificação de documentos, nos termos do artigo 256.°do Código Penal.

ARTIGO 101.° – Responsabilidade dos funcionários e agentes da Administração Pública

Os funcionários e agentes da Administração Pública que deixem de participar infracções às entidades fiscalizadoras ou prestem informações falsas ou erradas sobre as infracções à lei e aos

Decreto-Lei n.º 555/99, de 16 de Dezembro   929

regulamentos de que tenham conhecimento no exercício das suas funções incorrem em responsabilidade disciplinar, punível com pena de suspensão a demissão.

SUBSECÇÃO III – Medidas de tutela da legalidade urbanística

ARTIGO 102.º – **Embargo**

1 – Sem prejuízo das competências atribuídas por lei a outras entidades, o presidente da câmara municipal é competente para embargar obras de urbanização, de edificação ou de demolição, bem como quaisquer trabalhos de remodelação de terrenos, quando estejam a ser executadas:

a) Sem a necessária licença ou autorização; ou

b) Em desconformidade com o respectivo projecto ou com as condições do licenciamento ou autorização, salvo o disposto no artigo 83.º; ou

c) Em violação das normas legais e regulamentares aplicáveis.

2 – A notificação é feita ao responsável pela direcção técnica da obra, bem como ao titular do alvará de licença ou autorização, sendo suficiente qualquer dessas notificações para obrigar à suspensão dos trabalhos, devendo ainda, quando possível, ser notificado o proprietário do imóvel no qual estejam a ser executadas as obras, ou seu representante.

3 – Após o embargo, é de imediato lavrado o respectivo auto, que contém, obrigatória e expressamente, a identificação do funcionário municipal responsável pela fiscalização de obras, das testemunhas e do notificado, a data, hora e local da diligência e as razões de facto e de direito que a justificam, o estado da obra e a indicação da ordem de suspensão e proibição de prosseguir a obra e do respectivo prazo, bem como as cominações legais do seu incumprimento.

4 – O auto é redigido em duplicado e assinado pelo funcionário e pelo notificado, ficando o duplicado na posse deste.

5 – No caso de a ordem de embargo incidir apenas sobre parte da obra, o respectivo auto fará expressa menção de que o embargo é parcial e identificará claramente qual é a parte da obra que se encontra embargada.

6 – O embargo e respectivo auto são notificados ao requerente ou titular da licença ou autorização ou, quando estas não tenham sido requeridas, ao proprietário do imóvel no qual estejam a ser executadas as obras.

7 – No caso de as obras estarem a ser executadas por pessoa colectiva, o embargo e o respectivo auto são ainda comunicados para a respectiva sede social ou representação em território nacional.

8 – O embargo é objecto de registo na conservatória do registo predial, mediante comunicação do despacho que o determinou, procedendo-se aos necessários averbamentos.

ARTIGO 103.º – **Efeitos do embargo**

1 – O embargo obriga à suspensão imediata, no todo ou em parte, dos trabalhos de execução da obra.

2 – Tratando-se de obras licenciadas ou autorizadas, o embargo determina também a suspensão da eficácia da respectiva licença ou autorização, bem como, no caso de obras de urbanização, da licença ou autorização de loteamento urbano a que as mesmas respeitam.

3 – É interdito o fornecimento de energia eléctrica, gás e água às obras embargadas, devendo para o efeito ser notificado o acto que o ordenou às entidades responsáveis pelos referidos fornecimentos.

930 VI – Regime da Urbanização e da Edificação

4 – O embargo, ainda que parcial, suspende o prazo que estiver fixado para a execução das obras no respectivo alvará de licença ou autorização.

ARTIGO 104.º – Caducidade do embargo

1 – A ordem de embargo caduca logo que for proferida uma decisão que defina a situação jurídica da obra com carácter definitivo ou no termo do prazo que tiver sido fixado para o efeito.

2 – Na falta de fixação de prazo para o efeito, a ordem de embargo caduca se não for proferida uma decisão definitiva no prazo de seis meses, prorrogável uma única vez por igual período.

ARTIGO 105.º – Trabalhos de correcção ou alteração

1 – Nas situações previstas nas alíneas b) e c) do n.º 1 do artigo 102.º, o presidente da câmara municipal pode ainda, quando for caso disso, ordenar a realização de trabalhos de correcção ou alteração da obra, fixando um prazo para o efeito, tendo em conta a natureza e o grau de complexidade dos mesmos.

2 – Decorrido o prazo referido no número anterior sem que aqueles trabalhos se encontrem integralmente realizados, a obra permanece embargada até ser proferida uma decisão que defina a sua situação jurídica com carácter definitivo.

3 – Tratando-se de obras de urbanização ou de outras obras indispensáveis para assegurar a protecção de interesses de terceiros ou o correcto ordenamento urbano, a câmara municipal pode promover a realização dos trabalhos de correcção ou alteração por conta do titular da licença ou autorização, nos termos dos artigos 107.º e 108.º.

4 – A ordem de realização de trabalhos de correcção ou alteração suspende o prazo que estiver fixado no respectivo alvará de licença ou autorização pelo período estabelecido nos termos do n.º 1.

5 – O prazo referido no n.º 1 interrompe-se com a apresentação de um pedido de alteração à licença ou autorização, nos termos, respectivamente, dos artigos 27.º e 33.º.

ARTIGO 106.º – Demolição da obra e reposição do terreno

1 – O presidente da câmara municipal pode igualmente, quando for caso disso, ordenar a demolição total ou parcial da obra ou a reposição do terreno nas condições em que se encontrava antes da data de início das obras ou trabalhos, fixando um prazo para o efeito.

2 – A demolição pode ser evitada se a obra for susceptível de ser licenciada ou autorizada ou se for possível assegurar a sua conformidade com as disposições legais e regulamentares que lhe são aplicáveis mediante a realização de trabalhos de correcção ou de alteração.

3 – A ordem de demolição ou de reposição a que se refere o n.º 1 é antecedida de audição do interessado, que dispõe de 15 dias a contar da data da sua notificação para se pronunciar sobre o conteúdo da mesma.

4 – Decorrido o prazo referido no n.º 1 sem que a ordem de demolição da obra ou de reposição do terreno se mostre cumprida, o presidente da câmara municipal determina a demolição da obra ou a reposição do terreno por conta do infractor.

ARTIGO 107.º – Posse administrativa e execução coerciva

1 – Sem prejuízo da responsabilidade criminal, em caso de incumprimento de qualquer das medidas de tutela da legalidade urbanística previstas nos artigos anteriores o presidente da câmara pode determinar a posse administrativa do imóvel onde está a ser realizada a obra, por forma a permitir a execução coerciva de tais medidas.

Decreto-Lei n.º 555/99, de 16 de Dezembro   931

2 – O acto administrativo que tiver determinado a posse administrativa é notificado ao dono da obra e aos demais titulares de direitos reais sobre o imóvel por carta registada com aviso de recepção.

3 – A posse administrativa é realizada pelos funcionários municipais responsáveis pela fiscalização de obras, mediante a elaboração de um auto onde, para além de se identificar o acto referido no número anterior, é especificado o estado em que se encontra o terreno, a obra e as demais construções existentes no local, bem como os equipamentos que ali se encontrarem.

4 – Tratando-se da execução coerciva de uma ordem de embargo, os funcionários municipais responsáveis pela fiscalização de obras procedem à selagem do estaleiro da obra e dos respectivos equipamentos.

5 – Em casos devidamente justificados, o presidente da câmara pode autorizar a transferência ou a retirada dos equipamentos do local de realização da obra, por sua iniciativa ou a requerimento do dono da obra ou do seu empreiteiro.

6 – O dono da obra ou o seu empreiteiro devem ser notificados sempre que os equipamentos sejam depositados noutro local.

7 – A posse administrativa do terreno e dos equipamentos mantém-se pelo período necessário à execução coerciva da respectiva medida de tutela da legalidade urbanística, caducando no termo do prazo fixado para a mesma.

8 – Tratando-se de execução coerciva de uma ordem de demolição ou de trabalhos de correcção ou alteração de obras, estas devem ser executadas no mesmo prazo que havia sido concedido para o efeito ao seu destinatário, contando-se aquele prazo a partir da data de início da posse administrativa.

9 – A execução a que se refere o número anterior pode ser feita por administração directa ou em regime de empreitada por ajuste directo, mediante consulta a três empresas titulares de alvará de empreiteiro de obras públicas de classe e categoria adequadas à natureza e valor das obras.

ARTIGO 108.º – **Despesas realizadas com a execução coerciva**

1 – As quantias relativas às despesas realizadas nos termos do artigo anterior, incluindo quaisquer indemnizações ou sanções pecuniárias que a Administração tenha de suportar para o efeito, são de conta do infractor.

2 – Quando aquelas quantias não forem pagas voluntariamente no prazo de 20 dias a contar da notificação para o efeito, são cobradas judicialmente em processo de execução fiscal, servindo de título executivo certidão, passada pelos serviços competentes, comprovativa das despesas efectuadas, podendo ainda a câmara aceitar, para extinção da dívida, dação em cumprimento ou em função do cumprimento nos termos da lei.

3 – O crédito referido no n.º 1 goza de privilégio imobiliário sobre o lote ou terrenos onde se situa a edificação, graduado a seguir aos créditos referidos na alínea b) do artigo 748.º do Código Civil.

ARTIGO 109.º – **Cessação da utilização**

1 – Sem prejuízo do disposto nos n.os 1 e 2 do artigo 2.º do Decreto-Lei n.º 281/99, de 26 de Julho, o presidente da câmara municipal é competente para ordenar e fixar prazo para a cessação da utilização de edifícios ou de suas fracções autónomas, quando sejam ocupados sem a necessária licença ou autorização de utilização ou quando estejam a ser afectos a fim diverso do previsto no respectivo alvará.

2 – Quando os ocupantes dos edifícios ou suas fracções não cessem a utilização indevida no prazo fixado, pode a câmara municipal determinar o despejo administrativo, aplicando-se, com as devidas adaptações, o disposto no artigo 92.º.

VI – Regime da Urbanização e da Edificação

3 – O despejo determinado nos termos do número anterior deve ser sobrestado quando, tratando-se de edifício ou sua fracção que estejam a ser utilizados para habitação, o ocupante mostre, por atestado médico, que a execução do mesmo põe em risco de vida, por razão de doença aguda, a pessoa que se encontre no local.

4 – Na situação referida no número anterior, o despejo não pode prosseguir enquanto a câmara municipal não providencie pelo realojamento da pessoa em questão, a expensas do responsável pela utilização indevida, nos termos do artigo 108.º.

CAPÍTULO IV – Garantias dos particulares

ARTIGO 110.º – Direito à informação

1 – Qualquer interessado tem o direito de ser informado pela respectiva câmara municipal:

a) Sobre os instrumentos de desenvolvimento e planeamento territorial em vigor para determinada área do município, bem como das demais condições gerais a que devem obedecer as operações urbanísticas a que se refere o presente diploma;

b) Sobre o estado e andamento dos processos que lhes digam directamente respeito, com especificação dos actos já praticados e do respectivo conteúdo, e daqueles que ainda devam sê-lo, bem como dos prazos aplicáveis a estes últimos.

2 – As informações previstas no número anterior devem ser prestadas independentemente de despacho e no prazo de 15 dias.

3 – Os interessados têm o direito de consultar os processos que lhes digam directamente respeito, e de obter as certidões ou reproduções autenticadas dos documentos que os integram, mediante o pagamento das importâncias que forem devidas.

4 – O acesso aos processos e a passagem de certidões deve ser requerido por escrito e é facultado independentemente de despacho e no prazo de 10 dias a contar da data da apresentação do respectivo requerimento.

5 – A câmara municipal fixa, no mínimo, um dia por semana para que os serviços municipais competentes estejam especificadamente à disposição dos cidadãos para a apresentação de eventuais pedidos de esclarecimento ou de informação ou reclamações.

6 – Os direitos referidos nos n.os 1 e 3 são extensivos a quaisquer pessoas que provem ter interesse legítimo no conhecimento dos elementos que pretendem e ainda, para defesa de interesses difusos definidos na lei, quaisquer cidadãos no gozo dos seus direitos civis e políticos e as associações e fundações defensoras de tais interesses.

ARTIGO 111.º – Silêncio da Administração

Decorridos os prazos fixados para a prática de qualquer acto especialmente regulado no presente diploma sem que o mesmo se mostre praticado, observa-se o seguinte:

a) Tratando-se de acto que devesse ser praticado por qualquer órgão municipal no âmbito do procedimento de licenciamento, o interessado pode recorrer ao processo regulado no artigo 112.º;

b) Tratando-se de acto que devesse ser praticado no âmbito do procedimento de autorização, considera-se tacitamente deferida a pretensão formulada, com as consequências referidas no artigo 113.º;

c) Tratando-se de qualquer outro acto, considera-se tacitamente deferida a pretensão, com as consequências gerais.

Decreto-Lei n.º 555/99, de 16 de Dezembro 933

ARTIGO 112.º – **Intimação judicial para a prática de acto legalmente devido**

1 – No caso previsto na alínea *a*) do artigo 111.º, pode o interessado pedir ao tribunal administrativo de círculo da área da sede da autoridade requerida a intimação da autoridade competente para proceder à prática do acto que se mostre devido.

2 – O requerimento de intimação deve ser apresentado em duplicado e instruído com cópia do requerimento para a prática do acto devido.

3 – A secretaria, logo que registe a entrada do requerimento, expede por via postal notificação à autoridade requerida, acompanhada do duplicado, para responder no prazo de 14 dias.

4 – Junta a resposta ou decorrido o respectivo prazo, o processo vai com vista ao Ministério Público, por dois dias, e seguidamente é concluso ao juiz, para decidir no prazo de cinco dias.

5 – Se não houver fundamento de rejeição, o requerimento só será indeferido quando a autoridade requerida faça prova da prática do acto devido até ao termo do prazo fixado para a resposta.

6 – Na decisão, o juiz fixa prazo, não superior a 31 dias, para que a autoridade requerida pratique o acto devido.

7 – Ao pedido de intimação é aplicável, com as necessárias adaptações, o disposto no artigo 6.º, nos n.ºs 3 e 4 do artigo 88.º e nos artigos 115.º e 120.º do Decreto-Lei n.º 267/85, de 16 de Julho.

8 – O recurso da decisão tem efeito meramente devolutivo.

9 – Decorrido o prazo fixado pelo tribunal sem que se mostre praticado o acto devido, o interessado pode prevalecer-se do disposto no artigo 113.º, com excepção do disposto no número seguinte.

10 – Na situação prevista no número anterior, tratando-se de aprovação do projecto de arquitectura, o interessado pode juntar os projectos de especialidade ou, caso já o tenha feito no requerimento inicial, inicia-se a contagem do prazo previsto na alínea *c*) do n.º 1 do artigo 23.º.

ARTIGO 113.º – **Deferimento tácito**

1 – Nas situações referidas na alínea *b*) do artigo 111.º e no n.º 9 do artigo anterior, o interessado pode iniciar e prosseguir a execução dos trabalhos de acordo com o requerimento apresentado nos termos do n.º 4 do artigo 9.º, ou dar de imediato utilização à obra.

2 – O início dos trabalhos ou da utilização depende do prévio pagamento das taxas que se mostrem devidas nos termos do presente diploma.

3 – Quando a câmara municipal se recuse a liquidar ou a receber as taxas devidas, o interessado pode proceder ao depósito do respectivo montante em instituição de crédito à ordem da câmara municipal, ou, quando não esteja efectuada a liquidação, provar que se encontra garantido o seu pagamento mediante caução, por qualquer meio em direito admitido, por montante calculado nos termos do regulamento referido no artigo 3.º.

4 – Para os efeitos previstos no número anterior, deve ser afixado nos serviços de tesouraria da câmara municipal o número e a instituição bancária em que a mesma tenha conta e onde seja possível efectuar o depósito, bem como a indicação do regulamento municipal no qual se encontram previstas as taxas a que se refere o n.º 2.

5 – Caso a câmara municipal não efectue a liquidação da taxa devida nem dê cumprimento ao disposto no número anterior, o interessado pode iniciar os trabalhos ou dar de imediato utilização à obra, dando desse facto conhecimento à câmara municipal e requerendo ao tribunal administrativo de círculo da área da sede da autarquia que intime esta a emitir o alvará de licença ou autorização de utilização.

6 – Ao pedido de intimação referido no número anterior aplica-se o disposto no n.º 7 do artigo anterior.

934   *VI – Regime da Urbanização e da Edificação*

7 – A certidão da sentença transitada em julgado que haja intimado à emissão do alvará de licença ou autorização de utilização substitui, para todos os efeitos legais, o alvará não emitido.

8 – Nas situações referidas no presente artigo, a obra não pode ser embargada por qualquer autoridade administrativa com fundamento na falta de licença ou autorização.

ARTIGO 114.° – **Impugnação administrativa**

1 – Os pareceres expressos que sejam emitidos por órgãos da administração central no âmbito dos procedimentos regulados no presente diploma podem ser objecto de impugnação administrativa autónoma.

2 – A impugnação administrativa de quaisquer actos praticados ou pareceres emitidos nos termos do presente diploma deve ser decidida no prazo de 30 dias, findo o qual se considera deferida.

ARTIGO 115.° – **Recurso contencioso**

1 – O recurso contencioso dos actos previstos no artigo 106.° tem efeito suspensivo.

2 – Com a citação da petição de recurso, a autoridade administrativa tem o dever de impedir, com urgência, o início ou a prossecução da execução do acto recorrido.

3 – A todo o tempo e até à decisão em 1.ª instância, o juiz pode conceder o efeito meramente devolutivo ao recurso, oficiosamente ou a requerimento do recorrido ou do Ministério Público, caso do mesmo resultem indícios da ilegalidade da sua interposição ou da sua improcedência.

4 – Da decisão referida no número anterior cabe recurso com efeito meramente devolutivo, que sobe imediatamente, em separado.

CAPÍTULO V – **Taxas inerentes às operações urbanísticas**

ARTIGO 116.° – **Taxa pela realização, manutenção e reforço de infra-estruturas urbanísticas**

1 – A emissão dos alvarás de licença e autorização previstos no presente diploma está sujeita ao pagamento das taxas a que se refere a alínea *b*) do artigo 19.° da Lei n.° 42/98, de 6 de Agosto.

2 – A emissão do alvará de licença ou autorização de loteamento e de obras de urbanização está sujeita ao pagamento da taxa referida na alínea *a*) do artigo 19.° da Lei n.° 42/98, de 6 de Agosto.

3 – A emissão do alvará de licença ou autorização de obras de construção ou ampliação em área não abrangida por operação de loteamento ou alvará de obras de urbanização está igualmente sujeita ao pagamento da taxa referida no número anterior.

4 – A emissão do alvará de licença parcial a que se refere o n.° 5 do artigo 23.° está também sujeita ao pagamento da taxa referida no n.° 1, não havendo lugar à liquidação da mesma aquando da emissão do alvará definitivo.

5 – Os projectos de regulamento municipal da taxa pela realização, manutenção e reforço de infra-estruturas urbanísticas devem ser acompanhados da fundamentação do cálculo das taxas previstas, tendo em conta, designadamente, os seguintes elementos:

a) Programa plurianual de investimentos municipais na execução, manutenção e reforço das infra-estruturas gerais, que pode ser definido por áreas geográficas diferenciadas;

b) Diferenciação das taxas aplicáveis em função dos usos e tipologias das edificações e, eventualmente, da respectiva localização e correspondentes infra-estruturas locais.

Decreto-Lei n.º 555/99, de 16 de Dezembro 935

ARTIGO 117.º – **Liquidação das taxas**
1 – O presidente da câmara municipal, com o deferimento do pedido de licenciamento ou de autorização, procede à liquidação das taxas, em conformidade com o regulamento aprovado pela assembleia municipal.
2 – O pagamento das taxas referidas nos n.os 2 a 4 do artigo anterior pode, por deliberação da câmara municipal, com faculdade de delegação no presidente e de subdelegação deste nos vereadores ou nos dirigentes dos serviços municipais, ser fraccionado até ao termo do prazo de execução fixado no alvará, desde que seja prestada caução nos termos do artigo 54.º.
3 – Da liquidação das taxas cabe reclamação graciosa ou impugnação judicial, nos termos e com os efeitos previstos no Código de Processo Tributário.
4 – A exigência, pela câmara municipal ou por qualquer dos seus membros, de mais-valias não previstas na lei ou de quaisquer contrapartidas, compensações ou donativos confere ao titular da licença ou autorização para a realização de operação urbanística, quando dê cumprimento àquelas exigências, o direito a reaver as quantias indevidamente pagas ou, nos casos em que as contrapartidas, compensações ou donativos sejam realizados em espécie, o direito à respectiva devolução e à indemnização a que houver lugar.
5 – Nos casos de autoliquidação previstos no presente diploma, as câmaras municipais devem obrigatoriamente disponibilizar os regulamentos e demais elementos necessários à sua efectivação, podendo os requerentes usar do expediente previsto no n.º 3 do artigo 113.º.

CAPÍTULO VI – **Disposições finais e transitórias**

ARTIGO 118.º – **Conflitos decorrentes da aplicação dos regulamentos municipais**
1 – Para a resolução de conflitos na aplicação dos regulamentos municipais previstos no artigo 3.º podem os interessados requerer a intervenção de uma comissão arbitral.
2 – Sem prejuízo do disposto no n.º 5, a comissão arbitral é constituída por um representante da câmara municipal, um representante do interessado e um técnico designado por cooptação, especialista na matéria sobre que incide o litígio, o qual preside.
3 – Na falta de acordo, o técnico é designado pelo presidente do tribunal administrativo de círculo competente na circunscrição administrativa do município.
4 – À constituição e funcionamento das comissões arbitrais aplica-se o disposto na lei sobre a arbitragem voluntária.
5 – As associações públicas de natureza profissional e as associações empresariais do sector da construção civil podem promover a criação de centros de arbitragem institucionalizada para a realização de arbitragens no âmbito das matérias previstas neste artigo, nos termos da lei.

ARTIGO 119.º – **Relação dos instrumentos de gestão territorial e das servidões e restrições de utilidade pública e outros instrumentos relevantes**
1 – As câmaras municipais devem manter actualizada a relação dos instrumentos de gestão territorial e as servidões administrativas e restrições de utilidade pública especialmente aplicáveis na área do município, nomeadamente:
a) Os referentes a plano regional de ordenamento do território, planos especiais de ordenamento do território, planos municipais e intermunicipais de ordenamento do território, medidas preventivas, áreas de desenvolvimento urbano prioritário, áreas de construção prioritária, áreas críticas de recuperação e reconversão urbanística e alvarás de loteamento em vigor;

936 VI – Regime da Urbanização e da Edificação

b) Zonas de protecção de imóveis classificados a que se referem os Decretos n.ºˢ 20 785, de 7 de Março de 1932, e 46 349, de 2 de Maio de 1965, e a Lei n.º 13/85, de 6 de Julho;

c) Zonas de protecção a edifícios públicos de reconhecido valor arquitectónico e edifícios públicos não classificados como monumentos nacionais, a que se referem os Decretos-Leis n.ºˢ 21 875, de 18 de Novembro de 1932, e 34 993, de 11 de Novembro de 1945, respectivamente;

d) Zonas de protecção a edifícios e outras construções de interesse público, a que se refere o Decreto-Lei n.º 40 388, de 21 de Novembro de 1955;

e) Imóveis ou elementos naturais classificados como valores concelhios, a que se refere a Lei n.º 2032, de 11 de Junho de 1949;

f) Zonas de protecção de albufeiras de águas públicas, a que se refere o Decreto-Lei n.º 502/71, de 18 de Novembro;

g) Áreas integradas no domínio hídrico público ou privado, a que se refere o Decreto-Lei n.º 468/71, de 5 de Novembro;

h) Parques nacionais, parques naturais, reservas naturais, reservas de recreio, áreas de paisagem protegida e lugares, sítios, conjuntos e objectos classificados, a que se refere o Decreto-Lei n.º 19/93, de 23 de Janeiro;

i) Áreas integradas na Reserva Agrícola Nacional, a que se refere o Decreto-Lei n.º 196/89, de 14 de Junho;

j) Áreas integradas na Reserva Ecológica Nacional, a que se refere o Decreto-Lei n.º 93/90, de 19 de Março.

2 – As câmaras municipais mantêm igualmente actualizada a relação dos regulamentos municipais referidos no artigo 3.º, dos programas de acção territorial em execução, bem como das unidades de execução delimitadas.

ARTIGO 120.º – **Dever de informação**

1 – As câmaras municipais e as direcções regionais de ambiente e do ordenamento do território têm o dever de informação mútua sobre processos relativos a operações urbanísticas, o qual deve ser cumprido mediante comunicação a enviar no prazo de 20 dias a contar da data de recepção do respectivo pedido.

2 – Não sendo prestada a informação prevista no número anterior, as entidades que a tiverem solicitado podem recorrer ao processo de intimação regulado nos artigos 82.ºe seguintes do Decreto-Lei n.º 267/85, de 16 de Julho.

ARTIGO 121.º – **Regime das notificações e comunicações**

Todas as notificações e comunicações referidas neste diploma e dirigidas aos requerentes devem ser feitas por carta registada, caso não seja viável a notificação pessoal.

ARTIGO 122.º – **Legislação subsidiária**

A tudo o que não esteja especialmente previsto no presente diploma aplica-se subsidiariamente o Código do Procedimento Administrativo.

ARTIGO 123.º – **Relação das disposições legais referentes à construção**

Até à codificação das normas técnicas de construção, compete aos Ministros do Equipamento Social e do Ambiente e do Ordenamento do Território a publicação da relação das disposições legais e regulamentares a observar pelos técnicos responsáveis dos projectos de obras e sua execução.

Decreto-Lei n.º 555/99, de 16 de Dezembro 937

ARTIGO 124.º – **Depósito legal dos projectos**
O Governo regulamentará, no prazo de seis meses a contar da data de entrada em vigor do presente diploma, o regime do depósito legal dos projectos de urbanização e edificação.

ARTIGO 125.º – **Alvarás anteriores**
As alterações aos alvarás emitidos ao abrigo da legislação agora revogada e dos Decretos-Leis n.ᵒˢ 166/70, de 15 de Abril, 46 673, de 29 de Novembro de 1965, 289/73, de 6 de Junho, e 400/84, de 31 de Dezembro, regem-se pelo disposto no presente diploma.

ARTIGO 126.º – **Elementos estatísticos**
1 – A câmara municipal envia mensalmente para o Instituto Nacional de Estatística os elementos estatísticos identificados em portaria conjunta dos Ministros do Planeamento e do Ambiente e do Ordenamento do Território.
2 – Os suportes a utilizar na prestação da informação referida no número anterior serão fixados pelo Instituto Nacional de Estatística, após auscultação das entidades envolvidas.

ARTIGO 127.º – **Regiões Autónomas**
O regime previsto neste diploma é aplicável às Regiões Autónomas, sem prejuízo das adaptações decorrentes da estrutura própria da administração regional autónoma, a introduzir por diploma regional adequado.

ARTIGO 128.º – **Regime transitório**
1 – Às obras de edificação e às operações de loteamento, obras de urbanização e trabalhos de remodelação de terrenos cujo processo de licenciamento decorra na respectiva câmara municipal à data da entrada em vigor do presente diploma é aplicável o regime dos Decretos-Leis n.ᵒˢ 445/91, de 20 de Novembro, e do 448/91, de 29 de Novembro, respectivamente, sem prejuízo do disposto no número seguinte.
2 – A requerimento do interessado, o presidente da câmara municipal pode autorizar que aos procedimentos em curso se aplique o regime constante do presente diploma, determinando qual o procedimento de controlo prévio a que o procedimento fica sujeito, tendo em conta o disposto no artigo 4.º.
3 – Até ao estabelecimento, nos termos do n.º 2 do artigo 43.º, dos parâmetros para o dimensionamento das áreas referidas no n.º 1 do mesmo artigo, continuam os mesmos a ser fixados por portaria do Ministro do Ambiente e do Ordenamento do Território.
4 – Até à entrada em vigor do regime de verificação da qualidade e de responsabilidade civil nos projectos e obras de edificação, o requerimento de licença ou autorização de utilização, previsto no n.º 1 do artigo 63.º, deve também ser instruído com as seguintes peças desenhadas:
a) Telas finais do projecto de arquitectura;
b) Telas finais dos projectos de especialidades quando exigidos por regulamento municipal.
5 – Para os efeitos do número anterior, consideram-se telas finais as peças escritas e desenhadas que correspondam, exactamente, à obra executada.

ARTIGO 129.º – **Revogações**
São revogados:
a) O Decreto-Lei n.º 445/91, de 20 de Novembro;
b) O Decreto-Lei n.º 448/91, de 29 de Novembro;
c) O Decreto-Lei n.º 83/94, de 14 de Março;

938   *VI – Regime da Urbanização e da Edificação*

d) O Decreto-Lei n.º 92/95, de 9 de Maio;

e) Os artigos 9.º, 10.º e 165.º a 168.ºdo Regulamento Geral das Edificações Urbanas, aprovado pelo Decreto-Lei n.º 38 382, de 7 de Agosto de 1951.

ARTIGO 130.º – **Entrada em vigor**

O presente diploma entra em vigor 120 dias após a data da sua publicação.

DECRETO-LEI N.º 177/2001*

de 4 de Junho

Altera o Decreto-Lei n.º 555/99, de 16 de Dezembro, que estabelece o regime jurídico da urbanização e da edificação

O Decreto-Lei n.º 555/99, de 16 de Dezembro, introduziu uma alteração substancial no regime jurídico do licenciamento municipal das operações de loteamento, das obras de urbanização e das obras particulares, reunindo num só diploma o regime jurídico destas operações urbanísticas.

Atentas as circunstâncias que motivaram a suspensão da eficácia daquele diploma, por força da Lei n.º 13/2000, de 20 de Julho, e beneficiando da reflexão que o novo regime entretanto suscitou, considera-se aconselhável proceder a algumas alterações pontuais no Decreto-Lei n.º 555/99, de 16 de Dezembro, sem contudo afectar a estrutura e as opções de fundo que caracterizam aquele diploma, cujas virtualidades se reafirmam.

Para além da reprodução de algumas disposições agora ao abrigo de nova autorização legislativa, e da introdução de alguns ajustamentos de redacção, incluindo a correcção de certas imprecisões formais, designadamente em matéria de remissões, consagram-se algumas alterações que merecem especial referência.

Em primeiro lugar, sem pôr em causa o regime procedimental simplificado de autorização administrativa, considera-se necessário garantir que o mesmo tenha lugar ao abrigo de instrumentos de gestão territorial cujo conteúdo apresente suficiente grau de concretização e nos casos em que é efectivamente possível dispensar a intervenção de entidades exteriores ao município. Por outro lado, a propósito das causas de indeferimento do pedido de autorização, estabelece-se que o projecto de arquitectura, não sendo objecto de decisão autónoma, é apreciado em simultâneo com os projectos das especialidades em sede de decisão final.

Em segundo lugar, clarificam-se as condições em que é possível a dispensa de prévia discussão pública das operações de loteamento e permite-se a fixação de prazo para a mesma inferior ao que vigora no procedimento relativo aos instrumentos de gestão territorial.

Em terceiro lugar, introduzem-se aperfeiçoamentos diversos no regime respeitante ao indeferimento do pedido de licenciamento e de autorização, bem como no atinente ao desvalor dos actos administrativos contrários à lei.

Em quarto lugar, estabelece-se, também, a obrigação de o alvará de licença ou autorização de operação de loteamento especificar os fogos destinados a habitação a custos controlados, quando previstos, designadamente em execução de instrumento de gestão territorial.

---

* O DL n.º 177/2001 alterou o regime jurídico da urbanização e da edificação aprovado pelo DL n.º 555/99, cuja vigência se encontrava suspensa.

As alterações de redacção operadas pelo art. 1.º do DL n.º 177/2001 no DL n.º 555/99 foram introduzidas no lugar próprio.

VI – Regime da Urbanização e da Edificação

Finalmente, destaca-se o facto de se classificar como crime de falsificação de documentos as falsas declarações ou informações prestadas no termo de responsabilidade pelos técnicos que substituam os directores técnicos da obra, os quais já se encontram sujeitos a idêntica responsabilidade criminal.

Republica-se em anexo o Decreto-Lei n.° 555/99, de 16 de Dezembro, com as correcções e alterações agora introduzidas.

Foi ouvida a Associação Nacional de Municípios Portugueses e os órgãos de Governo próprio das Regiões Autónomas.

Assim, no uso da autorização legislativa concedida pelo artigo 1.° da Lei n.° 30-A/2000, de 20 de Dezembro, e nos termos da alínea b) do n.° 1 do artigo 198.° da Constituição, o Governo decreta o seguinte:

ARTIGO 1.°

Os artigos 2.°, 3.°, 4.°, 6.°, 7.°, 9.°, 10.°, 11.°, 12.°, 13.°, 16.°, 17.°, 19.°, 20.°, 21.°, 22.°, 23.°, 24.°, 27.°, 29.°, 30.°, 31.°, 33.°, 38.°, 39.°, 41.°, 42.°, 44.°, 45.°, 48.°, 51.°, 57.°, 58.°, 62.°, 64.°, 65.°, 68.°, 76.°, 77.°, 78.°, 81.°, 84.°, 85.°, 86.°, 90.°, 91.°, 97.°, 98.°, 99.°, 100.°, 102.°, 106.°, 109.°, 110.°, 119.°, 120.°, 123.°, 126.°, 128.° e 129.° do Decreto-Lei n.° 555/99, de 16 de Dezembro, passam a ter a seguinte redacção:

....

ARTIGO 2.°– **Regulamentos municipais anteriores**

Os regulamentos municipais em vigor, respeitantes às matérias referidas no n.° 1 do artigo 3.° e que não contrariem o disposto no presente diploma, mantêm-se em vigor até que sejam submetidos, no prazo máximo de seis meses a contar da entrada em vigor do presente diploma, sob pena de ineficácia, a confirmação pelos órgãos municipais competentes, após apreciação pública por prazo não inferior a 30 dias.

ARTIGO 3.°– **Disposições revogadas**

É revogado o n.° 6 do artigo 128.° do Decreto-Lei n.° 555/99, de 16 de Dezembro.

ARTIGO 4.°– **Regime transitório**

As disposições constantes do presente diploma só se aplicam aos procedimentos iniciados após a sua entrada em vigor.

ARTIGO 5.°– **Entrada em vigor**

O presente diploma entra em vigor 120 dias após a data da sua publicação.

ARTIGO 6.°– **Disposições finais**

O Decreto-Lei n.° 555/99, de 16 de Dezembro, com as alterações introduzidas pelo presente diploma, é republicado em anexo, com as necessárias correcções materiais.

VII
PLANEAMENTO URBANÍSTICO

Decreto-Lei n.º 794/76, de 5 de Novembro – Aprova a política de solos.

Decreto-Lei n.º 152/82, de 3 de Maio – Permite a criação de áreas de desenvolvimento urbano prioritário e de construção prioritária.

Decreto-Lei n.º 351/93, de 7 de Outubro – Estabelece o regime de caducidade dos pedidos e dos actos de licenciamento de obras, loteamentos e empreendimentos turísticos.

Decreto-Lei n.º 61/95, de 7 de Abril – Exclui do âmbito de aplicação do Decreto-Lei n.º 351/93, de 7 de Outubro, as áreas urbanas consolidadas e eleva para o dobro os prazos nele previstos; prorroga até 31 de Dezembro de 1995 o prazo de actuação da Comissão Permanente dos Planos Directores Municipais.

Lei n.º 91/95, de 2 de Setembro – Processo de reconversão das áreas urbanas de génese ilegal.

Decreto-Lei n.º 380/99, de 22 de Setembro – Estabelece o regime jurídico dos instrumentos de gestão territorial.

DECRETO-LEI N.º 794/76

de 5 de Novembro

Aprova a política de solos

A nova Lei das Solos destina-se a substituir, integralmente, o Decreto-Lei n.º 576/70, de 24 de Novembro, na parte em que se definem os princípios e normas fundamentais sobre a política de solos, e concentra e sistematiza dispositivos dispersos por leis avulsas, sem prejuízo de algumas inovações que foram julgadas oportunas.

Houve a preocupação de dotar a Administração de instrumentos eficazes para, por um lado, evitar a especulação imobiliária e, por outro lado, permitir a rápida solução do problema habitacional, na sequência dos novos dispositivos constitucionais. Foram retomados alguns princípios de conteúdo social que já haviam sido considerados necessários anteriormente a 25 de Abril de 1974, mas que não chegaram a ser postos em prática, por colidirem com o jogo de interesses então predominante.

Nestes termos:

CAPITULO I – Princípios gerais

ARTIGO 1.º

A alteração do uso ou da ocupação dos solos para fins urbanísticos, incluindo os industriais, carece de prévia aprovação da Administração Pública. Esta aprovação visa o adequado ordenamento do território para um equilibrado desenvolvimento sócio-económico das suas diversas regiões e inclui o *contrôle* e superintendência dos empreendimentos da iniciativa privada.

ARTIGO 2.º

1 – Sempre que for julgado necessário pela Administração, podem por esta ser apropriados solos destinados a:

a) Criação dos aglomerados urbanos;

b) Expansão ou desenvolvimento de aglomerados urbanos com mais de 25 000 habitantes;

c) Criação e ampliação de parques industriais;

d) Criação e ampliação de espaços verdes urbanos de protecção e recreio;

e) Recuperação de áreas degradadas, quer resultantes do depósito de desperdícios, quer da exploração de inertes.

2 – Pode ser mandado aplicar, por decreto, o regime do n.º 1 à expansão ou desenvolvimento de outros aglomerados urbanos, quando assim for deliberado pelos órgãos locais competentes ou quando o Governo o considere conveniente, nomeadamente para a execução de empreendimentos integrados em planos de ambito nacional ou regional.

VII – Planeamento Urbanístico

ARTIGO 3.º

1 – As realizações previstas no artigo anterior são planeadas, decididas e concretizadas pela Administração, através dos órgãos centrais e locais.

2 – A Administração pode, porém, recorrer à colaboração de outras entidades, nomeadamente de particulares:

a) Confiando lhes a elaboração de planos, projectos ou estudos ou a execução de obras;

b) Cedendo lhes terrenos ou direitos sobre eles para a execução de empreendimentos compreendidos em planos por ela aprovados;

c) Confiando lhes a realização, sem encargos para a Administração ou com a sua participação, de obras de urbanização projectadas para terrenos já adquiridos e a construção, para venda ou arrendamento, dos edifícios a erigir na área.

ARTIGO 4.º

1 – A Administração procederá à aquisição das áreas necessárias, para os fins previstos no artigo 2.º, pelos meios que se tornem mais adequados, designadamente por expropriação ou pelo exercício do direito de preferência.

2 – Quando, para a apropriação do solo, for necessário, a Administração pode expropriar, desde logo, toda a área necessária à execução de um plano ou empreendimento ou promover, sucessivamente, a expropriação de zonas daquela área.

ARTIGO 5.º (¹)

1 – Nos terrenos já pertencentes à Administração ou que por ela venham a ser adquiridos, desde que destinados aos fins previstos no artigo 2.º ou a operações de renovação urbana, sempre que a realização dos correspondentes empreendimentos não venha a ser efectuada pela Administração, só poderá ser cedido o direito à utilização mediante a constituição do direito de superfície, salvo se as transmissões forem feitas a pessoas colectivas de direito público ou a empresas públicas.

2 – Poderá ainda ser autorizada a cedência dos terrenos, em propriedade plena, a entidades de direito privado, desde que aqueles se integrem em áreas abrangidas por planos de urbanização legalmente aprovados.

3 – A cedência dos terrenos, em propriedade plena, referida no número anterior efectuar-se-á por acordo directo ou por concurso, nos termos dos n.ºs 1 e 2 do artigo 29.º para a cedência em direito de superfície.

4 – Para efeitos do número anterior, na escritura de transmissão será sempre fixado um prazo máximo para início das construções a erigir, o qual não poderá ser ultrapassado, salvo casos de força maior ou outras circunstâncias estranhas aos interessados, sob pena de reversão dos terrenos à titularidade da Administração e à perda, por parte do anterior proprietário, de 30% das quantias entregues a título de pagamento.

5 – Quando o terreno pertencer ao Estado, seus organismos autónomos e institutos públicos, a decisão a que se refere o n.º 2 cabe ao Ministro da Habitação e Obras Públicas.

6 – Quando o terreno pertencer a uma autarquia local, cabe à respectiva Assembleia Municipal a deliberação a que se refere o n.º 2.

7 – Nas regiões autónomas, a competência atribuída no n.º 5 ao Ministro da Habitação e Obras Públicas cabe aos órgãos de governo próprio da região.

1 – Redacção do art. 1.º do DL n.º 313/80, de 19 de Agosto.

Decreto-Lei n.º 794/76, de 5 de Novembro

ARTIGO 6.º

1 – Na execução de qualquer plano de expansão, desenvolvimento ou renovação urbanas, ou de criação de novos aglomerados, serão sempre fixados os números ou percentagens dos fogos a construir, sujeitos a fixação ou *contrôle* dos valores das rendas ou dos preços de venda, além dos destinados a habitação social.

2 – As características técnicas e os valores máximos do custo de construção, das rendas ou dos valores de venda da habitação social serão fixados, segundo as circunstâncias, mediante portaria do Ministro da Habitação, Urbanismo e Construção.

CAPÍTULO II – Medidas preventivas

ARTIGO 7.º (1-2)

1 – O Governo poderá estabelecer, por decreto, que uma área, ou parte dela, que se presuma vir a ser abrangida por um plano de urbanização ou projecto de empreendimento público de outra natureza, seja sujeita a medidas preventivas, destinadas a evitar alterações das circunstâncias e condições existentes que possa comprometer a execução do plano ou empreendimento ou torná la mais difícil ou onerosa.

2 – As medidas preventivas podem ter por objecto áreas para as quais exista plano de urbanização que, pela sua desactualização ou inadequação, careça de ser substituído ou alterado.

3 – No caso referido no número anterior, o plano fica suspenso, total ou parcialmente, consoante a área abrangida pelas medidas e as providências nelas estabelecidas.

4 – O recurso às medidas preventivas deve ser limitado aos casos em que, fundadamente, se receie que os prejuízos resultantes da possível alteração das circunstâncias locais sejam socialmente mais relevantes do que os inerentes à adopção das medidas.

1 – O regime de medidas preventivas previsto neste Capítulo deixa de ter aplicação enquanto medida cautelar dos planos municipais de ordenamento do território (art. 158.º do DL n.º 380/99, de 22 de Setembro).

2 – Ver arts. 107.º e segs. do DL n.º 380/99.

ARTIGO 8.º (1)

1 – As medidas preventivas previstas no artigo anterior podem consistir na proibição ou na sujeição a prévia autorização, eventualmente condicionada, dos actos ou actividades seguintes:

a) Criação de novos núcleos populacionais;

b) Construção, reconstrução ou ampliação de edifícios ou outras instalações;

c) Instalação de explorações ou ampliação das já existentes;

d) Alterações importantes, por meio de aterros ou escavações, à configuração geral do terreno;

e) Derrube de árvores em maciço, com qualquer área ou com área superior à fixada;

f) Destruição do solo vivo e do coberto vegetal.

2 – As medidas preventivas abrangerão apenas os actos com interesse para os objectivos a atingir, podendo, dentro dos tipos genéricos previstos no número anterior, limitar se a certas espécies de actos ou actividades.

3 – O Governo, ao estabelecer as medidas preventivas, definirá as entidades competentes para as autorizações ou outros condicionamentos exigidos pela sua aplicação, bem como para a fiscalização da sua observancia e para as determinações da demolição a que se refere o artigo 2.º.

1 – Ver notas ao art. 7.º.

VII – Planeamento Urbanístico

ARTIGO 9.º (¹)

1 – O prazo de vigência das medidas preventivas será fixado no diploma que as estabelecer, até dois anos, sem prejuízo, porém, da respectiva prorrogação, quando tal se mostre necessário, por prazo não superior a um ano.

2 – As medidas preventivas cessam quando:

a) Forem revogadas;

b) Decorrer o prazo fixado para a sua vigência;

c) For aprovado e se tornar executório o plano de urbanização ou o projecto de empreendimento público que motivou a sua aplicação.

ARTIGO 10.º (¹)

1 – As medidas preventivas podem ser substituídas por normas de carácter provisório, logo que o adiantamento do estudo do plano de urbanização permita defini-las.

2 – As normas a que se refere o número anterior carecem de aprovação pelas entidades competentes para aprovar o plano e são obrigatórias nos termos deste.

1 – Ver notas ao art. 7.º.

ARTIGO 11.º (¹)

A imposição das medidas preventivas, a que se refere o presente capítulo, não confere direito a qualquer indemnização.

1 – Ver notas ao art. 7.º.

ARTIGO 12.º (¹)

1 – Sem prejuízo do disposto no Decreto-Lei n.º 275/76, de 13 de Abril, as obras e os trabalhos efectuados com inobservância das medidas preventivas estabelecidas podem ser embargados e demolidos à custa dos proprietários e sem direito a qualquer indemnização.

2 – Os aterros e escavações efectuados nas mesmas condições implicam o dever de reposição da configuração do terreno e de recuperação do coberto vegetal, pelo proprietário, segundo projecto aprovado pela Administração, no prazo estabelecido, podendo esta substituir-se àquele se os trabalhos não forem antecipadamente concluídos.

1 – Ver notas ao art. 7.º.

ARTIGO 13.º (¹)

1 – Os municípios deverão dar publicidade ao início e ao termo das medidas preventivas, por editais afixados nos Paços do Concelho, nas sedes das juntas de freguesia a que respeitem as áreas abrangidas e por meio de aviso publicado no jornal diário mais lido na região.

2 – Para esse efeito, as entidades que tenham promovido a adopção das medidas ou os actos de que resulte o termo destas deverão dar conhecimento dos mesmos aos municípios das áreas abrangidas.

1 – Ver notas ao art. 7.º.

CAPÍTULO III – Zona de defesa e «contrôle» urbanos

ARTIGO 14.º

1 – Serão constituídas zonas de defesa e *contrôle* urbanos, destinadas a evitar ou controlar as actividades nos solos circundantes dos aglomerados, ou neles incluídos, e as alterações no uso dos mesmos que possam ser inconvenientes para os interesses colectivos da respectiva popula-

Decreto-Lei n.º 794/76, de 5 de Novembro 947

ção e para o adequado funcionamento do sistema urbano, nos diversos aspectos que careçam de tutela, incluindo o equilíbrio biofísico, bem como a preservar as características e condições necessárias ao desenvolvimento do aglomerado.

2 – Será delimitada, por decreto, uma zona de defesa e *contrôle* urbanos, relativamente:

a) A cada sede do distrito;

b) A cada aglomerado urbano com mais de 25 000 habitantes;

c) A qualquer outro aglomerado urbano para o qual se considere conveniente a criação dessa zona.

3 – A zona de defesa e *contrôle* urbanos poderá ser estabelecida para uma área que abranja um conjunto de aglomerados, sempre que tal se mostre conveniente para o ordenado desenvolvimento da região.

ARTIGO 15.º

1 – A zona de defesa e *contrôle* urbanos terá a extensão que se mostre adequada em cada caso, para a satisfação dos fins a que se destina, devendo, porém, ser suficientemente ampla para permitir o *contrôle* eficaz das actividades inconvenientes aos interesses da colectividade e satisfazer, a longo prazo, as necessidades de expansão do aglomerado.

2 – Os limites da zona de defesa e *contrôle* urbanos, quando não possam coincidir, no todo ou em parte, com as circunscrições administrativas, deverão ser definidos de forma a permitir uma segura identificação, pela referência, sempre que possível, a elementos físicos facilmente identificáveis, designadamente caminhos públicos e linhas de água.

ARTIGO 16.º

1 – Em cada zona de defesa e *contrôle* urbanos vigorará o regime de proibições, autorizações e outros condicionamentos que forem estabelecidos dentro do quadro previsto nos n.os 1 e 2 do artigo 8.º.

2 – O regime da zona de defesa e *contrôle* urbanos poderá ser definido diversificadamente, para áreas ou sectores distintos dentro da zona em função das necessidades específicas relativas a cada uma dessas áreas ou sectores.

ARTIGO 17.º

É aplicável o disposto no n.º 3 do artigo 8.º e nos artigos 11.º, 12.º e 13.º, respectivamente, quanto à definição do regime da zona de defesa e *contrôle* urbanos, à inexistência de direito a indemnização pela sujeição a esse regime, à inobservância do mesmo e à publicidade do estabelecimento e modificação da zona ou do seu regime.

ARTIGO 18.º

Deverão ser estabelecidas zonas de defesa e *contrôle* para os parques industriais, às quais será aplicável, com as devidas adaptações e tendo em vista as necessidades específicas desses parques, o disposto nos artigos 14.º a 17.º.

CAPÍTULO IV – Constituição do direito de superfície

ARTIGO 19.º

1 – O direito de superfície, a que se refere o artigo 5.º, será constituído por prazo não inferior a cinquenta anos, a estabelecer em função das características dos edifícios a erigir, do período necessário para a amortização do capital a investir neles e da sua adequada remuneração.

948   *VII – Planeamento Urbanístico*

2 – No caso de cedência de direito de superfície a cooperativas previstas no artigo 4.° do Decreto n.° 182/72, de 30 de Maio, ou para construção de habitação própria, ainda que em regime de propriedade horizontal, o prazo mínimo será de setenta anos.

3 – O prazo do direito de superfície será fixado no acto de constituição, e pode ser prorrogado pelos períodos que forem convencionados, salvo nos casos em que o superficiário expressamente renuncie à prorrogação.

4 – Na falta de convenção sobre o período de prorrogação, entende se que ela se opera por um período igual a metade do prazo inicial, salvo nos casos em que a Administração, findo o prazo, necessitar do terreno para obras de renovação urbana ou outro fim de interesse público.

ARTIGO 20.°

1 – Na constituição do direito de superfície serão sempre fixados prazos para o início e a conclusão das construções a erigir e serão adoptadas as providências que se mostrem adequadas para evitar especulação na alienação do direito.

2 – Para os fins do disposto na última parte do número anterior poderá convencionar-se, designadamente, a proibição da alienação do direito durante certo prazo e a sujeição da mesma a autorização da Administração.

3 – A Administração gozará sempre do direito de preferência, em primeiro grau, na alienação do direito por acto inter vivos e na adjudicação em liquidação e partilha de sociedade, sendo esse direito de preferência exercido de harmonia com as normas regulamentares estabelecidas para o efeito.

4 – São anuláveis os actos praticados sem que haja sido facultado o exercício do direito de preferência.

ARTIGO 21.°

1 – O direito de superfície pode ser cedido contra o pagamento de uma quantia determinada ou de prestações periódicas.

2 – No caso em que o preço for pago em prestações periódicas, será o mesmo revisto, salvo estipulação em contrário, sempre que se verifique alteração das condições de aproveitamento do terreno, por modificação das normas regulamentares do plano de ocupação do solo.

3 – Os superficiários terão direito a indemnização pela extinção do direito de superfície, quando assim for convencionado no título de constituição.

CAPÍTULO V – Associação da Administração com os proprietários

ARTIGO 22.° (¹)

1 – Salvo o disposto no n.° 1 do artigo 2.°, a Administração poderá assegurar a disponibilidade das áreas a utilizar em operações de expansão, desenvolvimento ou renovação urbana ou de criação de novos aglomerados, mediante associação com os respectivos proprietários e titulares de direitos, ónus e encargos, sobre elas incidentes.

2 – Nos aglomerados urbanos para os quais exista plano de urbanização aprovado, as associações só poderão destinar-se a operações integradas na respectiva execução.

1 – Ver arts. 10.°, n.° 2 e 11.°, n.° 2 do DL n.° 152/82, de 3 de Maio.

Decreto-Lei n.º 794/76, de 5 de Novembro 949

ARTIGO 23.º

1 – A efectivação da associação depende de acordo da Administração com os proprietários e titulares referidos no n.º 1 do artigo anterior.

2 – A associação poderá efectivar-se, porém, sem o acordo de todos os interessados, desde que:

a) A área dos imóveis, cujos proprietários ou outros interessados recusem o seu acordo, constitua uma fracção inferior a um terço do conjunto da área;

b) A associação tenha interesse público.

3 – No caso previsto no número anterior, os imóveis cujos proprietários ou outros interessados não queiram fazer parte da associação serão expropriados e integrados na participação da Administração.

4 – Na falta de acordo entre a Administração e os restantes associados sobre o valor dos imóveis e direitos, será o mesmo determinado nos termos aplicáveis do processo de expropriação por utilidade pública.

ARTIGO 24.º

1 – A participação da Administração será constituída, salvo o que for convencionado sobre a matéria, pelo valor dos imóveis que a mesma possuir na área e pelo capital que investir nas infra estruturas urbanísticas necessárias.

2 – As participações dos restantes associados serão constituídas, salvo também o que for convencionado, pelo valor dos respectivos imóveis e direitos a eles inerentes.

3 – O acto constitutivo da associação constará de auto lavrado por notário ou pelo chefe de secretaria da camara municipal em cuja área se situem os terrenos a urbanizar ou a maior extensão da respectiva área, dele devendo constar o acordo a que se tiver chegado sobre a matéria dos artigos anteriores e a assinatura de todos os interessados.

ARTIGO 25.º

1 – A associação terá como finalidade a realização dos trabalhos de urbanização projectados para a área, o loteamento respectivo e, ainda, a partilha entre os associados, na proporção das suas participações, do produto da cedência dos lotes constituídos ou desses mesmos lotes.

2 – A cedência dos lotes pode ser feita em propriedade plena ou em direito de superfície.

3 – O simples facto da constituição da associação conferirá à Administração o direito de realizar os trabalhos projectados para a área abrangida, o respectivo loteamento, a cedência ou partilha entre os associados e as demais operações necessárias à ultimação do objecto da associação.

4 – Só as operações finais resultantes da partilha entre os associados ou cedência a estes ou a terceiros dos lotes constituídos serão objecto das operações de registo que se mostrem necessários, nos termos da lei geral ou nos que vierem expressamente regulamentados.

ARTIGO 26.º (¹)

As restantes normas sobre constituição e funcionamento da associação, reporta o presente diploma, serão objecto de regulamento.

1 – O regulamento referido nesta norma é o Dec. n.º 15/77, de 18 de Fevereiro.

950   *VII – Planeamento Urbanístico*

CAPÍTULO VI – Direito de preferência da Administração na alienação de terrenos e edifícios

ARTIGO 27.° (¹)

1 – Poderá ser concedido à Administração, por decreto, o direito de preferência nas transmissões por título oneroso, entre particulares, de terrenos ou edifícios situados nas áreas necessárias para a expansão, desenvolvimento ou renovação de aglomerados urbanos, ou para a execução de qualquer outro empreendimento de interesse público, em obediência ao respectivo plano e nas condições a definir em decreto regulamentar.

2 – O direito de preferência pode ser conferido relativamente aos prédios existentes, na totalidade ou em parte da área abrangida por medidas preventivas ou pelo estabelecimento de uma zona de defesa e *contrôle* urbanos.

1 – Ver art. 126.° do DL n.° 380/99, de 22 de Setembro.

ARTIGO 28.° (¹)

1 – O direito de preferência a que se refere o artigo anterior pode ser exercido com a declaração de não aceitação do preço convencionado.

2 – Neste caso, a transmissão para o preferente será feita pelo preço que vier a ser fixado, mediante os termos aplicáveis do processo de expropriação por utilidade pública, se o transmitente não concordar, por sua vez, com o oferecido pelo preferente.

1 – O direito de preferência concedido nos arts. 27.° e 28.° está regulamentado no DL n.° 862/76, de 22 de Dezembro.

CAPÍTULO VII – Cedência de direitos sobre terrenos pela Administração

ARTIGO 29.°

1 – A Administração cederá, mediante acordo directo com os respectivos promotores ou interessados, o direito de superfície sobre terrenos destinados:

a) A edifícios ou instalações de interesse público;

b) A empreendimentos relativos a habitação social;

c) A edifícios para habitação própria, ainda que em regime de propriedade horizontal.

2 – A competência conferida na alínea *b)* do número anterior poderá ser delegada nos órgãos mais adequados, consoante as circunstâncias.

3 – As camaras municipais deverão submeter à resolução do Secretário de Estado da Habitação e Urbanismo, ou do órgão em que este tenha delegado a respectiva competência, os pedidos de licença de loteamento, sempre que receiem que se verifiquem os efeitos previstos na alínea *a)* do n.° 1.

4 – Os pedidos de licença de loteamento submetidos à resolução do Secretário de Estado da Habitação e Urbanismo, ou de órgão delegado, não estão sujeitos a deferimento tácito.

ARTIGO 30.°

1 – Os direitos sobre terrenos, destinados aos fins previstos nos n.° 1 e 2 do artigo anterior, devem ser cedidos por preços que, no conjunto, não sejam lucrativos para a Administração, atendendo aos custos de aquisição, acrescidos dos custos dos estudos e da realização dos trabalhos de urbanização e dos inerentes encargos, calculados em relação a toda a zona.

Decreto-Lei n.º 794/76, de 5 de Novembro
951

2 – Os preços de cedência dos direitos sobre os mesmos terrenos podem, contudo, variar, relativamente, entre si, em função das finalidades e dos objectivos específicos dos respectivos empreendimentos.

ARTIGO 31.º

Serão sujeitos a aprovação ministerial os programas de distribuição de lotes de terrenos relativos a planos ou projectos que revistam interesse geral ou regional, bem como as bases ou condições gerais a observar na cedência dos lotes por acordo directo.

CAPÍTULO VIII (¹) – Operações de loteamento por particulares

1 – Este capítulo foi revogado pelo art. 84.º do DL n.º 400/84, de 31 de Dezembro.

CAPÍTULO IX – Restrições à demolição de edifícios

ARTIGO 36.º

1 – A demolição de edifícios destinados a habitação, quando não integrada em operações de renovação urbana planeadas pela Administração ou por esta determinada, fica sujeita às restrições prescritas nos artigos seguintes.

2 – Legislação especial regulará a defesa de edifícios ou zonas de interesse histórico, cultural ou artístico.

ARTIGO 37.º

1 – Nas sedes de distrito, nos aglomerados urbanos com mais de 25 000 habitantes e naqueles para os quais assim seja deliberado pelos órgãos competentes, a demolição só pode ser autorizada quando os edifícios carecam dos requisitos de habitabilidade indispensáveis – designadamente falta de condições de solidez, segurança ou salubridade – e não se mostre aconselhável, sob o aspecto técnico ou económico, a respectiva beneficiação ou reparação.

2 – Nos aglomerados urbanos não incluídos no número anterior, a demolição pode ser autorizada por qualquer motivo socialmente jus tificado.

3 – Quando a demolição se destinar à substituição de um ou mais edifícios, para aumentar o número dos respectivos fogos, poderá ser autorizada, mediante despacho do Secretário de Estado da Habitação e Urbanismo, o qual poderá delegar a respectiva competência.

4 – Mediante portaria do Secretário de Estado da Habitação e Urbanismo, poderá ser mandado aplicar o regime definido no n.º 2 aos aglomerados urbanos referidos no n.º 1 deste artigo.

ARTIGO 38.º

As deliberações sobre pedidos de demolição serão precedidas de vistoria para a verificação dos fundamentos invocados, quando revistam natureza técnica.

CAPÍTULO X – Restrições à utilização de edifícios para actividades comerciais ou industriais e profissões liberais

ARTIGO 39.°

1 – Nos aglomerados urbanos em que tal se mostre necessário para o conveniente ordenamento urbanístico, podem ser delimitadas zonas em que fique proibida a nova utilização de edifícios ou de partes destes para o exercício de actividades industriais ou comerciais ou de profissões liberais ou limitada essa utilização a certos tipos das mesmas actividades.

2 – Para os efeitos do disposto no número anterior, considera se nova utilização para os fins nele referidos:

a) A utilização de locais em prédios que ainda não tenham tido qualquer ocupação, embora resultem da reconstrução de outros;

b) A utilização de locais anteriormente usados para outros fins, designadamente para habitação;

c) A utilização resultante de cessão de posição contratual, em arrendamento, para qualquer dos mencionados fins, quando não integrada em trespasse.

3 – O disposto no n.° 1 não abrange os edifícios, ou partes deles, que, pelas suas características, nao sejam adequados para habitação.

ARTIGO 40.°

1 – A providência contemplada no artigo anterior será adoptada mediante portaria do Secretário de Estado da Habitação e Urbanismo, sob proposta da camara municipal do concelho ou dos órgãos ou serviços de planeamento.

2 – A camara municipal será sempre ouvida quando a proposta não for por ela formulada.

CAPÍTULO XI – Áreas críticas de recuperação e reconversão urbanística

ARTIGO 41.°

1 – Poderão ser declaradas áreas críticas de recuperação e reconversão urbanística aquelas em que a falta ou insuficiência de infra estruturas urbanísticas, de equipamento social, de áreas livres e espaços verdes, ou as deficiências dos edifícios existentes, no que se refere a condições de solidez, segurança ou salubridade, atinjam uma gravidade tal que só a intervenção da Administração, através de providências expeditas, permita obviar, eficazmente, aos inconvenientes e perigos inerentes às mencionadas situações.

2 – A delimitação das áreas a que se refere o número anterior será feita por decreto.

ARTIGO 42.°

1 – A delimitação de uma área crítica de recuperação e reconversão urbanística implica, como efeito directo e imediato:

a) A declaração de utilidade pública da expropriação urgente, com autorização de investidura na posse administrativa, segundo o processo correspondente, dos imóveis nela existentes de que a Administração necessite para a execução dos trabalhos a realizar para a recuperação ou reconversão da área;

b) A faculdade de a Administração tomar posse administrativa de quaisquer imóveis situados na área, como meio destinado:

Decreto-Lei n.º 794/76, de 5 de Novembro 953

I) A ocupação temporária de terrenos, com vista à instalação transitória de infra estruturas ou equipamento social ou à realização de outros trabalhos necessários;

II) A demolição de edifícios que revista carácter urgente, em virtude de perigo para os respectivos ocupantes ou para o público, por carência de condições de solidez, segurança ou salubridade, que não possa ser evitado por meio de beneficiação ou reparação economicamente justificável;

III) A realização de obras de beneficiação ou reparação de edifícios que, por idênticas carências, revistam também carácter urgente, em virtude de os prédios não oferecerem condições de habitabilidade.

2 – A ocupação temporária de terrenos prevista no n.º 1 da alínea *b*) do número anterior será precedida de vistoria adperpetuam rei memoriam, efectuada nos termos prescritos para a posse administrativa nas expropriações urgentes por utilidade pública.

3 – A necessidade de demolição de edifícios ou de obras de beneficiação ou reparação dos mesmos será verificada através de vistoria.

ARTIGO 43.º

1 – A posse administrativa nos casos da alínea *b*) do n.º 1 do artigo anterior, será notificada aos proprietários dos imóveis a que respeita, por meio de of ício registado com aviso de recepção, no qual se lhes dará conhecimento da deliberação, dos fundamentos e da finalidade da diligência.

2 – A notificação será feita por edital, afixado nos Pacos do Concelho durante quinze dias, e publicada em dois números de um dos jornais mais lidos da área da situação do prédio:

a) Quando se desconheça a identidade ou a residência do proprietário;

b) Quando este não seja encontrado na sua residência habitual.

ARTIGO 44.º

1 – Os interessados poderão reclamar da deliberação, no prazo de quinze dias, a contar do recebimento do ofício de notificação ou do termo do período de afixação do edital ou da última publicação do jornal, se for posterior.

2 – Nos casos de posse administrativa para demolição, reparação ou beneficiação de edifícios, os interessados, dentro do prazo estipulado no número anterior, poderão requerer a fixação de prazos para o início e conclusão dos trabalhos, assumindo a responsabilidade de os efectuar.

3 – A Administração procederá aos trabalhos de demolição, de beneficiação de edifícios, por conta dos respectivos proprietários:

a) Se estes não apresentarem reclamação contra a diligência ou a mesma for indeferida;

b) Se os interessados não iniciarem os trabalhos ou não os concluírem nos prazos para esse efeito fixados a seu pedido.

ARTIGO 45.º

1 – A ocupação temporária de terrenos, nos termos do n.º 1 da alínea *b*) do n.º 1 do artigo 42.º, confere direito a indemnização pelos danos causados.

2 – Se a ocupação do terreno se prolongar para além de cinco anos, o proprietário tem o direito de exigir que a Administração proceda à respectiva expropriação.

ARTIGO 46.º

A Administração poderá proceder ao despejo administrativo dos prédios a demolir, bem como ao despejo temporário daqueles que careçam de obras cuja realização não possa ser feita sem a desocupação.

CAPÍTULO XII – Disposições diversas sobre expropriações e obrigatoriedade de construção

ARTIGO 47.º

Nos casos de abertura, alargamento ou regularização de ruas, praças, jardins e outros lugares públicos, embora fora dos casos em que a Administração deva apropriar se de toda a área a urbanizar nos termos do n.º 1 do artigo 2.º, poderá a mesma expropriar uma faixa adjacente, contínua, com profundidade não superior a 50m, destinada a edificações e suas dependências.

ARTIGO 48.º (¹)

1 – Podem ser expropriados por utilidade pública:

a) Os prédios rústicos que, após as obras que justifiquem o seu aproveitamento urbano, não sejam assim aproveitados, sem motivo legítimo, no prazo de dezoito meses, a contar da notificação que, para esse fim, seja feita ao respectivo proprietário;

b) Os terrenos próprios para construção adjacentes a vias públicas de aglomerados urbanos, quando os proprietários, notificados para os aproveitarem em edificações, o não fizerem, sem motivo legítimo, no prazo de dezoito meses, a contar da notificação;

c) Os prédios urbanos que devam ser reconstruídos ou remodelados, em razão das suas pequenas dimensões, posição fora do alinhamento ou más condições de higiene ou estética, quando o proprietário não der cumprimento, sem motivo legítimo, no prazo de dezoito meses, à notificação que, para esse fim, lhe for feita.

2 – Em todos os casos previstos no número antecedente, o Estado procurará, através de esquemas preferenciais de crédito, apoiar financeiramente os respectivos proprietários.

3 – Os prazos a que se referem as alíneas do número anterior respeitam ao início das obras nela previstas e podem ser prorrogados por motivo justificado.

4 – Na concessão de licença para as mesmas obras, será fixado prazo para a respectiva conclusão, em função das circunstancias, prazo esse também prorrogável por motivo justificado.

5 – Se as obras não forem concluídas dentro do prazo para tal concedido, proceder-se-á à expropriação por utilidade pública.

1 – As expropriações previstas neste artigo seguem os termos do Código das Expropriações aprovado pela Lei n.º 168/99, de 18 de Novembro, com as seguintes modificações:

«*a*) É dispensada a declaração de utilidade pública, valendo como tal, para efeitos de contagem de prazos, o requerimento a que se refere o n.º 3 do artigo 42.º;

b) A indemnização é calculada com referência à data em que o expropriado tiver sido notificado nos termos do n.º 1 do artigo 48.º do Decreto-Lei n.º 749/76;

c) Os terrenos e prédios urbanos expropriados podem ser alienados, nos termos da lei, para realização dos fins prosseguidos pelos n.os 1 e 5 do artigo 48.º do Decreto-Lei n.º 794/76, sem direito à reversão nem ao exercício de preferência;

d) Os depósitos em processo litigioso serão efectuados por força das receitas da operação, sendo actualizados nos termos dos n.os 1 a 3 do artigo 24.º» (art. 94.º do referido Código das Expropriações).

ARTIGO 49.º

1 – Quando as circunstâncias previstas na alínea *c*) do n.º 1 do artigo anterior se verificarem em relação a um conjunto de prédios de diversos proprietários, poderá a câmara municipal definir um esquema de reestruturação desse conjunto, fixando um prazo, não inferior a cento e vinte dias, para os proprietários acordarem na realização da obra segundo esse esquema e no direito de propriedade sobre o edifício ou edifícios que vierem a substituir os existentes.

2 – Proceder-se-á à expropriação:

Decreto-Lei n.º 794/76, de 5 de Novembro 955

a) Se os proprietários não apresentarem na camara municipal, dentro do prazo fixado, documento comprovativo do acordo;

b) Se os mesmos não derem início às obras ou não as concluírem nos prazos para tal fixados.

ARTIGO 50.º

Nos casos previstos nos dois artigos que antecedem, os municípios poderão acordar com os proprietários, nas condições que se mostrem adequadas, adquirir-lhes a propriedade dos terrenos, ficando aqueles com o direito de superfície.

ARTIGO 51.º

Nos casos da alínea *c*) do n.º 1 do artigo 48.º e do artigo 49.º, a notificação ou a fixação do prazo para acordo entre os proprietários seguir se-á, logo que necessário, à desocupação dos prédios por via administrativa, sem prejuízo das indemnizações devidas aos arrendatários que, com os demais encargos, serão da conta dos proprietários que devam proceder à reconstrução ou remodelação dos prédios, sem prejuízo da possibilidade de realojamento contemplada no capítulo seguinte.

CAPÍTULO XIII – Realojamento

ARTIGO 52.º

1 – A Administração não pode desalojar os moradores das casas de habitação que tenham de ser demolidas ou desocupadas, embora temporariamente, para a realização de qualquer empreendimento ou execução de qualquer actividade ou trabalho, sem que tenha providenciado, quando tal se mostre necessário, pelo realojamento dos mesmos.

2 – No realojamento, a Administração deverá ter especialmente em conta as condições sócio-económicas dos moradores, de modo a conceder particular protecção aos agregados familiares de modestos recursos.

ARTIGO 53.º

1 – O realojamento poderá ter lugar através de casas desmontáveis, quando esse meio seja o mais aconselhável ou quando não haja possibilidade de recurso a outro processo, designadamente o arrendamento, num prazo máximo fixado de molde a não ser afectado o normal andamento das obras.

2 – Para a instalação de casas desmontáveis a que se refere o número anterior, poderá a Administração, por decisão da entidade a que incumba o realojamento, utilizar, temporariamente, quaisquer terrenos que se mostrem necessários e adequados para o efeito.

3 – A utilização referida no número anterior será precedida da posse administrativa, segundo os termos previstos para esta fase no processo de expropriação por utilidade pública.

ARTIGO 54.º

1 – A utilização temporária prevista no artigo anterior confere direito a indemnização pelos danos causados.

2 – Na falta de acordo sobre o montante da indemnização, será a mesma fixada de acordo com as regras processuais da expropriação por utilidade pública.

3 – Se a utilização temporária se prolongar por prazo superior a cinco anos, os interessados têm o direito de exigir que a Administração proceda à expropriação por utilidade pública da área utilizada.

956 VII – Planeamento Urbanístico

ARTIGO 55.º

1 – Quando se verifique expropriação em benefício da entidade concessionária de serviço público, deverá a Administração construir as habitações necessárias ao realojamento dos moradores das casas objecto da expropriação, suportando o expropriante os encargos respectivos, conforme estiver estabelecido no contrato de concessão.

2 – Na falta de estipulação em contrário, a eonstrução incumbirá às câmaras municipais, com o apoio financeiro do Estado, se necessário.

3 – No instrumento da concessão poderá estabelecer se a obrigação de o concessionário proceder à construção de habitações necessárias, num prazo máximo, fixado de molde a não ser afectado o normal andamento das obras.

CAPÍTULO XIV – Fundo municipal de urbanização

ARTIGO 56.º (¹)

1 – Nos municípios que se localizem em sede de distrito e em todos aqueles cujas sedes ou outros aglomerados tenham mais de 10 000 habitantes será constituído um fundo autónomo destinado à satisfação dos encargos com o estudo e realização de projectos relativos a operações e trabalhos de urbanização, construção e reconstrução de habitações a cargo da autarquia.

2 – A constituição do fundo autónomo a que se refere o número anterior pode ter lugar noutros municípios, por iniciativa do respectivo corpo administrativo ou determinação do Governo.

1 – Este preceito deve considerar-se revogado pela Lei n.º 1/79, de 2 de Janeiro, que concretizou o princípio de autonomia financeira das autarquias locais, mantido nas subsequentes Leis de Finanças Locais (cfr., hoje, a Lei n.º 42/98, de 6 de Agosto).

ARTIGO 57.º (¹)

Serão afectadas ao fundo as seguintes receitas:

a) Subsídios e empréstimos concedidos pelo Estado e quaisquer outras entidades;

b) O produto da alienação dos terrenos adquiridos para operações de urbanização ou da cedência de direitos sobre os mesmos;

c) O produto da alienação de edifícios construídos pela autarquia para execução de empreendimentos habitacionais;

d) As rendas dos edifícios construídos pela autarquia nas condições referidas na alínea anterior e que por ela não sejam alienados;

e) A parte, destinada ao município, da mais-valia cobrada pelas construções feitas na área do concelho;

f) Quaisquer outras receitas que lhe sejam atribuídas.

1 – Ver nota ao art. anterior.

ARTIGO 58.º (¹)

O fundo suporta os encargos relativos:

a) A aquisição de imóveis destinados às operações de urbanização, abrangendo a renovação urbana;

b) A realização de trabalhos, incluindo os respeitantes a infra estruturas, equipamento social e espaços verdes, a cargo da autarquia;

c) A construção de habitações, compreendidas em planos ou programas nacionais, ou da iniciativa municipal, e à conservação das que se mantenham na propriedade da autarquia;

d) Aos estudos e projectos necessários às actividades e realizações previstas nas alíneas anteriores;

e) A amortização dos empréstimos contraídos para os mesmos fins e ao pagamento dos respectivos encargos.

1 – Ver nota ao art. anterior.

CAPÍTULO XV – **Disposições finais e transitórias**

ARTIGO 59.º

1 – O disposto no n.º 1 do artigo 2.º não prejudica a validade das licenças referidas no artigo 1.º do Decreto Lei n.º 289/73, de 6 de Junho, em vigor à data do início da vigência deste diploma, nem as urbanizações aprovadas por acto administrativo, expresso ou tácito, e com infra-estruturas em execução com licença camarária.

2 – Também este diploma não prejudica a possibilidade de confirmação das licenças suspensas ao abrigo do Decreto Lei n.º 511/75, de 20 de Setembro.

3 – Para os efeitos da parte final dos n.ºˢ 1 e 3 do artigo 30.º, observar-se-á o estabelecido nos artigos 9.º e 10.º do Decreto n.º 182/72, de 30 de Maio.

ARTIGO 60.º

1 – Enquanto não for estabelecida regulamentação para os efeitos do n.º 4 do artigo 29.º, observar-se-á o disposto nos artigos 4.º e seguintes do Decreto n.º 182/72, com as necessárias adaptações e as alterações constantes dos números seguintes.

2 – Os n.ºˢ 2.º e 3.º do artigo 4.º daquele diploma invertem entre si as respectivas posições.

3 – É aditado a esse artigo um n.º 7.º, com a seguinte redacção:

7.º Promotores que construam casas cujos fogos fiquem sujeitos a fixação ou *contrôle* dos valores das rendas ou dos preços de venda.

4 – No caso de construção de moradias, o n.º 4 do aludido artigo 4.º refere se aos que pretendam construir casas para habitação própria, sendo, então, dada preferência, relativamente aos lotes resultantes de terrenos adquiridos por expropriação, aos respectivos expropriados.

5 – Para os efeitos do número anterior, se o terreno do lote pertencia a mais de um proprietário, a preferência cabe ao expropriado que era proprietário do terreno confinante com a via pública. Se houver mais de um nessas condições, a preferência cabe, sucessivamente, aos proprietários dos terrenos expropriados que tiverem maior linha de frente com a via pública.

6 – A competência a que se refere o artigo 15.º do Decreto n.º 182/72 pode ser delegada nas camaras municipais, sempre que se trate de empreendimentos em cuja execução ou construção os municípios participem.

ARTIGO 61.º

O disposto nos artigos 53.º e 54.º é aplicável aos planos de realojamento de emergência, necessários à instalação de vítimas de cataclismos e grupos de desalojados ou emigrantes.

ARTIGO 62.º

1 – Para efeitos deste diploma, entende-se por aglomerado urbano o núcleo de edificações autorizadas e respectiva área envolvente, possuindo vias públicas pavimentadas e que seja ser-

vido por rede de abastecimento domiciliário de água e de drenagem de esgoto, sendo o seu perímetro definido pelos pontos distanciados 50 m das vias públicas onde terminam aquelas infraestruturas urbanísticas.

2 – Para efeitos deste diploma, entende-se por zona diferenciada do aglomerado urbano o conjunto de edificações autorizadas e terrenos contíguos marginados por vias públicas urbanas pavimentadas que não disponham de todas as infra estruturas urbanísticas do aglomerado.

ARTIGO 63.°

O disposto no presente diploma não prejudica a vigência do Decreto Lei n.° 8/73, de 8 de Janeiro, e do Decreto-Lei n.° 273-C/75, de 3 de Junho.

ARTIGO 64.°

São revogados os artigos 1.° a 12.° e 19.° a 56.° do Decreto-Lei n.° 576/70, de 24 de Novembro, e os artigos 2.° a 4.° do Decreto-Lei n.° 445/74, de 12 de Setembro.

DECRETO-LEI N.° 152/82

de 3 de Maio

Permite a criação de áreas de desenvolvimento urbano prioritário e de construção prioritária

1. A falta de terrenos disponíveis para expansões urbanas nos locais apropriados e em tempo oportuno tem sido uma constante da prática urbanística portuguesa.

A legislação promulgada no sentido de se desenvolver uma política de solos urbanos coerente e eficaz não foi suficiente para evitar a utilização quase sistemática para fins habitacionais de áreas urbanis-ticamente desaconselháveis e o não aproveitamento dos terrenos previstos para esse fim nos estudos e planos de urbanização.

Na origem deste fenómeno continua a situar-se a carência de solos com infra-estruturas adequadas a um ordenado desenvolvimento urbano, que origina elevados preços na aquisição de terrenos, contribui para uma distorcida formação de núcleos urbanos, designadamente através da construção clandestina, e constitui forte entrave à construção de novas habitações segundo um ritmo desejável.

As novas medidas legais agora promulgadas, que complementam, sem as revogar, as actualmente em vigor, pretendem essencialmente suprir algumas das deficiências mencionadas, facultando uma abundante produção de solos urbanizados e a sua utilização para novas habitações.

Para tanto, sem ofender o direito de propriedade privada, que continua a respeitar-se, reconheceu-se a necessidade de o submeter a certas regras, plenamente justificadas pela função social que a propriedade fundiária deve desempenhar.

2. Assim, pretende-se conseguir a disponibilidade de terrenos adequados ao desenvolvimento urbano oferecendo, prioritariamente à iniciativa privada e aos proprietários dos terrenos, estimulantes condições de intervenção nas referidas áreas e facultando aos que, por qualquer motivo, não possam ou não desejem urbanizar ou construir por conta própria ou associados a terceiros a possibilidade de colocarem os seus terrenos à disposição dos municípios mediante adequada remuneração.

A quantos se recusem a urbanizar e construir ou não coloquem os terrenos à disposição das câmaras municipais entendeu-se justo aplicar uma especial tributação destinada a fazê-los suportar os custos da sua conduta.

Estabelecem-se medidas que visam uma contenção de práticas especulativas e às próprias câmaras municipais é apontado caminho no mesmo sentido, privilegiando os construtores que se proponham fornecer habitação aos preços mais baixos.

Pensa-se que o regime do presente diploma constituirá um meio de propiciar o aumento da oferta de terrenos a preços não especulativos sem passar pela municipalização de solos, que, só por si, e como experiências anteriores demonstram, é insusceptível de produzir resultados satisfatórios.

960   *VII – Planeamento Urbanístico*

Foi-se particularmente cuidadoso na garantia dada aos detentores de terrenos cuja utilização constitua seu principal meio de subsistência de que a urbanização dos mesmos só poderá ter lugar sem prejuízo daquela subsistência. E salvaguardou-se, em todos os casos, a possibilidade de reapreciação das medidas tomadas, conferindo-lhes, para o efeito, a necessária flexibilidade.

No sentido de possibilitar um mais racional e económico processo de urbanização e no intuito de se caminhar para uma sistemática repartição equitativa de encargos e benefícios entre os proprietários abrangidos pelas áreas de desenvolvimento urbano prioritário, faculta-se aos municípios a delimitação de zonas de urbanização conjunta sempre que, por razões técnicas e económicas, não se mostre conveniente atribuir isoladamente a cada proprietário a urbanização do seu terreno.

No processo de delimitação das áreas houve também o cuidado de garantir uma correcta planificação no âmbito do ordenamento do território e de assegurar a preservação dos terrenos com potencialidade e uso agrícola, a conservação de maciços arbóreos, a salvaguarda de valores culturais e a defesa das áreas que sirvam de drenagem natural às águas pluviais.

Muito embora se tenha concedido à iniciativa privada um vasto leque de opções relativas à sua possível participação no ordenado e planeado desenvolvimento urbano, não se deixou de assegurar aos municípios o controle do processo urbanístico em qualquer das suas faces.

Procurou-se atacar o problema das excessivas demoras burocráticas do processo de determinação dos solos urbanizáveis, substituindo-se o actual sistema da marcha do processo através de vários departamentos pela concentração dessas formalidades na audição de uma única comissão em que estejam representados os mesmos departamentos.

Para salvaguarda de interesses nacionais e regionais e para se assegurar a participação no processo urbanístico das entidades responsáveis por aspectos sectoriais, dispõe-se que a ratificação da delimitação das áreas de desenvolvimento urbano prioritário e das áreas de construção prioritária competirá ao Ministro da Habitação, Obras Públicas e Transportes.

Assim:

ARTIGO 1.º – (**Áreas de desenvolvimento urbano prioritário e áreas de construção prioritária)**

1 – Nos concelhos com mais de 30 000 habitantes serão obrigatoriamente criadas áreas de desenvolvimento urbano prioritário e áreas de construção prioritária em todas as aglomerações com mais de 2 500 habitantes, sendo facultativa a sua criação nos restantes.

2 – As áreas de desenvolvimento urbano prioritário destinam-se a servir de suporte ao desenvolvimento urbano para um período máximo de 5 anos, de acordo com metas deslizantes dentro do respectivo horizonte temporal, devendo ser providas todas as componentes urbanísticas indispensáveis à qualidade desse desenvolvimento, e terão, tanto quanto possível, uma superfície necessária para absorver o crescimento demográfico previsto para o período.

3 – As áreas de construção prioritária visam definir os terrenos para construção imediata a incluir nos programas anuais de actividade urbanística do município.

ARTIGO 2.º (¹) – (**Processo de delimitação das áreas)**

1 – As áreas de desenvolvimento urbano prioritário e as áreas de construção prioritária serão delimitadas pelas câmaras municipais e propostas à aprovação da assembleia municipal, depois de ouvida a comissão a que se refere o artigo 7.º.

2 – Antes do envio das propostas de delimitação das áreas às comissões consultivas, as câmaras municipais procederão à sua divulgação pelos meios julgados mais convenientes, nomeadamente através de editais e da publicação nos jornais mais lidos no concelho, podendo os proprie-

Decreto-Lei n.º 152/82, de 3 de Maio

tários ou titulares de outros direitos relativos aos terrenos participar na sua elaboração, sugerindo soluções ou propondo alterações dentro do prazo que para o efeito for fixado pelo município.

3 – A aprovação pela assembleia municipal fica sujeita a ratificação do Ministro da Habitação, Obras Públicas e Transportes.

4 – A falta de resolução sobre o pedido de ratificação da delimitação dentro do prazo de 90 dias a contar da sua apresentação nos serviços da Direcção-Geral do Planeamento Urbanístico interpreta-se, para todos os efeitos, como concordância.

No caso do número anterior, incumbe à câmara municipal promover a publicação do aviso no *Diário da República*.

1 – Os processos de aprovação e ratificação das áreas de desenvolvimento urbano prioritário e das áreas de construção prioritária serão sempre instruídos com carta aprovada pela comissão regional de reserva agrícola que delimite as áreas cuja integração na RAN deve ser garantida (art. 32.º n.º 1 do DL. n.º 196/89, de 14 de Junho).

ARTIGO 3.º – (**Áreas de desenvolvimento urbano prioritário**)

1 – Na delimitação das áreas de desenvolvimento urbano prioritário ter-se-ão, designadamente, em conta:

a) O ordenamento do território, atendendo-se particularmente à preservação dos terrenos com potencialidade e uso agrícola, à conservação dos maciços arbóreos, à salvaguarda dos valores culturais e ainda à defesa das áreas que sirvam de drenagem natural às águas pluviais bem como às riquezas minerais do solo e do subsolo;

b) Os planos directores municipais e os planos de urbanização, gerais, parciais ou de pormenor, ainda que em estudo, ou, na sua falta, os estudos urbanísticos de enquadramento geral dos aglomerados urbanos;

c) As possibilidades técnicas e económicas de implantação de infra-estruturas urbanísticas, atendendo-se às redes de serviço existentes e à constituição geológica dos terrenos a infra-estruturar;

d) A existência de terrenos na titularidade dos municípios ou da administração central;

e) A existência de terrenos abrangidos por projectos de loteamento, aprovados ou em apreciação;

f) A existência de construções e loteamentos clandestinos.

2 – As propostas de delimitação das áreas de desenvolvimento urbano prioritário deverão ser apresentadas em peças gráficas e escritas que contenham expressamente as seguintes indicações:

a) Estrutura viária fundamental e suas relações com o exterior;

b) Zonamento geral;

c) Índices de utilização das diferentes zonas;

d) Regimes legais das habitações previstas;

e) Delimitação das áreas destinadas a escolas e outros equipamentos sociais, incluindo os espaços livres públicos;

f) Delimitação dos terrenos a que se referem as alíneas *d*), *e*) e *f*) do número anterior;

g) Zonas sujeitas a urbanização conjunta;

h) Programa de realização, indicando as respectivas fases e a origem dos recursos financeiros a utilizar pelo município;

i) Valor médio dos terrenos segundo o critério de cálculo estabelecido no artigo 12.º;

j) Direitos e obrigações fundamentais a assumir pelo município no caso de associação com os particulares.

962 *VII – Planeamento Urbanístico*

3 – As áreas de desenvolvimento urbano prioritário serão graficamente representadas na escala de 1: 2000 ou de maior pormenor, quando existente.

4 – As zonas de urbanização conjunta a que se refere a alínea *g*) do n.º 2 abrangem terrenos pertencentes a vários proprietários cuja urbanização, por razões técnicas ou económicas, não deva ser atribuída à iniciativa isolada de cada um deles, assegurando-se uma repartição equitativa dos benefícios e encargos económicos, sem prejuízo do disposto no artigo 4.º e das eventuais situações particulares inerentes à pequena propriedade.

5 – Os elementos referidos no n.º 2 podem ser substituídos por planos de pormenor já existentes ou elaborados para o efeito, desde que contenham ou sejam complementados com todas as indicações constantes do mesmo número.

ARTIGO 4.º – **(Casos especiais)**

1 – Dentro do prazo previsto no n.º 2 do artigo 2.º e sem prejuízo do disposto na alínea *a*) do n.º 1 do artigo 3.º relativamente aos solos com potencialidade agrícola, podem ainda os titulares de direitos sobre os prédios abrangidos por uma área de desenvolvimento urbano prioritário, quando a sua fruição ou utilização constitua o principal meio de subsistência, expor a sua situação e comprová-la perante o município respectivo, com vista a obterem em tempo oportuno as soluções mais adequadas.

2 – Nas delimitações deverão ainda as câmaras municipais indicar as soluções dadas aos casos referidos no número anterior, ou os acordos a que eventualmente tenham chegado com os interessados.

ARTIGO 5.º – **(Áreas de construção prioritária)**

1 – As áreas de construção prioritária serão delimitadas independentemente das áreas de desenvolvimento urbano prioritário.

2 – Na delimitação das áreas de construção prioritária ter-se-ão em conta os terrenos com melhor aptidão para o efeito, designadamente:

a) Os terrenos já infra-estruturados;

b) Os terrenos a infra-estruturar a curto prazo quando abrangidos por planos de pormenor ou projectos de loteamento já aprovados.

3 – As propostas de delimitação das áreas de construção prioritária deverão ser acompanhadas de estudos urbanísticos que definam as condições da construção nos terrenos abrangidos por essas áreas.

4 – Os pareceres das comissões deverão reproduzir as posições assumidas por cada um dos participantes, que terão sempre poderes para definir a posição dos organismos que representam.

6 – Quando se verifiquem aspectos relacionados com a competência de departamentos não representados permanentemente na comissão, deve o presidente solicitar a sua representação nos termos da parte final do número anterior.

ARTIGO 6.º – **(Actualização e publicidade)**

1 – Os objectivos fixados dentro do horizonte temporal referido no n.º 2 do artigo 1.º poderão ser ajustados anualmente pela assembleia municipal.

2 – As revisões, designadamente no fim do prazo fixado para a vivência das áreas de desenvolvimento urbano prioritário e das áreas de construção prioritária, e os ajustamentos a que se refere o número anterior ficam sujeitos ao processo prescrito para a delimitação inicial.

3 – As delimitações, revisões e ajustamentos serão objecto de publicidade mediante avisos a publicar na 2.ª série do *Diário da República*, devendo também as câmaras municipais divulgá-

Decreto-Lei n.º 152/82, de 3 de Maio 963

las através de editais e em 2 dos jornais mais lidos no concelho e de instruções a editar especialmente e que, para o efeito, poderão ser vendidas.

ARTIGO 7.º – **(Comissões de acompanhamento)**

1 – Para estudo e apreciação das propostas apresentadas pelas câmaras municipais serão constituídas comissões de acompanhamento, cuja composição será definida por despacho conjunto dos membros do Governo que superintendam nos serviços representados nas mesmas e que terão sempre representantes da comissão de coordenação regional, das Direcções-Gerais do Planeamento Urbanístico e do Ordenamento, da Junta Autónoma de Estradas e do Centro Nacional de Reconhecimento e Ordenamento Agrário.

2 – A comissão funcionará junto da Direcção-Geral do Planeamento Urbanístico, na sede de cada distrito, e será presidida pelo respectivo representante.

3 – Nas reuniões da comissão deverão participar os representantes dos municípios cujas propostas de delimitação sejam objecto de apreciação.

4 – Por portaria do Ministro de Estado e da Qualidade de Vida e dos Ministros dos Administração Interna e da Habitação, Obras Públicas e Transportes, poderão ser criadas comissões especiais para as áreas metropolitanas de Lisboa e Porto, com composição e áreas de competência diferentes das previstas no n.º 1.

ARTIGO 8.º (¹) – **(Declarações dos proprietários)**

1 – Os proprietários dos terrenos incluídos em áreas de desenvolvimento urbano prioritário ou de construção prioritária deverão assumir perante a câmara municipal, dentro do prazo referido no artigo 13.º, uma das seguintes posições:

a) Declarar que se comprometem a promover a urbanização dos seus terrenos ou a construção, ainda que em associação com o município ou com terceiros;

b) Declarar que colocam os seus terrenos à disposição do município para que este promova urbanização ou construção.

2 – As declarações dos proprietários terão de identificar os terrenos e os ónus ou outros direitos reais que incidam sobre os mesmos.

1 – O art. 93.º do Código das Expropriações, aprovado pela Lei n.º 168/99, de 18 de Setembro, veio permitir a expropriação de «áreas de desenvolvimento urbano prioritário e de construção prioritária», nos seguintes termos:

«1 – Os bens dos participantes que se recusem a outorgar qualquer acto ou contrato previsto no regime jurídico das áreas de desenvolvimento urbano prioritário ou de construção prioritária, ou nos respectivos instrumentos reguladores, são expropriados com fundamento na utilidade pública da operação e integrados na participação do município.

2 – A expropriação segue os termos previstos no presente Código com as seguintes modificações:

a) É dispensada a declaração de utilidade pública, valendo como tal, para efeitos de contagem de prazos, o requerimento a que se refere o n.º 3 do artigo 42.º;

b) A indemnização é calculada com referência à data em que o expropriado tiver sido convocado para decidir sobre a aceitação da operação».

ARTIGO 9.º – **(Urbanização ou construção por conta dos proprietários)**

1 – Os proprietários que tenham assumido o compromisso de promover a urbanização ou construção deverão apresentar os respectivos projectos no prazo fixado no artigo 13.º.

2 – Se os projectos não merecerem aprovação por razões de ordem técnica, poderão os requerentes recorrer para o Ministro da Habitação, Obras Públicas e Transportes, que decidirá, precedendo parecer da comissão de acompanhamento. Se a recusa de aprovação for mantida e

964   *VII – Planeamento Urbanístico*

os projectos não forem susceptíveis de correcção, poderá a câmara municipal substituir-se aos requerentes na definição da solução a executar.

3 – Na aprovação dos projectos de loteamento abrangidos inteiramente por uma área de desenvolvimento urbano prioritário que se conformem com o disposto no n.° 2 do artigo 3.° ficam as câmaras municipais dispensadas de consultar a Direcção-Geral do Planeamento Urbanístico e as demais entidades previstas na parte final do n.° 1 do artigo 2.° do Decreto-Lei n.° 289/73, de 6 de Junho.

4 – Os proprietários e os titulares de outros direitos reais podem associar-se entre si ou com terceiros, regulando contratualmente os seus direitos e obrigações.

ARTIGO 10.° – **(Zonas de urbanização conjunta)**
1 – Os proprietários ou titulares de outros direitos relativos a terrenos abrangidos por uma zona de urbanização conjunta poderão associar-se entre si com o fim de elaborarem projectos de loteamento e infra-estruturas e de os executarem conjuntamente.

2 – Quando os proprietários de terrenos abrangidos por uma zona de urbanização conjunta tiverem optado pela declaração da alínea *b*) do n.° 1 do artigo 8.°, o município fará sempre parte da associação referida no número anterior, ainda que não seja proprietária de terrenos situados na área, e assumirá a posição dos que não se associem.

3 – Salvo convenção em contrário, os direitos e obrigações dos participantes serão regulados pela forma seguinte:

a) Os terrenos destinados a arruamentos, equipamento social e espaços livres públicos serão integrados gratuitamente no património municipal;

b) Cada proprietário terá direito aos lotes correspondentes à parte da área total de pavimento edificável proporcional à área do terreno com que contribui para a operação, quer esses lotes se situem ou não nos seus terrenos e desde que não resulte, no segundo caso, degradação do respectivo valor;

c) Os custos relativos a estudos e projectos, construção de infra-estruturas e arranjo dos espaços exteriores, bem como os encargos financeiros e administrativos, estes até ao limite de 5%, serão equitativamente repartidos na proporção fixada na alínea anterior.

4 – Os proprietários dos terrenos abrangidos por uma área de desenvolvimento urbano prioritário podem requerer às câmaras municipais que as suas parcelas sejam incluídas numa área de urbanização conjunta se o não tiverem sido por iniciativa do próprio município.

ARTIGO 11.° (¹) – **(Colocação dos terrenos à disposição do município)**
1 – A colocação dos terrenos à disposição do município envolve autorização para a urbanização ou construção, não podendo os proprietários impedir ou dificultar a sua realização.

2 – Com vista à urbanização dos terrenos ou à construção, podem as câmaras municipais celebrar todos os contratos permitidos em direito, promovendo, designadamente, a constituição da associação regulada nos artigos 22.° a 26.° do Decreto-Lei n.° 794/76, de 5 de Novembro, bem como outras formas de associação, ou ainda proceder, por sua conta, à execução dos trabalhos nos prazos definidos no artigo 13.°.

3 – Os contratos-promessa de alienação de terrenos a favor dos municípios devem ser celebrados com eficácia real e os contratos definitivos outorgados, consoante os casos, logo que aprovados os projectos de loteamento ou de edificação, salvo no caso de se projectar a cessão da posição contratual da câmara municipal, em que o contrato definitivo será celebrado logo que a mesma seja operada.

Decreto-Lei n.º 152/82, de 3 de Maio 965

4 – As câmaras municipais divulgarão a colocação dos terrenos à sua disposição, nos termos da parte final do n.º 3 do artigo 6.º, prestando colaboração às entidades ou empresas interessadas em urbanizá-los ou neles construir.

1 – Ver nota ao art. 8.º.

ARTIGO 12.º – (Valor e pagamento dos terrenos colocados à disposição dos municípios)

1 – O valor dos terrenos colocados à disposição dos municípios será calculado na proporção entre as respectivas áreas e o valor total dos terrenos abrangidos pelas áreas de desenvolvimento urbano prioritário ou de construção prioritária, correspondendo este último a 7% do valor final da área total de edificação dos edifícios.

2 – Para efeito do disposto no número anterior, o valor final da edificação é o correspondente:

a) Ao preço da primeira transmissão;

b) Ao valor locativo que resultar da avaliação fiscal, tomando-se o coeficiente 17 como factor de capitalização.

3 – Salvo convenção em contrário, os proprietários e demais interessados receberão os valores a que têm direito na altura da comercialização dos terrenos ou edifícios.

4 – Poder-se-á convencionar que o pagamento total ou parcial aos proprietários ou outros interessados, referente a terrenos postos à disposição do município, seja feito em espécie, mediante a entrega de lotes urbanizados ou edificados.

5 – Os proprietários que tenham colocado terrenos à disposição dos municípios têm direito de preferência na primeira transmissão onerosa da propriedade dos lotes ou dos edifícios neles localizados.

ARTIGO 13.º – (Prazos)

1 – As câmaras municipais e os proprietários de terrenos abrangidos por áreas de desenvolvimento urbano prioritário ficarão sujeitos aos seguintes prazos:

a) Declarações dos proprietários previstas no n.º 1 do artigo 8.º – 90 dias contados da publicação da delimitação no *Diário da República;*

b) Apresentação dos projectos previstos no n.º 1 do artigo 9.º – 180 dias a contar da entrega das referidas declarações;

c) Elaboração dos planos de pormenor pelas câmaras municipais, quando os terrenos tenham sido postos à sua disposição – 180 dias a contar do termo do prazo estabelecido na alínea *a*);

d) Resolução da câmara municipal sobre requerimentos de aprovação dos projectos apresentados pelos proprietários nos termos do n.º 1 do artigo 9.º – 30 dias contados da apresentação dos mesmos projectos.

2 – As câmaras municipais e os proprietários de terrenos abrangidos por áreas de construção prioritária ficarão sujeitos aos seguintes prazos:

a) Declarações dos proprietários previstas no n.º 1 do artigo 8.º – 90 dias contados da publicação da delimitação no *Diário da República;*

b) Apresentação, pelos proprietários, dos projectos de infra-estruturas e de construção nos termos do n.º 1 do artigo 9.º – 1 ano a contar da aprovação dos projectos de loteamento;

c) Elaboração dos planos de pormenor pelas câmaras municipais, quando os terrenos tenham sido postos à sua disposição – 180 dias a contar do termo do prazo estabelecido na alínea *a*);

d) Elaboração, pela câmara municipal, dos projectos de infra-estruturas e de construção relativamente aos terrenos postos à sua disposição – 180 dias a contar da aprovação dos planos de pormenor;

966   *VII – Planeamento Urbanístico*

e) Aprovação dos projectos de infra-estruturas e de construção apresentados nos termos do n.° 1 do artigo 9.° – 60 dias contados da data de apresentação dos projectos;

f) Início da construção dos edifícios, quando promovida pela câmara municipal ou por terceiro a quem tenha transmitido esta obrigação, relativamente aos terrenos postos à sua disposição – 2 anos contados da aprovação do projecto elaborado pela câmara municipal;

g) Início da construção dos edifícios pelos proprietários – 2 anos contados da emissão do alvará de loteamento;

h) Conclusão da construção dos edifícios pela câmara municipal, relativamente aos terrenos postos à sua disposição – o prazo fixado na deliberação que tenha aprovado o respectivo projecto;

i) Conclusão dos edifícios pelos proprietários – o prazo fixado na respectiva licença de construção.

3 – A falta de resolução pela câmara municipal sobre os requerimentos a que se refere a alínea *d*) do n.° 1 dentro do prazo por ela fixado interpreta-se, para todos os efeitos, como consentimento.

ARTIGO 14.° – **(Resolução dos contratos celebrados com os municípios)**

1 – Salvo convenção em contrário, os contratos celebrados com os municípios, ou com terceiros a quem estes hajam cedido a sua posição, que impliquem a transferência da propriedade ou a colocação de terrenos à sua disposição devem ser resolvidos se os municípios ou os seus cessionários, sem motivo justificado, excederem qualquer dos prazos fixados no artigo anterior no dobro da respectiva duração.

2 – O direito de resolução caduca em 90 dias.

3 – Havendo infra-estruturas ou outros tipos de construção implantados nos terrenos, os interessados que tiverem resolvido os contratos pagarão aos municípios ou aos seus cessionários o valor das obras realizadas.

4 – No caso da resolução a que se refere o n.° 1 deste artigo, aplicar-se-á o seguinte regime:

a) Os proprietários devem, no prazo de 180 dias, a contar da resolução, dar início a um processo de loteamento ou de construção nos seus terrenos;

b) Decorrido esse prazo, os proprietários, se não derem cumprimento ao disposto na alínea anterior, ficam sujeitos à incidência do imposto a que se refere o artigo 16.°, podendo a câmara municipal proceder à expropriação do terreno para efeito da sua urbanização directamente ou mediante alienação a terceiros.

ARTIGO 15.° – **(Terrenos dos municípios)**

1 – Os terrenos propriedade dos municípios situados ou contíguos a áreas de desenvolvimento urbano prioritário e de construção prioritária devem ser nelas incluídos, salvo existindo inconvenientes urbanísticos, que deverão ser indicados expressamente nas propostas de delimitação.

2 – Relativamente aos terrenos que sejam incluídos nas referidas áreas, ficarão os municípios sujeitos às obrigações do artigo 13.° quanto à sua urbanização e construção.

3 – Não sendo dado cumprimento ao disposto no número anterior, as receitas da tributação prevista no artigo 16.° reverterão inteiramente para o Estado.

4 – Se os municípios procederem à venda de lotes para construção de sua propriedade, devem fixar-lhes um preço base e adjudicá-los pelo mais baixo valor de venda dos edifícios a construir ou pela mais baixa renda, que não poderá ser superior à que resultar da aplicação do regime de renda condicionada constante do Decreto-Lei n.° 148/81, de 4 de Junho, se estes se destinarem a locação, a qual será sempre concretizada através dos respectivos serviços municipais de habitação.

Decreto-Lei n.º 152/82, de 3 de Maio 967

ARTIGO 16.º – **(Regime tributário)**

O Governo tomará as providências necessárias à criação de um regime tributário, cuja receita reverterá a favor dos municípios, tendo em vista os custos sociais resultantes da não utilização dos terrenos abrangidos por áreas de desenvolvimento urbano prioritário e de construção prioritária, nos termos do presente diploma.

ARTIGO 17.º – **(Apoio técnico)**

Na delimitação das áreas de desenvolvimento urbano prioritário na elaboração ou apreciação dos planos de pormenor e projectos das infra-estruturas e respectiva execução poderão as câmaras municipais solicitar apoio técnico dos serviços do Estado, designadamente dos dependentes do Ministério da Habitação, Obras Públicas e Transportes.

ARTIGO 18.º – **(Expropriação)**

1 – O presente diploma não prejudica outros tipos de intervenção da Administração nas áreas de desenvolvimento urbano prioritário e de construção prioritária, designadamente a expropriação por utilidade pública.

2 – Nas zonas de urbanização conjunta a que se refere o artigo 10.º as expropriações têm carácter urgente, resultando a declaração de utilidade pública da aprovação pelo Ministro da Habitação, Obras Públicas e Transportes das peças gráficas elaboradas para o efeito.

ARTIGO 19.º – **(Disposição transitória)**

1 – Os pedidos de ratificação das primeiras delimitações das áreas de desenvolvimento urbano prioritário e de construção prioritária deverão ser apresentados pelos municípios na Direcção-Geral do Planeamento Urbanístico no prazo de 1 ano a contar da data de entrada em vigor do presente diploma.

2 – A falta de cumprimento do prazo previsto no número anterior implica a insusceptibilidade da declaração de utilidade pública de qualquer expropriação destinada à expansão urbana de localidades do concelho enquanto não forem delimitadas as áreas de desenvolvimento urbano prioritário e de construção prioritária.

3 – Os terrenos que tenham sido objecto de declaração de utilidade pública da respectiva expropriação a favor dos municípios para expansão urbana de localidades ficam sujeitos ao seguinte regime:

a) Serão incluídos nas áreas de desenvolvimento urbano prioritário e de construção prioritária de acordo com os planos destas;

b) Se os terrenos não se encontrarem urbanizados nem edificados, a inclusão fará cessar os efeitos da declaração de utilidade pública de expropriação, sem direito a qualquer indemnização, sempre que não haja transmissão ou adjudicação da propriedade; no caso contrário, os proprietários terão direito a obter a reversão dos terrenos, se optarem pela declaração a que se refere a alínea *a)* do n.º 1 do artigo 8.º do presente diploma;

c) Na parte não abrangida pelas áreas de desenvolvimento urbano prioritário e de construção prioritária ficarão os proprietários com o direito de reversão dos terrenos expropriados ou cessarão os efeitos de declaração de utilidade pública, conforme respectivamente, tenha havido, ou não, transmissão ou adjudicação da propriedade, desde que, em ambos os casos, os terrenos não se encontrem infra-estruturados nem edificados.

968   *VII – Planeamento Urbanístico*

ARTIGO 20.° – **(Regime subsidiário)**

São aplicáveis às áreas de desenvolvimento urbano prioritário e de construção prioritária as disposições legais sobre urbanismo e ordenamento do território que não contrariem o regime do presente diploma.

ARTIGO 21.° – **(Âmbito territorial)**

1 – O presente diploma aplica-se no território continental da República.

2 – A aplicação do presente diploma nas regiões autónomas dependerá de decreto regional que adapte as suas disposições às condições particulares dos respectivos territórios.

ARTIGO 22.° – **(Dúvidas)**

As dúvidas resultantes do presente decreto-lei serão resolvidas por despacho do Ministro da Habitação, Obras Públicas e Transportes.

DECRETO-LEI N.º 351/93 *

de 7 de Outubro

Estabelece o regime de caducidade dos pedidos e dos actos de licenciamento de obras, loteamentos e empreendimentos turísticos

O Governo, no âmbito da sua competência no domínio do ordenamento do território, tem vindo a elaborar e a aprovar planos regionais de ordenamento do território.

Estes instrumentos de planeamento, de índole regional, são um dos meios próprios de intervenção do Governo no planeamento e ordenamento do território e têm por objectivo concretizar, para a área por eles abrangida, uma política de ordenamento, definindo opções e critérios de organização e uso do espaço, estabelecendo normas gerais de ocupação e utilização que permitam fundamentar um correcto zonamento, utilização e gestão do território, tendo em conta a salvaguarda de valores naturais e culturais.

Acresce ainda que estes planos, pela sua abrangência, incorporam já os regimes jurídicos constantes de outros instrumentos de planeamento de natureza inferior, das Reservas Agrícola e Ecológica Nacionais, bem como das regras de uso e ocupação do solo da faixa litoral.

À medida que estes regimes vão entrando em vigor, verifica-se que existem situações de incompatibilidade entre as soluções por eles propostas e alguns actos praticados, anteriormente à data da sua vigência, pelas câmaras municipais e outras entidades que, nos termos da lei, autorizam, aprovam ou licenciam usos e ocupações do solo.

Estas situações ocorrem não só em relação aos planos regionais de ordenamento do território que já estão em vigor, como podem também vir a verificar-se no que respeita a planos ainda não aprovados e publicados.

É, assim, forçoso concluir que esta sucessão de regimes veio operar a caducidade dos direitos conferidos por actos praticados anteriormente à entrada em vigor das novas normas de uso e ocupação do solo e cujo conteúdo seja contrário ao regime instituído.

Acontece, no entanto, que há situações em que não é clara a incompatibilidade entre o conteúdo dos actos praticados e o regime decorrente de cada plano regional de ordenamento do território, o que pode gerar incerteza sobre a efectiva caducidade dos direitos conferidos por aqueles actos, não constituindo esta, manifestamente, uma situação desejável.

Entende, assim, o Governo que deve facultar aos particulares um meio expedito de verificação da compatibilidade do conteúdo dos actos com as regras de uso e ocupação do solo decorrentes de plano regional de ordenamento do território.

A instituição deste procedimento vem permitir uma avaliação casuística da compatibilidade com os planos referidos, possibilitando a definição clara de todas as situações em causa.

---

* O DL n.º 61/95, de 7 de Abril, exclui do âmbito de aplicação do DL n.º 351/93 as áreas urbanas consolidadas e eleva para o dobro os prazos nele previstos.

970   *VII – Planeamento Urbanístico*

Considerando que os planos regionais de ordenamento do território são da iniciativa do Governo, e atendendo ao relevante interesse público da matéria em apreço, entendeu-se que seria o Ministro do Planeamento e da Administração do Território a entidade a quem deveriam ser dirigidos os pedidos de verificação de compatibilidade.

Foi ouvida a Associação Nacional de Municípios Portugueses.

Assim:

ARTIGO 1.º

1 – As licenças de loteamento, de obras de urbanização e de construção, devidamente tituladas, designadamente por alvarás, emitidas anteriormente à data da entrada em vigor de plano regional de ordenamento do território ficam sujeitas a confirmação da respectiva compatibilidade com as regras de uso, ocupação e transformação do solo constantes de plano regional de ordenamento do território.

2 – A confirmação da compatibilidade é feita por despacho do Ministro do Planeamento e da Administração do Território ou por despacho conjunto dos Ministros do Planeamento e da Administração do Território e do Comércio e Turismo, nos casos previstos no artigo 3.º.

3 – Caso seja confirmada a compatibilidade com as regras de uso, ocupação e transformação do solo constantes de plano regional de ordenamento do território, entende-se que os direitos resultantes das licenças referidas no n.º 1 não caducaram.

4 – Sempre que o titular do alvará de licença de construção comprove que a obra se iniciou e não se suspendeu anteriormente à data da entrada em vigor do plano regional de ordenamento do território, ou dentro do prazo de validade fixado na respectiva licença, entende-se que esta é compatível com as regras de uso, ocupação e transformação do solo constantes daquele plano.

ARTIGO 2.º

1 – A confirmação da compatibilidade ou da verificação dos pressupostos previstos no n.º 4 do artigo anterior deve ser solicitada no prazo de 90 dias, a contar da data da entrada em vigor do presente diploma ou da data da entrada em vigor do plano regional de ordenamento do território, consoante já exista ou não aquele instrumento de planeamento para a área em questão.

2 – A confirmação da compatibilidade é emitida no prazo de 90 dias.

3 – A ausência de decisão expressa no prazo referido no número anterior consubstancia uma declaração tácita de compatibilidade.

ARTIGO 3.º

O regime previsto no presente diploma e igualmente aplicável às aprovações de localização, às aprovações de anteprojecto ou de projecto de construção de edificações e de empreendimentos turísticos, emitidas pela Direcção-Geral do Turismo ou pelas câmaras municipais em data anterior à da entrada em vigor de plano regional de ordenamento do território.

ARTIGO 4.º

Os pedidos de licença de construção em terrenos loteados ao abrigo de alvará de loteamento emitido anteriormente à data da entrada em vigor de plano regional de ordenamento do território devem ser instruídos com documento comprovativo da confirmação da compatibilidade prevista no presente diploma.

ARTIGO 5.º (¹)

A realização de obras de urbanização e de construção efectuadas em violação ao disposto no presente diploma é passível de embargo e demolição, nos termos do disposto nos artigos 57.º e 58.º do Decreto-Lei n.º 445/91, de 20 de Novembro, e 61.º e 62.º do Decreto-Lei n.º 448/91, de 29 de Novembro.

1 – O DL n.º 445/91 e o DL n.º 448/91 foram revogados pelo art. 129.º, alíneas *a*) e *b*), do DL n.º 555/99, de 16 de Dezembro.

ARTIGO 6.º

A confirmação da compatibilidade é válida pelo prazo de um ano, findo o qual caducam automaticamenle todos os direitos derivados dos actos ou títulos objecto da confirmação que não possuam prazo de validade e que não tenham sido exercidos.

ARTIGO 7.º

O presente diploma entra em vigor no dia imediato ao da sua publicação.

DECRETO-LEI 61/95

de 7 de Abril

Exclui do âmbito de aplicação do Decreto-Lei n.° 351/93, de 7 de Outubro, as áreas urbanas consolidadas e eleva para o dobro os prazos nele previstos; prorroga até 31 de Dezembro de 1995 o prazo de actuação da Comissão Permanente de Apreciação dos Planos Directores Municipais

A entrada em vigor de um grande número de planos directores municipais, ocorrida desde a publicação do Decreto-Lei n.° 351/93, de 7 de Outubro, até à presente data, bem como a experiência adquirida com a aplicação do citado decreto-lei, aconselham a que o regime aí fixado seja claramente articulado com a vigência daqueles planos.

Definindo o plano director municipal as áreas urbanas do concelho, e sempre que os planos regionais de ordenamento do território não contenham regras específicas para essas áreas, não será possível verificar a compalibilidade com as suas disposições das licenças municipais de loteamento, de obras de urbanização e de construção emitidas anteriormente à entrada em vigor do plano, pelo que não faz sentido aplicar, nestes casos, o regime do Decreto-Lei n.° 351/93, de 7 de Ouubro.

Deste modo, os planos regionais de ordenamento do território poderão indicar as áreas excluídas do âmbito de aplicação do Decreto-Lei n.° 351/93, de 7 de Outubro.

São ainda alargados os prazos previstos no Decreto-Lei n.° 351/93, de 7 de Outubro, permitindo aos particulares que não tenham solicitado a verificação de conformidade estabelecida nesse diploma uma nova oportunidade para o fazer desde que comprovem justo impedimento.

Por outro lado, o presente diploma determina a prorrogação do prazo de actuação da Comissão Permanente de Apreciação dos Planos Directores Municipais.

Esta Comissão, criada pelo Decreto-Lei n.° 281/93, de 17 de Agosto, viu o referido prazo prorrogado até 31 de Dezembro de 1994 pelo Decreto-Lei n.° 68/94, de 3 de Março.

Entre o dia 1 de Setembro de 1993 e o final do ano de 1994, a Comissão examinou 91 planos directores municipais, o que representa cerca de 65% do universo que lhe estava destinado, tendo conferido maior celeridade ao processo de aprovação daqueles planos.

Existe presentemente um número significativo de planos directores municipais em fase final de elaboração, justificando-se, deste modo, nova prorrogação do prazo de actuação inicialmente fixado.

Foi ouvida a Associação Nacional de Municípios Portugueses.

Assim:

Artigo 1.° – 1 – O regime instituído pelo Decreto-Lei n.° 351/93, de 7 de Outubro, não se aplica às áreas urbanas consolidadas.

2 – Para os efeitos do número anterior, considera-se área urbana consolidada o conjunto coerente e articulado de edificações multifuncionais e terrenos contíguos, desenvolvido segundo

uma rede viária estruturante, dispondo de vias públicas pavimentadas e de redes de abastecimento de água e de saneamento.

3 – As áreas previstas no número anterior são as identificadas nos diplomas que aprovem os planos regionais de ordenamento do território.

Art. 2.° São elevados para o dobro todos os prazos previstos no Decreto-Lei n.° 351/93, de 7 de Outubro.

Art. 3.° – 1 – A confirmação da compatibilidade ou a verificação dos pressupostos a que alude o n.° 1 do artigo 2.° do Decreto-Lei n.° 351/93, de 7 de Outubro, pode ser requerida posteriormente ao termo do prazo fixado para o efeito no referido diploma, desde que o interessado demonstre ter havido justo impedimento, que será apreciado pela entidade competente.

2 – Configuram-se como justo impedimento as situações descritas no n.° 2 do artigo 146.° do Código de Processo Civil.

Art. 4.° É prorrogado até 31 de Dezembro de 1995 o prazo previsto no n.° 1 do artigo 7.° do Decreto-Lei n.° 281/93, de 17 de Agosto.

Art. 5.° O artigo anterior reporta os seus efeitos a 31 de Dezembro de 1994.

LEI N.° 91/95 *

de 2 de Setembro

Processo de reconversão das áreas urbanas de génese ilegal

CAPÍTULO I – Do objecto

ARTIGO 1.°(¹) – (Âmbito de aplicação)

1 – A presente lei estabelece o regime excepcional para a reconversão urbanística das áreas urbanas de génese ilegal (AUGI).

2 – Consideram-se AUGI os prédios ou conjuntos de prédios contíguos que, sem a competente licença de loteamento, quando legalmente exigida, tenham sido objecto de operações físicas de parcelamento destinadas à construção até à data da entrada em vigor do Decreto-Lei n.° 400/84, de 31 de Dezembro, e que, nos respectivos planos municipais de ordenamento do território (PMOT), estejam classificadas como espaço urbano ou urbanizável, sem prejuízo do disposto no artigo 5.°.

3 – São ainda considerados AUGI os prédios ou conjuntos de prédios parcelados anteriormente à entrada em vigor do Decreto-Lei n.° 46 673, de 29 de Novembro de 1965, quando predominantemente ocupados por construções não licenciadas.

4 – As câmaras municipais delimitam o perímetro e fixam a modalidade de reconversão das AUGI existentes na área do município, por sua iniciativa ou a requerimento de qulquer interessado, nos termos do artigo 35.°.

5 – A delimitação do perímetro das AUGI é feita com recurso a qualquer meio gráfico, cadastral ou registral que identifique com clareza a área delimitada, a qual corresponde a área

---

* A Lei n.° 165/99, de 14 de Setembro, que alterou e aditou diversos artigos da Lei n.° 91/95, conforme a indicação feita nos lugares próprios, estabeleceu, ainda, nos seus arts. 3.° e 5.°, o seguinte regime:

«ARTIGO 3.° – (Quantias cobradas a título de juros ou penalizações)

Nos processos de reconversão em curso, as quantias já cobradas a título de juros ou penalização que excedam os valores resultantes da aplicação dos n.ᵒˢ 2 e 3 do artigo 16.°-A são creditadas a favor do respectivo interessado, procedendo-se às devoluções eventualmente necessárias no acto de repartição do saldo das contas finais da administração conjunta, salvo decisões judiciais transitadas em julgado».

«ARTIGO 5.° – (Disposições transitórias)

1 – No prazo máximo de 60 dias, a contar da entrada em vigor da presente lei, deverá estar constituída, no processo de reconversão em curso, a comissão de fiscalização prevista na alínea c) do n.° 2 do artigo 8.°.

2 – Até 31 de Março do ano 2000 serão aprovadas, nos termos previstos na alínea i) do artigo 10.°, as contas anuais, intercalares, referentes ao ano de 1999.

3 – No prazo de 180 dias a contar da entrada em vigor da presente lei, as câmaras municipais ficam obrigadas a delimitar o perímetro e a fixar a modalidade de reconversão das AUGI existentes na área do município e que ainda não foram delimitadas.

4 – O disposto no artigo 41.° é aplicável aos actos processuais pendentes».

VII – Planeamento Urbanístico

que, no entendimento da câmara muicipal, deve ser objecto de um único processo de reconversão urbanística, podendo integrar um ou mais prédios contíguos.

6 – Até à convocação da assembleia constitutiva da administração conjunta podem ser propostas alterações à delimitação das AUGI, fundamentadas, designadamente, no melhor conhecimento da realidade local, nos ajustamentos de escalas e na melhor delimitação técnica.

7 – As áreas de loteamento e construções ilegais não abrangidas pelos números 2 e 3 são objecto de estudo com vista à sua reafectação ao uso previsto em PMOT.

1 – Redacção do art. 1.º da Lei n.º 165/99, de 14 de Setembro.

ARTIGO 2.º – (Regime especial de divisão de coisa comum)

É estabelecido um regime especial de divisão de coisa comum aplicável às AUGI constituídas em regime de compropriedade até à data da entrada em vigor do Decreto-Lei n.º 400/84, de 31 de Dezembro.

CAPÍTULO II – Princípios gerais

ARTIGO 3.º (¹) – (Dever de reconversão)

1 – A reconversão urbanística do solo e a legalização das construções integradas em AUGI constituem dever dos respectivos proprietários ou comproprietários.

2 – O dever de reconversão inclui o dever de conformar os prédios que integram a AUGI com o alvará de loteamento ou com o plano de pormenor de reconversão, nos termos e prazos a estabelecer pela câmara municipal.

3 – O dever de reconversão inclui ainda o dever de comparticipar nas despesas de reconversão, nos termos fixados na presente lei.

4 – Os encargos com a operação de reconversão impendem sobre os titulares dos prédios abrangidos pela AUGI, sem prejuízo do direito de regresso sobre aqueles de quem hajam adquirido, quanto às importâncias em dívida no momento da sua aquisição, salvo no caso de renúncia expressa.

5 – A câmara municipal pode, mediante deliberação e após prévia audição dos interessados, suspender a ligação às redes de infra-estruturas já em funcionamento que sirvam as construções dos proprietários e comproprietários que violem o seu dever de reconversão.

1 – Redacção do art. 1.º da Lei n.º 165/99, de 14 de Setembro.

ARTIGO 4.º (¹) – (Processo de reconversão urbanística)

1 – O processo de reconversão é organizado nos termos da presente lei:

a) Como operação de loteamento da iniciativa dos proprietários ou comproprietários;

b) Como operação de loteamento ou mediante plano de pormenor da iniciativa da respectiva câmara municipal.

2 (²) – Os loteamentos e planos de pormenor previstos no número anterior regem-se pelo disposto na presente lei e, subsidiariamente, pelas disposições do Decreto-Lei n.º 448/91, de 29 de Novembro, e do Decreto-Lei n.º 69/90, de 2 de Março.

1 – Redacção do art. 1.º da Lei n.º 165/99, de 14 de Setembro.
2 – O DL .º 448/91 foi revogado pelo art. 129.º, alínea *b*), do DL n.º 555/99, de 16 de Dezembro. O DL n.º 66/90 foi revogado pelo art. 159.º do DL n.º 380/99, de 22 de Setembro.

ARTIGO 5.º (¹) – (Áreas parcialmente classificadas como urbanas ou urbanizáveis)

1 – Nas áreas de loteamento ou construção ilegais parcialmente classificadas como espaço

Lei n.º 91/95, de 2 de Setembro

urbano ou urbanizável no respectivo PMOT, a operação de reconversão pode abranger a sua totalidade, desde que se verifiquem cumulativamente os seguintes requisitos:

a) A maior parte da área delimitada estar classificada como urbana ou urbanizável;

b) A área não classificada como urbana ou urbanizável estar ocupada maioritariamente com construções destinadas a habitação própria que preencham as condições de salubridade e segurança previstas nesta lei e que se encontrem participadas na respectiva matriz à data da entrada em vigor da presente lei.

2 – As áreas abrangidas por reserva ou servidão podem ser desafectadas até ao estrito limite do necessário à viabilização da operação de reconversão, desde que não seja posto em causa o conteúdo essencial ou o fim da reserva ou da servidão.

3 – Nos casos previstos neste artigo é obrigatória a alteração do PMOT em vigor.

1 – Redacção do art. 1.º da Lei n.º 165/99, de 14 de Setembro.

ARTIGO 6.º (¹) – (**Cedências e parâmetros urbanísticos**)

1 – As áreas de terreno destinadas a espaços verdes e de utilização colectiva, infra--estruturas viárias e equipamentos podem ser inferiores às que resultam da aplicação dos parâmetros definidos pelo regime jurídico aplicável aos loteamentos, quando o cumprimento estrito daqueles parâmetros possa inviabilizar a operação de reconversão.

2 – Os índices urbanísticos e as tipologias de ocupação da proposta de reconversão podem também ser diversos dos definidos pelo PMOT em vigor, se a sua aplicação estrita inviabilizar a operação de reconversão.

3 (²) – As alterações ao PMOT previstas no número anterior estão sujeitas ao disposto no n.º 4 do artigo 20.º do Decreto-Lei n.º 69/90, de 2 de Março, na redacção do Decreto-Lei n.º 155/97, de 24 de Junho.

4 (³) – Quando as parcelas que devam integrar gratuitamente o domínio público de acordo com a operação de reconversão forem inferiores às que resultam do regime jurídico aplicável, há lugar à compensação prevista no n.º 4 do artigo 16.º do Decreto-Lei n.º 448/91, de 29 de Novembro, a qual deve, sempre que possível, ser realizada em espécie e no território das freguesias onde se situa a AUGI.

1 – Redacção do art. 1.º da Lei n.º 165/99, de 14 de Setembro.
2 – O DL n.º 69/90 foi revogado pelo art. 159.º do DL n.º 380/99, de 22 de Setembro.
3 – O DL n.º 448/91 foi revogado pelo art. 129.º, alínea *b*), do DL n.º 555/99, de 16 de Dezembro.

ARTIGO 7.º (¹) – (**Construções existentes**)

1 – As construções existentes nas AUGI só podem ser legalizadas em conformidade e após a entrada em vigor do instrumento que titule a operação de reconversão, nos termos do artigo 4.º.

2 – A legalização das construções depende do preenchimento das condições mínimas de habitabilidade definidas pela forma prevista neste diploma e da prova do pagamento dos encargos devidos pela reconversão imputáveis ao lote respectivo.

3 – O não preenchimento de qualquer dos requisitos previstos neste artigo constitui fundamento de indeferimento do pedido de legalização.

4 – O instrumento da reconversão estabelece o prazo em que os donos das construções com ele não conformes são obrigados a proceder às alterações necessárias.

5 – A demolição e alteração de qualquer construção para cumprimento do instrumento de reconversão não confere ao respectivo dono direito a indemnização e constitui ónus sujeito a registo predial.

1 – Redacção do art. 1.º da Lei n.º 165/99, de 14 de Setembro.

CAPÍTULO III – Do regime da administração dos prédios integrados na AUGI

ARTIGO 8.º (¹) – (Administração conjunta)

1 – O prédio ou prédios integrados na mesma AUGI ficam sujeitos a administração conjunta, assegurada pelos respectivos proprietários ou comproprietárlos.

2 – Os órgãos da administração dos prédios integrados nas AUGI são os seguintes:

a) A assembleia de proprietários ou comproprietários;

b) A comissão de administração.

c) A comissão de fiscalização.

3 – A administração conjunta é instituída por iniciativa de qualquer proprietário ou comproprietário ou da câmara municipal, mediante convocatória da assembleia constitutiva.

4 – A administração conjunta não goza de personalidade jurídica, mas fica obrigatoriamente sujeita a inscrição no Registo Nacional de Pessoas Colectivas, para efeitos de identificação.

1 – Redacção do art. 1.º da Lei n.º 165/99, de 14 de Setembro.

ARTIGO 9.º (¹) – (Composição da assembleia)

1 – Têm assento na assembleia os proprietários ou comproprietários cujo direito esteja devidamente inscrito na conservatória do registo predial competente, excepto nos casos previstos no número seguinte.

2 – Têm assento na assembleia, com preterição dos respectivos titulares inscritos, os donos das construções erigidas na área da AUGI, devidamente participadas na respectiva matriz, bem como os promitentes compradores de parcelas, desde que tenha havido tradição.

3 – A requerimento de qualquer proprietário, comproprietário ou da câmara municipal, deve a conservatória do registo predial emitir, gratuitamente e no prazo de 30 dias, uma certidão da descrição e de todos os registos em vigor sobre o prédio ou prédios da AUGI, a qual não pode servir para outro fim que não seja o de comprovar a legitimidade de participação na assembleia.

4 – A câmara municipal pode participar na assembleia, mediante representante devidamente credenciado.

5 – O representante da câmara municipal deve, durante o funcionamento da administração conjunta, procurar fornecer os esclarecimentos necessários e úteis de acordo com o previsto nesta lei.

6 – Devem estar presentes nas assembleias de proprietários ou comproprietários os membros da comissão de fiscalização, sempre que sejam apreciadas matérias incluídas no âmbito das suas competências.

1 – Redacção do art. 1.º da Lei n.º 165/99, de 14 de Setembro.

ARTIGO 10.º (¹) – (Competências da assembleia)

1 – Compete à assembleia acompanhar o processo de reconversão e fiscalizar os actos da comissão de administração, sem prejuízo das competências atribuídas à comissão da fiscalização.

2 – Compete ainda à assembleia:

a) Deliberar promover a reconversão da AUGI;

b) Eleger e destituir a comissão de administração;

c) Eleger e destituir os representantes dos proprietários e comproprietários que integram a comissão de fiscalização;

d) Aprovar o projecto de reconversão a apresentar à câmara municipal, na modalidade de pedido de loteamento;

Lei n.º 91/95, de 2 de Setembro   979

e) Avaliar a solução urbanística preconizada no plano de pormenor em sede de inquérito público;

f) Aprovar os mapas referidos na alínea *b*) do n.º 1 do artigo 15.º;

g) Aprovar, após parecer da comissão de fiscalização, os orçamentos apresentados pela comissão de administração para a execução das obras de urbanização;

h) Aprovar o projecto de acordo de divisão da coisa comum;

i) Aprovar, após parecer da comissão de fiscalização, as contas anuais, intercalares, da administração conjunta;

j) Aprovar, após parecer da comissão de fiscalização, as contas finais da administração conjunta.

3 – As competências da assembleia de proprietários e comproprietários são indelegáveis.

4 – A assembleia de proprietários e comproprietários não pode constituir mandatário para o exercício das funções da comissão de administração, sem prejuízo do disposto no n.º 2 do artigo 55.º.

5 – A pública-forma da acta que contém a deliberação da assembleia que determine o pagamento de comparticipação nas despesas de reconversão constitui título executivo.

1 – Redacção do art. 1.º da Lei n.º 165/99, de 14 de Setembro.

ARTIGO 11.º (¹) – (Convocação da assembleia)

1 – A assembleia reúne por iniciativa da comissão de administração ou de um grupo de proprietários ou comproprietários detentores de 5% do número total de votos na assembleia, calculado nos termos do artigo 13.º.

2 – A assembleia é convocada por escrito, mediante aviso enviado pelo correio para a morada dos membros que nela podem ter assento, presumindo-se, na falta de outra indicação, que a morada é a constante da inscrição registral do respectivo direito.

3 – O aviso convocatório é obrigatoriamente afixado na sede da junta de freguesia e publicado num dos jornais de divulgação nacional.

4 – A convocatória é enviada com a antecedência mínima de 15 dias.

5 – A convocatória deve indicar a data, hora e local da reunião, bem como a respectiva ordem de trabalhos, e especificar que é realizada ao abrigo do presente diploma.

6 – Se as deliberações sobre as matérias constantes da ordem de trabalhos dependerem da consulta a peças escritas ou desenhadas, devem estas estar à disposição para tal fim, durante o prazo de antecedência do aviso convocatório, na sede da junta de freguesia, circunstância que deve constar também expressamente do texto da convocatória.

7 – A convocatória da assembleia constitutiva da administração conjunta deve ser feita com antecedência mínima de 30 dias e ser enviada a quem nela tenha direito a participar, mediante registo postal e aviso de recepção.

8 – No decurso do prazo que medeia entre o aviso da assembleia convocada para deliberar sobre o projecto de acordo de divisão da coisa comum e a realização da mesma, ficam à disposição na sede da junta ou juntas de freguesia, para consulta dos interessados, os seguintes elementos:

a) Lista dos titulares inscritos do prédio, identificados, tanto quanto possível, nos termos da alínea *e*) do n.º 1 do artigo 93.º do Código do Registo Predial, com referência à quota indivisa que cada um detém e à inscrição que lhe corresponde, lista essa que se destina a ser assinada pelos próprios na assembleia, para verificação dos interessados presentes e respectivo número de votos;

b) Cópia do alvará de loteamento;

980 VII – Planeamento Urbanístico

c) Projecto de divisão proposto.

1 – Redacção do art. 1.° da Lei n.° 165/99, de 14 de Setembro.

ARTIGO 12.° (¹) – **(Funcionamento da assembleia)**

1 – A assembleia delibera em primeira ou em segunda convocatória nos termos previstos no Código Civil para a assembleia de condóminos dos prédios em propriedade horizontal, sem prejuízo do disposto nos números seguintes.

2 – As deliberações sobre as matérias previstas nas alíneas *h*) e *j*) do n.° 2 do artigo 10.° são tomadas por um número de proprietários ou comproprietários representativos da maioria absoluta do total de votos da assembleia, calculada nos termos do artigo 13.°.

3 – É admitida a votação por escrito até ao início da reunião da assembleia, nos casos em que a convocatória contenha o texto integral da proposta concreta de deliberação, devendo a assinatura estar reconhecida notarialmente.

4 – A acta da assembleia referente à deliberação de aprovação do projecto de acordo de divisão de coisa comum, depois de aprovada, é assinada pelos presentes.

5 – É obrigatória a publicação das deliberações produzidas, em forma de extracto, no prazo de 15 dias, mediante aviso a afixar na sede da junta de freguesia e por anúncio no jornal onde foi publicado o aviso convocatório da assembleia, quando na mesma não tenham estado presentes ou representadas todas as pessoas que nela podem ter assento.

6 – A publicação da deliberação de que foi aprovado o projecto de acordo de divisão de coisa comum deve mencionar, sob pena de invalidade, o cartório notarial onde vai ter lugar o acto referido no n.° 4 do artigo 38.°.

7 – As deliberações da assembleia podem ser judicialmente impugnadas por qualquer interessado que as não tenha aprovado, no prazo de 60 dias a contar da data da assembleia ou da publicação referido no n.° 5 do presente artigo, consoante aquele haja ou não estado presente na reunião.

8 – A acção de impugnação é intentada contra a administração conjunta, representada pela comissão de administração.

1 – Redacção do art. 1.° da Lei n.° 165/99, de 14 de Setembro.

ARTIGO 13.° (¹) – **(Sistema de votação)**

1 – Cada interessado dispõe de um número de votos proporcional à área de que é detentor na AUGI.

2 – As áreas referidas no n.° 2 do artigo 45.° não conferem direitos de voto.

3 – Os membros da assembleia referidos no n.° 2 do artigo 9.° dispõem do mesmo número de votos de que disporia o titular do direito sobre a parte concreta do solo por si ocupada, não podendo votar a deliberação prevista na alínea *h*) do n.° 2 do art. 10.°.

4 – Não têm direito de voto os proprietários ou comproprietários referidos no artigo 45.°.

1 – Redacção do art. 1.° da Lei n.° 165/99, de 14 de Setembro.

ARTIGO 14.° – **(Comissão de administração)**

1 – A comissão de administração é formada por número ímpar de três a sete membros, que elegem de entre si um presidente e um tesoureiro, e tem obrigatoriamente uma sede, a determinar na assembleia constitutiva.

2 – A comissão é eleita em assembleia convocada para o efeito.

3 – Compete especialmente ao presidente receber notificações, presidir à assembleia e representar a administração conjunta perante as entidades administrativas.

Lei n.° 91/95, de 2 de Setembro 981

4 – Compete especialmente ao tesoureiro superintender nas contas de administração do processo de reconversão.

5 – A comissão delibera validamente por votação maioritária dos seus membros, bastando as assinaturas do presidente e do tesoureiro para obrigar a administração conjunta nos actos e contratos em que a mesma intervenha.

6 – Os membros da comissão são remunerados ou não conforme deliberado em assembleia.

7 – Aos membros da comissão de administração é aplicável, com as necessárias adaptações, o disposto nos artigos 72.°, 78.° e 79.° do Código das Sociedades Comerciais.

ARTIGO 15.° (¹) – **(Competências da comissão de administração)**

1 – Compete à comissão de administração:

a) Praticar os actos necessários à tramitação do processo de reconversão em representação dos titulares dos prédios e donos das construções integrados na AUGI;

b) Elaborar os mapas de comparticipação e cobrar as comparticipações, designadamente para as despesas do seu funcionamento, para execução dos projectos, acompanhamento técnico do processo e execução das obras de urbanização;

c) Elaborar e submeter à assembleia de proprietários ou comproprietários os orçamentos para execução das obras de urbanização, o relatório da administração conjunta e as contas anuais, intercalares, relativos a cada ano civil;

d) Constituir e movimentar contas bancárias;

e) Pleitear em juízo, dispondo para tal de legitimidade activa e passiva nas acções emergentes das relações jurídicas em que seja parte;

f) Emitir declarações, atestando o pagamento das comparticipações devidas pelos proprietários e comproprietários, para efeito de emissão da licença de construção ou outros actos para os quais as mesmas se mostrem necessárias;

g) Representar os titulares dos prédios integrados na AUGI perante a a repartição de finanças, conservatória do registo predial, para promover as necessárias rectificações e alterações ao teor da matriz e da descrição, e o registo do alvará de loteamento;

h) Representar os titulares dos prédios integrados na AUGI perante o cartório notarial, para os efeitos previstos no n.° 4 do artigo 38.°;

i) Dar cumprimento às deliberações da assembleia;

j) Prestar a colaboração solicitada pela câmara municipal, designadamente entregando documentos e facultando informações;

l) Solicitar à comissão de fiscalização os pareceres necessários, designadamente os referidos nas alíneas *a)*, *b)* e *c)* do n.° 1 do artigo 16.°-B.

2 – As contas anuais, intercalares, previstas na alínea *c)* do número anterior, devem ser elaboradas de acordo com o Plano Oficial de Contabilidade, com as necessárias adaptações.

1 – Redacção do art. 1.° da Lei n.° 165/99, de 14 de Setembro.

ARTIGO 16.° – **(Destituição da comissão de administração)**

1 – A comissão de administração pode ser destituída por violação dos deveres gerais de administração e especiais decorrentes deste diploma, em assembleia expressamente convocada para o efeito.

2 – A destituição carece de aprovação da maioria absoluta do total de votos da assembleia, calculado nos termos do artigo 13.°, e sob condição de no acto ser eleita nova comissão.

VII – Planeamento Urbanístico

ARTIGO 16.°-A (¹) – **(Comissão de fiscalização)**

1 – A comissão de fiscalização integra:

a) Três representantes dos proprietários ou comproprietários, um dos quais será o presidente;

b) Um revisor oficial de contas, ou uma sociedade de revisores, eleito em assembleia de proprietários ou comproprietários, mediante proposta da comissão de administração.

2 – O mandato da comissão de fiscalização é anual.

3 – A assembleia de proprietários ou comproprietários pode destituir a comissão de fiscalização por violação dos deveres gerais de acompanhamento e fiscalização e especiais decorrentes desta lei, designadamente a falta de emissão, no prazo legal, dos pareceres que lhe sejam solicitados.

1 – Aditado pelo art. 2.° da Lei n.° 165/99, de 14 de Setembro.

ARTIGO 16.°-B (¹) – **(Competências da Comissão de fiscalização)**

1 – Compete à comissão de fiscalização:

a) Emitir parecer sobre os orçamentos apresentados pela comissão de administração para a execução das obras de urbanização;

b) Emitir parecer sobre o relatório e as contas anuais, intercalares, da administração conjunta;

c) Emitir parecer sobre o relatório e as contas finais da administração conjunta;

d) Pronunciar-se sobre outras matérias, a solicitação da comissão de administração ou da assembleia de proprietários ou comproprietários.

2 – Os pareceres referidos no número anterior são aprovados por maioria dos membros presentes, dispondo o presidente de voto de qualidade.

3 – A comissão de fiscalização emite os pareceres referidos nas alíneas a), b) e c) do n.° 1 no prazo de 30 dias a contar da solicitação dos mesmos.

1 – Aditado pelo art. 2.° da Lei n.° 165/99, de 14 de Setembro.

ARTIGO 16.°-C (¹) – **(Gestão financeira da AUGI)**

1 – As compartipações nos encargos da reconversão são consideradas provisões ou adiantamentos até à aprovação das contas finais da administração conjunta.

2 – As compartipações mencionadas no número anterior vencem juros à taxa legal a contar da data para a respectiva entrega, fixada nos mapas referidos na alínea f) do n.° 2 do artigo 10.°, mas nunca antes de decorridos 30 dias sobre a publicação, nos termos do n.° 5 do artigo 12.°, da deliberação que os aprovou.

3 – São igualmente devidas pelo interessado as quantias necessárias ao ressarcimento dos danos a que a sua mora deu causa, não cobertos pelos juros referidos no número anterior.

4 – Não é permitida a estipulação de cláusulas penais relativas ao incumprimento das obrigações de compartipação nas despesas de reconversão fixadas na presente lei.

5 – O montante dos juros cobrados é aplicado no processo de reconversão, revertendo, nas contas finais da administração conjunta, em benefício de todos os interessados.

6 – A comissão de administração deve ter disponível na respectiva sede a documentação da administração conjunta da AUGI para consulta dos interessados em horário a fixar.

7 – A comissão de administração remete, para informação, à câmara municipal as contas anuais, intercalares, e finais da administração conjunta, nos casos em que aquela não tenha participado na assembleia que procedeu à respectiva aprovação.

8 – As comissões de administração eleitas nos termos da presente lei iniciam imediatamente a sua actividade, sem prejuízo da prestação de contas devida pela administração anterior.

1 – Aditado pelo art. 2.° da Lei n.° 165/99, de 14 de Setembro.

Lei n.º 91/95, de 2 de Setembro 983

ARTIGO 17.º – **(Cessação da administração conjunta)**

A administração conjunta dos prédios integrados na AUGI só se extingue após a recepção definitiva das obras de urbanização pela câmara municipal e a aprovação das contas finais da administração.

CAPÍTULO IV – Do processo de reconversão

SECÇÃO I – Reconversão por iniciativa dos particulares

ARTIGO 17.º-A [1] – **(Informação prévia)**

1 – A comissão de administração poderá optar por requerer informação prévia sobre o projecto de reconversão, apresentando, para tanto, os elementos constantes das alíneas *a*) a *e*) do n.º 1 do artigo 18.º e a acta da reunião da assembleia com as deliberações previstas nas alíneas *a*) e *b*) do n.º 2 do artigo 10.º.

2 – Na falta de qualquer dos elementos referidos no n.º 1 será rejeitado o pedido pelo presidente da câmara municipal ou vereador com competências subdelegadas para o urbanismo.

3 – A câmara municipal solicitará os pareceres às entidades que devam pronunciar-se por força da servidão administrativa ou restrição de utilidade pública, aplicando-se o regime previsto no artigo 20.º.

4 – No prazo de 30 dias a contar da recepção do pedido ou da recepção dos pareceres das entidades consultadas a câmara municipal delibera sobre o pedido de informação prévia.

5 – O pedido de informação prévia pode ser indeferido com os fundamentos previstos no n.º 2 do artigo 24.º, devendo a proposta de indeferimento apresentar solução que permita o deferimento da pretensão, a qual terá de ser assumida no projecto de reconversão subsequente.

1 – Aditado pelo art. 2.º da Lei n.º 165/99, de 14 de Setembro.

ARTIGO 18.º [1] – **(Pedido de loteamento)**

1 – O pedido de loteamento é apresentado na câmara municipal e é instruído com os seguintes elementos:

a) Certidão do registo predial referente ao prédio ou prédios abrangidos;

b) Memória descritiva e justificativa, que, em especial, deve fundamentar, se for o caso, a aplicação do regime especial previsto no artigo 6.º do presente diploma e indicar quais as construções a manter e a demolir e as soluções previstas para a realização das expectativas dos interessados;

c) Levantamento topográfico da AUGI;

d) Planta que evidencie a realidade actual da AUGI e, nomeadamente, a repartição do solo emergente do loteamento de génese ilegal, com a indicação concreta da implantação, da área de construção, o número de pisos, as cérceas e as cotas de soleira das construções existentes, identificando ainda as reconstruções que não cumpram os requisitos das várias disposições legais aplicáveis ao exterior das edificações, com indicação das construções a demolir e ou a alterar em face da proposta de reconversão;

e) Planta síntese do loteamento pretendido;

f) Listagem dos possuidores de cada uma das parcelas em que se subdividiu o loteamento ilegal, reportada à planta referida na alínea *d*) e à certidão registral;

g) Pública-forma das actas das reuniões da assembleia onde tenham sido tomadas as deliberações previstas nas alíneas *a*), *b*) e *c*) do n.º 2 do artigo 10.º.

984   *VII – Planeamento Urbanístico*

2 – Após a aprovação do loteamento, são apresentados na câmara municipal os seguintes elementos:

a) Projectos das redes viária, de electricidade, de águas, de esgotos e de arranjos de espaços exteriores, bem como o faseamento da sua execução;

b) Orçamento das obras de urbanização e de outras operações previstas, bem como a quota de comparticipação de cada lote nos custos de execução das obras e da caução legal, nos termos do n.º 3 do artigo 26.º.

3 – A câmara municipal pode dispensar a apresentação dos elementos referidos na alínea *a*) do número anterior, desde que seja reconhecido pelas entidades gestoras das redes que as mesmas já existem e estão em condições de funcionamento.

4 – É sempre dispensada a apresentação de estudo de impacte ambiental.

1 – Redacção do artigo 1.º da Lei n.º 165/99, de 14 de Setembro.

ARTIGO 19.º (¹) – (**Apreciação liminar**)

A câmara municipal pode, em sede de apreciação liminar, por uma só vez e no prazo de 30 dias a contar da data da recepção do pedido de loteamento ou do pedido de aprovação dos projectos de obras de urbanização, solicitar outras informações ou elementos imprescindíveis ao conhecimento da pretensão.

1 – Redacção do artigo 1.º da Lei n.º 165/99, de 14 de Setembro.

ARTIGO 20.º (¹) – (**Consultas**)

1 – Admitida liminarmente a pretensão, a câmara municipal promove, no prazo de 10 dias, a consulta às entidades que, nos termos da legislação em vigor, devam emitir parecer, autorização ou aprovação para o licenciamento da operação de loteamento ou de obras de urbanização.

2 – Durante o período de validade da deliberação que incidiu sobre o pedido de informação prévia, não é necessário consultar as entidades que nesse âmbito se tenham pronunciado, desde que o projecto com ela se conforme.

3 – As entidades consultadas emitem parecer no prazo de 30 dias contados da data de envio da solicitação.

4 – A falta de parecer no prazo fixado no número anterior equivale à emissão de parecer favorável.

5 – Os pareceres total ou parcialmente desfavoráveis devem ser fundamentados e são acompanhados de uma solução que permita o deferimento da pretensão.

6 – As entidades consultadas remetem os respectivos pareceres simultaneamente à câmara municipal e à comissão de administração da AUGI.

1 – Redacção do artigo 1.º da Lei n.º 165/99, de 14 de Setembro.

ARTIGO 21.º – (**Rectificações e alterações**)

1 – As rectificações e alterações efectuadas em conformidade com os parerceres referidos no n.º 5 do artigo anterior não carecem de nova consulta.

2 – As rectificações e alterações efectuadas integram-se no processo em apreciação.

ARTIGO 22.º (¹) – (**Vistoria**)

1 – No prazo de 40 dias a contar da recepção do pedido, prorrogável por igual período por deliberação fundamentada, a câmara municipal pode proceder à realização de vistoria com a finalidade de verificar a conformidade da planta referida na alínea *d*) do n.º 1 do artigo 18.º com a realidade existente na AUGI.

Lei n.º 91/95, de 2 de Setembro 985

2 – Realizada a vistoria, lavrar-se-á auto onde constem circunstanciadamente as situações de desconformidade constatadas e o estado de execução das infra-estruturas.

3 – A vistoria é realizada por uma comissão especial designada pela câmara municipal.

4 – Na vistoria deve estar presente o presidente da comissão de administração da AUGI.

1 – Redacção do artigo 1.ºda Lei n.º 165/99, de 14 de Setembro.

ARTIGO 23.º – (Construções posteriores à deliberação de reconversão)

1 – O dono de construção ou obra vistoriada que não se encontre em conformidade com a planta referida na alínea *d*) do n.º 1 do artigo 18.º é notificado para proceder à reposição da situação anterior no prazo de 30 dias.

2 – A notificação e execução da deliberação segue o regime previsto no Decreto-Lei n.º 445/91, de 29 de Novembro.

3 – A reposição só não tem lugar se o interessado provar em audiência prévia que a construção ou obra é anterior à data da assembleia da AUGI que deliberou promover a reconversão.

ARTIGO 24.º (¹) – (Deliberação sobre o pedido de licenciamento da operação de loteamento)

1 – Decorrido o prazo para a realização da vistoria, a câmara municipal delibera sobre o pedido de loteamento no prazo de 60 dias.

2 – A câmara municipal só pode indeferir a pretensão nos casos seguintes:

a) Desrespeito pelas prescrições da presente lei;

b) Desconformidade do pedido com o PMOT em vigor;

c) Desconformidade com a delimitação da AUGI.

3 – A deliberação incorpora ainda a identificação:

a) Das construções a demolir e a alterar e o respectivo prazo, o qual não pode ser inferior a três anos;

b) De outras condicionantes que impendem sobre o lote ou a construção que ficam sujeitas a registo;

c) Das soluções previstas para a realização das expectativas dos interessados.

4 – A moratória fixada na alínea *a*) do número anterior não é aplicável aos casos em que a câmara municipal fundamentadamente reconheça a necessidade de demolição urgente.

5 – A falta de deliberação dentro do prazo fixado no n.º 1 é considerada para todos os efeitos como deferimento, considerando-se fixado em três anos o prazo máximo de manutenção temporária a que se refere o n.º 3.

6 – A deliberação prevista no n.º 1 é precedida de proposta dos serviços, que, quando desfavorável, estará disponível no 30.º dia, devidamente fundamentada, para a comissão de administração sobre ela se pronunciar em 15 dias, com parecer da equipa técnica que elaborou o estudo de reconversão.

1 – Redacção do artigo 1.º da Lei n.º 165/99, de 14 de Setembro.

ARTIGO 25.º (¹) – (Deliberação sobre o pedido de licenciamento de obras de urbanização)

1 – Admitido liminarmente o pedido de licenciamento de obras de urbanização, a câmara municipal recolhe, nos termos previstos no artigo 20.º, o parecer das entidades gestoras das redes de infra-estruturas.

2 – A câmara municipal delibera sobre o pedido no prazo de 45 fias a contar da data da recepção dos pareceres emitidos pelas entidades consultadas ou do termo do prazo estabelecido para a recepção dos mesmos.

986   *VII – Planeamento Urbanístico*

3 – A câmara municipal só pode indeferir o pedido de aprovação dos projectos das obras de urbanização quando:

a) Não se conformem com a operação de loteamento aprovado;

b) Os projectos das obras de urbanização desrespeitarem disposições legais ou regulamentares;

c) Houver manifesta deficiência técnica dos projectos.

4 – A deliberação prevista no n.º 2 é precedida da proposta dos serviços que, quando desfavorável, a fundamentam, para a comissão de administração sobre ela se pronunciar, em 15 dias, com parecer da equipa técnica que elaborou o projecto de reconversão.

5 – Caso o pedido de licenciamento de obras seja efectuado em simultâneo com o pedido de loteamento, o prazo fixado no n.º 2 conta-se a partir da data em que tenha sido comunicada à comissão de administração a aprovação da operação de loteamento.

6 – A câmara municipal pode, mediante deliberação, autorizar provisoriamente o início das obras de urbanização, de acordo com os projectos que hajam merecido parecer favorável das entidades consultadas nos termos do artigo 20.º.

7 – A falta de deliberação dentro do prazo fixado no n.º 2 é considerada para todos os efeitos como deferimento.

1 – Redacção do artigo 1.º da Lei n.º 165/99, de 14 de Setembro.

ARTIGO 26.º (¹) – (Conteúdo da deliberação)

1 – Com a aprovação dos projectos de obras de urbanização, a câmara municipal fixa o montante da caução para a boa execução dos mesmos.

2 – Na deliberação é fixada a quota de comparticipação de cada lote nos custos de execução das obras e da caução.

3 – Se outro critério não for adoptado por deliberação fundamentada, cada lote comparticipa na totalidade dos custos referidos no número anterior na proporção da área de construção que lhe é atribuída no estudo de loteamento em relação à área total de construção de uso privado aprovada.

1 – Redacção do artigo 1.º da Lei n.º 165/99, de 14 de Setembro.

ARTIGO 27.º (¹) – (Caução de boa execução das obras)

1 – Havendo lugar à execução de obras de urbanização, a caução de boa execução pode ser prestada nos termos gerais, caso a comissão de administração o declare no prazo de oito dias após a notificação da deliberação prevista no artigo anterior.

2 – Nos casos de deferimento tácito, o prazo a que se refere o número anterior contar-se-á da data do início da produção dos efeitos do acto.

3 – Na falta de indicação no prazo referido no número anterior, considera-se que a caução é prestada por primeira hipoteca legal sobre todos os lotes que integram a AUGI.

4 – A hipoteca legal é registada oficiosamente no acto de inscrição da autorização do loteamento, com base no respectivo título.

5 – Cada lote responde apenas pela parte do montante da garantia que lhe cabe nos termos fixados no alvará de loteamento, sendo lícito ao seu titular requerer a substituição da hipoteca legal por outro meio de caução admissível, valendo a deliberação camarária de aceitação como título bastante para o cancelamento da inscrição da hipoteca legal.

6 – Em conformidade com o andamento dos trabalhos, mesmo em caso de prestação de caução por hipoteca legal, e mediante requerimento da comissão de administração, pode haver lugar à redução parcial das garantias, reportando-se a mesma, proporcionalmente, apenas aos lotes cujas comparticipações não estejam em mora.

1 – Redacção do art. 1.º da Lei n.º 165/99, de 14 de Setembro.

Lei n.º 91/95, de 2 de Setembro 987

ARTIGO 28.º – **(Publicidade da deliberação)**

1 – A deliberação de aprovação do estudo de loteamento é tornada pública pela câmara municipal por edital a afixar na propriedade, nas sedes do município e da junta de freguesia e por anúncio publicado em dois dias consecutivos num dos jornais de divulgação nacional, no prazo de 15 dias.

2 – O prazo de afixação do edital é de 30 dias.

3 – O processo de loteamento deve estar disponível para consulta pelos interessados na sede do munícipio durante o prazo de afixação do edital.

4 – Os interessados podem reclamar da deliberação nos termos do Código do Procedimento Administrativo.

ARTIGO 29.º ([1-2]) – **(Alvará de loteamento)**

Decididas as reclamações ou decorrido o prazo para a sua apresentação e prestada a garantia, se a ela houver lugar e se a mesma for prestada nos termos gerais, a câmara municipal emite o alvará de loteamento, que contém as especificações previstas no Decreto-Lei n.º 448/91, de 29 de Novembro, e ainda:

a) Lista dos factos sujeitos a registo predial, nomeadamente a hipoteca legal, o benefício da manutenção temporária previsto na alínea *a)* do n.º 3 do artigo 24.º e o ónus de não indemnização por demolição previsto no n.º 5 do artigo 7.º;

b) Valor da quota de comparticipação de cada lote nos custos das obras de urbanização e da caução prestada.

1 – Redacção do art. 1.º da Lei n.º 165/99, de 14 de Setembro.
2 – O DL n.º 448/91 foi revogado pelo art. 129.º, alínea *b*), do DL 555/99, de 16 de Dezembro.

ARTIGO 30.º ([1]) – **(Actos de registo predial e deveres fiscais)**

1 – A rectificação na descrição predial da área de prédio integrado em AUGI, quando promovida pela comissão de administração, não carece de prévia rectificação do título que serviu de base ao registo, desde que a diferença não seja superior a 15% para mais ou para menos relativamente à área constante na descrição predial, considerando-se imputada a diferença às áreas a integrar no domínio público.

2 – A requisição de registo que recaia sobre quota parte de prédio indiviso integrado em AUGI não carece de declaração complementar a que se refere o n.º 6 do artigo 42.º do Código do Registo Predial.

3 – O registo do alvará não dá lugar, de imediato, à abertura das novas descrições, que serão abertas quando for requerida a inscrição de aquisição.

4 – A inscrição do alvará de loteamento e dos ónus e outros factos sujeitos a registo do mesmo constantes é instruída com os seguintes elementos:

a) Alvará de loteamento;

b) Prova da entrega na repartição de finanças de cópia do alvará de loteamento.

5 – Caso o alvará de loteamento respeite a prédio em compropriedade, a individualização dos lotes a que se refere o artigo 54.º do Código do Registo Predial só tem lugar simultaneamente com a inscrição de aquisição por divisão de coisa comum.

6 – É dispensada a menção dos sujeitos passivos na inscrição da aquisição do lote por divisão de coisa comum.

7 – Nos prédios constituídos em compropriedade, o prazo de apresentação da declaração modelo n.º 129 para efeitos de inscrição do lote na matriz a que se refere o artigo 14.º do Código

VII – Planeamento Urbanístico

da Contribuição Autárquica conta-se a partir da data da inscrição da aquisição do lote por divisão de coisa comum.

1 – Redacção do art. 1.º da Lei n.º 165/99, de 14 de Setembro.

SECÇÃO II – Reconversão por iniciativa municipal

ARTIGO 31.º ([1]) – (**Processos de reconversão por iniciativa municipal**)

1 ([2]) – A reconversão por iniciativa municipal, quando segue a forma de operação de loteamento, esta sujeita ao disposto no artigo 64.º do Decreto-Lei n.º 448/91, de 29 de Novembro, com as seguintes especialidades:

a) É aplicável à operação o disposto no n.º 4 do artigo 18.º da presente lei;

b) A deliberação que aprova a operação de loteamento inclui os elementos referidos nos artigos 24.º, 25.º e 26.º, com as necessárias adaptações;

c) As especificações, o registo predial e a publicitação dos actos de aprovação estão sujeitos ao regime previsto nos artigos 28.º, 29.º e 30.º, com as necessárias adaptações.

2 ([3]) – Se a câmara municipal optar por realizar a reconversão mediante plano de pormenor, o processo segue os trâmites do Decreto-Lei n.º 69/90, de 2 de Março, sendo-lhe aplicável o disposto na alínea *b*) do número anterior.

3 – Tornando-se necessário, para viabilizar a operação de reconversão, proceder à alteração do PMOT em vigor, a câmara municipal pode promover essa alteração, conjuntamente com a operação de reconversão, num só plano de pormenor.

4 – A certidão do plano de pormenor substitui o alvará de loteamento para efeitos de registo predial.

5 – As despesas de elaboração do processo de reconversão constituem encargos da urbanização.

1 – Redacção do art. 1.ºda Lei n.º 165/99, de 14 de Setembro.
2 – O DL n.º 448/91 foi revogado pelo art. 129.º, alínea *b*), do DL 555/99, de 16 de Dezembro.
3 – O DL n.º 69/90 foi revogado pelo art. 159.º do DL n.º 380/99, de 22 de Setembro.

ARTIGO 32.º ([1]) – (**Modalidades de reconversão por iniciativa municipal**)

1 – A reconversão de iniciativa municipal pode assumir as seguintes modalidades:

a) Com o apoio da administração conjunta;

b) Sem o apoio da administração conjunta.

2 – A reconversão com o apoio da administração conjunta é objecto de contrato de urbanização a celebrar entre a câmara municipal e a comissão de administração, que delimita as atribuições e o âmbito de intervenção de cada uma das entidades.

3 – Na reconversão sem o apoio da administração conjunta, sem prejuízo do disposto no artigo 3.º, compete à câmara municipal realizar todos os actos previstos na presente lei relativos à emissão do título de reconversão e execução integral das infra-estruturas.

4 – Os interessados a que se refere o artigo 9.º podem aderir individualmente ao processo de reconversão realizado sem o apoio da administração conjunta.

5 – Na reconversão sem o apoio da administração conjunta a câmara municipal remete, conforme o caso, o alvará de loteamento ou a certidão do plano de pormenor à conservatória do registo predial, que procede à sua inscrição e dos ónus e outros factos sujeitos a registo deles constantes.

6 – Nos casos previstos no número anterior a realização das inscrições é dispensada de pre-

Lei n.º 91/95, de 2 de Setembro 989

paro, competindo ao conservador notificar os interessados para o pagamento dos respectivos emolumentos, após a feitura do registo.

1 – Redacção do art. 1.º da Lei n.º 165/99, de 14 de Setembro.

ARTIGO 33.º (¹) – **(Garantia da execução das infra-estruturas)**

1 – Quando, nos termos do artigo anterior, seja da competência da câmara municipal a execução total ou parcial das infra-estruturas, a operação de loteamento ou o plano de pormenor não podem ser aprovados sem que esteja demonstrada a viabilidade financeira da execução das obras, bem como o modo e o tempo da realização da receita para o efeito.

2 – O pagamento das comparticipações nos encargos da urbanização pelos interessados a que se refere o artigo 9.º é assegurado por hipoteca legal sobre os lotes que integram a AUGI, nos termos dos artigos 26.º e 27.º.

1 – Redacção do art. 1.º da Lei n.º 165/99, de 14 de Setembro.

ARTIGO 34.º – **(Medidas complementares)**

A câmara municipal pode, sempre que se mostre necessário à reconversão da AUGI, aplicar as medidas previstas no Decreto-Lei n.º 804/76, de 6 de Novembro, com as alterações introduzidas pelo Decreto-Lei n.º 90/77, de 9 de Março.

SECÇÃO III – Delimitação da AUGI

ARTIGO 35.º (¹) – **(Pedido de declaração da AUGI)**

1 – Qualquer interessado a que se refere o artigo 9.º pode requerer à câmara municipal a declaração de AUGI ou a sua delimitação, devendo, para o efeito, apresentar a sua proposta e a respectiva justificação.

2 – A câmara municipal aprecia o pedido no prazo de 90 dias.

3 – Na falta de deliberação, o requerente pode pedir no tribunal administrativo de círculo a intimação da câmara para proceder à referida delimitação.

1 – Redacção do art. 1.º da Lei n.º 165/99, de 14 de Setembro.

CAPÍTULO V – Da divisão da coisa comum

ARTIGO 36.º (¹) – **(Modalidades de divisão)**

Os prédios em compropriedade que integrem a AUGI podem ser divididos, em conformidade com o alvará de loteamento ou a planta de síntese do plano de pormenor, por acordo de uso, sem prejuízo do recurso à divisão por escritura pública ou por decisão judicial.

1 – Redacção do art. 1.º da Lei n.º 165/99, de 14 de Setembro.

SECÇÃO I – Divisão por acordo de uso

ARTIGO 37.º (¹) – **(Requisitos)**

1 – A divisão por acordo de uso só é possível quando conste do alvará ou da deliberação municipal que aprove o plano de pormenor que o loteamento corresponde, na sua essência, à situação evidenciada na planta referida na alínea *d*) do n.º 1 do artigo 18.º.

990 VII – Planeamento Urbanístico

2 – Na divisão por acordo de uso, nenhum dos interessados pode levar exclusivamente tornas, salvo se a tal der o seu assentimento expresso em documento autêntico ou autenticado.

1 – Redacção do art. 1.º da Lei n.º 165/99, de 14 de Setembro.

ARTIGO 38.º (¹) – (Divisão)

1 – A divisão por acordo de uso opera-se mediante deliberação da assembleia de comproprietários convocada para o efeito, nos termos da presente lei.

2 – A impugnação da deliberação que haja aprovado o projecto de divisão está sujeita a registo pelo impugnante e restringe-se aos lotes objecto de controvérsia e é também proposta contra os interessados a quem esses lotes estão atribuídos.

3 – O interessado que impugnar judicialmente a deliberação deve apresentar no cartório notarial respectivo e no decurso do prazo de impugnação certidão de teor do articulado ou duplicado deste com nota de entrada na secretaria judicial, sob pena de a realização da escritura de divisão não poder ser recusada com base nessa impugnação.

4 – Decididas as impugnações ou decorrido o prazo para a sua proposição, a comissão de administração outorga escritura na qual declara, em nome de todos os interessados, divididos os lotes nos termos do projecto de divisão aprovado na assembleia e das alterações resultantes das decisões das acções de impugnação, se for esse o caso.

5 – A escritura é realizada no cartório notarial mencionado no n.º 6 do artigo 12.º, sob pena de nulidade.

6 – Sem prejuízo do disposto no artigo 173.º do Código do Notariado, não pode ser recusada a prática do acto com base em irregularidade da convocatória ou da acta da assembleia que não tenha sido objecto de impugnação dos interessados.

7 – Ficam especialmente arquivados os seguintes documentos:

a) Pública-forma da acta da assembleia;

b) Os mencionados no n.º 8 do artigo 11.º;

c) Atestado da junta de freguesia confirmando as afixações legais e que os documentos referidos na alínea anterior estiveram disponíveis para consulta, nos termos estabelecidos nesta lei;

d) Exemplares do jornal onde foram realizadas as publicações legais;

e) Certidões judiciais relativas às eventuais impugnações propostas;

f) Os documentos que tenham sido elaborados nos termos e para os efeitos do n.º 2 do artigo 37.º.

8 – Deve ser integrada na escritura qualquer menção em falta nos documentos arquivados e que constitua requisito especial para efeitos de registo predial.

1 – Redacção do art. 1.º da Lei n.º 165/99, de 14 de Setembro.

ARTIGO 39.º (¹) – (Registo predial)

1 – A assembleia a que se refere o artigo anterior pode ter lugar antes de efectuada no registo predial inscrição do alvará de loteamento.

2 – A deliberação que aprova o acordo de divisão produz efeitos em relação ao comproprietário que tenha inscrito o seu direito após a publicação do aviso convocatório da respectiva assembleia.

1 – Redacção do art. 1.º da Lei n.º 165/99, de 14 de Setembro.

Lei n.º 91/95, de 2 de Setembro

SECÇÃO II – Divisão judicial

ARTIGO 40.º (¹) – (Regime)

As acções de divisão de coisa comum de prédios em regime de compropriedade que integrem uma AUGI regem-se pelas disposições seguintes e, subsidiariamente, pelo disposto no Código de Processo Civil.

1 – Redacção do art. 1.º da Lei n.º 165/99, de 14 de Setembro.

ARTIGO 41.º (¹) – (Processo)

1 – A petição é instruída especialmente com o título de reconversão, o projecto de divisão proposto, o mapa de tornas, se a elas houver lugar, e ainda os documentos que habilitem o tribunal à decisão a que se refere o n.º 2 do artigo 42.º.

2 – Com a petição e contestação são indicados todos os meios de prova.

3 – Os interessados são citados para contestar no prazo de 15 dias, sendo advertidos, no acto de citação, de que a falta de contestação importa a condenação no projecto de divisão proposto.

4 – A citação é efectuada por carta registada com aviso de recepção, presumindo-se que a residência do citando é a que consta da inscrição do seu direito do registo predial.

5 – Se o peso do duplicado da petição inicial e dos documentos que a acompanham exceder o limite estabelecido no regulamento para o serviço público de correios, a citação é acompanhada apenas da petição inicial e é feita com a advertência especial de que os duplicados dos documentos estão à disposição do citando na secretaria.

6 – Sendo devolvida a carta de citação, o tribunal ordena, oficiosamente e sem mais formalidades, a citação edital.

7 – A revelia é operante, independentemente da forma de citação e do valor da causa.

8 – O falecimento em data anterior à propositura da acção de titular de quota indivisa do prédio que continue como tal inscrito no registo predial e a substituição das partes por sucessão na relação substantiva já em litígio seguem também o regime dos n.ᵒˢ 1 e 2 do artigo 271.º do Código de Processo Civil e não determinam a suspensão da instância e a nulidade dos actos subsequentes, sendo a decisão da causa sempre oponível aos herdeiros do falecido.

9 – Se houver contestação, o juiz, produzidas as provas necessárias, profere logo decisão sobre as questões suscitadas pelo pedido de divisão, aplicando-se o disposto no artigo 304.º do Código de Processo Civil; da decisão proferida cabe apelação, que subirá nos próprios autos e com efeito suspensivo.

10 – Decididas as questões suscitadas pelo pedido de divisão, realizar-se-á conferência de interessados para se fazer a adjudicação.

11 – É dispensado o louvado dos peritos para a composição dos quinhões.

12 – As custas do processo são suportadas pelos interessados na proporção do seu direito.

1 – Redacção do art. 1.º da Lei n.º 165/99, de 14 de Setembro.

ARTIGO 42.º – (Conferência de interessados e adjudicação)

1 – A conferência de interessados restringe-se apenas aos lotes objecto de controvérsia.

2 – Na falta de acordo, o juiz adjudica os lotes objecto da conferência segundo juízos de equidade.

ARTIGO 43.º – (Tornas)

1 – As tornas, se a elas houver lugar, são obrigatoriamente depositadas na Caixa Geral de Depósitos, à ordem do tribunal, no prazo de 10 dias após o trânsito em julgado da decisão de adjudicação.

992 VII – Planeamento Urbanístico

2 – O tribunal ordena a inscrição de hipoteca sobre o lote ou lotes que ficam a pertencer ao devedor, para garantia do pagamento das tornas, caso não seja feita a prova do depósito no prazo fixado.

ARTIGO 44.º – (Obrigações fiscais)

1 – O tribunal remete oficiosamente ao chefe da repartição de finanças a lista dos interessados e das quantias de tornas de que sejam devedores.

2 – Os serviços fiscais procedem à liquidação oficiosa do imposto de sisa devido e notificam os sujeitos passivos para a respectiva liquidação no prazo de 30 dias.

3 – ([1]) *Não há lugar à suspensão da instância para o cumprimento das obrigações fiscais referidas neste artigo.*

1 – Revogado pelo art. 4.º da Lei n.º 165/99, de 14 de Setembro.

CAPÍTULO VI – Disposições gerais

ARTIGO 45.º ([1]) – (Loteadores ilegais)

1 – Consideram-se loteadores ilegais os proprietários ou comproprietários que hajam celebrado negócios de venda de parcelas, de quotas indivisas e de promessa de compra e venda com autorização de ocupação, tendo por objecto os prédios integrantes da AUGI, que possibilitaram o seu parcelamento físico.

2 – Nos prédios submetidos a operação de loteamento ilegal presume-se que o loteador ilegal pretendeu integrar no domínio público municipal as áreas que afectou a espaços verdes e de utilização colectiva, infra-estruturas viárias e equipamentos de utilização colectiva.

3 – A presunção a que se refere o número anterior é ilidível judicialmente por acção a intentar pelo loteador ilegal ou o seu sucessor contra a administração conjunta da AUGI no prazo de seis meses contado da data da assembleia a que se refere o n.º 3 do artigo 8.º, sem prejuízo do disposto no número seguinte.

4 – A acção judicial referida no número anterior é intentada contra a câmara municipal no prazo de seis meses contado da data da deliberação referida no n.º 4 do artigo 1.º, se o processo de reconversão urbanística for organizado nos termos da alínea *b*) do n.º 1 do artigo 4.º, na modalidade prevista na alínea *b*) do n.º 1 do artigo 32.º, todos da presente lei.

1 – Redacção do art. 1.º da Lei n.º 165/99, de 14 de Setembro.

ARTIGO 46.º – (Condições mínimas de habitabilidade)

1 – As condições mínimas de habitabilidade são as definidas na Portaria n.º 243/84, de 17 de Abril, ficando os afastamentos mínimos referidos no artigo 73.º do Regulamento Geral das Edificações Urbanas reduzidos a metade, com o mínimo de 1,5 m ao limite de qualquer lote contíguo.

2 – A assembleia municipal, sob proposta da câmara municipal, pode autorizar excepcionalmente a manutenção de construções que não preencham os requisitos previstos no número anterior, mediante aprovação do regulamento municipal.

ARTIGO 47.º – (Arrendamento)

A necessidade de realização de obras de alteração, cominadas pelo título de reconversão da AUGI, não pode em qualquer caso justificar a desocupação das habitações arrendadas, a suspensão do contrato de locação ou o aumento de renda.

Lei n.º 91/95, de 2 de Setembro 993

ARTIGO 48.º (¹) – **(Áreas insusceptíveis de reconversão urbanística)**
1 – Para as áreas insusceptíveis de reconversão urbanística devem ser elaborados no prazo de cinco anos a contar da entrada em vigor da presente lei os estudos de reafectação ao uso previsto no PMOT.

2 – No mesmo prazo a que se refere o número anterior, e em simultâneo com o estudo de reafectação, devem ainda as câmaras municipais proceder ao levantamento exaustivo dos agregados familiares que tenham habitação própria permanente nas edificações a desocupar e a demolir e que têm de ser realojados, devendo no recenseamento, designdamente, prever-se a identificação e localização da edificação a demolir, certificar-se a afectação da mesma a habitação própria e permanente do agregado, a identificação e composição deste último e respectivos rendimentos.

3 – Aprovado o levantamento pelo Instituto Nacional de Habitação (INH), os realojamentos poderão ser efectuados com recurso aos instrumentos ilegais em vigor aplicáveis ao caso, designadamente e em alternativa, através da atribuição pelo município de prioridade nos concursos municipais de habitações a custos controlados para venda ou por via da aplicação do regime constante do Decreto-Lei n.º 226/87, de 6 de Junho, e legislação complementar, para arrendamento em regime de renda apoiada.

4 – A não comprovação da afectação da edificação a demolir a habitação própria e permanente do agregado familiar ou a verificação da existência de outra residência arrendada ou de sua propriedade na mesma comarca ou limítrofe é factor excludente do direito a realojamento.

1 – Redacção do art. 1.º da Lei n.º 165/99, de 14 de Setembro.

ARTIGO 49.º – **(Taxas)**
A assembleia municipal pode aprovar no respectivo regulamento valores especiais para as taxas decorrentes da operação de reconversão.

ARTIGO 50.º (¹) – **(Processo de legalização de construções)**
1 (²) – A legalização das construções existentes fica sujeita ao regime do Decreto-Lei n.º 445/91, de 20 de Novembro, com a redacção dada pelas Leis n.ºs 29/92, de 5 de Setembro, 22/96, de 26 de Julho, e pelo Decreto-Lei n.º 250/94, de 15 de Outubro, sem prejuízo do disposto na presente lei.

2 – O titular do rendimento de construção inscrita na matriz predial tem legitimidade para promover o processo de legalização.

3 – O processo de licenciamento de alterações a construções existentes para a sua conformação com o instrumento de reconversão segue, com as necessárias adaptações, o processo de legalização previsto nos números anteriores.

1 – Redacção do art. 1.º da Lei n.º 165/99, de 14 de Setembro.
2 – O DL n.º 445/91 foi revogado pelo art. 129.º, alínea *a*), do DL n.º 555/99, de 16 de Dezembro.

ARTIGO 51.º (¹) – **(Licenciamento condicionado)**
1 – A câmara municipal pode licenciar condicionadamente a realização de obras particulares conformes com o loteamento desde que:
a) O projecto de construção esteja aprovado;
b) As compartições devidas imputáveis à parcela se achem integralmente satisfeitas.

2 – O licenciamento a que respeita o presente artigo so pode ter lugar quando o requerente invoque e prove a necessidade urgente da construção para habitação própria e permanente.

994　　　　　　　　　　　　　*VII – Planeamento Urbanístico*

3 – A licença de utilização só pode ser emitida após a entrada em vigor do título de reconversão.

1 – Redacção do art. 1.º da Lei n.º 165/99, de 14 de Setembro.

ARTIGO 52.º – **(Embargo e demolição)**

1 – É atribuída competência aos fiscais municipais para determinar o embargo imediato de qualquer construção não licenciada ou autorizada na AUGI.

2 – Para efeitos do disposto no número anterior, o fiscal lavra auto de cujo duplicado faz entrega ao dono da obra ou, na ausência deste, a quem a esteja a executar, com o que se considera efectuada a notificação.

3 – O auto contém obrigatória e expressamennte a identificação do funcionário municipal, das testemunhas e do notificado, a data hora e local da diligência e as razões de facto e de direito que a justificam, a indicação da ordem de suspensão e proibição de prosseguir a obra, bem como das cominações legais para o seu incumprimento.

4 (¹) – Determinado o embargo, pode o presidente da câmara municipal ordenar a demolição da obra, nos termos do Decreto-Lei n.º 445/91, de 29 de Novembro.

5 – O presidente da câmara municipal pode ordenar a demolição imediata sempre que se verifique incumprimento do embargo determinado.

1 – O DL n.º 445/91 foi revogado pelo art. 129.º, *a*), do DL n.º 555/99, de 16 de Dezembro.

ARTIGO 53.º – **(Dispensa de licenciamento de demolição)**

A demolição total de construções para cumprimento de deliberações previstas neste diploma não carece de licenciamento.

ARTIGO 54.º – **(Medidas preventivas)**

1 – São nulos os negócios jurídicos entre vivos de que resultem ou possam vir a resultar a constituição da compropriedade ou a ampliação do número de compartes de prédios rústicos, quando tais actos visem ou deles resulte parcelamento físico em violação ao regime legal dos loteamentos urbanos.

2 – O chefe da repartição de finanças remete obrigatoriamente à câmara municipal e ao Ministério Público a relação mensal dos prédios rústicos relativamente aos quais haja sido pago imposto de sisa devido pela transmissão de quotas indivisas.

3 – Para efeitos de declaração judicial de nulidade, o Ministério Público solicita semestralmente à câmara municipal informação sobre a realidade física dos prédios constantes da relação a que se refere o número anterior.

ARTIGO 55.º (¹) – **(Processos iniciados)**

1 – A presente lei aplica-se aos processos em apreciação à data da sua entrada em vigor, a requerimento dos interessados, aproveitando-se os elementos úteis já existentes.

2 – Aos processos de reconversão em curso à data da entrada em vigor da presente lei a assembleia da administração conjunta referida na alínea *a*) do n.º 2 do artigo 8.º pode mandatar a entidade que vem promovendo a reconversão do prédio para exercer as funções da comissão de administração.

3 (²) – Os titulares dos prédios que tenham sido objecto de loteamento ilegal e que já disponham de alvará de loteamento emitido nos termos do Decreto-Lei n.º 448/91, de 29 de Novembro, podem beneficiar do regime especial de divisão de coisa comum previsto nesta lei.

1 – Redacção do art. 1.º da Lei n.º 165/99, de 14 de Setembro.

2 – O DL n.º 448/91, foi revogado pelo art. 129.º, alínea *b*), do DL n.º 555/99, de 16 de Dezembro.

Lei n.º 91/95, de 2 de Setembro 995

ARTIGO 56.º (¹) – **(Comparticipação nos custos das obras de urbanização)**

1 – O Estado e os municípios podem, mediante contrato de urbanização a celebrar com a comissão, comparticipar na realização das obras de urbanização em termos a regulamentar.

2 – Para pagamento da sua quota-parte, cada proprietário pode recorrer ao regime de crédito bonificado, nos termos do disposto nos Decretos-Leis n.ᵒˢ 349/98, de 11 de Novembro, e 137-B/99, de 22 de Abril, e na Portaria n.º 963/98, de 11 de Novembro.

3 – A concessão do crédito depende do cumprimento integral do disposto nos diplomas referidos no número anterior.

4 – Os juros dos empréstimos bancários contraídos pelos demais proprietários para suportarem os encargos com o processo de reconversão são equiparados, para efeitos das deduções previstas em sede do Código do Imposto sobre o Rendimento das Pessos Singulares, aos encargos com os empréstimos para aquisição de habitação própria.

1 – Redacção do art. 1.º da Lei n.º 165/99, de 14 de Setembro.

ARTIGO 57.º (¹) – **(Prazo de vigência)**

Cessa a aplicação da presente lei às AUGI que não disponham de comissão de administração validamente constituída até 31 de Dezembro de 2002 e de título de reconversão até 31 de Dezembro de 2004.

1 – Redacção do art. 1.º da Lei n.º 165/99, de 14 de Setembro.

DECRETO-LEI N.º 380/99

de 22 de Setembro

Estabelece o regime jurídico dos instrumentos de gestão territorial

Estabelecidas as bases da política de ordenamento do território e de urbanismo pela Lei n.º 48/98, de 11 de Agosto, procede-se, dentro do prazo de um ano estabelecido no artigo 35.º da mesma, à concretização do programa de acção legislativa complementar, definindo-se o regime de coordenação dos âmbitos nacional, regional e municipal do sistema de gestão territorial, o regime geral de uso do solo e o regime de elaboração, aprovação, execução e avaliação dos instrumentos de gestão territorial.

Estabelecem-se igualmente instrumentos operacionais necessários à programação da execução dos planos, bem como mecanismos de compensação de benefícios e encargos entre proprietários afectados pela execução dos planos municipais, dando igualmente cumprimento à exigência de regulamentação complementar, no domínio da política de solos e nos instrumentos de transformação da estrutura fundiária.

O presente diploma procede, assim, à definição do regime aplicável aos instrumentos de gestão territorial criados ou reconduzidos ao sistema pela lei de bases, bem como, no que respeita aos instrumentos já existentes, à revisão dos regimes vigentes.

São delimitadas as responsabilidades do Estado, das autarquias locais e dos particulares relativamente a um modelo de ordenamento do território que assegure o desenvolvimento económico e social e a igualdade entre os Portugueses no acesso aos equipamentos e serviços públicos, num quadro de sustentabilidade dos ecossistemas, de solidariedade intergeracional e de excepcionalidade, face ao desaparecimento de pressão demográfica dos anos 60 e 70, da transformação de solo rural em solo urbano.

Concretiza-se o princípio consagrado na revisão constitucional de 1997, no novo n.º 5 do artigo 65.º, de participação dos interessados na elaboração dos instrumentos de planeamento territorial, quer na vertente da intervenção, assegurada ao longo de todo o procedimento, quer na vertente da divulgação, alargando-se o dever de publicitação, designadamente através da comunicação social, das decisões de desencadear os processos de elaboração, alteração ou revisão, da conclusão das diversas fases e teor dos elementos a submeter a discussão pública, das conclusões desta bem como dos procedimentos de avaliação.

Consagra-se o dever de explicitação, pelos instrumentos de gestão territorial, do respectivo fundamento técnico.

Procede-se à caracterização e definição de regras de tutela dos interesses públicos com expressão territorial, estabelecendo-se como princípios gerais a fundamentação dos critérios utilizados na sua necessária identificação e hierarquização nos instrumentos de gestão territorial que os prosseguem, a explicitação dos efeitos das medidas de protecção neles estabelecidas, graduando a prioridade a conferir àqueles cuja prossecução determine o mais adequado uso do solo em termos ambientais, económicos, sociais e culturais e determinando a dependência da alteração da classificação do solo rural da necessária comprovação da respectiva indispensabilidade económica, social e demográfica.

Desenvolve-se o princípio da organização do sistema de gestão territorial num quadro de interacção coordenada regulando-se formas de coordenação das diversas intervenções públicas com impacte territorial, quer no âmbito de cada uma das pessoas colectivas responsáveis pelas diversas fases do processo de planeamento, quer no âmbito das relações entre as mesmas, estabelecendo-se, relativamente ao Estado e às autarquias locais, o dever de promoção, de forma articulada e garantindo o respeito pelas respectivas atribuições na elaboração dos vários instrumentos e o cumprimento dos limites materiais impostos à intervenção dos diversos órgãos e agentes relativamente ao processo de planeamento nacional, regional e municipal, da política de ordenamento do território.

O reconhecimento da importância decisiva, prenunciada na lei de bases, de uma efectiva coordenação de intervenções, máxime entre as várias entidades públicas intervenientes no processo de planeamento, fundamenta a opção consagrada quanto à configuração do acompanhamento da elaboração dos diversos instrumentos, estabelecendo-se como regra que o mesmo compete a uma comissão mista de coordenação cuja composição deve traduzir a natureza dos interesses a salvaguardar e a relevância das implicações técnicas a considerar bem como regras de funcionamento visando assegurar o contributo do mesmo para uma efectiva consideração, responsabilização e concertação dos interesses relevantes em presença bem como para uma efectiva discussão pública.

Explicitam-se as relações entre os diversos instrumentos, desenvolvendo-se o princípio da necessária compatibilização das respectivas opções.

A disciplina do processo tendente à aprovação dos diversos instrumentos obedece a uma matriz comum: definição sucessiva da respectiva noção, objectivos, conteúdo material e documental, elaboração, acompanhamento, concertação, participação e discussão pública e aprovação.

A natureza estratégica global do programa nacional, instrumento chave na articulação entre as políticas de ordenamento do território e de desenvolvimento económico e social, resulta com clareza da definição do seu conteúdo: materialmente, estabelecerá não apenas as opções e as directrizes relativas à configuração do sistema urbano, das redes, das infra-estruturas e equipamentos de interesse nacional, bem como à salvaguarda e valorização das áreas de interesse nacional em termos ambientais, patrimoniais e de desenvolvimento rural, mas também os princípios e os objectivos assumidos pelo Estado quer quanto à localização de actividades, serviços e investimentos públicos, quer em matéria de qualidade de vida e efectivação dos direitos económicos, sociais, culturais e ambientais, tendo em vista a promoção de uma efectiva equidade territorial.

Do ponto de vista documental, esta estratégia desenvolve-se num relatório, documento prospectivo de definição de cenários de desenvolvimento territorial, a elaborar com base em cenários contrastados, e num programa de acção que, definindo os objectivos a atingir numa perspectiva de médio e longo prazos, traduz o compromisso do Governo, responsável pelo respectivo desenvolvimento e concretização, em matéria de acção legislativa, investimentos públicos e outros instrumentos de natureza fiscal ou financeira para a concretização da política de desenvolvimento territorial, bem como de coordenação (designadamente através da articulação entre programas sectoriais e regionais) entre sectores da administração central e desta com a administração local e as entidades privadas, estabelecendo propostas de cooperação.

À semelhança do estabelecido em matéria de planos sectoriais, prevê-se igualmente a determinação da decisão de elaboração de plano especial por resolução do Conselho de Ministros expli-

Decreto-Lei n.º 380/99, de 22 de Setembro 999

citando a sua finalidade, com menção expressa dos interesses públicos prosseguidos, a especificação dos objectivos a atingir, a indicação da entidade pública responsável pela respectiva elaboração e o respectivo âmbito territorial, com menção expressa das autarquias locais envolvidas.

Atenta a sua directa vinculação dos particulares, optou-se por aproximar a disciplina da discussão pública do estabelecido para o plano director municipal.

O desenvolvimento da orientação definida na lei de bases quanto à nova configuração dos planos regionais de ordenamento do território, instrumentos de definição do quadro estratégico subjacente ao ordenamento do espaço regional e referência para a elaboração dos planos municipais, concretiza-se desde logo na definição dos seus objectivos, nomeadamente explicitando-se a sua articulação com a estratégia regional de desenvolvimento económico e social constante dos correspondentes planos de desenvolvimento regional cujos objectivos o plano regional deverá traduzir espacialmente, equacionando ainda as medidas tendentes à atenuação das assimetrias de desenvolvimento que se verifiquem no âmbito do espaço regional.

Em conformidade com o resultado do referendo realizado em 8 de Novembro de 1998, prevê-se que até à instituição em concreto das regiões administrativas as competências relativas aos planos regionais sejam exercidas pelas comissões de coordenação regional, permitindo-se ainda a possibilidade de, ouvido o conselho da região, proporem ao Governo a estruturação do plano regional em unidades de planeamento susceptíveis de elaboração e aprovação faseadas correspondentes a espaços sub-regionais integrados na respectiva área de actuação.

No que se refere aos planos intermunicipais, de elaboração facultativa, clarificam-se os seus objectivos, prevendo-se que integrem directrizes para o uso integrado do território abrangido e a definição de redes intermunicipais de infra-estruturas, equipamentos, transportes e serviços, bem como de padrões mínimos e objectivos a atingir em matéria de qualidade ambiental, e estabelece-se que a sua elaboração compete aos municípios associados para o efeito ou às associações de municípios, estando a respectiva proposta, à semelhança do previsto para o plano director municipal, igualmente sujeita a parecer da comissão de coordenação regional.

A nova configuração do acompanhamento da elaboração dos planos municipais, quer na vertente da intervenção dos diversos sectores da Administração, quer na previsão da submissão da proposta de plano director municipal a parecer final da comissão de coordenação regional, traduz-se ainda no alargamento do âmbito da ratificação aos casos em que, não obstante a não verificação da devida conformidade:

a) Com o plano regional, o plano director municipal tenha sido objecto de pareceres favoráveis da comissão mista de coordenação e da comissão de coordenação regional;

b) Como o plano sectorial, o plano director municipal tenha sido objecto de parecer favorável da entidade responsável pela elaboração daquele;

c) Como o plano intermunicipal, o plano director municipal tenha sido objecto de pareceres favoráveis da comissão mista de coordenação e da comissão de coordenação regional.

Ainda em matéria de ratificação, estabelece-se a regra da automática revogação das disposições constantes dos instrumentos de gestão territorial pela mesma afectados e a determinação do seu carácter excepcional após a aprovação do programa nacional e dos novos planos regionais, ocorrendo então apenas a solicitação da câmara municipal ou quando no âmbito do procedimento de elaboração e aprovação for suscitada a violação de disposições legais e regulamentares ou a incompatibilidade com instrumentos de gestão territorial eficazes.

Na regulamentação do plano de pormenor, procura-se clarificar e desenvolver o seu carácter operativo, nomeadamente aditando-se ao seu conteúdo material, entre outros elementos, a definição da situação fundiária da área de aplicação, prevendo-se a possibilidade de, por deliberação da câmara municipal, adoptar modalidades simplificadas.

A dinâmica dos instrumentos de gestão territorial estrutura-se em torno do conceito central de alteração, estabelecendo-se que a mesma pode decorrer, para além da entrada em vigor de leis ou regulamentos que colidam com as respectivas disposições ou estabeleçam servidões administrativas ou restrições de utilidade pública que as afectem, da evolução das perspectivas de desenvolvimento económico e social que lhes estão subjacentes e, nos casos de plano regional, sectorial e intermunicipal, ainda da ratificação de planos municipais ou aprovação de planos especiais que com eles não se conformem.

Atenta a natureza da vinculação dos planos especiais e municipais e o consequente acréscimo da relevância da salvaguarda dos princípios da estabilidade do planeamento e da segurança jurídica, estabelece-se um período de três anos após a respectiva entrada em vigor durante o qual apenas poderão ser objecto de alteração em circunstâncias excepcionais, por força da entrada em vigor de leis ou regulamentos ou para introdução de meros ajustamentos de natureza técnica, estando, nos dois últimos casos, sujeita a um procedimento simplificado e célere, igualmente sujeito a publicidade.

O conceito de revisão é reservado para os planos especiais e municipais, estabelecendo-se que a mesma pode decorrer da necessidade de adequação à evolução, a médio e longo prazos, das condições que determinaram a respectiva elaboração tendo em conta os relatórios de avaliação da sua execução, ou ainda da respectiva suspensão e consequente necessidade de adequação à prossecução dos interesses públicos que a determinaram, a qual apenas poderá ocorrer, à excepção da decorrente de situações de suspensão, após o referido período de três anos.

As medidas cautelares são circunscritas às medidas preventivas, que se destinam a evitar a alteração das circunstâncias e das condições de facto existentes que possa limitar a liberdade de planeamento ou comprometer ou tornar mais onerosa a execução do plano, podendo ser estabelecidas em área para a qual tenha sido decidida não apenas a elaboração ou suspensão mas também a alteração ou revisão de plano municipal de ordenamento do território, e à suspensão dos procedimentos de informação prévia, de licenciamento e de autorização, a partir da data fixada para o início da discussão pública e até à data da entrada em vigor do plano municipal ou especial ou sua revisão.

A opção pela eliminação da figura das normas provisórias fundamenta-se essencialmente na actual cobertura quase total do País por planos directores municipais eficazes, não se justificando assim a necessidade de ultrapassar as dificuldades resultantes da morosidade do processo de planeamento que subjaz à admissibilidade da aplicação antecipada do plano que tais medidas consubstanciam e a manutenção de um mecanismo que consagra, ainda que provisoriamente, opções de planeamento sem submissão a discussão pública.

Na disciplina das medidas preventivas esclarece-se a necessidade de demonstração da verificação do princípio da necessidade no seu estabelecimento, determinando-se que o mesmo deve não apenas demonstrar a respectiva necessidade mas também esclarecer as vantagens e os inconvenientes de ordem económica, técnica e social decorrentes da sua adopção.

Inovação significativa é ainda a previsão de direito à indemnização decorrente da adopção de medidas preventivas nas seguintes situações:

a) Quando comportem, durante a sua vigência, uma restrição ou supressão substancial de direitos de uso do solo preexistentes e juridicamente consolidados, designadamente mediante licença ou autorização;

b) Quando a mesma ocorra dentro do prazo de quatro anos após a caducidade de medidas preventivas anteriores, correspondendo o valor da indemnização ao prejuízo efectivo provocado à pessoa em causa em virtude de ter estado provisoriamente impedida de utilizar o seu solo para a finalidade para ele admitida.

Decreto-Lei n.º 380/99, de 22 de Setembro

Desenvolvendo o princípio, estabelecido na lei de bases, de execução coordenada e programada do planeamento territorial, o projecto pretende estabelecer um sistema que prossiga, ao nível da execução, os objectivos de programação e coordenação das actuações da Administração, assegurando a colaboração entre entidades públicas e particulares e a justa repartição de benefícios e encargos pelos proprietários abrangidos.

A execução desenvolve-se no âmbito de unidades a delimitar para o efeito pela câmara municipal, por iniciativa própria ou a requerimento dos proprietários interessados, as quais devem integrar as áreas a afectar a espaços públicos ou equipamentos. Da opção pela submissão a apreciação pública das opções de planeamento decorre a previsão de discussão pública, em termos análogos aos previstos para a apreciação dos planos de pormenor (submissão à apreciação das entidades públicas relevantes e dos representantes dos interesses económicos, sociais, culturais e ambientais a salvaguardar), prévia à aprovação de tais unidades de execução quando as mesmas correspondam a áreas não abrangidas por plano de pormenor.

Neste âmbito, prevêem-se três sistemas através dos quais a execução pode concretizar-se: o sistema de compensação, no qual a iniciativa pertence aos particulares; o sistema de cooperação, no qual a iniciativa pertence ao município, e o sistema de imposição administrativa, no qual a iniciativa e a respectiva concretização cabem ao município, actuando directamente ou através de concessão de urbanização, necessariamente precedida de concurso público.

A concretização do princípio da perequação compensatória dos benefícios e encargos decorrentes dos instrumentos de gestão territorial vinculativos dos particulares traduz-se no estabelecimento do dever de previsão nos mesmos de mecanismos que a assegurem, a aplicar no âmbito de plano de pormenor ou de unidade de execução, prevendo-se, a título exemplificativo, os seguintes:

a) A fixação de um índice médio de utilização, nos termos do qual o plano fixa um direito abstracto de construir correspondente a uma edificabilidade média, resultando o direito concreto de construir dos actos de licenciamento das operações urbanísticas e de cujo excesso decorre para o proprietário o dever de cedência para o domínio privado do município de área com a possibilidade construtiva em excesso ou, na situação inversa, o direito a adequada compensação (designadamente através de desconto nas taxas urbanísticas ou aquisição, pelo município, da parte do terreno com menor capacidade edificatória), a combinar com a fixação de uma área de cedência média, da qual decorre, para o proprietário em causa, o dever de compensação ao município, em numerário ou em espécie, a fixar em regulamento municipal, ou o direito de ser compensado, consoante se verifique, na determinação em concreto, que a área de cedência efectiva lhe é inferior ou superior, respectivamente, podendo esta compensação realizar-se ainda entre particulares;

b) A repartição dos custos de urbanização, estabelecendo-se um dever de comparticipação nos mesmos a determinar em função do tipo ou intensidade de aproveitamento urbanístico estabelecidos pelo plano ou da superfície do lote ou parcela, susceptível de pagamento, por acordo entre os proprietários interessados, mediante a cedência ao município de lotes ou parcelas com capacidade edificatória de valor equivalente.

Pretende-se, assim, garantir a concretização de uma efectiva perequação de benefícios e encargos decorrentes do plano sem, contudo, coarctar a liberdade de criação, pelos municípios, de outros mecanismos susceptíveis de prosseguir tal objectivo.

Nos casos em que a compensação não se mostre possível, estabelece-se ainda o dever de indemnização de situações designadas pela doutrina como «expropriações do plano», correspondentes a restrições singulares às possibilidades objectivas de aproveitamento do solo preexistentes e juridicamente consolidadas que determinem uma restrição significativa na sua utili-

1002   *VII – Planeamento Urbanístico*

zação de efeitos equivalentes a uma expropriação, a suportar pela entidade responsável pela aprovação do instrumento de gestão territorial vinculativo dos particulares de que resultem.

Em matéria de avaliação dos instrumentos de gestão territorial, desenvolvem-se as formas de acompanhamento permanente, prevendo-se ao nível da avaliação técnica a criação de um observatório, a criar no âmbito do MEPAT, integrando um grupo de peritos constituído por especialistas no domínio do ordenamento do território, ao qual competirá a criação e o desenvolvimento de um sistema nacional de dados sobre o território e a elaboração de relatórios periódicos sobre a concretização das orientações do programa nacional e em particular sobre a articulação entre as acções sectoriais, bem como a possibilidade de recurso à avaliação por entidades independentes, designadamente instituições universitárias ou científicas nacionais com prática de investigação relevante neste domínio.

Procura-se igualmente relacionar a dinâmica dos instrumentos de gestão com a respectiva avaliação, explicitando-se que da mesma pode resultar a fundamentação de propostas de alteração quer do plano quer dos respectivos mecanismos de execução.

Na regulamentação dos relatórios sobre o estado do ordenamento do território, previstos na lei de bases, procura-se articular as vertentes técnica e política da avaliação do sistema, determinando-se que os mesmos devem traduzir não apenas o balanço da execução dos instrumentos mas também os níveis de coordenação interna e externa obtidos.

Finalmente, estabelecem-se regras de transição entre sistemas de planeamento e de sucessão de leis no tempo.

Foram ouvidos os órgãos de governo próprio das Regiões Autónomas e a Associação Nacional de Municípios Portugueses.

Assim:

No desenvolvimento do regime jurídico estabelecido pela Lei n.º 48/98, de 11 de Agosto, e nos termos da alínea *c*) do n.º 1 do artigo 198.º da Constituição, o Governo decreta o seguinte:

CAPÍTULO I – **Disposições gerais**

SECÇÃO I – **Disposições gerais**

ARTIGO 1.º – **Objecto**

O presente diploma desenvolve as bases da política de ordenamento do território e de urbanismo, definindo o regime de coordenação dos âmbitos nacional, regional e municipal do sistema de gestão territorial, o regime geral de uso do solo e o regime de elaboração, aprovação, execução e avaliação dos instrumentos de gestão territorial.

ARTIGO 2.º – **Sistema de gestão territorial**

1 – A política de ordenamento do território e de urbanismo assenta no sistema de gestão territorial, que se organiza, num quadro de interacção coordenada, em três âmbitos:

a) O âmbito nacional;

b) O âmbito regional;

c) O âmbito municipal.

2 – O âmbito nacional é concretizado através dos seguintes instrumentos:

a) O programa nacional da política de ordenamento do território;

b) Os planos sectoriais com incidência territorial;

Decreto-Lei n.º 380/99, de 22 de Setembro 1003

c) Os planos especiais de ordenamento do território, compreendendo os planos de ordenamento de áreas protegidas, os planos de ordenamento de albufeiras de águas públicas e os planos de ordenamento da orla costeira.

3 – O âmbito regional é concretizado através dos planos regionais de ordenamento do território.

4 – O âmbito municipal é concretizado através dos seguintes instrumentos:

a) Os planos intermunicipais de ordenamento do território;

b) Os planos municipais de ordenamento do território, compreendendo os planos directores municipais, os planos de urbanização e os planos de pormenor.

ARTIGO 3.º – **Vinculação jurídica**

1 – O programa nacional da política de ordenamento do território, os planos sectoriais com incidência territorial, os planos regionais de ordenamento do território e os planos intermunicipais de ordenamento do território vinculam as entidades públicas.

2 – Os planos municipais de ordenamento do território e os planos especiais de ordenamento do território vinculam as entidades públicas e ainda directa e imediatamente os particulares.

ARTIGO 4.º – **Fundamento técnico**

Os instrumentos de gestão territorial devem explicitar, de forma racional e clara, os fundamentos das respectivas previsões, indicações e determinações, a estabelecer com base no conhecimento sistematicamente adquirido:

a) Das características físicas, morfológicas e ecológicas do território;

b) Dos recursos naturais e do património arquitectónico e arqueológico;

c) Da dinâmica demográfica e migratória;

d) Das transformações económicas, sociais, culturais e ambientais;

e) Das assimetrias regionais e das condições de acesso às infra-estruturas, aos equipamentos, aos serviços e às funções urbanas.

ARTIGO 5.º – **Direito à informação**

1 – Todos os interessados têm direito a ser informados sobre a elaboração, aprovação, acompanhamento, execução e avaliação dos instrumentos de gestão territorial.

2 – O direito à informação referido no número anterior compreende as faculdades de:

a) Consultar os diversos processos acedendo, designadamente, aos estudos de base e outra documentação, escrita e desenhada, que fundamentem as opções estabelecidas;

b) Obter cópias de actas de reuniões deliberativas e certidões dos instrumentos aprovados;

c) Obter informações sobre as disposições constantes de instrumentos de gestão territorial bem como conhecer as condicionantes e as servidões aplicáveis ao uso do solo.

3 – As entidades responsáveis pela elaboração e pelo registo dos instrumentos de gestão territorial devem criar e manter actualizado um sistema que assegure o exercício do direito à informação, designadamente através do recurso a meios informáticos.

ARTIGO 6.º – **Direito de participação**

1 – Todos os cidadãos bem como as associações representativas dos interesses económicos, sociais, culturais e ambientais têm o direito de participar na elaboração, alteração, revisão, execução e avaliação dos instrumentos de gestão territorial.

2 – O direito de participação referido no número anterior compreende a possibilidade de formulação de sugestões e pedidos de esclarecimento ao longo dos procedimentos de elabora-

1004   *VII – Planeamento Urbanístico*

ção, alteração, revisão, execução e avaliação, bem como a intervenção na fase de discussão pública que precede obrigatoriamente a aprovação.

3 – As entidades públicas responsáveis pela elaboração, alteração, revisão, execução e avaliação dos instrumentos de gestão territorial divulgam, designadamente através da comunicação social:

a) A decisão de desencadear o processo de elaboração, alteração ou revisão, identificando os objectivos a prosseguir;

b) A conclusão da fase de elaboração, alteração ou revisão, bem como o teor dos elementos a submeter a discussão pública;

c) A abertura e a duração da fase de discussão pública;

d) As conclusões da discussão pública;

e) Os mecanismos de execução utilizados no âmbito dos instrumentos de gestão territorial;

f) O início e as conclusões dos procedimentos de avaliação.

4 – As entidades referidas no número anterior estão sujeitas ao dever de ponderação das propostas apresentadas, bem como de resposta fundamentada aos pedidos de esclarecimento formulados.

ARTIGO 7.° – **Garantias dos particulares**

1 – No âmbito dos instrumentos de gestão territorial são reconhecidas aos interessados as garantias gerais dos administrados previstas no Código do Procedimento Administrativo e no regime de participação procedimental, nomeadamente:

a) O direito de acção popular;

b) O direito de apresentação de queixa ao Provedor de Justiça;

c) O direito de apresentação de queixa ao Ministério Público.

2 – No âmbito dos planos municipais de ordenamento do território e dos planos especiais de ordenamento do território é ainda reconhecido aos particulares o direito de promover a sua impugnação directa.

SECÇÃO II – **Interesses públicos com expressão territorial**

SUBSECÇÃO I – **Harmonização dos interesses**

ARTIGO 8.° – **Princípios gerais**

1 – Os instrumentos de gestão territorial identificam os interesses públicos prosseguidos, justificando os critérios utilizados na sua identificação e hierarquização.

2 – Os instrumentos de gestão territorial asseguram a harmonização dos vários interesses públicos com expressão espacial, tendo em conta as estratégias de desenvolvimento económico e social, bem como a sustentabilidade e a solidariedade intergeracional na ocupação e utilização do território.

3 – Os instrumentos de gestão territorial devem estabelecer as medidas de tutela dos interesses públicos prosseguidos e explicitar os respectivos efeitos, designadamente quando essas medidas condicionem a acção territorial de entidades públicas ou particulares.

4 – As medidas de protecção dos interesses públicos estabelecidas nos instrumentos de gestão territorial constituem referência na adopção de quaisquer outros regimes de salvaguarda.

Decreto-Lei n.º 380/99, de 22 de Setembro 1005

ARTIGO 9.º – **Graduação**

1 – Nas áreas territoriais em que convirjam interesses públicos entre si incompatíveis deve ser dada prioridade àqueles cuja prossecução determine o mais adequado uso do solo, em termos ambientais, económicos, sociais e culturais.

2 – Exceptuam-se do disposto no número anterior os interesses respeitantes à defesa nacional, à segurança, à saúde pública e à protecção civil, cuja prossecução tem prioridade sobre os demais interesses públicos.

3 – A alteração da classificação do solo rural para solo urbano depende da comprovação da respectiva indispensabilidade económica, social e demográfica.

ARTIGO 10.º – **Identificação dos recursos territoriais**

Os instrumentos de gestão territorial identificam:

a) As áreas afectas à defesa nacional, segurança e protecção civil;

b) Os recursos e valores naturais;

c) As áreas agrícolas e florestais;

d) A estrutura ecológica;

e) O património arquitectónico e arqueológico;

f) As redes de acessibilidades;

g) As redes de infra-estruturas e equipamentos colectivos;

h) O sistema urbano;

i) A localização e a distribuição das actividades económicas.

ARTIGO 11.º – **Defesa nacional, segurança e protecção civil**

1 – Sempre que não haja prejuízo para os interesses do Estado, as redes de estruturas, infra-estruturas e sistemas indispensáveis à defesa nacional são identificadas nos instrumentos de gestão territorial, nos termos a definir através de diploma próprio.

2 – O conjunto dos equipamentos, infra-estruturas e sistemas que asseguram a segurança e protecção civil é identificado nos instrumentos de gestão territorial.

ARTIGO 12.º – **Recursos e valores naturais**

1 – Os instrumentos de gestão territorial identificam os recursos e valores naturais, os sistemas indispensáveis à utilização sustentável do território, bem como estabelecem as medidas básicas e os limiares de utilização que garantem a renovação e valorização do património natural.

2 – Os instrumentos de gestão territorial procedem à identificação de recursos territoriais com relevância estratégica para a sustentabilidade ambiental e a solidariedade intergeracional, designadamente:

a) Orla costeira e zonas ribeirinhas;

b) Albufeiras de águas públicas;

c) Áreas protegidas;

d) Rede hidrográfica;

e) Outros recursos territoriais relevantes para a conservação da natureza e da biodiversidade.

3 – Para efeitos do disposto nos números anteriores:

a) O programa nacional da política de ordenamento do território, os planos regionais, os planos intermunicipais de ordenamento do território e os planos sectoriais relevantes definirão os princípios e directrizes que concretizam as orientações políticas relativas à protecção dos recursos e valores naturais;

1006   *VII – Planeamento Urbanístico*

b) Os planos municipais de ordenamento do território estabelecerão, no quadro definido pelos instrumentos de gestão territorial cuja eficácia condicione o respectivo conteúdo, os parâmetros de ocupação e de utilização do solo adequados à salvaguarda e valorização dos recursos e valores naturais;

c) Os planos especiais de ordenamento do território estabelecerão usos preferenciais, condicionados e interditos, determinados por critérios de conservação da natureza e da biodiversidade, por forma a compatibilizá-la com a fruição pelas populações.

ARTIGO 13.° – **Áreas agrícolas e florestais**

1 – Os instrumentos de gestão territorial identificam as áreas afectas a usos agro-florestais, bem como as áreas fundamentais para a valorização da diversidade paisagística, designadamente as áreas de reserva agrícola.

2 – Os instrumentos de gestão territorial, designadamente através do programa nacional da política de ordenamento do território, dos planos regionais, dos planos intermunicipais de ordenamento do território e dos planos sectoriais relevantes, estabelecem os objectivos e as medidas indispensáveis ao adequado ordenamento agrícola e florestal do território, nomeadamente à valorização da sua fertilidade, equacionando as necessidades actuais e futuras.

3 – A afectação, pelos instrumentos de gestão territorial, das áreas referidas no número anterior a utilizações diversas da exploração agrícola, florestal ou pecuária tem carácter excepcional, sendo admitida apenas quando tal for comprovadamente necessário.

ARTIGO 14.° – **Estrutura ecológica**

1 – Os instrumentos de gestão territorial identificam as áreas, valores e sistemas fundamentais para a protecção e valorização ambiental dos espaços rurais e urbanos, designadamente as áreas de reserva ecológica.

2 – O programa nacional da política de ordenamento do território, os planos regionais, os planos intermunicipais de ordenamento do território e os planos sectoriais relevantes definirão os princípios, as directrizes e as medidas que concretizam as orientações políticas relativas às áreas de protecção e valorização ambiental que garantem a salvaguarda dos ecossistemas e a intensificação dos processos biofísicos.

3 – Os planos municipais de ordenamento do território estabelecerão, no quadro definido pelos instrumentos de gestão territorial cuja eficácia condicione o respectivo conteúdo, os parâmetros de ocupação e de utilização do solo assegurando a compatibilização das funções de protecção, regulação e enquadramento com os usos produtivos, o recreio e o bem-estar das populações.

ARTIGO 15.° – **Património arquitectónico e arqueológico**

1 – Os elementos e conjuntos construídos que representam testemunhos da história da ocupação e do uso do território e assumem interesse relevante para a memória e a identidade das comunidades são identificados nos instrumentos de gestão territorial.

2 – Os instrumentos de gestão territorial, designadamente através do programa nacional da política de ordenamento do território, dos planos regionais e planos intermunicipais de ordenamento do território e dos planos sectoriais relevantes, estabelecem as medidas indispensáveis à protecção e valorização daquele património, acautelando o uso dos espaços envolventes.

3 – No quadro definido por lei e pelos instrumentos de gestão territorial cuja eficácia condicione o respectivo conteúdo, os planos municipais de ordenamento do território estabelecerão os parâmetros urbanísticos aplicáveis e a delimitação de zonas de protecção.

ARTIGO 16.° – Redes de acessibilidades

1 – As redes rodoviária e ferroviária nacionais, as estradas regionais, os portos e aeroportos, bem como a respectiva articulação com as redes locais de acessibilidades, são identificados nos instrumentos de gestão territorial.

2 – Para efeitos do disposto no número anterior, as entidades responsáveis pelos vários âmbitos de intervenção devem estabelecer procedimentos de informação permanentes que garantam a coerência das opções definidas pelo programa nacional da política de ordenamento do território, pelos planos regionais e planos intermunicipais de ordenamento do território, pelos planos sectoriais relevantes e pelos planos municipais de ordenamento do território.

ARTIGO 17.° – Redes de infra-estruturas e equipamentos colectivos

1 – As redes de infra-estruturas e equipamentos de nível fundamental que promovem a qualidade de vida, apoiam a actividade económica e asseguram a optimização do acesso à cultura, à educação e à formação, à justiça, à saúde, à segurança social, ao desporto e ao lazer são identificadas nos instrumentos de gestão territorial.

2 – Para efeitos do disposto no número anterior, o programa nacional da política de ordenamento do território, os planos regionais e os planos intermunicipais de ordenamento do território, os planos sectoriais relevantes e os planos municipais de ordenamento do território definirão uma estratégia coerente de instalação, de conservação e de desenvolvimento daquelas infra-estruturas ou equipamentos, considerando as necessidades sociais e culturais da população e as perspectivas de evolução económico-social.

ARTIGO 18.° – Sistema urbano

1 – Os instrumentos de gestão territorial estabelecem os objectivos quantitativos e qualitativos que asseguram a coerência do sistema urbano e caracterizam a estrutura do povoamento.

2 – Para efeitos do disposto no número anterior:

a) O programa nacional da política de ordenamento do território, os planos regionais, os planos intermunicipais de ordenamento do território e os planos sectoriais relevantes definirão os princípios e directrizes que concretizam as orientações políticas relativas à distribuição equilibrada das funções de habitação, trabalho e lazer, bem como à optimização de equipamentos e infra-estruturas;

b) Os planos municipais de ordenamento do território estabelecerão, no quadro definido pelos instrumentos de gestão territorial cuja eficácia condicione o respectivo conteúdo, os parâmetros de ocupação e de utilização do solo adequados à concretização do modelo do desenvolvimento urbano adoptado.

ARTIGO 19.° – Localização e distribuição das actividades económicas

1 – A localização e a distribuição das actividades industriais, turísticas, de comércio e de serviços são identificadas nos instrumentos de gestão territorial.

2 – O programa nacional da política de ordenamento do território, os planos regionais, os planos intermunicipais de ordenamento do território e os planos sectoriais relevantes definirão os princípios e directrizes subjacentes:

a) À localização dos espaços industriais, compatibilizando a racionalidade económica com a equilibrada distribuição de usos e funções no território e com a qualidade ambiental;

b) À estratégia de localização, instalação e desenvolvimento de espaços turísticos comerciais e de serviços, compatibilizando o equilíbrio urbano e a qualidade ambiental com a criação de oportunidades de emprego e a equilibrada distribuição de usos e funções no território.

1008   *VII – Planeamento Urbanístico*

3 – Os planos municipais de ordenamento do território estabelecerão, no quadro definido pelos instrumentos de gestão territorial cuja eficácia condicione o respectivo conteúdo, os parâmetros de ocupação e de utilização do solo, para os fins relativos à localização e distribuição das actividades económicas.

SUBSECÇÃO II – Coordenação das intervenções

ARTIGO 20.º – Princípio geral

1 – A articulação das estratégias de ordenamento territorial determinadas pela prossecução dos interesses públicos com expressão territorial impõe ao Estado e às autarquias locais o dever de coordenação das respectivas intervenções em matéria de gestão territorial.

2 – A elaboração, aprovação, alteração, revisão, execução e avaliação dos instrumentos de gestão territorial obriga a identificar e a ponderar, nos diversos âmbitos, os planos, programas e projectos, designadamente da iniciativa da Administração Pública, com incidência na área a que respeitam, considerando os que já existam e os que se encontrem em preparação, por forma a assegurar as necessárias compatibilizações.

ARTIGO 21.º – Coordenação interna

1 – As entidades responsáveis pela elaboração, aprovação, alteração, revisão, execução e avaliação dos instrumentos de gestão territorial devem assegurar, nos respectivos âmbitos de intervenção, a necessária coordenação entre as diversas políticas com incidência territorial e a política de ordenamento do território e urbanismo, mantendo uma estrutura orgânica e funcional apta a prosseguir uma efectiva articulação no exercício das várias competências.

2 – A coordenação das políticas nacionais consagradas no programa nacional da política de ordenamento do território, nos planos sectoriais e nos planos especiais de ordenamento do território incumbe ao Governo.

3 – A coordenação das políticas regionais consagradas nos planos regionais de ordenamento do território incumbe às comissões de coordenação regional até à instituição em concreto das regiões administrativas.

4 – A coordenação das políticas municipais consagradas nos planos intermunicipais e municipais de ordenamento do território incumbe às associações de municípios e às câmaras municipais.

ARTIGO 22.º – Coordenação externa

1 – A elaboração, a aprovação, a alteração, a revisão, a execução e a avaliação dos instrumentos de gestão territorial requerem uma adequada coordenação das políticas nacionais, regionais e municipais com incidência territorial.

2 – O Estado e as autarquias locais têm o dever de promover, de forma articulada entre si, a política de ordenamento do território, garantindo, designadamente:

a) O respeito pelas respectivas atribuições na elaboração dos instrumentos de gestão territorial nacionais, regionais e municipais;

b) O cumprimento dos limites materiais impostos à intervenção dos diversos órgãos e agentes relativamente ao processo de planeamento nacional, regional e municipal;

c) A definição, em função das estruturas orgânicas e funcionais, de um modelo de interlocução que permita uma interacção coerente em matéria de gestão territorial.

CAPÍTULO II – Sistema de gestão territorial

SECÇÃO I – Relação entre os instrumentos de gestão territorial

ARTIGO 23.° – **Relação entre os instrumentos de âmbito nacional e regional**

1 – O programa nacional da política de ordenamento do território, os planos sectoriais, os planos especiais de ordenamento do território e os planos regionais de ordenamento do território traduzem um compromisso recíproco de compatibilização das respectivas opções.

2 – O programa nacional da política de ordenamento do território, os planos sectoriais e os planos regionais de ordenamento do território estabelecem os princípios e as regras orientadoras da disciplina a definir por novos planos especiais de ordenamento do território, salvo o disposto no n.° 2 do artigo 25.°

3 – O programa nacional da política de ordenamento do território implica a alteração dos planos especiais de ordenamento do território que com o mesmo não se compatibilizem.

4 – A elaboração dos planos sectoriais é condicionada pelas orientações definidas no programa nacional da política de ordenamento do território que desenvolvem e concretizam, devendo assegurar a necessária compatibilização com os planos regionais de ordenamento do território.

5 – Os planos regionais de ordenamento do território integram as opções definidas pelo programa nacional da política de ordenamento do território e pelos planos sectoriais preexistentes.

6 – Quando sobre a mesma área territorial incida mais do que um plano sectorial ou mais do que um plano especial, o plano posterior deve indicar expressamente quais as normas do plano preexistente que revoga, sob pena de invalidade por violação deste.

ARTIGO 24.° – **Relação entre os instrumentos de âmbito nacional ou regional e os instrumentos de âmbito municipal**

1 – O programa nacional da política de ordenamento do território e os planos regionais definem o quadro estratégico a desenvolver pelos planos municipais de ordenamento do território e, quando existam, pelos planos intermunicipais de ordenamento do território.

2 – Nos termos do número anterior, os planos municipais de ordenamento do território definem a política municipal de gestão territorial de acordo com as directrizes estabelecidas pelo programa nacional da política de ordenamento do território, pelos planos regionais de ordenamento do território e, sempre que existam, pelos planos intermunicipais de ordenamento do território.

3 – Os planos municipais de ordenamento do território e, quando existam, os planos intermunicipais de ordenamento do território, devem acautelar a programação e a concretização das políticas de desenvolvimento económico e social e de ambiente, com incidência espacial, promovidas pela administração central, através dos planos sectoriais.

4 – Os planos especiais de ordenamento do território prevalecem sobre os planos intermunicipais de ordenamento do território, quando existam, e sobre os planos municipais de ordenamento do território.

ARTIGO 25.° – **Actualização dos planos**

1 – Os planos sectoriais e os planos regionais de ordenamento do território devem indicar quais as formas de adaptação dos planos especiais e dos planos municipais de ordenamento do território preexistentes determinadas pela sua aprovação.

1010   *VII – Planeamento Urbanístico*

2 – Quando procedam à alteração de plano especial anterior ou contrariem plano sectorial ou regional de ordenamento do território preexistente, os planos especiais de ordenamento do território devem indicar expressamente quais as normas daqueles que revogam ou alteram.

3 – Na ratificação de planos municipais de ordenamento do território devem ser expressamente indicadas quais as normas dos instrumentos de gestão territorial preexistentes que revogam ou alteram.

SECÇÃO II – Âmbito nacional

SUBSECÇÃO I – Programa nacional da política de ordenamento do território

ARTIGO 26.º – Noção

O programa nacional da política de ordenamento do território estabelece as grandes opções com relevância para a organização do território nacional, consubstancia o quadro de referência a considerar na elaboração dos demais instrumentos de gestão territorial e constitui um instrumento de cooperação com os demais Estados membros para a organização do território da União Europeia.

ARTIGO 27.º – Objectivos

O programa nacional da política de ordenamento do território visa:

a) Definir o quadro unitário para o desenvolvimento territorial integrado, harmonioso e sustentável do País, tendo em conta a identidade própria das suas diversas parcelas e a sua inserção no espaço da União Europeia;

b) Garantir a coesão territorial do País atenuando as assimetrias regionais e garantindo a igualdade de oportunidades;

c) Estabelecer a tradução espacial das estratégias de desenvolvimento económico e social;

d) Articular as políticas sectoriais com incidência na organização do território;

e) Racionalizar o povoamento, a implantação de equipamentos estruturantes e a definição das redes;

f) Estabelecer os parâmetros de acesso às funções urbanas e às formas de mobilidade;

g) Definir os princípios orientadores da disciplina de ocupação do território.

ARTIGO 28.º – Conteúdo material

1 – O programa nacional da política de ordenamento do território, concretizando as opções definidas no plano nacional de desenvolvimento económico e social, define um modelo de organização espacial que estabelece:

a) As opções e as directrizes relativas à conformação do sistema urbano, das redes, das infra-estruturas e equipamentos de interesse nacional, bem como à salvaguarda e valorização das áreas de interesse nacional em termos ambientais, patrimoniais e de desenvolvimento rural;

b) Os objectivos e os princípios assumidos pelo Estado, numa perspectiva de médio e de longo prazos, quanto à localização das actividades, dos serviços e dos grandes investimentos públicos;

c) Os padrões mínimos e os objectivos a atingir em matéria de qualidade de vida e de efectivação dos direitos económicos, sociais, culturais e ambientais;

d) Os objectivos qualitativos e quantitativos a atingir em matéria de estruturas de povoamento, bem como de implantação de infra-estruturas e de equipamentos estruturantes;

Decreto-Lei n.º 380/99, de 22 de Setembro 1011

e) As orientações para a coordenação entre as políticas de ordenamento do território e de desenvolvimento regional, em particular para as áreas em que as condições de vida ou a qualidade do ambiente sejam inferiores à média nacional;

f) Os mecanismos de articulação entre as políticas de ordenamento do território e de ambiente que assegurem as condições necessárias à concretização de uma estratégia de desenvolvimento sustentável e de utilização parcimoniosa dos recursos naturais;

g) As medidas de coordenação dos planos sectoriais com incidência territorial.

2 – O programa nacional da política de ordenamento do território pode estabelecer directrizes aplicáveis a determinado tipo de áreas ou de temáticas com incidência territorial, visando assegurar a igualdade de regimes e a coerência na sua observância pelos demais instrumentos de gestão territorial.

ARTIGO 29.º – **Conteúdo documental**

1 – O programa nacional da política de ordenamento do território é constituído por um relatório e um programa de acção.

2 – O relatório define cenários de desenvolvimento territorial e fundamenta as orientações estratégicas, as opções e as prioridades da intervenção político-administrativa em matéria de ordenamento do território, sendo acompanhado por peças gráficas ilustrativas do modelo de organização espacial estabelecido.

3 – O programa de acção estabelece:

a) Os objectivos a atingir numa perspectiva de médio e de longo prazos;

b) Os compromissos do Governo em matéria de medidas legislativas, de investimentos públicos ou de aplicação de outros instrumentos de natureza fiscal ou financeira, para a concretização da política de desenvolvimento territorial;

c) As propostas do Governo para a cooperação neste domínio com as autarquias locais e as entidades privadas, incluindo o lançamento de programas de apoio específicos;

d) As condições de realização dos programas de acção territorial previstos no artigo 17.º da lei de bases da política de ordenamento do território e de urbanismo;

e) A identificação dos meios de financiamento das acções propostas.

ARTIGO 30.º – **Elaboração**

1 – A elaboração do programa nacional da política de ordenamento do território compete ao Governo, sob coordenação do Ministro do Equipamento, do Planeamento e da Administração do Território.

2 – A elaboração do programa nacional da política de ordenamento do território é determinada por resolução do Conselho de Ministros, da qual devem nomeadamente constar:

a) Os princípios orientadores do programa nacional da política de ordenamento do território, bem como da metodologia definida para a compatibilização das disciplinas dos diversos instrumentos de desenvolvimento territorial e a articulação das intervenções de âmbito nacional, regional e local;

b) As competências relativas à elaboração do programa nacional da política de ordenamento do território;

c) Os prazos de elaboração do programa nacional da política de ordenamento do território.

ARTIGO 31.º – **Comissão consultiva do programa nacional da política de ordenamento do território**

A elaboração do programa nacional da política de ordenamento do território é acompanhada por uma comissão consultiva, criada pela resolução do conselho de ministros referida no artigo

1012   *VII – Planeamento Urbanístico*

anterior e composta por representantes das Regiões Autónomas, das autarquias locais e dos interesses económicos, sociais, culturais e ambientais relevantes.

ARTIGO 32.° – **Concertação**

1 – Concluída a elaboração, o Governo remete, para parecer, a proposta de programa nacional da política de ordenamento do território acompanhada do parecer da comissão consultiva às entidades que, no âmbito da mesma, hajam formalmente discordado das orientações do futuro programa.

2 – Os pareceres a que se refere o número anterior incidem sobre as razões da discordância oposta à proposta de programa nacional da política de ordenamento do território.

3 – Os pareceres referidos no n.° 1 são emitidos no prazo de 30 dias, interpretando-se a falta de resposta dentro desse prazo como parecer favorável que sana a discordância anteriormente oposta.

4 – Recebidos os pareceres, o Governo promoverá a realização de reuniões com as entidades que os tenham emitido tendo em vista obter uma solução concertada que permita ultrapassar as objecções formuladas, nos 30 dias subsequentes.

ARTIGO 33.° – **Participação**

1 – Emitido o parecer da comissão consultiva e, quando for o caso, decorrido o período de concertação, o Governo procede à abertura de um período de discussão pública, através de aviso a publicar no Diário da República e a divulgar através da comunicação social, dos quais consta a indicação do período de discussão, dos locais onde se encontra disponível a proposta, acompanhada do parecer da comissão consultiva e dos demais pareceres eventualmente emitidos, bem como da forma como os interessados podem apresentar as suas observações ou sugestões.

2 – A discussão pública consiste na recolha de observações e sugestões sobre as orientações da proposta de programa nacional da política de ordenamento do território.

3 – O período de discussão pública deve ser anunciado com a antecedência mínima de 15 dias e não pode ser inferior a 60 dias.

4 – No decurso da discussão pública, o Governo submete ainda a proposta a avaliação crítica e parecer de, pelo menos, três instituições universitárias ou científicas nacionais com uma prática de investigação relevante nas áreas do ordenamento do território.

5 – Findo o período de discussão pública, o Governo divulga e pondera os respectivos resultados e elabora a versão final da proposta a apresentar à Assembleia da República.

ARTIGO 34.° – **Aprovação**

O programa nacional da política de ordenamento do território é aprovado por lei da Assembleia da República, cabendo ao Governo o desenvolvimento e a concretização do programa de acção.

SUBSECÇÃO II – **Planos sectoriais**

ARTIGO 35.° – **Noção**

1 – Os planos sectoriais são instrumentos de programação ou de concretização das diversas políticas com incidência na organização do território.

2 – Para efeitos do presente diploma, são considerados planos sectoriais:

Decreto-Lei n.º 380/99, de 22 de Setembro

a) Os cenários de desenvolvimento respeitantes aos diversos sectores da administração central, nomeadamente nos domínios dos transportes, das comunicações, da energia e dos recursos geológicos, da educação e da formação, da cultura, da saúde, da habitação, do turismo, da agricultura, do comércio, da indústria, das florestas e do ambiente;

b) Os planos de ordenamento sectorial e os regimes territoriais definidos ao abrigo de lei especial;

c) As decisões sobre a localização e a realização de grandes empreendimentos públicos com incidência territorial.

ARTIGO 36.º – **Conteúdo material**

Os planos sectoriais estabelecem, nomeadamente:

a) As opções sectoriais e os objectivos a alcançar no quadro das directrizes nacionais aplicáveis;

b) As acções de concretização dos objectivos sectoriais estabelecidos;

c) A expressão territorial da política sectorial definida;

d) A articulação da política sectorial com a disciplina consagrada nos demais instrumentos de gestão territorial aplicáveis.

ARTIGO 37.º – **Conteúdo documental**

1 – Os planos sectoriais estabelecem e justificam as opções e os objectivos sectoriais com incidência territorial e definem normas de execução, integrando as peças gráficas necessárias à representação da respectiva expressão territorial.

2 – O plano sectorial referido no número anterior é acompanhado por um relatório que procede ao diagnóstico da situação territorial sobre a qual o instrumento de política sectorial intervém e à fundamentação técnica das opções e objectivos estabelecidos.

ARTIGO 38.º – **Elaboração**

1 – A elaboração dos planos sectoriais compete às entidades públicas que integram a administração estadual directa ou indirecta.

2 – A elaboração dos planos sectoriais é determinada por resolução do Conselho de Ministros, da qual devem, nomeadamente, constar:

a) A finalidade do instrumento de política sectorial, com menção expressa dos interesses públicos prosseguidos;

b) A especificação dos objectivos a atingir;

c) A indicação da entidade, departamento ou serviço competente para a elaboração;

d) O âmbito territorial do instrumento de política sectorial, com menção expressa das autarquias locais envolvidas;

e) O prazo de elaboração;

f) A composição da comissão mista de coordenação quando haja lugar à respectiva constituição.

3 – A elaboração dos planos sectoriais obriga a identificar e a ponderar, nos diversos âmbitos, os planos, programas e projectos designadamente da iniciativa da Administração Pública, com incidência na área a que respeitam, considerando os que já existam e os que se encontrem em preparação, por forma a assegurar as necessárias compatibilizações.

ARTIGO 39.º – **Acompanhamento e concertação**

1 – A elaboração dos planos sectoriais é acompanhada pelas autarquias locais cujos territórios estejam incluídos no respectivo âmbito de aplicação.

1014   *VII – Planeamento Urbanístico*

2 – Quando a pluralidade dos interesses a salvaguardar o justifique, a elaboração dos planos sectoriais é ainda acompanhada pela comissão mista de coordenação cuja composição deve traduzir a natureza daqueles interesses e a relevância das implicações técnicas a considerar.

3 – O acompanhamento mencionado nos números anteriores será assíduo e continuado devendo, no final dos trabalhos de elaboração, formalizar-se num parecer escrito assinado pelos representantes das entidades envolvidas com menção expressa da orientação defendida.

4 – São adoptados na elaboração dos planos sectoriais, com as necessárias adaptações, os mecanismos de concertação previstos no artigo 32.º

ARTIGO 40.º – **Participação**

1 – Emitidos os pareceres das entidades consultadas bem como da comissão mista de coordenação, quando exista, e, quando for o caso, decorrido o período de concertação, a entidade pública responsável procede à abertura de um período de discussão pública da proposta de plano sectorial através de aviso a publicar no Diário da República e a divulgar através da comunicação social.

2 – Durante o período de discussão pública, que não pode ser inferior a 30 dias, os documentos referidos no número anterior podem ser consultados nas sedes da entidade pública responsável pela elaboração e dos municípios incluídos no respectivo âmbito de aplicação.

3 – A discussão pública consiste na recolha de observações e sugestões sobre as soluções da proposta de plano sectorial.

4 – Findo o período de discussão pública, a entidade pública responsável pondera e divulga os respectivos resultados e elabora a versão final da proposta para aprovação.

ARTIGO 41.º – **Aprovação**

Os planos sectoriais são aprovados por resolução do conselho de ministros, salvo norma especial que determine a sua aprovação por decreto-lei ou decreto regulamentar.

SUBSECÇÃO III – **Planos especiais de ordenamento do território**

ARTIGO 42.º – **Noção**

1 – Os planos especiais de ordenamento do território são instrumentos de natureza regulamentar elaborados pela administração central.

2 – Os planos especiais de ordenamento do território constituem um meio supletivo de intervenção do Governo, tendo em vista a prossecução de objectivos de interesse nacional com repercussão espacial, estabelecendo regimes de salvaguarda de recursos e valores naturais e assegurando a permanência dos sistemas indispensáveis à utilização sustentável do território.

3 – Os planos especiais de ordenamento do território são os planos de ordenamento de áreas protegidas, os planos de ordenamento de albufeiras de águas públicas e os planos de ordenamento da orla costeira.

ARTIGO 43.º – **Objectivos**

Para os efeitos previstos no presente diploma, os planos especiais de ordenamento do território visam a salvaguarda de objectivos de interesse nacional com incidência territorial delimitada bem como a tutela de princípios fundamentais consagrados no programa nacional da política de ordenamento do território não asseguradas por plano municipal de ordenamento do território eficaz.

Decreto-Lei n.º 380/99, de 22 de Setembro

ARTIGO 44.º – Conteúdo material

Os planos especiais de ordenamento do território estabelecem regimes de salvaguarda de recursos e valores naturais fixando os usos e o regime de gestão compatíveis com a utilização sustentável do território.

ARTIGO 45.º – Conteúdo documental

1 – Os planos especiais de ordenamento do território são constituídos por um regulamento e pelas peças gráficas necessárias à representação da respectiva expressão territorial.

2 – Os planos especiais de ordenamento do território são acompanhados por:

a) Relatório que justifica a disciplina definida;

b) Planta de condicionantes que identifica as servidões e restrições de utilidade pública em vigor.

3 – Os demais elementos que podem acompanhar os planos especiais de ordenamento do território são fixados por portaria dos Ministros do Equipamento, do Planeamento e da Administração do Território e do Ambiente.

ARTIGO 46.º – Elaboração

1 – A decisão de elaboração dos planos especiais de ordenamento do território compete ao Governo.

2 – A elaboração dos planos especiais de ordenamento do território é determinada por resolução do conselho de ministros, da qual devem nomeadamente constar:

a) O tipo de plano especial;

b) A finalidade do plano especial, com menção expressa dos interesses públicos prosseguidos;

c) A especificação dos objectivos a atingir;

d) O âmbito territorial do plano especial, com menção expressa das autarquias locais envolvidas;

e) A indicação da entidade, departamento ou serviço competente para a elaboração, bem como das autarquias locais que devem intervir nos trabalhos;

f) A composição da comissão mista de coordenação;

g) O prazo de elaboração.

ARTIGO 47.º – Acompanhamento e concertação

1 – A elaboração técnica dos planos especiais de ordenamento do território é acompanhada pela comissão mista de coordenação cuja composição deve traduzir a natureza dos interesses a salvaguardar, designadamente pela participação de organizações não governamentais de ambiente, e a relevância das implicações técnicas a considerar.

2 – O acompanhamento mencionado no número anterior será assíduo e continuado, devendo, no final dos trabalhos de elaboração, formalizar-se num parecer escrito assinado pelos representantes das entidades envolvidas com menção expressa da orientação defendida.

3 – No âmbito do processo de acompanhamento e concertação a comissão de coordenação regional emite um parecer escrito incidindo sobre a articulação e coerência da proposta com os objectivos, princípios e regras aplicáveis ao território em causa, definidos por quaisquer outros instrumentos de gestão territorial eficazes.

4 – São adoptados na elaboração dos planos especiais de ordenamento do território, com as necessárias adaptações, os mecanismos de concertação previstos no artigo 32.º.

ARTIGO 48.º – Participação

1 – Ao longo da elaboração dos planos especiais de ordenamento do território, a entidade pública responsável deve facultar aos interessados todos os elementos relevantes para que estes possam conhecer o estádio dos trabalhos e a evolução da tramitação procedimental, bem como formular sugestões à entidade pública responsável e à comissão mista de coordenação.

2 – A entidade pública responsável publicitará, através da divulgação de avisos, a resolução do Conselho de Ministros que determina a elaboração do plano por forma a permitir, durante o prazo estabelecido na mesma, o qual não deve ser inferior a 15 dias, a formulação de sugestões, bem como a apresentação de informações sobre quaisquer questões que possam ser consideradas no âmbito do respectivo procedimento de elaboração.

3 – Concluído o período de acompanhamento e, quando for o caso, decorrido o período de concertação, a entidade pública responsável procede à abertura de um período de discussão pública, através de aviso a publicar no Diário da República e a divulgar através da comunicação social, dos quais consta a indicação do período de discussão, das eventuais sessões públicas a que haja lugar, dos locais onde se encontra disponível a proposta, acompanhada do parecer da comissão mista de coordenação e dos demais pareceres eventualmente emitidos, bem como da forma como os interessados podem apresentar as suas reclamações, observações ou sugestões.

4 – O período de discussão pública deve ser anunciado com a antecedência mínima de 8 dias e não pode ser inferior a 30 dias.

5 – A entidade pública responsável ponderará as reclamações, observações, sugestões e pedidos de esclarecimento apresentados pelos particulares, ficando obrigada a resposta fundamentada perante aqueles que invoquem, designadamente:

a) A desconformidade com outros instrumentos de gestão territorial eficazes;

b) A incompatibilidade com planos, programas e projectos que devessem ser ponderados em fase de elaboração;

c) A desconformidade com disposições legais e regulamentares aplicáveis;

d) A eventual lesão de direitos subjectivos.

6 – A resposta referida no número anterior será comunicada por escrito aos interessados, sem prejuízo do disposto no artigo 10.º, n.º 4, da Lei n.º 83/95, de 3 1 de Agosto.

7 – Sempre que necessário ou conveniente, a entidade pública responsável promoverá o esclarecimento directo dos interessados.

8 – Findo o período de discussão pública, a entidade pública responsável divulga e pondera os respectivos resultados e elabora a versão final da proposta para aprovação.

ARTIGO 49.º – Aprovação

Os planos especiais de ordenamento do território são aprovados por resolução do Conselho de Ministros, a qual deve consagrar as formas e os prazos, previamente acordados com as câmaras municipais envolvidas, para a adequação dos planos municipais de ordenamento do território abrangidos e dos planos intermunicipais de ordenamento do território, quando existam.

ARTIGO 50.º – Vigência

Os planos especiais de ordenamento do território vigoram enquanto se mantiver a indispensabilidade de tutela por instrumentos de âmbito nacional dos interesses públicos que visam salvaguardar.

Decreto-Lei n.° 380/99, de 22 de Setembro

SECÇÃO III – Âmbito regional

ARTIGO 51.° – Noção

1 – Os planos regionais de ordenamento do território definem a estratégia regional de desenvolvimento territorial, integrando as opções estabelecidas a nível nacional e considerando as estratégias municipais de desenvolvimento local, constituindo o quadro de referência para a elaboração dos planos municipais de ordenamento do território.

2 – Até à instituição em concreto das regiões administrativas, as competências relativas aos planos regionais de ordenamento do território são exercidas pelas comissões de coordenação regional.

3 – As comissões de coordenação regional podem, ouvido o conselho da região, propor ao Governo que o plano regional de ordenamento do território seja estruturado em unidades de planeamento correspondentes a espaços sub-regionais integrados na respectiva área de actuação susceptíveis de elaboração e aprovação faseadas.

ARTIGO 52.° – Objectivos

O plano regional de ordenamento do território visa:

a) Desenvolver, no âmbito regional, as opções constantes do programa nacional da política de ordenamento do território e dos planos sectoriais;

b) Traduzir, em termos espaciais, os grandes objectivos de desenvolvimento económico e social sustentável formulados no plano de desenvolvimento regional;

c) Equacionar as medidas tendentes à atenuação das assimetrias de desenvolvimento intra-regionais;

d) Servir de base à formulação da estratégia nacional de ordenamento territorial e de quadro de referência para a elaboração dos planos especiais, intermunicipais e municipais de ordenamento do território.

ARTIGO 53.° – Conteúdo material

Os planos regionais de ordenamento do território definem um modelo de organização do território regional, nomeadamente estabelecendo:

a) A estrutura regional do sistema urbano, das redes, das infra-estruturas e dos equipamentos de interesse regional, assegurando a salvaguarda e a valorização das áreas de interesse nacional em termos económicos, agrícolas, florestais, ambientais e patrimoniais;

b) Os objectivos e os princípios assumidos a nível regional quanto à localização das actividades e dos grandes investimentos públicos;

c) As medidas de articulação, a nível regional, das políticas estabelecidas no programa nacional da política de ordenamento do território e nos planos sectoriais preexistentes, bem como das políticas de relevância regional contidas nos planos intermunicipais e nos planos municipais de ordenamento do território abrangidos;

d) A política regional em matéria ambiental, bem como a recepção, a nível regional, das políticas e das medidas estabelecidas nos planos especiais de ordenamento do território;

e) Directrizes relativas aos regimes territoriais definidos ao abrigo de lei especial, designadamente áreas de reserva agrícola, domínio hídrico, reserva ecológica e zonas de risco;

f) Medidas específicas de protecção e conservação do património histórico e cultural.

ARTIGO 54.° – Conteúdo documental

1 – Os planos regionais de ordenamento do território são constituídos por:

1018 VII – Planeamento Urbanístico

a) Opções estratégicas, normas orientadoras e um conjunto de peças gráficas ilustrativas das orientações substantivas nele definidas;

b) Esquema representando o modelo territorial proposto, com a identificação dos principais sistemas, redes e articulações de nível regional.

2 – Os planos regionais de ordenamento do território são acompanhados por um relatório contendo:

a) Estudos sobre a caracterização biofísica, a dinâmica demográfica, a estrutura de povoamento e as perspectivas de desenvolvimento económico, social e cultural da região;

b) Definição de unidades de paisagem;

c) Estrutura regional de protecção e valorização ambiental;

d) Identificação dos espaços agrícolas e florestais com relevância para a estratégia regional de desenvolvimento rural;

e) Representação das redes de acessibilidades e dos equipamentos;

f) Programa de execução contendo disposições indicativas sobre a realização das obras públicas a efectuar na região, bem como de outros objectivos e acções de interesse regional indicando as entidades responsáveis pela respectiva concretização;

g) Identificação das fontes e estimativa de meios financeiros.

ARTIGO 55.º – **Elaboração**

A elaboração dos planos regionais de ordenamento do território compete à comissão de coordenação regional na sequência de proposta aprovada pelo Governo por resolução do Conselho de Ministros.

ARTIGO 56.º – **Acompanhamento**

1 – A elaboração dos planos regionais de ordenamento do território é acompanhada por uma comissão mista de coordenação, integrada por representantes dos Ministérios do Equipamento, do Planeamento e da Administração do Território, da Economia, da Agricultura, do Desenvolvimento Rural e das Pescas, do Ambiente e da Cultura, do conselho da região, dos municípios abrangidos, bem como de outras entidades públicas cuja participação seja aconselhada no âmbito do plano.

2 – A comissão fica obrigada a um acompanhamento assíduo e continuado dos trabalhos de elaboração do futuro plano, devendo, no final, apresentar um parecer escrito, assinado por todos os seus membros com menção expressa da orientação defendida, que se pronuncie sobre o cumprimento das normas legais e regulamentares aplicáveis e, ainda, sobre a adequação e conveniência das soluções propostas pela comissão de coordenação regional.

3 – O parecer da comissão exprime a apreciação realizada pelas diversas entidades representadas, havendo lugar a posterior audiência daquelas que formalmente hajam discordado das orientações definidas no futuro plano.

4 – O parecer final da comissão acompanha a proposta de plano apresentada para aprovação ao Governo.

5 – A composição e o funcionamento da comissão são regulados pela resolução do Conselho de Ministros que determina a elaboração do plano regional de ordenamento do território.

ARTIGO 57.º – **Concertação**

1 – Concluída a elaboração, a comissão de coordenação regional remete, para parecer, a proposta de plano regional de ordenamento do território, acompanhada do parecer da comissão mista de coordenação, às entidades que, no âmbito da mesma, hajam formalmente discordado das soluções definidas no futuro plano, bem como ao conselho da região.

Decreto-Lei n.º 380/99, de 22 de Setembro   1019

2 – Os pareceres a que se referem os números anteriores devem incidir sobre as razões da discordância oposta à proposta de plano regional de ordenamento do território, bem como sobre a articulação com o programa nacional da política de ordenamento do território e com os planos sectoriais com incidência regional.

3 – Os pareceres referidos nos números anteriores são emitidos no prazo de 30 dias, interpretando-se a falta de resposta dentro desse prazo como parecer favorável que sana a discordância anteriormente oposta.

4 – Recebidos os pareceres, a comissão de coordenação regional promoverá a realização de reuniões com as entidades que os tenham emitido tendo em vista obter uma solução concertada que permita ultrapassar as objecções formuladas, nos 30 dias subsequentes.

ARTIGO 58.º – **Participação**

A discussão pública dos planos regionais de ordenamento do território rege-se, com as necessárias adaptações, pelas disposições relativas ao programa nacional da política de ordenamento do território.

ARTIGO 59.º – **Aprovação**

1 – Os planos regionais de ordenamento do território são aprovados por resolução do Conselho de Ministros.

2 – A resolução do Conselho de Ministros referida no número anterior deve identificar as disposições dos planos municipais de ordenamento do território abrangidos incompatíveis com a estrutura regional do sistema urbano, das redes, das infra-estruturas e dos equipamentos de interesse regional.

SECÇÃO IV – Âmbito municipal

SUBSECÇÃO I – Planos intermunicipais de ordenamento do território

ARTIGO 60.º – **Noção**

1 – O plano intermunicipal de ordenamento do território é o instrumento de desenvolvimento territorial que assegura a articulação entre o plano regional e os planos municipais de ordenamento do território, no caso de áreas territoriais que, pela interdependência dos seus elementos estruturantes, necessitam de uma coordenação integrada.

2 – O plano intermunicipal de ordenamento do território abrange a totalidade ou parte das áreas territoriais pertencentes a dois ou mais municípios vizinhos.

ARTIGO 61.º – **Objectivos**

Os planos intermunicipais de ordenamento do território visam articular as estratégias de desenvolvimento económico e social dos municípios envolvidos, designadamente nos seguintes domínios:

a) Estratégia intermunicipal de protecção da natureza e de garantia da qualidade ambiental;

b) Coordenação da incidência intermunicipal dos projectos de redes, equipamentos, infra-estruturas e distribuição das actividades industriais, turísticas, comerciais e de serviços constantes do programa nacional da política de ordenamento do território, dos planos regionais de ordenamento do território e dos planos sectoriais aplicáveis;

1020   *VII – Planeamento Urbanístico*

c) Estabelecimento de objectivos, a médio e longo prazos, de racionalização do povoamento;

d) Definição de objectivos em matéria de acesso a equipamentos e serviços públicos.

ARTIGO 62.° – Conteúdo material

Os planos intermunicipais de ordenamento do território definem um modelo de organização do território intermunicipal nomeadamente estabelecendo:

a) Directrizes para o uso integrado do território abrangido;

b) A definição das redes intermunicipais de infra-estruturas, de equipamentos, de transportes e de serviços;

c) Padrões mínimos e objectivos a atingir em matéria de qualidade ambiental.

ARTIGO 63.° – Conteúdo documental

1 – Os planos intermunicipais de ordenamento do território são constituídos por um relatório e por um conjunto de peças gráficas ilustrativas das orientações substantivas.

2 – Os planos intermunicipais de ordenamento do território podem ser acompanhados, em função dos respectivos âmbito e objectivos, por:

a) Planta de enquadramento abrangendo a área de intervenção e a restante área de todos os municípios integrados no plano;

b) Identificação dos valores culturais e naturais a proteger;

c) Identificação dos espaços agrícolas e florestais com relevância para a estratégia intermunicipal de desenvolvimento rural;

d) Representação das redes de acessibilidades e dos equipamentos públicos de interesse supramunicipal;

e) Análise previsional da dinâmica demográfica, económica, social e ambiental da área abrangida;

f) Programas de acção territorial relativos designadamente à execução das obras públicas determinadas pelo plano, bem como de outros objectivos e acções de interesse intermunicipal indicando as entidades responsáveis pela respectiva concretização;

g) Plano de financiamento.

ARTIGO 64.° – Elaboração

1 – A elaboração dos planos intermunicipais de ordenamento do território compete aos municípios associados para o efeito ou às associações de municípios, após aprovação respectivamente, pelas assembleias municipais interessadas ou pela assembleia intermunicipal da respectiva proposta definindo a área abrangida e os objectivos estratégicos a atingir.

2 – A deliberação de elaboração do plano intermunicipal deve ser comunicada ao Governo e à comissão de coordenação regional.

ARTIGO 65.° – Acompanhamento, concertação e participação

O acompanhamento, a concertação e a discussão pública dos planos intermunicipais de ordenamento do território regem-se, com as necessárias adaptações, pelas disposições relativas aos planos municipais de ordenamento do território.

ARTIGO 66.° – Parecer da comissão de coordenação regional

1 – Concluída a versão final, a proposta de plano intermunicipal de ordenamento do território é objecto de parecer da comissão de coordenação regional.

Decreto-Lei n.º 380/99, de 22 de Setembro 1021

2 – O parecer da comissão de coordenação regional incide sobre a conformidade com as disposições legais e regulamentares vigentes e a articulação e coerência da proposta com os objectivos, princípios e regras aplicáveis no território em causa, definidos por quaisquer outros instrumentos de gestão territorial eficazes.

ARTIGO 67.º – **Aprovação**

Os planos intermunicipais de ordenamento do território são aprovados por deliberação das assembleias municipais interessadas, quando se trate de municípios associados para o efeito, ou por deliberação da assembleia intermunicipal, após audição de todas as assembleias municipais envolvidas.

ARTIGO 68.º – **Ratificação**

1 – São objecto de ratificação pelo Governo os planos intermunicipais de ordenamento do território, bem como as alterações de que sejam objecto, com excepção das decorrentes de ratificação de planos municipais de ordenamento do território.

2 – A ratificação pelo Governo dos planos intermunicipais de ordenamento do território destina-se a verificar a sua conformidade com as disposições legais e regulamentares vigentes, bem como com quaisquer outros instrumentos de gestão territorial eficazes.

3 – A ratificação pode ser parcial, aproveitando apenas à parte conforme com as normas legais e regulamentares vigentes e com os instrumentos de gestão territorial.

4 – A ratificação dos planos intermunicipais de ordenamento do território é feita por resolução do Conselho de Ministros.

SUBSECÇÃO II – **Planos municipais de ordenamento do território**

DIVISÃO I – **Disposições gerais**

ARTIGO 69.º – **Noção**

1 – Os planos municipais de ordenamento do território são instrumentos de natureza regulamentar, aprovados pelos municípios.

2 – Os planos municipais de ordenamento do território estabelecem o regime de uso do solo, definindo modelos de evolução previsível da ocupação humana e da organização de redes e sistemas urbanos e, na escala adequada, parâmetros de aproveitamento do solo e de garantia da qualidade ambiental.

ARTIGO 70.º – **Objectivos**

Os planos municipais de ordenamento do território visam estabelecer:

a) A tradução, no âmbito local, do quadro de desenvolvimento do território estabelecido nos instrumentos de natureza estratégica de âmbito nacional e regional;

b) A expressão territorial da estratégia de desenvolvimento local;

c) A articulação das políticas sectoriais com incidência local;

d) A base de uma gestão programada do território municipal;

e) A definição da estrutura ecológica municipal;

f) Os princípios e as regras de garantia da qualidade ambiental e da preservação do património cultural;

1022 VII – Planeamento Urbanístico

g) Os princípios e os critérios subjacentes a opções de localização de infra-estruturas, equipamentos, serviços e funções;

h) Os critérios de localização e distribuição das actividades industriais, turísticas, comerciais e de serviços;

i) Os parâmetros de uso do solo;

j) Os parâmetros de uso e fruição do espaço público;

l) Outros indicadores relevantes para a elaboração dos demais instrumentos de gestão territorial.

ARTIGO 71.º – **Regime de uso do solo**

1 – O regime de uso do solo é definido nos planos municipais de ordenamento do território através da classificação e da qualificação do solo.

2 – A reclassificação ou requalificação do uso do solo processa-se através dos procedimentos de revisão ou alteração dos planos municipais de ordenamento do território.

ARTIGO 72.º – **Classificação**

1 – A classificação do solo determina o destino básico dos terrenos, assentando na distinção fundamental entre solo rural e solo urbano.

2 – Para os efeitos do presente diploma, entende-se por:

a) Solo rural, aquele para o qual é reconhecida vocação para as actividades agrícolas, pecuárias, florestais ou minerais, assim como o que integra os espaços naturais de protecção ou de lazer, ou que seja ocupado por infra-estruturas que não lhe confiram o estatuto de solo urbano;

b) Solo urbano, aquele para o qual é reconhecida vocação para o processo de urbanização e de edificação, nele se compreendendo os terrenos urbanizados ou cuja urbanização seja programada, constituindo o seu todo o perímetro urbano.

3 – A reclassificação do solo como solo urbano tem carácter excepcional sendo limitada aos casos em que tal for comprovadamente necessário face à dinâmica demográfica, ao desenvolvimento económico e social e à indispensabilidade de qualificação urbanística.

4 – Para efeitos do disposto nos números anteriores serão estabelecidos critérios uniformes aplicáveis a todo o território nacional por decreto regulamentar.

ARTIGO 73.º – **Qualificação**

1 – A qualificação do solo, atenta a sua classificação básica, regula o aproveitamento do mesmo em função da utilização dominante que nele pode ser instalada ou desenvolvida, fixando os respectivos uso e, quando admissível, edificabilidade.

2 – A qualificação do solo rural processa-se através da integração nas seguintes categorias:

a) Espaços agrícolas ou florestais afectos à produção ou à conservação;

b) Espaços de exploração mineira;

c) Espaços afectos a actividades industriais directamente ligadas às utilizações referidas nas alíneas anteriores;

d) Espaços naturais;

e) Espaços destinados a infra-estruturas ou a outros tipos de ocupação humana que não impliquem a classificação como solo urbano, designadamente permitindo usos múltiplos em actividades compatíveis com espaços agrícolas, florestais ou naturais.

3 – A qualificação do solo urbano processa-se através da integração em categorias que conferem a susceptibilidade de urbanização ou de edificação.

4 – A qualificação do solo urbano determina a definição do perímetro urbano, que compreende:

a) Os solos urbanizados;

Decreto-Lei n.º 380/99, de 22 de Setembro

b) Os solos cuja urbanização seja possível programar;

c) Os solos afectos à estrutura ecológica necessários ao equilíbrio do sistema urbano.

5 – A definição da utilização dominante referida no n.º 1, bem como das categorias relativas ao solo rural e ao solo urbano, obedece a critérios uniformes aplicáveis a todo o território nacional, a estabelecer por decreto regulamentar.

ARTIGO 74.º – **Elaboração**

1 – A elaboração dos planos municipais de ordenamento do território compete à câmara municipal, sendo determinada por deliberação a publicar no Diário da República e a divulgar através da comunicação social, que estabelece os respectivos prazos de elaboração.

2 – Nos termos do disposto no número anterior, compete à câmara municipal a definição da oportunidade e dos termos de referência dos planos de urbanização e dos planos de pormenor, sem prejuízo da posterior intervenção de outras entidades públicas ou particulares.

3 – A elaboração de planos municipais de ordenamento do território obriga a identificar e a ponderar, nos diversos âmbitos, os planos, programas e projectos com incidência na área em causa, considerando os que já existam e os que se encontrem em preparação, por forma a assegurar as necessárias compatibilizações.

ARTIGO 75.º – **Acompanhamento**

1 – O acompanhamento da elaboração dos planos municipais de ordenamento do território visa:

a) Apoiar o desenvolvimento dos trabalhos e assegurar a respectiva eficácia;

b) Promover a conformação com os instrumentos de gestão territorial eficazes, bem como a compatibilização com quaisquer outros planos, programas e projectos de interesse municipal ou supramunicipal;

c) Permitir a ponderação dos diversos actos da Administração Pública susceptíveis de condicionar as soluções propostas, garantindo uma informação actualizada sobre os mesmos;

d) Promover o estabelecimento de uma adequada concertação de interesses.

2 – O acompanhamento da elaboração do plano director municipal é assegurado por uma comissão mista de coordenação, constituída por despacho do Ministro do Equipamento, do Planeamento e da Administração do Território, devendo a sua composição traduzir a natureza dos interesses a salvaguardar e a relevância das implicações técnicas a considerar, integrando técnicos oriundos de serviços da administração directa ou indirecta do Estado, das Regiões Autónomas, do município, de outras entidades públicas cuja participação seja aconselhável no âmbito do plano, bem como de representantes dos interesses económicos, sociais, culturais e ambientais.

3 – A comissão fica obrigada a um acompanhamento assíduo e continuado dos trabalhos de elaboração do futuro plano, devendo, no final, apresentar um parecer escrito, assinado por todos os seus membros com menção expressa da orientação defendida, que se pronuncie sobre o cumprimento das normas legais e regulamentares aplicáveis e, ainda, sobre a adequação e conveniência das soluções defendidas pela câmara municipal.

4 – O parecer da comissão exprime a apreciação realizada pelas diversas entidades representadas, havendo lugar a posterior audiência pela câmara municipal daquelas que formalmente hajam discordado das soluções projectadas.

5 – O parecer final da comissão acompanha a proposta de plano apresentada pela câmara municipal à assembleia municipal.

1024   VII – Planeamento Urbanístico

6 – A composição e o funcionamento da comissão serão regulados por portaria do Ministro do Equipamento, do Planeamento e da Administração do Território.

7 – O acompanhamento da elaboração dos planos de urbanização e dos planos de pormenor é assegurado pela comissão de coordenação regional que, garantindo a audição das entidades representativas dos interesses a ponderar, elaborará um parecer escrito nos termos do n.° 3.

ARTIGO 76.° – **Concertação**

1 – Concluída a elaboração, a câmara municipal remete, para parecer, a proposta de plano director municipal, acompanhada do parecer da comissão mista de coordenação, às entidades que, no âmbito da mesma, hajam formalmente discordado das soluções projectadas.

2 – Os pareceres a que se refere o número anterior incidem sobre as razões da discordância oposta à proposta de plano director municipal.

3 – Os pareceres referidos nos números anteriores são emitidos no prazo de 30 dias, interpretando-se a falta de resposta dentro desse prazo como parecer favorável que sana a discordância anteriormente oposta.

4 – Recebidos os pareceres, a câmara municipal promoverá a realização de reuniões com as entidades que os tenham emitido tendo em vista obter uma solução concertada que permita ultrapassar as objecções formuladas, nos 30 dias subsequentes.

5 – As propostas de plano de urbanização e de plano de pormenor, acompanhadas do parecer da comissão de coordenação regional, são submetidas à apreciação das entidades públicas que se devam pronunciar e dos representantes dos interesses económicos, sociais, culturais e ambientais a salvaguardar, em termos análogos ao disposto nos números anteriores, devendo a câmara municipal promover as necessárias reuniões de concertação.

ARTIGO 77.° – **Participação**

1 – Ao longo da elaboração dos planos municipais de ordenamento do território, a câmara municipal deve facultar aos interessados todos os elementos relevantes para que estes possam conhecer o estádio dos trabalhos e a evolução da tramitação procedimental, bem como formular sugestões à autarquia e à comissão mista de coordenação.

2 (¹) – A câmara municipal publicitará, através da divulgação de avisos, a deliberação que determina a elaboração do plano por forma a permitir, durante o prazo estabelecido na mesma, o qual não deve ser inferior a 30 dias, a formulação de sugestões, bem como a apresentação de informações sobre quaisquer questões que possam ser consideradas no âmbito do respectivo procedimento de elaboração.

3 (¹) – Concluído o período de acompanhamento e, quando for o caso, decorrido o período de concertação, a câmara municipal procede à abertura de um período de discussão pública, através de aviso a publicar no Diário da República e a divulgar através da comunicação social, dos quais consta a indicação do período de discussão, das eventuais sessões públicas a que haja lugar, dos locais onde se encontra disponível a proposta, acompanhada do parecer da comissão mista de coordenação ou da comissão de coordenação regional e dos demais pareceres eventualmente emitidos, bem como da forma como os interessados podem apresentar as suas reclamações, observações ou sugestões.

4 (¹) – O período de discussão pública deve ser anunciado com a antecedência mínima de 15 dias e não pode ser inferior a 60 dias.

5 – A câmara municipal ponderará as reclamações, observações, sugestões e pedidos de esclarecimento apresentados pelos particulares, ficando obrigada a resposta fundamentada perante aqueles que invoquem, designadamente:

a) A desconformidade com outros instrumentos de gestão territorial eficazes;

Decreto-Lei n.º 380/99, de 22 de Setembro 1025

b) A incompatibilidade com planos, programas e projectos que devessem ser ponderados em fase de elaboração;

c) A desconformidade com disposições legais e regulamentares aplicáveis;

d) A eventual lesão de direitos subjectivos.

6 – A resposta referida no número anterior será comunicada por escrito aos interessados, sem prejuízo do disposto no artigo 10.º, n.º 4, da Lei n.º 83/95, de 31 de Agosto.

7 – Sempre que necessário ou conveniente, a câmara municipal promove o esclarecimento directo dos interessados, quer através dos seus próprios técnicos, quer através do recurso a técnicos da administração directa ou indirecta do Estado e das Regiões Autónomas.

8 – Findo o período de discussão pública, a câmara municipal divulga e pondera os respectivos resultados e elabora a versão final da proposta para aprovação.

9 – São obrigatoriamente públicas todas as reuniões da câmara municipal e da assembleia municipal que respeitem à elaboração ou aprovação de qualquer categoria de instrumento de planeamento territorial.

1 – Ver art. 2.º do DL n.º 115/2001, de 7 de Abril.

ARTIGO 78.º – **Parecer final da comissão de coordenação regional**

1 – Concluída a versão final, a proposta de plano director municipal é objecto de parecer da comissão de coordenação regional.

2 – O parecer da comissão de coordenação regional incide sobre a conformidade com as disposições legais e regulamentares vigentes, bem como sobre a articulação e coerência da proposta com os objectivos, princípios e regras aplicáveis no município ou municípios em causa, definidos por quaisquer outros instrumentos de gestão territorial eficazes.

ARTIGO 79.º – **Aprovação**

1 – Os planos municipais de ordenamento do território são aprovados pela assembleia municipal, mediante proposta apresentada pela câmara municipal.

2 – Caso sejam introduzidas, pela assembleia municipal, alterações à proposta apresentada pela câmara municipal, devem ser adoptados os procedimentos estipulados nos artigos 77.º e 78.º, sendo os prazos referidos no artigo 77.º reduzidos a metade.

ARTIGO 80.º – **Ratificação**

1 – A ratificação pelo Governo dos planos municipais de ordenamento do território exprime o reconhecimento da sua conformidade com as disposições legais e regulamentares vigentes, bem como com quaisquer outros instrumentos de gestão territorial eficazes, abrangendo:

a) Os planos directores municipais;

b) Os planos de urbanização, na falta de plano director municipal eficaz;

c) Os planos de pormenor, na falta de plano director municipal ou plano de urbanização eficazes.

2 – A ratificação dos planos municipais de ordenamento do território pode ser parcial, aproveitando apenas à parte conforme com as normas legais e regulamentares vigentes e com os instrumentos de gestão territorial eficazes.

3 – Quando não se verifique a conformidade devida, o Governo pode ainda proceder à ratificação no caso de:

a) O plano director municipal, não obstante a incompatibilidade com o plano regional de ordenamento do território, ter sido objecto de pareceres favoráveis da comissão mista de coordenação e da comissão de coordenação regional;

1026   VII – Planeamento Urbanístico

b) O plano director municipal, não obstante a desconformidade com o plano sectorial, ter sido objecto de parecer favorável da entidade responsável pela elaboração deste no âmbito da comissão mista de coordenação;

c) O plano director municipal, não obstante a incompatibilidade com o plano intermunicipal de ordenamento do território, ter sido objecto de pareceres favoráveis da comissão mista de coordenação e da comissão de coordenação regional, ouvidos os restantes municípios;

d) O plano de urbanização, não obstante a desconformidade com o plano director municipal, ter sido objecto de parecer favorável da comissão de coordenação regional;

e) O plano de pormenor, não obstante a desconformidade com o plano director municipal ou o plano de urbanização, ter sido objecto de parecer favorável da comissão de coordenação regional.

4 – Os pareceres referidos nas alíneas *a)*, *b)* e *c)* do número anterior devem mencionar expressamente a concordância da alteração proposta com os resultados da avaliação do plano efectuada.

5 – A ratificação de qualquer plano municipal de ordenamento do território nos termos do número anterior implica a automática revogação das disposições constantes dos instrumentos de gestão territorial afectados, determinando, nos casos previstos nas alíneas *a)*, *b)* e *c)*, a correspondente alteração de regulamentos e plantas por forma que traduzam a actualização da disciplina vigente.

6 – São igualmente objecto de ratificação as alterações dos planos municipais de ordenamento do território que não resultem do disposto no número anterior.

7 – Após a aprovação do programa nacional da política de ordenamento do território e dos planos regionais de ordenamento do território, a ratificação pelo Governo dos planos municipais de ordenamento do território terá carácter excepcional ocorrendo apenas nos seguintes casos:

a) Quando, no âmbito do procedimento municipal de elaboração e aprovação, for suscitada a violação das disposições legais e regulamentares vigentes ou a incompatibilidade com instrumentos de gestão territorial eficazes;

b) A solicitação da câmara municipal.

8 – A ratificação dos planos municipais de ordenamento do território é feita por resolução do Conselho de Ministros.

ARTIGO 81.° – **Conclusão da elaboração e prazo de publicação**

1 – A elaboração dos planos municipais de ordenamento do território considera-se concluída com a aprovação da respectiva proposta pela assembleia municipal.

2 – Os procedimentos administrativos sequentes à conclusão da elaboração dos planos municipais de ordenamento do território devem ser concretizados de modo que, entre a respectiva aprovação e a publicação no Diário da República, medeiem os seguintes prazos máximos:

a) Plano director municipal – 12 meses;

b) Plano de urbanização – 6 meses;

c) Plano de pormenor – 6 meses.

3 – Os prazos referidos no número anterior são reduzidos para metade nos casos em que não haja lugar a ratificação.

4 – Os prazos fixados nos números anteriores suspendem-se nos casos de devolução do plano ao município para reapreciação.

ARTIGO 82.° – **Efeitos**

A existência de planos municipais de ordenamento do território eficazes pode constituir condição de acesso à celebração de contratos-programa, bem como à obtenção de fundos e linhas de crédito especiais.

Decreto-Lei n.º 380/99, de 22 de Setembro 1027

ARTIGO 83.º – **Vigência**

Os planos municipais de ordenamento do território poderão ter um prazo de vigência previamente fixado, permanecendo, no entanto, eficazes até à entrada em vigor da respectiva revisão ou alteração.

DIVISÃO II – **Plano director municipal**

ARTIGO 84.º – **Objecto**

1 – O plano director municipal estabelece o modelo de estrutura espacial do território municipal, constituindo uma síntese da estratégia de desenvolvimento e ordenamento local prosseguida, integrando as opções de âmbito nacional e regional com incidência na respectiva área de intervenção.

2 – O modelo de estrutura espacial do território municipal assenta na classificação do solo e desenvolve-se através da qualificação do mesmo.

3 – O plano director municipal é de elaboração obrigatória.

ARTIGO 85.º – **Conteúdo material**

O plano director municipal define um modelo de organização municipal do território nomeadamente estabelecendo:

a) A caracterização económica, social e biofísica, incluindo da estrutura fundiária da área de intervenção;

b) A definição e caracterização da área de intervenção identificando as redes urbana, viária, de transportes e de equipamentos de educação, de saúde, de abastecimento público e de segurança, bem como os sistemas de telecomunicações, de abastecimento de energia, de captação, de tratamento e abastecimento de água, de drenagem e tratamento de efluentes e de recolha, depósito e tratamento de resíduos;

c) A definição dos sistemas de protecção dos valores e recursos naturais, culturais, agrícolas e florestais, identificando a estrutura ecológica municipal;

d) Os objectivos prosseguidos, os meios disponíveis e as acções propostas;

e) A referenciação espacial dos usos e das actividades nomeadamente através da definição das classes e categorias de espaços;

f) A identificação das áreas e a definição de estratégias de localização, distribuição e desenvolvimento das actividades industriais, turísticas, comerciais e de serviços;

g) A definição de estratégias para o espaço rural, identificando aptidões, potencialidades e referências aos usos múltiplos possíveis;

h) A identificação e a delimitação dos perímetros urbanos, com a definição do sistema urbano municipal;

i) A definição de programas na área habitacional;

j) A especificação qualitativa e quantitativa dos índices, indicadores e parâmetros de referência, urbanísticos ou de ordenamento, a estabelecer em plano de urbanização e plano de pormenor, bem como os de natureza supletiva aplicáveis na ausência destes;

l) A definição de unidades operativas de planeamento e gestão, para efeitos de programação da execução do plano, estabelecendo para cada uma das mesmas os respectivos objectivos, bem como os termos de referência para a necessária elaboração de planos de urbanização e de pormenor;

m) A programação da execução das opções de ordenamento estabelecidas;

1028   *VII – Planeamento Urbanístico*

n) A identificação de condicionantes, designadamente reservas e zonas de protecção, bem como das necessárias à concretização dos planos de protecção civil de carácter permanente;

o) As condições de actuação sobre áreas críticas, situações de emergência ou de excepção, bem como sobre áreas degradadas em geral;

p) As condições de reconversão das áreas urbanas de génese ilegal;

q) A identificação das áreas de interesse público para efeitos de expropriação, bem como a definição das respectivas regras de gestão;

r) Os critérios para a definição das áreas de cedência, bem como a definição das respectivas regras de gestão;

s) Os critérios de perequação compensatória de benefícios e encargos decorrentes da gestão urbanística a concretizar nos instrumentos de planeamento previstos nas unidades operativas de planeamento e gestão;

t) A articulação do modelo de organização municipal do território com a disciplina consagrada nos demais instrumentos de gestão territorial aplicáveis;

u) O prazo de vigência e as condições de revisão.

ARTIGO 86.º – **Conteúdo documental**
1 – O plano director municipal é constituído por:

a) Regulamento;

b) Planta de ordenamento que representa o modelo de estrutura espacial do território municipal de acordo com a classificação e a qualificação dos solos, bem como com as unidades operativas de planeamento e gestão definidas;

c) Planta de condicionantes que identifica as servidões e restrições de utilidade pública em vigor que possam constituir limitações ou impedimentos a qualquer forma específica de aproveitamento.

2 – O plano director municipal é acompanhado por:

a) Estudos de caracterização do território municipal;

b) Relatório fundamentando as soluções adoptadas;

c) Programa contendo disposições indicativas sobre a execução das intervenções municipais previstas bem como sobre os meios de financiamento das mesmas.

3 – Os demais elementos que acompanham o plano director municipal são fixados por portaria do Ministro do Equipamento, do Planeamento e da Administração do Território.

DIVISÃO III – **Plano de urbanização**

ARTIGO 87.º – **Objecto**
O plano de urbanização define a organização espacial de parte determinada do território municipal, integrada no perímetro urbano, que exija uma intervenção integrada de planeamento.

ARTIGO 88.º (¹) – **Conteúdo material**
O plano de urbanização prossegue o equilíbrio da composição urbanística nomeadamente estabelecendo:

a) A definição e caracterização da área de intervenção identificando os valores culturais e naturais a proteger;

b) A concepção geral da organização urbana, a partir da qualificação do solo, definindo a rede viária estruturante, a localização de equipamentos de uso e interesse colectivo, a estrutura

Decreto-Lei n.° 380/99, de 22 de Setembro 1029

ecológica, bem como o sistema urbano de circulação de transporte público e privado e de estacionamento;

c) A definição do zonamento para localização das diversas funções urbanas, designadamente habitacionais, comerciais, turísticas, de serviços e industriais, bem como identificação das áreas a recuperar ou reconverter;

d) A adequação do perímetro urbano definido no plano director municipal em função do zonamento e da concepção geral da organização urbana definidos;

e) Os indicadores e os parâmetros urbanísticos aplicáveis a cada uma das categorias e subcategorias de espaços;

f) As subunidades operativas de planeamento e gestão.

1 – O DL n.° 292/93, de 14 de Novembro, estabelece as qualificações exigíveis aos autores de planos de urbanização e de planos de pormenor.

ARTIGO 89.° – **Conteúdo documental**

1 – O plano de urbanização é constituído por:

a) Regulamento;

b) Planta de zonamento que representa a organização urbana adoptada;

c) Planta de condicionantes que identifica as servidões e restrições de utilidade pública em vigor que possam constituir limitações ou impedimentos a qualquer forma específica de aproveitamento.

2 – O plano de urbanização é acompanhado por:

a) Relatório fundamentando as soluções adoptadas;

b) Programa contendo disposições indicativas sobre a execução das intervenções municipais previstas, bem como sobre os meios de financiamento das mesmas.

3 – Os demais elementos que acompanham o plano de urbanização são fixados por portaria do Ministro do Equipamento, do Planeamento e da Administração do Território.

DIVISÃO IV – **Plano de pormenor**

ARTIGO 90.° – **Objecto**

1 – O plano de pormenor desenvolve e concretiza propostas de organização espacial de qualquer área específica do território municipal definindo com detalhe a concepção da forma de ocupação e servindo de base aos projectos de execução das infra-estruturas, da arquitectura dos edifícios e dos espaços exteriores, de acordo com as prioridades estabelecidas nos programas de execução constantes do plano director municipal e do plano de urbanização.

2 – O plano de pormenor pode ainda desenvolver e concretizar programas de acção territorial.

ARTIGO 91.° ([1]) – **Conteúdo material**

1 – Sem prejuízo da necessária adaptação à especificidade da modalidade adoptada, o plano de pormenor estabelece, nomeadamente:

a) A definição e caracterização da área de intervenção identificando, quando se justifique, os valores culturais e naturais a proteger;

b) A situação fundiária da área de intervenção procedendo, quando necessário, à sua transformação;

c) O desenho urbano, exprimindo a definição dos espaços públicos, de circulação viária e pedonal, de estacionamento bem como do respectivo tratamento, alinhamentos, implantações,

1030   *VII – Planeamento Urbanístico*

modelação do terreno, distribuição volumétrica, bem como a localização dos equipamentos e zonas verdes;

d) A distribuição de funções e a definição de parâmetros urbanísticos, designadamente índices, densidade de fogos, número de pisos e cérceas;

e) Indicadores relativos às cores e materiais a utilizar;

f) As operações de demolição, conservação e reabilitação das construções existentes;

g) A estruturação das acções de perequação compensatória a desenvolver na área de intervenção;

h) A identificação do sistema de execução a utilizar na área de intervenção.

2 – O plano de pormenor pode ainda, por deliberação da câmara municipal, adoptar uma das seguintes modalidades simplificadas:

a) Projecto de intervenção em espaço rural;

b) Plano de edificação em área dotada de rede viária, caracterizando os volumes a edificar com definição dos iecífica de aproveitamento..

c) Plano de conservação, recuperação ou renovação do edificado;

d) Plano de alinhamento e cércea, definindo a implantação da fachada face à via pública;

e) Projecto urbano, definindo a forma e o conteúdo arquitectónico a adoptar em área urbana delimitada, estabelecendo a relação com o espaço envolvente.

3 – O plano de pormenor relativo a área não abrangida por plano de urbanização, incluindo as intervenções em solo rural, procede à prévia explicitação do zonamento com base na disciplina consagrada no plano director municipal.

1 – Ver nota ao art. 88.º.

ARTIGO 92.º – **Conteúdo documental**

O plano de pormenor é constituído por:

a) Regulamento;

b) Planta de implantação;

c) Planta de condicionantes que identifica as servidões e restrições de utilidade pública em vigor que possam constituir limitações ou impedimentos a qualquer forma específica de aproveitamento.

2 – O plano de pormenor é acompanhado por:

a) Relatório fundamentando as soluções adoptadas;

b) Peças escritas e desenhadas que suportem as operações de transformação fundiária previstas, nomeadamente para efeitos de registo predial;

c) Programa de execução das acções previstas e respectivo plano de financiamento.

3 – Os demais elementos que acompanham o plano de pormenor são fixados por portaria do Ministro do Equipamento, do Planeamento e da Administração do Território.

4 – Os elementos que acompanham a modalidade de projecto de intervenção em espaço rural são fixados por portaria conjunta dos Ministros do Equipamento, do Planeamento e da Administração do Território e da Agricultura, do Desenvolvimento Rural e das Pescas.

SECÇÃO V – **Dinâmica**

ARTIGO 93.º – **Dinâmica**

1 – Os instrumentos de gestão territorial podem ser objecto de alteração, de revisão e de suspensão.

Decreto-Lei n.º 380/99, de 22 de Setembro 1031

2 – A alteração dos instrumentos de gestão territorial pode decorrer:

a) Da evolução das perspectivas de desenvolvimento económico e social que lhes estão subjacentes e que os fundamentam;

b) Da ratificação de planos municipais ou da aprovação de planos especiais de ordenamento do território que com eles não se conformem;

c) Da entrada em vigor de leis ou regulamentos que colidam com as respectivas disposições ou que estabeleçam servidões administrativas ou restrições de utilidade pública que afectem as mesmas.

3 – A revisão dos planos municipais e especiais de ordenamento do território decorre da necessidade de actualização das disposições vinculativas dos particulares contidas nos regulamentos e nas plantas que os representem.

4 – A suspensão dos instrumentos de gestão territorial pode decorrer da verificação de circunstâncias excepcionais que se repercutam no ordenamento do território pondo em causa a prossecução de interesses públicos relevantes.

ARTIGO 94.º **– Procedimento**

1 – As alterações aos instrumentos de gestão territorial seguem, com as devidas adaptações, os procedimentos previstos no presente diploma para a sua elaboração, aprovação, ratificação e publicação.

2 – A revisão dos planos municipais e dos planos especiais de ordenamento do território segue, com as devidas adaptações, os procedimentos estabelecidos no presente diploma para a sua elaboração, aprovação, ratificação e publicação.

3 – A suspensão dos instrumentos de gestão territorial é sempre instruída com a colaboração da comissão de coordenação regional.

ARTIGO 95.º **– Alteração dos instrumentos de desenvolvimento territorial e dos instrumentos de política sectorial**

1 – O programa nacional da política de ordenamento do território, os planos regionais, os planos intermunicipais e os planos sectoriais são alterados sempre que a evolução das perspectivas de desenvolvimento económico e social o determine.

2 – Os planos regionais, os planos sectoriais e os planos intermunicipais são ainda alterados por força da posterior ratificação e publicação de planos municipais de ordenamento do território ou da aprovação de planos especiais de ordenamento do território que com eles não se conformem, indicando expressamente as normas alteradas, nos termos do disposto no n.º 3 do artigo 25.º.

3 – Nas situações previstas nas alíneas *b)* e *c)* do n.º 2 do artigo 93.º, o conteúdo dos novos planos ou regras é, com as necessárias adaptações, integrado no conteúdo dos instrumentos de gestão territorial assim alterados.

ARTIGO 96.º **– Alteração dos instrumentos de planeamento territorial e dos instrumentos de natureza especial**

1 – Os planos municipais e os planos especiais de ordenamento do território só podem ser objecto de alteração decorridos três anos sobre a respectiva entrada em vigor.

2 (¹) – Exceptuam-se do disposto no número anterior as alterações previstas no artigo seguinte, bem como a possibilidade de alteração resultante de circunstâncias excepcionais, designadamente situações de calamidade pública ou de alteração substancial das condições económicas, sociais, culturais e ambientais que fundamentaram as opções definidas no plano.

1 – Ver art. 2.º do DL n.º 115/2001, de 7 de Abril.

VII – Planeamento Urbanístico

ARTIGO 97.° – **Alterações sujeitas a regime simplificado**

1 – Estão sujeitas a um regime procedimental simplificado:

a) As alterações aos instrumentos de gestão territorial que decorram da entrada em vigor de leis ou regulamentos, designadamente planos municipais de ordenamento do território e planos especiais de ordenamento do território;

b) As alterações aos instrumentos de gestão territorial determinadas pela revogação referida no n.° 6 do artigo 23.°;

c) As alterações aos planos municipais de ordenamento do território decorrentes da incompatibilidade com a estrutura regional do sistema urbano, das redes, das infra-estruturas e dos equipamentos de interesse regional definida em plano regional de ordenamento do território posteriormente aprovado;

d) As alterações de natureza técnica que traduzam meros ajustamentos do plano.

2 – As alterações referidas na alínea *d*) do n.° 1 consistem, designadamente, em:

a) Correcções de erros materiais nas disposições regulamentares ou na representação cartográfica;

b) Acertos de cartografia determinados por incorrecções de cadastro, de transposição de escalas, de definição de limites físicos identificáveis no terreno, bem como por discrepâncias entre plantas de condicionantes e plantas de ordenamento;

c) Correcções de regulamentos ou de plantas determinadas por incongruência entre os mesmos;

d) Alterações até 3% da área de construção em planos de urbanização e planos de pormenor.

3 – As alterações referidas no n.° 1 devem estar concluídas, no prazo de 90 dias, pela entidade responsável pela elaboração do plano através da reformulação de regulamentos e de plantas na parte afectada, dando conhecimento à comissão de coordenação regional e assegurando a respectiva publicidade nos termos dos artigos 148.° e 149.°.

ARTIGO 98.° – **Revisão dos instrumentos de planeamento territorial e dos instrumentos de natureza especial**

1 – A revisão dos planos especiais e dos planos municipais de ordenamento do território pode decorrer:

a) Da necessidade de adequação à evolução, a médio e longo prazo, das condições económicas, sociais, culturais e ambientais que determinaram a respectiva elaboração, tendo em conta os relatórios de avaliação da execução dos mesmos;

b) De situações de suspensão do plano e da necessidade da sua adequação à prossecução dos interesses públicos que a determinaram.

2 – A revisão prevista na alínea a) do número anterior só pode ocorrer decorridos três anos sobre a entrada em vigor do plano.

3 – Os planos directores municipais são obrigatoriamente revistos decorrido que seja o prazo de 10 anos após a sua entrada em vigor ou após a sua última revisão.

ARTIGO 99.° – **Suspensão dos instrumentos de desenvolvimento territorial e dos instrumentos de política sectorial**

1 – A suspensão, total ou parcial, de instrumentos de desenvolvimento territorial e de instrumentos de política sectorial é determinada por resolução do Conselho de Ministros quando se verifiquem circunstâncias excepcionais resultantes de alteração significativa das perspectivas de desenvolvimento económico-social incompatíveis com a concretização das opções estabelecidas no plano, ouvidas as câmaras municipais das autarquias abrangidas.

Decreto-Lei n.º 380/99, de 22 de Setembro 1033

2 – A resolução do Conselho de Ministros referida no número anterior deve conter a fundamentação, o prazo e a incidência territorial da suspensão, bem como indicar expressamente as disposições suspensas.

ARTIGO 100.º – **Suspensão dos instrumentos de planeamento territorial e dos instrumentos de natureza especial**

1 – A suspensão, total ou parcial, de planos especiais é determinada por resolução do Conselho de Ministros, ouvidas as câmaras municipais das autarquias abrangidas, quando se verifiquem circunstâncias excepcionais resultantes de alteração significativa das perspectivas de desenvolvimento económico e social ou da realidade ambiental que determinou a sua elaboração, incompatíveis com a concretização das opções estabelecidas no plano.

2 – A suspensão, total ou parcial, de planos municipais de ordenamento do território é determinada:

a) Por decreto regulamentar, em casos excepcionais de reconhecido interesse nacional ou regional, ouvidas as câmaras municipais das autarquias abrangidas;

b) Por deliberação, sujeita a ratificação, da assembleia municipal, sob proposta da câmara municipal, quando se verifiquem circunstâncias excepcionais resultantes de alteração significativa das perspectivas de desenvolvimento económico e social local ou de situações de fragilidade ambiental incompatíveis com a concretização das opções estabelecidas no plano.

3 – A resolução do Conselho de Ministros, o decreto regulamentar e a deliberação referidos nos números anteriores devem conter a fundamentação, o prazo e a incidência territorial da suspensão, bem como indicar expressamente as disposições suspensas.

CAPÍTULO III – Violação dos instrumentos de gestão territorial

ARTIGO 101.º – **Princípio geral**

1 – A compatibilidade entre os diversos instrumentos de gestão territorial é condição da respectiva validade.

2 – A conformidade dos actos praticados com os instrumentos de gestão territorial aplicáveis é condição da respectiva validade.

ARTIGO 102.º – **Invalidade dos planos**

1 – São nulos os planos elaborados e aprovados em violação de qualquer instrumento de gestão territorial com o qual devessem ser compatíveis.

2 – Salvo menção expressa em contrário, acompanhada da necessária comunicação do dever de indemnizar, a declaração de nulidade não prejudica os efeitos dos actos administrativos entretanto praticados com base no plano.

ARTIGO 103.º – **Invalidade dos actos**

São nulos os actos praticados em violação de qualquer instrumento de gestão territorial aplicável.

ARTIGO 104.º – **Coimas**

1 – Constitui contra-ordenação punível com coima a realização de obras e a utilização de edificações ou do solo em violação de disposições de plano municipal ou de plano especial de ordenamento do território.

1034 VII – Planeamento Urbanístico

2 – No caso de realização de obras, o montante da coima é fixado entre o mínimo de 500 000$00 e o máximo de 20 000 000$00.

3 – No caso de utilização de edificações ou do solo, o montante da coima é fixado entre o mínimo de 300 000$00 e o máximo de 10 000 000$00.

4 – Tratando-se de pessoas colectivas, as coimas referidas nos n.ºs 2 e 3 podem elevar-se até aos montantes máximos de:

a) 25 000 000$00, em caso de negligência;

b) 50 000 000$00, em caso de dolo.

5 – Do montante da coima, 60% reverte para o Estado e 40% reverte para a entidade competente para o processo de contra-ordenação e aplicação da coima.

6 – A sanção prevista no n.º 1 é comunicada ao Instituto dos Mercados de Obras Públicas e Particulares e do Imobiliário.

7 – A tentativa e a negligência são sempre puníveis.

8 – São competentes para o processo de contra-ordenação e aplicação da coima:

a) O presidente da câmara municipal ou o presidente da comissão de coordenação de área, no caso de violação de plano municipal de ordenamento do território;

b) As entidades competentes em razão de matéria, no caso de violação de plano especial de ordenamento do território.

ARTIGO 105.º – **Embargo e demolição**

1 – Sem prejuízo da coima aplicável, pode ser determinado o embargo de trabalhos ou a demolição de obras nos seguintes casos:

a) Pelo presidente da câmara municipal, quando violem plano municipal de ordenamento do território;

b) Pelo Ministro do Ambiente, quando violem plano especial de ordenamento do território;

c) Pelo Ministro do Equipamento, do Planeamento e da Administração do Território, quando esteja em causa a prossecução de objectivos de interesse nacional ou regional.

2 – Quando se verifique a realização de trabalhos ou obras, não precedidos do licenciamento legalmente devido, que violem plano municipal ou plano especial de ordenamento do território, o Ministério do Equipamento, do Planeamento e da Administração do Território deve participar o facto ao presidente da câmara municipal ou ao Ministro do Ambiente para os efeitos previstos no número anterior.

3 – As despesas com a demolição correm por conta do dono das obras a demolir e, sempre que não forem pagas voluntariamente no prazo de 20 dias a contar da notificação para o efeito, são cobradas coercivamente, servindo de título executivo certidão passada pelos serviços competentes, donde conste, além dos demais requisitos exigidos, a identificação do dono das obras e o montante em dívida.

4 – As ordens de embargo e de demolição são objecto de registo na conservatória do registo predial competente mediante comunicação do presidente da câmara municipal, da comissão de coordenação regional ou do órgão competente do Ministério do Ambiente, procedendo-se oficiosamente aos necessários averbamentos.

ARTIGO 106.º – **Desobediência**

O prosseguimento dos trabalhos embargados nos termos do artigo anterior constitui crime de desobediência nos termos do disposto na alínea b) do n.º 1 do artigo 348.º do Código Penal.

CAPÍTULO IV – Medidas cautelares

SECÇÃO I – Medidas preventivas

ARTIGO 107.º – **Âmbito material**

1 – Em área para a qual tenha sido decidida a elaboração, alteração, revisão ou suspensão de um plano municipal de ordenamento do território podem ser estabelecidas medidas preventivas destinadas a evitar a alteração das circunstâncias e das condições de facto existentes que possa limitar a liberdade de planeamento ou comprometer ou tornar mais onerosa a execução do plano.

2 – O estabelecimento de medidas preventivas por motivo de revisão e alteração de um plano determina a suspensão da eficácia deste, na área abrangida por aquelas medidas.

3 – As medidas preventivas podem consistir na proibição, na limitação ou na sujeição a parecer vinculativo das seguintes acções:

a) Operações de loteamento e obras de urbanização;

b) Obras de construção civil, ampliação, alteração e reconstrução, com excepção das que estejam sujeitas apenas a um procedimento de comunicação prévia à câmara municipal;

c) Trabalhos de remodelação de terrenos;

d) Obras de demolição de edificações existentes, excepto as que, por regulamento municipal, possam ser dispensadas de licença ou autorização;

e) Derrube de árvores em maciço ou destruição do solo vivo e do coberto vegetal.

4 – As medidas preventivas abrangem apenas as acções necessárias para os objectivos a atingir, que deverão ser o mais determinadas possível, de acordo com as finalidades do plano.

5 – Ficam excluídas do âmbito de aplicação das medidas preventivas as acções validamente autorizadas antes da sua entrada em vigor, bem como aquelas em relação às quais exista já informação prévia favorável válida.

6 – Em casos excepcionais, quando a acção em causa prejudique de forma grave e irreversível as finalidades do plano, a disposição do número anterior pode ser afastada.

7 – Quando as medidas preventivas envolvam a sujeição a parecer vinculativo, o órgão competente para o seu estabelecimento determinará quais as entidades a consultar.

8 – Para salvaguardar situações excepcionais de reconhecido interesse nacional ou regional e garantir a elaboração dos planos especiais de ordenamento do território, o Governo pode estabelecer medidas preventivas e zonas de defesa e controlo urbano nos termos definidos na Lei dos Solos.

ARTIGO 108.º – **Natureza jurídica**

As medidas preventivas têm a natureza de regulamentos administrativos.

ARTIGO 109.º – **Competências e procedimento**

1 – Compete à assembleia municipal, mediante proposta da câmara municipal, estabelecer medidas preventivas de garantia da elaboração e execução dos planos municipais de ordenamento do território.

2 – O estabelecimento de medidas preventivas nos casos previstos no n.º 8 do artigo 107.º é aprovado por resolução do Conselho de Ministros.

3 – As medidas preventivas estão sujeitas a ratificação quando a ela estiverem sujeitos os planos a que respeitam.

VII – Planeamento Urbanístico

4 – Na elaboração de medidas preventivas está a entidade competente dispensada de dar cumprimento aos trâmites da audiência dos interessados ou da apreciação pública.

ARTIGO 110.° – Limite das medidas preventivas

1 – O estabelecimento de medidas preventivas deve ser limitado aos casos em que fundadamente se preveja ou receie que os prejuízos resultantes da possível alteração das características do local sejam socialmente mais gravosas do que os inerentes à adopção das medidas.

2 – O estabelecimento de medidas preventivas deve demonstrar a respectiva necessidade, bem como esclarecer as vantagens e os inconvenientes de ordem económica, técnica, social e ambiental consequentes da sua adopção.

3 – Quando o estado dos trabalhos de elaboração ou revisão dos planos o permita, deve a entidade competente para o estabelecimento de medidas preventivas precisar quais são as disposições do futuro plano cuja execução ficaria comprometida na ausência daquelas medidas.

ARTIGO 111.° – Âmbito territorial

1 – A área sujeita às medidas preventivas deve ter a extensão que se mostre adequada à satisfação dos fins a que se destina.

2 – A entidade competente para o estabelecimento das medidas preventivas deve proceder à delimitação da área a abranger, devendo os limites dessa área, quando não possam coincidir, no todo ou em parte, com as divisões administrativas, ser definidos, sempre que possível, pela referência a elementos físicos facilmente identificáveis, designadamente vias públicas e linhas de água.

ARTIGO 112.° – Âmbito temporal

1 – O prazo de vigência das medidas preventivas será fixado no acto que as estabelecer, não podendo ser superior a dois anos, prorrogável por mais um, quando tal se mostre necessário.

2 – Na falta de fixação do prazo de vigência, as medidas preventivas vigoram pelo prazo de um ano, prorrogável por seis meses.

3 – As medidas preventivas deixam de vigorar quando:

a) Forem revogadas;

b) Decorrer o prazo fixado para a sua vigência;

c) Entrar em vigor o plano que motivou a sua aplicação;

d) A entidade competente abandonar a intenção de elaborar o plano que as originou;

e) Cessar o interesse na salvaguarda das situações excepcionais de reconhecido interesse nacional ou regional.

4 – As medidas preventivas devem ser total ou parcialmente revogadas quando, com o decorrer dos trabalhos de elaboração ou revisão do plano, se revelem desnecessárias.

5 – Uma área só poderá voltar a ser abrangida por medidas preventivas depois de decorridos quatro anos sobre a caducidade das anteriores, salvo casos excepcionais, devidamente fundamentados e sujeitos a ratificação.

6 – Nas situações previstas no número anterior, o estabelecimento de medidas preventivas dentro do prazo de quatro anos após a caducidade das medidas anteriores constitui a entidade competente para a sua adopção na obrigação de indemnizar as pessoas afectadas.

7 – O valor da indemnização referida no número anterior corresponde ao prejuízo efectivo provocado à pessoa em causa em virtude de ter estado provisoriamente impedida de utilizar o seu solo para a finalidade para ele admitida.

Decreto-Lei n.° 380/99, de 22 de Setembro

8 – Os planos municipais de ordenamento do território que façam caducar as medidas preventivas devem referi-lo expressamente.

9 – A prorrogação das medidas preventivas está sujeita às regras aplicáveis ao seu estabelecimento inicial.

ARTIGO 113.° – Contra-ordenações

Constitui contra-ordenação punível com coima e com as sanções acessórias a definir em portaria do Ministro do Equipamento, do Planeamento e da Administração do Território a violação das limitações decorrentes das medidas preventivas por parte dos particulares.

ARTIGO 114.° – Embargo e demolição

1 – As obras e os trabalhos efectuados com inobservância das proibições, condicionantes ou pareceres vinculativos decorrentes das medidas preventivas, ainda que licenciados ou autorizados pelas entidades competentes, podem ser embargados ou demolidos ou, sendo o caso, pode ser ordenada a reposição da configuração do terreno e da recuperação do coberto vegetal segundo projecto a aprovar pela Administração.

2 – A competência para ordenar o embargo, a demolição, a reposição da configuração do terreno ou a recuperação do coberto vegetal referidos no número anterior pertence ao presidente da câmara municipal ou, quando se trate de medidas preventivas estabelecidas pelo Governo, ao presidente da comissão de coordenação regional ou ao órgão competente do Ministério do Ambiente.

ARTIGO 115.° – Invalidade do licenciamento

São nulos os actos administrativos que decidam pedidos de licenciamento com inobservância das proibições ou limitações consequentes do estabelecimento de medidas preventivas ou que violem os pareceres vinculativos nelas previstos.

ARTIGO 116.° – Indemnização

1 – A imposição de medidas preventivas não confere o direito a indemnização.

2 – Exceptuam-se do número anterior:

a) A situação prevista no n.° 6 do artigo 112.°;

b) A adopção de medidas preventivas quando provoque danos equivalentes, embora transitórios, aos previstos no artigo 143.°, designadamente quando comportem, durante a sua vigência, uma restrição ou supressão substancial de direitos de uso do solo preexistentes e juridicamente consolidados, designadamente mediante licença ou autorização.

SECÇÃO II – Suspensão de concessão de licenças

ARTIGO 117.°

1 – Nas áreas a abranger por novas regras urbanísticas constantes de plano municipal ou especial de ordenamento do território ou sua revisão, os procedimentos de informação prévia, de licenciamento e de autorização ficam suspensos a partir da data fixada para o início do período de discussão pública e até à data da entrada em vigor daqueles instrumentos de planeamento.

2 – Cessando a suspensão do procedimento, nos termos do número anterior, o pedido de informação prévia, de licenciamento ou de autorização será decidido de acordo com as novas regras urbanísticas em vigor.

3 – Caso as novas regras urbanísticas não entrem em vigor no prazo de 150 dias desde a data do início da respectiva discussão pública, cessa a suspensão do procedimento, devendo nesse caso prosseguir a apreciação do pedido até à decisão final de acordo com as regras urbanísticas em vigor à data da sua prática.

4 – Não se suspende o procedimento nos termos do presente artigo quando o pedido tenha por objecto obras de reconstrução ou de alteração em edificações existentes, desde que tais obras não originem ou agravem desconformidade com as normas em vigor ou tenham como resultado a melhoria das condições de segurança e de salubridade da edificação.

5 – Quando haja lugar à suspensão do procedimento nos termos do presente artigo, os interessados podem apresentar novo requerimento com referência às regras do plano colocado à discussão pública, mas a respectiva decisão final fica condicionada à entrada em vigor das regras urbanísticas que conformam a pretensão.

6 – Caso o plano seja aprovado com alterações ao projecto a que se refere o número anterior, o requerente pode, querendo, reformular a sua pretensão, de idêntica possibilidade dispondo o requerente que não tenha feito uso da faculdade prevista no mesmo número.

CAPÍTULO V – Execução, compensação e indemnização

SECÇÃO I – Programação e execução

SUBSECÇÃO I – Programação e sistemas de execução

ARTIGO 118.º – **Princípio geral**

1 – O município promove a execução coordenada e programada do planeamento territorial, com a colaboração das entidades públicas e privadas, procedendo à realização das infra-estruturas e dos equipamentos de acordo com o interesse público, os objectivos e as prioridades estabelecidas nos planos municipais de ordenamento do território, recorrendo aos meios previstos na lei.

2 – A coordenação e execução programada dos planos municipais de ordenamento do território determinam para os particulares o dever de concretizarem e adequarem as suas pretensões às metas e prioridades neles estabelecidas.

3 – A execução dos sistemas gerais de infra-estruturas e equipamentos públicos municipais e intermunicipais determina para os particulares o dever de participar no seu financiamento.

ARTIGO 119.º – **Sistemas de execução**

1 – Os planos e as operações urbanísticas são executados através dos sistemas de compensação, de cooperação e de imposição administrativa.

2 – A execução dos planos através dos sistemas referidos no número anterior desenvolve-se no âmbito de unidades de execução delimitadas pela câmara municipal por iniciativa própria ou a requerimento dos proprietários interessados.

ARTIGO 120.º – **Delimitação das unidades de execução**

1 – A delimitação de unidades de execução consiste na fixação em planta cadastral dos limites físicos da área a sujeitar a intervenção urbanística e com identificação de todos os prédios abrangidos.

Decreto-Lei n.º 380/99, de 22 de Setembro   1039

2 – As unidades de execução deverão ser delimitadas de forma a assegurar um desenvolvimento urbano harmonioso e a justa repartição de benefícios e encargos pelos proprietários abrangidos, devendo integrar as áreas a afectar a espaços públicos ou equipamentos previstos nos planos de ordenamento.

3 – As unidades de execução podem corresponder a uma unidade operativa de planeamento e gestão, à área abrangida por um plano de pormenor ou a parte desta.

4 – Na falta de plano de pormenor aplicável à área abrangida pela unidade de execução, deve a câmara municipal promover, previamente à aprovação, um período de discussão pública em termos análogos aos previstos para o plano de pormenor.

ARTIGO 121.º – **Programas de acção territorial**

1 – A coordenação das actuações das entidades públicas e privadas interessadas na execução dos planos municipais de ordenamento do território pode ser enquadrada por programas de acção territorial.

2 – Os programas de acção territorial têm por base um diagnóstico das tendências de transformação das áreas a que se referem, definem os objectivos a atingir no período da sua vigência, especificam as acções a realizar pelas entidades neles interessadas e estabelecem o escalonamento temporal dos investimentos neles previstos, designadamente:

a) Definindo as prioridades de actuação na execução do plano director municipal e dos planos de urbanização;

b) Programando as operações de reabilitação, reconversão, consolidação e extensão urbana a realizar nas unidades operativas de planeamento e gestão;

c) Definindo a estratégia de intervenção municipal nas áreas de edificação dispersa e no espaço rural.

ARTIGO 122.º – **Sistema de compensação**

1 – No sistema de compensação a iniciativa de execução é dos particulares, que ficam obrigados a prestar ao município a compensação devida de acordo com as regras estabelecidas nos planos ou em regulamento municipal.

2 – Os direitos e as obrigações dos participantes na unidade de execução são definidos por contrato de urbanização.

3 – De acordo com os critérios estabelecidos na lei e nos planos, cabe aos particulares proceder à perequação dos benefícios e encargos resultantes da execução do instrumento de planeamento entre todos os proprietários e titulares de direitos inerentes à propriedade abrangidos pela unidade de execução, na proporção do valor previamente atribuído aos seus direitos.

4 – A valorização prévia a que se refere o número anterior refere-se à situação anterior à data da entrada em vigor do plano, sendo, na falta de acordo global entre os intervenientes, estabelecida nos termos aplicáveis ao processo de expropriação litigiosa, com as necessárias adaptações.

5 – Nos alvarás das licenças municipais de urbanismo menciona-se a compensação prestada ou que esta não é devida.

6 – Fica proibido qualquer acto de transmissão em vida ou de registo com base em alvará municipal que não contenha alguma das menções a que se refere o número anterior.

ARTIGO 123.º – **Sistema de cooperação**

1 – No sistema de cooperação, a iniciativa de execução do plano pertence ao município, com a cooperação dos particulares interessados, actuando coordenadamente, de acordo com a programação estabelecida pela câmara municipal e nos termos do adequado instrumento contratual.

1040 *VII – Planeamento Urbanístico*

2 – Os direitos e as obrigações das partes são definidos por contrato de urbanização, que pode assumir as seguintes modalidades:

a) Contrato de urbanização, entre os proprietários ou os promotores da intervenção urbanística, na sequência da iniciativa municipal;

b) Contrato de urbanização entre o município, os proprietários ou os promotores da intervenção urbanística e, eventualmente, outras entidades interessadas na execução do plano.

ARTIGO 124.° – **Sistema de imposição administrativa**

1 – No sistema de imposição administrativa, a iniciativa de execução do plano pertence ao município, que actua directamente ou mediante concessão de urbanização.

2 – A concessão só pode ter lugar precedendo concurso público, devendo o respectivo caderno de encargos especificar as obrigações mínimas do concedente e do concessionário ou os respectivos parâmetros, a concretizar nas propostas.

3 – Na execução do plano, o concessionário exerce, em nome próprio, os poderes de intervenção do concedente.

4 – O processo de formação do contrato e a respectiva formalização e efeitos regem-se pelas disposições aplicáveis às concessões de obras públicas pelo município, com as necessárias adaptações.

ARTIGO 125.° – **Fundo de compensação**

1 – Para cada unidade de execução é constituído um fundo de compensação com os seguintes objectivos:

a) Liquidar as compensações devidas pelos particulares e respectivos adicionais;

b) Cobrar e depositar em instituição bancária as quantias liquidadas;

c) Liquidar e pagar as compensações devidas a terceiros.

2 – O fundo de compensação é gerido pela câmara municipal com a participação dos interessados nos termos a definir em regulamento municipal.

SUBSECÇÃO II – **Instrumentos de execução dos planos**

ARTIGO 126.° – **Direito de preferência**

1 – O município tem preferência nas transmissões por título oneroso, entre particulares, de terrenos ou edifícios situados nas áreas do plano com execução programada.

2 – O direito de preferência pode ser exercido com a declaração de não aceitação do preço convencionado.

3 – No caso do número anterior, o preço a pagar no âmbito da preferência será fixado nos termos previstos para o processo de expropriação litigiosa, com as necessárias adaptações, se o transmitente não concordar, por sua vez, com o oferecido pelo preferente.

4 – No caso previsto no n.° 2, o direito de preferência só pode ser exercido se o valor do terreno ou dos edifícios, de acordo com a avaliação efectuada por perito da lista oficial de escolha do preferente, for inferior em, pelo menos, 20% ao preço convencionado.

5 – O preferente pode desistir da aquisição mediante notificação às partes.

ARTIGO 127.° – **Demolição de edifícios**

A demolição de edifícios só pode ser autorizada:

a) Quando seja necessária para a execução de plano de pormenor;

Decreto-Lei n.° 380/99, de 22 de Setembro 1041

b) Quando careçam dos requisitos de segurança e salubridade indispensáveis ao fim a que se destinam e a respectiva beneficiação ou reparação seja técnica ou economicamente inviável.

ARTIGO 128.° – **Expropriação**

1 – A Administração pode expropriar os terrenos e edifícios que sejam necessários à execução dos planos municipais de ordenamento do território.

2 – Podem, designadamente, ser expropriados por causa de utilidade pública da execução do plano:

a) As faixas adjacentes contínuas, com a profundidade prevista nos planos municipais de ordenamento do território, destinadas a edificações e suas dependências, nos casos de abertura, alargamento ou regularização de ruas, praças, jardins e outros lugares públicos;

b) Os prédios rústicos que, após as obras que justifiquem o seu aproveitamento urbano, não sejam assim aproveitados, sem motivo legítimo, no prazo de 18 meses a contar da notificação que, para esse fim, seja feita ao respectivo proprietário;

c) Os terrenos destinados a construção adjacentes a vias públicas de aglomerados urbanos, quando os proprietários, notificados para os aproveitarem em edificações, o não fizerem, sem motivo legítimo, no prazo de 18 meses a contar da notificação;

d) Os prédios urbanos que devam ser reconstruídos ou remodelados, em razão das suas pequenas dimensões, posição fora do alinhamento ou más condições de salubridade, segurança ou estética, quando o ou os proprietários não derem cumprimento, sem motivo legítimo, no prazo de 18 meses, à notificação que, para esse fim, lhes for feita, sem prejuízo do disposto no artigo seguinte.

3 – Os prazos a que se referem as alíneas *b)*, *c)* e *d)* do n.° 2 referem-se ao início das obras.

ARTIGO 129.° – **Reestruturação da propriedade**

1 – Quando as circunstâncias previstas no artigo anterior se verifiquem em relação a um conjunto de prédios de diversos proprietários, pode o município promover o sistema de cooperação ou o sistema de imposição administrativa, bem como apresentar uma proposta de acordo para estruturação da compropriedade sobre o ou os edifícios que substituírem os existentes.

2 – Pode o município proceder à expropriação por causa da utilidade pública da execução do plano:

a) Se os proprietários não subscreverem o acordo proposto ou outro alternativo no prazo fixado;

b) Se os mesmos não derem início às obras ou não as concluírem nos prazos fixados.

3 – Nos casos previstos no número anterior, os edifícios reconstruídos ou remodelados ou os prédios sem construção serão alienados pela câmara municipal em hasta pública, tendo os anteriores proprietários direito de preferência, que, porém, terá de ser exercido no momento da hasta, de que serão notificados pessoalmente, sempre que possível, ou editalmente.

ARTIGO 130.° – **Direito à expropriação**

Os proprietários podem exigir a expropriação por utilidade pública dos seus terrenos necessários à execução dos planos quando se destinem a regularização de estremas indispensável à realização do aproveitamento previsto em plano de pormenor.

ARTIGO 131.° – **Reparcelamento do solo urbano de acordo com as disposições do plano**

1 – O reparcelamento da propriedade é a operação que consiste no agrupamento de terrenos localizados dentro de perímetros urbanos delimitados em plano municipal de ordenamento

1042　　　　　　　　　　　*VII – Planeamento Urbanístico*

do território e na sua posterior divisão ajustada àquele, com a adjudicação dos lotes ou parcelas resultantes aos primitivos proprietários.

2 – São objectivos do reparcelamento:

a) Ajustar às disposições do plano a configuração e o aproveitamento dos terrenos para construção;

b) Distribuir equitativamente, entre os proprietários, os benefícios e encargos resultantes do plano;

c) Localizar as áreas a ceder obrigatoriamente pelos proprietários destinadas à implantação de infra-estruturas, espaços e equipamentos públicos.

3 – A operação de reparcelamento é da iniciativa dos proprietários ou da câmara municipal, isoladamente ou em cooperação.

4 – A operação de reparcelamento de iniciativa dos proprietários inicia-se por requerimento subscrito por todos os proprietários dos terrenos abrangidos dirigido ao presidente da câmara municipal e instruído com o projecto de reparcelamento.

5 – A operação de reparcelamento da iniciativa da câmara municipal inicia-se com a aprovação da delimitação da área a sujeitar a reparcelamento.

6 – A operação de reparcelamento é licenciada ou aprovada pela câmara municipal, consoante a iniciativa do processo tenha cabido respectivamente aos proprietários ou à câmara municipal.

7 – Sempre que algum ou alguns dos proprietários manifestem o seu desacordo relativamente ao projecto de reparcelamento, pode a câmara municipal promover a aquisição dos respectivos terrenos pela via do direito privado ou, quando não seja possível, mediante o recurso à expropriação por utilidade pública.

8 – As relações entre os proprietários ou entre estes e o município são reguladas por contrato de urbanização e contrato de desenvolvimento urbano, respectivamente.

ARTIGO 132.º – **Critérios para o reparcelamento**

1 – A repartição dos direitos entre os proprietários na operação de reparcelamento será feita na proporção do valor do respectivo terreno à data do início do processo ou na proporção da sua área nessa data.

2 – Os proprietários poderão, no entanto, fixar, por unanimidade, outro critério.

3 – O cálculo do valor dos lotes ou parcelas resultantes do processo de reparcelamento deverá obedecer a critérios objectivos e aplicáveis a toda a área objecto de reparcelamento, tendo em consideração a localização, dimensão e configuração dos lotes.

4 – Sempre que possível deverá procurar-se que os lotes ou parcelas se situem nos antigos prédios dos mesmos titulares ou na sua proximidade.

5 – Em caso algum se poderão criar ou distribuir lotes ou parcelas com superfície inferior à dimensão mínima edificável ou que não reúnam a configuração e características adequadas para a sua edificação ou urbanização em conformidade com o plano.

ARTIGO 133.º – **Efeitos do reparcelamento**

O licenciamento ou a aprovação da operação de reparcelamento produz os seguintes efeitos:

a) Constituição de lotes para construção ou de parcelas para urbanização;

b) Substituição, com plena eficácia real, dos antigos terrenos pelos novos lotes ou parcelas;

c) Transmissão para a câmara municipal, de pleno direito e livre de quaisquer ónus ou encargos, das parcelas de terrenos para espaços verdes públicos e de utilização colectiva, infra-estruturas, designadamente arruamentos viários e pedonais, e equipamentos públicos que, de acordo com a operação de reparcelamento, devam integrar o domínio público.

Decreto-Lei n.° 380/99, de 22 de Setembro 1043

ARTIGO 134.° – **Obrigação de urbanização**

1 – A operação de reparcelamento implica, quando seja caso disso, a obrigação de urbanizar a zona.

2 – A obrigação referida no número anterior recai sobre quem tiver dado início ao processo de reparcelamento, podendo, no caso de reparcelamento da iniciativa dos proprietários, ser assumida por um ou vários, caso se disponham a isso.

3 – Os custos da urbanização serão repartidos pelos proprietários ou por estes e pela câmara municipal nos termos do artigo 142.°

SECÇÃO II – Da compensação

SUBSECÇÃO I – **Princípio da perequação compensatória dos benefícios e encargos**

ARTIGO 135.° – **Direito à perequação**

Os proprietários têm direito à distribuição perequativa dos benefícios e encargos decorrentes dos instrumentos de gestão territorial vinculativos dos particulares.

ARTIGO 136.° – **Dever de perequação**

1 – Os instrumentos de gestão territorial vinculativos dos particulares devem prever mecanismos directos ou indirectos de perequação segundo os critérios definidos na subsecção seguinte.

2 – A aplicação de mecanismos de perequação previstos nesta secção realiza-se no âmbito dos planos de pormenor ou das unidades de execução referidas no artigo 120.°, segundo os critérios adoptados no plano director municipal.

ARTIGO 137.° – **Objectivos da perequação**

Os mecanismos de perequação compensatória a prever nos instrumentos de gestão territorial vinculativos dos particulares deverão ter em consideração os seguintes objectivos:

a) Redistribuição das mais-valias atribuídas pelo plano aos proprietários;

b) Obtenção pelos municípios de meios financeiros adicionais para a realização das infra-estruturas urbanísticas e para o pagamento de indemnizações por expropriação;

c) Disponibilização de terrenos e edifícios ao município para a implementação, instalação ou renovação de infra-estruturas, equipamentos e espaços urbanos de utilização colectiva, designadamente zonas verdes, bem como para compensação de particulares nas situações em que tal se revele necessário;

d) Estímulo da oferta de terrenos para urbanização e construção, evitando-se a retenção dos solos com fins especulativos;

e) Eliminação das pressões e influências dos proprietários ou grupos para orientar as soluções do plano na direcção das suas intenções.

SUBSECÇÃO II – Mecanismos de perequação compensatória

ARTIGO 138.° – **Mecanismos de perequação**

1 – Os municípios podem utilizar, designadamente, os seguintes mecanismos de perequação:

a) Estabelecimento de um índice médio de utilização;

b) Estabelecimento de uma área de cedência média;

1044   VII – Planeamento Urbanístico

c) Repartição dos custos de urbanização.

2 – O recurso ao mecanismo previsto na alínea *a*) tem sempre de ser combinado com a previsão da alínea *b*).

3 – O município pode utilizar conjunta ou coordenadamente mecanismos de perequação.

ARTIGO 139.º – Índice médio de utilização

1 – O plano pode fixar um direito abstracto de construir correspondente a uma edificabilidade média que é determinada pela construção admitida para cada propriedade ou conjunto de propriedades, por aplicação dos índices e orientações urbanísticos estabelecidos no plano.

2 – O direito concreto de construir resultará dos actos de licenciamento de operações urbanísticas, os quais deverão ser conformes aos índices e parâmetros urbanísticos estabelecidos no plano.

3 – A edificabilidade média será determinada pelo quociente entre a soma das superfícies brutas de todos os pisos acima e abaixo do solo destinados a edificação, independentemente dos usos existentes e admitidos pelo plano e a totalidade da área ou sector abrangido por aquele.

4 – Para efeitos da determinação do valor da edificabilidade média prevista no número anterior, incluem-se, na soma das superfícies brutas dos pisos, as escadas, caixas de elevadores, alpendres e varandas balançadas e excluem-se os espaços livres de uso público cobertos pelas edificações, zonas de sótãos sem pé-direito regulamentar, terraços descobertos e estacionamentos e serviços técnicos instalados nas caves dos edifícios.

5 – Quando a edificabilidade do terreno for inferior à média, o proprietário deverá, quando pretenda urbanizar, ser compensado de forma adequada.

6 – A compensação referida no número anterior deverá ser prevista em regulamento municipal através das seguintes medidas alternativas ou complementares:

a) Desconto nas taxas que tenha de suportar;

b) Aquisição pelo município, por permuta ou compra, da parte do terreno menos edificável.

7 – Quando a edificabilidade do terreno for superior à média, o proprietário deverá, aquando da emissão do alvará, ceder para o domínio privado do município uma área com a possibilidade construtiva em excesso.

8 – A cedência referida no número anterior será contabilizada como cedência para equipamento já que se destina a compensar o município pela área que, para esse fim, por permuta ou compra, terá de adquirir noutro local.

ARTIGO 140.º – Compra e venda do índice médio de utilização

1 – Em alternativa às medidas de compensação estabelecidas nos n.ºs 6 e 7 do artigo anterior, o plano poderá ainda optar por permitir que os proprietários que, de acordo com as disposições do mesmo, possam construir acima da edificabilidade média adquiram o excesso a essa potencialidade àqueles que, igualmente nos termos do plano, disponham de um direito concreto de construção inferior à mesma.

2 – As transacções efectuadas ao abrigo desta disposição são obrigatoriamente comunicadas à câmara municipal e estão sujeitas a inscrição no registo predial.

ARTIGO 141.º – Área de cedência média

1 – O plano poderá fixar igualmente uma área de cedência média.

2 – Aquando da emissão do alvará de loteamento deverão ser cedidas ao município:

a) Parcelas de terreno destinadas a infra-estruturas e pequenos espaços públicos que irão servir directamente o conjunto a edificar;

Decreto-Lei n.º 380/99, de 22 de Setembro 1045

b) Parcelas de terrenos destinadas a zonas verdes urbanas, equipamentos e vias sem construção adjacente, conforme o previsto no plano.

3 – Quando a área de cedência efectiva for superior à cedência média, o proprietário deverá, quando pretenda urbanizar, ser compensado de forma adequada.

4 – A compensação referida no número anterior deverá ser prevista em regulamento municipal através das seguintes medidas alternativas ou complementares:

a) Desconto nas taxas que terá de suportar;

b) Aquisição da área em excesso pelo município, por compra ou permuta.

5 – Quando a área de cedência efectuada for inferior à cedência média, o proprietário terá de compensar o município em numerário ou espécie a fixar em regulamento municipal.

ARTIGO 142.º – **Repartição dos custos de urbanização**

1 – A comparticipação nos custos de urbanização poderá ser determinada pelos seguintes critérios, isolada ou conjuntamente:

a) O tipo ou a intensidade de aproveitamento urbanístico determinados pelas disposições dos planos;

b) A superfície do lote ou da parcela.

2 – O pagamento dos custos de urbanização pode realizar-se, por acordo com os proprietários interessados, mediante a cedência ao município, livre de ónus ou encargos, de lotes ou parcelas com capacidade aedificandi de valor equivalente.

3 – São designadamente considerados custos de urbanização os relativos às infra-estruturas gerais e locais.

SECÇÃO III – Da indemnização

ARTIGO 143.º – **Dever de indemnização**

1 – As restrições determinadas pelos instrumentos de gestão territorial vinculativos dos particulares apenas geram um dever de indemnizar quando a compensação nos termos previstos na secção anterior não seja possível.

2 – São indemnizáveis as restrições singulares às possibilidades objectivas de aproveitamento do solo, preexistentes e juridicamente consolidadas, que comportem uma restrição significativa na sua utilização de efeitos equivalentes a uma expropriação.

3 – As restrições singulares às possibilidades objectivas de aproveitamento do solo resultantes de revisão dos instrumentos de gestão territorial vinculativos dos particulares apenas conferem direito a indemnização quando a revisão ocorra dentro do período de cinco anos após a sua entrada em vigor, determinando a caducidade ou a alteração das condições de um licenciamento prévio válido.

4 – Nas situações previstas nos números anteriores, o valor da indemnização corresponde à diferença entre o valor do solo antes e depois das restrições provocadas pelos instrumentos de gestão territorial, sendo calculado nos termos do Código das Expropriações.

5 – Nas situações previstas no n.º 3, são igualmente indemnizáveis as despesas efectuadas na concretização de uma modalidade de utilização prevista no instrumento de gestão territorial vinculativo dos particulares se essa utilização for posteriormente alterada ou suprimida por efeitos de revisão ou suspensão daquele instrumento e essas despesas tiverem perdido utilidade.

6 – É responsável pelo pagamento da indemnização prevista no presente artigo a pessoa colectiva que aprovar o instrumento de gestão territorial que determina directa ou indirectamente os danos indemnizáveis.

1046   *VII – Planeamento Urbanístico*

7 – O direito à indemnização caduca no prazo de três anos a contar da entrada em vigor do instrumento de gestão territorial ou da sua revisão.

CAPÍTULO VI – Avaliação

ARTIGO 144.º – Avaliação

1 – As entidades responsáveis pela elaboração dos instrumentos de gestão territorial promoverão a permanente avaliação da adequação e concretização da disciplina consagrada nos mesmos.

2 – Para os efeitos do disposto no número anterior, será criado, no âmbito do Ministério do Equipamento, do Planeamento e da Administração do Território, um observatório responsável pela recolha e tratamento da informação de carácter estatístico, técnico e científico relevante, o qual elaborará relatórios periódicos de avaliação incidindo nomeadamente sobre o desenvolvimento das orientações fundamentais do programa nacional da política de ordenamento do território e em especial sobre a articulação entre as acções sectoriais, recomendando, quando necessário, a respectiva revisão ou alteração.

3 – O observatório a que se refere o número anterior promoverá:

a) As consultas necessárias aos diversos serviços da administração central, regional e local, os quais devem prestar atempadamente as informações solicitadas, e facultará aos mesmos a informação por este solicitadas;

b) Os contactos necessários com a comunidade científica;

c) A participação dos cidadãos na avaliação permanente dos instrumentos de gestão territorial.

4 – O observatório integra um grupo de peritos, constituído por especialistas e personalidades de reconhecido mérito no domínio do ordenamento do território, a designar pelo Governo.

5 – Sempre que a entidade responsável pela elaboração o considere conveniente, a avaliação pode ser assegurada por entidades independentes de reconhecido mérito, designadamente instituições universitárias ou científicas nacionais com uma prática de investigação relevante nas áreas do ordenamento do território.

ARTIGO 145.º – Propostas de alteração decorrentes da avaliação dos instrumentos de planeamento territorial

A avaliação pode fundamentar propostas de alteração do plano ou dos respectivos mecanismos de execução, nomeadamente com o objectivo de:

a) Assegurar a concretização dos fins do plano, tanto ao nível da execução como dos objectivos a médio e longo prazo;

b) Garantir a criação coordenada das infra-estruturas e dos equipamentos;

c) Corrigir distorções de oferta no mercado imobiliário;

d) Garantir a oferta de terrenos e lotes destinados a edificações com rendas ou custo controlados;

e) Promover a melhoria de qualidade de vida e a defesa dos valores ambientais e paisagísticos.

ARTIGO 146.º – Relatório sobre o estado do ordenamento do território

1 – O Governo elabora, de dois em dois anos, um relatório sobre o estado do ordenamento do território, a submeter à apreciação da Assembleia da República.

Decreto-Lei n.º 380/99, de 22 de Setembro 1047

2 – A comissão de coordenação regional elabora, de dois em dois anos, um relatório sobre o estado do ordenamento do território a nível regional, a submeter à apreciação do conselho da região.

3 – A câmara municipal elabora, de dois em dois anos, um relatório sobre o estado do ordenamento do território a nível local, a submeter à apreciação da assembleia municipal.

4 – Os relatórios sobre o estado do ordenamento do território referidos nos números anteriores traduzem o balanço da execução dos instrumentos de gestão territorial objecto de avaliação, bem como dos níveis de coordenação interna e externa obtidos, fundamentando uma eventual necessidade de revisão.

5 – Concluída a sua elaboração, os relatórios sobre o estado do ordenamento do território são submetidos a um período de discussão pública de duração não inferior a 30 dias.

ARTIGO 147.º – **Sistema nacional de informação territorial**

O observatório referido no artigo 144.º promoverá a criação e o desenvolvimento de um sistema nacional de dados sobre o território, integrando os elementos de análise relevantes aos níveis nacional, regional e local.

CAPÍTULO VII – **Eficácia**

ARTIGO 148.º – **Publicação no Diário da República**

1 – A eficácia dos instrumentos de gestão territorial depende da respectiva publicação no Diário da República.

2 – São publicados na 1.ª série do Diário da República:

a) A lei que aprova o programa nacional da política de ordenamento do território, incluindo o relatório e as peças gráficas ilustrativas;

b) O decreto regulamentar que determina a suspensão de plano municipal de ordenamento do território;

c) A resolução do Conselho de Ministros que aprova o plano regional de ordenamento do território, incluindo os elementos referidos no n.º 1 do artigo 54.º;

d) A resolução do Conselho de Ministros que ratifica o plano intermunicipal de ordenamento do território, incluindo o relatório e as peças gráficas ilustrativas;

e) A resolução do Conselho de Ministros ou, quando for o caso, o decreto-lei ou o decreto regulamentar que aprova o plano sectorial, incluindo os elementos referidos no n.º 1 do artigo 37.º;

f) A resolução do Conselho de Ministros que ratifica o plano municipal de ordenamento do território, incluindo o regulamento, a planta de ordenamento, de zonamento ou de implantação e a planta de condicionantes;

g) A resolução do Conselho de Ministros que aprova o plano especial de ordenamento do território, incluindo o relatório e as peças gráficas ilustrativas;

h) A resolução do Conselho de Ministros que ratifica ou aprova as medidas preventivas, incluindo as respectivas plantas de delimitação.

3 – São publicadas na 2.ª série do Diário da República:

a) Os avisos de abertura do período de discussão pública dos instrumentos de gestão territorial;

b) A deliberação municipal que determina a elaboração do plano municipal de ordenamento do território;

c) A deliberação municipal que aprova o plano municipal de ordenamento do território não sujeito a ratificação, incluindo o regulamento, a planta de zonamento ou de implantação e a planta de condicionantes;

d) A deliberação municipal que aprova as medidas preventivas não sujeitas a ratificação, incluindo as respectivas plantas de delimitação;

e) A deliberação municipal que determina a suspensão do plano municipal de ordenamento do território.

ARTIGO 149.º – Outros meios de publicidade

1 – O programa nacional da política de ordenamento do território, os planos sectoriais, os planos especiais e os planos regionais de ordenamento do território divulgados nos termos previstos no artigo anterior devem ainda ser objecto de publicação em dois jornais diários e num semanário de grande expansão nacional.

2 – Os planos municipais de ordenamento do território e as medidas preventivas devem ser objecto de publicitação nos boletins municipais, caso existam, bem como em dois jornais de expansão regional ou local e num jornal de expansão nacional.

3 – Os instrumentos de gestão territorial cuja área de intervenção incida sobre o território municipal devem ainda ser objecto de publicação nos boletins municipais, caso existam, bem como em jornais de expansão local ou regional.

ARTIGO 150.º – Registo e consulta

1 – A Direcção-Geral do Ordenamento do Território e do Desenvolvimento Urbano procede ao registo de todos os instrumentos de gestão territorial, com o conteúdo documental integral estabelecido no presente diploma, incluindo as alterações, revisões e suspensões de que sejam objecto, bem como das medidas preventivas, para consulta de todos os interessados.

2 – As câmaras municipais devem criar e manter um sistema que assegure a possibilidade de consulta pelos interessados dos instrumentos de gestão territorial com incidência sobre o território municipal.

3 – A consulta dos instrumentos de gestão territorial prevista neste artigo deve igualmente ser possível em suporte informático adequado.

ARTIGO 151.º – Instrução dos pedidos de publicação e registo

Para efeitos da publicação no Diário da República e do registo a que se referem os artigos anteriores, as entidades responsáveis pela elaboração devem remeter à Direcção-Geral do Ordenamento do Território e do Desenvolvimento Urbano, no prazo de cinco dias após a aprovação, duas colecções completas das peças escritas e gráficas que, nos termos do presente diploma, constituem o instrumento de gestão territorial.

CAPÍTULO VIII – Disposições finais e transitórias

ARTIGO 152.º – Aplicação directa

As regras estabelecidas no presente diploma que sejam directamente exequíveis aplicam-se à elaboração, aprovação, execução, alteração, revisão, suspensão e avaliação de qualquer instrumento de gestão territorial que se encontre em curso à data da respectiva entrada em vigor.

Decreto-Lei n.° 380/99, de 22 de Setembro

ARTIGO 153.° – **Planos regionais de ordenamento do território**

1 – Os planos regionais de ordenamento do território aprovados nos termos do Decreto-Lei n.° 176-A/88, de 18 de Maio, continuam em vigor até à sua revisão obrigatória pelas comissões de coordenação regional.

2 – A revisão referida no número anterior obedece às regras estabelecidas na secção II do capítulo II do presente diploma, devendo ocorrer nos três anos subsequentes à entrada em vigor do mesmo, após o que, caso não sejam revistos, deixarão de vincular directa e imediatamente os particulares.

3 – Verificada a revisão prevista nos números anteriores, os planos regionais de ordenamento do território revestir-se-ão da eficácia estabelecida nos n.os 2 e 3 do artigo 10.° da Lei n.° 48/98, de 11 de Agosto.

4 – A elaboração dos planos regionais de ordenamento do território que esteja em curso à data da entrada em vigor do presente diploma rege-se pelas disposições constantes da secção III do capítulo II do mesmo.

ARTIGO 154.° – **Outros planos**

1 – Todos os instrumentos de natureza legal ou regulamentar com incidência territorial actualmente existentes continuam em vigor até à respectiva adequação ao sistema de gestão territorial estabelecido neste diploma, nos termos previstos nos números seguintes.

2 – Compete às comissões de coordenação regional a identificação no prazo de um ano das normas directamente vinculativas dos particulares a integrar em plano especial ou em plano municipal de ordenamento do território.

3 – O Governo e as câmaras municipais devem promover, nos 180 dias subsequentes à identificação referida no número anterior, a correspondente alteração dos planos especiais e dos planos municipais de ordenamento do território.

4 – Os instrumentos com incidência territorial não abrangidos pelo disposto nos n.os 2 e 3 continuarão em vigor com a natureza de planos sectoriais.

ARTIGO 155.° – **Regulamentação**

1 – No prazo de 120 dias serão aprovados os regulamentos, que definirão:

a) A composição e o funcionamento da comissão mista de coordenação que assegura o acompanhamento da elaboração do plano director municipal;

b) Critérios uniformes de classificação e reclassificação do solo, de definição da actividade dominante, bem como das categorias relativas ao solo rural e urbano, aplicáveis a todo o território nacional;

c) Os demais elementos que devem acompanhar os planos municipais de ordenamento do território;

d) A composição interdisciplinar mínima das equipas de elaboração dos planos.

2 – Serão igualmente aprovados, no prazo de 180 dias:

a) A resolução do Conselho de Ministros a que se refere o n.° 2 do artigo 30.°;

b) O diploma legal de criação do observatório referido no artigo 144.°, n.° 2;

c) Decreto regulamentar fixando conceitos técnicos nos domínios do ordenamento do território e do urbanismo, designadamente relativos aos indicadores, parâmetros, simbologia e sistematização gráfica, a utilizar nos instrumentos de gestão territorial;

d) Decreto regulamentar fixando a cartografia a utilizar nos instrumentos de gestão territorial, bem como na representação de quaisquer condicionantes.

VII – Planeamento Urbanístico

ARTIGO 156.º [1-2] – **Regiões Autónomas**

O presente diploma aplica-se às Regiões Autónomas dos Açores e da Madeira, sem prejuízo de diploma regional que proceda às necessárias adaptações.

1 – Adaptado à R.A. dos Açores pelo DLR n.º 14/2000/A, de 23 de Maio.
2 – Adaptado à R.A. da Madeira pelo DLR n.º 8-A/2001/M, de 20 de Abril.

ARTIGO 157.º [1] – **Regime transitório**

1 – O acompanhamento da elaboração dos planos especiais, dos planos regionais e dos planos municipais de ordenamento do território que se encontre em curso à data da entrada em vigor deste diploma continua a reger-se respectivamente pelo disposto no artigo 5.º do Decreto-Lei n.º 151/95, de 24 de Junho, nos artigos 7.º e 8.º do Decreto-Lei n.º 176-A/88, de 18 de Maio, e no artigo 6.º do Decreto-Lei n.º 69/90, de 2 de Março.

2 – Até à entrada em vigor do regulamento previsto na alínea a) do n.º 1 do artigo 155.º, o acompanhamento da elaboração dos planos directores municipais continua a reger-se pelo disposto no artigo 6.º do Decreto-Lei n.º 69/90, de 2 de Março.

3 – Quando exista legislação especial que determine a aprovação por decreto-lei de plano sectorial, deve a respectiva alteração e suspensão revestir a mesma forma.

4 – Aos planos municipais de ordenamento do território em elaboração à data da entrada em vigor do presente diploma aplica-se o disposto no artigo 8.º do Decreto-Lei n.º 69/90, de 2 de Março, desde que as normas provisórias sejam estabelecidas até ao dia 31 de Maio de 2000.

5 – As normas provisórias estabelecidas ao abrigo do Decreto-Lei n.º 69/90, de 2 de Março, mantêm-se pelo prazo nelas previsto.

1 – Redacção do art. único do DL n.º 53/2000, de 7 de Abril.

ARTIGO 158.º – **Medidas preventivas**

O regime de medidas preventivas previsto no capítulo II do Decreto-Lei n.º 794/76, de 5 de Novembro, deixa de ter aplicação enquanto medida cautelar aplicável aos planos municipais de ordenamento do território.

ARTIGO 159.º – **Norma revogatória**

São revogados os Decretos-Leis n.os 176-A/88, de 18 de Maio, 151/95, de 24 de Junho, e 69/90, de 2 de Março.

ARTIGO 160.º – **Entrada em vigor**

O presente diploma entra em vigor 60 dias após a data da sua publicação.

VIII
ASSEMBLEIAS DISTRITAIS
E
GOVERNOS CIVIS

Decreto-Lei n.º 5/91, de 8 de Janeiro – Estabelece o novo regime jurídico das assembleias distritais.

Decreto-Lei n.º 252/92, de 19 de Novembro – Define o estatuto e a competência dos governadores civis e aprova o regime dos órgãos e serviços que deles dependem.

Portaria n.º 948/2001, de 3 de Agosto – Define o regime remuneratório dos governadores, dos vice-governadores civis e dos membros do gabinete de apoio pessoal, bem como a composição deste.

DECRETO-LEI N.º 5/91 *

de 8 de Janeiro

Estabelece o novo regime jurídico para as assembleias distritais

A 2.ª Revisão Constitucional, na nova redacção que imprimiu ao artigo 291.º da Constituição, exclui o governador civil da composição das assembleias distritais.

Tal inovação implica a necessidade de proceder a alterações no regime jurídico a que estão submetidas as assembleias distritais, nomeadamente, quanto à sua composição, actualização das competências, duração dos mandatos, regimes financeiros e patrimonial, organização e funcionamento e adequação ao novo regime jurídico da tutela administrativa.

Algumas actividades que as assembleias distritais oportunamente resolverem não continuar a assegurar serão prosseguidas pela Administração Central, que para o efeito promoverá o melhor aproveitamento e racionalização dos meios humanos e materiais que lhe estavam afectos, recorrendo, se tal for aconselhável, à designação de comissões que se ocuparão do apuramento e gestão transitória desse património.

Por outro lado, há que definir a composição, as competências e as normas de funcionamento do novo conselho consultivo.

Assim:

ARTIGO 1.º

1 – Enquanto não estiverem instituídas em concreto as regiões administrativas subsiste a divisão distrital.

2 – Há em cada distrito uma assembleia distrital com funções deliberativas e um conselho consultivo que assiste o governador civil.

ARTIGO 2.º

Compõem a assembleia distrital:

a) Os presidentes das câmaras municipais ou vereadores que os substituam;

b) Dois membros de cada assembleia municipal, devendo um deles ser o respectivo presidente ou o seu substituto e o outro eleito de entre os presidentes de junta de freguesia.

ARTIGO 3.º

1 – As assembleias distritais têm, anualmente, pelo menos, duas sessões ordinárias, em Março e Dezembro, destinadas, respectivamente, à aprovação do relatório e contas do ano anterior e à aprovação do plano de actividades e orçamento para o ano seguinte.

2 – A assembleia distrital reúne ordinária e extraordinariamente nos termos do seu regimento.

---

* Este diploma havia sido rectificado no Suplemento do DR, I Série-A, de 31/1/91. Todavia, essa declaração de rectificação foi anulada no 2.º Suplemento do DR, I Série-A, de 9/5/91.

VIII – Assembleias Distritais e Governos Civis

ARTIGO 4.º

O exercício das funções de membro da assembleia distrital não é remunerado.

ARTIGO 5.º

Compete à assembleia distrital:

a) Elaborar o seu regimento;

b) Promover a coordenação dos meios de acção distritais de que disponha;

c) Deliberar sobre a criação ou manutenção de serviços que, na área do distrito, apoiem tecnicamente as autarquias locais;

d) Dar parecer, sempre que solicitado, sobre questões relacionadas com o desenvolvimento económico e social do distrito;

e) Aprovar recomendações sobre a rede escolar no respeitante aos níveis de ensino que constituem a educação pré-escolar, o ensino básico e o ensino secundário, bem como coordenar a acção das autarquias locais no âmbito do equipamento escolar;

f) Deliberar sobre a criação e manutenção de museus etnográficos, históricos e de arte local;

g) Deliberar sobre a investigação, inventariação e conservação dos valores locais e arqueológicos, históricos e artísticos e sobre a preservação e divulgação do folclore, trajos e costumes regionais;

h) Solicitar informações e esclarecimentos ao governador civil em matéria de interesse do distrito;

i) Estabelecer as normas gerais de administração do património próprio do distrito sob sua jurisdição;

j) Aprovar o plano anual de actividades, o orçamento e suas revisões ou alterações e o relatório e as contas da assembleia distrital;

l) Gerir o quadro de pessoal por si fixado;

m) Exercer os demais poderes que lhe sejam conferidos por lei.

ARTIGO 6.º

1 – A mesa da assembleia distrital, composta por um presidente, um 1.º secretário e um 2.º secretário, é eleita pela assembleia, de entre os seus membros, por escrutínio secreto.

2 – A mesa é eleita pelo período do mandato autárquico, podendo os seus membros ser destituídos pela assembleia, em qualquer altura, por deliberação da maioria absoluta dos seus membros em efectividade de funções.

3 – O presidente é substituído, nas suas faltas e impedimentos, pelo 1.º secretário e este pelo 2.º secretário.

4 – Na ausência de todos os membros da mesa a assembleia elege, por voto secreto, uma mesa *ad hoc* para presidir a essa sessão.

ARTIGO 7.º

1 – Compete ao presidente da mesa da assembleia distrital:

a) Convocar as sessões ordinárias e extraordinárias;

b) Dirigir os trabalhos e manter a disciplina das sessões;

c) Executar e fiscalizar o cumprimento das deliberações da assembleia distrital;

d) Elaborar e executar o plano de actividades e o orçamento, promovendo o pagamento de todas as despesas autorizadas pela assembleia distrital;

e) Elaborar o relatório e as contas da assembleia distrital que, se for caso disso, submete a julgamento do Tribunal de Contas;

f) Superintender na gestão e direcção do pessoal;

g) Exercer os demais poderes conferidos por lei, pelo regimento ou por deliberação da assembleia distrital.

2 – O presidente da mesa da assembleia distrital pode delegar as suas competências nos secretários, bem como subdelegar as que lhe tenham sido delegadas por aquela.

3 – Das decisões do presidente ou dos secretários da mesa cabe reclamação para o plenário da assembleia distrital.

ARTIGO 8.º

Nos casos em que as assembleias distritais não deliberem a fixação de quadros de pessoal próprios, o apoio às suas reuniões ou sessões é assegurado por pessoal dos quadros de qualquer dos municípios que integram a assembleia distrital de acordo com os critérios que a mesma fixar.

ARTIGO 9.º

Constituem receitas das assembleias distritais:

a) O produto das contribuições de cada município;

b) O produto da cobrança de taxas pela prestação de serviços ou pelo aproveitamento de bens de utilização pública;

c) O rendimento de bens próprios e o produto da sua alienação;

d) Quaisquer outros rendimentos permitidos por lei.

ARTIGO 10.º

As assembleias distritais não podem contrair empréstimos.

ARTIGO 11.º

As assembleias distritais ficam sujeitas à tutela administrativa prevista na Lei n.º 87/89, de 9 de Setembro, nos mesmos termos em que o são as autarquias locais.

ARTIGO 12.º (¹)

Das deliberações da assembleia distrital cabe recurso contencioso nos termos gerais.

1 – Das deliberações da assembleia distrital cabe recurso contencioso para o tribunal administrativo de círculo territorialmente competente (arts. 51.º n.º 1, alínea *c*), e 52.º e seguintes do ETAF).

ARTIGO 13.º

O pessoal ao serviço das assembleias distritais não providos nos lugares dos quadros próprios fica sujeito ao regime jurídico do pessoal da Administração Central nos seguintes termos:

a) É integrado equitativamente nos QEIS do MPAT e MAI aquele pessoal que à data de entrada em vigor do Decreto-Lei n.º 427/89, de 7 de Dezembro, preencha os requisitos previstos no n.º 1 do artigo 37.º do citado diploma;

b) Ao restante pessoal é aplicável o disposto no n.º 2 do artigo 37.º do Decreto-Lei n.º 427/89, de 7 de Dezembro.

ARTIGO 14.º (¹)

Com a entrada em vigor do presente diploma, os encargos com o pessoal dos quadros das assembleias distritais e com a manutenção dos respectivos serviços passam a ser integralmente suportados pelas assembleias, através das contribuições dos municípios integrantes, estabelecidas de acordo com os critérios de repartição fixados por cada assembleia.

1 – Ver DL n.º 247/87, de 17 de Junho (regime de carreiras e categorias e forma de provimento do pessoal das assembleias distritais).

VIII – Assembleias Distritais e Governos Civis

ARTIGO 15.° (¹)

1 – Considera-se transferida para o Estado a propriedade dos bens móveis e imóveis adstritos aos serviços e estabelecimentos cujos fins as assembleias distritais deliberem não continuar a assegurar e que vão ser prosseguidos pela Administração Central.

2 – Para efeitos do disposto no n.° 1 são dispensadas todas as formalidades, efectuando-se a inscrição no cadastro quando for caso disso, mediante apresentação de declaração conjunta pelos Ministérios do Planeamento e da Administração do Território e da Administração Interna, com base em informação prestada pelo governador e vice-governador civil, onde constem os imóveis a transferir.

3 – Considera-se também transferida para o Estado a titularidade de arrendamentos de instalações onde se encontrem a funcionar serviços que a assembleia distrital delibere não continuar a assegurar e que passaram, por isso, a ser prestados pela Administração Central.

4 – As condições de cedência do uso de instalações e bens móveis adstritos aos serviços a que aludem os números anteriores são definidas mediante protocolo celebrado entre os Ministérios do Planeamento e da Administração do Território, da Administração Interna e da tutela das entidades interessadas em prosseguir a actividade daqueles serviços.

1 – O regime fixado neste preceito aplica-se exclusivamente aos serviços e estabelecimentos cujos fins as assembleias distritais ainda venham assegurando, por assim haverem deliberado no prazo estabelecido no n.° 1 do art.° 1.° do DL n.° 288/85, na redacção da Lei n.° 14/86, e que, agora, podem deixar de assegurar, se nesse sentido deliberarem (Parecer da P.G.R. de 27/6/91, *D.R.*, II Série, de 25/10/91).

ARTIGO 16.°

1 – Se o apuramento e gestão temporária dos bens a que se refere o n.° 1 do artigo 15.° assim o exigir, pode o Ministério do Planeamento e da Administração do Território designar uma comissão para o efeito, composta por três elementos, de que faz parte e preside o governador civil, com faculdade de delegação no vice-governador.

2 – As actividades a desenvolver pela comissão nos termos do n.° 1 constam do plano de actividades e são objecto de relatório e contas em quaisquer dos casos devidamente aprovados pelo Ministério do Planeamento e da Administração do Território.

3 – O mandato da comissão termina em 31 de Dezembro de 1991.

4 – O apoio à comissão é prestado por pessoal a que se reporta o artigo 13.° sem prejuízo da sua integração nos quadros de efectivos interdepartamentais dos Ministérios do Planeamento e da Administração do Território e da Administração Interna na data que o mencionado preceito estipula.

ARTIGO 17.° (¹)

1 – O conselho consultivo tem a seguinte composição:

a) O governador civil, que preside;

b) Quatro membros da assembleia distrital, por ela eleitos;

c) Quatro cidadãos especialmente qualificados no âmbito do sector económico, social e cultural do distrito, nomeados por despacho conjunto dos Ministros do Planeamento e da Administração do Território e da Administração Interna, sob proposta do governador civil.

2 – Na primeira reunião, os membros do conselho consultivo elegem, de entre eles, um secretário.

1 – Este preceito deve considerar-se revogado pelo art. 13.° do DL n.° 252/92, de 19 de Novembro.

ARTIGO 18.° ([1])

Ao conselho consultivo compete dar parecer sobre todos os assuntos que lhe sejam submetidos pelo governador civil ou por imposição da lei.

1 – Este preceito deve considerar-se revogado pelo art. 14.° do DL n.° 252/92, de 19 de Novembro.

ARTIGO 19.°

O conselho consultivo reúne sempre que para tal seja convocado pelo governador civil.

ARTIGO 20.° ([1])

Sempre que os elementos previstos na alínea *b*) do n.° 1 do artigo 17.° deixem de possuir a qualidade que determinou a sua designação para aqueles órgãos, são imediatamente substituídos.

1 – Este preceito deve considerar-se revogado pelo art.° 13.° do DL n.° 252/92, de 19 de Novembro.

ARTIGO 21.°

1 – No prazo de 30 dias a contar da data da entrada em vigor do presente diploma, o governador ou vice-governador civil convoca e preside ao acto de instalação das assembleias distritais.

2 – Do acto de instalação é lavrada acta avulsa assinada pelo governador civil ou vice--governador civil e pelos membros da assembleia distrital presentes.

3 – Terminado o acto de instalação, segue-se-lhe, de imediato, a primeira reunião que é presidida, até à eleição da mesa, pelo presidente da câmara municipal da sede do distrito ou pelo seu substituto.

4 – ([1]) Eleita a mesa, a assembleia distrital procede à eleição dos membros que, nos termos do presente diploma, vão integrar o conselho consultivo.

5 – ([1]) O presidente da mesa comunica ao governador civil nos 30 dias imediatos o nome dos elementos eleitos.

1 – Os n.os 4 e 5 deste preceito devem considerar-se revogados pelo art. 13.° do DL n.° 252/92, de 19 de Novembro.

ARTIGO 22.° ([1])

Em tudo o que não estiver disposto no presente diploma, aplicam-se ao funcionamento das assembleias distritais, com as devidas adaptações, as regras que, nesse domínio, vigoram para os órgãos municipais.

1 – Ver Lei n.° 169/99, de 21 de Setembro.

ARTIGO 23.°

São revogados os artigos 82.° a 90.° da Lei n.° 79/77, de 25 de Outubro, e o Decreto-Lei n.° 288/85, de 23 de Julho.

ARTIGO 24.°

O presente diploma entra em vigor 60 dias após a data da sua publicação.

DECRETO-LEI N.° 252/92*

de 19 de Novembro

**Define o estatuto e a competência dos governadores civis
e aprova o regime dos órgãos e serviços que deles dependem**

O artigo 291.° da Constituição estabelece que, enquanto as regiões administrativas não estiverem instituídas, o governador civil se mantém como representante do Governo e como órgão encarregado do exercício da tutela na área do distrito.

Tem de reconhecer-se, porém, que o actual estatuto do governador civil não está claramente definido, havendo todas as vantagens em homogeneizar, tanto quanto possível, o conjunto variado e difuso de diplomas em que se traduz a moldura legal da sua actuação e das suas competências.

Simultaneamente, entende o Governo dever reforçar o papel de estímulo à cooperação exercida pelo governador civil relativamente aos serviços desconcentrados que se localizem no distrito. É por esta razão que se cria um órgão de carácter consultivo, cujas funções e composição são de natureza a permitir a consecução daquele objectivo.

Assim:

---

* O DL n.° 213/2001, de 2 de Agosto, entrado em vigor em 1/9/2001 (art. 5.°), alterou significativamente o DL n.° 252/92.

Do seu preâmbulo consta:

«Estabelece o artigo 291.° da Constituição que a divisão distrital subsiste até à instituição em concreto das regiões administrativas e que, nesse enquadramento, ao governador civil compete representar o Governo e exercer poderes de tutela na área do distrito.

A não instituição das regiões administrativas em consequência do referendo nacional sobre esta matéria veio dar novo relevo à figura jurídica do governador civil, tal como prevista na Constituição.

Por outro lado, o novo quadro de competências decorrente do processo de descentralização e desconcentração administrativas pressupõe uma reformulação do estatuto do governador civil que ao longo do tempo, e desde o Código Administrativo, tem vindo a sofrer alterações ditadas pelas diversas conjunturas político-administrativas.

Neste quadro, além de se densificar o conteúdo de competências já previstas no actual estatuto do governador civil, pretende-se definir uma nova metodologia de intervenção do mesmo a fim de prosseguir um objectivo de aproximação do cidadão aos centros políticos de decisão.

O governador civil na sua função, constitucionalmente prevista, de representante do Governo do distrito contribuirá para uma harmonização das políticas sectoriais nessa área. Para este efeito, é criado um conselho coordenador que terá uma composição variável em função das matérias a discutir e dos serviços da administração desconcentrada ao nível distrital.

O conselho coordenador passará a ter uma convocação trimestral obrigatória, tendo nele assento as entidades intervenientes de acordo com as matérias a discutir, sendo estas definidas como áreas estratégicas de interesse para o distrito.

Ainda com vista à defesa de interesses do distrito, deve o governador civil prestar informação periódica ao Governo, definindo-se no presente diploma os domínios estratégicos para essa informação. Por outro lado, o governador civil deve organizar ao nível distrital acções de informação, formação e promoção das políticas sectoriais do Governo de forma que os cidadãos tenham conhecimento de todas as medidas que os afectam, bem como dos recursos que essas medidas levam ao distrito e ainda do modo de a eles aceder».

CAPÍTULO I – Do governador civil

ARTIGO 1.º (¹) – (Objecto)
O presente diploma estabelece a definição da missão, o estatuto orgânico e pessoal, as competências e o regime dos actos praticados pelo governador civil, bem como a composição e as competências dos respectivos órgãos de apoio e a organização dos serviços do governo civil.

1 – Redacção do art. 1.º do DL n.º 213/2001, de 2 de Agosto.

ARTIGO 2.º (¹) – (Missão)
O governador civil é, nos termos da Constituição, o representante do Governo na área do distrito, exercendo no mesmo as funções e competências que lhe são conferidas por lei.

1 – Redacção do art. 2.º do DL n.º 316/95, de 28 de Novembro, e do art. 1.º do DL n.º 213/2001, de 2 de Agosto.

ARTIGO 3.º – (Nomeação e exoneração)
1 – O governador civil é nomeado e exonerado pelo Governo, em Conselho de Ministros, por proposta do Ministro da Administração Interna, de quem depende hierárquica e organicamente.

2 – O Ministro da Administração Interna pode propor um vice-governador civil para os distritos em que tal seja considerado conveniente pelo Conselho de Ministros, o qual será nomeado e exonerado nos termos do número anterior.

CAPÍTULO II – Das competências

ARTIGO 4.º (¹) – (Competências)
O governador civil, sem prejuízo de outras consagradas em legislação avulsa, exerce competências nos seguintes domínios:
a) Representação do Governo;
b) Aproximação entre o cidadão e a Administração;
c) Segurança pública;
d) Protecção civil.

1 – Redacção do art. 1.º do DL n.º 213/2001, de 2 de Agosto.

ARTIGO 4.º-A (¹) – (Competências como representante do Governo)
1 – Compete ao governador civil, na área do distrito e enquanto representante do Governo:
a) Exercer as funções de representação do Governo;
b) Colaborar na divulgação das políticas sectoriais do Governo, designadamente através de acções de informação e formação, diligenciando a sua melhor implementação;
c) Prestar ao membro do Governo competente em razão da matéria informação periódica e sistematizada por áreas sobre assuntos de interesse para o distrito;
d) Preparar informação relativamente aos requerimentos, exposições e petições que lhe sejam entregues para envio aos membros do Governo ou a outros órgãos de decisão;
e) Atribuir financiamentos a associações no âmbito do distrito.

2 – Para efeitos da alínea *c*) do número anterior são áreas estratégicas de prestação de informação, na área do distrito, todas as referentes a protecção civil, segurança interna e, em particu-

Decreto-Lei n.º 252/92, de 19 de Novembro 1061

lar, o policiamento de proximidade, questões económico-sociais, investimentos a realizar no distrito, bem como outras acções de interesse para o distrito.

3 – Compete ainda ao governador civil desenvolver todas as diligências necessárias e convenientes a uma adequada cooperação na articulação entre os serviços públicos desconcentrados de âmbito distrital e entre aqueles e outros órgãos administrativos localizados na circunscrição distrital, de acordo com as orientações dos respectivos membros do Governo.

1 – Aditado pelo art. 2.º do DL n.º 213/2001, de 2 de Agosto.

ARTIGO 4.º-B (¹) – (**Competências na aproximação entre o cidadão e a Administração**)

Compete ao governador civil na sua função de personalização da relação entre o cidadão e a Administração, na área do distrito:

a) Promover, através da organização de balcões de atendimento próprios, a prestação de informação ao cidadão, bem como o encaminhamento para os serviços competentes;

b) Centralizar o acompanhamento da sequência das questões ou procedimentos multissectoriais, fomentando e assegurando a oportunidade da intervenção de cada serviço ou entidade desconcentrada de âmbito distrital interveniente nos mesmos, para potenciar a emissão de decisões globais, céleres e oportunas.

1 – Aditado pelo art. 2.º do DL n.º 213/2001, de 2 de Agosto.

ARTIGO 4.º-C (¹⁻²) – (**Competências no exercício de poderes de tutela**)

Compete ao governador civil, no distrito e no exercício de poderes de tutela do Governo:

a) Dar conhecimento às instâncias competentes das situações de incumprimento da lei, dos regulamentos e dos actos administrativos por parte dos órgãos autárquicos;

b) Acompanhar junto dos serviços desconcentrados de âmbito distrital o andamento de processos ou o tratamento de questões suscitadas no distrito ou com interesse para o mesmo, devendo dar conhecimento ao Governo nos termos da alínea *c*) do n.º 1 do artigo 4.º-A.

1 – Aditado pelo art. 2.º do DL n.º 213/2001, de 2 de Agosto.
2 – Ver art. 18.º da Lei n.º 27/96, de 1 de Agosto.

ARTIGO 4.º-D (¹) – (**Competências no exercício de funções de segurança e de polícia**)

Compete ao governador civil, no distrito e no exercício de funções de segurança e de polícia:

1 – Conceder, nos termos da lei, licenças ou autorizações para o exercício de actividades, tendo sempre em conta a segurança dos cidadãos e a prevenção de riscos ou de perigos vários que àqueles sejam inerentes.

2 – Promover, após parecer do conselho coordenador e com fundamento em política definida pelo Ministro da Administração Interna, a articulação das seguintes actividades em matéria de segurança interna:

a) Das forças de segurança quanto ao policiamento de proximidade, ouvido o respectivo responsável máximo no distrito;

b) Das forças de segurança com as polícias municipais, ouvido o respectivo responsável máximo no distrito;

c) Das acções de fiscalização que se inserem no âmbito do Ministério da Administração Interna.

3 – Providenciar pela manutenção ou reposição da ordem, da segurança e tranquilidades públicas, podendo, para o efeito:

a) Requisitar, quando necessária, a intervenção das forças de segurança, aos comandos da PSP e da GNR, instaladas no distrito;

1062   *VIII – Assembleias Distritais e Governos Civis*

b) Propor ao Ministro da Administração Interna para aprovação os regulamentos necessários à execução das leis que estabelecem o modo de exercício das suas competências;

c) Aplicar as medidas de polícia e as sanções contra-ordenacionais previstas na lei.

1 – Aditado pelo art. 2.º do DL n.º 213/2001, de 2 de Agosto.

ARTIGO 4.º-E (¹) – (Competências no âmbito da protecção e socorro)

Compete ao governador civil, no exercício de funções de protecção e socorro, desencadear e coordenar, na iminência ou ocorrência de acidente grave, catástrofe ou calamidade, as acções de protecção civil de prevenção, socorro, assistência e reabilitação adequadas em cada caso, com a coadjuvação do director do centro coordenador de socorro distrital e do chefe da delegação distrital de protecção civil e a colaboração dos agentes de protecção civil competentes, nos termos legais.

1 – Aditado pelo art. 2.º do DL n.º 213/2001, de 2 de Agosto.

ARTIGO 4.º-F (¹) – (Outras competências)

Além de outras competências que lhe sejam atribuídas por lei, compete ainda ao governador civil:

a) Presidir ao conselho coordenador consultivo do distrito;

b) Exercer as funções legalmente estabelecidas no âmbito dos processos eleitorais;

c) Dirigir e coordenar os serviços do governo civil;

d) Superintender na gestão e direcção do pessoal do governo civil;

e) Aplicar aos funcionários e agentes que prestem serviço no governo civil penas disciplinares, nos termos do Estatuto dos Funcionários da Administração Central, Regional e Local;

f) Emitir, quando lhe for solicitado, parecer para efeitos de reconhecimento de fundações, constituídas no respectivo distrito;

g) Emitir, quando lhe for solicitado, parecer sobre o pedido de reconhecimento da utilidade pública administrativa de pessoas colectivas constituídas nos respectivos distritos;

h) Emitir, quando lhe for solicitado, parecer em sede de investimentos ao nível do distrito;

i) Elaborar o cadastro das associações desportivas, recreativas e culturais para efeitos de gestão dos subsídios a atribuir.

1 – Aditado pelo art. 2.º do DL n.º 213/2001, de 2 de Agosto.

ARTIGO 5.º – (Vice-governador civil)

1 – O vice-governador civil coadjuva o governador civil, substituindo-o nas suas faltas e impedimentos, e tem a competência que o governador civil nele delegar, por despacho publicado no *Diário da República*.

2 – O vice-governador civil só pode subdelegar os poderes cujo exercício lhe foi delegado quando expressamente autorizado por despacho do governador civil.

CAPÍTULO III – Dos actos praticados pelo governador civil

ARTIGO 6.º (¹⁻²) – (Recursos)

Dos actos do governador civil cabe recurso contencioso, nos termos da lei geral, e ainda, facultativamente, recurso hierárquico para o Ministro da Administração Interna.

1 – Dos actos administrativos dos governadores civis cabe recurso contencioso para o tribunal administrativo de círculo territorialmente competente (cfr. arts. 51.º n.º 1, alínea *c*), e 52.º e seguintes do ETAF).

2 – Ver art. 14.º n.º 2 do DL n.º 55/87, de 31 de Janeiro.

Decreto-Lei n.º 252/92, de 19 de Novembro

ARTIGO 7.º (¹) – (Desobediência)

A desobediência às ordens e aos actos praticados pelo governador civil constitui crime punido nos termos do Código Penal.

1 – Redacção do art. 2.º do DL n.º 316/95, de 28 de Novembro.

ARTIGO 8.º – (Urgência)

Sempre que o exijam circunstâncias excepcionais e urgentes de interesse público, o governador civil pode praticar todos os actos ou tomar todas as providências administrativas indispensáveis, solicitando, logo que lhe seja possível, a ratificação pelo órgão normalmente competente.

CAPÍTULO IV – Da secretaria

ARTIGO 9.º – (Expediente)

O expediente do governo civil corre por uma secretaria privativa, dirigida por um secretário.

ARTIGO 10.º – (Competência do secretário)

1 – Compete ao secretário:

a) Dirigir, sob as ordens do governador civil e em conformidade com o regulamento interno, o expediente e os trabalhos da secretaria;

b) Exercer as funções de instrução nos procedimentos administrativos tendentes à prática de actos da competência do governador civil, nos termos do Código do Procedimento Administrativo;

c) (¹) *Receber e dar andamento a toda a correspondência ou quaisquer documentos que entrarem na secretaria, apresentando ao governador civil a correspondência fechada que tiver a indicação «Confidencial» ou «Reservada»;*

d) Autenticar todos os documentos e assinar todas as certidões expedidas pela secretaria e subscrever quaisquer termos oficiais;

e) Conservar sob sua responsabilidade o arquivo do governo civil;

f) Dar parecer relativo à interpretação e aplicação das leis, nas consultas que pelas autarquias locais sejam submetidas à apreciação do Governo, por intermédio do governo civil;

g) (²) Exercer quaisquer outras competências que lhe sejam impostas por lei, regulamento ou decisão do Governo.

2 – O governador civil pode delegar no secretário o exercício de funções incluídas na sua competência por despacho publicado no *Diário da República*.

3 (¹) – *No impedimento simultâneo do governador civil e do vice-governador civil, exercerá as respectivas funções o secretário.*

4 – Em cada governo civil existirá um regulamento interno da respectiva secretaria, aprovado pelo Ministro da Administração Interna.

1 – Revogado pelo art. 4.º do DL n.º 213/2001, de 2 de Agosto.

2 – Enquanto não forem implementadas as regiões administrativas, os representantes da ADSE nas secções do Norte, Centro e Sul da junta médica prevista no art. 46.º do DL n.º 497/88, de 30 de Dezembro, serão, respectivamente, os secretários dos governos civis do Porto, de Coimbra e de Évora – art. 3.º n.º 5 do Dec. Reg. n.º 41/90, de 29 de Novembro (este Diploma mantém-se em vigor não obstante a revogação do DL n.º 497/98, operada pelo DL n.º 100/99, de 31 de Março, uma vez que este DL, que prevê igualmente a junta médica, ainda não foi regulamentado).

1064   *VIII – Assembleias Distritais e Governos Civis*

ARTIGO 11.° – **(Estatuto e forma de provimento do secretário do governo civil)**

1 – O cargo de secretário do governo civil é equiparado ao de director de serviços, para efeitos do disposto no Decreto-Lei n.° 323/89, de 26 de Setembro.

2 – O cargo de secretário do governo civil será provido por despacho do Ministro da Administração Interna de entre licenciados em Direito de reconhecida competência, de acordo com o disposto no artigo 4.° do Decreto-Lei n.° 323/89, de 26 de Setembro.

ARTIGO 12.° (1-2-3) – **(Regime jurídico do pessoal)**

1 – Ao pessoal que presta serviço na secretaria do governo civil é aplicável o regime jurídico dos funcionários e agentes da administração central.

2 – Os quadros e categorias do pessoal do governo civil são fixados em portaria conjunta dos Ministros das Finanças e da Administração Interna.

1 – O DL n.° 363/84, de 21 de Novembro, extinguiu o quadro geral administrativo dos serviços externos do MAI na parte concernente aos governos civis e integrou o respectivo pessoal nos quadros privativos dos governos civis, sujeitando-o ao regime jurídico do pessoal da Administração Central desde a data da entrada em vigor desse Diploma.

2 – Os quadros de pessoal dos governos civis estão fixados na Portaria n.° 290/87, de 8 de Abril, alterada, quanto ao Governo Civil do Porto, pelas Portarias n.° 416/95, de 19 de Maio, e n.° 531/96, de 2 de Outubro, e, quanto ao Governo Civil de Lisboa, pela Portaria n.° 82/97, de 4 de Fevereiro.

3 – A Portaria n.° 725/96, de 11 de Dezembro, cria lugares do grupo de pessoal de informática nos quadros de pessoal dos governos civis.

CAPÍTULO V – Conselho coordenador da administração central de âmbito distrital

ARTIGO 13.° (1-2) – **(Definição e composição)**

1 – O conselho coordenador é um órgão de consulta do governador civil, que reune obrigatoriamente uma vez em cada trimestre, e sempre que o governador civil o convoque.

2 – São membros do conselho coordenador:

a) O governador civil, que preside;

b) O vice-governador civil, quando existir;

c) Os responsáveis pelos serviços desconcentrados de âmbito distrital que exercem competências na área do distrito;

d) Os responsáveis máximos das forças de segurança da área do distrito;

e) O chefe da delegação distrital da protecção civil.

3 – Para efeitos dos números anteriores, e tendo em conta a matéria a analisar, o governador civil pode:

a) Convidar outras entidades representativas no distrito;

b) Limitar a convocação dos representantes às áreas sectoriais a abordar.

4 – A convocação para cada reunião do conselho coordenador será dirigida directamente pelo governador civil ao representante dos serviços indicados no n.° 2.

1 – Redacção do art. 1.° do DL n.° 213/2001, de 2 de Agosto.

2 – Ver art. 1.° n.° 2 do DL n.° 5/91, de 8 de Janeiro.

ARTIGO 14.° (1) – **(Competências)**

1 – Compete ao conselho coordenador, sob proposta e no âmbito das competências do governador civil pronunciar-se sobre as seguintes matérias relativas ao respectivo distrito:

a) Protecção civil;

Decreto-Lei n.º 252/92, de 19 de Novembro　　1065

b) Segurança pública, designadamente sobre policiamento de proximidade;

c) Prevenção e segurança rodoviárias;

d) Outras matérias de interesse para a administração de âmbito distrital.

2 – A análise das matérias referidas nos números anteriores visa promover a cooperação entre os serviços públicos desconcentrados ou entre estes e outros órgãos administrativos localizados na circunscrição distrital.

3 – As conclusões finais das reuniões realizadas pelo conselho coordenador serão transmitidas ao membro do Governo competente em razão da matéria.

1 – Redacção do art. 1.º do DL n.º 213/2001, de 2 de Agosto.

CAPÍTULO VI – Do gabinete de apoio pessoal

ARTIGO 15.º ([1]) – **(Constituição e composição)**

1 – O governador civil é apoiado por um gabinete pessoal nomeado por despacho do Ministro da Administração Interna, sob proposta do governador civil.

2 ([2-3]) – Aos membros do gabinete de apoio pessoal é aplicável o disposto no n.ºs 2, 3 e 4 do artigo 6.º do Decreto-Lei n.º 262/88, de 23 de Julho.

3 ([4]) – A composição e o regime remuneratório do gabinete de cada governador civil são definidos por portaria dos Ministros da Administração Interna, das Finanças e da Reforma do Estado e da Administração Pública.

4 – O Ministro da Administração Interna pode delegar a competência prevista no n.º 1.

1 – Redacção do art. 1.º do DL n.º 213/2001 de 2 de Agosto.

2 – O DL n.º 262/88 fixou o regime dos gabinetes ministeriais e as disposições para que o artigo em anotação remete estabelecem o seguinte:

«2 – Os membros dos gabinetes consideram-se, para todos os efeitos, em exercício de funções a partir da data do despacho que os tiver nomeado, com dispensa do visto do Tribunal de Contas e independentemente da publicação no Diário da República.

3 – A nomeação para o exercício das funções nos gabinetes dispensa a autorização do membro do Governo de que depende o respectivo serviço público de origem, sem prejuízo da audição de outras entidades quando legalmente exigível.

4 – Quando os nomeados sejam membros das Forças Armadas, magistrados, funcionários ou agentes da administração central, regional ou local, de institutos públicos e empresas públicas ou privadas exercerão os seus cargos em regime de comissão de serviço ou de requisição, conforme os casos, e com a faculdade de optar pelas remunerações correspondentes aos cargos de origem».

3 – Os titulares dos cargos que compõem os gabinetes dos governadores e vice-governadores civis estão sujeitos ao regime de incompatibilidades previstos no DL n.º 196/93, de 27 de Maio.

4 – A constituição e a composição do gabinete de apoio pessoal, bem como a remuneração dos membros do gabinete, estão fixadas na Portaria n.º 948/2001, de 3 de Agosto, adiante publicada, com produção de efeitos desde 9/92001.

CAPÍTULO VII – Estatuto pessoal e remuneratório

ARTIGO 16.º – **(Direitos e incompatibilidades)**

1 – ([1]) Ao governador civil e vice-governador civil é aplicável o regime de incompatibilidades fixado na lei.

2 – O governador civil e o vice-governador civil que tenham exercido os seus cargos após o 25 de Abril de 1974 têm direito a um subsídio mensal de reintegração, durante tantos meses

VIII – Assembleias Distritais e Governos Civis

quantos os semestres em que tiverem exercido esses cargos, de montante igual ao vencimento mensal do cargo à data da cessação de funções.

3 – Os beneficiários do subsídio de reintegração que reassumam ou tenham reassumido funções inerentes ao exercício de cargo político ou alto cargo público, antes de decorrido o dobro do período de reintegração, devolverão ou receberão, respectivamente, metade dos subsídios que houverem percebido, ou deveriam auferir, entre a cessação do cargo e o início das novas funções.

4 – O governador civil e o vice-governador civil têm direito a utilizar viatura autómovel do Estado.

1 – Ver arts. 4.° e 5.° da Lei n.° 64/93, de 26 de Agosto.

ARTIGO 17.° (1-2-3-4) – (Remuneração)

1 – O governador civil e o vice-governador civil recebem mensalmente um vencimento corespondente, respectivamente, a 70% e 56% do vencimento de ministro.

2 – O governador civil e o vice-governador civil têm direito a um abono mensal para despesas de representação no valor correspondente a 20% do respectivo vencimento.

1 – Revogado pelo art. 4.° do DL n.° 213/2001, de 2 de Agosto.

2 – Em matéria remuneratória, o Parecer da PGR n.° 74/96, DR, II Série, de 14/1/2000, havia doutrinado:

> «Os governadores civis suspensos do exercício das suas funções, para se poderem candidatar à eleição para deputados à Assembleia da República, não têm, enquanto se encontrarem nessa situação, direito a receber as remunerações correspondentes ao seu cargo».

3 – O DL n.° 213/2001, entrado em vigor em 1/9/2001, vei prescrever no seu art. 3.°:

> «O estatuto remuneratório dos governadores civis e dos vice-governadores civis é definido por portaria dos Ministros da Administração Interna, das Finanças e da Reforma do Estado e da Administração Pública».

4 – A Portaria n.° 948/2001, de 3 de Agosto, adiante publicada, com produção de efeitos desde 1/9/2001 (n.° 5), definiu «o regime remuneratório dos governadores, dos vice-governadores civis e dos membros do gabinete de apoio pessoal, bem como a composição deste».

ARTIGO 18.° (1-2-3) – (Ajudas de custo e subsídios)

1 – Nas suas deslocações oficiais fora do distrito, no País ou no estrangeiro, o governador civil e o vice-governador civil têm direito a ajudas de custo fixadas na lei.

2 – Quando o governador civil e o vice-governador civil, à data da nomeação, residirem fora do município sede do distrito e a uma distância superior a 30 km, poderão, mediante despacho do Ministro da Administração Interna, auferir um subsídio mensal para despesas de alojamento e alimentação correspondente a 20% do seu vencimento.

1 – Revogado pelo art. 4.° do DL n.° 213/2001, de 2 de Agosto.

2 – O DL n.° 213/2001, entrado em vigor em 1/9/2001, vei prescrever no seu art. 3.°:

> «O estatuto remuneratório dos governadores civis e dos vice-governadores civis é definido por portaria dos Ministros da Administração Interna, das Finanças e da Reforma do Estado e da Administração Pública».

3 – A Portaria n.° 948/2001, de 3 de Agosto, adiante publicada, com produção de efeitos desde 1/9/2001 (n.° 5), definiu «o regime remuneratório dos governadores, dos vice-governadores civis e dos membros do gabinete de apoio pessoal, bem como a composição deste».

ARTIGO 19.° – (Contagem de tempo de serviço)

1 – O tempo de serviço prestado pelos governadores e vice-governadores civis em regime de permanência é contado a dobrar, como se tivesse sido prestado nos quadros do Estado ou enti-

Decreto-Lei n.° 252/92, de 19 de Novembro

dade patronal, até um limite máximo de 20 anos, desde que sejam cumpridos 6 anos seguidos ou interpolados no exercício das respectivas funções.

2 – Sem prejuízo do disposto no número anterior, todo o tempo de serviço efectivamente prestado para além do período de tempo de 10 anos será contado em singelo para efeitos de reforma ou de aposentação.

3 – Os governadores e vice-governadores civis que beneficiem do regime dos números anteriores têm de fazer, junto da entidade competente, os descontos correspondentes, de acordo com as normas e modalidades previstas no regime aplicável.

4 – Os governadores e vice-governadores civis que exercerem as suas funções em regime de permanência poderão, por sua iniciativa e independentemente de submissão a junta médica, requerer a aposentação ou reforma desde que tenham cumprido, no mínimo, seis anos seguidos ou interpolados no desempenho daquelas funções e que, em acumulação com o exercício das respectivas actividades profissionais, se encontrem numa das seguintes condições:

a) Contem mais de 60 anos de idade e 20 anos de serviço;

b) Reúnam 30 anos de serviço, independentemente da respectiva idade.

ARTIGO 20.° – (Direito de opção)

1 – Aos governadores e vice-governadores civis em regime de permanência é aplicável o regime de segurança social para o funcionalismo público, se não optarem pelo regime da sua actividade profissional.

2 – Sempre que ocorra a opção prevista na parte final do n.° 1, compete ao governador civil satisfazer os encargos que seriam da entidade patronal.

3 – Sempre que os governadores ou vice-governadores civis optem pelo regime da Caixa Geral de Aposentações, devem, se for caso disso, ser efectuadas as respectivas transferências de valores de outras instituições de previdência ou de segurança social para onde hajam sido pagas as correspondentes contribuições.

ARTIGO 21.° – (Exercício do direito de opção)

1 – Os governadores e vice-governadores civis podem exercer o direito de opção a que se refere o n.° 1 do artigo anterior no prazo de 90 dias a contar do início da respectiva actividade ou da entrada em vigor do presente diploma, consoante os casos.

2 – Em caso de opção pelo regime de protecção social da função pública, a transferência dos valores relativos aos períodos contributivos registados no âmbito do sistema de segurança social pelo exercício do cargo de governador civil ou de vice-governador civil é feita pelos centros regionais de segurança social, de acordo com os números seguintes.

3 – No prazo de 30 dias a contar da data da opção prevista no número anterior, ou da data da entrada em vigor deste diploma, quando a opção já tenha sido feita, o governo civil deve requerer ao respectivo centro regional de segurança social a transferência das contribuições pagas, no exercício das funções de governador ou de vice-governador civil, que digam respeito às eventualidades de invalidez, velhice e morte.

4 – A referida transferência será efectuada no prazo de 90 dias, findo o qual o governo civil dispõe de um prazo de 30 dias para remeter as respectivas quantias à Caixa Nacional de Previdência.

5 – Os valores a transferir pelos centros regionais são os que resultarem da aplicação das taxas das quotizações para a Caixa Geral de Aposentações e o Montepio dos Servidores do Estado aos montantes das remunerações registadas na segurança social pela actividade de governador ou de vice-governador civil.

VIII – Assembleias Distritais e Governos Civis

6 – As taxas a que se refere o número anterior são as vigentes à data do pedido de transferência.

7 – A transferência de valores a que se referem os números anteriores determina a alteração dos correspondentes registos nas instituições de segurança social.

ARTIGO 22.° – **(Termos da bonificação do tempo de serviço)**

1 – Em caso de opção pelo regime geral de segurança social, a bonificação do tempo de serviço pressupõe o pagamento das contribuições acrescidas, relativas ao período invocado, correspondentes a períodos de 12 meses civis, seguidos ou interpolados, a cada um dos quais corresponderá um ano bonificado.

2 – As contribuições a que se refere o número anterior são calculadas por aplicação da taxa definida em portaria do Ministro do Emprego e da Segurança Social à remuneração mensal mais elevada registada em cada um dos períodos de 12 meses válidos para a bonificação.

3 – A taxa a estabelecer nos termos do artigo anterior será igual à parcela das contribuições devidas para o regime geral de segurança social correspondente, em termos actuariais, ao financiamento das pensões de invalidez, velhice e morte.

4 – O requerimento da contagem do período invocado para a bonificação deve ser apresentado, e o correspondente pagamento de contribuições deve estar acordado, até entrega do requerimento da respectiva pensão de invalidez ou velhice.

5 – No caso de o pagamento das contribuições correspondentes à bonificação se efectuar em prestações, tal facto não impede a passagem do beneficiário à situação de pensionista, se reunir as condições exigidas, mas tal pagamento só produzirá todos os seus efeitos a partir do momento em que se encontre liquidada a totalidade das contribuições referentes ao período de bonificação invocado, circunstância que dá lugar ao recálculo do valor da pensão.

6 – Caso o governador ou vice-governador civil tenha falecido sem ter requerido a contagem do período invocado para a bonificação, podem os requerentes das prestações por morte fazê-lo por ocasião da entrega do respectivo requerimento, sem prejuízo do prévio pagamento das contribuições acrescidas a que se referem os números anteriores.

CAPÍTULO VIII – Regime financeiro dos governos civis

ARTIGO 23.° – **(Regime de autonomia administrativa)**

O governo civil, enquanto serviço desconcentrado da administração central, dispõe de autonomia administrativa nos actos de gestão corrente, traduzida na competência do governador civil, ou seu substituto, para autorizar a realização de despesas e o seu pagamento e para praticar, no mesmo âmbito, os actos administrativos necessários.

ARTIGO 24.° (1-2) – **(Regime de receitas e despesas)**

1 – Constituem receitas consignadas às despesas enumeradas no n.° 2:

a) O produto das taxas a aplicar por petições ou requerimentos de interesse particular;

b) O produto das taxas aplicadas em virtude da atribuição de autorizações da competência do governador civil, bem como da concessão de passaportes;

c) 40% do produto das coimas aplicadas, revertendo os restantes 60% para o Estado;

d) Todas as que lhe venham a ser destinadas.

2 – São despesas a considerar para os efeitos do número anterior as que constituem encargos do governo civil que, não tendo dotação estabelecida ou tendo dotação insuficiente no Orça-

Decreto-Lei n.º 252/92, de 19 de Novembro 1069

mento do Estado, sejam inerentes ao normal funcionamento da secretaria do governo civil ou ao desempenho das funções de governador civil, bem como todas as que sejam impostas por lei.

1 – Redacção do art. 2.º do DL n.º 316/95, de 28 de Novembro.

2 – Ver nota ao art. 36.º da Lei n.º 42/98, de 6 de Agosto (Lei das Finanças Locais).

ARTIGO 25.º – **(Saldos anuais)**
Os saldos resultantes das receitas consignadas transitam para o ano seguinte, nos termos da lei de execução orçamental.

CAPÍTULO IX – Disposições finais e transitórias

ARTIGO 26.º – **(Dispensa de visto)**
Não estão sujeitos a visto do Tribunal de Contas os diplomas de nomeação dos governadores civis e vice-governadores civis e do pessoal dos gabinetes de apoio pessoal.

ARTIGO 27.º – **(Cessação das funções)**
Os actuais secretários dos governos civis cessam funções a partir da entrada em vigor do presente diploma.

ARTIGO 28.º – **(Administração dos cofres privativos)**
Mantém-se em vigor o actual regime de administração financeira dos governos civis até à integração definitiva dos seus cofres privativos no novo sistema de administração financeira do Estado.

ARTIGO 29.º – **(Norma revogatória)**
São revogados os artigos 404.º, 406.º a 411.º e 413.º a 415.º do Código Administrativo.

ARTIGO 30.º – **(Entrada em vigor)**
O presente diploma entra em vigor no dia imediato ao da sua publicação.

PORTARIA N.º 948/2001

de 3 de Agosto

Define o regime remuneratório dos governadores, dos vice-governadores civis e dos membros do gabinete de apoio pessoal, bem como a composição deste

O estatuto dos governadores civis, aprovado pelo Decreto-Lei n.º 252/92, de 19 de Novembro, alterado pelo Decreto-Lei n.º 316/95, de 28 de Novembro, e, mais recentemente, pelo Decreto-Lei n.º 213/2001, de 2 de Agosto, determina que o Governo, por portaria, defina o regime remuneratório dos governadores, dos vice-governadores civis e dos membros do gabinete de apoio pessoal, bem como a composição deste.

Assim, nos termos do artigo 15.º do Decreto-Lei n.º 252/92, de 19 de Novembro, alterado pelo Decreto-Lei n.º 213/2001, de 2 de Agosto, e do artigo 3.º deste último:

1.º
Governador civil e vice-governador civil – remuneração

1 – O governador civil e o vice-governador civil recebem mensalmente um vencimento correspondente, respectivamente, a 70% e 56% do vencimento de ministro.

2 – O governador civil e o vice-governador civil têm direito a um abono mensal para despesas de representação no valor correspondente a 30% do respectivo vencimento.

2.º
Ajudas de custo e subsídios

1 – Nas suas deslocações oficiais, fora do distrito, no País ou no estrangeiro, o governador civil e o vice-governador civil têm direito a ajudas de custo fixadas na lei.

2 – Quando o governador civil e o vice-governador civil, à data da nomeação, residirem fora do município sede do distrito e a uma distância superior a 30 km, poderão, mediante despacho do Ministro da Administração Interna, auferir um subsídio mensal para despesas de alojamento e alimentação correspondente a 20% do seu vencimento.

3.º
Constituição e composição do gabinete de apoio pessoal

1 – O gabinete de apoio pessoal do governador civil é composto por um chefe de gabinete, um adjunto e um secretário, nomeados nos termos dos n.º 1 e 4 do artigo 15.º do Decreto-Lei n.º 252/92, de 19 de Novembro, com a redacção que lhe foi conferida pelo Decreto-Lei n.º 213/2001, de 2 de Agosto.

2 – O gabinete referido no número anterior apoia, simultaneamente, o vice-governador, quando exista, podendo, nesse caso, ter dois secretários.

3 – Em casos devidamente fundamentados, designadamente quando existir vice-governador civil, o Ministro da Administração Interna poderá autorizar a nomeação de dois adjuntos.

1072   VIII – Assembleias Distritais e Governos Civis

4 – O governador civil, quando não exista vice-governador civil, pode delegar no chefe do gabinete competências que não se insiram no âmbito da actividade dos serviços da secretaria, bem como a representação oficial em actos e cerimónias.

5 – No impedimento simultâneo do governador civil e do vice-governador civil, exercerá as respectivas funções o chefe do gabinete.

4.º
Remuneração dos membros do gabinete

1 – O chefe de gabinete, o adjunto e o secretário auferem, respectivamente, a remuneração equivalente ao maior índice fixado para a categoria de assessor, de técnico superior principal e de técnico profissional especialista principal.

2 – O tempo de serviço prestado por funcionários públicos no gabinete do governador civil conta, par todos efeitos legais, como prestado no lugar de origem.

5.º(¹)
Produção de efeitos

O disposto na presente portaria produz efeitos deesde a data de entrada em vigor do Decreto-Lei n.º 213/2001, de 2 de Agosto.

1 – O DL n.º 213/2001 entrou em vigor, por força do seu art. 5.º, em 1/9/2001.

ÍNDICE REMISSIVO

A

Abastecimento de água
- DL n.º 379/93
- DL n.º 319/94

Abono de família – 8.º e 9.º do DL n.º 353-A/89

Abono para falhas – 17.º do DL n.º 247/87

Abonos dos eleitos locais
- 9.º da Lei n.º 29/87
- 5.º e 7.º da Lei n.º 11/96

Acção de perda de mandato – 11.º e 15.º da Lei n.º 27/96

Acordos de cooperação
- 5.º da Lei n.º 54/98
- 8.º da Lei n.º 159/99
- 67.º da Lei n.º 169/99

Actas – 92.º e 93.º da Lei n.º 169/99

Actos anuláveis – 10.º do DL n.º 413/93

Actos nulos
- 2.º do DL n.º 390/82
- 21.º n.º 6 e 63.º do DL n.º 247/87
- 8.º do DL n.º 413/91
- 14.º da Lei n.º 64/93
- 95.º da Lei n.º 169/99
- 103.º do DL n.º 380/99
- 68.º do DL n.º 555/99

Actos sujeitos a publicação – 34.º do DL n.º 427/89

Actos tácitos – 111.º e 113.º do DL n.º 555/99

Acumulação de funções – ver Incompatibilidades

Acumulação de infracções – 14.º do DL n.º 24/84

Administrador-delegado – 11.º da Lei n.º 172/99

Adjunto de tesoureiro – 15.º do DL n.º 415-A/98

ADSE
- 13.º n.º 9, do DL n.º 24/84
- 34.º do DL n.º 100/99

Agente de autoridade
- 1.º do DL n.º 327/98
- 14.º e segs. da Lei n.º 140/99
- 2.º e segs. do DL n.º 40/2000

Agente de polícia municipal – DL n.º 40/2000

Agente único de transportes colectivos
- 27.º do DL 247/87
- DL n.º 498/99

Ajudantes – 13.º do DL n.º 404-A/98

Ajudas de custo
- 11.º da Lei n.º 29/87
- 18.º do DL n.º 252/92
- DL n.º 106/98

Alteração de planos urbanísticos – 95.º a 97.º do DL n.º 380/99

Alvará
- 94.º da Lei n.º 91/95
- 94.º da Lei n.º 169/99
- 74.º e segs. do DL n.º 555/99

Amnistia – 11.º n.º 4 do DL n.º 24/84

Antiguidade
- DL n.º 244/89
- 2.º do DL n.º 159/95
- 93.º e segs. do DL n.º 100/99

Aposentação
- 5.º n.º 3 e 15.º do DL n.º 24/84
- 8.º do DL n.º 14/97
- 48.º do DL n.º 100/99

Aprendizes – 13.º do DL n.º 404-A/98

Áreas de construção prioritária – DL n.º 152/82

Áreas de desenvolvimento urbano prioritário –DL n.º 152/82

Áreas metropolitanas – Lei n.º 44/91

Áreas urbanas de génese ilegal – Lei n.º 91/95

Arrendamento – 47.º da Lei n.º 91/95

Aquisição de bens – DL n.º 197/99

Assalariado eventual – 6.º-A do DL n.º 409/91

Assalariados – 43.º do DL n.º 247/87

Assembleia distrital
- carreiras e categorias – DL n.º 247/87
- competência disciplinar – 20.º do DL n.º 24/84
- regime jurídico – DL n.º 59/91

Assembleia de freguesia – 3.º a 20.º da Lei n.º 169/99

Assembleia intermunicipal – 6.º, 8.º e 9.º da Lei n.º 172/99

Assembleia interfreguesias – 7.º a 9.º da Lei n.º 175/99

Assembleia municipal – 41.º a 55.º da Lei n.º 169/99

Assessor autárquico
- 13.º n.º 5 do DL n.º 116/84
- 57.º do DL n.º 247/87

Assessoria técnica
- 9.º do DL n.º 116/84

1074 Legislação da Administração Local

– 12.° da Lei n.° 172/99
– 15.° da Lei n.° 175/99
Assiduidade
– 4.°, n.° 1, g), 11.°, 71.° e 72.° do DL n.° 24/84
– 99.° do DL n.° 100/99
Assistente administrativo
– 8.° do DL n.° 404-A/98
– 6.° do DL n.° 412-A/98
Assistente de acção educativa – DL n.° 234-A/2000
Associação de freguesias
– Lei n.° 54/98
– Lei n.° 175/99
Associação de municípios
– DL n.° 390/82
– 18.° do DL n.° 24/84
– 45.° do DL n.° 247/87
– Dec.-Reg. n.° 45/88
– Lei n.° 54/98
– Lei n.° 172/99
Autarquias locais
– atribuições – 13.° e 14.° da Lei n.° 159/99
– dissolução dos órgãos – 9.°, 10.°, 11.°, 12.°, 14.° e 15.° da Lei n.° 27/96
– estatuto dos eleitos locais – Lei n.° 29/87
– finanças locais – Lei n.° 42/98
– organização e funcionamento – Lei n.° 169/99
– regime de criação e extinção – Lei n.° 112/85
– regime de instalação – Lei n.° 48/99
– tutela administrativa – Lei n.° 27/96
Auxiliar de acção educativa
– Dec.-Reg. n.° 51/97 (DL n.° 247/87)
– 3.° do DL n.° 234-A/2000

B

Bairros Administrativos – Lei n.° 8/81
Bombeiros
– 35.° do DL n.° 247/87
– DL n.° 293/92
– DL n.° 373/93

C

Caducidade
– do contrato a prazo – 13.°, n.° 8, do DL n.° 24/84
– da licença de construção – 6.° do DL n.° 351/93
– da licença de loteamento – 6.° do DL n.° 351/93
– da licença de obras de urbanização – 6.° do DL n.° 351/93
Câmara municipal – 56.° a 74 da Lei n.° 169/99
Capacidade eleitoral – Lei Orgânica n.° 1/2001

Cargos dirigentes
– 7.° do DL n.° 116/84
– 61.° do DL n.° 247/87
– Lei n.° 49/99
– DL n.° 514/99
Cargos políticos
– Lei n.° 4/83
– Lei n.° 34/87
– DL n.° 196/93
– Lei n.° 64/93
– Dec.-Reg. n.° 1/2000
Carreira técnica
– 59.° do DL n.° 247/87
– DL n.° 404-A/98
– 3.° do DL n.° 412-A/98
Carreira técnica superior
– 59.° do DL n.° 247/87
– DL n.° 404-A/98
– 2.° do DL n.° 412-A/98
Carreira técnico-profissional
– 13.° do DL n.° 247/87
– DL n.° 404-A/98
Carreira de tráfego fluvial – 8.° do DL n.° 412-A/98
Carreiras de pessoal
– DL n.° 247/87
– DL n.° 247/91
– DL n.° 404-A/98
– DL n.° 412-A/98
Cartão de identificação – 16.° da Lei n.° 29/87
Caução
– 16.° do DL n.° 247/87
– 27.° da Lei n.° 91/95
Cedências
– 6.° da Lei n.° 91/95
– 44.° do DL n.° 555/99
Chefe de armazém – 29.° do DL n.° 247/87
Chefe de campo – 31.° do DL n.° 247/87
Chefe de repartição
– 7.° n.° 6 do DL n.° 116/84
– 23.° do DL n.° 247/87
– 6.° do DL n.° 265/88
– 18.° do DL n.° 404-A/98
– 14.° do DL n.° 412-A/98
Chefe de secção
– mapa I ao DL n.° 116/84
– 24.° e 48.° do DL n.° 247/87
– 7.° do DL n.° 265/88
– 7.° do DL n.° 404-A/98
– 5.° do DL n.° 412-A/98
Chefe de secretaria – 13.° n.° 5 e 13.°-A n.° 3 do DL n.° 116/84
Classificação de serviço
– Dec.-Reg. n.° 44-B/83

Índice Remissivo 1075

– Dec.-Reg. n.º 45/88
– 23.º do DL n.º 293/92
Coimas
– 162.º e 163.º do RGEU
– 3.º do DL n.º 139/89
– 7.º do DL n.º 252/92
– 29.º do DL n.º 42/98
– 113.º do DL n.º 380/99
– 20.º do DL n.º 39/2000
– 202.º da Lei n.º 4/2000
Comissão administrativa
– 14.º da Lei n.º 27/96
– 99.º da Lei n.º 169/99
Comissão instaladora
– 13.º da Lei n.º 142/85
– 3.º a 5.º da Lei n.º 48/99
Comissão paritária
– 14.º do Dec. Reg. n.º 44-B/83
– 5.º do Dec. Reg. n.º 45/88
Comissão de serviço
– 11.º n.º 2, 12.º n.º 6, 13.º n.º 12, 18.º n.º 3, c),
e 27.º do DL n.º 24/84
– 41.º n.º 6, do DL n.º 247/87
– 7.º n.º 6, e 11.º n.º 4, do DL n.º 413/93
– 19.º e segs. da Lei n.º 49/99
Comissão extraordinária de serviço
– 22.º n.º 2 da Lei n.º 29/87
– 22.º, 24.º e 41.º n.º 2 do DL n.º 427/89
– 16.º n.º 3 da Lei n.º 48/99
Comissão de segurança e saúde no trabalho – 6.º do
DL n.º 488/99
Competência
– da assembleia de freguesia – 17.º da Lei n.º
169/99
– da assembleia distrital
– 5.º do DL n.º 5/91
– 7.º do DL n.º 81-A/96
– da assembleia municipal
– 53.º da Lei n.º 169/99
– 2.º do DL n.º 39/2000
– da assembleia metropolitana – 12.º da Lei n.º
44/91
– da câmara municipal:
– 1.º do DL n.º 139/89
– 2.º do DL n.º 122/90
– 7.º do DL n.º 81-A/96
– 64.º da Lei n.º 169/99
– da comissão instaladora
– 13.º da Lei n.º 142/85
– 4.º da Lei n.º 48/99
– da comissão de segurança e de saúde – 7.º do
DL n.º 488/99
– da DG da Saúde – 16.º do DL n.º 488/89

– da IG do Trabalho – 16.º do DL n.º 488/89
– do conselho de administração das empresas municipais – 11.º e 21.º da Lei n.º 58/98
– do conselho de administração dos serviços municiplizados
– 32.º do DL n.º 106/98
– 104.º do DL n.º 100/99
– do conselho coordenador – 14.º do DL n.º 252/92
– do conselho metropolitano – 20.º da Lei n.º 44/91
– do governador civil – 4.º do DL n.º 252/92
– da junta de freguesia – 34.º da Lei n.º 169/99
– da junta metropolitana – 15.º da Lei n.º 44/91
– do júri do concurso – 3.º do DL n.º 238/99
– do pessoal dirigente
– 25.º e segs. da Lei n.º 49/99
– 4.º do DL n.º 514/99
– do presidente da comissão instaladora – 5.º da
Lei n.º 48/99
– dos órgãos autárquicos
– 32.º do DL n.º 106/798
– 37.º do DL n.º 259/98
– 14.º do DL n.º 100/99
Competência disciplinar – 16.º a 21.º e 39.º do DL
n.º 24/84
Competência para a abertura de concurso
– 9.º do DL n.º 204/98
– 8.º da Lei n.º 49/99
Competências
– 30.º do DL n.º 50/98
– 32.º do DL n.º 106/98
– 37.º do DL n.º 259/98
– DL n.º 327/98
– 104.º do DL n.º 100/99
– Lei n.º 159/99
– Lei n.º 169/99
– 14.º do DL n.º 514/99
Concessão
– DL n.º 390/82
– DL n.º 379/93
Concurso de habilitação – 31.º do DL .º 404-A/98
Concurso de provimento
– DL n.º 204/98
– 5.º e segs. Da Lei n.º 49/99
Concursos de pessoal
– 13.º-A do DL n.º 116/84
– 24.º, 27.º a 34.º e 39.º, n.º 1, do DL n.º 247/87
– 39.º do DL n.º 353-A/89
– 5.º do DL n.º 195/97
– 5.º do DL n.º 22/98
– DL n.º 175/98
– DL n.º 204/98
– 5.º e segs. da Lei n.º 49/99
– DL n.º 238/99

Legislação da Administração Local

Concursos pendentes
- 39.º do DL n.º 353-A/89
- 5.º do DL n.º 22/98
- 30.º do DL n.º 404-A/98
- 5.º do DL n.º 498/99

Condições mínimas de habitabilidade
- Portaria n.º 398/72
- 46.º da Lei n.º 91/95

Confirmação de compatibilidade – DL n.º 351/93

Conselheiro de consumo – Dec.-Reg. n.º 27/97

Conselho consultivo – 17.º e 18.º do DL n.º 5/91

Conselho coordenador – 13.º e 14.º do DL n.º 252/92

Conselho de administração
- 9.º a 12.º da Lei n.º 58/98
- 6.º e 10.º da Lei n.º 172/99
- 7.º, 10.º e 11.º da Lei n.º 175/99

Conselho nacional de municípios – DL n.º 311/80

Conselhos municipais de segurança – Lei n.º 33/98

Conservador de museu – 10.º do DL n.º 247/87

Construção clandestina – DL n.º 804/76

Consultas locais – Ver Referendo local

Contabilidade autárquica
- 6.º da Lei n.º 42/98
- DL n.º 54-A/99

Contabilidade das áreas metropolitanas – 26.º da Lei n.º 44/91

Contabilidade das associações de municípios – 13.º da Lei n.º 172/99

Contabilidade das associações de freguesias – 23.º da Lei n.º 175/99

Contabilidade das empresas públicas – 33.º da Lei n.º 58/98

Contabilidade das regiões administrativas – 36.º da Lei n.º 56/91

Contagem do tempo de serviço – ver Tempo de serviço

Contra-ordenação – ver Coimas

Contratação pública – DL n.º 197/99

Contratados
- 13.º n.º 7 do DL n.º 24/84
- 43.º, 44.º, 45.º e 50.º do DL n.º 247/87

Contrato administrativo de provimento – 2.º do DL n.º 234-A/2000

Contrato a prazo – 13.º n.º 8 do DL n.º 24/84

Contrato de avença – 7.º do DL n.º 409/91

Contrato de aquisição de bens e serviços – DL n.º 197/99

Contrato de concepção – 164.º e segs. do DL n.º 197/99

Contrato de concessão
- 11.º, n.º 2, 12.º e 14.º do DL n.º 390/82
- 47.º do DL n.º 555/99

Contrato de empreitada – DL n.º 197/99

Contrato de fornecimento – DL n.º 197/99

Contrato de locação de bens e serviços – DL n.º 197/99

Contrato de prestação de serviços
- DL n.º 197/99
- 40.º da Lei n.º 169/99

Contrato de provimento
- 14.º a 17.º, 30.º 37.º n.º 1 e 41.º n.º 1 do DL n.º 427/89
- 6.º do DL n.º 409/91
- 16.º n.º 3 da Lei n.º 48/99
- 16.º do DL n.º 234-A/2000

Contrato de reequilíbrio financeiro – 26.º da Lei n.º 42/98

Contrato de tarefa – 7.º do DL n.º 409/91

Contrato de trabalho a termo certo
- 14.º e 18.º a 21.º do DL n.º 427/89
- 2.º do DL n.º 409/91

Contrato de urbanização
- 56.º da Lei n.º 91/95
- 55.º do DL n.º 555/99

Contratos de pessoal
- 44.º do DL n.º 247/87
- 14.º e segs. do DL n.º 27/89
- 40.º da Lei n.º 169/99

Contratos mistos – 5.º do DL n.º 197/99

Contratos-programa – 31.º da Lei n.º 58/98

Controlo público de riqueza
- Lei n.º 4/83
- Dec.-Reg. n.º 1/2000

Cooperação financeira
- 7.º da Lei n.º 42/98
- 9.º da Lei n.º 48/99

Cooperação técnica
- 12.º do DL n.º 116/84
- 7.º da Lei n.º 42/98
- 9.º da Lei n.º 48/99
- 12.º da Lei n.º 172/99
- 22.º da Lei n.º 175/99

Cozinheiro – 9.º do DL n.º 412-A/98

Crimes de responsabilidade – Lei n.º 34/87

Currículo profissional – 2.º do Dec.-Reg. 45/88

D

Deferimento tácito – ver Acto tácito

Delegação de assinatura – 30.º da Lei n.º 49/99

Delegação de competência
- 5.º e 10.º do DL n.º 252/92
- 15.º da Lei n.º 159/99
- 35.º, 36.º, 65.º, 66.º e 70.º da Lei n.º 169/99
- 4.º da Lei n.º 175/99
- 27.º e segs. da Lei n.º 49/99
- 27.º e segs. do DL n.º 197/99

Índice Remissivo

Delimitação de competências – Lei n.° 159/99
Demolição
– 165.° do RGEU
– 36.° e segs. do DL n.° 794/76
– 6.° e 7.° do DL n.° 91/95
– 64.° n.° 5, alínea c), da Lei n.° 169/99
– 114.° do DL n.° 380/99
– 106.° do DL n.° 555/99
Derramas – 18.° da Lei n.° 42/98
Descanso semanal
– DL n.° 259/98
– 17.° do DL n.° 39/2000
Descongelamento de escalões – 38.° do DL n.° 353--A/89
Descontos – 13.° a 15.° do DL n.° 353-A/89
Despejo
– 165.° e 168.° do RGEU
– 47.° da Lei n.° 91/95
– 92.° do DL n.° 555/99
Destacamento
– 27.° do DL n.° 427/89
– 3.° do DL n.° 175/98
– 37.° da Lei n.° 58/98
– 12.° da Lei n.° 159/99
– 19.° do DL n.° 39/2000
Destituição judicial – 13.° do DL n.° 64/93
Direito à carreira – 32.° da Lei n.° 49/99
Direito à expropriação – 130.° do DL n.° 380/99
Direito à greve – 19.° do DL n.° 100/99
Direito à informação
– 5.° do DL n.° 380/99
– 110.° do DL n.° 555/99
Direito de preferência
– 27.° e 28.° do DL n.° 794/76
– 126.° do DL n.° 380/99
Direito de transporte
– 16.° e segs. do DL n.° 106/98
Disponibilidade permanente – 21.° do DL n.° 293/92
Dissolução dos órgãos autárquicos – 14.° e 15.° da
Lei n.° 27/96
Divisão de coisa comum – 36.° e segs. da Lei n.° 91/95
Domicílio necessário – 2.° do DL n.° 106/98
Duração semanal do trabalho
– DL n.° 259/98
– DL n.° 324/99
– DL n.° 325/99
– DL n.° 277/2000

E

Educadora de infância
– 12.° do DL n.° 247/87

– DL n.° 234-A/2000
Efluentes
– DL n.° 379/93
– DL n.° 162/96
Eleitos locais
– Lei n.° 4/83
– Lei n.° 29/87
– Lei n.° 34/87
– DL n.° 196/93
– Lei n.° 64/93
– Lei n.° 11/96
– Dec.-Reg. n.° 1/2000
– Lei Orgânica n.° 1/2001
Embargo administrativo
– 165.° do RGEU
– 52.° do DL n.° 91/95
– 114.° do DL n.° 380/99
– 102.° e segs. do DL n.° 555/99
Emolumentos
– 13.° n.° 7 e 17.°-A do DL n.° 116/84
– 58.° do DL n.° 247/87
Empreitada de obras públicas
– DL n.° 390/82
– DL n.° 197/99
Empresas de capitais públicos – Lei n.° 58/98
Empresas de capitais maioritariamente públicos –
Lei n.° 58/98
Empresas intermunicipais
– Lei n.° 58/98
– 10.° da Lei n.° 159/99
Empresas municipais
– Lei n.° 58/98
– DL n.° 327/98
– 10.° da Lei n.° 159/99
Empresas públicas
– Lei n.° 58/98
– DL n.° 327/98
Empresas regionais – Lei n.° 58/98
Empréstimos municipais
– DL n.° 258/79
– 10.° do DL n.° 5/91
– 23.° e segs. da Lei n.° 42/98
– 15.° da Lei n.° 172/99
– 21.° da Lei n.° 175/99
Encarregado de mercados – 33.° do DL n.° 247/87
Encarregado de movimento
– 28.° do DL n.° 247/87
– DL n.° 498/99
Encarregado de pessoal auxiliar – 10.° do DL 404-A/98
Encarregado dos serviços de limpeza – 11.° do DL
n.° 412-A/98
Encarregado de pessoal doméstico – 16.° do DL n.°
412-A/98

Legislação da Administração Local

Encarregado de missão – 37.º da Lei n.º 49/99
Entrevista – 23.º do DL n.º 204/98
Escalas salariais
– 17.º do DL n.º 404-A/98
Escriturário dactilógrafo
– 19.º e 25.º do DL n.º 247/87
– DL n.º 22/98
Estacionamento – DL n.º 327/98
Estágio
– 3.º, 38.º n.º 4 e 41.º n.º 3 do DL n.º 427/89
– 6.º n.º 5 e 6.º-A n.º 1 do DL n.º 409/91
– 14.º do DL n.º 293/92
– 7.º do DL n.º 195/97
– 10.º do DL n.º 39/2000
Estatuto disciplinar – DL n.º 24/84
Estatuto remuneratório – ver Sistema retributivo
Exame do processo – 61.º e 62.º do DL n.º 24/84
Execução de sentença – 51.º do DL n.º 204/98
Expropriações
– 11.º do RGEU;
– 4.º, 47.º a 51.º e 55.º do DL n.º 794/76
– 10.º a 13.º do DL n.º 804/76
– 18.º do DL n.º 152/82
– 65.º n.º 7, alínea c), da Lei n.º 169/99
– 128.º do DL n.º 380/99

F

Falta de assiduidade – 71.º e 72.º do DL n.º 24/84
Faltas – DL n.º 100/99
Faltas do presidente da câmara municipal – 57.º n.º 3 da Lei n.º 169/99
Faltas dos tesoureiros – 18.º do DL n.º 247/87
Faltas injustificadas – 71.º do DL n.º 100/99
Federação de municípios
– competência disciplinar – 18.º do DL n.º 24/84
– pessoal
– DL n.º 247/87
– Dec.-Reg. 45/88
Feriados – 100.º do DL n.º 100/99
Férias
– dos funcionários – 2.º a 17.º do DL n.º 100/99
– dos bombeiros profissionais – 20.º do DL n.º 293/92
– dos eleitos locais – 14.º da Lei n.º 29/87
Finanças locais
– DL n.º 163/79
– DL n.º 258/79
– Lei n.º 42/98
– DL n.º 54-A/99
Finanças distritais – 24.º e 25.º do DL n.º 98/84 (art. 36.º da Lei n.º 42/98)
Fiscal de leituras e cobranças – 30.º do DL n.º 247/87

Fiscal municipal
– 4.º do DL n.º 412-A/98
– 13.º do DL n.º 39/2000
Formação profissional
– 5 do DL n.º 247/87
– DL n.º 50/98
– 25.º do DL n.º 404-A/98
– 35.º da Lei n.º 49/99
Fornecimentos
– DL n.º 390/82
– DL n.º 197/99
Freguesias
– atribuições – 14.º da Lei n.º 159/99
– competências
– 18.º do DL n.º 24/84
– 8.º do DL n.º 409/91
– 17.º, 19.º, 34.º, 37.º e 38.º da Lei n.º 169/99
– criação de freguesias – Lei n.º 8/93
– órgãos – 2.º e segs. da Lei n.º 169/99
– pessoal
– 46.º e 50.º do DL n.º 247/87
– 39.º e 40.º da Lei n.º 169/99
Fundamentação do acto administrativo
– 63.º do DL n.º 445/91
– 44.º do DL n.º 448/91

G

Gabinete de apoio pessoal
– ao presidente da câmara –73.º e 74.º da Lei n.º 169/99
– ao governador civil – 15.º do DL n.º 252/92
Gabinete de Apoio Técnico
– 9.º do DL n.º 116/84
– 12.º da Lei n.º 172/99
Governador civil
– competência
– 21.º do DL n.º 24/84
– DL n.º 252/92
– gabinete de apoio pessoal
– 15.º do DL n.º 252/92
– Portaria n.º 948/2001
– remuneração
– 16.º e segs. do DL n.º 252/92
– Portaria n.º 948/2001
Governo civil
– extinção – 47.º da Lei n.º 56/91
– quadros de pessoal – 12.º do DL n.º 252/92
– secretário – 9.º, 10.º e 11.º do DL n.º 252/92
Gratificações
– 8.º n.º 4 do DL n.º 116/84
– 17.º do DL n.º 247/87
Greve – 19.º do DL n.º 100/99

Índice Remissivo

H

Habitação social – 6.º do DL n.º 794/76
Heráldica autárquica – Lei n.º 53/91
Homologação – 39.º do DL n.º 204/98
Horário de trabalho
– 19.º do DL n.º 293/92
– 13.º e segs. do DL n.º 259/98
– DL n.º 324/99
– DL n.º 325/99
– DL n.º 277/2000
Horas extraordinárias – 25.º e segs. do DL n.º 259/98

I

Ilícito eleitoral – Lei Orgânica n.º 1/2001
Impedimentos
– 18.º do DL n.º 247/87
– 8.º da Lei n.º 64/93
– DL n.º 196/93
– DL n.º 413/93
– 33.º do DL n.º 197/99
Incompatibilidades
– 3.º da Lei n.º 247/87
– 31.º, 32.º e 42.º do DL n.º 427/89
– 16.º do DL n.º 252/92
– 17.º e 18.º do DL n.º 293/92
– Lei n.º 64/93
– DL n.º 413/93, 12.º da Lei n.º11/96
– Lei n.º 12/96
– 23.º da Lei n.º 49/99
Ineligibilidade – 13.º da Lei n.º 27/96
Informática – 11.º do DL n.º 247/87
Inquérito disciplinar – 85.º a 87.º do DL n.º 24/84
Inscrição registral – 30.º e 39.º da Lei n.º 91/95
Inspecção Médica
– Dec.-Reg. n.º 41/90
– 39.º e 40.º do DL n.º 100/99
Instrutor – 51.º e 52.º do DL n.º 24/84
Intercomunicabilidade vertical – 3.º do DL n.º 404--A/98
Intimação para um comportamento – 35.º da Lei n.º 91/95
Intimação para a prática de acto administrativo – 112.º do DL n.º 555/99
Investimentos públicos – Lei n.º 159/99
Isenção de custas
– 43.º do DL n.º 24/84
Isenção de horário de trabalho
– 23.º e 24.º do DL n.º 259/98
– 25.º da Lei n.º 49/99
Isenções fiscais

– 24.º da Lei n.º 44/91
– 33.º da Lei n.º 42/98
– 16.º da Lei n.º 172/99
– 19.º da Lei n.º 175/99

J

Jornada contínua – 19.º do DL n.º 259/98
Junta de freguesia
– abonos dos titulares dos órgãos – 9.º da Lei n.º 29/87
– competência – 34.º da Lei n.º 169/99
– constituição e funcionamento – 23.º e segs. da Lei n.º 169/99
– pessoal
– 46.º a 50.º do DL n.º 247/87
– 39.º e 40.º do DL n.º 100/99
Junta médica
– Dec.-Reg. n.º 41/90
– 36.º e 46.º do DL n.º 100/99
Junta médica da CGA – 47.º do DL n.º 100/99
Junta médica de recurso
– 105.º Do DL n.º 100/99
Júri do concurso
– 52.º do DL n.º 247/87
– 12.º e segs. do DL n.º 204/98
– 6.º da Lei n.º 49/99
– 7.º do DL n.º 514/99

L

Legalização de construções
– 67.º do RGEU
– 50.º da Lei n.º 91/95
Licença de utilização – 8.º do RGEU
Licença sem vencimento – 74.º e segs. do DL n.º 100/99
Licença sem vencimento de longa duração – 78.º e segs. do DL n.º 100/99
Licenças
– 20 do DL n.º 293/92
– 72.º e segs. do DL n.º 100/99
Licenciamento de obras
– DL n.º 38382 (RGEU)
– Portaria n.º 398/72
– DL n.º 569/76
– DL n.º 351/93
– DL n.º 555/99
Licenciamento de obras de urbanização
– 20.º a 27.º do DL n.º 448/91
– 53.º e segs. do DL n.º 555/99

Legislação da Administração Local

Ligação à rede de infra-estruturas – 3.º n.º 5 da Lei
n.º 91/95
Limite de idade – 1.º do DL n.º 381/89
Listas de antiguidade – 93.º e segs. do DL n.º 100/99
Lugares em extinção – 49.º do DL n.º 204/98
Livre trânsito – 15.º da Lei n.º 29/87
Locação – DL n.º 197/99
Loteamento urbano
– DL n.º 448/91
– Lei n.º 91/95
– 41.º e segs. do DL n.º 555/99

M

Mandato
– cessação – 7.º da Lei n.º 48/99
– continuidade – 12.º da Lei n.º 175/99
– duração
– 6.º da Lei n.º 54/98
– 75.º da Lei n.º 169/99
– 7.º da Lei n.º 44/91
– perda – Lei n.º 27/96
– regime de desempenho de funções
– Lei n.º 29/87
– Lei n.º 11/96
– 8.º da Lei n.º 48/99
– 58.º da Lei n.º 169/99
– renúncia – 76.º da Lei n.º 169/99
– substituição – 11.º e 29.º da Lei n.º169/99
– suspensão – 77.º da Lei n.º 169/99
Médicos veterinários municipais – ver Veterinários
Medidas preventivas
– 7.º a 13.º do DL n.º 794/76
– 107.º e segs. do DL n.º 380/99
– 54.º da Lei n.º 91/95
Métodos de selecção
– 18.º e segs. do DL n.º 204/98
– 8.º da Lei n.º 49/99
Mobilidade de pessoal
– DL n.º 175/98
– DL n.º 190/99
Motoristas
– 26.º do DL n.º 247/87
– DL n.º 381/89
Multas
– 89.º a 92.º do DL n.º 24/84
– 11.º n.º 1, alínea d), do DL n.º 413/93
Municipalização de serviços – 53.º n.º 2, alínea l),
da Lei n.º 169/99
Municípios de Lisboa e Porto
– 1.º n.º 2 do DL n.º 116/84
– 23.º do DL n.º 39/2000

N

Negociação colectiva – Lei n.º 23/98
Nomeação
– 41.º do DL n.º 247/87
– 4.º e segs. do DL n.º 427/89
– 16.º da Lei n.º 49/99
Nomeação interina
– 42.º do DL n.º 247/87
– 33.º do DL n.º 353-A/89
– 36.º do DL n.º 427/89
Nomeação provisória – 6.º e 35.º do DL n.º 247/87
Nomeação em substituição
– 22.º e 23.º do DL n.º 247/87
– 21.º da Lei n.º 49/99
– 9.º do DL n.º 514/99
Nulidade
– 42.º do DL n.º 24/84
– 17.º do DL n.º 379/93

O

Oficial administrativo
– 19.º e 47.º do DL n.º 247/87
– 6.º do DL n.º 404-A/98
Orçamento
– 3.º da Lei n.º 42/98
– 6.º do DL n.º 54-A/98
– 53.º n.º 2, alínea b), da Lei n.º 169/99
Ordenamento do território – DL n.º 380/99
Orla costeira – 42.º e segs. do DL n.º 380/99

P

Penas disciplinares –11.º e segs. do DL n.º 24/84
Perda de mandato – Lei n.º 27/96
Perequação compensatória – 135.º e segs. do DL n.º
380/99
Permuta
– 22.º, n.º 2, e 26.º do DL n.º 427/89
– 3.º do DL n.º 409/91
Pessoal
– DL n.º 116/84
– DL n.º 247/87
– DL n.º 353-A/89
– 23.º da Lei n.º 44/91
– DL n.º 252/92
– 37.º da Lei n.º 58/98
– DL n.º 404-A/98
– DL n.º 412-A/98
– DL n.º 190/99
– 12.º da Lei n.º 158/99
– 20.º da Lei n.º 172/99

Índice Remissivo

– 23.° da Lei n.° 175/99
– 7.° e segs. do DL n.° 39/2000
– 14.° da Lei n.° 48/99
Pessoal auxiliar – 10.° e 11.° do DL n.° 404-A/98
Pessoal dirigente – Lei n.° 49/99
Pessoal disponível – DL n.° 14/97
Pessoal em situação irregular
– 38.° do DL n.° 427/89
– DL n.° 195/97
Pessoal operário
– 39.° e 40.° do DL n.° 247/87
– 12.° e segs. do DL n.° 404-A/98
– 12.° do DL n.° 412-A/98
Plano de actividades
– 2.° n.° 3.°, alínea *a*), da Lei n.° 42/98
– 17.° n.° 2, alínea *a*), e 53.° n.° 2, alínea *b*), da Lei n.° 169/99
Plano oficial de contabilidade – DL n.° 54-A/98
Plano de pormenor – 90.° e segs. do DL n.° 380/99
Plano de urbanização – 87.° e segs. do DL n.° 380/99
Plano Director Municipal – 84.° e segs. do DL n.° 380/99
Planos especiais de ordenamento do território – 43.° e segs. do DL n.° 380/99
Planos intermunicipais de ordenamento do território – 60.° e segs. do DL n.° 380/99
Planos municipais de ordenamento do território – 69.° e segs. do DL n.° 380/99
Planos regionais de ordenamento do território – 153.° e segs. do DL n.° 380/99
Planos sectoriais de ordenamento do território – 35.° e segs. do DL n.° 380/99
Plenário de cidadãos eleitores – 21.° e 22.° da Lei n.° 169/99
Poderes tributários
– 4.° da Lei n.° 48/92
– 53.°, n.° 2, alínea *h*), da Lei n.° 169/99
Polícia municipal
– Lei n.° 140/99
– 30.° da Lei n.° 159/99
– DL n.° 39/2000
– DL n.° 40/2000
Posse
– 5.° n.° 1 do DL n.° 24/84
– 16.° n.° 1 do DL n.° 247/87
– 9.° do DL n.° 427/89
Pré-aposentação – 7.° do DL n.° 14/97
Preferências – 37.° do DL n.° 204/98
Prescrição das penas – 34.° do DL n.° 24/84
Prescrição do procedimento disciplinar – 4.° do DL n.° 24/84
Prestação de serviços – DL n.° 197/99
Prestações sociais – 8.° e 10.° do DL n.° 353-A/89

Princípios orçamentais – 3.° da Lei n.° 48/92
Processo de averiguações – 88.° do DL n.° 24/84
Processo disciplinar
– competência disciplinar – 16.° a 21.° do DL n.° 24/84
– penas – 11.° a 15.° 22.° a 34.° do DL n.° 24/84
– reabilitação – 84.° do DL n.° 24/84
– recursos – 73.° a 77.° do DL n.° 24/84
– revisão – 35.° e segs. do DL n.° 24/84
– tramitação – 35.° e segs. do DL n.° 24/84
Processo de regularização
– 37.° e 38.° do DL n.° 427/89
– 5.°-A do DL n.° 409/91
– DL n.° 413/91
– DL n.° 195/97 DL n.° 489/99
Processo de sindicância – 4.° n.° 5 e 85.° do DL n.° 24/84
Processo eleitoral – Lei Orgânica n.° 1/2001
Progressão nas categorias – 19.° e 20.° do DL n.° 353-A/89
Promoção
– 13.° n.os 4 e 5 do DL n.° 24/84;
– 16.° e 17.° do DL n.° 353-A/89
Propaganda eleitoral – Lei orgânica n.° 1/2001
Protecção civil
– 4.° n.° 4 do DL n.° 252/92
– 25.° da Lei n.° 159/99
Providência cautelar – 53.° do DL n.° 24/84
Provimento
– 41.° a 45.° do DL n.° 247/87
– 3.° e segs. do DL n.° 427/89
– 11.° do DL n.° 252/92
– 41.° do DL n.° 204/98
– 16.° e segs. da Lei n.° 49/99
– 2.° do DL n.° 234-A/2000
Provimento interino – ver Nomeação interina
Publicação
– 34.° do DL n.° 427/89
– 6.° do DL n.° 238/99
– 12.° do DL n.° 514/99
Publicidade
– 11.° n.° 2 do DL n.° 116/84
– 51.° n.° 6 do DL n.° 247/87
– 8.° e 9.° do DL n.° 445/91
– 33.° do DL n.° 448/91
– 28.° da Lei n.° 91/95
– 40.° do DL n.° 204/98
– 10.° da Lei n.° 49/99
– 91.° da Lei n.° 169/99

Q

Quadro geral administrativo – 13.° do DL n.° 116/84

Legislação da Administração Local

Quadro de Efectivos Interdepartamentais
- 38.° n.° 5 e 39.° n.° 3 do DL n.° 427/89
- DL n.° 14/97

Quadros de pessoal
- alteração de quadros –62.° do DL n.° 247/87
- das áreas metropolitanas – 23.° da Lei n.° 44/91
- das associações de freguesia
  - 20.° do DL n.° 12-A/98
  - 25.° da Lei n.° 175/99
- das associações de municípios – 20.° da Lei n.° 172/99
- dos governos civis – 12.° do DL n.° 252/92
- dos municípios
  - 5.° do DL n.° 116/84
  - DL n.° 122/90
  - 4.° do DL n.° 22/98
  - 20.° do DL n.° 412-A/98
  - 53.° n.° 2, alínea o), da Lei n.°169/99
- dos municípios em regime de instalação – 14.° da Lei n.° 48/99
- extinção de quadros – 49.° do DL n.° 204/98

Qualificação técnica – 67.° do DL n.° 445/91
Quorum – 89.° da Lei n.° 169/99

R

Ratificação – 68.° e 80.° do DL n.° 380/99
Reabilitação – 84.° do DL n.° 24/84
Realização de despesas – DL n.° 197/99
Receitas
- Das associações de freguesia
  - 20.° da Lei n.° 175/99
- Das associações de municípios – 14.° da Lei n.° 172/99
- Das empresas municipais – 27.° da Lei n.° 58/98
- Das freguesias – 21.° da Lei n.° 42/98
- Dos governos civis – 24.° e 25.° do DL n.° 252/92
- Dos municípios
  - 16.° do DL n.° 152/82
  - 16.° da Lei n.° 42/98
  - 20.° do DL n.° 39/2000

Reclassificação profissional
- 24.° do DL n.° 293/92
- DL n.° 497/99
- DL n.° 218/2000

Reconversão profissional
- DL n.° 497/99
- DL n.° 218/2000

Reconversão urbanística – Lei n.° 91/95
Recurso contencioso

- 74.° do DL n.° 24/84
- 6.° n.° 4 do Dec.-Reg. n.° 45/88
- 29.° da Lei n.° 49/90
- 12.° do DL n.° 52/91
- 6.° do DL n.° 252/92
- 6.° da Lei n.° 49/99
- 65.° n.° 6 e 7 da Lei n.° 169/99
- 22.° da Lei n.° 172/99
- 17.° da Lei n.° 175/99
- 5.° do DL n.° 238/99
- 115.° do DL n.° 555/99
- 151 a 155.° da Lei n.° 4/2000

Recurso hierárquico
- 39.° n.° 1 do Dec.-Reg. 44-B/83
- 75.° do DL n.° 24/84
- 6.° do Dec.-Reg. n.° 45/88
- 64.° do DL n.° 445/91
- 66.° do DL n.° 448/91
- 6.° do DL n.° 252/92
- 43.° do DL n.° 204/98
- 114.° do DL n.° 555/99

Recurso para o plenário da câmara – 65.° n.os 6 e 7 da Lei n.° 169/99
Referendo local – Lei n.° 4/2000
Regime a meio tempo
- 2.° da Lei n.° 29/87
- 1.° a 3.° da Lei n.° 11/96
- 8.° n.° 2 da Lei n.° 48/99
- 58.° da Lei n.° 169/99

Regime a tempo inteiro
- 1.° a 3.° da Lei n.° 11/96
- 8.° da Lei n.° 48/99
- 58.° da Lei n.° 169/99

Regime de exclusividade
- 22.° da Lei n.° 49/99
- 10.° do DL n.° 514/99

Regime de instalação
- 41.° do DL n.° 427/89
- 8.° do DL n.° 195/97
- Lei n.° 48/99

Regime de permanência
- 2.° da Lei n.° 29/87
- 1.° a 3.° da Lei n.° 11/96

Regime de substituição – ver Substituição
Regime disciplinar
- DL n.° 24/84
- 22.° do DL n.° 293/92

Regime jurídico da contratação pública – DL n.° 197/99
Regime jurídico da edificação e da urbanização
- DL n.° 555/99
- Lei n.° 13/2000
- DL n.° 177/2001

Índice Remissivo

Regime jurídico dos instrumentos de gestão territorial – DL n.º 380/99

Regiões administrativas
- Lei n.º 56/91
- Lei n.º 19/98

Regulamento administrativo – 108.º do DL n.º 380/99

Regulamento municipal
- 3.º do DL n.º 555/99
- DL n.º 177/2001

Relação jurídica de emprego – DL n.º 427/89

Remunerações
- Ver vencimentos
- Ver trabalho extraordinário
- Ver trabalho nocturno
- Ver trabalho em dias de descanso semanal

Reparcelamento – 131.º a 134.º do DL n.º 380/99

Reposição de terrenos – 8.º do DL n.º 92/95

Reposição de quantias
- 65.º n.º 1 do DL n.º 24/84
- 35.º n.º 2 do DL n.º 259/98
- 39.º n.º 1 do DL n.º 106/98

Requisição
- 22.º n.º 3, 27.º e 40.º do DL n.º 427/89
- 5.º do DL n.º 409/91
- 3.º do DL n.º 175/98

Residência – DL n.º 293/92

Resíduos sólidos
- DL n.º 379/93
- DL n.º 294/94

Responsabilidade civil
- 16.º do DL n.º 804/76
- 10.º do DL n.º 195/97
- 24.º do DL n.º 58/98
- 96.º e 97.º da Lei n.º 169/99
- 70.º do DL n.º 555/99

Responsabilidade criminal – 100.º do DL n.º 555/99

Responsabilidade disciplinar
- 2.º e 10.º do DL n.º 24/84
- 10.º do DL n.º 195/97
- 39.º n.º 1 do DL n.º 106/98
- 101.º do DL n.º 555/99

Responsabilidade solidária
- 39.º n.º 2 do DL n.º 106/98
- 35.º n.º 2 do DL n.º 259/98

Restituição de documentos – 50.º do DL n.º 204/98

Reversão – 45.º do DL n.º 555/99

Revestimento florestal – DL n.º 139/89

Revisão de planos urbanísticos – 98.º do DL n.º 380/99

Revisão do processo disciplinar – 78.º e segs. do DL n.º 24/84

Revisor de transportes colectivos

- 32.º do DL n.º 247/87
- 10.º e 11.º do DL n.º 404-A/98
- DL n.º 498/99

S

Segurança, higiene e saúde no trabalho
- DL n.º 441/91
- DL n.º 488/99

Segurança social – 13.º da Lei n.º 29/87

Seguro de acidentes – 17.º da Lei n.º 29/87

Senhas de presença
- 10.º da Lei n.º 29/87
- 8.º da Lei n.º 11/96

Serventes
- 60.º do DL n.º 247/87
- DL n.º 35/2001

Serviços municipais – DL n.º 116/84

Serviços municipais de polícia – Lei n.º 140/99

Serviços municipalizados
- carreiras e categorias – DL n.º 247/87
- classificação de serviço – Dec.-Reg. n.º 45/82
- cobrança de dívidas – 4.º do DL n.º 163/79
- competência disciplinar –19.º do DL n.º 24/84
- pessoal dirigente – 3.º do DL n.º 514/99
- tarifas – 20.º da Lei n.º 49/99
- transformação em empresa pública – 41.º da Lei n.º 58/98

Sindicância – 85.º a 87.º do DL n.º 24/84

Sistema eleitoral – Lei Orgânica n.º 1/2001

Sistema retributivo – ver Remunerações

Sistemas intermunicipais
- DL n.º 379/93
- DL n.º 294/94
- DL n.º 319/94
- DL n.º 162/96

Subsídio de aleitação – 8.º a 10.º do DL n.º 353-A/89

Subsídio de alojamento e alimentação –18.º n.º 2 do DL n.º 353-A/89

Subsídio de casamento – 8.º a 10.º do DL n.º 353-A/89

Subsídio de educação especial – 9.º do DL n.º 353-A/89

Subsídio de funeral – 9.º do DL n.º 353-A/89

Subsídio de refeição
- DL n.º 353-A/89
- 37.º do DL n.º 106/98

Subsídio de reintegração – 12.º da Lei n.º 29/87

Subsídio de transporte
- 12.º da Lei n.º 29/87
- 27.º do DL n.º 106/98

1084 *Legislação da Administração Local*

Subsídio familiar a crianças e jovens – 9.° do DL n.° 353-A/89

Subsídio de turno – 21.° do DL n.° 259/98

Subsídio mensal vitalício – 8.° a 10.° do DL n.° 353--A/89

Substituição
- dos cargos dirigentes
  - 22.° e 23.° do DL n.° 427/89
  - 21.° da Lei n.° 49/99
  - 9.° do DL n.° 514/99
- dos eleitos locais – 79.° da Lei n.° 169/99

Suplemento de risco – 4.° do DL n.° 381/89

Suplemento de risco, penosidade e insalubridade – DL n.° 53-A/98

Suplementos remuneratórios – 11.°, 12.° e 37.° do DL n.° 353-A/89

Suspeição do instrutor – 52.° e 77.° n.° 3 do DL n.° 24/84

Suspensão da pena – 33.° do DL n.° 24/84

Suspensão de licenças – 117.° do DL n.° 380/99

Suspensão do procedimento – 13.° do DL n.° 555/99

Suspensão dos planos urbanísticos – 99.° e 100.° do DL n.° 380/99

Suspensão preventiva – 44.° n.° 1 e 54.° do DL n.° 24/84

T

Tarifas
- 20.° da Lei n.° 42/98
- 64.° n.° 1, alínea *j*), da Lei n.° 169/99

Taxas
- cobrança coerciva – DL n.° 163/79
- das áreas urbanas de génese ilegal – 49.° da Lei n.° 91/95
- das freguesias – 22.° da Lei n.° 42/98
- dos governos civis – 24.° do DL n.° 252/92
- dos municípios – 19.° da Lei n.° 42/98
- por operações urbanísticas – 116.° e segs. do DL n.° 555/99

Tempo de serviço
- 23.° do DL n.° 44-B/83
- 18.° da Lei n.° 29/87
- DL n.° 244/89
- 5.° do DL n.° 122/90
- 12.° do DL n.° 247/91
- 6.° n.° 4 e 6.°-A n.° 3 do DL n.° 409/91
- 19.° e 22.° do DL n.° 252/92
- 6.° do DL n.° 195/97
- 12.° do DL n.° 412-A/98

Tesoureiros
- 15.° do DL n.° 247/87

- 9.° do DL n.° 404-A/98
- 7.° do DL n.° 412-A/98

Trabalhador estudante
- 22.° do DL n.° 259/98
- 59.° do DL n.° 100/99

Trabalho a meio tempo – 11.° do DL n.° 259/98

Trabalho a tempo parcial – DL n.° 324/99

Trabalho em dias de descanso semanal e em feriados
- 33.° do DL n.° 259/98
- 18.° do DL n.° 39/2000

Trabalho extraordinário
- 8.° n.° 4 do DL n.° 116/84,
- 5.° do DL n.° 381/89;
- 25.° e segs. do DL n.° 259/98
- 18.° do DL n.° 39/2000

Trabalho nocturno
- 32.° do DL n.° 259/98
- 18.° do DL n.° 39/2000

Trabalho por turnos – 20.° do DL n.° 259/98

Trabalho precário – 11.° do DL n.° 195/97

Transferência
- 22.° n.° 2 e 25.° do DL n.° 427/89
- 3.° do DL n.° 409/91
- 4.° e 5.° do DL n.° 247/92
- 2.° do DL n.° 175/98

Transferência de competências – Lei n.° 159/99

Transferência de verbas
- 35.° do DL n.° 204/98
- 10.° da Lei n.° 42/98
- 10.° da Lei n.° 48/99
- 13.° da Lei n.° 140/99
- 4.° n.° 3 da Lei n.° 159/99

Transição de pessoal
- 14.° do DL n.° 116/84
- 30.° a 32.° e 34.° do DL n.° 353-A/89
- 35.° e segs. do DL n.° 427/89
- 11.° do DL n.° 122/90
- 11.° do DL n.° 247/91
- 6.° do DL n.° 409/91
- 24.° do DL n.° 247/92
- 27.° do DL n.° 293/92
- 2.° do DL n.° 22/98
- 17.° do DL n.° 412-A/98
- 1.° da Lei n.° 48/99
- 3.° do DL n.° 498/99
- 13.° do DL n.° 39/2000

Tribunal competente – 39.° da Lei n.° 58/98

Tribunal de Contas
- 25.° da Lei n.° 44/91
- 9.° da Lei n.° 42/98
- 35.° da Lei n.° 58/98
- 19.° da Lei n.° 172/99
- 24.° da Lei n.° 175/99

Índice Remissivo

Tribunais municipais – 5.º do DL n.º 163/79
Tutela administrativa
– 85.º n.º 1 do DL n.º 24/84
– 11.º do DL n.º 5/91
– Lei n.º 27/96
– 9.º da Lei n.º 140/99
– 5.º da Lei n.º 172/99
– 16.º da Lei n.º 175/99

U

Urbanismo
– DL n.º 794/76
– DL n.º 152/82
– DL n.º 351/93
– DL n.º 380/99

V

Validade do concurso
– 10.º do DL n.º 204/98
– 9.º da Lei n.º 49/99
Vencimentos
– actualização – 16.º do DL n.º 116/84
– de exercício perdido – 56.º do DL n.º 247/87
– desconto – 91.º do DL n.º 24/84
– das carreiras do regime geral – 13.º do DL n.º 412-A/98
– das carreiras específicas da administração local – 13.º do DL n.º 412-A/98
– do governador civil – 17.º do DL n.º 252/92
– do vice-governador civil – 17.º do DL n.º 252/92
– dos agentes únicos de transportes colectivos – DL n.º 498/99
– dos bombeiros municipais – 25.º do DL n.º 292/93

– dos cargos dirigentes – 33.º e 34.º da Lei n.º 49/99
– dos eleitos locais – 6.º a 8.º da Lei n.º 29/87
– dos médicos veterinários – 1.º, 5.º e 6.º do DL n.º 116/98
– dos motoristas – 7.º do DL n.º 381/89
– dos presidentes das juntas de freguesia – 5.º da Lei n.º 11/96
– dos revisores de transportes colectivos – DL n.º 498/99
– durante as férias – 4.º do DL n.º 100/99
– perda do vencimento de exercício – 6.º, n.º 5, do DL n.º 24/84
– suspensão do vencimento – 6.º n.º 1 e 13.º n.ºs 2 e 5 do DL n.º 24/84
Vereadores
– competência – 65.º n.º 2 da Lei n.º 169/99
– a meio tempo
– 2.º da Lei n.º 29/87
– 58.º da Lei n.º 169/99
– a tempo inteiro
– 2.º da Lei n.º 29/87
– 58.º da Lei n.º 169/99
Veterinários
– 30.º n.º 7 do DL n.º 353-A/89
– DL n.º 116/98
Visto do Tribunal de Contas
– 16.º do DL n.º 390/82
– 8.º n.º 3 do DL n.º 427/89
– 26.º do DL n.º 252/92
Vistoria
– 10.º e 12.º do RGEU
– 22.º da Lei n.º 91/95
– 64.º, 65.º, 90.º e 95.º do DL n.º 555/99
Votação – Lei Orgânica 1/2001

ÍNDICE GERAL

I
ORGANIZAÇÃO ADMINISTRATIVA

Pág.

Decreto-Lei n.º 311/80, de 19 de Agosto – Cria o Conselho Nacional de Municípios (CNM) . . .   13

Lei n.º 8/81, de 15 de Junho – Ratifica, com emendas, o Decreto-Lei n.º 53/79, de 24 de Março (bairros administrativos)   17

Lei n.º 11/82, de 2 de Junho – Regime de criação e extinção das autarquias locais e de designação e determinação da categoria das povoações   19

Lei n.º 142/85, de 18 de Novembro – Lei quadro da criação de municípios   21

Lei n.º 44/91, de 2 de Agosto – Áreas metropolitanas de Lisboa e do Porto   27

Lei n.º 53/91, de 7 de Agosto – Heráldica autárquica e das pessoas colectivas de utilidade pública administrativa   33

Lei n.º 56/91, de 13 de Agosto – Lei quadro das regiões administrativas   39

Lei n.º 8/93, de 5 de Março – Regime jurídico de criação de freguesias   51

Lei n.º 27/96, de 1 de Agosto – Regime jurídico da tutela administrativa   55

Lei n.º 19/98, de 28 de Abril – Lei de criação das regiões administrativas   61

Lei n.º 33/98, de 18 de Julho – Conselhos municipais de segurança   65

Lei n.º 54/98, de 18 de Agosto – Associações representativas dos municípios e das freguesias . .   67

Lei n.º 58/98, de 18 de Agosto – Lei das Empresas Municipais, Intermunicipais e Regionais . . .   69

Decreto-Lei n.º 327/98, de 2 de Novembro – Atribui às empresas públicas municipais competência para a fiscalização do estacionamento de duração limitada   79

Lei n.º 48/99, de 16 de Junho – Estabelece o regime de instalação de novos municípios   81

Lei n.º 140/99, de 28 de Agosto – Estabelece o regime e forma de criação das polícias municipais   87

Lei n.º 159/99, de 14 de Setembro – Estabelece o quadro de transferência de atribuições e competências para as autarquias locais   93

Lei n.º 169/99 de 18 de Setembro – Estabelece o quadro de competências, assim como o regime jurídico de funcionamento, dos órgãos municipais e das freguesias   103

Lei n.º 172/99, de 21 de Setembro – Estabelece o regime jurídico comum da associações de municípios de direito público   139

Lei n.º 175/99, de 21 de Setembro – Estabelece o regime jurídico comum das associações de freguesias de direito público   145

Lei Orgânica n.º 4/2000, de 24 de Agosto – Aprova o regime jurídico do referendo local   151

II
FINANÇAS LOCAIS

Decreto-Lei n.º 163/79, de 31 de Maio – Contencioso fiscal das taxas, mais-valias e outros rendimentos autárquicos 195

Decreto-Lei n.º 258/79, de 28 de Julho – Empréstimos municipais 199

Lei n.º 42/98, de 6 de Agosto – Lei das Finanças Locais 203

Decreto-Lei n.º 54-A/99, de 22 de Fevereiro – Aprova o Plano Oficial de Contabilidade das Autarquias Locais (POCAL), definindo-se os princípios orçamentais e contabilísticos e os de controlo interno, as regras previsionais, os critérios de valorimetria, o balanço, a demonstração de resultados, bem assim, os documentos previsionais e os de prestação de contas 219

III
ELEITOS LOCAIS

Lei n.º 4/83, de 2 de Abril – Controle público da riqueza dos titulares de cargos políticos 227

Lei n.º 29/87, de 30 de Junho – Estatuto dos Eleitos Locais 231

Lei n.º 34/87, de 16 de Julho – Crimes de responsabilidade dos titulares de cargos políticos 243

Decreto-Lei n.º 196/93, de 27 de Maio – Estabelece o regime de incompatibilidades do pessoal de livre designação por titulares de cargos políticos 253

Lei n.º 64/93, de 26 de Agosto – Regime jurídico de incompatibilidades e impedimentos dos titulares de cargos políticos e altos cargos públicos 255

Decreto-Lei n.º 413/93, de 23 de Dezembro – Reforça as garantias de isenção da Administração Pública 261

Lei n.º 11/96, de 18 de Abril – Regime aplicável ao exercício do mandato dos membros das juntas de freguesia 265

Decreto Regulamentar n.º 1/2000, de 9 de Março – Regulamenta a Lei n.º 4/93, de 20 de Abril, alterada pela lei n.º 25/95, de 18 de Agosto, relativa ao controlo público da riqueza dos titulares de cargos políticos 269

Lei Orgânica n.º 1/2001, de 14 de Agosto – Lei que regula a eleição dos titulares dos órgãos das autarquias locais e segunda alteração à Lei n.º 56/98, de 18 de Agosto, com a redacção que lhe foi conferida pela Lei n.º 23/2000, de 23 de Agosto, que altera o regime do financiamento dos partidos políticos e das campanhas eleitorais 273

IV
FUNCIONÁRIOS DA ADMINISTRAÇÃO LOCAL

Decreto Regulamentar n.º 44-B/83, de 1 de Junho – Revê o regime de classificação de serviço na função pública 325

Decreto-Lei n.º 24/84, de 16 de Janeiro – Aprova o Estatuto Disciplinar dos Funcionários e Agentes da Administração Central, Regional e Local 339

Decreto-Lei n.º 116/84, de 6 de Abril – Revê o regime de organização e funcionamento dos serviços técnico-administrativos das autarquias locais 365

Decreto-Lei n.º 247/87, de 17 de Junho – Estabelece o regime jurídico de carreiras e categorias, bem como as formas de provimento, do pessoal das câmaras municipais, serviços municipalizados, federações e associações de municípios, assembleias distritais e juntas de freguesia 375

Decreto-Lei n.º 265/88, de 28 de Julho – Reestrutura as carreiras técnica superior e técnica 399

Decreto Regulamentar n.º 45/88, de 16 de Dezembro – Altera a disciplina de classificação de serviço do pessoal da administração autárquica 407

Decreto-Lei n.º 244/89, de 5 de Agosto – Disciplina a relevância do tempo de serviço prestado pelos funcionários e agentes da Administração 411

Decreto-Lei n.º 353-A/89, de 16 de Outubro – Estabelece regras sobre o estatuto remuneratório dos funcionários e agentes da Administração Pública e a estrutura das remunerações base das carreiras e categorias nele contempladas 413

Decreto-Lei n.º 381/89, de 28 de Outubro – Estabelece diversas normas aplicáveis aos motoristas da Administração Pública e de institutos públicos. Revoga o Decreto-Lei n.º 33651, de 19 de Maio de 1944, o Decreto-Lei n.º 43336, de 21 de Novembro de 1960, e o Decreto-Lei n.º 298/85, de 26 de Julho 429

Decreto-Lei n.º 427/89, de 7 de Dezembro – Define o regime de constituição, modificação e extinção da relação jurídica de emprego na Administração Pública 431

Decreto-Lei n.º 122/90, de 14 de Abril – Permite a integração nos quadros das câmaras municipais do pessoal dos gabinetes técnicos locais 449

Decreto Regulamentar n.º 41/90, de 29 de Novembro – Define a composição, competência e normas de funcionamento das juntas médicas 451

Decreto-Lei n.º 247/91, de 10 de Julho – Aprova o estatuto das carreiras de pessoal específicas das áreas funcionais de biblioteca e documentação e de arquivo (BAD) 457

Decreto-Lei n.º 409/91, de 17 de Outubro – Procede à aplicação à administração local autárquica do Decreto-lei n.º 427/89, de 7 de Dezembro, o qual define o regime de constituição, modificação e extinção da relação jurídica de emprego na Administração Pública 465

Decreto-Lei n.º 413/91, de 19 de Outubro – Define o regime de regularização de actos de provimento de agentes e funcionários dos serviços dos municípios e estabelece sanções para a prática de actos de provimento nulos ou inexistentes 471

Decreto-Lei n.º 441/91, de 14 de Novembro – Estabelece o regime jurídico do enquadramento da segurança, higiene e saúde no trabalho 475

Decreto-Lei n.º 293/92, de 30 de Dezembro – Estabelece o regime jurídico dos corpos de bombeiros 489

Decreto-Lei n.º 374/93, de 4 de Novembro – Aplica o novo sistema retributivo aos bombeiros municipais 497

Lei n.º 12/96, de 18 de Abril – Estabelece um novo regime de incompatibilidades 499

Decreto-Regulamentar n.º 27/97, de 18 de Junho – Cria, no âmbito do regime de pessoal da administração local, a carreira de conselheiro de consumo 502

Decreto-Lei n.º 195/97, de 31 de Julho – Define o processo e os prazos para a regularização das situações do pessoal da administração central, regional e local 503

Decreto-Lei n.º 22/98, de 9 de Fevereiro – Extingue a carreira de escriturário-dactilógrafo e determina a transição dos funcionários e agentes detentores daquela categoria para a de terceiro-oficial 509

Decreto-Lei n.º 50/98, de 11 de Março – Reformula o regime jurídico da formação profissional na Administração Pública 511

1090 Legislação da Administração Local

Decreto-Lei n.º 106/98, de 24 de Abril – Estabelece normas relativas ao abono de ajudas de custo e de transporte pelas deslocações em serviço público 523

Decreto-Lei n.º 116/98, de 5 de Maio – Estabelece os princípios gerais da carreira de médico veterinário municipal (revoga os Decretos-Leis n.ºs 143/83, de 30 de Março, e 436/89, de 19 de Dezembro) 533

Lei n.º 23/98, de 26 de Maio – Estabelece o regime de negociação colectiva e a participação dos trabalhadores da Administração Pública em regime de direito público 537

Decreto-Lei n.º 175/98, de 2 de Julho – Regula a mobilidade entre os funcionários da administração local e da administração central 543

Decreto-Lei n.º 204/98, de 11 de Julho – Regula o concurso como forma de recrutamento e selecção de pessoal para os quadros da Administração Pública 545

Decreto-Lei n.º 259/98, de 18 de Agosto – Estabelece as regras e os princípios gerais em matéria de duração e horário de trabalho na Administração Pública 561

Decreto-Lei n.º 404-A/98, de 18 de Dezembro – Estabelece regras sobre o regime geral de estruturação de carreiras da Administração Pública 577

Decreto-Lei n.º 412-A/98, de 30 de Dezembro – Procede à adaptação à administração local do decreto-lei que estabelece as regras sobre o ingresso, acesso e progressão nas carreiras e categorias do regime geral, bem como as respectivas escalas salariais 591

Decreto-Lei n.º 100/99, de 31 de Março – Estabelece o regime de férias, faltas e licenças dos funcionários e agentes da administração central, regional e local, incluindo os institutos públicos que revistam a natureza de serviços personalizados ou de fundos públicos 607

Decreto-Lei n.º 190/99, de 5 de Junho – Estabelece o regime geral de atribuição de incentivos à mobilidade dos recursos humanos na Administração Pública 635

Lei n.º 49/99, de 22 de Junho – Estabelece o estatuto do pessoal dirigente dos serviços e organismos da administração central e local do Estado e da administração regional, bem como, com as necessárias adaptações, dos institutos públicos que revistam a natureza de serviços personalizados ou de fundos públicos 641

Decreto-Lei n.º 238/99, de 25 de Junho – Adapta à Administração Local o regime geral de recrutamento e selecção de pessoal da Administração Pública 659

Decreto-Lei n.º 324/99, de 18 de Agosto – Institui um regime especial de trabalho a tempo parcial para o pessoal com mais de 55 anos de idade 661

Decreto-Lei n.º 325/99, de 18 de Agosto – Introduz a semana de trabalho de quadro dias no âmbito da Administração Pública 665

Decreto-Lei n.º 488/99, de 17 de Novembro – Define as formas de aplicação do regime jurídico de segurança, higiene e saúde no trabalho à Administração Pública e revoga o Decreto-Lei n.º 191/95, de 28 de Julho 669

Decreto-Lei n.º 489/99, de 17 de Novembro – Aplica o processo de regularização previsto no Decreto-Lei n.º 413/91, de 19 de Outubro, alterado pela Lei n.º 5/92, de 21 de Abril, ao pessoal admitido ou promovido irregularmente até três anos antes da entrada em vigor daquele diploma 677

Decreto-Lei n.º 497/99, de 19 de Novembro – Estabelece o regime de reclassificação e de reconversão profissionais nos serviços e organismos da Administração Pública 679

Decreto-Lei n.º 498/99, de 19 de Novembro – Estabelece o desenvolvimento indiciário da categoria de revisor de transportes colectivos e da carreira de agente único de transportes colectivos, da administração local 685

Decreto-Lei n.º 514/99, de 24 de Novembro – Procede à adaptação à administração local da Lei

Índice Geral

n.º 49/99, de 22 de Junho, que estabelece o estatuto do pessoal dirigente dos serviços e organismos da administração central e local do Estado, bem como, com as necessárias adaptações, dos institutos personalizados ou de fundos públicos 687

Decreto-Lei n.º 39/2000, de 17 de Março – Regula a criação de serviços de polícia municipal .. 693

Decreto-Lei n.º 40/2000, de 17 de Março – Regula as condições e o modo de exercício de funções de agente de polícia municipal 705

Decreto-Lei n.º 218/2000, de 9 de Setembro – Procede à adaptação à administração local do Decreto-Lei n.º 497/99, de 19 de Novembro, que estabelece o regime de reclassificação e reconversão profissionais nos serviços e organismos da Administração Pública 709

Decreto-lei n.º 234/2000, de 25 de Setembro – Cria, no ordenamento de carreiras da administração local, a carreira de assistente de acção educativa e estabelece regras para a contratação de pessoal para o exercício de funções de auxiliar de acção educativa 711

Decreto-lei n.º 277/2000, de 10 de Novembro – Adapta à administração local o regime especial de trabalho a tempo parcial para os funcionários de nomeação definitiva com mais de 55 anos de idade, bem como o regime que introduz a semana de trabalho de quatro dias ... 713

V
REGIME DE CONTRATAÇÃO LOCAL

Decreto-Lei n.º 390/82, de 17 de Setembro – Regula a realização de empreitadas, fornecimentos e concessões de exclusivos, obras e serviços públicos, por parte dos órgãos autárquicos . 717

Decreto-Lei n.º 379/93, de 5 de Novembro – Permite o acesso a capitais privados às actividades económicas de captação, tratamento e rejeição de efluentes e recolha e tratamento de resíduos sólidos 721

Decreto-Lei n.º 294/94, de 16 de Novembro – Estabelece o regime jurídico da concessão de exploração e gestão dos sistemas multimunicipais dos resíduos sólidos urbanos 729

Decreto-Lei n.º 319/94, de 24 de Dezembro – Estabelece o regime jurídico da construção, exploração e gestão dos sistemas multimunicipais de captação e tratamento de água para consumo público quando atribuídos por concessão 741

Decreto-Lei n.º 162/96, de 4 de Setembro – Estabelece o regime jurídico da contratação, exploração e gestão dos sistemas multimunicipais de recolha, tratamento e rejeição de efluentes 753

Decreto-Lei nº 197/99, de 8 de Junho – Transpõe para a ordem jurídica interna as Directivas n.ºs 592/50/CEE, do Conselho, de 18 de Junho, e 97/52/CE, do Parlamento Europeu e do Conselho, de 13 de Outubro, e estabelece o regime de realização de despesas públicas com locação e aquisição de bens e serviços, bem como da contratação pública, relativa à locação e aquisição de bens móveis e serviços 765

VI
REGIME DA URBANIZAÇÃO E DA EDIFICAÇÃO

Decreto-Lei n.º 38382, de 7 de Agosto de 1951 – Aprova o Regulamento Geral das Edificações Urbanas 833

Portaria n.º 398/72, de 21 de Julho – Fixa as condições mínimas de habitabilidade das edificações 873

1092 Legislação da Administração Local

Decreto-Lei n.º 569/76, de 19 de Julho – Normas relativas à construção, reconstrução, ampliação e remodelação de edifícios 875

Decreto-Lei n.º 804/76, de 6 de Novembro – Determina as medidas a aplicar na construção clandestina, bem como nas operações de loteamento clandestino 877

Decreto-Lei n.º 139/89, de 28 de Abril – Altera o Decreto-Lei n.º 357/75, de 8 de Julho, relativo à protecção ao relevo natural, solo arável e revestimento vegetal 883

Decreto-Lei n.º 555/99, de 16 de Dezembro – Estabelece o regime jurídico da urbanização e da edificação 887

Decreto-Lei n.º n.º 177/2001, de 4 de Junho – Altera o Decreto-Lei n.º 555/99, de 16 de Dezembro, que estabelece o regime jurídico da urbanização e da edificação 939

VII
PLANEAMENTO URBANÍSTICO

Decreto-Lei n.º 794/76, de 5 de Novembro – Aprova a política de solos 943

Decreto-Lei n.º 152/82, de 3 de Maio – Permite a criação de áreas de desenvolvimento urbano prioritário e de construção prioritária 959

Decreto-Lei n.º 351/93, de 7 de Outubro – Estabelece o regime de caducidade dos pedidos e dos actos de licenciamento de obras, loteamentos e empreendimentos turísticos 969

Decreto-Lei n.º 61/95, de 7 de Abril – Exclui do âmbito de aplicação do Decreto-Lei n.º 351/93, de 7 de Outubro, as áreas urbanas consolidadas e eleva para o dobro os prazos nele previstos; prorroga até 31 de Dezembro de 1995 o prazo de actuação da Comissão Permanente dos Planos Directores Municipais 973

Lei n.º 91/95, de 2 de Setembro – Processo de reconversão das áreas urbanas de génese ilegal .. 975

Decreto-Lei n.º 380/99, de 22 de Setembro – Estabelece o regime jurídico dos instrumentos de gestão territorial 997

VIII
ASSEMBLEIAS DISTRITAIS E GOVERNOS CIVIS

Decreto-Lei n.º 5/91, de 8 de Janeiro – Estabelece o novo regime jurídico das assembleias distritais 1053

Decreto-Lei n.º 252/92, de 19 de Novembro – Define o estatuto e a competência dos governadores civis e aprova o regime dos órgãos e serviços que deles dependem 1059

Portaria n.º 948/2001, de 3 de Agosto – Define o regime remuneratório dos governadores, dos vice-governadores civis e dos membros do gabinete de apoio pessoal, bem como a composição deste 1071